Geographie der Freizeit und des Tourismus

Bilanz und Ausblick

Herausgegeben von
Univ.-Prof. Dr. Christoph Becker
Univ.-Prof. Dr. Hans Hopfinger
Univ.-Prof. Dr. Albrecht Steinecke

unter Mitarbeit von
Dipl.-Geogr. Claudia Anton-Quack
und
Mitgliedern des Arbeitskreises
„Freizeit- und Tourismusgeographie"

3., unveränderte Auflage

Oldenbourg Verlag München Wien

Bibliografische Information der Deutschen Nationalbibliothek

Die Deutsche Nationalbibliothek verzeichnet diese Publikation in der Deutschen
Nationalbibliografie; detaillierte bibliografische Daten sind im Internet über
<http://dnb.d-nb.de> abrufbar.

© 2007 Oldenbourg Wissenschaftsverlag GmbH
Rosenheimer Straße 145, D-81671 München
Telefon: (089) 45051-0
oldenbourg.de

Lektorat: Wirtschafts- und Sozialwissenschaften, wiso@oldenbourg.de
Herstellung: Anna Grosser
Coverentwurf: Kochan & Partner, München
Gedruckt auf säure- und chlorfreiem Papier
Gesamtherstellung: Druckhaus „Thomas Müntzer" GmbH, Bad Langensalza

ISBN 978-3-486-58434-9

Geleitwort

Dr. Wolfgang Clement
Bundesminister für Wirtschaft und Arbeit

Mit der zunehmenden Bedeutung der Freizeit und den technischen Fortschritten bei den Verkehrsmitteln hat auch das Reisen an Bedeutung gewonnen. Die Freizeit- und Tourismuswirtschaft ist ein sehr vielfältiger und mit anderen Bereichen unserer Gesellschaft sehr stark verflochtener Sektor. Dies gilt zunächst in wirtschaftlicher Hinsicht. Schätzungen des Deutschen Instituts für Wirtschaftsforschung Berlin zufolge, die das Bundesministerium für Wirtschaft und Technologie vor einigen Jahren hat anstellen lassen, beträgt der Anteil der Umsätze in der Tourismuswirtschaft am deutschen Bruttoinlandsprodukt etwa 8 Prozent. Damit einher gehen fast 3 Mio. Arbeits- und 110.000 Ausbildungsplätze.

Aber auch in anderen Bereichen verändert der Tourismus unsere Welt. Dies gilt nicht nur hinsichtlich der bekannten Redewendung, dass Reisen bildet. Deutschland, das von der Sonne etwas weniger verwöhnt ist als viele andere Länder, ist ein beliebtes Ziel für den Städte- und Kulturtourismus. Wenn wir aber unsere Städte und kulturellen Destinationen erhalten, um sie für deutsche und ausländische Touristen attraktiv zu gestalten, so nützt dies gleichzeitig den Einwohnern selbst. Viele Menschen suchen die Natur. Deutschland besitzt nicht nur eine Fülle unverwechselbarer Landschaften, sondern bietet zunehmend attraktive Angebote für Urlauber und Reisende, die Natur erleben wollen, sei es in der Familie, als Jugendliche oder als Senioren.

Das von der Bundesregierung organisierte ‚Jahr des Tourismus in Deutschland 2001' hat dem Deutschlandtourismus weiteren Auftrieb gegeben. 2002 – im ‚Jahr des Ökotourismus' – liegt der Schwerpunkt bei der Förderung von Projekten des nachhaltigen Tourismus. Und wenn die EU für 2003, dem ‚Europäischen Jahr der Menschen mit Behinderungen', einen barrierefreien ‚Tourismus für Alle' auf ihre Fahnen geschrieben hat, so wird damit ein weiterer wichtiger Akzent gesetzt, der den Urlaubern und Reisenden zugute kommt.

Das vorliegende Handbuch bringt den breiten Ansatz, der mit der Freizeit- und Tourismuswirtschaft in wirtschaftlicher, kultureller und gesellschaftlicher Hinsicht verbunden ist, gut zum Ausdruck. Das Buch macht deutlich, dass die Tourismuswirtschaft einen Hebel für Entwicklungen in vielen anderen Bereichen von Wirtschaft und Gesellschaft darstellt und insofern in mehrfacher Hinsicht ‚Tourismus für Alle' ist. Es bietet daher eine wertvolle Information für alle Akteure in diesem Bereich, in Wissenschaft, Politik und Wirtschaft.

Geleitwort

Klaus Laepple
Präsident des Bundesverbandes der
Deutschen Tourismuswirtschaft (BTW)

Die Tourismuswirtschaft ist eine Zukunftsbranche. Schon heute besitzt sie – volkswirtschaftlich gesehen – eine besondere Potenz. Allein in Deutschland trägt die Tourismuswirtschaft mit ihrem Anteil von acht Prozent und einer Bruttowertschöpfung von über 140 Mrd. Euro in nicht unerheblichem Maß zur Stärkung des Bruttoinlandsprodukts bei. Sie ist damit der stärkste Vertreter der Dienstleistungsbranche. Jeder von uns ist für einige Wochen im Jahr als sogenannter Tourist unterwegs.

In keinem anderen Wirtschaftszweig ist das Arbeitsplatzpotenzial so groß: Schon heute bietet der Tourismus in Deutschland 2,8 Mio. Arbeits- sowie jährlich fast 100.000 neue Ausbildungsplätze, Tendenz steigend. Für Europa, so schätzt man, können in den nächsten zehn Jahren bis zu 3 Mio. neue Jobs geschaffen werden. In einer Zeit hoher Arbeitslosigkeit kann der Tourismus daher ohne Zweifel als Hoffnungsträger betrachtet werden.

Daran werden auch – langfristig gesehen – die Folgen der Terroranschläge des 11. September 2001 nichts ändern: Zwar hat dieses Ereignis uns allen wieder vor Augen geführt, dass die Tourismuswirtschaft eine emotionale Branche ist, die sehr anfällig auf Störungen jeglicher Art reagiert. Doch auch wenn die früheren Wachstumsraten, die immer drei bis fünf Prozent über dem allgemeinen Wirtschaftswachstum in Deutschland lagen, in Zukunft nicht mehr erreicht werden, steckt in dieser Branche weltweit noch großes Potenzial.

Ungeachtet ihres wirtschaftlichen Gewichts war die Tourismuswirtschaft in Deutschland, was ihre politische Anerkennung angeht, lange unterrepräsentiert. Um dieser Branche das nötige politische Gewicht zu geben und ihre Interessen schlagkräftig zu vertreten, wurde im Jahr 1995 der Bundesverband der Tourismuswirtschaft (BTW) gegründet. Er ist der Sprecher der Tourismuswirtschaft in Deutschland. Ziel der Branchenpolitik des BTW ist es, Gegenwart und Zukunft der Tourismuswirtschaft zu sichern und ihr Ansehen zu fördern. Dafür fordern wir die nötigen politischen Rahmenbedingungen ein.

Aber nicht nur politisch, auch in Bildung und Wissenschaft ist die Beschäftigung mit der Branche weiterhin ausbaufähig. Umso mehr begrüße ich dieses umfassende Handbuch, das endlich eine Lücke auf dem Markt der touristischen Fachliteratur zu schließen vermag.

Theoretische Ansätze zur Tourismusforschung stehen hier neben der Auseinandersetzung mit dem Wirtschaftsfaktor Tourismus; der Deutschlandtourismus wird ebenso beleuchtet wie internationale Entwicklungen; Marketingaspekte im Tourismus werden gleichberechtigt neben Umweltaspekten abgehandelt. Kurz: Die gesamte Bandbreite dieser Querschnittsbranche wird kompetent abgedeckt.

Das Handbuch richtet sich an ein breites Fachpublikum: Lassen Sie uns alle davon profitieren!

Geleitwort

Claudia Gilles
Hauptgeschäftsführerin
Deutscher Tourismusverband e. V. (DTV)

Wir reden vom Übergang der Industrie- in eine Dienstleistungsgesellschaft, in Wirklichkeit sind wir aber Teil einer Gesellschaft, die Informationen erstellt und verbreitet. „Wir ertrinken in Informationen, aber wir hungern nach Wissen", so die Analyse des amerikanischen Zukunftsforschers JOHN NAISBITT. Es kommt also darauf an, Informationen aufzubereiten, zu strukturieren und zugänglich zu machen.

Diese wichtige Aufgabe will das Handbuch zur ‚Geographie der Freizeit und des Tourismus' leisten. Freizeit- und Tourismuswissenschaft legen ihre Methoden und Konzepte dar. Die Marktforscher geben Einblicke in Erhebungsmethoden und Analyseinstrumente. Einzelne Tourismussegmente werden in ihren wirtschaftlichen Auswirkungen dargestellt und Planungs- sowie Marketinggrundlagen des Destinationsmanagements werden vorgestellt. Über 70 Autoren haben zu diesem aktuellen Sammelwerk beigetragen.

Der Blick über den Tellerrand der eigenen Existenz hinaus ist für Studierende wie für Praktiker gleichermaßen zu empfehlen. Das Handbuch hilft allen, den neuesten Stand der Wissenschaft kennen zu lernen.

Vorwort der Herausgeber

Bereits Mitte der 1990er-Jahre zeichnete sich der Bedarf nach einem neuen, modernen Lehrbuch für die Geographie des Tourismus und der Freizeit ab. Vor allem im Arbeitskreis „Freizeit- und Fremdenverkehrsgeographie" – jetzt „Freizeit- und Tourismusgeographie" – wurde dieses Thema wiederholt angesprochen. Kein Mitglied des Arbeitskreises sah sich jedoch in der Lage, ein solches Handbuch zu verfassen, vor allem aus zeitlichen, aber auch aus inhaltlichen Gründen: Das einstmals kleine, überschaubare Feld der Fremdenverkehrsgeographie hat sich in den letzten Jahrzehnten so stark ausgeweitet, dass sich die einzelnen Wissenschaftlerinnen und Wissenschaftler in aller Regel nur auf einige Schwerpunktbereiche konzentrieren und andere vernachlässigen.

Aus dieser Situation heraus entstand die Idee zu diesem Handbuch: Unter der Ägide von drei Herausgebern, die viele Jahre im Arbeitskreis „Freizeit- und Tourismusgeographie" mitgearbeitet haben, sollten die einzelnen Teilbereiche jeweils von den Spezialisten in Einzelbeiträgen bearbeitet werden. Nach einer allgemeinen Ausschreibung und einer gezielten Ansprache fanden sich letztlich 76 Autorinnen und Autoren, die 73 Beiträge geliefert haben. Dabei waren die Herausgeber bemüht, einerseits inhaltliche Überschneidungen zwischen einzelnen Beiträgen zu vermeiden und andererseits das gesamte Feld der Freizeit- und Tourismusgeographie möglichst vollständig abzudecken. Letzteres ist sicherlich angesichts der Einzelbeiträge nicht vollständig gelungen, dafür hat das Handbuch aber den Vorzug, dass die jeweiligen Einzelbeiträge aktuell und interessant zu lesen sind.

Das Handbuch hat einen schon fast erschreckenden Umfang angenommen, obwohl jeder Autorin und jedem Autor ein enges Limit für den Beitrag vorgegeben war. Dieses Limit musste auch bei umfangreichen Themen einigermaßen eingehalten werden, so dass dann leider auf manche genauere Differenzierung verzichtet werden musste.

Die Redaktionsarbeit war für die Herausgeber eine ausgesprochene Herausforderung: Sicherlich hat die gute kollegiale Zusammenarbeit Freude gemacht, doch hat die Abstimmung der verschiedenen Texte, das Herstellen von wechselseitigen Bezügen und die formale Angleichung der Abbildungen und Karten einen großen Einsatz gefordert; deshalb bitten wir die Mitwirkenden auch um Verständnis, dass sich der Erscheinungstermin stärker als geplant hinausgezögert hat. Gleichzeitig bitten wir die Leserinnen und Leser um Nachsicht, falls sich hier und dort doch noch ein Fehler eingeschlichen hat.

Mit diesem Handbuch wollen wir unsere Kolleginnen und Kollegen in der Wissenschaft, Praktikerinnen und Praktiker in der Tourismusbranche und natürlich die Studierenden an den Universitäten und Fachhochschulen ansprechen. Wir hoffen auf eine weite Verbreitung dieses lange erwarteten Hand- und Lehrbuches!

Wir bedanken uns in aller Form bei den Autorinnen und Autoren für ihre Beiträge und für ihre Geduld angesichts unserer Korrekturvorschläge. Für das Layout der Texte danken wir Frau Dipl.-Geogr. Claudia Anton-Quack, für die Vereinheitlichung der Abbildungen Herrn Dipl.-Geogr. Alexander Liebisch, für Korrekturarbeiten und die Herstellung der Druckvorlage Frau Irmgard Saxowski und Herrn Jörg Beineke, für die Angleichung der Karten den Kartographen Alexandra Kaiser, Erwin Lutz und Volker Schniepp sowie Herrn Reinhard Geißler.

Der Bundesminister für Wirtschaft und Arbeit, Herr Dr. Wolfgang Clement, die Geschäftsführerin des Deutschen Tourismusverbandes e. V., Frau Claudia Gilles und der Präsident des Bundesverbandes der Deutschen Tourismuswirtschaft e. V., Herr Klaus Laepple haben dieses Handbuch jeweils durch ein Geleitwort gewürdigt, für das wir uns sehr bedanken.

Ein besonderer Dank gilt den Sponsoren dieses Handbuches, durch deren Unterstützung es möglich ist, dieses gewichtige Werk zu einem erträglichen Preis anzubieten.

Insgesamt hoffen wir, dass sich mit diesem Handbuch der aktuelle wissenschaftliche Erkenntnisstand manifestiert und es zu dessen Vertiefung führt.

Christoph Becker   Hans Hopfinger   Albrecht Steinecke

Inhaltsverzeichnis

1   Geographie der Freizeit und des Tourismus: Standortbestimmung, Disziplingeschichte, Konzepte

2   Freizeit- und Tourismusnachfrage: Entwicklung, Methoden der Erfassung, Tourismusarten

3 Freizeit- und Tourismuswirtschaft: Grundlagen, Branchenanalysen, Einrichtungen

4 Tourismusdestinationen und räumliche Verflechtungen: Potenziale, Methoden, Management

4.1 Methoden der Erfassung und Bewertung von Destinationen

Die Geographie der Freizeit und des Tourismus: Versuch einer Standortbestimmung

Hans Hopfinger

1   Freizeit und Tourismus als Teildisziplin der Geographie

Die Geographie ist eine raumbezogene Wissenschaft, deren übergreifendes Erkenntnisinteresse der Erfassung, Beschreibung und Erklärung komplexer räumlicher Wirkungszusammenhänge in der natürlichen (Physische Geographie) sowie in der vom Menschen geschaffenen Umwelt (Anthropo- bzw. Kulturgeographie) gewidmet ist. Sieht man von einzelnen herausragenden Vorläuferarbeiten ab (als bahnbrechend gilt die Untersuchung von POSER 1939; zu wichtigen Impulsgebern werden aber auch STRADNER 1905, SPUTZ 1919 und WEGENER 1929 gezählt), ist die Freizeit- und Tourismusgeographie[1] seit den 1960er-Jahren eine eigenständige Teildisziplin innerhalb der Geographie des Menschen.

Auf einem ganz allgemeinen Niveau formuliert gilt ihr Interesse den raumbezogenen Dimensionen von Freizeit und Tourismus,[2] die sie im Zugriff auf übergreifen-

---

[1]   Die Bezeichnung Fremdenverkehrsgeographie wird innerhalb des Faches als zunehmend obsolet empfunden. Terminologische Fragen werden seit Jahren in der Geographie und in anderen Tourismusdisziplinen intensiv diskutiert, so dass es sich hier erübrigt, eine allgemeine Definition von Freizeit, Tourismus und Erholung zu liefern (vgl. Beitrag JURCZEK zu ‚Geographie der Freizeit und des Tourismus: Disziplinengeschichte und Perspektiven' in diesem Band). So notwendig es auch ist, klare Begriffe zu verwenden, die eine adäquate Einordnung relevanter Fragestellungen ermöglichen und eine für die Verständigung in einem Fach und nach außen erleichtern, so sind die vorliegenden Definitionsvorschläge „nicht immer frei von scholastischen Zügen, die nicht gerade erkenntnisfördernd sind" (KEMPER 1978, S. 3) und einer theoretischen Diskussion eher im Wege stehen. Die Wahl von Begriffen und Bezeichnungen hängt letztlich von der jeweiligen fachspezifischen Forschungsperspektive und vom Erkenntnisinteresse ab; bezogen darauf ist sie eine forschungspragmatische Entscheidung, die jedoch den wissenschaftsmethodologischen Kriterien der Nachvollziehbarkeit und Nachprüfbarkeit Genüge zu leisten hat.

[2]   Die Begriffe Freizeit und Tourismus werden hier in einem Ausdruck benutzt, obwohl beide nicht absolut deckungsgleich sind und Freizeit gerne umfassender, den Tourismus subsumierend, verstanden wird. Da Tourismus und Freizeit jedoch zunehmend enger miteinander verknüpft sind und vor allem die bisherigen Trennkriterien der Zeit und der Entfernung immer weniger greifen (vgl. die Zuordnungsprobleme bei einem eintägigen Trip nach Palma ohne Übernachtung, der heute durchaus möglich ist), erscheint diese Vorgehensweise legitim. Andererseits impliziert die am weitesten verbreitete Definition von Tourismus einen allzu weiten Bezugsrahmen: Versteht man unter Tourismus die „Gesamtheit der Beziehungen und Erscheinungen, die sich aus der Ortsveränderung und dem Aufenthalt von Personen ergeben, für die der Aufenthaltsort weder hauptsächlicher

de Prozesse der gesellschaftlichen Entwicklung und im interdisziplinären Dialog[3] erfassen, beschreiben und erklären will. Sie entwickelt dazu eigene Theorien und Modelle oder greift auf Erklärungsansätze in anderen Freizeit- und Tourismusdisziplinen zurück. Praxisorientierte Erkenntnisse stellt sie für die Planung sowie für Verwaltungs- und Wirtschaftszwecke zur Verfügung.[4]

2   Die fachtheoretischen Grundlagen

Grundthese im vorliegenden Beitrag ist, dass sich die fachtheoretischen Grundlagen, die hier nur grob skizziert und mit den raum-, sozial- und kulturwissenschaftlichen Ansätzen innerhalb der Freizeit- und Tourismusgeographie auf drei Paradigmen verkürzt wiedergegeben werden können, im Laufe der Disziplingeschichte mehrfach verändert haben. Durch die sich neu entwickelnden Stränge wissenschaftlichen Arbeitens wurden bereits bestehende Ansätze und Forschungstraditionen jedoch nicht vollkommen verdrängt; sie sind zum Teil noch bis heute in mehr oder weniger großer Bedeutsamkeit erhalten geblieben.[5]

Erhalten geblieben ist in jedem Fall ein Dilemma, das aber kein Spezifikum der Freizeit- und Tourismusgeographie ist: Auf der einen Seite sind die Wissenschaftsrichtungen, die sich mit Freizeit und Tourismus intensiver beschäftigen, zu mehr oder weniger eigenständigen Teildisziplinen in ihren Mutterfächern geworden. Andererseits wird in so gut wie allen Fächern ein Mangel an tragfähigen theoreti-

---

und dauernder Wohn- noch Arbeitsort ist" (KASPAR 1991, S. 16), so sind in dieser Definition stärker gebundene Formen des Reisens (z.B. Geschäftsreisen) zumindest nicht vollständig ausgeschlossen, wogegen sich andere Autoren widersetzen, weil sie lediglich Erholung und Vergnügen – beides aber im weitesten Sinne – als konstitutive Bestandteile eines (enger gefassten) Begriffs von Tourismus anerkennen wollen.

[3]   Nicht behandelt werden kann hier die Frage, ob es eine einheitliche Tourismuswissenschaft gibt bzw. geben soll oder ob es mehrere Tourismuswissenschaften bzw. Teilwissenschaften sind, in denen getrennt oder gemeinsam nach Erklärung touristischer Phänomene gesucht werden soll (vgl. FREYER 1997; NAHRSTEDT 1995). Allgemeiner Konsens ist, dass die Erforschung von Freizeit und Tourismus eine Querschnittsaufgabe darstellt und insofern interdisziplinäre Herangehensweisen unverzichtbar sind.

[4]   Verf. ist sich mit SPODE einig, der die – ökonomischem Interesse partikularer Gruppen folgende – Verknüpfung von Forschung und Anwendung „als einen schlechten Nährboden für die Entfaltung einer freien, theoretisch reflektierenden und breit angelegten Wissenschaft vom Reisen" bezeichnet (1998, S. 12). Allerdings ist in der Geographie nicht ohne Grund der Ruf nach mehr ‚Gesellschaftsrelevanz' immer wieder lautstark vorgetragen worden.

[5]   Länder- und Landschaftskunde genossen im traditionellen System der Geographie Vorrangstellung. Interessant ist, dass ein Strang der herkömmlichen Landschaftskunde in einem Teilbereich der modernen Freizeit- und Tourismusgeographie ‚überleben' konnte, der sich z. B. mit Landschaftsbewertung in Erholungsräumen beschäftigt. Interessant ist auch, dass die traditionelle Länderkunde in Form von gedruckten Reiseführern eine bemerkenswerte Renaissance erfährt (vgl. POPP 1997; STEINECKE 1988; HERLE 2001).

schen Konzepten und analytischen Modellen beklagt,[6] die es ermöglichen sollten, die unablässig fließenden Ströme von fachspezifisch erarbeitetem Detailwissen in einen größeren und übergeordneten Zusammenhang einzubetten.

2.1 Freizeit- und Tourismusgeographie als nomologische Raumwissenschaft

Obwohl schon 1939 POSER als einer der Urväter der Disziplin das geringe theoretische und methodische Bewusstsein sowie den kompilatorischen Charakter der meisten fremdenverkehrsgeographischen Arbeiten[7] kritisiert (1939, S. 2), setzt erst nach dem Zweiten Weltkrieg eine Umorientierung ein. Vor dem Hintergrund zunehmender Kritik an der länderkundlich-deskriptiv und physiognomisch ausgerichteten Fremdenverkehrsgeographie und unter dem Einfluss der Umwälzungen innerhalb des Gesamtfachs, die beim Geographentag in Kiel 1969 in fundamentalen Kontroversen kulminieren, schlägt auch die Freizeit- und Tourismusgeographie den – nicht unumstrittenen – Weg zu einer methodisch modernen Erfahrungswissenschaft ein, die sich im Kern als nomologische Raumwissenschaft positioniert.

2.1.1 Theoretische Grundlagen

In vielen Wissenschaften treten auf der Grundlage des Positivismus und des Kritischen Rationalismus exakte naturwissenschaftliche Methoden, neoklassische wirtschaftswissenschaftliche Denkansätze und quantitative Verfahren einen beispiellosen Siegeszug an und beeinflussen auch die Geographie. Erklärung von Sachverhalten scheint nur noch mit Hilfe allgemeingültiger Gesetze bzw. Gesetzmäßigkeiten möglich. Spatial Analysis, Regional Science und die Systemtheorie halten in enger Anlehnung an technisch-naturwissenschaftliche und industriewirtschaftliche Erklärungsansätze, Denkmuster und Theorien in der Freizeit- und Tourismusgeographie Einzug. Erdräumlich-distanzielle Variablen werden als die entscheiden-

---

[6] Eine Ausnahme scheint die Tourismuspsychologie zu bilden, die jedoch in ihrem Mutterfach ein Schattendasein fristet (vgl. HAHN/KAGELMANN 1993). Die Tourismusökonomie wird ob ihrer Theoriearmut gar von Außenstehenden kritisiert (HENNIG 1997a, S. 159; SPODE 1998, S. 11). Selbst in der Soziologie herrscht offenbar ebenso Mangel. Jedenfalls trifft VESTER (1997, S. 67) nach dem Statement „Die Tourismuswissenschaft ist ziemlich theoriearm" die Feststellung, dass sich die Soziologie so gut wie gar nicht mit diesem vielschichtigen Ausschnitt sozialer Wirklichkeit befasst hätte. Konsequenterweise klopft VESTER (1997, 1999) ausgewählte soziologische Großtheorien auf ihren Erklärungsgehalt in Bezug auf das Phänomen Freizeit und Tourismus ab.

[7] In den frühen Arbeiten ist vorrangig die Raumbindung des Tourismus und die von ihm ausgehende Raumwirksamkeit untersucht worden. Hier gilt POSER als erster, der mit der Untersuchung der Beziehungen zwischen Ziel- und Quellgebieten des Tourismus und seinem Konzept des Landschaftsgegensatzes als Hauptursache für den Tourismus die *funktionale* Betrachtungsweise in die Fremdenverkehrsgeographie eingebracht hat.

den chorologischen Elementrelationen auch in touristischen Systemzusammenhängen gesehen. Klassische geographische Raummodelle werden in die Disziplin übernommen und mit Auswirkungen bis heute beginnt eine starke Ökonomisierung des Denkens in der Freizeit- und Tourismusgeographie.

2.1.2 Ausgewählte theoretische Konzepte und Modelle

Als einer der Vorreiter der raumwissenschaftlich-nomologisch-exakten Freizeit- und Tourismusgeographie wird CHRISTALLER genannt, der 1955 seine Theorie der Zentralen Orte auf den Fremdenverkehr überträgt. Er gilt damit als einer der ersten, der die *standorttheoretische* Betrachtungsweise in die Fremdenverkehrsgeographie einführt. Grundlegend ist seine Hypothese,[8] dass „diejenigen Zonen, die am weitesten entfernt von zentralen Orten und auch industriellen Agglomerationen liegen, die günstigsten Standortbedingungen für Orte des Fremdenverkehrs abgeben". Er postuliert ein zentral-peripheres Ausbreitungsmodell für den Tourismus, für welches die Polarität zwischen Quellgebiet im Zentrum und Zielgebiet in der Peripherie konstituierend ist.

Während Christaller letztlich jedoch konzediert, dass die Ableitung „exakter Standortsgesetze" für den Tourismus mit der „gleichen mathematischen Genauigkeit" wie bei den Zentralen Orte nicht möglich ist (1955, S. 6), schlagen andere Autoren diesen Weg viel konsequenter ein. KAMINSKE (1977) z. B. wendet das Newtonsche Gesetz der Massengravitation auf den Naherholungsverkehr an. Er versucht nachzuweisen, dass die Stärke der Reiseströme zwischen Herkunfts- und Erholungsort von der Größe (Masse) der beiden Orte und der Distanz der beiden voneinander abhängig ist.

Exemplarisch für andere, ähnlich raumwissenschaftlich-nomologisch ausgerichtete Ansätze ist ein Modell, das YOKENO (1968, 1974) in Analogie zu Christaller und zum Thünenschen Grundprinzip eines raumdifferenzierenden Distanzgradienten entwickelt (vgl. Abb. 1). Können sich die Touristenströme zwischen einem (zentralen) Entsende- (S) und einem (peripheren) Empfängerland (R) ungehindert entfalten, bilden sich mit regelhaft abnehmender Reiseintensität vom Zentrum an den Rand konzentrische Kreise aus (R 1). Abweichungen von diesem Idealmodell können sich durch intervenierende Variablen ergeben, z. B. durch einen spezifischen Hauptattraktionspunkt im Empfängerland (R 2), entlang einer günstigen Verkehrsverbindung in dieses Reiseland (R 3) oder durch ein dort voll ausgebildetes hierarchisches System von Zielorten (R 4); auch kann das zentrumsnähere R 5 umgangen und durch das entferntere R 5' ersetzt werden, wenn die Kosten der Distanzüberwindung durch einen günstigeren Reisepreis kompensiert werden.

---

[8]   Sie wird als ‚Peripherie-Hypothese' bezeichnet. CHRISTALLER unternimmt jedoch keinen Versuch, seinen Ansatz zu operationalisieren. Ein von ihm 1964 publizierter englischer Aufsatz findet im anglo-amerikanischen Sprachraum viel fachliche Resonanz.

Abb. 1: In Anlehnung an THÜNEN und CHRISTALLER entwickelt YOKENO (1974) ein idealtypisches Standortmodell für den internationalen Tourismus

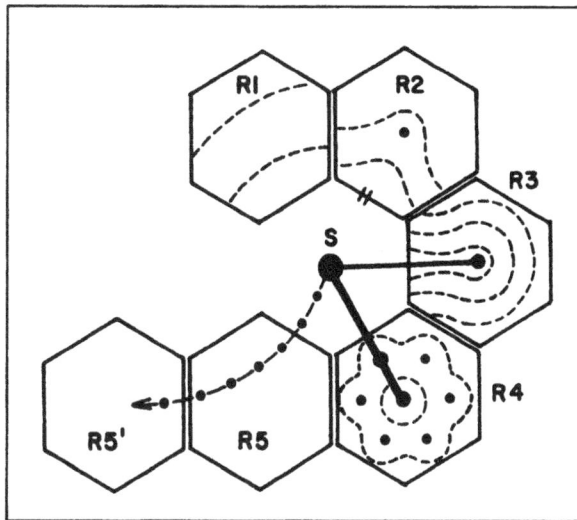

Quelle: PEARCE 1979, S. 263

Vor allem der französische Geograph MIOSSEC (1976, 1977), aber auch deutschsprachige Disziplinvertreter[9] greifen gerne auf die Distanzrelation als eine wichtige erklärende Variable zurück, konstruieren Zonensysteme regelhaft sich verändernder touristischer Intensität bzw. Attraktivität und versuchen, die sich ergebenden abstrakten Raummodelle durch Einführung zusätzlicher erklärender Variablen stärker an die Realität anzupassen. In Anlehnung an solche Überlegungen gehört die Untersuchung distanzabhängiger Einzugsbereiche in Standortanalysen freizeitbezogener Erlebnis- und Konsumwelten (z. B. Museen, Musicals, Multiplex-Kinos) zum Standardrepertoire aktueller anwendungsbezogener Forschung bzw. räumlicher Planung.[10]

---

[9] Auf die Modelle von GORMSEN (1981, 1983) und VORLAUFER (1996, S. 196 ff.) zur raumzeitlichen Entwicklung des Tourismus sei hier stellvertretend für andere hingewiesen. Es sind Arbeiten, die nur die Distanzrelation – etwa als zentral-peripheres Ausbreitungsmodell wie bei CHRISTALLER – zugrunde legen, sondern mit zusätzlichen Variablen die jeweiligen Ausbreitungsphasen untermauern und diese zu regelhaft-räumlichen Sukzessionen der verschiedenen Entwicklungsstadien des Tourismus zusammenfügen.

[10] Wie BLOTEVOGEL/DEILMANN (1989) am Beispiel des World Tourist Center Oberhausen (das spätere CentrO) nachweisen, können Untersuchungen distanzabhängiger Einzugsbereiche in Kombination mit Kaufkraftanalysen zum entscheidenden Planungskriterium werden.

Abb. 2: In Anlehnung an das industriewirtschaftliche *‚product life cycle'*-Konzept
findet das entsprechende Schema zur Entwicklung von Destinationen weite Verbreitung in der Freizeit- und Tourismusgeographie

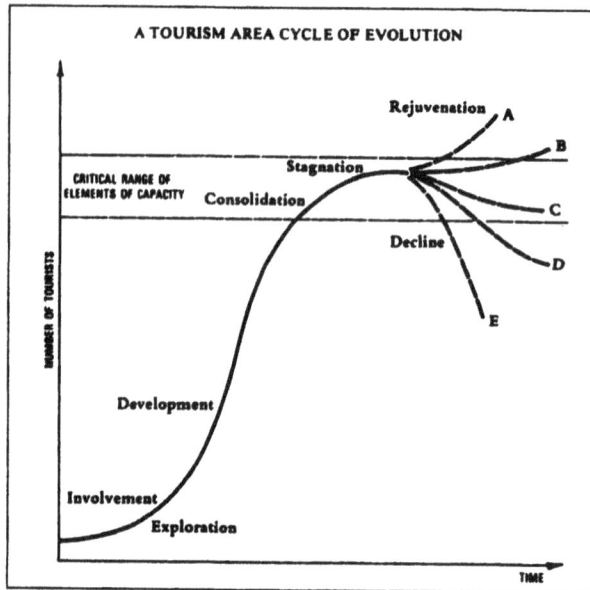

A TOURISM AREA CYCLE OF EVOLUTION

Quelle: BUTLER 1980, S. 7

Ähnliches gilt für wirtschaftswissenschaftlich-neoklassische bzw. industriewirtschaftliche Denkansätze und Erklärungsmuster. In Anlehnung an die Wirtschafts-
stufentheorie von ROSTOW und das *‚product life cycle'*-Konzept bildet sich in der
Freizeit- und Tourismusgeographie ein Strang wissenschaftlichen Denkens heraus,
der sich in diffusions- und stufentheoretische Überlegungen auffächert[11] und der
von der nicht unumstrittenen Gesetzmäßigkeit ausgeht, dass auch die Entwicklung
touristischer Räume regelhaften Mustern folgt, wozu in Abb. 2 ein weit verbreitetes Beispiel wiedergegeben wird.

Viel Kritik erfahren die stufen- und diffusionstheoretischen Überlegungen in der
Entwicklungsländerforschung und hier vor allem von Vertretern dependenztheore-
tischer Ansätze (BRITTON 1982; OPPERMANN 1993). Als wichtigstes Argument
wird vorgebracht, dass die in den Tourismus gesetzten Hoffnungen, Vehikel für
die Diffusion der wirtschaftlichen Entwicklung in die Dritte Welt oder in unter-
entwickelte Regionen hinein zu sein, entweder nicht bzw. nur partiell erfüllt wer-

---

[11] Während ROSTOW fünf Stufen der allgemeinen wirtschaftlichen Entwicklung identifi-
ziert, kommen Freizeit- und Tourismusgeographen zu unterschiedlichen Ergebnissen:
Bei THUROT (1973) sind es drei, bei VORLAUFER (1996) und MIOSSEC (1977) vier, bei
BUTLER (1980) und GORMSEN (1981, 1983) sind es jeweils sechs regelhaft-räumliche
Sukzessionsphasen der touristischen Entwicklung.

den; teilweise werden sie aufgrund kapitalismusimmanenter Mechanismen der internationalen Kapitalverwertung gar nicht als erfüllbar gehalten.

In der deutschsprachigen Freizeit- und Tourismusgeographie wird derart grundsätzliche Kritik selten vorgebracht. HASSE (1988, S. 15) macht als einer der wenigen deutlich, dass „im Tourismus trotz tendenzieller Potenziale zur Überwindung sogenannter peripherer Problemlagen das Risiko der Verschärfung des Gegensatzes von struktureller und ökonomischer Benachteiligung einerseits und Reichtum andererseits liegt". Auch STEINECKE spielt (1984, S. 267) auf den „tendenziellen Interessengegensatz zwischen den wirtschaftlichen Interessen der Freizeitunternehmer (als Repräsentanten des Tauschwertinteresses) und den Erholungsbedürfnissen der Nutzergruppen (als Gebrauchswertinteressenten)" an. KRIPPENDORF's Schlagwort von den ‚Landschaftsfressern' aus dem Jahre 1975 aufgreifend, verweist MOSE auf den im Tourismus angelegten Drang zur ständigen Expansion (1998, S. 5): „Den systemisch angelegten Wachstumsimperativen der kapitalistischen Warenproduktion folgend, drängt die internationale Tourismusindustrie nach fortwährendem Ausbau der bestehenden touristischen Infrastruktur. Eine wichtige steuernde Funktion hat hierbei die ‚Erfindung' immer neuer Formen der Freizeit- und der Urlaubsgestaltung, wie sie beispielhaft anhand der Entstehung der sogenannten Trendsportarten (...) nachvollzogen werden kann".

Insgesamt jedoch überwiegen eher ‚wertneutrale', häufig neoklassisch ausgerichtete Erklärungsansätze. Herausragend ist in diesem Zusammenhang der explizite, letztlich jedoch nicht überzeugende Versuch von BÖVENTER (1988, 1989), eine raumbezogene Theorie des Tourismus[12] auf der Basis ausschließlich ökonomischer Gesetze zu erarbeiten. Strikte ökonomische Gesetze liegen auch den in der Freizeit- und Tourismusgeographie weit verbreiteten Kosten-Nutzen-Analysen zugrunde. Stellvertretend sei eine Studie von NIELSEN (1992) über den Züricher Stadtwald angeführt. Dort wird die Walderholung über den externen, nicht über den Markt abgegoltenen Nutzen berechnet, für den seinerseits eine Distanzrelation postuliert wird: Wenn der Nutzen, den sich die Besucher von einem Waldaufenthalt versprechen, geringer ist als der Aufwand für Hin- und Rückweg, werden diese sich nicht zu einem Besuch entschließen. Je weiter aber der erwartete Nutzen die Wegekosten übersteigt, desto leichter fällt die Besuchsentscheidung. Insgesamt ergibt sich ein linearer Zusammenhang zwischen der Zahl der Besuche und der Entfernung, die über Zeit- bzw. Fahrtkosten in die Berechnung eingeht.

Mehr oder weniger strikte ökonomische Gesetze liegen einer Fülle von empirischen Untersuchungen zugrunde, die von Freizeit- und Tourismusgeographen in einer großen Bandbreite (Gutachten, Expertisen, Diplomarbeiten) immer wieder

---

[12] Ausgangsüberlegung von BÖVENTER ist, dass sich das Gut Ferienreisen nicht prinzipiell von anderen Gütern unterscheidet. Es würde sich lediglich durch die Kombination von vielen verschiedenen Eigenschaften aus der Reihe der Güter hervorheben, welche üblicherweise in ökonomischen Modellen analysiert werden.

vorgelegt werden und zum Standardrepertoire anwendungsnaher Forschung bzw.
raumbezogener Planung zählen.[13] Stellvertretend seien hier lediglich die Untersuchungen von BECKER (1988) über regionale Einkommens- und Beschäftigungseffekte des Tourismus sowie von KLEMM (1999) über das Ausgabeverhalten von
Tagestouristen im Umland Berlins erwähnt.

Ebenso stärker wirtschaftsgeographisch ausgerichtet sind die in jüngerer Zeit zunehmenden Untersuchungen zu Fragen der Globalisierung im Tourismus. Hier
bemüht sich u. a. VORLAUFER (1993a, 1993b, 1994) um die Darstellung von Ver-
flechtungsstrukturen, raumprägenden Wirkungen und regelhaften Ausbreitungs-
mustern z. B. von transnationalen Reisekonzernen, Autovermietern, Hotel- und Ferienclubketten etc. Auch der Problemkreis des Dritte-Welt-Tourismus[14] wird unter
Globalisierungsgesichtspunkten aufgegriffen, aber einer eher deskriptiven, stärker
wirtschaftlich und weniger sozio-kulturell ausgerichteten Betrachtung unterzogen.
Mangelware sind theoriegesättigte Analysen der ablaufenden Globalisierungsprozes-
se. Ähnliches gilt für Untersuchungen, die sich mit Innovationen der Informations-
und Kommunikationstechnologie (Tourist-Cards, Travel-Channels, Internet-Dienste
etc.), ihren raumbezogenen Auswirkungen sowie vor allem ihren Rückwirkungen auf
Reiseverhalten und Raumverständnis der Akteure beschäftigen. Hier böte sich ein
lohnendes Feld für Arbeiten, die jedoch nicht nur das wirtschafts-, sondern das gesamte humangeographische Spektrum abgreifen sollten.

2.2   Freizeit- und Tourismusgeographie in sozialwissenschaftlicher Ausrichtung

Für die Freizeit- und Tourismusgeographie haben raumwissenschaftlich-theoreti-
sche Erklärungsansätze hohen heuristischen Wert. Sie können u. a. genutzt werden, um Hypothesen über räumliche Systemzusammenhänge zu formulieren oder
Konzepte für die empirische Arbeit zu erstellen. Doch selbst PEARCE (1979, S.
262) als einer der führenden anglo-amerikanischen Disziplinvertreter warnt vor
einer allzu starken raumwissenschaftlich-nomologischen Ausrichtung, indem er
BARBAZA (1975) zitiert: „Theories and economic calculations must not refer to an
abstract or homogenous area but should deal with a living, vulnerable and valuable
area which geographers must define and outline." Dennoch bleibt zu konstatieren,
dass der Mensch in dieser Konzeption weder als Objekt seiner Lebensumstände
noch als handelndes Subjekt eine entscheidende Rolle zugewiesen erhält, obwohl
„seit Max Weber in den Sozialwissenschaften ein Konsens darin [besteht], dass

---

[13] Einen detaillierten, fast ein ganzes Jh. überspannenden Überblick über Untersuchungen
      zum Tourismus als Wirtschaftsfaktor in einer beachtlichen Bandbreite der verschiedenen
      ökonomischen Effekte liefert EISENSTEIN (1993).

[14] Bis 1993 gibt THIESSEN einen passablen Überblick über das Schrifttum, danach VOR-
      LAUFER (1996) sowie außerhalb der Geographie FREYER (1998).

menschliches Handeln und menschliches Verhalten Ausgangspunkt und Zentrum allen wissenschaftlichen Bemühens sei" (WIRTH 1984, S. 76).

2.2.1 Theoretische Konzepte und Modelle unter dem Einfluss der ‚Münchner Schule' der Sozialgeographie und anderer Ansätze

Dies ändert sich mit zwei Einschnitten in der Disziplingeschichte: Auf der Grundlage des Kritischen Rationalismus plädiert BARTELS (1968) mit Vehemenz dafür, das Fach als methodisch moderne, theorieorientierte und vor allem handlungszentrierte *Sozialwissenschaft* zu betreiben, was vor dem Hintergrund fundamentaler Auffassungsunterschiede hinsichtlich der Grundsatzfrage, ob sozialwissenschaftliche Erklärungen ebenso streng nomologisch wie naturwissenschaftliche Ansätze ausgerichtet zu sein haben, zu einer scharfen Kontroverse führt (vgl. WIRTH 1984).

Der zweite Einschnitt erfolgt mit der Neukonzeption der Sozialgeographie durch die sog. ‚Münchner Schule', die zwar ebenso heftigst umstritten ist und letztlich nicht zum erhofften Erfolg führt. Ihr gelingt es jedoch zum erstenmal in der Disziplingeschichte, den Menschen als Individuum bzw. als sozialgeographische Gruppe *systematisch* mit in das Gedankengebäude des Faches zu integrieren. Basierend auf dem Modell der Funktionsgesellschaft gliedern Ruppert/Maier (vgl. RUPPERT/MAIER 1970; RUPPERT 1975) die Grunddaseinsfunktion ‚sich erholen' aus und verknüpfen sie mit den raumbezogenen Aktivitäten sozialer Gruppen, von denen die Funktionsstandorte der Freizeit aufgesucht werden und die dort spezifische Flächen- und Raumansprüche generieren.

Dieser Neuansatz verleiht der Freizeit- und Tourismusgeographie einerseits kräftige Impulse und führt zu neuen Fragestellungen und Methoden. Es wird eine ‚Allgemeine Geographie des Freizeitverhaltens' entworfen, die in einem „dialektischen Spannungsverhältnis" zur klassischen Fremdenverkehrsgeographie (qua traditioneller Kulturlandschaftsanalyse mit raumwissenschaftlich-wirtschaftsgeographischer Prägung) gesehen wird, weil sie „an die Stelle des Raumes als zentrales Betrachtungsobjekt" das „Freizeitverhalten im Raum" setzt. Diese umfassender konzipierte ‚Allgemeine Geographie des Freizeitverhaltens' scheint das „Erkenntnisfeld für die Untersuchung raumrelevanter Verhaltensweisen und handlungstheoretischer Zusammenhänge" weit zu öffnen (alle Zitate nach UTHOFF 1988, S. 6).

Andererseits beinhaltet das Konzept der Grunddaseinsfunktionen eine allzu starke analytische Engführung, weil es „auf den Bereich der materiellen Objekte des Erdraums" bezogen bleibt (WERLEN 2000, S. 309), „geringen gesellschaftlichen Reflexionscharakter" besitzt (HOFMEISTER/STEINECKE 1984, S. 11) und die „Ausblendung der polit-ökonomischen Situation" (OESTREICH 1977, S. 82) zur Folge hat. Trotz aller Neuansätze wird letztlich postuliert: „Geographische Tourismusforschung ist zunächst einmal Geographie und damit *Raumwissenschaft* und nicht Verhaltenswissenschaft" (UTHOFF 1988, S. 10). Zwar wird konzediert, dass sich die Vorstellungen vom Bezugsraum geändert hätten: „Er ist heute sicher nicht mehr nur der besondere Typ von Kulturlandschaft. Er ist Strukturraum, er ist Funktionsraum, er ist Verhaltens- und Interaktionsraum. Er hat neue Dimensionen erhalten (...)". Der entscheidende Schritt hin zu einer dezidiert sozialwissenschaftlich-hermeneutisch (und nicht nomologisch) ausgerichteten Disziplin, so wie ihn WIRTH (1984) neben anderen Autoren fordert und der letztlich zu einem Verständnis des Faches als theorieorientierte moderne oder gar postmoderne[15] Sozialwissenschaft führt, wird im Rahmen der ‚Münchner Schule' bzw. in ihrer Ausprägung als ‚Allgemeine Geographie des Freizeitverhaltens' nicht getan.

Die wie auch immer geartete Neukonzeption der Sozialgeographie und die sie begleitenden Kontroversen führen in der Freizeit- und Tourismusgeographie der 1970er- und 1980er-Jahre dazu, dass einerseits neue Forschungsstränge entstehen, von denen nachfolgend nur einige wichtige dargestellt werden können. Die erwähnte Engführung dürfte andererseits wesentlicher Grund dafür sein, dass vor dem Hintergrund des weiter zunehmenden Booms von Freizeit und Tourismus in Wirtschaft und Gesellschaft in den 1990er-Jahren zwar eine Fülle von Untersuchungen vorgelegt wird;[16] zumindest in der deutschsprachigen Freizeit- und Tourismusgeographie entstehen jedoch kaum Arbeiten, die das Fach theoretischkonzeptionell weiter voranbringen.[17]

In Anlehnung an die Münchner Sozialgeographie wird in der Geographie des Freizeitverhaltens in den 1970er-Jahren der *Kapazitäten-Reichweiten-Ansatz* entwickelt. Ziel ist, die Freizeiträume sozialgeographischer Gruppen abzugrenzen und die innere Differenzierung dieser Räume zu analysieren, um sie auch planerisch handhabbar zu machen. Dabei werden funktionale Kriterien zugrunde gelegt, mit

---

[15] Mit Bezug auf Reisen als kulturelle Praxis liefert HLAVIN-SCHULZE (1998, S. 69ff.) eine eingängige Erläuterung der Begriffe Moderne bzw. Postmoderne.

[16] Unter dem Stichwort ‚Tourismus' sind in der internet-Literaturdatenbank der Erlanger Geographen für 1980 bis 1989 knapp 600, für 1990 bis 1999 knapp 1.100 Titel abgelegt. Interessant ist, dass so gut wie alle Beiträge, die sich mit theoretisch-konzeptionellen Aspekten befassen, bis spätestens in den 1980er-Jahren erscheinen. Auch die einschlägigen Lehrbücher (KULINAT/STEINECKE 1984, WOLF/JURCZEK 1986) werden in dieser Zeit publiziert. Keine Ausnahme bildet die Rekreationsgeographie Greifwaldscher Prägung (BENTHIEN 1985, 1997), die ebenso bereits Mitte der 1980er-Jahre konzipiert worden ist. In den 1990er-Jahren erscheint nach Wissen des Verf. kein umfassender deutschsprachiger und wesentlicher Beitrag zur Methodologie bzw. zum Erkenntnisfortschritt der gesamten Disziplin.

[17] Noch Ende der 1980er-Jahre bemühen sich einige Autoren darum, die erkannte Engführung der Disziplin durch Einbeziehen sozialwissenschaftlicher Erklärungsansätze zum Phänomen Tourismus aufzubrechen: STORBECK (1988) stellt eine Systematik dieser Ansätze für die innerfachliche Diskussion zusammen; HASSE (1988) klinkt sich in die gesellschaftskritische Denkweise um ADORNO, HABERMAS und MARCUSE ein und versucht, die tourismusbedingten Probleme im Raum auf die Mechanismen und Widersprüche im herrschenden Wirtschaftssystem zurückzuführen.

deren Hilfe u. a. die Einzugsbereiche von Freizeitanlagen behandelt werden. Damit gelingt es offenbar aber nicht, ein genaues Bild vom räumlichen Verhalten der Erholung oder Zerstreuung suchenden Akteure zu erhalten. Dies soll der *aktions-räumliche Ansatz* leisten, der sich großer Beliebtheit erfreut (HEINRITZ/POPP 1978; BECKER 1982) und mit dem angestrebt wird, das freizeitbezogene Interaktionsver-halten der Akteure in seinen räumlichen Bezügen zu beschreiben und zu erklären.

Abb. 3: Raumzeitliche Aktivitätenbündel in der ‚*time-space*'-Geographie

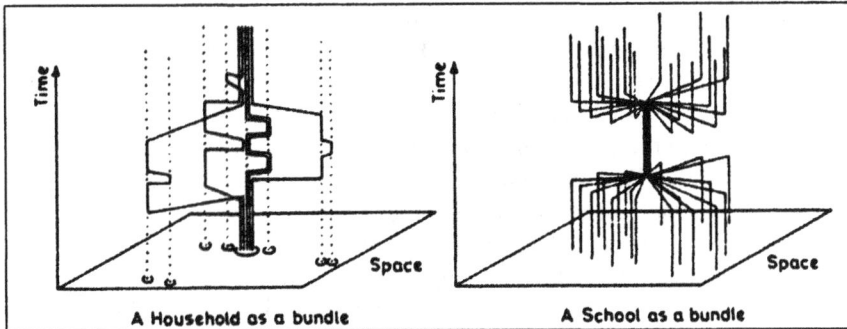

Quelle: Nach CARLSTEIN et al. 1977; entnommen aus THRIFT 1977

Beide Ansätze erweisen sich auch heute noch vor allem für planerische Zwecke als relativ fruchtbar (vgl. POPP 2001). Allerdings wird die Chance vertan, Anschluss an ein vielversprechendes Konzept herzustellen, das als *time-* bzw. *time-space-geography* im Umfeld von Hägerstand ab Mitte der 1960er-Jahre in Schweden entsteht (HÄGERSTRAND 1970; CARLSTEIN et al 1977; vgl. Abb. 3). Dieses er-scheint von der Grundidee her als geeignet, die Freizeit- und Tourismusgeographie mit einem Rahmenkonzept zu versehen und ihr damit eine Plattform einzurichten, auf die im Bedarfsfall weiterführende Erklärungsansätze aus anderen (Tourismus-) Disziplinen aufgesetzt werden können. Zwar gibt es in der deutschsprachigen Freizeit- und Tourismusgeographie neben wenigen Studien, die Teile der *time-space-geography* umsetzen, immer wieder Hinweise auf die Bedeutung der Idee, doch das Potenzial wird ebenso wenig genutzt wie der *behaviour setting*-Ansatz von BARKER (1968), der eine ähnliche Rahmenfunktion übernehmen könnte.[18]

---

[18] Gegossen in ein Modell des sozialbestimmten räumlichen Verhaltens macht sich vor allem STEINBACH die Vorzüge des ‚behaviour setting'-Ansatzes (1980, 1989) zunutze und liefert Hinweise auf dessen mögliche Rahmenfunktion. Außerhalb des Faches be-schäftigt sich KEUL (1996) mit ähnlich gelagerten Ansätzen in einer Studie zum Salz-burger Städtetourismus, die den bezeichnenden Titel ‚Straße der Ameisen' trägt.

2.2.2 ‚Nachhaltiger Tourismus' als Versuch einer Neuausrichtung

Frühzeitig erkannt wird dagegen, dass die Auswirkungen des sich rasant entwickelnden Sektors Freizeit und Tourismus und seiner Konversion zu einem Mas-
sengeschäft (1969 wird der erste Jumbo-Jet eingesetzt) zu einer veränderten
Sichtweise innerhalb des Faches führen müsse. Bis etwa Mitte der 1960er-Jahre
werden die tourismusbezogenen Effekte als überwiegend positiv bewertet; danach
beginnt, akzentuiert durch die Ölkrise 1973, ein zunehmend kritischeres Hinterfragen der durch Freizeit- und Tourismusaktivitäten ausgelösten raumbezogenen
Auswirkungen. Angestoßen durch aufsehenerregende Publikationen vor allem von
KRIPPENDORF (z. B. 1975) und die 1980 veröffentlichten Thesen von R. JUNGK
zum ‚sanften' Tourismus entbrennt auch innerhalb der Freizeit- und Tourismusgeographie eine Diskussion, die sich zunächst auf die negativen umweltbezogenen
Aspekte konzentriert (u. a. beschäftigt sie sich mit ökologischer Tragfähigkeit und
den entsprechenden Belastungsgrenzen und kann damit an Erkenntnisse aus der
Physischen Geographie andocken). Als Fragen nach der sozialen Verträglichkeit
stärker ins Spiel kommen und ein Begriffswechsel vom ‚sanften' zum ‚sozial- und
umweltverträglichen' Tourismus erfolgt, verlagern sich die innerfachlichen Inter-
essensschwerpunkte entsprechend. Obwohl zwar die Zielrichtung klar und auch
nicht umstritten ist: „Tourismusangebot und -nachfrage müssen sich gleichermaßen
ändern, damit die Natur, das wichtigste Grundkapital der touristischen Entwicklung, nicht zerstört wird, die Kultur einer Zielregion erhalten bleibt, die soziale
und ökonomische Lebensqualität der Bereisten verbessert, gleichzeitig aber auch
den Bedürfnissen der Touristen entsprochen wird" (KLEMM 1993, S. 65), fehlt
jedoch ein fundiertes theoretisches Konzept, das sich auch noch in eine praktikable
Strategie umsetzen ließe. Positiv zu erwähnen sind jedoch die Versuche, das Konzept des ‚sanften' Tourismus mit der Regionalplanung zu verbinden und unter den
Topoi ‚Förderung endogener Potenziale' und ‚Eigenständige Regionalentwicklung' anwendungsbezogen umzusetzen (vgl. KRÜGER 1995; MOSE 1998).

In der Hoffnung, ein breiteres theoretisches Fundament zu finden, wird ab Ende
der 1980er-Jahre „mit wachsendem Engagement die Konzeption des ‚sustainable
development' aufgegriffen und auf den Tourismus bezogen" (BECKER et al. 1996,
Vorwort). Unter dem Schlagwort des ‚nachhaltigen' Tourismus beschäftigt sich
das Fach bis Ende der 1990er-Jahre intensiv mit der nachhaltigen (regionalen)
Entwicklung. Die Bemühungen kulminieren in einem Studienbuch (BECKER et al.
1996); der sog. Reisestern wird entwickelt, welcher in Analogie zur Hotelklassifi-
zierung der Reiseindustrie als Nachhaltigkeitsmaßstab (vergeblich) angeboten
wird; zahlreiche planungs- und regionsbezogene Arbeiten entstehen (z. B. BÄT-
ZING 1996; JOB 1996); über die Ferntourismus-Problematik wird der Ansatz auch
in die Entwicklungsländer-Diskussion einbezogen (einen guten Überblick liefert
LOSANG 2000). Letztlich jedoch ist auch die Freizeit- und Tourismusgeographie
nicht in der Lage, ein in sich widerspruchsfreies, sozialwissenschaftlich fundiertes
und theoriegesättigtes Konzept von ‚nachhaltigem' Tourismus vorzulegen.

2.3 Freizeit- und Tourismusgeographie als postfordistisch/ postmoderne kulturelle Praxis?

Parallel zu diesen Bemühungen weisen die deutschen Urlauber Motiven der physischen Erholung und psychischen Entspannung sowie des Natur- und Umwelterlebens und der Gesundheitsvorsorge zwar auch in jüngster Zeit hohe Priorität zu (vgl. die Ergebnisse der ‚Reiseanalyse‘), so dass die passgenaue Konzeptionierung einer auf ‚Rekreation‘ und ‚Nachhaltigkeit‘ ausgerichteten Freizeit- und Tourismusgeographie eigentlich als adäquate Antwort gesehen werden müsste. Der boomende Freizeit- und Reisemarkt explodiert jedoch in den späten 1980er- und in den 1990er-Jahren in einer Vielzahl neuer Angebotsformen und Nachfragestrukturen, denen mit klassischen Erklärungskonzepten nicht mehr beizukommen ist, so dass die Freizeit- und Tourismusgeographie wie auch benachbarte Disziplinen am Beginn des 21. Jhs. angesichts einer neuen, ‚postmodernen Unübersichtlichkeit‘ vor großen Herausforderungen stehen: „Nichts ist mehr so, wie es früher war“ (STEINECKE 1997, S. 7).

Unter den Bedingungen der Globalisierung laufen Prozesse ab, die als ein dialektisches Zusammenspiel einer neuen Form der Ökonomisierung und der kulturellen Überprägung verstanden werden können. Dieses Zusammenspiel ist mit erheblichen Auswirkungen auf Freizeit und Tourismus verbunden, die sowohl auf der Nachfrage- als auch auf der Angebotsseite zu grundlegend veränderten Bedingungen führen. Der Regelkreis schließt sich dort, wo Freizeit und Tourismus als neue Leitökonomie nicht nur internationale Kapital-, Menschen-, Informationsflüsse und *know how*-Ströme generieren, die aufgrund ihrer beachtlichen Größe und neuen Qualität Prozesse der technisch-ökonomischen Globalisierung vorantreiben; gleichzeitig sorgen Freizeit und Tourismus vor allem auch dafür, dass neue und sich immer wieder dynamisch verändernde Konsummuster, Bedürfnisstrukturen, Werte und Bedeutungen über ihre weltweite Verbreitung die Prozesse der kulturellen Globalisierung beschleunigen.

Aus Sicht der Freizeit- und Tourismusgeographie würde es gelten, die ablaufenden Vorgänge auf allen räumlichen Ebenen nachzuzeichnen und zu versuchen, die gefundenen Ergebnisse im gemeinsamen interdisziplinären Zugriff auf Erkenntnisse in benachbarten Freizeit- und Tourismusdisziplinen systematisch in einen übergreifenden Rahmen einzuordnen. Dieser soll hier vor dem Hintergrund des sich in den Humanwissenschaften vollziehenden *cultural turn* als kulturwissenschaftliches Paradigma[19] bezeichnet und zur Diskussion gestellt werden.[20]

---

[19] Wesentliche Anregungen zu diesem Teilkapitel entstammen SQUIRE (1994), ROJEK/ URRY (1997), LACKNER/WERNER (1998) sowie intensiven Diskussionen im interdisziplinären Bayerischen FORschungsverbund AREA Studies (FORAREA).

[20] HUNZIKER, einer der Väter der modernen Tourismusforschung in der Schweiz, bezeichnet bereits 1943 in seiner grundlegenden Arbeit über ‚System und Hauptprobleme einer wissenschaftlichen Fremdenverkehrslehre‘ (S. 20) die Tourismuswissenschaft als eine

2.3.1 Kulturwissenschaftliche Grundlagen einer postmodernen Freizeit- und Tourismusgeographie

Unter *cultural turn* wird die in vielen Humanwissenschaften beobachtbare Wende hin zu einer stärkeren konzeptionellen Ausrichtung auf Fragen der Kultur und der sich verändernden Bedeutungsdimensionen fachspezifisch behandelter Erkenntnisobjekte und eingesetzter Forschungsmethoden verstanden. Diese Wende vollzieht sich in einem Spannungsfeld, das von den skizzierten Globalisierungsprozessen und den davon ausgelösten Rückbindungsmechanismen auf das Regionale/Lokale grundlegend geprägt ist und in dem ein Paradigmenwechsel stattfindet, durch den der traditionelle Kulturbegriff, der als zu statisch, essentialistisch, holistisch und zu homogen empfunden wird, von einem offeneren, praxisorientiertem, flexiblen, weniger essentialistischen und stärker anthropologisch-sozialwissenschaftlich fundierten Verständnis von Kultur abgelöst wird.

‚Kultur' ist nicht länger vorwiegend materielles Substrat der kulturellen Produktion in einer Gesellschaft (Theater, Museen, Denkmäler, Sehenswürdigkeiten etc.), auf welches ‚klassischer' Kulturtourismus ausgerichtet ist. ‚Kultur' wird zunehmend als Hybridität, als ein ‚glocaler' Austausch- und Aneignungsmechanismus verschiedenster Einflüsse verstanden, der auch im Tourismus durchaus machtgeladen vonstatten gehen kann. Exemplarisch sei hier MACCANNEL zitiert, der diese veränderte Sichtweise explizit formuliert: „(...) tourism is a primary ground for the production of new cultural forms on a global base. In the name of tourism, capital and modernized peoples have been deployed to the most remote regions of the world, farther than any army was sent. Institutions have been established to support this deployment, not just hotels, restaurants, and transportation systems, but restorations of ancient shrines, development of local handcrafts for sale to tourists, and rituals performed for tourists. In short, tourism is not just an aggregate of merely commercial activities; it is also an ideological framing of history, nature and tradition; a framing that has the power to reshape culture and nature to his own needs" (MACCANNELL 1992, zitiert in BURNS/HOLDEN 1995, S. 1).

Auf der Makroebene können ‚Kulturen' nicht mehr als territorial fest verankerte, lediglich mit materiellem kulturellen Substrat angefüllte Lebensräume von Gesellschaften aufgefasst werden, die sich über vermeintlich invariante Wesensmerkmale nach innen definieren und nach außen abgrenzen, so dass die in der Anthropogeographie traditionell gepflegte ‚Kulturkreislehre', die auch in der Freizeit- und Tourismusgeographie diskutiert wurde[21] und in aktuellen Publikationen hin und wieder aufscheint, nicht länger aufrecht erhalten werden kann. Gefragt sind viel-

---

Kategorie der Kulturwissenschaft, die die empirische Wirklichkeit nach ihrer allgemeinen Kulturbedeutung ordnet und beurteilt. KRAMER erneuert 1992 die Forderung nach einer kulturwissenschaftlichen Grundlegung der Disziplin.

[21] Vgl. die, zur damaligen Zeit Neuland betretende Publikation von GRÖTZBACH (1981) zum Thema Freizeit und Erholung als Problem der vergleichenden Kulturgeographie.

mehr neue Konzepte von Raum bzw. Region, die den veränderten Verhältnissen Rechnung tragen und den prinzipiellen Konstruktcharakter solcher Gebilde deutlich machen.[22] Der Bereich Freizeit und Tourismus ist in vorzüglicher Weise geeignet, um etwa am Beispiel der sich weltweit durchsetzenden künstlichen Freizeit- und Erlebniswelten genau diese Zusammenhänge in ihren Auswirkungen auf ein neues Verständnis von touristischen Räumen bzw. Regionen aufzudecken.

Auf der Mikroebene gilt es, allzu starre und geschlossene Konzepte sozialer/sozialgeographischer Gruppen bzw. Schichten[23] mit veränderten gesellschaftlichen Interaktionsformen zu konfrontieren, die gemeinhin unter dem Begriff der neuen Lebensstile in ihrer Pluralisierung und Ausdifferenzierung subsumiert werden. In Bezug auf Freizeit und Tourismus sind für diese neuen Lebensstile zunehmend weniger jene Erklärungsansätze und Konzepte relevant, wie sie als Fluchtthese oder gar repressionstheoretische Ansätze zum Teil auch Eingang in die fachinterne Diskussion gefunden haben. Hier gilt es vielmehr, im interdisziplinären Diskurs auf weiterführende Erklärungsansätze jüngeren Datums zurückzugreifen, wie sie auf individualpsychologischer Ebene beispielsweise mit der Stressregulations-, der Risikosucher- oder der ,Flow'-Theorie bzw. auf sozial stärker aggregierter Ebene mit der Theorie der Erlebnis- und der Risikogesellschaft oder den Ansätzen zur MacDonaldisierung bzw. Disneyfizierung in benachbarten Freizeit- und Tourismusdisziplinen diskutiert werden.[24] Auf der Nachfragerseite wären aus Sicht der Freizeit- und Tourismusgeographie solche Phänomene und Prozesse mit ihren räumlichen Implikationen stärker in den Focus zu nehmen, die gemeinhin als postmodern tituliert und mit Schlagworten wie Inszenierung, Emotionalisierung, Personalisierung, Fiktionalisierung touristischer Wahrnehmung u. dgl. belegt werden. Auf der Angebotsseite könnten Phänomene und Prozesse von Interesse sein, die unter Schlagworten wie Standardisierung, Flexibilisierung, Multifunktionalisierung, Inszenierung, Eventisierung u. dgl. subsumiert werden.

Vor dem Hintergrund offensichtlicher Defizite in der Freizeit- und Tourismusgeographie soll hier kein Lamento über eine allzu dünne fachtheoretische Basis angestimmt werden. Vielmehr ist zu prüfen, in welchen Bereichen der Disziplin Vorarbeiten geleistet wurden, die für das Aufspannen eines größeren Theoriebogens genutzt werden können. Jener müsste nicht unbedingt wie aus einem Guss

---

[22] Hierzu existiert außerhalb der Geographie rsp. Freizeit- und Tourismusgeographie eine Flut von Ansätzen. Insbesondere WÖHLER liefert immer wieder wertvolle Hinweise.

[23] Die Denkansätze von BECK (1994) unter dem bezeichnenden Titel ,Jenseits von Stand und Klasse?' dürften sich mit hohem Erkenntniszugewinn auch in die Freizeit- und Tourismusgeographie transferieren lassen.

[24] Grundlegend sind hier Arbeiten z. B. von SCHULZE (1992, 1993), HAHN/KAGELMANN (1993), BECK/BECK-GERNSHEIM (1994), RITZER (1997). Einen Wendepunkte markiert HENNIG (1997a) mit dem programmatischen Titel ,Reiselust. Touristen, Tourismus und Urlaubskultur' (vgl. auch HENNIG's Versuch eines Überblicks über die vorhandenen Tourismustheorien (1997b) sowie die Zusammenstellung wichtiger Urlaubs-/Reisemotive und Tourismustheorien von KULINAT in vorliegendem Band).

beschaffen sein, sondern könnte durchaus – der komplexen und ausdifferenzierten Materie entsprechend – aus verschiedenen kulturwissenschaftlich fundierten Teilansätzen zusammengefügt werden. Bei genauerer Betrachtung sind die Felder inhaltlicher Arbeit in der deutschsprachigen Freizeit- und Tourismusgeographie, die im folgenden nur kurz skizziert werden können, durchaus reich bestellt.

2.3.2 Ausgewählte Ansätze und ihre Bedeutung für die kulturwissen- schaftliche Neuausrichtung der Freizeit- und Tourismusgeographie

Sowohl getrennt als eigene Denkrichtung als auch im engen Zusammenhang mit der Diskussion um sozio-kulturelle Aspekte von ‚nachhaltigem' Tourismus hat sich ein Forschungsstrang herauskristallisiert, in dessen Zentrum das Thema Tourismus als eine Form der (inter-)kulturellen Kommunikation bzw. die Problematik der positiven und negativen sozio-kulturellen Auswirkungen von Tourismus stehen. Hier werden Fragen der Akkulturation bzw. Überformung und Überlastung der ‚Bereisten' bzw. ‚fremder' Gesellschaften auch in ihren räumlichen Auswirkungen durch Tourismus diskutiert.[25] Weiter ausgreifen Fragestellungen zum Thema Entwicklungsländertourismus und ‚Die Sicht der Anderen', zu denen auch die Problematik der Kulturdarstellungen in Reiseführern gehört.[26] Außerhalb der Entwicklungsländerforschung erfreut sich der allgemeine Fragenkomplex der sozio-kulturellen Überlastung durch Freizeit- und Tourismus großer Beliebtheit.[27]

Der Bereich des ‚klassischen', stärker auf das materielle kulturelle Substrat ausgerichteten Kulturtourismus deckt in der deutschsprachigen Freizeit- und Tourismusgeographie ein weites Spektrum von Fragestellungen ab (einen guten Überblick liefert WEISSENBORN 1997). Kulturtourismus wird aufgrund seiner ökonomischen Bedeutung gelegentlich als ‚Megatrend Kultur' bezeichnet, sein Wachstumspotenzial als überdurchschnittlich hoch eingeschätzt (BECKER/STEINECKE 1993a, 1993b). Neuansätze, die vom ‚klassischen' Kulturtourismus wegführen, werden besonders in altindustrialisierten Wirtschaftsregionen deutlich, in denen Substanz und Image einer durch fordistische Industrieproduktion geprägten Kulturlandschaft durch postfordistisch/postmodernen Industrietourismus einem bemerkenswerten,

---

[25] VORLAUFER (1996, Kap. 8) gibt einen Überblick über die Problematik; der Interdisziplinäre Arbeitskreis Dritte Welt an der Universität Mainz führte 1995 eine eigene Sitzung zur Thematik durch (vgl. MEYER/THIMM 1996); vgl. auch die entsprechenden Abschnitte in den Lehrbüchern zur Freizeit- und Tourismusgeographie.

[26] Grundlegend ist die Publikation von STEINECKE (1988); vgl. auch POPP (1994, 1997) und SCHERLE (2001); interessante Ansätze, zum Teil in Länder- bzw. Einzelfallstudien bieten ROTPART (1995), SIEGRIST (1996), SCHERLE (2000).

[27] Eine gute Übersicht am Beispiel konventioneller und neuer Feriengroßprojekte liefert HUBER (1999). Außerhalb der Geographie beschäftigt sich THIEM (1994) mit dem Rahmenthema Tourismus und sozio-kulturelle Auswirkungen.

im weitesten Sinne kulturellen Wandel unterzogen werden.[28] Interessant, aber im wesentlichen noch ungeklärt sind die zahlreichen Überschneidungen inhaltlicher und methodisch-konzeptioneller Art zum Städtetourismus, der sich in der Freizeit- und Tourismusgeographie ebenso zu einem weiten Feld mit vielfältigen sozio-kulturellen Fragestellungen entwickelt hat (vgl. MEIER 1994; DREYER 1996).

Ein weiteres, vor allem konzeptionell in Bezug auf das oben skizzierte kulturwissenschaftliche Paradigma wichtiges Feld ist das Spektrum zunehmend zahlreicherer Untersuchungen zu den künstlichen Freizeit-, Konsum- und Erlebniswelten. Hier bieten sich nicht nur planungsbezogene Aspekte zur Bearbeitung an; hier kann tiefer in die kulturwissenschaftlichen Zusammenhänge und räumlichen Implikationen eines zunehmend entgrenzten, gleichzeitig regional bzw. lokal rückgebundenen Bereichs von Freizeit und Tourismus Einblick genommen werden.

3   Wohin die Reise geht: Freizeit- und Tourismusgeographie an der Schwelle zum 21. Jahrhundert

Bereits die bloße, jedoch sehr detailgenaue Beschreibung des globalen Tourismusmarkts am Ende der 1990er-Jahre und die kurze, jedoch fundierte Darstellung wesentlicher Merkmale der Entwicklung von Angebot und Nachfrage in Freizeit und Tourismus in Steinecke (1997, 2000b) bieten höchst lohnenswerte Anknüpfungspunkte für weiterführende theoretisch-konzeptionelle Überlegungen.[29] Würde man die Phänomene und Entwicklungen unter der oberbegrifflichen Zuschreibung ‚Hybridtourismus‘[30] als Ausdruck für wesentliche postfordistisch/postmoderne

---

[28] Der erste umfassende Reiseführer zur Route der Industriekultur stammt aus der Feder eines Autors, der aus dem Mutterland der Industriellen Revolution in das Ruhrgebiet zugewandert ist und mit postmodernen Augen die noch erhaltenen Symbole und Orte der fordistischen Industrieproduktion betrachtet (vgl. KIFT 2000).

[29] Der von STEINECKE betreute Sammelband zu Erlebnis- und Konsumwelten (2000a) bietet einen breiten, jedoch vorwiegend deskriptiven Überblick. Eine griffige Darstellung touristischer Aspekte bei der Frage ‚Konsum als Religion?‘ ist in STEINECKE (2000b) enthalten; dort sind die Erfolgsfaktoren der ‚neuen Orte des Konsums‘ unter dem Schlagwort der *‚mindscapes‘* zusammengestellt. Theoretisch gut fundiert, jedoch mit einem engen, kritischen Blickwinkel behandelt HASSE (1995) das Thema. Die ‚Alpenwelt Mittersill‘ benutzt WEICHHART (1998), um regionalplanerisch-räumliche Aspekte von postfordistischen Freizeit- und Erlebnisparks unter theoretisch-konzeptioneller Perspektive darzustellen. Außerhalb der Geographie beschäftigt sich vor allem KAGELMANN (z. B. 1998, 2001) in guter theoretischer Fundierung mit Erlebniswelten à la Disney; auch von ROMEISS-STRACKE (1995), OPASCHOWSKI (1995) und WÖHLER (2000) werden interessante Argumente in die Diskussion eingebracht; fast schon zu einem Standardwerk hat sich ein Band der Thomas Morus Akademie mit dem bezeichnenden Titel ‚Kathedralen der Freizeitgesellschaft‘ (1995) entwickelt.

[30] Wenn ein Begriff gefunden werden müsste, unter dem die vielfältigen Erscheinungsformen postmoderner Freizeit- und Tourismusentwicklung sowohl auf der Angebots- als

Erscheinungsformen von freizeit- und tourismusbezogener kultureller Produktion und kulturellem Konsum subsumieren, liegen die Parallelen zur oben skizzierten allgemeinen Diskussion um eine kulturwissenschaftliche Neuausrichtung der Humanwissenschaften – und somit auch der Freizeit- und Tourismusgeographie – mehr als offen auf der Hand. Die sich bietenden Chancen zu einer intensiven Verknüpfung mit theoretisch-konzeptionellen Überlegungen unter dem hier vorgeschlagenen kulturwissenschaftlich/kulturgeographischen Paradigma müssten nur besser genutzt werden!

Ansatzpunkte dafür bieten sich bei der Diskussion über das Erkenntnisinteresse der Freizeit- und Tourismusgeographie an der Schwelle zum 21. Jh. Jenes sollte dem dialektischen Zusammenspiel von postfordistisch/postmodernen Freizeit- und Urlaubslandschaften und -orten sowie den in ihnen handelnden Akteuren gelten, die sowohl auf der Nachfrage- als auch auf der Angebotsseite diese Räume in und mit ihren Handlungen nicht nur konstruieren und gestalten, sondern gleichzeitig auch von den sich ständig verändernden Strukturen dieser Räumen in ihrem Handeln beeinflusst werden. Dieser Strukturationsgedanke,[31] der nicht als einziger, doch als kräftiger roter Faden die aktuellen Diskurse über Raum und Gesellschaft auch außerhalb der Geographie rsp. Freizeit- und Tourismusgeographie durchzieht, könnte sowohl in konzeptioneller als auch in methodischer Hinsicht zumindest vorläufig als Klammer fungieren, bis es gelingt, über die intensive Beschäftigung mit den sich ändernden touristischen bzw. freizeit- und tourismusgeographischen Basiskonzepten des Reisens in realen, virtuellen oder imaginativen Räumen mit ihrer auf die Bedürfnisse postmoderner Freizeit- und Tourismuskonsumenten zugeschnittenen Ausstattung, ihrer Ästhetik und Authentizität[32] ein tragfähiges Fundament zu errichten.

---

auch auf der Nachfrageseite subsumiert werden könnten, dann ist es dieser Begriff, der nach Wissen d. Verf. zum erstenmal von ROTPART (1995) in einer Untersuchung zum postalternativen Wandel im Individualtourismus und zur Macht von Reisehandbüchern in die Diskussion eingebracht wurde.

[31] Vgl. auch den mittlerweile breiter diskutierten Vorschlag zur Neuausrichtung der Sozialgeographie, wie sie vor allem von POHL (1986) und WERLEN (1995, 1997) in mehr oder weniger enger Anlehnung an die Strukturationstheorie von Giddens (und mit Anklängen an das Figurationskonzept von ELIAS) gefordert wird. Im Kern von Giddens steht die Idee (vgl. WERLEN 1995, S. 77ff.), dass die soziale Wirklichkeit – Freizeit und Tourismus sind ohne Zweifel wesentlicher Teil dieser Wirklichkeit – von kompetenten Handelnden konstituiert wird, die sich dabei auf soziale Strukturen beziehen. Die soziale Praxis involviert damit eine Dialektik von Handeln und Struktur, womit gemeint ist, dass gesellschaftliche Strukturen sowohl durch das menschliche Handeln konstituiert werden, als auch gleichzeitig das Medium dieser Konstitution sind. Grundidee ist, dass Gesellschaften und soziales Leben in Begriffen des Handelns und der institutionalisierten Praxis analysiert werden sollten und nicht in strukturellen Kategorien.

[32] Eine aufschlussreiche und weiterführende, aber auch kritische Darstellung des touristischen Basiskonzepts der Authentizität liefert WANG (1999).

Literatur

BÄTZING, W. (1996): Tourismus und nachhaltige Regionalentwicklung im Alpenraum. In: Geograph. Rundschau, 48, H. 3, S. 145-151.

BARKER, R. (1968): Ecological psychology. Concepts and methods for studying the environment of human behavior. Stanford.

BARTELS, D. (1968): Zur wissenschaftstheoretischen Grundlegung einer Geographie des Menschen. Wiesbaden.

BECK, U./BECK-GERNSHEIM, E. (1994; Hrsg.): Riskante Freiheiten. Individualisierung in modernen Gesellschaften. Frankfurt.

BECKER, CHR. (1982): Aktionsräumliches Verhalten von Urlaubern im Mittelgebirge. Materialien zur Fremdenverkehrsgeographie, H. 9. Trier.

ders. (1988): Regionale Beschäftigungs- und Einkommenseffekte durch den Fremdenverkehr. In: STORBECK, D. (Hrsg.): Moderner Tourismus. Tendenzen und Aussichten. Materialien zur Fremdenverkehrsgeographie, H. 17. Trier.

BECKER, CHR./JOB, H./WITZEL, A. (1996): Tourismus und nachhaltige Entwicklung. Grundlagen und praktische Ansätze für den mitteleuropäischen Raum. Darmstadt.

BECKER, CHR./STEINECKE, A. (1993a; Hrsg.): Megatrend Kultur? Chancen und Risiken touristischer Vermarktung des kulturellen Erbes. ETI-Texte, H. 1. Trier.

dies. (1993b; Hrsg.): Kulturtourismus in Europa: Wachstum ohne Grenzen? ETI-Texte, H. 2. Trier.

BENTHIEN, B. (1985): Entwicklung, gegenwärtiger Stand und Perspektiven der Rekreationsgeographie. In: Petermanns Geograph. Mitteilungen Erg., H. 284. Gotha, S. 88–98.

ders. (1997): Geographie der Erholung und des Tourismus. Gotha.

BLOTEVOGEL, H./DEILMANN, B. (1989): ‚World Tourist Center' Oberhausen. Aufstieg und Fall der Planung eines Megazentrums. In: Geograph. Rundschau, 41, H. 11, S. 640-645.

BÖVENTER, E. v. (1988): Theorie des Tourismus. In: Akademie für Raumforschung und Landesplanung, Forschungs- und Sitzungsberichte, Bd. 172. Hannover, S. 7–16.

ders. (1989): Ökonomische Theorie des Tourismus. Frankfurt/M./New York.

BRITTON, S. (1982): The political economy of tourism in the Third World. In: Annals of Tourism Research, 9, p. 331-359.

BURNS, P. M./HOLDEN, A. (1995): Tourism. A new perspective. Hemel Hempstead.

BUTTLER, R. W. (1980): The concept of a tourist area cycle of evolution: Implications for management resources. In: Canadian Geographer, XXIV, 1, p. 5-12.

CARLSTEIN, T./PARKES, D. N./THRIFT, N. J. (1977; eds.): Timing space and spacing time in socio-economic systems. London.

CHRISTALLER, W. (1955): Beiträge zu einer Geographie des Fremdenverkehrs. In: Erdkunde, IX, H. 1, S. 1-19.

ders. (1964): Some considerations of tourism location in Europe: The peripheral regions – underdeveloped countries – recreation areas. In: Regional Science Association Papers, 12, p. 95-103.

DREYER, A. (1996): Kulturtourismus. München/Wien.

EISENSTEIN, B. (1993): Wirtschaftliche Effekte des Fremdenverkehrs. Trierer Tourismus Bibliographien, Bd. 4. Trier.

FREYER, W. (1997): Tourismus und Wissenschaft – Chance für den Wissenschaftsstandort Deutschland. In: FELDMANN, O. (Hrsg.): Tourismus – Chance für den Standort Deutschland. Baden-Baden, S. 218-237.

ders. (1998): Globalisierung und Tourismus. Dresden.

GORMSEN, E. (1981): The spatio-temporal development of international tourism; attempt at a center-periphery model. In: Etudes & Mémoires, Centre des Hautes Etudes Touristiques, Aix-en-Provence, p. 150-169.

ders. (1983): Tourismus in der Dritten Welt. Historische Entwicklung, Diskussionsstand, sozialgeographische Differenzierung. In: Geograph. Rundschau, 35, H. 12, S. 608–617.

GRÖTZBACH, E. (1981; Hrsg.): Freizeit und Erholung als Probleme der vergleichenden Kulturgeographie. Eichstätter Beiträge, Bd. 1. Regensburg.

HÄGERSTRAND, T. (1970): What about people in regional science? In: Papers of the Regional Science Association, 24, p. 7-21.

HAHN, H./KAGELMANN, H. J. (1993; Hrsg.): Tourismuspsychologie und Tourismussoziologie. Ein Handbuch zur Tourismuswissenschaft. München.

HASSE, J. (1988): Tourismusbedingte Probleme im Raum. In: Geographie und Schule, 53, S. 12-18.

ders. (1995): Das künstliche Paradies. Eutrophie der Wünsche. In: Kathedralen der Freizeitgesellschaft. Kurzurlaub in Erlebniswelten. Trends, Hintergründe, Auswirkungen. Bensberger Protokolle, Nr. 83. Bergisch Gladbach, S. 163-174.

HEINRITZ, G./POPP, H. (1978): Reichweiten von Freizeiteinrichtungen und aktionsräumliche Aspekte des Besucherverhaltens. In: Mitt. d. Gesell. München, 63, S. 79-115.

HENNIG, Ch. (1997a): Reiselust. Touristen, Tourismus und Urlaubskultur. Frankfurt a. M./Leipzig.

ders. (1997b): Jenseits des Alltags, Theorien des Tourismus. In: Voyage, Jahrbuch für Reise- und Tourismusforschung, Bd. 1, Köln, S. 35-53.

HLAVIN-SCHULZE, K. (1998): Man reist ja nicht, um anzukommen. Reisen als kulturelle Praxis. Frankfurt/M./New York.

HOFMEISTER, B./STEINECKE, A. (1984; Hrsg.): Geographie des Freizeit- und Fremdenverkehrs. Erträge der Forschung, Bd. 592. Darmstadt.

HUNZIKER, W. (1943): System und Hauptprobleme einer wissenschaftlichen Fremdenverkehrslehre. Schriftenreihe des Seminars für Fremdenverkehr an der Handels-Hochschule St. Gallen, Bd. 5. St. Gallen.

HUBER, A. (1999): Feriengroßprojekte. Trierer Tourismus Bibliographien, Bd. 11. Trier.

KAGELMANN, J. H. (1998): Erlebniswelten. Grundlegende Bemerkungen zum organisierten Vergnügen. In: RIEDER, M./BACHLEITNER, R./KAGELMANN, H. J. (Hrsg.): Erlebniswelten. Zur Kommerzialisierung der Emotionen in touristischen Räumen und Landschaften. Tourismuswiss. Manuskripte, Bd. 4. München/Wien, S. 58-94.

ders. (2001): Erlebnisse, Erlebniswelten, Erlebnisgesellschaft. Bemerkungen zum Stand der Erlebnistheorien. In: KEUL, A./BACHLEITNER, R./KAGELMANN, H. J. (Hrsg.): Gesund durch Erleben? Beiträge zur Erforschung der Tourismusgesellschaft. Tourismuswiss. Manuskripte, Bd. 8. München/Wien, S. 90–101.

KAMINSKE, V. (1977): Zur Anwendung eines Gravitationsansatzes im Naherholungsverkehr. In: Zeitschrift für Wirtschaftsgeographie, 21, H. 4, S. 104–107.

KASPAR, C. (1991[5]): Die Tourismuslehre im Grundriss. St. Galler Beiträge zum Tourismus und zur Verkehrswirtschaft, Reihe Tourismus, Bd. 1. Bern/Stuttgart/Wien.

Kathedralen der Freizeitgesellschaft. Kurzurlaub in Erlebniswelten. Trends, Hintergründe, Auswirkungen. Bensberger Protokolle, Bd. 83. Bergisch-Gladbach 1995.

KEMPER, F. J. (1978): Probleme der Geographie der Freizeit. Ein Literaturbericht. Bonner Geograph. Abh., H. 59. Bonn.

KEUL, A. G. (1996): Straße der Ameisen. Beobachtungen und Interviews zum Salzburger Städtetourismus. Tourismuswiss. Manuskripte, Bd. 1. München/Wien.

KIFT, R. (2000): Tour the Ruhr. The English Language Guide. Essen.

KLEMM, K. (1993²): Umwelt- und sozialverträglicher Tourismus. Rahmenbedingungen von Raumordnung, Regional- und Bauleitplanung. In: HAEDRICH, G. et al. (Hrsg.): Tourismus-Management. Tourismus-Marketing und Fremdenverkehrsplanung. Berlin/New York, S. 65-76.

dies. (1999): Untersuchungen zum Ausgabeverhalten von Tagestouristen im Berliner Umland. Methoden und Ergebnisse. In: Münstersche Geographische Arbeiten, Bd. 42, S. 61-66.

KRAMER, D. (1992): Kulturwissenschaftliche Tourismusforschung. In: KRAMER, D./LUTZ, R. (Hrsg.): Reisen und Alltag. Beiträge zur kulturwissenschaftlichen Tourismusforschung. Frankfurt, S. 11-17.

KRIPPENDORF, J. (1975): Die Landschaftsfresser. Tourismus und Erholungslandschaft – Verderben oder Segen? Bern/Stuttgart.

KRÜGER, R. (1995): Nachhaltige regionale Entwicklung mit Tourismus. Konzeptionelle Ansätze und Strategien ihrer Umsetzung. In: Institut für Tourismus der FU Berlin (Hrsg.), Berichte und Materialien, Nr. 14. Berlin, S. 53-66.

KULINAT, K./STEINECKE, A. (1984): Geographie des Freizeit- und Fremdenverkehrs. Erträge der Forschung, Bd. 212. Darmstadt.

LACKNER, M./WERNER, M. (1998): Der cultural turn in den Humanwissenschaften. In: Area Studies im Auf- oder Abwind des Kulturalismus. unveröff. MS der Werner Reimers Stiftung, o. O.

LOSANG, E. (2000): Tourismus und Nachhaltigkeit. Trierer Tourismus Bibliographien, Bd. 12. Trier

MACCANNELL, D. (1992): Empty meeting ground: the tourist papers. London.

MEIER, I. (1994): Städtetourismus. Trierer Tourismus Bibliographien, H. 6. Trier.

MEYER, G./THIMM, A. (1996; Hrsg.): Tourismus in der Dritten Welt. Mainz.

MIOSSEC, J. M. (1976): Eléments pour une théorie des l'espace touristique. Les Cahiers du Tourisme, C-36. Aix-en-Provence.

ders. (1977): Un modèle de l'espace touristique. In: L'espace géographique, VI 1, p. 41-48.

MOSE, I. (1998): Sanfter Tourismus. Amsterdam.

NAHRSTEDT, W. (1995): Tourismuswissenschaft – Gibt es die? Zum Theorie-Praxis-Problem in der Fremdenverkehrsentwicklung. In: Ministerium für Wirtschaft, Mittelstand und Technologie NRW (Hrsg.): Tourismuswissenschaft. Praxis und Theorie im Dialog. Dokumentation des 1. Bielefelder Tourismus-Kolloquiums. Düsseldorf, S. 17-56.

NIELSEN, C. (1992): Der Wert stadtnaher Wälder als Erholungsraum: eine ökonomische Analyse am Beispiel von Lugano. Diss. Zürich.

OESTREICH, H. (1977): Anmerkungen zu einer „Geographie des Freizeitverhaltens". In: Geograph. Rundschau, 29, H. 3, S. 80-83.

OPASCHOWSKI, H. W. (1995): „Wir schaffen Glückseligkeit!" Anspruch und Wirklichkeit künstlicher Ferien- und Freizeitwelten. – In: Kathedralen der Freizeitgesellschaft. Kurzurlaub in Erlebniswelten. Trends, Hintergründe, Auswirkungen. Bensberger Protokolle, Nr. 83. Bergisch Gladbach, S. 11-34.

OPPERMANN, M. (1993): Tourism space in developing countries. In: Annals of Tourism Research, 20, p. 535-556.

PEARCE, D. (1979): Towards a Geography of Tourism. In: Annals of Tourism Research, p. 245-272.

POHL, J. (1986): Geographie als hermeneutische Wissenschaft. Ein Rekonstruktionsversuch. Kallmünz/Regensburg.

POPP, H. (1994; Hrsg.): Die Sicht des Anderen. Das Marokkobild der Deutschen, das Deutschlandbild der Marokkaner. Maghreb-Studien, Bd. 4. Passau.

ders. (1997): Reiseführer-Literatur und geographische Landeskunde. In: Geograph. Rundschau, 49, H. 3, S. 173-179.

ders. (2001): Freizeit- und Tourismusforschung in der Geographie. Neuere Trends und Ansätze. In: POPP, H. (Hrsg.): Neuere Trends in Tourismus und Freizeit. Wissenschaftliche Befunde – unterrichtliche Behandlung – Reiseerziehung im Erdkundeunterricht. Bayreuther Kontaktstudium Geographie, Bd. 1. Passau, S. 19-25.

POSER, H. (1939): Geographische Studien über den Fremdenverkehr im Riesengebirge. Ein Beitrag zur geographischen Betrachtung des Fremdenverkehrs. Göttingen.

RITZER, G. (1997): Die McDonaldisierung der Gesellschaft. Frankfurt.

ROJEK, CH./URRY, J. (1997; Hrsg.): Touring Cultures. Transformations of travel and theory. London/New York.

ROMEISS-STRACKE, F. (1995): Was haben Sie gegen künstliche Paradiese? Zur Inszenierung von Erlebnisräumen. In: Kathedralen der Freizeitgesellschaft. Kurzurlaub in Erlebniswelten. Bensberger Protokolle, Nr. 83. Bergisch Gladbach, S. 175-182.

ROTPART, M. (1995): Vom Alternativtourismus zum Hybridtourismus. Der postalternative Wandel im Individualtourismus und die Macht der Reisehandbücher im Dritte-Welt-Tourismus am Fallbeispiel der Philippinen. Linz.

RUPPERT, K./MAIER, J. (1970): Zur Geographie des Freizeitverhaltens. Beiträge zur Fremdenverkehrsgeographie. Münchner Studien zur Sozial- und Wirtschaftsgeographie, Bd. 6. Kallmünz/Regensburg.

RUPPERT, K. (1975): Zur Stellung und Gliederung einer Allgemeinen Geographie des Freizeitverhaltens. In: Geograph. Rundschau, S. 1-5.

SCHERLE, N. (2000): Gedruckte Urlaubswelten: Kulturdarstellungen in Reiseführern. Eichstätter Tourismuswiss. Beiträge, Bd. 1. München/Wien.

ders.: Im Zeichen des Reiseführers. Ein Überblick über zehn Jahre interdisziplinärer Reiseführerforschung. Integra, Zeitschrift d. Instituts für Integrativen Tourismus (in Vorbereitung).

SCHULZE, G. (1992): Die Erlebnisgesellschaft. Kultursoziologie der Gegenwart. Frankfurt/New York.

ders. (1993): Entgrenzung und Innenorientierung. Eine Einführung in die Erlebnisgesellschaft. In: Gegenwartskunde, XXXXII, S. 405-419.

SIEGRIST, D. (1996): Sehnsucht Himalaya. Alltagsgeographie und Naturdiskurs in deutschsprachigen Bergsteigerreiseberichten. Zürich.

SPODE, H. (1998): Wie vor fünfzig Jahren keine theoriegeleitete Tourismuswissenschaft entstand. In: BACHLEITNER, R. et al. (Hrsg.): Der durchschaute Tourist. Arbeiten zur Tourismusforschung. Tourismuswiss. Manuskripte, Bd. 3. München/Wien, S. 11-19.

SPUTZ, K. (1919): Die geographischen Bedingungen und Wirkungen des Fremdenverkehrs in Tirol. Wien.

SQUIRE, S. J. (1994): Accounting for cultural meanings: The interface between geography and tourism studies re-examined. In: Progress in Human Geography 18, 1, p. 1-16.

STEINBACH, J. (1980): Theoretische und methodische Grundlagen zu einem Modell des sozialbestimmten räumlichen Verhaltens. Wiener Beiträge zur Regionalwissenschaft, Bd. 3. Wien.

ders. (1989): Das räumlich-zeitliche System des Fremdenverkehrs in Österreich. Arbeiten aus dem Fachgebiet Geographie der Kath. Universität Eichstätt, Bd. 4. Eichstätt.

STEINECKE, A. (1984): Zur Kritik der funktionalen Geographie des Freizeitverhaltens. In: HOFMEISTER, B./STEINECKE, A. (Hrsg.): Geographie des Freizeit- und Fremdenverkehrs. Erträge der Forschung, Bd. 592. Darmstadt, S. 264-278.

ders. (1988): Der bundesdeutsche Reiseführer-Markt. Leseranalyse, Angebotsstruktur, Wachstumsperspektiven. Starnberg.

ders. (1997): Inszenierung im Tourismus: Motor der künftigen touristischen Entwicklung. In: STEINECKE, A./TREINEN, M. (Hrsg.): Inszenierung im Tourismus. ETI-Studien, Bd. 3. Trier, S. 7-17.

ders. (2000a; Hrsg.): Erlebnis- und Konsumwelten. München/Wien.

ders. (2000b): Auf dem Weg zum Hyperkonsumenten: Orientierungen und Schauplätze. In: ISENBERG, W./SELLMANN, M. (Hrsg.): Konsum als Religion? Über die Verzauberung der Welt. Mönchengladbach.

STORBECK, D. (1988): Sozialwissenschaftliche Erklärungsansätze für den modernen Tourismus. In: STORBECK, D. (Hrsg.): Moderner Tourismus. Tendenzen und Aussichten. Materialien zur Fremdenverkehrsgeographie, H. 17. Trier, S. 239-255.

STRADNER, J. (1905): Der Fremdenverkehr. Graz.

THIEM, M. (1994): Tourismus und kulturelle Identität. Die Bedeutung des Tourismus für die Kultur touristischer Ziel- und Quellgebiete. Berner Studien zu Freizeit und Tourismus, Bd. 30. Bern/Hamburg.

THIESSEN, B. (1993): Tourismus in der Dritten Welt. Trierer Tourismus Bibliographien, Bd. 3. Trier.

THRIFT, N. (1977): Time and theory in human geography. In: Progress in Human Geography, 1, p. 413-457.

THUROT, J. M. (1973): Le tourisme tropicale balneaire: Le model caraibe et ses extensions. Diss., Centre des Etudes du Tourisme. Aix-en-Provence.

UTHOFF, D. (1988): Tourismus und Raum. Entwicklung, Stand und Aufgaben geographischer Tourismusforschung. In: Geographie und Schule, 53, S. 2-12.

VESTER, H. G. (1997): Tourismus im Licht soziologischer Theorie. Ansätze bei Erving Goffman, Pierre Bourdieu und der World-System-Theory. In: Voyage, Jahrbuch für Reise- und Tourismusforschung, Bd. 1. Köln, S. 67-83.

ders. (1999): Tourismustheorie. Soziologische Wegweiser zum Verständnis touristischer Phänomene. (Tourismuswiss. Manuskripte, Bd. 6). München/Wien.

VORLAUFER, K. (1993a): Transnationale Reisekonzerne und die Globalisierung der Fremdenverkehrswirtschaft: Konzentrationsprozesse, Struktur- und Raummuster. In: Erdkunde, 47, S. 267-281.

ders. (1993b): Transnationale Hotelketten: Entwicklung, Struktur und räumliche Ausbreitungsmuster. In: Petermanns Geograph. Mitt. 137, H. 5, S. 289-308.

ders. (1994): Transnationale Ferienclubketten. Raumzeitliche Entfaltung, Struktur, Probleme. In: Mainzer Geograph. Studien, H. 40, S. 375-392.

ders. (1996): Tourismus in Entwicklungsländern. Möglichkeiten und Grenzen eine nachhaltigen Entwicklung durch Fremdenverkehr. Darmstadt.

WANG, N. (1999): Rethinking authenticity in Tourism experience. In: Annals of Tourism Research, 26, p. 349-370.

WEGENER, G. (1929): Der Fremdenverkehr in geographischer Betrachtung. In: Industrie- und Handelskammer Berlin (Hrsg.): Fremdenverkehr. Berlin, S. 25-53.

WEICHHART, P.(1998): Regionalentwicklung im Postfordismus. Rahmenbedingungen für das Projekt „Alpenwelt Mittersill". In: RIEDER, M./BACHLEITNER, R./KAGELMANN, H. J. (Hrsg.): Erlebniswelten. Zur Kommerzialisierung der Emotionen in touristischen Räumen und Landschaften. Tourismuswiss. Manuskripte, Bd. 4. München/Wien, S. 9-19.

WEISSENBORN, B. (1997): Kulturtourismus. Trierer Tourismus Bibliographien, Bd. 10. Trier.

WERLEN, B. (1995 bzw. 1997): Sozialgeographie alltäglicher Regionalisisierungen. Bd 1: Zur Ontologie von Gesellschaft und Raum. Bd. 2: Globalisierung, Region und Regionalisierung. Stuttgart.

ders. (2000): Sozialgeographie. Eine Einführung. Bern/Stuttgart/Wien.

WILLIAMS, S. (1998): Tourism Geography. London/New York.

WIRTH, E. (1984): Geographie als moderne theorieorientierte Sozialwissenschaft? In: Erdkunde, 38, H. 2, S. 73-79.

WÖHLER, K. (1999): Aufhebung von Raum und Zeit. Realitätsverlust, Wirklichkeitskonstruktion und Inkorporation von Reisebildern. Materialien zur Angewandten Tourismuswissenschaft, N.F., Bd. 30. Lüneburg.

ders. (2000): Konvergenz von Destinationen und Freizeitparks. Zur postmodernen Organisation des Tourismuskonsums. Materialien zur Angewandten Tourismuswissenschaft, N.F., Bd. 34. Lüneburg.

WOLF, K./JURCZEK, P. (1986): Geographie der Freizeit und des Tourismus. Stuttgart.

YOKENO, N. (1968): La localisation de l'industrie touristique: application de l'analyse de Thunen-Weber. Les Cahiers du Tourisme, C-9. Aix-en-Provence.

ders. (1974): The general equilibrium system of ‚space-economics' for tourism. In: Reports for the Japan Academic Society for Tourism, 8, p. 38-44.

Geographie der Freizeit und des Tourismus: Disziplingeschichte und Perspektiven

Peter Jurczek

Zahlreiche Geographen sehen in den Reiseberichten von Humboldts die erste Auseinandersetzung mit Fragestellungen zur Freizeit bzw. zum Tourismus. Allerdings sind diese gesellschaftlichen Phänomene weitaus älter, denn sie können bis zum Altertum zurückverfolgt werden. Nach KASPAR (1998, S. 21) sind für jene Zeit beispielsweise der Sporttourismus (Olympiade, 770 v. Chr.), der Bildungstourismus (Herodot, 480-421 v. Chr.), der Heiltourismus (Epidaurus, Bäderreisen der Römer) sowie der Wallfahrtstourismus (Delphi, Jerusalem) zu nennen. Die Pilgerreisen haben im Mittelalter einen nochmaligen Aufschwung erfahren. Was die Freizeit anbelangt, so stand damals großteils die Muße im Vordergrund ihrer Gestaltung, obwohl daran nur ein geringer Teil der Gesellschaft partizipieren konnte.

Die Anfänge der Neuzeit waren geprägt durch die Zerstreuung und Weiterbildung von Aristokraten und Literaten (vgl. PRAHL/STEINECKE 1981, S. 14-67), die vorzugsweise die in den Mittelgebirgen gelegenen Kurorte aufgesucht haben. Diese Entwicklung kam in Großbritannien auf und erstreckte sich sukzessive auf die restlichen Teile Europas. In der Folge dominierten die Erholung und Regeneration in den Seebädern sowie später die Bezwingung und sportliche Nutzung der Alpen (Skifahren). Danach wiederum setzte der Massentourismus in das In- und Ausland ein. Gleichermaßen stieg der Umfang der Freizeit kontinuierlich an, wovon immer breitere Bevölkerungsschichten profitierten.

Entsprechend den im 19. Jh. verbreiteten Freizeit- und Reiseaktivitäten dominierte die Herausgabe von Reiseberichten, die primär Beschreibungen von Erholungsstandorten bzw. Fremdenverkehrslandschaften und somit gleichzeitig Aussagen über das damalige Freizeitverhalten der Bevölkerung enthielten. Während bei ZIMMERS (1995) wertvolle bibliographische Hinweise zur ‚Geschichte und Entwicklung im Tourismus' gegeben werden, sei in Bezug auf die ‚Geschichte der Tourismuswissenschaft' auf die Ausführungen von SPODE (1998[3]) verwiesen.

Obwohl es sich in Deutschland – im Gegensatz zu Österreich und zur Schweiz, die über eine längere Tradition in diesem Bereich verfügen – bei der Freizeit- und Tourismusgeographie um eine relativ junge Teildisziplin der Geographie handelt, hat sie in den letzten Jahrzehnten einen nachhaltigen Wandel und gleichzeitig einen enormen Bedeutungsaufschwung erfahren (vgl. WOLF/JURCZEK 1986, S. 22-28). In der ersten Phase ihrer Entwicklung, die etwa von den 1920er- bis in die 1960er-Jahre dauerte, dominierte die ‚Fremdenverkehrsgeographie'. Darauf folgte, beginnend mit dem sozialgeographischen Ansatz der ‚Geographie des Freizeitverhaltens' der Münchner Schule, die Phase der ‚Geographie der Freizeit'. Etwa parallel dazu und in engem Kontext mit dieser etablierte sich – in Fortführung bzw. Weiterentwicklung der ‚Fremdenverkehrsgeographie' – die ‚Tourismusgeographie', die fortan zusammen mit der ‚Freizeitgeographie' die ‚Geographie der Freizeit und des Tourismus' bildete (vgl. JURCZEK 2001).

1 Erste Ansätze einer Fremdenverkehrsgeographie und deren Ausbau als Teildisziplin

Auf Grund der Schilderung ihres realen Stellenwertes sind freizeit- und tourismus-bezogene Fragestellungen aus Sicht der Geographie erstmals in der zweiten Hälfe des 19. Jhs. thematisiert worden. Vor etwa 100 Jahren entstanden dann die ersten fremdenverkehrsgeographischen Arbeiten im engeren Sinne, während seit den 1920er-Jahren von einer eigenen Teildisziplin ausgegangen werden kann. Diese hat sich zwischenzeitlich sowohl hinsichtlich ihrer Inhalte als auch ihrer Methoden erheblich verändert und in ihrem Forschungsdesign dem gesellschaftlichen Wandel angepasst.

Zu den ersten tourismusgeographisch relevanten Arbeiten zählt eine Studie von KOHL (1841), der den Fremdenverkehr als Ausdruck gesellschaftlichen Verkehrs aufgefasst und ihn als Auslöser für die Entstehung von Vergnügungsorten sowie Badeplätzen dargestellt hat. Außerdem sind in jenen Jahren – insbesondere in den klassischen Reiseländern Italien, Österreich und der Schweiz – die ersten deutsch-sprachigen Reisehandbücher und Ortsführer erschienen, die primär schöngeistig ausgerichtet waren. Daher standen Aussagen zur Geschichte oder zur Landschaft im Vordergrund des Interesses.

Anfang des 20. Jhs. sind die ersten geographischen Abhandlungen zum Fremden-verkehr entstanden (z. B. BROUGIER 1902). Kurze Zeit später war es STRADNER (1905), der den Begriff ‚Fremdenverkehrsgeographie' in die wissenschaftliche Terminologie eingeführt hat. Der wachsende Stellenwert des Tourismus ist dabei „auf das hauptsächlich durch die Konzentration in den Städten bedingte Erho-lungsbedürfnis" zurückgeführt worden; er hat „zahlreiche Villenorte und Sommer-frischen ins Leben gerufen sowie den Badeorten eine ganz andere Bedeutung als früher verliehen" (HETTNER 1902, S. 94). Obwohl vor ca. 100 Jahren durchaus erfolgreiche Versuche unternommen wurden, die geographischen Bezüge des Fremdenverkehrs zu verdeutlichen, haben sich die meisten Tourismusarbeiten dennoch auf überwiegend deskriptive, in der Regel landschaftsbezogene und mit einer Fülle statistischer Materialien versehene Ausführungen beschränkt.

Als einer der Ersten, der die Wechselbeziehungen zwischen dem Fremdenverkehr und dem Raum systematisch erforscht hat, ist SPUTZ (1919) zu nennen. Hauptan-liegen seiner Tourismusforschungen war die Erfassung der „Welle von Fremden, (...) die sich alljährlich über ein Land (ausbreitet)". Ende der 1920er-Jahre trat der am Forschungsinstitut für Fremdenverkehr tätige Geograph GRÜNTHAL (1934) mit seinen Tourismusarbeiten an die Fachöffentlichkeit. Für ihn bestand die Aufgabe der Fremdenverkehrsgeographie in erster Linie darin, die Verbreitung des Tourismus darzustellen und die Wechselwirkungen zwischen diesem und den natürlichen Erscheinungen auf der Erdoberfläche zu untersuchen.

Demgegenüber muss die Studie von POSER (1939) über den Fremdenverkehr im Riesengebirge „wohl als die im Hinblick auf Fragestellungen wie Methoden für den zukünftigen Weiterbau grundlegende Schrift der bisherigen Fremdenverkehrsgeographie bezeichnet werden" (SAMOLEWITZ 1960a, S. 144). Bei seinen tourismusgeographischen Überlegungen setzte sich dieser Autor vor allem mit der Zusammensetzung, Entwicklung und Lokation des Fremdenverkehrs am Beispiel des Riesengebirges auseinander und ging besonders auch auf dessen landschaftsgestalterische Wirkungen ein. Trotz seines recht modernen Untersuchungsansatzes ist nicht zu verkennen, dass sich seine Ausführungen dennoch primär auf die Systematisierung der Fremdenverkehrarten und die räumlichen Wirkungen des Tourismus beschränkt haben. Die Erforschung der Reisenden selbst sowie deren Herkunft und Verhalten sind in jenen Jahren noch weitgehend unberücksichtigt geblieben.

Während die deutsche Tourismusforschung in den Kriegsjahren fast zum Erliegen gekommen ist, bemühten sich wiederum Schweizer und Österreicher um deren Weiterentwicklung. Obwohl es sich bei den Genannten primär um Wirtschafswissenschaftler handelte, haben sie auch vielen geographischen Fremdenverkehrsarbeiten entscheidende Impulse vermittelt. Die damals gegründeten touristischen Forschungseinrichtungen sind bis heute international anerkannt geblieben. Nicht zuletzt resultieren aus deren Forschungsstudien bis heute gültige Erkenntnisse – so z. B. die Definition von „Tourismus oder Fremdenverkehr" als „Gesamtheit der Beziehungen und Erscheinungen (...), die sich aus der Ortsveränderung und dem Aufenthalt von Personen ergeben, für die der Aufenthaltsort weder hauptsächlicher und dauernder Wohn- noch Arbeitsort ist" (KASPAR 1998, S. 17).

Der Forschungsstand zur Freizeit- und Tourismusgeographie in den 1950er- und 1960er-Jahren ist dadurch gekennzeichnet, dass überwiegend fremdenverkehrsgeographische Fallstudien angefertigt worden sind. Es handelte sich mehrheitlich um Monographien bestimmter touristisch geprägter Regionen. Demgegenüber mangelte es an theoretisch angelegten freizeit- und fremdenverkehrsgeographischen Arbeiten, so dass beispielsweise SAMOLEWITZ (1960b, S. 35) „die nähere Erforschung hierbei etwa zu konstatierender Gesetzmäßigkeiten" forderte. Eine Studie, die schon früh komplexe Ansätze in sich vereinte, war die Untersuchung über den ‚Kulturgeographischen Strukturwandel des Kleinen Walsertales' (vgl. JÄGER 1953).

Bald darauf sind die von HAHN (1958) zusammengestellten ‚Erläuterungen zu einer Karte der Fremdenverkehrsorte in der deutschen Bundesrepublik' herausgegeben worden, die einen Überblick über den touristischen Entwicklungsstand der

wichtigsten bundesdeutschen Erholungsgebiete enthielten. Mit einzelnen Fremdenverkehrsgebieten haben sich beispielsweise KLÖPPER 1957), WEBER (1959),
CHRSITALLER (1963) und DODT (1967) beschäftigt, die sowohl die touristischen
Erscheinungsformen (z. B. Fremdenverkehrsarten) als auch deren räumliche Auswirkungen (z. B. auf das Siedlungsbild) differenzierter veranschaulichten und fundierter erklärten, als das vorher der Fall war.

In diese Tradition fallen auch solche Beiträge, die den Tourismus in ausländischen
Urlaubsgebieten beschrieben haben (vgl. BLÜTHGEN 1952; CHRISTALLER 1955).
Letzterer verstand es darüber hinaus, frühzeitig einige grundsätzliche Gedanken
zur Geographie des Fremdenverkehrs zu entwickeln. Da die Entwicklungsländerforschung ohnehin einen klassischen Ansatz in der Geographie darstellte, verwundert es nicht, dass mit Aufkommen des Dritte-Welt-Tourismus die wissenschaftliche Auseinandersetzung mit den Fernreisen einen besonderen Stellenwert einnahm
(vgl. VORLAUFER 1984, 1996). Allerdings trat dieser Forschungsansatz in jenen
Jahren etwas in den Hintergrund, in denen die Freizeitgeographie dominierte.

Neue Anregungen zur angewandten Freizeit- und Tourismusgeographie steuerte
KLÖPPER (1955) bei, indem er feststellte, dass das Erholungswesen auch eine Aufgabe der Raumforschung und Raumordnung sei. Dabei ist er auf wichtige Aspekte
der geographischen Fremdenverkehrsplanung eingegangen, ebenso wie er für die
konzeptionelle Einbeziehung der Quellgebiete plädiert hat. Letzteres wurde von
CHRISTALLER (1966, S. 428) erneut gefordert, was allerdings erst später aufgegriffen wurde.

2   Paradigmatischer Wechsel zur Geographie des Freizeit-
verhaltens

Mitte der 1960er-Jahre wurde die ‚Geographie des Freizeitverhaltens' begründet
(vgl. MAIER und RUPPERT 1970; RUPPERT 1975), welche die bis dahin dominierende ‚Fremdenverkehrsgeographie' wirkungsvoll ergänzte. Sie ist aus der Sozialgeographie der Münchner Schule hervorgegangen und knüpfte an der Grunddaseinsfunktion ‚Sich erholen' an. Dabei wurden die Freizeit als übergeordnete Kategorie verstanden und das aktionsräumliche Verhalten des Menschen in den Vordergrund der Betrachtung gerückt. Auf Grund der Dreiteilung des Zeitaufwandes
für Freizeitaktivitäten (kurz-, mittel-, langfristig) und der daraus abgeleiteten räumlichen Gliederung des Freizeitverhaltens im Wohnumfeld, im Naherholungs- sowie
im Fremdenverkehrsraum gehörten fortan auch Themen zur Freizeit im Wohnumfeld und zur Naherholung zum festen Repertoire freizeitgeographischer Aufgabenstellungen.

In der Folge entwickelte sich eine intensive Diskussion über die wichtigsten Ansätze zur Freizeit-, Fremdenverkehrs- und Naherholungsforschung aus geographischer Sicht. Während sich KNIRSCH (1976) für eine stärkere Berücksichtigung der

fremdenverkehrsgeographischen Betrachtungsweise und NEWIG (1975) gegen eine Überbetonung des verhaltensanalytischen Ansatzes der Geographie des Freizeitverhaltens aussprachen, kritisierte OESTREICH (1977) das einseitig raumbezogene und fehlende gesamtgesellschaftliche Freizeitkonzept der Münchner Schule. Unterschiedliche Auffassungen zwischen Vertretern der Fremdenverkehrsgeographie (vgl. MATZNETTER 1976) und der Geographie des Freizeitverhaltens traten auch auf dem 40. Deutschen Geographentag zu Tage.

3   Weiterentwicklung der Freizeitgeographie und Bedeutungsaufschwung der Tourismusgeographie

Die 1970er-Jahre waren geprägt durch die kontroversen Diskussionen der unterschiedlichen Forschungsansätze. Zu jener Zeit erfolgte im Wesentlichen eine Weiterentwicklung der Münchner ‚Geographie des Freizeitverhaltens'. In diesem Zusammenhang sind mehrere Schemata entstanden, die die räumlichen und zeitlichen Verflechtungen in ihren komplexen Beziehungen darstellen sollten. Hierzu zählten das ‚Dreiecksdiagramm der Lebensbereiche Arbeiten, Wohnen und Freizeit' (WOLF 1977, S. 4), das ‚Ordnungsschema der Typen von Freizeit- und Fremdenverkehr' (MONHEIM 1979, S. 9), das theoretische Beziehungsgeflecht von Freizeit, Fremdenverkehr und Naherholung (JURCZEK 1980, S. 102) sowie die ‚räumliche Projektion der Daseinsgrundfunktionen' (KAMINSKE 1981, S. 211). Dennoch hat die Freizeitgeographie die traditionelle Fremdenverkehrsgeographie nicht unbedingt völlig ersetzt, sondern in wesentlichen Teilen ergänzt und sie – zumindest vorübergehend – zum dominanten Bestandteil dieser geographischen Teildisziplin werden lassen.

Unabhängig von dieser fachinternen Grundsatzdiskussion sind neue Herausforderungen aufgekommen. So bestand einerseits die Notwendigkeit, intensiver mit anderen Fachgebieten zu kooperieren, die sich ihrerseits stärker mit Freizeit- und Tourismusfragen beschäftigten als zuvor. Hierzu zählten u. a. die Wirtschaftswissenschaften, Soziologie, Pädagogik, Psychologie, Politikwissenschaft, Jura, Medizin, Kulturanthropologie, Religionswissenschaften, Sprachwissenschaften, Sportwissenschaften, Landschaftsplanung, Raumplanung und der Städtebau (vgl. JURCZEK 1981, S. 47). Interdisziplinäre Forschungsansätze erschienen vor allem deshalb sinnvoll, weil die realen Freizeit- und Tourismusbelange immer komplexer wurden und erst durch eine fachübergreifende Betrachtung angemessen beurteilt werden konnten. Dabei übte die Freizeit- und Tourismusgeographie vielfach eine Querschnittsfunktion aus.

Allerdings war dieser Arbeitsschwerpunkt innerhalb der jeweiligen Fachdisziplinen nicht unbedingt anerkannt. Häufig ist er von den etablierten Fachwissenschaftlern als untergeordnete Forschungsrichtung angesehen worden; er konnte sich erst gegen Ende des 20. Jhs. als anerkannte Teildisziplin behaupten. Demgegenüber ist es insbesondere durch die konkrete Bearbeitung von Themen zur Freizeit und zum Tourismus gelungen, die angewandten Forschungsaktivitäten auszubauen und der

Geographie bzw. speziell dieser Teildisziplin in der Praxis mehr Anerkennung zu verschaffen als zuvor.

In den 1980er-Jahren erfuhren die tourismusgeographischen Überlegungen einen überdurchschnittlichen Aufschwung, was vor allem mit dem weiteren Anstieg der Reiseintensität und ihrer gesellschaftlichen Bedeutung sowie daraus resultierender Anforderungen an deren Erforschung zusammenhängen dürfte (vgl. JURCZEK 1998). Zu jener Zeit sind umfangreiche Studien zu speziellen Fragestellungen des Fremdenverkehrs vorgelegt worden. Hierunter fallen Untersuchungen zum Kultur-, Industrie-, Kongresstourismus usw. sowie zum Erholungs-, Städte- und Kurtourismus etc.

Einen besonderen Stellenwert haben auch Forschungsarbeiten zum umweltverträglichen, naturnahen, sanften, intelligenten, alternativen bzw. umweltverträglichen Fremdenverkehr eingenommen (vgl. BECKER et al. 1996). Die Entwicklung zu Gunsten einer stetigen Diversifizierung des Themenspektrums resultierte weitgehend aus dem weltweit überdurchschnittlichen Bedeutungsaufschwung von Freizeit- und Tourismusaktivitäten. Ausdruck davon ist wiederum die ständig steigende Zahl von Reiseführern gewesen (vgl. POPP 1997), die sowohl auf fach- als auch vor allem auf populärwissenschaftlicher Grundlage basieren und bis heute eine boomartige Entwicklung erfahren haben.

Außerdem sind speziell in diesem Zeitraum neben zahlreichen Fachveröffentlichungen mehrere themenspezifische Lehrbücher und Sammelbände herausgegeben worden (z. B. KULINAT/STEINECKE 1984; HOFMEISTER/STEINECKE 1984; WOLF/JURCZEK 1986), in denen sich der Bedeutungsanstieg dieser Teildisziplin auch in fachwissenschaftlicher Hinsicht widerspiegelt. Parallel dazu engagierten sich Geographen in interdisziplinär zusammengesetzten Arbeitskreisen (STORBECK 1992), Praxisforen (ROTH/SCHRAND 1992) oder Forschergruppen (HAEDRICH et al. 1998). Dadurch ergab sich insgesamt eine Konsolidierung der geographischen Freizeit- und Tourismusforschung in Bezug auf deren Thematik, Arbeitsorganisation und Wissenstransfer. Angesichts dieser Entwicklung kann der These von POPP (2001, S. 20) nicht zugestimmt werden, der vom „Dümpeln einer Teildisziplin, die sich (...) in den 80er-Jahren (...) nicht mehr entscheidend profiliert" habe, spricht.

4   Etablierung einer Geographie der Freizeit und des Tourismus

Die 1990er-Jahre waren geprägt durch die tourismusspezifische Auseinandersetzung mit dem Wandel zum Käufermarkt, den stagnierenden Zuwachsraten sowie der verstärkten Wettbewerbsintensität. Neue Herausforderungen haben sich vor

allem nach der politischen Wende ergeben.[1] Die touristische Angebotspalette in
der Bundesrepublik Deutschland ist seitdem größer und breiter geworden, allerdings bei gleichzeitiger Verschärfung des Konkurrenzdruckes der einheimischen
Fremdenverkehrsgebiete untereinander. Gleichermaßen fand eine Aufarbeitung der
spezifischen Freizeit- bzw. Tourismusaktivitäten (BODE 2000, S. 24-25) und der
rekreationsgeographischen Forschungsansätze (vgl. BENTHIEN 1997) in der
ehemaligen DDR statt.

Während die in Deutschland verfügbare durchschnittliche Freizeit in den vergangenen Jahren stetig gestiegen ist, verändern sich auch das Freizeitverhalten und die
Freizeitaktivitäten der Bevölkerung ständig, wodurch spezifische Ansprüche an die
infrastrukturelle Ausstattung geltend gemacht werden. Naherholung ist in den
Ländern der Ersten und Zweiten Welt zu einem festen Bestandteil der Wochen-
und z. T. der Tagesfreizeit geworden; sie hat speziell in der Bundesrepublik durch
die Vereinigung Deutschlands einen zusätzlichen Entwicklungsimpuls erfahren.

Während einerseits die traditionellen, sich jedoch laufend verändernden freizeitgeographischen Aspekte weiter thematisiert werden, gewinnen neue Freizeitinhalte
an Bedeutung, die in der Regel Ausdruck von Erlebniskonsum darstellen. Hierzu
zählt beispielsweise der Besuch eines Musicals, eines Multiplex-Kinos sowie eines
Freizeitparks oder -zentrums bzw. speziell eines Erlebnisparks (vgl. STEINECKE
2000).[2] Hinsichtlich der Nachfrager derartiger Einrichtungen gewinnt die hedo-
nistisch geprägte Freizeitgestaltung weiter an Bedeutung, während für die Anbieterseite der Freizeitmarkt, d. h. die Freizeitausgaben bzw. die Erzielung einer be-
triebswirtschaftlichen Rendite Vorrang haben. Vielfach ist festzustellen, dass erfolgreiche innovative Freizeitangebote sukzessive auch touristisch vermarktet
werden. Hierunter fallen z. B. der Event- oder der Sporttourismus.

Komplementär muss der Erforschung des Tourismus ebenso große Aufmerksamkeit
geschenkt werden. Im Jahr 2000 waren es rd. 700 Millionen Touristen, die weltweit
gereist sind. Angesichts der fortschreitenden Globalisierung und gleichzeitiger Regi-
onalisierungsbestrebungen ist die Bedeutung des Fremdenverkehrs sowohl für den
Einzelnen als auch als Wirtschaftsfaktor erheblich gestiegen. Daraus haben sich
wichtige Forschungsfragen ergeben, die auf den verschiedensten räumlichen Ebenen
untersucht werden (vgl. SCHNELL/POTTHOFF 1999). Der nochmalige Bedeutungsanstieg von Freizeit und Tourismus schlägt sich demnach auch in deren geographischer
Erforschung nieder. Weitere Fachpublikationen sind um die Jahrhundertwende erschienen (vgl. BECKER 2000) oder vorbereitet worden (neben diesem Band die themenspezifische Stichworte im ‚Lexikon der Geographie'; z. B. JURCZEK 2002, S.
17-18).

---

[1] vgl. Beitrag KAISER zu ‚Tourismusentwicklung in Ostdeutschland von der DDR-Zeit bis
     heute' in diesem Band
[2] vgl. auch den Beitrag STEINECKE zu ‚Kunstwelten in Freizeit und Konsum: Merkmale –
     Entwicklungen – Perspektiven' in diesem Band

Auch in Zukunft ist in Bezug auf Freizeit und Tourismus mit weiteren Wachstumsimpulsen zu rechnen. Dabei kann von folgenden Tendenzen ausgegangen werden:

- Aktive Freizeitgestaltung und überdurchschnittlich hohe Reiseintensität pendeln sich auf hohem Niveau ein und umfassen die breite Bevölkerung, wobei Jüngere und gut Ausgebildete ihre Funktion als Trendsetter weiter ausbauen.

- Die touristischen Leistungsträger setzen ihre betrieblichen Konzentrationsbestrebungen fort und streben eine weitere Standardisierung ihrer Angebote an.

- Zudem dürften maßgebliche Freizeit- und Tourismustendenzen zukünftig wie folgt aussehen (vgl. BECKER 2000): Trend zu Vielfalt, Ferne, Heimat und regionale Identität, Aktivität, künstlerische Welten, Größe sowie Events.

Da die Bedeutung von Freizeit und Tourismus sowohl in der Praxis als auch in der Wissenschaft bis heute stetig gestiegen ist, hat diese Entwicklung zwangsläufig zu Konsequenzen in der hochschulgeographischen Ausbildung geführt (vgl. KLEMM 1998, S. 929). An einigen Universitäten (z. B. Aachen, Eichstätt, Greifswald, Paderborn, Trier) sind entsprechende Studienschwerpunkte eingerichtet worden; außerdem wurden spezialisierte Forschungsstellen unter Beteiligung von Geographen gegründet (z. B. Deutsches Wirtschaftswissenschaftliches Institut für Fremdenverkehr an der Universität München, Institut für Tourismus an der FU Berlin, Europäisches Tourismus Institut GmbH an der Universität Trier). Somit bleibt zu hoffen, dass die Belange von Freizeit und Tourismus sowohl in der Praxis als auch in der geographischen Aus- und Fortbildung auch in Zukunft eine positive Entwicklung erfahren und vor allem die Geographieabsolventen eine ihrem Studium gemäße erfolgversprechende Berufskarriere haben.

Literatur

BECKER, CHR. (2000): Freizeit und Tourismus in Deutschland – eine Einführung. In: Institut für Länderkunde/BECKER, CHR./JOB, H. (Hrsg.): Nationalatlas Bundesrepublik Deutschland. Bd. 10. Freizeit und Tourismus. Heidelberg/Berlin, S. 12-21.

BECKER, CHR./JOB, H./WITZEL, A. (1996): Tourismus und nachhaltige Entwicklung. Darmstadt.

BENTHIEN, B. (1997): Geographie der Erholung und des Tourismus. Gotha.

BLÜTHGEN, J. (1952): Touristik und Geographie in Schweden. In: Die Erde. Berlin, S. 53-60.

BODE, V. (2000): Urlaub in der DDR. In: Institut für Länderkunde/BECKER, CHR./JOB, H. (Hrsg.): Nationalatlas Bundesrepublik Deutschland. Bd. 10. Freizeit und Tourismus. Heidelberg/Berlin, S. 24-25.

BROUGIER, A. (1902): Die Bedeutung des Fremdenverkehrs für Bayern. München.

CHRISTALLER, W. (1955): Beiträge zu einer Geographie des Fremdenverkehrs. In: Erdkunde, H. 1. Bonn, S. 1-19.

CHRISTALLER, W. (1963): Wandlungen des Fremdenverkehrs an der Bergstraße. In: Geographische Rundschau, H. 5, S. 216-222.

CHRISTALLER, W. (1966): Geographie des Fremdenverkehrs in Europa. In: 35. Deutscher Geographentag Bochum 1965, Tagungsbericht und wissenschaftliche Abhandlungen. Wiesbaden, S. 422-429.

DODT, J. (1967): Der Fremdenverkehr im Moseltal zwischen Trier und Koblenz. Forschungen zur deutschen Landeskunde, Bd. 162. Bad Godesberg.

GRÜNTHAL, A. (1934): Probleme der Fremdenverkehrsgeographie. Berlin.

HAHN, H. (1958): Die Erholungsgebiete der Bundesrepublik. Bonner Geographische Abhandlungen, H. 22. Darmstadt.

HAEDRICH, G. et al. (1998³): Tourismus-Management. Berlin/New York.

HETTNER, A. (1902): Die wirtschaftlichen Typen der Ansiedlungen. In: Geographische Zeitschrift. Wiesbaden, S. 92-100.

HOFMEISTER, B./STEINECKE, A. (Hrsg.; 1984): Geographie des Freizeit- und Fremdenverkehrs. Darmstadt.

JÄGER, H. (1953): Der kulturgeographische Strukturwandel des Kleinen Walsertales. Münchner Geographische Hefte, H. 1. Kallmünz.

JURCZEK (1980): Chancen und Probleme der touristischen Entwicklung westdeutscher Mittelgebirgsregionen. In: Materialien zur Fremdenverkehrsgeographie, H. 6. Trier, S. 167-187.

JURCZEK, P. (1981): Freizeit, Fremdenverkehr und Naherholung. In: Praxis Geographie, S. 45-49.

JURCZEK, P. (1998): Fremdenverkehr. In: KULKE, E. (Hrsg.): Wirtschaftsgeographie Deutschlands. Gotha/Stuttgart, S. 248-266.

JURCZEK, P. (2002): Geographie der Freizeit und des Tourismus. In: Lexikon der Geographie. Heidelberg/Berlin, S. 17-18.

KAMINSKE, V. (1981): Zur systematischen Stellung einer Geographie des Freizeitverhaltens. In: Geographische Zeitschrift, H. 3. Wiesbaden, S. 217-223.

KASPAR, C. (1998³): Das System Tourismus im Überblick. In: HAEDRICH, G. et al. (Hrsg.), Tourismus-Management. Berlin/New York, S. 15-32.

KLEMM, K. (1998³): Die akademische Tourismusaus- und -weiterbildung in der Bundesrepublik Deutschland. In: Tourismus-Management. Berlin/New York, S. 925-936.

KLÖPPER, R. (1955): Das Erholungswesen als Bestandteil der Raumordnung und als Aufgabe der Raumforschung. In: Raumforschung und Raumordnung, H. 4, S. 209-217.

KNIRSCH, R. (1976): Fremdenverkehrsgeographie oder Geographie des Freizeitverhaltens, oder? In: Zeitschrift für Wirtschaftsgeographie, H. 8, S. 248-249.

KOHL, J. G. (1841): Der Verkehr und die Ansiedlungen der Menschen in ihrer Abhängigkeit von der Gestaltung der Erdoberfläche. Dresden/Leipzig.

KULINAT, K./STEINECKE, A. (1984): Geographie des Freizeit- und Fremdenverkehrs. Darmstadt.

MATZNETTER, J. (1976): Differenzen in der Auffassung einer Geographie des Tourismus und der Erholung. In: 40. Deutscher Geographentag Innsbruck, Tagungsbericht und wissenschaftliche Abhandlungen. Wiesbaden, S. 661-672.

MONHEIM, R. (1979): Die Stadt als Fremdenverkehrs- und Freizeitraum. In: Freizeitverhalten in verschiedenen Raumkategorien. Materialien zur Fremdenverkehrsgeographie, Bd. 3. Trier, S. 661-672.

NEWIG; J. (1975): Vorschläge zur Terminologie der Fremdenverkehrsgeographie. In: Geographisches Taschenbuch 1975/76. Wiesbaden, S. 260-271.

OESTREICH, H. (1977): Anmerkungen zu einer „Geographie des Freizeitverhaltens". In: Geographische Rundschau, H. 3. Braunschweig, S. 80-83.

POPP, H. (1997): Reiseführer-Literatur und geographische Landeskunde. In: Geographische Rundschau, H. 3. Braunschweig, S. 173-179.

POPP, H. (2001): Freizeit- und Tourismusforschung in der Geographie. Neuere Trends und Ansätze. In: Neuere Trends in Tourismus und Freizeit. Bayreuther Kontaktstudium Geographie, Bd. 1. Passau, S. 19-25.

POSER, H. (1939): Geographische Studien über den Fremdenverkehr im Riesengebirge. Abhandlungen der Gesellschaft der Wissenschaften zu Göttingen, H. 20, Göttingen.

PRAHL, H.-W./STEINECKE, A. (1981): Der Millionen-Urlaub. Frankfurt am Main.

ROTH, P./SCHRAND, A. (Hrsg.; 1992): Touristik-Marketing. München.

RUPPERT, K. (1975): Zur Allgemeinen Geographie des Freizeitverhaltens. In: Geographische Rundschau, S. 1-6.

RUPPERT, K./MAIER, J. (1970): Zur Geographie des Freizeitverhaltens. Münchner Studien zur Sozial- und Wirtschaftsgeographie, Bd. 6. Kallmünz.

SAMOLEWITZ, R. (1960a): Hinweise auf die Behandlung des Fremdenverkehrs in der wissenschaftlichen, insbesondere der geographischen Literatur. In: Zeitschrift für Wirtschaftsgeographie, H. 5, S. 144-148.

SAMOLEWITZ, R. (1960b): Fremdenverkehr und Geographie. In: Der Fremdenverkehr, H. 5, S. 35-36.

SCHNELL, P./POTTHOFF, K. E. (Hrsg.; 1999): Wirtschaftsfaktor Tourismus. Münstersche Geographische Arbeiten, H. 42. Münster.

SPODE, H. (1998³): Geschichte der Tourismuswissenschaft. In: Tourismus-Management. Berlin/New York, S. 911-924.

SPUTZ, K (1919): Die geographischen Bedingungen und Wirkungen des Fremdenverkehrs in Tirol. Wien.

STORBECK, D. (Hrsg.; 1992²): Moderner Tourismus. Materialien zur Fremdenverkehrsgeographie, H. 17. Trier.

STRADNER, J. (1905): Der Fremdenverkehr. Graz.

STEINECKE, A. (2000): Erlebniswelten und Inszenierungen im Tourismus. In: Geographische Rundschau, S. 42-45.

VORLAUFER, K. (1984): Ferntourismus und Dritte Welt. Frankfurt/Berlin/München.

VORLAUFER, K. (1996): Tourismus in Entwicklungsländern: Möglichkeiten und Grenzen einer nachhaltigen Entwicklung durch Fremdenverkehr. Darmstadt.

WEBER, A. (1959): Geographie des Fremdenverkehrs im Fichtelgebirge und Frankenwald. In: Mitteilungen der Fränkischen Geographischen Gesellschaft, Bd. 5. Erlangen, S. 35-109.

WOLF, K. (1977): Sozialgeographische Forschung und hochschulgeographische Lehre. In: Beiheft Geographische Rundschau, H. 1, S. 3-6.

WOLF, K./JURCZEK, P. (1986): Geographie der Freizeit und des Tourismus. Stuttgart.

ZIMMERS, B. (1995): Geschichte und Entwicklung des Tourismus. Trierer Tourismus Bibliographien, Bd. 7. Trier.

Geography of Leisure and Tourism: Überblick über Stand und Entwicklung der anglo-amerikanischen Freizeit- und Tourismusgeographie

Helmut Wachowiak

1   Einleitung

Die Geographie der Freizeit und des Tourismus hat im anglo-amerikanischen Sprachraum eine ca. 70 Jahre lange Tradition, deren Arbeiten (sowohl Monographien, Sammelbände, Fachzeitschriften/-journale[1] und Periodika als auch Kongressaktivitäten und Verbandsarbeit der geographischen Gesellschaften) von großem Interesse für die deutschsprachige Geographie sind.

Bereits seit den 1930er-Jahren lassen sich frühe Ansätze einer Geographie des Tourismus und der Freizeit in der anglo-amerikanischen Forschung und Lehre beobachten, deren erste Vertreter der Wirtschaftgeographie angehörten.[2] Bis in die 1950er-Jahre bestimmten dabei vor allem Untersuchungen zur regionalökonomischen Bedeutung des Tourismus in nordamerikanischen Ferienregionen die geographische Forschungslandschaft in den USA, während die touristische Entwicklung der Seebäder in Großbritannien zum primären Forschungsfeld der dortigen Geographen gehörte.

Eine intensive Beschäftigung der anglo-amerikanischen Geographie mit Fragen der Freizeit und des Tourismus setzt jedoch erst in den beginnenden 1960er-Jahren verstärkt ein und erreicht in Hinblick auf die Anzahl an Publikationen in den 1970er-Jahren einen ersten Höhepunkt. Dabei haben vor allem die Quantitative

---

[1] Eine umfassende Übersicht an relevanten Fachzeitschriften kann hier leider nicht erfolgen. Aus geographischer Sicht seien exemplarisch jedoch insbesondere ‚Tourism Geographies' und ‚Annals of Tourism Research' sowie ‚Current Issues in Tourism', ‚International Journal of Heritage Studies', ‚International Journal of Tourism Research', ‚International Tourism Reports', ‚Journal of Hospitality and Tourism Research', ‚Journal of Applied Recreation Research', ‚Journal of Sustainable Tourism', ‚Journal of Tourism Studies', ‚Journal of Transport Geography', ‚Journal of Travel Research', ‚Journal of Travel and Tourism Marketing', ‚Leisure Studies', ‚Tourism Analysis', ‚Tourism Economics', ‚Tourism and Hospitality Review' und ‚Tourism Management' erwähnt.

[2] vgl. z. B. MCMURRAY (1930): The use of land for recreation. Annals of the Association of American Geographers, 20, 7-20; JONES (1933): Mining tourist towns in the Canadian Rockies. Economic Geography, 9, 368-378; BROWN (1935): The business of recreation. Geographical review, 25, 467-475

Geographie sowie die Regionalgeographie großen Einfluss auf die zu behandelnden Themen.

Trotz des Bedeutungszuwachses von Freizeit und Tourismus als Gegenstand geographischer Forschung und Lehre in den Folgejahren wurden im anglo-amerikanischen Sprachraum jedoch nur Ansätze eigenständiger Theorien und Modelle entwickelt (z. B. die Destinations-Lebenszyklus-Theorie von BUTLER). Auch übergreifende Paradigmen als genereller Forschungsrahmen können kaum identifiziert werden. Das weitgehende Fehlen eigenständiger konzeptioneller Ansätze ist vielleicht auch als Hauptgrund zu nennen, weshalb sich dieser Zweig der Geographie lange Zeit schwer tat, innerhalb des Gesamtfaches eine größere Bedeutung zu erlangen.

Prägend dagegen war für die anglo-amerikanische Geographie der Freizeit und des Tourismus die Diskussion um eine allseits akzeptierte definitorische Abgrenzung von Tourismus. Mit seiner Diskussion um die Beziehungen der Elemente eines touristischen Systems, das sich in ein generelles physisches, kulturelles, soziales, politisches, ökonomisches und technologisches Umfeld einbettet, gelang es LEIPER (1979) erst relativ spät, einen weithin akzeptierten Rahmen für die anglo-amerikanische geographische Tourismusforschung zu konstruieren.

Dabei symbolisieren sowohl geographische, verhaltensorientierte, industrielle als auch umweltbezogene Elemente in unterschiedlichen Ausprägungen das Phänomen Tourismus: Das verhaltensorientierte Element seines Systems wird durch die Touristen selbst gekennzeichnet, die ihr natürliches Lebensumfeld verlassen, Raumdistanzen überwinden, sich in einer Destination aufhalten und nach einer gewissen Zeit wiederkehren. Damit entsteht eine untrennbare sozialräumliche Verflechtung, bei der LEIPER (1979) das geographische Element in drei miteinander agierenden Raumtypen repräsentiert sieht: Quellregion, Zielregion, Transferregion. Die Tourismuswirtschaft ist in allen diesen Raumtypen mit ihren Produkten und Dienstleistungen (Unterkunft, Transport etc.) aktiv, was der Geographie neben den regional- und sozialgeographischen Prozessen auch den Zugang zur Erforschung wirtschaftsgeographischer Prozesse ermöglicht.

2   Traditionelle Forschungsansätze und gegenwärtige Strömungen der anglo-amerikanischen Freizeit- und Tourismusgeographie

Während die Freizeitforschung z. B. in Deutschland vertiefend von der Soziologie (z. T. auch Pädagogik und Psychologie) besetzt wird, stellt sie in anglo-amerikanischen Arbeiten einen integralen Bestandteil der Geographie dar. Den methodologischen Rahmen für die Erforschung raumrelevanter Phänomene im Zusammenhang mit Freizeit und Tourismus bildet daher auch das Beziehungsdreieck zwischen Freizeit,

Erholung und Tourismus, wobei der ‚Freizeiterholung' rsp. ‚Recreation' eine herausragende Funktion zukommt. Ableitend aus dem übergreifenden gesellschaftlichen
Phänomen der Freizeit werden Formen und Effekte des Tourismus und des Erholungswesens als Unterphänomene betrachtet.

HARTMANN (1989b)[3] dokumentiert die Entwicklung der Begriffsproblematik der
‚Recreation Geography', wobei er feststellt: „Nach langen Jahren der Diskussion hat
sich der Begriff ‚Recreation Geography' an den amerikanischen und kanadischen
Universitäten durchgesetzt. Der Begriff ‚recreation' hat anders als ‚leisure' eine
Mitbedeutung, die den Konzepten ‚Freizeit und Erholung' eine gesellschaftliche
Aufgabe zuweist, etwa im Rahmen der örtlichen, regionalen und staatlichen ‚De-
partments of Parks and Recreation'. Unter ‚recreation geography' ist sowohl die
Sportgeographie (geography of sport) als auch die Fremdenverkehrsgeographie (ge-
ography of tourism) eingegliedert".

Während HARTMANN (1989b) die rasant wachsende Publikationsanzahl (insbesondere Lehrbücher) und die Zahl der Forschungsprojekte zum Phänomen Freizeit und
Tourismus in den 1970er- und 1980er-Jahren als Bedeutungszuwachs der Freizeit-
und Tourismusgeographie wertet und sich der Meinung von MITCHELL/SMITH (1985)
anschließt, dass die ‚Recreation geography' sich zu einer der „major subdivisions of
the discipline" entwickelt habe, argumentieren HALL/PAGE in ihrer Reflexion über
die Entwicklung der anglo-amerikanischen Freizeit- und Tourismusgeographie
(2000, S. 2): „Yet despite the global significance of tourism and the potential contribution that geography can make to the analysis and understanding of tourism, the
position of tourism and recreation studies within the geography is not strong. Howe-
ver, within the fields of tourism and recreation studies outside the mainstream academic geography, geographers have made enormous contributions to the understanding of tourism and recreation phenomena. It is therefore within this somewhat para-
doxical situation that this book is being written, while the contribution of geography
and geographers is widely acknowledged and represented in tourism and recreation
departments and journals, relatively little recognition is given to the significance of
tourism and recreation in geography departments, journals, non-tourism and recreation specific geography texts, and within other geography sub-disciplines".

HARTMANN (1989) stellt in seiner Zusammenstellung der nordamerikanischen frem-
denverkehrs- und freizeitgeographischen Forschungsbemühungen bis Ende der
1980er-Jahre fest (vgl. Tab. 1), dass diese Subdisziplin wohl durch eine große Vielfalt an Traditionen und Hauptthemen, nicht jedoch durch das Vorhandensein eines
übergreifenden Ansatzes oder gar eines umfassend anerkannten Paradigmas geprägt
ist.

---

[3] Als Gastherausgeber des Hefts 20 der Reihe „Materialien zur Fremdenverkehrsgeographie" widmete sich HARTMANN (1989a) umfassend dem Thema der nordamerikanischen Fremdenverkehrsgeographie und ihren Forschungsperspektiven.

Tab. 1: Forschungstraditionen und Hauptthemen der nordamerikanischen
         Freizeit- und Tourismusgeographie bis Ende der 1980er-Jahre

Forschungsfeld	Beschreibung
Wahrnehmung von Freizeit-ressourcen (Recreation perception)	Analyse der zur Verfügung stehenden Freizeit- und Erholungsgelegenheiten und ihrer Wahrnehmung durch gesellschaftliche Gruppen
Teilnahme an Freizeit und Erholung (Recreation participation)	Untersuchung von Einflussfaktoren, die zu bestimmten Freizeit-Aktivitäten motivieren oder eine Teilnahme verhindern
Freizeit und Erholung in der Stadt (Urban recreation)	Analyse der Verteilung und Hierarchie von Freizeit-Ressourcen; verhaltenswissenschaftliche Studien im Freizeitraum Stadt
Freizeitraum-Studien (Studies of places and areas)	Freizeitumweltorientierte Untersuchungen, die sich häufig besonderen Typen und wichtigen Zielgebieten einschließlich resultierender Umweltproblematiken des Freizeit- und Fremdenverkehrs widmen
Fremdenverkehrsentwicklung (Tourism development)	Fremdenverkehrsentwicklung als Maßnahme der regionalen Wirtschaftsförderung in unterschiedlich entwickelten Wirtschaftssystemen
Entwicklungsdynamik von Zielgebieten des Fremdenverkehrs (Tourism resorts and their development)	Untersuchung regelhafter Erscheinungen von Veränderungsprozessen in Zielgebieten und Möglichkeiten planerischer Einflussnahme auf solche Prozesse
Fremdenverkehr und Freizeitreisen (Tourism travel)	Analyse von Standortfaktoren und die Ausbildung von räumlichen Mustern im Binnen- als auch internationalen Tourismus
Auswirkungen des Fremdenverkehrs (Tourism impacts)	Untersuchungen zum Gastgeber-Gast-Verhältnis (Host-guest-relationship) im Tourismus sowie Fragen zu sozio-kulturellen Effekten des Tourismus in den Gastländern
Freizeit und Fremdenverkehrs-planung (Recreation and tourism planning)	Planungsorientierte Untersuchungen zur Vorsorge und Nutzung der rekreativen und touristischen Ressourcen auf lokaler, regionaler und staatlicher Ebene
Sport und mobile Freizeit-Aktivitäten (Sport)	Untersuchungen zu den räumlichen Aspekten von Sportaktivitäten sowie die Frage nach der räumlichen Verbreitung von Sportaktivitäten

Quelle: Eigene Zusammenstellung nach HARTMANN 1989b, S. 8f.

Die Themen der anglo-amerikanischen Freizeit- und Tourismusgeographie haben sich seit den 1970er-Jahren ständig verändert. Fünf Arbeiten (PEARCE 1979; SMITH/MITCHELL 1990; MITCHELL/MURPHY 1991; PEARCE 1995; HALL/LEW 1998) beschäftigen sich mit der Kategorisierung der Forschungsfelder und -themen. Danach bestimmen noch in den 1970er-Jahren vor allem die Untersuchung der räumlichen

Phänomene des touristischen Angebotes und der Nachfrage sowie die Untersuchung der (regional-)ökonomischen Bedeutung des Tourismus die Forschungslandschaft. Ebenfalls spielt die Anwendungsmöglichkeit von Forschung zu Planungszwecken eine große Rolle. Gegen Ende der 1980er-Jahre erfahren zunehmend spezialisiertere Themen eine Aufwertung, insbesondere Tourismus in Entwicklungsländern, Entwicklungsprozesse von und in Destinationen sowie die auch in der Geographie intensiv geführte Methodendiskussion. Mitte und Ende der 1990er-Jahre beschäftigt sich eine Reihe von Arbeiten mit der Analyse intraregionaler Gästeströme sowie vermehrt mit Fragen von Planungsaspekten zur tragfähigen Gestaltung von Tourismus (insbesondere unter dem Aspekt von Nachhaltigkeit).

Insgesamt zeigt sich bei der Betrachtung der Entwicklung der anglo-amerikanischen Freizeit- und Fremdenverkehrsgeographie eine zunehmende inhaltliche und methodologische Hinwendung zu den Wirtschafts- und Sozialwissenschaften, während die Planungsorientierung der 1970er- und 1980er-Jahre zugunsten von interdisziplinär geführten Nachhaltigkeitsdiskussionen an Bedeutung verliert. Neueste Strömungen zeigen darüber hinaus ein verstärktes Interesse der anglo-amerikanischen Geographie der Freizeit und des Tourismus an soziologischen und anthropologischen Prozessen.

Nach JOHNSTON (1991) haben fünf zentrale Strömungen, die die paradigmatische Entwicklung der Geographie beschreiben, auch die wichtigsten Effekte in der Entwicklung der Geographie der Freizeit und des Tourismus bewirkt. So finden die Raumanalyse (raumwirtschaftlich-wirtschaftgeographisches Paradigma), die Verhaltensgeographie, die Humanistische Geographie, radikale Ansätze der Sozial- und Kulturgeographie sowie die Angewandte Geographie unmittelbaren Einzug in tourismus- und freizeitbezogene Studien. Dabei kommt vor allem der Angewandten Geographie ein besonderer Stellenwert zu. In Tab. 2 sind dazu ausgewählte Beispiele und führende Repräsentanten aufgeführt.

Gerade zwischen dem raumwirtschaftlich-wirtschaftsgeographischen Paradigma (z. B. PEARCE) sowie der sozial-/kulturwissenschaftlichen Ausrichtung von geographischer Tourismusforschung (z. B. SHAW/WILLIAMS) bestehen Kontroversen, die sich primär an der Diskussion um Effekte und Beziehungsmuster zwischen touristischem Angebot und Nachfrage einerseits sowie den raumwirtschaftlichen und soziokulturellen Effekten in den Destinationen andererseits festmachen lassen.

Während der Tourismus unbestritten weltweit für zahlreiche Länder ein zentrales Wirtschaftssegment darstellt und direkte sowie indirekte ökonomische Vorteile aufweist, werden durch die Globalität und Komplexität der mit dem Tourismus zusammenhängenden wirtschaftlichen und sozialen Prozesse zunehmend mehr negative Effekte ausgelöst. SHAW/WILLIAMS (1998) beispielsweise untersuchen die Produktions- und Konsumbeziehungen unter dem Blickwinkel, welche Transformationsprozesse durch die Tourismuswirtschaft ausgelöst bzw. verstärkt werden. Als Ergebnis ihrer kritischen Betrachtung plädieren sie dafür, ein neues Ver-

ständnis für z. B. Gast-Gastgeber-Beziehungen zu entwickeln sowie umwelt- und
sozialverträgliche Prämissen für ökonomische Entscheidungen einzuführen.

Tab. 2: Geographische Ansätze und ihre Beziehungen zur geographischen
         Tourismus- und Freizeitforschung

Ansatz	Beispielstudien und Repräsentanten[4]
Raumana-lyse	Besucherströme und Verhaltensmuster: WILLIAMS/ZELINSKY 1970; CORSI/HARVEY 1979; FORER/PEARCE 1984; PEARCE 1987a, 1990a, 1993b, 1995a; MURPHY/KELLER 1990; OPPERMANN 1992 Gravitationsmodelle: MALAMUD 1973; BELL 1977
Verhaltens-geographie	Mental Maps: JENKINS/WALMSLEY 1993 Aktionsräumliches Besucherverhalten: CARLSON 1978; COOPER 1981, DEBBAGE 1991 Besucherverhalten: MURPHY/ROSENBLOOD 1974; PEARCE 1988a Umweltwahrnehmung: WOLFE 1970
Humanisti-sche Geo-graphie	Enträumlichung von Tourismus: RELPH 1976 Historische Geographie: z. B.: WALL/MARSH 1982; MARSH 1985; TOWNER 1996
Radikale Ansätze	Sozialtheorien: z. B.: BRITTON 1991; SHAW/WILLIAMS 1994 Kulturelle Identität: z. B.: SQUIRE 1994 Geschlechterverhalten: KINNAIRD/HALL 1994
Angewandte Geographie	Planung: z. B.: MURPHY 1985; DOWLING 1993, 1997; HALL 1999 Regionalentwicklung: z. B.: COPPOCK 1977a, b; PEARCE 1988b, 1990a, 1992a Tourismus im ländlichen Raum: z. B.: PAGE/GETZ 1997; BUTLER/HALL/JENKINS 1998 Städtetourismus: z. B.: LAW 1992,1993,1996; PAGE 1995a; MURPHY 1997 Gesundheit und Wellness: z. B.: CLIFT/PAGE 1996 Destinations Marketing: z. B.: DILLEY 1986; Health/WALL 1992 Effekte des Tourismus: z. B.: PIGRAM 1980; MATHIESON/WALL 1982 Destinations-Lebenszyklus: z. B.: BUTLER 1980; COOPER/JACKSON 1989; DEBBAGE 1990 Tourismus in Nationalparken: z. B.: MARSH 1983; CALAIS/KIRKPATRICK 1986, COLE et. al. 1987; DAVIES 1987; HALL 1992a; MCKERCHER 1993c Nachhaltige Entwicklung: z. B.: BUTLER 1990, 1991, 1992, 1998; PIGRAM 1990; ASWORTH 1992b; CATER 1993; DEARDEN 1993; MCKERCHER 1993a, 1993b; CATER/LOWMAN 1994; DING/PIGRAM 1995; MURPHY 1994; MOWFORTH/MUNT 1997; HALL/LEW 1998

Quelle: HALL/PAGE 2000, S. 12f.

---

[4] Wegen des begrenzten Umfanges dieses Beitrages wird der Leser gebeten, die weiteren
bibliographischen Angaben der in dieser Spalte aufgeführten Originalquellen dem Lehrbuch von HALL/PAGE (2000, S. 269-304) zu entnehmen.

3 Aktuelle Trends in Lehre und Forschung

Die Forschungsaktivitäten der Freizeit- und Fremdenverkehrsgeographie im anglo-amerikanischen Sprachraum verstehen sich in hohem Maße als Angewandte Forschung. Gerade in den USA, Kanada, Australien und Neuseeland ist zu beobachten, dass namhafte Vertreter der Freizeit- und Fremdenverkehrsgeographie inzwischen weniger an geographischen Instituten, sondern häufig an Business Schools in einem interdisziplinären Umfeld wirken. So sind beispielsweise alleine in Australien seit den 1980er-Jahren 28 Institute mit Ausbildungsprogrammen im Tourismus-, Hotel- und Freizeitmanagement gegründet worden (WEAVER/OPPERMANN 2000, S. 12).

Die zunehmende Anwendungsorientierung von geographischer Freizeit- und Tourismusforschung im anglo-amerikanischen Raum lässt sich auch inhaltlich, z. B. an der Themenstruktur jüngerer Lehrbücher[5] und Zeitschriftenbeiträge[6], nachvollziehen. Bei diesen werden geographische Aspekte von Freizeit und Tourismus zunehmend unter dem Gesichtspunkt von räumlichen Wechselwirkungen von Nachfrage und Angebot, der Konsumierung von Produkten, der Motivforschung im Rahmen von Reiseentscheidungsprozessen sowie der Distribution von Leistungen behandelt.

Weiterhin bestehen derzeit umfangreiche Bemühungen, sich den ökonomischen Effekten des Tourismus auf Basis von Monitoringsystemen zu nähern. Vor allem die kanadische Tourismusforschung muss hinsichtlich der Entwicklung des Tourism Satellite Accounts (TSA) genannt werden, das wohl das derzeit umfangreichste Monitoringsystem zur Erfassung der internationalen ökonomischen Waren- und Dienstleistungsströme im Tourismus darstellt. Das TSA ist ein noch relativ junges Instrument, das gleichwohl hohe Akzeptanz vor allem bei der World Tourism Organization (WTO) als auch beim World Travel & Tourism Council (WTTC) genießt. Beide Organisationen arbeiten derzeit an internationalen Standards zur besseren Vergleichbarkeit von Bilanzen und Übernachtungsstatistiken sowie an Berechnungsmodellen zur ökonomischen Wertschöpfung durch tourismusinduzierte Ausgaben.

Unter der Federführung des Ministeriums für Entwicklung, Handel und Tourismus in British-Columbia entwickelten kanadische Ökonomen und Tourismusforscher einen ersten Prototyp des TSA sowie ein separates touristisches Input-Output-

---

[5] Exemplarisch: IONNIDES/DEBBAGE (1998): The Economic Geography of the Tourist Industry – A Supply-side Analysis. London; OPPERMANN (Hrsg.; 1997): Geography and Tourism Marketing. New York.

[6] Exemplarisch sei die Migrationsgeographie genannt, die zunehmend die ökonomischen Aspekte von Freizeit und Tourismus aufnimmt. Hierzu siehe insbesondere WILLIAMS/HALL (2000).

Modell, um die regionalökonomische Bedeutung für die Provinz zu erfassen (vgl. GOELDNER/RITCHIE/MCINTOSH 2000).[7]

Um sich über generelle Tendenzen in der Entwicklung der anglo-amerikanischen Freizeit- und Tourismusforschung zu informieren, erweist sich MEYER-ARENDT (2001) mit seiner umfassenden Übersicht von abgeschlossenen Promotionen in den USA und Kanada als eine aufschlussreiche Quelle (vgl. Abb. 1).

Abb. 1: Anzahl an Dissertationen, die in Freizeit und Tourismus in verschiedenen Fachdisziplinen an Hochschulen der USA und Kanada zwischen 1987 und 2000 abgeschlossen wurden

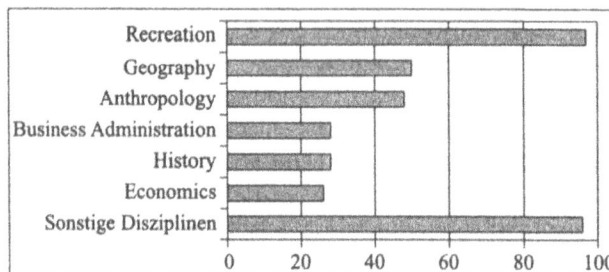

Quelle: Eigene Darstellung nach MEYER-ARENDT 2001

In der Übersicht werden 375 Dissertationen mit Bezug zu Freizeit und Tourismus aufgeführt, von denen 50 ausschließliche Forschungsvorhaben der Geographie darstellen. Entsprechend dem einleitend dargestellten Stellenwert der 'Geography of Leisure' bzw. 'Geography of Recreation' machen freizeit- und erholungswissenschaftliche Studien den größten Anteil aller Dissertationen in den USA und Kanada aus.

Folgende Themenschwerpunkte der geographischen Dissertationen können zusammenfassend aufgeführt werden:
- Heritage Tourism,
- Tourismus in peripheren Gebieten,
- Angebots- und Nachfrageprozesse in Destinationen,
- Nachhaltige Entwicklung mit Tourismus (insbesondere in Entwicklungs- und Schwellenländern),
- aktionsräumliches Verhalten der Nachfrage (Space-time-Analysis),
- Raumwahrnehmungsprozesse und Imageforschung in Destinationen.

Neben den geographischen Arbeiten muss wegen der besonderen inhaltlichen Nähe auch ein Großteil der untersuchten Dissertationen aus der Stadt- und Regionalplanung in die Betrachtung einfließen. Hier sind insbesondere Promotionen

---

[7] Ähnliche Ansatzpunkte finden sich auch in Schweden und den USA.

zum Themenkomplex ,Tourismus und regionale Wirtschaftsförderung' sowie ,Resort Development' zu nennen.

5   Zusammenfassung und Fazit

Im Vergleich zu den Entwicklungen im deutschsprachigen Raum eröffnen sich weitreichende Parallelen, aber auch einige Besonderheiten der Freizeit- und Fremdenverkehrsgeographie im anglo-amerikanischen Raum:

Die anglo-amerikanische Geographie der Freizeit und des Tourismus hat als Teildisziplin der Geographie verschiedene Entwicklungen durchlaufen. Dabei kommt der Angewandten Geographie ein besonders hoher Stellenwert zu.

Ähnlich wie in der deutschsprachigen Geographie befindet sich dabei die Freizeit- und Tourismusgeographie trotz der wachsenden Bedeutung von tourismusrelevanten Themen immer noch im Emanzipationsstadium gegenüber anderen geographischen Teildisziplinen.

Die interdisziplinäre Ausrichtung namhafter Vertreter der Freizeit- und Fremdenverkehrsgeographie sowie aktueller Dissertationsvorhaben führt zu einer zunehmend schwieriger werdenden Zuordnung von Arbeiten, was an die Mitte der 1990er-Jahre in Deutschland geführte Diskussion um eine einheitliche versus mehrere ,Tourismuswissenschaften' erinnert (vgl. auch FREYER 1997).

Generell zeichnet sich die anglo-amerikanische Literatur zum einen durch ein hohes Aufkommen an Lehrbüchern aus, zum anderen lassen sich seit den 1990er-Jahren deutliche wirtschaftswissenschaftliche Tendenzen in geographischen Forschungsbeiträgen ausmachen.

Insgesamt muss der Know-how-Transfer zwischen der anglo-amerikanischen und der deutschsprachigen Geographie bislang als gering charakterisiert werden. Jedoch zeichnet sich seit einigen Jahren ein deutliches Umdenken ab. Nicht nur die zunehmende Verbreitung englischsprachiger Literatur in deutschen Bibliotheken, sondern auch die immer häufigere Durchführung von internationalen Kongressen und Symposien zum Tourismus lassen sich als Belege anführen.

Literatur

FREYER, W. (1997): Tourismuswissenschaft – Chance für den Wissenschaftsstandort Deutschland. In: FELDMANN, O. (Hrsg.): Tourismus – Chance für den Standort Deutschland. Baden-Baden, S. 218-237.

GOELDNER, C. R./RITCHIE, J. R. B./MCINTOSH, R. W. (2000): Tourism – Principles, Practices, Philosophies. New York/Chichester/Weinheim et al.

GRANO, O. (1981): External and internal change in the development of geography. In: STODDART, D. R. (Hrsg.): Geography, Ideology and Social Concern. Oxford, S. 17-36.

HALL, C. M./LEW, A. A. (Hrsg.; 1998): Sustainable Tourism Development: Geographical Perspectives. Harlow.

HALL, C. M./PAGE, S. J. (2000): The Geography of Tourism and Recreation – environment, place and space. London.

HARTMANN, R. (Hrsg.; 1989a): Forschungsperspektiven der nordamerikanischen Fremdenverkehrsgeographie. Materialien zur Fremdenverkehrsgeographie, H. 20. Trier.

HARTMANN, R. (1989b): Entwicklungen und Trends in der nordamerikanischen Fremdenverkehrs- und Freizeitgeographie. In: HARTMANN, R. (Hrsg.; 1989a): Forschungsperspektiven der nordamerikanischen Fremdenverkehrsgeographie. Materialien zur Fremdenverkehrsgeographie, H. 20. Trier, S. 7-29.

IONNIDES, D./DEBBAGE, K. G. (1998): The Economic Geography of the Tourist Industry – A Supply-side Analysis. London/New York.

JOHNSTON, R. J. (1991): Geography and Geographers: Anglo-American Human Geography since 1945. London (zitiert nach: HALL, C. M./PAGE, S. J. (2000): The Geography of Tourism and Recreation – environment, place and space. London).

LEIPER, N. (1979): The Framework of Tourism – Towards a Definition of Tourism, Tourists, and the Tourist Indutry. In: Annals of Tourism Research, Oct/Dec, S. 390-407.

MITCHELL, L. S. (1994): Research on the Geography of Tourism. In: RITCHIE, J. R. B./GOELDNER, C. R. (Hrsg.): Travel, Tourism, and Hospitality Research. New York/Chichester/Brisbane et al., S. 197-207.

MITCHELL, L. S./MURPHY, P. E. (1991): Geography and Tourism. In: Annals of Tourism Research, 18, S. 57-70.

MITCHELL, L. S./SMITH, R. (1985) Recreational Geography: Inventory and Prospect. In: Professional Geographer, S. 6-14.

OPPERMANN, M. (Hrsg.; 1997): Geography and Tourism Marketing. New York/London.

PEARCE, D. G. (1979): Towards a geography of tourism. In: Annals of Tourism Research, 6, S. 245-272.

PEARCE, D. G. (1995): Tourism Today: A Geographical Analysis. Harlow.

SHAW, G./WILLIAMS, A. M. (1998): Critical Issues in Tourism – A Geographical Perspective. Oxford.

SMITH, R. V./MITCHELL, L. S. (1990): Geography and tourism: a review of selected literature. In: COOPER, C. (Hrsg.): Progress in Tourism, Recreation and Hospitality Management, Vol. 2. London, S. 50-66.

WEAVER, D./OPPERMANN, M. (2000): Tourism Management. Brisbane/New York/Chichester et al.

WILLIAMS, A. M./HALL, C. M. (2000): Tourism and migration: new relationships between production and consumption. In: Tourism Geographies 2 (1), S. 5-27.

Online-Quellen

COLES, T. (2000): Anglo-German Tourism Research Symposium. (Online-Publikation: http://www.ex.ac.uk/geography/tourism/gltrg/gltrg_newsletter_dec_2000.htm); Stand: 24.10.2001.

MEYER-ARENDT, K. (2001): U.S. & Canadian Ph.D. Dissertations in Tourism – 1987 – 2000. (Online-Publikation: http://www.geog.nau.edu/tg/contents/support/phds-1987-2000.html); Stand: 24.10.2001.

Einblicke in die französische Tourismusgeographie

Mohamed Berriane

Tourismus ist für Frankreich in mehrfacher Hinsicht von eminenter Bedeutung: Mit 71 Mio. Einreisen von ausländischen Besuchern, die im Jahr 1999 jegliche Rekorde brachen, sowie mit einem Anteil am Binnentourismus, der etwa 62% der französischen Bevölkerung umfasst, ist er nicht nur ein wichtiger Wirtschaftsfaktor, sondern auch ein soziokulturelles Phänomen von sehr großer Bedeutung.

Dennoch wurde der Tourismus als Forschungsobjekt erst sehr spät von der französischen Geographie aufgegriffen. Heutzutage gibt es allerdings in Frankreich im Rahmen des Gesamtfachs Geographie eine regelrechte ‚Geographie des Tourismus’: Innerhalb des ‚Comité National Français de Géographie’, dem französischen Nationalkomitee der Geographie, ist eine Kommission für die Geographie der Freizeit und des Tourismus eingerichtet worden; eine Forschungsgruppe über Tourismus und Freizeit arbeitet im Rahmen des Centre National de Recherche Scientifique (CNRS); für die Behandlung des Faches Tourismusgeographie in den Curricula der Universitäten stehen mehrere Lehrbücher zur Auswahl; die Tourismusthematik wird zumindest einführend im Unterricht an den französischen Gymnasien behandelt.

Allerdings mussten, bevor es zu einer Anerkennung des Tourismus im Bereich geographischer Bildung und Forschung kam, ernsthafte Widerstände und diverse Hindernisse überwunden werden.

1 Die verschiedenen Entwicklungsphasen der tourismuswissenschaftlichen Forschung in der französischen Geographie

1.1 Anfänge in den 1930er-Jahren

Bei den französischen Geographen hat es schon frühzeitig – speziell im Bereich der Reiseführer – ein Interesse am Tourismus gegeben. Schon in den 1930er-Jahren ist von LE LANNOU, einem einer Universität angehörenden Geographen, ein Werk mit dem Titel ‚Itinéraires de Bretagne, guide géographique et touristique’ veröffentlicht worden; dieses ist in einer Reihe erschienen, für die mit CHOLLEY ein weiterer Geograph verantwortlich zeichnete, was die frühe Verbindung zwischen Geographie und Tourismus illustriert. Der Autor greift auf die epistemologischen Elemente der Regionalgeographie nach VIDAL zurück, um die Entdeckung der Region zu initiieren. Fügt man diesem Beispiel noch die Arbeiten von DRESCH

(1938) und BLANCHARD (1926) oder MIEGE (1934) – alles bedeutende Geographen, die Reiseführer verfasst haben – hinzu, dann kann davon ausgegangen werden, dass französische Geographen schon sehr früh enge Verbindungen zum Tourismusphänomen gepflegt haben. Im Vergleich zu anderen Ländern (Deutschland und den USA) oder anderen Disziplinen (Soziologie) dauerte es allerdings sehr lange, bis die französische Geographie Tourismus als Forschungsobjekt übernahm. Im Laufe dieser ersten Phase ist dies vor allem mit dem Ziel geschehen, die Geographie als Wissenschaft populär zu machen; die Reflexion über ein eindeutig differenziertes Wissenschaftsobjekt ist dagegen kaum angestrebt worden.

Die durch die Gründerväter („maîtres fondateurs') der französischen Schule der Geographie (Geomorphologie, Regionalgeographie, Geographie des ländlichen Raumes) getroffenen Unterscheidungen zwischen dem, was eine Kategorie der wissenschaftlichen Geographie ist bzw. nicht ist, führten dazu, dass ein Phänomen wie der Tourismus, bestehend aus Mobilität und permanenter Umgestaltung, vollkommen aus dem Forschungsinteresse verbannt wurde (vgl. LAZZAROTTI 2000). Für die Gründerväter der klassischen französischen Geographie bildete die Beständigkeit des Raums die Grundlage der Geographie; außerdem konzentrierten sie sich auf die Existenz enger Bindungen zwischen den Naturfaktoren und der Besiedlung.

Der Tourismus als ein soziales und wirtschaftliches Phänomen, das auf Mobilität basiert und zu Veränderungsprozessen führt, widerspricht vollkommen dieser klassischen Konzeption von Geographie (vgl. REYNAUD 1975; KNAFOU 2000). Trotz ernsthafter Widerstände von Seiten der ‚grands maîtres' der Geographie im Bereich der Universität, welche u. a. auch die Kommissionen, die für die Anstellung des Lehrkörpers zuständig sind, kontrollierten, begannen dennoch einige junge Geographen, denen die Bedeutung des Tourismus bewusst war, diesem mehr Beachtung zu schenken. CAPOT REY veröffentlichte 1947 eine Arbeit über die Verkehrsgeographie und definierte in dieser den Tourismus als eine Reaktion auf die städtische Zivilisation. CHABOT führte 1957 in seinem Buch ‚Traité de Géographie urbaine', welches das Stadt-Land-Verhältnis thematisiert, den aus den USA stammenden Begriff der Erholung ein. Schließlich wurden in den Jahren 1957 von BURNET und 1958 von DEFERT die ersten beiden Doktorarbeiten angefertigt, die sich ausschließlich mit der Tourismusthematik befassten (beide sind unveröffentlicht geblieben).

Konsequenz war, dass die französischen Geographen den Tourismus im allgemeinen erst Ende der 1950er-Jahre in ihre Forschungsarbeiten aufnahmen. Trotzdem blieb der Tourismus, auch wenn er sich im darauffolgenden Jahrzehnt zu einem eigenständigen Forschungsobjekt entwickelte, für die französische Geographie lange Zeit ein marginales Thema.

1.2 Die Wende in den 1960er-Jahren

Das Interesse an der Entwicklung des Tourismus gewann während der folgenden Phase bei den jungen Wissenschaftlern zunehmend an Bedeutung. Drei weitere tourismuswissenschaftliche Dissertationen (vgl. BARBAZA 1966; CRIBIER 1969; GINIER 1963), welche als Pionierarbeiten in diesem Bereich gelten, öffneten den Weg zu einer ganzen Serie von Dissertationen, deren Komplexität sich mit zunehmender Anzahl erweiterte. In diesem Sinne wurden zwischen Anfang der 1970er- und Beginn der 1990er-Jahre in ca. 20 Dissertationen sehr umfassend Themen bearbeitet, die sich auf den Tourismus beziehen. In ihnen wurden allgemeine Fragen untersucht, wie die Beziehung zwischen Tourismus und Freizeit (vgl. WACKERMANN 1972), das Bäderwesen (vgl. JAMOT 1988), die Rolle der Mythen bei Aufbau und Entwicklung des Tourismus (vgl. CHAUDEFAUD 1987) und die der Nationalparks in Europa (vgl. RICHEZ 1992). Andere beschäftigten sich mit dem gegebenen Raum, wie der Küstenregion für Paris (vgl. CLARY 1977), dem Tourismus auf dem Lande in Westfrankreich (vgl. BONNEAU 1978), Freizeit und Tourismus im Loiretal sowie mit Problemen der Raumplanung in den Wintersportgebieten (vgl. KNAFOU 1978) bzw. in den Bergen im allgemeinen (vgl. GUERIN 1983).

Im Laufe der 1990er-Jahre und zu Beginn dieses Jhs. erweiterte sich das Themenspektrum und es erfolgte eine weitere inhaltliche Vertiefung. Die Bedeutung der Familienstrukturen bei der Entwicklung des Tourismus (vgl. MATTEUDI 1997) und die der Reiseführer bei der Darstellung der Städte (vgl. HANCOCK 1993) wurde bedacht; es kam zur Ausweitung des erforschten Raums bis über die Grenzen Frankreichs hinaus. Die der Reihe nach behandelten Thematiken betrafen die bretonischen Vergnügungshäfen (vgl. BERNARD 1993), die Küsten von Roussillon (vgl. ASTRUC 1995), den Naturtourismus (vgl. BARON-YELLES 1999), den Tourismus im ländlichen Raum (vgl. DELIGNERES 1997; DEHOORN 1998) sowie den Bergtourismus (vgl. CHEVALLIER 1996; HELION 2000).

Parallel zu diesen, dem französischen Tourismus gewidmeten Arbeiten verfolgten französische Forscher das Phänomen auch in anderen Ländern. In den ersten Dissertationen waren schon die Costa Brava (vgl. BARBAZA 1966), das österreichische Tirol (vgl. HERBIN 1980) und Italien (vgl. ROGNAT 1981) Forschungsgegenstände. Daran anschließend folgten Arbeiten, die sich auch auf außereuropäische Gebiete bezogen, wofür insbesondere zwei Untersuchungen repräsentativ sind: CAZES (1983) stützt sich für eine Synthese über den internationalen Tourismus in der Dritten Welt auf verschiedene Gebiete Lateinamerikas, Asiens sowie Afrikas, und die Dissertation von MIOSSEC (1996) greift den Tourismus in Tunesien auf.

Allerdings – und nur mit sehr wenigen Ausnahmen (MIOSSEC 1996) – beschränkten sich zu dieser Zeit die Forschungen französischer Geographen, die über Entwicklungsländer arbeiteten, lediglich auf die Nachfrage des internationalen Tourismus in diesen Ländern und vernachlässigten bzw. stellten jegliche Möglichkeit der Schaffung einer internen Nachfrage in Abrede. Allerdings belegten Forscher aus diesen Ländern, die durch die französische Schule geformt waren, dass eher das Gegenteil dieses Postulats zutreffend war: Es gelang ihnen, eine real existierende Nachfrage im Bereich des Binnentourismus innerhalb der Länder der Dritten Welt nachzuweisen (vgl. BERRIANE 1992, 1993).

1.3   Relativ späte epistemologische Infragestellung

Mitte der 1980er-Jahre wurde der Tourismus als ein klassischer Bereich der französischen Geographie anerkannt. Die institutionelle Anerkennung wurde im Jahr 1971 durch die Gründung der ‚Nationalen Kommission der Geographie des Tourismus und der Freizeit' und die Aufnahme der Tourismusproblematik in das Prüfungsprogramm für Lehrer an Gymnasien erreicht. Im Allgemeinen ist die Forschung in jener Zeit auf thematische Studien in klassischer Form an regionalen Fallbeispielen ausgerichtet. Die Reflexion über den Tourismus als Wissenschaftsobjekt beginnt Anfang der 1980er-Jahre, als erste Synthesen veröffentlicht und erste Theorien aufgestellt wurden. MIOSSEC eröffnete bereits 1977 erste Perspektiven. Er schlug eine Modellbildung der Dynamik des touristischen Raums vor, indem er diesen Raum verschiedene Phasen durchlaufen ließ.

Es folgen Synthesen, welche aus den im Laufe der vorangegangenen Jahre erzielten Ergebnissen gebildet wurden. CAZES veröffentlichte 1992 ‚Fondements pour une géographie du tourisme et des loisirs' (Grundlagen für eine Geographie der Freizeit und des Tourismus) gefolgt von DEWALLY/FLAMENT (1993) mit ‚La géographie du tourisme et des loisirs' (Die Geographie des Tourismus und der Freizeit). Cazes insistiert auf der Erforschung der Touristenströme und der Beziehungen zwischen Tourismus und Milieu, DEWAILLY/FLAMENT basieren ihre Synthese auf der Messung der Ströme und dem Prozess der ‚Touristification' eines Ortes.

Bei dem Versuch, zu verstehen, wie ein Ort zu einem touristischen Ziel wird bzw. nicht wird, sowie bei dem Versuch, die Repräsentation von Orten über den Tourismus zu erfassen, öffneten sich die französischen Geographen anderen Sozialwissenschaften, wie z. B. Geschichte, Anthropologie und Soziologie.

Daran anschließend kam es zu einer Serie von Veröffentlichungen, in denen der Tourismus im Kontext anderer geographischer Teildisziplinen behandelt wurde: Tourismus und Dritte Welt (vgl. CAZES 1983), Tourismus und Umwelt (vgl. ESCOURROU 1993), Tourismus und Klima (vgl. BESAANCENOT 1990), Tourismus und Transport (vgl. WACKERMANN 1993) sowie Tourismus und Raumplanung (vgl. DEWAILLY 1990).

Aus dieser Fülle wissenschaftlicher Produktion, deren Evolution hier verfolgt wird, entwickelte sich eine kontroverse Forschungsdebatte. Heutzutage wird diese um so komplizierter, je weiter die Forschung voranschreitet. Sie spiegelt einerseits die Vitalität der Forschung in der französischen Geographie, andererseits die konstante Evolution des Phänomens Tourismus wider, was zur Folge hat, dass die meisten der erarbeiteten Erkenntnisse laufend in Frage gestellt werden.

2 Die großen Diskussionsthemen der französischen Geographie des Tourismus

Nach KNAFOU u. a. (2001) können die wichtigsten Grundgedanken dieser wissenschaftlichen Debatte auf die folgenden drei zentralen Punkte gebracht werden.

2.1 Der Prozess der Transformation eines gegebenen Ortes in einen touristischen Ort (‚Touristification' bzw. ‚Touristisation')

Hierbei geht es darum, zu verstehen, aus welchen Gründen ein gegebener Ort zu einem touristischen Ziel wird bzw. nicht wird. Zur Beschreibung dieses Prozesses wurden die Begriffe ‚Touristification' bzw. ‚Touristisation' geprägt. Nach Durchsicht der vorhandenen Literatur können drei verschiedene Typen von Fragestellungen unterschieden werden. Der traditionelle Ansatz betont geographische Faktoren, indem er die zu diskutierende Bedeutung der touristischen Bestimmung (‚vocation touristique') hervorhebt und eine Liste vorteilhafter Faktoren erstellt, deren Vorhandensein für die Entwicklung von Tourismus notwendig ist. Als Reaktion darauf geht die zweite Gruppe von Fragestellungen von der Feststellung aus, dass einige Orte, obwohl sie über diese vorteilhaften Faktoren verfügen, dennoch nicht zu touristischen Zielen werden. Zur Klärung dieses Sachverhaltes müssen die geistes- und kulturgeschichtliche Entwicklung und ihr Niederschlag in den sozialen Strukturen bedacht werden. Diese Faktoren spielen eine weitaus entscheidendere Rolle als die örtlichen geographischen Voraussetzungen. Nicht die Tatsache, dass eine Örtlichkeit von ihren natürlichen Voraussetzungen her für die touristische Inwertsetzung geeignet wäre, sondern vielmehr die Wahrnehmung der Orte und wie sich diese entwickelt haben, tragen zum Verständnis dieser Veränderungen bei (z. B. die Wahrnehmung von Meer und Küste bzw. von Bergen; vgl. BERNARD 1993; DEBARDIEU 1995).

Die beiden obigen Fragestellungen integrierend betont die dritte und neueste Richtung die Mannigfaltigkeit der Faktoren, welche eine Rolle spielen können, um räumliche Diskontinuitäten bei der Ausbreitung des Prozesses der ‚Touristification' zu erklären.

Außerdem werden für das Verständnis der Diskontinuitäten die Rollen bedacht, welche bestimmten Akteuren zugeschrieben werden, z. B. den Parisern an der normannischen Küste (vgl. CLARY 1977), dem generellen System der Akteure (vgl. CAZES 1992), den Tourismus kreierende Touristen, dem Staat, örtlichen Gemeinschaften und Unternehmen (vgl. KNAFOU 1992).

2.2   Die vermuteten Auswirkungen des Tourismus auf die Feriengebiete

Bereits zu Beginn der Tourismusforschung in Frankreich wurde die fundamentale Frage nach dem Einfluss des Tourismus auf die Zielgebiete erörtert. Allerdings wurden die Analysen dieser Auswirkungen zuerst für die Zielgebiete in den Entwicklungsländern durchgeführt. In diesem Kontext wurde die Analyse erleichtert durch die Konfrontation zwischen einerseits importierten, modernen, von mächtigen Entscheidungsträgern sehr erwünschten und bestärkten Aktivitäten, welche starke Veränderungen auslösten, und andererseits traditionellen, manchmal archaischen und sich in Schwierigkeiten befindenden Wirtschaftsstrukturen. Die daraus gezogenen Schlussfolgerungen führten zu einer teilweise gut fundierten Kritik am Tourismus und seinen negativen Auswirkungen auf die vorhandenen örtlichen Strukturen (vgl. CAZES/DUMAS/PERE/MIOSSEC 1973; MIOSSEC 1973, 1975; CAZES 1983).

Die systematische Weiterentwicklung dieser Schlussfolgerungen endete bei negativen Beurteilungen und Einschätzungen auf der Basis von vorgefassten und im allgemeinen wenig fundierten sowie nicht verifizierten Konzepten des Massentourismus: der Belastung (‚capacité de charge') und Überlastung (‚surfréquentation'). Diese Tendenz erreichte ihren widersprüchlichen Höhepunkt bei der Zuspitzung der Umweltfrage und der Werbung mit dem Konzept einer zukunftsfähigen Entwicklung. Der Tourismus wird nun als Bedrohung des Gleichgewichts der Umwelt gesehen (vgl. ESCOURON 1993; MICHAUD 1983, 1992). Um einer zukunftsfähigen Entwicklung des Tourismus Rechnung zu tragen, wird das Konzept vom nachhaltigen Tourismus (‚tourisme durable') entwickelt; aber anstatt dieses so klar zu fassen, dass es sich für präzise wissenschaftliche Analysen in zufriedenstellender Weise eignen würde, wird es eher dazu benutzt, am Wachstum des Sektors negative Kritik zu äußern.

Im Zusammenhang mit der Diskussion um die Auswirkungen des Tourismus wird auch eine Auseinandersetzung über den Einfluss des Tourismus auf örtliche Gesellschaften geführt. Hier bestehen ausgeprägte Berührungspunkte mit der Soziologie. Zwei Fragen treten in den Vordergrund: Zerstört der Tourismus örtliche Gesellschaften oder gibt er diesen eher die Mittel in die Hand, um weiterhin existieren zu können (vgl. CAZES 1992; DEWAILLY/FLAMENT 1993)?

2.3   Probleme der Definitionen und der Basiskonzepte

Versucht man, ein Phänomen zu analysieren, ist es vorrangig, die verschiedenen Konzepte zu definieren, die zur Anwendung gelangen. Der Tourismus stellt allerdings wegen stetiger dynamischer und gravierender Veränderungen eine ernsthafte inhaltliche Herausforderung für die französische Geographie dar. In diesem Bereich der Forschung über Tourismus und Freizeit werden Erkenntnisse – sobald

man sich z. B. über die Kategorisierung der verschiedenen Tendenzen einigermaßen geeinigt hat – sehr schnell wieder von der Praxis überholt.

Für verschiedene Autoren ist dies kein ausreichend zufriedenstellender Zustand,
auch wenn Einigkeit darüber herrscht, dass Tourismus gemäß Definition der
World Tourism Organisation (WTO) einen Mobilitätsvorgang mit Übernachtung
außerhalb der üblichen Wohnstätte darstellt, welcher die Motivationen des Ver-
gnügens, der Geschäfte, des Sports, der Wallfahrten usw. mit einschließt. Sich auf
ihre eigenen Beobachtungen der Realität vor Ort stützend, führen diese Autoren
Kategorien ein, die eher von den verschiedenen Reisemotiven bestimmt sind. Andere Autoren dagegen übernehmen Definitionen von Raumkategorien, wie sie
innerhalb der Geographie üblich sind. Tourismus ist zum Beispiel in erster Linie
städtisch (vgl. POTIER/CAZES 1996, 1998) oder ländlich (vgl. BETEILLE 1996), er
kann gleichermaßen Küstentourismus, Berg- und Inlandstourismus sein (vgl. CLA-
RY 1993), ebenfalls Küsten- und Bergtourismus, aber sowohl ländlich als auch
städtisch (vgl. BARONS-YELLES 1999). Andere wiederum kritisieren diese Klassifizierung in Form von Raumkategorien und schlagen vor, vom Querschnittscharakter des Tourismus auszugehen und diesen mit wissenschaftlichen Methoden zu
analysieren, die nicht auf klassische Strukturerfassung ausgerichtet sind, sondern
das Gemeinsame in den Mittelpunkt der Untersuchungen stellen (vgl. LAZZAROTI
2000). Andere Autoren, in dieselbe Richtung argumentierend, begrenzen den Tourismus auf einen Standortwechsel während der Freizeit, welcher außerhalb der
Alltäglichkeit stattfindet (vgl. KNAFOU et al. 1997). Wieder andere schließlich
weisen auf die Notwendigkeit hin, die Realität des Phänomens zu beachten, und
stellen laufend die Definitionen und Konzepte in Frage. LAZZAROTI (1995) stellt in
diesem Zusammenhang die Frage nach Freizeit ohne Tourismus im Umland der
Großstädte und DUHAMEL (1997) richtet seinen Blick schon auf eine Nach-
Tourismus-Phase.

3   Zusammenfassung

Die Anregung, sich dem Phänomen des Tourismus nicht in Form von klassischen
Kategorien zu nähern, sondern der Realität des Phänomens Rechnung zu tragen,
scheint sich als einer der wesentlichsten Beiträge der französischen Forschung im
Bereich der Freizeit- und Tourismusgeographie herauszukristallisieren. Hier handelt es sich um ein regelrechtes Infragestellen klassischer Arbeitsweisen und Methoden der französischen Geographie. In der Tat hat der Forschungsfortschritt zu
der Notwendigkeit geführt, sich nicht mehr mit einer geographisch korrekten Beschreibung – nach Art der bekannten klassischen Methode – zufriedenzugeben,
sondern eine Umkehrung des bisherigen Vorgehens in der Geographie vorzunehmen.

So wurde vorgeschlagen, neue Mittel und Instrumente der Untersuchung bzw. der
Analyse zu entwickeln, die dem untersuchten Phänomen und nicht den klassischen
Regeln einer Institution entsprechen (vgl. LAZZAROTI 2000). Der Tourismus ist ein

spezifisch geographisches Phänomen und deswegen kann die so verstandene Tourismusforschung auch die Regeln und Methoden hinterfragen, die in der traditionellen Geographie relevant sind, um so auf diese Weise zur Fortentwicklung dieser Disziplin beizutragen. Es ist eine regelrechte Revolution, die hier zum Ausdruck kommt. Einige Autoren hatten dies im Auge, als sie vor-schlugen, von der Geographie des Tourismus abzugehen und eine breiter angelegte, räumlich-geographische Herangehensweise an das Phänomen des Tourismus zu übernehmen (vgl. KNAFOU et al. 1997).

Literatur

ASTRUC, J. (1995): L'impact du tourisme: Critères d'évaluation et gestion locale. Exemple de la côte du Roussillon (Pyrénées orientales). Paris.

BARBAZA, Y. (1996): Le paysage humain de la Costa Brava. Paris.

BARON-YELLES, N. (1999): Le tourisme en France. Territoires et stratégies. Paris.

BERBARD, N. (1993): Ports de plaisance et structuration de l'espace littoral finistérien. Brest.

BERRIANE, M. (1992): Tourisme national et migrations de loisirs au Maroc, étude géographique. Publications de la Faculté des Lettres et des Sciences Humaines, Rabat, Série Thèse et Mémoires, n° 16.

BERRIANE, M. (1993): Le tourisme des nationaux au Maroc (une nouvelle approche du tourisme dans les pays en développement), Annales de Géographie, n° 570 (mars-avril 1993). Paris, S. 131-161.

BESANCENOT, J. P. (1990): Climat et tourisme. Paris

BETEILLE, R. (1996): Le tourisme vert. Paris.

BLANCHARD, R. (1926): La Corse. Paris.

BONNEAU, M. (1978): Tourisme rural dans la France de l'Ouest. Rennes.

BURNET, L. (1963): Villégiature et tourisme sur les côtes de France. Paris.

CAPOT-REY, M. (1947): Géographie de la circulation sur les continents. Coll. Géographie humaine, n° 20. Paris.

CAZES, G. (1983): Le tourisme international dans le Tiers-Monde. La problématique géographique; Thèse de Doctorat d'Etat. Bordeaux.

CAZES, G. (1992): Fondements pour une géographie du tourisme et des loisirs. Paris.

CAZES, G./DUMAS D./PERE M./MIOSSEC, J.-M. (1973): Tourisme et sous-développement: Réflexions à propos des concepts et des méthodes. Bulletin de la Société Languedocienne de Géographie, 3-4, S. 405-414.

CHABOT, G. (1957): L'évasion urbaine. La Vie Urbaine, avril-juin, Paris, S. 108-116.

CHADFAUD, M. (1987): Aux origines du tourisme dans les pays de l'Adour. Cahiers de l'Université de Pau.

CHEVALLIER, M. (1996): Généalogie des sports d'hiver. Grenoble.

CLARY, D. (1977): La façade littorale de Paris. Paris.

CLARY, D. (1993): Le tourisme dans l'espace français. Paris.

CRIBIER, F. (1969): La grande migration d'été des français. Paris.

DEBARBIEUX, B. (1990): Chamonix, les coulisses de l'aménagement. Grenoble.

DEFERT, P. (1958): La mise en valeur touristique des littoraux et des montagnes en Europe. Non publié.

DEHOORNE, O. (1998): Tourisme et développement rural: l'exemple des campagnes aveyronnaises. Compagne Générale d'Hôtellerie et de Services.

DELIGNERES, V. (1996): Structures, dynamiques et fonctionnement du tourisme en espace rural. Approche à deux échelles: France et Auxois-Morvan. Université de Bourgogne.

DEWAILLY, J. M. (1990): Tourisme et aménagement en Europe du Nord. Paris.

DEWAILLY, J.-M./FLAMENT, E. (1993): Géographie du tourisme et des loisirs. Paris.

DRESCH, J. (1938): Le massif du Toubkal, guide alpin de la montagne marocaine. Office chérifien du Tourisme.

DUHAMEL, PH. (1997): Les résidents étrangers européens à Majorque (Baléares). pour une analyse de la transformation des lieux touristiques. Thèse.

ESCOURROU, P. (1993): Tourisme et environnement. Paris.

GINIER, J. (1969): Les touristes étrangers en France pendant l'été.

GUERIN, J.-P. (1985): L'aménagement de la montagne : politiques, discours, production d'espace. Paris.

HANCOCK, C. (1993): Les représentations de la ville : le cas de Paris et de Londres dans les guides touristiques du XIXe siècle. Paris.

HELION, CH. (2000): Les stations de sports d'hiver de moyenne altitude. Approche géographique du tourisme dans les alpes françaises. Paris.

HERBIN, J. (1980): Le tourisme au Tyrol autrichien. Ed. des cahiers de l'Alpe, Grenoble.

JAMOT, CH. (1988): Thermalismes et villes thermales en France. Clermont-Ferrand.

KNAFOU, R. (1978): Les stations de sports d'hiver des Alpes françaises. L'aménagement de la montagne à la Française. Paris.

KNAFOU, R. (1992): L'invention du tourisme. Encyclopédie de géographie, Economica, S. 893-906.

KNAFOU, R. (dir., 1997): Atlas du tourisme et des loisirs. Monpellier/Paris.

KNAFOU, R./VIOLIER, PH. (2001): Tourismes en France: Vivre de la diversité, Historiens & Géographes, n° 370, S. 367-384.

LAZZAROTI, O. (1995): Les loisirs à la conquête des espaces périurbains. Paris.

LAZZAROTI, O. (2000): Tourisme et géographie: Entre pensée et discipline scientifique, texte inédit.

LE LANNOU, M. (1995): Itinéraires de Bretagne. Guide géographique et touristique. Paris.

MATTEUDI, E. (1992): L'enfance de la montagne. Structures familiales, capacité d'entreprendre et développement touristique. Grenoble.

MICHAUD, J.-L. (1983): Le tourisme face à l'environnement. Paris.

MICHAUD, J.-L. (dir., 1992): Tourisme: chance pour l'économie, risque pour les sociétés? Paris.

MIEGE, J. (1934): La vie touristique en Savoie. Edition de l'Institut de géographie alpine.

MIOSSEC, J.-M. (1997): Un modèle de l'espace touristique. L'espace géographique, n 1, S. 41-48.

MIOSSEC, J.-M. (1973): Le décollage du tourisme en Tunisie, Cahiers du Tourisme, CHET, Aix-en-Provence.

MIOSSEC, J.-M. (1973): Présentation d'une photographie aérienne d'espace touristique en pays sous-développé: Hammamet (Tunisie), Bulletin de la Société Languedocienne de Géographie.

MIOSSEC, J.-M. (1975): L'espace touristique africain, essai méthodologique, Cahiers du Tourisme, CHET, Aix-en-Provence.

MIOSSEC, J.-M. (1996): Le Tourisme en Tunisie. Un pays en développement dans l'espace touristique international, Thèse d'Etat. Tours.

POTIER, F./CAZES G. (1996): Le tourisme urbain. Paris.

POTIER, F./CAZES G. (1998): Le tourisme et la ville, expériences européennes. Paris.

REYNAUD, A. (1975): Eléments pour une épistémologie de la géographie du tourisme. Travaux de l'Institut de géographie de Reims, 23-24.

RICHEZ, G. (1986): Parcs nationaux et tourisme en Europe. Université de Provence.

ROGNANT, L. (1981): Types de régions touristiques en Italie (essai de macrogéographie), Thèse de Doctorat d'Etat. Nice.

WACKERMANN, G. (1973): Les loisirs dans l'espace rhénan. Une étude géographique d'un espace multinational. Service de publication des thèses de Lille 3.

WACKERMANN, G. (1993): Tourisme et transport. Paris.

Anmerkung: Für Interessierte an weiterer Literatur über die französische Freizeit- und Tourismusgeographie bietet die Interseite http://www.ciret-tourism.com wertvolle Informationen.

Vom Reisebericht zur Reiseerziehung - das Thema ‚Reisen und Tourismus' im Geographieunterricht

Johann-Bernhard Haversath/Michael Hemmer

Dem Thema ‚Reisen und Tourismus' wird im Geographieunterricht seit jeher ein besonderer Stellenwert zugemessen. Dieser begründet sich zum einen in der disziplingeschichtlich verankerten Verbindung von Geographie und Reisen und der raumbezogenen Dimension des Phänomens Tourismus, zum anderen in der Ausrichtung des Geographieunterrichts an der Lebenswirklichkeit der Schülerinnen und Schüler. Abhängig von der allgemeinen Entwicklung und Bewertung des Tourismus, den Forschungsfragestellungen und Erkenntnissen der Bezugswissenschaft Geographie sowie den sich ändernden Zielsetzungen und didaktischen Konzeptionen des Geographieunterrichts wurden die Aspekte ‚Reisen' und ‚Tourismus' im Geographieunterricht zu verschiedenen Zeiten in unterschiedlicher Weise thematisiert. In der aktuellen geographiedidaktischen Diskussion wird der Ansatz der Reiseerziehung favorisiert. Neben einer selbstreflexiven Analyse der touristisch bedingten Nutzungsstrukturen und Konfliktpotenziale zielt das Konzept auf eine Sensibilisierung der Schülerinnen und Schüler für eine andere Art des Reisens – nämlich auf die Realisierung eines umwelt- und sozialverträglichen Reisestils im intrapersonalen Verantwortungsbereich.

1 Reiseberichte im länderkundlich geprägten Geographieunterricht (bis ca. 1970)

Solange der Besuch fremder Landschaften und Länder ein exklusives Betätigungsfeld weniger Berufs- und Sozialgruppen war, umgab ihn die Aura des Besonderen und Einzigartigen. Es ist daher leicht zu verstehen, dass in dieser Phase Reiseberichte in weiten Bevölkerungskreisen die Neugier und Aufmerksamkeit auf sich zogen. Da der eigene Mobilitätsradius in der Regel eng begrenzt war, schufen Reiseberichte die Möglichkeit, die individuellen Vorstellungen über Länder, Völker und Meere zu erweitern; sie fungierten förmlich als Originalitätsersatz. Nicht nur Nachrichten aus fernen Erdteilen oder von entlegenen Meeren, sondern auch Darstellungen aus angrenzenden, aber nicht persönlich aufgesuchten Regionen interessierten ein breites Publikum, das nach heutigen Maßstäben keine nennenswerten Reiseerfahrungen besaß.

Vor diesem Hintergrund wird es verständlich, warum Reiseberichte im 19. und in der ersten Hälfte des 20. Jhs. eine hohe Konjunktur hatten. Der Wettlauf um die Entschleierung der Erde und die Tilgung der letzten weißen Flecken zog eine große

Schar von Zuschauern (und Lesern) in ihren Bann; vielfach waren es auch macht-
politische Aspekte, unter denen im Zeitalter des ausgehenden Kolonialismus mit
Berichten aus fernen Ländern Stimmung gemacht wurde, um die eigenen Ziele
besser vertreten zu können. Die mediale Präsentation als Bericht, der mit Karten
sowie gemalten und/oder fotografierten Bildern ergänzt war, entsprach den technischen Möglichkeiten der Zeit. Junge Menschen sprachen auf dieses Genre dann
besonders lebhaft an, wenn die Handlung spannend dargeboten wurde. Die Rezeption der ca. 70 Bände von Karl May (1842-1912), die in Nordamerika, Nordafrika
und Vorderasien spielen, zeigt beispielhaft, wie ganze Generationen Jugendlicher
von Reiseberichten und Abenteuerromanen fasziniert waren.

Der Erdkundeunterricht macht sich diese Erkenntnis frühzeitig und konsequent zu
Nutze. Die als reine Realiensammlung konzipierten älteren Lernbücher (z. B. DA-
NIEL 1899) werden in einem ersten Schritt um separate Lesehefte ergänzt, in denen
Reiseberichte einen großen Umfang einnehmen. Erfahrene Unterrichtspraktiker (z.
B. HINRICHS 1927) stellen zu den verschiedenen Themen und Regionen Texte
zusammen, die bei den Jugendlichen Spannung und Motivation auslösen, einen
authentischen Eindruck erwecken und die formale Monotonie des länderkundli-
chen Durchgangs überwinden sollen. Darstellungen aus Chroniken, Tagebüchern,
Reisebeschreibungen und Entdeckerberichten werden zu einem bunten Strauß
verwoben, mit dem der Erdkundeunterricht an Attraktivität gewinnt. Die Schilderungen setzen die Phantasie der Schülerinnen und Schüler in Gang, unterstützen
die Vorstellungskraft durch vereinzelte Strichzeichnungen und bemühen sich um
die Vermittlung eines detailreichen Bildes. Es entspricht dem Geist dieser Zeit,
dass die handelnden Personen, d. h. die Forscher und Entdecker, heroisiert werden.
Ihr Wagemut, ihr unermüdlicher Einsatz, ihr Forscherdrang oder ihr Durchset-
zungsvermögen sollen Bewunderung auslösen. In stark nationalistisch gefärbten
und ideologisch belasteten Darstellungen (z. B. KAISER u. a. 1931) gewinnt die
einseitig wertende Dimension ein unerträglich großes Gewicht. Von einem auf
Weltoffenheit konzipierten Reisebericht ist nichts mehr zu erkennen; er ist zum
Zerrbild und zum Vehikel politischer Interessen geworden.

In einem zweiten Schritt werden die Reiseberichte in die Schulbücher integriert.
Ab etwa 1950 nehmen sie in den Erdkundebüchern, die neben Texten nun reichli-
cher mit Profilen, Tabellen, Karten und Bildern ausgestattet sind, jedoch nur eine
marginale Position ein. Vereinzelt abgedruckte Reiseberichte beschränken sich auf
wissenschafts- und fachgeschichtliche Themen, wie z. B. die Erforschung Afrikas.
Mit der schrittweisen Auflösung der großen Kolonialreiche und der Neuordnung
der Welt nach 1945 ist die alte Perspektive nicht mehr gefragt – so könnte man
meinen. Doch die Schulbuchanalyse zeigt, dass die Umschreibung traditioneller
Kapitel nur teilweise gelingt bzw. beträchtliche Zeit braucht. Nur in manchen
Büchern (ERNST/KRAFT 1960) werden die nationalistischen und chauvinistischen
Berichte getilgt oder so stark reduziert, dass nur noch eine knappe Entdeckungsge-
schichte übrig bleibt. In anderen Werken aber (z. B. BAUER 1979, S. 81) hält sich

die kolonialzeitliche Einstellung mit zum Teil Menschen verachtenden, rassistischen Darstellungen noch Jahrzehnte.

2 Analysen von Fremdenverkehrsregionen und Urlaubsplanungskompetenzen im Geographieunterricht der 1970er- und 1980er-Jahre

Generell gilt, dass mit dem Ende des länderkundlich konzipierten Geographieunterrichts um 1970 die Reiseberichte als Organisatoren erdkundlicher Inhalte Zug um Zug an Bedeutung verlieren. Die Verarbeitung fremder Eindrücke ist nicht mehr gefragt, seit man sich dank eigener Reiseerfahrungen und vielfältiger medialer Vermittlungsformen (z. B. durch das Fernsehen) ein vermeintlich authentisches Bild von der Welt machen kann. Insbesondere der Paradigmenwechsel von der idiographisch ausgerichteten Länderkunde zur allgemein- und sozialgeographischen Konzeption des Geographieunterrichts leitet eine neue Entwicklung ein. Die Lebenswirklichkeit des Schülers wird ebenso wie die Wissenschaftsorientierung zu einem wesentlichen Kriterium für die Auswahl der Inhalte. In den neuen Arbeitsbüchern, den Nachfolgern der älteren Lernbücher, finden sich nun Kapitel mit folgenden Überschriften: „Wir wollen uns entspannen und ausruhen. Beispiel: Ferienreise an die Algarve (Südportugal)", „Wir möchten Wintersport treiben. Beispiel: Skiurlaub in den Alpen", „Wir wollen etwas von der Welt sehen. Beispiel: Fotosafari in Ostafrika" (vgl. HAUSMANN 1972). Die konsequente Schülerorientierung dieses Ansatzes ist seine Stärke, die Ausrichtung auf Arbeits- statt Faktenwissen sein zweiter Pluspunkt. Exemplarisch werden im Geographieunterricht ausgewählte Fremdenverkehrsregionen analysiert: So wird beispielsweise untersucht, welche raumbezogenen Strukturen einen modernen Fremdenverkehrsort kennzeichnen, welche Faktoren die jeweilige Entwicklung begünstigt haben und welche Auswirkungen der Massentourismus auf den Naturraum hat. Das Spektrum der Themen reicht von der exotischen Fernreise bis hin zur Naherholung im Wohnumfeld. Sowohl in den Schulbüchern als auch in den unterrichtspraktischen Fachzeitschriften nimmt die Anzahl der Beiträge mit fremdenverkehrs- und freizeitgeographischen Inhalten in beträchtlichem Ausmaß zu.

Neben der Analyse der Fremdenverkehrsregionen und Naherholungsgebiete wird zu Beginn der 1970er-Jahre auch das Thema Urlaubsplanung in den Schulbüchern aufgegriffen. Die meist fiktive Planung von Urlaubsreisen und die damit verbundene Anwendung geographischer Daten (hauptsächlich zum Klima und zur Verkehrsanbindung) auf touristische Situationen machten den Kern der damaligen Freizeiterziehung aus. Technokratischen Lösungsansätzen und organisatorischen Kompetenzen wurde auf konzeptioneller Ebene eine große Bedeutung zugemessen. Die Kritiker ließen nicht lange auf sich warten: Es könne – so JANDER u. a. (1982) – nicht der Sinn eines gesellschaftskritischen Geographieunterrichts sein, die Schülerinnen und Schüler im Lesen von Reiseprospekten fit zu machen. Hiermit greife man stromlinienförmig die Intentionen der Tourismusbranche auf und vergesse das Primat der fachlich-pädagogischen Zielsetzung. Die propagierten Unterrichtssequenzen seien obendrein willkürlich ausgewählt, ließen jegliche Orientierung an Kriterien vermissen und stellten einen konzeptionellen Rückschritt dar, der sogar jenseits der überwundenen Länderkunde anzusiedeln sei. Weiterhin wurde Kritik daran laut, dass die wirtschaftlichen, politischen und sozialen Implikationen des Tourismus nicht ausreichend thematisiert würden und dass sich die Hoffnung, die zunehmende Reisetätigkeit führe zu Toleranz, Weltoffenheit und Völkerverständigung, nicht bestätigen lasse. Während man die Analyse der touristischen Nutzungsstrukturen durch einen mehrperspektivischen Ansatz optimierte, verlor der Bereich der Freizeiterziehung in den 1980er-Jahren zunehmend an Bedeutung. In der 1992 von der Thomas-Morus-Akademie veranstalteten Studienkonferenz ‚Reisen lernen – Das Schweigen der Schulbücher' wies BEYER u. a. (1993) darauf hin, dass das Thema ‚Tourismus' in den Schulbüchern eher distanziert und aus einer rein fachwissenschaftlichen Perspektive betrachtet werde, dass der Bezug zur eigenen Reisepraxis fehle, und dass den Schülerinnen und Schülern im Geographieunterricht keine Hilfestellungen zur Erschließung fremder Umwelten am Ferienort sowie zur Begegnung mit Menschen anderer Kulturen geboten würden.

3   Das Konzept der Reiseerziehung (seit Mitte der 1990er-Jahre)

Das Konzept der Reiseerziehung (HEMMER 1996) greift diese Kritik auf. Darüber hinaus muss es im Kontext der allgemeinen Entwicklung des modernen Massentourismus und der mit ihr einhergehenden Tourismuskritik betrachtet werden. Nach einer Phase unumschränkter Tourismuseuphorie und Expansion wurden Mitte der 1970er-Jahre erste Stimmen laut, welche die negativen Auswirkungen des Tourismus – wie z. B. die exzessive Bebauung und Erschließung peripherer Naturräume, die Belastungen durch das hohe Verkehrsaufkommen, die Reduktion der Biodiversität, die Kommerzialisierung und Degeneration kultureller Werte, die Verdrängung ortstypischer und landschaftsbezogener Bauformen sowie die Zunahme der Stressoren für die Bereisten – in den Mittelpunkt ihrer Argumentation stellten und eine Wende im Tourismus forderten. KRIPPENDORF postulierte bereits im Jahr 1975 die ‚Geburt einer neuen Reisekultur', NIEDERER (1977, S. 149) forderte ein ‚zeitgemäßes touristisches Ethos' und JUNGK (1980) stellte dem sogenannten ‚harten Reisen' ein ‚sanftes Reisen' gegenüber. Die Diskussion um einen Gegenentwurf zur herkömmlichen touristischen Praxis verdichtete sich im Begriff des Sanften Tourismus respektive im gegenwärtig diskutierten Leitbild einer Nachhaltigen Tourismusentwicklung (vgl. BECKER u. a. 1996).

Dass eine Annäherung an das Ideal des Sanften Tourismus nur dann möglich ist, wenn sämtliche Protagonisten, die in das Prozessfeld Tourismus eingebunden sind, ihren Beitrag dazu leisten, liegt auf der Hand. Das Konzept der Reiseerziehung richtet sein Hauptaugenmerk auf die Gruppe der Reisenden. Es geht davon aus, dass die Reisenden als struktur- und raumprägende Gruppe sowohl direkt, durch ein der Theorie des Sanften Tourismus adäquates Verhalten, als auch indirekt, durch die Artikulation entsprechender Bedürfnisse und Interessen, einen wesentlichen Beitrag zur Realisierung eines umwelt- und sozialverträglichen Tourismus leisten können. In nahezu jedem Entscheidungs- und Handlungsfeld einer Reise bieten sich hierzu vielfältige Möglichkeiten: Angefangen bei einer selbstkritischen Analyse der eigenen Reisemotive und Bedürfnisse; in der Vermeidung von Kurzreisen zu entfernten Zielen; in der Wahl umweltfreundlicher Verkehrsmittel und der Bevorzugung einer landestypischen Unterkunft; im Rahmen einer vorbereitenden Auseinandersetzung mit der historischen, politischen und wirtschaftlichen Situation in der Urlaubsregion, mit dem Naturraum und den dort lebenden Menschen, deren Religion, Sitten und Gebräuche; in der Vermeidung von Stress und Lärm vor Ort, der Rücksichtnahme auf Fauna und Flora und der Meidung ökologisch sensibler Gebiete; durch die Respektierung und Achtung der gastgebenden Bevölkerung, ihrer Sitten und Gebräuche; einem Kennenlernen der einheimischen Küche - bis hin zur Einlösung der im Urlaub abgegebenen Versprechen.

Unabdingbare Voraussetzung dafür ist eine entsprechende Aufklärungsarbeit, die die Gruppe der Reisenden für die Konfliktpotenziale touristischer Nutzungsstrukturen sensibilisiert und ihnen alternative Handlungsmöglichkeiten aufzeigt. Unter den potenziellen Lernorten bietet sich im Aktionsraum der Schule in besonderer Weise der Geographieunterricht an, da in diesem das Thema Tourismus seit langem fest verankert ist und der systemische Ansatz des Faches einen geeigneten methodischen Zugriff darstellt. Die drei aufeinander aufbauenden und zugleich interdependenten Zielperspektiven des Konzepts der Reiseerziehung (HEMMER 1999) knüpfen an den bisherigen Geographieunterricht an, stellen jedoch in wert- und handlungsorientierter Hinsicht eine konzeptionelle Weiterentwicklung dar:

- Die Sensibilisierung der Schülerinnen und Schüler für das Konfliktpotenzial touristischer Nutzungsstrukturen im geoökologischen und soziokulturellen Bereich sowie die damit einhergehende selbstreflexive Analyse der eigenen (potenziellen) Konfliktbeteiligung.

- Die Diskussion möglicher Lösungsansätze und Leitbilder für einen zukunftsfähigen Tourismus, das Aufzeigen individueller Partizipationsmöglichkeiten und deren Konkretisierung und Umsetzung im intrapersonalen Verantwortungsbereich der Reiseplanung, Reisedurchführung und Reflexion.

- Der anwendungsbezogene Transfer und die Einübung eines umwelt- und sozialverträglichen Reisestils im Rahmen von Klassenfahrten, Ausflügen und Wandertagen.

Die Erfahrungen aus dem Bereich der Umweltbildung und des Interkulturellen Lernens haben gezeigt, dass ein solches Konzept möglichst früh im Denken und

Handeln der Kinder und Jugendlichen zu verankern ist. Bereits in der Primarstufe können wesentliche Grundlagen und Erfahrungen vermittelt werden – z. B. die Wahrnehmung des örtlichen Freizeitangebotes und der Auswirkungen des Naherholungsverkehrs auf die Landschaft oder die Einübung eines umweltgerechten Verhaltens im Rahmen von Wandertagen und Projekten. In den Sekundarstufen I und II ist aufgrund der Komplexität des Gegenstandes und der angestrebten Verhaltensänderung ein spiralcurricularer Ansatz zu favorisieren. Dieser bietet die Möglichkeit, das Thema gemäß dem jeweiligen Entwicklungsstand und den Interessen der Schülerinnen und Schüler adressatengemäß und zunehmend komplexer zu behandeln. Das in Abb. 1 dargestellte Konzept der Reiseerziehung für den Geographieunterricht des bayerischen Gymnasiums orientiert sich am derzeit gültigen Lehrplan und lässt sich unter Berücksichtigung der jeweiligen Rahmenbedingungen und Lehrplanvorgaben leicht auf andere Schulformen und Bundesländer übertragen. Bei der Konkretisierung der einzelnen Konzeptbausteine ist ein hohes Maß an Schülerorientierung und Selbsttätigkeit sowie ein ganzheitliches Lernen mit Kopf, Herz und Hand anzustreben.

Im Rahmen einer experimentell-empirischen Untersuchung in der Jahrgangsstufe 6 (HEMMER 1996, S. 84-139) konnte nachgewiesen werden, dass die Schülerinnen und Schüler nach Durchführung der Unterrichtsreihe eine signifikant positivere Einstellung zu einem umwelt- und sozialverträglichen Reisestil aufwiesen als zu Beginn. Die Einstellungsänderung ließ sich jedoch nur in der kognitiven und affektiven Dimension nachweisen, d. h. im Problembewusstsein und in der persönlichen Betroffenheit. Um langfristig (auch in der konativen Dimension) eine Verhaltensänderung zu erzielen, ist eine stärkere Verzahnung von Theorie- und Praxiselementen unabdingbar. Insbesondere Klassen- und Kursfahrten sowie ökologisch ausgerichtete Wandertage bieten hier ein geeignetes Forum. Die letztgenannten Module sind fester Bestandteil des Konzepts der Reiseerziehung (vgl. Abb. 1), das neben seiner primärverantwortlichen Fachzuweisung auf die Unterstützung sämtlicher Lehrpersonen im Aktionsraum der Schule angewiesen ist. Neben Klassen- und Kursfahrten bietet der Ansatz vielfältige Anknüpfungspunkte für ein fächerverbindendes Arbeiten und für interdisziplinäre Projekte.

Zusammenfassend kann konstatiert werden, dass das wertorientierte Konzept der Reiseerziehung eine zeitgemäße Antwort auf die aktuellen Entwicklungen im Tourismus- und Freizeitsektor darstellt. Es berücksichtigt sowohl die geoökologischen Zusammenhänge als auch die sozialen und ökonomischen Komponenten. Fußend auf einer selbstreflexiven Analyse der touristisch bedingten Raumstrukturen und Konfliktpotenziale, zielt es auf die Befähigung der Schülerinnen und Schüler, eine Reise selbständig und verantwortungsbewusst – im Einklang mit Mensch und Natur – planen, durchführen und reflektieren zu können. Es lässt Raum für unterschiedliche Einschätzungen, ohne einer postmodernen Beliebigkeit (anything goes) das Wort zu reden.

Abb. 1: Das Konzept der Reiseerziehung in den Sekundarstufen I und II - aufgezeigt am Beispiel des Fachlehrplans ‚Erdkunde' für das bayerische Gymnasium

Jahrgangs-stufe		Geographieunterricht	Interdisziplinär
SEKUNDARSTUFE II	13	*Vertiefung* Tourismus in Ländern der sog. ***Dritten Welt***; Reiseverhalten von Fernreisenden	
	12	*Vertiefung* Tourismus im ***Alpen- und mediterranen Küstenraum***; Kriterien und Möglich-keiten eines Sanften Reisestils	*Umsetzung* Planung und Durchführung einer umwelt- und sozialverträglichen Klassenfahrt
	11		
SEKUNDARSTUFE I	10		*Projekt* fächerübergreifendes Projekt zum Thema "Freizeit und Reisen"
	9		
	8	*Vertiefung* Tourismus in ***Schwarzafrika***; Konsequenzen für das Reiseverhalten von Fernreisenden	*Umsetzung* Planung und Durchführung einer umwelt- und sozialverträglichen Klassenfahrt
	7	*Vertiefung* Tourismus im ***Mediterranraum***; Konsequenzen für das eigene Reise-verhalten	
	6	*Basis-Unterrichtsreihe* Tourismus im ***Alpenraum*** (Hinführung, Problematisierung, Lösungsstrategien) Kriterien und Möglichkeiten eines Sanften Reisestils (Reiseplanung, -durchführung und -reflexion) Gestaltung eines Ausfluges nach o.a. Kriterien	*Umsetzung* Planung und Durchführung einer öko-logisch ausgerichteten Klassenfahrt
	5		

Quelle: Eigener Entwurf

Da es sich (lediglich) um eine Akzentverschiebung innerhalb der fremdenverkehrs-
und freizeitgeographisch ausgerichteten Themenblöcke des Geographieunterrichts
handelt, ist das Konzept mühelos in die bestehenden Lehrpläne zu integrieren und
hat auch im ‚Curriculum 2000plus' – einem von Fachdidaktikern und Unterrichts-
praktikern entwickelten bundesweiten Basislehrplan für das Fach Geographie –
seinen Platz. Vorschläge und Handreichungen zur unterrichtlichen Umsetzung
sowie zur umwelt- und sozialverträglichen Gestaltung von Klassen- und Kursfahrten liegen bereits vor (z. B. THIEL/HOMRIGHAUSEN 1993; FAHN 1996). Alles deutet darauf hin, dass dieses Konzept ein ausreichendes Potenzial enthält, um die
veränderten lebensweltlichen Situationen in geeigneter Form im Geographieunterricht zu fokussieren.

Literatur

BAUER, L. (Hrsg.; 1979): Seydlitz-Bauer. Erdkunde für die 8. Jahrgangsstufe. Hannover.
BECKER, CHR./JOB, H./WITZEL, A. (1996): Tourismus und nachhaltige Entwicklung. Grund-
    lagen und praktische Ansätze für den mitteleuropäischen Raum. Darmstadt.
BEYER, L. (1993): Reisen als Thema im Schulbuch des Geographieunterrichts. In: BECKER,
    F. J. et al. (Hrsg.): Schule unterwegs. Bergisch-Gladbach, S. 103-110.
DANIEL, H. A. (1899): Leitfaden für den Unterricht in der Geographie. Halle.
ERNST, M./KRAFT, H. (1960): Erdkunde für Höhere Lehranstalten. Bd. III: Afrika, Asien,
    Australien. Paderborn.
FAHN, H. J. (1996): Umwelt- und sozialverträgliche Erlebnisfahrten mit Schülern. In: Geo-
    graphie und Schule, H. 99, S. 22-38.
HAUSMANN, W. (Hrsg.; 1972): Welt und Umwelt. Geographie für die Sekundarstufe I, 5.
    und 6. Schuljahr. München.
HAVERSATH, J.-B. (2000): Vom Reisebericht zur Reiseerziehung. Das Thema ‚Tourismus'
    im Erdkunde-Unterricht. In: Geographische Rundschau 52, H. 2, S. 51-54.
HAVERSATH, J.-B. (2001): Auf dem Weg zu einer Reiseerziehung. Plädoyer für die Behand-
    lung touristischer Themen im Erdkundeunterricht unter veränderter Perspektive. In:
    POPP, H. (Hrsg.): Neuere Trends in Tourismus und Freizeit. Passau, S. 27-37.
HEMMER, M. (1996): Reiseerziehung im Geographieunterricht. Konzept und empirische
    Untersuchung zur Vermittlung eines umwelt- und sozialverträglichen Reisestils. Geo-
    graphiedidaktische Forschungen Bd. 28. Nürnberg.
HEMMER, M. (1999): Reiseerziehung. In: BÖHN, D. (Hrsg.): Didaktik der Geographie –
    Begriffe. München, S. 131f.
HINRICHS, E. (1927): Das Meer und die Entdeckungsfahrten. Schauen und Schildern. Erd-
    kundliche Lesehefte, 3. Reihe, H. 8. Frankfurt.
JANDER, L. et al. (Hrsg.; 1982): Metzler Handbuch für den Geographieunterricht. Ein Leit-
    faden für Praxis und Ausbildung. Stuttgart.
KAISER, H. et al. (1931): Quellenbuch zur Erdkunde. Ein Lese- und Arbeitsbuch. Frankfurt.
KRIPPENDORF, J. (1975): Die Landschaftsfresser. Bern/Stuttgart.
NIEDERER, H. (1977): Reisen – eine lehrbare Kunst? Vorarbeiten für eine künftige Pädago-
    gik des Reisens. Tübingen.
THIEL, F./HOMRIGHAUSEN, K. M. (1993): Reisen auf die sanfte Tour. Ein Handbuch für
    Urlaubsreisen, Jugendherbergen und Klassenfahrten. Lichtenau/Göttingen.

Tourismus und Frauen

Antje Käsebier/Aislinn Merz

1 Einleitung

> "Throughout the developed world, increasing numbers of women are entering
> the business world as entrepreneurs, managers and professionals – indeed,
> the 1990s has been dubbed the 'female run decade'."
> (WESTWOOD et al. 2000, S. 354f.)

Nachdem das Thema ‚Tourismus und Frauen' Jahrzehnte lang stiefmütterlich behandelt worden war, ist nun eine vermehrte Auseinandersetzung in den Bereichen Tourismusforschung, Werbung, Reiseangebote u. a. bemerkbar. Begonnen wurde die Gender-Debatte in der Tourismusforschung im Jahr 1994 durch die Briten KINNAIRD und HALL mit ihrem Sammelband ‚Tourism. A Gender Analysis'. Ein Jahr später widmete die amerikanische Fachzeitschrift ‚Annals of Tourism Research' dem Thema ein Sonderheft, und 1997 folgte der von SINCLAIR herausgegebene Sammelband ‚Gender, Work and Tourism' (vgl. MAURER 1998, S. 153f.). Im deutschsprachigen Raum greift man überwiegend auf zwei Quellen zurück: einerseits die Textsammlung ‚Herrliche Aussichten' von GRÜTTER/PLÜSS (1996), andererseits ‚Frauen im Tourismus' (1992), herausgegeben von der katholischen Arbeitsgemeinschaft Freizeit und Tourismus.

Generell sind Männer und Frauen bei den Urlaubsreisen von Familien mit gleichen Anteilen vertreten. Wie die Zahlen der Reiseanalysen aus den letzten Jahrzehnten zeigen, liegt der Anteil der Frauen unter den Alleinreisenden[1] jedoch bei 55-60% (vgl. Reiseanalyse 1973 und 1982 des Studienkreise für Tourismus, zitiert in STEINECKE/KLEMM 1985, S. 20, und Reiseanalyse 1997 der F. U. R., zitiert in FERGEN 1998, S. 17). Auch im Geschäftsreiseverkehr ist der Anteil der Frauen nicht zu vernachlässigen. Die Erwerbstätigkeit der Frauen stieg in den letzten 20 Jahren um 5% (der Anteil der Frauen an den Beschäftigtenzahlen betrug im Jahr 2000 36%; vgl. HORX 2001, S. 14). Nach WESTWOOD et al. (2000) stellen die Geschäftsfrauen sogar die am stärksten wachsende Gruppe in der Reisebranche dar. Diese Entwicklungen lassen einen Bedarf für weitere wissenschaftliche Auseinandersetzungen mit dem Thema ‚Frauen und Tourismus' erkennen.

Im Folgenden wird erst ein kurzer geschichtlicher Überblick über das Thema gegeben, anschließend werden die Themenbereiche Motive und Schwierigkeiten der

---

[1] Alleinreisende werden dann als solche bezeichnet, wenn sie die Reisebuchung alleine vorgenommen haben und zumindest zu Beginn der Reise auf sich selbst gestellt sind (vgl. FERGEN 1998, S. 15). Dagegen reisten ‚Alleinreisende' in der Vergangenheit nur selten wirklich allein, da sie i. d. R. von einer Reihe Bediensteter begleitet wurden (vgl. RUSSELL 1994, S. 182).

Frauen auf Reisen, Frauen in der Tourismuswerbung, spezielle Reiseangebote, Frauen in der Tourismusbranche sowie weibliche Geschäftsreisende näher behandelt.

2 Frauenreisen in Vergangenheit und Gegenwart

Die historische Entwicklung von Frauenreisen kann parallel zur allgemeinen historischen Entwicklung des Reisens und des Tourismus gesehen werden. Die chronologische Entwicklung des Tourismus reicht von der ‚Grand Tour' der Adeligen über die bürgerlich aufklärerische Bildungsreise und die Forschungs- und Entdeckungsreise bis hin zur ersten Pauschalreise, der Badereise oder der Erholungsreise in die Berge, der „Kraft-durch-Freude"-Reise und schließlich der klassischen Urlaubs- und Ferienreise im Zeitalter des Massentourismus (vgl. HEY 1998, S. 9).

Im Vergleich zu heute war es in der Vergangenheit eher eine Seltenheit, dass sich Frauen allein auf Reisen begaben. Da Frauen bis ins 20. Jh. hinein unter der Vormundschaft ihrer Väter bzw. ihrer Ehemänner standen, mussten diese eine schriftliche Einwilligung für eine Reise ausstellen. Diese war nur schwer zu bekommen, und so begannen viele Frauen erst nach dem Tod des Vaters oder Gatten zu reisen (vgl. FELL 1998, S. 22), weil sie nun ungebunden waren. Aus diesem Grund waren allein reisende Frauen i. d. R. in fortgeschrittenem Alter.

Hierin ist eine Parallele zur Gegenwart erkennbar, da die Mehrzahl der alleinreisenden Frauen auch heute entweder noch nicht oder nicht mehr familiär gebunden ist. So gehören über 50% der weiblichen Alleinreisenden der Gruppe der über 60-Jährigen an, von denen viele verwitwet sind (vgl. FERGEN 1998, S. 19ff.).

Während jedoch die meisten der Reisenden der vorigen Jahrhunderte der Aristokratie oder dem Großbürgertum angehörten (vgl. FELL 1998, S. 22), kommen die Touristinnen des 20. und beginnenden 21. Jhs. aus unterschiedlichen sozialen Schichten. Dies liegt neben den Entwicklungen im arbeitsrechtlichen Bereich, wie Arbeitszeitverkürzung, Gewährung von Jahresurlaub etc. (vgl. HEY 1998, S. 14), auch in der Entstehung der Frauenrechtsbewegung in den 1960er- und 1970er-Jahren begründet (vgl. BOESCH 1996, S. 214).

Als Beispiel für Frauen, die trotz aller gesellschaftlicher Vorurteile (vgl. Kap. 2.2 dieses Beitrags) auf Reisen gingen, sind Maria Sybilla Merian und Lady Mary Wortley Montagu zu nennen. Maria Sybilla Merian (1647-1717) unternahm im Jahr 1699 eine Forschungsreise nach Surinam – ein Jahrhundert, bevor Alexander von Humboldt seine legendäre Südamerikareise antrat. Da sie die Forschungsreise aus eigenem Interesse machte, musste sie diese auch selbst finanzieren (vgl. GEORGE 1990, S. 10; KERNER 1989, S. 69). Im Gegensatz zu den klassischen Reisenden, die über ihre Erfahrungen vor Ort und während der Reise Berichte verfassten, widmete Merian ihre Zeit ausschließlich dem Studium der Pflanzen- und Insektenwelt. Ihre Leistung lässt sich durchaus mit der Humboldts vergleichen, ist allerdings weit weniger bekannt. Im Jahr 1716 schockierte Lady Mary Wortley Montagu (1689-1762) die adlige Gesellschaft Englands, indem sie mit ihrem Mann nach Konstantinopel zog. Dass sich eine Frau von Stand und Bildung, noch dazu mit Kind, auf eine derart gefährliche und strapaziöse Reise begab, verstieß gegen die damaligen gesellschaftlichen Konventionen (vgl. ROBINSON 1990, S. 33; RUSSELL 1994, S. 116). Ihre Offenheit und Aufgeschlossenheit ermöglichten es ihr jedoch, als eine der ersten westlichen Frauen einen Einblick in die türkische Gesellschaft zu erhalten.

2.1 Motive

Zu den stärksten Motiven der Frauen, eine Reise anzutreten, gehörten in der Vergangenheit die Hoffnung auf ein besseres Leben in einem anderen Land oder auf Selbstfindung durch neue Erlebnisse und Eindrücke. Viele überwanden aber auch aus religiösen, gesundheitlichen, karitativen und, vereinzelt, beruflichen Motiven zum Teil große Distanzen. Doch auch zum ausschließlichen Vergnügen wurden die, teils beschwerlichen, Wege auf sich genommen (vgl. RUSSELL 1994, S. 15).

Religiöse und karitative Beweggründe sind heute im Vergleich zu früher in der westlichen Welt in den Hintergrund getreten, während gesundheitliche Motive (physische und psychische Regeneration) nicht nur bei den Frauen einen weiterhin hohen Stellenwert einnehmen. Zudem ist ein neuer Trend zu spirituellen bzw. esoterischen Reisen zu erkennen, die besonders von Frauen durchgeführt werden. Frauen gelten als Pionierinnen des Wellness-Trends, der die Themen Balance, Ausgleich und Harmonie beinhaltet (vgl. HORX 2001, S. 15). Damit gewinnt das Motiv der Selbstfindung wieder stärker an Bedeutung (vgl. MAGG 2000). So ist das häufigste Reisemotiv in der Reiseanalyse 2001 (bei Mann und Frau) ‚Entspannung/keinen Stress haben' (59%), jedoch zählt für 37% der Befragten ‚Spaß, Freude, Vergnügen haben' ebenso zu den wichtigsten Urlaubsgründen (vgl. Reiseanalyse 2001, S. 178).

Unterschiede in Bezug auf Reisemotive können zwischen den Altersgruppen festgestellt werden. So stellen die 20-39-jährigen sowie die 60-79-jährigen Frauen das Gewinnen von neuen Eindrücken klar in den Vordergrund, vor das Genießen von Natur und Klima sowie vor die Erfahrung einer neuen, anderen Kultur. In der Altersgruppe der 40-59-Jährigen nennen die befragten Frauen an erster Stelle die Natur und das Klima, gefolgt von der Erholung und dem Gewinnen neuer Eindrücke (vgl. FERGEN 1998, S. 37).

FERGEN (1998) hat in ihrer Untersuchung zwischen zwei Gruppen von Reisemotiven alleinreisender Frauen unterschieden (vgl. Tab. 1):

Tab. 1: Reisemotive alleinreisender Frauen

Alleinreisen als Notlösung	Alleinreisen als bewusste Entscheidung
Krankheit des Partners Zeitliche Gründe (z. B. unterschiedliche Ferientermine) Unterschiedliche Reisewünsche und Interessen Partnerschaftliche Probleme Keinen Reisepartner gefunden	Wunsch nach Ungebundenheit und Selbstbestimmung Intensivere Erfahrungsmöglichkeiten Herausforderung und Selbstbestätigung Abenteuerlust Alleinsein

Quelle: Eigene Darstellung nach FERGEN 1998, S. 33

Während sich die Motive der Frauen, die sich bewusst für das Alleinreisen entscheiden, weitgehend mit denen der Frauen in vorigen Jahrhunderten decken,
kannten diese wahrscheinlich nicht das Phänomen des Alleinreisens als Notlösung.
Alleinreisende Frauen waren früher gesellschaftlich kaum akzeptiert und so haben
sie sich bewusst gegen die Konventionen und für eine Reise entschieden.

2.2   Schwierigkeiten beim Alleinreisen von Frauen

Ein Grund, warum weibliche Reisende über Jahrhunderte hinweg verpönt waren, war
die Gleichsetzung der Dirne mit dem Begriff der ‚fahrenden Frau'. Frauen wurden
auf der Reise in „typisch weibliche Rollen gedrängt, d. h., sie waren reisende Mütter,
reisende Ehefrauen, Heilige, Närrinnen oder: Sie wurden als Prostituierte angesehen"
(PELZ 1991, S. 175). Dieses Vorurteil wurde durch die Tatsache verstärkt, dass unter
den ersten Siedlerinnen der Kolonialgebiete vielfach ausgewiesene Prostituierte und
‚überflüssige Töchter' waren (vgl. POTTS 1988, S. 11f.). Doch auch heute noch sehen
sich weibliche Alleinreisende mit Vorurteilen konfrontiert; Freunde und Verwandte
zeigen oft Unverständnis.

Schwierigkeiten und Ängste während der Reisen haben sich im Laufe der Zeit
nicht sehr geändert: Angst vor praktischen oder organisatorischen Problemen, vor
Überfällen, vor Unfällen und vor Krankheit ist auch unter Männern verbreitet,
während gleichzeitig Männer selbst eine weitere Angstquelle für Frauen darstellen.
Die Furcht vor sexueller Gewalt oder Belästigung durch Männer bestand und besteht besonders bei Reisen in patriarchalisch strukturierten Ländern (vgl. FERGEN
1998, S. 86; KOCH 1995, S. 33). So galten damals wie heute alleinreisende Frauen
oft als ‚Freiwild', sowohl bei Einheimischen als auch bei anderen Reisenden.

Neben dem Vorurteil, das alleinreisenden Frauen die Suche nach ‚sexuellen Aben-
teuern' unterstellt (vgl. WEBER 1992, S. 52f.), darf jedoch nicht tabuisiert werden,
dass es auch Frauen mit sexuellen Reisemotiven gibt. Der weibliche Sex- und
Prostitutionstourismus erfreut sich besonders in karibischen und auch in afrikani-

schen Ländern (mit dem Mythos des schwarzen, potenten Mannes) wachsender Beliebtheit (vgl. BECKMANN/ELZER 1995, S. 14f.).

Wie auch in der Vergangenheit werden weibliche Reisende von der Gesellschaft besonders hinsichtlich der Art des Reisens bewertet. Alleinreisende Frauen werden als Abenteurerinnen betrachtet, während Teilnehmerinnen von Frauengruppenreisen das negative Image einer Emanze, Lesbe oder eines Mauerblümchens zugeschrieben wird (vgl. KRELL 1996, S. 224).

3 Phänomene der Neuzeit

3.1 Freizeit von Frauen

Bis Mitte der 1980er-Jahre wurde von einem Großteil der Freizeitforscher angenommen, dass das Freizeitverhalten der Frau mit dem des Mannes übereinstimme oder dass die Freizeitgestaltung der Frauen weniger interessant sei. Diese Einschätzung basierte auf einem Mangel an Untersuchungen in diesem Bereich. Die Meinung einiger Experten ging sogar soweit, dass Freizeit den Männern vorbehalten sei, was durch die damals verbreitete Arbeitsteilung noch bestärkt wurde (vgl. HENDERSON 1990, S. 229). Eine Ausnahme unter den Freizeitforschern bildet SCHEUCH (1977, S. 51f., S. 86f.), der auch schon Ende der 1960er- und Anfang der 1970er-Jahre in seinen Untersuchungen zur ‚Soziologie der Freizeit‘ zwischen Männern und Frauen unterschied und letztere sogar in zwei Gruppen unterteilte, nämlich die der Hausfrauen und die der berufstätigen Frauen. Bereits bei der Definition von Freizeit sind geschlechtsspezifische Unterschiede festzustellen. Während Männer meist die Zeit nach und außerhalb der Arbeit als Freizeit definieren, haben viele Frauen Schwierigkeiten, diesen Begriff zu umschreiben. Die berufstätige Frau ist häufig einer Doppelbelastung ausgesetzt. Nach der Arbeit sind Aufgaben im Haushalt zu erledigen, und auch die Kindererziehung fällt nach wie vor überwiegend in den Aufgabenbereich der Frau, z. B. das Wahrnehmen von Elternsprechabenden etc. (vgl. GREEN et al. 1990, S. 4f.). So führt die Doppelbelastung der Frau durch Beruf und Familie, zu einer verstärkten Organisation der Freizeit. Die Frau gestaltet ihre Freizeit, im Gegensatz zu Männern, vermehrt mit entspannungsorientierten Beschäftigungen (vgl. OPASCHOWSKI/NEUBAUER 1986, S. 43; HORX 2001, S. 16).

3.2 Frauen in der Tourismuswerbung

Die Frau war und ist auf Grund ihrer erotischen Attraktivität seit jeher ein beliebtes Motiv in der Werbung, das sowohl Männer als auch Frauen anzieht. Einer attraktiven Frau sagt man eine interesseauslösende Wirkung bei Männern und Frauen nach – allerdings mit dem Unterschied, dass ihr Anblick bei den Männern sexuelle Gefühle auslösen kann, während Frauen angeregt werden, dem dargestellten Ideal nachzueifern (vgl. HASTENTEUFEL 1980, S. 86).

Bei der bildlichen Darstellung von Frauen gibt es jedoch Unterschiede. Für Badeurlaube in fernen Ländern wird mit exotischen Frauenbildern geworben, während spezielle Angebote (Wellness-, Beautyreisen und Kur) für Frauen mit dem westlich-modernen Idealtypus der Frau vermarktet werden. Diese erscheint jung, attraktiv, erfolgreich, stressfrei und zufrieden. Speziell das Segment der Wellness- und Beautyreisen greift auf diese Werbebotschaft zurück, denn durch eine „emotionale Kopplung nimmt der Betrachter (die Betrachterin) die gesandten Informationen mit größter Wahrscheinlichkeit als persönlich bedeutsam auf und wird letzten Endes das Produkt eher akzeptieren als es abzulehnen" (RÖHR 1996, S. 1f.).

3.3   Reiseangebote für Frauen

Wenn die heutigen 50-Jährigen, häufig sehr reiseerfahren, in Pension gehen, sich relativ guter Gesundheit erfreuen und aktive Konsumenten bleiben, werden sie ihr vergleichsweise hohes disponibles Einkommen für Reisen auch im hohen Alter verwenden wollen (vgl. Reiseanalyse 2001, S. 93). Wie das demographische Bild Deutschlands zeigt, gilt dies besonders für Frauen, die auch in den kommenden Jahren ein großes Nachfragepotenzial im Tourismus darstellen, da diese eine höhere Lebenserwartung haben (vgl. KRELL 1996, S. 221f.).

Bislang reagiert die Mehrzahl der großen Reiseveranstalter zurückhaltend auf solche Entwicklungen. Spezialpauschalen werden nur selten angeboten. Ihre reservierte Haltung begründen diese Reiseveranstalter mit dem Argument, niemandem wegen seines Geschlechts eine Sonderrolle zukommen lassen zu wollen und damit eventuell diskriminierend zu erscheinen. Anders verhalten sich einige der kleinen Reiseanbieter, die diese Marktlücke nutzen und bisher leicht steigende Teilnehmerinnenzahlen verbuchen können (vgl. KRELL 1996, S. 218f.).

Die speziellen Reiseangebote für Frauen reichen von klassischen Rundreisen bis hin zu Kreuzfahrten auf den sogenannten ‚Lady Cruises'. Städtereisen werden beispielsweise speziell auf die Wünsche der Frau ausgerichtet, wie das Beispiel Lübeck zeigt. Dort werden spezielle Event-Pakete für Frauen angeboten (vgl. LEIER 2001, S. 27f.). Als typische Frauenreisen gelten jedoch Wellness- und Beautyreisen, wobei die Angebote in diesem Sektor nicht nur von kleinen Reiseveranstaltern stammen.

Prinzipiell werden bei den individuellen wie gruppenbezogenen Reiseangeboten Frauen aus allen sozialen Schichten, jeder Altersgruppe und jedem familiären Hintergrund angesprochen. Eine Tendenz ist jedoch zu erkennen: Je höher die berufliche Qualifikation der Frau ist, desto mehr und weiter reist sie. Früh verwitwet oder oft ledig wollen Frauen im Urlaub dieser ‚ungewollten' Einsamkeit entkommen und schließen sich vermehrt Gruppenreisen an (vgl. HAHN 1992, S. 10f.).

3.4   Reiseverhalten von Geschäftsfrauen

Die Anzahl der alleinreisenden Geschäftsfrauen nimmt stetig zu. Man schätzt, dass in Deutschland jeder vierte Geschäftsreisende eine Frau ist. Der Frauenanteil in Managementpositionen stieg hier zwischen 1995 und 1997 um 4,6% auf 11,4%. In den USA stieg der Anteil der reisenden Geschäftsfrauen von 1% (1970) auf über 40% (1992) (vgl. WEBER 1992, S. 45f.; HORX 2001, S. 14). "Moreover, the increase in women in professional and management areas of business and in the tertiary economic sectors where business travel is common indicates that this trend will continue well into the next decade" (WESTWOOD et al. 2000, S. 354f.).

Probleme mit Diskriminierung erfahren auch Geschäftsfrauen. Hauptgrund hierfür ist die nach wie vor bestehende mangelnde Akzeptanz von Frauen in der Geschäftswelt. So werden Frauen in Flugzeugen und Restaurants häufig als Begleiterin ihrer Geschäftspartner oder Kollegen angesehen und dementsprechend behandelt (vgl. WEBER 1992, S. 43f.). Rechnungen werden nach einem Geschäftsessen üblicherweise dem Mann vorgelegt, auch wenn die Einladung durch die Frau erfolgte. In Flugzeugen können sowohl Größe und Ausstattung der Waschräume als auch die bevorzugte Behandlung der männlichen Mitreisenden zum Problem werden. Weitere Schwierigkeiten, mit denen die Geschäftsfrauen konfrontiert sind, stellen Belästigungen sexueller Art, unfreundliche Behandlung oder Vernachlässigung ihrer spezifischen Bedürfnisse, wie Sicherheit/Diskretion, Aufbügelservice, mehr Abstellfläche im Bad etc., dar (vgl. FERGEN 1998, S. 84).

3.5   Frauen in der Tourismusbranche

Der Frauenanteil in der Tourismusbranche ist im Vergleich zu anderen Tätigkeitsfeldern sehr hoch. Nach Schätzungen arbeiten heute im Tourismussektor doppelt so viele Frauen wie Männer; besonders im Hotel- und Gaststättengewerbe liegt der Frauenanteil deutlich über dem der Männer (vgl. GRÜTTER/PLÜSS 1996, S. 138f.). Die Zahlen des Statistischen Bundesamtes bestätigen den hohen Frauenanteil in diesem Bereich. Allein der Anteil der weiblichen Auszubildenden lag im Jahr 1999 mit insgesamt 50.505 bei 80%. Tab. 2 zeigt, dass der Anteil der Frauen unter den Auszubildenden (mit Ausnahme der Ausbildung zum Koch) in allen Fachrichtungen deutlich überwiegt.

Tab. 2: Anteil der Frauen nach touristischen Ausbildungsgängen (1999)

Fachrichtung	Zahl insgesamt	Anteil der Frauen (in %)
Restaurantfachmann /-frau	13.698	78%
Kaufmannsgehilfen	348	69%
Systemgastronomie	6.980	63%
Hotelkaufmann /-frau	769	74%
Hotelfachmann /-frau	28.770	81%
Fachgehilfe im Gastgewerbe	418	86%
Fachkraft im Gastgewerbe	5.357	81%
Helfer im Gastgewerbe	138	78%
Koch	35.821	32%
Reiseverkehrskaufmann /-frau	9.191	86%

Quelle: Statistisches Bundesamt 2001, S. 240

Insgesamt liegt nach einer Studie des DWIF (Deutsches Wirtschaftswissenschaftliches Institut für Fremdenverkehr) der Anteil der weiblichen Beschäftigten im Tourismus[2] in Deutschland bei rund 70%; auch in anderen Ländern sind ähnliche Zahlen erhoben worden. Über die Rolle und Stellung der Frau in der Tourismusbranche ist wenig Genaues zu finden, da keine geschlechtsspezifischen Statistiken geführt werden (vgl. DWIF 1991, S. 28, S. 12f., zitiert nach GRÜTTER/PLÜSS 1996, S. 139).

Zudem sollte die Zahl der Teilzeitbeschäftigten in diesem Sektor berücksichtigt werden. Dass ein hoher Anteil der Teilzeitstellen von Frauen besetzt ist, rührt sicherlich vom Umstand her, dass eine Halbtagsstelle für Frauen mit Familie eine optimale Lösung darstellt, Beruf und Kinder miteinander zu vereinbaren (vgl. FREI 1996, S. 153f.). Generell waren in Deutschland 2001 insgesamt 34% der Frauen (und 5% der Männer) Teilzeitbeschäftigte. Gegenüber 1991 hat die Teilzeitarbeit deutlich zugenommen, damals hatte nur jede vierte Frau eine Stelle als Teilzeitkraft (vgl. GLOBUS Infografik GmbH 2002).

Worin die spezifische Attraktivität der Tourismusbranche für Frauen zu sehen ist, kann, mit Ausnahme des eben erwähnten Umstandes, nur vermutet werden: Einerseits werden Tätigkeiten im Tourismus mit Reisen an sich in Verbindung gebracht. Andererseits gelten die vermeintlich weiblichen Eigenschaften wie Gefühlsbetontheit, Expressivität, Naturverbundenheit, Gastfreundlichkeit und mütterliche Fürsorge als ideale Voraussetzung in diesem Beruf. Aufgrund der großen Zahl von Teilzeitstellen können Frauen außerdem nach der Babypause leicht wieder in dieses Berufsfeld einsteigen (vgl. GRÜTTER/PLÜSS, 1996, S. 134). Schließlich fällt auf, dass Frauen häufig Arbeitsplätze einnehmen, für die keine besondere Ausbil-

---

[2] Die Zahlen beziehen sich auf das Beherbergungsgewerbe und den Anteil der weiblichen Teilzeitbeschäftigten.

dung erforderlich ist (Reinigungskräfte, Hilfskräfte, saisonale Beschäftigung), zugleich liegt die Bezahlung im Tourismus generell deutlich unter dem Durchschnitt (vgl. MAURER 1998, S. 154).

Trotz des hohen Anteils von Frauen in der Tourismusbranche sind Frauen in Führungspositionen auffällig unterrepräsentiert. Dieses Phänomen ist allerdings nicht tourismusspezifisch, sondern lässt sich auch in anderen Berufssparten wiederfinden (vgl. European Database 2000). Wie in Kap. 3.4 dieses Artikels bereits genannt, ist jedoch seit Mitte der 1990er-Jahre ein steigender Anteil der Frauen in Managementpositionen zu verzeichnen. Dieses Wachstum bestätigen auch die Zahlen der Frauen in leitender Position in den Landestourismusverbänden in Deutschland. 1995 waren alle 16 Stellen von Männern besetzt, 2002 werden vier Landestourismusverbände von Frauen geleitet. Die Geschäftsführerposition beim Deutschen Tourismusverband und die Leitung bei der Deutschen Zentrale für Tourismus sind derzeit (2002) ebenfalls von Frauen besetzt.

Insgesamt jedoch liegt der Anteil der Frauen in mittleren Leitungspositionen nach einer Befragung von 70.000 Unternehmen bei 10% (vgl. HORX 2001, S. 14).

4 Fazit

Zusammenfassend kann festgehalten werden, dass Frauen eine immer wichtigere Rolle im Tourismus einnehmen, sowohl als Nachfragerin (Touristin) wie auch als Anbieterin (Beschäftigte).

Was Motive für und Schwierigkeiten auf Reisen von Frauen betrifft, sind viele Parallelen zwischen Vergangenheit und Gegenwart zu ziehen. Veränderungen sind dagegen sowohl hinsichtlich der Selbstbestimmung als auch hinsichtlich Freizeitgestaltung und Reiseverhalten festzustellen.

Das Nachfragepotenzial (verstärkt durch die stetig wachsende Zahl der Geschäftsfrauen) wird von der Reisebranche langsam erkannt. So werden vermehrt spezielle Reiseangebote für Frauen zusammengestellt, bei denen die Bedürfnisse von Frauen besondere Berücksichtigung finden.

Wie trägt der Tourismus zur Stärkung der gesellschaftlichen Position von Frauen bei? Welche Rahmenbedingungen werden dazu benötigt? Stellen Arbeitsplätze im Tourismus für Frauen grundsätzlich eine Chance dar? So lauten einige der noch ungeklärten Fragen der Gender-Forschung im Tourismus, die besonders bei der Erstellung von Leitbildern und Machbarkeitsstudien betrachtet werden sollten (vgl. MAURER 1998, S. 155). „... when women are the topic of research, it is usually in the study of sex tourism in South East Asia, or elsewhere that female bodies are a tourist commodity to be sampled by paying visitors. Although sex tourism is an important phenomenon to examine, it is just one of the many roles that women play in the tourist arena" (BOLLES 1997, S. 78).

Aber die wissenschaftliche Auseinandersetzung mit dem Themenkomplex sollte nicht von einer zu starken feministischen Position aus geführt werden.

Literatur

BECKMANN, G./ELZER B. (1995): Frauensextourismus am Beispiel Kenias. In: Vereinigung ehemaliger Entwicklungshelferinnen und Entwicklungshelfer VEHEMENT e. V. (Hrsg.): Sextourismus und Dritte Welt. Köln, S. 14-18.
BOESCH, I. (1996): Reisen Frauen anders? Variationen über Miss Liberty. In: GRÜTTER, K./PLÜSS, C. (Hrsg.): Herrliche Aussichten! Frauen im Tourismus. Kleine Reihe Tourismus und Entwicklung, 7. Zürich, S. 204-217.
BOLLES, A. L. (1997): Women as a Category of Analysis in Scholarship on Tourism: Jamaican Women and Tourism Employment. In: Tourism and Culture, S. 77-92.
European Database 2000: Women in Decision-making. Aus http://www.db-decision.de/Banken/Banken_E.htm letzter Zugriff 25.09.01.
FELL, K. D. (1998): Kalkuliertes Abenteuer. Reiseberichte deutschsprachiger Frauen (1920-1945). Berlin.
FERGEN, U. (1998): Alleinreisende Frauen als touristische Zielgruppe. Struktur, Bedürfnisse und touristische Verhaltensweisen. Unveröffentlichte Diplomarbeit Universität Trier. Trier.
FREI, M. (1996): „Hobbyberuf" Reiseleiterin. Zwischen Selbstverwirklichung und Vogelfreiheit. In: GRÜTTER, K./PLÜSS, C. (Hrsg.): Herrliche Aussichten! Frauen im Tourismus. Kleine Reihe Tourismus und Entwicklung, 7. Zürich, S. 153-177.
GEORGE, U. (1990): Der Raupen wunderbare Verwandlung. Auf den Spuren der naturforschenden Malerin Maria Sybilla Merian im südamerikanischen Surinam. In: GEO, 7, S. 10-36.
GLOBUS Infografik GmbH (2002): Teilzeit-Jobs. Jg. 57. Hamburg.
GREEN, E./HEBRON, S./WOODWARD, D. (1990): Women's leisure, what leisure? Okehampton/Roachdale.
GRÜTTER, K./PLÜSS, C. (Hrsg.; 1996): Herrliche Aussichten. Frauen im Tourismus, Kleine Reihe Tourismus und Entwicklung, 7, Zürich, S. 132-152.
HAHN, H. (1992): Frauen im Tourismus. Einige Ergebnisse der Reiseanalyse 1989 des Studienkreises für Tourismus. In: Katholische Arbeitsgemeinschaft Freizeit und Tourismus (Hrsg.): Frauen im Tourismus. Eine erweiterte Dokumentation der Beiträge vom 14. Kirchenforum der ITB Berlin 1991, Bensberger Protokolle, 74. Bergisch Gladbach, S. 9-14.
HASTENTEUFEL, R. (1980): Das Bild von Mann und Frau in der Werbung. Eine Inhaltsanalyse zur Geschlechtsspezifität der Menschendarstellung in der Anzeigenwerbung ausgewählter Zeitschriften unter besonderer Berücksichtigung des alten Menschen. Bonn.
HENDERSON, K. A. (1990): Meaning of Leisure for women. Journal of Leisure Research, 22, 3, S. 229-251.
HEY, B. (1998): Und ewig lockt die Ferne? Anmerkungen zur Geschichte und Definition der Reise. In: ISENBERG, W. (Hrsg.): Fernweh, Seelenheil, Erlebnislust: Von Reisemotiven und Freizeitfolgen. Bensberger Protokolle, 92. Bergisch Gladbach, S. 9-26.

HORX, M./GfK Marktforschung (Hrsg.; 2001): Was ist Wellness? Anatomie und Zukunftsperspektiven des Wohlfühl-Trends. Nürnberg.

Katholische Arbeitsgemeinschaft Freizeit und Tourismus (Hrsg.; 1992): Frauen im Tourismus. Eine erweiterte Dokumentation der Beiträge vom 14. Kirchenforum der ITB Berlin 1991, Bensberger Protokolle, 74. Bergisch Gladbach.

KERNER, C. (1989): Seidenraupe, Dschungelblüte. Die Lebensgeschichte der Maria Sybilla Merian. Weinheim/Basel.

KOCH, B. (1995): Das Marktsegment der Alleinreisenden. Steht der Nachfrage ein marktgerechtes Angebot gegenüber? Materialien zur Fremdenverkehrsgeographie, 32. Trier.

KRELL, M. (1996): Marktsegment Frau: Uninteressant. Das Reiseangebot. In: GRÜTTER, K./PLÜSS, C. (Hrsg.): Herrliche Aussichten! Frauen im Tourismus. Kleine Reihe Tourismus und Entwicklung, 7. Zürich, S. 218-225.

LEIER, A. (2001): Mit dem Kickboard ins magische Mittelalter. In: MOBIL 5, S. 26-28.

MAGG, R. (o. J.): „Ich reise um zu leben". Frauenreiseliteratur der 90er Jahre zwischen Flucht und Abenteuer. Aus: http://www.iz3w.org/fernweh/deutsch/ themen/thema06/1. html letzter Zugriff 07.08.01.

MAURER, M. (1998): Tourismus im Visier der „Gender"-Debatte. Ein Forschungsbericht.- In: Das Bild der Fremde – Reisen und Imagination, Voyage. Jahrbuch für Reise- & Tourismusforschung, 2, S. 153-160.

OPASCHOWSKI, W./NEUBAUER, I. (1986^2): Freizeitverhalten. Allein und in der Familie. Teil 1: Probleme im Umgang mit der Freizeit. Teil 2: Allein in der Freizeit. Hamburg.

PELZ, A. (1991): Reisen Frauen anders? In: BAUSINGER, H./BEYRER, K./KORFF, G. (Hrsg.): Reisekultur. Von der Pilgerfahrt zum modernen Tourismus. München, S. 174-178.

POTTS, L. (Hrsg.; 1988): Aufbruch und Abenteuer. Frauen-Reisen um die Welt ab 1785. Berlin.

ROBINSON, J. (1990): Wayward women. A guide to women travellers. Oxford.

RÖHR, C. (1996): Das Marktsegment der Beauty- und Wellnessreisen in Deutschland. Eine zielgruppenspezifische Untersuchung des Angebotes und der Nachfrage. Unveröffentlichte Diplomarbeit der Universität Trier. Trier.

RUSSELL, M. (1994): The blessings of a good thick skirt. Women travellers and their world. London.

SCHEUCH, E. K. (1977^2): Soziologie der Freizeit. In: KÖNIG, R. (Hrsg.): Freizeit und Konsum. Handbuch der empirischen Sozialforschung, 11. Stuttgart, S. 1-192.

Statistisches Bundesamt (2001): Tourismus in Zahlen. Wiesbaden.

STEINECKE, A./KLEMM, K. (1985): Allein im Urlaub. Soziodemographische Struktur, touristische Verhaltensweisen und Wahrnehmungen von Alleinreisenden. Starnberg.

WEBER, H. I. (1992): Reisende Geschäftsfrauen – Gäste zweiter Klasse. In: Katholische Arbeitsgemeinschaft Freizeit und Tourismus (Hrsg.): Frauen im Tourismus. Eine erweiterte Dokumentation der Beiträge vom 14. Kirchenforum der ITB Berlin 1991, Bensberger Protokolle, 74. Bergisch Gladbach, S. 43-52.

WESTWOOD, S./PRITSCHARD, A./MORGAN, N. J. (2000): Gender blind marketing: Business women's perceptions of airline services. In: Tourism Management, 21, S. 353-362.

Trends in der Entwicklung von Freizeit und Tourismus

Werner Kreisel

1 Freizeit und Urlaub – Voraussetzungen und Grundlagen

Freizeit und Urlaub wurden erst in der Gegenwart zu einem wesentlichen Lebensinhalt großer Teile der Bevölkerung. Während der Industrialisierung in der ersten Hälfte des 19. Jhs. waren Arbeitszeiten von 16 bis 18 Stunden pro Tag bei Wochenend- und Sonntagsarbeit an der Tagesordnung. Freizeit gab es nur für die Oberschicht, nicht hingegen für die große Masse der Bevölkerung. Erst in der zweiten Hälfte des 19. Jhs. begannen die Arbeitszeiten allmählich zu sinken. Schließlich wurde die wöchentliche Arbeitszeit in Deutschland vor allem durch den Druck der Gewerkschaften bis 1930 von 90 auf 45 Arbeitsstunden gesenkt. Ein entscheidender Fortschritt war zudem die Festlegung einer gesetzlich verankerten Urlaubswoche. In jüngster Zeit wurde die Freizeit durch den Ausbau des jährlichen Urlaubsanspruchs und – in verschiedenen Berufssparten – durch die Einführung des freien Samstags zusätzlich erweitert.

Die Erhöhung der Lebenserwartung seit der Mitte des 19. Jhs. gibt die Möglichkeit, im Lebensverlauf länger an eigengestalteten Freizeitaktivitäten teilzunehmen. Diese Tatsache und die gleichzeitige Begrenzung der Lebensarbeitszeit bei Männern auf 65 Jahre und bei Frauen auf etwa 60 Jahre erweitern den für Freizeit einsetzbaren Zeitetat beträchtlich. Diese Entwicklung hat zur Folge, dass die Zeiten, die der Arbeit dienen, und diejenigen, die der Freizeit vorbehalten sind, sich immer stärker annähern. Die Freizeit am Feierabend und am Wochenende hat sich durch die Senkung der wöchentlichen Arbeitszeit erhöht (unter 40 Stunden). Die Basis für längere Urlaubsreisen ist jedoch die Tatsache, dass der bezahlte Urlaub heute durchschnittlich 29,5 Arbeitstage (in Deutschland) umfasst.

Das Realeinkommen breiter Bevölkerungsschichten hat insbesondere seit dem Zweiten Weltkrieg in den westlichen Ländern gewaltig zugenommen; es bietet die Möglichkeit, stärker am Konsum teilzunehmen bzw. die Freizeit im Sinne eines eigenverantwortlich gestalteten Urlaubs zu betreiben. Das gestiegene Einkommen erlaubt die Anschaffung privater Pkws, die in Mitteleuropa heute praktisch jedem Haushalt zur Verfügung stehen. Die individuelle Motorisierung macht die Bevölkerung mobil und fördert die Erreichbarkeit vieler Urlaubsziele. Durch die Zunahme des Flugverkehrs werden zudem Ziele praktisch auf dem gesamten Globus erreichbar. Die reine „Arbeitsgesellschaft" ist zu einer „Arbeits-, Konsum-, Freizeit- und Multioptionsgesellschaft" geworden (MUNDT 1998, S. 43). Die gesellschaftlichen Werte haben sich gewandelt: Während der Urlaub noch in den 1950er-Jahren als Gegenpol zur Arbeit und als Zeit der Regeneration für das Arbeitsleben betrachtet wurde, sind Urlaub und Freizeit inzwischen stärker in den Mittelpunkt des Lebens gerückt.

Tab. 1: Wandel gesellschaftlicher Werte

Traditionelle Arbeitstugenden		*Neue Freizeitwerte*	
Zielsetzungen	*Fähigkeiten*	*Zielsetzungen*	*Fähigkeiten*
Leistung, Erfolg, Anerkennung, Besitz, Eigentum, Vermögen	Fleiß, Ehrgeiz, Disziplin, Gehorsam, Pflichterfüllung, Ordnung	Spaß, Freude, Lebensgenuss, Sozialkontakte, mit anderen zusammen sein, Gemeinsamkeit	selbst machen, selbst aktiv sein, Spontaneität, Selbstentfaltung, sich entspannen, wohlfühlen

Quelle: BECKER 2000a, S. 12

„Freizeit ist die Zeit, in der man machen kann, was einem gefällt" (LARRABEE/ MEYERSOHN 1960 zitiert nach BECKER 2000a, S. 13): Wie mit dieser Freizeit umgegangen wird, hängt allerdings von verschiedenen Faktoren ab, z. B. der Wahl und der Ausübung des Berufs sowie dem Arbeitsplatz und seinem Standort. Die Freizeitaktivitäten beinhalten ein vielfältiges Spektrum. Sie reichen von Tätigkeiten, die zu Hause am Feierabend oder am Wochenende ausgeübt werden, wie Fernsehen oder Radiohören, über In-die-Kneipe-Gehen und Ausflüge-Machen bis zu Urlaubsreisen, die einen längeren Ortswechsel beinhalten. Urlaub bedeutet also nicht automatisch Verreisen. Etwa ein Viertel der deutschen Bevölkerung über 14 Jahre verreist überhaupt nicht im einzelnen Jahr; ca. 10% sind noch nie gereist.

Zur Urlaubsreise gehören Ortswechsel und Rollenwechsel. Ortswechsel macht den räumlichen Abstand vom Alltag möglich, Rollenwechsel erlaubt die zumindest zeitweise Distanzierung von Alltags- oder Haushaltpflichten. Die Zahl derjenigen, die Urlaubsreisen unternehmen, steigt in den westlichen Industrieländern ebenso stetig an wie die Zahl der Urlaubsreisen. Während die Reiseintensität in der Mitte der 1950er-Jahre in Deutschland lediglich 25% betragen hatte, liegt sie heute zwischen 70 und 75%. Hinzu kommen für 18% der Bevölkerung neben der Haupturlaubsreise weitere Zweit- oder Dritt-Urlaubsreisen (vgl. Abb. 1). 23% der Bevölkerung unternehmen eine zusätzliche Kurzurlaubsreise und weitere 21% mehrere Kurzurlaubsreisen mit einer Dauer von 2-4 Tagen (vgl. BECKER 2000a, S. 12).

2   Touristische Trends im Laufe der Geschichte

Tourismus als Massenbewegung stellt erst ein Produkt der Gegenwart dar. Die moderne Definition des Tourismus ist jedoch auch auf frühere Epochen anzuwenden, in dem Sinne, dass ‚Tourismus' die Aktivitäten von Personen beinhaltet, „die sich an Orte außerhalb ihrer gewohnten Umgebung begeben und sich dort nicht länger als ein Jahr zu Freizeit-, Geschäfts- und anderen Zwecken aufhalten, wobei der Hauptreisezweck ein anderer ist als die Ausübung einer Tätigkeit, die vom besuchten Ort aus vergütet wird" (OPASCHOWSKI 1996, S. 20). Schon in der Antike galten Besuche der Olympischen Spiele und Reisen zum Orakel von Delphi als wichtige Erfahrungen. Im ‚Imperium Romanum' intensivierten sich die Handelsbeziehungen. Zudem wurden Reisen zum Zwecke der Verwaltung, aber auch der Bildung und der Erholung unternommen. Im Mittelalter reisten zunächst nur die, die es unbedingt mussten (Kaufleute). Viele nahmen dennoch die Unannehmlichkeiten einer Pilgerfahrt nach Rom oder nach Santiago de Compostela auf sich.

Abb. 1: Wachstumsmöglichkeiten von Urlaubs- und Kurzreisen

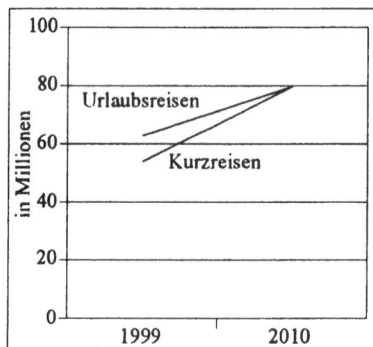

Quelle: F. U. R.: Reiseanalyse 2001

Renaissance und Humanismus entdeckten im 16. Jh. die Antike und ihre Leistungen in Kunst und Wissenschaft wieder. Scholaren und Humanisten strebten nun danach, Italien als die Wiege der Kultur zu besuchen, außerdem die bedeutenden Universitäten in Paris und Oxford. Bildungsreisen (Kavaliersreisen) gehörten bald auch zum Pflichtbestandteil der Erziehung junger Adliger. Ziele waren die Provence, Rom, Neapel, Venedig, Florenz, Paris. Für Handwerksgesellen war das Reisen Teil ihrer Ausbildung. Wer „be-wandert" oder „er-fahren" war (OPASCHOWSKI 1996, S. 68), der hatte sein Glück gemacht. Hauptanziehungspunkte waren die Großstädte Paris, London, Amsterdam, Kopenhagen, Stockholm, Leipzig, Warschau und Wien, wo handwerkliche Techniken erlernt und neue Erfahrungen gewonnen werden konnten.

Das 15. und 16. Jh. verzeichneten einen Boom bei den Entdeckungsreisen. Voraussetzung war die neue, allerdings in der Antike schon geläufige Vorstellung der Kugelgestalt der Erde, die eine Möglichkeit aufzeigte, auch in westlicher Richtung ‚Indien' und die berühmten Gewürzinseln zu erreichen. Die Entdeckungsfahrten des 17. und 18. Jhs., die Berichte von Bougainville über Tahiti und von Forster über seine Teilnahme an Cooks Reisen begründeten den Mythos vom ‚Edlen Wilden', der in einem Paradies lebte, das im damals modernen Europa längst verloren schien.

Im 18. Jh. betrat neben dem Adel das Bürgertum das Parkett der Reisewelt. Vor dem Hintergrund der Ideale der Aufklärung dienten Reisen zu den historischen Stätten Italiens und Griechenlands dem kosmopolitischen Ideal des Kennenlernens fremder Sitten und Lebensweisen. Zum Ende des 18. Jhs. kam schließlich die Natursehnsucht und die landschaftliche Idylle als Reisemotiv auf. Die Romantik setzte diesen Trend fort. Insbesondere Engländer begannen mit einer touristischen Inwertsetzung europäischer Natur- und Kulturlandschaften: Nach den Schweizer Alpen entdeckten sie das romantische Rheinland mit seiner Kulisse aus Burgen und Schlossruinen. Aber auch Mittelgebirge (Harz, Schwarzwald, Riesengebirge) und die Küsten des Mittelmeeres (Côte d'Azur, Riviera) wurden nun bevorzugte Reiseziele. Geknüpft an die Entwicklung der Eisenbahn und der Dampfschiffe wurden dann auch Fernreisen in die Länder des Orients möglich. Der Reise- und Personenverkehr der Eisenbahn machten den Fremdenverkehr gegen Ende des 19. Jhs. zu einer Volksbewegung (Sommerfrische).

3 Aktuelle Trends in der Entwicklung von Freizeit und Tourismus

3.1 Individualisierung und Diversifizierung

Erst nach dem Zweiten Weltkrieg erlebte der Tourismus in der damaligen Bundesrepublik als Folge des ‚Wirtschaftswunders' eine explosionsartige Entwicklung und wurde zum Massentourismus. Es kam zu einer ‚Demokratisierung des Reisens'. Die Senkung der Arbeitszeit spiegelte sich in Dauer und Häufigkeit der Reisen wider (vgl. WÜNSCHMANN 1999). Die Deutschen machten im Jahr 1961 durchschnittlich nur 16 Tage im Jahr Urlaub, bis heute hat sich diese Zahl auf 32 Tage verdoppelt. Die Zunahme der Freizeit, die Freiheit der Zeiteinteilung und die Möglichkeit zu spontanem Handeln (Last-Minute-Angebote) sind wesentliche Merkmale von Lebensqualität geworden. Die Flexibilität hat zugenommen, klassische Saisonzeiten wie der August als Ferienmonat und Feiertagsspitzen entfallen immer mehr (vgl. ROMEISS-STRACKE 1998, S. 65-72). Neben die Urlaubsnormalität von einer Reise pro Jahr treten immer häufiger Zweit- und Dritt-Urlaubsreisen, zudem immer mehr Kurzurlaube.

Gleichzeitig kam es zu einer Differenzierung der Reiseziele. Während im Jahr 1954 nur 15% der deutschen Urlaubsreisenden in das Ausland reisten, liegt der Auslandsreiseanteil heute bei ca. 71%. Seit den 1950er-Jahren standen Österreich und Italien in der besonderen Gunst der Urlauber. Hinzu kamen weitere Länder des Mittelmeers (Jugoslawien, Spanien, Griechenland, Türkei). Mit der Intensivierung des Flugverkehrs und der Verbilligung von Charterflugreisen ergeben sich neue Destinationen für Fernreisen: Ägypten, Tunesien, Karibik, Thailand, die USA und Australien.

Die touristische Nachfrage weist somit in der Gegenwart trotz des wachsenden Pauschal- und Massentourismus eine hohe Aufsplitterung in verschiedene Marktsegmente auf. Neben den klassischen Kriterien wie Alter, Lebenszyklus, Bildungsstand und Einkommen hängt diese von einer Vielzahl von Faktoren ab, die individuell für die Entscheidung, an Freizeit- und Tourismusaktivitäten teilzunehmen, eine Rolle spielen. Man spricht von einer ‚Konfetti-Gesellschaft', in der viele Teilgruppen eigene Wertmuster haben und sich nicht mehr integrieren lassen. Diese Pluralisierung der Lebensstile schlägt sich im Tourismus in einer Individualisierung und Diversifizierung der Reiseformen und Reisestile nieder (von ‚Rafting im Grand Canyon' bis zu ‚Urlaub im Kloster'; vgl. ROMEISS-STRACKE 1998, S. 65-72).

Tab. 2: Typen von Reisestilen (bezogen auf Urlaubsreisende)

- der weltoffene Aktive - der weltoffene Freizeitorientierte - der kulturbeflissene Natururlauber - der selbstgenügsame Natururlauber - der häuslich Gesellige - der genießerisch Bequeme - der familienbestimmte Natururlauber - der vergnügungslustige Gesellige - der familienbestimmte Uninteressierte - der wunschlos Untätige - der häusliche Reiseunwillige

Quelle: MUNDT 1998, S. 215ff.

Typisierungen nach Reisestilen und anderen Kriterien zeigen jedoch offenkundige Schwächen: Die Abstrahierung geht oftmals so weit, dass sie der Realität kaum mehr entspricht. Andererseits wird häufig ein einzelnes Merkmal willkürlich herausgenommen und über Gebühr betont – unter Vernachlässigung anderer Aspekte, die gleichfalls für den Urlaub wesentlich sind. Zudem berücksichtigen praktisch alle Kategorisierungsversuche nicht, dass die Zugehörigkeit von Urlaubern zu einer bestimmten Gruppe nicht statisch bleibt, sondern sich mehrfach auch innerhalb kurzer Zeit ändert. Je nach Situation, Begleitumständen und Reisemotiven kann ein Urlauber unterschiedlichen Nachfragesegmenten angehören. Unterstrichen wird dies durch die Tatsache, dass die klassische dreiwöchige Sommerreise längst von mehreren, völlig unterschiedlich strukturierten Reisen abgelöst worden ist, wie einer Woche Trekking in den Alpen zu Ostern, 14 Tage All-inclusive-Urlaub in der Dominikanischen Republik im Juli, einem Wellness-Wochenende an der Nordsee im Herbst sowie einem Shopping-Trip nach London (vgl. FEIGE 1999).

Die Wünsche der Nachfrageseite sind inzwischen so differenziert, dass von den Veranstaltern zahlreiche Angebote abseits vom Mainstream entwickelt werden: Während sich die sportlichen Freizeitaktivitäten in den 1950er- und 1960er-Jahren noch auf Fußball und Turnen konzentrierten, wird das Spektrum an Sportarten ständig erweitert, Trendsportarten und Extremsportarten sind populär geworden (Tennis, Golf, Inline-Skating, Streetball, Beach Volleyball, Bungee-Jumping, Freeclimbing, Rafting, Eisklettern, Canyoning). Die eher hausbackenen Feriendörfer der 1950er- und 1960er-Jahre sowie die Ferienzentren von Beginn der 1970er-Jahre werden heute durch Clubanlagen, Luxusresidenzen, exklusive Sporthotels, Ferienparks mit subtropischem Badeparadies und einer Fülle von Freizeitangeboten abgelöst. Die Reiseveranstalter bieten inzwischen eine Fülle von Natur-, Kultur-, Bildungs-, Sport-, Abenteuer- und Unterhaltungsangeboten an.

3.2   Neues Konsumdenken

In den letzten Jahren ist eine neue Generation von Konsumenten herangewachsen, die höhere Ansprüche an die touristischen Leistungsträger stellt. Zentrale Trends sind heute (STEINECKE 2000b, S. 11):

„- das steigende Anspruchsniveau der Urlauber,
- der Wunsch nach Zusatznutzen,
- der zunehmende Wunsch nach Individualität,
- die große Flexibilität und Kurzfristigkeit,
- die wachsende Preissensibilität,
- die komplexen Motiv- und Aktivitätsbündel,
- die ständige Diversifizierung der Zielgruppen."

Das Überangebot an Produkten und Serviceleistungen sowie ein extremer Wettbewerb zwischen den Anbietern bringt für die Konsumenten einerseits Vorteile mit einem niedrigen Preisniveau, andererseits Nachteile durch unübersichtliche Angebotsstrukturen. Daraus erwächst der Wunsch nach Markttransparenz und Produktsicherheit. Dies ist einer der Gründe für das steigende Markenbewusstsein, das auch für die Tourismusbranche von Bedeutung ist: Sie weist ein Überangebot an Pauschalreisen und Destinationen auf. Entsprechend groß ist das Bedürfnis der Kunden nach klarer Orientierung und Markttransparenz. Außerdem bieten Urlaubsreisen – aufgrund ihres ‚Traumcharakters' – speziell auch Bezugspunkte für die emotionalen Dimensionen des Markenbewusstseins (Gruppenbildung, Vergangenheitsbezug). Touristische Großunternehmen verfolgen seit einiger Zeit die Strategie der Markenbildung, um die eigenen Angebote im gesättigten Reisemarkt klar zu profilieren.

Der Trend zur Größe, der dem veränderten Konsumverhalten entgegenkommt, begann in den 1970er-Jahren und erreichte seit den 1990er-Jahren (vgl. BECKER 2000a; 2000b) mit den Ferienparks der zweiten Generation neue Dimensionen.

Nur ausgesprochene Großprojekte konnten eine vom Kunden nachgefragte vielfältige, attraktive Ausstattung mit subtropischem Badeparadies, Shopping Mall und überdachten Freizeiteinrichtungen ermöglichen. Zumeist handelt es sich bei den neuen Orten des touristischen Konsums um „komplexe, multifunktionale Einrichtungen mit vielfältigen und unterschiedlichen Angeboten, aus denen sich die Konsumenten ihre individuelle Mischung selbst zusammenstellen können" (STEINECKE 2000b, S. 19). Neben der Multifunktionalität besitzen diese Mixed-Use-Center zwei weitere Merkmale: den ausgeprägten Freizeit- und Erlebnischarakter der Angebote, und die *Convenience* – also die bequeme Möglichkeit, unterschiedliche Freizeit- und Versorgungsinteressen an einem Ort befriedigen zu können. Durch die Integration verschiedener Bausteine (Markencharakter der Einrichtungen, Dramaturgie, Stories/Themen, Standardisierung in Form von Filialen) werden für die Kunden neuartige *"Mindscapes"* (STEINECKE 2000b, S. 23) geschaffen – Traumwelten, Projektionsräume, Bühnen, Treffpunkte und Schauplätze.[1]

3.3   Erlebnis und Inszenierung

In Freizeit und Urlaub hat sich eine hedonistische Grundhaltung durchgesetzt. Zufriedenheit und Glück fehlen vielfach im Alltagsleben und führen zum Bestreben, dies im Urlaub durch Erlebnis und Aktivität zu kompensieren (vgl. ROMEISS-STRACKE 1998, S. 69). Diese Tatsache zeigt sich beim Boom des Fahrradfahrens. In den 1960er- und 1970er-Jahren war das Fahrrad zu einem wenig beachteten Verkehrsmittel geworden, jetzt erlebt es seine Renaissance. Anstelle der früheren Touren- und Rennräder sind es nun City-Bikes, Mountain-Bikes, Trekking- und Liegeräder. Ein dichtes Netz von Fahrradwegen ist inzwischen eingerichtet worden. Weiterhin erleben Abenteuer- und Extremtourismus gegenwärtig einen Aufschwung (Trekking, Rafting, Mountaineering, Bungee Jumping): „Ob Erlebnis-Einkauf, Erlebnis-Kaufhaus oder Urlaubs-Erlebnis, der Erlebnis-Begriff hat sich zu einem ubiquitären Schlagwort der Konsumgüter- und Dienstleistungsbranche entwickelt. Dahinter steht der Wunsch der Konsumenten nach Abwechslung, Entertainment, Thrill, Vergnügen, Fun etc. Über den Kernnutzen des Produktes oder der Dienstleistung erwarten sie einen Zusatznutzen materieller Art (Gimmicks, Voucher, ‚Specials') oder emotionaler Art (Staunen, Status, Nähe zu Stars etc.)" (STEINECKE 2000b, S. 17).

Während man früher davon ausging, dass z. B. das Erleben eines malerischen Sonnenuntergangs ein Erlebnis ist, das sowieso passiert, wofür man nichts zu zahlen braucht, wird mittlerweile das Erleben durch Erlebnismarketing kaufbar gemacht. Freizeit und Tourismus werden zunehmend thematisiert und inszeniert („narrative Welten", STEINECKE 2001). Die Inszenierung benutzt eine symbolische Aufladung

---

[1] Eine Übersicht über unterschiedliche Typen von Mixed-Use-Centern findet sich in dem in vorliegendem Band enthaltenen Beitrag von STEINECKE zu ‚Kunstwelten in Freizeit- und Konsum: Merkmale – Entwicklungen – Perspektiven'.

oder ‚Storytelling', um das Erlebnis potenzieller Besucher anzusprechen und den Konsum anzukurbeln. Dies geschieht einerseits im Rahmen der herkömmlichen touristischen Inwertsetzung von Räumen unter Ausnutzung ihrer landschaftlichen Potenziale. Andererseits nehmen Inszenierungen zu, die ohne Bezug zum Raum künstliche Illusionen schaffen. Die geographischen Gegebenheiten spielen hierbei keine Rolle mehr (Entgeographisierung, ‚ageographia'), originelle Markennamen suggerieren bzw. schaffen neue räumliche Einheiten und Strukturen (Schlossland, Weinland).

Diese Inszenierungen werden häufig als unecht und nicht authentisch kritisiert (Freizeitgroßanlagen, Disneyworld, Disneyland). Doch solche Kritik greift zu kurz, abgesehen davon, dass Inszenierungen zweifelsohne Erlebnisse vermitteln: Denn alle vom Menschen errichteten Bauten sind künstlich. Sie werden echt, wenn sie nur alt genug sind. Auch Pyramiden und mittelalterliche Kathedralen mögen seinerzeit Fremdkörper gewesen sein. Die Frage ist berechtigt, ob das museale Erhalten von Umwelten nicht ebenso künstlich ist wie Inszenierungen und die Schaffung von Illusionen und ob nicht eine künstliche Umwelt zu einer neuen Realität werden kann. Die Akteure dieser Entwicklung sind nicht mehr die herkömmlichen Touristiker, sondern sie kommen aus anderen Wirtschaftsbereichen. Am Beispiel des Audi-Forums in Ingolstadt wird dies deutlich: Abgesehen von einem ausgefeilten Bildungs- und Erlebnisangebot im technischen Bereich macht man sich hier die Nachbarschaft des Naturparks Altmühltal zunutze und fördert dessen touristische Inwertsetzung: Tourismus und Freizeit werden für eine Automarke instrumentalisiert. Die real vorhandenen touristischen Potenziale sind zur Nebensache geworden; sie werden lediglich in das Marketingkonzept eines Unternehmens eingebaut. Das eigentliche Produkt ist nicht mehr Freizeit und Tourismus, sondern der Gewinn eines Unternehmens.

3.4 Tourismus ohne Raum

Der reale Ortswechsel galt bisher als Charakteristikum von Freizeit und Tourismus. Der Raum der Geographie ist jedoch nicht nur der reale Raum. Der Raumbegriff ist vielmehr in Dimensionen ‚verlängerbar', denen innerhalb des Faches noch zu wenig Aufmerksamkeit geschenkt wird (vgl. KRÜGER 2001), den fiktiven, künstlichen, mentalen, psychologischen, virtuellen Räumen, in denen Reisen unternommen werden können. Diese Erkenntnis ist an sich nicht neu. Denn solches Reisen, wenn auch in einen anderen ‚Raum', kann man im Streben von Mönchen sehen, durch Einkehr, Meditation und Exerzitien zu einer höheren Stufe der Erkenntnis zu gelangen. Man ‚reiste' auch (mit), wenn man Reiseberichte etwa von Karl May las (die ihrerseits fiktiv waren!) oder sich in die Werke von Jack London oder Mark Twain vertiefte. Solche Differenzerfahrungen fanden im Grunde seit jeher nicht nur im Ortswechsel des physischen Raumes statt, sondern auch in Illusionen, Vorstellungen und Träumen (‚*Dreamtime*' der australischen Aborigines). Das Neue an der gegenwärtigen Entwicklung ist, dass in der Welt des Internet und des Cyberspace, der Datenhighways und Chat-Rooms alles viel schneller, intensiver und irrealer (?) vor sich geht. Das ‚Reisen' in virtuelle Welten ist jedenfalls in der Zeit der ‚Disneyworldisierung' in.

Die Frage, ob tatsächliche Reisen durch virtuelle Reisen im Cybernetz ersetzt werden können, ist umstritten. Die einen sagen: Cyberspace wird das Reisen nicht ersetzen, denn die Menschen sehnen sich in einer immer abstrakter werdenden Umwelt nach etwas Greifbarem, dem konkreten Ortswechsel und dem echten Erleben. Virtuelles Reisen wird also ein Minderheitenprogramm bleiben. Die anderen sind der Ansicht, dass bei TV-Junkies und Computer-Freaks an die Stelle des zeitraubenden und nervenaufreibenden ‚Reisenmüssens' (Blechlawinen und Pannenstress) das ‚virtuelle' Reisen treten wird: Dank Multimedia kann man überall dabei sein und ist doch nicht zum Ortswechsel gezwungen. Es ist also nicht klar, ob dies zu einer Entlastung von Tourismus-Zielgebieten führen kann oder ob es sich nicht vielmehr um ein zusätzliches Angebot handelt, auf das sich der multioptionale Konsument der Gegenwart freiwillig oder gezwungenermaßen einlassen wird.

3.5   Umwelt

Die Wahrnehmung der schädigenden Auswirkungen des Tourismus trat in den 1980er-Jahren verstärkt in das Bewusstsein der Öffentlichkeit. Es entstand der Gedanke eines umweltschonenden und sozialverträglichen ‚sanften Tourismus', der später ‚nachhaltiger Tourismus' genannt wurde. Über die negativen Auswirkungen des Tourismus, besonders des ‚massenhaften', besteht weitgehender Konsens. Es stellt sich jedoch die Frage, inwieweit die theoretischen Überlegungen inzwischen in die Tat umgesetzt wurden und wie sich Bewusstsein und Verhalten der Verbraucher entwickelt haben. Wenn auch fast jeder nach mehr Umweltschutz verlangt, scheint das Thema Umwelt im Tourismus als Trend seinen Zenit überschritten zu haben: Nur 28% der Befragten in einer Erhebung aus dem Jahre 1998 erklärten, sie würden für umweltverträglichere Produkte höhere Preise zahlen, 1996 waren es noch 36% (vgl. WILKEN 1999).

Vor allem auf kommunaler und regionaler Ebene, in Schutzgebieten, wie Nationalparks und Biosphärenreservaten, werden nachhaltige Tourismuskonzepte umgesetzt, und die Tourismuswirtschaft sieht offiziell die Umwelt als wesentliche Voraussetzung des Tourismus. Von einem wahren Umdenken der Branche kann aber trotz entsprechender Erklärungen wohl nicht die Rede sein. Es wird zwar mit dem Label ‚Umwelt' geworben, jedoch dient das Schlagwort oft dazu, einen Marktvorteil zu erlangen. Umweltgerechte Angebote im Sinne der ausschließlichen Nutzung lokaler Ressourcen sind bisher ein Minderheitenprogramm. Vor allem der sog. ‚Ökotourismus' ist lediglich ein Nischenprodukt, das zumeist nur im regionalen Rahmen und somit nur im kleinen Maßstab umsetzungsfähig ist (vgl. KURTE 2002).

3.6   Vielfalt der Motive für Freizeit- und Tourismusaktivitäten

Urlaubsreisen setzen außenbestimmte Rahmenbedingungen voraus: Dazu gehören vor allem ein geregelter und verbriefter Urlaubsanspruch, entsprechendes Einkommen und die Möglichkeit zur Mobilität. Dafür, dass Urlaubsreisen tatsächlich unternommen werden, sind jedoch vielfältige Motivationen verantwortlich. Eine traditionelle Auffassung ging davon aus, dass Reisen und Urlaub als Flucht aus den Zwängen der entfremdeten Arbeit und aus problematischen Umweltverhältnissen in der heimischen Umgebung verstanden werden müssten. Diese ‚Weg-von-Motive‘ (Push-Faktoren) hätten also den Zweck, das Defizit der normalen Arbeitswelt aufzuwiegen. In dieselbe Richtung geht die These von der Suche nach Authentizität als die Ursache des Reisens. Entfremdung, Massenproduktion und Automatisierung führen zum Bestreben, das ursprüngliche, unverfälschte Leben (‚verlorenes Paradies‘) kennen zu lernen, das in der heimischen Umgebung nicht mehr existierte, anderswo aber wohl vorhanden sein müsse. Neben den Push-Faktoren ist es hier der Pull-Faktor des Authentischen, das den Urlauber nicht nur flüchten lässt, sondern auch anzieht.

Urlaub zum Abbau der kumulierten Ermüdungsstoffe, gewissermaßen als Pause vom Alltag, ist eine weitere Vorstellung für die Ursache des Reisens. Angeführt wird auch das Motiv der Selbstverbesserung und symbolischen Selbstergänzung. Durch die Reisen würden die Menschen etwas aus ihrer Sicht Fehlendes ihrer Person und ihren Eigenschaften hinzufügen, das sie benötigen, um ihrem Selbstbild zu entsprechen. Ein anderer Ansatz geht davon aus, dass nicht nur die Reise, sondern auch die Rückkehr ein Motiv sein kann. Reisen können zudem nicht nur unter dem Gesichtspunkt der Anreize von außen, sondern vor dem Hintergrund intrinsischer Motivationen betrachtet werden. Wenn die Reise ‚gut läuft‘ (zum ‚Flow‘ wird), beinhaltet sie bestimmte Erlebniskomponenten, die darauf abzielen, „im Zustand des Flow alle Inhalte des Bewusstseins zueinander und zu den Zielen, die das Selbst der Personen definieren, in Harmonie" zu bringen (MUNDT 1998, S. 142).

Urlaubsreisen können nicht auf ein einziges Motiv reduziert werden, das für die gesamte Gesellschaft gilt. Vielmehr spielt eine Vielzahl von Kriterien mit: Die Zugehörigkeit zu einer gesellschaftlichen Schicht, die Alterssituation, die Stellung innerhalb des Lebenszyklus, das politische und gesellschaftliche Umfeld, die Möglichkeit und das aktive Bestreben zu reisen. Zudem bleibt eine Person nicht das ganze Leben lang bei einem einzigen Motiv stehen, sondern kann bei verschiedenen Urlaubsreisen zwischen unterschiedlichen Motiven, die sich kombinieren, überschneiden, ausschließen können, wechseln. Wichtig ist jedenfalls das aktive Streben nach anderer Erfahrung abseits des Alltäglichen, die besonders in einer temporären Raumveränderung gewonnen werden kann (‚Differenzerfahrung‘, vgl. HENNIG 1997).

4   Freizeitgesellschaft und Zeitautonomie

Die Tendenz hin zur ‚Freizeitgesellschaft' in den westlichen Gesellschaften hat zu
einem Umbruch geführt. Viele neue Faktoren, die in der gesamtgesellschaftlichen
Entwicklung begründet sind, haben Freizeit und Urlaub beeinflusst und zu einer
Vielzahl von Möglichkeiten zur Freizeitgestaltung geführt. Heute hat in den westlichen Ländern praktisch die gesamte Bevölkerung die Möglichkeit, an Freizeit
und Tourismus teilzunehmen. Nachfrage und Angebot fächern sich entsprechend
der differenzierten Kundenwünsche bei einer soliden Basis von Massen- bzw.
Pauschalangeboten immer stärker auf. Diese Tatsache schafft Möglichkeiten für
den Einzelnen, die Wirtschaft und die Gesellschaft, aber auch Herausforderungen,
die nach neuen Konzeptionen verlangen, wie etwa mit der zunehmenden Freizeit
umgegangen werden soll. MÜLLER/KRAMER/KRIPPENDORF (1995, S. 219f.) plädieren bspw. dafür, statt Zeitstress und fehlender persönlicher Zeitautonomie eine
„Utopie der Langsamkeit" anzustreben, die anstelle der auch im Urlaub herrschenden „Chronokratie" auf bewussten Zeitgewinn verzichtet und Zeit für Kreativität,
Fantasie und Träume gewinnt. Bei all dem sollte nicht vergessen werden, dass
Freizeit, Urlaub und Tourismus für große Teile der Weltbevölkerung bis heute
noch kaum ein Thema sind.

Literatur

BECKER, CHR. (2000a): Freizeit und Tourismus in Deutschland – eine Einführung. In:
     Institut für Länderkunde/BECKER, CHR./JOB, H. (Hrsg.): Nationalatlas Bundesrepublik
     Deutschland. Bd. 10. Freizeit und Tourismus. Heidelberg/Berlin, S. 12-21.
BECKER, CHR. (2000b): Neue Tendenzen bei der Errichtung touristischer Großprojekte in
     Deutschland. In: Geographische Rundschau, 52, H. 2, S. 28-33.
FEIGE, M. (1999): Tourismus-Trends: Action, Fun und High Emotions. In: WWF-Journal,
     H. 2/99, S. 22/23.
HENNIG, C. (1997): Reiselust. Touristen, Tourismus und Urlaubskultur. Frankfurt am
     Main/Leipzig.
HOPFENBECK, W./ZIMMER, P. (1993): Umweltorientiertes Tourismusmanagement. Strate-
     gien, Checklisten, Fallstudien. Landsberg/Lech.
Institut für Länderkunde/BECKER, CHR./JOB, H. (Hrsg.; 2000): Nationalatlas Bundesrepu-
     blik Deutschland. Bd. 10. Freizeit und Tourismus. Heidelberg/Berlin.
IWERSEN-SIOLTSIDIS, S./IWERSEN, A. (1997): Tourismuslehre. Bern/Stuttgart/Wien.
KASPAR, C. (1991[4], 1996[5]): Die Tourismuslehre im Grundriss. St. Galler Beiträge zum
     Tourismus und zur Verkehrswissenschaft, Bd. 1. Bern/Stuttgart.
KREISEL, W./HOPPE, M./REEH, T. (2000): Mega-Trends im Tourismus – Auswirkungen auf
     Natur und Umwelt. Texte des Umweltbundesamtes 98/99. Berlin.
KRIPPENDORF, J. (1975): Die Landschaftsfresser. Tourismus und Erholungslandschaft –
     Verderben oder Segen? Bern.
KRIPPENDORF, J. (1984): Die Ferienmenschen. Für ein neues Verständnis von Freizeit und
     Reisen. Zürich/Schwäbisch Hall.

KRÜGER, R. (2001): Zwischen Strandurlaub und Internet: Räume des Tourismus. Vortrag auf der Fachsitzung des Arbeitskreises Freizeit- und Tourismusgeographie auf dem 53. Deutschen Geographentag in Leipzig.

KULINAT, K./STEINECKE, A. (1984): Geographie des Freizeit- und Fremdenverkehrs – Erträge der Forschung, Bd. 212. Darmstadt.

KURTE, B. (2002): Der Ökotourismus-Begriff. Seine Interpretation im internationalen Bereich. In: Materialien zur Fremdenverkehrsgeographie, H. 59. Trier.

MÜLLER, H./KRAMER, B./KRIPPENDORF, J. (1995): Freizeit und Tourismus. Eine Einführung in Theorie und Politik. Berner Studien zu Freizeit und Tourismus, 28. Bern.

MUNDT, J. W. (1998): Einführung in den Tourismus. München/Wien.

OPASCHOWSKI, H. W. (1996²): Tourismus – eine systematische Einführung. Freizeit- und Tourismusstudien, Bd. 3. Opladen.

ROMEISS-STRACKE, F. (1989): Neues Denken im Tourismus. Ein tourismuspolitisches Konzept für Fremdenverkehrsgemeinden. Hrsg. von: Allgemeiner Deutscher Automobil-Club e. V. (ADAC). München.

ROMEISS-STRACKE, F. (1998): Tourismus – gegen den Strich gebürstet. Essays. Reihe Tourismuswissenschaftliche Manuskripte, Bd. 2. München/Wien.

SIBUM, D. (1997): Lebensstile und Nachhaltigkeit. In: KREIBICH, R./STEINMÜLLER, K./ ZÖPEL, C. (Hrsg.): Beyond 2000 – Zukunftsforschung vor neuen Herausforderungen. Dokumentation der Sommerakademie 1996 des Sekretariats für Zukunftsforschung. Werkstatt-Berichte, Bd. 20. Gelsenkirchen.

SIBUM, D./HUNECKE, M. (1997): Bestandsaufnahme von Initiativen und Aktionen – Auswertung der Erhebung. In: Umweltbundesamt (Hrsg.): Nachhaltige Konsummuster und postmaterielle Lebensstile – Vorstudien. UBA-Texte 30/97. Berlin.

STEINECKE, A. (1997): Inszenierung im Tourismus: Motor der künftigen touristischen Entwicklung. In: STEINECKE, A./TREINEN, M. (Hrsg.): Inszenierung im Tourismus. ETI-Studien, Bd. 3. Trier.

STEINECKE, A. (Hrsg.; 2000a): Erlebnis- und Konsumwelten. München/Wien.

STEINECKE, A. (2000b): Tourismus und neue Konsumkultur: Orientierungen – Schauplätze – Werthaltungen. In: STEINECKE, A. (Hrsg.; 2000): Erlebnis- und Konsumwelten. München/Wien, S. 11-27.

STEINECKE, A. (2001): Narrative Welten – die Idealräume des 21. Jahrhunderts. Vortrag auf der Fachsitzung des Arbeitskreises „Freizeit- und Tourismusgeographie" auf dem 53. Deutschen Geographentag in Leipzig.

WILKEN, T. (1998): Nachhaltigkeit im Tourismus. In: Alpenforschungsinstitut (Hrsg.): Mega-Trends und Tourismus – von Umwelt keine Spur? Dokumentation zur Fachveranstaltung auf der ITB '99, S. 28-34. Garmisch-Partenkirchen.

WOLF, J./JURCZEK, P. (1986): Geographie der Freizeit und des Tourismus. Stuttgart.

WÜNSCHMANN, A. (1999): Können Touristen Natur retten? In: WWF-Journal, H. 2/99, S. 14-21.

ZIMMERS, B. (1995): Geschichte und Entwicklung des Tourismus. Trierer Tourismus Bibliographien, Bd. 7. Trier.

Globaler Tourismus und die Grenzen der Welt

Wigand Ritter

1 Welttourismus heute

Globalisierung als Vorgang führt auf einen entwickelten Zustand der Weltgesellschaft zu. In ihrem Verlauf werden die Menschen und ihr Handeln aus lokalen, nationalen und ideellen Beschränkungen gelöst. Dabei wachsen die Interaktionsentfernungen, bis sich im Ergebnis ein durchgängiges Netzwerk so weit wie die jeweils globalisierende Kultur erstreckt. Allerdings bleibt der Stand der Peripherien stets hinter den eigenen zivilisatorischen Ansprüchen zurück. Diesen Fragen soll hier mit Bezug auf den Tourismus ein Stück weit nachgegangen werden.

Die Anfänge unserer heutigen Globalisierung sind vielfältig verknüpft mit der Legitimation des Reisens zum Vergnügen und aus persönlicher Neugier. Zwei Weltkriege hatten dagegen gewaltige Hemmnisse aufgerichtet, die zwar während der vergangenen 50 Jahre schrittweise wieder abgeräumt wurden, aber doch Spuren in den Köpfen hinterlassen haben. Noch ist bei weitem nicht die gesamte Welt offen, aber nur mehr wenige Staaten verschließen sich grundsätzlich.

Seit vielen Dekaden ist der internationale Tourismus eine Wachstumsindustrie. Sein Umfang wird für das Jahr 2000 (vgl. Fischer-Weltalmanach 2002, S. 1242) auf 684 Mio. Reisen geschätzt, bei einem jährlichen Wachstum von 2 bis 3%. Die meisten Reisen werden freilich im jeweiligen Inland unternommen, so dass der internationale Tourismus nur ein kleines Segment darstellt. Während aber noch vor 40 Jahren eigentlich nur Westeuropäer und Nordamerikaner als Touristen in das Ausland fahren konnten, unternehmen heute die Bewohner aller Industrieländer und der wohlhabenderen Schwellenländer Auslandsreisen. Japan, Taiwan, Korea und Mexiko gehören zu den 20 wichtigsten Entsendeländern. Für diese neuen Herkunftsländer entstehen nunmehr auch Destinationen in geeigneter Lage, so dass der Vordere Orient, Südostasien, der westliche Pazifikraum und Teile Lateinamerikas zu den touristischen Wachstumsregionen gehören (vgl. Tab. 1).

Seit etwa 35 Jahren stellt das Flugzeug das bevorzugte Transportmittel im interkontinentalen Reiseverkehr. Charterflüge haben auch den Touristen mit schmalerer Brieftasche die klimatischen Vorzugszonen der Welt erreichbar gemacht. Gegen diesen ‚billigen' Massentourismus richtet sich vielfältige und vielleicht auch berechtigte Kritik. Entscheidender ist der nur selten angesprochene wahre Nutzen des Tourismus. Dieser liegt in dem entstehenden Erfahrungsschatz von Bereisten und Reisenden sowie in der Ausbildung einer breiten und kompetenten Schicht von Mediatoren aller Art, die im Laufe der Zeit den Bewohnern der Zielgebiete den Zugang zur Welt öffnen wird.

Tab. 1: Neue Herkunftsländer im internationalen Tourismus

	durchschnittliches jährliches Wachstum der Devisenausgaben für Auslandsreisen in ausgewählten Ländern (1980-1997; in %; ohne ehem. Ostblock)
Philippinen	18,70
Korea Rep.	18,49
Indien	15,67
Singapur	14,51
Italien	13,59
Taiwan	12,97
Thailand	12,79
Portugal	12,53
Japan	12,31
Griechenland	12,10
Deutschland	*4,87*

Quelle: WTO Statistics, Vol. 51, 1999, Bd. II, S. 15

2　　Das globale Segment im Tourismus

Interkontinentale, d. h. in engerem Sinne globale Reisen, machen wohl nur 6 bis 8% des gesamten internationalen Nachfragevolumens aus. Die Statistiken erlauben in dieser Hinsicht nur eine recht vage Aussage. Nicht alle Tourismusformen und Motivationen lassen sich diesem Marktsegment zuordnen. Eine Typologie der ‚globalen Touristen' und ihrer Erwartungen gibt FREYER (1998, S. 92ff.). Er sieht sie als hedonistisch-konsumorientiert und sein Befund wirkt eher ernüchternd. Globale Touristen sind keine Elite, auch nicht die Träger hoher Interessen und schon gar nicht Leute von Welt, sondern einfacher Mittelstand, oberflächliche und unsichere Durchschnittsbürger des Medienzeitalters, vielleicht mit etwas mehr Geld. Nicht überall können solche Besucher willkommen sein, so dass man an der Sozialverträglichkeit des globalen Tourismussegments ernsthaft zweifeln muss.

Die geringsten Probleme in dieser Hinsicht sind in den großen Städten zu erwarten. Zu denken ist dabei an die ‚Global Cities' – Weltstädte nach FRIEDMANN (1986) –, Hauptstädte und andere Metropolen. Touristen locken diese Städte an, weil man hier den höchsten Grad an Komplexität des städtischen Lebens erwarten darf, mit allen Chancen für Einkauf, Unterhaltung und Erlebnisse und dies ganzjährig und oft auch Tag und Nacht. Exzentrisches Verhalten fällt in solchen Städten kaum auf. Überdies können sich Besucher vor allzu viel Stress in ihre Hotelexklaven zurückziehen. Solche Städte werden direkt, um ihrer selbst willen und für mehrtägige Programme aufgesucht.

Tab. 2: Die weltweite Attraktivität einer ‚Global City': Beispiel Singapur

	Attraktivitätskennziffer (Besucher pro 1 Mio. Einwohner des jeweiligen Herkunftslandes; 1997)
Brunei	218.000
Hongkong	42.800
Australien	20.800
Mauritius	10.100
Japan	9.300
Korea Rep.	8.440
Schweiz	8.580
Norwegen	5.230
Großbritannien	4.910
Deutschland	2.320
Frankreich	1.260
Verein. Arab. Emirate	6.520
Bahrain	4.500
Tonga	3.410
Kiribati	2.550
Kanada	2.190
USA	1.460

Quelle: WTO Statistics, Vol. 51, 1999, Bd. I, S. 391-393

Alle anderen Städte, so berühmt sie wegen ihrer Kunstschätze und Sehenswürdigkeiten auch sein mögen, sind für die globalen Touristen nur zweitrangige Ziele –
eher Haltepunkte in Reiseprogrammen, wo sie sich selten länger als einen oder
zwei Tage aufhalten. Der globale Tourist ist ein eiliger Tourist. Es besteht auch
kein Anreiz, solche Plätze öfter als einmal im Leben aufzusuchen.

Erholungsorte, Strandbäder, Wintersportplätze, Kurorte und Pilgerorte sind nur
dann Ziele der globalen Touristen, wenn sie im Sinne von FREYER (1998, S. 78ff.)
zu „Destinationen" gemacht wurden. Diese sind Marketingobjekte und Wettbe-
werbseinheiten, die weltweit angeboten und nachgefragt werden. Sie brauchen
dazu die entsprechende Ausstattung, Hotels oder Ferienclubs von internationalem
Niveau in Gestalt der bekanntesten Ketten, vor Ort die Dienste der Reiseveranstalter und die weltweite elektronische Vernetzung, natürlich auch den Flughafen in
günstiger Nachbarschaft. Destinationen stützen sich zwar auf ein ursprüngliches
touristisches Angebot (Meer, Natur, Landschaft, Kultur), das umfassend in Wert
gesetzt wurde, jedoch durch alle möglichen Ergänzungen wie Veranstaltungen,
Kongresse, Wettbewerbe, Themenparke und Museen und vor allem durch modi-
sche Einkaufsmöglichkeiten über das normale Niveau hinausgehoben wird. Die
jeweils neuesten Trends der Vergnügungsindustrie müssen verfügbar sein, um
gegenüber der Konkurrenz nicht zurückzufallen.

Daraus ergibt sich unter den Destinationen eine Tendenz zur Angleichung ihrer Angebotspaletten; sie werden auswechselbar. Daher können sich nicht beliebig viele oder zu eng benachbarte Ziele in der gleichen Weise für den internationalen Tourismus positionieren. Definitorisch und in der Praxis sind Destinationen nur schwer begrenzbaren geographischen Räumen zuzurechnen. Die Spannweite reicht von Ländern insgesamt (z. B. Dänemark, Irland oder Zypern) bis zu einzelnen, aber wohlbekannten Hotelzentren und Clubdörfern. Wie es scheint, ist die Anzahl internationaler Destinationen in größeren Staaten viel geringer als es den geographischen Möglichkeiten entspräche.

Die Globalisierung im Tourismus erfolgt durch die gleichen Triebkräfte wie in den anderen Wirtschaftszweigen auch. Sie stützt sich auf ein modernes, breit einsetzbares Transportsystem für Personen, das analog zum Containertransport im Warenverkehr zu sehen ist. Der kommunikationstechnischen Vernetzung kommt höchste Bedeutung zu, wobei sich das Alltagsgeschäft auf die Computerreservierungssysteme stützt. Hotelketten und Clubs sind meist schon multinationale oder sogar globale Unternehmen mit ,Produktionsfilialen' in dutzenden Ländern. Reisebüros und Vermittler repräsentieren die der ,Produktion' nachgelagerten Einzelhandelsketten und die Destinationen selbst entsprechen den Angeboten an Markenartikeln in großen Einkaufsmärkten.

Wenn oben das globale Segment im Welttourismus nicht gerade als das Spitzenprodukt angesprochen wurde, wo wäre jenes dann zu suchen? Es findet sich wohl weniger in den Kettenhotels und Clubs als eher in Gruppierungen wie den ,Leading Hotels of the World' oder in ausgesprochenen Insiderzielen.

Gleichfalls schwer einzuordnen sind jene Touristen, die sich den Besuch von Naturwundern, speziellen Kulturdenkmälern, archäologischen Stätten, Schutzgebieten, Jagdreservaten, ethnischen Reliktgebieten oder auch die Pflege innovativer Hobbies viel Zeit und Geld kosten lassen. Sie sind aus diesen Gründen nicht zu vernachlässigen. Wichtig werden sie, weil sie touristische Reisen über die bisherigen Grenzen hinausziehen. Hier entstehen unter Umständen neue Netzwerke mit speziellen Informationskanälen einschließlich einer besonderen Urlaubstechnik. Mitunter bilden sich dann relativ rasch neuartige Destinationen, wie dies zuletzt beim Tauchsport z. B. am Roten Meer zu sehen war (vgl. Abb. 1).

3 Strukturelle Merkmale der globalisierten Welt

Der Prozess der Globalisierung kam über die Vernetzung der drei Triadenkerne Nordamerika, Westeuropa und Japan in Gang. Er setzt sich in der Welt weder gleichzeitig noch gleichmäßig durch. Seine geographischen Leitlinien sind die Achsen der Schifffahrt und des Flugverkehrs über Atlantik und Pazifik und entlang der sogenannten Südrouten an der asiatischen Peripherie. Nur in Nordamerika und Europa ist dieser Vorgang bisher flächenhaft wirksam, sonst dominiert überall das

Muster der maritimen Aufschließung, das vom containerisierten Warenverkehr getragen wird (vgl. RITTER 1996, S. 9). Die exaktere Abgrenzung dieses Globalisierungsgürtels ist eine noch ungelöste Aufgabe der Wirtschaftsgeographie. Außerhalb der Kernregionen strahlt er vornehmlich in die angrenzenden Subtropen und Tropen der nördlichen Halbkugel aus.

Abb. 1: Neue Ferienorte am Roten Meer

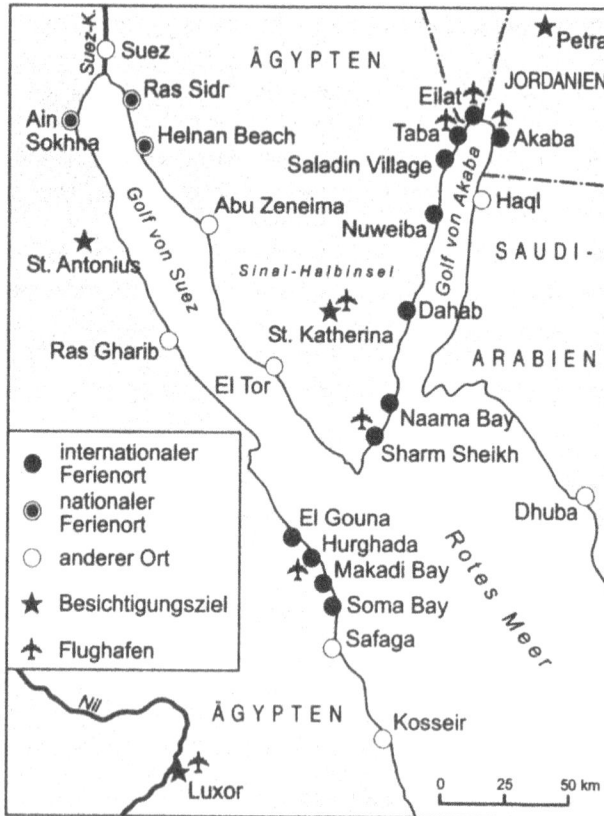

Quelle: Eigener Entwurf

Innerhalb der Triadenkerne und an anderen strategischen Punkten bilden sich in kleiner Zahl Global Cities aus. Ihnen kann man in den übrigen Bereichen „globalisierte Orte" zur Seite stellen, wie sie jüngst SCHOLZ (2000, S. 10 u. 12) genannt hat. Diese sind in das Netzwerk der Globalisierung arbeitsteilig eingebunden. Es ist nicht gesichert, dass diese Einbindung umfassend und dauerhaft sein wird.

Auf Tourismusziele lässt sich dieser Gedanke unmittelbar anwenden. Die neuen Destinationen im Sinne von FREYER sind solche globalisierten Orte. Sie liegen meist in den tropischen und subtropischen Gunstgebieten, wobei man für die Tropen gerne von Warmwasserzielen mit potenziell ganzjähriger Saison spricht. Die-

sen entscheidenden Vorteil haben die anderen Klimate nicht. Eine orientierende
Darstellung findet sich bei FREYER (1998, S. 63 nach VORLAUFER 1993, S. 378),
repräsentiert durch die wichtigsten Standorte von Ferienclubs. Analog stellt sich
die Verbreitung des Kreuzfahrttourismus dar (etwa nach SCHÄFER 1998, bes. S.
151). Neben dem Erholungs- und Vergnügungstourismus muss man als drittes
Moment den globalisierten Städtetourismus nennen.

Im weiten Rest der bewohnten Welt sind globalisierte Orte noch sehr selten. Dort
sind die Wirtschaftsaktivitäten gewöhnlich ressourcennah und bleiben abhängig
von den wenig ergiebigen Ausgangsstufen der Wertschöpfungsketten. Diese Situation macht sie extrem abhängig von Weltmarktbedingungen und zugleich unfähig,
diese mitzugestalten.

Dieser Regel unterliegt auch der Tourismus, doch sind globalisierte Destinationen
sehr viel ‚konsumnäher' als Plantagen oder Bergwerke und daher möglicherweise
ergiebiger als alle anderen Aktivitäten. Diese Merkmale sollte sie in den Peripherien der Welt und gerade in ihren ärmeren Gebieten zu einem entscheidenden
Entwicklungsfaktor machen, so wie wir dies unter etwas anderen Bedingungen in
den Peripherien Europas schon erlebt haben.

Dem stehen in allen Überseekontinenten wieder allzu deutlich Tendenzen des
räumlichen Rückzugs und aufgegebene Entwicklungsversuche entgegen (RITTER
1996, S. 9), von denen bisher der Tourismus wegen seiner jungen Entfaltung noch
wenig betroffen ist. Es wird daher interessant, die mögliche Rolle des internationalen Tourismus in den fernen Peripherien der globalisierten Welt zu diskutieren.

4   Peripherien jenseits der Globalisierung

Wir brauchen hier nicht von der Antarktis, der Hocharktis und anderen unbewohn-
ten Zonen mit ihrem Expeditionstourismus zu sprechen; diese sind, weil unbe-
wohnt, auch nicht entwicklungsbedürftig. Zu reden ist von jenen Teilen der besiedelten Erdoberfläche, die im heutigen Zeitalter der Globalisierung extrem benach-
teiligt erscheinen, weil niemand ihrer Leistungen und Ressourcen bedarf. Daher
sind die Chancen sehr gering, dass dort durch Direktinvestitionen gutbezahlte
Arbeitsplätze entstehen; überdies bleiben alle Austauschvorgänge technologisch
durch die hohen Transaktionskosten behindert.

In zwei Beiträgen (vgl. RITTER 1998, 2000) wurden vom Verfasser fünf Typen
solcher Benachteiligungen identifiziert, wobei die Hemmfaktoren oftmals kombiniert auftreten. Sie betreffen wohl an die 50% der bewohnten Welt. Im Konkreten
handelt es sich um folgende Raumtypen:

- unterbevölkerte Gebiete,
- kleine Exklaven und Inseln,
- die internen Peripherien der Überseekontinente,
- abgeschlossene und boykottierte Länder,
- die Peripherien älterer Weltwirtschaften.

4.1   Unterbevölkerte Gebiete

Unterbevölkerte Gebiete sind nach wie vor sehr ausgedehnt. Man könnte vielleicht eine Schwelle bei 10 Einwohnern pro km^2 ansetzen. Dort absorbiert die extensive Landnutzung alle Arbeitskraftressourcen, aber wer immer keinen für ihn geeigneten Arbeitsplatz findet, muss abwandern. In dem Roman ‚A town like Alice' hat der Schriftsteller NEVIL SHUTE zutreffend, aber immer noch zu optimistisch diese Situation für den australischen Outback geschildert.

Für Bergbauinvestitionen wurde in neuerer Zeit die ‚Fly-in, Fly-out' genannte Methode entwickelt. Beschäftigte werden für Einsatzperioden von drei Wochen aus ihren Wohnorten eingeflogen. Sie verbringen anschließend eine oder zwei Urlaubswochen an ihren Wohnorten, die wieder mit den Metropolen ihres Landes identisch sind. Die Bergbaufirmen ersparen sich dadurch den Aufbau einer Company-town mit allen Einrichtungen, welche man für die Ansiedlung ganzer Familien bräuchte.

Ein modifiziertes ‚Fly-in, Fly-out' hat sich auch bei Tourismusdestinationen bewährt. Zwar ist der Bedarf an Diensten und Konsumgütern in einem Ressort ungleich größer als in einem Bergbaucamp, doch kann auch diese Herausforderung mit Flugzeugen bewältigt werden. Auch die Touristen werden turnusweise eingeflogen. In dieser Weise funktionieren z. B. die neuen Ferienorte an der ägyptischen Rotmeerküste und im Sinai, wo eine bodenständige Bevölkerung für Dienstleistungen gar nicht zur Verfügung stünde.

‚Fly-in, Fly-out' ist wohl am besten für warme Klimagebiete mit langer Saison geeignet. Möglicherweise ließe es sich auch für rein saisonale Destinationen adaptieren; hierbei handelt es sich um eine Kostenfrage. Doch nur erstrangige Attraktivität gibt eine reale Chance: Nur punktuell könnten Teile der unterbevölkerten Zonen auf diese Weise in Wert gesetzt werden.

4.2   Kleine Exklaven und Inseln

Kleine Exklaven, das sind z. B. Hochgebirgstäler, Oasen, Halbinseln und Inseln (hier wieder ganz besonders die Nebeninseln in Archipelstaaten), können nur durch den Tourismus in die globalisierende Welt einbezogen werden. Außer Subventionen gibt es sonst keine weiteren Chancen: Produktive Industrieinvestitionen sind nicht zu erwarten und für jedes dieser kleinen Gebiete müsste die Zugangsinfrastruktur individuell organisiert werden. Das geschieht z. B. durch den Bau wintersicherer Straßen bei alpinen Skiorten. Inseln müssen groß genug für einen Charterflugplatz sein oder man braucht einen Hafen für Kreuzfahrtschiffe. Nur der Tourismus kann solche Dinge finanzieren.

Der klassische Weg der Einbindung in die Welt ging bisher über Diaspora-Netzwerke ihrer Bewohner. Einzelne Mitglieder der Familien leben und arbeiten in den Metropolen reicherer Länder und senden ihren Verwandten Unterstützungsgelder oder Ersparnisse. Diese Methode haben jüngst unter dem Namen MIRAB mehrere Autoren für den Südpazifik beschrieben (vgl. BERTRAM/WATTERS 1985). Ähnliche Verhaltensweisen standen an den Anfängen vieler Tourismusgebiete auf den Inseln und in den Gebirgen Europas, wohin die Migranten auch ihr Wissen um Tourismuschancen brachten.

4.3   Interne Peripherien der Überseekontinente

Interne Peripherien sind das Produkt der von Europa aus gesteuerten Weltwirtschaft während der letzten 500 Jahre. Handel und Verkehr stützen sich auf Schifffahrt und Seehäfen. Die Profite der Produzenten bleiben meist zu gering, um für weite Zufuhr aus dem Binnenland zahlen zu können. Der rezente Übergang zu Containerverkehr und Massentransporten hat diese Tendenz nochmals verstärkt. Leere Binnenländer finden sich daher in Australien und Südamerika, stagnierende Peripherien in fast ganz Afrika. Neue Binnenperipherien bilden sich im ehedem sowjetischen Mittelasien, in China und sogar in Nordamerika und Osteuropa. Darunter sind viele dichtbesiedelte Gebiete alter Kultur wie der Sahel in Afrika, Usbekien oder das chinesische Sichuan mit seinen mehr als 100 Mio. Einwohnern.

Der internationale Tourismus kann für diese Gebiete keine alleinige Problemlösung bringen. Er mag allenfalls dazu beitragen, ein solches Peripherieland wieder nachhaltig in das Bewusstsein der Menschheit zu rücken und damit auch andere Investitionen anzulocken. Vielleicht ließe sich auch, mit gebührender Vorsicht gegenüber lokalen Ängsten, hier an internationale touristische Freizonen denken, nach dem Modell der Entstehung von Shanghai.

4.4   Abgeschlossene und boykottierte Länder

Abgeschlossene und boykottierte Staaten sind gleichfalls ein Produkt des europäischen Weltsystems. Immer wieder haben im Verlauf von 500 Jahren ganze Staatengruppen ihre Beziehungen zu diesem abgebrochen. Diese Strategie brachte ihnen keinen Nutzen, denn wenn sie sich dann wieder öffneten, waren sie gegenüber der allgemeinen Weltentwicklung weit zurückgefallen. Bei den nach 1945 verschlossenen sozialistischen Ländern erfolgte dieser Rückfall während weniger Jahrzehnte.

Bei allen Abschließungen wurden Reisen und Aufenthalte von Ausländern entweder ganz verboten oder nur mit technischen Einschränkungen und unter strikter bürokratischer Kontrolle erlaubt. Als Ergebnis fehlt es in diesen Ländern dann an jener touristischen Infrastruktur, die sich sonst im Laufe der Zeit schrittweise entwickelt hätte. Neuerdings haben die Boykotte der UNO eine ähnliche Wirkung. Sie werden weit länger aufrechterhalten als ursprünglich vorgesehen war; sie führen auch zu einer Verhärtung der internen Regulationen. In der Zwischenzeit wurde die touristische Struktur solcher Länder vernachlässigt und kann unmodern geworden sein. Der Rückstand lässt sich schwer wieder aufholen, denn potenzielle Destinationen müssen erst neu ausgebaut werden (ein Beispiel hierzu stellt das Riesengebirge in Schlesien dar).

Gewöhnlich setzt der Tourismus in früher abgeschlossenen Ländern mit teuren Besichtigungsreisen wieder ein. Für alle anderen Erholungsformen sind der Mangel an geeigneten Unterkünften, an Diensten und an sprachkundigem Personal schwere Hemmnisse. Gegenüber solchen Nachteilen muss man aber auch die besondere Attraktivität solcher Länder beachten (z. B. Äthiopien oder Saudi Arabien), deren Besuch noch als exklusives Erlebnis gilt.

4.5   Peripherien älterer Weltwirtschaften

Weltwirtschaften sind hier im Sinne von BRAUDEL (1986) zu verstehen, die schon in vormoderner Zeit der heutigen Welt analoge Strukturen mit Kernräumen, zentralen Metropolen und Peripherien ausgebildet hatten. Diese Großregionen waren meist kontinental organisiert und ihre Peripherien sehen wir in abgelegenen Küstensäumen und Inseln. Sie lieferten den Kernräumen seltene Naturprodukte, Gold, Söldner, Sklaven und Prostituierte. Der ständige Verlust aktiver Menschen erstickt lokale Entwicklungen und Innovationen für lange Zeiten.

In Europa ist die wichtigste der alten Peripherien die sog. ‚celtic fringe' am Atlantik. Sie reicht von Nordschottland bis zur Bretagne und bezieht auch den Nordwesten Spaniens ein. Die bequemer zugänglichen Teilgebiete in England und Frankreich werden von nationalen Erholungsgästen stark besucht. Die entlegeneren Bereiche aber sind international attraktiver (besonders bei Liebhabern, Dichtern, Künstlern und Akademikern), gerade wegen ihrer Rückständigkeit und Originalität. Der Westen Irlands ist geradezu ein Traumziel für manche Deutsche. FREYER (1998, S. 93) spricht hier vom „regionalen Touristen, der sich in intimer Weise für das Land und die Nuancen seiner Kultur interessiert."

Wie es scheint, besteht hier auch eine enge Beziehung zu den Gedanken an Nachhaltigkeit. Zu diesen Touristen gibt es eine Unmenge an Literatur. Die Reisen sind oft individuell organisiert und teuer. Wie es scheint, entfaltet die ansässige Bevölkerung keine besonderen Initiativen und ist an einem Wandel nur mäßig interessiert. Dennoch kann man vielen alten Peripherien ein interessantes Potenzial als Alternative zum globalen Tourismus attestieren.

5 Ein Nachwort

Internationaler Tourismus ist in begrenztem Maße in der Lage, die Globalisierung am Außensaum der Welt voranzuschieben – wirksamer vielleicht als andere ökonomische Aktivitäten. Nun zeigt die historische Erfahrung, dass es zu solcher Ausweitung eines Weltsystems nur dann kommt, wenn ein dringender und großer Güterbedarf nachfragewirksam wird und in den bisher zugänglichen Teilgebieten nicht gedeckt werden kann. Diese Situation löst eine Welle von Entdeckertätigkeiten mit nachfolgenden Entwicklungsbemühungen aus, eventuell auch eine Kolonisation.

Es ist hier aber nicht der Platz, die historischen Beispiele aufzuzählen. Genügen mag der Hinweis, dass dem Tourismus bereits die ,Entdeckung' des Hochgebirges, der Wintersportlagen und der Meeresküste zu verdanken ist. Nachfragewirksame Steigerungen im internationalen Tourismus sehen wir bei den Reiseaktivitäten der Südeuropäer und Osteuropäer, an welche man noch vor kurzem nur als Gastarbeiter gedacht hätte. Ähnliches mag im Großen bevorstehen, sobald Inder und Chinesen das Reisen entdecken. Man sagt, dass sich an die 100 Mio. Inder eigentlich schon Auslandsurlaube leisten könnten. Noch wissen wir freilich nicht, was diese dann wo nachfragen wollen.

Die Ausbreitung des internationalen Tourismus in bisher benachteiligte Peripherien kann dort einen Grad an Wohlstand bringen, wie er niemals von anderen Aktivitäten zu erhoffen wäre. Seine großbetrieblichen und ferngesteuerten Formen implizieren jedoch auch eine Gefährdung der kulturellen Stabilität der Gastgebergesellschaften. Die Gastgeber werden, wenn überhaupt, erst nach mehreren Generationen solche Destinationen soweit ,dekolonisieren' können, dass ihnen das Topmanagement zufällt. Immer besteht auch die Gefahr zu kurzer Regionallebenszyklen. Gefährdet erscheinen am meisten die kleineren, hochspezialisierten Destinationen, am wenigsten der Städtetourismus. Daher wäre gründlich zu überlegen, was wirklich anzustreben ist.

Literatur

BERTRAM, I. G./WATTERS, R. F. (1985): The MIRAB economy in South Pacific microstates. In: Pacific Viewpoint, 26. Jg., H. 3, S. 497-519.
BRAUDEL, F. (1986): Aufbruch zur Weltwirtschaft. München.

Fischer Weltalmanach 2002. München 2001.

FREYER, W. (1998): Globalisierung und Tourismus. Dresden.

FRIEDMANN, J. (1986): The world – city hypothesis. In: Development and Change, 17 Jg., S. 69-83.

SCHÄFER, CHR. (1998): Kreuzfahrten. Nürnberger Wirtschafts- und Sozialgeographische Arbeiten, Bd. 51. Nürnberg.

SCHOLZ, F. (2000): Perspektiven des Südens im Zeitalter des Globalisierung. In: Geogr. Zeitschrift, 88. Jg., H. 1, S. 1-20.

RITTER, W. (1996): Umbruch und Beharrung im Welthandel. In: Praxis Geographie, H. 9, S. 4-9.

RITTER, W. (1998³): Allgemeine Wirtschaftsgeographie. München.

RITTER, W. (2000): Geographische Grenzen der Globalisierung. In: Wissenswert – Ökonomische Perspektiven der Wissensgesellschaft. 3. Freiburger Wirtschaftssymposium. Baden-Baden, S. 115-128.

Tourismusnachfrage: Motive und Theorien

Klaus Kulinat †

1 Einleitung

In den Arbeiten zur Tourismusgeographie stehen die Räume, die von Touristen besucht werden und durch den Tourismus geprägt werden, im Vordergrund der Untersuchungen. Diese Räume werden in engem Zusammenhang mit den Herkunftsgebieten der Touristen gesehen und bearbeitet. Mit anderen Worten: In der Tourismusgeographie werden in der Regel Klassifikationen von Nachfragegruppen erarbeitet, die die Motiv-, Verhaltens- und Raumdimension umfassen.

Für die Geographie muss in der Analyse der Reisemotive die starke Konzentration auf die persönlichkeitsbezogenen Determinanten, wie sie andere Fächer vornehmen, zu kurz greifen, so lange die gesamtgesellschaftlichen Rahmenbedingungen des Tourismus nur teilweise Berücksichtigung finden und der Raumbezug wie auch die Raumwirksamkeit der Verhaltensweisen weitgehend ausgeklammert bleiben (vgl. KULINAT/STEINECKE 1984, S. 33ff.).

Nach wie vor wird die Tourismusnachfrage in der Regel im Zusammenhang mit dem aufgesuchten Zielgebiet gesehen. Reisemotivforschung in der Geographie ist im wesentlichen ein Teil der Reiseentscheidungsforschung. Erhebungen bzw. Befragungen finden überwiegend im Zielgebiet statt. Die seit 1970 durchgeführten ‚Reiseanalysen' des ‚Studienkreis für Tourismus' bzw. der ‚Forschungsgemeinschaft Urlaub und Reisen' (F. U. R.) bieten den bestmöglichen Gesamtdatenbestand über deutsche Touristen. Für kleinräumige Analysen können jedoch die Daten der Reiseanalyse die eigene regionale Erhebung nicht ersetzen, sie stellen vielmehr wichtiges Vergleichsmaterial zur Verfügung.

Mit der immer perfekteren Kommerzialisierung des Tourismusangebots muss man sich allerdings von der Vorstellung verabschieden, dass ein in seinen Bedürfnissen und Wünschen autonomer, vielleicht sogar nur von seinen inneren Antrieben bestimmter Tourist die Mehrheit der Nachfrage bestimmt. Modernes Marketing hat auch den Tourismusmarkt immer stärker im Griff. Das Konsumentenverhalten von Touristen unterscheidet sich allerdings in einem wesentlichen Punkt von anderen Nachfragern von Produkten: Die klassische Urlaubsreise schließt einen Ortswechsel ein, das Produkt muss am Urlaubsort abgeholt werden. Hinzu kommt aus wirtschaftswissenschaftlicher Sicht, dass klassische ökonomische Theorien den Tourismusmarkt nicht hinreichend abbilden, wenn sie nicht in der Lage sind, qualitative Merkmale mit einzubeziehen. Das Image einer Landschaft oder eines Landes ist monetär schwer fassbar (vgl. STABLER 1988, S. 138-139).

Bei den empirischen Reisemotivbefragungen besteht die Schwierigkeit, dass sich aus ihren Ergebnissen nur sehr bedingt Aussagen zur Theorie ableiten lassen. Umgekehrt sind viele theoretische Aussagen, die sich auf die Reisemotive beziehen, nicht oder nur schwer empirisch zu belegen (vgl. PRAHL/STEINECKE 1981, S. 74-77).

Dieser Beitrag bezieht sich auf die freizeitbezogenen Reisen, die in der Regel als Urlaubsreisen durchgeführt werden. Ausgeklammert sind also die Reisen, die aus beruflichen, gesundheitlichen, religiösen und anderen mehr oder weniger ver-pflichtenden Gründen (z. B. Vereins- und Familienfeiern, Bekannten- und Ver-wandtenbesuche) stattfinden.

2   Reisemotive und andere Grundbegriffe

Unter dem Begriff ‚Reisemotive' wird die Gesamtheit der individuellen Beweg-gründe verstanden, die dem Reisen zugrunde liegen (vgl. BRAUN 1993, S. 199). In der Regel wird hiermit eine latente Handlungsdisposition verstanden, die in einem bestimmten Zeitpunkt gerade nicht verhaltenswirksam ist. Unter ‚Motivation' hingegen wird die Aktivierung eines Motivs verstanden. Motivationen sind also verhaltenswirksam, d. h. sie bezeichnen einen manifesten bzw. aktuellen Vorgang (vgl. KROEBER-RIEL/WEINBERG 1996, S. 57; DATZER 1981, S. 8). Allerdings wird diese Unterscheidung nicht immer streng vorgenommen, d. h. die Begriffe werden zum Teil synonym benutzt, zum Teil ist der Übergang von der latenten Handels-disposition zum aktivierten Handeln nicht immer deutlich erkennbar. Hier kann gegebenenfalls die Operationalisierung der Merkmale weiterhelfen.

Bei den psychischen Determinanten unterscheiden KROEBER-RIEL/WEINBERG (1996, S. 49ff.) zwischen den aktivierenden Prozessen, die von Emotion, Motiva-tion und Einstellung gesteuert werden, und den kognitiven Prozessen, bei denen vor allem die Informationen eine Rolle spielen.[1]

Emotionen (und Triebe) sind die grundlegenden menschlichen Antriebskräfte. Verwandte Begriffe sind Affekt (kurzfristig auftretende Gefühle, die kaum kogni-tiv kontrolliert sind) und Stimmung (lang anhaltende, diffuse Emotion).

Die Motivation, die die Emotion umfasst, hat eine Zielorientierung. Motivation ist der „Prozess des Aktivierens von Verhalten, des Aufrechterhaltens der Aktivität und der Steuerung der Verhaltensmuster (YOUNG 1961, S. 23f., zitiert nach KRAUSS 1993, S. 85). Ist die Motivation mit einer Beurteilung des Gegenstandes,

---

[1]   Die aktivierenden Prozesse werden im wesentlichen durch drei Begriffe bestimmt: Emotion, Motivation, Einstellung. Diese drei Begriffe werden dazu benutzt, das menschliche Antriebsverhalten abzubilden:
- Emotion   = zentralnervöse Erregungsmuster + (kognitive) Interpretation
- Motivation = Emotion + (kognitive) Zielorientierung
- Einstellung = Motivation + (kognitive) Gegenstandsbeurteilung.

in unserem Fall mit einer Reise, verbunden, so sprechen KROEBER-RIEL/WEIN-BERG von Einstellung bzw. in der kommerziellen Marktforschung von Image. Der Anteil der kognitiven Komponente wird also immer größer, und folglich wird von vielen Autoren Image als kognitives Konstrukt aufgefasst (vgl. KROEBER-RIEL/WEINBERG 1996, S. 145 u. 167).

Die kognitiven Prozesse, die stets auch aktivierende Komponenten einschließen, können aufgeteilt werden in ‚Informationsaufnahme', ‚Informationsverarbeitung' (Wahrnehmen einschließlich Beurteilen) und ‚Informationsspeicherung' (Lernen und Gedächtnis).

Bei der Informationsaufnahme ist zwischen dem dauerhaft im Gedächtnis gespeicherten Wissen, das z. B. mit Hilfe von semantischen Netzwerken abgebildet werden kann, und der (äußeren) Aufnahme von Information zu unterscheiden. Dabei kann die Informationsaufnahme passiv bzw. absichtslos erfolgen, d. h. sie erfolgt gewohnheitsmäßig, oder es handelt sich um eine aktive Informationsaufnahme, die entweder durch aktivierende Vorgänge oder durch bewusste Suchstrategien, d. h. durch kognitive Programme ausgelöst wird.

Die Reiseentscheidung wird einerseits von diesen aktivierenden und kognitiven Prozessen, andererseits von den Umweltdeterminanten gesteuert, wobei die Umweltdeterminanten im wesentlichen von der Erfahrungsumwelt und der Medienumwelt bestimmt werden. Ein wichtiger Gesichtspunkt bei den psychischen Merkmalen ist noch die Habitualisierung, da bei dem immer erfahreneren Touristen habitualisierte Entscheidungen immer häufiger zu erwarten sind (vgl. KROEBER-RIEL/WEINBERG 1996, S. 49ff., S. 224ff., S. 358ff., S. 409ff.).

3 Die Nachfragetheorien des freizeitorientierten Tourismus

3.1 Wichtigste Nachfragetheorien

Bisher ist es nicht gelungen, eine allgemein anerkannte Tourismustheorie zu etablieren. Die wichtigsten bisher diskutierten Theorien sind im folgenden nach HENNIG (1997) kurz zusammengestellt.[2]

a) Fluchttheorien
Danach bedeuten Reisen eine Flucht aus den Zwängen des meist unwirtlich geschilderten Alltags. Man möchte dem täglichen Einerlei und speziell einer für viele monotonen Arbeitswelt für einige Zeit entgehen.

---

[2] Eine vertiefte Darstellung kann hier aus Platzgründen nicht erfolgen. Die Literaturhinweise und Zitate sind zum größten Teil nach HENNIG (1997) angegeben.

b)   Konformismustheorien
In diesen Theorien wird darauf abgehoben, dass die Motive des Reisens vor allem
im Nachmachen verbreiteter Verhaltensmuster – sehr oft höherer sozialer Schichten – besteht. Es geht um ‚demonstrativen' Erfahrungskonsum.

c)   Reisetriebe
Bei diesen Theorien wird auf atavistische Vorstellungen zurückgegriffen. Wander-
trieb und ‚Nomadismus' (Ausdruck wird inkorrekt benutzt) sowie der Entde-
ckungsdrang (Neugier) seien Urtriebe des Menschen, die beim Reisen zum Ausdruck kommen. Die sozialen Prägungen bezüglich des Reisens werden weitgehend
außerhalb der Betrachtungen gelassen.

Eine große Rolle in der Theorie-Debatte spielt auch das Modell der Bedürfnispy-
ramide von MASLOW (1943; zit. nach HENNIG 1997, S. 38-39). Danach strukturieren sich die menschlichen Bedürfnisse von den elementaren Grundbedürfnissen bis
hin zu den ‚Entwicklungsbedürfnissen' (z. B. Selbstverwirklichung). Zu den kom-
plexeren Bedürfnissen, die man nur dann befriedigt, wenn die Grundbedürfnisse
weitgehend erfüllt sind, wird auch das Reisen gezählt.

d)   Erholung
Abgesehen davon, dass sich der Terminus Erholung nur schwer definieren lässt,
werden hierunter alle die Theorien zusammengefasst, die der physischen und psychischen Regeneration dienen, also kompensatorischen Charakter haben. Allerdings wird heute nicht mehr angenommen, dass die Erholung identisch ist mit der
Kompensation arbeitsbedingter Ermüdungszustände. Einer unterschiedlichen Beanspruchung entspricht auch ein unterschiedliches Freizeitverhalten. Ermüdung
zielt auf Regeneration, Monotonie auf Stimulation, psychischer Stress auf Relaxa-
tion und schließlich psychische Sättigung auf Suche nach Herausforderung (vgl.
ALLMER 1996, S. 176-182). Der Wunsch nach Distanz zur gewohnten Umgebung
(vgl. SCHEUCH 1972, S. 313) oder zu sich selbst wird als ein weiteres zentrales
Motiv der Erholung angesehen. Dabei geht es jedoch nicht um die Negierung der
normalen Existenz, sondern um andere Lebensweisen im Urlaub.

e)   Touristen als Pilger
Beachtung verdienen auch die Theorien, die Parallelen des Touristen zu Pilgern
herausarbeiten. Vor allem das Besichtigen und Lernen auf Reisen kann nach Mac-
CANNELL (1976) und anderen angelsächsischen Autoren mit Pilgerfahrten verglichen werden. So wandern Touristen zu quasi-sakralen Plätzen. Bestimmte Dinge
muss man gesehen haben.

f)   Nichtalltägliche Welten
Den Urlaub als Gegenwelt zum Alltagsleben zu betrachten, verdient besondere
Aufmerksamkeit, da in historischer und ethnologischer Betrachtungsweise das
universell anzutreffende Phänomen des periodischen Bruchs mit dem Alltag, der
notwendige Wechsel von gewöhnlicher und außergewöhnlicher Erfahrung im

menschlichen Leben angelegt ist. Diese Brüche äußern sich in fast allen Kulturen vor allem in Festen und Ritualen, die sehr oft religiösen Charakter haben oder religiösen Ursprungs sind. Als moderne Sonderform dieser Brüche kann der Urlaub angesehen werden (vgl. TURNER 1995).

g) Imaginäre Welten

Es lässt sich immer wieder feststellen, dass die touristische Wahrnehmung nicht realistisch ist. Touristen sehen ihre Urlaubswelt quasi durch eine vorgegebene ‚touristische Brille', die vor allem den eigenen vorgefassten Meinungen folgt, die wiederum durch Literatur, Werbung der Tourismusveranstalter und klischeeartige Vorstellungen vom Urlaubsziel geprägt werden. Dabei findet eine Selektion und Montage der Wahrnehmungen statt.

Aus dieser zusammenfassenden Darstellung ist folgendes Fazit zu ziehen: Die Imagination und die Gegenwelten (‚Differenzerfahrung') sind zu zentralen Begriffen in der theoretischen Diskussion des Tourismus geworden. Bereits bei den herbeigesehnten Unterbrechungen der Arbeitswelt spielen Wunschvorstellungen und ein Verlassen der üblichen Normen sowie Symbole eine große Rolle. Insbesondere bei großen Festen kommt diese Tatsache zum Ausdruck. Daneben haben sich zunächst der Ausflug und später die Urlaubsreise in den Wohlstandsgesellschaften etabliert. Reisen sind eine exzellente Möglichkeit, den Träumen bzw. der Einbildungskraft Platz zu verschaffen. Entgrenzungsprozesse und Metamorphosen werden durch Reisen möglich.

Wichtig ist jedoch auch festzuhalten, dass die Imagination immer nur ein Teil des Tourismus sein kann. Der andere Teil ist die Realität des Reisevorgangs. Der Tourist muss sich fortbewegen, er muss übernachten und essen, er muss seine konkreten Aktivitäten im Raum koordinieren. Wenn alles glatt verläuft, unterliegt auch der Reiseablauf bei vielen Touristen einer imaginierten Sicht, doch oft werden die Touristen von der dann meist unangenehmen Wirklichkeit eingeholt.

3.2   Theorieansätze in der allgemeinen Tourismusforschung

In vielen wissenschaftlichen Disziplinen, vor allem in der soziologischen, anthropologischen und (gesamt-)tourismuswissenschaftlichen Literatur wird oft von *der* Tourismustheorie gesprochen, wenn von einer Nachfrage-Theorie die Rede ist. Natürlich ist die Antwort auf die Frage ‚Warum reisen die Menschen?' eine der zentralen Fragen im Tourismus, da sie fundamental das Phänomen Tourismus aufgreift. Dieser Sachverhalt ist jedoch von anderen Fachgebieten, z. B. der Geographie oder den Wirtschaftswissenschaften, so stringent nicht nachvollziehbar. In diesen Disziplinen ist der Forschungsgegenstand Tourismus anders konzipiert, und nur eine Theorie, die allen Fachdisziplinen gerecht wird, kann als *die* Tourismustheorie angesprochen werden. Letztlich sind die frühen Definitionen von Fremdenverkehr (heute Tourismus) im Kern noch immer richtig; z. B. betonen POSER

(1939, S. 170) und HUNZIGER/KRAPF (1942, S. 21) insbesondere die Beziehungen und Erscheinungen, die sich aus der Reise und dem Aufenthalt Ortsfremder (ohne Erwerbstätigkeit) ergeben.

Es ist unbestritten, dass Nachfrage und Angebot im Tourismus untrennbar miteinander verbunden sind. Auch bei den Nachfragetheorien kann es sich also nur um Teiltheorien handeln. Diese sind jedoch insofern von zentraler Bedeutung, als sie – von der Nachfrage ausgehend – dem eigentlichen Tourismusgeschehen ‚vorgelagert' sind, d. h. sie versuchen, die Reisebedürfnisse theoretisch zu fassen, bevor der konkrete Reisevorgang beginnt. Alle anderen Teiltheorien beziehen sich dagegen auf die tatsächlich stattfindenden touristischen Reisen, z. B. auf den Tourismus angewandte Standort-, Entwicklungs-, Partizipations-, Akkulturationstheorien u. a.

Eine allgemeine Tourismustheorie muss in der Lage sein, möglichst alle Aspekte des Tourismus zu berücksichtigen. Eine Theorie, die dies möglicherweise leisten kann, ist die Systemtheorie. Ihre Vorteile liegen in der Universalität ihres Ansatzes und ihres fundamentalen Bezugsproblems der Komplexität (vgl. WILLKE 1993, S. 4). Trotz einer Reihe von Lehrbüchern, die die Systemtheorie benutzen (vgl. u. a. MILL/MORRISON 1985), ist es bisher nicht hinreichend gelungen, die Systemtheorie für eine allgemeine Tourismuswissenschaft so weit zu entwickeln, dass sie empirisch anwendbar wäre. Viele Tourismuswissenschaftler bezweifeln, dass es überhaupt möglich ist, eine allgemeine Tourismuswissenschaft wissenschaftstheoretisch zu etablieren. Für die empirische Arbeit in den einzelnen Tourismuswissenschaften kommen in der Regel fachspezifische Theorien mittlerer Reichweite oder Teilsysteme zur Anwendung, die keinen oder wenig Bezug zur Systemtheorie als Metatheorie haben. Außerdem ist die Frage zu stellen, ob bei der individualisierten Lebensführung in der heutigen Freizeit- und Erlebnisgesellschaft überhaupt systemisches Arbeiten im Nachfragebereich des Tourismus möglich ist (vgl. das nachfolgende Kap. 3.3). Für die Tourismusgeographie ist der Systemansatz vor allem von russischen Geographen seit den 1970er-Jahren aufgearbeitet worden, er wurde dann von den Greifswalder Geographen zum sogenannten ‚Greifswalder Modell' weiterentwickelt (vgl. BENTHIEN 1997, S. 28ff.). Jedoch treten auch hier in der empirischen Anwendung Schwierigkeiten auf bzw. werden in der Regel allenfalls Teilsysteme oder Subsysteme bearbeitet.

Trotz aller Schwierigkeiten sollte an den Rahmenbedingungen einer allgemeinen Tourismuswissenschaft weiter gearbeitet werden. WÖHLER (1998, S. 35-36) schlägt vor, eine kritisch-konstruktive Ideenkonkurrenz unter den Tourismuswissenschaftlern zu organisieren. Dieser offene wissenschaftliche Pluralismus würde letztlich zu einer sozialen Institutionalisierung der Tourismuswissenschaft führen. Hingewiesen sei noch auf zwei neue integrative Ansätze. Dies ist einmal der Ansatz von WANG (2000), der die Moderne in eine logische, rationale Moderne und in eine mehr irrationale, ästhetische Moderne unterteilt. Der Anteil des Tourismus an beiden Seiten wird theorieorientiert analysiert. Einen für die Humanwissenschaften interessanten Ansatz stellt HOPFINGER mit dem kulturwissenschaftlichen Paradigma zur Diskussion.[3]

3.3 Freizeit- und Erlebnisgesellschaft - neuer Theorieansatz erforderlich?

Es ist allerdings die Frage zu stellen, ob das Freizeit- und Reiseverhalten noch durch Brüche in der durch Arbeit geprägten Alltagswelt bestimmt wird bzw. ob es nicht einen wachsenden Anteil von Bevölkerung gibt, bei dem der Lebenslauf von der Freizeit dominiert wird. Die Arbeitszeit ist bereits bei den meisten Menschen der Wohlstandsgesellschaften zu einem kleineren Teil des jährlichen Zeitbudgets geworden. Rüstzeiten und Freizeit überwiegen bei weitem die Arbeitszeit. Damit ist die Möglichkeit gegeben, dass bei vielen Menschen (vor allem bei denen, die keine befriedigende Tätigkeit ausüben) die Freizeitaktivitäten zu zentralen Lebensinhalten werden. Die Freizeit rückt von der Peripherie ins Zentrum des Handelns. Keinen Spaß zu haben, wird zur Bedrohung des Selbstwerts.

An der Wende zum 21. Jh. vollzieht sich offensichtlich ein Gesellschaftswandel: Die Menschen werden aus den Sozialformen der industrialisierten Gesellschaft, wie z. B. Klasse, Schicht, Familie, Geschlechtslagen, freigesetzt. Diese Freisetzung des Individuums bedeutet nicht, dass damit soziale Ungleichheit abgebaut wird, aber nach BECK (1986, S. 116) verschwinden die ständisch geprägten Sozialmilieus, d. h. die klassenkulturellen Lebensformen verblassen zugunsten individualisierter Lebensauffassungen. SCHULZE (1992, S. 37ff.) spricht von den innenorientierten Lebensauffassungen. Innenorientierung bedeutet Erlebnisorientierung. Allerdings gehen die Meinungen unter den Soziologen auseinander, was den Einfluss der sozialen Hierarchie (z. B. nach Beruf, Bildung, Einkommen) auf die Individualisierung angeht. Bei den Freizeitaktivitäten ist der Einfluss von unterschiedlichen Fähigkeiten und finanziellen Möglichkeiten in vielen Fällen deutlich erkennbar (vgl. SPELLERBERG 1992, S. 14). Auf jeden Fall haben sich die möglichen Handlungsspielräume gegenüber gegebenen Situationen stark erweitert. Daraus entwickeln sich innenorientierte Existenzformen der Erlebnisgesellschaft. Beim innenorientierten Konsum wird das Erlebnis zum Handlungsziel (vgl. SCHULZE 1992, S. 48ff., S. 427ff.).

Ein gewisser Widerspruch scheint in der Tatsache zu bestehen, daß viele dieser Individualisierungen wieder kollektive Muster ergeben. Man übernimmt intersubjektive Muster und Gemeinsamkeiten. Die Gemeinsamkeiten beruhen auf Wiederholungen. Nur Regelmäßigkeiten können die Menschen voneinander abschauen. Die Gründe für diese kollektiven Schematisierungen werden unterschiedlich gesehen. SCHULZE (1992, S. 53-54) sieht als Auslöser dafür die Unsicherheit bei den Kriterien der Selbstbewertung des eigenen innenorientierten Handelns. Die Unsi-

---

[3] vgl. Beitrag HOPFINGER zur ‚ Geographie der Freizeit und des Tourismus' in diesem Band

cherheit, unter den vielen Möglichkeiten die richtigen zu wählen, führt zu Anlehnungen an kollektive Muster, fast immer, ohne es zu merken. Anders ist die Begründung bei BECK (1986, S. 211), der die Abhängigkeit von den gesellschaftlichen Rahmenbedingungen, insbesondere von Tendenzen zur Institutionalisierung und deren Zwänge (Bildungssystem, Erwerbsarbeit usw.), als Auslöser von Konflikt-, Risiko- und Problemlagen sieht, die zur Standardisierung von Lebensbiographien führen. Die Gemeinsamkeiten von Lebensauffassungen werden vor allem in der Erforschung von Lebensstilen und Lebensstiltypen sichtbar. Dabei muss man sich bewusst sein, dass die Verknüpfung zu Lebensstilen immer nur einen Teil der innenorientierten Lebensauffassungen wiedergeben kann.

Ein wesentliches Element von Lebensstilen sind die Freizeit- und Tourismusaktivitäten. In der Tourismusforschung kann seit einigen Jahrzehnten festgestellt werden, dass der Tourismusnachfrager immer individueller und damit unberechenbarer wird. Der ‚hybride' Tourist ist zur Tatsache geworden (vgl. STEINECKE 1988). Hieraus wird deutlich, dass wir bereits jetzt oder in naher Zukunft nicht mehr mit einer Tourismustheorie (der Nachfrageseite) auskommen, die die imaginierten Gegenwelten als Brüche des alltäglichen Lebens begreift, sondern es wird zunehmend Touristen geben, die das Reisen als eine mögliche Ausprägung ihrer durch Freizeit bestimmten sozialen Ordnung bzw. den Schwerpunkt ihres Lebensstils sehen (vgl. STIHLER 1998; STEINECKE 2000).

Auch die als Metatheorie in Kap. 3.2 angesprochene Systemtheorie ist durch die Individualisierung der Lebensauffassungen für diesen Nachfragebereich wohl nicht haltbar. Es kann nicht davon ausgegangen werden, dass die Elemente des Lebensstils, die auf der innenorientierten Verhaltens-, Einstellungs- und Werteebene angesiedelt sind, in einem systemischen Zusammenhang stehen. Teilsystemgrenzen gelten für Teilsysteme, aber nicht für Menschen in institutionsabhängigen Individuallagen (vgl. BECK 1986, S. 218-219; SPELLERBERG 1992, S. 9).

In der Tourismusgeographie wird es in der Regel darum gehen, die trotz aller Individualisierung festgestellten kollektiven Verhaltensformen im Tourismus zu analysieren. Wie zuvor erwähnt, muss man sich dabei bewusst sein, daß nur Teile aus der individualisierten Lebenslage in die gemeinsam fassbaren Verhaltensmuster eingehen. Die Tatsache als solche bietet jedoch auch für die räumlich relevanten Probleme die Chance, Freizeit- und Reiseverhalten in der Erlebnisgesellschaft wissenschaftlichen Aussagen zugänglich zu machen.

4   Die Reiseentscheidung als Ausgangspunkt geographischer Arbeit

Die Entscheidung für eine Urlaubsreise ist ein sehr komplexer Vorgang, der für die Erklärung der Wahl des Zielgebiets durch den Touristen und seiner dortigen Aktivitäten sehr wichtig ist. In die Entscheidung bzw. in das Bündel der vielen Teilent-

scheidungen fließen neben den Reisemotivationen eine Reihe von Rahmenbedingungen im Quell- und Zielgebiet der Gäste ein. Nach BRAUN/LOHMANN (1989, S. 7ff.) wird die Reiseentscheidung im wesentlichen beeinflusst durch:
- die gesellschaftlichen Rahmenbedingungen,
- die Reisemotivationen,
- die Attraktivität der Urlaubsziele und der Reiseformen,
- das Image der Urlaubsziele und Reiseformen.

Aus geographischer Sicht wären zu ergänzen:
- die physisch-geographischen Rahmenbedingungen,
- die Siedlungs- und Verkehrsverhältnisse,
- die wirtschaftsgeographischen Rahmenbedingungen (speziell Werbung und Marketing von Tourismusanbietern).[4]

Den bei weitem wichtigsten Einfluss auf die Reiseentscheidung dürften die gesellschaftlichen Rahmenbedingungen haben. Hierzu zählen soziale Zugehörigkeiten (soziale Milieus), Einkommens- und Besitzmerkmale, Konjunkturlagen, politische Stabilität und weitere Faktoren. An dieser Stelle kann hierauf nicht näher eingegangen werden. Ein Aspekt, der die Reiseentscheidung noch einmal erschwert und bisher nur randlich Beachtung findet, ist die Tatsache, dass die Reiseentscheidung vielfach eine Gruppenentscheidung ist (Familie, Eltern, Freund/Freundin, Clique usw.). Hierüber weiß man noch sehr wenig. Auch eine Änderung der Reiseentscheidung im Laufe des Familienzyklus ist zu beachten (vgl. OPPERMANN 1995; BECKER 1998).

Ein weiterer wichtiger Teil der Reiseentscheidung sind die Reisemotivationen. In diese gehen die bisher diskutierten Reisemotive ein, die nicht direkt beobachtet werden können, während sich die empirischen Kenntnisse über Reisemotivationen vornehmlich auf Beobachtung und Befragung stützen. Die wichtigsten und umfassendsten Daten hierzu liefern die ‚Reiseanalysen' der ‚Forschungsgemeinschaft Urlaub und Reisen'. Diese dort genannten Bedürfnisse, Wünsche und Erwartungen bezüglich der Urlaubsreisen werden direkt bei den betroffenen Personen abgefragt und in der Regel als (erfragte) ‚Urlaubsmotive' zusammengefasst. Aus solchen Befragungen lassen sich Urlauberklassifikationen, z. B. Urlaubertypen, erarbeiten; sie geben wertvolle Hinweise für theoretische Überlegungen (vgl. Tab. 1).

Die wichtigsten Urlaubsmotive sind seit Jahren stabil, d. h. zumindest bis 1999 zeichnet sich für den Haupturlaub kein großer Wandel in die heute stark diskutierte Richtung ‚Action, Event und Thrill' ab (vgl. LOHMANN/DANIELSSON 2000, S. 12-19).

---

[4] KROEBER-RIEL/WEINBERG (1996, S. 409) sprechen von Umweltdeterminanten (Erlebnisumwelt), die sich in die Erfahrungsumwelt und die Medienumwelt aufteilen. Die Erfahrungsumwelt besteht einerseits aus der physischen Umwelt (natürliche und bebaute Umwelt) sowie aus der näheren und weiteren sozialen Umwelt. Die Medienwelt ist vor allem durch Internet, Fernsehen, Radio und Printmedien präsent (vgl. FINKBEINER 1999 u. a.).

Tab. 1: Die wichtigsten Urlaubsmotive der Deutschen (2000; deutschsprachige
         Wohnbevölkerung ab 14 Jahren; Mehrfachnennungen möglich)

Urlaubsmotive	Anteil
Entspannung, keinen Stress	59%
Abstand zum Alltag	54%
frei sein, Zeit haben	52%
frische Kraft sammeln, auftanken	50%
Sonne, Wärme	42%
Zeit für einander	42%
Gesundes Klima	41%

Quelle: Reiseanalyse (Januar) 2000; LOHMANN/DANIELSSON 2000

Entsprechend den Urlaubsmotiven stehen auch bei den Urlaubsreisearten 1999 (vgl.
Tab. 2) die ‚ruhigeren' Urlaubsarten vorne, allerdings folgen bereits auf Platz 3 der
Erlebnis-Urlaub und auf Platz 6 der Aktiv-Urlaub.

Tab. 2: Urlaubsreisearten (1999)
         („Als was würden Sie diese Urlaubsreise am ehesten bezeichnen?")

Urlaubsart	Anteil
Ausruh-Urlaub	32,8%
Strand-/Bade-/Sonnen-Urlaub	29,7%
Erlebnis-Urlaub	19,1%
Natur-Urlaub	17,9%
Familien-Ferien	16,8%
Aktiv-Urlaub	14,1%

Quelle: Reiseanalyse 2000; LOHMANN/DANIELSSON 2000, S. 21

Bei den Fernreisen, die eine stark steigende Tendenz aufweisen und im Jahr 1999
von den gesamten Urlaubsreisen (62,6 Mio.) 6,8% (= 4,3 Mio. Urlaubsreisen)
ausmachten, steht bei der Reiseart der Erlebnis-Urlaub (45%) an erster Stelle, dann
folgen Strand-/Bade-/Sonnen-Urlaub (35%) und Sightseeing-Urlaub (21%).

Ein Image gibt die subjektiven Ansichten (Wissen und gefühlsmäßige Wertungen)
sowie die Vorstellungen von einem Gegenstand, z. B. von einem Urlaubsziel, wieder.
Images bestimmen die Reiseentscheidung wesentlich mit, da der Gegenstand ‚Urlaubsreise' vorher nicht besichtigt oder gar ausprobiert werden kann. In der Öffentlichkeit ist der Begriff ‚Image' durchaus geläufig und trägt sehr oft dazu bei, die
komplexe Reiseentscheidung zu beschleunigen. Von geographischer Seite sollten die
wahrnehmungsgeographischen Studien verstärkt eingesetzt werden, um zu diesem
Thema beizutragen.

Aber auch die weitere Erforschung der Angebotspotenziale im Tourismus, ihre mögliche Quantifizierung und Einsetzbarkeit in systemischen Zusammenhängen ist voranzutreiben. Dies gilt sowohl für die physisch-geographischen als auch für die kulturgeographischen Potenziale (vgl. PACHNER 2001). Notwendig für die Reiseentscheidung sind jedoch auch Untersuchungen, inwieweit die physisch- sowie die kultur- und wirtschaftsgeographischen Rahmenbedingungen im Herkunftsgebiet der Touristen zur Reiseentscheidung bzw. zur Zielgebietswahl beitragen.

Beim Image ist bereits die Rolle der Anbieter im Tourismus kurz angesprochen worden. Es ist zu vermuten, dass durch die kommerzielle Forcierung der Konsum- und Erlebniswelten ein stärkerer Einfluss auf die Reiseentscheidung durch Werbung ausgeübt wird als bei bisherigen Diskussionen angenommen. In der Regel wird davon ausgegangen, dass aufgrund der Änderung der Nachfrage die Anbieter auf die neue Situation reagieren. Es wird zu wenig beachtet, dass sich manche Entwicklungen auch umgekehrt beobachten lassen bzw. dass sich Nachfrage und Angebot wechselseitig bedingen, d. h. sich quasi auf ein immer höheres Niveau ‚schaukeln'. Mit anderen Worten: Gewisse neue Trends im Nachfrageverhalten gehen den Angeboten voraus, aber dann werden diese Trends, die sich zumeist gut kommerziell nutzen lassen, von den Anbietern zu quantitativ beachtlichen Teilnehmerzahlen geführt. Hier werden von der Angebotsseite Emotionen angesprochen und Bedürfnisse geweckt, d. h. ähnlich wie bei anderen Produkten wird der Kunde zu Freizeitaufenthalten animiert, an die er vorher nicht gedacht hat. Dazu gehört auch der inszenierte Erlebnistourismus mit vorrangig kurzfristigen Aufenthalten (vgl. BACHLEITNER 1998; STEINECKE 2000). Die meisten multioptionalen Nachfrager sind bisher in den Freizeitparks, den Center Parks, den Urban Entertainment Centers, in den Shopping Malls usw. zu finden. Aber Erlebnis, Action, Event und Thrill haben auch Eingang bei den Urlaubsreisen gefunden, oft auch als zusätzliche Attraktionen. Nach der ‚Reiseanalyse' 2000 (vgl. LOHMANN/ DANIELSSON 2000, S. 51) lag der Erlebnisurlaub im Jahr 1999 bei 19% (von 62,6 Mio. Urlaubsreisen) bzw. 45% (von 4,3 Mio. Fernreisen).

Weiterhin ist die Reiseentscheidung stark von den Informationsbedürfnissen und den Informationsquellen abhängig. Die Informationsbedürfnisse zielen in einer frühen Phase der Reiseentscheidung vor allem auf die Orte bzw. Landschaften sowie auf das Klima und Wetter des Zielgebiets. Auch für die Zielgebietswahl werden diese Gründe am häufigsten genannt (vgl. BRAUN/LOHMANN 1989, S. 58-59, S. 73). Bei den Informationsquellen stehen Freunde/Bekannte/Verwandte, also die sog. Mund-zu-Mund-Propaganda, seit Jahren an der Spitze. Erst danach folgen die medialen bzw. institutionellen Quellen (Reisebüro, Vereine etc.). Die zunehmende Bedeutung des Internet muss besonders erwähnt werden. Im Mai/Juni 2001 hatten 38,8% der bundesdeutschen Bevölkerung über 14 Jahren Zugang zum Internet (Quelle: ARD/ZDF-Online-Studie 2001). Wurde vor einigen Jahren in den ‚Reiseanalysen' das Internet kaum erwähnt, so hat es rapide an Bedeutung gewonnen, vor allem zur Information. Außerdem ist bei den Informationsquellen zu beachten, dass die Reisenden immer erfahrener geworden sind und daher bei den Reiseinformationsquellen die

Antwort ‚Bekannt aus eigener Erfahrung' 36,2% ausmacht und damit über dem Anteil der Gespräche mit Verwandten und Bekannten (32,2%) liegt (vgl. LOH-MANN/DANIELSSON 2000, S. 61).

Wie aus Abb. 1 hervorgeht, kann man relativ gut die wichtigsten Einflussfaktoren für die Reiseentscheidung zusammentragen. Jedoch ist es bisher nicht gelungen, eine Theorie der Reisentscheidung zu erarbeiten, die allen theoretischen und empirischen Ansprüchen gerecht wird.

Abb. 1: Die räumlichen Einflussfaktoren zur Reiseentscheidung

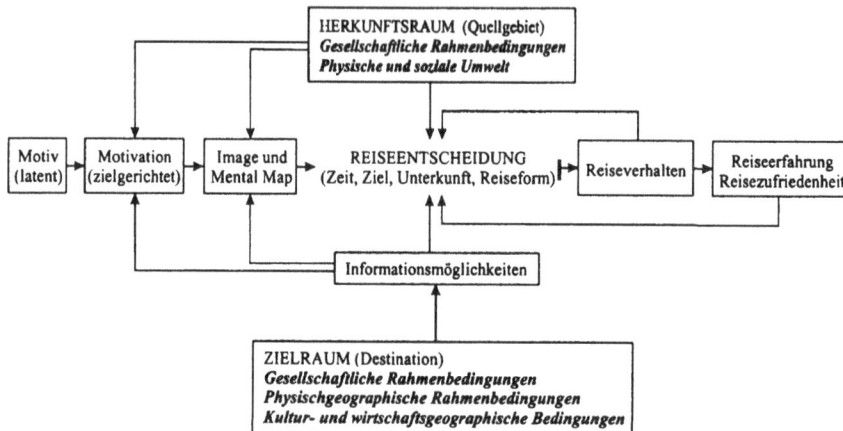

Quelle: Eigener Entwurf

Im Folgenden werden die Einflussfaktoren zur Reiseentscheidung ausführlicher erläutert:

- Einflussfaktoren im Herkunftsraum:
  - soziale Milieus, Lebensstile, Konsumverhalten, Einstellungen
  - demographische Faktoren, z. B. Alter, Familienzyklus
  - sozioökonomische Faktoren, z. B. Einkommen, Bildung, Urlaubsanspruch
  - siedlungsgeographische Faktoren, z. B. Urbanisierungsgrad, Wohnformen, Wohnumfeldqualität
  - Verkehrstechnik, z. B. Verkehrsmittel, Reisekosten, Reisedauer
  - Kommunikationstechnik, z. B. Internet
  - Tourismustrends, Tourismuswerbung
  - Tourismuspolitik, z. B. Europäischer Binnenmarkt, Osterweiterung
  - Landschaftsgegensatz

- Einflussfaktoren im Zielraum:
  - politische Stabilität
  - freier Reise- und Devisenmarkt

- naturräumliche Potenziale, z. B. Relief, Gewässer, Klima (Bioklima) und Wetter, Flora und Fauna, Umweltverträglichkeit, Katastrophen
- gebaute Umwelt (Infrastruktur-Potenziale), z. B. Siedlungsstruktur, Unterkünfte, Versorgungsmöglichkeiten (vor allem Gastronomie), spezielle touristische Angebote, künstliche Welten
- Regionalkultur, z. B. Baudenkmäler, Museen, Brauchtum
- Landschaftsgegensatz
- Tourismusdienstleistungen, z. B. Einrichtungen, Service, Qualitätskriterien, Animation, Ausflugsangebot, Preisgefüge
- Tourismuspolitik

Für eine vertiefte Analyse der Reiseentscheidung sollten auch die Erhebungen von Reisebiographien, in denen das lebenslange Reiseverhalten erforscht wird, genutzt werden (vgl. BECKER 1998).

Wahrscheinlich ist die Reiseentscheidung nahezu so komplex wie der Tourismus insgesamt, so dass die Aussichten für eine umfassende Theorie nicht gut sind. Bei allen theoretischen Überlegungen ist zu beachten, dass die physisch- und die anthropogeographischen Rahmenbedingungen sowohl im Quellgebiet der potenziell Reisenden wie im Zielgebiet der Touristen bei der Reiseentscheidung von hervorragender Bedeutung sind. Die Beteiligung von Geographen an diesem Forschungsfeld ist daher erforderlich und vor allem für Reisegebiete mit ökologischen und/oder wirtschaftlichen Problemen besonders wichtig.

Literatur

ALLMER, H. (1996): Erholung und Gesundheit: Grundlagen, Ergebnisse und Maßnahmen. Reihe Gesundheitspsychologie 7. Göttingen.

ANFT, M. (1993): Flow. In: HAHN, H./KAGELMANN, H. J. (Hrsg.): Tourismuspsychologie und Tourismussoziologie. Ein Handbuch zur Tourismuswissenschaft. München, S. 141-147.

BACHLEITNER, R. (1998): Erlebniswelten: Faszinationskraft, gesellschaftliche Bedingungen und mögliche Effekte. In: RIEDER, M./BACHLEITNER, R./KAGELMANN, H. J. (Hrsg.): ErlebnisWelten. Zur Kommerzialisierung der Emotionen in touristischen Räumen und Landschaften. Tourismuswissenschaftliche Manuskripte 4. München/Wien, S. 43-57.

BECK, U. (1986): Risikogesellschaft. Auf dem Weg in eine andere Moderne. Frankfurt am Main

BECKER, CHR. (1998): Reisebiographien. In: HAEDRICH, G. (Hrsg.): Tourismus-Management: Tourismusmarketing und Fremdenverkehrsplanung. Berlin, S. 195-204.

BENTHIEN, B. (1986): Geographie der Erholung und des Tourismus. Gotha.

BRAUN, O. L. (1993): (Urlaubs-)Reisemotive. – Reiseentscheidung. – Reisezufriedenheit. IN: HAHN, H./KAGELMANN, H. J. (Hrsg.): Tourismuspsychologie und Tourismussoziologie. Ein Handbuch zur Tourismuswissenschaft. München, S. 199-207, S. 302-307, S. 308-311.

BRAUN, O. L./LOHMANN, M. (1989): Die Reiseentscheidung. Einige Ergebnisse zum Stand der Forschung. Starnberg.

DATZER, R. (1983): Informationsverhalten von Urlaubsreisenden. Ein Ansatz des verhaltenswissenschaftlichen Marketing. Starnberg.

FINKBEINER, J. (1999): Möglichkeiten der entscheidungsunterstützenden Informationsgewinnung im Destinationsmanagement. Materialien zur Fremdenverkehrsgeographie 51. Trier.

HENNIG, CHR. (1997): Jenseits des Alltags. Theorien des Tourismus. In: Voyage. Jahrbuch für Reise- & Tourismusforschung. Bd. 1, S. 35-53.

HENNIG, CHR. (1999): Reiselust. Touristen, Tourismus und Urlaubskultur. Frankfurt am Main.

HUNZIKER, W./KRAPF, K. (1942): Grundriß der allgemeinen Fremdenverkehrslehre. Zürich.

KRAUSS, H. (1993): Motivationspsychologie. In: HAHN, H./KAGELMANN, H. J. (Hrsg.): Tourismuspsychologie und Tourismussoziologie. Ein Handbuch zur Tourismuswissenschaft. München, S. 85-91.

KROEBER-RIEL, W./WEINBERG, P. (1996[6]): Konsumentenverhalten. München.

KULINAT, K. (2002): Gute Reise! Reisemotive aus der Sicht der Anthropogeographie. In: OLSHAUSEN, E./SONNABEND, H. (Hrsg.): Zu Wasser und zu Land. Verkehrswege in der antiken Welt. Stuttgarter Kolloquium zur Historischen Geographie des Altertums 7,1999. Geographica Historica 17. Stuttgart, S. 419-428.

KULINAT, K./STEINECKE, A. (1984): Geographie des Freizeit- und Fremdenverkehrs. Darmstadt.

LOHMANN, M./DANIELSSON, J. (2000): Warum und wie die Deutschen Urlaub machen: Urlaubs-Motive, Urlaubs-Reisearten, Gesundheitsurlaub, Fernreisen, Kurzreisen aus der RA 2000. Hamburg.

LOHMANN, M./ADERHOLD, P. (2000): Die Reiseanalyse – Trendstudie 2000-2010. Hamburg.

MacCANNELL, D. (1976): The Tourist. A New Theory of the Leisure Class. London/New York.

MASLOW, A. H. (1943): A Theory of Human Motivation. In: Psychological Review 50, S. 370-396.

MILL, R. CH./MORRISON, A. M. (1985): The Tourism System. An Introductory Text. Englewood Cliffs.

MUNDT, J. W. (1998): Einführung in den Tourismus. München.

OPPERMANN, M. (1995): Travel Life Cycle. In: Annals of Tourism Research 22, S. 535-552.

PACHNER, H. (2001): Vergleich unterschiedlicher Erklärungsansätze zur Analyse touristischer Potenziale. Greifswalder Beiträge zur Regional-, Freizeit- und Tourismusforschung 12. (im Druck).

POSER, H. (1939): Geographische Studien über den Fremdenverkehr im Riesengebirge. Ein Beitrag zur geographischen Betrachtung des Fremdenverkehrs. Abh. der Gesellschaft d. Wissenschaften zu Göttingen, Math.-phys. Klasse, Dritte Folge, H. 20. Göttingen.

PRAHL, H.-W./STEINECKE, A. (1981): Echte und falsche Bedürfnisse. Zur Problematik der Reise-Motivforschung. In: PRAHL, H.-W./STEINECKE, A. (Hrsg.): Arbeitstexte für den Unterricht. Tourismus. Stuttgart, S. 73-78.

SCHEUCH, E. K. (1972): Ferien und Tourismus als neue Formen der Freizeit. In: SCHEUCH, E. K./MEYERSOHN, R. (Hrsg.): Soziologie der Freizeit. Köln, S. 313f.

SCHULZE, G. (1992[2]): Die Erlebnisgesellschaft. Kultursoziologie der Gegenwart. Frankfurt/New York.

SPELLERBERG, A. (1992): Freizeitverhalten – Werte – Orientierungen. Empirische Analysen zu Elementen von Lebensstilen. Paper Nr. P 92 – 101 der Arbeitsgruppe Sozialberichterstattung. Wissenschaftszentrum Berlin für Sozialforschung (WZB). Berlin.

STABLER, M. J. (1988): The image of destination regions: Theoretical and empirical aspects. In: GOODALL, B./ASHWORTH, G. (Hrsg.): Marketing in the tourism industry: the promotion of destination regions. London, S. 133-161.

STEINECKE, A. (1988): Urlaubserwartungen und Urlaubertypen – Möglichkeiten und Probleme der soziologischen und psychologischen Zielgruppenbestimmung und Marktsegmentierung. In: STORBECK, D. (Hrsg.): Moderner Tourismus. Tendenzen und Aussichten. Materialien zur Fremdenverkehrsgeographie 17. Trier, S. 325-343.

STEINECKE, A. (Hrsg.; 2000): Erlebnis- und Konsumwelten. München/Wien.

STIHLER, A. (1998): Die Entstehung des modernen Konsums. Darstellung und Erklärungsansätze. Berlin.

Studienkreis für Tourismus e. V. (1981): Reisemotive – Länderimages – Urlaubsverhalten. Neue Ergebnisse der psychologischen Tourismusforschung. Starnberg.

TURNER, V. (1995): Vom Ritual zum Theater. Frankfurt am Main.

UTHOFF, D. (1988): Tourismus und Raum. Entwicklung, Stand und Aufgaben geographischer Tourismusforschung. Geographie und Schule 53, S. 2-12.

WANG, N. (2000): Tourism and Modernity. A Sociological Analysis. Amsterdam et al.

WILLKE, H. (1993[4]): Systemtheorie. Eine Einführung in die Grundprobleme der Theorie sozialer Systeme. Stuttgart/Jena.

WÖHLER, K. (1998): Sozialwissenschaftliche Tourismusforschung in einem vorparadigmatischen Zustand? In: BACHLEITNER, R./KAGELMANN, H. J./KEUL, A. G. (Hrsg.): Der durchschaute Tourist. Arbeiten zur Tourismusforschung. Tourismuswissenschaftliche Manuskripte 3. München/Wien, S. 29-36.

YOUNG, P. T. (1961): Motivation and emotion. A survey of the determinants of human and animal activity. New York.

Die Tourismusentwicklung in Ostdeutschland von der DDR-Zeit bis heute

Claudia Kaiser

Die neuen Bundesländer verfügen über landschaftlich reizvolle und traditionsreiche Fremdendenverkehrsregionen: Die Ostseeküste, der Harz, die Sächsische Schweiz, der Thüringer Wald und das Erzgebirge waren und sind beliebte Ferien- und Ausflugsgebiete. In den vier Jahrzehnten der DDR wurden diese Regionen unter dem Einfluss planwirtschaftlicher und sozialpolitischer Maßgaben entwickelt. Die strukturellen und baulichen Hinterlassenschaften dieser Epoche stellen bis heute große Herausforderungen bei der Transformation in einen marktwirtschaftlichen Tourismus dar.

1   Tourismus in der DDR

In der DDR wurden Freizeit und Erholung der Bürger offiziell als Mittel zur ‚Reproduktion des Arbeitsvermögens' und damit zur Produktivitätssteigerung der Wirtschaft angesehen. Bereits in den 1960er-Jahren wurden die Fünf-Tage-Woche eingeführt und der bezahlte Mindesturlaub von 16 auf 21 Tage heraufgesetzt. Dem Erholungsurlaub wurde darüber hinaus soziale und politische Bedeutung beigemessen: Einerseits sollten jedem Bürger – unabhängig vom Einkommen – Urlaubsreisen ermöglicht werden, andererseits sollten Reisen auch eine Anreiz- und Belohnungsfunktion übernehmen und der Pflege einer 'sozialistischen Kultur' dienen. Um diese gesellschaftspolitischen Ziele zu erreichen, wurde der Reisemarkt durch Staat und Partei entlang planwirtschaftlicher Maßgaben reglementiert und massiv subventioniert.

Der weitaus größte Teil des Angebotes an touristischen Leistungsträgern (Beherbergungs- und Gastronomiebetriebe, Reiseveranstalter und Reisemittler) war bereits Ende der 1950er-Jahre in staatlicher Hand. Im Rahmen der sog. ‚Aktion Rose' wurden die privaten Eigentümer der Fremdenverkehrsbetriebe in den traditionellen Urlaubsregionen der DDR mehrheitlich enteignet und die Betriebe von dem 1947 gegründeten Feriendienst des FDGB (Freier Deutscher Gewerkschaftsbund) übernommen. In den folgenden Jahren wurden die Leitung und Planung des Erholungswesens systematisch verstaatlicht und der extensive Neu- und Ausbau von Ferienobjekten betrieben.

Das Angebot an inländischen Urlaubsreisen wurde weitgehend von der Gewerkschaft oder von den Großbetrieben bereitgestellt. Der Feriendienst des FDGB besaß gegen Ende der 1980er-Jahre knapp 700 eigene Erholungsobjekte mit ca. 134.000 Betten. Hinzu kamen bis zu 7.000 Ferienobjekte der volkseigenen Betriebe und Genossenschaften sowie eine Reihe von vertraglich an den Feriendienst gebundenen Privatquartieren. Aufgrund der geringen finanziellen und materiellen Ressourcen waren die Qualität und der Komfort des Angebots sehr niedrig. Eine Ausnahme bildeten jedoch einige Prestigeobjekte in den Ostseebädern und den Mittelgebirgsregionen sowie Ferienunterkünfte der Partei und des Staatsapparates.

Die kontingentierten Urlaubsplätze in den FDGB- und Betriebsferienheimen, die sich weder hinsichtlich Quantität noch Qualität (Lage, Komfort etc.) mit der Nachfrage deckten, wurden in der Regel per ‚Ferienscheck' an Gewerkschaftsmitglieder und Betriebsangehörige vergeben. Die Zuteilung der Plätze erfolgte bevorzugt an langjährige, kinderreiche und im Sinne der Betriebs- und Gewerkschaftsführung ‚aktive' Mitarbeiter. Die Preise für derartige inländische Urlaubsreisen waren zu etwa zwei Dritteln subventioniert.

Außerdem hatte das Campingwesen in der DDR eine sehr viel größere Bedeutung als in der Bundesrepublik. Etwa jeder vierte Urlauber verbrachte seinen Urlaub auf einem der 500 staatlichen Campingplätze. Besonders attraktiv war die Ostseeküste, auf die 40% aller Campingplatzübernachtungen entfielen. Die große Nachfrage hatte im wesentlichen zwei Ursachen: Zum einen stellte sie eine direkte Reaktion auf das mangelhafte Angebot und die Zugangsbeschränkungen in den staatlichen Beherbergungsbetrieben dar, zum anderen bot das Camping eine der wenigen Möglichkeiten, den Urlaub individuell zu organisieren und zu gestalten, da zwei Drittel der Plätze nach privater Anmeldung direkt vergeben wurden.

Die eingeschränkten Reisemöglichkeiten der DDR-Bürger traten am deutlichsten bei Auslandsreisen hervor. Diese waren für DDR-Bürger insgesamt die Ausnahme und führten fast ausschließlich in das sozialistische Ausland, mit dem touristische Austauschbeziehungen vertraglich vereinbart wurden (vgl. Abb. 1). Die Auslandsreisen wurden einerseits vom volkseigenen ‚Reisebüro der DDR' oftmals überteuert vermittelt, andererseits aber auch – v. a. im Rahmen von Bekanntenbesuchen – individuell organisiert, was jedoch durch Devisenbeschränkungen oder Visapflicht eingeschränkt war. An der Spitze aller Zielländer stand seit 1965 die Tschechoslowakei; Polen dagegen wurde seit den dortigen Streikbewegungen im Jahr 1980 für DDR-Bürger immer schwerer erreichbar; Ungarn, Bulgarien und Rumänien spielten fast ausschließlich als Zielgebiete für Strand- und Badeurlaubsreisen eine Rolle. Die osteuropäischen RGW-Staaten zogen es in den 1980er-Jahren jedoch vor, ihre touristischen Kapazitäten im westlichen Ausland gegen Devisen zu vermarkten, wodurch sich die Reisemöglichkeiten der DDR-Bürger weiter verschlechterten. Reisen in das westeuropäische Ausland waren seit jeher nur Mitgliedern der ‚Reisekader' gestattet; in die Bundesrepublik Deutschland konnten Rentner und Jüngere nur nach strengen Maßgaben (‚in dringenden Familienangelegenheiten') einreisen.

Das Reisebüro der DDR vermittelte neben den Auslandsreisen für DDR-Bürger auch Inlandsreisen für Ausländer, deren Unterbringung in den insgesamt 70 ‚Interhotels' und ‚Travelhotels' erfolgte. Westliche Besucher, allen voran aus der Bundesrepublik, waren von erheblicher wirtschaftlicher Bedeutung, da sie mit frei konvertierbaren Devisen zahlten.

Abb. 1: Auslandsreisen der DDR-Bürger nach ausgewählten Zielländern
(1970-1989)

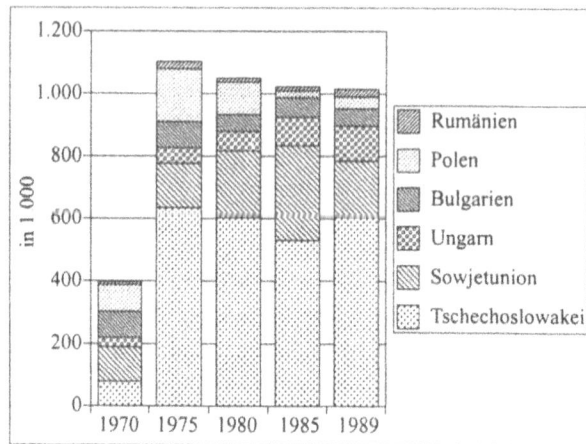

Quelle: Statistisches Bundesamt der DDR 1990

2   Transformation des Tourismus vom Plan zum Markt

Die Unzufriedenheit der Bürger mit dem staatlich reglementierten Erholungswesen der DDR und ihre Forderung nach Reisefreiheit waren zentrale Motive für die friedlichen Demonstrationen, die letztlich zum Fall der Mauer am 9. November 1989 und – in dessen Folge – zur Wirtschafts-, Währungs- und Sozialunion und zur Wiedervereinigung beider deutscher Staaten führten. Im Rahmen der Transformation des Staats-, Gesellschafts- und Wirtschaftssystems musste der bis dahin zentral gelenkte und hoch subventionierte Tourismus in einen marktwirtschaftlichen und damit nachfrageorientierten Wirtschaftszweig umgewandelt werden (vgl. BENTHIEN 2000). Gleichzeitig erforderten die sich kontinuierlich verändernden Rahmenbedingungen des Tourismus im globalen Maßstab eine kontinuierliche Anpassung.

Sowohl die Ausgangsbedingungen als auch die unmittelbaren Entwicklungen nach der Grenzöffnung erschwerten den Transformationsprozess erheblich. Das quantitativ umfangreiche Beherbergungsangebot wies überwiegend eine einfache, teilweise primitive Ausstattung auf und war wirtschaftlich nicht tragfähig. Das touristische infrastrukturelle Umfeld fehlte fast völlig, und das für den Tourismus wichtige Verkehrs- und Telekommunikationswesen war veraltet und unterentwickelt.

Mit der Grenzöffnung brach darüber hinaus die künstlich erzeugte Nachfrage nach Inlandsreisen der DDR-Bürger aufgrund ihrer freien Reisemöglichkeiten abrupt zusammen; dieser Prozess wurde durch die Auflösung des FDGB und den Niedergang der volkseigenen Betriebe beschleunigt. Ebenfalls ging die zuvor über zwischenstaatliche Verträge garantierte Nachfrage aus dem sozialistischen Ausland zurück. Gleichzeitig kamen neue Zielgruppen aus dem westlichen Ausland – insbesondere aus Westdeutschland – hinzu, deren Erwartungshaltung an Qualität und Preis-Leistungs-Verhältnis sich jedoch kaum mit dem vorhandenen touristischen Angebot deckte.

Darüber hinaus mussten verwaltungs- und tourismusspezifische Verbandsstrukturen erst aufgebaut werden, so dass zwischenzeitlich aufgrund der langen Vorlaufzeiten bei der Entwicklung von Regionalplänen und touristischen Entwicklungskonzepten sowie der Einarbeitungszeit der Mitarbeiter ein Planungs- und Handlungsvakuum entstand.

Eine zentrale Aufgabe bei der Umwandlung ehemals staatlicher touristischer Einrichtungen in privatwirtschaftliche Strukturen kam der Treuhandanstalt zu, die beauftragt wurde, die beiden staatlichen Reiseveranstalter (‚Reisebüro der DDR' und ‚Jugendtourist') mit ihren Vertriebssystemen, die 70 ‚Interhotels' und ‚Travelhotels', über 600 Ferienobjekte des Feriendienstes des FDGB (FEDI), über 2.000 Erholungsheime der Betriebe und Kombinate, 420 HO-Hotels und ca. 4.000 HO-Gaststätten sowie 61 Beherbergungsobjekte von Parteien und Massenorganisationen zu privatisieren. Bei vielen Objekten mussten zunächst Restitutionsansprüche geklärt werden, was zu erheblichen Verzögerungen führte. Während die Hotelketten bereits im Verlauf des Jahres 1991 relativ problemlos an Investorengruppen veräußert und die FEDI-Objekte mehrheitlich privatisiert werden und in ihrer gastgewerblichen Nutzung weiterbestehen konnten, bereiteten insbesondere HO-Hotels und Betriebsferienheime größere Schwierigkeiten: Einige wurden gar nicht und andere letztlich nur ohne touristische Zweckbindung angeboten. Die Treuhandanstalt richtete die Privatisierung des Beherbergungs- und Tourismusgewerbes bevorzugt auf die Stärkung des heimischen Mittelstandes aus, was besonders bei den FEDI-Objekten auch gelang (75% der Käufer stammten aus Ostdeutschland). Ein großes Hemmnis für potenzielle Existenzgründer waren jedoch fehlendes Eigenkapital und mangelndes markt- und dienstleistungsorientiertes Denken und Handeln.

Der Aufbau eines kommerziellen und konkurrenzfähigen Tourismus wurde flankiert von erheblichen staatlichen Fördermaßnahmen. Das wichtigste Instrumentarium war und ist die ‚Gemeinschaftsaufgabe zur Verbesserung der Wirtschaftsstruktur', über die Investitionen in die Fremdenverkehrsinfrastruktur und in das Gastgewerbe gefördert werden (vgl. HOPFINGER 2000). Im Zeitraum von 1990 bis Sommer 1999 wurden laut Tourismuspolitischem Bericht der Bundesregierung 2000 insgesamt 4,7 Mrd. DM für die touristische Infrastruktur und 3,7 Mrd. DM für das Gastgewerbe bewilligt. Diese öffentlichen Mittel lösten ein Investitionsvolumen von insgesamt 23,2 Mrd. DM für beide Bereiche aus. Die Förderquote lag bei den Infrastrukturinvestitionen im Durchschnitt der Jahre mit 67,5% deutlich über derjenigen des Gastgewerbes (22,8%). Die umfangreichsten Investitions- und Förderaktivitäten fanden bei der Infrastruktur in den Jahren 1993 bis 1995 statt, beim Gastgewerbe dagegen auch noch 1996 und 1997. Neben diesem Investitions-förderprogramm wurden staatliche Hilfen für Existenzgründer, Bildungs- und Qualifizierungsmaßnahmen sowie Beratungsangebote bereitgestellt.

3   Reiseverhalten der Ostdeutschen

Der große Nachholbedarf der DDR-Bürger nach Reisen in das westliche Ausland wurde deutlich, als dorthin in den gut sechs Wochen vom 9. November bis zum 31. Dezember des Jahres 1989 bereits 8,8% aller Ostdeutschen eine Urlaubsreise, 26,6% eine Kurzurlaubsreise und 82,5% einen Tagesausflug machten (vgl. GROSSMANN et al. 1990). Für folgende Ausführungen werden die Datensätze der seit 1990 jährlich in Gesamtdeutschland durchgeführten bevölkerungsrepräsentati-ven Befragung ,Reiseanalyse' (vgl. LOHMANN 1998) für Ost- und Westdeutsche statistisch ausgewertet.

Anfang der 1990er-Jahre unterschied sich das Urlaubsreiseverhalten der Ostdeut-schen noch deutlich von demjenigen ihrer westdeutschen Nachbarn (vgl. Tab. 1; Abb. 2 u. 3). Die Ursache hierfür bestand u. a. in der Tatsache, dass für das 1990 wie üblich bereits ein Jahr zuvor ,Ferienschecks' vergeben worden waren. Die Urlaubsreiseintensität (mit einer Dauer von mindestens 5 Tagen) lag im Jahr 1990 mit 73% sogar leicht über dem Vergleichswert für Westdeutschland (68%), ebenso die Kurzurlaubsreiseintensität (51% gegenüber 37%). 43% verbrachten ihren Haupturlaub weiterhin in Ostdeutschland; fast jeder Dritte fuhr jedoch in die alten Bundesländer und nur jeder Vierte in das Ausland. Bei den Verkehrsmitteln spielte daher das Flugzeug kaum eine Rolle, vielmehr dominierten der Pkw und – wie in der DDR üblich – auch die Eisenbahn. Verwandten- und Bekanntenbesuche mach-ten im Jahr 1990 fast ein Drittel aller Haupturlaubsreisen der Ostdeutschen aus.

Inzwischen hat sich das ostdeutsche Reiseverhalten stark gewandelt und sich in vielen Punkten weitgehend demjenigen der Westdeutschen angeglichen. Es zeigt sich jedoch, dass die Urlaubsreisen der Ostdeutschen nach wie vor durchschnittlich sowohl gut drei Tage kürzer als auch (auf den Urlaubstag umgerechnet) um 10 DM preiswerter sind. Mittlerweile führen 62% aller Urlaubsreisen in das Ausland, 21% in die alten und 17% in die neuen Bundesländer. Von geringerer Bedeutung sind nach wie vor außereuropäische Fernziele, während osteuropäische Zielländer über die 1990er-Jahre hinweg einen nahezu konstanten Anteil von ca. 10% aufwei-sen. Bei den Ostdeutschen ist darüber hinaus der Anteil des Reisebusses mit 16% aller Verkehrsmittel auffallend hoch, während die Eisenbahn sogar mittlerweile eine geringere Bedeutung hat als für Westdeutsche. Gemäß der Zunahme der Aus-landsreisen erhöhte das Flugzeug seinen Anteil von 2% auf 28%.

Tab. 1: Allgemeine Kennziffern des Reiseverhaltens der Ost- und Westdeutschen
(1990-2000)

Kennziffern	Ostdeutsche					1990-2000 (%)
	1990	1993	1995	1997	2000	
Urlaubsreiseintensität (%)						
Ostdeutsche	73,1	76,7	79,1	73,5	73,4	0,4
Westdeutsche	68,2	75,0	77,5	74,6	76,5	9,4
Kurzurlaubsreiseintensität (%)						
Ostdeutsche	51,3	48,2	39,8	48,0	38,7	-24,6
Westdeutsche	37,0	41,0	35,8	44,0	32,3	18,9
Dauer der HU (Tage)						
Ostdeutsche	16,2	13,1	12,8	12,1	12,1	-25,3
Westdeutsche	17,3	16,4	16,1	15,8	14,3	-8,7
Kosten der HU pro Person (DM)						
Ostdeutsche	521	k.A.	1061	1105	1334	156,0
Westdeutsche	1370	k.A.	1502	1505	1601	16,9

HU = Haupturlaubsreise

Quelle: Eigene statistische Auswertung der RA 90, U+R 94, U+R 95 und RA 98;
Kurzfassung RA 2001

Die Reisesozialisation in der DDR führte dazu, dass zum einen jährliche Urlaubsreisen zu einer Selbstverständlichkeit geworden waren und zum anderen die im
Jahr 1989 errungene Möglichkeit, über Reiseziel und -form frei entscheiden zu
können, eine hohe Symbolkraft erlangte. Beides erklärt, warum trotz der wirtschaftlich angespannten Lage vieler ostdeutscher Haushalte die Wenigsten auf eine
Urlaubsreise verzichten oder diese nicht zumindest durch Kurzurlaubsreisen kompensieren. Die einflussreichste Determinante für die nach wie vor bestehenden
Unterschiede im Reiseverhalten zwischen Ost- und Westdeutschen liegt in den
geringeren wirtschaftlichen Möglichkeiten der Ostdeutschen begründet.

4 Destination Ostdeutschland

4.1 Angebotsstruktur

Nach den turbulenten Anfangsjahren verlief der Strukturwandel des ostdeutschen
Beherbergungsgewerbes in Folge der Privatisierungsbemühungen der Treuhand,
der massiven staatlichen Förderungen und der allgemeinen Marktprozesse sehr
dynamisch. Die Zahl der gewerblichen Beherbergungsbetriebe verdoppelte sich
zwischen 1993 und 1999 von 4.069 auf 8.232, die durchschnittliche Betriebsgröße
verringerte sich geringfügig auf 56 Betten je Betrieb. Damit liegt sie jedoch weiterhin deutlich über derjenigen in Westdeutschland (43 Betten).

Abb. 2: Ziele der Haupturlaubsreisen der Ost- und Westdeutschen (1990-2000)

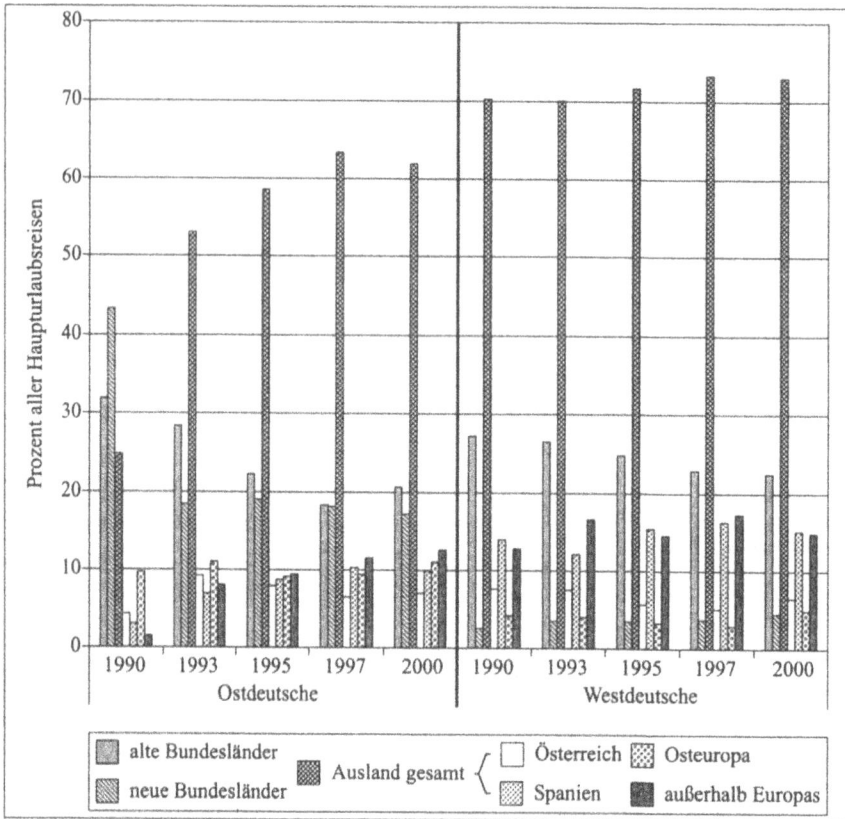

Quelle: Eigene statistische Auswertung der RA 90, U+R 94, U+R 95 und RA 98;
        Kurzfassung RA 2001

Aus beiden Kennziffern folgt, dass sich das Bettenangebot der neuen Bundesländer annähernd verdoppelte, und zwar von 240.000 auf 448.700 (vgl. Abb. 4).
Während die jährliche Zuwachsrate des Bettenangebots im Zeitraum von 1993 und
1996 zwischen 15% und 20% lag, wurden seitdem mit nur noch gut 3% deutlich
geringere Steigerungen erzielt. Im Jahr 1999 machten die in Ostdeutschland angebotenen Betten 18,4% des gesamten Bettenangebotes der Bundesrepublik aus, was
dem tatsächlichen Bevölkerungsanteil der Ostdeutschen entspricht. Somit unterscheidet sich die Bettendichte nicht mehr von derjenigen in den alten Bundesländern: In beiden Teilen Deutschlands kommen auf 1.000 Einwohner gut 29 Betten,
während es 1993 noch 15 (NBL) bzw. 27 (ABL) waren.

Abb. 3: Verkehrsmittel der Haupturlaubsreisen der Ost- und Westdeutschen (1990-2000)

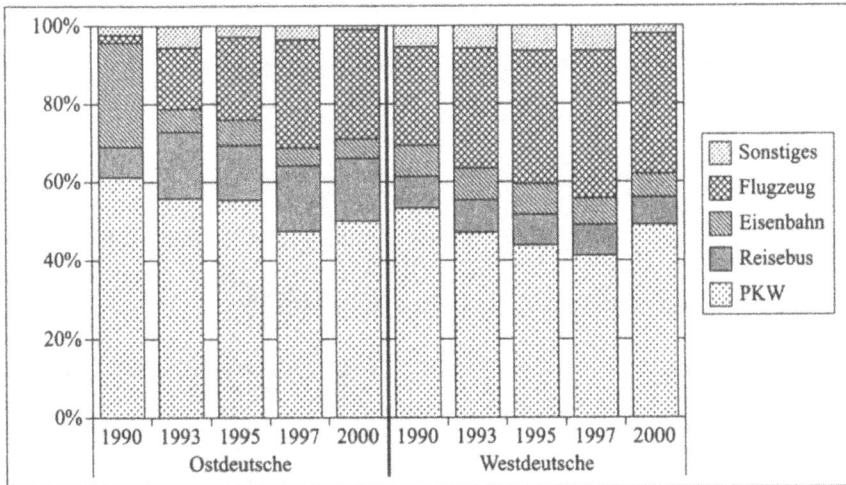

Quelle: Eigene statistische Auswertung der RA 90, U+R 94, U+R 95 und RA 98;
    Kurzfassung RA 2001

Die Struktur des Beherbergungsangebotes hatte sich bereits im Jahr 1993 radikal gewandelt, als die erste deutschlandweite Erhebung der Beherbergungskapazität in Betrieben mit mindestens neun Betten durchgeführt wurde (vgl. Abb. 5). Zum damaligen Zeitpunkt machten die in ostdeutschen Erholungs-, Ferien- und Schulungsheimen bereitgestellten Betten mit knapp 11% nur noch einen unwesentlich größeren Anteil aus als in Westdeutschland (9%). Der weitaus größte Teil des Angebotes entfiel mit 40% bereits auf Hotels, während Gasthöfe, Pensionen und Hotels Garni eine geringere Bedeutung hatten als in Westdeutschland. Bis zum Jahr 1999 setzte sich dieser Trend fort, wobei alle Betriebsarten bedeutende zwei- oder dreistellige Zuwachsraten verzeichnen konnten, die allerdings bei Hotels, Ferienzentren sowie Sanatorien und Kurkrankenhäuser überdurchschnittlich, bei Erholungsheimen, Gasthöfen und Jugendherbergen dagegen unterdurchschnittlich waren. Trotz der bevorzugten Berücksichtigung des Mittelstandes bei der Privatisierung und der staatlichen Förderprogramme hat sich bis Ende der 1990er-Jahre aufgrund der unterschiedlichen gewerblichen Traditionen in beiden Teilen Deutschlands kaum eine kleinteilige Betriebsstruktur entwickeln können. Vielmehr sind die gegründeten Beherbergungsunternehmen häufig von vornherein in größere Ketten oder andere Zusammenschlüsse eingebunden.

Abb. 4: Entwicklung des Beherbergungsmarktes in Ost- und Westdeutschland
         (1993-2000)

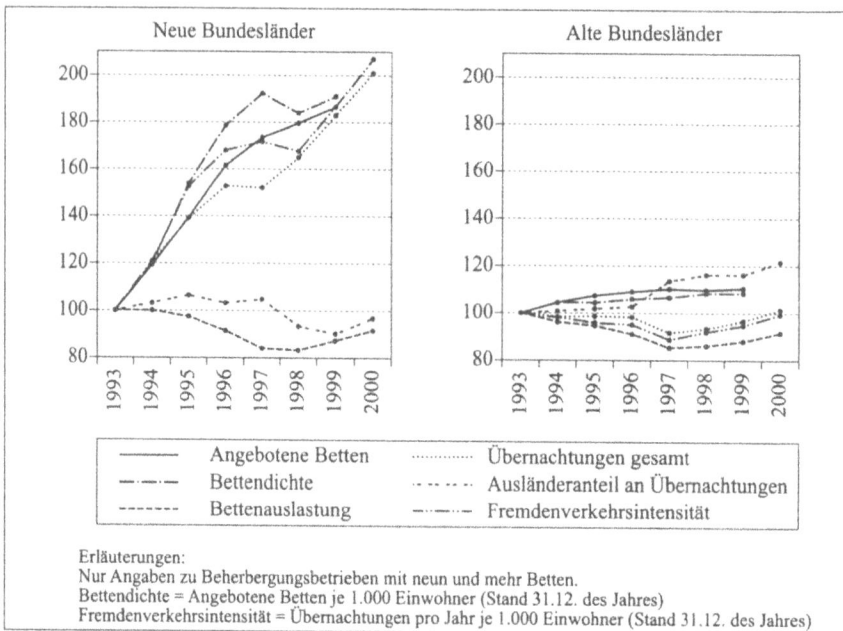

Quelle: Statistisches Bundesamt: Beherbergungsstatistik und Tourismus in Zahlen,
        Jahrgänge 1993-2000

4.2 Nachfragestruktur

Ähnlich wie das Angebot hat sich auch die Nachfrage nach Beherbergungsleistun-
gen in Ostdeutschland seit 1993 positiv entwickelt (vgl. Abb. 4). Die Zahl der
Übernachtungen stieg zwischen 1993 und 1999 um 83% von 29,6 auf 54,1 Mio.
Im Jahr 2000 wurden sogar 59,5 Mio. Übernachtungen gezählt, was einem Zu-
wachs von fast 10% gegenüber 1999 entspricht. Aufgrund der EXPO 2000, die –
außer auf Niedersachsen – auch einen Ausstrahlungseffekt auf Sachsen-Anhalt,
Berlin und andere ostdeutsche Fremdenverkehrsregionen hatte, war dies jedoch ein
Ausnahmejahr, so dass sich die zukünftige touristische Entwicklung eher an den
Werten von 1999 orientieren wird, die daher als Basis für die folgenden Ausfüh-
rungen verwendet werden.

Der jährliche Übernachtungszuwachs betrug zwischen 1993 und 1996 10% bis
20%, erreichte 1997 einen Tiefstand von knapp 2% und konnte bis 1999 erneut auf
11% ansteigen. Damit wuchs die Nachfrage Ende der 1990er-Jahre stärker als das
Angebot, was positive Auswirkungen auf die Bettenauslastung hatte, die zwischen
1993 und 1998 kontinuierlich auf einen Wert von 32,2 % zurückgegangen war und

erst 1999 wieder 33,8% erreichte. Trotz der leichten Trendumkehr bleibt die durchschnittliche Auslastung in ostdeutschen Betrieben hinter derjenigen in Westdeutschland von 36,6% zurück und liegt bereits nah an der Grenze zur Unwirtschaftlichkeit. Die Fremdenverkehrsintensität hat sich ähnlich wie die Bettenintensität weitgehend an die westdeutsche Situation angeglichen. Während sich das Verhältnis der Übernachtungen je Einwohner in Ostdeutschland zwischen 1993 bis 1999 von 1,9:1 auf 3,6:1 deutlich verbesserte, ging die Relation in Westdeutschland von 4:1 auf 3,8:1 zurück.

Abb. 5: Struktur der Beherbergungsstätten in Ostdeutschland (1993 und 1999)

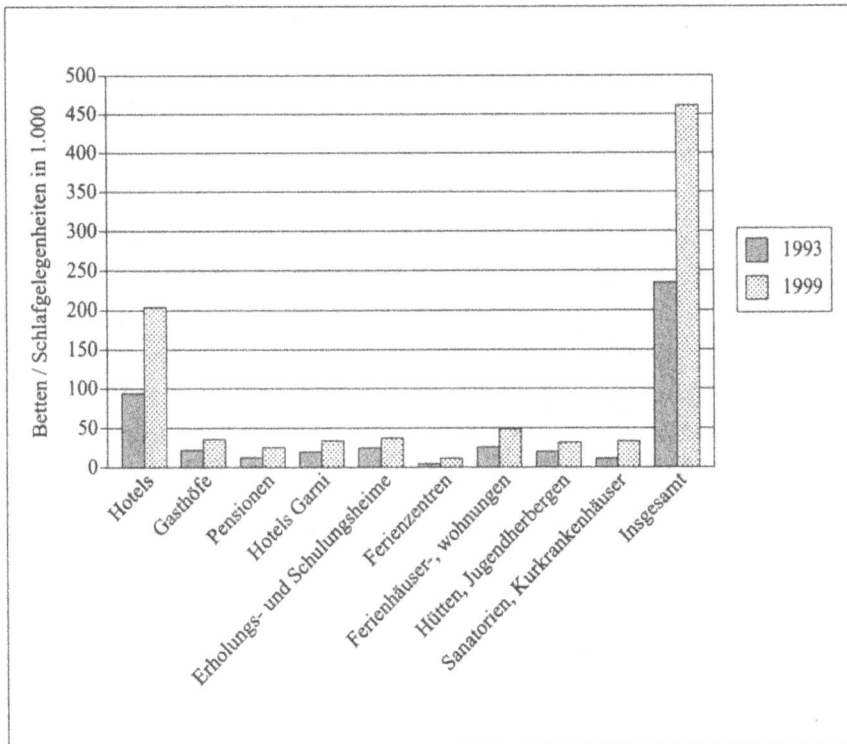

Quelle: Statistisches Bundesamt: Beherbergungsstatistik 1993 und 1999

Der rasanten Entwicklung der Nachfrage in gewerblichen Beherbergungsbetrieben konnte der Campingtourismus nicht folgen. Zwischen 1993 und 2000 stagnierten die Übernachtungen auf einem Niveau von etwa 483.000. Dies führte dazu, dass mittlerweile auf eine Campingplatzübernachtung 12,3 Übernachtungen in gewerblichen Betrieben entfallen, nachdem es im Jahr 1993 noch 6,1 Übernachtungen waren. Die relative Bedeutung des Campingtourismus ist in Ostdeutschland damit rückläufig.

Bezüglich ihrer Herkunft werden die Übernachtungstouristen in der Beherbergungsstatistik nur nach Inländern und Ausländern unterschieden. Mit 89% wird der
größte Teil der Nachfrage nach Übernachtungen in Gesamtdeutschland im Land
selbst erzeugt. Nur in den Großstädten (also auch den Stadtstaaten) und Nordrhein-Westfalen, Rheinland-Pfalz, Baden-Württemberg und Bayern liegt der Ausländeranteil mit bis zu 28% deutlich über dem bundesdeutschen Durchschnitt. In
Ostdeutschland dagegen machen Ausländer lediglich knapp 6% aller Übernachtungsgäste bei geringen Abweichungen unter den ostdeutschen Bundesländern aus.
Die Rangfolge der wichtigsten Herkunftsländer weicht in beiden Teilen Deutschlands nicht allzu sehr voneinander ab (vgl. Abb. 6). Während in Westdeutschland
jedoch einige Herkunftsländer deutlich hervortreten, zeigt sich in Ostdeutschland
ein homogeneres Bild. Außereuropäische Herkunftsländer sind in Ostdeutschland
unterdurchschnittlich, osteuropäische dagegen überdurchschnittlich repräsentiert.

Abb. 6: Übernachtungen ausländischer Gäste nach wichtigsten Herkunftsländern
          in Ost- und Westdeutschland (1999)

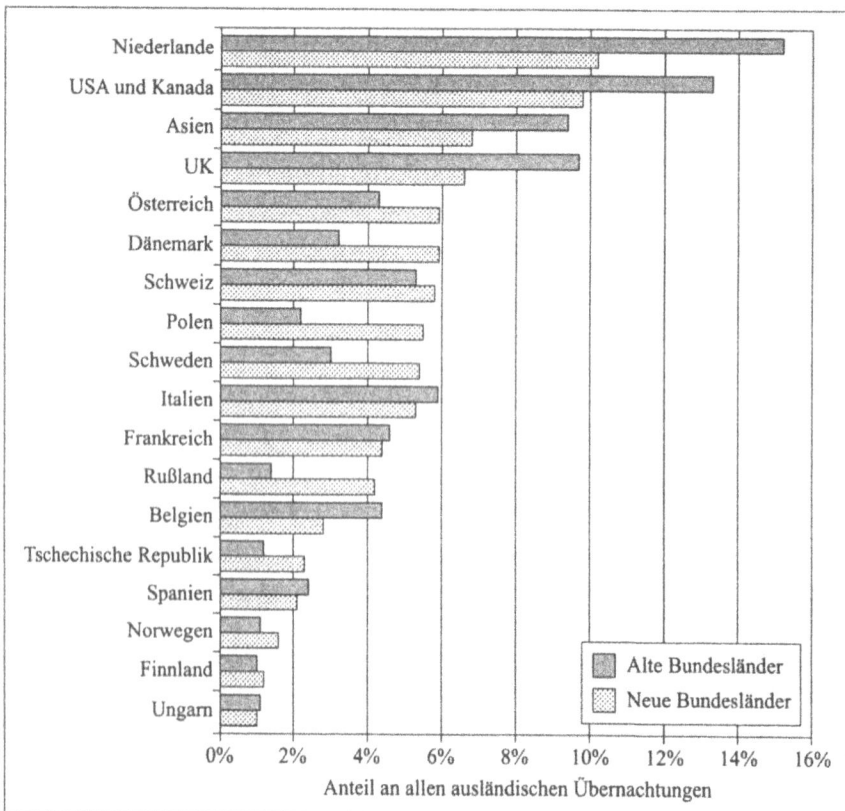

Quelle: Statistisches Bundesamt: Tourismus in Zahlen 2000/2001

Die Inlandsnachfrage nach Urlaubsreisen in Ostdeutschland lässt sich mit Hilfe der ‚Reiseanalyse' weiter differenzieren. Betrachtet man lediglich die Personen, deren Haupturlaubsreise 2000 in die neuen Bundesländer führte, so kamen 55% von ihnen aus Ost- und 45% aus Westdeutschland. Diese scheinbar ausgewogene Relation steht jedoch in einem krassen Missverhältnis zur Bevölkerung in beiden Teilen, nach der 18% in Ost- und 82% in Westdeutschland leben. Somit sind westdeutsche Urlauber in den neuen Bundesländern nach wie vor deutlich unterrepräsentiert. Noch nicht einmal 5% der Westdeutschen verbringen hier ihre Haupturlaubsreise, während es umgekehrt 21% der Ostdeutschen in die alten Bundesländer zieht. Somit ist es bislang nicht ausreichend gelungen, das große Potenzial der westdeutschen Urlauber für die ostdeutschen Zielgebiete zu erschließen.

5 Ausblick

Der Tourismus macht in den neuen Bundesländern mittlerweile insgesamt etwa 3 bis 6% des Bruttosozialproduktes aus und stellt ca. 340.000 Arbeits- und 20.000 Ausbildungsplätze. Diese wirtschaftlichen Wirkungen haben dazu geführt, dass der Tourismus für viele Regionen zu einem Hoffnungsträger für Wachstum und Beschäftigung geworden ist. Die generell positive Entwicklung darf jedoch nicht darüber hinwegtäuschen, dass es nach wie vor erhebliche Disparitäten zwischen den Regionen gibt und sich nur die touristisch attraktiven Gebiete auf dem Reisemarkt behaupten können.

Die geringe Auslastung der Beherbergungsbetriebe verdeutlicht, dass in der Zwischenzeit Überkapazitäten beim Angebot entstanden sind. Daraus ergibt sich ein verschärfter Wettbewerbsdruck, dem nur diejenigen touristischen Produkte standhalten können, die marktgerecht positioniert sind und professionell vermarktet werden. Für die weitere Entwicklung des Reiseziels Ostdeutschland wird die Erschließung neuer Potenziale von zentraler Bedeutung sein, die im wesentlichen in Westdeutschland und im Ausland zu suchen sind. Hier besteht auch mehr als zehn Jahre nach der Wiedervereinigung weiterhin ein großer Bedarf, mit Hilfe von Informations- und Marketingkampagnen bestehende Imagedefizite auszugleichen.

Literatur

ADERHOLD, P. (2001): Die Reiseanalyse RA 2001 – Kurzfassung. Kiel.

ALBRECHT, G. et al. (1991): Erholungswesen und Tourismus in der DDR. In: Geographische Rundschau 43, H. 10, S. 606-613.

BENTHIEN, B. (2000): Tourism in Germany ten years after reunification – problems and results of transformation. In: MAYR, A./TAUBMANN, W. (Hrsg.): Germany ten years after Reunification. (Beiträge zur regionalen Geographie 52). Leipzig, S. 138-146.

FREYER, W./BÄHRE, H. (Hrsg.; 2000): Tourismus in den Neuen Bundesländern 10 Jahre nach der deutschen Wiedervereinigung. Dresden.

GROSSMANN, M. et al. (1990): Reiseabsichten der DDR-Bürger 1990. Berlin/Dresden.

HOPFINGER, H. (2000): Tourismusförderung als Aufgabe der Raumentwicklung. In: Institut für Länderkunde/BECKER, CHR./JOB, H. (Hrsg.; 2000): Nationalatlas Bundesrepublik Deutschland. Bd. 10. Freizeit und Tourismus. Heidelberg/Berlin, S. 118-119.

LOHMANN, M. (1998): Die Reiseanalyse – Sozialwissenschaftliche (Markt-)Forschung zum Urlaubstourismus der Deutschen. In: HAEDRICH, G. et al. (Hrsg.): Tourismus-Management, Tourismus-Marketing und Fremdenverkehrsplanung. Berlin.

SPODE, H. (Hrsg.; 1996): Goldstrand und Teutonengrill – Kultur- und Sozialgeschichte des Tourismus in Deutschland 1945 bis 1989. (Berichte und Materialien des Instituts für Tourismus Nr. 15). Berlin.

Kunstwelten in Freizeit und Konsum: Merkmale – Entwicklungen – Perspektiven

Albrecht Steinecke

In den 1990er-Jahren haben thematisierte Freizeit- und Tourismuseinrichtungen in Deutschland, aber auch weltweit einen Boom erlebt. Zahlreiche weitere Projekte – von Themenparks über Urban Entertainment Center und Hotelressorts bis hin zu Badelandschaften und Indoor-Skianlagen – sind in Planung. Die Dynamik dieses rasch expandierenden Marktes hat auch zu einer intensiven wissenschaftlichen Beschäftigung mit diesem Themenbereich geführt, deren Ergebnisse in mehreren Sammelbänden dokumentiert wurden (vgl. u. a. Thomas-Morus-Akademie 1995; HENNINGS/MÜLLER 1998; RIEDER/BACHLEITNER/KAGELMANN 1998; Künstliche Ferien 1999; STEINECKE 2000).

Dieser Beitrag zieht eine Bilanz der aktuellen Forschungslage und gibt einen Ausblick auf künftige Entwicklungen; dabei stehen folgende Fragen im Mittelpunkt:
- Welche Typen von Einrichtungen gibt es und was sind die generellen Merkmale dieser Kunstwelten, in denen Natur und Geschichte, aber auch Technik und Markenprodukte inszeniert werden?
- Welche gesellschaftlichen und historischen Entwicklungen spiegeln sich in diesen Einrichtungen wider?
- Werden wir künftig nicht nur unsere Freizeit, sondern sogar auch unseren Alltag in solchen Erlebnis- und Konsumwelten[1] verbringen?

1   Merkmale von Kunstwelten

Europa-Park Rust, CenterParcs Lüneburger Heide, Musicaltheater ‚Ludwig II.', CentrO Oberhausen, Autostadt Wolfsburg – diese wenigen Beispiele verdeutlichen die große Bandbreite der neuen Erlebnis- und Konsumwelten. Unabhängig von der Bezeichnung und der spezifischen Angebotsausrichtung handelt es sich jeweils um Mixed-Use-Center – also um komplexe multifunktionale und häufig thematisierte Einrichtungen mit vielfältigen Einzelangeboten, aus denen sich die Konsumenten – wie bei einem Büfett – eine individuelle Mischung nach ihrem aktuellen Bedürfnis

---

[1] In diesem Beitrag werden mehrere Begriffe verwendet, um dasselbe Phänomen zu beschreiben: Der Begriff ‚Kunstwelten' verweist vor allem auf die Tatsache, dass in diesen Einrichtungen zumeist Themen mit Hilfe dramaturgischer Mittel in Szene gesetzt werden (Kulissen, Akteure, Licht- und Geräuscheffekte, ‚Stories'). Der Begriff ‚Erlebnis- und Konsumwelten' bezieht sich vorrangig auf die Funktionen, die die Einrichtungen für die Nutzer haben. Der Begriff ‚Mixed-Use-Center' bezeichnet den infrastrukturellen Charakter dieser Einrichtungen.

selbst zusammenstellen können (Prinzip der Multioptionalität). Diese Mixed-Use-Center sind nicht mehr eindeutig einem Freizeit-, Handels- oder Dienstleistungsbereich zuzuordnen, denn ihr Angebotsspektrum reicht von Kaufhäusern und Restaurants über Kinos und Ausstellungen bis hin zu Hotels, Fahrgeschäften und Aquarien. Zusammenfassend lassen sich die Angebote folgenden Bereichen zuordnen:

- Einkaufsmöglichkeiten,
- Gastronomie,
- Freizeiteinrichtungen,
- Kulturveranstaltungen,
- Sporteinrichtungen,
- Übernachtungsmöglichkeiten usw.

Ihr spezifisches Profil erhalten die Mixed-Use-Center durch die Schwerpunktsetzung in einem dieser Angebotsbereiche, der jedoch immer mit anderen – häufig branchenfremden – Leistungen verknüpft wird (vgl. QUACK 2001; FRANCK/ROTH 2001). Wie in einem Baukastensystem werden dabei zumeist standardisierte Angebote zu einem neuen komplexen Gesamtangebot montiert, das häufig unter einem Dachthema oder in Form thematisierter ‚Welten' auf dem Markt positioniert wird (vgl. Abb. 1). Aufgrund hoher Investitionen bzw. Mieten werden das gastronomische und auch das Einzelhandelsangebot in den Mixed-Use-Centern durch Filialbetriebe national und international agierender Konzerne dominiert.

Abb. 1: Bausteine von Mixed-Use-Centern

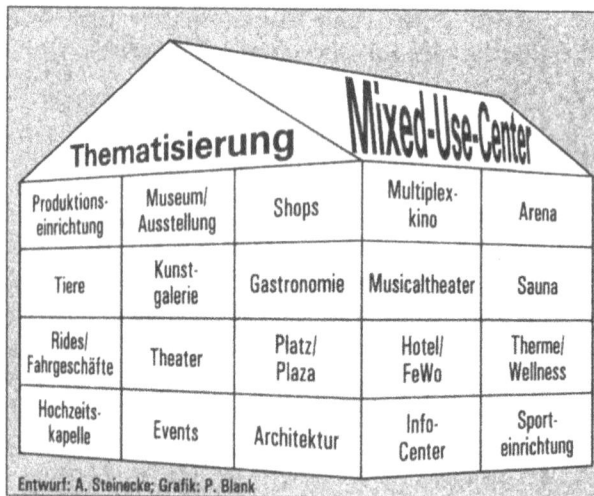

Neben der Multifunktionalität gehört die Erlebnisorientierung zu den zentralen Merkmalen dieser Einrichtungen: Durch Kulissenarchitektur, Musik, Geräusche und Gerüche, aber auch durch Beleuchtungseffekte und Animation wird in den Mixed-Use-Centern eine ungewöhnliche, emotional aufgeladene Atmosphäre geschaffen. Die Konsumenten können kurzfristig in diese thematisierten und (idealerweise) perfekt inszenierten Kunstwelten eintauchen, die in krassem Gegensatz zu der baulich und sozial fragmentierten Alltagswelt der Besucher stehen. Über ihre infrastrukturelle Ausstattung hinaus fungieren die Center als Bühnen für Musik- und Kultur-Events, aber auch für Marketingaktionen der Konsumgüterbranche. Diese Festivalisierung der Mixed-Use-Center sorgt für eine gleichbleibend große Attraktivität und für eine mittelfristige Bindung der Kunden an die Einrichtungen; der Erfolg dieser Strategie spiegelt sich in hohen Anteilen von Wiederholungsbesuchern wider.

Die Erlebnisorientierung stellt zum einen eine Reaktion auf veränderte Ansprüche der Kunden dar: Vor dem Hintergrund eines gleichbleibend hohen Freizeitbudgets und eines wachsenden Wohlstands breiter Kreise der Bevölkerung zeichnet sich in den westlichen Industriegesellschaften ein dauerhafter Trend zu Hedonismus, Individualismus und Erlebnishunger ab (vgl. OPASCHOWSKI 1998). Zum anderen zeigen die Konsumgüter- und Dienstleistungsmärkte zunehmende Sättigungstendenzen: Es gibt von allem viel zuviel. Produkte und Serviceleistungen müssen deshalb einen emotionalen oder praktischen Zusatznutzen aufweisen, um sich von anderen Angeboten zu unterscheiden und über Alleinstellungsmerkmale zu verfügen.

Multifunktionalität, Thematisierung und Erlebnisorientierung kennzeichnen die neuartigen Typen dieser entgrenzten Freizeit-, Konsum-, Kultur- und Sportwelten, die im internationalen Kontext einen erheblichen Boom erleben. Da sie sich in ihren Angeboten teilweise überschneiden, entziehen sie sich weitgehend einer exakten begrifflichen Abgrenzung;[2] allerdings lassen sich generell folgende Typen von Mixed-Use-Centern unterscheiden:

- Urban Entertainment Center:
  typisches Angebot: Shopping Center + Gastronomie + Freizeitangebote
  Beispiele: CentrO, Oberhausen; Potsdamer Platz, Berlin; Maremagnum, Barcelona (Spanien); Forum Shops, Las Vegas (USA); Mall of America, Minneapolis/St. Paul (USA); West-Edmonton Mall (Kanada)

- Themenpark:
  typisches Angebot: themengerecht gestaltete Fahrgeschäfte + Gastronomie + Einzelhandelsgeschäfte + Events + Hotel
  Beispiele: Europa-Park Rust; Phantasialand, Brühl; Disneyland, Anaheim (USA) sowie Filialen in Orlando (USA), Paris (Frankreich), Tokio (Japan); Isla Mágica, Sevilla (Spanien); Port Aventura, Costa Brava (Spanien)

---

[2] vgl. Beitrag BRITTNER zu ‚Feriengroßprojekte und ihre regionalpolitische Bedeutung' in diesem Band

- Ferienpark:
  typisches Angebot: Ferienwohnungen + subtropische Badelandschaft + Gastronomie + Einzelhandelsgeschäfte + Sporteinrichtungen
  Beispiele: CenterParcs Lüneburger Heide; Gran Dorado Heilbachsee/Eifel (und vergleichbare Ferienparks dieser Unternehmen in Deutschland, den Niederlanden und Belgien)

- Wasserpark:
  typisches Angebot: Wasserrutschen + Schwimmbecken + Wellenanlage + Gastronomie + Events
  Beispiele: Wet'n Wild (mit Filialen in den USA, Mexiko und Brasilien); Aqua-Park, Le Bouveret (Frankreich); Segaia Ocean Dome (Japan)

- Indoor-Skianlage:
  typisches Angebot: Skipiste + Skiverleih + Gastronomie + Events
  Beispiele: Allrounder Winter World, Neuss; Alpincenter, Bottrop; Casablanca, Antwerpen (Belgien)

- Arena:
  typisches Angebot: Stadion + Sporteinrichtungen + Gastronomie + Hotel
  Beispiele: KölnArena, Köln; BayArena, Leverkusen; Arena Auf Schalke, Gelsenkirchen; Arena Oberhausen, Oberhausen

- Themenhotel:
  typisches Angebot: themengerecht gestaltete Zimmer + Gastronomie + Einzelhandelsgeschäfte + Shows
  Beispiele: Dorfhotel Fleesensee, Mecklenburg-Vorpommern; Hard Rock Hotel, Bali (Indonesien); Atlantis Hotel (Bahamas); diverse Themenhotels in Las Vegas (z. B. Mirage, The Venetian, Treasure Island, Luxor, Mandalay)

- Themenrestaurant:
  typisches Angebot: themengerecht gestaltete Räumlichkeiten + thematische Gastronomie + Animation + Einzelhandelsgeschäfte (Merchandising-Produkte)
  Beispiele: Hard Rock Café; Planet Hollywood; Rainforest Café; Dive! (jeweils mit zahlreichen Filialen weltweit)

- Musical-Center:
  typisches Angebot: Musical-Aufführung (als Sit-Down-Produktion) + Gastronomie + Hotel + Einzelhandelsgeschäfte
  Beispiele: Stella Erlebniscentrum, Stuttgart; Colosseum, Essen; Neue Flora, Hamburg; Starlight-Express-Theater, Bochum; Musical-Theater ,König Ludwig II.', Füssen

- Multiplex-Kino:
  typisches Angebot: Kinozentrum mit mehreren Leinwänden + Gastronomie + Events
  Beispiele: Kinopolis, Cinemaxx, Cinestar, UCI, Ufa-Theater (jeweils mit zahlreichen Filialen in Deutschland)

- Science Center:
  typisches Angebot: Museum mit experimentellen Elementen (Hands-on-Prinzip) + Informationsvermittlung durch Multimedia-Einsatz + Gastronomie + Events
  Beispiele: Universum Science Center, Bremen; Magna, Rotherham (Großbritannien); Vulcania, Clermont-Ferrand (Frankreich); Micropolis, Aveyron (Frankreich); Cité des Science et de l'Industrie, Paris (Frankreich)

- Brand/Corporate Land:
  typisches Angebot: Präsentation eines Produktes, einer Marke bzw. eines Unternehmens + Museum + Kino + Einzelhandelsgeschäfte + Gastronomie + Besucherinformation
  Beispiele: Autostadt Wolfsburg; Imhoff-Stollwerk-Schokoladenmuseum Köln; Ravensburger Spieleland, Meckenbeuren; Guinness Hop Store, Dublin (Irland)

Diese Aufzählung unterschiedlicher Typen von Mixed-Use-Centern kann nur vorläufigen Charakter haben, da der Markt auf nationaler und internationaler Ebene eine extreme Dynamik aufweist und ständig neue Angebotskombinationen – und damit auch Einrichtungstypen – hervorbringt. Darüber hinaus setzen Mixed-Use-Center hinsichtlich Multioptionalität, Thematisierung und Erlebnischarakter zunehmend auch die Standards für öffentliche und private Einrichtungen im Bereich von Kultur und Freizeit: So entwickeln sich immer mehr Museen, Zoologische Gärten, Parks und Gartenanlagen zu multifunktionalen und erlebnisorientierten Einrichtungen (vgl. STEINECKE 2000).

2 Kunstwelten – Spiegelbilder der Gesellschaft

Der aktuelle Boom der Erlebnis- und Konsumwelten und die öffentliche Diskussion über diese Einrichtungen verstellen den Blick für die Tatsache, dass es sich nicht um Erfindungen des späten 20. Jhs. handelt. Spätestens seit dem 17. Jh. haben dauerhafte Inszenierungen von Themen in Form von künstlich gestalteten Ideallandschaften und/oder kulissenartiger Architektur stattgefunden. Zu diesen frühen Kunstwelten zählen u. a. die französischen Barockgärten des 17. und 18. Jhs., die englischen Landschaftsparks des 19. Jhs., die Weltausstellungen seit Mitte des 19. Jhs., die Modebäder des Fin de Siècle – und (mit Einschränkungen) auch das nationalsozialistische Ferienzentrum Prora auf Rügen.

2.1   Französische Barockgärten des 17. und 18. Jahrhunderts

Vaux le Vicomte und Versailles sind die berühmtesten Beispiele für diese ‚Gärten der Vernunft', wie sie seit jener Zeit bezeichnet werden. Sie waren ein Ausdruck der absolutistischen Macht des Königs: Mit ihnen symbolisierte er die gottgewollte Ordnung, aber auch die Zähmung der Natur sowie die Herrschaft über den Adel. Sie fungierten als architektonisch gestaltete Außenräume, die durch ein regelmäßi-ges Wegesystem mit Plätzen und Sichtachsen an das Schloss als Sitz des Herr-schers angebunden waren. Zum Inventar der Gärten gehörten geometrische Beete und Rasenstücke, niedrige Hecken, Wasserbecken, Labyrinthe, Boskette und Sta-tuen (vgl. BRIX 1998).

Ihre Anlage war mit einer radikalen Umgestaltung der Natur verbunden. Unter Einsatz moderner Vermessungsmethoden wurden sie – häufig von Architekten – als perfekte Kunstwelten geplant und gebaut. Ihre Nutzung war lange Zeit dem König und dem Hofadel vorbehalten: Ihnen dienten sie als Schauplätze des höfi-schen Zeremoniells und als Bühnen für Feste, Feuerwerke, Konzerte sowie Thea-ter- und Opernaufführungen (vgl. DE BAY/BOLTON 2000).

2.2   Englische Landschaftsparks im 19. Jahrhundert

Im 19. Jh. entstanden in England zunehmend Parks, die einen natürlichen Charak-ter haben – mit fließenden Grenzen zwischen Parkanlage und Landschaft. Den zeitgeschichtlichen Hintergrund bildeten die politische Liberalisierung und das Entstehen eines städtischen Großbürgertums im Rahmen der Industrialisierung und des Kolonialhandels. Die scheinbar unberührte Natur geriet zum Freiheitssymbol (‚Gärten der Freiheit'); sie wurde in den Parks mit Hilfe von Solitärbäumen, Baumstreifen, Hainen und Wiesen inszeniert, die durch ein geschlungenes Wege-system miteinander verbunden wurden. Trotz dieses natürlichen Charakters han-delte es sich bei den Landschaftsparks ebenfalls um perfekt konstruierte Kunstwel-ten: Für ihren Bau wurden umfangreiche Geländemodellierungen vorgenommen, in deren Rahmen teilweise ganze Dörfer abgerissen werden mussten.

Die romantische Naturbegeisterung ging einher mit einer Vorliebe für das einfache Landleben, aber auch mit einer Flucht in die Geschichte und in die Exotik. So wurden die Parks mit Stimmungserregern möbliert – z. B. mit ägyptischen Pyra-miden, griechischen Tempeln und gotischen Ruinen, die häufig nur als Kulissenar-chitektur gestaltet wurden (vgl. BUTTLAR 1998). Doch die Inszenierung der Exotik ging noch weiter: Auf der Pfaueninsel bei Berlin wurden im 19. Jh. z. B. auch Bären und Lamas gehalten; auf Wunsch des preußischen Königs bevölkerten ein Riese, zwei Liliputaner, ein Schwarzafrikaner und ein Südseeinsulaner die angeb-lich exotische Insel.

2.3 Weltausstellungen (seit Mitte des 19. Jahrhunderts)

Zu den Vorläufern der aktuellen Erlebnis- und Konsumwelten zählen auch die Weltausstellungen, die seit Mitte des 19. Jhs. in Europa und später auch in Australien sowie in Nordamerika stattfanden. Unter dem Leitbild eines weltweiten zivilisatorischen Fortschritts stand zunächst die Präsentation neuer technischer Produkte und Erfindungen im Vordergrund – von der Nähmaschine über die Schreibmaschine bis hin zu Glühbirnen und Aspirintabletten. Doch bald wurden im Rahmen der Weltausstellungen auch exotische Themenwelten geschaffen, wie z. B. der ägyptische Tempel von Edfu (Paris 1867), eine originalgetreue Straße aus Kairo (Paris 1889) oder ein kongolesisches Dorf samt seinen Bewohnern (Antwerpen 1894).

Darüber hinaus finden sich erste Ansätze von virtuellen Reisen: So konnten die Besucher der Weltausstellung 1900 in Paris in einem ‚Maréorama' eine simulierte Seereise von Villefranche nach Konstantinopel unternehmen (einschließlich salzigem Meerwind und Schiffsbewegungen), außerdem wurden Ballonaufstiege und Fahrten in der Transsibirischen Eisenbahn von Moskau nach Wladiwostok mit Hilfe von Bildprojektoren inszeniert (vgl. TESCHLER 1998). Diese thematisierten Kunstwelten entwickelten sich bereits im 19. Jh. zu hochrangigen touristischen Attraktionen. Speziell die Weltausstellungen in Paris verzeichneten Besucherrekorde: 15 Mio. Besucher im Jahr 1867, 32 Mio. Gäste im Jahr 1889 und über 50 Mio. Besucher im Jahr 1900.

2.4 Modebäder (Fin de siècle)

Am Ende des 19. Jhs. suchte das aufstrebende Großbürgertum (Industrielle, Bankiers, Kaufleute) nach exklusiven Orten der Selbstdarstellung, an denen es den neu erworbenen Reichtum und den wachsenden politischen Einfluss zur Schau stellen konnte. In seiner Orientierung am Lebensstil des Adels suchte es vor allem Kurorte wie Baden-Baden, Karlsbad, Ems etc. auf, die sich rasch zu gesellschaftlichen Treffpunkten entwickelten. Typische Merkmale dieser neuen Kunstwelten waren luxuriöse Palasthotels, Spielbanken, Promenaden, Festsäle, Badehäuser und Trinkhallen.

Der künstliche Charakter dieser Modebäder und ihre Rolle als Bühnen für Großbürgertum und Adel spiegeln sich u. a. in der Tatsache wider, dass häufig berühmte Bühnenbildner aus Paris als Architekten der beeindruckenden Gebäude gewonnen wurden. Besonderer Wert wurde dabei auch auf die Schaffung thematisierter Innenwelten gelegt. Das Konversationshaus in Baden-Baden wurde z. B. mit Hilfe von Kulissen, Gemälden, Pflanzen und Mobiliar in einem orientalischen Dekorationsstil errichtet, der den wirklichen Orient bei weitem übertraf. Bei seinem Besuch in Baden-Baden war Sultan Abdul-Medjid derart beeindruckt, dass er die europäischen Architekten beauftragte, Teile seines Palastes in Istanbul ‚orientalisch' zu gestalten (vgl. STEINHAUSER 1974).

2.5   Prora – ‚Das Seebad der 20.000' (Nationalsozialismus)

Als eine frühe Kunstwelt des 20. Jhs. ist schließlich die Feriengroßanlage Prora zu
nennen, die in den Jahren 1936-1939 auf der Insel Rügen von der nationalsozialistischen Gemeinschaft ‚Kraft durch Freude' errichtet wurde (vgl. ROSTOCK/
ZADNÌÈEK 1992). Das Angebot dieses multifunktionalen Ferienzentrums sollte
neben Unterkünften für 20.000 Urlauber auch zahlreiche Restaurants und Cafés,
eine Tonfilmhalle, eine Seebrücke und eine Schwimmhalle mit Wellenanlage umfassen (Prora wurde zwar errichtet, aufgrund des Zweiten Weltkriegs jedoch nie
als touristische Einrichtung genutzt).

Speziell in dem zentral gelegenen Festplatz und der Festhalle spiegelt sich das
politische Leitbild des nationalsozialistischen Regimes wider: Bei großen Versammlungen sollte den Urlaubern ein Gemeinschaftsgefühl vermittelt werden, hier
sollten sie die angebliche ‚Volksgemeinschaft' (eine scheinbar klassenlose Gesellschaft) persönlich erleben können. Durch die beeindruckende Architektur und
Größe der gesamten Anlage (von 4,5 km Länge) fand eine symbolische Überhö-
hung der Urlaubssituation statt, zugleich signalisierte die architektonische Gestaltung die Unterordnung des Einzelnen unter eine übergeordnete politische Idee.

Der kurze historische Überblick macht deutlich, dass sich in den Kunstwelten
jeweils die zeitgenössischen politischen Paradigmen, die sozioökonomischen Verhältnisse und die gesellschaftlichen Wertvorstellungen widerspiegeln. Neben diesen spezifischen historischen Ausprägungen finden sich bei den Kunstwelten innerhalb der letzten 200 Jahre aber auch übergeordnete Leitbilder und Konstrukti-
onsprinzipien, die im folgenden kurz charakterisiert werden sollen.

3   Leitbilder und Konstruktionsprinzipien von Kunstwelten

Hinsichtlich der Gestaltung der Kunstwelten lassen sich einige grundsätzliche Merkmale feststellen, die im historischen Verlauf immer wieder variiert und teilweise in
Form von Zitaten aufgenommen wurden; dazu zählen die Beherrschung der Natur,
die Schaffung von Illusionen, die Bildung von Mythen, die Nutzung von Symbolen,
die Konstruktion von Ordnung sowie der Einsatz innovativer Technik.

3.1   Die Beherrschung der Natur

Ob Landschaftspark, Weltausstellung oder Brand Land – Kunstwelten sind kulturelle Artefakte, sie basieren auf dem Grundgedanken einer perfekten Beherrschung
der Natur und sie thematisieren diesen Anspruch. Ein eindrucksvoller Beleg für
diese Hybris ist das Vulkan-Thema, das bereits in den Landschaftsgärten des 19.
Jhs. inszeniert wurde. So fanden z. B. im Park von Schloss Wörlitz (Sachsen-
Anhalt) ‚Vesuvausbrüche' statt, bei denen im Inneren eines künstlichen Bergs

Feuer und Rauch produziert wurden und Glassplitter die Lava imitierten (vgl. HOLMES 2001). Künstliche Vulkanausbrüche gehören auch gegenwärtig zum Repertoire von Kunstwelten: Vor dem Hotel ‚Mirage' in Las Vegas werden allabendlich im 30-Minuten-Takt eindrucksvolle Eruptionen ausgelöst (mit einer Mischung aus Gasexplosionen, Wasserfontänen und Lichteffekten); im japanischen ‚Segaia Ocean Dome' können die Badegäste ebenfalls regelmäßig inszenierte Vulkanausbrüche erleben (in einem Land, das ständig von Erdbeben und Flutwellen bedroht ist).

3.2 Die Schaffung von Illusionen

Kunstwelten wollen Traumwelten sein und Gegenwelten zum Alltag darstellen. Die Schaffung von Illusionen kann nur gelingen, wenn alle Verbindungen zum Alltag gekappt werden und eine in sich stimmige neue Welt konstruiert wird. Dazu werden unterschiedliche Instrumente eingesetzt – sie reichen von Kulissenarchitektur über Lichteffekte und Geräusche bis hin zur Animation. So werden z. B. flächenhafte Kunstwelten zur Vermeidung von Illusionsbrüchen durch Bepflanzung und Begrünung gegenüber der Umgebung visuell abgegrenzt.

Diese Methode kommt bereits in den Landschaftsparks im 19. Jh. zum Einsatz. Trotz ihres scheinbar natürlichen Charakters wird die Perspektive durch Büsche und Bäume gezielt gelenkt; auf der Pfaueninsel bei Berlin ist z. B. nur an wenigen Stellen der Blick auf die Havel möglich. Ziel der romantischen Parkgestaltung war die Konstruktion flächenhafter Landschaftsbilder, die teilweise sogar Gemälde nachbildeten. Die visuelle Abgrenzung gegenüber der Umgebung wird auch jeweils im ‚Magic Kingdom' der weltweiten Disneyparks vorgenommen. Als Hilfsmittel dient dabei – neben Bäumen, Büschen und Blumen – auch die Illusionsmalerei.

3.3 Die Bildung von Mythen

Kunstwelten sind mehr als Infrastruktureinrichtungen: Aufgrund ihrer thematischen Ausrichtung erzählen sie Geschichten und sie leben von den Mythen, die in ihnen inszeniert werden. Besonders gute Storyteller sind die Themenrestaurants: Sie erzählen mit dramaturgischen Mitteln spannende Geschichten – von der Macht der Musik (‚Hard Rock Café'), von der Schönheit des Regenwaldes (‚Rainforest Café') oder vom aufregenden Unterwasser-Leben (‚Dive!'). In der Mediengesellschaft des 20. und 21. Jhs. spielt dabei der Starkult eine zentrale Rolle bei der Mythenbildung. Der Wunsch, den Stars aus Film und TV nahe zu sein, wird von der Restaurantkette ‚Planet Hollywood' konsequent genutzt. Die Besucher bekommen den Eindruck, bei den Besitzern – den Schauspielern Arnold Schwarzenegger, Sylvester Stallone und Demi Moore – persönlich zu Gast zu sein. Auf Riesenleinwänden werden laufend Filmsequenzen mit ihnen gezeigt und in Vitrinen werden Kostüme und Requisiten aus ihren Filmen ausgestellt. An der Außenfassade der Restaurants können die Gäste ihre Hände mit den Handabdrücken zahlreicher Hollywood-Stars vergleichen.

3.4 Die Nutzung von Symbolen

Kunstwelten reduzieren ihre Angebotsfülle zumeist auf ein Thema und kommunizieren es in Form eines Symbols. Im 20. Jh. hat Walt Disney dieses Prinzip in seinen Themenparks konsequent angewendet, indem er die zweidimensionalen Figuren seiner Zeichentrickfilme in dreidimensionale Puppen umwandelte. Mickey Mouse, Goofy, Donald Duck und Co. bewegen sich in den Parks als ‚Characters‘, mit denen sich die Besucher photographieren und von denen sie sich Autogramme geben lassen können. In den Themenhotels der Parks sind spezielle ‚Character Breakfasts‘ buchbar, bei denen die Figuren zur Freude der Kinder als Gäste auftauchen.

In der Vergangenheit haben Kunstwelten vor allem die Architektur eingesetzt, um aussagekräftige Symbole für ihre Themen und Ziele zu schaffen. Berühmte Beispiele finden sich bei den Weltausstellungen des 19. und 20. Jhs.: Hier sind der Kristallpalast in London (1851) und der Eiffelturm in Paris (1889) zu nennen, aber auch die hochgradig politisch aufgeladene Architektur der Pavillons des Deutschen Reiches und der Sowjetunion in Paris (1937) sowie das Atomium in Brüssel (1958). In diesen Gebäuden werden die zeitgenössischen baulich-technischen Möglichkeiten, der politisch-historische Zeitgeist und die unterschiedlichen gesellschaftlichen Visionen jeweils symbolhaft verdichtet.

3.5 Die Konstruktion von Ordnung

Kunstwelten basieren jeweils auf einem politischen, ästhetischen und/oder ökonomischen Kalkül, das in einer planmäßigen Anlage der Einrichtung zum Ausdruck kommt. Die Konstruktion einer räumlichen Ordnung kann unterschiedlichen Zielen dienen – z. B. der Demonstration von Macht, der Inszenierung von Natur, der Umsetzung der ‚Volksgemeinschaft‘-Ideologie oder der Schaffung eines Umfeldes für Konsumaktivitäten. In jedem Fall versuchen die Initiatoren der Kunstwelten, das Verhalten und die Wahrnehmung der Nutzer in ihrem eigenen Interesse zu steuern.

Auch im 20. Jh. wurde dabei häufig auf die Grundprinzipien der französischen Barockgärten des 17. und 18. Jhs. zurückgegriffen. So entspricht der Grundriss des ‚Magic Kingdom‘ in den Disney-Themenparks dem Idealplan einer barocken Gartenanlage. Eine Sichtachse (die Main Street) führt auf einen Point de Vue zu (das Cinderella Castle); die Verteilung des Besucherstroms in die einzelnen Themenwelten erfolgt über ein Rondell (ein kreisförmiger Platz mit mehreren radial abzweigenden Straßen). Das Prinzip der barocken Sichtachse findet sich z. B. auch in der Autostadt Wolfsburg (einem Brand/Corporate Land) wieder; hier verläuft die Sichtachse quer durch die Anlage und stellt eine visuelle Verbindung zwischen der Innenstadt und dem Wolfsburger Schloss her.

3.6 Der Einsatz innovativer Technik

Kunstwelten inszenieren Natur, Kultur, Geschichte und/oder Markenprodukte mit Hilfe innovativer (häufig versteckter) Technik als emotional aufgeladenes Erlebnis. Diese Strategie lässt sich am Begriff des ‚Imageneers' recht gut verdeutlichen; das Wort setzt sich aus ‚Imagination' (Vorstellungskraft) und ‚Engineer' (Ingenieur) zusammen. In der Disney Company werden so die ca. 2.000 Experten bezeichnet, die für die Entwicklung neuer Attraktionen und Themenwelten in den Parks zuständig sind. Da es sich dabei häufig um computergesteuerte Figuren (Animatronics) und digitale Kulissen handelt, benötigen die Imageneers sowohl ausgeprägte technische Kenntnisse als auch besondere künstlerische Fähigkeiten.

Der Einsatz innovativer Technik lässt sich allerdings auch in den Kunstwelten früherer Zeiten beobachten: Bei der Anlage der französischen Barockgärten kamen modernste militärische Vermessungsmethoden sowie auch äußerst aufwendige Formen der Wasserzuführung für die zahlreichen Springbrunnen und Wasserbecken zum Einsatz. In den englischen Landschaftsparks des 19. Jhs. wurde der Eindruck von romantischer Naturnähe mit Hilfe zeitgemäßer Technik erzeugt: Die aufwändigen Bewässerungssysteme wurden mit Hilfe von Dampfmaschinen betrieben.

4 Kunstwelten als alltägliche Lebenswelten

Vor dem Hintergrund der historischen Entwicklung von Kunstwelten, deren Anfänge bis in das 17. Jh. zurückreichen, erscheinen die gegenwärtigen Einrichtungen wie Freizeitparks und Multiplexkinos, Themenhotels und Brand Lands als typische Kunstwelten des ausgehenden 20. und beginnenden 21. Jhs. Welche Perspektiven deuten sich für die Zukunft an?

Angesichts eines hohen und stabilen Freizeitbudgets sowie einer extremen Erlebnisorientierung lassen sich speziell in den USA seit einigen Jahren Entwicklungen beobachten, Kunstwelten nicht länger auf den Bereich der Freizeit und des Tourismus zu beschränken, sondern sie als alltägliche Arbeits- und Wohnwelten zu installieren:

- Schaffung thematisierter Siedlungen und Städte:
  Zu den Vorreitern dieser Entwicklung zählt die Disney Company, die im Jahr 1996 die Stadt Celebration (Florida) gründete – eine funktionsfähige Stadt für 20.000 Einwohner. Auf der Basis der architektonischen und planerischen Er-

fahrungen in den Themenparks wurde Celebration als idyllische Kleinstadt in einem historisierenden und romantisierenden Stil errichtet. Als Vorbild fungierten dabei Südstaaten-Städte wie Charleston oder Savannah, deren traditionelle Architektur bei der Konzeption der sechs Haustypen aufgenommen wurden (vgl. ROOST 2000). Dieser Trend zur Schaffung thematisierter Siedlungen ist inzwischen von anderen Projektentwicklern in den USA aufgenommen worden. So bietet die Taylor Woodrow Company in Kalifornien z. B. Siedlungen zum Verkauf an, deren Name Programm ist: Ortsbezeichnungen wie Traditions, Aura, Old Town, Inspiration, Tranquillity etc. signalisieren dabei die jeweilige thematische Ausrichtung. Für jede Neubausiedlung wird darüber hinaus eine spezielle Story formuliert, die den Hauskäufern einen spezifischen Lebensstil und eine (nicht vorhandene) Geschichte des Ortes vermitteln soll.[3]

-   Thematisierte Umgestaltung traditioneller Geschäfts- und Wohnviertel:
    Darüber hinaus lassen sich in den USA Trends beobachten, traditionelle Geschäfts- und Wohnviertel nach dem Vorbild thematischer Kunstwelten im Rahmen von Public-Private-Partnerships zu gestalten und als attraktive Einkaufs-, Freizeit-, Wohn- und Geschäftsquartiere neu zu positionieren. Als ein Beispiel für diese Entwicklung ist das ‚42nd Street Development Project' in New York zu nennen. Mit erheblichen öffentlichen Subventionen und privaten Investitionen wurde dieses Viertel rund um den Times Square in den letzten 20 Jahren zu einem Vergnügungs- und Geschäftszentrum umgebaut, das alle Merkmale eines Urban Entertainment Center aufweist: spezialisierte und thematisierte Einzelhandelsgeschäfte (Disney Store, Warner Studio Store), Themenrestaurants, Hotels, Musical-Theater, Multiplexkinos, Wachsmuseum etc., aber auch zahlreiche Büroflächen (vgl. ROSENFELD 1999). Andere Beispiele für diese Entwicklung sind die Third Street Promenade in Santa Monica (Kalifornien) und die Fishermen's Wharf sowie der Ghiradelli Square in San Francisco (Kalifornien).

Diese Entwicklungen in den USA geben deutliche Hinweise auf die Zukunft der Kunstwelten: Thematisierung und Erlebnisorientierung werden sich künftig nicht mehr auf einzelne Freizeit- und Konsumeinrichtungen beschränken, sondern alltägliche Wohn- und Arbeitswelten erfassen. Dabei wird sich der Trend zur Entgrenzung von Lebensbereichen fortsetzen, der sich in den Erlebnis- und Konsumwelten des 20. Jhs. bereits abzeichnet. Mit ihrer Mischung aus Freizeit-, Konsum-, Kultur- und Sportangeboten stellen sie entgrenzte multifunktionale Einrichtungen dar, in denen vorrangig die Unterhaltungsbedürfnisse von Konsumenten bedient werden. In den thematisierten Quartieren der Zukunft könnten sich aber umfassendere Bedürfnisse und Sehnsüchte der Menschen materialisieren – nach Sicherheit, nach Gemeinschaft und nach Heimat.

---

[3]   vgl. www. taylorwoodrowca.com

Literatur

DE BAY, PH./BOLTON, J. (2000): Gartenkunst im Spiegel der Jahrtausende. München.

BRIX, M. (1998): Französische Gärten. In: SARKOWICZ, H. (Hrsg.): Die Geschichte der Gärten und Parks. Frankfurt a. M./Leipzig, S. 152-172.

BUTTLAR, A. von (1998): Englische Gärten. In: SARKOWICZ, H. (Hrsg.): Die Geschichte der Gärten und Parks. Frankfurt a. M./Leipzig, S. 173-187.

FRANCK, J./ROTH, E. (2001): Freizeit-Erlebnis-Konsumwelten: Trends und Perspektiven für den Tourismus in Deutschland. In: KREILKAMP, E./PECHLANER, H./STEINECKE, A. (Hrsg.): Gemachter oder gelebter Tourismus? Destinationsmanagement und Tourismuspolitik. Schriftenreihe Management und Unternehmenskultur, Bd. 3. Wien, S. 89-99.

HENNINGS, G./MÜLLER, S. (Hrsg.; 1998): Kunstwelten. Künstliche Erlebniswelten und Planung. Dortmunder Beiträge zur Raumplanung, 85. Dortmund.

HOLMES, C. (Hrsg.; 2001): Gartenkunst! Die schönsten Gärten der Welt. München/London/New York.

Künstliche Ferien – Leben und Erleben im Freizeitreservat (1999): Voyage – Jahrbuch für Reise- und Tourismusforschung. Köln.

OPASCHOWSKI, H. W. (1998): Kathedralen des 21. Jahrhunderts. Die Zukunft von Freizeitparks und Erlebniswelten. Hamburg.

QUACK, H.-D. (2001): Freizeit und Konsum im inszenierten Raum. Eine Untersuchung räumlicher Implikationen neuer Orte des Konsums, dargestellt am Beispiel des CentrO Oberhausen. Paderborner Geographische Studien, Bd. 14. Paderborn.

RIEDER, M./BACHLEITNER, R./KAGELMANN, H. J. (Hrsg.; 1998): ErlebnisWelten. Zur Kommerzialisierung der Emotionen in touristischen Räumen und Landschaften. Tourismuswissenschaftliche Manuskripte, Bd. 4. München/Wien.

ROOST, F. (2000): Die Disneyfizierung der Städte. Stadt, Raum und Gesellschaft, Bd. 13. Opladen.

ROSENFELD, M. (1999): 42nd Street Development, New York. In: Ministerium für Arbeit, Soziales und Stadtentwicklung, Kultur und Sport des Landes Nordrhein-Westfalen (Hrsg.): Stadtplanung als Deal? Urban Entertainment Center und private Stadtplanung. Düsseldorf, S. 50-72.

ROSTOCK, J./ZADNIĖEK, F. (1992[2]): Paradiesruinen. Das KdF-Seebad der Zwanzigtausend auf Rügen. Berlin.

STEINECKE, A. (Hrsg.; 2000): Erlebnis- und Konsumwelten. München/Wien.

STEINHAUSER, M. (1974): Das europäische Modebad des 19. Jahrhunderts. In: GROTE, L. (Hrsg.): Die deutsche Stadt im 19. Jahrhundert. Studien zur Kunst des neunzehnten Jahrhunderts, 24. München, S. 95-128.

TESCHLER, C. (1998): Paris 1900. Schlussfeier des 19. Jahrhunderts. In: 150 Jahre Faszination Weltausstellung. Damals Spezial. Stuttgart, S. 36-38.

Thomas-Morus-Akademie (Hrsg.; 1995): Kathedralen der Freizeitgesellschaft. Kurzurlaub in Erlebniswelten. Trends, Hintergründe, Auswirkungen. Bensberger Protokolle, 83. Bergisch Gladbach.

Erhebungsmethoden in der Geographie der Freizeit und des Tourismus

Wilhelm Steingrube

1   Informationsbedarf

Zur Dokumentation, zur Analyse, zur Prognose, zur Marktsegmentierung – für nahezu jedwede Behandlung eines Themas aus dem Bereich Freizeit und Tourismus werden empirische Daten benötigt. Die Erfassung des gesamten Geschehens mit all seinen Struktur- und Verhaltensmerkmalen dient somit nicht etwa der Befriedigung der Sammelleidenschaft von Statistikern, sondern bildet schlicht und einfach den Kern und die notwendige Grundlage einer realitätsbezogenen (wissenschaftlichen) Betätigung in diesem Themenkomplex.

Seit der Wandlung des Tourismusmarktes vom Anbieter- zum Käufermarkt ist die Marktforschung wichtiger denn je. Sie tritt dabei in einer zweifachen Funktion auf: Einerseits zählt die Beschaffung der notwendigen Datengrundlagen zu ihren zentralen Aufgaben, andererseits ist die Marktforschung selbst einer der Hauptnutzer dieser Informationen.

Vordergründig scheint die Erhebung empirischer Daten kein Problem zu sein, denn immerhin bewegen sich die Menschen nicht im virtuellen, sondern im realen dreidimensionalen Raum auf unserem Globus: Die Ausflügler, die Reisenden, die Gäste sind stets mitsamt ihrem Verhalten sichtbar und somit erfass- und zählbar. Doch vor dem Hintergrund der extremen Vielfältigkeit der Erscheinungsformen ergibt sich auch eine ebenso große Bandbreite im Datenbedarf. Benötigt werden Informationen über:
- das Aufkommen (Volumen) – z. B. Anzahl der Reisenden, Ankünfte, Übernachtungen, Charterflughäufigkeiten,
- soziodemographische und ökonomische Strukturmerkmale – z. B. Geschlecht, Alter, Bildungsstand, Sprachkompetenz, Berufs- oder Tätigkeitsgruppe, Einkommensklasse,
- allgemeine Reise- und Aufenthaltsmerkmale – z. B. Verkehrsmittel, Reisegruppengröße, Aufenthaltsdauer, Art der Beherbergungsstätte,
- Aktivitäten und Verhaltensweisen – z. B. Freizeitbetätigungen, Aktionsradien, Konsumverhalten,
- ökonomische Auswirkungen – z. B. Beschäftigtenstruktur, regionalwirtschaftliche Effekte,
- subjektive Meinungen und Motive – z. B. Reisegrund, Bewertung der touristischen Leistungsangebote, Wiederkehrabsichten.

Zur Bereitstellung aller erwünschten Informationen ist die gesamte Bandbreite der wirtschafts- und sozialwissenschaftlichen Erhebungstechniken erforderlich.

2   Erhebungsmethoden

Der Begriff ,Methode' wird im Ausdruck ,Erhebungsmethode' in aller Regel nicht im wissenschaftstheoretischen Sinne verwendet, sondern soll ein planmäßiges Vorgehen und Verfahren umschreiben. Methoden sind somit (auch) Arbeitstechniken.

Die Menge aller eingesetzten Erhebungstechniken kann in zwei verschiedene Vorgehensweisen gegliedert werden:
- das statistische Berichtswesen,
- Verfahren der empirischen Sozialforschung.

Die amtliche Statistik erstreckt sich auf der Grundlage jeweils eigener Statistikgesetze auf alle Bereiche der gewerblichen Wirtschaft. Sie erhebt in regelmäßigen zeitlichen Abständen in standardisierten Verfahren flächendeckend auch Informationen aus dem touristischen Bereich.

Die Vorteile dieses Erhebungsinstrumentariums bestehen in:
- der Genauigkeit, Zuverlässigkeit und Gültigkeit der Daten,
- der Regelmäßigkeit (damit werden Zeitreihenanalysen möglich),
- der Vollerhebung (es werden in aller Regel keine Stichproben gezogen, sondern die jeweilige Grundgesamtheit erfasst).

Die amtliche Statistik weist im Bereich Freizeit und Tourismus allerdings auch Schwächen auf. Als schwerwiegende Nachteile sind anzusehen:
- die zu geringe Informationstiefe,
- die Beschränkung auf das touristische Geschehen (der Freizeitsektor wird nahezu gar nicht erfasst),
- systematische Schiefe bzw. Unvollständigkeit (so z. B. infolge der Acht-Betten-Erfassungsgrenze),
- die Beschränkung auf quantitative Informationen.

Die von der amtlichen Statistik bereitgestellten Daten bilden trotz der angedeuteten Schwächen das Grundgerüst, sie liefern die Eckdaten zur Beschreibung des Geschehens in Freizeit und Tourismus.

Neben dieser offiziellen Datengrundlage führen große Verbände und Organisationen ihre eigenen internen Statistiken (Deutscher Heilbäderverband, Deutscher Hotel- und Gaststättenverband u. a.). Vordergründig ergänzen derartige Statistiken die amtliche, indem sie meistens deutlich differenziertere Informationen enthalten. Doch so ganz nahtlos lassen sich diese unterschiedlichen Quellen nicht zusammenführen, denn

- die Verbandsstatistiken erfassen in der Regel nur die eigenen Mitglieder und
- die Erhebungsmethodik ist unterschiedlich (hinsichtlich Stichtage, Definitionen, Systematiken usw.).

Auf internationaler Ebene gestaltet sich das statistische Berichtswesen sehr unbefriedigend: Internationale Statistiken basieren stets auf nationalen Erhebungen. Die nationalen Grundlagen sind jedoch nicht in jedem Land gegeben und wenn vorhanden, dann sind sie insgesamt nur wenig harmonisiert, d. h. aufeinander abgestimmt. Internationale Vergleichbarkeit ist somit aufgrund der reinen technischen Zusammenführung nur sehr eingeschränkt gewährleistet.

Insofern besteht schon seit langem in der Freizeit- und Tourismusbranche eine allgemeine Unzufriedenheit mit dem zur Verfügung stehenden statistischen Grundgerüst. Die frustrierende Zustandsbeschreibung von LOHMANN (1991) gilt nach wie vor.

Damit ergibt sich für die Beteiligten die Notwendigkeit, die benötigten Daten selbst zu erheben. Diese Aufgabe nehmen schon seit Jahren einige (große) Marktforschungsinstitute wahr. Die Marktforschung setzt das gesamte Spektrum der Techniken der empirischen Sozialforschung ein. In aller Regel werden dabei ‚nur' Stichproben gezogen, doch es könn(t)en mit diesen Techniken auch Vollerhebungen durchgeführt werden. Der damit verbundene zeitliche und materielle Aufwand liegt allerdings außerhalb jeglicher Realisierungsmöglichkeit für den gesamten Wirtschaftszweig und ist angesichts bewährter statistischer Hochrechnungsverfahren auch nicht erforderlich.

Die wichtigsten Verfahren der empirischen Sozialforschung sind
- Beobachtungen,
- Zählungen,
- Kartierungen,
- Befragungen.

2.1   Wissenschaftliche Beobachtung

Die meisten wissenschaftlichen Beobachtungsverfahren sind qualitativ angelegt, sie liefern somit keine quantifizierbaren Ergebnisse. Lediglich die beiden Sonderformen ‚Zählungen' und ‚Kartierungen' bieten quantitative Daten.

Die Tourismusforschung nutzt seit vielen Jahrzehnten Beobachtungsverfahren zur Erfassung des Verhaltens auf Reisen. Die ersten Studien initiierte der Studienkreis für Tourismus (Starnberg); seine Arbeiten zum Verhalten deutscher Urlauber am Strand waren richtungsweisend (insbesondere durch die Ausführungen von RIEGER in den Jahren 1962 und 1964 gewann diese Technik rasch an Bedeutung; hier zitiert nach MUNDT 1998, S. 204).

Mittlerweile ist eine Vielzahl von Beobachtungstechniken entwickelt worden. Die Menge der Verfahren lässt sich systematisch in jeweils einer binären Gegenüberstellung in verschiedene Arten differenzieren. Allerdings erscheint die Unterscheidung in ‚natürliche' und ‚künstliche' Beobachtungssituationen für den Bereich Freizeit und Tourismus irrelevant, da hier stets natürliche und keine Laborsituationen gegeben sind. In Abb. 1 sind deshalb nur jene Beobachtungsarten zusammengestellt worden, die im Bereich von Freizeit und Tourismus zum Tragen kommen (vgl. hierzu ausführlicher KROMREY 2000, S. 326ff.)

Abb. 1: Arten sozialwissenschaftlicher Beobachtungsverfahren

Beobachtungsverfahren:	
offene teilnehmende strukturierte (systematische)	verdeckte nicht teilnehmende nicht strukturierte (unsystematische)

Quelle: KROMREY 2000, S. 326f.

Jede Beobachtungsart weist spezifische Vor- und Nachteile auf, die nur zum Teil durch Kombinationen ausgeglichen werden können:

-   Offene Beobachtungsverfahren bringen es zwangsweise mit sich, dass damit die Gesamtsituation sowie das soziale Geschehen beeinflusst werden und möglicherweise andere Verhaltensweisen auslösen. Die verdeckte Vorgehensweise ist demgegenüber nicht-reaktiv, die betroffenen Personen verändern ihr Verhalten nicht. Ein verdecktes Vorgehen lässt sich jedoch nicht in allen Situationen (technisch) realisieren und die anschauliche Umschreibung als „Schlüssellochmethode" (DIEKMANN 1998, S. 470) charakterisiert bereits ihre zugrunde liegende forschungsethische Problematik.

-   Die teilnehmende Beobachtung wird sich ebenfalls (insbesondere innerhalb fremder Kulturen) auf das Geschehen auswirken. Insofern scheint eine Kombination mit der verdeckten Vorgehensweise vielfach angebracht, womit sich eine Methode ergibt, die in der Bezeichnung ‚Spionage- oder Undercover-Methode' unmittelbar verständlich wird. Doch eine Realisierung dieser Form wird nur selten möglich sein. Die nicht-teilnehmende Beobachtung ist allerdings auch nicht in jedem Fall angebracht: Sie kann leicht zu Fehleinschätzungen und Überinterpretationen führen, weil die hinter den sichtbaren Verhaltensweisen stehenden Motive nur durch mündliche Kommunikation bzw. intensives Literaturstudium in Erfahrung gebracht werden können. Je ‚fremder' die Verhaltensweisen dem Beobachter sind, umso größer gestaltet sich diese Gefahr der Fehldeutung des Gesehenen.

- Um die Objektivität und Zuverlässigkeit der Beobachtung zu erhöhen, neigen viele Institute dazu, mit einem strukturierten Beobachtungsschema Informationen aufzunehmen. Hierbei ist jedoch zu bedenken, dass die hypothesengeleitete Strukturierung leicht zu einer zu stark selektiven Wahrnehmung führen kann. Die manchmal gewünschte oder erforderliche Offenheit für sämtliche Informationen bietet nur eine unsystematische Beobachtung.

Somit muss man bei der Auswahl des Verfahrens auf die konkrete Aufgabenstellung bezogen entscheiden, welche Charakteristika wie hoch zu bewerten sind.

2.2   Zählungen und Kartierungen

Im Gegensatz zu den ‚normalen' Beobachtungen ist es das explizite Ziel von Zählungen, quantifizierbare Daten zu liefern. Zählungen können zwar auch auf einer rein technischen Ebene realisiert werden, so beispielsweise mit Fotozellen oder Impulszählern, die Bewegungshäufigkeiten an einer ganz bestimmten Stelle (auf der Straße, auf Trampelpfaden, am Strand usw.) erfassen sollen. Doch in aller Regel werden Zählungen durch Personen durchgeführt, die ganz bestimmte Sachverhalte nicht nur beobachten, sondern auch quantitativ erfassen. Deshalb handelt es sich bei Zählungen, ebenso wie auch bei Kartierungen, um ‚dokumentierte Beobachtungen', also um eine spezifische Art der Aufzeichnung beobachteter Sachverhalte.

Für die technische Registrierung der beobachteten Häufigkeiten können am Erhebungsort ganz unterschiedliche Hilfsmittel eingesetzt werden:
- mechanische (Hand-)Zählgeräte,
- vorbereitete Formulare, in die Häufigkeiten eingetragen werden,
- Diktiergeräte, auf die die Häufigkeiten gesprochen werden,
- optische Aufzeichnungsgeräte (Camcorder) für extrem stark frequentierte Zählstellen, damit zu einem späteren Zeitpunkt die Häufigkeiten ‚in Ruhe' ausgezählt werden können.

Kartierungen sind allerdings nicht nur durch eine spezifische Art der Aufzeichnung charakterisiert, sondern die Vorzüge dieser Technik liegen eigentlich mehr im Bereich der Aufbereitung ermittelter Ergebnisse: Als Veranschaulichungshilfe verfügen Karten über einen nicht zu unterschätzenden erkenntnisfördernden Charakter.

2.3   Befragungen

Befragungen sind die am häufigsten eingesetzte sozialwissenschaftliche Erhebungsmethode. Beobachtungen, Zählungen und Kartierungen können nämlich nur sichtbare Sachverhalte erfassen; werden jedoch Informationen über subjektive

Beweggründe, Meinungen und Bewertungen benötigt, die jeweils hinter den Aktivitäten und Verhaltensweisen stecken, so ist man auf die aktive Mitarbeit der Betroffenen angewiesen. Nicht sichtbare Informationen können nur durch Befragungen ermittelt werden. Das Spektrum der Befragungstechniken ist mittlerweile sehr differenziert ausgeprägt. In Abb. 2 sind wiederum nur die für den Freizeit- und Tourismussektor relevanten Formen ausgewiesen.

Abb. 2: Formen der Befragungstechniken

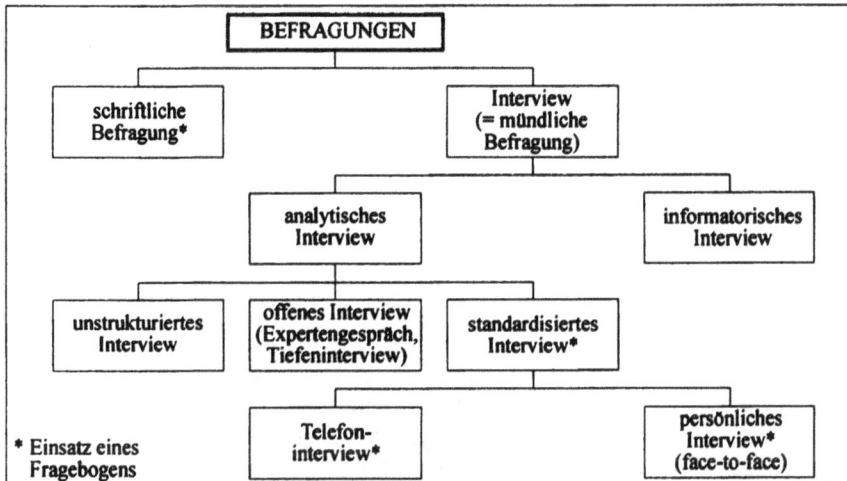

Quelle: Eigener Entwurf

Befragungen können sowohl in schriftlicher Form als auch als mündliches Interview (face-to-face) durchgeführt werden. Die schriftliche Befragung ist die traditionelle Form der Erhebung. Sie lässt vergleichsweise wenig Spielraum für unterschiedliche Varianten, sie ist stets voll durchstrukturiert und bietet in der damit gegebenen standardisierten Form ein hohes Maß an Durchführungsobjektivität.

Das Interview hingegen ermöglicht eine Vielzahl an Varianten, die auch in ganz unterschiedlichen Phasen eines Untersuchungsverlaufes eingesetzt werden können. So wird das informatorische Interview oftmals in der Einstiegsphase genutzt, um sich in eine bestimmte Thematik einzuarbeiten, während die analytischen Formen vertiefende Informationen erbringen sollen.

Die Strukturierung des Gespräches bildet das entscheidende Differenzierungskriterium: Unstrukturierte Interviews weisen den geringsten Formalisierungsgrad auf, während den offenen Formen in aller Regel bereits ein Leitfaden zugrunde liegt und die standardisierten Interviews vollständig durchstrukturiert und vorgegeben sind.

Diese standardisierte Form kann sowohl in ‚Face-to-face-Form' als auch – deutlich unpersönlicher – als Telefoninterview geführt werden. Die Technik der Telefoninterviews (CATI = computerassistiertes Telefoninterview) hat ihren Ruf als ‚Quick-and-dirty-Methode' mittlerweile verloren; die Mehrzahl aller Erhebungen wird in dieser Form realisiert. In Regionen mit hoher Telefon-Netzdichte gibt es kaum noch erhebungstechnisch bedingte (systematische) Verzerrungen.

Je nach Strukturierungsgrad gelten bestimmte Befragungsformen als eher qualitatives (so z. B. informatorische Interviews und Expertengespräche) oder als doch mehr quantitatives Verfahren. Die insbesondere für quantitative Informationen notwendige Standardisierung wird in aller Regel durch die Verwendung eines Fragebogens erreicht. Die Fragebogentechnik ist inzwischen sehr weit entwickelt. Hinweise zum Entwurf und zum Einsatz von Fragebögen können deshalb nahezu jedem Standardlehrbuch zur empirischen Sozialforschung entnommen werden (als empfehlenswert seien hier DIEKMANN (1998), SCHNELL/HILL/ESSER (1999) und KROMREY (2000) genannt).

2.4   Panelerhebungen

Die touristische Marktforschung wird von Querschnittserhebungen dominiert: Regelmäßig oder nur episodisch wird eine Vielzahl von Personen befragt; die Zusammensetzung der Gruppen wird dabei jedes Mal neu gestaltet. Im Ergebnis erhält man Zustandsinformationen für einen bestimmten Zeitpunkt.

Für Aufgabenstellungen, die in irgendeiner Weise den sozialen Wandel tangieren, werden nicht nur Bestandsgrößen, sondern Längsschnittdaten benötigt, mit denen ‚Ströme' (d. h. Zustandsveränderungen) erfasst werden können.

Durch eine Wiederholung der Erhebung zu verschiedenen Zeitpunkten kann man komparativ-statisch arbeiten und damit eine gewisse zeitliche Komponente einbringen. Um eine wirkliche Längsschnittanalyse handelt es sich allerdings erst dann, wenn auch die Erhebungsgruppe identisch bleibt. Untersuchungen, bei denen dieselben Probanden über einen längeren Zeitraum hinweg mehrfach befragt werden, bezeichnet man als Panelerhebungen. Wegen des notwendigerweise langen Zeitraumes, den solche Erhebungen benötigen, und wegen des damit verbundenen Aufwandes bildet diese Methode allerdings eher die Ausnahme.

Im Bereich der Konsumforschung werden von wenigen großen Marktforschungsinstituten Panelerhebungen durchgeführt. Da Konsumforschung sehr breit angelegt sein muss und der Stellenwert des (Lebens-)Bereiches Freizeit und Tourismus beständig gewachsen ist, werden (gelegentlich) auch Aspekte aus diesem Sektor erfasst. So hat mittlerweile die ‚ACNielsen Werbeforschung S+P GmbH' das Reiseverhalten in ihr Konsumentenpanel, das mit 6.000 Haushalten arbeitet, aufgenommen (vgl. hierzu BRINCKEN 1998).

Die weitreichenden Analysemöglichkeiten, die Panelerhebungen bieten, wurden von BECKER (1998) in einem Pilotprojekt mit Reisebiographien aufgezeigt.[1]

3   Vorhandene Datengrundlagen

Vor dem Hintergrund der extrem großen Bandbreite der Freizeit- und Tourismusformen sowie den damit einhergehenden Anforderungen an die Datengrundlage überrascht es nicht, dass es keinen zentralen Datenpool gibt, der allen Wünschen gerecht wird.

Sofern man allerdings nicht mit diesem allumfassenden Anspruch auftritt, sondern ,nur' Informationen für eine bestimmte Fragestellung mit einem klaren Anforderungsprofil sucht, zeigt sich, dass es doch eine ganze Reihe von Informationsquellen gibt, die jeweils mit eigenen Erhebungsformen und -instrumenten einen durchaus guten Fundus an Daten bereitstellen können (vgl. Abb. 3).

Die Rahmendaten und die touristischen Eckwerte werden durch die amtliche Statistik geliefert. Sie basiert heute eigentlich nur noch auf den Daten der Beherbergungsstatistik, die ausschließlich Betriebe im Inland erfasst (sie gibt also Auskunft über den Inlandstourismus).

Die immer wieder diskutierte systematische Erfassungslücke der Beherbergungsstatistik (Berichtspflicht erst für Betriebe ab neun Betten) wirkt sich auf den verschiedenen räumlichen Betrachtungsebenen sehr unterschiedlich aus: Auf nationaler Ebene handelt es sich um eine durchaus vernachlässigbare Schwäche, auf regionaler Ebene hingegen wird sie schon sehr unterschiedlich wirksam und auf lokaler Ebene können dadurch ganz erhebliche Verzerrungen auftreten.

Rheinland-Pfalz ist das einzige Bundesland, das Daten über die Kleinbetriebe auch nach 1980 durchgängig erhoben hat und erhebt. In den anderen Bundesländern gibt es Bestrebungen, diese statistische Erhebungslücke wieder zu schließen. So bereitet beispielsweise Mecklenburg-Vorpommern mit Hilfe eines neuen Statistikgesetzes die Berichtspflicht der Kleinbetriebe für das Jahr 2002 vor.

Die übrigen Statistiken können für spezielle Fragestellungen durchaus hilfreiche Informationen liefern (knappe Beschreibungen einzelner Statistiken finden sich im jährlich erscheinenden Berichtsheft ,Tourismus in Zahlen' des Statistischen Bundesamtes; vgl. z. B. Statistisches Bundesamt 2001). Doch generell sind die anderen Statistiken dadurch gekennzeichnet, dass sie nur wenig differenziert auf den Bereich Freizeit und Tourismus eingehen. Somit liefern sie in aller Regel allenfalls Rahmendaten oder Orientierungswerte.

---

[1]   vgl. Beitrag BESEL/HALLERBACH zu ,Touristische Großerhebungen' in diesem Band

Abb. 3: Ausgewählte Datenquellen

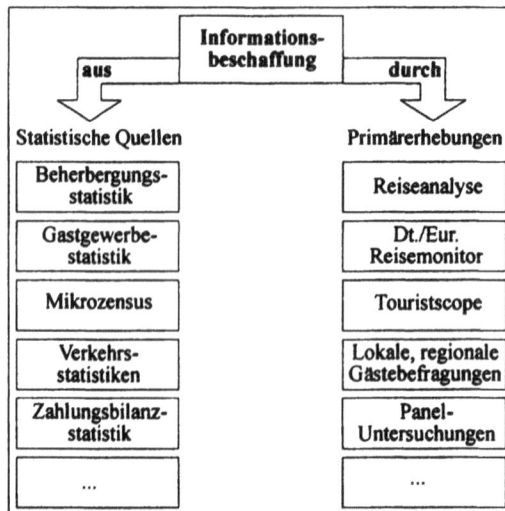

Informations-beschaffung		
aus		**durch**
Statistische Quellen		**Primärerhebungen**
Beherbergungs-statistik		Reiseanalyse
Gastgewerbe-statistik		Dt./Eur. Reisemonitor
Mikrozensus		Touristscope
Verkehrs-statistiken		Lokale, regionale Gästebefragungen
Zahlungsbilanz-statistik		Panel-Untersuchungen
...		...

Quelle: Eigene Darstellung

Als Primärerhebungen werden für den Bereich Freizeit und Tourismus etliche Großerhebungen regelmäßig durchgeführt. Dabei handelt es sich stets um repräsentative Befragungen. Die wichtigsten — wie beispielsweise die traditionsreiche ,Reiseanalyse' oder der jeweils sehr aktuelle, dafür aber extrem teure ,Reisemonitor' – werden im Beitrag von BESEL/HALLERBACH detailliert beschrieben.

Ergänzt werden diese bundesweiten Erhebungen durch die Vielzahl der jeweils regional und lokal durchgeführten Gästebefragungen, die eine Fülle von sehr aufschlussreichen Detailinformationen liefern (vgl. DATZER/GRÜNKE 1998). Doch nachteilig wirkt sich bislang aus, dass diese Gästebefragungen in aller Regel untereinander nicht vergleichbar sind. Die Fragenkataloge weichen voneinander ab, die Erhebungsmethodik variiert und oftmals sind nicht einmal innerhalb der einzelnen Destinationen Zeitreihenauswertungen möglich, weil die Befragungen jeweils neu konzipiert worden sind. Bestrebungen zu einer größeren Vereinheitlichung und damit besseren Vergleichbarkeit der Ergebnisse laufen allerdings bereits.

4   Fazit

So vielschichtig, breit gefächert und durch die wachsende Individualisierung im Verhalten nahezu atomisiert sich die Nachfrage in der Freizeit- und Tourismusbranche präsentiert, so umfangreich erweist sich auch der Datenbedarf zur (wissenschaftlichen) Analyse, Marktbeschickung und Produktentwicklung. Die Techniken zur Erhebung der relevanten Informationen sind im Prinzip vorhanden.

Wenn dennoch die bestehenden Datenpools insgesamt als unbefriedigend zu bezeichnen sind, so ist das (schlicht und einfach) eine Konsequenz des nicht ausreichenden personellen und finanziellen Einsatzes zur Beschaffung dieser Daten. Als generelle Probleme sind derzeit (immer noch) folgende Punkte anzuführen:

- In vielen Bereichen bestehen neben definitorischen auch erfassungstechnische Abgrenzungs- oder Zuordnungsprobleme.

- Die statistischen Quellen liefern Daten mit (allerdings bekannten) Schiefen; hierzu zählen insbesondere die ‚Abschneideregel‘ in der Beherbergungsstatistik und die Nichterfassung von Naherholung/Ausflugsverkehr.

- Die Retrospektive dominiert, weil die meisten Daten abgelaufene Prozesse und damit auch nur die realisierte Nachfrage erfassen.

- Fast alle durchgeführten Analysen weisen eine Querschnittsorientierung auf, Paneluntersuchungen liegen kaum vor.

Die amtliche Statistik stellt in Deutschland einen (allerdings eher mageren) Rahmen mit Grunddaten zur Beschreibung des touristischen Geschehens zur Verfügung, der größere Teil der benötigten Informationen wird von Marktforschungsinstituten erhoben. Diese bedienen sich dabei der traditionellen Techniken der empirischen Sozialforschung, sie beobachten und befragen die Akteure.

Eben diese Marktforschung ist es dann auch, die ihre eigenen Daten mit den Eckwerten der amtlichen Statistik verknüpft, um darauf aufbauend beispielsweise den Gesamtmarkt zu differenzieren (segmentieren). Diese Verfahren zur Segmentierung werden laufend verfeinert, wodurch wiederum ein steigender Bedarf noch detaillierterer Informationen entsteht.[2] Die Marktforschung gilt als unersättlicher 'Datenfresser' und die Informationsbeschaffung bleibt damit ein Wachstumsmarkt. Vordergründig wächst dadurch nur das Volumen der erforderlichen Informationen, doch im Detail zeigt sich, dass auch die Erhebungstechniken beständig verfeinert werden, um zielgerichteter eingesetzt zu werden.

Literatur

BECKER, CHR. (1998): Reisebiographien. In: HAEDRICH, G. et al. (Hrsg.): Tourismus-Management. Berlin/New York, S. 195-204.

---

[2] vgl. Beitrag HALLERBACH zu ‚Marktsegmentierung und der Trend zum hybriden Urlauber‘ in diesem Band

BRINCKEN, C. van den (1998): Marktforschung im Tourismus: Der Single-Source-Ansatz als innovatives Instrument zur Messung von Marktdaten im Tourismus. In: HAEDRICH, G. et al. (Hrsg.): Tourismus-Management. Berlin/New York, S. 169-185.

DATZER, R./GRÜNKE, C. (1998): Gästebefragungen. In: HAEDRICH, G. et al. (Hrsg.): Tourismus-Management. Berlin/New York, S. 205-217.

DIEKMANN, A. (1998^4): Empirische Sozialforschung. Grundlagen, Methoden, Anwendungen. Reinbek.

HAEDRICH, G. et al. (Hrsg.; 1998^3): Tourismus-Management. Berlin/New York.

KROMREY, H. (2000^9): Empirische Sozialforschung. Opladen.

LOHMANN, M. (1991): Was sollte die amtliche Statistik für die touristische Verhaltens- und Meinungsforschung leisten? In: Statistisches Bundesamt (Hrsg.): Tourismus in der Gesamtwirtschaft. Forum der Bundesstatistik, Bd. 17. Stuttgart, S. 79-89.

MUNDT, J. (1998): Einführung in den Tourismus. München/Wien.

SCHNELL, R./HILL, P./ESSER, E. (1999^6): Methoden der empirischen Sozialforschung. München.

Statistisches Bundesamt (2001): Tourismus in Zahlen 2000/2001. Stuttgart.

Wirtschaftsfaktor Tourismus: Berechnungsmethodik und Bedeutung

Bernhard Harrer

1 Methodische Grundlage

Die Ermittlung der wirtschaftlichen Bedeutung der verschiedenen touristischen Marktsegmente ist unverzichtbar für eine zielgerichtete Tourismuspolitik und eine erfolgreiche Lobbyarbeit auf allen regionalen Ebenen (von den einzelnen Städten und Gemeinden bis zur Bundesebene). Die Erfassung des Nachfrageumfanges der unterschiedlichen Zielgruppen und deren Tagesausgaben setzt eine methodisch fundierte Vorgehensweise voraus. Die Berechnungen müssen auf verlässlichen Daten basieren. Methodisches Vorgehen, notwendige Quellen sowie Ergebnisse für Deutschland insgesamt werden im folgenden Artikel dargestellt.

Theoretisch gibt es zwei verschiedene Herangehensweisen zur Ermittlung des ökonomischen Stellenwertes des Tourismus: Erhebungen über die Angebots- oder über die Nachfrageseite.

1.1 Angebotsseitige Erhebungen

Ziel dieser Methode ist die Erfassung der touristisch bedingten Einnahmen aller Unternehmen in einer Region. Erfahrungen aus verschiedenen Studien[1] haben allerdings gezeigt, dass regionalspezifische Analysen über die Anbieter touristischer Leistungen wenig praktikabel sind. Ausschlaggebend für diese Einschätzung sind vor allem folgende Aspekte:

- Die Tourismusbranche ist eine klassische Querschnittsbranche. Der Tourismus wird also nicht als eigenständiger Wirtschaftszweig (wie z. B. Gastgewerbe, Baugewerbe, Handel) ausgewiesen.

- Die touristischen Umsätze können nicht eindeutig identifiziert werden, da bei den Unternehmen weitgehend eine Unkenntnis über die Kundenstruktur besteht. Der Endabnehmer der Produkte ist vielfach nicht bekannt, so dass der Unternehmer die Umsätze nur schwer der Tourismuswirtschaft zuordnen kann. Hier wäre man weitgehend auf grobe Schätzungen angewiesen.

---

[1] vgl. hierzu u. a. die Grundlagenstudie im Auftrag des Sächsischen Staatsministeriums für Wirtschaft und Arbeit (Hrsg.; 1998): Wirtschaftsfaktor Tourismus in Sachsen. Gegenüberstellung angebots- und nachfrageseitiger Erhebungen auf Landesebene und am Beispiel ausgewählter Fremdenverkehrsgebiete. (Studien, H. 14). Dresden.

- Bei telefonischen, schriftlichen oder persönlichen Befragungen der Betriebsinhaber besteht in der Regel keine große Auskunftsbereitschaft über Betriebsinterna. Es gibt keine Auskunftspflicht.

- Für mögliche Erhebungsarbeiten existieren keine kompletten Adressdateien oder Strukturwerte für die relevanten Branchen als Basis für eine systematisch angelegte Stichprobe (z. B. Freie Berufe) mit Möglichkeiten zur Gewichtung. Eine Vollerhebung ist auf Grund der Vielzahl an Unternehmen nicht möglich.

- Die Umsätze werden in der Regel beim Haupterwerbszweig erfasst. Eine Trennung nach Geschäftsbereichen wird in den amtlichen Statistiken nicht durchgeführt. So werden die Umsätze eines Kaufhaus-Restaurants dem Handel zugerechnet.

- Für die Regionalisierung der Unternehmensumsätze fehlen vielfach die notwendigen Rahmendaten. Diese Tatsache trifft insbesondere bei den Vorleistungsverflechtungen zu. Zwar liegen manchmal detaillierte Kundenlisten vor, eine zielgerichtete Auswertung wird aber vielfach abgelehnt. Bei den amtlichen Rechenwerken kommt die Geheimhaltungsproblematik auf kleinräumiger Ebene hinzu.

- Auch wenn die touristischen Umsätze mit ausreichender Genauigkeit erfasst werden könnten, ergäben sich Probleme hinsichtlich der Gegenüberstellung mit den Gesamtumsätzen. In der Umsatzsteuerstatistik als einziger Bezugsquelle
  - werden nur Betriebe mit einem Jahresumsatz von über 16.620 € erhoben,
  - schlagen die Umsätze nur am Firmenhauptsitz zu Buche[2] und
  - kommt es zu zeitlichen Verzögerungen bei der Datenermittlung.

Aus diesen vielschichtigen Problemen lässt sich eine klare Konsequenz ableiten: Die Ermittlung der wirtschaftlichen Bedeutung des Tourismus kann auf regionaler Ebene nur nachfrageseitig ermittelt werden. Die angebotsseitige Berechnungsmethode ist bestenfalls auf nationaler Ebene anwendbar. Allerdings ist man hier auf zahlreiche Schätzungen angewiesen, die meist zu einer deutlichen Überzeichnung des touristischen Stellenwertes führen. Als Beispiele für eine angebotsseitige Analyse sind die Studien des World Travel & Tourism Council (WTTC)[3] oder des Deutschen Institutes für Wirtschaftsforschung (DIW)[4] anzuführen.

---

[2] So werden in der Umsatzsteuerstatistik beispielsweise die Umsätze in einem Hotel der Maritim-Gruppe nicht dem jeweiligen Standort zugerechnet, sondern dem Firmensitz in Bad Salzuflen.

[3] WTTC (Hrsg.; 1993): Travel & Tourism. A new economic perspective. (The 1993 WTTC Report-Research Edition). Brüssel.

[4] DIW (Hrsg.; 1999): Wirtschaftsfaktor Tourismus. Berlin.

1.2   Nachfrageseitige Erhebungen

1.2.1   Erhebungssystematik

Ziel dieser Methode ist die Erfassung der Ausgaben von Touristen in einer Region.
Bei der Datenrecherche sind sowohl originäre Primärerhebungen (z. B. Ausgaben-
strukturuntersuchungen, Repräsentativbefragungen zum Tagestourismus) als auch
Auswertungen aus sekundärstatistischen Datenquellen hilfreich. Die Vorgehensweise ist zielgruppenabhängig und grundsätzlich muss zwischen Tages- und Übernachtungsgästen unterschieden werden.

- Analyse des Tagestourismus:
  Amtliche Statistiken über dieses wichtige Marktsegment sind nicht vorhanden.
  Zählungen bzw. Zielgebietsbefragungen können – wenn überhaupt – nur mit
  unvertretbar hohem Aufwand flächendeckend repräsentativ angelegt werden;
  sie sind daher kaum einsetzbar. Aus diesem Grunde wurde von den Wirtschaftsministerien des Bundes und der Länder eine umfassende Forschungsar-
  beit in Auftrag gegeben. Bei der Berechnung der wirtschaftlichen Bedeutung
  des Tagestourismus kann auf diese Grundlagenstudie des DWIF zurückgegriffen werden:[5]
  - Basis ist eine repräsentativ angelegte Einwohnerbefragung.
  - Bundesweit wurde eine Zufallsstichprobe von 36.000 mündlichen Inter-
    views am Wohnort angesetzt.
  - Als Gewichtungsfaktoren für die Hochrechnung der Ergebnisse wurden Al-
    ter, Geschlecht, Regierungsbezirk und Ortsgröße herangezogen.
  - Über ein gesamtes Kalenderjahr wurde jedes Monat eine Befragungswelle
    durchgeführt. Dadurch können saisonale Besonderheiten herausgearbeitet
    werden.
  Unter Anwendung der statistischen Fehlertoleranzen können die Ergebnisse
  weitgehend bis auf Ebene der touristischen Reisegebiete hochgerechnet werden. Neben der Zahl an Tagesausflügen und Tagesgeschäftsreisen sowie den
  durchschnittlichen Tagesausgaben werden auch Strukturmerkmale ermittelt
  (z. B. Ausflugsdauer, Entfernung, saisonale Verteilung, Wochenrhythmus, Ta-
  gesablauf, Verkehrsmittelnutzung, Hauptanlass, Aktivitäten).

- Analyse des Übernachtungstourismus:
  Bei der Übernachtungsnachfrage ist der Aufwand etwas geringer, da bei den
  Berechnungen zum Teil auf andere Datenquellen zurückgegriffen werden kann.
  Gemeint sind in diesem Zusammenhang insbesondere die in der amtlichen Sta-
  tistik registrierten Übernachtungen in Beherbergungsstätten mit mehr als acht
  Betten (gewerbliche Betriebe). Die Übernachtungen in Kleinbetrieben mit we-
  niger als neun Betten (z. B. Privatquartiere, Ferienwohnungen, Urlaub auf dem
  Bauernhof) können darüber hinaus durch Gemeindebefragungen oder Auswer-

---

[5] DWIF (Hrsg.; 1995): Tagesreisen der Deutschen. (Schriftenreihe, H. 46). München.

tungen der Unterkunftsverzeichnisse relativ genau recherchiert werden.[6] Die
Primärerhebungen können sich also im wesentlichen auf die Erfassung der
Ausgabenhöhe und -struktur konzentrieren. Durch diesen reduzierten Erhe-
bungsumfang und die vorhandene Kenntnis des Nachfrageumfanges (Übernachtungszahlen) kann eine einfachere Erhebungssystematik eingesetzt werden. Wiederum unterstützt durch die Wirtschaftsministerien liegt eine aktuelle
Grundlagenstudie des DWIF zum Ausgabeverhalten der Übernachtungsgäste
erstmals für das vereinte Deutschland vor:

- Als Befragungsmethode wurde ein mehrfach geschichtetes Quotenverfahren
  gewählt.
- Bundesweit wurden rund 15.700 Übernachtungsgäste während ihres Aufenthaltes in den Zielgebieten befragt (face to face).
- Alle wesentlichen Kriterien für die Auswahl der Zielpersonen wurden den
  Interviewern vorgegeben (z. B. Befragungsorte, Zeitraum, Namen und Quo-
  ten für die ausgewählten Beherbergungsbetriebe).
- Die Durchführung eines Quotenverfahrens setzt die Möglichkeit einer ziel-
  gerichteten Gewichtung der Ergebnisse voraus. Als Gewichtungskriterien
  sind insbesondere die gewählte Unterkunftsart (vom Campingplatz bis zum
  First-Class-Hotel), die regionale Differenzierung (nach Bundesländern bzw.
  Reisegebieten) sowie Landschaftstypen (z. B. Küste, Inseln, Mittelgebirge,
  Alpen) oder Ortstypen (z. B. Großstädte, Heilbäder, Kurorte, sonstige prä-
  dikatisierte Orte) hervorzuheben. Basis für diese Rahmendaten zur Gewichtung sind Sonderauswertungen aus den amtlichen Statistiken (z. B. Übernachtungen nach Betriebsarten und Ortstypen, Kapazitäten nach Betriebsarten, Reisegebieten und Preiskategorien).

Mit Hilfe der ermittelten Rahmendaten zur Ausgabenhöhe und -struktur der
Übernachtungsgäste können – in Kombination mit den Übernachtungszahlen –
die Bruttoumsätze ermittelt werden. Basis für die Ausweisung verlässlicher
Werte ist eine mehrfache Gewichtung der Rohdaten. Zudem können Abhän-
gigkeiten des Ausgabeverhaltens herausgearbeitet werden (z. B. Reisemotiv,
Saisonverlauf, Betriebsart, Ortstyp, soziodemographische Kriterien).

Bei allen diesen Primärerhebungen müssen regelmäßige Interviewer- und zahlreiche Plausibilitätskontrollen durchgeführt werden.

---

[6] Auf diesem Wege können die Beherbergungskapazitäten in Kleinbetrieben ermittelt
     werden. Zur Hochrechnung der Übernachtungszahlen sind regionalspezifische Auslas-
     tungszahlen heranzuziehen. Hilfreich sind hierbei beispielsweise vorhandene Betriebs-
     vergleiche oder Sondererhebungen.

1.2.2 Berechnungsweg

Zur Ermittlung des ökonomischen Stellenwertes des Tourismus (vom Brutto-/ Nettoumsatz über die Wertschöpfung der 1. und 2. Umsatzstufe bis zum Einkommensbeitrag) müssen folgende fünf Arbeitsschritte abgearbeitet werden:

---

1. Schritt: Ermittlung der Bruttoumsätze

   Nachfrageumfang x Tagesausgaben = Bruttoumsatz

2. Schritt: Ermittlung der Nettoumsätze

   Bruttoumsatz – Mehrwertsteuer = Nettoumsatz

3. Schritt: Ermittlung der Einkommenswirkungen 1. Umsatzstufe (EW1)

   Nettoumsatz x Wertschöpfungsquote = EW1

4. Schritt: Ermittlung der Einkommenswirkungen 2. Umsatzstufe (EW2)

   (Nettoumsatz – EW1) x Wertschöpfungsquote = EW2

5. Schritt: Ermittlung des touristischen Einkommensbeitrages

   (EW1 + EW2) : Volkseinkommen (VE)

   = Tourismusbeitrag zum VE in %

Quelle: DWIF, München

Mit Hilfe der nachfrageseitigen Erhebungen lassen sich die Ausgaben von Touristen während ihres Aufenthaltes relativ genau bestimmen. Die Ausgaben in den Zielgebieten spiegeln aber nicht die Gesamtheit der wirtschaftlichen Effekte wider, die sich aus der touristischen Nachfrage ergeben. Zu berücksichtigen sind darüber hinaus beispielsweise auch Ausgaben für
-   den Transfer zwischen Quell- und Zielgebieten (Fahrtkosten),
-   die Reisevor- und -nachbereitung (z. B. Kauf von Reiseführern, Filmentwicklung von Urlaubsbildern),
-   spezielle Marktsegmente (z. B. Stellplatzgebühren bei Dauercampern, Liegeplatzgebühren bei Bootseigentümern, Mietgebühren bei Zweitwohnungen sowie sonstige Verwaltungsgebühren bzw. Kapitaldienst etc.),
-   Outgoing-Reisen (z. B. Taxi zum Flughafen, Provision bei Reisevermittler), wenn sie im Inland einkommenswirksam werden.

Zu nennen sind außerdem auch steuerliche Effekte. In diesem Zusammenhang sind insbesondere die anteilige Lohn- und Einkommensteuer der touristisch relevanten Beschäftigten zu berücksichtigen, die Gewerbe- und Grundsteuer der Unternehmen sowie Einnahmen aus Fremdenverkehrsabgabe und Kurbeitrag. Erfahrungswerten des DWIF folgend, ist davon auszugehen, dass den Kommunen im Durchschnitt zwischen 2% und 3% des touristischen Nettoumsatzes in Form von Steuern zufließen.

Auf die sog. Umwegrentabilität (z. B. Erhöhung des Bekanntheitsgrades, positive Imageeffekte, Verbesserung der ‚weichen' Standortfaktoren) sei an dieser Stelle nur hingewiesen.

2   Ökonomischer Stellenwert

2.1   Touristische Umsatzwirkungen

Die Umsätze sind als zentrale Größe für die Einschätzung der Bedeutung des Tourismus als Wirtschaftsfaktor anzusehen. Ausgehend von den Bruttoumsätzen können weitere touristisch relevante Effekte – wie z. B. Einkommensbeitrag, Beschäftigungswirkung oder Steueraufkommen – abgeleitet werden. Darüber hinaus sind die Umsätze[7] Basis für die Darstellung von Wertschöpfungsketten (welche Branchen profitieren wie stark von den Ausgaben der Gäste) und die Bildung von Kennziffern (z. B. produzierter Umsatz je Gast, empfangener Umsatz je Einwohner) für Vergleiche zwischen Tourismusorten bzw. -regionen.

2.1.1   Tagesgäste

Bei den Tagesreisen der Deutschen ist zwischen Ausflügen und Tagesgeschäftsreisen zu unterscheiden. Der Ausflugsverkehr ist von weit größerer Bedeutung als die geschäftlich motivierten Tagesreisen.

Tab. 1:   Bruttoumsätze durch Tagesreisen der Deutschen

	Tagesausflüge	Tagesgeschäftsreisen
Tagesreisen insgesamt	2.123,5 Mio.	189,7 Mio.
Ø Tagesausgaben pro Kopf	19,80 €	27,- €
Bruttoumsatz	42,1 Mrd. €	5,1 Mrd. €

Quelle: DWIF (Hrsg.; 1995): Tagesreisen der Deutschen. (Schriftenreihe, H. 46). München.

Aus den Tagesausflügen und -geschäftsreisen der Deutschen resultieren Bruttoumsätze in Höhe von 47,2 Mrd. €. Von diesen Umsätzen verbleiben 43,9 Mrd. € im Inland; der restliche Betrag wird bei Tagesreisen im Ausland ausgegeben. Bei Fahrten in das benachbarte Ausland sind die Ausgaben zwar in der Regel höher,

---

[7]   z. B. in Verbindung unter anderem mit Betriebsvergleichen des DWIF (Hrsg.; 2001): Hotelbetriebsvergleich. (Sonderreihe Nr. 70). München; DWIF (Hrsg.; 2001): Betriebsvergleich für das Gastgewerbe in Bayern. (Sonderreihe Nr. 69). München.

der Großteil an Tagesreisen spielt sich aber im Inland ab. Bei der genannten Größenordnung handelt es sich um direkte Wirkungen, also um die Ausgaben der Touristen. In diesem Zusammenhang wird auch von der sog. 1. Umsatzstufe gesprochen. Die Reisekosten für den Transfer zwischen Quell- und Zielgebiet sind bei den dargestellten Ausgaben nicht enthalten.

Bei einer detaillierteren Analyse der Ausgaben von Tagesreisenden in inländischen Zielgebieten zeigt sich, dass viele Wirtschaftszweige davon profitieren (vgl. Abb. 1).

Abb. 1: Ausgabenstruktur bei Tagesgästen

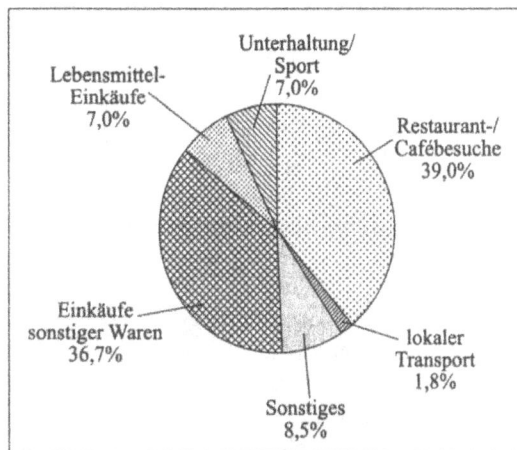

Quelle: Berechnungen nach DWIF (Hrsg.): Tagesreisen der Deutschen, München 1995
(Schriftenreihe, H. 46)

In den Bruttoumsätzen ist die Mehrwertsteuer in Höhe von 5,7 Mrd. € enthalten. Vom Nettoumsatz (38,2 Mrd. €) werden rund 29% zu Löhnen, Gehältern und Gewinnen. Dieser Anteil wird auch als sog. Wertschöpfungsquote bezeichnet. Daraus ergeben sich Einkommenswirkungen im Rahmen der 1. Umsatzstufe von 11,1 Mrd. €.

Die restlichen 27,1 Mrd. € werden für Vorleistungen (z. B. Brötchen vom Bäcker, Prospekt von der Werbeagentur, Handwerkerleistungen für Reparaturen, Kredite von der Bank) ausgegeben. Derartige Zulieferungen sind zur Aufrechterhaltung der touristischen Leistungsfähigkeit erforderlich. In dieser sog. 2. Umsatzstufe wird wiederum nur ein Teil zu Einkommen. Gerade in diesen Verflechtungen mit unterschiedlichsten Wirtschaftszweigen zeigt sich, dass der Tourismus eine typische Querschnittsbranche ist.

2.1.2   Übernachtungsgäste

Bei den Beherbergungsstätten ist grundsätzlich zwischen gewerblichen Betrieben
mit mehr als acht Betten (Dokumentation in der amtlichen Statistik) und privaten
Quartieren mit weniger als neun Betten (Erfassung über Sondererhebungen) zu
unterscheiden. Die Übernachtungsgäste in gewerblichen Betrieben geben am Tag
im Durchschnitt etwa doppelt so viel aus wie jene in Privatquartieren. Das Übernachtungsvolumen ist etwa 3,5mal so hoch.

Tab. 2:   Bruttoumsätze durch Übernachtungsgäste in Deutschland

	gewerbliche Betriebe über acht Betten	Privatquartiere unter neun Betten
Übernachtungen insgesamt	326,3 Mio.[8]	94,6 Mio.
Ø Tagesausgaben pro Kopf	93,30 €	48,30 €
Bruttoumsatz	30,4 Mrd. €	4,6 Mrd. €

Quelle: DWIF (Hrsg.; 2002): Ausgaben der Übernachtungsgäste in Deutschland. (Schrif-
        tenreihe, H. 49). München.

Aus den gewerblichen und privaten Beherbergungsstätten in Deutschland (ohne
Camping etc.) resultieren Bruttoumsätze in Höhe von 35,0 Mrd. €. Bei diesem
Betrag sind nur die Ausgaben am Aufenthaltsort enthalten; Fahrtkosten für die An-
und Rückreise sind nicht berücksichtigt. Diese direkten Wirkungen (1. Umsatzstufe) verteilen sich wiederum auf verschiedene Branchen. Die profitierenden Wirtschaftszweige sind in Abb. 2 für alle Betriebe, unabhängig von ihrer Größe, zusammengefasst dargestellt.

Nach Abzug der Mehrwertsteuer verbleibt ein Nettoumsatz in einer Größenordnung von 31,5 Mrd. €. Bei einer durchschnittlichen Wertschöpfungsquote von gut
41% über alle Ausgabearten ergeben sich Einkommenswirkungen (Löhne, Gehälter, Gewinne) im Rahmen der 1. Umsatzstufe von 13,0 Mrd. €. Der verbleibende
Restbetrag in Höhe von 18,5 Mrd. € wird von den Unternehmen für Vorleistungen
ausgegeben (2. Umsatzstufe).

Auf die anderen mit Nächtigungen verbundenen Marktsegmente (z. B. Touristik-/
Dauercamping, Bekannten-/Verwandtenbesuche) wird nachfolgend nicht näher
eingegangen, es soll jedoch auf ihre Existenz hingewiesen werden. So liegen in der
Bundeshauptstadt Berlin die Übernachtungen im Rahmen des Besucherverkehrs
bei Einheimischen beispielsweise etwa 2,5mal höher als die in der amtlichen Statistik ausgewiesenen gewerblichen Übernachtungen.

---

[8]   vgl. Statistisches Bundesamt (Hrsg.; 2001): Binnenhandel-Gastgewerbe-Tourismus, Be-
      herbergung im Reiseverkehr. (Fachserie 6, Reihe 7.1). Wiesbaden.

Abb. 2: Ausgabenstruktur bei Übernachtungsgästen

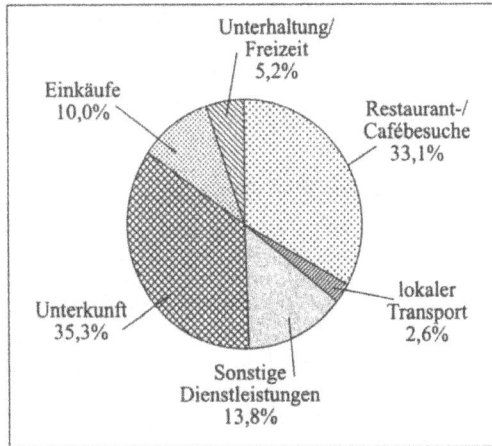

Quelle: Berechnungen nach DWIF (Hrsg.; 2002): Ausgaben der Übernachtungsgäste in Deutschland. (Schriftenreihe, H. 49). München.

2.2   Beschäftigungseffekte

Die Tourismuswirtschaft ist dienstleistungsorientiert und daher personalintensiv. Zur Befriedigung der Gästebedürfnisse ist ein breitgefächertes Arbeitskräftepotenzial notwendig. Unterschiedlichen Studien folgend kann in Deutschland von mindestens 2 Mio. touristisch abhängigen Arbeitsplätzen ausgegangen werden.[9] Eine exakte Analyse kann nur mit Hilfe aufwändiger Detailrecherchen durchgeführt werden. Einer Grundlagenstudie des DWIF zum touristischen Arbeitsmarkt zufolge haben von den tourismusabhängigen Arbeitsplätzen rund zwei Drittel direkten Bezug zum Tourismus (1. Umsatzstufe)[10] und rund ein Drittel indirekten Bezug zum Tourismus (2. Umsatzstufe)[11]. Hervorzuheben sind folgende Unternehmensbereiche (vgl. Tab. 3).

3   Zusammenfassung

Die wirtschaftliche Bedeutung des Tourismus ist auf kleinräumiger Ebene nur nachfrageseitig verlässlich zu analysieren. Mit Hilfe der durchschnittlichen Tages-

---

[9] vgl. u. a. DWIF (1995): Dachverband der Deutschen Tourismuswirtschaft. München; DIW (1999): Wirtschaftsfaktor Tourismus. Berlin

[10] Gemeint sind in diesem Zusammenhang die direkten Wirkungen durch die Ausgaben der Touristen.

[11] Hier geht es um`die Ausgaben der Tourismusunternehmen für Vorleistungen bzw. Zulieferungen.

ausgaben der Touristen und dem Nachfrageumfang können die Bruttoumsätze ermittelt werden. Aus den Aktivitäten der Tagesausflügler und -geschäftsreisenden sowie der Übernachtungsgäste in gewerblichen Betrieben und Privatquartieren resultiert ein Bruttoumsatz in Höhe von 78,9 Mrd. €. Nach Abzug der Mehrwertsteuer verbleiben 69,7 Mrd. €. Hierin sind nur die Ausgaben am Aufenthaltsort enthalten.

Tab. 3: Nutznießer der Tourismuswirtschaft

Direkte Wirkungen		Indirekte Wirkungen	
Gastgewerbe	42%	Baugewerbe/Handwerk	8%
Einzelhandel	6%	Großhandel	5%
Freizeit/Unterhaltung	5%	Ernährungswirtschaft	5%
Eisenbahn	5%	Private Dienstleister (z. B. Werbeagentur)	5%
Reisemittler/-veranstalter	3%	Bank/Sparkasse	3%
Luftfahrt	2%	Energieversorgung	3%
Kur- und Tourismus-Organisationen	2%	Versicherungen	2%
Busverkehr	1%	Öffentliche Dienstleister	2%
Schifffahrt	1%		
1. Umsatzstufe zusammen	67%	2. Umsatzstufe zusammen	33%

Quelle: DWIF, München

Vom Nettoumsatz werden im Rahmen der 1. Umsatzstufe 24,1 Mrd. € direkt einkommenswirksam (Löhne, Gehälter, Gewinne). Für den verbleibenden Betrag in Höhe von 45,6 Mrd. € werden Vorleistungen eingekauft (2. Umsatzstufe).

Von den direkten und indirekten Wirkungen profitieren eine Vielzahl unterschiedlicher Wirtschaftszweige. Insgesamt ist von mindestens 2 Mio. touristisch abhängigen Arbeitsplätzen in Deutschland auszugehen.

Touristische Großerhebungen

Karin Besel/Bert Hallerbach

1 Einführung

Die Tourismusbranche ist wie jeder andere Wirtschaftszweig abhängig von Informationen über ihre Kunden. Besonders deutlich wird diese Tatsache in Zeiten, in denen die touristischen Wachstumsraten in Teilbereichen eher stagnieren oder sogar rückläufig sind. Die Reaktion auf diese aus Anbietersicht eher negative Situation äußerst sich vor allem in einer strategischen Unternehmensführung, mit der das eigene Unternehmen bzw. die touristische Region und ihre Produkte optimal im Markt positioniert werden soll. Eine solche Unternehmensführung beruht natürlich auf einer fundierten Planung, die wiederum nur zielgerichtet und effizient sein kann, wenn sie über planungsrelevante Informationen verfügt.

Besonders wichtig wird dies im Tourismus auch aufgrund der Tatsache, dass die Entwicklung dieses Marktes stark von gesellschaftlichen und politischen Entwicklungen abhängig ist, die von den touristischen Akteuren nur schwer zu beeinflussen sind. Gesteuert wird die Entwicklung des touristischen Marktes vor allem von langfristigen Trends oder auch kurzfristigen Modeerscheinungen, doch genauso abhängig ist dieser Markt von politischen und gesellschaftlichen Ereignissen, die oft direkten Einfluss auf das Konsumverhalten einer Gesellschaft haben.

Touristische Großerhebungen spielen somit für die Planung von touristischen Produkten eine wichtige Rolle. Wenn sie neben den soziodemographischen Merkmalen auch psychographische Merkmale erfassen, also z. B. Werteinstellungen, Motive oder Reiseerwartungen, lassen sich aus diesen Ergebnissen inhaltliche oder thematische Schwerpunkte von touristischen Angeboten für bestimmte Nutzergruppen ableiten. Dabei kann sowohl nach soziodemographischen als auch nach psychographischen Merkmalen differenziert werden.

Darüber hinaus dienen die Ergebnisse solcher Erhebungen auch der Erfolgskontrolle von Marketingmaßnahmen, vor allem im Bereich des Destinationsmanagements. Die Verschiebungen von Marktanteilen können durch diese Untersuchungen erfasst werden, wenn sie über einen längeren zeitlichen Horizont hinweg durchgeführt wurden.

Letztendlich lassen sich aber auch die volkswirtschaftlichen Effekte der Reisetätigkeit abbilden. Touristische Bilanzierungen werden möglich, wenn solche Erhebungen in mehreren Ländern nach den gleichen Kriterien durchgeführt werden. Touristische Quell- und Zielgebiete lassen sich abbilden. Auch die monetären Effekte, die durch die Reiseausgaben entstehen, können dargestellt werden.

2   Was ist eine Großerhebung?

Die touristischen Großerhebungen haben somit heute eine erhebliche Bedeutung, da sie den gesamten touristischen Markt beschreiben und wichtiges Datenmaterial liefern. Neben diesen Großerhebungen gibt es noch eine Vielzahl weiterer Marktforschungsstudien im Tourismus. Ihr Fokus liegt aber in den meisten Fällen auf begrenzten Fragestellungen, die häufig auch nur auf bestimmte touristische Bereiche oder Probleme beschränkt sind. Die Beschreibung von wenigen „prototypischen oder gar extremen Untersuchungsobjekten kann für die Formulierung von Hypothesen aber ertragreicher sein als die Analyse von repräsentativen Querschnitten" (BORTZ/DÖRING 1995, S. 369). Mit anderen Worten: Speziell im Bereich der Produktentwicklung oder der Bestimmung von Determinanten der Reiseentscheidung sind solche eher qualitativ ausgerichteten Marktforschungsstudien hilfreicher als populationsbeschreibende Untersuchungen.

Der Begriff der touristischen Großerhebungen ist bis heute noch nicht abschließend definiert worden. Prinzipiell weisen Großerhebungen aber zwei grundlegende Merkmale auf:
- Repräsentativität für eine Bevölkerung oder Population (Querschnittscharakter),
- wiederholte Durchführung oder Abbildung eines bestimmten Zeitraumes (Längsschnittcharakter).

Ein zentrales Ziel dieser Großerhebungen ist es, Kenntnisse über das Verhalten aller Untersuchungsobjekte, z. B. aller deutschen Bürger bezüglich der Reisetätigkeit, zu erlangen. Auf der Basis repräsentativer Stichprobenuntersuchungen sollen also Grundgesamtheiten oder Populationen – meistens die Gesamtbevölkerung eines Landes – beschrieben werden. Beispiele für solche Fragestellungen wären: Wie viele deutsche Bürger sind im Jahr 2000 nach Spanien gereist? Wie viele Kurzreisen mit bis zu 4 Tagen Dauer wurden im Jahr 2000 unternommen? Für wie viele Reisende ist der Pkw das wichtigste Reiseverkehrsmittel im Jahr 2000 gewesen? Es werden also Aussagen zu einem bestimmten Sachverhalt in einer bestimmten zeitlichen Periode getroffen, meistens für den Zeitraum von einem Jahr.

Dabei kann eine solche Untersuchung als repräsentativ angesehen werden, wenn sie auf einer Stichprobe beruht, welche der zu Grunde gelegten Population möglichst in allen Merkmalen entspricht (globale Repräsentativität). Erst dann lassen sich die Ergebnisse im Rahmen eines gewissen Sicherheitsbereiches auch für die Grundgesamtheit verallgemeinern bzw. hochrechnen. In Abb.1 sind die Anteile der verschiedenen Reiseverkehrsmittel dargestellt, die im Jahr 2000 für die Urlaubsreisen der Deutschen benutzt wurden. 49,2% aller Urlaubsreisen wurden demnach mit dem Pkw durchgeführt. Bei zugrunde gelegten 62,2 Mio. Urlaubsreisen entspricht dies ca. 31 Mio. Urlaubsreisen mit dem Pkw. Die Repräsentativität erlaubt somit nicht nur die Darstellung der Anteilswerte, sondern erlaubt auch die Quantifizierung durch die Hochrechnung.

Abb. 1: Verkehrsmittelwahl der Deutschen für die Urlaubsreisen (2000) –
Beispiel für eine Aussage auf Basis einer bevölkerungsrepräsentativen
Studie

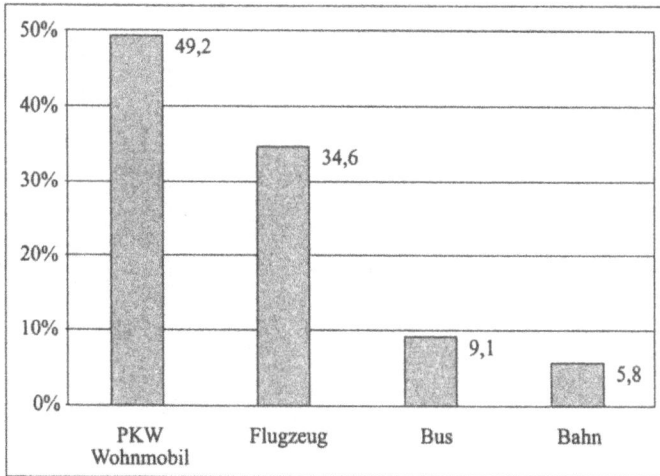

Quelle: RA 2000 der F. U. R.

Das zweite Merkmal touristischer Großerhebungen, die wiederholte Durchführung, ermöglicht die Bildung von Zeitreihen. Somit können solche Untersuchungen auch für die Längsschnittbetrachtung von verschiedenen Fragestellungen genutzt werden – vorausgesetzt, sie wurden über den betrachteten Zeitraum nach der gleichen Systematik durchgeführt und beschreiben über den gesamten Zeitraum dieselbe Population. Abb. 2 zeigt die Entwicklung des Anteils der Geschäftsreisenden (Geschäftsreisen mit mindestens einer Übernachtung) an der Wohnbevölkerung des Großherzogtums Luxemburg. Die Daten weisen für die vergangenen vier Jahre ein leichtes Wachstum dieses Marktes aus.

Auch hier erlaubt die Repräsentativität der Befragung eine Hochrechnung und somit auch den mengenmäßigen Vergleich der Geschäftsreisenden über den Zeitraum 1997 bis 2000. Besonders interessant wird diese Form der Betrachtung natürlich dann, wenn die Daten über einen sehr langen Zeitraum erhoben wurden, wie es z. B. bei der Reiseanalyse der Forschungsgemeinschaft Urlaub und Reisen der Fall ist.

Touristische Großerhebungen sind somit Studien, welche die zu Grunde gelegte Populationen mit dem Anspruch der Repräsentativität hinsichtlich ihres Reiseverhaltens über eine bestimmte zeitliche Periode hinweg beschreiben können. Die wiederholte Durchführung dieser Untersuchungen unter Beibehaltung des Untersuchungsdesigns erlaubt darüber hinaus die Bildung von Zeitreihen und damit die Betrachtung von Entwicklungen über einen längeren Zeitraum hinweg.

Abb. 2: Entwicklung der Geschäftsreisen in Luxemburg (1997–2000)

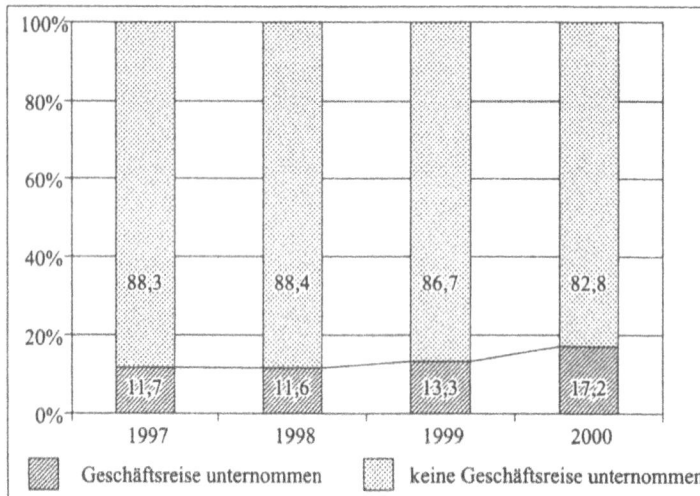

88,3	88,4	86,7	82,8
11,7	11,6	13,3	17,2
1997	1998	1999	2000

Geschäftsreise unternommen   keine Geschäftsreise unternommen

Quelle: ETI im Auftrag der STATEC

Im Folgenden werden einige solcher Erhebungen kurz charakterisiert. Hierbei werden die wichtigsten Merkmale der Untersuchungen dargestellt, um die Unterschiede auch im methodischen Bereich zu verdeutlichen.

3   Beispiele von touristischen Großerhebungen

3.1   ,Urlaub und Reisen' bzw. ,Reiseanalyse'

Die ,Reiseanalyse' ist die in Deutschland wohl bekannteste Untersuchung im Bereich Tourismus. Sie wird seit 1970 regelmäßig jedes Jahr durchgeführt. Die durchführenden Institutionen legen dabei besonderen Wert darauf, dass über die Jahre hinweg methodische Kontinuität gewahrt wird (vgl. DUNDLER 1992, S. 154). Somit lassen sich mit dem Datenbestand Zeitreihen erstellen, die bis 1970 zurückreichen. Die wichtigsten Merkmale der ,Reiseanalyse' sind:

-   1970 bis 1992 durchgeführt vom Studienkreis für Tourismus (Starnberg); 1993 als ,Urlaub und Reisen' vom DRV, Gruner + Jahr, NIT und Tourismus-Marketing Beratung Aderhold.

-   Ab 1994 F. U. R. (Forschungsgemeinschaft Urlaub und Reisen e. V.) mit rund 30 beteiligten touristischen Unternehmen und Verbänden.

- Erhöhung der Stichprobengröße von 4.000 (1970) bundesdeutschen Befragten in Privathaushalten mit einem Alter von über 14 Jahre auf mittlerweile 7.500 (2001). Durchführung der Befragung jeweils im Januar und Februar des Folgejahres.

- Persönliche Befragung in den Haushalten der Befragten, daher können auch komplexere Fragestellungen behandelt werden.

- Gewährleistung der Vergleichbarkeit der Daten über einen langen Zeitraum. Der mittlerweile sehr lange Durchführungszeitraum von über 30 Jahren machte aber auch eine Anpassung der Frageninhalte und Antwortitems an die gesellschaftlichen Entwicklungen notwendig (vgl. SEITZ/MEYER 1995, S. 191).

- Jährlich gleiches Grundfragenprogramm mit wechselnden Schwerpunktthemen, wie z. B. Tourismus und Entwicklungsländer oder Tourismus und Umweltproblematik. Exklusivfragen für die beteiligten Partner möglich; diese Ergebnisse werden nicht veröffentlicht.

- Fragenkatalog mit ‚klassischen' Fragen der Tourismusforschung, wie z. B. nach dem Reiseziel, dem Reisezeitpunkt, der Reisedauer und Organisationsform. Aber auch Fragen nach Urlaubserwartungen und -motiven werden gestellt. Innerhalb des Schwerpunktprogramms, das heute Module genannt wird, werden auch Fragen wie z. B. zur Reiseentscheidung etc. gestellt (vgl. SEITZ/MEYER 1995, S. 193).

- Die Ergebnisse werden in geringem Umfang in einer kommentierten Kurzfassung der Öffentlichkeit zugänglich gemacht. Tabellenbände und Sonderzählungen sind dagegen den beteiligten Mitgliedern vorbehalten.

Insgesamt ist die ‚Reiseanalyse' bzw. ‚Urlaub und Reisen' eine der beständigsten Großerhebungen in der Tourismusmarktforschung in Deutschland.

3.2   ‚Reisemonitor'

Der ‚Europäische Reisemonitor' hat sich zum Ziel gesetzt, die Reiseströme und Reisevolumina innerhalb Europas abzubilden. Innerhalb Deutschlands wird diese Studie als ‚Deutscher Reisemonitor' durchgeführt. Das Ziel der Studie ist es, „die kontinuierliche Erfassung der europäischen Auslandsreiseströme und damit die vergleichbare Dokumentation des Reiseverhaltens in einem europaweit einheitlichen Standard" (STENGER 1998, S. 103) zu gewährleisten. Die wichtigsten Merkmale des ‚Deutschen Reisemonitors' sind:

- Seit 1988 kontinuierliche Erhebung der Daten zum Reiseverhalten; seit 1990 auch für die Bevölkerung im Osten Deutschlands.

- Durchführendes Institut des Deutschen Reisemonitors (DRM) ist das Institut für Planungskybernetik in München (IPK). Die Studie ist Teil des European Travel Monitor (ETM), der von IPK International in München koordiniert wird.

- Die Studie soll eine zeitnahe Erfassung des Reisemarktes gewährleisten. Sie wird in mehreren Befragungswellen durchgeführt, wobei alle zwei Monate jeweils 2.500 Personen befragt werden, insgesamt also 15.000 Personen jährlich. Befragt werden alle deutschsprachigen Personen in Privathaushalten, die mindestens 14 Jahre alt sind.

- Der Fragenkatalog beinhaltet z. T. ähnliche Fragen wie ‚Urlaub und Reisen': Reiseziel, -dauer und Anzahl der Reisen, aber auch Fragen nach Reisemotiven.

- Durchgeführt wird die Studie mit telefonischen Interviews (CATI), so dass eine schnelle Durchführung gewährleistet wird. Allerdings können deshalb die Fragen nicht so in die Tiefe gehen bzw. es können nicht zu komplexe Fragestellungen behandelt werden.

- Die Daten werden in Form einer Datenbank aufbereitet, so dass die beteiligten Institutionen sofort zu den wichtigsten Fragestellungen Ergebnisse abrufen können.

Insgesamt lässt der ‚Reisemonitor' somit nicht nur eine Betrachtung des deutschen Tourismusmarktes zu, sondern ermöglicht eine Bilanzierung der Reiseströme zwischen den verschiedenen europäischen Ländern.

3.3   ‚TouristScope'

Die Studie ‚TouristScope' wurde 1986 als schnelles und flexibles Monitoring-System konzipiert. Vierteljährlich sollen entsprechende Planungsdaten für den deutschen Markt ausgewiesen werden (vgl. STENGER 1998, S. 93). Die wichtigsten Merkmale von ‚TouristScope' sind:

- 1987 erstmalige Durchführung; entwickelt wurde die Studie von Infratest Sozialforschung in Zusammenarbeit mit den Marktführern der Tourismusbranche.

- Die Grundgesamtheit stellt die deutsche Wohnbevölkerung ab 14 Jahren dar. Die Stichprobengröße insgesamt beträgt jährlich ca. 16.000 Probanden. Die Befragung findet in vier Wellen (Februar, Mai, August und November) mit jeweils 4.000 Probanden statt.

- Die Studie wird mit computergestützten telefonischen Interviews (CATI) durchgeführt. Bis 1994 wurde in den neuen Bundesländern persönlich befragt, da die Telefondichte als nicht ausreichend angesehen wurde. Seit 1995 wird auch in den neuen Ländern mit telefonischen Interviews gearbeitet. Insgesamt wird ein sehr kompliziertes und genaues Stichprobenverfahren angewendet, das durch permanente Stichprobenüberwachung in das laufende Interviewgeschehen eingreift (vgl. SEITZ/MEYER 1995, S. 200).

- Untersuchungsgegenstand sind alle Reisen ab einer Dauer von mindestens fünf Tagen. Gefragt wird nach den Urlaubsreisen im Standardfragenprogramm (Reiseziel, -dauer, -organisationsform etc.), hinzu kommen wechselnde Sonderfragen z. B. nach dem Reisezweck oder der Inanspruchnahme von verschiedenen Reiseveranstaltern.

Die besondere Stärke der Untersuchung liegt in der hohen Aktualität, die durch das vierteljährliche Befragungsintervall gewährleistet wird und die in der Konzeption als Monitoring-System begründet liegt. Dabei erfolgt eine bewusste Beschränkung auf quantitative und objektive Inhalte. Einstellungen oder Motive werden nicht erfasst (vgl. SEITZ/MEYER 1995, S. 202).

3.4   ‚Mobility'

Die Studie ‚Mobility' stellt eine Untersuchung des deutschen Reisemarktes im Fernverkehr dar. Dabei werden nicht nur die Reisen zu touristischen Zwecken erfasst, sondern auch die geschäftlich motivierten Reisen. ‚Mobility' ist eng mit der Studie ‚TouristScope' verknüpft, da beide Studien von Infratest Burke durchgeführt werden. Die wichtigsten Merkmale von ‚Mobility' sind:

- Untersuchungsgegenstand ist der deutsche Reisemarkt im Fernverkehr, d. h. es werden alle Geschäfts- und Privatreisen ab einer Entfernung von 100 km erfasst. Ziel ist es, das Mobilitätsverhalten der deutschen Bevölkerung zu beschreiben.

- Die Studie wird seit 1991 durchgeführt. Hauptauftraggeber sind die Lufthansa und die DB AG.

- Die Stichprobengröße beträgt jeweils ca. 900 Interviews wöchentlich. Befragt wird täglich, wobei die Probanden nach den Reisen innerhalb der letzten zwei Monate interviewt werden (vgl. STENGER 1998, S. 99).

- Die Studie beinhaltet ein Standardprogramm: Wohnort als Ausgangspunkt der Reise, Hauptreisezielort, Reisemonat und Wochentag, Verkehrsmittel etc. Eine Besonderheit der Studie ist die enge Verzahnung mit ‚TouristScope': Wird im Rahmen der Befragung ‚Mobility' über Urlaubsreisen berichtet, so werden die Daten automatisch in das Frageprogramm von ‚TouristScope' eingearbeitet.

‚Mobility' hat vor allem Vorteile durch die enge Verzahnung mit der Studie ‚TouristScope'. Beide Studien erlauben in ihrer Kombination eine genaue Beschreibung des deutschen Reisemarktes und schöpfen gegenseitige Synergieeffekte aus. Erwähnenswert ist vor allem auch das Gewichtungsverfahren. Neben der Gewichtung der Daten zur Anpassung der Stichprobe an die Grundgesamtheit wird auch eine sogenannte Erinnerungsgewichtung angewandt: Durch die kontinuierliche Durchführung der Befragung kommt es vor, dass Reisen des Monats August z. B. sowohl in den Monaten September als auch Oktober erfragt werden. Da z. B. im Oktober die Erinnerungsverluste bezüglich der Reisen im Monat August größer sein dürften als gegenüber einer Befragung im September, werden diese Erinnerungsverluste durch die für beide Studien entwickelte Erinnerungsgewichtung ausgeglichen. Die Effekte von Erinnerungsverlusten durch die Probanden werden dadurch ausgeglichen; damit erhöht sich die Datenqualität.

3.5   ‚Deutsche Tourismusanalyse'

Die ‚Deutsche Tourismusanalyse' wird regelmäßig vom B. A. T. Freizeit-Forschungsinstitut durchgeführt. Hinsichtlich der Methodik und der Thematik ähnelt diese Untersuchung der ‚Reiseanalyse' bzw. der Studie ‚Urlaub und Reisen' (vgl. 3.1). Allerdings wird sie erst seit 1985 durchgeführt, so dass eine Zeitreihenbildung zwar möglich ist, allerdings nicht so lange zurückreichen kann wie bei der ‚Reiseanalyse'.

Die inhaltlichen Unterschiede liegen vor allem in der unterschiedlichen Gewichtung der Themen ‚Freizeit und Urlaub'. Bei der ‚Reiseanalyse' liegt der inhaltliche Schwerpunkt eher auf der Darstellung des Reiseverhaltens mit all seinen Facetten sowie der wichtigsten Reisemotive und -erwartungen. Die ‚Deutsche Tourismusanalyse' beobachtet dagegen stärker die Entwicklung im Freizeitbereich und untersucht somit auch das Freizeitverhalten außerhalb des Urlaubes. Auf der Grundlage dieser Daten versucht das B. A. T. Freizeit-Forschungsinstitut regelmäßig die Ableitung von Trends im Freizeitbereich, wobei die Daten durch den Freizeit-Monitor des selben Hauses ergänzt werden. Die wichtigsten Merkmale der ‚Deutschen Tourismusanalyse' sind (vgl. B. A. T. Freizeitforschungsinstitut 2001, S. 12f.):

- Seit 1985 jährlich durchgeführt; Befragungszeitraum Januar.

- Stichprobengröße: 5.000 Personen ab 14 Jahren.

- Bundesweite Repräsentativbefragung mit persönlichen Interviews, durchgeführt vom Institut INRA Deutschland, Gesellschaft für Markt- und Sozialforschung mbH, Mölln.

- Neben einem konstanten Grundprogramm werden jährlich Sonderthemen zum Freizeitverhalten oder zu bestimmten Zielgruppen in die Studie aufgenommen.

3.6 ‚Reisebiographien'

Die ‚Reisebiographien' nehmen im Zusammenhang mit touristischen Großerhebungen eine Sonderstellung ein. Mit dem von BECKER (1998) entwickelten und 1992 erstmals als Pilotstudie durchgeführten Ansatz sollte das Reiseverhalten personenbezogen über das gesamte Leben der befragten Person dargestellt werden. Damit war es erstmals möglich, personenbezogen das lebenslange Reiseverhalten einer Person mit allen Einschnitten durch persönliche Ereignisse und Lebensphasen abzubilden. Darüber hinaus können diese personenbezogenen Daten mit den Entwicklungen im gesellschaftlichen und politischen Bereich korreliert werden – etwa mit der wirtschaftlichen Entwicklung oder mit politischen Ereignissen, wie z. B. der Wiedervereinigung. Der reisebiographische Ansatz ermöglicht somit zum einen eine Querschnittsbetrachtung verschiedener Jahre, kann aber auch für längsschnittorientierte Fragestellungen herangezogen werden. Ein weiteres Ziel war es, aus dem bisherigen Reiseverhalten das künftige Verhalten prognostizieren zu können. Die wichtigsten Merkmale der Reisebiographien sind:

- Längsschnittanalysenansatz.

- Befragung nach dem lebenslangen Reiseverhalten ab dem Jahr 1993 (rückwirkend bis zum sechsten Lebensjahr der Befragten).

- Stichprobengröße von 6.000 Personen ab 14 Jahren aus Ost und West. Durchgeführt als persönliche Befragung mit einem Selbstausfüllerfragebogen durch das Institut GFM-GETAS.

- Das Fragenprogramm umfasste neben den reisebezogenen Daten Fragen zur Soziodemographie, aber auch Reisemotive, Lebensstil etc. Erfasst wurden alle Reisen ab einer Dauer von fünf Tagen.

Vor allem die möglichen Erinnerungsverluste wurden als Kritikpunkt gegenüber den Reisebiographien geäußert, allerdings konnten diese im Rahmen der Piloterhebung entkräftet werden (vgl. BECKER 1998, S. 195ff.). Diese Form der Erhebung wurde bislang jedoch nur einmal durchgeführt.

Neben den dargestellten Untersuchungen werden heute noch weitere Studien durchgeführt, die hier aber nicht näher beschrieben werden sollen. Daneben erhebt auch die amtliche Statistik Daten, die zur Beschreibung des Reiseverhaltens der deutschen Bevölkerung dienen, etwa in Form der Zusatzerhebung zum Mikrozensus. Auf Grund der Tatsache, dass die amtliche Statistik hauptsächlich sogenannte Tatbestände zählt und zusammenfasst, z. B. Bettenkapazitäten oder Gästeankünfte, beschreibt sie zum einen die Reiseströme, zum anderen das touristische Angebot. Allerdings werden hier zum Teil Sachverhalte nicht oder nur in zu geringem Maße erfasst. So weist die Beherbergungsstatistik nur die Betriebe mit einer Bettenkapazität von neun und mehr Betten aus; außerdem ist die amtliche Statistik zur Darstellung der Gästeankünfte auf die korrekte Erfassung und Übermittlung der Fremdenmeldescheine angewiesen. Je nach Art der Erhebung und Fragestellung können mit diesen Daten ebenfalls relativ umfangreiche Zeitreihen gebildet werden.

Ein großer Vorteil der Daten der amtlichen Statistik gegenüber den übrigen dargestellten Studien ist ihre relativ leichte und kostengünstige Verfügbarkeit, die dem öffentlichen Auftrag der amtlichen Statistik entspricht. Darüber hinaus liefert die amtliche Statistik die Daten entsprechend der kommunalen Gliederung; d. h. es können Daten sowohl auf der Gemeinde-, als auch Kreis-, Landes- oder Bundesebene abgerufen werden. Weiterhin sind die Daten auch in den speziellen Formen der kommunalen Gliederung verfügbar, z. B. für die verschiedenen Fremdenverkehrsregionen. Diese Merkmale machen die amtliche Statistik zu einer wertvollen Datenquelle, wenn es um die räumliche Darstellung von touristischen Sachverhalten geht. Vor allem die schnelle und kostengünstige Verfügbarkeit dieser Daten ermöglicht z. B. den Tourismusverantwortlichen in den Gemeinden die genaue Beobachtung der touristischen Entwicklung des jeweiligen Ortes; sowohl allein als auch im Vergleich mit wichtigen Konkurrenzgebieten.

Auch in den übrigen europäischen Ländern finden touristische Großerhebungen statt. In Großbritannien wird seit 1950 kontinuierlich der ‚British National Travel Survey‘, durchgeführt (vgl. SEITZ/MEYER 1995, S. 226).

4   Fazit

Die Ergebnisse touristischer Großerhebungen liefern der Tourismuswirtschaft Basisdaten, mit denen Entwicklungen im Reiseverhalten der Bevölkerung dargestellt und analysiert werden können. Ihre Stärke liegt vor allem in der quantitativen Beschreibung des Phänomens Tourismus. Allerdings werden im Zusammenhang mit diesen Untersuchungen auch immer wieder Kritikpunkte genannt. Vor allem der Einfluss von Erinnerungseffekten auf die Qualität der erhobenen Daten ist eine der am häufigsten angeführten Schwächen dieser Untersuchungen. Betroffen davon sind vor allem Untersuchungen wie z. B. ‚Urlaub und Reisen‘, die mit nur einem Erhebungszeitpunkt die Reisen eines gesamten Jahres erfassen. Hier wirken sich die Erinnerungseffekte vor allem auf die korrekte Nennung der kürzeren und (neben der Haupturlaubsreise) zusätzlichen Reisen aus.

Ebenfalls wichtig bei der Interpretation dieser Daten ist der Umfang der jeweiligen Stichprobe. Vor allem bei der Analyse von Teilbereichen des Reiseverhaltens, etwa bestimmter Zielgebiete, werden die zu Grunde gelegten Fallzahlen oft so klein, dass die Schwankungsbreiten bei gegebenen Signifikanzniveaus erhebliche Größen annehmen können und somit die Daten keine gesicherten Aussagen mehr zulassen.

Beiden Kritikpunkten wird mit Studien wie etwa ‚TouristScope' und ‚Mobility' entgegengewirkt, die durch hohe Fallzahlen und möglichst kontinuierliche Erhebungsintervalle eine hohe Zuverlässigkeit der Daten gewährleisten.

Von Bedeutung ist auch die Anpassung der Frageninhalte und Antwortitems an Veränderungen in der Gesellschaft und ihrer Sprache. Betroffen hiervon sind vor allem die Studien, die über einen langen Zeitraum mit einem gleichen Grundprogramm an Fragen arbeiten. Um die Fragen an gesellschaftliche Entwicklungen anzupassen, hat z. B. die Forschungsgemeinschaft ‚Urlaub und Reisen' erst Mitte der 1990er-Jahre im Rahmen einer psychologischen Grundlagenuntersuchung die Validität der Motivfragen überprüfen lassen und entsprechend verändert. Insgesamt stellt sich auch hier die Forderung, die Methodik der Studien stärker an das Reiseverhalten der Bevölkerung anzupassen.

Letztlich bleibt im Zuge der Schaffung eines europäischen Binnenmarktes auch die Forderung an die touristischen Großerhebungen, die nationalen Untersuchungen methodisch und inhaltlich stärker abzustimmen und zu vereinheitlichen. Ein Schritt in diese Richtung ist der ‚Europäische Reisemonitor'. Nur so können auch länderübergreifende Planungsdaten erhoben werden, die im Zuge eines vereinigten Europas immer mehr an Bedeutung gewinnen werden.

Denjenigen Unternehmen und Instituten, die auf empirische Ergebnisse für ihre Arbeit angewiesen sind, stellt sich die Frage nach der optimalen Großerhebung, die es allerdings nicht gibt. Vielmehr weist jede Studie ihre spezifischen Stärken und Schwächen auf, die sie für bestimmte Fragestellungen mehr oder weniger geeignet erscheinen lassen. Besonders die ‚Reiseanalyse' bzw. ‚Urlaub und Reisen' hat ihre spezifischen Vorteile, wenn es um die Betrachtung der Haupturlaubreise der Deutschen und ihre wichtigsten Merkmale geht. Aber auch im Bereich der qualitativen Aussagen zu Reisemotiven und -erwartungen oder der Urlaubsaktivitäten und somit der verhaltensorientierten Aussagen hat diese Studie ihre Vorteile. Darüber hinaus ermöglicht die Kontinuität der Studie über mittlerweile mehr als 30 Jahre die Bildung von Zeitreihen.

Werden Aussagen zum Reisevolumen und vor allem zu den kürzeren Reisen verlangt, sind Studien wie ‚TouristScope'/‚Mobility' wesentlich geeigneter, da sie auf Grund ihres Untersuchungsdesigns das quantitative Reiseverhalten wesentlich exakter abbilden können. Ausführliche Darstellungen der Reisemotive treten hier eher in den Hintergrund.

Neben diesen oft nicht veröffentlichten Daten liefert die amtliche Statistik ebenfalls umfangreiche Daten zum Thema Tourismus, die in den meisten Fällen auch relativ einfach und kostengünstig von den verschiedensten Nutzergruppen bezogen werden können.

Literatur

B. A. T. Freizeit-Forschungsinstitut (Hrsg.; 2001): Deutsche Tourismus Analyse 2001. Hamburg.

BECKER, CHR. (1998): Reisebiographien. In: HAEDRICH, G. et al. (Hrsg.): Tourismusmanagement – Tourismus-Marketing und Fremdenverkehrsplanung. Berlin/New York, S. 195-204.

BORTZ, J./DÖRING, N. (1995^2): Forschungsmethoden und Evaluation. Berlin/Heidelberg.

DUNDLER, F. (1992): Die Reiseanalyse. In: Studienkreis für Tourismus (Hrsg.): Marketing und Forschung im Tourismus. Starnberg, S. 143-154.

Forschungsgemeinschaft Urlaub und Reisen e. V. (1999): Die Reiseanalyse RA 99. Urlaub und Reisen. Kurzfassung. Hamburg.

Forschungsgemeinschaft Urlaub und Reisen e. V. (2000): Die Reiseanalyse RA 2000. Urlaub und Reisen. Kurzfassung. Hamburg.

SEITZ, E./MEYER, W. (1995): Tourismusmarktforschung. Ein praxisorientierter Leitfaden für Touristiker und Fremdenverkehr. München.

Service Central de la Statistique et des Études Économiques (STATEC) (Hrsg.; 2000): Tourismusvolumen und Reiseverhalten der Luxemburger Wohnbevölkerung. In: Bulletin du statec Nr. 8. Luxemburg.

STENGER, M. (1998): Repräsentativerhebungen im Tourismus. Ein methodischer und inhaltlicher Vergleich. In: Materialien zur Fremdenverkehrsgeographie, 45. Trier.

Marktsegmentierung und der Trend zum hybriden Urlauber

Bert Hallerbach

1 Vom Verkäufermarkt zur Kundenorientierung

In den letzten Jahrzehnten hat der touristische Markt eine Entwicklung vollzogen, durch die die Verteilung von Wahlfreiheit und Marktmacht von den Verkäufern touristischer Leistungen zu den Konsumenten gewechselt hat. Gleichzeitig sind die Ansprüche an die Produkte stark gestiegen.

Die Bezeichnung Produzenten- oder Verkäufermarkt hat die frühere Situation treffend umschrieben. Darin kam dem Marketing eher eine Verteilungsfunktion von Produkten und Dienstleistungen zu. Der Verkäufer konnte fast wählen, wem er zu welchen Konditionen ein Produkt anbieten wollte, das noch nicht einmal auf die Bedürfnisse unterschiedlicher Nachfragertypen abgestimmt sein musste. Die Produkte verkauften sich fast von alleine, solange das Sortiment ausreichend groß war und das Preis-Leistungs-Verhältnis zumindest nicht abschreckend wirkte (vgl. BÖTTCHER/KRINGS 1999, S. 142).

In den 1990er-Jahren hat sich der touristische Markt zu einem Konsumenten- oder Käufermarkt gewandelt. Die Vorteile liegen nun bei den Nachfragern. Diese können aus einem unerschöpflichen Angebot touristischer Dienstleistungen wählen, das alle nur denkbaren Ansprüche befriedigt. Den Produzenten von Produkten oder Dienstleistungen zwingt diese Situation zu strategischen Überlegungen, wie er sein Produkt auf dem Markt platziert. Die heutige Marktsituation fordert von den Produzenten – in allen Wirtschaftsbereichen – eine Orientierung an den Bedürfnissen der Kunden. Kundenorientierung bedeutet, vor allem zu verstehen, dass die Produkte oder Dienstleistungen für Abnehmer erstellt werden und dass nur deren Kaufentscheidung über das Marktvolumen für ein Produkt entscheidet. Damit ist die Kundenorientierung nichts anderes als die konsequente Auseinandersetzung mit dem Markt und seinen besonderen Bedürfnissen. Die Verbraucherwünsche sollten heute die Produktentwicklung bestimmen (vgl. BÖTTCHER/KRINGS 1999, S. 142).

Bei der Produktbildung stehen somit gegenwärtig die Wünsche der Konsumenten im Vordergrund. Wie aber sieht der Konsument aus und welche Wünsche hat er? Dabei sind heute die Märkte in der Regel zu komplex und zu heterogen, so dass ein Unternehmen nicht die Bedürfnisse aller Nachfrager befriedigen und dabei noch rentabel wirtschaften und einen gleich hohen Qualitätsstandard halten kann.

Der heutige Konsument ist nicht mehr so leicht einzuschätzen wie zu Zeiten des Verkäufermarktes. Wachsende Konsummöglichkeiten, steigende Lebensstandards, ein hohes Maß an gesellschaftlichen Einflüssen und die Veränderung traditioneller Werte haben den sogenannten hybriden Konsumenten entstehen lassen.

Kennzeichnend für ihn ist eben der wechselhafte Konsum von Gütern, die sich nicht mehr bestimmten sozialen Schichten zuordnen lassen, sondern die größere Teile des gesellschaftlichen Spektrums ansprechen können. Durch den Konsumstil lassen sich keine eindeutigen Rückschlüsse mehr auf bestimmte soziale Schichten ziehen. Der hybride Konsument ist somit der vielzitierte Gast im Schnellrestaurant, der mit einem luxuriösen Sportwagen vorgefahren ist.

2   Marktsegmentierung – der Weg zum Kunden

Diese Heterogenität der Märkte führt zwangsläufig zu der Notwendigkeit einer Segmentierung von Märkten und zur Auswahl von bestimmten Zielgruppen. Dabei wird Marktsegmentierung definiert als die Entwicklung und das Marketing von Produkten für eng abgegrenzte, homogene Käufergruppen. Die gezielte Erhebung von Kundenwünschen und die Abstimmung der Produkte und Dienstleistungen auf diese Wünsche sollen einen überproportionalen Absatz ermöglichen. Der Gesamtmarkt wird also segmentiert, um in Teilmärkten eine größere Kaufintensität und damit einen höheren Umsatz zu erzielen. Die Konsumenten können sich somit mit bestimmten Produkten besser identifizieren, da diese auf ihre Bedürfnisse abgestimmt sind (vgl. GODENSCHWEGE 1997, S. 133ff.). Welche Zielgruppe gewählt werden soll, orientiert sich an verschiedenen Kriterien. SCHWEITZER/MÜLLER-PETERS (2001) nennen aus Unternehmersicht die folgenden Kriterien:
-   Attraktivität: Wie groß ist das Marktsegment und welche Potenziale bietet es?
-   Adäquatheit: Kann das Unternehmen mit seinem Leistungsprofil überhaupt die Bedürfnisse und Anforderungen der Zielgruppe erfüllen?
-   Wettbewerbsposition: Wo steht das eigene Unternehmen im Wettbewerb und bedienen vielleicht schon andere Konkurrenten die gewählten Teilmärkte erfolgreich?

Was ist nun der Sinn dieser Segmentierung? Auf den ausgewählten Zielmärkten kann der Anbieter wesentlich konsequenter und gezielter die Kundenbedürfnisse erforschen und bedienen. Letztlich kann der Anbieter durch eine fokussierte Marktbearbeitung effizienter am Markt handeln.

Die konsequente Kundenorientierung kann allerdings nicht bedeuten, sich an allen Kunden zu orientieren, vielmehr muss das eigene Geschäftsfeld durch eine Markt- und Kundenanalyse abgegrenzt werden. Diese Konzentration der Ressourcen und Kräfte auf eine bestimmte Kundenschicht ermöglicht vielen Unternehmen erst ein Überleben auf dem vom Verdrängungswettbewerb gekennzeichneten Käufermarkt.

Marktsegmentierung ist somit ein Element in einem zielorientierten Zielgruppen-marketing. Die Teilmärkte, die dabei entdeckt werden, sollen möglichst homogen sein und sich möglichst stark von den übrigen unterscheiden. Auf diese Teilmärkte können dann die übrigen Marketinginstrumente ausgerichtet und effektiv einge-setzt werden (vgl. SCHWEITZER/MÜLLER-PETERS 2001, S. 28).

Das Ziel einer Marktsegmentierung ist es zum einen, mit hoher Effizienz einen klar definierten Markt erfolgreich zu bearbeiten. Zum anderen führt eine erfolgrei-che Kundenorientierung zu hoher Kundenzufriedenheit und damit auch zu einer hohen Loyalität des Kunden dem Anbieter gegenüber und schließlich vielleicht sogar zu hohen Marktanteilen.

Abb. 1: Ansätze der Marktsegmentierung

Marktunspezifische Merkmale	Marktspezifische Merkmale
- **Räumlich-geographisch** z.B. Land, Bundesland, Kreis, Gemeinde, Postleitzahlbezirk - **Demographisch** z.B. Alter, Geschlecht, Haushalts-größe, Einkommen - **Soziologisch/psychologisch** z.B. Schicht, Lebensstil, soziale Grup-penzugehörigkeit, Persönlichkeits-merkmale	- **Kauf/Verwendung** Reisepreis, Reisehäufigkeit - **Anlass** Sommer-/Winterurlaub, Kurzreise, Gruppenreise - **Spezifischer Konsumstil** Reiseverhalten, Reisemotive, Reise-präferenzen

Quelle: SCHWEITZER/MÜLLER-PETERS 2001, S. 29

3 Anpassung der Segmentierungsmethoden an den Markt

Die Entwicklung der Marktsegmentierung und ihrer Methoden folgte bisher auch den gesellschaftlichen Entwicklungen. Dabei gibt es und gab es nie eine ideale Segmentierung. Für jedes Produkt und für jede Dienstleistung können andere Segmentierungskriterien die adäquaten sein. Verschiedene Ansätze zur Segmentie-rung sind in Abb. 1 dargestellt. GODENSCHWEGE (1997) unterteilt die Marktseg-mentierung nach den erhobenen Merkmalen:
- Demographische Marktsegmentierung: Kriterien wie Alter, Beruf, Familien-stand
- Geographische Marktsegmentierung: Kriterien wie Wohnort, Bundesland
- Psychologische Marktsegmentierung: Verhaltensmäßige Kriterien, Einstellun-gen, Motive

Je weniger ausdifferenziert die Gesellschaft und je unbekannter das Phänomen des hybriden Konsumenten war, desto leichter und einfacher war auch die Marktseg-mentierung bzw. ihre Methoden.

In den Zeiten des Verkäufermarktes, als die Befriedigung der Grundbedürfnisse noch primäres Konsumziel war, zählten häufig die soziodemographischen Variablen zu den wichtigsten Segmentierungskriterien. Besonders beliebt war die Anwendung dieser Daten vor allem auch wegen ihrer relativ leichten Erfassbarkeit. Auch heute noch segmentieren viele touristische Regionen nach diesen relativ einfachen Kriterien: Sie sprechen nur Reisende in einer bestimmten Altersgruppe an oder nur Gäste aus einem bestimmten Bundesland oder nur Familien mit Kindern. Soziodemographische Variablen werden auch heute noch herangezogen, wenn das Produkt einen engen Bezug zum Lebenszyklus aufweist. Auch dies ist in der Tourismusbranche häufig der Fall.

Eine neue Methode, eine spezifische Ausprägung des Reiseverhaltens mit verschiedenen Lebensphasen in Einklang zu bringen, wurde mit dem Ansatz der Reisebiographien unternommen (vgl. ETI 1993; BECKER 1998). Die Lebensphasen, z. B. Jugend, Berufseinstieg, Familiengründung oder Ruhestand, weisen einen engen Zusammenhang zum Reiseverhalten auf und dienen touristischen Leistungsträgern häufig zur Segmentierung ihrer Märkte. Allerdings bieten diese Angaben über die Lebensphasen bei den heutigen heterogenen Märkten keine eindeutigen Anhaltspunkte mehr hinsichtlich der Reiseerwartungen, der Preissensibilität, der Reisemotive oder der Distributionskanäle. Sie geben also wenig Hinweise darauf, wie sich ein touristisches Unternehmen oder eine Region auf dem Markt positionieren soll.

Die Phase des individualistisch geprägten Konsumstils schloss sich an die Phase des Verkäufermarktes an. Die Segmentierung des Marktes musste nun berücksichtigen, dass die Grundbedürfnisse befriedigt waren und der Konsumstil Ausdruck einer Zugehörigkeit zu bestimmten sozialen Schichten war. Abgegrenzte Märkte ließen sich über die sozialen Gruppen oder die verschiedenen Lebensstiltypologien finden. Diese Typologien verknüpfen die Konsumenten mit bestimmten Werthaltungen, wobei angenommen wird, dass bestimmte Werthaltungen in einem Bereich auf ähnliche Einstellungen in anderen Lebensbereichen schließen lassen und somit Gruppen gleichen Verhaltens definieren. Eine Übertragung dieser Segmentierungsmethode findet sich z. B in den verschiedenen Typologisierungsansätzen, mit denen die Reisenden in unterschiedliche Marktsegmente eingeteilt wurden. Somit wurden die soziodemographischen Variablen um eher weiche Variablen ergänzt, die stärker auf das Individuum abgestimmt waren. Diese allgemeinen, produktunabhängigen Merkmale lassen die Segmentierung allerdings recht unscharf werden, da eben die produktbezogenen Entscheidungsmerkmale außer Acht gelassen werden.

Mit dem hybriden Konsumenten hat sich das Problem einer sinnvollen Marktsegmentierung noch verschärft, da sich dieselbe Person auf verschiedenen Märkten völlig unterschiedlich verhalten kann – also auch vom erwarteten Verhalten seiner Lebensstilgruppe abweichen kann. Diese Unberechenbarkeit verlangt somit nicht mehr eine marktübergreifende Segmentierung, sondern erfordert auch im Tourismus eine marktspezifische Lösung. Es kann also nicht mehr von den Reisenden und ihren verschiedenen soziodemographischen Merkmalen ausgegangen werden, sondern die Segmentierung muss sich genau auf die Einstellungen, Motive und Ansprüche beziehen, die das Entscheidungsverhalten in dem Teilmarkt bestimmen, in dem der touristische Leistungsträger aktiv ist (vgl. SCHWEITZER/MÜLLER-PETERS 2001, S. 29f.).

Dennoch sind die soziodemographischen Merkmale der Personen nicht unwichtig, denn sie machen die verschiedenen Personen erst greifbar bzw. anschaulich und geben darüber hinaus auch Auskunft z. B. über die heutigen oder die potenziellen Quellgebiete von verschiedenen Destinationen. Ein weiterer wichtiger Unterschied zwischen Konsumgütern und touristischen Produkten besteht darin, dass die Konsumenten am Ort der Leistungserstellung – also am Urlaubsort – zusammenkommen müssen, um das Produkt zu konsumieren. Herrenanzüge einer bestimmten Marke können durchaus von Männern verschiedener Altersgruppen getragen werden. Diese Konsumenten wollen vielleicht unterschiedliche persönliche Werthaltungen durch das Tragen zum Ausdruck bringen, jedoch stören sie sich nicht gegenseitig durch den gleichzeitigen Konsum dieses Produktes. Anders verhält es sich im Tourismus – hier kann es durch das gleichzeitige Zusammenkommen unterschiedlicher Gästegruppen zu stärkeren atmosphärischen Störungen der Gäste untereinander kommen – z. B. wenn die Altersunterschiede zwischen den Gästen zu groß sind. Die Urlaubszufriedenheit kann dadurch sinken, obwohl die touristischen Angebote durchaus das Anspruchsniveau der Gäste befriedigen können.

Somit muss im Tourismus von unterschiedlichen Motiven, Erwartungen und Ansprüchen der Reisenden auf den einzelnen touristischen Märkten ausgegangen werden; dabei dürfen die personenbezogenen Variablen, wie vor allem das Alter, nicht außer Acht gelassen werden.

4 Die ideale Vorgehensweise bei der Segmentierung

Eine Segmentierung, die die marktspezifischen Konsumstile zur Grundlage nehmen möchte, ist jedoch nicht kurzfristig durchzuführen und erfordert verschiedene Untersuchungsschritte. In den meisten Branchen (z. B. auch im Tourismus) sollten in einem ersten Schritt umfassende Informationen über das Nachfragerverhalten in dem speziellen Markt erhoben werden. Dadurch sollen alle Merkmale, Einstellungsdimensionen oder Motive erfasst werden, die das Kundenverhalten im betreffenden Markt beeinflussen können. Dabei wird sicherlich ein breites Spektrum der unterschiedlichsten verhaltensrelevanten Dimensionen zu Tage gebracht. Erhebungstechnisch sind solche Untersuchungsschritte weniger mit einem standardisierten Fragebogen zu bewältigen, da die abzufragenden Dimensionen das Ziel des Untersuchungsschrittes darstellen. Sinnvollerweise werden solche Erhebungen mit den Instrumenten der qualitativen Marktforschung durchgeführt. Hier bieten sich das Tiefeninterview oder auch die Gruppendiskussion mit Konsumenten an. Diese eher offenen Erhebungsinstrumente lassen schon erste Typologien erkennen, die zwar keine statistische Repräsentativität haben, aber zumindest eine psychologische Repräsentativität aufweisen. Es wird also nicht die quantitative Verbreitung der Motivstrukturen in der Bevölkerung dargestellt, sondern ein Einblick in die Wirkungszusammenhänge des betrachteten Marktes gegeben. Diese Zusammenhänge bilden die Basis für die folgenden Segmentierung, da sie die Ansatzpunkte für die Marktbearbeitung darstellen. Liegen dagegen den Segmentierungen falsche oder nur oberflächliche Merkmale zu Grunde, können alle weiteren aufbauenden Marketingmaßnahmen ins Leere laufen.

Die qualitative Vorstudie liefert demnach ein erstes Verständnis des Kundenverhaltens. Sie stellt aber auch die Basis für die Entwicklung aufbauender Erhebungsinstrumente zur Quantifizierung der Effekte dar. Mit ihren Ergebnissen lassen sich alltagssprachliche Formulierungen entwickeln, die zum besseren Verständnis weiterer Erhebungsinstrumente dienen und somit gewährleisten, dass Erhebungsinstrumente und Befragte die gleiche Sprache sprechen. Darüber hinaus liefert sie wertvolle Hinweise für die Interpretation weiterer Erhebungen.

In einer solchen Vorstudie werden somit erste Einschätzungen über die Funktionsweise eines Teilmarktes erarbeitet, sie gibt aber keine Auskünfte über den Umfang der Teilmärkte. Sie enthält auch keine Angaben darüber, ob sich z. B. für ein Unternehmen ein Engagement auf einem solchen Markt überhaupt lohnt.

Diese Antworten kann nur eine Quantifizierung der Effekte in Form einer standardisierten Befragung liefern. Dabei werden die vielfältigen Motive und Einstellungen mit Hilfe von statistischen Verfahren, wie z. B. einer Faktorenanalyse, auf ihre grundlegenden Faktoren verdichtet. Diese können dann wiederum zur Gruppenbildung herangezogen werden, die letztendlich die Segmente beschreiben (vgl. SCHWEITZER/MÜLLER-PETERS 2001, S. 30ff.).

Inwieweit die identifizierten Segmente für die weitere Marktbearbeitung herangezogen werden bzw. auf welche Segmente sich das Unternehmen konzentrieren soll, ist letztendlich eine strategische Entscheidung. Speziell im Tourismus und vor allem im Destinationsmanagement ist hier besondere Vorsicht geboten, da ein Großteil des vorhandenen naturräumlichen Potenzials einer Region kaum oder nur mit großen Anstrengungen verändert werden kann. Dagegen lassen sich im Rahmen der Angebotsgestaltung durch intelligente Kombination verschiedenster Produkteigenschaften durchaus unterschiedliche Marktsegmente ansprechen.

Der dargestellte ideale und auch sicherlich gewinnbringendste Segmentierungsansatz ist jedoch relativ aufwendig. Er beansprucht zwei Ressourcen, die gerade im öffentlichen Tourismus nur sehr begrenzt zur Verfügung stehen: Zeit und Geld. Mit anderen Worten: Die Entscheidungsträger im Tourismus wollen häufig nur sehr begrenzte Mittel einsetzen, um zu wissenschaftlich fundierten Aussagen zu gelangen. Allerdings können auch mit wesentlich geringerem Mitteleinsatz gute Marktsegmentierungen gefunden werden, die darüber hinaus auch Anhaltspunkte für die Entwicklung marktfähiger Produkte liefern. Das folgende Beispiel aus der

Beratungspraxis des Europäischen Tourismus Instituts GmbH (ETI) soll dies verdeutlichen.

5   Praxisbeispiel: Marktsegmente für das Saarland

Das Bundesland Saarland stand im Jahr 2000 vor der Aufgabe, sich touristisch neu zu positionieren. In diesem Zusammenhang stellte sich die Frage, welche Marktsegmente künftig angesprochen und welche Produkte für welche Zielgruppen angeboten werden sollten. Im Vordergrund stand auch hier die möglichst umfassende Kundenorientierung, um marktfähige Produkte und Dienstleistungen entwickeln zu können. Zugleich war nicht klar, welche Erwartungen die potenziellen Gäste an das touristische Produkt stellen bzw. welche touristischen Themen zukunftsfähig sind. Eine Marktsegmentierung auf der Basis soziodemographischer Merkmale wurde von vorneherein ausgeklammert, da diese keine Hinweise auf bestimmte touristische Themen liefern konnte.

Damit auch die sogenannten hybriden Konsumenten in eine mögliche Segmentierung aufgenommen werden konnten, wurde ein Untersuchungsdesign festgelegt, das auf der Basis möglicher touristischer Themen und der Akzeptanz der touristischen Produkte ansetzte.

In einem ersten Untersuchungsschritt wurde eine Bestandsaufnahme der touristischen Produkte und Themen vorgenommen, die im Saarland heute vertreten sind bzw. die vom Saarland glaubwürdig angeboten werden können. Dabei lieferte eine Trendanalyse des touristischen Marktes auch neue Erkenntnisse über mögliche Produkte. Diese Themen wurden als Ausgangsbasis für zwei Marktforschungsstudien genommen, mit denen die Marktsegmente abgegrenzt werden sollten: Eine bundesweite Repräsentativbefragung von 2.000 Personen und eine repräsentative Befragung in den wichtigsten Quellgebieten des Saarlandes mit 1.500 Interviews. Die Themen bzw. touristischen Produkte wurden den Probanden im Rahmen einer telefonischen Befragung vorgelesen und erläutert, so dass sie einer Bewertung auf einer sechsstufigen Skala („interessiert mich sehr" bis „interessiert mich überhaupt nicht") unterzogen werden konnten.

Die durchschnittliche Bewertung der Produkte durch alle Befragten ergab auf den ersten Blick ein eher entmutigendes Bild: Keines der abgefragten Produkte stieß in den Quellgebieten des Saarlandes auf hohe Akzeptanz.

Die Vielzahl der Produkte ließ allerdings vermuten, dass sie eine geringere Zahl von touristischen Themen repräsentierten. Mit Hilfe einer Faktorenanalyse konnten somit auch drei Themen identifiziert werden, die in der Lage waren, die Befragten zu segmentieren:

- Thema: Museum/Kultur
  Von Museum zu Museum: Vielfältige Kultur in der Region Saarland-Lothringen-
  Luxembourg
  Auf den Spuren der Römer und Gallier: Antikes und Historisches zum Staunen
  Industrievergangenheit als außergewöhnliches Kulturerlebnis
  2000 Jahre Befestigungsanlagen als Zeuge europäischer Geschichte

- Thema: Fun-/Trendsport
  Trend- und Funsportarten: Neue sportliche Möglichkeiten entdecken
  Grenzen der Leistungsfähigkeit entdecken – Extremsportarten an ungewöhnli-
  chen Orten

- Thema: Wellness/Kulinarisch
  Für Gaumen und Sinne: Kulinarisches und Kulturelles als „sinnvolles" Erlebnis
  „Wellness live"

An Hand der Faktorladungen konnten dann die entsprechenden Zielgruppen bestimmt werden. Diese Zielgruppen wurden noch einmal mit den abgefragten Produkten in Verbindung gebracht, und es zeigte sich nun, dass die Angehörigen der
entsprechenden Zielgruppe die entsprechenden Produkte wesentlich besser bewerteten als die Gesamtheit der Befragten.

Produkte aus dem Bereich Kultur stoßen bei der Zielgruppe Museen/Kultur auf
deutlich höheres Interesse als bei den übrigen Befragten. Gleiches gilt für die Zielgruppen Funsport/Sport und Wellness/Kulinarisch: Sie interessieren sich für „ihre"
Produkte überdurchschnittlich stark, lehnen aber die Produkte der anderen Zielgruppen eher ab. Gerade diese Erkenntnis, dass die Produkte der Zielgruppen nicht
besonders kompatibel sind, lieferte wichtige Hinweise auf eine spätere Gestaltung
eines Produkt-Mixes für die unterschiedlichen Zielgruppen.

Quantitativ ließen sich ca. 45% der Befragten eindeutig auf diese drei Segmente
verteilen, jeweils ca. 15% entfielen auf diese. Die übrigen 55% der Befragten
zeigten dagegen keine eindeutige Präferenz gegenüber einem der dargestellten
Segmente.

Um zumindest ansatzweise eine Orientierung für eine mögliche Positionierung des
Saarlandes innerhalb der drei Segmente zu erhalten, mussten diese wiederum mit
Hilfe ihrer soziodemographischen Merkmale dargestellt werden. Da weitere
Merkmale wie z. B. Werthaltungen, Einstellungen etc. nicht erfragt wurden, blie-
ben nur die soziodemographischen Variablen zur Beschreibung der drei Segmente
übrig; hier lassen sich exemplarisch die Nachteile von finanziellen und zeitlichen
Restriktionen erkennen.

Abb. 2: Neue touristische Produkte für das Saarland

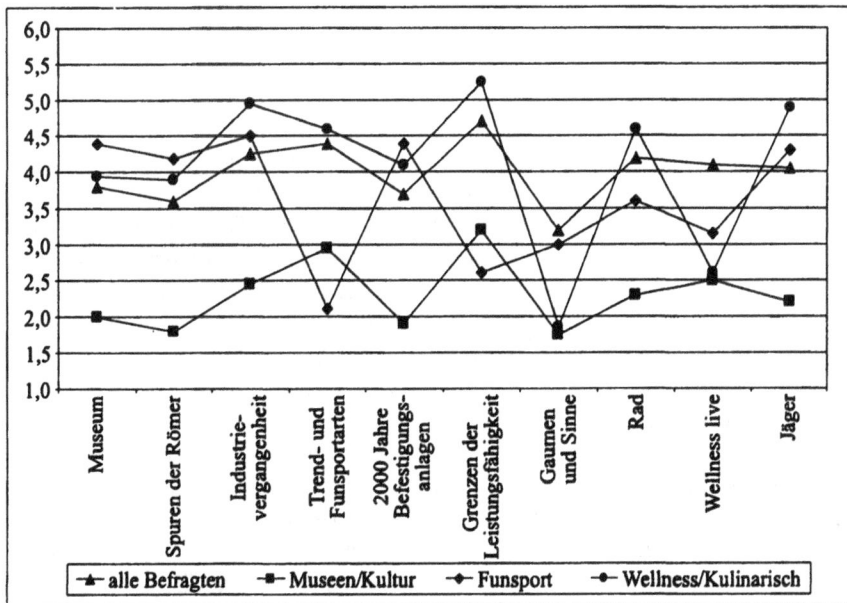

1 = interessiert mich sehr – 6 = interessiert mich überhaupt nicht;
die Produkte sind unter den Themen ausformuliert; n = 2.000

Quelle: IPSOS im Auftrag des ETI 2000

Soziodemographisch können die Zielgruppen wie folgt charakterisiert werden:

- *Geschlecht*: In der Zielgruppe Museen/Kultur sind Männer und Frauen unge-fähr gleich häufig vertreten, dagegen überwiegen die Männer bei der Gruppe Funsport/Sport, die Frauen bei der Gruppe Wellness/Kulinarisches.

- *Alter*: Hinsichtlich der Altersverteilung ist die Zielgruppe Funsport/Sport die jüngste (durchschnittlich 36 Jahre), die beiden anderen Gruppen sind mit durchschnittlich 43 Jahren (Wellness/Kulinarisches) und 46 Jahren (Muse-en/Kultur) älter.

- *Berufsgruppen*: Die Zielgruppe Museen/Kultur setzt sich vor allem aus den Berufsgruppen Angestellte bzw. leitende Angestellte, aber auch aus Ruheständ-lern zusammen; die Gruppe Funsport/Sport besteht hauptsächlich aus Perso-nen, die sich in der Ausbildung befinden, aber auch aus Angestellten/Beamten; die Gruppe Wellness/Kulinarisches wird ebenfalls aus den Gruppen Angestell-te/Beamte und Personen in der Ausbildung gebildet.

Insgesamt ließen sich auf Basis der Befragungen somit verschiedene touristische Themen und auch die dazu gehörenden Zielgruppen identifizieren. Aufbauend auf diesen Ergebnissen wurden im weiteren Verlauf die Leitprodukte und die damit zusammenhängenden Angebote entwickelt.

6   Fazit

Es zeigt sich, dass die gesellschaftlichen Entwicklungen einen Konsumenten hervorgebracht haben, der für die Marktforschung nur noch schwer zu beschreiben und zu erfassen ist. Folglich führen auch die klassischen Segmentierungsansätze nach geographischen oder soziodemographischen Variablen bei den sogenannten hybriden Konsumenten nur noch eingeschränkt zum Erfolg. Diese Tatsache bedeutet jedoch nicht, dass diese Merkmale unwichtig geworden sind. Allerdings sollten sie nicht mehr die alleinige Basis für eine Marktsegmentierung darstellen. Wesentlich aufschlussreicher sind dagegen Ansätze, die auf der Einstellungs- oder Werteebene der Konsumenten ansetzen und somit Hinweise auf Positionierungsmöglichkeiten der Unternehmen geben. Im Tourismus sind aber auch Ansätze hilfreich, die von Produkt-/Themen-Kombinationen ausgehen und somit ebenfalls eine stärker qualitativ ausgerichtete Segmentierung zulassen. Diese Art der Marktsegmentierung führt zu Gruppen, die vor allem hinsichtlich ihrer Ansprüche gegenüber den Produkten sehr homogen sind, was die Entwicklung von marktfähigen Angeboten erleichtert. Der hybride Konsument bildet an sich kein Marktsegment, sondern er verteilt sich über die verschiedensten Teilsegmente. Dementsprechend muss sich ein touristisches Unternehmen oder eine Destination in einem Werte- oder Themenfeld positionieren, das für sich genommen ein lohnenswertes Marktsegment darstellt.

Literatur

BECKER, CHR. (1998): Reisebiographien. In: HAEDRICH, G. et al. (Hrsg.): Tourismusmanagement – Tourismus-Marketing und Fremdenverkehrsplanung. Berlin/New York, S. 195-204.

BÖTTCHER, V./KRINGS, S. (1999): Der Prozeß innovativer Produktentwicklung. In: BASTIAN, H./BORN, K./DREYER, A. (Hrsg.): Kundenorientierung im Tourismusmanagement. München/Wien, S. 141-156.

Europäisches Tourismus Institut GmbH (Hrsg.; 1993): Reisebiographien des Europäischen Tourismus Instituts GmbH an der Universität Trier, durchgeführt von GFM-GETAS.-Trier.

GODENSCHWEGE, A. (1997): Dienstleistung Trendforschung – Krisenphänomen der Marktforschung? Frankfurt.

SCHWEITZER, A./MÜLLER-PETERS, H. (2001): Evolution der Marktsegmentierung. In: Planung & Analyse, 4, S. 28-35.

Erhebungs- und Auswertungsmethoden im Naherholungsverkehr: Das Ausflugsverhalten der Berliner Bevölkerung

Kristiane Klemm/Dagmar Lund-Durlacher/Antje Wolf

1 Einleitung

Beim Ausflugs- bzw. Naherholungsverkehr handelt es sich um einen vielseitigen Freizeitmarkt (Angebot und Nachfrage von Natur, Kultur, Sport, Vergnügen, Hobby etc.), der zugleich einen erheblichen regionalwirtschaftlichen Faktor darstellt, vor allen Dingen im Umland von Großstädten und Agglomerationen. Vergleiche mit dem übernachtenden Fremdenverkehr ergeben, dass z. B. die durch die Ausflüge der Berliner generierten Umsätze ca. ein Drittel des gesamten Tourismusumsatzes im Land Brandenburg ausmachen.

Von besonderem Interesse war diese Fragestellung für das Land Brandenburg natürlich nach dem Fall der ‚Berliner Mauer'. Bereits in den Jahren 1991 und 1993 führte das Institut für Tourismus der Freien Universität Berlin Befragungen zum Ausflugsverhalten der Berliner durch; im Jahr 1999 wurden erneut 1.200 Berliner zu ihrem Naherholungsverhalten im zurückliegenden Jahr befragt.

Neben den vom Deutschen Wirtschaftswissenschaftlichen Institut (DWIF) durchgeführten Untersuchungen zum Ausgabeverhalten im Tagesausflugsverkehr (vgl. HARRER et al. 1995) fanden in der Bundesrepublik Deutschland nur sporadisch Studien zum Ausflugsverhalten statt – so z. B. für Hamburg und Umgebung (vgl. ALBRECHT 1968; Norddeutsches Institut für Tourismus 1998), für den Naherholungsraum München (vgl. RUPPERT et al. 1968, 1980), für das Frankfurter Umland (vgl. BECKER/ BUSCH 1979) sowie für Münster (vgl. SCHNELL 1989). Jede dieser Umfragen hat zwar ein ähnliches Fragenprogramm, jedoch können die Ergebnisse aufgrund unterschiedlicher Grundvoraussetzungen (innerstädtische und/oder außerstädtische Ausflüge, zeitliche und administrative Dimensionen, unterschiedliche Auftraggeber etc.) nicht direkt verglichen werden. Diese Tatsache gilt auch für die drei vom Institut für Tourismus durchgeführten Studien.

Wie in anderen Tourismus- und Freizeitmärkten gibt es auch hier nicht nur eine einzige homogene Gruppe von Ausflüglern und Zielgebieten; es gilt, unterschiedliche Marktsegmente festzulegen, um letztlich die Marketingressourcen der angesprochenen Leistungsträger effizient einsetzen zu können. Die Möglichkeiten und Grenzen von Erhebungs- und Auswertungsmethoden für die Marktsegmentierung im Ausflugsverkehr werden am Beispiel der Berliner Studien im Folgenden dargestellt.

2 Möglichkeiten und Grenzen angewandter Erhebungsmethoden

Allgemein wird im Tourismus zwischen Quellgebietsbefragungen (= Befragungen in den Herkunftsgebieten) und Zielgebietsbefragungen (= Befragungen in den Zielgebieten) unterschieden, die selbstverständlich unterschiedliche Ziele und Befragungsinhalte haben sowie mit verschiedenen Methoden durchgeführt werden können.

2.1 Unterschiedliche Ausgangssituationen: Quellgebiets- versus Zielgebietsbefragung

Während sich Quellgebietsbefragungen auf das Freizeitverhalten der Einwohner des jeweiligen Quellgebiets beziehen, zielen Befragungen im Ausflugsgebiet auf die Struktur und das Verhalten der dortigen Besucher ab.

Bei einer Zielgebietsbefragung in einem Naherholungsgebiet ist i. d. R. keine Repräsentativität erreichbar; die Ergebnisse sind – je nach zeitlichem Einsatz der Interviewer vor Ort – als Spiegelbild der Besucherstruktur zu betrachten (z. B. eines typischen Wochenendes).

Im Vergleich zu der Zielgebietsbefragung besteht bei der Quellgebietsbefragung eine neutralere Ausgangssituation, z. B. bei der Erfassung des Images von Reisegebieten bzw. Wettbewerbern. Sie ist durch die zeitliche und räumliche Distanz zu den Zielgebieten bedingt. Bei einer Quellgebietsbefragung können die Ausflugsmotive sowie -aktivitäten nur allgemein für einen zurückliegenden Zeitraum, beispielsweise für einen Monat oder sogar für ein ganzes Jahr bzw. den letzten Ausflug abgefragt werden. Problematisch erscheint dabei das Erinnerungsvermögen der Befragten. Wird beispielsweise nach der Anzahl der Ausflüge, die im letzten Jahr unternommen wurden, gefragt, so können sich die Befragten i. d. R. nicht an die exakte Anzahl erinnern. Für die Untersuchung zum Ausflugsverhalten der Berliner wäre demnach ein monatlicher Befragungsrhythmus empfehlenswert; dieser ist allerdings aufgrund der aufwendigen Erhebungsmethodik nicht finanzierbar.

Identische Befragungsinhalte beider Erhebungsmethoden können neben der Erfassung von soziodemographischen Faktoren (Alter, Haushaltsnettoeinkommen etc.) auch Fragen nach der Verkehrsmittelwahl bei der Anreise oder etwa nach den genutzten Informationsquellen sein.

Gängige Fragestellungen bei Befragungen in Quellgebieten, und damit abweichend von denen in Zielgebieten, sind u. a.:
- die Aktualität und Bekanntheit einzelner Ausflugs- und Reisegebiete,
- die Ausflugsintensität und -häufigkeit,
- die Besuchsabsicht von Ausflugs- und Reisegebieten,

- die allgemeinen Ausflugsmotive,
- das Image einzelner Ausflugs- und Reisegebiete,
- der Zeitpunkt der Ausflüge (am Wochenende oder an einem Werktag) etc.

Bei einer Zielgebietsbefragung werden hingegen eher folgende Aspekte erfasst:
- die Zufriedenheit mit den touristischen Infrastruktureinrichtungen vor Ort,
- die Assoziationen, die mit dem Zielgebiet einhergehen,
- das Ausgabeverhalten im aktuellen Ausflugsgebiet,
- die Aktivitäten vor Ort etc.

Hierbei handelt es sich um regionalspezifische Fragestellungen, die in dieser Form bei Quellgebietsbefragungen nicht erhoben werden können.

Vorteile von Zielgebietsbefragungen sind die unmittelbare Aktualität, z. B. bei Fragen nach den durchgeführten Aktivitäten, nach der realistischen Bewertung von Einrichtungen oder nach zielgebietstypischen Motiven. Nachteilig wirkt sich aus, dass es sich häufig nur um Momentaufnahmen handelt; die abgegebenen Urteile können durch eine schlechte oder gute Wetterlage, durch Verkehrsstaus u. ä. beeinflusst werden.

Während bei Zielgebietsbefragungen häufig das Face-to-face-Interview zur Anwendung kommt, werden bei Befragungen im Quellgebiet in zunehmendem Maße Telefoninterviews durchgeführt.[1]

2.2 Unterschiedliche Befragungsformen: Face-to-face-Interviews versus telefonische Befragung

Für die beiden ersten Quellgebietsstudien zum Ausflugsverhalten der Berliner in den Jahren 1991 und 1993 in das Berliner Umland wurden jeweils zwischen Dezember und Januar in Berlin ca. 1.200 Face-to-face-Interviews auf Basis einer repräsentativen Zufallsauswahl aus der Berliner Bevölkerung ab 14 Jahren durchgeführt. Dieser methodische Ansatz lag insbesondere darin begründet, dass die Telefondichte Ostberlins im Gegensatz zu Westberlin die ersten Jahre nach der Wende noch erhebliche Lücken aufwies. Dementsprechend hätte die telefonische Stichprobe kein wirklichkeitsgetreues Abbild der Grundgesamtheit geliefert; die Repräsentativität wäre nicht gewährleistet gewesen.

Für die dritte Studie (1999) wurde als Erhebungsmethode eine Telefonbefragung unter Einsatz eines computergestützten Telefoninterviewprogrammes (CATI = Computer Assisted Telephone Interviewing) ausgewählt. Dabei übernimmt der Computer die Stichprobenziehung, die Verwaltung der Kontaktversuche sowie die

---

[1] vgl. Beitrag STEINGRUBE zu ‚Erhebungsmethoden in der Geographie der Freizeit und des Tourismus' in diesem Band

Weiterleitung des Gesprächs an einen Interviewer, falls der Kontakt zustande kommt. Dem Interviewer werden die Fragen, die er zu stellen hat, auf dem Bildschirm eingeblendet; die Antworten des Befragten gibt er direkt in den Rechner ein. Bei Filterfragen gabelt der Computer anhand der eingegebenen Antworten zur jeweils nächsten Frage, die der Interviewer wieder auf dem Bildschirm vorgelegt bekommt (vgl. SCHUHMANN 2000, S. 133).

Ein großer Vorteil der mündlichen Befragung war der Einsatz technischer Hilfsmittel, die eine differenziertere Fragestellung im Vergleich zur telefonischen Befragung ermöglichte. So konnten den Befragten beispielsweise Karten über die Ausflugszielgebiete unmittelbar vorgelegt werden. Damit war die Zuordnung der Ausflugsgebiete einfacher als bei einer telefonischen Befragung. Nachteilig wirkte sich bei der mündlichen Befragung aus, dass ein großer und geschulter Interviewerstab erforderlich war. Hinzu kam der hohe zeitliche Aufwand, der durch mehrere Kontaktversuche bedingt war. Auch erwies sich die Interviewerkontrolle durch fehlende Telefonnummern als wesentlich aufwendiger.

Der Vorteil der telefonischen Befragung (vgl. hierzu ROGGE 1992; KOCH 1997; SCHUHMANN 2000) lag insbesondere in der guten Stichprobenausschöpfung, die eine entsprechend hohe Repräsentativität gewährleistete (bedingt durch die hohe Telefondichte in Berlin); die richtige Zielperson (Schweden- oder Geburtstagsschlüssel) konnte gezielt wieder angerufen werden. Während beim Schwedenschlüssel die zu befragende Person im Haushalt aufgrund einer jeweils zufällig gewählten Zahlenreihe ausgesucht wird, ist es beim Geburtstagsschlüssel diejenige Person, die als nächstes Geburtstag hat (vgl. SCHUHMANN 2000, S. 101f.).

Im Vergleich zum Face-to-face-Interview lagen weitere Vorteile
- in der höheren Auskunftsbereitschaft, wenn das Telefongespräch nicht zu lange dauerte,
- in der einfacheren sowie schnelleren Erreichbarkeit/Kontaktierung der Auskunftspersonen,
- in dem geringeren Interviewer-Bias (ausgelöst durch das Erscheinungsbild des Interviewers),
- in der einfacheren Interviewerkontrolle,
- in der sofortigen Auswertbarkeit sowie
- in der Möglichkeit, Plausibilitätsprüfungen durchzuführen (bei Widersprüchen konnten so fehlerhafte Angaben während des Telefoninterviews durch eine Nachfrage bereinigt werden).

Probleme bei einer telefonischen Befragung ergaben sich v. a. bei umfangreichen und schwierigen Fragen (Länge einzelner Statements bei der Erfassung des Images von Zielgebieten, kompliziertes Handling bei Skalierungen) sowie bei Unkenntnis über die Lage einzelner Zielgebiete, da der Einsatz von optischen Hilfsmitteln (Bilder, Texte, Listen, Abbildungen etc.) zur Veranschaulichung von Sachverhalten hier nicht möglich war.

2.3 Unterschiedliche Fragestellungen: Gestützte versus ungestützte Fragen am Beispiel des Bekanntheitsgrades und des Ausgabeverhaltens

Bei der ungestützten Frage nach dem spontanen Bekanntheitsgrad von Ausflugs- oder Reisezielen im Land Brandenburg wurde die Aktualität (Top of mind) des jeweiligen Gebietes überprüft. Im Anschluss daran wurde die Bekanntheit von 30 ausgewählten Ausflugs- oder Reisezielen im Land Brandenburg anhand einer Liste (also gestützt) abgefragt. Ging es bei der ungestützten Frage um aktive Erinnerungswerte, so wurden bei der gestützten Frage die passiven Erinnerungswerte abgefragt. Grundsätzlich fällt dabei die Anzahl der Nennungen deutlich höher als bei der ungestützten Fragestellung aus. Gleiches gilt natürlich auch für die Abfrage der besuchten Ausflugsziele im abgelaufenen Jahr.

Fragen zum Ausgabeverhalten erweisen sich i. d. R. als schwierig. Üblich ist es, in einem ersten Schritt die Gesamtausgaben zu ermitteln, so z. B. durch die Frage: „Haben Sie außer den Anreisekosten bei ihrem letzten Tagsausflug im Ausflugsgebiet Geld ausgegeben?". In einer nachgeschalteten gestützten Frage wird dann ermittelt, für welche der nachfolgend aufgelisteten Aktivitäten (Ausgaben in Restaurants, Ausgaben für Eintrittsgelder, Veranstaltungen etc.) bei dem letzten Ausflug Geld ausgegeben wurde: „Bitte nennen Sie mir die ungefähren Ausgaben, die bei den einzelnen Aktivitäten pro Person angefallen sind". Oftmals liegt dabei die Summe der Einzelausgaben über derjenigen der Gesamtausgaben. Diese Tatsache lässt sich wiederum damit begründen, dass gestützte Fragestellungen das Erinnerungsvermögen deutlich erhöhen (vgl. KLEMM 1999, S. 61f.).

3 Möglichkeiten und Grenzen angewandter Auswertungsmethoden

Vor Beginn der statistischen Auswertungen müssen die Daten in strukturierter und in auswertbarer Form vorliegen. Die Überprüfung der Daten auf Eingabefehler und Plausibilität ist dabei ebenso wichtig wie die Feststellung des Skalenniveaus der Variablen.

Als erste Schritte bei der Analyse von Daten werden meist deskriptive Auswertungen vorgenommen, d. h. es erfolgt eine beschreibende Darstellung der einzelnen Variablen. Dazu gehören die Erstellung von Häufigkeitstabellen ebenso wie die Berechnung statistischer Kennwerte.

3.1   Häufigkeitsauszählungen

Häufigkeitsauszählungen werden bei nominalskalierten (z. B. Berufsstand) sowie häufig auch bei ordinalskalierten (z. B. Haushaltseinkommen, Ausgaben in Kategorien) Variablen vorgenommen; sie geben Auskunft über die absoluten und prozentualen Häufigkeiten aller Merkmalsausprägungen von Variablen.

Die Häufigkeitsauszählung der Ausflugsmotive und -aktivitäten der Berliner ergab beispielsweise folgende Ergebnisse: Das Motiv ‚Natur erleben' wird von 71% der Befragten als ‚voll zutreffend' genannt; es steht damit an der Spitze der genannten Motive. Wird dieses Ergebnis nun nach soziodemographischen Merkmalen mit Hilfe einer Kreuztabellierung differenziert, so zeigt sich, dass es z. B. überdurchschnittlich oft von Befragten mittleren und höheren Alters (ab 30 Jahre aufwärts) als voll zutreffendes Motiv genannt wird.

Abb. 1: Motive der Berliner bei Tagesausflügen (1998)

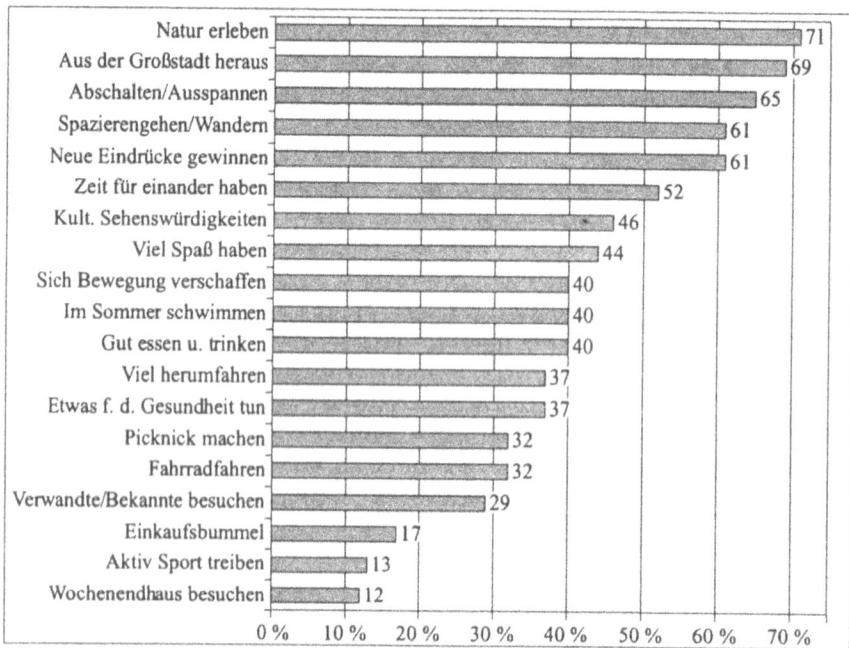

Basis: Alle Berliner, die das entsprechende Motiv als ‚vollzutreffend' genannt haben
        (Mehrfachnennungen); (n = 1200; Befragungszeitraum Januar 1999)

Bei den Freizeitaktivitäten während des letzten Ausflugs rangiert an erster Stelle mit 82% ‚Spazieren gehen/Wandern'. Werden diese Daten wiederum unter soziodemografischen Aspekten betrachtet, so zeigt sich, dass bei ‚Spazieren gehen/Wandern' v. a. die 50-Jährigen überdurchschnittlich vertreten sind. 68% der Ausflügler haben bei ihrem letzten Ausflug im Jahr 1998 eine Gaststätte besucht.

Darunter sind insbesondere die Älteren (über 50 Jahre), die Single-Haushalte, die höheren Einkommensgruppen (über 3.000 DM) und die Westberliner deutlich überdurchschnittlich vertreten.

Abb. 2: Aktivitäten der Berliner bei ihrem letzten Tagesausflug (1998)

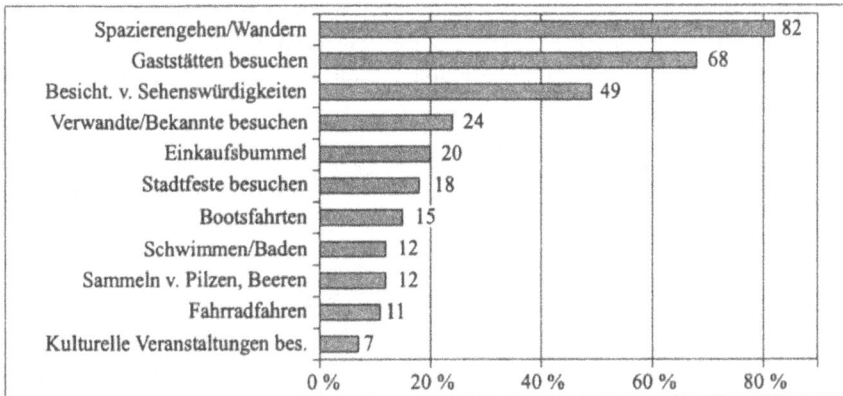

Basis: Alle Berliner, die 1998 einen Tagesausflug gemacht haben (Mehrfachnennungen)

Neben diesen üblichen Häufigkeitsauszählungen wird als weitere Methode die Faktorenanalyse vorgestellt, die einen erheblichen Mehraufwand an Rechenarbeiten erfordert.

3.2 Faktorenanalyse

Bei touristischen Befragungen werden Reisemotive, Freizeitaktivitäten, Einstellungen, Wünsche etc. erhoben. Dabei wird eine große Anzahl von Antwortkategorien vorgegeben, die zum Teil untereinander korrelieren. Um diese große Anzahl von Variablen auf wenige unabhängige Faktoren zu reduzieren, wird die Faktorenanalyse eingesetzt. Dabei werden diejenigen Variablen, die untereinander stark korrelieren, zu einem Faktor zusammengefasst. Ziel der Faktorenanalyse ist es, solche Faktoren zu ermitteln, welche die beobachteten Zusammenhänge zwischen den gegebenen Variablen möglichst vollständig erklären.

In der Fallstudie ‚Das Ausflugsverhalten der Berliner 1998' wurden 25 Aussagen zu Ausflugsmotiven und -aktivitäten abgefragt (z. B. ‚Abschalten, Ausspannen', ‚Aktiv Sport treiben', ‚Natur erleben'). Die persönliche Bedeutung der Ausflugsmotive und -aktivitäten wurde mit Hilfe einer vierstufigen Skala erhoben, die für vollständige Zustimmung (1) bis völlige Ablehnung (4) stand. Diese 25 Variablen wurden einer Faktorenanalyse unterzogen, aus der schließlich sieben Faktoren extrahiert werden konnten (vgl. Tab. 1).

Die rotierte Komponentenmatrix ist das Ergebnis der Faktorenanalyse; sie bildet den Ausgangspunkt für die Interpretation der extrahierten Faktoren. Die Faktorladungen der einzelnen Faktoren sind als Korrelationskoeffizienten zwischen der betreffenden Variablen und den Faktoren zu verstehen. So korreliert die Variable ‚Aktiv Sport treiben' am höchsten mit Faktor 2 (nämlich 0,792), die Variable ‚Wassersport betreiben' korreliert ebenfalls mit Faktor 2 (0,695) am höchsten; die Variable ‚kulturelle Veranstaltungen besuchen' hingegen am höchsten mit Faktor 4 (0,703) usw. In den meisten Fällen lassen sich auf diese Weise Variablen eindeutig einem Faktor zuordnen. Es gibt aber auch Variablen, die auf zwei Faktoren hoch laden oder mit keinem Faktor korrelieren.

Aus der rotierten Komponentenmatrix ergibt sich folgende Zuordnung von Ausflugsmotiven zu den sieben Faktoren, von denen hier nur exemplarisch drei Beispiele genannt werden:

- Faktor 1: ‚sich gesund in der Natur bewegen': Natur erleben (0,736); Spazieren gehen, Wandern (0,701); aus der Großstadt herauskommen (0,565); etwas für die Gesundheit tun (0,553); Abschalten, Ausspannen (0,504); sich Bewegung verschaffen (0,498); neue Eindrücke gewinnen, etwas anderes kennen lernen (0,450).

- Faktor 2: ‚aktiven Sport treiben': Aktiv Sport treiben (0,792); Wassersport betreiben (0,695); Fahrrad fahren (0,588); im Sommer schwimmen/baden (0,538).

- Faktor 3: ‚konsumorientiertes Vergnügen': Geschäfte ansehen/Einkaufsbummel machen (0,725); Stadtfeste und Märkte besuchen (0,637); gut essen/trinken/Gaststättenbesuch (0,627); viel Spaß und Unterhaltung haben, sich vergnügen (0,431).

4   Ziele der Marktsegmentierung

Marktsegmentierung ist ein wichtiges Element der Marketing-Strategien. KOTLER (2000) definiert die Marktsegmentierung als „die Aufteilung des Marktes in klar abgegrenzte Untergruppen von Kunden, von denen jede als Zielmarkt angesehen werden kann, der mit einem bestimmten Marketing-Mix erreicht werden soll". Dies bedeutet, dass der Gesamtmarkt – wie auch der Reisemarkt – in verschiedene Teilmärkte bzw. Kundenschichten zerlegt werden kann (z. B. Geschäftsreisende, Fernreisende, Familienurlauber). Auf den Ausflugsmarkt bezogen können diese Zielgruppen beispielsweise Familien, Sportler, Kunstinteressierte, Nur-Erholer, Rundfahrer u. ä. sein. Durch die Marktsegmentierung können nun die einzelnen Reise-/Ausflugsprodukte an die besonderen Ansprüche und Erwartungen einer genau definierten Kundenschicht angepasst werden (vgl. MEFFERT 2000).

Tab. 1:　Ergebnis der Faktorenanalyse
Rotierte Komponentenmatrix

	Komponente						
	Faktor 1	Faktor 2	Faktor 3	Faktor 4	Faktor 5	Faktor 6	Faktor 7
Natur erleben	,736			,211			
Spazieren gehen, Wandern	,701	-,132		,190	,224		
Aus der Großstadt herauskommen	,565			-,175			,305
Etwas für die Gesundheit tun	,553	,362	,293			,142	-,225
Abschalten, Ausspannen	,504	,169	,172	-,382	,106		,261
Sich Bewegung verschaffen, Leichte Aktivitäten	,498	,449					
Neue Eindrücke gewinnen, etwas anderes kennen lernen	,450		,191	,373	,109		,230
Aktiv Sport treiben		,792					
Wassersport betreiben	-,161	,695				,153	,158
Fahrrad fahren	,180	,588			,362	-,122	
Im Sommer schwimmen/baden	,108	,538			,247	,195	,257
Geschäfte ansehen/ Einkaufsbummel machen			,725		,122	,116	
Stadtfeste und Märkte besuchen			,637	,171	,203		,145
Gut essen/trinken/Gaststättenbesuch	,136		,627		-,118		,153
Kulturelle Veranstaltungen besuchen (Theater, Konzerte)		,184	,155	,703			
Kulturelle und historische Sehenswürdigkeiten besichtigen	,320	-,151		,680			
Sich den Kindern widmen	,110		,130		,729	,203	-,201
Picknick machen		,281			,629		,236
Zeit füreinander haben (Partner, Bekannte, Familie)	,204	,142	,121	-,133	,399	,236	,357
Erinnerungen auffrischen	,185		,112	,120		,722	
Verwandte, Bekannte, Freunde treffen					,240	,716	,208
Wochenendhaus/Datsche aufsuchen		,198	,110	-,131		,505	-,115
Viel herumfahren, unterwegs sein	,114		,182				,642
Auf Entdeckung gehen	,356	,119		,367	,105	-,139	,465
Viel Spaß und Unterhaltung haben, sich vergnügen		,192	,431	-,131	,269		,440

Extraktionsmethode: Hauptkomponentenanalyse
Rotationsmethode: Varimax mit Kaiser-Normalisierung.a
Die Rotation ist in 12 Iterationen konvergiert.

Marktsegmentierung in Tourismus und Freizeit gewährleistet den effizienten Einsatz von Marketingressourcen. Sie ist von enorm großer Bedeutung, denn es gibt nicht nur eine große Zahl verschiedenster touristischer Produkte und unterschiedlicher Reise-/Ausflugskonsumenten, auch die Kosten für Marketingaktivitäten sind extrem hoch. Deshalb sind Destinationen, Gastronomie, Hotels oder Reiseveranstalter gezwungen, ihre Kundengruppe(n) genau zu definieren. Es müssen die strategisch wichtigsten Marktsegmente ausgewählt werden, für die dann Marken, Produkte, Kommunikations- und Marketingstrategien festgelegt werden.

4.1   Segmentierungsmethoden

Die Segmentierung versucht, den Markt in homogene Teilmärkte zu unterteilen. Dazu können eine oder mehrere Segmentierungsvariablen herangezogen werden (z. B. Herkunftsort und Alter). Für die Segmentierung des Tourismusmarktes sind vor allem psychografische und verhaltensorientierte Variablen von großer Bedeutung, für die aufwendigere Analysemethoden eingesetzt werden müssen. Die wichtigsten Methoden sind die Clusteranalyse sowie die multidimensionale Skalierung (MDS) und die AID-Analyse (Automatic Interaction Detector). Die Clusteranalyse wird im Folgenden näher erläutert.

4.2   Die Clusteranalyse als Beispiel

Die Clusteranalyse ist ein weit verbreitetes Verfahren zur Marktsegmentierung. Sie bildet anhand von vorgegebenen Variablen Gruppen von Fällen, wobei die Mitglieder einer Gruppe (= Cluster) möglichst ähnliche Variablenausprägungen aufweisen sollen (Prinzip der Homogenität), Mitglieder verschiedener Gruppen hingegen unähnliche (Prinzip der Heterogenität). In Tourismus- und Freizeitstudien führt die Clusteranalyse zur Bildung von Urlaubertypologien. Die Clusteranalyse wird im Folgenden auf den Berliner Tagesausflugsmarkt angewandt.

Ausgangspunkt für die Analyse ist die Bedeutung der oben beschriebenen 25 Ausflugsmotive und -aktivitäten. In einem ersten Schritt wird die große Zahl von Variablen mit Hilfe der Faktorenanalyse auf sieben Faktoren reduziert (vgl. 3.2). Die gespeicherten Faktorenwerte dieser sieben Faktoren werden im weiteren einer Clusteranalyse unterzogen. Bei der hohen Fallzahl von knapp 1.000 Fällen kommt das Verfahren der Clusterzentrenanalyse zum Einsatz. Als Ergebnis der Clusteranalyse wird der Berliner Tagesausflugsmarkt in acht Segmente unterteilt, die durch unterschiedliche Ausflugsmotive und -aktivitäten gekennzeichnet sind.

Auch die Clusteranalyse erzeugt eine neue Variable, welche die Clusterzugehörigkeit wiedergibt. Diese Variable kann nun verwendet werden, um die einzelnen Cluster näher mit soziodemografischen Merkmalen und anderen interessanten Variablen zu beschreiben. Die Clusteranalyse ergab dabei folgende Gruppierungen:

-   der naturbewusste Aktivausflügler (16%),
-   der junge sportorientierte Erholer (14%),
-   der ältere interessierte Erholer (14%),
-   der mobile familienorientierte Naturliebhaber (12%),

- der ältere Kulturinteressierte (12%),
- der verwurzelte, regionsverbundene Erholer (11%),
- der junge desinteressierte Spaßvogel (10%).

Im Folgenden werden drei Gruppen in ihrem Ausflugsverhalten näher vorgestellt:

- Der naturbewusste Aktivausflügler (16%) nennt an erster Stelle ,Natur erleben' und ,aus der Großstadt herauskommen'. Auch ,Abschalten, Ausspannen' und ,neue Eindrücke gewinnen' sind ihm bei Ausflügen besonders wichtig. Im Vergleich zu den anderen Ausflugsgästen führt er deutlich mehr Ausflugsmotive und -aktivitäten an; er ist außerdem durch eine besonders hohe Ausflugsintensität gekennzeichnet (knapp zwei Drittel unternehmen mehr als zehn Ausflüge pro Jahr). Kulturelle Aktivitäten, Freunde/Verwandte treffen sowie Sport betreiben sind typische Ausflugsaktivitäten. Der naturbewusste Aktivausflügler kommt vergleichsweise häufiger aus Ostberlin und verbringt auch besonders gern (Kurz-)Urlaube in Brandenburg.

- Der junge sportorientierte Erholer (14% der Ausflugsgäste) möchte in erster Linie ,aus der Großstadt herauskommen' ,Natur erleben' und ,Abschalten, Ausspannen'. Neben diesen Erholungskomponenten ist ihm Aktivsport sehr wichtig. ,Aktiv Sport treiben', ,Fahrrad fahren', ,im Sommer schwimmen/ baden', ,Wassersport betreiben', ,sich Bewegung verschaffen' sowie ,etwas für die Gesundheit tun' sind im Vergleich mit den anderen Ausflugsgästen wesentlich wichtigere Ausflugskomponenten. Es sind vor allem Personen bis zum Alter von 29 Jahren, die außerdem ein höheres Bildungsniveau aufweisen.

- Der junge desinteressierte Spaßvogel (10% der Ausflugsgäste) möchte in erster Linie ,viel Spaß und Unterhaltung haben, sich vergnügen'. Im Vergleich zu den anderen Ausflugsgästen nennt er generell weniger Ausflugsmotive und -aktivitäten, wichtiger sind ihm nur ,aktiv Sport treiben' und ,Geschäfte ansehen, Einkaufsbummel machen'. Kaum Bedeutung haben hingegen ,sich den Kindern widmen', ,Wandern', ,Sehenswürdigkeiten besichtigen' und ,kulturelle Veranstaltungen besuchen'. Es handelt sich hier überwiegend um männliche Personen bis zum Alter von 29 Jahren, die sich zudem noch in der Ausbildung befinden und seltener Tagesausflüge unternehmen.

5   Fazit

Die dargestellten Ergebnisse zeigen, dass je nach Ausgangssituation die einzusetzenden Methoden sowohl bei den verschiedenen Erhebungsarten (Ziel- oder Quellgebietsbefragungen, mündliche oder telefonische Befragung) als auch bei der Datenauswertung (Häufigkeitsauszählung, Faktoren- und Clusteranalyse) genau überprüft und entsprechend der Zielsetzung variiert werden müssen.

Umfang, Intensität und Genauigkeit von Untersuchungen im Naherholungsverkehr hängen letztlich auch von den administrativen, zeitlichen und vor allen Dingen finanziellen Voraussetzungen ab.

Literatur

ALBRECHT, I. (1967): Untersuchungen zum Wochenendverkehr der Hamburger Bevölkerung. Teil A: Die Wochenendverkehrsregion. Hamburg.

BECKER, CHR./BUSCH, H. (1981): Das Freizeitverhalten der Bevölkerung des Umlandverbands Frankfurt. Eine empirische Untersuchung im Auftrag des Umlandverbands Frankfurt (UVF).(Vervielfältigtes Manuskript).

BECKER, CHR. (1983): Freizeitverhalten im Großraum Frankfurt. In: Raumforschung und Raumordnung, 41. Jg., H. 4, S. 131-140.

HARRER, B. et al. (1995): Tagesreisen der Deutschen. Schriftenreihe des DWIF, H. 46. München.

HAEDRICH, G./KLEMM, K./LÜTTERS, H. (1999): Das Ausflugsverhalten der Berliner 1998. Unveröffentlichte Studie im Auftrag der Tourismus Marketing Brandenburg GmbH, Potsdam, der Landesanstalt für Großschutzgebiete Brandenburg, Eberswalde, der Gemeinsamen Landesplanungsabteilung Berlin-Brandenburg, Potsdam und der Messe GmbH. Berlin.

KLEMM, K. (1999): Untersuchungen zum Ausgabeverhalten von Tagestouristen im Berliner Umland – Methoden und Ergebnisse. In: SCHNELL, P./POTTHOFF, K. E. (Hrsg.): Wirtschaftsfaktor Tourismus. Münstersche Geographische Arbeiten, H. 42. Münster, S. 61-65.

KOCH, J. (1997): Marktforschung. Begriffe und Methoden. München/Wien.

KOTLER, P. (2001[10]): Marketing-Maßnahmen. Stuttgart.

MEFFERT, H. (2000[9]): Marketing. Grundlagen marktorientierter Unternehmensführung. Wiesbaden.

Norddeutsches Institut für Tourismus (N. I. T.) (1998): Unveröffentlichte Studie zum Ausflugsverhalten der Hamburger Bevölkerung. Kiel.

RUPPERT, K./GRÄF, P./LINTNER, P. (1986): Naherholungsverhalten im Raum München. Persistenz und Wandel freizeitorientierter Regionalstrukturen 1968–1980. Akademie für Raumforschung und Landesplanung (Hrsg.): Arbeitsmaterial 116. Hannover.

ROGGE, H.-J. (1992): Marktforschung: Elemente und Methoden betrieblicher Informationsgewinnung. München/Wien.

SCHNELL, P. (1989): Räumliche und strukturelle Änderungen im wohnungs- und stadtnahen Freizeitverhalten in Münster 1975-1985. In: BECKER, CHR./KLEMM, K. (Hrsg.): Probleme der Fremdenverkehrsentwicklung und Änderung des Freizeitverhaltens. Berichte und Materialien des Instituts für Tourismus, Bd. 6, S. 61-84.

SCHUHMANN, S. (2000): Repräsentative Umfrage: praxisorientierte Einführung in empirische Methoden und statistische Analyseverfahren. München/Wien.

Städtetourismus – eine Einführung

Claudia Anton-Quack/Heinz-Dieter Quack

1 Das Segment des Städtetourismus: Grundlagen und Ausprägungen

In der Tourismusforschung wurde der Stadt als Raum für Tourismus und Freizeit erst im Laufe der 1970er-Jahre Beachtung geschenkt, als der theoretische Ansatz, dass „Tourismus als notwendige Reaktion (Fliehbewegung) auf eine Verstädterung der Umwelt" (HARTMANN 1984, S. 71) zu sehen sei, aus zahlreichen Gründen ins Wanken geriet. Als Folge dessen rückte die Erholungsfunktion der Stadt zusehends in den Mittelpunkt des Interesses, was sich in einer steigenden Anzahl an Publikationen widerspiegelt (vgl. MEIER 1994, S. 104). Dennoch fehlt es an Basisliteratur bzw. umfassenden Lehrbüchern zum Thema Städtetourismus. Als lehrbuchartige Publikation kann lediglich die Bibliographie von MEIER (1994) angesehen werden.

Das klassische Ordnungsschema der Typen von Freizeit und Fremdenverkehr enthält den Begriff des Städtetourismus nicht (vgl. Abb. 1). Offensichtlich hat der Tourismus in Städten verschiedene Ursachen (Motive) und Ausprägungen, so dass unter dem Oberbegriff Städtetourismus zahlreiche Tourismusarten subsumiert werden können.

Abb. 1: Ordnungsschema der Typen von Freizeit und Fremdenverkehr

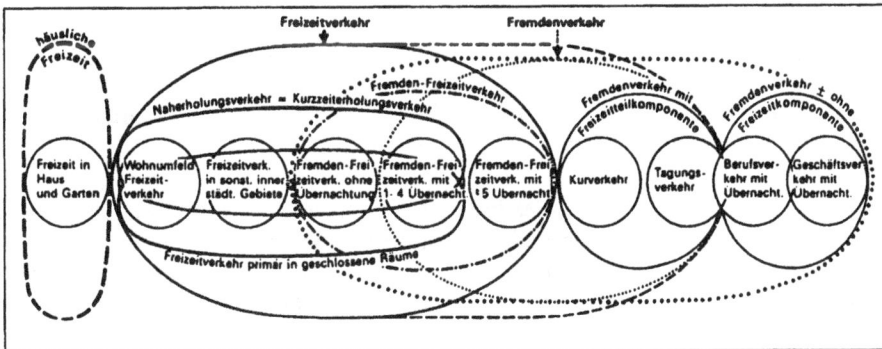

Quelle: MONHEIM 1979, S. 9

Eine Gliederung der Städtetourismusarten erfolgt oft nach der Motivation des Besuchs, wobei zumeist ein ganzes Bündel an Motiven ausschlaggebend ist. Eine Zusammenstellung der Städtetourismusarten liefert MEIER (1994, S. 7); sie verwendet die Aufenthaltsdauer und die Reisemotivation als Unterscheidungskriterien (vgl. Abb. 2).

Abb. 2: Städtetourismusarten

Städtetourismus			
Übernachtungstourismus		*Tagestourismus*	
beruflich bedingt	*privat bedingt*	*beruflich bedingt*	*privat bedingt*
Geschäfts-/ Dienstreiseverkehr/ Geschäftstourismus i. e. S.	Städtebesuchs-/ Städtereiseverkehr/ Städtetourismus i. e. S.	Tagesgeschäfts- reiseverkehr	Tagesausflugsverkehr/ Sightseeingtourismus
Tagungs- und Kongress- tourismus	Verwandten- und Bekanntenbesuche	Tagungs- und Kongressbesuche	Tagesveranstaltungs- verkehr
Ausstellungs- und Messetourismus		Ausstellungs- und Messebesuche	Einkaufsreiseverkehr/ Shoppingtourismus
Incentivetourismus			Abendbesuchsverkehr

Quelle: MEIER 1994, S. 7

Die Komplexität des Segmentes Städtetourismus spiegelt sich auch in den zahlreichen Definitionen wider, von denen keine allgemein gültig und anerkannt ist und „den verschiedenen Stadttypen gerecht wird" sowie „eine klare Abgrenzung des Städtetourismus – in räumlicher, zeitlicher und motivationaler Hinsicht – im Rahmen des städtischen Freizeit- und Fremdenverkehrs erlaubt" (MEIER 1994, S. 12). Die Basis zahlreicher Definitionen liefert EBERHARD: „Wir können darunter (...) die Beziehungen und Erscheinungen verstehen, die sich aus dem vorübergehenden Aufenthalt Ortsfremder in Städten ergeben" (EBERHARD 1974, S. 20).[1]

Von insgesamt 107,4 Mio. Ankünften in Deutschland fanden im Jahr 2001 gut 27% (29,5 Mio.) in Großstädten statt.[2] Deren Anteil an den Gesamtübernachtungen beläuft sich auf rund 18%. De facto sank die Zahl der Übernachtungen in diesem Segment im Vergleich zum Vorjahr um 1,2% auf 58,8 Mio.[3]

Im bedeutsamen Marktsegment des Incomingtourismus konnten für 2001 mehr als 50% der Übernachtungen ausländischer Gäste in Städten mit mehr als 100.000 Einwohnern verzeichnet werden. Insgesamt tätigten die ausländischen Gäste 38 Mio. Übernachtungen (JACOBS 2002a, S. 60f.; JACOBS 2002c, S. 30f.).

---

[1] Nähere Erläuterungen zu den zahlreichen Definitionen und deren unterschiedlichen Ansätzen liefert MEIER 1994, S. 9-12.

[2] Das Aufkommen des Städtetourismus wird in der Amtlichen Statistik separat erst ab 1984 in der Einwohnergrößenklasse ‚Gemeinden mit mehr als 100.000 Einwohnern' erfasst. Kleinere Städte, wie beispielsweise Passau, die auch stark am Städtetourismus partizipieren, werden aufgrund dieser Abgrenzung nicht mit einbezogen.

[3] Nach der Bereinigung der Ankunfts- und Übernachtungszahlen um die Einflüsse der Expo 2000 in Hannover und der Bundesgartenschau 2001 in Potsdam liegen die deutschen Großstädte im positiven Gesamttrend (vgl. JACOBS 2002c, S. 30).

Im Bereich des Tagestourismus stellen Großstädte mit Abstand das beliebteste Reiseziel dar. Laut einer Untersuchung des DWIF wurden für Gemeinden über 100.000 Einwohner 806,6 Mio. Tagesausflüge sowie 105 Mio. Tagesgeschäftsreisen gezählt (vgl. DFV 1995, S. 59). Großstädte zählen somit zum Tagesreiseziel Nr. 1. Die Quote privat motivierter Tagesausflüge zu Tagesgeschäftsreisen liegt nach DWIF bei 88,5% zu 11,5%, wobei im Bundesdurchschnitt die geschäftlich motivierten Tagesreisen bei 8% liegen (vgl. DFV 1995, S. 84). Legt man bei den Ausgaben der Tagestouristen einen durchschnittlichen Satz von € 30,47 pro Kopf zugrunde, dann beläuft sich der Bruttoumsatz auf 29,4 € Mrd. für die Großstädte. Der Tagesausflugsverkehr erwirtschaftet 19,5 Mrd. €, der Übernachtungstourismus 6,8 Mrd. € und der Tagesgeschäftsverkehr 3,1 Mrd. €.[4]

Zudem sind Städte wichtige Zentren des geschäftlich bedingten Reiseverkehrs,[5] der folgende Ausprägungen aufweist:

-   Tagungs- und Kongresstourismus (ca. 10.000 Anbieter von Tagungskapazitäten, hiervon 93% in Hotels, 4% in Kongresszentren, 3% in Hochschulen sowie Flughäfen mit einem Umsatzvolumen von 42,95 Mrd. € und 65 Mio. Übernachtungen),[6, 7]

-   Messe- und Ausstellungstourismus (ca. 148 überregionale Messen, 10,2 Mio. Messebesucher, davon 1,9 Mio. ausländische Besucher),[8]

-   Geschäftsreiseverkehr im engeren Sinne (Wahrnehmung von Terminen in Unternehmen und Institutionen; 36 Mio. Geschäftsreisen mit mindestens einer Übernachtung, entsprechend 13% aller Reisen mit mindestens einer Übernachtung).[9]

Der geschäftlich bedingte Reiseverkehr nimmt speziell in größeren Städten einen bedeutenden Raum ein, da hier die entsprechenden Infrastrukturen in größerer Zahl und Dichte als in eher ländlich geprägten Gebieten vorhanden sind. Da Deutschland weltweit Messeplatz Nr. 1 ist und bei Tagungen und Kongressen auf Rang vier liegt, vermutet der DTV, dass der Beitrag des Geschäftsreiseverkehr zum gesamten Übernachtungsvolumen in Städten in der Regel unterschätzt wird (DTV 1998). FRANK (1997, S. 60) schätzt das Verhältnis von geschäftlichen zu privaten Motiven auf 65 zu 35.

---

[4]   vgl. www.deutschertourismusverband.de/dtv2.html, 2001
[5]   zu den Varianten des Geschäftsreiseverkehrs sowie dessen Standortfaktoren vgl. JAGNOW/WACHOWIAK 2000, S. 108 und 111
[6]   vgl. Beitrag SCHREIBER zu ‚Kongress- und Tagungstourismus' in diesem Band
[7]   vgl. www.deutschertourismusverband.de/dtv2.html, 2001
[8]   vgl. www.deutschertourismusverband.de/dtv2.html, 2001; zu den Messebesuchern der 1990er-Jahre vgl. auch JAGNOW/WACHOWIAK 2000, S. 110
[9]   vgl. www.deutschertourismusverband.de/dtv2.html, 2001

In Deutschland rangiert sowohl hinsichtlich der Zahl der Ankünfte als auch der Zahl der Übernachtungen Berlin an erster Stelle, gefolgt von München, Hamburg, Frankfurt/Main und Köln. Während Hannover im Jahr 2000 aufgrund der Weltausstellung den achten Rang belegte, fiel die Expostadt in 2001 auf Position 11 zurück (vgl. JACOBS 2002c, S. 31). Allgemein gilt das Segment des Städtetourismus seit einigen Jahren als Hoffnungsträger im Deutschlandtourismus, da es sich durch kontinuierlich überdurchschnittliche Wachstumsraten auszeichnet (vgl. Abb. 3). „Erfolg versprechend seien Design- und Wellness-Hotels sowie Kultur-, Wein-, Gourmet- und Shopping-Reisen" (LETTL-SCHRÖDER 2002, S. 24).

Abb. 3: Entwicklung der Übernachtungen in Großstädten im Vergleich zum Bundesdurchschnitt (1993-2000)

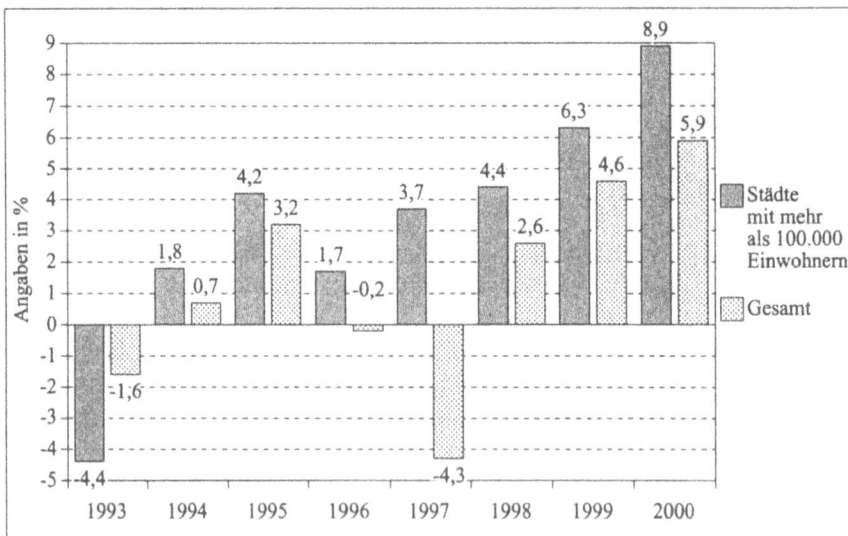

Quelle: http/www.deutschertourismusverband.de/dtv2.html, 2001

2   Das städtetouristische Angebot

Unabhängig von Reisemotiv und Reiseanlass ist den städtetouristischen Magneten eine besondere Attraktivität gemein, deren Basis in der Vielfalt und demzufolge in der Multifunktionalität des touristischen Angebots liegt. Neben Maßnahmen im Rahmen der städtebaulichen Erneuerung Anfang der 1970er-Jahre, wie z. B. Sanierung historischer Stadtkerne, Verkehrsberuhigung und Begrünung, wurden besonders in den vergangenen Jahren verstärkt Anstrengungen im Marketingbereich unternommen, so z. B. Konzentration auf eine Nische, Vermarktung im Rahmen von Corporate Identity und Design sowie Ausbau des Eventbereichs mit

Großveranstaltungen im Kulturbereich (Festivals, Festwochen großer Musiktheater, Themenjahren, etc.; vgl. JAGNOW/WACHOWIAK 2000, S. 109f.)

Mit der gestiegenen Nachfrage in den letzten Jahren geht ein struktureller Wandel des tourismusspezifischen Angebotes in Städten einher:

- Die Anzahl der gewerblichen Beherbergungsbetriebe ist, entgegen der Entwicklung außerhalb der großen Städte, in Gemeinden mit 100.000 und mehr Einwohnern von 4.556 in 1993 auf 5.069 in 1999 gestiegen; zugleich hat sich auch die durchschnittliche Betriebsgröße erhöht. Die Anzahl angebotener Betten/Schlafgelegenheiten stieg von 355.920 (1993) auf 434.905 (1999). Die Betten/Schlafgelegenheiten pro Betrieb innerhalb dieser Zeit von 78,1 auf 85,8. Inzwischen befinden sich in Städten mit 100.000 Einwohnern und mehr rund 9% der gewerblichen Beherbergungsbetriebe in Deutschland, jedoch nahezu 18% aller angebotenen gewerblichen Gästebetten (vgl. DTV 2001, S. 3; Statistisches Bundesamt 2001, S. 111).

- Die Steigerung der Nachfrage hält nicht Schritt mit der Erhöhung der Übernachtungskapazitäten, so dass die durchschnittliche Auslastung der Beherbergungsbetriebe seit 1994 auf vergleichsweise hohem Niveau schwankt.[10] Da in Großstädten oftmals Doppelzimmer als Einzelzimmer belegt werden, wird in zahlreichen Untersuchungen der Zimmerauslastungsgrad angegeben, der allerdings deutlich über der Bettenauslastung liegt, die Auslastung jedoch korrekt misst (vgl. DFV 1995, S. 26).[11] Hinsichtlich der Bettenauslastung liegt München mit 53,7% an der Spitze, gefolgt von Berlin mit 49,9% und Frankfurt/Main mit 48,7% (vgl. JACOBS 2002b, S. 73).

- Zugleich erhalten Angebotsfaktoren, die bislang nicht zum touristischen Kernprodukt einer Stadt gezählt wurden, eine immer größere Bedeutung. Hierzu sind beispielsweise Kultur- und Freizeitangebote wie Ausstellungen, Konzerte, Musicals, aber auch Events und nicht zuletzt erlebnisorientierte sowie thematisierte Einkaufsangebote zu zählen (vgl. Kap. 3 sowie JAGNOW/WACHOWIAK 2000; QUACK 2001).

3   Die städtetouristische Nachfrage

Die Nachfrage nach städtetouristischen Zielen zeigt sich deutlich erst in den 1970er-Jahren, da sich in dieser Zeit der Wandel vom Quellgebiet zum Erholungsraum vollzieht. Seitdem kennzeichnet die Entwicklung eine gewisse Dynamik, unterbrochen durch eine Phase der Stagnation Mitte der 1990er-Jahre. Die Ursa-

---

[10] vgl. www.destatis.de 2001

[11] Eine Untersuchung in Hamburg ergab, dass ein Bettenauslastungsgrad von über 50% einem Zimmerauslastungsgrad von rund 70% entspricht (vgl. DFV 1995, S. 26-27).

chen dieser Entwicklung liegen u. a. in der stetig anwachsenden freien Zeit, im gestiegenen Einkommen sowie dem Trend zu mehrfachen Urlaubsreisen mit erhöhtem Erlebnischarakter (vgl. JAGNOW/WACHOWIAK 2000, S. 108).

Wesentliche Strukturdaten der städtetouristischen Nachfrage ergeben sich – neben dem Gästevolumen – noch aus der Aufenthaltsdauer, der Saisonalität, der bevorzugten Unterkunftsform, den zentralen Nachfragemotiven sowie der soziodemographischen Struktur der Gäste.

Abb. 4: Entwicklung der Übernachtungen in deutschen Großstädten (1998–2001)

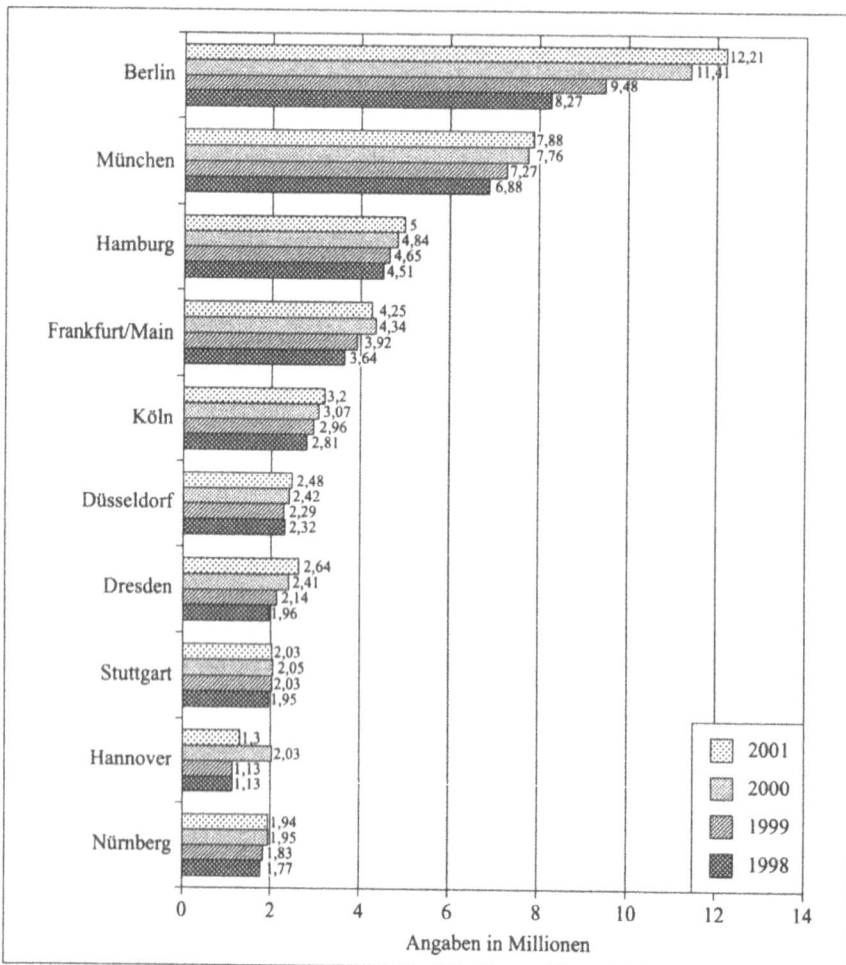

Quellen: JACOBS 2002c, S. 31; JACOBS 2001b, S. 87; Statistisches Bundesamt 2001, S. 166;
        Statistisches Bundesamt 2000, S. 152

Die zehn größten deutschen Städte konnten von 1998 bis 2000 ihre Marktposition deutlich verbessern. Lediglich in 2001 hatten einige Städte zu kämpfen. Insbesondere in Berlin als der ‚neuen' Hauptstadt der Bundesrepublik Deutschland wächst die touristische Nachfrage stark überproportional; sie verzeichnet inzwischen weit über 10 Mio. Übernachtungen pro Jahr (vgl. Abb. 4). Dieses Wachstum der Städte wird nicht nur von inländischer, sondern speziell auch von ausländischer Nachfrage getragen – hier zeigen sich allerdings deutliche Unterschiede zwischen den Städten, die auf lokal unterschiedliche Angebotselemente und Marketingkonzepte zurückzuführen sind (vgl. Abb. 5).

Abb. 5: Veränderungen der Übernachtungen inländischer und ausländischer Gäste 1999 zum Vorjahr in ausgewählten deutschen Großstädten

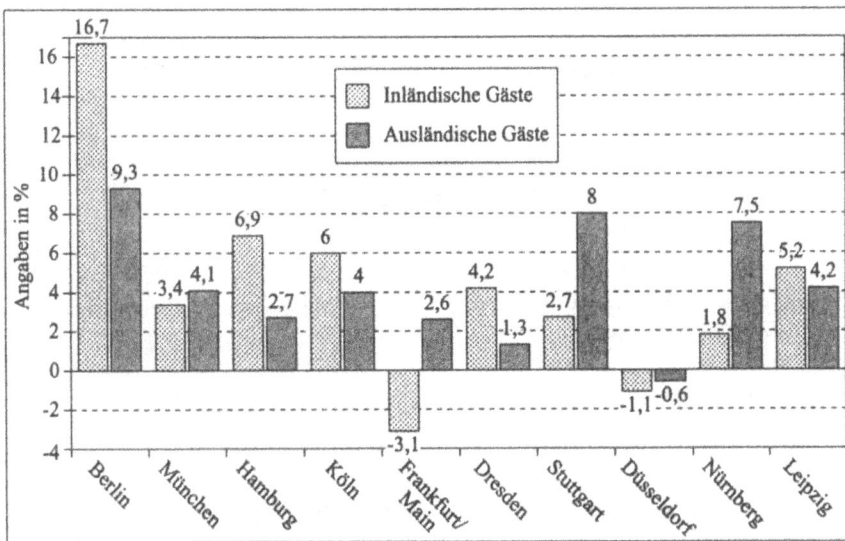

Quelle: Statistisches Bundesamt 2001, S. 171

Es wurde bereits auf die grundsätzlich hohe Bedeutung des Geschäftsreiseverkehrs hingewiesen. Für diesen werden zunehmend auch Freizeit- und Erholungsangebote einer Stadt relevant, die bislang dem nicht geschäftlich bedingten Reiseverkehr zugeordnet wurden: Das sog. ‚Begleitprogramm' zu Tagungen, Messen und Ausstellungen erlangt – zusammen mit dem Image einer Stadt – eine zunehmend höhere Bedeutung (vgl. FREYBERGER 1997). Zudem ist die potenzielle Nachfrage nach Städtereisen bemerkenswert hoch: Die Forschungsgemeinschaft Urlaub und Reisen prognostiziert seit Jahren eine hohe Reiseabsicht bzw. hohe Reisebereitschaft der Deutschen im Bereich des Städtetourismus.[12] Während von 2000 zu 2001 die Anzahl der Deutschen, die in den nächsten drei Jahren eine Städtereise unterneh-

---

[12] vgl. www.fur.de 2001

men wollen von 13,8 auf 13,9 Millionen stieg, liegt die Reiseabsicht für das Jahr 2002 bei 14,5 Millionen Personen (vgl. LETTL-SCHRÖDER 2002, S. 25). Dieses Potenzial konnte bislang noch nicht ausgeschöpft werden.

Aufgrund des skizzierten Strukturwandels ergibt sich für Städte als touristische Destinationen die Herausforderung, die vorhandene potenzielle Nachfrage zu aktivieren. Hier sind – nicht zuletzt aufgrund der unterschiedlichen Dichte und Qualität des notwendigen Angebotsmixes in den einzelnen Städten – verschiedene Strategien der Positionierung auf dem Markt erkennbar (vgl. Abb. 6).

Abb. 6: Angebotsschwerpunkte großer deutscher Städte

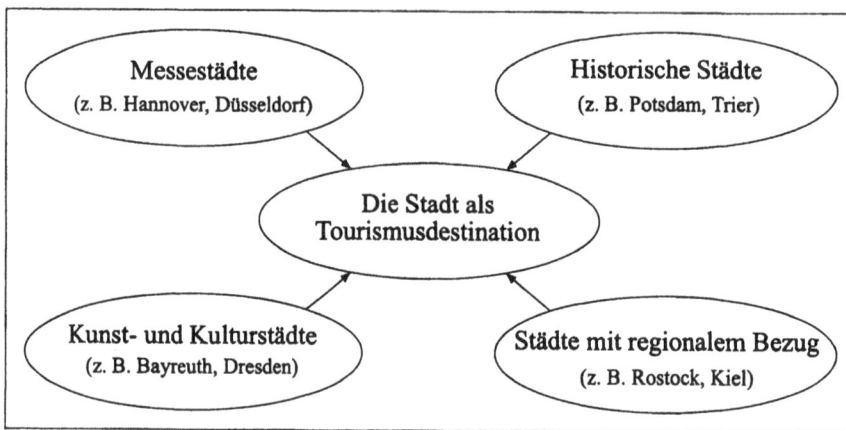

Quelle: JAGNOW/WACHOWIAK 2000, S. 108, leicht gekürzt

Die Aufenthaltsdauer in Städten über 100.000 Einwohner liegt mit zwei Tagen deutlich unter der durchschnittlichen Aufenthaltsdauer von 3,1 Tagen in Deutschland (vgl. Statistisches Bundesamt 2001, S. 108). Hier ist sowohl der Einfluss von häufig recht kurzen Geschäftsreisen zu erkennen als auch die geringe Verweildauer freizeit- und erholungsorientierter Gäste: Während an Werktagen Geschäftsreisende die größte Gästegruppe stellen, sind es an den Wochenenden die erholungsorientierten Besucher. Neben diesem Aspekt der Verteilung auf verschiedene Wochentage lassen sich auch saisonale Schwankungen feststellen: So liegen die Schwerpunkte des Geschäftsreiseverkehrs – analog zu den Hauptmessen- und Ausstellungszeiten – im Frühjahr und Herbst (schwächer im Spätwinter), während freizeit- und erholungsorientierte Gäste eher im Früh- und Spätsommer sowie – je nach lokalem Angebot (z. B. Weihnachtsmärkte) – noch im Winter die Städte aufsuchen.

Nicht zuletzt durch die kurze Aufenthaltsdauer werden von Städtereisenden primär Hotelunterkünfte aller Kategorien nachgefragt. Zudem spielt noch eine gewichtige Rolle, dass Städtereisende sich nach vorliegenden Untersuchungen durch ein überdurchschnittliches Bildungsniveau und überdurchschnittliches Haushaltsnettoeinkommen auszeichnen. Darüber hinaus sind sie häufig ledig, kinderlos und etwas jünger als der Durchschnitt aller Reisender (vgl. VOLLE 2000, S. 64).

Gegenwärtig profitieren zahlreiche europäische Städte vom Preiskampf unter den *Low Cost Carriern*. Beispielsweise zählen die Städte Berlin, Köln, und Helsinki zu den Gewinnern im britischen Markt. Inwiefern Billigflieger das „Geschäftsfeld abgrasen, um anschließend weiterzuziehen", bleibt abzuwarten (FETTNER 2002, S. 46).

4 Fazit: Management und Marketing der Destination Stadt

Angesichts einer sich spürbar ändernden Nachfrage unterliegen auch die bislang überdurchschnittlich erfolgreichen städtetouristischen Destinationen der Herausforderung, sich den Kundenbedürfnissen in Zukunft noch besser anpassen zu müssen. Als die zentralen Herausforderungen an Management und Marketing der Destination Stadt können kurz- und mittelfristig gesehen werden Markenbildung, Standardisierung und Kundenorientierung (vgl. Abb. 7).[13]

Abb. 7: Erfolgsfaktoren im Städtetourismus

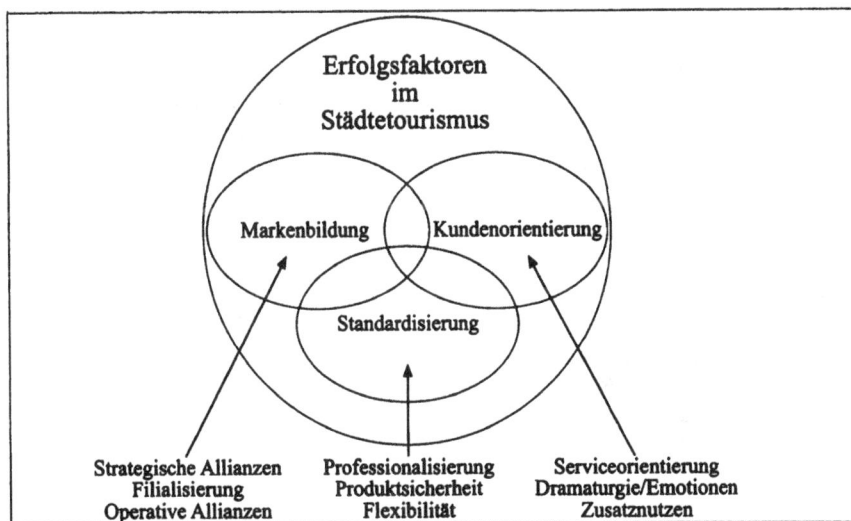

Quelle: QUACK 1999, S. 13

---

[13] vgl. zum Bereich Stadtmarketing den Beitrag PAESLER zu ‚Touristisches Stadtmarketing – Ziele und Konzepte' in diesem Band

4.1   Markenbildung und Standardisierung

Das stark steigende Markenbewusstsein der Konsumenten (vgl. STEINECKE 2000, S. 12-15) führt – im Verbund mit einem verschärften und global geführten Wettbewerb – auch im Tourismus anbieter- und nachfrageseitig zu der Notwendigkeit der Schaffung einheitlicher Marken. Marken erleichtern gegenüber Kunden den Wiedererkennungseffekt und symbolisieren gleichzeitig gewisse Leistungs-, Preis- und Qualitätsstandards. Trotz aller Veränderungen in den (touristischen) Nachfragestrukturen während der vergangenen Jahre gehört der Wunsch nach Produktsicherheit zu den wenigen Konstanten in der Bedürfnisskala der Nachfrager. Einige der Besonderheiten des Tourismus als Dienstleistungsbranche, wie z. B. das Uno-acto-Prinzip, führen naturgemäß zu einer gewissen Unsicherheit bei den Konsumenten über die Qualität des touristischen Angebotes. Die Herausforderung für Städte liegt hierbei darin, die Kooperation der Einzelanbieter so zu führen, dass sie zu einer einheitlichen und verlässlichen, für den Gast wahrnehmbaren Gesamtleistung wird.

4.2   Kundenorientierung

Nicht nur in Deutschland wird häufig und gerne laute Klage geführt über die fehlende Serviceorientierung bzw. die fehlende Dienstleistungsmentalität im Tourismus. Die besondere Herausforderung im Tourismusmanagement liegt eben speziell darin, dass ein Kunde das gesamte Spektrum der touristischen Leistungskette beurteilt, aber ein Leistungsträger häufig nur einzelne Elemente der Leistungskette beeinflussen kann. Wichtigste Aufgaben im Kooperationsmanagement nach innen und Marketingmanagement nach außen sind daher die Schaffung von Geschlossenheit und Klarheit, verbunden mit einer hochemotionalisierten Botschaft.

Literatur

BECKER, CHR. (2000): Freizeit und Tourismus in Deutschland – eine Einführung. In: Institut für Länderkunde/BECKER, CHR./JOB, H. (Hrsg.): Nationalatlas Bundesrepublik Deutschland. Bd. 10. Freizeit und Tourismus. Heidelberg/Berlin, S. 12-21.

Deutscher Fremdenverkehrsverband (DFV) (1995): Städtetourismus in Deutschland. Grundlagenuntersuchung: Struktur, Bedeutung und Chancen. Neue Fachreihe des Deutschen Fremdenverkehrsverbandes, H. 7. Bonn.

Deutscher Tourismusverband (DTV) (1998): Der Tourismus in Deutschland. Zahlen, Daten, Fakten. Bonn.

Deutscher Tourismusverband (DTV) (2001): Zahlen, Daten, Fakten 2000. Bonn.

Deutsches Wirtschaftswissenschaftliche Institut für Fremdenverkehr (DWIF) (Hrsg.; 1995): Tagesreisen der Deutschen. Schriftenreihe des DWIF, Nr. 47. München.

EBERHARD, R. (1974): Die große Säule Städtetourismus (Auszug aus dem Vortrag anlässlich der Verbandsversammlung des westfälischen Landesfremdenverkehrsverbandes am 15.05.1974). In: Der Fremdenverkehr, Tourismus und Kongress, 26. Jg., 6, S. 20-28.

FETTNER, F. (2002): Kleine Städte hoffen auf Low Cost Carrier. In: FVW international, H. 16, 28.06.02, S. 46.

FRANCK, J. (1997): Aktuelle Freizeittrends, kulturelle Szenen und zeitgenössische Inszenierungen und ihre Bedeutung für die Produktgestaltung im deutschen Fremdenverkehr. In: DSF (Hrsg.): Erlebnis-Marketing – Trendangebote im Tourismus. Ein Lesebuch für Praktiker. Berlin, S. 25-78.

FREYBERGER, C.-F. (1997): Wissenschaftliche Tagungen als Teil des Wissenschaftstourismus: ihre Ausformung und finanzielle Bedeutung. Eine Untersuchung am Beispiel der Doppelstadt Ulm-Neu-Ulm. Trier (unveröffentlichte Diplomarbeit).

HARTMANN, R. (1984): Freizeit-Reisen und Tourismus in Deutschland und in den Vereinigten Staaten von Amerika. Materialien zur Fremdenverkehrsgeographie, 12. Trier.

JACOBS, H. (2002a): Vorwiegend heiter. Deutschlandtouristiker rechnen wieder mit leichtem Zuwachs. In: FVW international, H. 6, 11.03.02, S. 60-61.

JACOBS, H. (2002b): Auslastung und Auslastungsgeschäft – die zwei Sorgenkinder. In: FVW international, H. 7, 22.03.02, S. 72-73.

JACOBS, H. (2002c): Städtereisen in Deutschland gewinnen wieder an Schwung. Köln auf einer Erfolgswelle. In: FVW international, H. 10, 19.04.02, S. 30-31.

JACOBS, H. (2001a): Volle Kraft voraus? In: FVW international, H. 5, 26.02.01, S. 46-47.

JACOBS, H. (2001b): Die neue Bescheidenheit. In: FVW international, H. 7, 23.03.01, S. 86-87.

JACOBS, H. (2001c): Schützenhilfe aus dem Ausland. In: FVW international, H. 8, 06.04.01, S. 84-85.

JAGNOW, E./WACHOWIAK, H. (2000): Städtetourismus zwischen Geschäftsreisen und Events. In: Institut für Länderkunde/BECKER, CHR./JOB, H. (Hrsg.): Nationalatlas Bundesrepublik Deutschland. Bd. 10. Freizeit und Tourismus. Heidelberg/Berlin, S. 108-111.

KULINAT, K./STEINECKE, A. (1981): Geographie des Freizeit- und Fremdenverkehrs. Darmstadt.

LETTL-SCHRÖDER, M. (2002): Städte- und Kurzreisen aus Veranstalter-Sicht. Hamburg zeigt der Konkurrenz die Krallen. In: FVW international, H. 10, 19.04.02, S. 24-25.

MEIER, I. (1994): Städtetourismus. Trierer Tourismus Bibliographie, Bd. 6. Trier.

MONHEIM, R. (1979): Die Stadt als Fremdenverkehrs- und Freizeitraum. In: BECKER, CHR. (Hrsg.): Freizeit in verschiedenen Raumkategorien. Materialien zur Fremdenverkehrsgeographie, 3. Trier, S. 7-43.

QUACK, H.-D. (1999): Kunstwelten als neue Wettbewerber im Städtetourismus? In: Tourismus Jahrbuch, H. 2, S. 3-16.

QUACK, H.-D. (2001): Freizeit und Konsum im inszenierten Raum. Eine Untersuchung räumlicher Implikationen neuer Orte des Konsums, dargestellt am Beispiel des CentrO Oberhausen. Paderborner Geographische Studien, 14. Paderborn.

Statistisches Bundesamt (Hrsg.; 2001): Tourismus in Zahlen 2000/2001. Wiesbaden.

Statistisches Bundesamt (Hrsg.; 2000): Tourismus in Zahlen 1999. Wiesbaden.

STEINECKE, A. (2000): Tourismus und neue Konsumkultur: Orientierungen – Schauplätze – Werthaltungen. In: STEINECKE, A. (Hrsg.): Erlebnis- und Konsumwelten. München, S. 11-27.

STEINECKE, A./WACHOWIAK, H. (1996): Städte als touristische Ziele – Analyse des Nachfragepotentials im deutschen Städtetourismus. In: STEINECKE, A. (Hrsg.): Die Stadt als Wirtschaftsraum. Berliner Geographische Studien, 44. Berlin, S. 67-80.

VOLLE, B. (2000): Städtetourismus – eine inhaltlich kommentierte Bibliographie. Trier (unveröffentlichte Diplomarbeit).

Kongress- und Tagungstourismus

Michael-Thaddäus Schreiber

Der Kongress- und Tagungsreiseverkehr wird vielfach als Königsdisziplin der Tourismuswirtschaft bezeichnet. Aus ökonomischer Sicht kommt dem Kongress- und Tagungswesen eine ganz besondere Bedeutung zu: Über 40 Mrd. € Umsatzvolumen setzt allein die Kongressbranche in Deutschland pro Jahr um; dabei gilt es zu berücksichtigen, dass die Kongressteilnehmer das höchste Pro-Tag-Ausgabeverhalten aller touristischen Zielgruppen aufweisen.

Dennoch gibt es im Kongress- und Tagungsbereich auch Optimierungsbedarf. So fehlt zum Beispiel eine institutionalisierte Veranstaltungsstatistik: Qualifizierte Volumen- und Strukturdaten zum Tagungsmarkt, die von den potenziellen Entscheidungsträgern des Kongress-Segments genutzt werden können, sind aufgrund unterschiedlicher Ansätze nicht vergleichbar. So erfasst z. B. die letzte Studie für den deutschen Tagungsmarkt (vgl. GUGG/HANK-HAASE 2000) sämtliche Kongresszentren, Hotels, Hochschulen und Flughäfen mit Platz für mindestens 20 Personen im größten Raum bei Reihenbestuhlung, während die Studie von Infratest Burke Sozialforschung (1995) von einer Untergrenze von 50 Personen ausgeht. Diese unterschiedlichen Abgrenzungen stellen im Sinne einer kontinuierlichen Marktforschung eine äußerst unbefriedigende Situation dar.

Nach GUGG/HANK-HAASE (2000, S. 4f.) umfasst die heutige Angebotssituation des deutschen Tagungsmarktes 10.729 Tagungsstätten: Hierbei entfallen 93% der Veranstaltungsstätten auf Hotels, 4% auf Kongresszentren und 3% auf die restlichen Anbieter. Die Dominanz der Hotellerie wird auch bei der Auswertung der Nachfragestruktur sichtbar: Fast zwei Drittel sämtlicher Veranstaltungen werden von maximal 30 Teilnehmern besucht, jede fünfte Veranstaltung registriert 31 bis 50 Teilnehmer und nur 4% sind Großveranstaltungen mit jeweils mehr als 400 Teilnehmern. Die Gesamtnachfragesituation wird mit rund 63 Mio. Kongressteilnehmern beziffert, die im Jahresdurchschnitt für ein Umsatzvolumen der Branche von rd. 41 Mrd. € und bundesweit für etwa 850.000 Vollzeitarbeitsplätze sorgen.

Neben der notwendigen Grundlagenforschung wird derzeit eine Vielzahl innovativer Themen in Fachsymposien, Arbeitskreisen nationaler und internationaler Kongressorganisationen sowie in Fachzeitschriften diskutiert und vorgestellt; hierzu gehören:
- Interaktions- und Visualisierungstechniken, Veranstaltungspsychologie,
- Einsatz neuer Medien, EDV-Einsatz im Kongresshaus,
- Total Quality Management in Veranstaltungszentren,
- Vorteile von Verbandsmitgliedschaften, Networking und Clienting,
- Kundenorientierung und Kongress-Service,
- Kongress-Sponsoring als Finanzierungsinstrument,

- steuerliche Aspekte im Veranstaltungsbereich,
- Positionierung des Kongress- und Tagungswesens als eigenständiges Tourismussegment,
- Grundtypen und Erhebungsmethoden auf dem Veranstaltungsmarkt,
- Standortanforderungen an Kongress- und Tagungsdestinationen.

Insbesondere die drei letzten Punkte sind aus geographischer Sicht von besonderem Interesse; sie werden im vorliegenden Artikel näher beleuchtet (vgl. 1 bis 4).

1 Der Kongress- und Tagungsreiseverkehr als eigenständiges Tourismussegment

Der Kongress- und Tagungsreiseverkehr wird im allgemeinen dem Geschäftsreiseverkehr zugeordnet oder häufig auch als Phänomen des Städtetourismus angesehen. Grundlagenarbeiten zum Kongress- und Tagungswesen machen jedoch deutlich, dass der Tagungs- und Kongressreiseverkehr in seiner Feinstruktur erhebliche Unterschiede zum klassischen Geschäftsreiseverkehr aufweist und somit als eigenständiges Nachfragesegment zu analysieren ist.

Während der Geschäfts- und Dienstreiseverkehr im engeren Sinn primär individualreisende Geschäftsleute sowie Beamte und Angestellte auf Dienstreise umfaßt, deren Reiseanlass in unmittelbarem Zusammenhang mit beruflichen Obliegenheiten steht, können beim Kongresstourismus, der in der Regel ebenfalls beruflich motiviert ist, auch nebenberufliche Beschäftigungen in den unterschiedlichsten Bereichen (Kultur, Politik, Sport, Wissenschaft etc.) zur Teilnahme an einer Tagungsveranstaltung führen.

Im Gegensatz zum Geschäftsreiseverkehr im engeren Sinn handelt es sich beim Kongress- und Tagungsreiseverkehr um eine Art Gruppentourismus. Obwohl die Teilnehmer einzeln an- und abreisen, liegt für EBERHARD (1974, S. 7) in der Thematik der Tagung der gemeinsame Anlass für die Teilnehmer begründet. Das Ziel einer solchen Zusammenkunft ist es, den Teilnehmern neue Fachkenntnisse zu vermitteln und ihnen geschäftliche sowie gesellschaftliche Kontakte zu ermöglichen.

Generell handelt es sich bei Kongress- und Tagungsveranstaltungen um ein- bis mehrtägige Zusammenkünfte vorwiegend ortsfremder Personen zum beruflichen Informationsaustausch. Dementsprechend sollen in Untersuchungen zum Kongresstourismus primär Tagungsteilnehmer von standortübergreifenden (externen) Veranstaltungen Berücksichtigung finden. Die Besucher von standortbezogenen (ortsinternen) Veranstaltungen (Bürgertreffen, Betriebsversammlungen etc.) sind auszuklammern.

Abb. 1: Struktur des Veranstaltungsmarktes

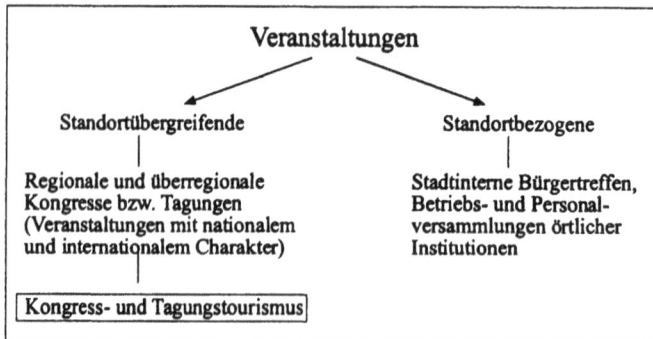

Quelle: SCHREIBER 2002, S. 4

In Anlehnung an die Tourismus-Terminologie von KASPAR (1996, S. 16) lässt sich der Kongress- und Tagungstourismus folgendermaßen definieren: Der Kongress- und Tagungstourismus umfasst die Gesamtheit der Beziehungen und Erscheinungen, die sich aus der Reise und aus dem Aufenthalt von überwiegend beruflich motivierten Personen ergeben, die für einen begrenzten Zeitraum in Destinationen reisen, welche für sie weder Aufenthaltsorte im Sinne eines zentralörtlichen Bereichs noch hauptsächliche Arbeits- bzw. Wohnorte sind, und an standortübergreifenden Veranstaltungen mit internationalem oder nationalem Charakter teilnehmen.

2   Veranstaltungen des Kongress- und Tagungsmarktes

Auf dem Veranstaltungsmarkt existiert eine große Kreativität, wenn es darum geht, den unterschiedlichen Veranstaltungstypen terminologisch gerecht zu werden. Abgesehen von der sprachhistorisch exakten Ableitung (congressus = die Zusammenkunft) wird das Wort ,Kongress' im deutschsprachigen Raum häufig als Sammelbegriff für Zusammenkünfte jeglicher Art eingesetzt. Im Angelsächsischen wird ein Kongress als ,Convention' bezeichnet, so dass ein direkter Begriffstransfer hier nicht möglich ist.

Eine einheitliche Nomenklatur für die Vielzahl von Erscheinungsformen auf dem Veranstaltungsmarkt steht immer noch aus. Zu den am häufigsten eingesetzten Begriffen im Kongress- und Tagungsbereich zählen: Arbeitsgruppe, Beratung, Besprechung, Diskussion, Expertenmarkt, Forum, Gesprächskreis, Hearing, Ideenbörse, Kolloquium, Kommission, Konferenz, Kongress, Kurs, Lehrgang, Lernstatt, Meeting, Poster Session, Round Table, Schulung, Seminar, Sitzung, Symposium, Synode, Tagung, Training, Treffen, Unterredung, Verhandlung, Versammlung, Weiterbildung, Workshop.

Dieser Begriffsflut versuchte GUGG (1972, S. 33) bereits Anfang der 1970er-Jahre entgegenzuwirken, indem er – basierend auf dem Kriterium Anzahl der Teilnehmer an Kongressen, Tagungen und anderen Veranstaltungen – folgende Hauptgruppen unterscheidet: Großveranstaltungen (über 1.000 Teilnehmer), Kongresse (201 bis 1.000 Teilnehmer), Tagungen (101 bis 200 Teilnehmer), Symposien (31 bis 100 Teilnehmer) und Seminare/Kurse (bis 30 Teilnehmer).

Zu den Großveranstaltungen zählen nach GUGG (1972) Städtetage ebenso wie politische oder religiöse Versammlungen; heute werden solche Veranstaltungsformen unter der Rubrik ‚Mega-Kongresse' zusammengefaßt. Ein weiterführender Ansatz wurde von der Internationalen Congress Akademie (ICA) entwickelt: Veranstaltungen werden danach primär unter dem Aspekt der gleichen oder ähnlichen Auswirkungen auf ihre technisch-organisatorischen und räumlichen Anforderungen gesehen (vgl. BECKMANN/KRABBE 1996, S. 11ff.). Als Grundtypen des Kongress- und Tagungsmarktes werden die Veranstaltungsformen: Kongress, Tagung, Konferenz und Seminar herausgestellt und anhand ausgewählter Kriterien vergleichbar gemacht. Als Sonderform des Kongress- und Tagungsmarktes werden Versammlungen sowie Kongress-Messen angesehen.

Abb. 2: Grundtypen des Veranstaltungsmarktes

	Kongress	Tagung	Konferenz	Seminar
Größe (Teilnehmer)	ab 250	bis 250	bis 50	bis 30
Dauer (Tage)	> 1 Tag	ca. 1 Tag	max. 1 Tag	mehrtägig
Form (thematisch, räumlich)	verschiedene Veranstaltungsteile	wenige Veranstaltungsteile	einteilig, meist 1 Thema, 1 Raum	1 Thema, mehrere Räume
Entscheidungs-zeitraum	1 - 8 Jahre	bis zu 1 Jahr (mittelfristig)	kurzfristig	bis zu 1 Jahr
Organisation (Planung, Vorbereitung)	langfristig, komplex	kürzere Planungszeit/ Vorbereitungszeit	kurze Vorbereitung, geringer Organisations-aufwand	große inhaltliche Vorbereitung, kleiner technischer Aufwand

Quelle: BECKMANN/KRABBE 1996, S. 12ff.

3 Erfassungsprobleme und Erhebungsmethoden

Ein weiteres Phänomen des Kongress- und Tagungsmarktes ist das Fehlen einer offiziellen Veranstaltungsstatistik. Es stellt sich die Frage: Welche Erhebungsmethoden können zur differenzierten Erfassung des Veranstaltungsmarktes eingesetzt werden, solange noch keine offizielle (amtliche) Kongress-Statistik vorliegt? Für eine Destination bietet sich zur Erfassung des Kongress- und Tagungstourismus eine kombinierte Auswertung von sekundärstatistischen Materialien und eigenen Befragungen an, um Strukturen und Zusammenhänge auf empirischer Ebene zu operationalisieren; nachfolgend sollen fünf Erhebungsmöglichkeiten vorgestellt werden:

- Auswertung der Veranstaltungsberichte von Kongresshäusern:
  Sämtliche Kongress- bzw. Veranstaltungszentren erstellen in der Regel für jede abgehaltene Veranstaltung ein Veranstaltungsprotokoll, aus dem neben räumlichen und zeitlichen Informationen auch die Zahl der teilnehmenden Personen sowie Angaben über den Veranstalter zu entnehmen sind.

- Befragung der Veranstalter von Kongressen und Tagungen:
  Mit einer solchen Befragungsaktion sollen zusätzliche Informationen über die Wahl des Tagungsortes, die Programmgestaltung vor Ort sowie die Gesamtjahresplanung von Veranstaltern bedeutender Kongresse und Tagungen gewonnen werden.

- Befragung der Veranstaltungsteilnehmer:
  Ziel solcher mit Interviewer-Einsatz durchzuführenden Erhebungen ist es, die Struktur, das Verhalten und die Motivation von Tagungsteilnehmern unterschiedlicher Veranstaltungen herauszuarbeiten und miteinander zu vergleichen.

- Auswertung der Tagungsstatistiken von Hotelbetrieben:
  Bei der Analyse des hotelbezogenen Tagungsmarktgeschehens ist die absolute Zahl an externen Veranstaltungen sowie das prozentuale Aufkommen verschiedener Tagungsmerkmale (Dauer, Größe, Thematik) von primärem Interesse.

- Auswertung der Tagungsstatistiken von Hochschulen:
  Die statistischen Aufstellungen über die tagungsmäßige Nutzung von Seminarräumen bzw. Hörsälen sind von der zentralen Verwaltungs- und Organisationsabteilung oder den einzelnen Fachbereichen der jeweiligen Hochschulen zu beziehen und entsprechend der Tagungsstatistiken von Hotels auszuwerten.

Diese methodischen Vorgehensweisen können dazu benutzt werden, den räumlich begrenzten Veranstaltungsmarkt einer Destination zu erfassen. Das Hauptziel besteht jedoch darin, eine einheitliche und kontinuierlich durchgeführte Kongressstatistik für die unterschiedlichen Kongress- und Tagungsstandorte zu erstellen. Eine solche Statistik würde erstmals vergleichbare Daten über das Kongressgeschäft bis zur Ortsebene liefern; überdies könnten die einzelnen Destinationen aus den Ergebnissen fundierte Marketing-Ziele und Strategien für ihren Standort ableiten.

4   Standortfaktoren von Kongress- und Tagungsdestinationen

Die Individualität der Kongress- und Tagungsstandorte resultiert aus der naturräumlichen Lage sowie der kulturhistorischen und technisch-ökonomischen Entwicklung der einzelnen Orte. Daher sind die einzelnen Destinationen durch eine
Vielzahl unterschiedlicher Eigenschaften geprägt, die auch bei der Analyse der
kongresstouristischen Standortfaktoren eine zentrale Rolle spielen. Neben der
Verkehrsanbindung sowie dem Hotel- und Gaststättenangebot zählen die kongresswirksame Infrastruktur und die Größe des Standortes zu den Hauptfaktoren,
die einen maßgeblichen Einfluss auf das Volumen des Tagungsgeschäftes haben.

4.1   Verkehrsanbindung

Eine gute und schnelle Erreichbarkeit des Kongresszentrums ist eine der wesentlichen Voraussetzungen für einen erfolgreichen Veranstaltungsbetrieb. Diese Aussage bezieht sich sowohl auf die Erreichbarkeit des Ortes, in der das Kongresszentrum angesiedelt ist, als auch auf die Lage der Tagungsstätte innerhalb der
Stadt. Wenn eine Stadt oder eine Region von sich behauptet, eine ideale Verkehrsanbindung aufzuweisen, müssen folgende Kriterien erfüllt sein:
- Flughafen mit internationalem Charakter (in max. einer Stunde Entfernung),
- Bundesautobahnkreuz (mit Anschluss an leistungsfähiges Regionalnetz),
- Eisenbahnhauptlinie mit ICE-Anschluss (mindestens EC- bzw. IC-Anfahrt).

Eine ideale Verkehrsanbindung ist für einen Veranstalter von großer Bedeutung,
da die Teilnehmer ‚standortübergreifender Veranstaltungen‘ in der Mehrzahl orts-
fremde Personen sind und zum Veranstaltungsort anreisen müssen.

4.2   Hotellerie und Gastronomie

Ein adäquates Angebot an Hotel- und Gastronomiebetrieben ist unabdingbare Voraussetzung für den Standort eines Kongresszentrums. Dabei ist nicht nur eine Kapazität der Betriebe wichtig, die der Größe des Veranstaltungszentrums entspricht,
sondern vor allem auch ein breit gefächertes Angebot in bezug auf Preis, Qualität
und Leistung (vgl. BECHER 1994, S. 9f.).

4.3   Kongresswirksame Infrastruktur

Als kongresswirksame Infrastruktur bezeichnet MÜCKEL (1983, S. 22) die Ansiedlung von Wirtschaftsunternehmen, Hochschulen, Verbänden, Behörden und sonstigen Organisationen in der betreffenden Stadt. Je mehr dieser Institutionen in einer
Stadt vorhanden sind, desto höher steigt deren Attraktivität als Kongressort und desto
häufiger wird sie als Standort für Tagungen ausgewählt. Deshalb sind für die Veran-

stalter neben der Verkehrsanbindung und der Ausstattung der Kongresszentren vor allem die folgenden Kriterien bei der Wahl des Standortes wichtig:

- Wissenschaftliche und fachliche Kapazitäten haben dort ihren Sitz.
- Wichtige Träger bzw. Förderer potenzieller Veranstaltungen halten sich dort auf.
- Wirkungsradius einer Institution hat dort seinen Mittelpunkt.
- Geschäftsstelle oder Zentrale eines Unternehmens sind dort angesiedelt.

Besondere Bedeutung erlangen jene Unternehmen, die in Wachstumsbranchen tätig sind. In den kommenden zwanzig bis dreißig Jahren wird sich wirtschaftliches Wachstum vor allem in den High-Tech-Bereichen abspielen.

4.4   Standortgröße

Die Größe einer Stadt beeinflußt ihre Eignung als Standort für ein Kongresszentrum ganz erheblich. Die kongresswirksame Infrastruktur, eine angemessene Beherbergungskapazität und gute Verkehrsanbindungen sind in größeren Städten ausreichend vorhanden. Diese Voraussetzungen sind vor allem für die Veranstaltung von internationalen Kongressen wichtig, denn generell kann davon ausgegangen werden, dass an internationalen Kongressen durchschnittlich mehr Personen als an nationalen Tagungen teilnehmen. Diese Tatsache impliziert für den Kongressort auch eine extrem hohe Nachfrage nach verschiedenen Dienstleistungen, der nur durch eine ständige potenzielle Bereitschaft bzw. Fähigkeit zur Leistung in befriedigendem Maße entsprochen werden kann. Man kann daher auch eine Wechselbeziehung zwischen der Bevölkerungszahl und dem Prozentsatz der durchgeführten Kongresse mit internationalem Charakter feststellen; dieser Wert liegt bei Großstädten wesentlich höher als bei kleineren Städten (vgl. BECHER 1994, S. 14).

4.5   Dienstleistungsfaktor

Zur Befriedigung der vielfältigen Bedürfnisse von Kongressreisenden ist ein umfangreiches Dienstleistungsangebot notwendig. Hierzu zählen nicht nur die Betriebe der Hotellerie und Gastronomie, sondern auch Geschäfte des Einzelhandels sowie Einrichtungen für die Freizeitgestaltung. Zum Dienstleistungsangebot für internationale Kongresse gehören außerdem Banken, Reinigungen, Hairstylisten, Fachärzte sowie eine umfassende Versorgung mit Nachrichten jeder Art (z. B. muttersprachliche Zeitung, ausländischer Rundfunk- und Fernsehempfang etc.).

4.6   Kultur- und Naturangebot

Das kulturelle Angebot und die natürlichen Faktoren stellen zwar für die direkte Durchführung eines Kongresses keine unabdingbare Voraussetzung dar, doch darf die positive Wirkung nicht unterschätzt werden, die sie sowohl auf die Teilnehmer als auch auf die Veranstalter ausüben. Für die Teilnehmer erhöhen sie den ideellen Wert eines Tagungsortes, indem sie ihnen vielfältige Möglichkeiten zur Freizeitgestaltung bieten. Der Kongressveranstalter profitiert umgekehrt vom hohen Freizeitwert einer Destination: Einerseits kann er seine Veranstaltung mit diesem Image profilieren, andererseits bietet sich ihm die Möglichkeit, mit dem vorhandenen Natur- und Kulturpotenzial abwechslungsreiche und unterhaltsame Rahmenprogramme zu gestalten.

Während bei den kulturellen Angeboten das Vorhandensein von Theater, Oper, Museen sowie von religiösen und profanen Baudenkmälern eine zentrale Rolle spielt, steht bei den natürlichen Standortfaktoren die geographische Lage, die damit verbundene Naturlandschaft sowie das Klima im Vordergrund des Interesses. Obwohl Kongressveranstaltungen weitgehend wetterunabhängig sind, achten die meisten Organisatoren darauf, den Termin für die Austragung der Veranstaltung in Monate zu legen, die in der Regel angenehme Witterungsverhältnisse bieten.

5 Typisierung von Standorten

Auf der Basis der kongresstouristischen Standortfaktoren können die Veranstaltungsdestinationen mit Hilfe der folgenden fünf Indikatoren typisiert werden:
- internationaler/nationaler/regionaler Flughafen (Passagierzahlen pro Jahr),
- Großhotellerie (Gesamtbettenkapazität in Hotelbetrieben mit 100 und mehr Betten),
- Kongress- u. Veranstaltungszentren (Gesamtsitzplatzkapazität bei Reihenbestuhlung),
- Messe- und Ausstellungshallen (Ausstellungsfläche in qm in Messehallen)
- Größe der Destination (absolute Einwohnerzahl).

Die zur Typisierung herangezogenen Grenzwerte der einzelnen Indikatoren sind Tab. 1 zu entnehmen (die Werte beziehen sich auf den deutschen Kongress- und Veranstaltungsmarkt).

Tab. 1: Typisierung von Kongress-Standorten

Typ	Flughafen (Passagiere)	Großhotel (Bettenzahl)	Kongresshallen (Sitzplätze)	Messeflächen (qm)	Standortgröße (Einwohner)
A	> 10 Mio.	> 10.000	> 12.000	> 100.000	> 500.000
B	> 5 Mio.	> 3.000	> 7.000	> 50.000	> 200.000
C	> 1 Mio.	> 1.000	> 3.000	> 20.000	> 100.000

Quelle: SCHREIBER 2002, S. 88

Diese Typen sollen im Folgenden anhand von Beispielen kurz vorgestellt werden:

- Typ A: Kongress- und Tagungsdestinationen von internationaler Bedeutung (auch im Messe- und Ausstellungsbereich); Beispiele: Berlin, Hamburg, Hannover, Frankfurt am Main, München

- Typ B: Kongress- und Tagungsdestinationen von (inter)nationaler Bedeutung (mit europaübergreifender Bedeutung im Messebereich); Beispiele: Düsseldorf, Köln, Nürnberg, Stuttgart, Leipzig

- Typ C: Kongress- und Tagungsdestinationen von nationaler Bedeutung (mit landesübergreifenden Aktionen – vor allem im Ausstellungsbereich); Beispiele: Bremen, Dortmund, Mainz, Wiesbaden, Mannheim

Die vorgenommene Typisierung der Standorte bzw. der Städte ist nicht mit einem statischen Endzustand zu verwechseln. Vielmehr können Veränderungen in der kongresstouristischen Angebotssituation die Neuzuordnung in einen anderen Kongress-Standorttyp erforderlich machen: Das hier angewandte Typisierungsverfahren, das in gewissen Zeitabständen nach einer Aktualisierung verlangt, basiert also auf einem dynamischen Ansatz. Demzufolge sollte der Veranstaltungsmarkt mit seinen Standort- und Erfassungsfragen sowie mit seiner räumlichen Angebots- und Nachfragesituation auch künftig in der geographischen Tourismusforschung eine zentrale Position einnehmen.

Literatur

BECHER, M. (1994): Der ideale Kongress-Standort: Welche Standortvorteile bestimmen die Vermarktungsstrategien im Tagungsgeschäft. Worms.

BECKMANN, K./KRABBE, D. (1996): Textband begleitend zum Fortbildungs-Studiengang: Fachwirt für die Tagungs-, Kongress- und Messewirtschaft, Internationale Congress Akademie. Karlsruhe.

EBERHARD, R. (1974): Der Städtefremdenverkehr. Öffentlicher Vortrag anläßlich der Verbandsversammlung des Landesverbandes Westfalen (15.05.1974) in Bochum.

GUGG, E. (1972): Der Kongressreiseverkehr. Schriftenreihe des Deutschen Wirtschaftswissenschaftlichen Instituts für Fremdenverkehr, H. 27. München.

GUGG, E./HANK-HAASE, G. (2000): Der deutsche Tagungs- und Kongressmarkt 1999/2000, Studie. Frankfurt am Main.

Infratest Burke Sozialforschung (1995): Der deutsche Tagungsmarkt im Auftrag des Deutschen Kongressbüros. München

KASPAR, C. (1996): Die Tourismuslehre im Grundriß. St. Gallener Beiträge zum Tourismus und zur Verkehrswirtschaft, Reihe Tourismus, Bd. 1. Bern/Stuttgart/Wien.

MÜCKEL, A. (1983): Standortfaktoren des Kongress- und Tagungswesens. Schriftenreihe des Internationalen Wissenschaftlichen Kongress-Instituts, Bd. 22. Innsbruck.

SCHREIBER, M.-TH. (2002^2): Kongress- und Tagungsmanagement. München/Wien.

Industrietourismus

Achim Schröder

1 Industrie und Tourismus – zwei unvereinbare Pole?

‚Industrie' und ‚Tourismus' – diese beiden Begriffe in einen Zusammenhang bringen zu wollen oder gar in einem Wort zusammenzufassen, scheint auf den ersten Blick ungewöhnlich. In unserem postindustriellen Zeitalter ist das Image der Industrie negativ belastet. Produzierende Betriebe gelten als Verursacher von Umweltschäden und Lärmbelästigung, stillgelegte Industriebauten als Zeichen des Niedergangs. Tourismus wird in aller Regel mit Erholungstourismus gleichgesetzt. Daher scheinen sich Industrielandschaften und touristische Nutzung gegenseitig auszuschließen.

Dennoch ist das Phänomen Industrietourismus nicht neu: „Jede Epoche der Kulturgeschichte – so auch die Industrialisierung – hat gegen ihr Ende eine Welle des Erinnerns und der Rückschau ausgelöst" (EBERT 1999, S. 60). Bereits zu Anfang des 20. Jhs. existierte in allen hochindustrialisierten Ländern ein Interesse „an den von der Schwerindustrie bedrängten Zeugen" (EBERT 1999, S. 61). Alte Mühlen, Hütten- und Hammerwerke sowie Besucherbergwerke[1] und die neuen Technikmuseen, wie das Deutsche Museum in München, zählen zu den frühen industrietouristischen Besuchermagneten.

Auch CHRISTALLER (1955, S. 2ff.) erkannte das touristische Potenzial technischer Bauten[2] und führte „Wirtschaftliche Anlagen und Einrichtungen, wie Häfen (Hafenrundfahrt), Talsperren, Flugplätze, kühne Brücken, Messen, interessante Gewinnungs- oder Verarbeitungsstätten (z. B. Salzbergwerke, Achatschleifereien)" als Standorte des Fremdenverkehrs mit auf. In den 1960er-Jahren folgten neue Interpretations- und Präsentationsmethoden, die historische Zusammenhänge anschaulich darstellten und die Sozialgeschichte der Epoche berücksichtigten[3] (vgl. EBERT 1999, S. 61f.).

---

[1] Laut BORKOWSKI (2000, S. 23) existieren Beweise, dass in einer Salzgrube in der Region Krakau schon im 15. Jh. „die ersten Schritte unternommen wurden, die beeindruckende unterirdische Welt zu zeigen."

[2] „Während man früher die Romantik der efeuumsponnenen Burgen, der klappernden Mühlen im Tal, der ‚kühlen Gründe', der Wasserfälle usw. gepriesen und gesucht hat, sind es heute (...) nicht mehr nur das ‚mittelalterliche Stadtbild', das den Fremdenverkehrsstrom anzieht, sondern jetzt auch das ‚technische Wunder' der Talsperren, der Schleusen, der Brücken über Meeresarme. In den Städten werden nicht mehr nur die Dome und die alten Patrizierhäuser bewundert, sondern auch die neuen Rathäuser aus Glas und Beton, die Flughäfen und die modernen Wohnsiedlungen" (CHRISTALLER 1955, S. 5).

[3] Beispiele finden sich vor allem in Schweden (Eko Museen), England (Ironbridge Gorge Museum) und USA (Lowell).

Eine neue Art des Industrietourismus mit deutlich gestiegenem Interesse an industriehistorischen Phänomenen entstand in den 1970er-Jahren. Ausgelöst durch das Engagement ganzer Regionen, wie z. B. des Ruhrgebietes, die eigene Industriekultur zu schützen und zu präsentieren, wurde zunehmend touristische Infrastruktur geschaffen, durch die verstärkt auswärtige Besucher angesprochen wurden (vgl. WILHELM 2000, S. 3).

Das Phänomen ‚Industrietourismus' ist demnach kein neues Thema mehr, der Begriff hingegen schon. Er entstand in den 1980er-Jahren (vgl. EBERT 1999, S. 63). Industrietourismus wird definiert als eine Form von Kulturtourismus[4] in Industrielandschaften, dessen wesentliche Zielobjekte die „Industrieobjekte selbst und die von ihnen in charakteristischer Weise geprägten Räume sind. (…) Es seien darunter solche Formen der räumlichen Mobilität verstanden, die durch die Anziehungskraft ehemaliger oder in Betrieb befindlicher Industrien auf externe Besucher ausgelöst werden (ausgenommen sind also solche Personen, die für das Funktionieren der Betriebe erforderlich sind)" (SOYEZ 1993a, S. 41).

2   ‚Schrottwert': Kulturelle Bedeutung von Industrieobjekten und Industrielandschaften

Industrietourismus wird also als Sonderform des Kulturtourismus verstanden. Durch Industrie wurden und werden Räume und Menschen stärker geprägt, als es andere anthropogene Faktoren zuvor vermocht haben. Dennoch ist es bis heute für viele Menschen ein abwegiger Gedanke, dass stillgelegte Industrieanlagen von ästhetischem, architektonischem oder gar kulturhistorischem Wert sein könnten. Aufgrund der mangelnden historischen Distanz wird oftmals nicht erkannt, welche enormen – kulturell bedeutsamen – Veränderungen mit der Industrialisierung einhergegangen sind. Dieser Wandel prägte nicht nur Landschaften und Siedlungsformen, sondern hatte auch einen maßgeblichen Einfluss auf politische, soziale und ökonomische Strukturen von Regionen[5] (vgl. EBERT 2000, S. 5; KEEN 1999, S. 43f.; QUASTEN/SOYEZ 1990, S. 345; SKALECKI 1999, S. 30; SOYEZ 1986a, S. 107).

Industrielle Relikte stellen genauso wie Denkmäler, Schlösser und Burgen wichtige Informationsträger von hohem kulturellen Wert dar. Industrielle Vergangenheit und Gegenwart sind wichtige Bestandteile des kulturellen Angebots und damit Grundlagen des Tourismus (vgl. EBERT 1993, S. 19ff.; FONTANARI/WEID 1999, S. 16ff.; SOYEZ 1986b, S. 76ff., 1993a, S. 42).

---

[4]   vgl. Beitrag STEINECKE zu ‚Kunstwelten in Freizeit und Konsum' in diesem Band
[5]   Eine ausführliche Beschreibung des Einflusses der Industrialisierung im Revier auf die Kulturlandschaft sowie der technischen, sozialen und politischen Auswirkungen liefert EBERT (1993, S. 19ff.).

3 Charakteristika des Industrietourismus

Industrietourismus ähnelt in vielen Merkmalen anderen Tourismusformen, in einigen Punkten unterscheidet er sich jedoch deutlich von klassischen Urlaubsreiseformen:

- Charakteristisch ist die meist kurze Aufenthaltsdauer. Industrietouristische Attraktionen sind selten mehrtägiges Reiseziel, sondern werden oft spontan oder eher zufällig besucht.

- Ein weiterer Unterschied besteht im geringen Organisationsgrad. Außerhalb der Industriebetriebe fehlen eingespielte Organisationsstrukturen und -abläufe fast vollständig (vgl. SOYEZ 1986a, S. 106).

- Darüber hinaus sind die in der Tourismusbranche ansonsten hohen Werbeaufwendungen gering.

- Auch die Vermittlerrolle von Reiseveranstaltern und Reisebüros ist eher unbedeutend. Pauschalangebote mit Besichtigungen von Industrieanlagen sind rar, sie können nur selten über Reiseveranstalter oder Reisebüros gebucht werden. Wesentlich wichtiger ist der direkte Kontakt zwischen Interessent und Anbieter (vgl. FONTANARI/WEID 1999, S. 17; SOYEZ 1993b, S. 43ff.).

In kaum einer anderen Tourismusform können sich berufsbezogene und freizeitbezogene Motive so vermischen und überlagern wie beim Industrietourismus. Dies trifft vor allem auf die erste Hauptgruppe des Industrietourismus zu: Industrietourismus mit produzierenden Betrieben als Reiseziel. Diese Form unterscheidet sich deutlich von der zweiten Gruppe: Industrietourismus zu Industrierelikten. Diese sind fast ausschließlich Ziel von klassischen Besichtigungstouristen (vgl. SOYEZ 1993a, S. 46, 1993b, S. 46).

Produzierende Betriebe ziehen traditionell Besucherströme an, die in ihrem Volumen durchaus mit denen großer Attraktionen des klassischen Tourismus vergleichbar sind. Die Besucherzahl ist stark von den hergestellten Produkten und/oder den Produktionsverfahren abhängig. Eine hohe industrietouristische Attraktivität besitzt die Herstellung bekannter Konsumprodukte wie z. B. Bier oder der Besuch spektakulärer Produktionsverfahren z. B. der Automobilindustrie (vgl. FONTANARI/WEID 1999, S. 20f.; SOYEZ 1986a, S. 106, 1993a, S. 40ff.). Anders als traditionelle Tourismusziele werden produzierende Betriebe vor allem außerhalb der großen Ferienblöcke (Oster- und Sommerferien) aufgesucht. Während der Ferienzeiten gibt es regelrechte Einbrüche bei den Besucherzahlen[6].

---

[6] Ausnahmen stellen Unternehmen der Getränkeindustrie dar. Hier sind die Besucherzahlen, wie auch der Durst, in den Sommermonaten am größten, außerdem während der Produktionssaison: Die ‚Merziger'-Fruchtsaftherstellung in Merzig (Saarland) verzeichnet die meisten Besucher zur Zeit der Apfelernte und -anlieferung (vgl. BAUMANN 1999, S. 85f.).

Hauptmotiv der Unternehmen ist es, in der Bevölkerung Verständnis und ein positives Image zu erzeugen. Der von den Betriebsbesichtigungen erhoffte Marketing- und Publicity-Aspekt scheint den hohen Personal-, Zeit- und Kostenaufwand zu rechtfertigen. Von Seiten der Besucher sind vor allem Aspekte und Motive des Bildungsbedürfnisses, der Freizeitgestaltung und des Konsumverhaltens anzuführen (vgl. BAUMANN 1999, S. 79ff.; SOYEZ 1986a, S. 106f., 1993a, S. 47). SOYEZ (1993a, S. 46) sieht in der Möglichkeit des verbilligten Fabrikeinkaufs eine der Hauptattraktionen der produzierenden Betriebe. Im Gegensatz dazu kommt BAUMANN (1999, S. 90) in ihrer Erhebung bei produzierenden Unternehmen zum Schluss, dass „der verbilligte Werkseinkauf im Unternehmen selbst kein Reisemotiv für den Besucher darstellt."

Bei den historischen Anlagen geht die größte industrietouristische Attraktivität von den imposanten Zeugen der Montanindustrie aus. Industrierelikte fungieren als Informationsträger einer vergangenen Epoche. Darüber hinaus bilden Industrieanlagen und -räume ein interessantes Kontrastprogramm zu den klassischen touristischen Angeboten. Oft kann der Gast innerhalb kürzester Zeit aus ländlich geprägten Erholungsräumen in vollständig anders strukturierte Industrieregionen gelangen (vgl. BOSHOLD 2000, S. 28; PESCHKEN 1995, S. 79f.; SOYEZ 1993b, S. 46ff.).

Eine exakte Darstellung der räumlichen Verbreitung des Industrietourismus ist schwierig, da die verschiedenen Ausprägungen und Angebotsformen zu unterschiedlich sind. Generell gilt, dass sich industrietouristisch interessante produzierende Anlagen sowohl in Verdichtungsräumen (z. B. Bayer in Leverkusen) als auch im ländlichen Raum (z. B. Bitburger Brauerei in der Eifel oder Villeroy & Boch in Mettlach) befinden können. Tourismus zu Industrierelikten ist vor allem in den alten Montanregionen anzutreffen, wie z. B. im Ruhrgebiet und im Saarland.

Umstritten ist die Frage, wie mit dem industrietouristischen Potenzial umgegangen werden soll. Zwei Ansatzpunkte stehen in der Diskussion: Zum einen der Erhalt der „Kulturdenkmäler in ihrer ursprünglichen Nutzung" (SKALECKI 1999, S. 27), zum anderen die Inszenierung und Inwertsetzung des Industriedenkmals.

So fordert z. B. STEINECKE (1999, S. 46f.), dass die Angebote durch Inszenierung belebt werden müssen, um so zu touristischen Destinationen zu werden. Inszenierung von Industriekultur kann dabei in zweierlei Weise verstanden werden - zum einen kann eine Inszenierung *des* Industriedenkmals stattfinden. Durch Präsentationstechniken und didaktische Aufbereitung wird die Geschichte des Denkmals erlebbar gemacht (dies kann z. B. durch Beschallung mit Maschinengeräuschen oder durch Hitzegebläse erreicht werden, die einen – wenn auch stark gemilderten – Eindruck der damaligen Arbeitsbedingungen vermitteln.

Abb. 1: Route Industriekultur im Ruhrgebiet

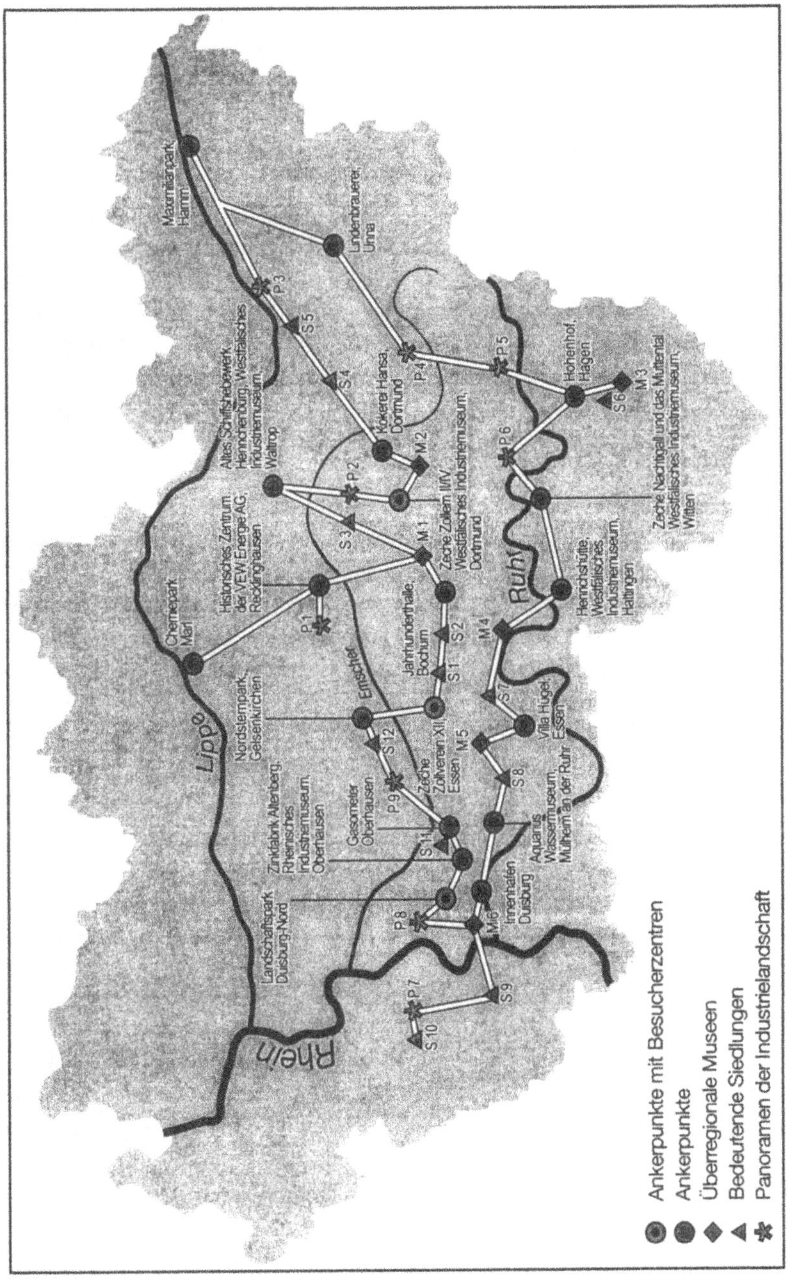

Maximilianpark Hamm

Lindenbrauerei Unna

P 3

S 5

S 4

Altes Schiffshebewerk Henrichenburg, Westfälisches Industriemuseum Waltrop

Kokerei Hansa Dortmund

P 4

P 5

Hohenhof Hagen

M 3

S 6

Historisches Zentrum der VEW Energie AG, Recklinghausen

P 2

M 2

Zeche Zollern II/IV, Westfälisches Industriemuseum Dortmund

P 6

Zeche Nachtigall und das Muttental, Westfälisches Industriemuseum Witten

Chemiepark Marl

P 1

S 3

M 1

Jahrhunderthalle Bochum

Henrichshütte, Westfälisches Industriemuseum Hattingen

Ruhr

S 1 S 2

M 4

Nordsternpark Gelsenkirchen

Emscher

Lippe

S 12

Zeche Zollverein XII, Essen

M 5

Villa Hügel Essen

S 7

Zinkfabrik Altenberg, Rheinisches Industriemuseum Oberhausen

Gasometer Oberhausen

P 9

S 8

S 11

Aquarius Wassermuseum, Mülheim an der Ruhr

P 8

M 6

Innenhafen Duisburg

Landschaftspark Duisburg-Nord

P 7

S 9

S 10

Rhein

Ankerpunkte mit Besucherzentren

Ankerpunkte

Überregionale Museen

Bedeutende Siedlungen

Panoramen der Industrielandschaft

Quelle: Kommunalverband Ruhrgebiet o. J., o. S.

Zum anderen können Inszenierungen *in* Industriedenkmälern stattfinden. Hier seien Konzerte, Ausstellungen und Theateraufführungen als weitverbreitete Beispiele genannt. Inszenierungen spielen auch bei produzierenden Betrieben eine zunehmend wichtigere Rolle. Sog. ‚Themenwelten' und ‚Brandlands' lösen zunehmend den Besuch der eigentlichen Produktionsstätten ab (vgl. STEINECKE 2001, S. 87ff.).[7]

Die Denkmalpflege setzt sich hingegen für den Erhalt der industriellen Kulturdenkmäler ein. Doch nur in den seltensten Fällen können die Anlagen in ihrer ursprünglichen Funktion weiter genutzt werden. Die veralteten technischen Bedingungen sind für die Betriebe aus ökonomischer Sicht nicht mehr vertretbar. Dann stellt die Umnutzung eine zweite Möglichkeit dar, um nicht durch den Leerstand der Gebäude Beschädigungen und Zerfall zu verursachen. Eine dritte Option ist die Musealisierung. Hierbei wird das ungenutzte Objekt allein zur Anschauung gepflegt (vgl. SKALECKI 1999, S. 27ff.).

In der Diskussion über die Nutzung des industriekulturellen Potenzials scheinen die Fronten verhärtet. Dabei sind die Ziele gar nicht einmal soweit voneinander entfernt. Eine Inszenierung eines Industriedenkmals bedeutet nicht gleich die Umgestaltung zu einem Freizeitpark. Erfolgt eine authentische Inszenierung, so kann ein regionalspezifisches Angebot geschaffen werden, das ‚echter' ist als viele andere touristische Angebote.

4   Industrietourismus als Chance für Regionen

Die wachsende Bedeutung des Kulturtourismus und damit auch des Industrietourismus bietet auch „weniger traditionsreichen touristischen Zielgebieten die Möglichkeit, sich (...) touristisch zu positionieren" (FONTANARI/WEID 1999, S. 11). Altindustrielle Regionen erhalten die Chance – zumindest in Ansätzen – die Lücken zu schließen, die durch den Zerfall der traditionellen Wirtschaftsstrukturen entstanden sind (vgl. FONTANARI/WEID 1999, S. 15; Saarland Staatskanzlei 2000, S. 7).

Um allerdings diese Chance zu nutzen, bedarf es einer bewußten Förderung und einer professionellen Gestaltung: Es gilt, das historische Erbe aktiv zu bewahren. Denn „Industrielandschaften besitzen gerade in ihrer spezifischen Geschichtlichkeit unverwechselbare endogene Entwicklungspotentiale und regionale Identitä-

---

[7]   Eine detaillierte Darstellung der unterschiedlichen Ausprägungen liefert STEINECKE (2001, S. 87ff.). Beispiele finden sich in den USA und in Großbritannien: ‚Guiness World', ‚Sony Wonderworld', ‚Nike Town', zunehmend aber auch in Deutschland: ‚Autostadt' von Volkswagen in Wolfsburg, ‚Opel Live' in Rüsselsheim sowie das ‚Ravensburger Spieleland' in Liebenau und das ‚Legoland Deutschland' in Günzburg (vgl. STEINECKE 2001, S. 95ff.; WILHELM 2000, S. 2)

ten" (SOYEZ 1986a, S. 110). Durch das Bekenntnis zur industriellen Vergangenheit und Gegenwart kann die regionale Identität gestärkt werden. Eine damit einhergehende Verbesserung des Images der Industrieregion nach innen und auch nach außen schafft Impulse für den nötigen regionalen Strukturwandel, auch über den Tourismus hinaus. So können Industriedenkmäler zu Symbolen des Überlebenswillens einer Region und zu Instrumenten der Standortpolitik werden (vgl. EBERT 1993, S. 40; EBERT 2000, S. 5; NISSER 1990, S. 348; Saarland Staatskanzlei 2000, S. 4ff.; SOYEZ 1986b, S. 85).

Zwar bieten die Tourismus- und Freizeitangebote in (alt-)industriellen Räumen große Chancen, Beschäftigungs- und Einkommenseffekte zu erzielen, sie können aber nicht alle Probleme lösen: Zu groß sind oft die Strukturprobleme und die daraus resultierenden Identitätskrisen. Sie können jedoch Signale setzen und katalytische Wirkung haben. Eine wichtige Frage ist, wie die positiven Multiplikatoreffekte des Tourismus für die altindustriellen Räume genutzt werden können (vgl. SOYEZ 1993b, S. 44). Welcher wirtschaftliche Nutzen und welche Kosten durch eine konsequente Inwertsetzung industrietouristischer Potenziale entstehen, ist generell nicht zu quantifizieren. Auch Einzelstudien konnten die Frage nach den ökonomischen Effekten bislang nicht beantworten. Es bleibt fraglich, ob sich die Erhaltungsbemühungen jemals finanziell lohnen werden, liegt der Gewinn doch vielmehr auf der ideellen Ebene. Dennoch, auch angesichts der hohen Investitionen, die in den nächsten Jahren in altindustriellen Räumen anstehen, bietet sich hier für die Angewandte Geographie ein höchst interessantes Forschungsfeld von großem gesellschaftlichen Interesse (vgl. EBERT 1999, S. 64; Saarland Staatskanzlei 2000, S. 7; SOYEZ 1993b, S. 47ff.).

5 Widerstände gegen die Inwertsetzung des industrietouristischen Potenzials

Industriekultur und Industrietourismus können also Regionen bei ihrem Strukturwandel helfen. Sie werden zu Instrumenten der Standortpolitik und bieten neue Entwicklungsperspektiven. Gleichzeitig kommt es aber auch immer wieder zu Zielkonflikten zwischen Tourismus und Denkmalpflege. Auch Vorbehalte von Seiten der Gäste und der Bevölkerung können auftreten (vgl. FONTANARI/WEID 1999, S. 21f.).

Die im folgenden dargestellten „Hintergründe des Widerstandes gegen die Inwertsetzung des industrietouristischen Potentials" (SOYEZ 1993a, S. 49) treffen natürlich nicht überall zu und können auch von der Gewichtung her unterschiedlich sein. Dennoch tritt unabhängig von Region, Branche oder Industriegesellschaft eine Reihe von Barrieren in annähernd gleicher Weise oder Kombination in Erscheinung. Denn die „Probleme in den Industrieregionen Europas sind sich im Prinzip gleich" (GANSER 1993, S. 195).

5.1   Mental-kognitive Barrieren

Die mangelnde historische Distanz zu Objekten der Industriekultur und zwar sowohl zu den produzierenden als auch zu den kürzlich stillgelegten Anlagen verhindert es, in diesen etwas Besonderes zu erkennen (vgl. EBERT 1993, S. 20). Die Einstellung, dass Industrie mit Kultur nichts zu tun hat, ist nicht nur bei potenziellen Besuchern, sondern auch bei Vertretern der Industrie und bei Tourismusverantwortlichen häufig anzutreffen. Letztere versuchten z. B. im Saarland jahrelang, das von Industrie geprägte Image der Region vergessen zu machen, indem sie das natürliche oder naturnahe Angebot betonten (vgl. SOYEZ 1993a, S. 49f.).

Soll eine stillgelegte Anlage museal genutzt werden, so kann das bei den Betroffenen der Stillegung „Ängste des Abgestelltwerdens und der ‚Fossilisierung'" (SOYEZ 1993a, S. 50) auslösen. Museen werden gewöhnlich toten, nicht mehr funktionsfähigen Dingen gewidmet. Die museale Nutzung wird daher als „Antithese zum eigentlich notwendigen Neubeginn verstanden" (SOYEZ 1993a, S. 52). Hinzu kommt bei direkt betroffenen Menschen das „Trauma des Arbeitsplatzverlustes" (SOYEZ 1993a, S. 50). Sie können keinen Sinn darin erkennen, Geld in alte Anlagen zu investieren, um sie zu erhalten oder touristisch in Wert zu setzen (vgl. BOSHOLD 2000, S. 28).

Ideologische Gründe mögen bei einer Minderheit zu finden sein, die die „negativen ‚Symbole der Ausbeutung'" (SOYEZ 1993a, S. 50) beseitigen möchte. Vorbehalte bestehen teilweise auch gegenüber den Unternehmen, indem befürchtet wird, dass eine industrietouristische Inwertsetzung zu einer „reinen Propaganda der Unternehmen" (SOYEZ 1993a, S. 50) verkommt, ohne dass die mit der Industrialisierung verbundenen Probleme thematisiert werden.

5.2   Ökonomische Barrieren

Bei den ökonomischen Überlegungen sind verschiedene Faktoren zu berücksichtigen – zum einen Kosten, die durch die neue Inwertsetzung entstehen, zum anderen Opportunitätskosten aufgrund entgangener Veräußerungsgewinne, z. B. durch den Verkauf von Schrott, Bauten oder Grundstücken. Die Möglichkeiten der Umwidmung sind von den lokalen Rahmenbedingungen und vom Industrietyp abhängig. Lassen sich z. B. Backsteinbauten ehemaliger Textilfabriken relativ leicht in Appartementhäuser, Museen etc. umwandeln, so stellen Anlagen und Apparaturen der Schwerindustrie größere Probleme dar.

Die Bestandserhaltung bzw. Wiederinstandsetzung wird vor allem zum ökonomischen Problem, wenn Fragen des Korrosionsschutzes nicht geklärt sind. Oft gilt der Erhalt der Anlage dann als unbezahlbar.

Egal ob Abriss oder Inwertsetzung, Altlasten auf ehemaligen Industriegeländen behindern fast immer eine weitere Nutzung, vor allem wenn Sanierungsmethoden fehlen oder nicht finanzierbar sind. Auch nach der Restaurierung und Inwertsetzung entstehen weitere finanzielle Belastungen. Sollen die Objekte nicht bloß als stumme Zeugen genutzt werden, so sind laufende Personalkosten in die Berechnung mit einzubeziehen (vgl. SOYEZ 1993a, S. 52f.)

Mögliche Widerstände beschränken sich keinesfalls nur auf Industrierelikte. Auch in produzierenden Betrieben können Barrieren bei der touristischen Inwertsetzung auftreten.

Betriebsbesichtigungen sind für die Unternehmen mit hohen Kosten sowie mit großem Personal- und Zeitaufwand verbunden. Die meisten Unternehmen verzichten daher weitestgehend auf Werbung für ihr industrietouristisches Angebot. Einige Unternehmen sehen sich aufgrund der hohen Besucherzahlen dazu gezwungen, sukzessive Restriktionen[8] einzuführen. Vor allem dort, wo der Besucherstrom die betriebsinternen Abläufe stört oder wo immer wieder teures Fach- und Führungspersonal abgestellt werden muß (vgl. BAUMANN 1999, S. 87; SOYEZ 1993a, S. 53f.).

5.3   Rechtlich-organisatorische Barrieren sowie physische Barrieren

Barrieren bestehen bei produzierenden Anlagen auch auf der rechtlich-organisatorischen Ebene. Primäre Aufgabe eines Betriebs ist die Produktion. Von daher können inner- und außerbetriebliche Zuständigkeiten und Ziele immer wieder kollidieren. Auch bei stillgelegten Anlagen ist die Verfügungsgewalt nicht immer geklärt, z. B. wenn sich nicht mehr genutzte Bereiche inmitten des ansonsten noch aktiven Betriebsgeländes befinden.

Von rechtlicher Seite ergeben sich Probleme vor allem hinsichtlich der Sicherheit der Gäste und des Versicherungsschutzes. Bei stillgelegten Anlagen sei an freistehende Apparaturen, nur unzureichend gesicherte Passagen, Treppen etc. erinnert. Auch der Besucher von produzierenden Betrieben befindet sich in einer rechtlichen Grauzone. Der Gast leistet zwar oft eine Unterschrift, dass er auf evtl. Schadensansprüche verzichtet, juristisch befindet er sich aber in einem privaten Verfügungsbereich. Unklarheiten über rechtliche, wirtschaftliche und organisatorische Zuständigkeiten können eine Inwertsetzung mitunter jahrelang verzögern bzw. ganz verhindern (vgl. SOYEZ 1993a, S. 54ff.).

---

[8]   Bei Villeroy & Boch in Mettlach wurden Betriebsteile und Produktionsabläufe so durch die Besucherströme gestört, dass der Zugang nur noch Fachbesuchern gestattet wird. Für die übrigen Besucher wurde eigens die sogenannte ‚Keravision' eingerichtet, die abseits der Produktionsstätten Empfangskapazitäten bereitstellt (vgl. SOYEZ 1993a, S. 52ff.).

Je nach Lage der altindustriellen Anlage können darüber hinaus physische Barrieren bestehen, zum Beispiel wenn die industrietouristische Nutzung mit anderen Stadtentwicklungsoptionen in Konflikt steht (vgl. SOYEZ 1993a, S. 56).

6   Erfolgsfaktoren des Industrietourismus

Um trotz der genannten Barrieren und Widerstände den Industrietourismus erfolgreich und dauerhaft etablieren zu können, sind einige Faktoren zu beachten. Industrietourismus muss von der Bevölkerung mitgetragen und mitgestaltet werden (vgl. WILHELM 2000, S. 3). Es gilt Aufklärungsarbeit zu leisten, um den Wert des – aus ihrer Sicht – Alltäglichen zu verdeutlichen. Authentische industrietouristische Angebote, die auch die Bevölkerung miteinbeziehen, können die Akzeptanz verbessern, indem z. B. ehemalige Werksangehörige als Führer arbeiten (vgl. SOYEZ 1993a, S. 56).

In der Vergangenheit ist in vielen Industrieregionen deutlich geworden, dass das spezifische Image nicht ausgeblendet werden kann. Vielmehr gilt es, genau diese regionale Besonderheit herauszustellen. In diesem Punkt besitzen (alt-)industrielle Räume ihre Alleinstellungsmerkmale (vgl. GANSER 1999, S. 12). Dieser Aspekt ist auch bei Inszenierungen zu berücksichtigen. Inszenierungen ohne Bezug zur Umgebung bzw. solche, die nicht auf die Umgebung abgestimmt sind, werden sich langfristig nicht halten können (vgl. Saarland Staatskanzlei 2000, S. 52f.; WILHELM 2000, S. 3).

Eine konsequente Marktorientierung in der Angebots- und Informationspolitik setzt voraus, dass man weiß, welche Merkmale die Zielgruppe aufweist. Bislang liegen über die Industrietouristen zu wenige Informationen vor (vgl. BOSHOLD 2000, S. 28; SOYEZ 1993b, S. 50).

Um für die potenzielle Zielgruppe interessant zu sein bzw. um Beachtung zu finden, ist die Schaffung eines eindeutigen Profils notwendig. Auch die einfache Buchbarkeit der industrietouristischen Angebote ist wichtig. Nur so kann der Tatsache entgegengewirkt werden, dass industrietouristische Ziele (wie bislang) vor allem spontan, wenn nicht gar nur zufällig besucht wurden (vgl. EBERT 2000, S. 5f.).

Einen weiteren wichtigen Erfolgsfaktor stellt die Angebotsgestaltung dar. Hier gilt es, Synergieeffekte zu nutzen, um auf diese Weise ein vielfältiges Angebot bzw. einen ausgewogenen Angebotsmix zu kreieren. Dabei besteht die Notwendigkeit der Kooperation – und zwar sowohl der industrietouristischen Angebote untereinander als auch die Kombination mit den Angeboten des traditionellen Tourismus (vgl. EBERT 1999, S. 65; Saarland Staatskanzlei 2000, S. 7f.).

Werden diese Punkte beachtet, so wird sich der Industrietourismus im touristischen Angebot etablieren und in seiner Bedeutung weiter steigen. Alleine durch die wachsende historische Distanz zur Industriegesellschaft wird die geschichtliche Bedeutung industrieller Relikte wachsen, so dass eines Tages Industrie und Tourismus wie selbstverständlich zusammen gehören werden (vgl. BOSHOLD 2000, S. 28).

Literatur

BAUMANN, B. (1999): Bestandsanalyse des Industrietourismus zu produzierenden Unternehmen im Südwesten Deutschlands. In: FONTANARI, M. L./TREINEN, M./WEID, M. (Hrsg.): Industrietourismus im Wettbewerb der Regionen. Trier, S. 79-103.

BECKER, CHR./ STEINECKE, A. (Hrsg.; 1993a): Kulturtourismus in Europa: Wachstum ohne Grenzen? ETI-Studien, Bd. 2. Trier.

BECKER, CHR./STEINECKE, A. (Hrsg.; 1993b): Megatrend Kultur? Chancen und Risiken einer touristischen Vermarktung des kulturellen Erbes. ETI-Texte, H. 1. Trier.

BOSHOLD, A. (2000): Industrie-Tourismus in der Lausitz. In: Integra, o. Jg., H. 1, S. 28-29.

CHRISTALLER, W. (1955): Beiträge zu einer Geographie des Fremdenverkehrs. In: Erdkunde, Bd. 9, S. 1-19.

DÜRR, H./GRAMKE, J. (Hrsg.; 1993): Erneuerung des Ruhrgebiets. Regionales Erbe und Gestaltung für die Zukunft. Festschrift zum 49. Geographentag. Bochumer Geographische Arbeiten, H. 5. Paderborn.

EBERT, W. (1993): Industriegeschichte im Revier – lebendige Vergangenheit oder Altlast? In: DÜRR, H./GRAMKE, J. (Hrsg.): Erneuerungen des Ruhrgebiets. S. 19-40.

EBERT, W. (1999): Industrietourismus – am Beispiel des Ruhrgebietes. In: FONTANARI, M. L./TREINEN, M./WEID, M. (Hrsg.): Industrietourismus im Wettbewerb der Regionen. Trier, S. 59-77.

EBERT, W. (2000): ERIH – European Route of Industrial Heritage. In: Integra, o. Jg., H. 1, S. 5-6.

FONTANARI, M. L./TREINEN, M./WEID, M. (Hrsg.; 1999): Industrietourismus im Wettbewerb der Regionen. ETI-Texte, H. 14. Trier.

FONTANARI, M. L./WEID, M. (1999): Industrietourismus als Instrument zur Positionierung im Wettbewerb der Destinationen. In: FONTANARI, M. L./TREINEN, M./WEID, M. (Hrsg.): Industrietourismus im Wettbewerb der Regionen. Trier, S. 11-26.

GANSER, K. (1999): Liebe auf den zweiten Blick. Internationale Bauausstellung Emscher Park. Dortmund.

HINTERHUBER, H. H./PECHLANER, H./MATZLER, K. (Hrsg.; 2001): IndustrieErlebnisWelten – vom Standort zur Destination. Berlin.

KEEN, R. (1999): Industrial Heritage Tourism in Wales. In: FONTANARI, M. L./TREINEN, M./WEID, M. (Hrsg.): Industrietourismus im Wettbewerb der Regionen. Trier, S. 39-58.

NISSER, M. (1990): Schutz und Inwertsetzung stillgelegter industrieller Großanlagen – Beispiele aus Nordeuropa. In: SEMMEL, A. (Hrsg.): 47. Deutscher Geographentag Saarbrücken 2. bis 7. Oktober, S. 346-350.

PESCHKEN, P. (1995): Industrietourismus im Ruhrgebiet. Besucherbefragungen an fünf ausgewählten industriehistorischen Kulturinstitutionen im Ruhrgebiet. Unveröffentlichte Diplomarbeit Universität Trier. Trier.

QUASTEN, H./SOYEZ, D. (1990): Die Inwertsetzung von Zeugnissen der Industriekultur als angewandte Landeskunde. In: SEMMEL, A. (Hrsg.): 47. Deutscher Geographentag Saarbrücken 2. bis 7. Oktober, S. 345.

Saarland Staatskanzlei Stabsstelle Kultur (Hrsg.; 2000): IndustrieKultur Saar. Bericht der Kommission „Industrieland-Saar". Saarbrücken.

SEMMEL, A. (Hrsg.; 1990): 47. Deutscher Geographentag Saarbrücken 2. bis 7. Oktober 1989. Tagungsbericht und wissenschaftliche Abhandlungen. Verhandlungen des Deutschen Geographentages, Bd. 47. Stuttgart.

SKALECKI, G. (1999): Die alte Völklinger Hütte. Von der Eisenhütte zum Weltkulturerbe – Denkmalpflege und Tourismus. In: FONTANARI, M. L./TREINEN, M./WEID, M. (Hrsg.): Industrietourismus im Wettbewerb der Regionen. Trier, S. 27-38.

SOYEZ, D. (1986a): Industrietourismus. In: Erdkunde, Bd. 40, S. 105-111.

SOYEZ, D. (1986b): Industrietourismus im Saar-Lor-Lux-Raum. Eine Chance für Industriegemeinden. In: DVAG (Hrsg.): Fremdenverkehr und Freizeit: Entwicklung ohne Expansion. Bochum, S. 71-88.

SOYEZ, D. (1993a): Kulturtourismus in Industrielandschaften. Synopse und Widerstandsanalyse. In: BECKER, CHR./ STEINECKE, A. (Hrsg.): Kulturtourismus in Europa: Wachstum ohne Grenzen? Trier, S. 40-63.

SOYEZ, D. (1993b): Industrietourismus: Neue Chancen für alte Industrieregionen? In: BECKER, CHR./ STEINECKE, A. (Hrsg.): Megatrend Kultur? Chancen und Risiken einer touristischen Vermarktung des kulturellen Erbes. Trier, S. 42-56.

STEINECKE, A. (1999): Thematisierung und Inszenierung. Aktuelle Trends im Tourismus. In: Amusement T & M, 2, S. 44-47.

STEINECKE, A. (2001): Industrieerlebniswelten zwischen Heritage und Markt: Konzepte – Modelle – Trends. In: HINTERHUBER, H. H./PECHLANER, H./MATZLER, K (Hrsg.): IndustrieErlebnisWelten – vom Standort zur Destination. Berlin, S. 85-101.

WILHELM, L. (2000): Industrietourismus gestern und heute. Integra, o. Jg., H. 1, S. 2-4.

Gesundheitstourismus in Europa im Wandel

Monika Rulle

Der Gesundheitstourismus in Europa stellt einen sehr heterogen strukturierten Sektor dar, in dem sich normale touristische Aktivitäten mit aktivem Streben nach einer Verbesserung der Gesundheit des Gastes verbinden. Der Kurtourismus gilt als eine der ältesten Tourismusformen mit Wurzeln in der griechischen Antike. Seit den 1990er-Jahren kam es in ganz Europa durch die Weiterentwicklung des Präventiven Gesundheitstourismus mit modernen Angeboten z. B. aus dem Wellnessbereich zu einer starken Veränderung sowohl auf der Anbieter- als auch auf der Nachfragerseite. Im Folgenden soll dieser Wandel thematisiert werden.

1 Überblick über die geschichtliche Entwicklung des europäischen Gesundheitstourismus

Die Entwicklung des europäischen Gesundheitstourismus begann in Griechenland mit der Erkenntnis der Ärzte um Hippokrates (460-370 v. Chr.), dass sich Krankheiten auf ein inneres Ungleichgewicht zwischen den vier Grundelementen Wasser, Feuer, Luft und Erde und den menschlichen Körpersäften zurückführen lassen (vgl. HOEFERT 1993, S. 391). Um die daraus resultierenden Leiden zu kurieren, rieten sie zu einer Harmonisierung der Lebensgewohnheiten, die Diät, Gymnastik, Massagen, Schwitzkuren und verschieden temperierte Bäder beinhaltete und somit schon die Grundzüge einer modernen Kur vorwegnahm. Im Römischen Reich stand die Bedeutung des Bades verstärkt im Vordergrund. Durch die politische Ausdehnung des Reiches wurde die Badetradition der Römer über ganz Mitteleuropa verbreitet. Viele europäische Bäder haben hier ihre Wurzeln: Bath (Großbritannien), Spa (Belgien), Vichy (Frankreich), Abano Terme (Italien) oder Baden-Baden (Deutschland) sind einige berühmte Beispiele.

Zu diesen Bädern unternahm man auch erste kleine Reisen. Die moderne Kur setzte wahrscheinlich in der Mitte des 18. Jh. in Großbritannien ein (vgl. GRANVILLE 1841, S. X). Neben sogenannten ‚Pump Rooms' (Trinkhallen) wurde planmäßig eine Infrastruktur aus Unterkünften und Unterhaltungsmöglichkeiten entwickelt. Diese Orte wurden vor allem von der Aristokratie besucht, die sich dort über Wochen, z. T. sogar Monate aufhielt. Ähnlich verhielt es sich auch in vielen Orten auf dem Kontinent, wo sich ebenfalls eine bedeutende Kurinfrastruktur mit einer vergleichbaren Gästegruppe entfaltete. Die Verbesserung der Verkehrsinfrastruktur führte innerhalb Europas zu einer zunehmenden Reisetätigkeit insbesondere zu den Bädern. Während der Badesaison im Sommer entwickelten sich die Kurorte im 19. Jh. zu Treffpunkten der Oberschicht, in denen sich Gelegenheit bot, zu diskutieren, Geschäfte zu tätigen und schließlich auch familiäre Angelegenheiten zu regeln. Auch heute noch lässt sich diese glanzvolle Zeit der Bäder in ihrer prachtvollen und gut ausgebauten historischen Infrastruktur feststellen (vgl. LAN-GEFELD 1986, S. 2).

Im Gegensatz zu den britischen konnten die kontinentalen Orte ihre Tradition meist auch nach dem Zweiten Weltkrieg fortführen. In Großbritannien war in den binnenländischen Kurorten bereits bis zum Ende des 19. Jh. ein deutlicher Rück-gang der Gästezahlen festzustellen, das endgültige Aus kam jedoch schließlich mit der Einführung des ‚National Health Service' nach dem Zweiten Weltkrieg und dessen Ablehnung dieser Therapieform. Kuren wurden dagegen in Kontinentaleu-ropa allgemein zugänglich und waren nicht länger einer wohlhabenden Bevölke-rungsschicht vorbehalten. Durch die vollständige oder partielle Übernahme der Kosten für Aufenthalt, Verpflegung und Anwendungen durch die Leistungsträger (Krankenkassen etc.) erhielten die Destinationen in den westlichen europäischen Ländern besonders in Zeiten des wirtschaftlichen Aufschwungs Auftrieb. In den osteuropäischen Ländern stellten Kuren einen Teil des staatlich gesteuerten Erho-lungssystems dar. Die Infrastruktur war vorwiegend staatlich oder gehörte den Gewerkschaften. Bei den Kurmaßnahmen handelte es sich ebenfalls um einen Teil des politischen Systems: Sie dienten dem Erhalt der Arbeitskraft des Volkes.

Neben dem Ausbau der bereits vorhandenen Kurdestinationen kamen seit den 1970er-Jahren weitere hinzu. Auslöser hierfür waren u. a. nach der Energiekrise verstärkte Bohrtätigkeiten, die durch die Hoffnung genährt wurden, auf Erdöl zu stoßen. Häufig wurden diese Hoffnungen enttäuscht, stattdessen traten Thermal-quellen zutage, die oftmals erst Jahre später als Chance für die Entwicklung von Thermaltourismus genutzt wurden.[1]

Hervorgerufen durch die politischen Veränderungen in Europa zu Beginn der 1990er-Jahre sowie starke Sparmaßnahmen durch die nationalen Leistungsträger im Kurwesen kam es im letzten Jahrzehnt zu einer Neuorientierung des Marktes mit verstärkter Konzentration auf die privat finanzierte Präventive Gesundheits-vorsorge.

2   Der Gesundheitstourismus im Kontext des Gesamt-tourismus

Der Gesundheitstourismus ist ein Teilbereich des Tourismus, dessen spezielles Reisemotiv aus der Wiederherstellung oder Erhaltung des Wohlbefindens sowohl in physischer als auch psychischer Hinsicht durch die Inanspruchnahme bestimm-ter gesundheitsbezogener Dienstleistungen in der Destination besteht. Eine Beson-derheit auf der Angebotsseite in diesen Destinationen stellen neben den üblichen

[1]   vgl. Beitrag EDER zu ‚Thermalbäder als regionaler Wirtschaftsfaktor - das Beispiel des Steirischen Thermenlandes' in diesem Band

vielfältigen Formen der Beherbergung wie Hotels und Pensionen die Betriebe mit medizinischen Einrichtungen dar. Dazu gehören Sanatorien, Rehabilitations-Einrichtungen, spezielle Kuranstalten und -kliniken der Leistungsträger sowie Gesundheitsfarmen, die eine primär medizinisch-präventive Ausrichtung aufweisen. Ein weiteres typisches Merkmal des traditionellen Gesundheitstourismus in Form der Kur ist die Verteilung der Standorte im Raum. Da die meisten Formen der Kur auf dem Vorkommen natürlicher Kurmittel in gesunder Umgebung basieren (See, Moor, Heilquellen, Heilklima), sind die traditionellen gesundheitstouristischen Destinationen Erholungsorte, die vornehmlich in ländlichen Gebieten angesiedelt waren. Einige berühmte Orte haben sich im Laufe der Jahre auch zu größeren Städten entwickelt. In den letzten Jahren ist dieses enge Standortmuster durch das verstärkte Auftreten der Form der Präventiven Gesundheitsvorsorge weitgehend aufgeweicht worden. Moderne Formen des Gesundheitstourismus, wie z. B. Gesundheitszentren,[2] erweisen sich als räumlich variabler. Sie sind weitgehend unabhängig von lokalen Heilmitteln, durch die kurze Dauer der angebotenen Dienstleistung jedoch auch auf die Nähe zu den Kunden angewiesen.

Die Aufenthaltsdauer eines Gastes ist im traditionellen Kurbereich länger als im übrigen Tourismus. Mediziner sprechen sogar von einer Aufenthaltsdauer von mindestens drei Wochen, um eine nachhaltige Verbesserung der gesundheitlichen Situation des Kurgastes erreichen zu können. Im Bereich des Präventiven Gesundheitstourismus hingegen sind mehrtägige oder einwöchige Aufenthalte auf Grund andersartiger Reisemotive üblich (Prävention statt Kuration). Doch auch im traditionellen Kurbereich findet ein Umdenken statt: Da die Aufenthalte seit einigen Jahren in geringerem Umfang von den Leistungsträgern finanziert werden, offerieren auch diese Destinationen kürzere Angebote, die sich an den selbstzahlenden und daher auch preisbewussteren Gast richten.

Aus wissenschaftlicher Sicht sind die Übernachtungsgäste in Kurorten als ‚Touristen' zu betrachten. Sie erfüllen die erforderlichen Definitionskriterien insofern, als sie sich außerhalb ihrer gewohnten Umgebung aufhalten und mindestens einmal übernachten. Der Gesundheitstourist verfolgt ein Reisemotiv, das durch die Ausführung von gesundheitsbezogenen Aktivitäten bestimmt ist. Damit unterscheidet er sich u. a. vom Freizeit- und Geschäftsreisenden. Die Wahl des Zielortes ist bei einem Teil der Gesundheitstouristen stark eingeschränkt: Der Leistungsträger bestimmt vielfach bei den Sozialkurgästen, unter Abwägung vor allem medizinischer Aspekte, den Ort des Kuraufenthaltes. Für die Leistungsträger ist aber auch die Auslastung eigener Kapazitäten (eigene Häuser, Belegbetten in fremden Einrichtungen) ein wichtiges Kriterium der Zielortauswahl.

---

[2] Solche modernen Gesundheitszentren können Einrichtungen sein, die sich im Gegensatz zu medizinisch basierten Behandlungen auf präventive Angebote spezialisiert haben; sie sind jedoch nicht mit Schönheitsfarmen zu verwechseln, die lediglich kosmetische Angebote offerieren.

Bis vor wenigen Jahren wurden die Gäste in den traditionellen Kurorten Europas
(z. B. in Deutschland, Frankreich, Österreich, Ungarn oder der Schweiz) konsequent als ‚Patienten' bezeichnet. Diese Tatsache ergab sich aus der Konstellation,
dass für ihren Aufenthalt (Beherbergung, Verpflegung, Behandlung u. a.) meist zu
einem Teil oder sogar in der Gesamtheit die Leistungsträger aufkamen. Daher
wurde von Seiten der Anbieter darauf geachtet, nicht in den Ruf eines Urlaubsan-
gebotes gebracht zu werden. Schlagwörter wie ‚Kurlaub' oder ‚Morgens Fango,
abends Tango' wurden der Branche besonders in Zeiten zum Verhängnis, in denen
die Finanzierung durch die Leistungsträger zur Disposition stand. Da der Effekt
einer Maßnahme in einem Kurort aus einer Vielzahl von Faktoren wie Ortswechsel, Anleitung zur veränderten Lebensführung sowie Heilbehandlungen besteht,
sind die Heilerfolge oftmals nicht so kurzfristig zu erreichen, wie dies durch
schulmedizinische Behandlungen der Fall wäre. Zusätzlich werden in Kurorten
häufig chronische Krankheiten behandelt, deren Heilung generell nicht so augen-
fällig ist, wie dies bei akuten Erkrankungen der Fall ist. Daraus folgt ein allgemeiner Rechtfertigungsdruck der Kurortmedizin.

Da sich in ganz Europa inzwischen überwiegend ein Trend durchgesetzt hat, der
sich durch eine geringere Kostenübernahme durch die Leistungsträger auszeichnet,
sind die Gesundheitsdestinationen zunehmend auf selbstzahlende Privatgäste angewiesen. Diese Entwicklung führt zu einer veränderten Positionierung der traditionellen Kurorte im gesamten Tourismusmarkt. Durch den stetigen Strom von Kurgästen, die durch die Leistungsträger saisonal unabhängig und verlässlich in die
Destinationen geschickt wurden, waren Kurorte oftmals von den üblichen Mechanismen des Tourismusmarktes entkoppelt. So bestand für die Kurorte z. B. bezüglich der Werbung keine Notwendigkeit, ihre Angebote beim Endverbraucher an-
zupreisen, sie hatten sich hierbei nur an die Leistungsträger zu wenden. Auch die
Qualität der Angebote wurde ausschließlich durch die Leistungsträger in Abständen durch Überprüfung sichergestellt. Privat zahlende Gäste hingegen bewerten
permanent die Leistung der Anbieter und reagieren empfindlicher auf Unstimmig-
keiten, indem sie nicht wiederkehren. Seit spätestens Mitte der 1990er-Jahre lässt
sich daher in den meisten europäischen traditionellen Gesundheitsdestinationen
der Trend feststellen, den ‚Patienten' als ‚Gast' zu betrachten und sich in jeder
Hinsicht verstärkt um ihn zu bemühen. Diese Bemühungen werden später näher
erläutert.

3   Die Sparten des Gesundheitstourismus

Der Gesundheitstourismus in seiner Gesamtheit besteht aus den Segmenten traditioneller Kur- und Heilbädertourismus mit medizinischer Rehabilitation sowie Prä-
ventiver Gesundheitsvorsorge, zu der auch neuere Entwicklungen wie Wellness
gehören. Die Bandbreite dieser Angebotsformen hat sich in den letzten Jahren
noch erheblich vergrößert, gleichzeitig sind die Angebote der einzelnen Segmente
untereinander zunehmend indifferent geworden. Daraus folgte die Notwendigkeit

für die Anbieter, ein klares Profil zu entwickeln, um sich von der zunehmenden Zahl der Konkurrenten unterscheiden zu können. Seit der Krise im europäischen Kursektor stand hier dem Trend einer Spezialisierung und Profilbildung der Destinationen der Trend entgegen, durch eine möglichst große Anzahl von Angeboten eine möglichst große Breite von Gästegruppen anzusprechen. Diese Strategie war eine Reaktion der Destinationen auf rückläufige Gästezahlen.

3.1 Kur- und Heilbädertourismus mit Rehabilitation

Die Kurorte und Heilbäder sind aus der traditionellen Entwicklung hervorgegangen. Die zahlenmäßig größte Verbreitung der traditionellen Kurorte findet man in Deutschland, der Tschechischen und Slowakischen Republik, Ungarn, Österreich, Slowenien, Italien, der Schweiz und Frankreich. Die Kurorte und Heilbäder Europas werden nach ihren natürlichen Heilmitteln in ‚See- und Seeheilbäder', ‚Heilklimatische Kurorte', ‚Mineral- und Moorheilbäder' sowie der Therapieform nach als ‚Kneippkurort/Kneippheilbad' unterschieden. Häufig besteht der Kurortcharakter zudem aus den artgemäßen Kureinrichtungen wie Kurpark, Kurmittelhaus oder Trinkhalle. Diese Kurorttypen sind in den einzelnen Staaten Europas bisweilen jedoch nur partiell vorhanden. Die häufigste Form eines Kurorttypus ist die des Mineral- oder Moorheilbades. Die Klassifikation und Prädikatisierung der Orte unterliegt jedoch nationalen, sehr unterschiedlichen Kriterien.

In vielen europäischen Ländern gibt es auf nationaler Ebene eine lang zurückreichende Tradition der Verbandsbildung. Auf Grund dieser etablierten Strukturen leisten die einzelnen Verbände den nationalen Regierungen häufig Hilfestellung bei der Entwicklung von Prädikatisierungsrichtlinien. In den Kurorten und Heilbädern finden traditionelle Kuren (stationär oder ambulant) und Rehabilitationsleistungen statt (diese sind gekennzeichnet durch eine intensivere medizinische Betreuung des Patienten als im Falle einer Kur, wofür eine umfangreichere Infrastruktur vorgehalten werden muss); sie unterstehen daher zumeist der Aufsicht der nationalen Gesundheits- oder Sozialministerien.

3.2 Präventive Gesundheitsvorsorge

Die Präventive Gesundheitsvorsorge ist eine Entwicklung der letzten 20 Jahre. Die Klassifikation dieser Angebote ist nicht so weit entwickelt und fällt daher ungleich schwerer. Ihre Angebote sind grundsätzlich in allen Orten möglich, es bedarf keiner Prädikatisierung. Die Zahl der Angebote ist vielfältig. So sind sowohl Wellness als auch Fitnessangebote verbreitet. Der Wellnesstrend ist nicht nur ein Phänomen in Deutschland, sondern er hat sich in den letzten Jahren, aus den USA kommend, in ganz Europa verbreitet (z. B. in Italien: ‚benessere', in Frankreich: ‚bien-être'). Die Idee der Wellness wurde bereits im Jahr 1959 von dem amerikanischen Arzt Halbert Dunn aus den Worten ‚well-being' und ‚fitness' geprägt. Er

verstand darunter ein ganzheitliches Konzept aus Selbstverantwortung, Ernäh-
rungsbewusstsein, körperlicher Fitness, Stressmanagement sowie Umweltsensibili-
tät (vgl. LANZ-KAUFMANN 1999, S. 35). Die Angebote dieser Richtung des Tourismus entsprechen der ganzheitlichen Therapie. Anders als die Kurorte richten
sich die Wellnessdestinationen aber nicht primär an den kranken Gast, sondern
dienen der Prävention von Krankheiten. Die Grenze zwischen gesundheitstouristischen Angeboten aus dem Wellnessbereich und den Angeboten ohne präventiven
Gesundheitscharakter (wie z. B. Schönheitsfarmen) ist fließend.

Obwohl sich die einzelnen Segmente des gesundheitsorientierten Tourismus in
räumlicher Hinsicht und bezüglich ihrer Angebote zunehmend überschneiden,
verbleiben jedoch Unterschiede. Beispiele für eine Differenzierung der einzelnen
Angebote liegen z. B. in ihrer räumlichen Lage, Kostenübernahme durch Leistungsträger (Krankenkassen etc.), ihrer Organisationsform und daraus resultierend
auch in ihren unterschiedlichen Qualitätskriterien.

4   Wandel im europäischen Gesundheitstourismus

Die Modifikationen des Gesundheitstourismus vor allem innerhalb der letzten zehn
Jahre lassen sich weder ausschließlich auf Veränderungen bei der Nachfrager-
noch bei der Anbieterseite zurückführen. Beide Seiten stehen in wechselseitiger
Beziehung zueinander. Der Wandel vollzog sich auf Grund tiefgreifender Veränderungen der Lebensstile der Gäste, politischer Umwälzungen in Mittel- und Osteuropa, neuer Veranstalter im Marktsegment der Gesundheitsreisen sowie einer
ganzen Reihe weiterer Ursachen. Im folgenden sollen einige Auslöser für die
strukturellen Veränderungen des gesundheitstouristischen Angebotes dargestellt
werden.

Auf der Seite der Gäste hat sich in den letzten Jahren ein deutlicher Wandel der
Lebensstile vollzogen. Die demographische Entwicklung führt zu einer Alterung
der Bevölkerung Europas. Gleichzeitig ist der persönliche Anspruch auf Wohlbefinden gestiegen. So ist die Bereitschaft in den letzten Jahren gewachsen, sich um
den Erhalt der eigenen Gesundheit zu kümmern und nötigenfalls auch privat zu
finanzieren.

Hervorgerufen durch die Veränderung der politischen Situation in Mittel- und
Osteuropa, hat sich seit 1989 auch im Sektor des Gesundheitstourismus ein neues
Reiseverhalten entwickelt. Besonders ostdeutsche Gäste, die schon vor der politischen Wende traditionell osteuropäische Kurorte aufsuchten, tun dies heute wieder
verstärkt, wenn auch nun privat finanziert. Sie sind ebenfalls Besucher westeuro-
päischer Gesundheitsdestinationen. Wenige Touristen, die in den anderen osteuropäischen Staaten als wirtschaftliche Gewinner der Transformation bezeichnet werden können, sind finanziell in der Lage, sich auch einen Aufenthalt in westlichen
Ländern zu leisten. Meist beschränken sich diese Reiseströme auf osteuropäische

Staaten. Zur globalen wirtschaftlichen Elite, die gerne die mondänen, traditionellen Kurorte in Europa aufsucht, zählen neben wenigen Osteuropäern auch Nordamerikaner und Reisende aus ölfördernden Staaten. Zudem sind in den letzten Jahren verstärkt auch Japaner von den Destinationen als Zielgruppe mit großem Potenzial entdeckt worden. Aufgrund eines unterschiedlichen kulturellen Verständnisses von Krankheit, das auf wenig Toleranz in der Gesellschaft beruht, ist es für wohlhabende Japaner durchaus von Interesse, sich in Europa für eine längere Behandlung aufzuhalten und gesundheitlich besser gestellt wieder in die Heimat zurückzukehren. Der Hintergrund, vor dem ein solches besonderes Potenzial zu sehen ist, liegt im traditionell hohen Nutzungsgrad von japanischen Bädern (‚Onsen') durch die einheimische Bevölkerung, also dem Habitus des Badens als einem eingeführten Teil der Kultur.

Durch die steigende Reiseerfahrung sind ältere Gäste zunehmend gewillt und in der Lage, auch außerhalb ihres Landes Gesundheitsdestinationen zu wählen. Die Anbieterseite kommt diesem Trend in vielfältiger Weise entgegen. Auf Grund der veränderten Finanzierungssituation der letzten Jahre, insbesondere in den traditionellen Kurorten, kann man von dem bereits erwähnten verstärkten Bemühen um den (Privat-)Gast sprechen. So versuchen Reiseveranstalter, die Reiseströme auch über die nationalen Grenzen hinweg in ihre Destinationen zu steuern. Dabei werden Angebote wie Bus-Shuttle von zu Hause direkt in die Destinationen oder Flüge mit anschließendem Bustransfer gemacht. Aktuelles Beispiel hierfür ist im Jahr 2001 die Einrichtung einer Flugverbindung zum ‚Balatonairport', der die gesundheitstouristischen Destinationen Heviz und Zalakaros in Ungarn einfacher mit den Quellgebieten verbinden soll.

An dem vorangegangenen Beispiel kann auch ein weiterer Trend festgemacht werden: Zunehmend drängen auch die großen Reiseveranstalter in den Markt und ersetzen die Leistungsträger in der Steuerung der Zielgebiete. Alle großen Reiseveranstalter in Deutschland haben in den letzten Jahren eigenständige Kataloge weiter- oder neu entwickelt; darüber hinaus gibt es in diesem Sektor auch international tätige Spezialreiseveranstalter. Beispiele hierfür sind Ableger von großen Reiseveranstaltern wie z. B. ‚TUI Vital' (Hannover), ‚Neckermann Care' (Oberursel) oder traditionelle Spezialreiseveranstalter wie ‚Thermalia Travel' (London) oder ‚Stöcklin Kurreisen' (Zürich). Die kleinen Reiseveranstalter dagegen haben zunehmende Probleme, wie die Insolvenz von ‚IKD Reisen' (München) im Sommer 2001 unterstreicht. Dieses seit 30 Jahren eingeführte Unternehmen konnte sich nicht gegen die wachsende Konkurrenz der großen Reiseveranstalter durchsetzen.

Ein weiteres Merkmal der veränderten Lebensstile der Gäste lässt sich in der gewandelten Anspruchshaltung wiederfinden. Die Erwartungen an Komfort und Ausstattung der Destinationen erhöhen den Druck auf die Anbieter. Um als Hotel beispielsweise in den Katalog eines großen Reiseveranstalters aufgenommen zu werden, müssen sich die Behandlungsräume integriert in der Unterkunft befinden oder zumindest über einen geschützten Zugang erreichbar sein. Zum einen folgen

daraus hohe Investitionen in hoteleigene Behandlungseinrichtungen, die sich nur
große und finanzstarke Häuser leisten können, und auf der anderen Seite führt dies
zu einer Schließungswelle von zentralen Kurmittelhäusern. Da kleinere Beherbergungsbetriebe eine entsprechende Infrastruktur nicht bereit halten können, sind nur
größere Häuser in der Lage, sich auf diesem Weg zu vermarkten; somit erfolgt
eine Auslese des Angebotes und gleichzeitig ein Niedergang der kleineren Hotels
und Pensionen.

Dem allgemein veränderten Reisetrend hin zu kürzeren, aber häufigeren Reisen
versuchen sich auch die gesundheitstouristischen Destinationen anzupassen. Die
traditionellen Kurorte bieten inzwischen auch Kurzzeitprogramme an, die sich nur
noch über eine Woche oder sogar nur noch über ein Wochenende erstrecken. Da in
diesem kurzen Aufenthalt kaum noch therapeutische Erfolge zu erzielen sind, muss
sich das Angebot darauf reduzieren, dem Gast ein gutes Körpergefühl zu vermitteln. Hiermit treten die Kurorte in direkte Konkurrenz zu den häufig als ‚Spa'
bezeichneten Einrichtungen des Wellnesssektors, die keinen Anspruch auf Heilung
erheben. Durch das Verlassen der Kernkompetenzfelder ist es für die Kurorte
jedoch schwierig, sich im Markt zu positionieren.

Der aus den USA stammende Wellnesstrend hat sich besonders in den 1990er-
Jahren in Europa stark durchgesetzt; er führte zu einem totalen Wandel im Bereich
des Gesundheitstourismus. Die Länder, deren historische Kurtradition bereits seit
vielen Jahren brach lag, besannen sich auf diese neuen Angebote. So gibt es z. B.
in Großbritannien und den Niederlanden ‚Spas', die den neu entstandenen Markt
nutzen, sich jedoch nicht für Kuren vereinnahmen lassen wollen. Traditionelle
Kurorte haben sich an diesen Trend angepasst, indem sie ihre alten Anlagen umgestaltet haben. Dieser Trend führte vielerorts zu massiven Investitionen. Daneben
entwickelte sich in allen Sektoren des Gesundheitstourismus wie auch in anderen
Bereichen des Tourismus der Trend hin zu leicht buchbaren Angeboten in Paket-
form, die neben Unterkunft und Verpflegung auch ein Bündel an Behandlungen
beinhalten.

5   Die heutige Situation im europäischen Gesundheits-
        tourismus

Die Situation im europäischen Gesundheitstourismus ist geprägt von großen Unterschieden zwischen den einzelnen Staaten. So werden in verschiedenen Ländern
nationale Schwerpunkte gebildet, die meist aus einer Verbindung zwischen Tradition und natürlichem Vorkommen der Heilmittel bestehen. Hinzu kommen weitere
exogene Einflussfaktoren, wie es beispielsweise die Kostenübernahme durch Leistungsträger oder, hervorgerufen durch die veränderte politische Situation in Osteuropa, neu erschlossene Gästeströme sind. In der Tschechischen Republik bildet die
traditionelle Kur einen solchen Schwerpunkt, in Island hingegen spielen die Ther-
malquellen eine besondere Rolle, während in Frankreich zunehmend die Thalas-

sotherapie[3] ein bedeutender Faktor wird. Durch ein verändertes Reiseverhalten der Gäste werden Gesundheitsdestinationen zunehmend auch auf internationaler Ebene zu Konkurrenten.

Tab. 1: Anzahl der Kurgäste sowie ihrer Übernachtungen in den Mitgliedsländern des Europäischen Heilbäderverbands

	Jahr der Erfassung	Übernachtungen Kurgäste in Tsd. pro Jahr	Kurgäste in Tsd. pro Jahr
Belgien	2000	Nicht erfasst	Nicht erfasst
Deutschland	2000	103.900	16.300
Estland	2000	532	86
Finnland	1999	5.500	550
Frankreich	2000	10.202	542
Griechenland	k. A.	k. A.	k. A.
Großbritannien *	1999	21.266	7.333
Italien	1997	8.750	1.250
Luxemburg	1998	96	26
Niederlande **	2000	22	312
Österreich	2000	17.180	Nicht erfasst
Polen	1998	16.500	431
Portugal	1998	734	Nicht erfasst
Island (nur Reykjavik)	2000	Nur Day Spas	1.680
Island ***	1999	56	2
Montenegro	2000	144	12
Schweiz	1999	1.929	739
Slowakei	2000	3.033	
Slowenien	1997	1.647	291
Spanien	2000	3.748	423
Tschechien	2000	5.890	310
Türkei	2000	Nicht erfasst	Nicht erfasst
Ungarn ****	1999	573	Nicht erfasst

Erläuterungen:
k. A.   keine Angaben
*   Zahlen gelten nur für 10 Kurorte
**   Nur Thermae 2000 (eine Destination)
***   Nur Rehaklinik Heilsustofnun
****   Nur Danubius Hotels (bedeutende ungarische Hotelkette)

Quelle: EHV 1999, 2001

---

[3] Thalasso ist eine Therapieform, die der Verwendung von Meerwasser einen besonderen Stellenwert einräumt.

Abb. 1: Anteil der Übernachtungen von Kurgästen am gesamten Übernachtungsaufkommen – differenziert nach den Mitgliedsländern des Europäischen
Heilbäderverbands

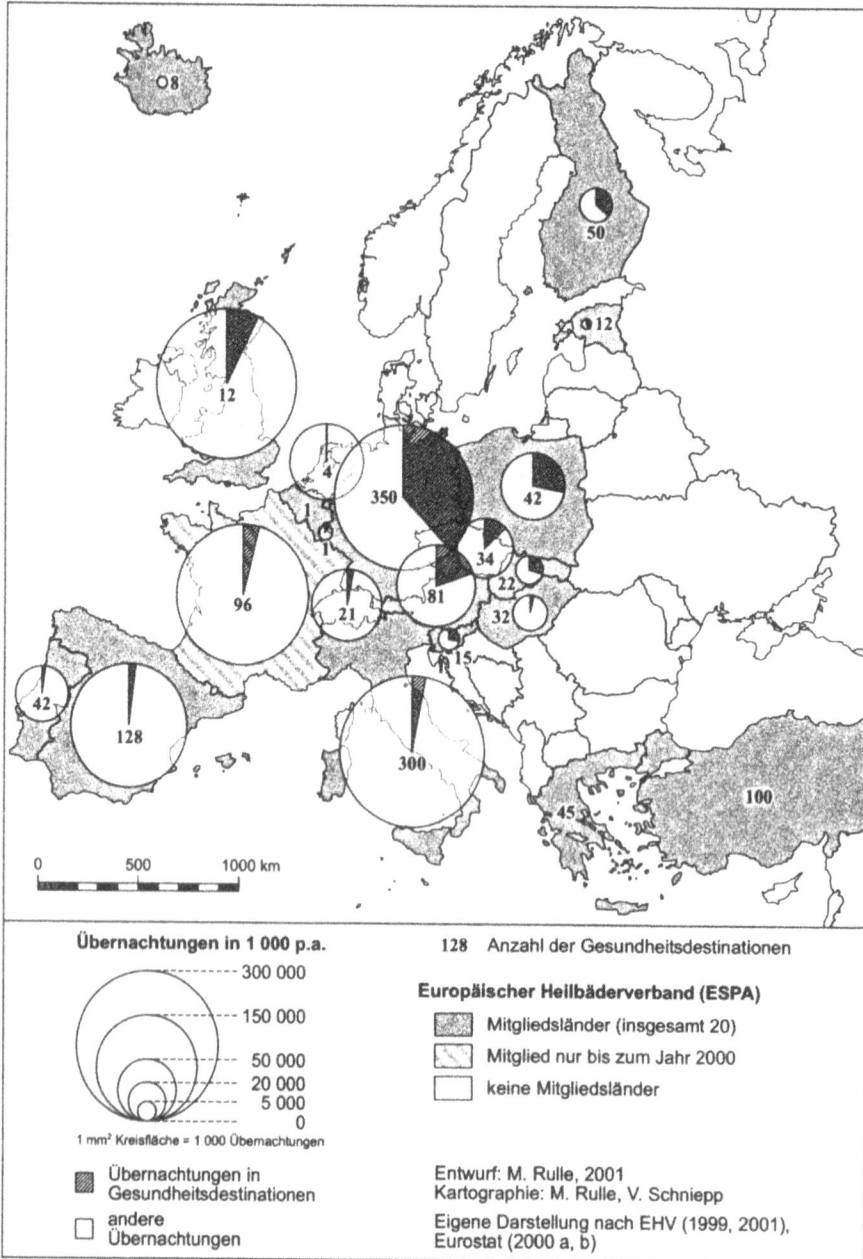

Weltweit sind die Heilbäder in der ‚Fédération Mondiale du Thermalisme et du Climatisme' (FEMTEC) mit 43 Mitgliedsländern organisiert. Um auf europäischer Ebene das Bäderwesen und die Balneologie zu fördern, ist im Jahr 1995 der ‚Europäische Heilbäderverband' (EHV) mit Sitz in Brüssel gegründet worden. Er hatte im Jahr 2001 20 Mitglieder, die sich aus den nationalen Bäderverbänden (soweit vorhanden) der einzelnen Staaten zusammensetzten. Zu diesen Ländern gehören satzungsgemäß die EU-Mitgliedstaaten, Island, die Schweiz, die Türkei sowie die Beitrittskandidatenländer zur EU.

In Abb. 1 wird ein Überblick über die Mitgliedsländer des ‚Europäischen Heilbäderverbandes' gegeben. Eine besondere Position nimmt hierbei Frankreich ein, dessen großer nationaler Verband im Jahr 2000 aufgrund von Meinungsverschiedenheiten über die Neuausrichtung des europäischen Verbandes aus diesem austrat. Zusätzlich ist in Abb. 1 die Bedeutung des nationalen Gesundheitstourismus in Relation zum gesamten touristischen Übernachtungsaufkommen dargestellt. Tab. 1 gibt einen Überblick über die Nachfragesituation im europäischen Gesundheitstourismus. Dargestellt sind die Zahl der Kurgäste sowie die Anzahl ihrer Übernachtungen in den einzelnen Mitgliedsländern des Europäischen Heilbäderverbandes.

Da es keine bindenden Richtlinien zur Erstellung der Statistiken gibt, werden diese gemäß der national üblichen Vorgehensweise erstellt. Dies ruft Probleme bei der Vergleichbarkeit hervor: So sind nicht alle Kur- und Heilbäder eines Landes notwendigerweise auch Mitglied im jeweiligen nationalen Bäderverband, und ebenso ungeklärt ist die Situation bezüglich der Aufnahmekriterien in die einzelnen Verbände. Zudem ist die Definition des ‚Kurgastes' ungeklärt: In Deutschland beispielsweise werden alle Gäste, die in einem Kurort übernachten, als Kurgäste erfasst und sind kurtaxpflichtig, unabhängig von ihrer tatsächlichen Reiseintention. In anderen Ländern, die häufig nicht eine weiträumige Infrastruktur vorhalten, sondern deren Angebot sich z. B. auf einzelne Destinationen im Sinne einer geschlossenen Anlage erstreckt, ist dies nicht der Fall. Diese meist modernen Anlagen mit dem Schwerpunkt der Präventiven Gesundheitsvorsorge finden sich z. B. in den Niederlanden (Thermae 2000) oder in Luxemburg (Mondorf-les-Bains). Hier nutzen alle Gäste tatsächlich auch die Infrastruktur der Destination.

6   Perspektiven

Die Gesundheitsdestinationen werden zunehmend auch international zu Konkurrenten. Sie müssen sich verstärkt dem touristischen Markt und seinen Regeln stellen. Dazu gehört in allen Sparten ein verstärktes Werben und Engagement um den Touristen. Destinationen, die passende Angebote offerieren, um den persönlichen Wünschen nach zeitlichem und finanziellem Aufwand des Gastes mit klar strukturierten Leistungen zu entsprechen, werden sich auch zukünftig erfolgreich behaupten können. Dabei wird eine dem Image entsprechende Profilbildung unumgänglich sein.

Literatur

BRITTNER, A./STEHLE, T. (2000^2): Kurverkehr. Trierer Tourismus Bibliographien, 9. Trier.

BRITTNER, A. et. al. (1999): Kurorte der Zukunft. Neue Ansätze durch Gesundheitstouris-mus, Interkommunale Kooperation, Gütesiegel Gesunde Region und Inszenierung im Tourismus. Materialien zur Fremdenverkehrsgeographie, 49. Trier.

EHV (Europäischer Heilbäderverband) (1999, 2001): Anzahl der Heilbäder und Kurorte, Übernachtungen sowie der Kurgäste. Brüssel, unveröffentlichtes Manuskript.

EUROSTAT (Statistical Office of the European Communities) (1999a): Tourism in Euro-pe. Luxemburg.

EUROSTAT (Statistical Office of the European Communities) (1999b): Tourism in the central European countries. Luxemburg.

GRANVILLE, A. B. (1841): Spas of England and Principal Sea-Bathing Places. Reprinted 1971. Bath.

HOEFERT, H.-W. (1993): Kurwesen. In: HAHN, H./KAGELMANN, J. (Hrsg.): Tourismuspsy-chologie und Tourismussoziologie. Ein Handbuch zur Tourismuswissenschaft. Mün-chen, S. 391-396.

LANGEFELD, CHR. (1986): Bad Nauheim. Struktur- und Funktionswandel einer traditionel-len Kurstadt seit dem 19. Jahrhundert. Marburg.

LANZ-KAUFMANN, E. (1999): Wellness-Tourismus. Marktanalyse und Qualitätsanforderun-gen für die Hotellerie – Schnittstellen zur Gesundheitsförderung. Bern.

Weintourismus

Norbert Haart

1 Einführung

Fast alle deutschen Tourismusregionen haben sich in den 1980er- und 1990er-Jahren auf eine – manchmal verzweifelte – Suche nach regionaler Identität oder Identifizierbarkeit, unverwechselbarer Marktpositionierung und regionaltypischen Produkten begeben. Es wurden alte Schafrassen nachgezüchtet, Tennen in Konzertsäle umgewandelt und bäuerliche Hausmannskost zu kulinarischen Erlebnissen veredelt. Dahinter steht der Gedanke der Regionalisierung, der Erfahrbarmachung von unterschiedlichen Wirklichkeiten (Authentizität) – oder das, was Tourismusmanager dafür halten. Es ist der Versuch eines Gegenentwurfs zur touristischen Globalisierung, d. h. Gleichartigkeit, Austauschbarkeit, beliebige Reproduzierbarkeit von Urlaubs- und Freizeiterfahrungen, die in ihrer extremsten Form sogar die Bindung an Zeit und Raum verloren hat (z. B. Sommerski im Ruhrgebiet).

Weinbaulandschaften besitzen durch ihr Leitprodukt, den Wein, in der Regel bereits ein regionales Profil, das durch seine natürliche Affinität zu Geschichte, Kunst, Kultur, Essen und Trinken relativ einfach am touristischen Markt kommuniziert werden kann. Es soll nun versucht werden, die strukturellen Bedingungen und Ausprägungen des Erholungs- und Urlaubsreiseverkehrs in Weinbauregionen als ‚Weintourismus' zu beschreiben und zu analysieren. Dabei erfolgt eine Beschränkung auf Rheinland-Pfalz und hier schwerpunktmäßig auf das Weinbaugebiet Mosel-Saar-Ruwer.

2 Weinbau und Tourismus an der Mosel

2.1 Die strukturelle Entwicklung des Weinbaugebietes Mosel-Saar-Ruwer

Die Zahl der landwirtschaftlichen Betriebe ist in Rheinland-Pfalz – wie in der gesamten Bundesrepublik – stark rückläufig. Der Rückgang hat nach Ackerbau und Viehwirtschaft mit einer zeitlichen Verzögerung auch die Sonderkultur Weinbau voll erfasst. Innerhalb von 20 Jahren haben ca. 45% aller rheinland-pfälzischen Weinbaubetriebe aufgegeben (vgl. Abb. 1).

Im Weinbaugebiet Mosel-Saar-Ruwer bewirtschafteten im Jahr 1999 insgesamt 5.109 Haupt- und Nebenerwerbsbetriebe eine Rebfläche von 10.979 ha; 1987 waren es noch 9.294 Betriebe. In der Pfalz ist die Zahl der Betriebe um 3.425 auf insgesamt 4.753 Betriebe mit 23.040 ha Rebfläche zurück gegangen. Die Jahrzehnte andauernde Rebflächenexpansion an Mosel, Saar und Ruwer wurde ge-

stoppt. Nachdem das kontinuierliche Wachstum nach dem Krieg mit insgesamt
12.509 ha Rebfläche im Jahr 1989 seinen Höhepunkt erreicht hatte, ist sie seither
auf 10.979 ha (1999) zurückgegangen und hat den Wert von 1979 bereits wieder
unterschritten (vgl. Statistisches Landesamt 2001). Dieser Prozess, der sich in den
letzten Jahren mit wachsender Geschwindigkeit fortgesetzt hat, führt bereits zu
wahrnehmbaren Kulturlandschaftsveränderungen durch Brachfallen von Rebflä-
chen. Allein für das Jahr 2001 haben 1.400 Weinbaubetriebe an Mosel, Saar und
Ruwer Flächenstilllegungsprämien für 700 ha Weinberge beantragt (vgl. Trierischer Volksfreund 2001).

Abb. 1: Betriebe mit Weinbau in Rheinland-Pfalz (1979-1999)

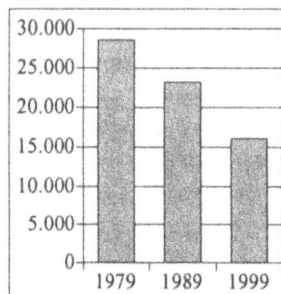

Quelle: Statistisches Landesamt Rheinland-Pfalz 2001

Die Ursachen für diesen Strukturwandel sind vielfältig: Sie liegen z. T. in den
Betriebsstrukturen, in Änderungen der Absatzmärkte und in einem veränderten
Verbraucherverhalten. In der Summe führen sie bei einer Vielzahl von Betrieben
zu einer unzureichenden Erlössituation, insbesondere bei einer Weinvermarktung
über den Fassweinmarkt (vgl. NIEWODNICZANSKI 1998, S. 33ff.). In Zukunft besitzen nur solche Betriebe gute Überlebenschancen, die neben einer gewissen Betriebsgröße den gesamten Produktions- und Absatzprozess bis zum Konsumenten
abdecken können.

2.2   Die touristische Entwicklung des Fremdenverkehrsgebietes Mosel/Saar

Das Fremdenverkehrsgebiet Mosel/Saar ist mit 5,846 Mio. Übernachtungen
(2000) die wichtigste rheinland-pfälzische Tourismusregion. Die touristische Attraktivität der Region basiert auf dem Dreiklang „WeinKulturLandschaft" (STEIN-
ECKE 1994, S. 15). In diesem Kraftfeld besteht eine wechselseitige Abhängigkeit
zwischen dem Wein und dem Tourismus.

Abb. 2: Wein und Tourismus

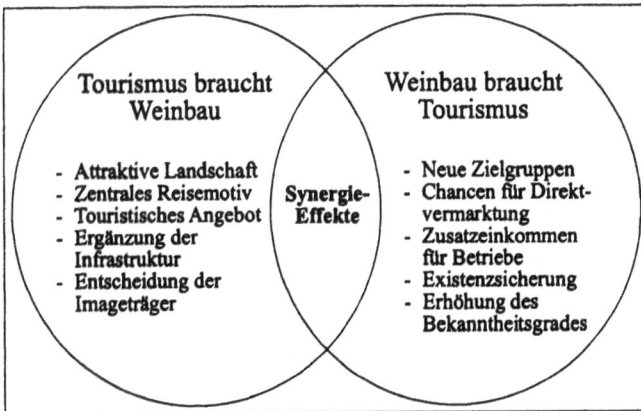

Tourismus braucht
Weinbau

- Attraktive Landschaft
- Zentrales Reisemotiv
- Touristisches Angebot
- Ergänzung der
  Infrastruktur
- Entscheidung der
  Imageträger

Synergie-
Effekte

Weinbau braucht
Tourismus

- Neue Zielgruppen
- Chancen für Direkt-
  vermarktung
- Zusatzeinkommen
  für Betriebe
- Existenzsicherung
- Erhöhung des
  Bekanntheitsgrades

Quelle: Europäisches Tourismus Institut 1997, S. 2

Das Fremdenverkehrsgebiet Mosel/Saar umfasst insgesamt 120 Gemeinden in den Kreisen Trier-Saarburg, Bernkastel-Wittlich, Cochem-Zell und Mayen-Koblenz sowie die kreisfreie Stadt Trier. Der Beherbergungsmix und das Übernachtungsaufkommen an der Mosel werden von einem Dipol aus Hotels und Privatquartieren geprägt. Diese beiden Betriebsarten vereinigten im Jahr 2000 fast zwei Drittel des Bettenangebotes (64%) und aller Übernachtungen (60%) auf sich (vgl. Statistisches Landesamt Rheinland-Pfalz 2001).

Die räumliche Verteilung der Übernachtungen entlang der Mosel zeigt, dass alle Anrainergemeinden der Mosel – auf Basis der Verbandsgemeinden bzw. verbandsfreien Gemeinden und kreisfreien Städte – mehr als 100.000 Übernachtungen aufweisen. Schwerpunktbereiche sind die Stadt Trier und die Verbandsgemeinden Bernkastel, Kröv-Bausendorf und Schweich (vgl. Abb. 3).

Außerhalb des unmittelbaren Tal- und Weinbaubereichs von Mosel und Saar gehen die Übernachtungszahlen schlagartig zurück. Erkennbar wird diese Tatsache bei Verbandsgemeinden, die nur mit sehr wenigen Gemeinden unmittelbar an die Mosel stoßen (z. B. VG Wittlich-Land, VG Trier-Land, VG Ruwer, VG Kaisersesch).

Die außerordentliche touristische Attraktivität des Moseltals (und des Saartals) ab der Trierer Talweite liegt nicht nur im Weinbau, sondern auch im Relief und in der kulturräumlichen Ausstattung begründet.

Abb. 3: Übernachtungen an der rheinland-pfälzischen Mosel (2000)

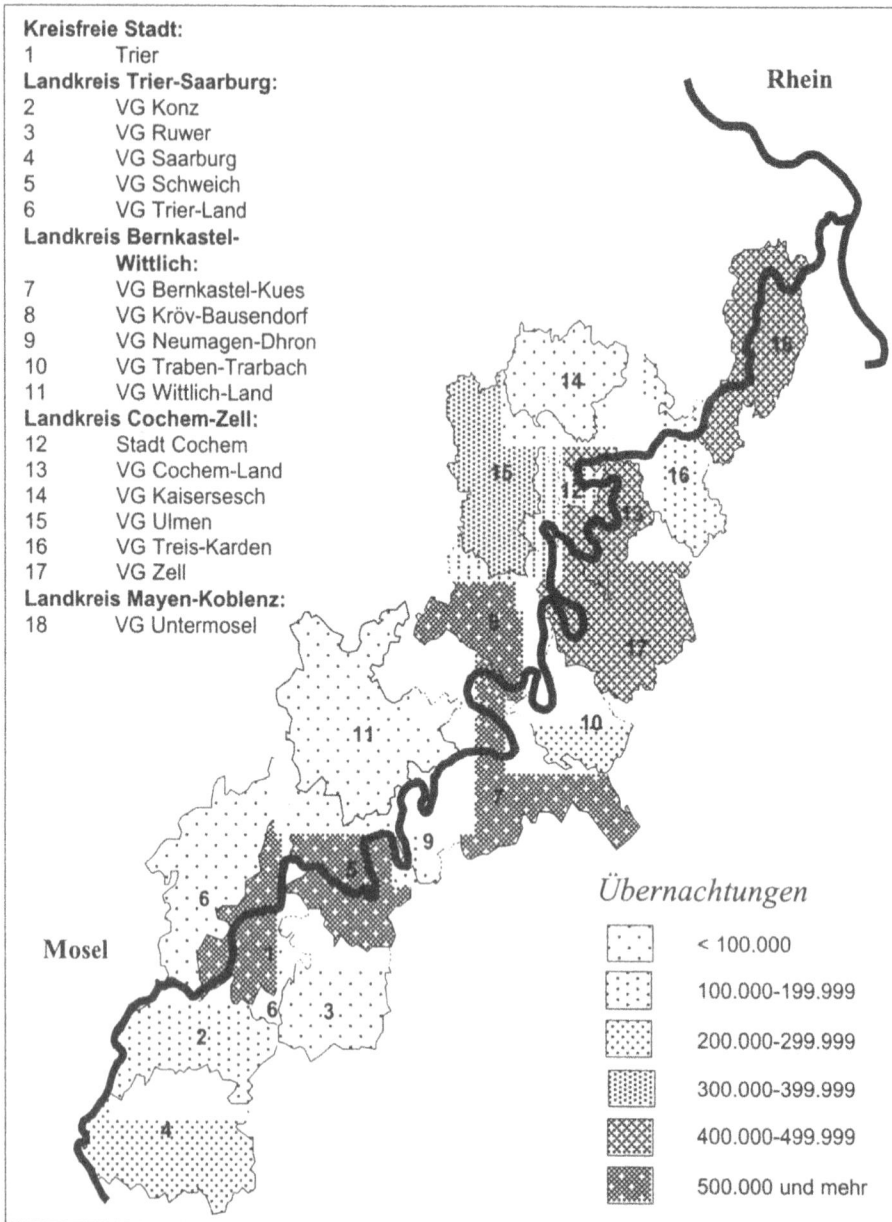

Kreisfreie Stadt:
1   Trier
Landkreis Trier-Saarburg:
2   VG Konz
3   VG Ruwer
4   VG Saarburg
5   VG Schweich
6   VG Trier-Land
Landkreis Bernkastel-
       Wittlich:
7   VG Bernkastel-Kues
8   VG Kröv-Bausendorf
9   VG Neumagen-Dhron
10   VG Traben-Trarbach
11   VG Wittlich-Land
Landkreis Cochem-Zell:
12   Stadt Cochem
13   VG Cochem-Land
14   VG Kaisersesch
15   VG Ulmen
16   VG Treis-Karden
17   VG Zell
Landkreis Mayen-Koblenz:
18   VG Untermosel

Übernachtungen

< 100.000
100.000-199.999
200.000-299.999
300.000-399.999
400.000-499.999
500.000 und mehr

Quelle: Eigene Darstellung nach Statistisches Landesamt Rheinland-Pfalz 2001

Zieht man als Indikator für die regionalwirtschaftliche Bedeutung des Tourismus die Fremdenverkehrsintensität (Übernachtungen/Einwohner) hinzu, liegen fast alle Verbandsgemeinden im Jahr 2000 über der Intensitätsstufe 10. Spitzenwerte erreichen die Verbandsgemeinde Kröv-Bausendorf (73) und die Stadt Cochem (75). Der Durchschnittswert für Rheinland-Pfalz liegt bei 5. Völlig unberücksichtigt bleiben bei dieser Kurzanalyse der Campingtourismus mit 817.000 Übernachtungen im Jahr 2000 (vgl. Statistisches Landesamt Rheinland-Pfalz 2001) und der Tagestourismus, der als primärer Ausflugsverkehr vor allem Ausflügler aus den Großräumen Köln-Bonn, Rhein-Ruhr und Saarbrücken an Mosel und Saar bringt.

3 Weintourismus

Weinbau und Tourismus bilden an der Mosel eine enge Einheit. BECKER (1984, S. 381) spricht daher von einer spezifischen Fremdenverkehrsart, die er Weintourismus nennt. Weintouristen zeigen ein typisches aktionsräumliches Verhalten und eine weinorientierte Motivationslage. In den Weinorten korrespondiert damit eine dichte Verbreitung von Weinbauelementen im Ortsbild (vgl. BECKER 1984, S. 382f.).

Der Wein ist das genuine Element des Tourismus an der Mosel: „Welche Entwicklung hätte der Fremdenverkehr im Moseltal ohne den Weinbau genommen? Die Mosel wäre vor allem ein beliebtes Ziel für Campingurlauber. Das traditionelle Fremdenverkehrsgewerbe hätte sich lediglich in Bernkastel-Kues, Cochem und Traben-Trarbach (...) nennenswert entwickelt. Niemand würde von dem Fremdenverkehrsgebiet ‚Mosel' sprechen" (BECKER 1984, S. 400).

3.1 Angebotsstruktur des Weintourismus

3.1.1 Urlaub auf dem Winzerhof

Während DODT (1967) nur randlich auf die Verflechtungen von Wein und Tourismus an der Mosel eingeht, weist BECKER schon im Jahr 1984 auf die Bedeutung des Tourismus für die Direktvermarktung des Weins über Straßenverkauf und in Straußwirtschaften hin.[1] Nach eigenen Erhebungen bei den Ordnungsämtern der Verbandsgemeinden gab es im Jahr 2001 insgesamt 262 dieser nicht-gewerblichen Gastronomiebetriebe an Mosel, Saar und Ruwer.

In noch stärkerem Umfang partizipieren jene Weinbaubetriebe an der touristischen Entwicklung der Region, die eigene Beherbergungsmöglichkeiten anbieten. Nach eigenen Erhebungen werben allein 135 Hotels, Hotels garni und Gasthöfe in den lokalen und regionalen Übernachtungsverzeichnissen mit eigenem Weinbau; dabei handelt es sich um knapp ein Viertel aller Hotels und Gasthöfe der Region.

---

[1] Straußwirtschaften/Besenwirtschaften dürfen in Rheinland-Pfalz nur vier Monate im Jahr öffnen und Produkte aus eigener Erzeugung und kleine Gerichte anbieten. Eine Sitzplatzbeschränkung wurde zwischenzeitlich aufgehoben.

Abb. 4: Übernachtungen in Privatquartieren im Fremdenverkehrsgebiet
Mosel/Saar im Vergleich (1981 = 100)

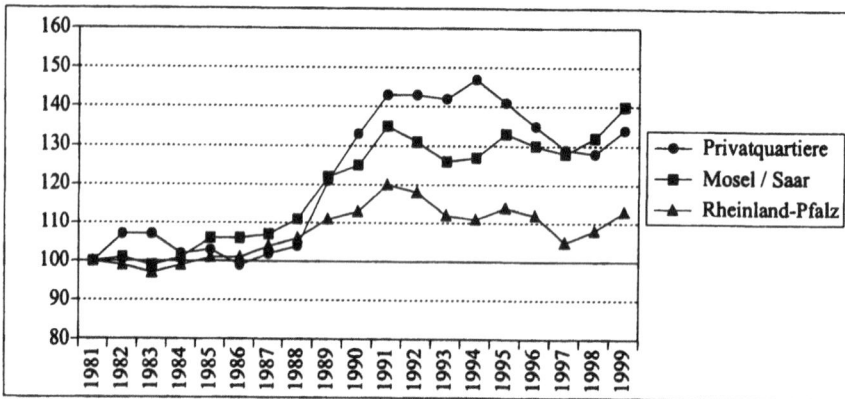

Quelle: Eigene Darstellung nach Statistisches Landesamt Rheinland-Pfalz 2001

Als Besonderheit weist die amtliche Statistik in Rheinland-Pfalz die Bettenzahl,
Übernachtungen und Auslastung von Privatquartieren und gewerblichen Kleinbetrieben aus. Von insgesamt 49.914 Betten im Gebiet Mosel/Saar (1999) entfallen
16.701 Betten auf die Privatquartiere, während ‚nur' 15.353 Betten auf die Hotels
entfallen (vgl. Statistisches Landesamt Rheinland-Pfalz 2001). Die Entwicklung
der Privatquartiere verlief vor allem zu Beginn der 1990er-Jahre besonders positiv
(vgl. Abb. 4). Der Großteil dieser Betten befindet sich in Winzerbetrieben. Eine
Auswertung der Unterkunftsverzeichnisse auf lokaler, regionaler und Landesebene
sowie des DLG-Katalogs ‚Urlaub auf dem Bauernhof' ergab, dass im Jahre 2001
neben den Hotels und Gasthöfen weitere 1.196 Weinbaubetriebe Gästezimmer,
Ferienwohnungen oder Apartments anboten, d. h. dass heute jeder vierte Wein-
baubetrieb Beherbergungsangebote macht. Damit übertreffen diese Betriebe die
Zahl aller gewerblichen Anbieter um mehr als das Doppelte. Überraschend ist auch
die relativ hohe durchschnittliche Bettenzahl pro Winzerbetrieb. Bei einer Be-
triebsbefragung von 410 Weinbaubetrieben mit Beherbergung (ohne Hotels und
Gasthöfe) wurde ein Durchschnittswert von 10,5 Betten ermittelt. Rechnet man
diese Stichprobe auf die Gesamtzahl der Betriebe hoch, zeigt sich, dass mehr als
ein Viertel des regionalen Bettenangebotes im Fremdenverkehrsgebiet Mosel/Saar
von Weinbaubetrieben bereitgestellt wird (vgl. HAART 2002).

Die Weinbaubetriebe bieten zumeist aus einem doppelten Interesse Gästezimmer
oder Ferienwohnungen an: „Die Chancen der Direktvermarktung der eigenen Erzeugnisse (Weine, Sekte, Brände etc.) spielt neben der Erschließung einer zweiten
Einkommensquelle für die Betriebe eine besondere Rolle" (ETI 1997, S. 34). Bei
der Befragung nannten die Betriebe als Hauptmotiv (sehr wichtig/wichtig) die
‚Gewinnung neuer Kunden für den Weinabsatz' (94%) vor ‚Aufbau eines zweiten

wirtschaftlichen Standbeins' (83%). Entsprechend gestalten sich auch die Zusatz-angebote für die Gäste (vgl. HAART 2002):

- Fast jeder Betrieb (96%) bietet Weinproben an.
- Kellerführungen/Betriebsführung werden von 91% angeboten.
- Mehr als zwei Drittel (70%) führen ihre Gäste auch durch den Weinberg.
- Bei 63% der befragten Betriebe besteht für Gäste das Angebot zur Mitarbeit im Weinberg.
- Knapp die Hälfte der Betriebe bietet Grillabende an.
- Jeder Fünfte (22%) veranstaltet spezielle Weinseminare.
- Außerdem betreiben 20% der Betriebe zusätzlich noch eine Straußwirtschaft.

Neben Wein werden von den Betrieben vor allem Sekt/Perlwein (80%), Trauben-saft (79%), (Wein)Brände (78%) und Traubenkernöl (24%) angeboten.

3.1.2   Infrastrukturen

Obwohl der Weinbau das Landschaftsbild des Mosel- und Saartals und die Ange-botsstruktur im Beherbergungsbereich dominiert, gibt es wenig weintouristische Infrastrukturen, sieht man von den – in der Regel langweiligen – Weinlehrpfaden und ‚Weinbrunnen' der 1960er- und 1970er-Jahre ab. Bis heute existiert kein zent-rales, modernes Museum/Erlebniszentrum des Moselweins. Erst vor wenigen Jah-ren wurde im Cusanusstift in Bernkastel-Kues eine Vinothek nach dem Vorbild des Klosters Und/Wachau und des ‚Marché du Vin' in Beaune/Burgund eingerich-tet, die es dem Besucher ermöglicht, für den Preis einer guten Flasche Wein über 100 verschiedene Weine aus dem gesamten Anbaugebiet zu verkosten.

Ein Erklärungsansatz für dieses Defizit an zentralen Infrastrukturen liegt in der Kleingliedrigkeit und der guten flächenhaften kulturräumlichen Ausstattung der Region, die seit der gallo-römischen Zeit vom Wein geprägt ist. Fast alle kulturhis-torischen Sehenswürdigkeiten weisen einen direkten Bezug zum Wein auf, seien es die römischen Kelteranlagen, die mittelalterlichen Kirchen, Klösterhöfe und Stadt-anlagen, die Schlösser des Barocks oder die Bürgerhäuser und Weinhöfe der Gründerzeit und des Jugendstils. Diese Kulturdichte stellt zusammen mit der teil-weise spektakulären Tallandschaft der Mosel ein wichtiges Element des Weintou-rismus dar.

3.1.3   Veranstaltungen

Weinfeste gehören zum festen Bestandteil des touristischen Angebots von Weinbau-regionen. Sie bilden heute in ihrer Gesamtheit einen Mix aus traditionellen kirchli-chen Festen (z. B. Kirchweih- oder Patronatsfesten), aus Vereinsfesten und -jubiläen sowie aus Veranstaltungen mit überwiegend touristischem Hintergrund (Tag der offenen Keller, Weinstraßenfeste). Allen gemein ist jedoch eine zunehmende Aus-

richtung auf Tages- und Übernachtungsgäste – ‚ungünstig' liegende Patronatsfeste
wie St. Martin (11. November) werden dann schon einmal in den September oder
Oktober vorverlegt. Der Veranstaltungskalender der Mosel-Saar-Ruwer-Wein-
werbung verzeichnet für die Saison 2002 insgesamt 244 Weinfeste mit regionaler
Bedeutung (vgl. Abb. 5). Die tatsächliche Zahl liegt jedoch weit höher, zählt man
die vielen lokalen Kleinveranstaltungen hinzu (Weinstände- und Weinbrunnenfes-
te). EISENSTEIN (1996, S. 205) weist auf die Schwierigkeit bei der Erfassung der
verschiedenen Veranstaltungen hin, die nur z. T. aus den verschiedenen Ortsver-
zeichnissen ermittelt werden können. So weist beispielsweise der offizielle Veranstaltungskalender der Weinwerbung für die vier Gemeinden der Verbandsgemeinde Neumagen-Dhron/Mosel insgesamt 14 Weinfeste aus, das lokale Verkehrsamt
hingegen 32 Veranstaltungen mit engem Weinbezug (vgl. www.msr-
wein.de/termine).

Abb. 5: Saisonale Verteilung der Weinfeste im Anbaugebiet Mosel-Saar-Ruwer
        (2002)

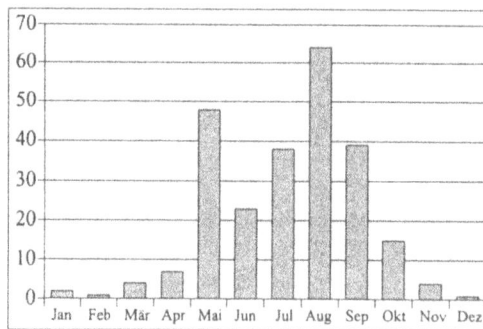

Quelle: www.msr-wein.de, 25.02.2002

Die saisonale Verteilung ähnelt dem Gästeaufkommen der Region (vgl. Abb. 6)
mit einigen Modifikationen: Die beiden übernachtungsstärksten Monate September und Oktober weisen eine geringere Zahl von Weinfesten auf, da ab Mitte September die Weinlese beginnt. Der Monat Mai ist im Jahr 2002 besonders günstig
für Weinfeste, weil in diesem Monat viele ‚langen' Wochenenden liegen, die besonders bei Tages- und Wochenendgästen sehr beliebt sind.

3.2   Nachfragestruktur des Weintourismus

Die Trennung des Weintourismus von anderen Tourismusformen (Erholungstourismus oder Kulturtourismus) ist sehr schwierig. Anhaltspunkte können der Zeitpunkt des Urlaubs, die Motivlage, das Freizeitverhalten und der Weinkonsum sein.
BECKER (1984, S. 389) weist darauf hin, dass der jahreszeitliche Verlauf des
Fremdenverkehrs an der Mosel vom Weintourismus geprägt ist und sich weitge-

hend mit der Vegetationsperiode des Weins (Mai-Oktober) deckt. Besonders ausgeprägt ist dieser Saisonverlauf bei den befragten Weinbaubetrieben mit Gästebeherbergung (vgl. Abb. 6):

- 20% aller Gästeankünfte liegen im Oktober (Mosel/Saar 15%; Rheinland-Pfalz 12%)
- 90% aller Gästeankünfte entfallen auf den Zeitraum Mai-Oktober (Mosel/Saar 73%; Rheinland-Pfalz 65%) (vgl. HAART 2002)

Von vergleichbaren Ergebnissen berichtet BECKER (1984, S. 390) bei Fallstudien einzelner Moselgemeinden und aus der Region Mainfranken.

Abb. 6: Gästeankünfte nach Monaten (2000; in %)

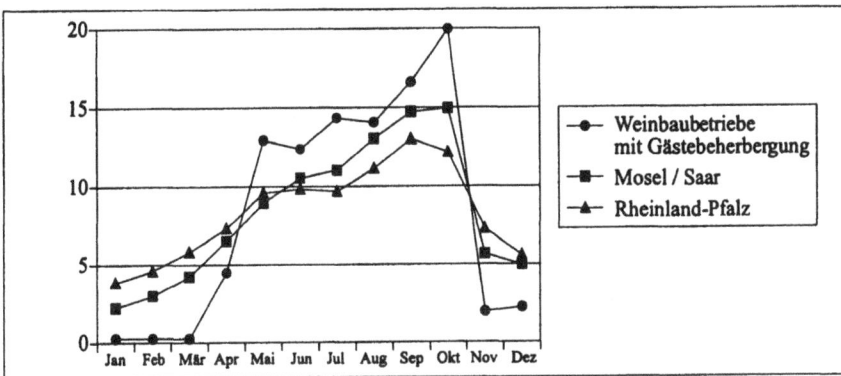

Quelle: Statistisches Landesamt Rheinland-Pfalz 2001; HAART 2002

Die folgenden Ausführungen fußen auf einer telefonischen Gästebefragung von 362 Übernachtungsgästen, die einen Urlaub auf einem Winzerhof in den Jahren 2000 oder 2001 an der Mosel verbracht haben. Die Befragung wurde im Januar 2002 an der Universität Trier durchgeführt.

Die Hälfte der befragten Gäste auf dem Winzerhof war mit dem Partner/der Partnerin unterwegs, 26% mit Freunden oder in einer Clique und 24% mit der Familie. Nur für 27% war es der Haupturlaub; die durchschnittliche Aufenthaltsdauer betrug 7,5 Tage; 30% der Gäste blieben kürzer als 5 Tage. Die relativ hohe Aufenthaltsdauer wird z. T. durch die Beherbergungsform der Ferienwohnung hervorgerufen (37% übernachteten in einer Ferienwohnung), da viele Betriebe in der Saison eine Ferienwohnung nur für mindestens eine Woche vermieten. Das Durchschnittsalter der Probanden betrug 55 Jahre bei den Männern und 53 Jahre bei den Frauen (vgl. HAART 2002).

Das Urlaubsland Rheinland-Pfalz wird generell stark mit Weinbau assoziiert. Etwa 24% aller rheinland-pfälzischen Übernachtungsgäste und 9% aller Tagesgäste

nannten im Jahr 1996 ‚Wein' als zentrales Besuchsmotiv. Häufiger wurde nur
‚Landschaft' (88% der Übernachtungsgäste und 35% der Tagesgäste) genannt.
Dabei wird das Besuchsmotiv ‚Wein' bei den Gästen an Mosel/Saar deutlich häu-
figer genannt als in den (Wein-)Regionen Rheintal, Pfalz oder Rheinhessen (vgl.
HALLERBACH/STEINECKE 1997, S. 28f.).

EISENSTEIN (1996, S. 72f.) nennt als Hauptmotive für den Besuch der Deutschen
Weinstraße ‚Wein' (31,5%) und ‚Landschaft' (36%) bei den Tagesgästen sowie
‚Freizeit & Erholung' (46%) und ‚Wein' (55%) bei den Übernachtungsgästen. Bei
BECKER (1984, S. 392) liegt die (Mosel)Landschaft als Besuchsmotiv tendenziell
vor dem Wein. Die Reisemotive der Gäste auf dem Winzerhof (vgl. Abb. 7) bestätigen weitgehend diese Ergebnisse. Bei einer offenen Frage nach den Motiven
nennen die Probanden zu 70% ‚Natur/Landschaft' und zu 54% ‚Wein/Weinbau'.
Alle anderen Gründe – mit Ausnahme des Motivs ‚nette Menschen' – erreichen
nur knapp 10% oder weniger.

Abb. 7: Welche Gründe haben Ihre Entscheidung für einen Urlaub an der Mosel
beeinflusst (Mehrfachnennungen)?

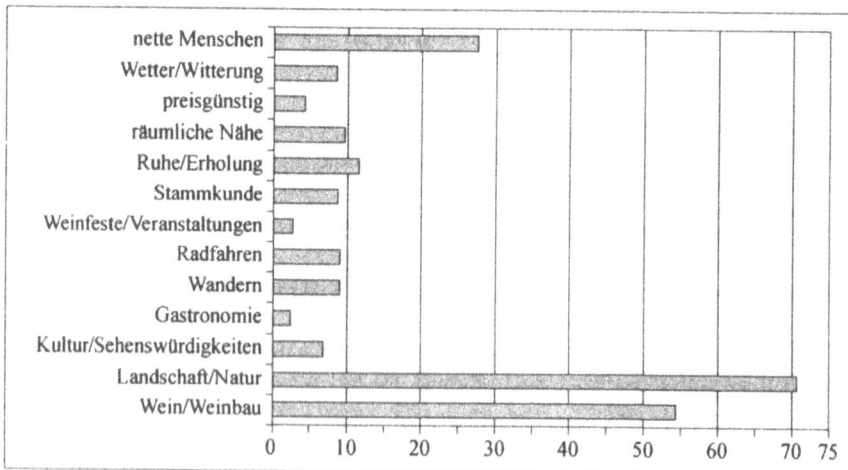

Quelle: HAART 2002

Die Aktivitätsmuster der Gäste spiegeln das Angebot der Beherbergungsbetriebe
und der Region wider. Die Teilnahme an einer Weinprobe ist fast schon obligato-
risch und wird nur von ‚Wandern' noch übertroffen (dabei wurde keine Differenzierung zwischen Wandern und Spazieren gehen vorgenommen). Mehr als die
Hälfte aller befragten Gästegruppen nutzten den Aufenthalt zum Besuch von Mu-
seen/Sehenswürdigkeiten und zu einer Bootsfahrt auf der Mosel (vgl. HAART
2002). BECKER (1984, S. 395) nennt für die Teilnahme an Weinproben Prozentsätze von 41% bis 83% für verschiedene Moselgemeinden. EISENSTEIN (1996, S.

198) ermittelt bei den Übernachtungsgästen der Deutschen Weinstraße eine Teil-
nahmequote von 74,7% bei Weinproben, 45,4% beim Besuch eines Weinfestes,
7,3% bei der Teilnahme an einer Weinbergsführung und 4,6% bei der Mitarbeit im
Weinberg. Die höheren Werte an der Mosel erklären sich sicher aus dem breiteren
Angebot der Übernachtungsbetriebe.

Abb. 8: Aktivitäten der Gäste in % (Mehrfachnennungen)

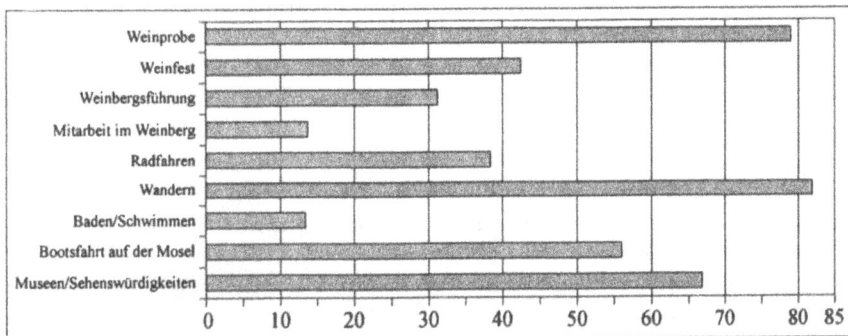

Quelle: HAART 2002

Entsprechend hoch ist auch die Kaufbereitschaft der Gäste in Bezug auf Wein.
Immerhin 58% der Befragten geben an, bereits vor ihrem Urlaub zu Hause öfters
Moselwein getrunken zu haben. Von 143 Probanden, die diese Frage verneint
haben, geben 125 an, dass sie nach ihrem Urlaub jetzt auch zu Hause Moselwein
trinken. Fast jeder Übernachtungsgast (91%) auf einem Winzerhof nimmt Wein
mit nach Hause, durchschnittlich für 180 €/Gästegruppe (Paar, Familie). Mehr als
drei Viertel der Gäste wollen auch in Zukunft Wein von der Mosel beziehen (vgl.
HAART 2002). EISENSTEIN (1996, S. 153) nennt für die Deutsche Weinstraße einen
Wert von 88% für Übernachtungsgäste, die auch gleichzeitig Wein einkaufen, und
ermittelt einen Durchschnittsbetrag von 131 € (EISENSTEIN 1996, S. 174).

4   Ergebnis

Am Beispiel des Weinbaugebietes Mosel-Saar-Ruwer wurden die engen Verflechtungen zwischen Weinbau und Tourismus aufgezeigt, die es erlauben, zumindest
für einen erheblichen Teil des regionalen Tourismus von einem speziellen Weintourismus zu sprechen. Die von BECKER bereits 1984 für die späten 1970er- und
frühen 1980er-Jahre beschriebenen Strukturen, Motivationslagen und Aktivitätsmuster an der Mosel konnten in ihrem Kern bestätigt und fortgeschrieben werden.

Anders als zu jener Zeit befindet sich der Weinbau heute in einer Strukturkrise, die
auch weitreichende Konsequenzen für die Kulturlandschaft und damit wiederum

für den Tourismus hat. Deshalb wurde ein besonderes Augenmerk auf Weinbaubetriebe mit Beherbergungsdienstleistungen gelegt, die heute zahlenmäßig die größte
Bettenanbietergruppe in der Region darstellen. Diese Betriebe und ihre Gäste
stellen die Kernelemente eines ausgeprägten Weintourismus dar. Die Strategie der
Weinbaubetriebe, durch Beherbergungsdienstleistungen den Produktabsatz zu
beleben, konnte eindeutig belegt werden.

Wenn auch der Weintourismus den Strukturwandel nicht aufhalten kann, so leistet
er doch einen wichtigen unmittelbaren Beitrag zum Erhalt der „WeinKulturLandschaft" Mosel.

Literatur

BECKER, CHR. (1984): Der Weintourismus an der Mosel. Berichte zur deutschen Landes-
kunde 58, H. 2, 381-405.
DODT, J. (1967): Der Fremdenverkehr im Moseltal zwischen Trier und Koblenz. Forschun-
gen zur deutschen Landeskunde, Bd. 162. Bad Godesberg.
EISENSTEIN, B. (1996): Verflechtungen zwischen Fremdenverkehr und Weinbau an der
Deutschen Weinstraße. Ansatzpunkte einer eigenständigen Regionalentwicklung. Mate-
rialien zur Fremdenverkehrsgeographie, H. 35. Trier.
Europäisches Tourismus Institut (ETI) (1997a): Konzept zur engeren Zusammenarbeit von
Landwirtschaft und Gastronomie an der Mosel. Unveröffentlichtes Gutachten. Trier.
Europäisches Tourismus Institut (ETI) (1997b): Rheinland-Pfalz – Ein touristisches Dreh-
buch für das neue Jahrtausend. Unveröffentlichtes Gutachten. Trier.
HAART, N. (Hrsg.; 2002): Wein und Tourismus. Ergebnisse eines Forschungspraktikums an
der Universität Trier im SS 2001 und WS 2001/02. Unveröffentlichter Abschlussbe-
richt. Trier.
HALLERBACH, B./STEINECKE, A. (1997): Gästebefragung Rheinland-Pfalz 1996. Trier.
HORN, M./LUKHAUP, R./NEFF, C. (2000): Urlaub auf dem Land – das Beispiel der Wein-
baugebiete. In: Institut für Länderkunde/BECKER, CHR./JOB, H. (Hrsg.): Nationalatlas
Bundesrepublik Deutschland. Bd. 10. Freizeit und Tourismus. Heidelberg/Berlin, S.
112-115.
NIEWODNICZANSKI, R. (1998): Der Weinbau im Anbaugebiet Mosel-Saar-Ruwer im Span-
nungsfeld von Tradition und Wertewandel. Unveröffentlichte Diplomarbeit. Trier.
Statistisches Landesamt Rheinland-Pfalz (verschiedene Jahrgänge): Daten des Landesin-
formationssystems Rheinland-Pfalz. Bad Ems.
STEINECKE, A. (Hrsg.; 1994): Tourismuskonzept „Europäisches Tal der Mosel". Trier.
Trierischer Volksfreund (2001): Weinmarkt in der Krise: Winzer verlieren die Lust
(03.04.2001).

Wintersporttourismus

Felix Jülg

Der Wintersporttourismus unterscheidet sich von vielen anderen Arten des Fremdenverkehrs durch eine Reihe von Eigengesetzlichkeiten. Die wichtigsten davon werden im folgenden angeführt:
- ein relativ kurzer zyklischer Ablauf,
- eine erstaunlich hohe Wertschöpfung in allen Zyklusphasen,
- eine in dieser Form einmalige Entwicklung vom Neben- bzw. Kuppelprodukt zum bestimmenden Faktor des regionalen Tourismus und schließlich
- eine verstärkte Tendenz zur räumlichen Konzentration des Tourismusgeschehens.

1   Relativ kurzer zyklischer Ablauf

BUTLER (1980) hat als einer der ersten begonnen, die Entwicklung von Fremdenverkehrsorten bzw. -regionen in Anlehnung an die Produktlebenszyklustheorie in zyklische Gesetzmäßigkeiten zu gliedern. Weitere Forschungen haben ergeben, dass dieser Gesamtzyklus (,*tourist-area-cycle*') einer Region in mehrere Subzyklen mit unterschiedlichen Amplituden aufgeteilt werden kann.

Vergleicht man nun die Länge der Zyklusphasen der einzelnen Fremdenverkehrsarten, so gehört der Wintersporttourismus zweifelsohne zu jenen Formen, die durch relativ kurze Amplituden gekennzeichnet sind. Die einzelnen Phasen laufen somit in kürzeren Zeiträumen als bei vielen anderen Fremdenverkehrsarten ab.

Der Wintersportverkehr ist trotz seiner großen Bedeutung eine erstaunlich junge Fremdenverkehrsart. Er hat in den Gebirgen Mitteleuropas und Nordamerikas erst mit der Wende vom 19. Jh. in das 20. Jh. zu existieren begonnen, als man auf die Schönheit der winterlichen Gebirge aufmerksam wurde.[1] Diese Entwicklung haben bereits in der ,Belle Epoque' Wirtschaftstreibende aus dem Sektor Tourismus und Transport unterstützt, um die Auslastung ihrer Einrichtungen zu steigern.

Um dieselbe Zeit hat auch der Schilauf in den Alpen und in den Rocky Mountains Fuß gefasst. Das ist unter anderem dem Buch von Fritjof Nansen ,Auf Schneeschuhen durch Grönland' zu verdanken, das im Jahr 1891 zum ersten Male publiziert wurde. Die Kampfhandlungen der beiden Weltkriege haben zur technischen Entwicklung von und Erfahrungen mit zahlreichen Geräten und Einrichtungen des

---

[1] „Es war nur eine kleine Schar beherzter Männer, die den Winterschlaf der Berge störten." Österreichischer Winter-Sport-Club (Hrsg.; 1930): Festschrift anlässlich des 25-jährigen Bestehens, 1905-1930. Wien, S. 3.

Wintersports (Seilbahnen, Schier usw.) beigetragen. Diese Tatsache erst hat den starken und in diesem Ausmaß überraschenden Aufschwung dieser Tourismusart nach dem Zweiten Weltkrieg ermöglicht (vgl. JÜLG 1999, S. 9). In nur vier Jahrzehnten nach 1950 ist es zu einer echten ‚Take-off'-Phase im Wintersporttourismus gekommen, die im gebirgigen Gelände vor allem vom Schilauf getragen wurde.

Allerdings dürfte der Wintersporttourismus am Beginn des 21. Jhs. bereits seinen Höhepunkt überschritten haben. Die Zuwachsraten in den Wintersportorten gehen zurück, es kommt zur Stagnation bzw. vielerorts auch schon zum Rückgang der Frequenzen. Dafür sind mehrere Ursachen verantwortlich:

- Zahlreiche traditionelle Wintersportregionen haben bereits jetzt ihre Schneesicherheit verloren. Schneekanonen können nur beschränkt Hilfe bringen, da ihr Betrieb nur bei Minusgraden möglich ist. Eine mögliche Veränderung des Klimas im Rahmen einer globalen Erwärmung, über die in den letzten Jahren viel diskutiert wird, kann für den Wintertourismus schwerwiegende Folgen haben.[2]

- Unter den Schifahrern nimmt die Zahl der Kinder und Jugendlichen ab. Während früher zum Beispiel in Österreich fast jedes Kind Schifahren und/oder eine andere Wintersportart betrieb, führen heute mehrere Gründe dazu, dass der Prozentsatz jener Kinder, die keinen schneegebundenen Sport ausüben, sich erhöht. Wer aber in seiner Jugendzeit nie Wintersport betrieben hat, wird sich kaum in späteren Jahren entschließen, seine Freizeit im kühlen Schnee zu verbringen. Andere, nicht schneegebundene Sportarten haben hingegen an Bedeutung gewonnen.[3]

---

[2] Wenn es zu einer globalen Erwärmung kommt, so werden z. B. „(...) alle österreichischen Wintersportbezirke früher oder später (...) betroffen sein. (...) Durch eine mögliche Klimaänderung (...) werden hochliegende Bezirke in bezug auf den Wintertourismus begünstigt. (...) Langfristig erscheint der klimasensible Wintertourismus bei Erwärmung nicht aufrecht erhaltbar. (...) Vorerst können Gewinnerbezirke Verluste im österreichischen Wintertourismus in den Verliererbezirken ausgleichen. Es kommt zur Konzentration des Wintertourismus auf die Gunstbezirke (...)" (FORMAYER, H./NEFZGER, H./ KROMP-KOLB, H. (1983): Auswirkungen möglicher Klimaänderungen im Alpenraum – eine Bestandsaufnahme, Wien, S. 49).

[3] „Österreichs Wintertourismus steht vor einem schwerwiegenden Problem: Der schifahrende Nachwuchs beginnt zu fehlen. Waren noch vor drei Jahren 18 Prozent aller Wintersportgäste Kinder, sind es jetzt nur noch 12 Prozent, Tendenz fallend. Die Gründe sind vielfältig: Ein Familienurlaub im Schnee kommt recht teuer, da jettet man mit den Kindern lieber in einen Inklusiv-Klub, wo der Nachwuchs statt einer kostspieligen Wintersportausrüstung lediglich Badehose und Leiberl braucht. Und seitdem die Schulskikurse, jetzt Winterportwochen genannt, nicht mehr verpflichtend sind, steigt die Schar der Kinder und Jugendlichen, für die zwei Brettln rein gar nichts mehr bedeuten." (tourist austria international (2002), 32. Jg., Nr. 1580. Trausdorf/Burgenland, S. 16).

- Parallel dazu geht die Zahl der von den Schulen im Rahmen ihres normalen Lehrprogrammes veranstalteten Schulschikurse drastisch zurück. Diese Tendenz ergibt sich nicht nur in der Folge von Sparmaßnahmen im Bildungswesen, sondern auch auf Grund einer Änderung der Nachfrage von Seiten der Schüler. Schulschikurse dürfen heute nur mehr veranstaltet werden, wenn ein gewisser Anteil der Schulklasse (freiwillig) bereit ist, daran teilzunehmen. Dieser Anteil sinkt jedoch, da auch das Interesse der Eltern an diesen Veranstaltungen abgenommen hat. Vor allem viele aus dem Ausland zugewanderte Familien können einer winterlichen Schiwoche ihrer Kinder nicht all zu viel abgewinnen. Ferner verfügt heute durchaus nicht mehr jedes Kind über eine eigene (teuere) Schiausrüstung, die zumindest einmal im Jahr genutzt werden sollte. Überdies werden außer den traditionellen Schulschikursen zunehmend auch Sommersportwochen veranstaltet (vgl. REDL 1998, S. 69).

Abb. 1: Entwicklung der Sportwochen in Österreich (1947-1997)

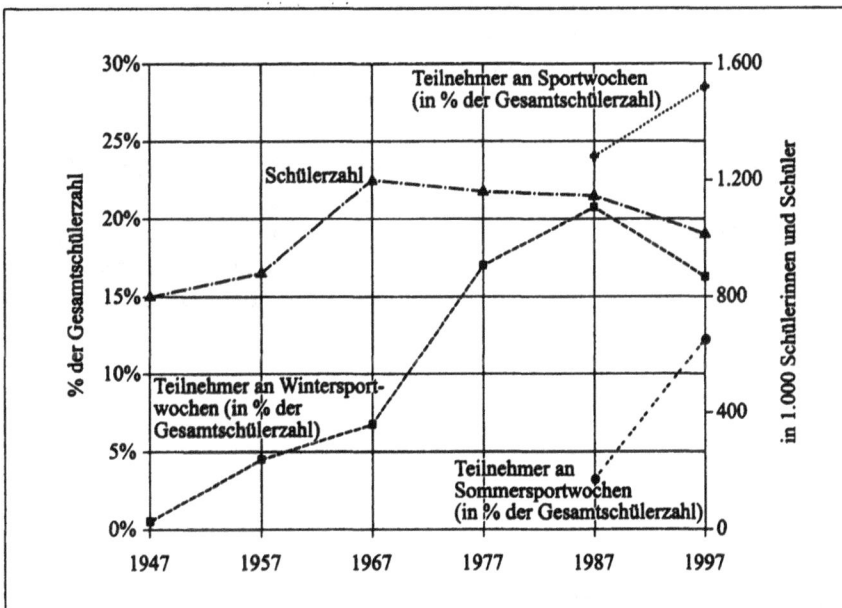

Quelle: REDL 1998, S. 68

- Die Möglichkeiten, den Winterurlaub an sonnigen Meeresküsten zu verbringen, haben sich zu einer echten Konkurrenz zum Wintersporttourismus entwickelt. Billige Flugtarife und eine große Auswahl preisgünstiger Zielgebiete machen es relativ leicht, den kalten Schipisten im Hochgebirge den Rücken zu kehren und für denselben (oder in manchen Fällen sogar für einen billigeren) Preis einen Badeaufenthalt in klimatisch gut geeigneten Gebieten zu buchen. Besonders die ältere Generation, deren Anteil an der Gesamtnachfrage ständig zunimmt, macht von diesen Möglichkeiten Gebrauch.[4]

2 Hohe Wertschöpfung in allen Zyklusphasen

Das besonders große Interesse der Fremdenverkehrswirtschaft am Wintertourismus hängt auch mit der relativ hohen Wertschöpfung zusammen, die im Winter erzielt werden kann. Denn den hohen Betriebskosten im Winter (vor allem durch Energiekosten) stehen fühlbar höhere Erträge gegenüber.

Die Gäste im Winter gehören zum Teil anderen, finanzkräftigeren Sozialschichten als die Sommergäste an. Zu den zusätzlichen Ausgaben für Sportausrüstung und -geräte kommen noch die Kosten von Seilbahnen und Sportschulung (z. B. Schischulen). Durch die relativ kurze Zeit mit Tageslicht sind die Abende lang. Somit entstehen durch ‚après‘ weitere zusätzliche Ausgaben im Verpflegungs- und Unterhaltungssektor, welche wirtschaftlich hoch zu Buche schlagen. Aus der Gästebefragung wissen wir am Beispiel Österreichs, dass der Gast pro Nächtigung im Winter über ein Drittel mehr als im Sommer ausgibt (vgl. SIEGRIST 1998).[5]

Diese hohen Ausgaben der Wintersportgäste wirken sich auch auf das Budget der Gemeinden in der Region aus. Die zusätzlichen Einnahmen kommen somit der lokalen Bevölkerung und Wirtschaft zugute. Die Höhe dieser Einnahmen wird durch die nationalen Steuergesetze der Zielländer bestimmt. In Österreich liegen die führenden Wintersportgemeinden bei den Pro-Kopf-Steuereinnahmen vor Städten und Industriestandorten an der Spitze.

---

[4] So hat die Mikrozensuserhebung über die Reisegewohnheiten der Österreicher beispielsweise festgestellt, dass 23 Prozent der ‚entgeltlichen Urlaubsreisen‘ im Winterhalbjahr angetreten wurden. Davon ging knapp die Hälfte ins Ausland. Die Karibischen Inseln als typisches Bade- und Kreuzfahrtziel vereinigten rund ein Drittel der österreichischen Besucher in Gesamtamerika auf sich, davon 70 Prozent während des Winterhalbjahres. Die Altersgruppe zwischen 40 und 69 Jahren stellte allein über zwei Fünftel der Besucher (vgl. Österreichisches Statistisches Zentralamt, ÖSTAT, Hrsg. 1999: Reisegewohnheiten der Österreicher im Jahre 1998, Haupturlaube – Kurzurlaube. Wien, S. 149, 196 und 256). Unter ‚entgeltlichen Urlaubsreisen‘ werden „alle Urlaubsreisen ohne Verwandten- und Bekanntenbesuche, sowie ins eigene Appartement bzw. Wochenendhaus" verstanden.
[5] http://www.austria-tourism.at/B2B/services (Abfrage September 2001)

3   Entwicklung vom Nebenprodukt zum bestimmenden Faktor

Der Wintersporttourismus war nur an ganz wenigen Standorten die erste Art des Fremdenverkehrs. In den meisten Wintersportorten hatten sich vor dem Wintertourismus bereits verschiedene Formen des Sommerfremdenverkehrs entwickelt. Zur vorhandenen Sommersaison gesellte sich somit sukzessive eine ‚zweite' Saison. Diese verzeichnete dann allerdings oft derart hohe Zuwachsraten, dass innerhalb weniger Jahre der Wintertourismus eine führende und die Region prägende Rolle übernahm.

Zahlreiche Fremdenverkehrsbetriebe wurden durch das Hinzukommen der Wintersaison über die Rentabilitätsschwelle gehoben. Der Fremdenverkehrsbetrieb braucht als Dienstleistungsbetrieb eine hohe Kapazitätsauslastung, um wirtschaftlich erfolgreich zu sein. Die Fremdenverkehrswirtschaft ist daher seit langem mit mehr oder weniger Erfolg bemüht, die Saisonen zu verlängern. Der Aufbau einer zusätzlichen, ‚zweiten' Saison (einer Wintersaison in der klimatisch ungünstigeren Jahreszeit) kann die Rentabilität der Betriebe stark steigern.

Die hohen Einnahmen von den Wintergästen haben das Interesse der Fremdenverkehrswirtschaft verstärkt auf die Wintersaison gerichtet. So mancher Fremdenverkehrsbetrieb (in vielen Fällen ursprünglich nur für den Sommertourismus errichtet) hat nun sogar während der warmen Jahreszeit im Sommer seine Türen geschlossen, da das ‚große Geld' ohnehin nur im Winter hereinkommt.

Die guten wirtschaftlichen Ergebnisse haben in vielen Regionen einen Investitionsboom ausgelöst. Zahlreiche visionäre Ausbauprojekte wurden diskutiert, blieben aber nach Abflauen der euphorischen Grundstimmung in den Schubladen liegen.

Nur wenige Standorte sind ursprünglich ausschließlich für den Wintersporttourismus entstanden. Dazu zählen einige ‚Resorts' in Nordamerika sowie wenige hochgelegene Tourismusorte in den Alpen, teilweise bereits im Bereich der Semiökumene. Um die Wintersportler im eigenen Land zu halten, wurden in Frankreich in mehreren ‚Generationen' Wintersportstationen in schneesicheren Lagen errichtet, die anfänglich ausschließlich für den Wintersportbetrieb konzipiert waren. Als sich aus wirtschaftlichen Gründen herausstellte, dass ein Betrieb dieser Stationen auch in der Sommersaison wünschenswert wäre, kam es zu Schwierigkeiten (vgl. OBER-HUMMER-RAMBOSSEK 1986).[6]

---

[6]   „Es gibt etwa zwanzig derartige (Retorten-)Orte. Sie verfügen über etwa 500.000 Betten, 30 Prozent der Gesamtkapazität der französischen Wintersportorte und 40 Prozent der französischen Aufstiegshilfen." HAMELE, H. et al. (1998): Viele Tourismus-Philosophien in den Alpen. In: CIPRA (Internationale Alpenschutz-Kommission, Hrsg.): Alpenreport 1. Bern, S. 235.

Eine Sonderstellung nehmen in dieser Hinsicht auch die Gletscherschigebiete in den Alpen ein, die primär für den Sommerschilauf erschlossen wurden. Damit sollte den Wintersportlern die Möglichkeit geboten werden, ihren Sport auch in der warmen Jahreszeit ausüben zu können. Über einige Jahre hin war dieser Sommerschilauf auch von jugendlichen Besuchern in hohem Maße geschätzt. Inzwischen hat sich allerdings die Tourismusfunktion dieser Gebiete gewandelt. Sie dienen nunmehr eher der Saisonverlängerung der Wintersaison und als ‚Schneereserve‘, wenn in tieferen Lagen im Winter die Schneeverhältnisse nicht zufriedenstellend sind.

4   Tendenz zu räumlichen Konzentrationen

In ihrer Anfangsphase folgte die räumliche Verteilung des Wintersporttourismus den anderen ähnlichen Tourismusarten. Die Sommerfrischen, als eine durch viele Jahrzehnte führende Form des Sommererholungsverkehrs, waren relativ großflächig gestreut. Im gebirgigen Gelände hat der Wintertourismus in der Zwischenkriegszeit die Infra- und Suprastruktur des Sommertourismus einfach weiter genutzt. Das galt unter anderem auch für viele Schutzhütten der Alpinen Vereine, die über einen (mit einem speziellen, genormten Schlüssel sperrbaren) ‚Winterraum‘ verfügen mussten, wo Schiwanderer zu den Zeiten, in denen die Hütte nicht bewirtschaftet war, Unterkunft und Schutz finden konnten.

Tab. 1: Konzentration im Wintertourismus in Österreich (1979/80-1999/2000)

Winterhalbjahr	Fremdenverkehrs-gemeinden insges.	davon erbringt ein Viertel der Nächtigungen die folgende Zahl von Gemeinden			
		insges.	Städte	Kurorte	Wintersportorte
1979/1980	1595	15	1	1[1]	13
1984/1985	1600	16	2	1[1]	13
1989/1990	1492	15	2	1[1]	12
1994/1995	1525	14	2	1[1]	11
1997/1998	1531	13	2	-	11
1999/2000	1528	13	1	1[1]	11

[1] Die beiden Kurorte mit hoher Wintersportbedeutung Bad Gastein und Bad Hofgastein wurden gemeinsam als ein Kurort und ein Wintersportort gerechnet. 1997/98 waren beide nicht unter den dreizehn Gemeinden mit den meisten Nächtigungen.

Quelle: JÜLG 2001, S. 172, ergänzt

Mit der Zunahme der Aufstiegshilfen kam es zu einer Bindung des Wintersporttourismus an diese Anlagen; nach den 1960er-Jahren war ein Wintersportort ohne Seilbahnen nicht mehr vorstellbar. Inzwischen hat sich im Alpinen Schilauf alles auf ein ‚Nur-Bergab-Fahren' eingestellt: Aufstiegshilfen, Pisten, Schier, Bindungen und Kleidung.

Die Besucher wünschen ein abwechslungsreiches Pistenschifahren mit vielen verschiedenen Abfahrten. Dieser Wunsch kann nur von großflächigen Seilbahnsystemen erfüllt werden. Um diese auch nur halbwegs gut auslasten zu können, braucht es aber große Talorte mit den entsprechenden Beherbergungskapazitäten. Somit kommt es zu einer Konzentration der Winteraktivitäten auf einige wenige besonders erschlossene Regionen. Und es ist bemerkenswert, dass eine beständig abnehmende Zahl von Gemeinden ein Viertel der Übernachtungen im Winterhalbjahr generiert (vgl. Tab. 1; JÜLG 2001).

Aus dieser Konzentration resultiert eine Gefahr für die weitere Entwicklung des Wintersporttourismus. Die im sensiblen Hochgebirge besonders kritische ökologische Tragfähigkeit wird überschritten. In manchem Hochtal herrschen dann ähnliche Umweltverhältnisse wie in den großen Städten, aus denen der Tourist aufgebrochen ist.

Durch Flechtenkartierungen hat man festgestellt, dass zum Beispiel die Luftverschmutzung im Schi- und Kurort Bad Gastein ähnliche Werte erreicht wie in der Großstadt Salzburg (vgl. Abb. 2).

Bei den Wintersportarten nimmt der Schilauf seit langem eine dominierende Stellung ein, wenn auch eine leichte Abnahme in den letzten Jahren zu beobachten ist. Im Jahr 1996 wurden in den Alpenstaaten rund 20 Mio. aktive Schifahrer geschätzt (vgl. Tab. 2; BACHLEITNER 1998, S. 17). Über die Hälfte der Besucher übt den alpinen (Abfahrts-)Schisport aus. In Österreich liegen diese Prozentsätze noch höher (vgl. Tab. 3; JÜLG 1999, S. 34).

Tab. 2: Schisportaktivitäten im Alpenraum (1997)

	Alpine Schiläufer in Mio.
Bundesrepublik Deutschland	5,3
Frankreich	5,3
Italien	2,9
Österreich	2,5
Schweiz	2,4
Alpenraum insgesamt	18,4

Quelle: BACHLEITNER 1998, S. 17

Tab. 3: Aktivitäten der Gäste in Österreich im Winter (1994/95 und 2000/01;
Auswahl, Angaben in Prozent – Mehrfachnennungen möglich)

Aktivität	1994/95		2000/01	
	häufig	fallweise	häufig	fallweise
Alpinschi	67	6	57	11
Carving	-	-	12	12
Schilanglauf	6	8	5	21
Tourenschi	5	2	2	9
Snowboard	4	3	11	10
Rodeln	2	17	3	25

Quelle: Österreichische Gesellschaft für Angewandte Fremdenverkehrswissenschaft
(ÖGAF) 1995, S. 28; Info Research International 2001, Frage 21[7]

Abb. 2: Luftgüte im Gasteinertal und in der Stadt Salzburg

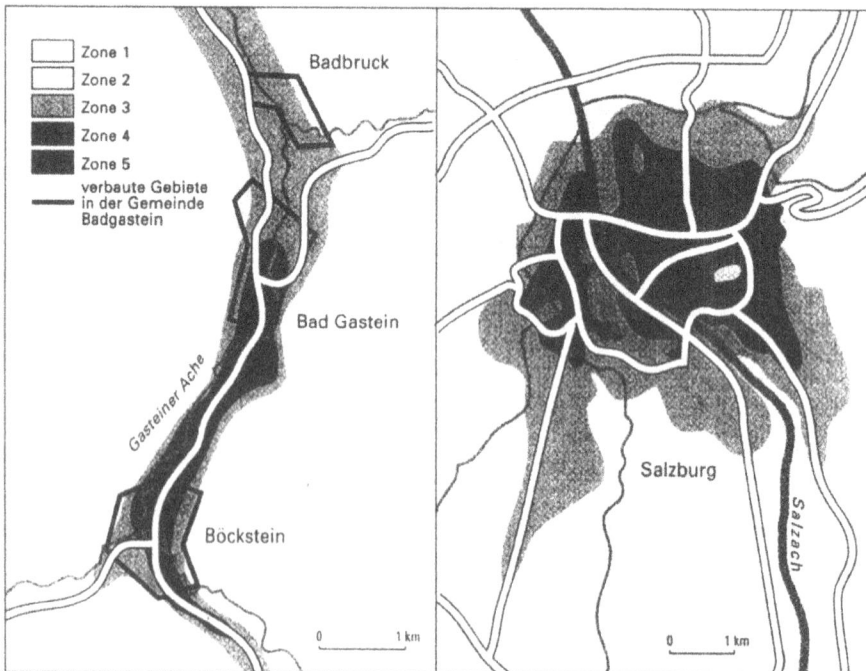

Quelle: Amt der Salzburger Landesregierung 1982, S. 21, 27, zitiert bei JÜLG 2001, S. 175

---

[7] Da die bearbeitende Institution gewechselt hat, kommt es zu Abweichungen bei der
Erfassungsmethode. Die beiden Erhebungszeitpunkte sind daher nicht voll vergleichbar.
Die dominierende Position des Alpinen Schilaufes (mit Carving) ist jedoch unbestritten.

5   Perspektiven des Wintersporttourismus

Der Versuch einer Prognose zur Entwicklung im Wintersporttourismus kommt zu negativen Ergebnissen. Wie eingangs erwähnt dürfte der Höhepunkt der Entwicklung bereits überschritten sein. Eine Änderung der klimatischen Bedingungen und vielfältige Veränderungen in der Nachfrage werden die Bedeutung der Wintersaison in den Wintersportgemeinden sinken lassen.[8]

Der Wintersporttourismus wird somit selektiver werden, sowohl in Hinblick auf die Zielorte als auch auf die teilnehmenden Personen. Eine (mögliche) Klimaerwärmung würde den Kreis der potenziellen Zielorte erheblich einschränken. In einer ersten Phase könnten sich dann diese schneesicheren Orte der Nachfrage nicht erwehren. Die daraus resultierenden Preiserhöhungen wären nur mehr für ein zahlungskräftiges Publikum akzeptabel. Der Schisport würde sich dann auch in den Alpenländern wieder vom Volkssport Nr. 1 zur elitären Sportart wandeln, wie er das auch in verschiedenen anderen Gebieten der Erde bis heute geblieben ist.[9]

Für die alpinen Winterfremdenverkehrsorte in tieferer Lage würde diese Entwicklung eine radikale Verschlechterung der wirtschaftlichen Situation bedeuten. Es müsste jedenfalls ‚rückgebaut‘ werden, die Sommersaison könnte wieder Hauptsaison werden, sofern die regionale Bevölkerung eine solche Rückentwicklung toleriert und in sozialer und wirtschaftlicher Hinsicht bewältigen kann.

Um die negativen Trends in Grenzen zu halten, wäre eine Ablösung des alpinen Schilaufes durch andere Sportarten und Attraktionen, die in tieferen Lagen schneeunabhängig sein sollten, von großer Bedeutung. Bisher hat sich allerdings an der führenden Position des alpinen Abfahrtsschilaufes nur wenig geändert.

Die Möglichkeiten für eine solche Ablösung sind beschränkt. Ob und wieweit Anbieter und Nachfrager solche Alternativen in den heutigen Wintersportorten annehmen werden, muss kritisch hinterfragt werden. Denn die angebotenen Alternativen müssten es in ihrer Attraktivität mit der Konkurrenz der warmen Meeresküsten aufnehmen können.

---

[8]   vgl. Beitrag ELSASSER/BÜRKI zu ‚Auswirkungen von Umweltveränderungen auf den Tourismus - dargestellt am Beispiel der Klimaänderung im Alpenraum‘ in diesem Band

[9]   Der Autor hat in diesem Beitrag vorzugsweise Beispiele aus seinem Heimatstaat Österreich angeführt. Er ist sich jedoch sicher, dass dieselben Phänomene in ähnlicher Weise auch in den anderen alpinen Gebieten beobachtet werden können.

Literatur

BACHLEITNER, R. (1998): Sport- und tourismussoziologische Aspekte des Schilaufs. In: BACHLEITNER, R. (Hrsg.): Alpiner Wintersport. Eine sozial-, wirtschafts-, tourismus- und ökowissenschaftliche Studie zum Alpinen Schilauf, Snowboarden und anderen alpinen Trendsportarten. Wien, S. 13-43.

BUTLER, R. (1980): The Concept of Tourism Area Cyclus of evolution. Implications for managements of resources. Canadian Geographer, 24/1. Ottawa, S. 5-12.

JÜLG, F. (1999): Faszination Schnee. Der Wintertourismus im Gebirge. Historische Entwicklung. In: ISENBERG W.: Der Winter als Erlebnis. Bensberger Protokolle 94. Bergisch-Gladbach, S. 9-38.

JÜLG, F. (2001): Österreich. Zentrum und Peripherie im Herzen Europas. Perthes Länderprofile. Gotha.

OBERHUMMER-RAMBOSSEK, S. (1986): Der Fremdenverkehr im Department Isere – eine wirtschaftsgeographische Analyse der räumlich differenzierten Erscheinungsformen von Naherholung und Langzeitfremdenverkehr bei zentralistisch vorgegebenen Leitbildern. Wien.

REDL, S. (1998): Die „Wintersportwoche": Fakten, Probleme, Perspektiven. In: BACHLEITNER, R. (Hrsg.): Alpiner Wintersport. Eine sozial-, wirtschafts-, tourismus- und ökowissenschaftliche Studie zum Alpinen Schilauf, Snowboarden und anderen Trendsportarten. Wien, S. 68-72.

SIEGRIST, D. (1998): Alpen-Daten und ihre Interpretation. In: CIPRA (Internationale Alpenschutz-Kommission (Hrsg.): Alpenreport 1. Bern, S. 395-453.

Freizeit- und Urlaubsverkehr:
Strukturen – Probleme – Lösungsansätze

Andreas Kagermeier

Den verkehrlichen Dimensionen von Freizeit und Urlaub wurde lange Zeit nur geringe Aufmerksamkeit gewidmet. In der Verkehrsforschung konzentrierte sich das Forschungsinteresse lange Zeit auf den Berufsverkehr, der wegen der durch ihn verursachten Überlastungsprobleme Gestaltungsbedarf signalisierte und bei dem Modal-Split-Beeinflussungen aufgrund der werktäglich wiederkehrenden Quelle-Ziel-Beziehungen am ehesten aussichtsreich erschienen.

Auch in den Freizeit- und Tourismuswissenschaften wurden die Verkehrsaspekte insgesamt gesehen nicht besonders intensiv aufgearbeitet. Die raumwissenschaftlich orientierten Ansätze zur Behandlung von Freizeit und Tourismus weisen zwar eine starke aktionsräumliche Komponente auf und haben das Freizeit- und Tourismusverhalten seit den 1970er-Jahren in diversen Fallstudien behandelt (zusammenfassend z. B. in WOLF/JURCEK 1986). Der Hauptfokus problemorientierter Arbeiten lag dabei aber zumeist auf den ökonomischen, sozialen und ökologischen Folgen für die Zielgebiete (vgl. z. B. BECKER/JOB/WITZEL 1996; BECKER 1997; VORLAUFER 1996) bzw. beschränkte sich auf eine Analyse der Nachfrager.

In den letzten Jahren wird allerdings deutlich, dass der größte Teil der Verkehrszunahme im Personenverkehr auf den Freizeit- und Urlaubsverkehr zurückzuführen ist. Gleichzeitig werden – auch im Zusammenhang mit der Nachhaltigkeitsdiskussion – in den letzten Jahren verstärkt Ansätze gesucht, den motorisierten Verkehr zumindest nicht weiter wachsen zu lassen bzw. möglichst umweltverträglich zu gestalten. Während im Bereich des Alltagsverkehrs viele erfolgreiche Ansätze zur Verkehrsgestaltung unternommen wurden, sind für den Freizeitverkehr erst wenige Pilotprojekte angelaufen (vgl. z. B. KIRCHHOFF 1997; IAKF 1998).

Ziel des vorliegenden Beitrags ist es, Grundzüge der quantitativen Dimensionen im Freizeit- und Urlaubsverkehr aufzuarbeiten sowie bisherige Ansätze der Gestaltung zu diskutieren.

1 Quantitative Situationsanalyse des Urlaubs- und Freizeitverkehrs

1.1 Basisdaten zum Urlaubsreiseverkehr

Umfang und Art des Freizeit- und Urlaubsverkehrs werden im wesentlichen von den drei Parametern Reiseintensität (Partizipationsquote und Frequenz), Distanz und benutztes Verkehrsmittel bestimmt. So haben im Jahr 2000 75,9% der Deutschen (ab 14 Jahre), d. h. 48,4 Mio. Bundesbürger, 62,2 Mio. Urlaubsreisen (mit einer Dauer von mindestens fünf Tagen) unternommen (vgl. F.U.R. 2001, S. 20). Dabei ist die Zahl der Urlaubsreisen zwischen 1970 und 1989 in den alten Bundesländern von 25 Mio. auf 43 Mio. angestiegen (vgl. F.U.R. 2001, S. 20).

Während in früheren Jahrzehnten aufgrund der ökonomischen Möglichkeiten und der verkehrstechnischen Gegebenheiten Urlaubsreisen im Inland dominierten, übersteigt seit Ende der 1960er-Jahre der Anteil der Auslandsreisen denjenigen der Reisen im Inland. Die Abnahme der Inlandsanteile hat sich auch nach der Wiedervereinigung in den 1990er-Jahren fortgesetzt (vgl. Abb. 1), wobei noch nicht klar abzusehen ist, ob die in den letzten Jahren zu beobachtende Stagnation der beiden Anteile auf inzwischen eingetretene Sättigungsphänomene zurückzuführen ist.

Abb. 1: Entwicklung der Anteile von Urlaubsreisen im Inland und in das Ausland
(1990-2000)

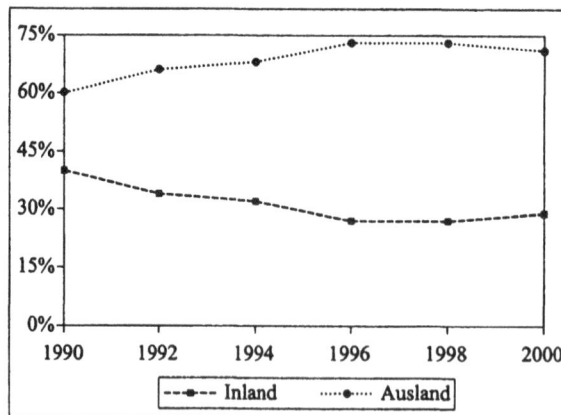

Quelle: F.U.R. 2001

Nachdem sich der private Pkw in den 1960er-Jahren zum Haupturlaubsverkehrsmittel entwickelt hatte (mit ihm wurden seit Ende der 1970er-Jahre ca. 60% der Urlaubsfahrten unternommen), hat in den 1990er-Jahren das Flugzeug erhebliche Anteile hinzugewonnen (u. a. bedingt durch die Verbilligung von Flugreisen; vgl. Abb. 2).

Den deutlichen Zusammenhang zwischen der bei Urlaubsreisen zurückgelegten Entfernung und der Verkehrsmittelwahl belegt Abb. 3. Die Angaben zum spezifischen Energiebedarf bzw. zu den CO_2-Emissionen der einzelnen Verkehrsmittel schwanken – je nach berücksichtigten Parametern (Auslastungsgrad; reiner Fahrtenergiebedarf oder umfassender Blickwinkel; vgl. z. B. DB/WWF 1999; UBA 2000; DIW 2001); dennoch gilt tendenziell, dass im Flugverkehr ca. dreimal so viel Energie wie bei Bahnreisen verbraucht wird. Zwischen dem privaten Pkw und der Bahnbenutzung ergeben sich demgegenüber bei alleiniger Betrachtung des Energieverbrauchs im Urlaubsverkehr (aufgrund der relativ hohen durchschnittlichen Besetzungsquoten des privaten Pkw) keine gravierenden Unterschiede (vgl. DB/WWF 1999). In Abb. 4 ist die Relation der Zahl der Reisen in einzelne Zielregionen und dem damit verbundenen Energieaufwand dargestellt.

Abb. 2: Entwicklung des Modal-Splits bei Urlaubsreisen (1990-2000)

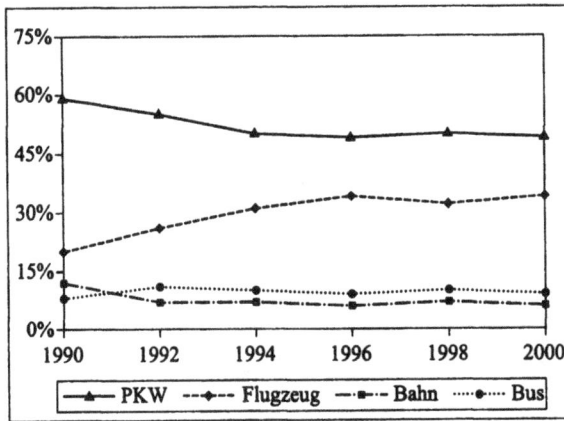

Quelle: F.U.R. 2001

Abb. 3: Modal-Split bei Urlaubsreisen in unterschiedliche Zielgebiete (2000)

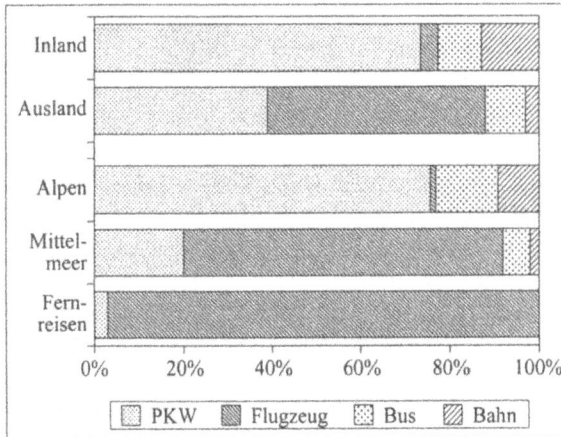

Quelle: F.U.R. 2001

Abb. 4: Urlaubsreisen der deutschen Bevölkerung und Energiebedarf für Urlaubsreisen (1994)

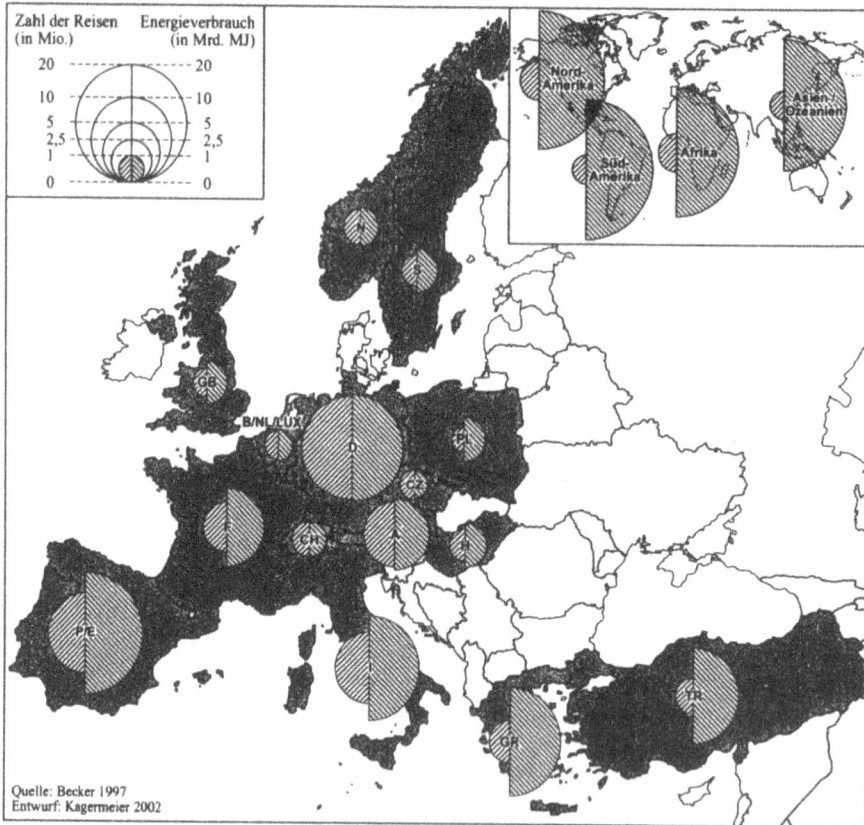

Während Urlaube in Deutschland ein gutes Viertel aller Reisen ausmachen, verbrauchen sie weniger als 10% der für Urlaubsreisen aufgewandten Energie. Demgegenüber beanspruchen die außereuropäischen Fernreisen etwa die Hälfte der für
Urlaubsreisen aufgewandten Energie, während nur etwa jede achte Urlaubsreise in
außereuropäische Zielgebiete führt (nach BECKER 1997, S. 90).

Neben der ,Reiseanalyse' der F.U.R. enthält eine zweite Datenquelle weitere Strukturmerkmale des Urlaubsreiseverkehrs: Vom Deutschen Institut für Wirtschaftsforschung (DIW) werden jährlich im Auftrag des Verkehrsministeriums Kenndaten zum
,Verkehr in Zahlen' für Deutschland ermittelt. Zum großen Teil handelt es sich auch
hier um Hochrechnungen. In Abb. 5 sind die Angaben zur Verkehrsmittelwahl für
Urlaubsreisen im Jahr 1999 aus beiden Quellen nebeneinander gestellt.

1.2 Das Verhältnis von Urlaubs- und Freizeitverkehr

Der Vorteil der DIW-Daten besteht darin, dass sich dort miteinander vergleichbare Angaben zum Urlaubs- und zum übrigen Freizeitverkehr finden. Bezogen auf die Zahl der Fahrten beträgt der Anteil der Urlaubsfahrten an allen Fahrten in der Freizeit nur 0,5%. Aufgrund der deutlich größeren Distanzen von Urlaubsfahrten beläuft sich deren Anteil am in Kilometern gemessenen Verkehrsaufwand allerdings auf 15,7%. Das bedeutet umgekehrt, dass 84,3% der für Freizeitzwecke zurückgelegten Entfernungen auf eintägige Ausflüge oder Kurzreisen entfallen.

Abb. 5: Modal-Split-Angaben für Urlaubsreisen von F. U. R. und DIW (1999)

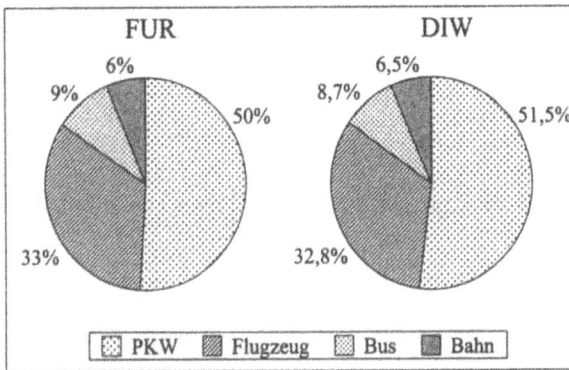

Quelle: F.U.R. 2001; DIW 2001

Diese Tatsache gilt auch bezogen auf das in Abb. 6 dargestellte Gesamtverkehrsgeschehen. Zwei von fünf Fahrten/Wegen, die von den Einwohnern der Bundesrepublik unternommen werden, sind Freizeitfahrten. Bezogen auf die dabei zurückgelegten Kilometer beläuft sich der Anteil der ausschließlichen Freizeitfahrten auf gut 40%. Zusammen mit den Urlaubsfahrten (deren Zahl fast vernachlässigbar gering ist, bei denen der Kilometeranteil jedoch fast ein Zwölftel beträgt) kann festgehalten werden, dass etwa die Hälfte aller im Personenverkehr gefahrenen Kilometer auf die Fahrtzwecke ‚Freizeit' und ‚Urlaub' entfällt.

Hinsichtlich der Verkehrsmittelwahl dominiert bei Freizeitfahrten – ähnlich wie bei den Urlaubsreisen – der private Pkw. Gleichzeitig wird beim fahrtenbezogenen Modal-Split in Abb. 7 deutlich, dass im Freizeitbereich die Erholung im Nahraum einen erheblich Anteil aufweist. Sie korrespondiert mit entsprechend hohen Anteilen von Fuß- und Radwegen.

Abb. 6: Anteil von Urlaubs- und Freizeitfahrten am Gesamtverkehr – gemessen
         in Anzahl der Fahrten und Kilometerleistung (1999)

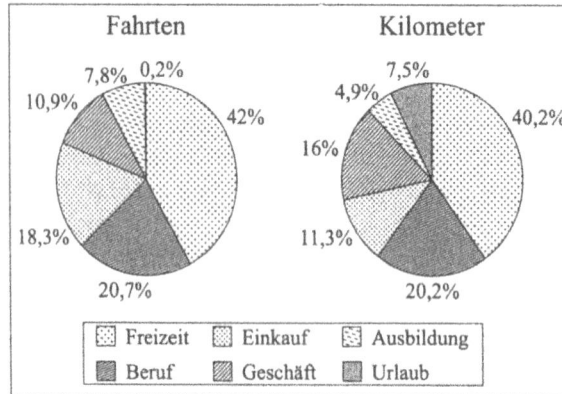

Quelle: DIW 2001

Abb. 7: Modal-Split bezogen auf die Zahl der Freizeit- und Urlaubsfahrten (1999)

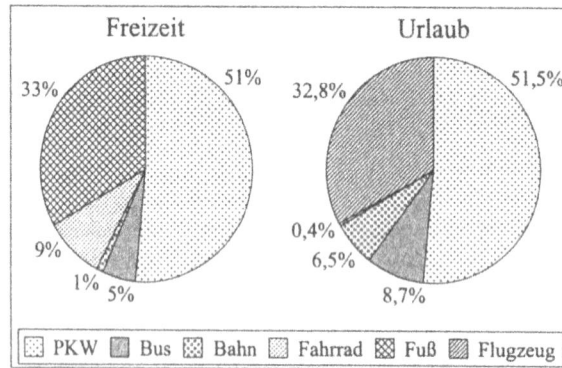

Quelle: DIW 2001

Etwas anders stellt sich die Situation beim Bezug auf die zurückgelegten Kilometer dar (vgl. Abb. 8). Da bei zu Fuß oder mit dem Fahrrad unternommenen Freizeitaktivitäten deutlich niedrigere Entfernungen als bei Fahrten mit motorisierten
Verkehrsmitteln zurückgelegt werden, beträgt der Anteil des privaten Pkws bezogen auf die Kilometerleistung genau 80%.

Abb. 8: Modal-Split – bezogen auf die bei Freizeit- und Urlaubsfahrten
angefallenen Fahrtkilometer (1999)

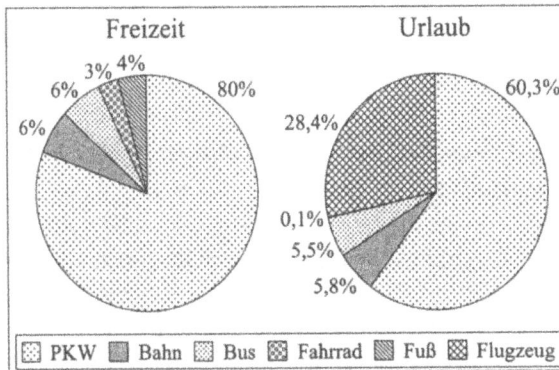

Quelle: DIW 2001

Zusammenfassend ist für die Volumina des Urlaubs- und Reiseverkehrs festzuhalten, dass es sich um ein Mobilitätssegment handelt, das insgesamt erhebliche
Wachstumsraten aufweist, ohne dass bislang klare Sättigungsanzeichen erkennbar
wären. Die Zunahme wird dabei einerseits durch eine häufigere Frequenz geprägt,
andererseits aber auch durch die Tatsache, dass in den letzten Jahren verstärkt
weiter entfernt liegende Ziele und Destinationen aufgesucht werden. Damit ist
gleichzeitig eine stärkere Benutzung energieintensiver Verkehrsmittel verbunden.

Die Konsequenzen der hohen MIV-[1] bzw. Flugverkehrsaffinität des Freizeit- und
Urlaubsverkehrs sind auf drei Ebenen zu sehen:

- In einer globalen Perspektive (Makroebene) trägt die Freizeit- und Urlaubsmobilität in erheblichem Umfang zum Verbrauch nicht erneuerbarer fossiler Ener-
gieträger bei; sie ist gleichzeitig in erheblichem Maß für die Belastung der Atmosphäre mit CO_2 sowie anderen Luftschadstoffen verantwortlich. Bezogen
auf den Gesamtenergieverbrauch in der Bundesrepublik gehen ca. 10% auf das
Konto des Freizeit- und Urlaubsverkehrs (vgl. DIW 2001, S. 273).

- Bezogen auf die nationale und regionale (Meso-)Ebene nutzt der Freizeit- und
Urlaubsverkehr zwar die entsprechenden Verkehrsinfrastrukturen. Gleichzeitig
gilt, dass nur in geringem Umfang eine spezielle Verkehrsinfrastruktur auf die
Kapazitätsbedürfnisse des Freizeit- und Urlaubsverkehrs hin ausgelegt wird (z.
B. Flughäfen).

---

[1] Die Abkürzung MIV steht für Motorisierter Individualverkehr, ÖPNV für öffentlicher
Personennahverkehr.

- Auf der lokalen (Mikro-)Ebene führt der Freizeit- und Urlaubsverkehr vor allem in den Zielgebieten zu teilweise erheblichen Beeinträchtigungen (v. a. Lärm, Abgase). Allerdings ist bei der Diskussion der negativen ökologischen Effekte des Freizeit- und Urlaubsverkehrs immer auch zu berücksichtigen, dass die Zielgebiete von den Besuchen zumeist auch ökonomisch profitieren.

2   Gestaltungsansätze zur Beeinflussung der Urlaubs- und Freizeitmobilität

Im Folgenden werden mögliche und aktuell verfolgte Gestaltungsansätze zur Reduzierung der negativen Effekte des Freizeit- und Urlaubsverkehrs diskutiert, die sich im Wesentlichen auf die globale Ebene des Ressourcenverbrauchs bzw. der Schadstoffemissionen sowie auf lokale Ansätze zur Reduzierung von Überlastungsphänomenen konzentrieren.

2.1   Umgang mit dem Distanzaufwand von Freizeit- und Urlaubsverkehr

Bislang wurden Freizeit- und Urlaubsfahrten als Gesamtaggregat behandelt, ohne zu berücksichtigen, dass diese Fahrten hinsichtlich ihrer raum-zeitlichen Dimensionen eine erhebliche Vielfalt aufweisen und auch hinsichtlich der Zielgebundenheit sowie der Motivstrukturen ein äußerst heterogenes Mobilitätssegment darstellen.

Die Multidimensionalität von Urlaubsreisen verdeutlichen die in Abb. 9 dargestellten Nennungen von Aspekten, die für die Urlaubsgestaltung relevant sind. Dabei ist insbesondere die Sehnsucht nach Sonne und Wärme ein Motiv, das zum Zurücklegen von großen Distanzen führt. Aber auch die Motive, etwas Ungewöhnliches, Außergewöhnliches, auf jeden Fall Nichtalltägliches zu erleben, bedeuten, dass andere Natur- und Kulturräume eine hohe Anziehungskraft ausüben. Der dritte Motivkomplex, der die Raumüberwindung induziert, ist das Interesse an Kunst, Kultur und Sehenswürdigkeiten, der auf konkrete Standorte hin ausgerichtet ist.

Für Freizeitfahrten wurde von LANZENDORF (1998, S. 571) die Differenzierung in die drei Kategorien ‚Sozialer Kontakt', ‚Natur/Fortbewegung' und ‚Freizeit-Infrastruktur' vorgeschlagen. Bei einer Befragung ermittelte er die in Abb. 10 wiedergegebenen Anteile an sonntäglichen Freizeitwegen für diese drei Kategorien. Dabei zeigt sich, dass bei Freizeitwegen ein erheblicher Teil der Fahrten der sozialen Kontaktpflege dient und damit auf feste Fahrtziele ausgerichtet ist, die sich nicht durch andere Ziele substituieren lassen. Auch die Orientierungen zum Besuch von Freizeitinfrastruktureinrichtungen und die sportliche Betätigung in der Natur sind an entsprechende Einrichtungen und Gelegenheiten gebunden; sie lassen sich damit ebenfalls nur begrenzt hinsichtlich der Zielwahl beeinflussen.

Abb. 9: Formen der Urlaubsgestaltung (Mehrfachnennungen)

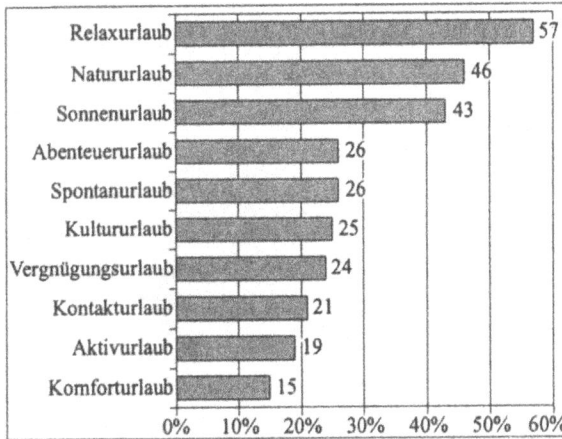

Quelle: OPASCHOWSKI 2002

Global wirksame, probate Interventionsstrategien zur Reduzierung des Distanz-
aufwandes im Freizeit- und Urlaubsverkehr sind bislang nicht entwickelt worden.
Angesichts der hier knapp skizzierten Motivstrukturen (genauer z. B. bei MEIER
2000; FASTENMEIER et al. 2001) ist das auch nicht zu erwarten. Zwar wird in den
Verkehrswissenschaften immer wieder eine auf alle Verkehrsaktivitäten wirkende
pauschale Verteuerung von Distanzüberwindung vorgeschlagen, die z. B. durch
Preiserhöhungen bei Straßenbenutzungsgebühren bzw. steuerliche Belastungen
der Treibstoffe (Öko-Steuer) umgesetzt werden kann. Abgesehen davon, dass der
gesamtgesellschaftliche Konsens über eine merkliche Verteuerung von Mobilitäts-
kosten zur Zeit noch nicht vorhanden ist und sich damit die durchsetzbaren Ein-
sparbeträge in engen Grenzen halten, muss aber auch davon ausgegangen werden,
dass die Preiselastizität gerade im Freizeitverkehr relativ gering ist.

Als weiterer Weg zur Reduzierung des Verkehrsaufwands wird von Verkehrswis-
senschaftlern immer wieder eine Aufwertung von nahe gelegenen Freizeit- und
Urlaubsmöglichkeiten vorgeschlagen. Dabei plädieren HEINZE/KILL (1997, S. 72)
dafür, dass diese mit positiv besetzten Attributen wie „Unabhängigkeit, Identität,
(...) Klugheit und Exklusivität" verknüpft werden müssten, um erfolgreich zu sein,
da bislang dem „Naherholungsraum das Fluidum des Spießigen (...) allenfalls
geeignet für Alte und Arme, Ängstliche und Weltfremde" anhaftet.

In diesem Zusammenhang ist noch ein weiterer Aspekt zu berücksichtigen, der die
Beeinflussbarkeit von Freizeit- und Urlaubsmobilität erschwert. Ein erheblicher Teil
des Verkehrsaufwandes wird von einem kleinen und hochmobilen Teil der Bevölkerung generiert. So verursachen im Freizeitverkehr 10% der Bevölkerung etwa die
Hälfte des Kilometeraufwandes (HOLZ-RAU/KUTTER 1995, S. 42; LANZENDORF
1998, S. 574). Bei den besonders mobilen Bevölkerungsanteilen handelt es sich zum

erheblichen Teil um Personen, die eine hohe MIV-Affinität aufweisen und folglich über Ansätze zur Beeinflussung des Modal-Split nur schwer erreichbar sind.

Abb. 10: Anteile von unterschiedlichen Wegezwecken bei Freizeitfahrten

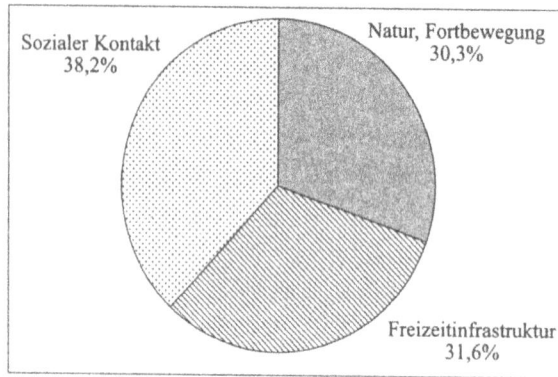

Quelle: LANZENDORF 1998

Veranschaulicht werden soll diese Tatsache anhand einer von LANZENDORF (1998) entwickelten Differenzierung der Bevölkerung nach Freizeitmobilitätstypen. Diese wurde anhand der bereits erwähnten repräsentativen Haushaltsbefragung entwickelt und dürfte deshalb das Spektrum der bundesrepublikanischen Bevölkerung gut widerspiegeln. Die Anteile der Wohnbevölkerung an den einzelnen Freizeit-mobilitätstypen werden in Abb. 11 mit der Besucherstruktur von Multiplex-Kinos verglichen (vgl. FREITAG/KAGERMEIER 2002). Dabei zeigt sich, dass bei diesem Typ von Freizeitgroßeinrichtung die von LANZENDORF als ‚Auto-Kultur-Indivi-dualisten' bezeichnete Mobilitätsstilgruppe besonders stark vertreten ist. Deren Mitglieder zeichnen sich nun gerade durch eine starke Betonung einer hedonisti-schen Haltung aus, in der das Auto als Selbstverwirklichungsinstrument fungiert.

Es ist somit festzuhalten, dass alle Gestaltungsansätze, die darauf abzielen, die Entfernungsintensität und MIV-Orientierung im Freizeit- und Urlaubsverkehr zu reduzieren, mit erheblichen Restriktionen auf Seiten der Adressaten konfrontiert sind; damit dürfen die Möglichkeiten insgesamt gesehen nicht überbewertet werden.

2.2 Umgang mit lokalen Überlastungsphänomenen im Freizeit- und Urlaubsverkehr

Während die grundlegende Strategie einer Aufwertung von weniger weit entfernt liegenden Zielen für den Freizeit- und Urlaubsverkehr bislang nicht systematisch verfolgt wird, gibt es in einer Vielzahl von Freizeit- und Urlaubsgebieten Versu-che, lokale Überlastungsphänomene durch Steuerungsmaßnahmen abzumildern.

Abb. 11: Anteile der Mobilitätsstilgruppen an Besuchern von Multiplex-Kinos
und Mittelwerte der Kölner Wohnbevölkerung

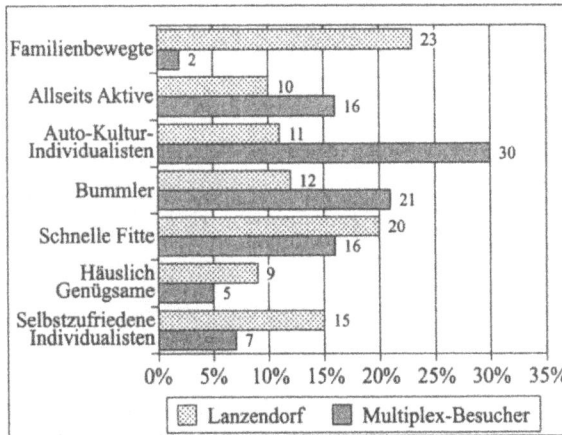

Quelle: LANZENDORF 2000, S. 141 und Multiplex-Erhebung 2000

Insbesondere die im Jahr 1993 konstituierte ‚Interessensgemeinschaft für autofreie
Kur- und Fremdenverkehrsorte' (IAKF) hat in den 27 Mitgliedsorten eine Vielzahl
von Maßnahmen durchgeführt (vgl. IAKF 1998; ADAC 1993). Diese lassen sich
folgenden Bereichen zuordnen (vgl. FASTENMEIER et al. 2001, S. 62ff.):
- Reduzierung, Verlagerung oder Regulierung des überörtlichen Verkehrs (z. B.
  durch Bündelung auf Umgehungsstraßen und Tangentialverbindungen),
- Verkehrsberuhigung und Parkraumbewirtschaftung,
- Schaffung autofreier Kernbereiche und
- Ausbau des ÖPNV.

Allerdings gilt für die meisten Orte, dass lediglich isolierte Partialansätze mit begrenzten Zielen verfolgt wurden, die im Wesentlichen darauf abzielen, mit Einzelmaßnahmen den fließenden und ruhenden Individualverkehr aus den Innenbereichen
der Orte herauszuhalten, um die Aufenthaltsqualität für die Touristen zu erhöhen.
Umfassender angelegt sind nur wenige Projekte, wie z. B. das Modellvorhaben
‚Autofreies Oberstdorf'[2] oder die Initiative ‚Gemeinschaft Autofreier Schweizer
Tourismusorte'.[3] Bezeichnend ist dabei, dass bei diesen Projekten die Autofreiheit
als positives Marketing-Instrument eingesetzt wird und damit die oben angesprochene, von HEINZE/KILL (1997) geforderte positive Besetzung verkehrsreduzie-
render Urlaubsformen bereits umgesetzt wurde.

---

[2] Markt Oberstdorf: Pilotprojekt ‚Autofreies Oberstdorf'; URL: www.oberstdorf.de/de/
     natur-umwelt, Stand: Januar 2002
[3] GAST (Gemeinschaft Autofreier Schweizer Tourismusorte). Autofreie Ferienerlebnisse.
     URL: www.gast.org, 2001

Insbesondere Oberstdorf wirbt in starkem Maß mit seinen lokalen Maßnahmen zur Reduzierung des motorisierten Individualverkehrs, die im Jahr 1997 mit dem Bundespreis ‚Tourismus und Umwelt' des Bundesumweltministeriums ausgezeichnet wurden.[4] Dieses Modellvorhaben zeichnet sich dadurch aus, dass die Maßnahmen in einem integrierten Gesamtkontext stehen, zu dem neben der weitgehenden Verkehrsberuhigung, einem umfangreichen ÖPNV-Angebot (teilweise mit Elektro-Bussen) zur Erschließung der Skigebiete und Wanderziele auch andere Aspekte nachhaltigen Wirtschaftens zählen (Energie, Wasser, Naturerlebnis); sie werden offensiv als positives Marketing-Instrument eingesetzt. Allerdings sind die Wirkungen solcher Maßnahmen zur Reduzierung negativer Verkehrseffekte bislang nur sporadisch evaluiert worden.

Beispielhaft sollen hier die Wirkungen der umweltfreundlichen Verkehrserschließung des Nationalparks Bayerischer Wald vorgestellt werden. Dort wurde mit der Einführung von (Erdgas-betriebenen) Bussen – den sog. Igel-Bussen – versucht, den Tagesbesuchern und Urlaubern ein alternatives Beförderungsangebot zu präsentieren, um die Pkw-Fahrten im Nationalparkgebiet zu reduzieren. Auch dieses Angebot wird (unter Anspielung auf das Märchen von Hase und Igel) mit dem Igel als Sympathieträger entsprechend offensiv beworben.[5]

Dieses Mobilitätsangebot weist entsprechende Qualitätsmerkmale wie ein klares Taktprinzip, übersichtliche Tarife und eine durchdachte, an den Bedürfnissen der Wanderer orientierte Linienführung auf. FRÖHLICH (1998, S. 103) ermittelte bei einer Befragung von Urlaubern im Nationalpark, dass mehr als die Hälfte der Urlauber in der Region dieses Angebot für Ausflüge in der Urlaubsregion auch in Anspruch nimmt. Die unbestreitbaren Effekte vor Ort werden allerdings dadurch teilweise konterkariert, dass 96,3% der Befragten mit dem eigenen Auto in die Urlaubsregion gekommen waren.

An diesem Fallbeispiel lässt sich auch noch ein weiterer Aspekt der Förderung des ÖPNV in Urlaubsgebieten demonstrieren: Der Igel-Bus erschließt im Nationalparkgebiet zwei vergleichbare Wanderregionen – um den Rachel und den Lusen. Während die Zufahrtsstraßen zu den Ausgangspunkten der Wanderung auf den Rachel im Zuge der Einführung des Igel-Bus-Angebots für den MIV weitgehend gesperrt worden sind, wurden auf den Zulaufstrecken zu den Ausgangspunkten für Wanderungen im Lusen-Gebiet nur weiche Maßnahmen in Form von Park & Ride-Parkplätzen und entsprechenden Hinweistafeln angewandt.

Bei einer Wandererbefragung auf beiden Gipfeln ergab sich, dass die Anfahrt zur Wanderung im Rachel-Gebiet zu 72% mit dem Igel-Bus erfolgte, während am

---

[4] Markt Oberstdorf: Pilotprojekt ‚Autofreies Oberstdorf'; URL: www.oberstdorf.de/de/natur-umwelt, Stand: Januar 2002
[5] Nationalpark Bayerischer Wald: Natur schützen – Bus benützen, das ist das Motto der Igel-Busse! URL: www.nationalpark-bayerischer-wald.de, Stand Januar 2002

Lusen-Gipfel nur 19% der erfassten Besucher auf das Angebot des Igel-Busses zurückgegriffen hatten (GRONAU et al. 1998, S. 184). Damit gilt auch im Freizeitverkehr die klassische verkehrsplanerische Erkenntnis, dass erst die Kombination von MIV-Restriktionen (Push-Faktoren) und attraktiven Alternativangeboten (Pull-Faktoren) eine optimale Wirksamkeit von verkehrsgestaltenden Maßnahmen ergibt.

3 Zusammenfassung

Zusammenfassend ist festzuhalten, dass es sich beim Freizeit- und Urlaubsverkehr um ein dynamisch wachsendes Segment im Mobilitätsmarkt handelt, das aufgrund des Umfangs inzwischen in erheblichem Maß zum Ressourcenverbrauch und zur Umweltbelastung beiträgt. Aufgrund der hohen Bedeutung, die diesem Mobilitätssegment von den Individuen für ihre Selbstverwirklichung und Persönlichkeitsentfaltung zugemessen wird, handelt es sich um ein verkehrsplanerisches Feld, in dem einerseits Steuerungsmaßnahmen schnell als Einschränkung der persönlichen Handlungsmöglichkeiten empfunden werden und andererseits die Nachfrageelastizität relativ gering ist.

Gleichzeitig sind die Zielgebiete sensibel für jede Art von Einflussnahme, da oftmals befürchtet wird, dass Steuerungsmaßnahmen zu Besucherrückgängen führen und damit negative regionalökonomische Folgen auslösen könnten. In diesem Spannungsfeld wurden bislang vor allem lokal ansetzende Gestaltungsmaßnahmen realisiert, die darauf abzielen, negative Effekte des Freizeit- und Urlaubsverkehrs ‚vor Ort' zu reduzieren. Der Ansatz, durch eine positiv besetzte ‚Aufwertung der Nähe' langfristig und umfassend Verhaltensänderungen zu induzieren, ist demgegenüber bislang über die akademische Diskussion kaum hinausgekommen.

Literatur

ADAC (Allgemeiner Deutscher Automobil-Club) (Hrsg.; 1993): Verkehr in Fremdenverkehrsgemeinden. Lösungsvorschläge für die Bewältigung von Verkehrsproblemen. Eine Planungshilfe für Ferienorte mit praktischen Beispielen. München.

BECKER, CHR. (1997): Der Energieverbrauch für die Urlaubsreisen der Deutschen. In: BECKER, CHR. (Hrsg.): Beiträge zur nachhaltigen Regionalentwicklung mit Tourismus. (Berichte und Materialien des Instituts für Tourismus der Freien Universität, 16). Berlin, S. 87-91.

BECKER, CHR./JOB, H. WITZEL, A. (1996): Tourismus und nachhaltige Entwicklung. Darmstadt.

DB/WWF (Deutsche Bahn und World Wildlife Fund) (1999): Reisen und Umwelt in Deutschland. Version 1.1. Berlin. (CD-Rom).

DIW (Deutsches Institut für Wirtschaftsforschung) (2001): Verkehr in Zahlen 2001/2002. Berlin.

FASTENMEIER W. et al. (2001): Erklärungsansätze zur Freizeitmobilität und Handlungskonzepte zu deren Beeinflussung. (Berichte aus dem Institut mensch-umwelt-verkehr, 2). München.

FREITAG, E./KAGERMEIER, A. (2002): Multiplex-Kinos als neues Angebotselement im Freizeitmarkt. In: STEINECKE, A. (Hrsg.): Tourismusforschung in Nordrhein-Westfalen: Ergebnisse – Projekte – Perspektiven. Paderborn, S. 43-53.

FRÖHLICH, S. (1998): Mit Kind und Kegel in den Nationalpark. (unveröffentlichte Diplomarbeit TU München). München.

F.U.R. (Forschungsgemeinschaft Urlaub und Reisen) (2001): Die Reiseanalyse 2001. Hamburg.

GRONAU, W. et al. (1998): Möglichkeiten verkehrsgestaltender Maßnahmen im Nationalpark Bayerischer Wald. In: POPP, H./KAGERMEIER, A. (Hrsg.): Akzeptanz der Erweiterung des Nationalparks Bayerischer Wald. (unveröffentlichte Ergebnisse eines Projektseminars am Geographischen Institut der TU München). München, S. 158-226.

HEINZE, W./KILL, H. (1997): Freizeit und Mobilität. Neue Lösungen im Freizeitverkehr. Hannover.

HEINZE, W. (1998): Verkehr und Freizeit: Wachstum als Chance. (unveröffentlichter Bericht für das 111. Round Table der Europäischen Verkehrsministerkonferenz (CEMIT) zum Thema ‚Transport and Leisure' am 15.-16. Oktober 1998 in Paris). Berlin.

HOLZ-RAU, Chr./KUTTER, E. (1995): Verkehrsvermeidung. Siedlungsstrukturelle und organisatorische Konzepte. (Materialien zur Raumentwicklung, 73). Bonn.

IAKF (Interessengemeinschaft für Autofreie Kur- und Fremdenverkehrsorte) (Hrsg.; 1998): Autofreie Kur- und Fremdenverkehrsorte in Bayern. Bad Reichenhall.

KIRCHHOFF, P. (1997): Verkehrskonzept zur Erweiterung des Nationalparks Bayerischer Wald. (unveröffentlichte Studie im Auftrag des Bayerischen Staatsministeriums für Wirtschaft, Verkehr und Technologie). München.

LANZENDORF, M. (1998): Auswertung empirischer Studien zu Freizeitverkehr und Tourismus. In: KÜHN, G. (Hrsg.): Freizeitmobilität. Entwicklungen und Handlungsmöglichkeiten. Berlin, S. 19-37.

LANZENDORF, M. (2001): Freizeitmobilität. Unterwegs in Sachen sozial-ökologischer Mobilitätsforschung. (Materialien zur Fremdenverkehrsgeographie, 56). Trier.

MEIER, R. (2000): Nachhaltiger Freizeitverkehr. Chur/Zürich.

OPASCHOWSKI, H. (2002³): Tourismus. Eine systematische Einführung. (Freizeit- und Tourismusstudien, 3). Opladen.

UBA (Umweltbundesamt) (Hrsg.; 2000): Maßnahmen zur verursacherbezogenen Schadstoffreduzierung des zivilen Flugverkehrs. (UBA-Texte 17/01). Berlin.

VORLAUFER, K. (1996): Tourismus in Entwicklungsländern. Möglichkeiten und Grenzen einer nachhaltigen Entwicklung durch Fremdenverkehr. Darmstadt.

WOLF, K./JURCZEK, P. (1986): Geographie der Freizeit und des Tourismus. Stuttgart.

Tagesausflugsverkehr

Peter Schnell

1 Einführung

Der Terminus ‚Tagesausflugsverkehr' gehört nicht zum alltäglichen Vokabular der Tourismusgeographie, ist jedoch hinsichtlich seiner Bedeutung unmissverständlich. Im Unterschied zu Begriffen wie z. B. ‚Naherholung' und ‚Ausflug' ist die zeitliche Dauer eindeutig auf einen Tag eingegrenzt. Im zweiten Wortbestandteil kommt zum Ausdruck, dass es sich bei der angesprochenen Aktivität um einen Verkehrsvorgang handelt, bei dem Distanzüberwindungen angesprochen sind und der als ‚zirkuläre Mobilität' bzw. ‚Zirkulation' zu bezeichnen ist. Damit ist eine Verbindung zur Sozialgeographie hergestellt, denn die Zirkulation gilt als eine für das aktionsräumliche Verhalten charakteristische Form des räumlichen Verhaltens, das bei der Daseinsgrundfunktion ‚Sich Erholen' auftritt. Nicht geklärt ist mit den bisherigen Erläuterungen die Frage, ob es sich hierbei ausschließlich um Freizeitaktivitäten handelt oder ob auch noch andere Aktivitätsfelder menschlichen Handelns mit dem Begriff ‚Tagesausflugsverkehr' angesprochen sind.

2 Definitionen und Entwicklung

Tab. 1 gibt einen zum Teil chronologischen Überblick über die Begriffe, die unter dem Oberbegriff ‚Tagesauflugsverkehr' subsummiert sind; darüber hinaus enthält sie Definitionen sowie Hinweise auf die Bedeutungsgehalte, die mit diesen Begriffen verbunden sind. Ein Anspruch auf Vollständigkeit kann nicht erhoben werden, da weitere begriffliche und inhaltliche Varianten existieren, vor allem in den Nachbarwissenschaften der Geographie. Die mit Abstand bedeutendste Variante stellt die Naherholung dar, die gegen Ende der 1960er-Jahre von Vertretern der ‚Münchener Schule' – als Hauptvertreter sind hier Karl RUPPERT und Jörg MAIER zu nennen – thematisiert worden ist (vgl. u. a. RUPPERT/MAIER 1969; RUPPERT/MAIER 1972). Das Phänomen ‚Naherholung' existiert jedoch bereits seit längerer Zeit. So beschreibt eine Schilderung aus dem Ruhrgebiet aus dem Jahre 1917 sehr plastisch die Sonntagssituation in Essen und im Ruhrtal bei Kettwig (zitiert in PFLUG 1970, S. 100); wissenschaftliche Analysen dieser Art der Freizeitgestaltung erfolgten zu diesem Zeitpunkt allerdings noch nicht. Diese kamen erst auf, als man begann, sich nicht nur mit dem ‚Fremdenverkehr' zu beschäftigen, sondern vom Oberbegriff ‚Freizeitverhalten' auszugehen und damit die Möglichkeit erhielt, sich auch mit den kurzfristigen Varianten der Freizeitgestaltung zu beschäftigen. Zu dieser Akzentverschiebung hat natürlich auch die Entwicklung neuer methodischer Erhebungsformen beigetragen, so dass Naherholung massenstatistisch fassbar wurde.

Tab. 1: Tagesausflugsverkehr: Begriff und Bedeutungen

Begriff	Definition/Erläuterung	Quelle
Ausflug	Fahrten von sechs und mehr Stunden und Überschreiten der Gemeindegrenzen (Mikrozensus 1972)	Statistisches Bundesamt 1972
	Tätigkeit, die nicht mehr als einen Tag in Anspruch nimmt und auch nicht mit einer Übernachtung verbunden ist	SCHNELL 1977
	„Der Ausflug als komplexe und zunächst nur eine Ortsveränderung anzeigende Freizeitaktivität enthält zahlreiche Einzelaktivitäten wie Spazierengehen (...) Unabhängig von den während des Ausflugs ausgeübten Freizeitaktivitäten werden hier unter „Ausflug" unterschiedliche Begriffe verstanden wie Wochenendausflug, Tagesausflug, Wochenendunternehmung, Fahrt ins Grüne, Spazierfahrt, Autoausflug usw. (...) Im Normalfall dürfte der Ausflug die Gemeindegrenze überschreiten, ansonsten ist er räumlich und zeitlich nicht eingegrenzt. Fahrten mit mehr als einer Übernachtung wurden nicht mehr dem Ausflug zugerechnet"	LOGON GmbH 1977 S. 47
	Jedes Verlassen des Wohnumfeldes, das a) nicht als Fahrt von und zur Arbeit, Schule, Verein usw., b) nicht als Einkaufsfahrt zur Deckung des täglichen Bedarfs, c) nicht als regelmäßige oder Routinefahrt (z. B. Gottesdienste, Behördengänge, Arztbesuche) zu bezeichnen ist	KOCH et al. 1987
Naherholung	Kurzfristige Erholung, die sich in einer relativ geringen Entfernung von der Stadt und einer relativ kurzen Dauer des Verkehrsvorganges äußert. Nach Zeit und Dauer der Erholung kann man unterscheiden zwischen a) der inner- und außerstädtischen Erholung, b) der stundenweisen Erholung (‚Entspannung'), c) der Wochenend- oder Feiertagserholung	RUPPERT/MAIER 1969a
	„Touristische Naherholung umfasst die Feierabend-, die Tages- und die Wochenenderholung. Sie ist begrenzt auf eine Dauer von wenigen Stunden bis zu maximal einem Tag und umfasst damit keine Übernachtung. Sie findet außerhalb des unmittelbaren Wohnumfeldes im städtischen Randbereich und im Stadtumland statt und setzt Distanzüberwindung zwischen Quell- und Zielgebiet voraus"	BILLON/FLÜCKIGER 1978, S. 3

Begriff	Definition	Quelle
Naherholung	Außerhäusliches Freizeitverhalten ohne Übernachtung, wobei unterschieden wird zwischen 1. *Erholungsraum im Wohnumfeld* (fußläufig; ohne Benutzung von Transportmitteln), b) *innerörtlicher Erholungsraum* (erreichbar mit Transportmitteln; innerhalb der Siedlungsfläche, z. B. Stadtregion) und c) *außerörtlicher Erholungsraum* (erreichbar mit Transportmitteln; außerhalb der geschlossenen Siedlungsfläche)	KULNAT/ STEINECKE 1984
	Erholungsverhalten im Nahbereich der Städte und Ballungsgebiete (Siedlungen), auch Ausflug, Kurzzeiterholung; umfasst die Feierabend-, Tages- und Wochenenderholung	Deutsche Gesellschaft für Freizeit 1986
Stadtnahe Erholung	Unter dem Begriff ,Naherholung' und ,Stadtnahe Erholung' werden alle Ausflugstätigkeiten zusammengefasst, die nicht mehr als einen Tag in Anspruch nehmen und nicht mit einer Übernachtung verbunden sind	SCHNELL 1977
	Stadtnahe Erholung ist eine spezielle Form der Naherholung. Als Außengrenze des stadtnahen Erholungsbereiches wird die 30-Minuten-Isochrone angenommen. Hinsichtlich der Ausflugsdauer gilt, dass es sich bei der stadtnahen Erholung überwiegend um Fahren handelt, die man mit dem Begriff ,Halbtagesfahrten' belegen kann	ANGERER et al. 1977
Tagesausflug	Jedes Verlassen des Wohnbereiches, mit dem keine Übernachtung verbunden ist und das nicht als Fahrt von oder zur Schule, zum Arbeitsplatz zur Berufsausbildung unternommen wird, nicht als Einkaufsfahrt zur Deckung des täglichen Bedarfs dient und nicht einer gewissen Routine unterliegen	Statistisches Bundesamt 1998
Ausflugsfahrt	"Organisierte Tagesreise (also ohne Übernachtung), thematisch festgelegt, zu einem oder mehreren Zielorten"	Statistisches Bundesamt 1994

Eine der ersten wissenschaftlichen Beschäftigungen mit dem Thema ‚Naherholung' bildete die vom niederländischen Rijksdienst voor het Nationalse Plan im Jahr 1956 durchgeführte Untersuchung ‚Mensen op Zondag', in der das sonntägliche Freizeit- und Ausflugsverhalten der Bewohner von Amsterdam, Hilversum, Rotterdam und Zandam analysiert wurde und die als Anregung für eine Reihe ähnlicher Studien diente. Kurze Zeit später wurde in den Vereinigten Staaten die ‚Outdoor Recreation Ressources Review Commission' eingerichtet, die sich im Rahmen eines aus 23 Bänden bestehenden ‚National Recreation Survey' auch mit dem Thema Ausflüge (Outdoor Recreation) beschäftigte (vgl. WOLFE 1964). Auf deutscher Seite ist als Vorläufer des Naherholungsbegriffes der von BORCHERDT (1957) benutzte Ausflugsbegriff zu betrachten, der im deutschen Sprachgebrauch seit langem üblich ist und vom Bedeutungsgehalt her nahezu das Gleiche bedeutet wie Naherholung.

Problematisch ist beim Begriff ‚Naherholung' das Präfix ‚Nah'-, denn es impliziert kurze Distanzen. In der frühen Phase der Naherholungsforschung umfasste diese Art der Freizeitgestaltung jedoch einen Zeitraum von mehreren Stunden bis zum langen Wochenende (also auch den Zeitraum, der heute als Kurzzeittourismus bzw. Kurzurlaub mit einer bis drei Übernachtungen eine eigene Kategorie bildet), so dass das Präfix irreführend war. Dies ist auch der Grund dafür, dass nach RUPPERT/MAIER im Jahr 1968 33% aller Münchener Haushalte einfache Fahrtstrecken zwischen 100 und 250 km zurücklegten und 7% sogar mehr als 250 km fuhren (vgl. RUPPERT/MAIER 1969b, S. 41). Aus einer Darstellung des Zusammenhanges von Besucheranteilen und Entfernung vom Quellgebiet aus dem Jahre 1975 geht deutlich hervor, dass München und Hamburg eine Sonderstellung einnehmen, rund 80% der Ausflügler jedoch im Umkreis von maximal 50 km um ihre Wohnstandorte ihre Ziele erreicht haben (vgl. KÜGELGEN/KÜGELGEN 1975, S. 168). Als Erklärung für die beiden Ausnahmen wird häufig die ‚distanzerweiternde' Funktion von hochattraktiven Naherholungszielen (Alpen und Küste), gekoppelt mit guter verkehrstechnischer Erreichbarkeit, angeführt.

Ein weiteres Problem, das in den 1970er-Jahren kontrovers diskutiert wurde, war eng mit dem Distanzproblem verbunden, nämlich die Frage nach der Ausdehnung des Naherholungsraumes. Bei den Mikrozensus-Erhebungen wurden Ausflüge als Naherholung erst mit dem Überschreiten der Gemeindegrenze des Wohnortes erfasst, und diese Ansicht wurde auch von geographischer Seite vertreten (vgl. NEWIG 1975). Nach MONHEIM (1979, S. 9) umfasste der Naherholungsverkehr, den er gleichsetzte mit dem Kurzzeiterholungsverkehr, alle Freizeitverkehrsarten vom Wohnumfeld-Freizeitverkehr bis zum ‚Fremden-Freizeitverkehr mit einer bis vier Übernachtungen'; es kam jedoch zu Überlagerungen mit dem ‚Fremden-Freizeitverkehr'. Mit den kommunalen Neugliederungen entstanden in den 1970er-Jahren Großgemeinden, so dass Naherholungsaktivitäten auch innerhalb der Gemeinden möglich wurden.

Mitte der 1980er-Jahre setzte sich die Auffassung durch, dass es sich bei der Naherholung um Tagesaktivitäten handelt (vgl. KULINAT/STEINECKE 1984). Damit verringerte sich das angesprochene Distanzproblem zwar erheblich, war jedoch noch nicht vollständig behoben, denn mit dem stark angestiegenen Anteil des Flugzeuges als Reiseverkehrsmittel ergaben sich neue Ausflugsmöglichkeiten, die von den Anteilen her allerdings eine zu vernachlässigende Größe darstellen.

Die Verwendung des Begriffes ‚Tagestourismus' hat sich in den letzten Jahren verstärkt durchgesetzt, da damit zum einen eine Angleichung an den internationalen Sprachgebrauch erreicht wird und zum anderen die angesprochenen Probleme gelöst zu sein scheinen. Tagestourismus kann als Oberbegriff für alle bisher genannten Termini aufgefasst werden, da die beiden Wortbestandteile eindeutig erkennen lassen, dass es sich um Aktivitäten ohne Übernachtung mit einer Dauer von nicht mehr als 24 Stunden handelt und auch die Definition von Tourismus als der „Gesamtheit der Beziehungen und Erscheinungen, die sich aus der Reise und dem Aufenthalt von Personen ergeben, für die der Aufenthaltsort weder hauptsächlicher und dauernder Wohn- noch Arbeitsort ist" (KASPAR 1996, S. 16) zutrifft. KASPAR (1996, S. 18) unterscheidet nach der Dauer des Aufenthaltes den langfristigen und den kurzfristigen Tourismus, den er auch Kurzzeittourismus nennt und von dem der Tagesausflugstourismus (ohne Übernachtung) eine Variante darstellt.

Weitere Begriffe, die in Tab. 1 hätten aufgenommen werden können, bilden der von KEMPER (1977) benutzte Terminus ‚inner- und außerstädtische Naherholung' – ein Konzept, das im Ansatz auch bei KLÖPPER (1972) zu finden ist – sowie ‚sekundärer Ausflugsverkehr', mit dem FEIGE (1991) die tagestouristischen Aktivitäten von Übernachtungsgästen bezeichnet, die von ihrem Übernachtungsstandort aus Tagesauflüge unternehmen. Bei der tagestouristischen Analyse von Regionen können weiterhin ‚endogene' und ‚exogene' Ausflügler unterschieden werden. Erstere haben ihren Wohnsitz innerhalb der Region, während letztere als Tagesbesucher von außerhalb der Region kommen (vgl. SCHNELL 2001). Bei dem von BENTHIEN (2000, S. 140-141) verwandten Begriff ‚weekend-recreation area' ist nicht auszuschließen, dass hiermit Zielregionen mit Kurzzeittourismus und nicht Tagesausflugsverkehr angesprochen sind.

3 Determinanten des Tagesausflugsverkehrs

Der Tagesausflugsverkehr und seine räumlichen sowie raumbildenden Wirkungen sind abhängig von einer Reihe von Faktoren. In der soziologischen Freizeitforschung hat das Determinantenkonzept eine lange Tradition (vgl. SCHMITZ-SCHERZER 1974, S. 45 ff.). Als wichtigste verhaltensbestimmende Merkmale sind anzusehen:
- soziodemographische Determinanten: Geschlecht, Alter, Konfession, Familienstand, sozialer Status (Schulbildung, Beruf, Berufstätigkeit, Arbeit), Einkommen (Besitz von Freizeitmitteln, -instrumenten und -ausrüstungen, inkl. Pkw),
- ökologische Determinanten: Wohnung, Wohnumgebung, Wohnort.

An anderer Stelle weist SCHMITZ-SCHERZER (1975, S. 212) auf die zentrale Bedeutung des Merkmales ‚Schulbildung' für das Freizeitverhalten hin, die „als
Bestimmungsgröße deshalb so wichtig (ist), weil sie ihrerseits die Berufswahl und
auch die Interessen z. T. erheblich beeinflusst und im Verein mit dem Einkommen,
der Wohnsituation und anderen Momenten der sozialen und ökonomischen Situation den Rahmen absteckt, in dem sich das Freizeitverhalten entfaltet".

Da beim Tagesausflugsverkehr raum-distanzielle Aspekte von vorrangiger Bedeutung sind und nach wie vor auf das Transportmittel Pkw sehr hohe Anteile bei den
Verkehrsvorgängen entfallen, muss der Pkw-Verfügbarkeit ein höherer Stellenwert
eingeräumt werden, als dies bei SCHMITZ-SCHERZER der Fall ist. BILLI-
ON/FLÜCKIGER (1978, S. 15-16) konnten in ihrer Studie ‚Bedarfsanalyse Naherholung und Kurzzeittourismus' einen hohen Zusammenhang zwischen der Verfügbarkeit über einen Pkw und der Durchführung von Naherholungs- und Kurzreisen
feststellen. Diese Korrelation zwischen Ausflügen und Pkw-Verfügbarkeit ist in
den letzten Jahren zwar schwächer geworden, da Fahrradfahren als neue Freizeitaktivität erheblich an Popularität gewonnen hat, doch bildet der Pkw nach wie vor
das am häufigsten benutzte Verkehrsmittel, um an den Standort oder Ausgangspunkt für weitere Aktivitäten zu gelangen. Die Merkmale Alter und Familienstand
haben in Form des Kombinationsmerkmals Familien- oder Lebenszyklus erheblich
größere Auswirkungen auf das Ausflugsverhalten als die Einzelmerkmale, denn
hier trifft die Beobachtung von SCHMITZ-SCHERZER (1974, S. 74) zu, dass sich das
individuelle Alter des Einzelnen, in einem soziologischen und psychologischen
Kontext auf das Freizeitverhalten auswirkt. In Verbindung mit den angesprochenen ökologischen Determinanten – speziell der subjektiven Zufriedenheit mit der
Wohnung und dem Wohnumfeld – zeigten Familien mit kleineren Kindern, die
sich über ein Defizit an Spielmöglichkeiten und fehlende Grünanlagen in Woh-
nungsnähe beklagten, eine überdurchschnittlich hohe Ausflugshäufigkeit, so dass
der Schluss gezogen wurde, dass Defizite bei der Freizeitausstattung des Wohnumfeldes durch verstärkte Ausflugsaktivitäten kompensiert wurden (vgl. SCHNELL
1986, 1987).

Die verhaltensdifferenzierende Wirkung der sozialstatistischen Merkmale wie
Beruf, Bildung und Einkommen, denen in der frühen Phase der sozialgeographischen Beschäftigung mit der Naherholung große Bedeutung beigemessen wurde,
scheint heute nicht mehr so groß zu sein. Viele Unterschiede sind durch den gesellschaftlichen Wandel und die veränderte wirtschaftliche Situation nivelliert
worden. Die ökologischen Determinanten wurden bereits angesprochen. Erwähnenswert ist, dass die Wohnortgröße, die zunächst hohe Determinationskraft hinsichtlich der Ausflugsintensität (= Anteil der Bevölkerung, der Ausflüge unternimmt) zu besitzen schien, an Bedeutung stark verloren hat. Diese Entwicklung
wird belegt durch die vom Deutschen Wirtschaftswissenschaftlichen Institut für
Fremdenverkehr (DWIF) durchgeführten Repräsentativerhebungen in der Bundesrepublik Deutschland, denn bereits im Jahr 1986 wurde festgestellt, „daß bezüglich
der Ausflugsintensität keine signifikanten Unterschiede zwischen den beiden

Gruppen [Großstädte mit mehr als 100.000 Einwohnern und kleinere Gemeinden, Anm. d. Verf.] bestehen" (KOCH et al. 1987, S. 11); hieran hat sich bis 1993 nichts geändert (vgl. HARRER et al. 1995, S. 13). Im Raumordnungsbericht 1972 des Deutschen Bundestages (1972, S. 44) werden noch deutliche Unterschiede zwischen Großstädten bzw. Verdichtungsräumen und Klein- und Mittelstädten festgestellt. Als Gründe für diesen Angleichungsprozeß können die Suburbanisierung und die Urbanisierung der Lebensformen angeführt werden.

WEHNER (1968) wies schon früh auf die Bedeutung der Umweltqualität für die Höhe der Ausflugsintensität hin, denn er konnte für Großstädte der DDR mit hoher Luftbelastung durch Industrieemissionen eine erhöhte Ausflugsintensität feststellen.

4 Ausflugsverhalten

Da in Deutschland keine Daten der amtlichen Statistik zum Thema Ausflüge bzw. Naherholung vorliegen, können Angaben zur quantitativen Bedeutung des Tagesausflugsverkehrs nur auf der Basis der bereits angesprochenen Untersuchungen des DWIF gemacht werden. Die aktuellsten Daten stammen aus der bundesweiten Repräsentativerhebung des Jahres 1993 und basieren auf insgesamt 36.000 Befragungen. Nach dieser Untersuchung haben die Deutschen im Jahr 1993 2,1 Mrd. Tagesauflüge unternommen (vgl. HARRER et al. 1995, S. 80) und die Tendenz ist nach wie vor steigend.

Für das Naherholungsverhalten, das in hohem Maße landschaftsorientiert ist, spielt die unterschiedliche landschaftliche Attraktivität nach wie vor eine wesentliche Rolle. Die bei Ausflügen zurückgelegten Anreisedistanzen erreichen andere Dimensionen als bei Benutzung des umfassenderen Begriffes ,Tagestourismus', der auch Aktivitäten einschließt, die der Naherholung normalerweise nicht zugerechnet werden. In der DWIF-Studie werden die wichtigsten Anlässe für Ausflüge, differenziert nach der Dauer und der Entfernung, aufgeführt (vgl. Abb. 1). Durchschnittlich werden bei Ausflugsfahrten 70 km für einen Weg zurückgelegt; in Abhängigkeit von der Wohnortgröße treten nur unerhebliche Unterschiede auf. Das dominante Verkehrsmittel ist mit mehr als 75% der Pkw, alle anderen Verkehrsmittel sind demgegenüber bedeutungslos.

Überdurchschnittlich lange Anfahrtswege werden in Kauf genommen beim ,Besuch von Attraktionen', bei ,Besichtigungen', beim ,Besuch von Verwandten, Bekannten und Freunden' sowie bei ,Betriebs- oder Vereinsausflügen'. Unter dem Durchschnitt bleiben die Anlässe ,Essen gehen', ,Einkaufsfahrt (nicht täglicher Bedarf)' sowie ,Ausübung einer speziellen Aktivität'. Bei den im Jahr 1993 ausgeübten Aktivitäten führt mit Abstand der ,Besuch von Restaurants, Cafés usw.' vor ,Spazierengehen im Grünen (kürzere Distanz)', dem ,Besuch von Verwandten/Bekannten' und ,Bummeln (innerstädtisch)' (vgl. Abb. 2). Häufiger ausgeübt

werden auch noch die Aktivitäten ‚Einkaufen', ‚Besichtigung von Kirchen, Schlössern, Denkmälern usw.' und ‚Wandern (längere Distanz)'.

Abb. 1: Ausflugsentfernung und -dauer nach Hauptanlass

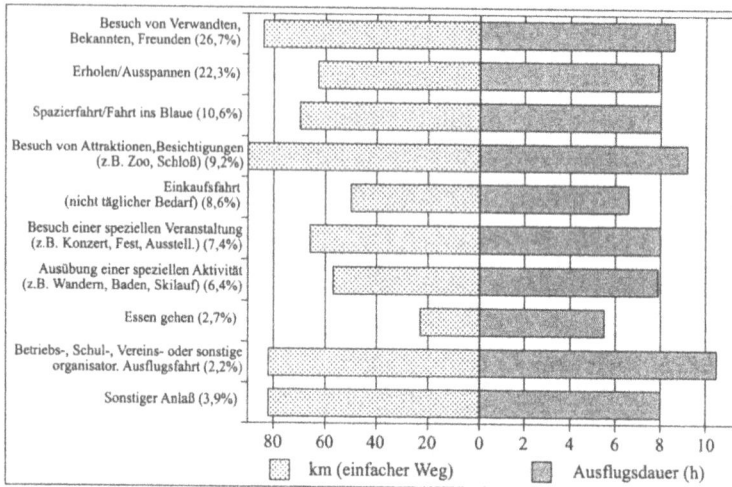

Quelle: HARRER et al. 1995, S. 61

5   Wirtschaftsfaktor Tagesausflugsverkehr

Die wirtschaftliche Bedeutung des Tagesausflugsverkehrs ist in den letzten Jahren
zunehmend in den Vordergrund des Interesses gerückt. Nach RUPPERT/MAIER
(1969, S. 43) lagen bei der Erhebung im Großraum München die Tagesausgaben
pro Ausflügler zwischen DM 6,00 und 7,00. Diese Ausgaben sind seitdem erheblich angestiegen, denn nach der aktuellsten Erhebung belaufen sich die Tagesausgaben der bundesdeutschen Ausflügler in inländischen Zielgebieten auf DM 37,60,
so dass sich ein Bruttoumsatz von insgesamt DM 76,5 Mrd. ergibt (vgl. HARRER et
al. 1995, S. 80). Aus dem letztgenannten Umsatzwert geht die ökonomische Bedeutung dieser Tourismusart eindeutig hervor.

Die regional unterschiedliche Bedeutung des Tagestourismus macht sich natürlich
auch regionalökonomisch bemerkbar. So kommt LANDGREBE (1998, S. 13) bei der
Berechnung der ökonomischen Bedeutung des Tourismus für das Münsterland (bei
Benutzung der vom DWIF berechneten Ausgabenwerte) zu dem Ergebnis, dass
knapp drei Viertel des gesamten touristischen Jahresumsatzes für das Jahr 1996 in
Höhe von rd. 2,0 Mrd. DM in dieser Destination auf den Tagestourismus entfallen
und hiervon rund ein Drittel wiederum auf die Radtouristen (vgl. STEINER 1998, S.
23). Die Ausgaben der Tagesauflügler erreichen im Münsterland jedoch nicht die

vom DWIF errechnete Höhe, sondern bleiben deutlich darunter (vgl. SCHNELL/
POTTHOFF 1999, S. 50).

Abb. 2: Ausgeübte Aktivitäten während des Ausfluges (1993)
(in %; Mehrfachnennungen)

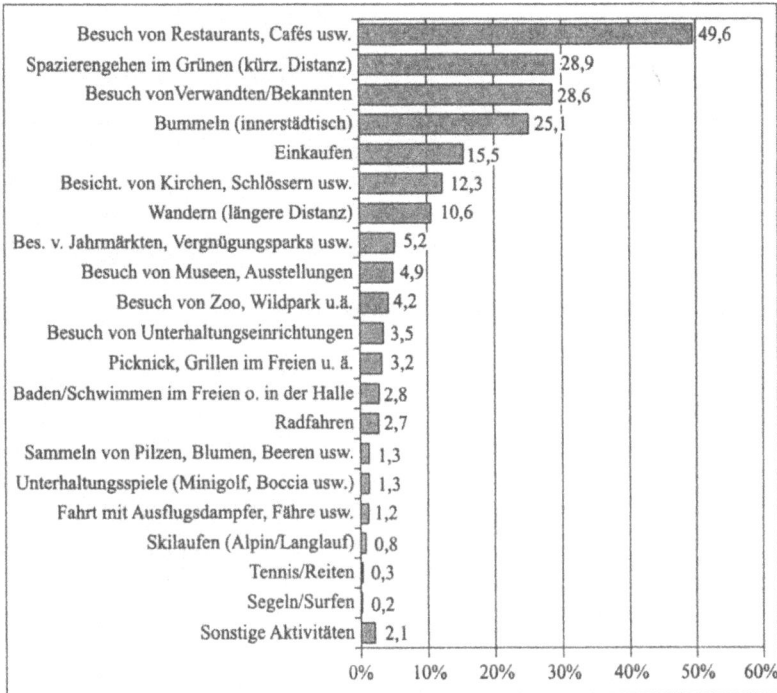

Besuch von Restaurants, Cafés usw. — 49,6
Spazierengehen im Grünen (kürz. Distanz) — 28,9
Besuch von Verwandten/Bekannten — 28,6
Bummeln (innerstädtisch) — 25,1
Einkaufen — 15,5
Besicht. von Kirchen, Schlössern usw. — 12,3
Wandern (längere Distanz) — 10,6
Bes. v. Jahrmärkten, Vergnügungsparks usw. — 5,2
Besuch von Museen, Ausstellungen — 4,9
Besuch von Zoo, Wildpark u.ä. — 4,2
Besuch von Unterhaltungseinrichtungen — 3,5
Picknick, Grillen im Freien u. ä. — 3,2
Baden/Schwimmen im Freien o. in der Halle — 2,8
Radfahren — 2,7
Sammeln von Pilzen, Blumen, Beeren usw. — 1,3
Unterhaltungsspiele (Minigolf, Boccia usw.) — 1,3
Fahrt mit Ausflugsdampfer, Fähre usw. — 1,2
Skilaufen (Alpin/Langlauf) — 0,8
Tennis/Reiten — 0,3
Segeln/Surfen — 0,2
Sonstige Aktivitäten — 2,1

0% 10% 20% 30% 40% 50% 60%

Quelle: HARRER et al. 1995, S. 63

Die Ausgabenhöhe variiert wiederum in Abhängigkeit von der Ausflugsart, denn
endogene Tagesausflügler, die innerhalb des Münsterlandes ihren Wohnstandort
haben, geben weniger aus als exogene, die außerhalb des Münsterlandes wohnen.
Diese wiederum tätigen geringere Ausgaben als sekundäre Tagesauflügler, die als
Übernachtungsgäste von ihrem Übernachtungsstandort aus einen Tagesausflug
unternehmen und die FEIGE (1991, S. 22) als „Teilnehmer am sekundären Ausflugsverkehr" bezeichnet. Auch die von KLEMM (1999) in ihrer Untersuchung über
das Ausgabeverhalten von Tagestouristen im Berliner Umland ermittelten Tagesausgaben bleiben unter den vom DWIF ermittelten. Die Unterschiede in der
Ausgabenhöhe haben ihre Ursache in der Art der Datenerhebung: Während es sich
bei der DWIF-Stichprobe nämlich um Haushaltsbefragungen handelt, wurden bei
den beiden anderen Erhebungen Zielgebietsbefragungen durchgeführt. Nach ZEI-
NER (1999, S. 55) können derartige Erhebungen im Zielgebiet jedoch nicht zu
repräsentativen Ergebnissen führen, da einige Grundbedingungen zur Hochrechnung der Ausgaben nicht gegeben sind. Ein Manko für die Bestimmung der regio-

nalen ökonomischen Bedeutung des Tagesausflugsverkehrs nach der Methode des DWIF ist darin zu sehen, dass die Differenzierung nach endogenen, exogenen und sekundären Tagestouristen mit den DWIF-Ausgangsdaten nur sehr schwer möglich erscheint. Die Zielgebietsuntersuchung im Münsterland hat ergeben, dass die Gruppe der ausgabenschwachen endogenen Ausflügler fast zwei Drittel aller Tagestouristen stellt (60,2%), während die Gruppe der ausgabenstarken sekundären Tagestouristen nur 13,5% ausmacht (SCHNELL/MÖLLER 2001).

Wie die Untersuchung des DWIF gezeigt hat, stellt der Tagesausflugsverkehr heute einen wichtigen Wirtschaftsfaktor dar, der allerdings starke regionale Unterschiede aufweist. Die Bedeutung liegt vor allem in den hohen direkten Einnahmeeffekten, aber auch die indirekten und induzierten Effekte sind nicht zu vernachlässigen. Da aufgrund einer fehlenden amtlichen Statistik zum Tagestourismus auf der lokalen und regionalen Ebene häufig Informationsmangel herrscht, wäre eine nationale Erhebung zum Tagestourismus unbedingt wünschenswert, damit eine solide Basis für die Tourismusplanung gegeben ist.

6   Fazit und Ausblick

Die Beschäftigung mit dem Tagesausflugsverkehr bildet innerhalb der Freizeit- und Tourismusgeographie einen relativ jungen Forschungszweig, der erst seit Mitte der 1960er-Jahre stärker in den Vordergrund des Interesses gerückt ist. In der Vielzahl der Termini und der Veränderung der Bedeutungsgehalte spiegelt sich die Dynamik dieser Forschungsrichtung wider.

Als Mangel ist das Fehlen einer repräsentativen amtlichen Erfassung des Tagesausflugsverkehrs zu bezeichnen. Die DWIF-Analyse kann zwar als Ersatz angesehen werden, bei ihr steht jedoch die wirtschaftliche Bedeutung im Vordergrund und die Daten sind selektiv aufbereitet und veröffentlicht. So liegen die Ergebnisse in regionalisierter Form nur auf der Basis der Bundesländer und der Reisegebiete vor, eine Gliederung, die für tagestouristische Belange zu grobmaschig ist. Dieser Mangel hat auch dazu geführt, dass der Versuch, eine möglichst standortgenaue Karte der Naherholungsgebiete Deutschlands für den Nationalatlas der Bundesrepublik Deutschland zu erstellen, zum Scheitern verurteilt war, denn die DWIF-Daten waren in der vorliegenden Form nicht brauchbar und in einer kartographisch umsetzbaren Form nicht verfügbar (vgl. SCHNELL/POTTHOFF 2000, S. 46-47).

Im Zuge der Veränderungen, die im Reiseverhalten zu beobachten sind (kürzere Urlaubsreisen und verstärkte Kurzreiseaktivitäten), wird sich der Tagesausflugsverkehr als eine eigene Freizeitmobilitätsform behaupten und weiter an Bedeutung gewinnen. Diese Tendenz wird gefördert durch die Verstärkung bestehender (wie z. B. das Radfahren) sowie das Aufkommen neuer Trends. Nach STEINECKE (2000, S. 44) sind hier vor allem die künstlichen Freizeit- und Erlebniswelten zu nennen, die dem „Wunsch der Konsumenten nach Abwechslung, Entertainment, Thrill, Vergnügen, Fun" entgegenkommen. Auch der Entwicklung neuer Angebotsformen (wie z. B. Events und Inszenierungen) kommt eine zunehmende Bedeutung zu.

Literatur

ANGERER, D. et al. (1981): Naherholung. Der Erdkundeunterricht, H. 38. Stuttgart.

BENTHIEN, B. (2000): Tourism in Germany ten years after reunification – problems and results of transformation. In: MAYR, A./TAUBMANN, W. (Hrsg.): Germany Ten Years after Reunification. (Beiträge zur Regionalen Geographie 52). Leipzig, S. 138-146.

BILLION F./FLÜCKIGER, B. (1978): Bedarfsanalyse Naherholung und Kurzzeittourismus. Bremen.

BORCHERDT, C. (1957): Die Wohn- und Ausflugsgebiete in der Umgebung Münchens. Eine sozialgeographische Skizze. In: Ber. z. dt. Ldkde 19, Bd. 1957, S. 173-187.

Deutsche Gesellschaft für Freizeit (Hrsg.): Freizeitlexikon. Ostfildern.

Deutscher Bundestag (1972): Raumordnungsbericht 1972. Bonn.

FEIGE, M. (1991): Zum Ausflugsverkehr in Reisegebieten. Ein Beitrag zur angewandten Wirtschafts- und Sozialgeographie. (Schriftenr. d. Dt. Wirtschaftswiss. Inst. f. Fremdenv. a. d. Univ. München 41). München.

HARRER, B. et al. (1995): Tagesreisen der Deutschen. Struktur und wirtschaftliche Bedeutung des Tagesausflugs- und Tagesgeschäftsreiseverkehrs in der Bundesrepublik Deutschland. (Schriftenreihe des DWIF, H. 48). München.

KASPAR, C. (1996[5]): Die Tourismuslehre im Grundriss. Bern/Stuttgart/Wien.

KEMPER, F.-J. (1977): Inner- und außerstädtische Naherholung am Beispiel der Bonner Bevölkerung. Ein Beitrag zur Geographie der Freizeit. (Arb. z. Rhein. Landeskde, H. 42). Bonn.

KLEMM, K. (1999): Untersuchungen zum Ausgabeverhalten von Tagestouristen im Berliner Umland – Methoden und Ergebnisse. In: SCHNELL, P./POTTHOFF, K. E. (Hrsg.): Wirtschaftsfaktor Tourismus (MGA 42). Münster, S. 61-66.

KLÖPPER, R. (1972): Zur quantitativen Erfassung räumlicher Phänomene der Kurzerholung (Naherholungsverkehr). In: HÖVERMANN, J./OVERBECK, G. (Hrsg.): Hans-Poser-Festschrift. (Gött. Geogr. Abhandl. 60). Göttingen, S. 539-548.

KOCH, A./ZEINER, M./FEIGE, M. (1987): Die ökonomische Bedeutung des Ausflugs- und Geschäftsreiseverkehrs (ohne Übernachtung) in der Bundesrepublik Deutschland. (Schriftenreihe des DWIF H. 39). München.

KÜGELGEN, B./KÜGELGEN, K. (1975): Wochenenderholung der Bevölkerung von Peine. Eine stadtmonographische Bedarfsanalyse zur inner- und außerstädtischen Erholungssituation. In: Landschaft + Stadt 4/75, S. 160-173.

LANDGREBE, S. (1998): Zur Ökonomie des Tourismus im Münsterland. In: Fremdenverkehrsverband Münsterland Touristik Grünes Band e. V. et al. (Hrsg.): Regionales Tourismus Marketing 2: Daten und Fakten zur wirtschaftlichen Bedeutung des Tourismus im Münsterland. Steinfurt, S. 9-18.

MONHEIM, R. (1979): Die Stadt als Fremdenverkehrs- und Freizeitraum. In: Freizeitverhalten in verschiedenen Raumkategorien (Materialien zur Fremdenverkehrsgeogr., H. 3). Trier, S. 45-78.

NEWIG, J. (1975): Vorschläge zur Terminologie der Fremdenverkehrsgeographie. In: Geogr. Taschenbuch 1975/76. Wiesbaden, S. 260-269.

Outdoor Recreation Ressources Review Commission (Hrsg.; 1962): National Recreation Survey. Study Report 19: National Recreation Survey, Part 1 – Outdoor Recreation, 1960-1961. Washington D.C.

POTTHOFF, K. E. (1998): Der Tagestourismus im Münsterland – seine Strukturen und ökonomische Bedeutung. In: Regionales Tourismus Marketing: Daten und Fakten zur wirtschaftlichen Bedeutung des Tourismus im Münsterland. Steinfurt, S. 25-38.

POTTHOFF, K. E./SCHNELL, P. (2000): Naherholung. In: Institut für Länderkunde/BECKER, CHR,/JOB, H. (Hrsg.): Nationalatlas Bundesrepublik Deutschland. Bd. 10. Freizeit und Tourismus. Heidelberg/Berlin, S. 46-47.

Rijksdienst voor het Nationale Plan (Hrsg.; o. J.): Mensen op Zondag. Den Haag (Publikatie Nr. 14).

RUPPERT, K./MAIER, J. (1969a): Naherholungsraum und Naherholungsverkehr. Ein sozial- und wirtschaftsgeographischer Literaturbericht zum Thema Wochenendtourismus. Starnberg.

RUPPERT, K./MAIER, J. (1969b): Der Naherholungsraum einer Großstadtbevölkerung, dargestellt am Beispiel Münchens. In: Informationen 2/69, S. 23-46.

SCHNELL, P. (1977): Naherholungsraum und Naherholungsverhalten, untersucht am Beispiel der Solitärstadt Münster. In: Geogr. Kommission für Westfalen (Hrsg.): Westfalen und Niederdeutschland (Spieker 25, Bd. II). Münster, S. 179-218.

SCHNELL, P. (1994): Das wohnungs- und stadtnahe Freizeitverhalten der Münsteraner. In: FELIX-HENNINGSEN, P./HEINEBERG, H./MAYR, A. (Hrsg.): Untersuchungen zur Landschaftsökologie und Kulturgeographie der Stadt Münster (MGA 36). Münster, S. 113-128.

SCHNELL, P./POTTHOFF, K. E. (1999): Wirtschaftsfaktor Tagestourismus: Das Beispiel Münsterland. In: SCHNELL, P./POTTHOFF, K. E. (Hrsg.): Wirtschaftsfaktor Tourismus (MGA 42). Münster, S. 39-50.

SCHNELL, P./POTTHOFF, K. E. (2000). Naherholung. In: Institut für Länderkunde/BECKER, CHR,/JOB, H. (Hrsg.): Nationalatlas Bundesrepublik Deutschland. Bd. 10. Freizeit und Tourismus. Heidelberg/Berlin, S. 46-48.

SCHNELL, P. (2001): Aktuelle Probleme der Tages- und Kurzzeittourismusforschung. In: STEINECKE, A. (Hrsg.): Tourismusforschung in Nordrhein-Westfalen. Ergebnisse – Projekte – Perspektiven (Paderborner Geogr. Studien zu Tourismusforschung und Destinationsmangement, Bd. 15). Paderborn, S. 121-136.

SCHNELL, P./MÖLLER, D. (im Druck): Fahrradtourismus – Fallbeispiel Münsterland. In: STONJEK, D. (Hrsg.): Freizeit- und Tourismusräume. Köln.

Statistisches Bundesamt (Hrsg.; 1999): Tourismus in Zahlen 1998. Wiesbaden.

STEINECKE, A. (2000): Erlebniswelten und Inszenierungen im Tourismus. In: Geogr. Rundschau 52, H. 2, S. 42-45.

STEINER, J. (1998): Mit Fahrradtourismus Geld verdienen?! In: Fremdenverkehrsverband Münsterland Touristik Grünes Band et al. (Hrsg.): Regionales Tourismus Marketing 2: Daten und Fakten zur wirtschaftlichen Bedeutung des Tourismus im Münsterland. Steinfurt, S. 19-24.

WEHNER, W. (1968): Zur Bewertung potentieller Naherholungsbereiche der Agglomerationen der DDR. In: Wiss. Zeitschrift d. Päd. Hochschule Dresden, S. 53-61.

WOLF, K./JURCZEK, P. (1986): Geographie der Freizeit und des Tourismus. Stuttgart.

WOLFE, R. (1964): Perspective on Outdoor Recreation. A Bibliographical Survey. In: Geogr. Review 54, S. 203-238.

ZEINER, M. (1999): Methoden zur Erfassung der ökonomischen Bedeutung des Tourismus. In: SCHNELL, P./POTTHOFF, K. E. (Hrsg.): Wirtschaftsfaktor Tourismus (MGA 42). Münster, S. 53-56.

Ferienhaustourismus – ein deutsch-dänischer Ländervergleich

Ines Carstensen

1 Einführung

Der Urlaub in einem Ferienhaus oder einem Ferienappartement rangiert bei deutschen Reisenden auf dem zweiten Platz der Beliebtheitsskala von Ferienunterkünften – nach den Hotels. Während die Nachfrage nach anderen Unterkunftsarten, wie Pensionen, Privatunterkünften und Camping/Caravaning stagniert bzw. rückläufig ist, können Ferienhäuser und -wohnungen von 1970 bis 1999 eine Verdreifachung und Hotels eine Verdoppelung verzeichnen (vgl. ADERHOLD 2000).

Im Mittelpunkt des folgenden Beitrags steht der in Deutschland praktizierte Umgang mit dem touristischen Teilsegment Ferienhaustourismus. Darüber hinaus werden in einem deutsch-dänischen Ländervergleich der gegenwärtige Stand wissenschaftlicher Definitionen, Unterschiede von Standortbedingungen, Nachfrageprofile und -potenziale sowie Anbieter- und Vertriebsstrukturen erörtert.

2 Ferienhaus, Ferienhaustourismus und Ferienhaustouristen

Eine klare fachliche und inhaltliche Abgrenzung eines Urlaubs in einem Ferienhaus ist aufgrund zunehmender Ausdifferenzierung dieses touristischen Teilsegments, z. B. durch den Markteintritt zahlreicher multifunktionaler Ferienanlagen,[1] nur bedingt möglich. Ebenso ist länderübergreifend bis heute ein anhaltender Dissens hinsichtlich der Definitionen einzelner Unterkunftsarten festzustellen. Der Begriff Ferienhaus umfasst z. B. nach deutschem Verständnis eine weitergehende Produktdefinition als die in Dänemark.

2.1 Definition ‚Ferienhaus' in deutscher und dänischer Sicht

Nach TRESS (2000, S. 17) versteht man unter Ferienhäusern Zweitwohnsitze, welche zu Freizeit- und Ferienzwecken verwendet werden. Hierbei sind Ferienhäuser nur eine Form von Zweitwohnsitzen, deren Bandbreite von Wohncampern, Zweitwohnungen oder Appartements an einem anderen Ort, über die Datsche am Stadtrand und die Hütte am See bis hin zum repräsentativen Landsitz reicht. Unter dem Begriff ‚Ferienhaus' wird aus deutscher Sicht ein bewohnbares Haus, ein Appar-

---

[1] vgl. Beitrag BRITTNER zu ‚Feriengroßprojekte und ihre regionalpolitische Bedeutung' in diesem Band

tement, eine Wohnung, ein Bungalow oder Reihenhaus, die für Freizeitzwecke errichtet oder umgenutzt wurden, subsumiert. Es verfügt über eigene Versorgungs- und Sanitäreinrichtungen und i. d. R. über ein eigenes Grundstück.

Ferienhäuser werden einzeln oder in Ferienhaussiedlungen bzw. -anlagen vorgefunden, welche bisweilen mehrere tausend Ferienhauseinheiten umfassen können. Ferienhäuser in Deutschland bestehen aus einer oder mehreren Wohneinheiten. Kleingärten, Lauben und Kleinhäuser in Kleingartenanlagen sowie vorübergehend bewohnte Wohnformen (Zelte, Wohnwagen etc.) sind als gesonderte Freizeitunterkünfte zu betrachten.

Nach dänischer Auffassung ist ein Ferienhaus ein freistehendes Wohnhaus, das für Freizeitzwecke eigens errichtet wurde. Es befindet sich auf einem separaten Grundstück, das innerhalb der staatlich festgeschriebenen Raumplanungskategorie Sommerhauszone liegt (vgl. TRESS 2000). Ein dänisches Ferienhaus besteht in der Regel aus einer einzigen Wohneinheit und verfügt über eigene Versorgungs- und Sanitäreinrichtungen. Charakteristisch sind Ausstattungselemente wie z. B. ein Kaminofen oder eine hauseigene Sauna.

2.2 Ferienhaustourist

Ferienhaustouristen sind Personen, die ein Ferienhaus nicht ganzjährig bewohnen; aufgrund der räumlichen Trennung von Erstwohnsitz und Ferienhaus ist stets eine Reise erforderlich. Somit werden sowohl Ferienhausgäste als auch Ferienhausbesitzer als Ferienhaustouristen angesehen (vgl. TRESS 2000; GARTNER/GIRARD 1993).

2.3 Ferienhaustourismus

In Anlehnung an KASPAR (1996) ist unter Ferienhaustourismus die Gesamtheit der Beziehungen und Erscheinungen zu verstehen, die sich aus der Reise zum Ferienhaus und aus dem Ferienhausaufenthalt von Personen ergeben, für die das Ferienhaus bzw. das Ferienhausgebiet weder hauptsächlicher Wohn- noch Arbeitsort ist. Unter Berücksichtigung der gegenwärtigen Neuformierung touristischer Ferienkomplexe ergibt sich eine weiter ausdifferenzierte Aufteilung des Segments Ferienhaustourismus (vgl. Abb.1).

Die in Abb. 1 unter Berücksichtigung struktureller Aspekte vollzogene Zweiteilung des Ferienhaustourismus ist im Hinblick auf die Ableitung neuerer Trends und Entwicklungen von besonderer Bedeutung. So ist es für künftige Expansionsstrategien unumgänglich, die Kategorie der individuellen Angebote als ursprüngliche Unterkunftsform besonders herauszustellen: Sie bietet die günstigsten Ansatzpunkte, um die von der Hauptklientel geforderte Authentizität weiterzuentwickeln.

Abb. 1: Erscheinungsformen des Ferienhaustourismus

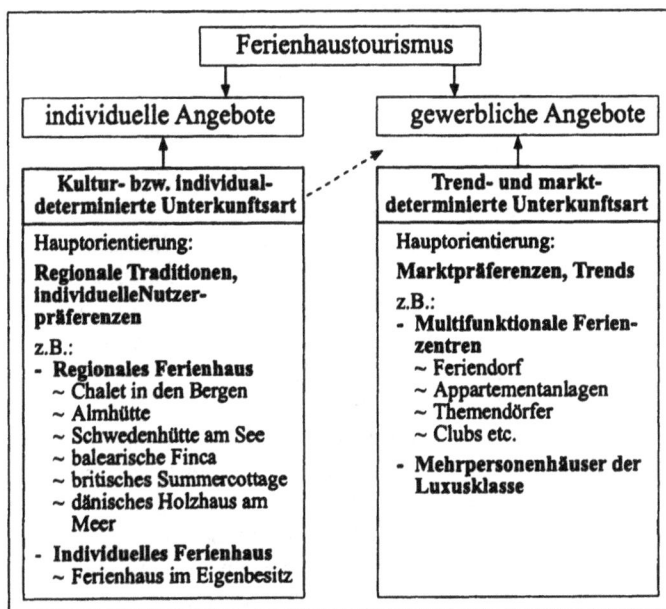

Quelle: Eigener Entwurf

3 Aspekte des Ferienhaustourismus im deutsch-dänischen Ländervergleich

Die strategischen Ausrichtungen des Tourismus weichen in Deutschland und Dänemark generell stark voneinander ab. Während im Zielgebiet Deutschland vorwiegend weiche Faktoren, wie z. B. Landschaftskulissen, landestypische Klischees und das kulturelle Angebot von Großstädten mit einem hohen Qualitätsanspruch vermarktet werden, stellt der dänische Tourismus mit dem Ausbau von Ferienhauskapazitäten einen harten Faktor in den Vordergrund.

Wichtigster Grund für diese unterschiedliche Ausrichtung ist in der historischen Entwicklung des Tourismus in beiden Ländern zu sehen. Der dänische Ferienhaustourismus begann gegen Ende des 18. Jh. Zu dieser Zeit zog sich der dänische Adel während der Sommermonate auf private Landsitze zurück, während die deutsche Aristokratie inländische Kurorte bevorzugte, zunächst aus medizinischen, später aus gesellschaftlichen Gründen. Von der gewachsenen dänischen Affinität zu privaten Rückzugsrefugien profitiert noch heute die wichtigste dänische Tourismussparte, der Ferienhaustourismus.

3.1   Ferienhausbestand und touristische Positionierung

Wichtig für den folgenden Versuch eines Vergleichs des Ferienhaustourismus in
Deutschland und Dänemark ist, dass es bislang keine einheitlichen statistischen
Erhebungsmethodiken gibt; deshalb sind direkte Vergleiche zwischen beiden Län-
dern nur bedingt zulässig.

Neben entwicklungsbedingten Ursachen ist die unterschiedliche Marktpräsenz und
Bedeutung des Ferienhaustourismus in Deutschland und in Dänemark mit räumlichen Gunst- bzw. Ungunstfaktoren zu begründen. Eine länderspezifische Detail-
sicht lässt deutlich werden, dass die jeweilige Ferienhausdichte einen engen Zusammenhang zwischen der Attraktivität einzelner Regionen einerseits und der
Nähe zum Meer andererseits widerspiegelt. Das in Deutschland gern vorgebrachte
Argument, Ferienhausurlaub verfüge ausschließlich in Küstennähe über ausreichende Nachfrage und würde sich daher in Deutschland auf wenige Regionen
beschränken, ist aufgrund eigener durchgeführter Untersuchungen[2] in dieser Weise
nicht haltbar. Wenig diskutiert wird in Deutschland im Gegensatz zum Nachbarland Dänemark das ökonomische Potenzial einer Ferienhauslandschaft. In
Deutschland stehen die höheren Umsätze und die Beschäftigungseffekte anderer
touristischer Sparten (wie Hotels oder Pensionen) im Vordergrund der Betrachtungen. Sekundäreffekte, Imagefaktoren, Nachfragebedingungen und räumliche
Standortvorteile des Ferienhaustourismus werden wenig beachtet. So existiert auch
kein detailliertes Datenmaterial für den deutschen Ferienhausmarkt. Für Dänemark
dagegen ermittelte FORCHHAMMER (1994, S. 42) ein Plus von ca. 810 Mio. Euro
an Deviseneinkünften sowie eine Beschäftigungswirkung in Höhe von ca. 10.000
Personen durch die Vermietung von dänischen Ferienhäusern an deutsche Gäste.
Eine im Jahr 1998 durchgeführte Untersuchung des Danmarks Turistråd beziffert
für die im Jahre 1997 registrierten 16,35 Mio. Ferienhausübernachtungen ein Umsatzvolumen von 686 Mio. Euro; etwa ein Zehntel aller Beschäftigten im dänischen Tourismus geht auf den Ferienhaustourismus zurück (vgl. Danmarks Turistråd 1998a, S. 12ff.). Dementsprechend gründlich erfolgt in Dänemark alljährlich eine detaillierte Marktumfeld-Analyse, für die in Deutschland die erforderlichen Datengrundlagen fehlen. Ferienhaustourismus hat allerdings nicht nur positive ökonomische Effekte, sondern ruft auch kritische Stimmen auf den Plan. Die
heftigste Kritik am Ferienhaustourismus wird von ökologischer Seite geäußert.

Bereits KRIPPENDORF (1996, S. 18ff.) wies dezidiert auf die ablehnende Haltung
von Umweltschützern und Ökologen gegen die Möblierung von Erholungslandschaften mit Freizeitanlagen unterschiedlichster Art hin. Ein besonderes Problem

---

[2]   CARSTENSEN, I. (2000/2001): Einwohnerbefragung von 987 Berlinern zur Einstellung
bezüglich Ferienhausurlaub, durchgeführt im Zeitraum von September 2000 bis März
2001 am Institut für Geographie der Universität Potsdam; noch unveröffentlichtes Material.

ist aus ökologischer Sicht der Flächenverbrauch durch Ferienhausbebauung (vgl. Tab.1).

Tab. 1: Ferienhausbebauung in landesbezogenen Flächen- und Einwohner-
relationen

	Anzahl der Ferienhäuser	Anzahl Ferien-häuser pro 100 Einwohner	Anzahl Ferien-häuser pro km² Landesfläche
Dänemark (Stand 2000)	216. 000	4,05	5,02
Deutschland (Stand 2000)* [3]	84. 000	0,10	0,23

Quelle: Danmarks Statistik 2000; Statistisches Bundesamt 2000/2001

Der Flächenverbrauch erreicht in Dänemark ein erhebliches Ausmaß. Entsprechend limitierend sind die seit den 1970er-Jahren per Gesetz festgelegten dänischen Rahmenbedingungen, mit denen versucht wird, zunehmende Bebauung und Flächenzersiedelung einzuschränken.

Wichtig für den dänischen Ferienhaustourismus sind in diesem Zusammenhang die im Raumplanungsgesetz enthaltenen Regelungen zur Errichtung und Nutzung von Ferienhäusern; hinzu kommt ein spezielles Sommerhausgesetz für die Vermietung von Ferienhäusern, das u. a. Regelungen für die gewerbliche und nicht gewerbliche Vermietung vorhält. Weitere Regularien sind in Naturschutzgesetzen zu finden. In Deutschland gibt es keine besonderen Vorschriften für den Ferienhaussektor; es handelt sich vielmehr um Regularien, die mit der Wohnbebauung gleichgestellt sind (vgl. § 35 Baugesetzbuch, Bauen im Außenbereich). Eine eigene Gesetzgebung scheint in Deutschland auch deshalb nicht erforderlich zu sein, weil der Flächenverbrauch für Ferienhausbebauung eher unbedeutend ist.

3.2 Präferenzen und Potenziale für Ferienhausurlaub bei deutschen Reisenden

Dänemark hat sich in hohem Maße auf deutsche Ferienhausurlauber eingestellt (vgl. Abb. 2). 91% der ausländischen Ferienhausgäste Dänemarks kommen aus Deutschland, wobei der Anteil der ausländischen Gäste das inländische Aufkommen mit einem Verhältnis von 8:1 weit übersteigt (vgl. Danmarks Statistik 1998).

---

[3] Die Zählung des Statistischen Bundesamtes 2000/2001 schließt Ferienwohnungen ein.

Abb. 2: Herkunft der ausländischen Ferienhausgäste in Dänemark
        (Ankünfte; in %)

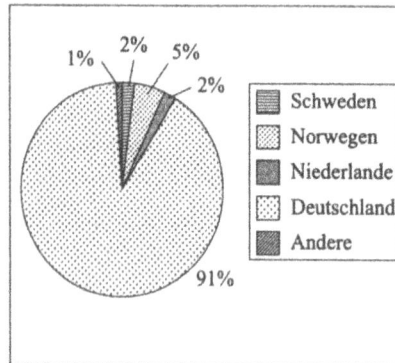

Quelle: Danmarks Statistik 1998

In Deutschland dagegen dominiert die inländische Nachfrage den Ferienhausmarkt. Während wiederum der dänische Ferienhausmarkt seit nunmehr sechs Jahren stagniert bzw. leichte Rückläufe zu verzeichnen hat und von einer Marktsättigung ausgegangen wird, sind die Nachfragepotenziale in Deutschland bei weitem
nicht ausgeschöpft. Eine im Jahre 2000/2001 durchgeführte Befragung von 987
Berlinern (vgl. Fußnote 2) ergab, dass sich 50% der Befragten vorstellen können,
einen 14-tägigen und 23% einen 10-tägigen Ferienhausurlaub im näheren Umland
von Berlin (z. B. in Brandenburg oder in Mecklenburg-Vorpommern) zu verbringen. Bemängelt werden jedoch das fehlende Angebot und die unzureichende Ausstattung deutscher Ferienhäuser. Es ist anzumerken, dass ein breites Angebot an
Ferienhausunterkünften in Deutschland durchaus vorhanden ist, das der deutsche
Endverbraucher offenbar noch nicht entsprechend wahrgenommen hat. Jedenfalls
reicht das Antwortspektrum der Probanden von ‚Es gibt keine Kataloge', über ‚in
Deutschland gibt es nur 1960er-Jahre-Hütten', bis hin zu ‚es gibt kein Ferienhausangebot in Deutschland'. Gründe hierfür sind in der Vermarktungspraxis zu suchen, die in Dänemark offensichtlich erfolgreicher als in Deutschland ist.

3.3   Angebots- und Vertriebsstrukturen im Ferienhaustourismus

Wie aus Abb. 3 zu entnehmen ist, erfolgt in Dänemark der Vertrieb von Ferien-
immobilien hauptsächlich durch privatwirtschaftlich organisierte Ferienhausagenturen. Diese stellen als Veranstalter ein Ferienhausangebot als eigenes Produkt
bereit und unterliegen entsprechenden Haftungs- und Gewährleistungsbestimmun-
gen. Als untereinander konkurrierende Unternehmen haben diese ein hohes Interesse an Angebotskomplexität und -qualität. Gleichzeitig bedingt diese Vertriebsstruktur eine stetig zunehmende Standardisierung des Ferienhausangebots. Nutznießer davon ist insbesondere der deutsche Endverbraucher, der hohe Transparenz
und Qualität schätzt.

Die deutsche Vertriebsstruktur orientiert sich demgegenüber vorwiegend an öffentlichen Fremdenverkehrsorganisationen und Ferienhausvermittlern. Letztgenannte übernehmen für die jeweiligen Eigentümer der Häuser bisweilen auch Verwaltungstätigkeiten und organisatorische Abläufe, wie z. B. Reinigung, Schlüsselübergabe oder Pflege der Ferienhausunterkünfte, sind juristisch aber lediglich als Vermittler ohne eigenes Produktangebot zu qualifizieren.

Im Vergleich zu Ferienhausagenturen mit Veranstalterfunktion besteht bei der Geschäftstätigkeit der Vermittler im Verhältnis zu den Ferienhauskunden ein geringeres Risiko im Hinblick auf Haftungs- und Gewährleistungsansprüche. Charakteristisch für das Merkmal einer Vermittlungstätigkeit ist, dass der Endverbraucher sich seine Unterkunft aus von dem Vermittler bereitgestellten Verzeichnissen privater Ferienhausanbieter auswählt und eine Vertragsbeziehung direkt zwischen Ferienhauseigentümer und Kunde zustande kommt. Etwaige Ansprüche des Kunden aufgrund mangelhafter Unterbringungsleistungen richten sich dementsprechend bei Vorliegen einer Vermittlungstätigkeit allein gegen den Ferienhauseigentümer. Der durch Ferienhausanbieter mit Veranstaltungsfunktion zusätzlich dargebotene Service entfällt bei der bloßen Ferienhausvermittlung in der Weise, dass im letzteren Fall der Endverbraucher darauf angewiesen ist, u. U. umfangreiche Recherchen für die Auswahl des geeigneten Ferienobjektes selbst durchzuführen, indem er sich z. B. Unterkunftsverzeichnisse von den jeweiligen Regionen gesondert zusenden lassen muss.

Der Anteil an spezialisierten privaten Ferienhausagenturen, die als Veranstalter auftreten, ist auf dem deutschen Reisemarkt im Vergleich zu Dänemark verschwindend gering. Ebenso wenig ist für den Endverbraucher eine Standardisierung des Ferienhausangebotes erkennbar. Jüngste Entwicklungen von Internetangeboten deuten jedoch an, dass Änderungen auf dem Vertriebssektor zu erwarten sind. Besonders in den letzten drei Jahren sind einige bedeutende Portale entstanden, die sich auf den Vertrieb von Ferienhäusern weltweit bzw. länderbezogen spezialisiert haben. Hier findet die potenzielle Ferienhausklientel u. a. auch ein deutsches Angebot, das zunehmend neu errichtete Ferienhäuser in den Neuen Bundesländern beinhaltet.

3.4   Nachfrageprofile

Ferienhausurlauber bevorzugen Einzigartigkeit, wollen als Individuen betrachtet werden und sehen in ihrer Reiseform einen Gegensatz zum Massentourismus. Die klassischen Nachfrager möchten sich nicht als Touristen fühlen und am Ferienort selbst nur wenige Touristen vorfinden. Deshalb sind private Atmosphäre, Ungestörtheit und entsprechende Grundstücksgrößen, die jegliche Beeinträchtigungen durch Nachbarbewohner minimieren, wichtige Faktoren, die in mehreren Untersuchungen bestätigt werden konnten (vgl. TRESS 2000; CARSTENSEN 1999/2000;

Fußnote 2). Weitere entscheidende Nachfragefaktoren sind Ausstattung, Platzangebot und Komfort (vgl. Abb. 4).

Abb. 3: Vertriebsstrukturen im dänischen und deutschen Ferienhäusermarkt
(Für diese Darstellung werden nur Ferienhäuser betrachtet, die zur Vermietung freigegeben sind.)

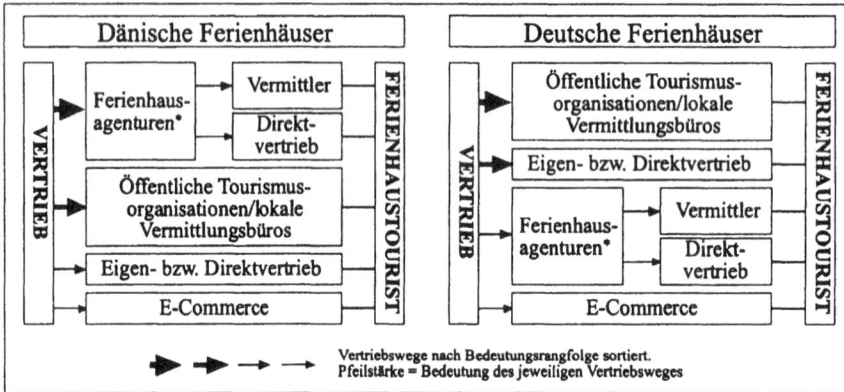

* In Anlehnung an FÜHRICH sind unter den hier bezeichneten Ferienhausagenturen Ferienhausanbieter zu verstehen, die als Veranstalter fungieren, indem sie ein Ferienhausangebot als eigenes Produkt bereithalten, ohne den Eigentümer oder Berechtigten offenzulegen. (Ein diesbezügliches Experteninterview wurde von der Autorin mit E. FÜHRICH, FH Kempten im Jahre 2001 durchgeführt.)

Quelle: Eigener Entwurf

Abb. 4: Motive für die Wahl eines Ferienhauses

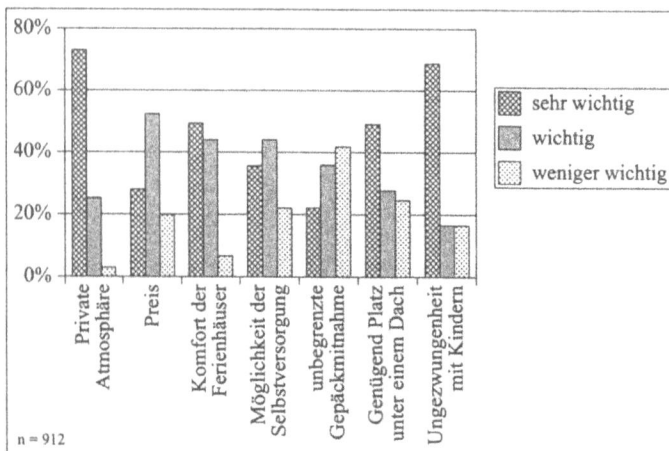

Quelle: CARSTENSEN 1999/2000

Der typische Ferienhausgast (ob in Deutschland oder Dänemark) reist in Gesellschaft. Dominierende Klientel sind Familien mit Kindern. 70% der dänischen Ferienhausurlauber suchen mit ihren Kindern ein Ferienhaus auf. Auffällig ist, dass die Ferienhäuser größer sind und im Durchschnitt von immer mehr Personen belegt werden. 47% der dänischen und deutschen Gäste belegen zusammen mit weiteren Familien oder befreundeten Personengruppen entsprechend große Ferienhäuser. Ursächlich dafür ist das oftmals höhere Ausstattungsangebot von Mehrpersonenhäusern und die zunehmende Lust auf private Geselligkeit unter den Ferienhausgästen (vgl. CARSTENSEN 1999/2000). Laut Aussagen von Mitarbeitern bedeutender deutscher Ferienhausmittler zählen zu kundenspezifischen Sondierungsrastern die Größe des Hauses, bestimmte Ausstattungsmerkmale (wie z. B. Kamin, Sauna, Whirlpool, Swimmingpool) sowie Lagekriterien (vgl. CARSTENSEN, Experteninterviews 1999[4]). Für die Hauptsaisonzeiten, wie z. B. Weihnachten, sind insbesondere Häuser mit Pool bereits im Oktober ausgebucht. Aus diesem Grund verfügen neue dänische Häuser über Luxuseinrichtungen. Integrierte hauseigene Swimmingpools gelten als Markenzeichen dänischer Ferienhäuser.

In einer 1999/2000 von der Autorin durchgeführten Untersuchung wurde die Bedeutung des Ausstattungsmerkmals ‚Swimmingpool‘ überprüft (vgl. Abb. 5). Es stellte sich heraus, dass ein Swimmingpool nur für 22% der Befragten von sehr hoher Bedeutung ist und 43% auf dieses Ausstattungskriterium verzichten würden.

Abb. 5: Bedeutung des Ausstattungsfaktors ‚Swimmingpool‘

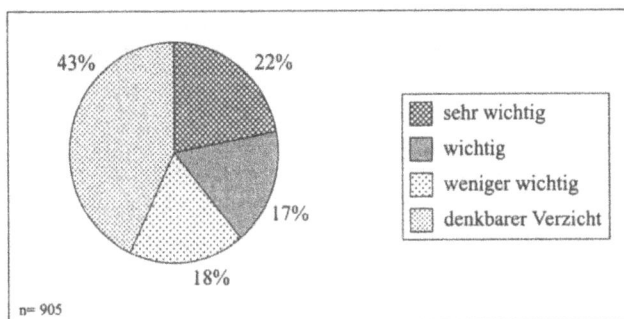

Quelle: CARSTENSEN 1999/2000

In der Auswertung offener Fragen wird deutlich, dass oftmals nicht, wie von dänischen Reiseveranstaltern angenommen, der Pool ausschlaggebendes Ausstattungsmerkmal, sondern vielmehr die Hausgröße entscheidendes Buchungskriterium für die jeweilige Klientel gewesen ist. Ferner wird bemängelt, dass es ‚zuwenig Vielpersonenhäuser ohne Luxusschnickschnack‘ geben würde (vgl. CARSTENSEN

---

[4] Geführte Experteninterviews: Reisebüro Norden in Hamburg 1999; Reisebüro Norden in Düsseldorf 1999; Skandinavisches Reisebüro in Berlin 1999/2000.

1999/2000). Eine Schlüsselfunktion bei der Ferienhausbeurteilung aus Sicht der Gäste kommt sowohl der ästhetischen als auch der authentischen Funktion zu. Ähnliches hat TRESS (2000, S. 227) in Bezug auf die Wahrnehmung von Ferienhauslandschaften feststellen können.

Ferienhausurlauber lieben Traditionen. Damit sind sowohl die klassischen Merkmale der bewohnten Ferienhäuser als auch die selbst verordnete Tradition gemeint, Ferienhausurlaub als Reiseform zu wählen: ‚Ein gewonnener Ferienhausgast ist ein treuer Ferienhausgast'. Für Marketingstrategen handelt es sich hierbei um einen äußert selten zu erreichenden Idealzustand, dem Dänemark jedoch sehr nahe zu kommen scheint: Jedenfalls haben 12% der befragten deutschen Gäste bereits mehr als zehnmal ein dänisches Ferienhaus aufgesucht. 5% davon geben an, regelmäßig ihren Urlaub in einem dänischen Ferienhaus zu verbringen.

Die durchschnittliche Aufenthaltsdauer beträgt zwei Wochen (46% der befragten Personen). Weitere 13% beziffern ihre Verweildauer mit zehn Tagen, 33% mit einer Woche. Die deutschen Ferienhausgäste in Dänemark sind durchschnittlich zwischen 31 und 40 Jahre alt und gehören zur mittleren bis gehobenen Bildungs- und Einkommensschicht (vgl. CARSTENSEN 1999/2000). Diese Angaben decken sich mit den im Jahr 1999 durchgeführten Untersuchungen des dänischen Fremdenverkehrsrates (vgl. Danmarks Turistråd 1999).

Ähnlich detaillierte Untersuchungen zum Nachfrageprofil von Ferienhausgästen in Deutschland liegen derzeit nicht vor. Zu den Vorteilen dänischer Ferienhäuser zählen aus Sicht der Befragten die Vielfalt und die Qualität, aber auch die höhere Transparenz des dänischen Angebotes (vgl. Abb. 6). 55% empfinden das dänische Ferienhausangebot berechenbarer als das deutsche.

Abb. 6: Vorteile der dänischen Ferienhäuser

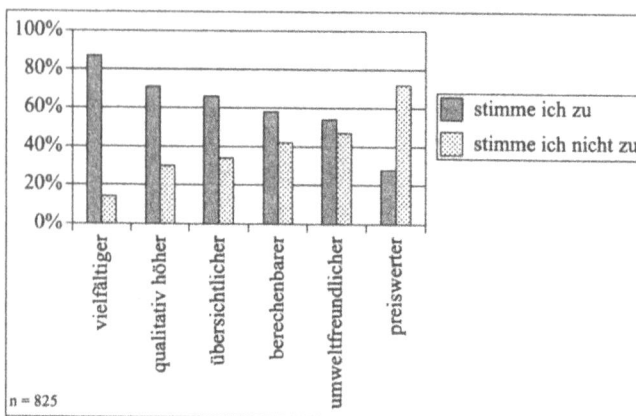

Quelle: CARSTENSEN 1999/2000

4   Ferienhaustourismus – eine Herausforderung für deutsche Tourismusverantwortliche

Als ‚deutsche Herausforderung' betitelte Danmarks Turistråd (1999) seine detaillierte Untersuchung zum Urlaub und zum Ferienhausurlaub deutscher Gäste. Eine Herausforderung stellt der Ferienhaustourismus jedoch für Deutschland selbst dar. Noch immer suchen viele Regionen und Tourismusverantwortliche speziell in den Neuen Bundesländern nach geeigneten Tourismuskonzepten. Auffallend dabei ist die anhaltende Fokussierung auf touristische Großvorhaben. Marinas, Spaßbäder oder multifunktionale Freizeitzentren treffen auf hohe Förderbereitschaft, während die Akquisition von Fördermitteln für die Schaffung touristischer Infrastrukturen durch Privatpersonen ungleich schwieriger ist.

Argumentiert wird in diesem Fall ähnlich wie bei den Diskussionen zur Durchsetzung von Center Parcs: Einer Konzentration von Touristen auf räumlich begrenzten Arealen wird einer Dispersion von Erholungsuchenden in räumlich nicht klar abgrenzbaren Gebieten aus ökologischen Gründen der Vorzug gegeben. Übersehen wird dabei oftmals, dass in den Neuen Bundesländern Ferienhauszentren nicht ein zusätzliches Luxuselement in einer gesättigten touristischen Angebotsstruktur darstellen, sondern als inselartige Anziehungspunkte in einer sonst noch wenig entwickelten touristischen Umgebung fungieren können. Die Kleinteiligkeit der ländlichen Räume und die häufig noch vorzufindende Authentizität von zahlreichen Dorfstrukturen in den Neuen Bundesländern erfordern jedoch einen besonders sensiblen Umgang. Zu vermeiden sind ‚Inselhopperlandschaften', in denen sich der Erholungsuchende von der Marina zum Center Parc und von dort zum Schlosscafé hangelt. Ein behutsamer Aufbau von Ferienhausnetzen könnte einen Beitrag zur kleinteiligen touristischen Erschließung leisten.

Das Interesse von Großstädtern an Ferienhäusern im näheren Umland ist ausgesprochen hoch (vgl. Kap. 2.2). Der Forderung dieser Klientel nach möglichst intakter Natur und authentischer Landschaft kann besonders in ländlichen Räumen der Neuen Bundesländer entsprochen werden. Umnutzbare Gehöfte, brachliegende Gutshäuser, leer stehende Bauernkaten und restaurierbare authentische Bauten sind noch zahlreich vorhanden. Auch die erforderlichen Aufnahmekapazitäten in Häusern, welche die gewünschte Ästhetik vermitteln, werden vorgefunden.

Die Kritik, Ferienhaustourismus sei ein Flächen- und Landschaftsfresser, mag zutreffen, wenn Ausmaße und Häuserdichten wie in Dänemark erreicht werden. Beim Aufbau eines angepassten Ferienhausnetzes in Deutschland, das gleichzeitig einen wichtigen Beitrag zum Erhalt von wertvollen Kulturlandschaften leisten könnte, ist man weit von diesen negativen Auswirkungen entfernt.

Entscheidend sind jedoch der Gestaltungswille sowie das Bekenntnis einer gesamten touristischen Destination oder eines Bundeslandes, den Ferienhaustourismus gezielt und umsichtig ausbauen zu wollen. Über ein Ferienhausnetz, das über den von Gästen gewünschten Standard verfügt und regionale Eigenheiten bewahrt, kann auch in Deutschland eine erfolgreiche Marktplatzierung erfolgen. Entsprechende Nachfragepotenziale und Angebotsressourcen sind anhand von eigenen Untersuchungen für das Berliner Umland nachgewiesen worden. Als regionales Alleinstellungsmerkmal ist ein derartig entwickelter Ferienhaustourismus mehr als geeignet. Bleibt zu hoffen, dass der Dornröschenschlaf des deutschen Ferienhaustourismus nicht noch weitere hundert Jahre währt.

Literatur

ADERHOLD, P. (1999/2000/2001): Die Reiseanalyse RA 1999 Urlaub und Reisen – Kurzfassung, Forschungsgemeinschaft Urlaub und Reisen e. V. (Hrsg.). Hamburg.
ALBRECHT, W./GRIMM, F. (1990): Freizeitwohnen und Freizeitsiedlungen in der DDR. In: Petermanns Geographische Mitteilungen, 2, Jg. 134, S. 87-93.
Danmarks Statistik (1998): Statistik månedsoversigt, 1998.
Danmarks Statistik (2000): Statistik månedsoversigt, 2000.
Danmarks Turistråd (1998a): Feriehuseanalyse 1998 – TØBBE-rapporten, Analyseafdelingen. København.
Danmarks Turistråd (1999): Det Tyske Ferierejsemarked for Danmark 1999, Rapport. København.
FORCHHAMMER, P. (1994): Bureauerne skriger efter deres sommerhus. Penge og Brisbane.
GARTNER, W. C./GIRARD, T. C. (1993): Second home second view – host community perceptions. In: Annals of Tourism Research, Vol. 20, S. 685-700.
HAAR, O. (2000): Der touristische Markt für Ferienhäuser/-wohnungen in Deutschland. Angebot – Nachfrage – Perspektiven (unveröffentlichte Magisterarbeit an der Universität Paderborn, Fachbereich Geographie).
KASPAR, C. (1996^5): Die Tourismuslehre im Grundriss. Bern/Stuttgart/Wien.
KRIPPENDORF, J. (1996): Die Ferienmenschen: Für ein neues Verständnis von Freizeit und Reisen. Bern.
Statistisches Bundesamt (1999): Tourismus in Zahlen 1998/99. Wiesbaden.
TRESS, G. (2000): Die Ferienhauslandschaft. Motivationen, Umweltauswirkungen und Leitbilder im Ferienhaustourismus in Dänemark. Universität Roskilde, Institut für Geographie und Internationale Entwicklungsstudien, Dänemark. Rapport Nr. 120.

Zielorte des Holocaust-Tourismus im Wandel - die KZ-Gedenkstätte in Dachau, die Gedenkstätte in Weimar-Buchenwald und das Anne-Frank-Haus in Amsterdam

Rudi Hartmann

Bei den genannten Gedenkstätten und Museen für die Opfer des Nationalsozialismus in Dachau, Weimar-Buchenwald und Amsterdam handelt es sich um herausragende Zielorte eines neuen Typus des historischen Besucherverkehrs zur Neuesten Geschichte, des *Holocaust-Tourismus*. Die Erinnerung an die nationalsozialistischen Massenmorde am europäischen Judentum und anderer ethnischer, religiöser, sozialer und politischer Gruppen hat nach 1945 zur Errichtung einer Vielzahl von Orten des Gedenkens geführt. Räumlicher Ausdruck einer zunehmenden Anzahl von Denkmälern an historischen Orten, in deren Mittelpunkt die politischen Ereignisse aus den Jahren 1933-45 stehen, ist eine sich mehr und mehr ausdehnende „Erinnerungslandschaft" (BENZ 2000; Gedenkstättenforum 2000). In vielen Fällen sind die Gedenkstätten zur neuesten Geschichte zu weithin bekannten und häufig frequentierten Besuchereinrichtungen in ihrer jeweiligen Fremdenverkehrsregion geworden. So liegen die jährlichen Besucherzahlen für Dachau, Buchenwald und das Anne-Frank-Haus bei jeweils 600.000 bis 900.000 Personen.

1 Die räumliche Verteilung von Gedenkstätten für die Opfer des Nationalsozialismus

Mehr als fünfzig Jahre nach den tragischen Ereignissen bestehen mehrere Tausend historische Denkmäler und Gedenkstätten in Deutschland sowie in den Nachbarländern in Mittel-, West- und Osteuropa. Mehr als einhundert ständige Ausstellungen und Museen bemühen sich um Bildungsarbeit zum Thema (zu einer Zusammenstellung der historischen Denkmäler, Gedenkstätten und Museen vor allem in Deutschland vgl. PUVOGEL/STANKOWSKI 1995; ENDLICH et al. 1999; LOHOFF 1998; LUTZ 1995).

Eine räumliche Analyse der Verteilung der Standorte historischer Stätten und Museen ergibt, dass ein ungleichmäßiges Muster besteht – mit beträchtlichen Konzentrationen in einigen Örtlichkeiten und Regionen einerseits und relativ leeren Räumen andererseits. Das gegenwärtige Verteilungsmuster lässt sich – zumindest für Deutschland und Mitteleuropa – in vierfacher Weise erklären:

- Eine räumliche Konzentration von Gedenkstätten für die Opfer des Nationalsozialismus besteht vor allem dort, wo die Machtzentren des NS-Staats bzw. die Zentren des Widerstands gegen das NS-Regime waren. Sie sind häufiger in Großstadtregionen zu finden. Allein in Berlin gibt es mehr als fünfhundert historische Örtlichkeiten, Denkmäler oder Gedenkstätten mit ständigen Ausstellungen oder Museen (vgl. ENDLICH et al. 1999, S. 27-227). Sie reichen von dem historischen Denkmal zur Bücherverbrennung im Mai 1933 und Tafeln an Häusern, aus denen Mitglieder des Widerstands verschleppt wurden, über die Ausstellung ‚Topographie des Terrors' im ehemaligen Gestapo-Gelände bis hin zur Wannsee-Villa, in der die Durchführung der ‚Endlösung der Judenfrage' geplant wurde.

- Ein zweiter Erklärungsansatz geht davon aus, dass die Gedenkstätten dem Hauptpfad der Vernichtung menschlichen Lebens in den Konzentrationslagern und an anderen Örtlichkeiten folgen, wo NS-Organisationen Massaker begingen. In allen Hauptlagern und vielen Nebenlagern des NS-Systems der Konzentrationslager bestehen nun ständige Ausstellungen oder Hinweise auf die historischen Ereignisse (vgl. Abb. 1).

- Darüber hinaus sind Gedenkstätten häufig dort zu finden, wo einst jüdisches Gemeindeleben blühte. Gedenktafeln und Denkmäler wurden in vielen Orten errichtet, wo sich die jetzigen Einwohner an die ehemaligen jüdischen Mitbürger erinnern (z. B. in deren Wohnvierteln oder an der Stelle von zerstörten Synagogen).

- Schließlich lassen sich die Räume ohne Gedenkstätten – wie sie z. B. in ENDLICH et al. erkennbar sind (1999, Kartenbeilage) – ebenfalls teilweise erklären. Das Fehlen von Denkmälern bedeutet nicht notwendigerweise, dass in diesen Räumen keine Schrecklichkeiten des NS-Regimes geschehen sind. In der Regel ist es ein Ausdruck bewusster Vernachlässigung oder der Verdrängung solcher Ereignisse in der Darstellung örtlicher oder regionaler Geschichte. In den letzten Jahren sind eine Reihe von Fällen offenkundig geworden, wo anfängliche Bemühungen, eine Gedenkstätte oder eine Tafel mit Hinweisen auf Geschehenes zu errichten, am lokalen Widerstand scheiterten. Mehr und mehr werden solche ‚vergessenen' historischen Orte von einer jüngeren Generation wiederentdeckt.

Die Errichtung von Gedenkstätten und Museen zum Holocaust blieb nicht auf Mittel- und Osteuropa beschränkt, wo die allermeisten Schrecklichkeiten geschahen. Die zwei herausragenden Museen außerhalb Europas sind in Jerusalem (Yad Vashem) und in Washington, D. C. (United States Holocaust Memorial Museum) zu finden. Beide Einrichtungen haben größere Archive sowie Dokumentations- und Forschungszentren. Ihre Dauerausstellungen werden jeweils von 1,5 Mio. Personen jährlich besucht.

Abb. 1: Gedenkstätten in nationalsozialistischen Konzentrationslagern sowie andere Denkmäler des Holocaust

Quelle: Benz 2000; United States Holocaust Memorial Museum 1996

In vielen Ländern hat sich eine spezifische politische Kultur zur Erinnerung an die Opfer des Nationalsozialismus entwickelt (vgl. YOUNG 1993). In Israel wurde der 27. Tag des Monats Nissan zur Erinnerung an die Shoah bestimmt. In den Vereinigten Staaten findet jährlich im April eine ‚Holocaust Awareness Week' mit vielen örtlichen Veranstaltungen zum Thema statt. Historische Daten wie der 9. November (‚Kristallnacht') sind auch zu wichtigen Gedenktagen – in Deutschland, Österreich und in jüdischen Gemeinden weltweit – geworden. Der Tag der Befreiung aus dem Konzentrationslager war für viele Überlebende ein erster wichtiger Gedenktag, der z. B. in Dachau (am 29. April) oder Buchenwald (am 11. April) seit langem gefeiert wird. Der 27. Januar, Tag der Befreiung des Konzentrationslagers Auschwitz, wurde zum Gedenktag für die Opfer des Nationalsozialismus europaweit gewählt.

Vor diesem Hintergrund sind die Bemühungen zur Errichtung von permanenten Gedenkstätten zu sehen. Es ist wichtig dabei festzuhalten, dass es im Wesentlichen die Überlebenden der Konzentrationslager und ihrer Organisationen waren, die die Gedenkstätten durchsetzten – oft gegen den Widerstand der lokalen Bevölkerung (zu Dachau vgl. MARCUSE 1990, 2001). Viele der ehemaligen Gefangenen halfen beim Aufbau der ersten Gedenkstätten und Ausstellungen mit; darüber hinaus dienten sie über viele Jahre als Zeitzeugen vor Ort. Altersbedingt hat sich ihre Rolle in der Gedenkstättenarbeit deutlich verringert. In den letzten zwei Jahrzehnten haben die meisten Gedenkstätten vielseitige neue Programme geschaffen, die von Tausenden von Besuchern genutzt werden.

2   Das Management der Gedenkstätten in den 1990er-Jahren

Die 1980er- und 1990er-Jahre sahen beträchtliche Erfolge und eine größere Akzeptanz der Gedenkstätten der Opfer des Nationalsozialismus – sowohl auf lokaler
und regionaler Ebene als auch im internationalen Kontext. So sind z. B. das Anne-
Frank-Haus und die Gedenkstätte in Dachau zu weithin bekannten internationalen
Besuchereinrichtungen in Europa geworden. Im weiteren wurde eine Reihe von
neuen Gedenkstätten geschaffen (z. B. im ehemaligen Konzentrationslager Neuen-
gamme bei Hamburg), die nun viele Besucher aus dem Regionalbereich anziehen.
Neue pädagogische Einrichtungen und Programme – wie lokale Geschichts-
Werkstätten oder alternative Stadtführungen – trugen ebenfalls zur weiteren Popu-
larisierung der Gedenkstätten bei.

Seit den späten 1980er-Jahren sind die Gedenkstätten in Polen oder in Tschechien
leichter zugänglich geworden, was signifikante Auswirkungen auf den Besucherverkehr zu und in den früheren osteuropäischen Ländern – auf der anderen Seite
des ‚Eisernen Vorhangs' – zur Folge hatte. Dies trifft vor allem auf Zielorte wie
Auschwitz, Krakow (‚Schindler-Tourismus') und Prag (jüdisches Viertel) zu.
Viele der ehemaligen osteuropäischen Gefangenen konnten nun zum ersten Mal
nach Westeuropa reisen (z. B. nach Dachau). Mit der Zunahme der Attraktivität
der Zielorte des Holocaust-Tourismus wurde es schließlich notwendig, Änderungen in den Gedenkstätten selbst vorzunehmen. Es waren im Wesentlichen drei
Argumente oder Überlegungen, die die Verantwortlichen in den Gedenkstätten zu
den Änderungen vor Ort veranlassten:

- Die Absicht, endlich authentische oder möglichst authentische Verhältnisse zu
  schaffen oder zu rekonstruieren: Die historischen Orte waren vor allem in den
  ersten Nachkriegsjahren in anderer Weise genutzt (oder missbraucht) worden.
  Viele Einrichtungen und Gebäude sind in diesen Jahren verloren gegangen
  bzw. bewusst zerstört worden.

- Die Bemühungen, die ersten – pädagogisch relativ antiquierten – Ausstellungen zu modernisieren (z. B. mit der Einbeziehung moderner Medien). Die Anstrengungen, die Ausstellungen für die Lernerfahrung der Besucher im 21. Jh.
  anzupassen, sind auch vor dem Hintergrund zu sehen, dass bald keine Zeitzeugen vor Ort zur Verfügung stehen werden.

- Die Notwendigkeit, eine Vielzahl von neuen Forschungsergebnissen und bislang vernachlässigten Aspekten in die thematisch zu überarbeiteten Ausstellungen einzubauen. Letzteres gilt z. B. für einige vernachlässigte Gruppen in den
  Lagern, wie die Sinti und Roma (Zigeuner) oder die Homosexuellen.

Diese Trends sollen anhand von drei Fallstudien näher untersucht werden: der KZ-
Gedenkstätte Dachau, der Gedenkstätte Weimar-Buchenwald und dem Anne-
Frank-Haus in Amsterdam. Die Änderungen in diesen drei Orten können die jewei-

ligen, sehr unterschiedlichen Gegebenheiten und Management-Ansätze in der Bundesrepublik Deutschland, in der ehemaligen Ddr, im wiedervereinigten Deutschland und in den Niederlanden aufzeigen (zu ausführlicheren Darstellungen vgl. HARTMANN 1989, 1998, 2001, 2002).

2.1 Dachau

Das Konzentrationslager, das nahe der Stadt Dachau in einer leer stehenden Munitionsfabrik im März 1933 eingerichtet worden war, hatte besondere Bedeutung im System der nationalsozialistischen Konzentrationslager. Es war das erste und führende Konzentrationslager, in dem die SS die Prinzipien zur Führung der Lager entwickelte (vgl. RICHARDI 1983). Über 200.000 Häftlinge, mit unterschiedlichem politischen, ethnischen, sozialen und religiösen Hintergrund, wurden in den Jahren 1933 bis 1945 dort gefangengehalten. Über 31.000 Todesfälle sind registriert. Bei der Befreiung des Lagers im April 1945 waren die amerikanischen Truppen zunächst mit dem Bild von mehr als ein Tausend Leichen in zwei Dutzend geparkter Eisenbahnwaggons konfrontiert, bevor sie ca. 30.000 jubelnde Überlebende erreichten. Seit diesem historischen Tag ist Dachau in engster Weise mit dem unmenschlichen Antlitz des nationalsozialistischen Schreckensregime verbunden.

Der Weg zur Errichtung einer Gedenkstätte auf dem Gelände des ehemaligen Konzentrationslagers war mühevoll und schwierig (vgl. MARCUSE 1990, 2001). Nach verschiedenen Anfängen und Teilerfolgen wurde die KZ-Gedenkstätte schließlich im Mai 1965 eröffnet. Sie steht unter der Verwaltung des Freistaates Bayerns. Für die inhaltlichen Informationen auf dem Gelände, vor allem in der Ausstellung im Museum, ist die Dachauer Häftlingsorganisation, Comité International de Dachau, verantwortlich.

Der Besuch der KZ-Gedenkstätte und des Museums ist eintrittsfrei. Es wird geschätzt, dass ca. 300.000 bis 400.000 Personen jährlich die Gedenkstätte in den ersten zehn Jahren besuchten (1965-1975). Die Mehrheit der Besucher kam aus dem Ausland; individuell reisende U.S.-Bürger zählten (und zählen nach wie vor) zu den wichtigsten Besuchergruppen vor Ort. Die deutschen Besucher – meist in Gruppen – machten in diesem Zeitraum 25-30% der Gesamtbesucher aus. Diese Proportion sollte sich langsam in den späten 1970er- und in den 1980er-Jahren ändern (auf 35-40%), als eine neue Generation von Lehrern ihre Schüler zur Gedenkstätte brachte. Die Anzahl der deutschen Besucher vervierfachte sich in den 1980er-Jahren, als auch die Gesamtzahl der Besucher auf über 900.000 stieg. Zeitweilig waren die relativ wenigen Angestellten in der Gedenkstätte, die auch Bibliothek und Archiv betreuen, von dem anhaltend hohen Besucherstrom überfordert. Die Situation einer personell chronisch unterbesetzten Besuchereinrichtung der obersten Kategorie im bayerischen Raum hat sich geringfügig verbessert, als zunächst während des Golf-Kriegs (1991-1993) viele der amerikanischen Besucher wegblieben und die Zahl der Besucher abnahm. Mitte und Ende der

1990er-Jahre wurden dann weitere Angestellte eingestellt, als der Besucherverkehr wieder zunahm. Die Gedenkstätte, die seit einigen Jahren keine Schätzungen mehr am Eingang des Museums vornimmt, gibt als Richtwert für das Volumen des Besucherverkehrs ‚700.000 Plus' an. Beobachter hielten und halten die frühen wie auch die gegenwärtigen Schätzwerte für Mindestbesucherzahlen (vgl. HARTMANN 1989, 2002).

Die Motive für den Besuch der Gedenkstätte sind vielfältig. Sie reichen von persönlichen Gründen der Angehörigen über humanitäre Ziele von interkonfessionellen Jugendgruppen bis hin zu einer erhofften weiteren Lernerfahrung vor Ort bei Austausch- und Bildungsfahrten (vgl. HARTMANN 1989).

In den 1980er-Jahren erhielt das pädagogische ‚Lernort'-Konzept in Dachau (wie auch in vielen anderen Zielorten des Holocaust-Tourismus) mehr und mehr Anwendung (vgl. Bayerischer Jugendring 1988; DISTEL 1993; BENZ/DISTEL 1995; EHMANN et al. 1995; ROOK 1995; STADLER 1995; BENZ 2000). Sommer-Camps, Workshops und Seminare brachten viele Jugendliche nach Dachau. Der Plan, ein permanentes ‚Internationales Jugendbegegnungszentrum' in Dachau zu errichten, scheiterte zunächst am Widerstand lokaler Gruppen. Die anhaltenden Bemühungen der Befürworter des Projekts konnten schließlich die Furcht mancher Dachauer überwinden, dass mit der Schaffung einer zusätzlichen, ebenfalls mit der Gedenkstätte verbundenen Institution das Image der Stadt weiter belastet würde. Das verwirklichte Zentrum, mit preisgünstigeren Übernachtungsmöglichkeiten für junge Besuchergruppen, hat mitgeholfen, die Kapazitätsprobleme im Jugendtourismus der Stadt teilweise zu beheben.

Lokale Historiker begannen, die komplexen Beziehungen der Stadt zum Lager näher zu untersuchen (vgl. RICHARDI 1983; 1998; STEINBACHER 1993). Obwohl Dachau zunächst keine Hochburg der NS-Bewegung war (die katholische Zentrumspartei und die SPD waren die führenden politischen Kräfte vor 1933), wurde die Stadt nazifiziert. Dachau hatte eine NS-Verwaltung und viele örtliche Geschäfte profitierten vom Lager. Formen eines lokalen Widerstands sind vor allem für die Anfangsjahre und das Ende der NS-Zeit dokumentiert (z. B. ein Aufstandsversuch zwei Tage vor der Befreiung). Teile der lokalen Bevölkerung würden gerne ein differenzierteres Bild ihrer Heimatstadt in der Gedenkstätten-Ausstellung sehen.

Mitte und Ende der 1990er-Jahre wurde eine umfassende Restrukturierung der Gedenkstätte beschlossen, die eine gänzliche Umorientierung der Besucher-Route und eine Überarbeitung der Ausstellung vorsieht (vgl. KZ-Gedenkstätte 1996; Haus der Bayerischen Geschichte 1999; MARCUSE 2001). Ein erster Teil, eine neue Führung durch den Bunker-Bereich (Lagergefängnis), wurde im Januar 2001 erfolgreich abgeschlossen (vgl. EIBER 2000).

2.1 Weimar-Buchenwald

Es lassen sich viele Parallelen zwischen Dachau und Buchenwald als Hauptlager des Systems nationalsozialistischer Konzentrationslager ziehen. Zugleich bestehen aber auch eine Reihe von wichtigen Unterschieden in der Geschichte der beiden Lager und besonders im Management der jeweiligen Gedenkstätten.

Das Konzentrationslager Buchenwald ist beträchtlich größer als das in Dachau. Es wurde im Jahr 1937 an der Peripherie einer Stadt errichtet, in der die NSDAP und andere nationalistische Parteien beträchtliche Unterstützung von der Bevölkerung fanden. Vertreter dieser Parteien waren bereits im Jahr 1932 in kommunalen Machtpositionen (vgl. SCHLEY 1996; Gedenkstätte Buchenwald 1999). Anders als in Dachau wurde für das Konzentrationslager ein neuer Name (Buchenwald) gewählt, so dass keine direkte Verbindung der gefeierten Stadt der deutschen Klassik mit den später im Lager begangenen Schrecklichkeiten besteht. 56.000 Personen starben im Konzentrationslager Buchenwald. Über eine Viertel Million Gefangene – wie in Dachau aus vielen ethnischen, sozialen, politischen und religiösen Bereichen – wurden dort gefangen gehalten. Zum Ende des Kriegs herrschten katastrophale Bedingungen im Lager vor, vergleichbar mit der Situation in Bergen-Belsen. Wie in Dachau starben viele Gefangene an medizinischen Versuchen. 8.000 russische Kriegsgefangene wurden im Lager umgebracht. Eine Befreiung des Lagers fand ‚von innen und von außen' statt (vgl. Gedenkstätte Buchenwald 1999): Als die amerikanischen Truppen Weimar-Buchenwald erreichten, war das Lager bereits von politischen Häftlingen, vor allem vom kommunistischen Widerstand, befreit worden. Die führende Rolle dieser politischen Häftlingsgruppe und der Mythos einer vollständigen Selbstbefreiung sollte Konsequenzen für die ursprüngliche Darstellung der Lagergeschichte nach 1945 haben.

Buchenwald lag in der sowjetischen Besatzungszone. Als die DDR im Jahr 1949 gegründet wurde, entstanden bald Pläne für eine Nationale Mahn- und Gedenkstätte. Sie wurde im Jahr 1958 eingeweiht, mit einem gigantischen Turm-Mahnmal. Wie in Dachau wurden die meisten ehemaligen Lagergebäude bewusst zerstört. Ein ‚Museum des Widerstands' reduzierte die Lagergeschichte auf den Überlebenskampf der kommunistischen und sozialistischen Gefangenen. In besonderer Weise wurde Ernst Thälmann (Vorsitzender der Kommunistischen Partei Deutschlands), der 1944 im Lager ermordet wurde, vor Ort geehrt. Fahrten nach Buchenwald spielten eine besondere Rolle in der politischen Erziehung in der DDR. Viele Jugendliche leisteten dort z. B. ihren Eid zur Mitgliedschaft in den ‚Jungen Pionieren' ab (vgl. Stiftung Gedenkstätten Buchenwald und Mittelbau-Dora 1999).

Nach dem Zusammenbruch des Kommunismus in der DDR und der Wiedervereinigung 1989/90 wurden in der Gedenkstätte und im Museum wesentliche Änderungen vorgenommen. Das Projekt wurde von der Bundesrepublik Deutschland und dem Land Thüringen finanziert. Eine Historiker-Kommission erarbeitete, zusammen mit den Häftlingsorganisationen, die Pläne zur Reorganisation der Ge-

denkstätte. Das Ergebnis der Vorschläge waren u. a. die Errichtung eines jüdischen
Denkmals (1993), eines Denkmals für die Sinti und Roma (1995) und eines
Denkmals für alle Buchenwald-Häftlinge. Im Jahr 1995 wurde die neue Museums-
ausstellung eröffnet; sie integriert Informationen zu allen Häftlingsgruppen. Das
ursprüngliche Museum wurde geschlossen, alle Denkmäler aus der DDR-Zeit
blieben jedoch erhalten. Drei weitere Dauerausstellungen wurden in den folgenden
Jahren errichtet: eine Ausstellung im benachbarten Mittelbau-Dora Konzentrationslager (1944-1945), eine Ausstellung zum Sowjetischen Speziallager Nr. 2
(1945-1950) und eine Ausstellung, die die Geschichte der Gedenkstätte und ihrer
Museen in Buchenwald in den Jahren 1945 bis 1999 dokumentiert.

Buchenwald unterscheidet sich von Dachau auch darin, dass hier versucht wird,
die kontroverse Geschichte der Lager und ihrer Gedenkstätten nach 1945, insbesondere im ‚Kalten Krieg‘, darzustellen. Das sowjetische Speziallager in Buchenwald war ein Tabu für die DDR. 7.000 Personen, meist Mitglieder von NS- und
Polizei-Organisationen, starben in diesem Sonderlager. Die Ausstellung zu diesem
Thema ist der Hauptausstellung in Buchenwald nachgeordnet.

Die Nationale Mahn- und Gedenkstätte zählte während der DDR-Zeit ca. 300.000
Besucher pro Jahr. In den späten 1990er-Jahren hatte sich der Besucherverkehr zur
Gedenkstätte Buchenwald auf ca. 600.000 bis 700.000 Personen eingependelt.
Wie in Dachau ist es nicht möglich, genaue Besucherzahlen anzugeben (mit Ausnahme der Übernachtungen in der Jugendbegegnungsstätte vor Ort), da das Gelände nahezu vollständig offen ist. Es kann von Wanderern zum Ettersberg (mit der
Goethe-Eiche) besucht werden. Meist jedoch erreichen Besucher die Gedenkstätte
von den Strassen und Parkplätzen rund um das ehemalige Konzentrationslager.
Der Besucherverkehr hat deutlich während und nach den ‚Europäischen Kulturta-
gen‘ in Weimar zugenommen. Wie in Dachau wird auch hier vorbildliche Jugend-
arbeit geleistet, z. B. zum Thema verschüttete Geschichte (mit Ausgrabungen
während der Workcamps; vgl. ROOK 1995).

2.3   Anne-Frank-Haus

Eine weitere didaktisch innovative Gedenkstätte für die Opfer des Nationalsozialismus ist in Amsterdam entstanden. Das Anne-Frank-Haus, das nach Anfangs-
schwierigkeiten im Jahr 1960 eröffnet werden konnte, ist zu einem überregionalen
und international angesehenen Bildungszentrum geworden. Im Mittelpunkt steht
das Leben der Anne Frank, das ein frühzeitiges Ende in Bergen-Belsen im Jahr
1945 fand.

Die Erhaltung des Hauses 263 Prinsengracht ist einer Gruppe von Amsterdamer
Bürgern und Otto Frank, dem einzigen Überlebenden der acht Personen im Versteck des Hinterhauses in den Jahren 1942 bis 1944, zu verdanken. Mit der Veröffentlichung des Tagebuchs der Anne Frank (‚Het Achterhuis‘, 1947), das in mehr

als 50 Sprachen übersetzt wurde, entstand in Amsterdam eine spezifische literarische Landschaft, die Millionen von Besucher anzieht.

Die Besucherzahlen hatten sich in den 1960er- und 1970er-Jahren rasch auf über 300.000 erhöht und damit ein Niveau erreicht, das anhaltende Kapazitätsprobleme zur Folge hatte. Da sich das Hauptinteresse der Besucher auf das Versteck im Hinterhaus konzentrierte, war die Abnutzung der Treppen und der Räumlichkeiten entlang des Besucherwegs enorm. Das Haus musste zeitweilig geschlossen werden. Mit dem weiteren Anstieg des Interesses an Anne Franks Person und Schriften war die Notwendigkeit gegeben, den historischen Ort zu bewahren und einer größeren Öffentlichkeit zugänglich zu machen. Pläne für eine vollständige Restaurierung des Hauses (mit dem Geschäfts- und Warenproduktionsbereich im Vorderhaus) und der Erwerb der Nachbarhäuser für den weiteren Ausbau der Museumsinfrastruktur wurden im Jahr 1999 verwirklicht. Im Weiteren wurde eine Fülle von didaktischen Modernisierungen vor Ort durchgeführt. Die Besucherzahlen sollten in den späten 1990er-Jahren und im Jahr 2000 schließlich 800.000 übersteigen (vgl. Abb. 2). Das Anne-Frank-Haus ist damit zu einer der wichtigsten Attraktionen im Fremdenverkehr der Stadt Amsterdam geworden (vgl. Anne Frank House 1995, 1999; HARTMANN 2001).

Abb. 2: Besucherzahl des Anne-Frank-Hauses in Amsterdam (1960-2000)

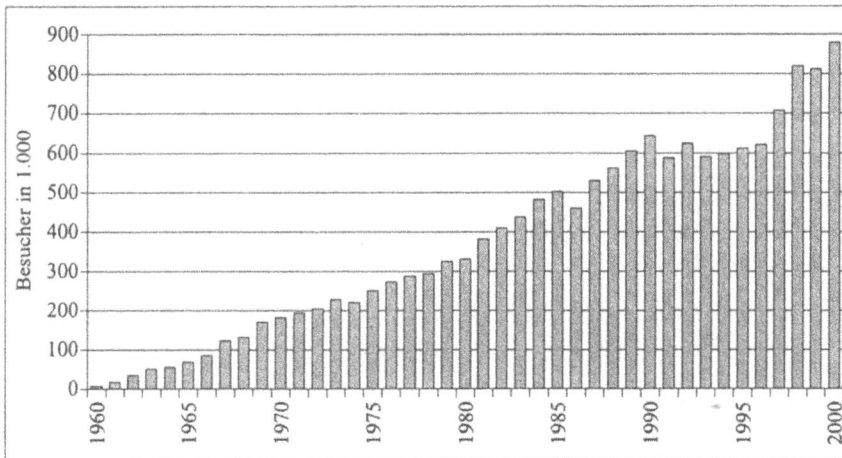

Quelle: Angaben des Anne-Frank-Hauses

Anders als in Dachau und Buchenwald wird das Anne-Frank-Haus von einer privaten Stiftung geleitet, der ‚Anne Frank Stichting'. Der Auftrag der Stiftung liegt nicht nur in der weiteren Bewahrung der historischen Örtlichkeit, sondern auch in der aktiven Propagierung der humanistischen Ziele der jungen Autorin. Das Museum erzählt die Geschichte einer Person und ihr Schicksal im familiären, sozialen und politischen Umfeld der 1930er- und 1940er-Jahre in Deutschland, Holland und Europa. Das Anne-Frank-Haus versucht, junge wie auch ältere Besucher aus

Amsterdam und aus Übersee zur Auseinandersetzung mit der neueren und neuesten Geschichte anzuregen, indem es individuelle Erfahrungen und tragische Gruppenschicksale in verbindender Weise veranschaulicht. Die positive Aufnahme dieser Ausstellungskonzeption lässt eine weitere Zunahme des Besucherverkehrs erwarten.

3   Fazit und Ausblick

Orte des Schreckens sind in jüngster Vergangenheit zu Zielpunkten eines besonderen Typus des Tourismus geworden. Im englischen Sprachbereich sind Begriffe wie ‚dissonant heritage tourism', ‚dark tourism' und ‚thanatourism' in die Literatur eingeführt worden (vgl. TUNBRIDGE/ASHWORTH 1996; LENNON/FOLEY 2000; ASHWORTH/HARTMANN 2002). Bei der Diskussion der genannten neuen Tourismus-Konzeptionen spielt der Holocaust-Tourismus eine zentrale Rolle. Wenige historische Epochen wie das ‚Dritte Reich' in Deutschland und Europa sind in solch fataler Weise mit Horror und Schrecklichkeiten verbunden. Fremdenverkehrsgeographen können sowohl im pädagogischen wie auch im praxis- und planungsorientierten Bereich einen Beitrag zur räumlichen Analyse des Holocaust und des Holocaust-Tourismus leisten (vgl. GILBERT 1988; FREEMAN 1996; United States Holocaust Memorial Museum 1996; HARTMANN 1998).

Literatur

Anne Frank House (1999): Anne Frank House – A Museum with a Story. Amsterdam.
Anne Frank House (1995): Restoration of the Frank House: ‘House with a Story'. Amsterdam.
ASHWORTH, G./HARTMANN, R. (Hrsg.; 2002): Horror and Human Tragedy Revisited – The Management of Sites of Atrocities for Tourism. New York (im Druck).
Bayerischer Jugendring (1988): Lernort Dachau. München.
BENZ, W. (2000): Gedenken und authentischer Ort – Überlegungen zur deutschen Erinnerungslandschaft. In: Spuren des Nationalsozialismus – Gedenkstättenarbeit in Bayern. München, S. 9-20.
BENZ, W./DISTEL, B. (1995): Orte der Erinnerung 1945 bis 1995. Dachauer Hefte, (11).
DISTEL, B. (1993): Erinnerung und Aufklärung – die KZ-Gedenkstätte Dachau 60 Jahre nach der Errichtung des Konzentrationslagers. In: Didaktische Arbeit in KZ-Gedenkstätten. München, S. 22-28.
EHMANN, A. et al. (Hrsg.; 1995): Praxis der Gedenkstättenpädagogik. Opladen.
EIBER, L. (2000): Teilausstellung Bunker (Kommandantur-Arrest) in der KZ-Gedenkstätte Dachau. Gedenkstätten Rundbrief, 95.
ENDLICH, ST. et. al. (1999): Gedenkstätten für die Opfer des Nationalsozialismus – Eine Dokumentation Band II. Berlin.
FREEMAN, M. (1996): Atlas of Nazi Germany. London.
Gedenkstätte Buchenwald (1999): Konzentrationslager Buchenwald 1937-1945 – Begleitband zur ständigen historischen Ausstellung. Göttingen.

HARTMANN, R. (2002): Holocaust Memorials without Holocaust Survivors: The Management of Museums and Memorials to Victims of Nazi Germany in 21st Century Europe. In: ASHWORTH, G./HARTMANN, R. (Hrsg.): Horror and Human Tragedy Revisited: The Management of Sites of Atrocities for Tourism. New York (im Druck).

HARTMANN, R. (2001): Tourism to the Anne Frank House, Amsterdam. In: SMITH, V./BRENT, M. (Hrsg.): Hosts and Guests Revisited: Tourism Issues of the 21st Century. Elmsford/New York, S. 210-216.

HARTMANN, R. (1998): Dealing with Dachau in Geographic Education. Visions of Land and Community. In BRODSKY, H. (Hrsg.): Geography in Jewish Studies. College Park, S. 357-369.

HARTMANN, R. (1989): Dachau Revisited: Tourism to the Memorial Site and Museum of the former Concentration Camp. In: Tourism Recreation Research, S. 41-47 und in SINGH, T. V. et. al. (Hrsg.; 1992): Tourism Environment – Nature Culture. New Delhi, S. 183-190.

Haus der Bayerischen Geschichte (1999): Räume – Medien – Pädagogik. Kolloquium zur Neugestaltung der KZ-Gedenkstätte Dachau. Materialien zur Bayerischen Geschichte und Kultur, 6.

KNIGGE, V. et. al. (1998): Konzentrationslager Buchenwald 1937-1945. Speziallager Nr. 2 1945-1950. Zwei Lager an einem Ort – Geschichte und Erinnerungskonstruktion. Weimar.

KZ-Gedenkstätte Dachau (1996): KZ-Gedenkstätte Dachau – Empfehlungen für eine Neukonzeption, vorgelegt vom wissenschaftlichen Fachbeirat. Manuskript.

LENNON, J./FOLEY, M. (2000): Dark Tourism – The Attraction of Death and Disaster. London.

LOHOFF, F.-H. (1998): ... und das Grauen bleibt – 28 KZ-Gedenkstätten in Europa. Harsewinkel.

LUTZ, Th. (1995): Gedenkstätten für die Opfer des NS-Regimes – Eine Übersicht. In: EHMANN, A. et al. (Hrsg.): Praxis der Gedenkstättenpädagogik – Erfahrungen und Perspektiven. Opladen, S. 359-374.

MARCUSE, H. (2001): Legacies of Dachau: The Uses and Abuses of the Concentration Camp, 1933-2001. New York.

MARCUSE, H. (1990): Das ehemalige Konzentrationslager Dachau. Der mühevolle Weg zur Gedenkstätte 1945-68. In: Dachauer Hefte, (6), S. 182-205.

PUVOGEL, U./STANKOWSKI, M. (1995): Gedenkstätten für die Opfer des Nationalsozialismus – Eine Dokumentation I, zweite erweiterte Ausgabe. Bonn.

ROOK, H. (1995): Projektarbeit in der Jugendbegegnungsstätte Buchenwald.

RICHARDI, H.-G. (1998): Dachauer Zeitgeschichtsführer – Die Geschichte der Stadt im 20. Jahrhundert mit drei zeitgeschichtlichen Rundgängen durch den Ort und durch die KZ-Gedenkstätte. Dachau.

RICHARDI, H.-G. (1983): Schule der Gewalt – Das Konzentrationslager Dachau 1933-34. München.

SCHLEY, J. (1996): Weimar und Buchenwald – Beziehungen zwischen der Stadt und dem Lager. In: Dachauer Hefte, (12), S. 196-214.

STADLER, St. (1995): Das Internationale Jugendbegegnungszeltlager. In EHMANN, A. et al. (Hrsg.). Praxis der Gedenkstättenpädagogik. Opladen, S. 186-193.

STEINBACHER, S. (1993): Dachau – Die Stadt und das Konzentrationslager in der NS-Zeit. Münchner Studien zur neueren und neuesten Geschichte, Bd. 5. Frankfurt.

Stiftung Gedenkstätten Buchenwald und Mittelbau-Dora (1999): Historische Dauerausstellung – Die Geschichte der Gedenkstätte Buchenwald. Weimar.

TUNBRIDGE, J. E./ASHWORTH, G. J. (1996): Dissonant Heritage – The Management of the Past as a Resource in Conflict. New York.

United States Holocaust Memorial Museum (1996): Historical Atlas of the Holocaust. New York.

YOUNG, J. (1993): The Texture of Memory: Holocaust Memorials and Meaning. New Haven.

Vom ‚Tourismus für Menschen mit Behinderung' zum ‚Tourismus für Alle'

Andrea Mallas/Peter Neumann/Peter Weber

1   Einleitung

Die näheren Lebensumstände von Menschen mit Behinderung und die „Lebenslage Behinderung" (BENDEL 1999) haben in den wissenschaftlichen Fachdiskursen über touristische Zielgruppen und deren Bedeutung, Anforderungen und Wünsche bislang keinen angemessenen Stellenwert erhalten (vgl. WEBER/NEUMANN 2002). Zwar werden seit einigen Jahren Menschen mit Behinderung als touristische Zielgruppe wahrgenommen, dennoch stößt man in Wissenschaft und Praxis immer noch auf ein geringes Problemverständnis, auf ‚Scheinargumente' und Strategien der Kontaktvermeidung, die durch mangelndes Wissen, Mutmaßungen und durch ‚Barrieren in den Köpfen' begründet sind. Hier ist eine genaue kritische Bestandsaufnahme und eine Analyse der bestehenden alltäglichen Benachteiligungen von behinderten Menschen im Bereich Freizeit und Tourismus erforderlich, um konkrete Umsetzungsmöglichkeiten und Chancen einer gleichberechtigten Teilhabe behinderter Menschen in diesem Sektor formulieren zu können.

Hinsichtlich eines sozialwissenschaftlichen Verständnisses von Behinderung werden zunächst einige Theorieansätze vorgestellt. Dabei hat die Definition von Behinderung eine große Bedeutung für die auf ihr aufbauende Bestimmung des Begriffs der Benachteiligung und damit für die Frage, welche Maßnahmen zukünftig zur Gleichstellung von Menschen mit Behinderung im Rahmen eines ‚Tourismus für Alle' geboten sind.

In Gesetzgebung, Wissenschaft, Forschung und Praxis sind bislang unterschiedliche Definitionen von Behinderung im Sinne eines struktur-funktionalistischen Verständnisses gebräuchlich. Diese lehnen sich entweder an einen biologisch-medizinischen oder an einen sozialwissenschaftlichen Ansatz an (vgl. PARK/RADFORD/VICKERS 1998; BENDEL 1999). Im älteren ‚medizinischen Modell von Behinderung' wird Behinderung im Sinne einer Schädigung des Individuums definiert. Danach führen körperlich-geistige Schäden zu funktionellen Einschränkungen; die daraus resultierende Beeinträchtigungen des Verhaltens führen wiederum zu einer sozialen Benachteiligung. Behinderung und Benachteiligung erscheinen in diesem Ansatz als Konsequenz einer medizinisch zu diagnostizierenden Beeinträchtigung, die ggf. wiederum technisch-medizinisch behoben werden kann. Dadurch zeichnet dieser Ansatz, der auch heute noch weit verbreitet ist, ein Zerrbild von persönlicher Hilflosigkeit und Unzulänglichkeit; er zieht z. B. persönliche Lebensumstände und soziale Einschränkungen der behinderten Menschen nicht mit ein (vgl. BUTLER/BOWLBY 1997; HUGHES 1998).

Das ‚soziale Modell von Behinderung' bewirkte in den 1990er-Jahren eine Wende in der internationalen Behindertenpolitik (vgl. HUGHES 1998). Nach diesem Modell sind biologisch-organisch determinierte Eigenschaften und Verhaltensmuster von Erwartungen und Zuweisungen von Rollen kulturell geprägt (vgl. GLEESON 1997; BENDEL 1999). Diesen sozialen Reaktionen wird eine eigenständige und für die Lebenslagen der Betroffenen ausschlaggebende Bedeutung zugeschrieben (‚Man ist nicht behindert, man wird behindert'). Die Kritik an dem sozialen Modell setzt an der Relevanz sozialer Zuschreibungsprozesse und daran geknüpfte Interpretationen an. So gründet sich beispielsweise die Lebenslage behinderter Menschen auch auf ‚vorsoziale' Eigenschaften und nicht nur auf originär sozial konstruierte Muster kulturellen Wissens, Verhaltens und gesellschaftlicher Differenzierung (vgl. BENDEL 1999, S. 303).

Einen Mittelweg zwischen den beiden genannten Ansätzen versucht das ‚Gap-Modell' aufzuzeigen, indem es Behinderung als ein Ungleichgewicht zwischen individuellen Funktionsfähigkeiten und den ‚Anforderungen' der baulichen und sozialen Umwelt definiert. Diese Inkongruenz oder Kluft kann dem Modell entsprechend dadurch verringert werden, dass entweder die individuellen Fähig- bzw. Fertigkeiten mit Hilfe von Training und unterstützenden Technologien optimiert oder aber die funktionellen ‚Anforderungen' der Umwelt gesenkt werden (vgl. ASLAKSEN 2000; NEUMANN/UHLENKÜKEN 2001).

Eine notwendige Abkehr von diesen struktur-funktionalistischen Ansätzen setzt einen konstruktivistischen Blickwinkel voraus, der Behinderung als ein Element sozialer Kommunikation und nicht als Konsequenz aus Funktionsmerkmalen eines Individuums begreift: „Der Begriff der Behinderung beschreibt daher nicht eine personale Eigenschaft, sondern eine soziale Beziehung. Seine Verwendung in der Kommunikation sagt weniger etwas über die Personen aus, denen dieses Attribut zugewiesen wird, als vielmehr über diejenigen, die diese Unterscheidung praktizieren" (BENDEL 1999, S. 303f.).

Während askriptive Merkmale wie Geschlecht, Familienstand oder auch Alter als neutrale Lebenslage oder sogar als positive Ressource kommuniziert werden, dient Behinderung weiterhin als negative Referenz. So werden weiterhin Menschen mit Behinderung – nicht nur in Freizeit und Tourismus – lediglich als Akteure mit Kompetenzdefizit wahrgenommen (vgl. BENDEL 1999). Die von Behindertenverbänden lancierte Vorstellung ‚Es ist normal, verschieden zu sein' ist infolgedessen bei weitem nicht so selbstverständlich wie die Forderung nach Gleichberechtigung von Menschen unterschiedlichen Alters oder Geschlechts. Hier ist eine Verschiebung des Blickwinkels dringend notwendig, um behinderte Menschen nicht mehr als Personen mit Kompetenzdefizit, sondern als Personen mit individuellen Fähigkeiten und Begabungen wahrzunehmen.

2   Menschen mit Behinderung – eine bedeutende touristische Zielgruppe

Eine Analyse der touristischen Zielgruppe ‚Menschen mit Behinderung' kann vor allem auf der Grundlage vorliegender soziodemographischer und -ökonomischer Kenngrößen und bekannter touristischer Charakteristika vorgenommen werden.

Hinsichtlich einer verlässlichen Ermittlung des Anteils von behinderten Menschen an der Gesamtbevölkerung kann dabei lediglich auf die Angaben des Statistischen Bundesamtes zu den gemäß des Schwerbehindertengesetzes (seit 2001 Teil 2 des neue Sozialgesetzbuches, Neuntes Buch) registrierten und anerkannten schwerbehinderten Menschen zurückgegriffen werden. Hier liegen die Zahlen im Bundesgebiet für das Jahr 1999 bei 8,1% (vgl. Bundesregierung 2000, o. S.). Schätzungen gehen allerdings davon aus, dass das ‚Potenzial' der mobilitätsbehinderten Menschen im weiteren Sinne weit mehr als 20% der deutschen Bevölkerung umfasst (vgl. Bundesministerium für Verkehr, Bau- und Wohnungswesen 1998, S. 10). Dabei wird von einer sehr umfassenden Definition von Mobilitätsbehinderung ausgegangen, die alle Personen mit einbezieht, die Probleme bei der Bewegung und Orientierung im Raum haben können (vgl. Abb. 1).

Abb. 1: Definition der Mobilitätsbehinderung

- Bewegungsbehinderte Menschen
- Wahrnehmungsbehinderte Menschen
- Sprachbehinderte Menschen
- Personen mit geistiger Behinderung
- Personen mit psychischer Behinderung
- Ältere Menschen
- Übergewichtige Menschen
- Kleinwüchsige und großwüchsige Menschen
- Schwangere
- Personen mit vorübergehenden Unfallfolgen
- Personen mit postoperativen Beeinträchtigungen
- Personen mit Kinderwagen oder schwerem Gepäck
- Analphabeten
- Kinder

Quelle: Bundesministerium für Verkehr 1997

Europaweit wird der Anteil der von einer Mobilitätsbehinderung betroffenen Personen für die planbare Zukunft von der Europäischen Verkehrsministerkonferenz sogar mit 30 bis 35% der Bevölkerung angenommen (vgl. NEUMANN/ZEIMETZ 2000, S. 87). Die Europäische Kommission geht insgesamt von einem touristischen Potenzial der Europäer mit einer Behinderung von etwa 35 Mio. Touristen und 630 Mio. Übernachtungen aus. Vor diesem Hintergrund wird deutlich, dass behinderte Menschen im Tourismus nicht nur eine Nischenzielgruppe, sondern in der Summe ein erhebliches Nachfragepotenzial darstellen: „Dieses Marktsegment birgt somit eine große Chance für die europäische Tourismuswirtschaft in sich, und es wird offensichtlich, dass die Schaffung von Zugang zu touristischen Dienstleistungen für Personen mit Behinderung ein bedeutender Wirtschaftsfaktor ist" (Europäische Kommission 1996, S. 9). Dies gilt umso mehr, als der demographische Alterungsprozess in Zukunft eine beträchtliche Steigerung der Anzahl älterer Menschen und somit auch eine wachsende Zahl mobilitätsbehinderter Menschen innerhalb dieser Zielgruppe mit sich bringt.

Für die Einschätzung der touristischen Bedeutung sind jedoch nicht nur die Nachfragepotenziale insgesamt von Interesse, sondern auch die Frage danach, ob und in welchem Maße behinderte Menschen verreisen. Eine der wenigen Untersuchungen zum Reiseverhalten von Menschen mit Behinderung (vgl. GUGG/HANK-HAASE 1998) ergab eine leicht unterdurchschnittliche Reiseintensität behinderter Menschen von ca. 60-65% (der bundesweite Durchschnittswert lag 1995 bei 78%). Hochgerechnet auf die Zahl amtlich registrierter schwerbehinderter Menschen ergibt dies ein Urlaubsvolumen von etwa 4 Mio. Urlaubsreisen im Jahr. Gleichzeitig wurde eine überdurchschnittlich hohe Reiseintensität behinderter Menschen innerhalb von Deutschland festgestellt. Als Gründe dafür werden u. a. eine gesicherte medizinische Versorgung, die Überschaubarkeit möglicher Gefahren und Risiken sowie die geringere Distanz zum Reiseziel genannt. GUGG/HANK-HAASE (1998) gehen deshalb von jährlich ca. 2,5 Mio. Urlaubsreisen aus, die von schwerbehinderten Menschen innerhalb deutscher Reisegebiete unternommen werden, was einem Anteil von etwa 10% aller von Bundesbürgern in Deutschland verbrachten Urlaube entspricht. An dieser Stelle sei angemerkt, dass durch eine entsprechende Anpassung des touristischen Angebotes das ‚versteckte Marktpotenzial' dieser Zielgruppe zusätzlich mobilisiert werden kann, wodurch wiederum eine erhöhte Nachfrage generiert würde.

Auch die saisonale Verteilung von Urlaubsreisen behinderter Menschen zeigt eine Besonderheit, denn im Unterschied zur deutschen Durchschnittsbevölkerung werden auch in der Vor- und Nachsaison relativ viele Urlaubsreisen von behinderten Reisenden durchgeführt (vgl. GUGG/HANK-HAASE 1998, S. 24). Hinsichtlich der saisonalen Auslastung könnten somit durch eine Anpassung an die Bedürfnisse behinderter Menschen Wettbewerbsvorteile gegenüber anderen touristischen Anbietern oder touristischen Destinationen erzeugt und für die Phasen geringer Auslastung eine zusätzliche Nachfrage erzielt werden.

Im Hinblick auf die Urlaubsmotive behinderter Menschen belegt die Untersuchung von ZEIMETZ (1990), dass sich die Reisemotive behinderter und nicht behinderter Urlauber kaum voneinander unterscheiden. Behinderte Reisende wollen allerdings eher, so HRUBESCH (1998, S. 49), „ihre Urlaubszeit aktiv gestalten, um vielleicht sogar mehr als nichtbehinderte Menschen einen Mangel an vielseitigen Betätigungsmöglichkeiten im Alltag während des Urlaubs zu kompensieren."

Für eine Analyse der ökonomischen Bedeutung des Reisens behinderter Menschen können wiederum nur die Ergebnisse der Untersuchung von GUGG/HANK-HAASE (1998) verwertet werden. Dabei wird über die Einnahmen aus Kurz-, Urlaubs- und Geschäftsreisen sowie aus dem Tagestourismus die finanzielle Wertschöpfung durch die Ausgaben behinderter Menschen errechnet. Ausgehend von einer Reisehäufigkeit von jährlich 2,5 Mio. Urlaubsreisen und rund 1,5 Mio. Kurzurlaubs- und Wochenendreisen sowie etwa 500.000 Geschäftsreisen (vgl. GUGG/HANK-HAASE 1998, S. 27 ff.) ergibt sich bezüglich der finanziellen Aufwendungen, die die Zielgruppe der Menschen mit Behinderung bereits jährlich in der deutschen Tourismusbranche umsetzt, ein Gesamtvolumen von ca. 3 Mrd. DM. Nicht mit eingerechnet ist der sog. Multiplikatoreffekt, der daraus resultiert, dass behinderte Menschen häufig in Begleitung nichtbehinderter Personen verreisen. Ebenfalls nicht mit einbezogen sind Einnahmen aus dem Tagesausflugsverkehr, die sich nach GUGG/HANK-HAASE (1998, S. 30) schätzungsweise insgesamt auf ein Umsatzvolumen von 2,5 bis 3 Mrd. DM belaufen. „Die Reisetätigkeit behinderter Menschen bildet somit mit einem allein auf Deutschland entfallenden Umsatzvolumen in Höhe von *rund DM 6 Mrd.* pro Jahr einen bedeutenden und bei entsprechender Produktanpassung noch erheblich steigerungsfähigen Wirtschaftsfaktor. Bereits zum jetzigen Zeitpunkt sind, basierend auf diesem Umsatzvolumen, rund *90.000 Vollzeitarbeitsplätze* allein auf die Ausflugs-, Kurz-, Urlaubs- und Geschäftsreisen der Behinderten in Deutschland gegründet" (GUGG/HANK-HAASE 1998, S. 31; Hervorhebung im Original).

3 ‚Tourismus für Alle' – Anforderungen und Perspektiven

Die Tatsache, dass behinderte Reisende in der Regel keine spezifischen, auf ihre Wünsche ausgerichteten Urlaubsangebote benötigen, sondern lediglich die Möglichkeit der Teilnahme an bereits bestehenden touristischen Angeboten wünschen, bedeutet, dass ‚Tourismus für Menschen mit Behinderung' im Wesentlichen ein ‚Tourismus für Alle' sein sollte. Das Konzept vom ‚Tourismus für Alle' verweist in diesem Zusammenhang auf die Zugänglichkeit und Nutzbarkeit einer touristischen Destination für alle Reisenden ohne Benachteilung, ohne generelle Zugangsbeschränkung für einzelne Gruppen und unabhängig von einer Behinderung.

Die Umsetzung des Konzeptes ‚Tourismus für Alle' kann allerdings nur durch gezielte Maßnahmen zur Integration von Menschen mit Behinderung in das allgemeine touristische Angebot und die verstärkte Berücksichtigung ihrer speziellen

Anforderungen an die räumliche Umwelt erfolgen. Auch die soziale (Kommunika-
tions-)Kompetenz aller am Tourismus beteiligten Akteure ist in diesem Zusammenhang ein wesentliches Kriterium. Es gilt, die für behinderte Menschen relevanten touristischen Anforderungen zu erkennen sowie gemeinsam entsprechende
Lösungsansätze zu finden und konkret umzusetzen.

Im Bereich der Anforderungen an die bauliche Umwelt sind im touristischen Kontext insbesondere die Anforderungen der Zielgruppe an eine barrierefreie touristische Infrastruktur relevant (z. B. Beherbergung, Verkehrsmittel, Unterkünfte,
Freizeit- und Kulturangebote im Reisegebiet). Ein weiteres wesentliches Kriterium
sind verlässliche Zugangsinformationen über die touristische Infrastruktur der
Destination, die bereits vor Reiseantritt zu Verfügung stehen sollten. Im Folgenden
werden einige wesentliche Anforderungen genauer erläutert.

3.1   Anforderungen an einen ‚Tourismus für Alle'

Der Reisevorbereitung kommt bei der Umsetzung eines ‚Tourismus für Alle' eine
besondere Rolle zu, da Reisende mit Mobilitätsbehinderung in der Regel einen
erhöhten Informationsbedarf haben: „Damit die an die Urlaubszeit geknüpften
Erwartungen, verbunden mit einem großen finanziellen Aufwand, auch zufrieden-
gestellt werden können, muss die Urlaubsreise sorgfältig vorbereitet werden"
(TREINEN 1999, S. 35). Als Informationsvermittler fungieren Reisebüros, Vertreter
von Reiseanbietern oder Tourismusverbände am Zielort bzw. in der Zielregion.
Problemfelder ergeben sich überall dort, wo Informationslücken bestehen bzw. wo
die Beschaffung qualitativ hochwertiger und verlässlicher Informationen erschwert
wird oder unmöglich ist. Solche Informationen sollten nach Möglichkeit den individuellen Belangen behinderter Menschen entsprechen; sie gehen meist über den
üblichen Informationsbedarf von nichtbehinderten Reisenden hinaus.

Auf diese besonderen Anforderungen sind die vermittelnden Institutionen erfahrungsgemäß nicht eingestellt. Behinderte Reisende müssen sich oft, insbesondere
wenn sie individuell reisen wollen, auf Eigenauskünfte von touristischen Anbietern
verlassen, die nicht selten von der Realität abweichen. Es mangelt an der Transparenz des Informationsangebotes und an standardisierten Angaben. Zusätzliche
Anforderungen bestehen hinsichtlich eines geschulten Personals bei den Reisevermittlungsstellen und auch der barrierefreien Zugänglichkeit von auskunftsge-
benden Stellen, wie z. B. Reisebüros oder Fremdenverkehrsämtern.

Für die Umsetzung eines ‚Tourismus für Alle' kann zum einen die Sensibilisierung
und die Schulung des Fachpersonals ein wichtiger Schritt sein. Zum anderen müssen Lösungsansätze gefunden werden, die den individuellen Anforderungsprofilen
der unterschiedlichen Behinderungsarten gerecht werden. Ansätze sind beispielsweise eine Standardisierung der Informationen oder die Entwicklung nutzerspezi-
fischer Informationssysteme (vgl. z. B. die Internetangebote von www.you-too.net

und www.komm-network.de). Eine solche Bereitstellung von notwendigen Informationen gibt allen Gästen die Möglichkeit zu eigenverantwortlichen Entscheidungen bei der Urlaubsgestaltung (vgl. HRUBESCH 1998), was insbesondere für Menschen mit Behinderung, die im Alltag mit vielen Benachteiligungen konfrontiert werden, eine bedeutende Rolle spielt. Besonders wichtig sind dabei zuverlässige und nutzerfreundliche Informationen über die Zugänglichkeit von Gebäuden und Einrichtungen im Reisegebiet (z. B. Erreichbarkeit, Zugang und Ausstattung eines Hotels). Einfacher Zugriff, Verständlichkeit und Aktualität der Informationen sowie Mehrsprachigkeit und Berücksichtigung transnationaler Standards sind dabei zentrale Qualitätsmerkmale. Zuverlässige und nutzerfreundliche (Zugangs-) Informationen über Unterkünfte oder Freizeiteinrichtungen sowie interaktive Gebäude-, Stadt- oder Landkarten kommen nicht nur mobilitätsbehinderten Reisenden zugute, sie können allen komfortorientierten Menschen eine sinnvolle Hilfe bei der Freizeit- und Urlaubsplanung bieten und die Mobilität insgesamt erleichtern (vgl. WEBER/NEUMANN 2002).

Die Suche nach einer geeigneten Reiseunterkunft ist ein Problemfeld, das sich bei der Reisegestaltung behinderter Menschen immer wieder darstellt (vgl. MALLAS 2001). Die Reiseunterkunft nimmt in Hinsicht auf die Reisegestaltung einen zentralen Stellenwert ein, da ihre Qualität die gesamte Urlaubsreise und oft auch den Erholungswert prägend mitbestimmt. Problematische Situationen, mit denen insbesondere mobilitätsbehinderte Reisende in der Beherbergung konfrontiert werden, betreffen in der Regel die Zugänglichkeit unterschiedlicher Ausstattungsmerkmale, wie die Zimmer und deren sanitäre Ausstattung, die Erreichbarkeit der Rezeption und die Zugänglichkeit von Speiseräumen oder anderen Einrichtungen innerhalb der Unterkunft. Zusätzlich kann die Kommunikation mit Servicekräften und anderen Gästen zu unvorhersehbaren Schwierigkeiten führen, wenn beispielsweise das Personal nicht ausreichend sensibilisiert, flexibel und gastfreundlich behinderten Reisenden gegenüber eingestellt ist. Besonders seh-, hör- oder geistigbehinderte Menschen haben oftmals Kommunikationsschwierigkeiten, weil auf ihre individuellen Bedürfnisse nicht eingegangen werden kann.

Für alle Probleme, die sich auf die Zugänglichkeit beziehen, ist die barrierefreie Gestaltung einer touristischen Umwelt ein geeigneter Lösungsansatz, der bei der Umsetzung eines ‚Tourismus für Alle' eine wesentliche Rolle spielt. Dabei ist es unerlässlich, barrierefreie Angebote – insbesondere im Beherbergungsbereich – mit in die touristische Angebotspalette aufzunehmen. Für die Umgestaltung eines bestehenden defizitären touristischen Angebotes ist darauf zu achten, barrierefreie Angebote auf möglichst alle Einkommensschichten auszurichten. Ein hohes Preisniveau würde gering verdienende behinderte Menschen von diesen Angeboten ausschließen.

Die Aktivitäten, die einen Urlaubsaufenthalt erlebnisreich und einzigartig machen, bestimmen den Erholungswert einer Urlaubsreise in entscheidender Weise. Die Aktivitäten der Urlaubsgestaltung am Ferienort bilden in Hinsicht auf die Anforde-

rungen eines 'Tourismus für Alle' einen Querschnitt durch alle aufgezeigten Prob-
lemsituationen. Sie stellen wiederum die Notwendigkeit von genauen und verlässlichen Information in den Mittelpunkt ihrer Planung und Gestaltung. Auch hier
sind Informationen über die Zugänglichkeit von Restaurants, Freizeiteinrichtungen
und kulturellen Sehenswürdigkeiten relevant. Zeitaufwendige organisatorische
Vorbereitungen, Recherchen und Koordinationsarbeiten, die in der kurzen Urlaubszeit oft kaum möglich sind, sollten bereits vor der Urlaubsreise getätigt werden können. Stadt- oder Regionalführer, die auch Menschen mit Behinderung über
gegebene örtliche Möglichkeiten informieren, können hier Abhilfe schaffen (vgl.
WEBER/NEUMANN 2002).

Für die Umsetzung eines 'Tourismus für Alle' lassen sich besondere Anforderungen hinsichtlich der Erreichbarkeit des Urlaubsortes aufzeigen. Hauptprobleme
sind der Zugang zu und die Nutzung von Verkehrsmitteln zwecks An- und Abreise
sowie die Mobilität vor Ort. Um sich mit diesen Barrieren zu arrangieren oder sie
zu umgehen, wird von Menschen mit Behinderung in erster Linie der eigene Pkw
als Verkehrsmittel zur Anreise benutzt. Öffentliche Verkehrsmittel (wie Bahn,
Busse oder Schiffe) sind nur mit erheblichem Aufwand zu nutzen (vgl. ZEIMETZ
1990). Aber auch die Fahrt mit dem eigenen Pkw ist für viele behinderte Menschen – speziell bei der Überwindung längerer Distanzen – mit physischen und
psychischen Belastungen verbunden. Unvorhersehbare Erschwernisse, die jedem
Reisenden auf einer Autofahrt begegnen können, machen wiederum externe Hilfe
notwendig und setzen oft die Begleitung eines Fahrers oder einer Assistenzperson
voraus (vgl. TREINEN 1999).

Demgegenüber muss angemerkt werden, dass bei der Gruppe der mobilitätsbehinderten Menschen die Pkw-Nutzung im Alltag insgesamt eher unterdurchschnittlich
und die Abhängigkeit von öffentlichen Verkehrsmitteln eher überdurchschnittlich
ausgeprägt zu sein scheint (vgl. HRUBESCH 1998, S. 50). Hinsichtlich der Präferenz behinderter Menschen für deutsche Urlaubsziele ist zu beachten, dass ein
weiterer Abbau von Mobilitätsbarrieren notwendig ist – insbesondere bei den
Anreisemöglichkeiten und bei der Nutzung der touristischen Angebote am Urlaubsort. Wo keine öffentlichen Verkehrsmittel zur Verfügung gestellt werden
können, sollten andere Möglichkeiten angeboten werden (z. B. die Bereitstellung
eines flexiblen Fahrtendienstes oder der individuelle Transfer zur Unterkunft).

3.2 Perspektiven eines 'Tourismus für Alle'

Der Deutschlandtourismus ist durch einen zunehmenden Wettbewerb gekennzeichnet. Da sich mittlerweile das touristische Angebot zwischen den Destinationen angleicht, wird es immer schwieriger, über das touristische Angebot (v. a. in
quantitativer Hinsicht) Wettbewerbsvorteile zu erzielen. Vor diesem Hintergrund
bietet das Marktsegment 'Tourismus für Alle' für Destinationen die Chance, ihre
Wettbewerbsposition deutlich zu verbessern und neue Nachfragepotenziale zu

erschließen. ‚Tourismus für Alle' ist nicht nur ein Qualitätsmerkmal, sondern auch ein imagebildender Faktor, auch für die Zielgruppe der nichtbehinderten Menschen. Gerade durch die Tatsache, dass aufgrund der Mobilitätseinschränkung die Zahl der Deutschlandurlauber bei Personen mit Behinderung überdurchschnittlich hoch ist, gewinnt dieses Marktsegment zunehmend an Attraktivität. Es ist davon auszugehen, dass deutsche Destinationen dieses Potenzial erkennen und sich somit einen Marktvorteil verschaffen werden. Hinsichtlich der saisonalen Besonderheiten bei der Urlaubsgestaltung sind bei einer Angebotsanpassung Effekte auf die typischen Vor- und Nachsaisonzeiten zu erwarten, so dass Wettbewerbsvorteile gegenüber anderen touristischen Regionen oder Anbietern erzielt werden können.

Bei der Öffentlichkeitsarbeit und dem Marketing sollte der Schwerpunkt nicht in einem ‚Tourismus für Menschen mit Behinderung', sondern in einem ‚Tourismus für Alle' liegen, um möglichst effektiv die imagebildenden und werblichen Effekte einzusetzen und damit Wettbewerbsvorteile zu erzielen. Im Vordergrund steht so die Botschaft, dass durch eine barrierefreie Infra- und Angebotsgestaltung in einer Destination niemand mehr von Urlaubsangeboten ausgeschlossen wird. Bei der Vermarktung von Tourismusangeboten für Alle ist zu bedenken, dass diejenigen Destinationen davon profitieren werden, die das Thema rechtzeitig erkennen und frühzeitig eine auf die Nutzerbedürfnisse zugeschnittene Angebots- und Produktgestaltung realisieren sowie optimal auf deren Informationsbedürfnisse eingehen. Erforderlich ist dafür allerdings ein schlüssiges Gesamtkonzept, wie es auch eine Studie am Beispiel der Tourismusregion Münsterland verdeutlicht (vgl. MALLAS 2001).

4 Fazit

Die gleichberechtigte Teilhabe am Leben in der Gesellschaft ist eine Aufgabe, der sich der Sektor Freizeit und Tourismus stellen sollte. Mit Blick auf das im Mai 2002 in Kraft getretene Bundesgleichstellungsgesetz, das Menschen mit Behinderung diese Gleichberechtigung an allen Teilbereichen des gesellschaftlichen Lebens – also auch im Bereich Freizeit und Tourismus – ermöglichen soll, ist es sinnvoll, durch eine frühzeitige Umsetzung eines 'Tourismus für Alle' Wettbewerbsvorteile zu sichern. Auch im Hinblick auf die älter werdende Gesellschaft wird sich die Tourismusbranche auf die neuen Bedürfnisse dieses wachsenden Marktes einstellen müssen. „Hierbei geht es nicht nur um die technischen Voraussetzungen hinsichtlich der Anpassung der touristischen Angebote an die Bedürfnisse behinderter und mobilitätseingeschränkter Menschen, sondern auch um eine größere Servicebereitschaft gegenüber Gästen, die auf Hilfestellungen angewiesen sind" (Bundesregierung 2001, o. S.).

Die großzügige und komfortable Gestaltung einer barrierefreien Umwelt von touristischen Angeboten sollte als ein Qualitätskriterium angesehen werden, das allen Gästen ihren Urlaubsaufenthalt angenehmer macht. Dabei kommt das Konzept der Barrierefreiheit wichtigen Kundenwünschen wie z. B. Bequemlichkeit, Zeitökonomie und Stressminimierung entgegen. Die Umsetzung eines ‚Tourismus für Alle' bietet somit die Möglichkeit, den Nutzen der barrierefreien Gestaltung eines touristischen Angebotes als ein Qualitäts- und Komfortkriterium zu etablieren, das allen Gästen den Urlaubsaufenthalt angenehmer macht und zusätzlich zum Erholungswert aller Reisenden beitragen kann.

Über die gleichberechtigte Teilhabe von Menschen mit Behinderung in Freizeit und Tourismus wird nicht nur mehr Lebensqualität für alle Reisenden erreicht. Auch durch ein verstärktes Miteinander in Urlaubssituationen können Unwissenheit und Unsicherheiten abgebaut, der Umgang mit Normabweichungen oder Belastungssituationen (vgl. FUCHS 2000) erprobt und somit sozial-kommunikative Kompetenzen gefestigt werden.

Gegenwärtig zeichnet sich in Deutschland ein positiver Trend in Richtung ‚Tourismus für Alle' ab. So wird beispielsweise durch das Bundesministerium für Gesundheit der Aufbau der ‚Nationalen Koordinationsstelle Tourismus für Alle e. V.' (NatKo) und eine Weiterbildung zum Tourismusberater für Menschen mit Behinderung unter der Projektleitung des ‚Bildungs- und Forschungsinstituts zum selbstbestimmten Leben Behinderter e. V.' (BIFOS) gefördert. Darüber hinaus haben bereits einige deutsche Destinationen die Chance eines ‚Tourismus für Alle' erkannt und erste Ansätze und Konzepte zur Umsetzung entwickelt. Zu nennen sind hier unter anderem die Bundesländer Baden-Württemberg, Brandenburg, Mecklenburg-Vorpommern, Niedersachsen, Rheinland-Pfalz und Sachsen sowie die Reiseregionen Fränkisches Seenland, Lüneburger Heide, Münsterland, Niedersächsische Nordseeküste, Starnberger Fünf-Seen-Land und Thüringer Wald. Nachhaltige Unterstützung erfahren diese Aktivitäten durch engagierte gemeinnützige Vereine, Organisationen und Initiativen der Behindertenselbsthilfe sowie einige Consultingunternehmen und Hochschulen.

Literatur

ASLAKSEN, F. (2000): Zugänglichkeit für Alle – Universelles Design im Planungsprozess. Beispiele aus Norwegen. In: NEUMANN, P./ZEIMETZ, A. (Hrsg.): Attraktiv und Barrierefrei – Städte planen und gestalten für Alle. Arbeitsberichte der AAG 32. Münster, S. 57-67.

BENDEL, K. (1999): Behinderung als zugeschriebenes Kompetenzdefizit von Akteuren. Zur sozialen Konstruktion einer Lebenslage. In: Zeitschrift für Soziologie 4/99, S. 301-310.

Bundesministerium für Verkehr (Hrsg.; 1997): Bürgerfreundliche und behindertengerechte Gestaltung von Haltestellen des öffentlichen Nahverkehrs. In: DIREKT, Nr. 51. Bonn.

Bundesministerium für Verkehr, Bau- und Wohnungswesen (Hrsg.; 1998): Gästefreundliche, behindertengerechte Gestaltung von verkehrlichen und anderen Infrastruktureinrichtungen in Touristikgebieten. In: DIREKT, Nr. 52. Bonn.

Bundesregierung (Hrsg.; 2000): Jeder zwölfte schwerbehindert. In: Bundesregierung (Hrsg.): Sozialpolitische Umschau Ausgabe Nr. 39, 478. Online unter: http://www.bundesregierung.de/frameset.jsp (abgerufen am 12.02.01).

Bundesregierung (Hrsg.; 2001): Hemmnisse im Tourismus abbauen als Beitrag zur Integration Behinderter. Antwort auf eine große Anfrage zur Teilhabe behinderter Menschen am Tourismus vom 24. Oktober 2001. Online unter: http://www.bundesregierung.de/dokumente/Artikel/ix_60725_1469.htm (abgerufen am 29.10.2001).

BUTLER, R./BOWLBY, S. (1997): Bodies and Spaces: an exploration of disabled people's experiences of public spaces. In: Environment and Planning D: Society and Space, Vol. 15, No. 4, S. 411-433.

Europäische Kommission (Hrsg.; 1996): Reiseziel Europa für Behinderte. Luxemburg (Amt für amtliche Veröffentlichungen der Europäischen Gemeinschaft).

FUCHS, P. (2000): Behinderung und Soziale Systeme – Anmerkungen zu einem schier unlösbaren Problem. Online unter: http://www.fen.ch/texte/gast_fuchs_behinderung.htm (abgerufen am 30.10.01).

GLEESON, B. (1997): Stadt und behinderte Menschen – Ansätze für eine geographische Behindertenforschung. Erfahrungen aus Australien. In: KORDA, M./NEUMANN, P. (Hrsg.): Stadtplanung für Menschen mit Behinderungen. Arbeitsberichte der AAG 28. Münster, S. 101-130.

GUGG, E./HANK-HAASE, G. (1998): Tourismus für Behinderte Menschen, Angebotsplanung, Angebotsumsetzung und Öffentlichkeitsarbeit. DEHOGA Gastgewerbliche Schriftreihe Nr. 83. Bonn.

HRUBESCH, C. (1998): Tourismus ohne Barrieren. Rüsselsheim.

HUGHES, G. (1998): A suitable case for treatment? Constructions of disability. In: SARAGA, E. (Hrsg.): Embodying the Social: Constructions of Difference. London, S. 43-90.

MALLAS, A. (2001): Münsterland – eine Tourismusregion für Alle?! Potentiale und Chancen eines Tourismus (auch) für Menschen mit Behinderung. Münster (unveröffentlichte Diplomarbeit im Fach Geographie).

NEUMANN, P./UHLENKÜKEN, C. (2001): Assistive Technology and the Barrier-Free City – A Case Study from Germany. In: Urban Studies, Vol. 38, No. 2, S. 367-376.

NEUMANN, P./ZEIMETZ, A. (2000): Vorteile einer barrierefreien Umwelt für Alle. In: NEUMANN, P./ZEIMETZ, A. (Hrsg.): Attraktiv und Barrierefrei – Städte planen und gestalten für Alle. Arbeitsberichte der AAG 32. Münster, S. 87-91.

PARK, D. C./RADFORD, J. P./VICKERS, M. H. (1998): Disability Studies in Human Geography. In: Progress in Human Geography, Vol. 22, Nr. 2, S. 208-233.

TREINEN, H. et al. (1999): Reisen für behinderte Menschen. Schriftenreihe des Bundesministeriums für Gesundheit Bd. 113. Bonn.

WEBER, P./NEUMANN, P. (2002): Sozialgeographische Ansätze eines Tourismus für Menschen mit Behinderung. In: STEINECKE, A. (Hrsg.): Tourismusforschung in Nordrhein-Westfalen: Ergebnisse – Projekte – Perspektiven. Paderborner Geographische Studien zu Tourismusforschung und Destinationsmanagement, Bd. 15. Paderborn, S. 175-190.

ZEIMETZ, A. (1990): Zur gesellschaftlichen Akzeptanz behinderter Menschen, untersucht im Bereich Tourismus. Mainz (unveröffentlichte Magisterarbeit im Fach Philosophie, Pädagogik).

Wandertourismus

Susanne Leder

1   Wandern zwischen Tradition und Moderne

Wandern ist zum einen ein Klassiker unter den Freizeitaktivitäten und zum anderen die älteste Form der Distanzüberwindung für den Menschen. Schon seit Urzeiten sind Individuen zu Fuß in der Landschaft unterwegs – anfangs aus rein zweckgebundenen Gründen, wie z. B. der Nahrungssuche, und später vor allem aus Gründen der Muße und der Erholung. Bereits in den frühen 1950er-Jahren wurden in den farbenprächtigen Heimatfilmen häufig Wanderer dargestellt – in der Regel ausgestattet mit Hut, Wanderstock, Kniebundhose und einem fröhlichen Liedchen auf den Lippen. Unterstützt durch diese Bilder hat sich das charakteristische Bild des Wanderers nachhaltig in unseren Köpfen verankert. Seiner langen Tradition und den damit verbundenen Assoziationen sowie der klassischen Wanderkleidung ist es zu verdanken, dass diese Freizeitaktivität zu Beginn des 21. Jhs. kein zeitgemäßes Image hat. Noch immer denken viele Menschen beim Wandern eher an einen – vor allem von konservativ eingestellten Mitmenschen ausgeübten – Waldmarsch als an eine moderne und familienfreundliche Outdoor-Aktivität. Doch es lassen sich mittlerweile merkliche Veränderungen auf diesem Gebiet erkennen. In vielen Wanderregionen und -vereinen[1] sowie bei Veranstaltern und spezialisierten Bekleidungsherstellern weht ein frischer Wind: Die Stammklientel verjüngt sich allmählich, das Gesundheits- und Wellnessbewusstsein steigt und die Wanderausrüstung wird immer modischer und (multi)funktionaler. Ferner sind die Aktiven heute bereit, mehr Geld als früher für ihr Hobby auszugeben, z. B. für Ausstattung und Übernachtungen. Die Nachfrager wandeln sich und mit ihnen das Angebot – oder umgekehrt.

Aus historischer Sicht ist die Überwindung von Wegstrecken aus rein religiösen Motiven als einer der Auslöser des Wanderns zu sehen. Die Pilgerreise hatte ihre Anfänge bereits im Mittelalter und sie ist noch heute von Bedeutung (vgl. KA-SCHUBA 1991, S. 165-173; HERBERS 1991, S. 23-30). Bis in das 19. Jh. war das Wandern mehr in wirtschaftlichen Zwängen als in zweckfreiem Vergnügen begründet. Zu den ersten touristischen Wanderern gehörten die Handwerker, für die es als Mitglieder einer Zunft eine Pflicht war, sich im Laufe ihrer beruflichen Qualifizierung an immer neue Orte zu begeben (vgl. Deutsche Gesellschaft für Freizeit 1986, S. 343-344). Das zweckfreie Wandern kam erst Anfang des 19. Jhs. auf, als der Einfluss der Romantik in den Menschen ein Gespür für Landschaft und Natur geweckt hatte. Im Zuge dieses neuen Naturempfindens kam es im Jahr 1901 auch zur Gründung der sog. Wandervogelvereinigung, der vor allem die Söhne des

---

[1]   Von rund 29 Mio. Wanderern in Deutschland sind etwa 1,2 Mio. in Vereinen organisiert (vgl. www.s-g-v.de).

gebildeten Bürgertums angehörten. Für sie hatte das Wandern eine tiefer gehende, fast schon philosophische Bedeutung. So wurde die Landschaft für den Wandervogel „(...) zum Medium der Selbstfindung, zugleich aber zur Symbolik der Ganzheit und Gemeinschaft" (APEL 2001, S. 55). Dieses Motto scheint für die Wandervogelbewegung, die aufgrund ihres Aufgehens in der Hitlerjugend während der Herrschaft der Nationalsozialisten in die öffentliche Kritik geriet, noch heute zu gelten; jedoch wird die Bewahrung der Unabhängigkeit von Parteien, Konfessionen und sonstigen Interessensgruppen heute besonders betont. Das romantische Verständnis vom Wandern in der Landschaft teilten aber auch zahlreiche Menschen jenseits von organisierten Gruppen. Im Laufe der Zeit gewann das Wandern als Freizeitaktivität immer mehr an Akzeptanz und Beliebtheit, so dass es heute ein fester Bestandteil des Freizeitbereichs ist.

2 Wandern – begriffliche Abgrenzung im Tourismus

Wandern ist die „Bezeichnung für vielfältige Formen der aktiven Erholung zu Fuß, per Fahrrad, mit Boot, Skiern oder auf dem Pferd; es dient der Gesundheit, ist ein Naturerlebnis und wird aus sozialen und kulturellen Gründen betrieben" (Brockhaus 1999, Bd. 23, S. 545). Diese Definition ist weit gefasst und spiegelt die Vielfalt der heutigen Erscheinungsformen des Wanderns im Freizeitsektor wider. Bezogen auf die touristische Betrachtung soll im Folgenden allerdings nur das Wandern zu Fuß von Bedeutung sein. Wandern unter Beanspruchung von Fortbewegungsmitteln (Pferd, Boot, Skier etc.) ist touristisch anderen Kategorien zuzuordnen. So gehören Radwanderungen beispielsweise dem Fahrradtourismus an und stellen andere Anforderungen an den Markt.

Eine Gliederung des Tourismus nach seinen unterschiedlichen Erscheinungsformen kann nach verschiedenen Kriterien erfolgen, weshalb die Zurechnung einzelner Reiseformen zu einer einzigen Kategorie generell schwer fällt bzw. unmöglich ist. Aus diesem Grund sind Wanderreisen im touristischen Kontext mehrdimensional zuzuordnen. Die wichtigsten Kategorisierungen sollen an dieser Stelle aufgezeigt werden:

a) nach den Motiven:
- Grundsätzlich gehört der Wandertourismus zum Erholungstourismus, der im Gegensatz zum Geschäftstourismus auf privaten, freizeitorientierten Motiven basiert.
- Aufgrund der jeweiligen Ausprägung bzw. Zielsetzung der Wanderreise kann eine Zuordnung zum Natur- bzw. Landschaftstourismus und/oder Sporttourismus erfolgen.
- Zahlreiche Wanderungen werden ferner im Rahmen von Studienreisen angeboten, die ihrerseits dem Kulturtourismus angehören. Dabei sind als Reisemotiv allerdings Besichtigungen kultureller Highlights als mindestens gleichwertig zum Motiv Wandern zu bewerten.

b) nach der Dauer:
   Anhand der Dauer der Wanderreise ist diese entweder dem Tagestourismus
   oder dem (mehrtägigen) Urlaubstourismus zuzurechnen.

c) nach der Organisation:
   Im Hinblick auf die jeweilige Organisationsform kann man Wanderreisen entweder dem Individualtourismus oder dem Pauschaltourismus zuordnen. Bei einer Pauschalreise handelt es sich um ein Bündel von mindestens zwei Leistungen (z. B. Unterbringung und Reisebegleitung durch einen Wanderführer), das
   vor Reiseantritt fest gebucht wird.

d) nach der Begleitung:
   Anhand der Teilnehmerzahl und -struktur während der Reise ist die Wanderung als Individual- oder als Gruppenreise zu betrachten. Gruppenwanderun-
   gen werden in der Regel von einem erfahrenen Wanderführer geleitet, was sich
   zum einen positiv auf die Qualität der Reise auswirken und zum anderen eine
   USP (Unique Selling Proposition = Alleinstellungsmerkmal) sein kann. Sowohl
   zahlreiche Wandervereine als auch spezialisierte Reiseveranstalter verfügen
   über geschulte und streckenvertraute Wanderführer.

3 Wanderer als Nachfrager im Freizeit- und Reisesektor

In den 1990er-Jahren wurden mehrere empirische Untersuchungen zu den Motiven
und Verhaltensweisen von Wanderinteressierten durchgeführt. Zu den wichtigsten
Untersuchungen gehört zum einen eine Erhebung von BRÄMER (1998), die Informationen über Individualwanderer liefert. Als solche sind Wanderer zu bezeichnen, die nicht an einer organisierten Reise teilnehmen. Zum anderen konnte eine
Befragung von Pauschalwanderern den Informationsstand über diese Zielgruppe
erweitern. Dabei wurden Teilnehmer an mehrtägigen, geführten Wanderungen des
Verbandes Deutscher Gebirgs- und Wandervereine e. V. befragt (vgl. LEDER 2000).

Hinsichtlich der Motive des Wanderns lässt sich feststellen, dass für die Aktiven in
der Regel mehrere Gründe gleichzeitig von Bedeutung sind. Kaum jemand wan-
dert *nur* der Landschaft oder *nur* der Bewegung wegen, sondern eine Kombination
aus mehreren Aspekten macht den besonderen Reiz aus. Betrachtet man einzelne
Motive nach ihrer Gewichtung im Urteil der Wanderer, so lassen sich jedoch
merkliche Unterschiede feststellen. Für die befragten Teilnehmer von Gruppen-
wanderungen ist das uneingeschränkt wichtigste Motiv der ‚Genuss von Landschaft und Natur’, gefolgt von der Vorliebe, sich ‚an der frischen Luft zu bewegen’
und dem Wunsch, ‚etwas für die Gesundheit zu tun’. Die ‚Erholung’ – das wohl
meistgenannte Urlaubsmotiv überhaupt – spielt ebenfalls eine wichtige Rolle und
steht weit vor den Motiven ‚Kultur’ und ‚in Gesellschaft sein’. Auch der Aspekt
‚sportliche Betätigung’ zählt für gut ein Drittel der Wanderer zu den wichtigen
Gründen ihrer Freizeitaktivität (vgl. Abb. 1). Individualwanderer zeigen eine sehr

ähnliche Motivstruktur. So ergab die Profilstudie Wandern von BRÄMER (1998, S. 10), dass als wichtige Motive am häufigsten ‚draußen sein, frische Luft atmen' (88%), ‚etwas für die Gesundheit tun' (80%), ‚Entspannung und Ausgleich' (80%) sowie ‚Stille der Natur genießen' (78%) genannt werden. Danach folgen ‚Freude an der Bewegung' (73%), ‚unbekannte Landschaften entdecken' (70%) und ‚unberührte Natur erleben' (70%). Aspekte wie ‚unterwegs einkehren' (37%), ‚Gespräche führen' (entspricht dem Aspekt ‚in Gesellschaft sein'; 37%) und ‚kulturelle Sehenswürdigkeiten' (30%) werden deutlich seltener als wichtig eingestuft.

Abb. 1: Wandermotive von Gruppenwanderern (1999; in %)

> Frage: Nachfolgend sind einige Gründe für das Wandern aufgeführt. Bitte geben Sie an, wie stark diese Gründe für Sie persönlich zutreffen (Darstellung der Nennungen ‚voll und ganz').

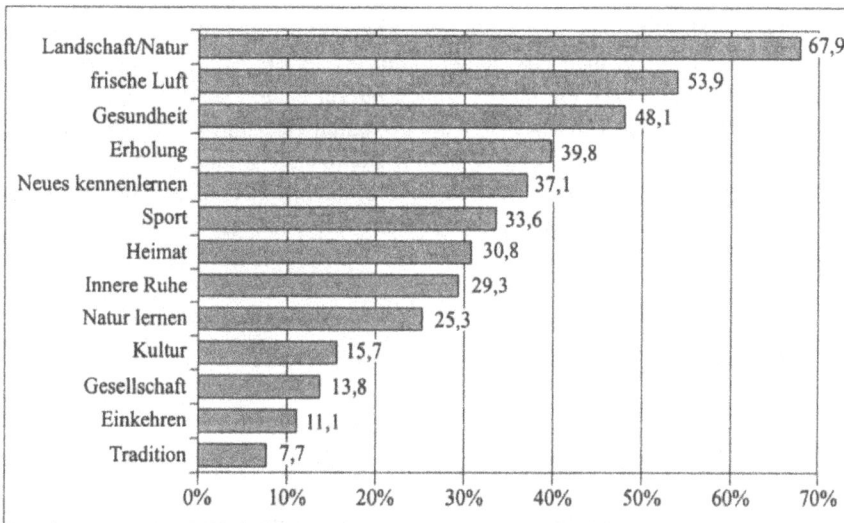

Quelle: LEDER 2000, S. 60

Das Wandern weist im Bereich Sport und Gesundheit einige herausragende Eigenschaften auf. Sportmediziner sind sich mittlerweile einig, dass eine pauschale Gleichsetzung von Sport und Gesundheit nicht vorgenommen werden darf, da nicht jede sportliche Betätigung dem Gesundheitsanspruch unter allen Umständen gerecht wird. Sport in extremer oder übermäßiger Form und Ausübung kann sogar gesundheitsschädigend sein (vgl. UHLENBROCK 1995, S. 141). Wandern ist hingegen ein gemäßigter Ausdauersport, der durch die Beanspruchung eines Großteils der Skelettmuskulatur und durch die angenehme Wirkung auf die Psyche eine ganzheitliche Auswirkung auf Fitness und Wohlbefinden des Menschen hat. Insgesamt bietet das Wandern bei regelmäßiger Ausübung eine Vielzahl positiver gesundheitlicher Effekte – wie etwa die Verbesserung der Atmung, der Stoffwechselprozesse und der Durchblutung, die Stärkung des Immunsystems und die Verbesserung des psychischen Befindens (vgl. ALTMANN 2000, S. 10). Ein wichtiger

Wirkungsbereich der aktiven Bewegung ist der Abbau von Stress, der bei immer
mehr Menschen unserer Gesellschaft durch zunehmenden Leistungs- und Termin-
druck entsteht und zur gesundheitlichen Bedrohung werden kann. Durch diesen
Stress werden im Körper negative Energien freigesetzt, die durch regelmäßiges
Wandern abgebaut werden können. Dadurch wird das körperliche Wohlbefinden
gesteigert und das Gesundheitsrisiko reduziert. Beim Wandern wird ferner die
Sensibilisierung der Sinne durch die Fortbewegung in natürlicher Umgebung und
Landschaft gefördert; auch dies trägt zu einem positiven Körpergefühl bei.

Obwohl medienorientierte Freizeitbeschäftigungen wie Fernsehen, Zeitung lesen
und Radio hören in den deutschen Haushalten dominieren, kommt dem Sport nach
wie vor eine wichtige Rolle zu. Im Zuge des steigenden Gesundheitsbewusstseins
ist sogar ein zunehmender Trend hin zu mehr sportlicher Betätigung erkennbar.
Der hohe Stellenwert des Wanderns innerhalb der Freizeitbeschäftigungen lässt
sich anhand verschiedener Daten verdeutlichen. Die Allensbacher Werbeträger
Analyse (AWA) ergab, dass das Schwimmen die liebste Sportart der Deutschen
ist; ihr gehen nahezu drei Viertel der Bundesbürger nach. Danach folgt das Wandern mit einer Nennung von rund 53% der befragten Deutschen (vgl. AWA 1999).
Auch bei den Aktivitäten im Urlaub nimmt das Wandern eine beachtliche Rolle
ein. Laut Reiseanalyse 2001 wanderten 36% der Deutschen innerhalb der letzten
drei Jahre in ihrem Urlaub; sie übten es damit weit öfter aus als Aktivitäten wie
Radfahren, Besuch von Freizeitparks oder ähnlichem (vgl. Abb. 2).

4   Wanderurlaub als touristisches Produkt

Zu den wichtigsten Voraussetzungen für den Wandertourismus zählt ohne Zweifel
die Landschaft mit ihrer naturräumlichen Ausstattung. Obwohl sich nicht jede
Landschaft gleichermaßen für jede Art von Wanderung eignet, gibt es insgesamt
nur wenige Regionen, die für Wanderer gänzlich ungeeignet sind (vgl. SÄNGER
1999, S. 6). Unterschiedliche landschaftliche Besonderheiten können einen besonderen Reiz ausmachen und gezielt für spezielle Wanderformen genutzt werden.
Das Wandern in den Alpenregionen ist kaum vergleichbar mit jenem im Mittelgebirge oder im Flachland, weil es jeweils unterschiedliche Anforderungen an die
Aktiven stellt. Hieraus lässt sich folgende landschaftsbezogene Typisierung des
Wanderns ableiten:

-   Das alpine Wandern oder Bergwandern hat einen höheren sportlichen Charak-
    ter, weil es eine Überwindung größerer Höhenunterschiede verlangt. Für diese
    Wanderform ist eher der Begriff ‚Trekking' zu verwenden, der aus dem ameri-
    kanischen ‚trek' (= lange beschwerliche Reise) abgeleitet ist (vgl. Deutsche
    Gesellschaft für Freizeit 1986, S. 316-317). Eine Besonderheit dieser Touren
    liegt im Reiz der charakteristischen Berglandschaft mit ihren imposanten Sil-
    houetten und beeindruckenden Aussichten.

Abb. 2: Urlaubsaktivitäten der Deutschen (1998-2000)
(Aktivitäten, die man während der Urlaubsreisen in den letzten 3 Jahren
‚sehr häufig' oder ‚häufig' ausgeübt hat)

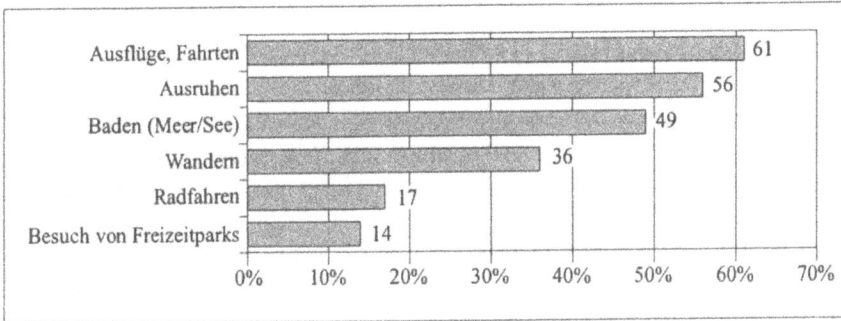

Aktivität	Prozent
Ausflüge, Fahrten	61
Ausruhen	56
Baden (Meer/See)	49
Wandern	36
Radfahren	17
Besuch von Freizeitparks	14

Quelle: F. U. R. 2001, S. 188

- Mittelgebirgswanderungen sind zwar aufgrund der geringeren Höhenunter-
schiede mit vergleichsweise geringeren körperlichen Anstrengungen verbunden, eignen sich aber gerade deshalb besonders für eine gemäßigte und aus-
dauernde Aktivierung des Körpers. Die Landschaftserlebnisse sind hier differenziert zu bewerten, da die Mittelgebirge im Gegensatz zu den alpinen Regionen eher sanfte Hügel mit gemäßigten Höhenunterschieden sowie Waldareale,
Wiesen und Ackerflächen zu bieten haben.

- Ebenfalls durch charakteristische Merkmale gekennzeichnet sind Wanderungen
im Flachland. Dazu zählen neben Wanderungen in Heidelandschaften auch jene an den Küsten und Stränden. Eine ganz eigene Art stellen die Wattwande-
rungen dar. Sie führen durch die unterschiedlichen Wattbereiche (Sand-,
Misch- und Schlickwatt), wobei immer wieder Priele (Rinnen, die auch bei Ebbe Wasser führen) zu durchqueren sind. Die Seeluft und die Weitläufigkeit der
Sand- und Schlickflächen machen den besonderen Reiz dieser Wanderform
aus. Eine zu berücksichtigende Einschränkung ist allerdings die zeitliche Begrenzung auf die Dauer der Ebbe.

Den jeweiligen Besonderheiten der genannten Wanderformen sind die touristischen Angebote anzupassen. Ein touristisches Produkt setzt sich aus unterschiedlichen Teilleistungen der im Tourismus agierenden Anbieter zusammen. Dabei
bildet das natur- und kulturräumliche sowie das touristische Angebotspotenzial
eines Zielgebietes immer die Grundlage (vgl. ROTH 1999, S. 36). Sobald ein Wanderer im Zuge der Ausübung seiner Freizeitaktivität beispielsweise ein Beherbergungsunternehmen in Anspruch nimmt oder sogar eine komplette Wanderreise
über einen Veranstalter bucht, ist er Nachfrager des touristischen Angebots.

Da Deutschland mit seinen unterschiedlichen Landschaften über ein zum Wandern
sehr gut geeignetes natürliches Potenzial verfügt, gibt es vielfältige touristische

Angebote für Wanderinteressierte. Dabei treten sowohl die einzelnen Regionen als auch Hotels und Veranstalter als Anbieter auf. Anhand einiger Beispiele soll die gegenwärtige Angebotsbreite im Bereich Wandern auf dem touristischen Markt in Deutschland skizziert werden.

a)   Fremdenverkehrsorte und -regionen

Wandern auf Themen- bzw. Erlebnispfaden:
Die Ausweisung spezieller Themen- und Erlebnispfade weckt auch bei ungeübten Wanderern Interesse, weil die Strecken durchgehend markiert sind und der Wanderer anhand von speziellen Informationen (z. B. Schautafeln oder Broschüren) auf seiner Route thematisch begleitet wird. Ein Beispiel hierfür ist der ‚Märchenlandweg' in der Region Kassel, der über eine Strecke von 380 km durch eine Landschaft führt, die durch die Erzählungen der Brüder Grimm bekannt ist. Dieses Gebiet umfasst den Habichtswald, Teile des Kaufunger Waldes sowie den Reinhardswald. Der Wanderer findet in insgesamt 30 Städten und Gemeinden Hinweise sowie Ausführungen zu den weltbekannten Märchen der Brüder Grimm sowie zu lokalen Sagen und Erzählungen. Zu den bekanntesten Sehenswürdigkeiten der Route gehört die im nördlichen Reinhardswald gelegene Sababurg, die als Schauplatz des Märchens ‚Dornröschen' vermarktet wird.

Wandern auf überregionalen Kammwanderwegen:
Der besondere Reiz überregionaler Kammwanderwege liegt darin, dass sie die Möglichkeit für mehrtägige Wanderungen bieten. Der bekannteste Weg dieser Art in Deutschland ist wohl der ‚Rennsteig' in Thüringen. Einen ähnlichen Bekanntheitsgrad könnte der im Frühjahr 2001 eröffnete ‚Rothaarsteig' als überregionaler Kammwanderweg im Rothaargebirge erlangen, der über eine Gesamtlänge von mehr als 160 km in Nordrhein-Westfalen, Rheinland-Pfalz und Hessen verläuft und als ‚Weg der Sinne' vermarktet wird. Unter dem Motto ‚Neues Wandern auf neuen Wegen' wurde die Routenführung und Wegbeschaffenheit auf die modernen Wanderansprüche abgestimmt. Von Beginn an wurde der Name als Markenzeichen eingeführt, das im Zuge der weiteren Entwicklung zur Dachmarke ausgebaut werden soll. Als Einzelmarken innerhalb der Dachmarke sollen sich im Laufe der Zeit touristische Unternehmen entlang der Route etablieren (z. B. klassifizierte Beherbergungsbetriebe).

Wandern ohne Gepäck:
Die Besonderheit der Angebote ‚Wandern ohne Gepäck' besteht darin, dass bei mehrtägigen Touren das Gepäck von einem Übernachtungsquartier zum jeweils nächsten transportiert wird. Das ermöglicht eine unbelastete Überwindung weiter Strecken, ohne auf den Komfort eines normalen Reisegepäcks verzichten zu müssen. Diese Angebotsform gilt bereits als Klassiker und wird von zahlreichen Urlaubsorten und -regionen offeriert. Die Buchungen dieser Pauschalen werden in der Regel über die zuständige regionale bzw. örtliche Tourismusvertretung vorgenommen, die den Gepäcktransport als Serviceleistung anbietet. Der Touristik-

Verband Neckarland-Schwaben (Baden-Württemberg) hat z. B. sogar eine speziel-le Broschüre für diese Angebotsform zusammengestellt.

b)   Wanderfreundliche Unterkünfte

Der vom Verband Deutscher Gebirgs- und Wandervereine e. V. herausgegebene Katalog ‚Ferienwandern' enthält seit 1999 ein Verzeichnis wanderfreundlicher Unterkünfte. Unter dem Motto ‚Mehr als eine Unterkunft' werden in erster Linie Unterkünfte in Deutschland vorgestellt. Um als wanderfreundliches Hotel einge-stuft zu werden, müssen die Betriebe besondere Kriterien erfüllen, die der Verband eigens aufgestellt hat (vgl. Abb. 3).

Abb. 3: Unterkunftskriterien für wanderfreundliche Hotels

Mindestkriterien	Zusätzliche Serviceangebote
Unterbringung auch für eine Nacht unmittelbare Nähe zum Wandergebiet ortskundige Mitarbeiter Verleih oder Verkauf regionaler Wander-karten und -literatur	Vesper- oder Lunchpakete (gegen Aufpreis) Gepäcktransport (auf Anfrage) Hol- und Bringdienst Reservierungsservice für Folgenacht Aufnahme größerer Gruppen (> 20 Perso-nen)
Vermittlung ortskundiger Wanderführer reichhaltiges Frühstück (vitamin- und kohlehydratreich) Trockenmöglichkeiten für Kleidung und Ausrüstung Informationen über Anbindung an öffentli-chen Nahverkehr	Separater Gruppenraum Organisation von Dia- und Infoabenden über Region, Kultur und Landschaft Verkauf von Tageszeitungen und sonstiger Utensilien Verkauf regionaler Erzeugnisse Bereitstellung des Wetterberichtes

Quelle: Katalog ‚Ferienwandern 1999' (gekürzt)

c)   Wanderreiseveranstalter

Auf dem deutschen Veranstaltermarkt gibt es nur wenige Unternehmen, die sich auf Wandertouristen spezialisiert haben. Bei Großveranstaltern wie der TUI (Tou-ristik Union International) oder Thomas Cook (Neckermann) werden innerhalb der gängigen Pauschalreisenkataloge zwar häufig zusätzlich Wanderreisen in den einzelnen Destinationen angeboten, aber spezielle Wanderpauschalen sind die Ausnahme. Zu den bekannteren Spezialisten für diese Reiseform zählen Wikinger Reisen und Baumeler Reisen; es agieren aber auch zahlreiche kleinere Anbieter erfolgreich in diesem Segment.

6   Zukünftige Entwicklung von Nachfrage und Angebot im Wandertourismus

Eine erfolgreiche Ansprache der Wanderer als touristische Zielgruppe ist nur unter Berücksichtigung ihrer besonderen Merkmale bezüglich Struktur und Nachfrageverhalten möglich. Aus diesem Grund sollen hier die wichtigsten Erkenntnisse, die in diversen empirischen Untersuchungen gewonnen werden konnten, zusammengefasst werden:

- Der ‚klassische' Wanderer ist in der Regel 50 Jahre oder älter, wobei die Gruppe der über 60-Jährigen vor allem bei den vereinsgebundenen Wanderern deutlich dominiert (vgl. LEDER 2000).

- Das Bildungsniveau der Wanderer ist vergleichsweise hoch (vgl. LEDER 2000).

- Wanderer sind vorzugsweise mindestens zu zweit unterwegs, wobei die Begleitung durch Partner/Partnerin an erster Stelle (59%) steht, gefolgt von Wandern mit Freunden (46%) und Familie (41%). Wandern im Verein bevorzugen 13% und allein wandern nur etwa 6% (MUTTER 1999; zu ähnlichen Ergebnissen kommt auch BRÄMER 1998).

- Bevorzugt werden markierte Wanderwege (80%), aussichtsreiche Kammwege (74%), naturnahe Erd- und Graswege (74%), schmale Wald- und Wiesenpfade (74%) sowie Wege abseits von Ortschaften (62%) und bequeme Wege ohne Steigung (47%) (vgl. BRÄMER 1998; Mehrfachnennungen waren zulässig).

- Wanderer sind insgesamt sehr reisefreudig. Die Befragung der Ferienwanderer (Teilnehmer an Mehrtageswanderungen) ergab, dass sie in der Regel mehrere Reisen pro Jahr unternehmen (vgl. LEDER 2000).

- Bezüglich der Beherbergung wird der mittlere Standard bevorzugt, wobei ein zukünftiger Trend zu eher gehobenen Unterkünften wahrscheinlich ist (vgl. BRÄMER 1998 und LEDER 2000).

- Ein weiteres Merkmal der touristischen Wanderer sind überdurchschnittlich hohe jährliche Reiseausgaben (vgl. LEDER 2000).

Wanderer sind aufgrund der bis dato vorliegenden Erkenntnisse als ein attraktives touristisches Klientel zu bewerten, besonders in Anbetracht ihrer hohen Reisehäufigkeit und der überdurchschnittlichen Reiseausgaben. Diesen Merkmalen sollte in der Angebotsgestaltung Rechnung getragen werden. Es gibt gegenwärtig eine Vielzahl interessanter und hochwertiger Wanderangebote in Deutschland, jedoch kann von einer zielgruppengerechten Marktbearbeitung in vielen Fällen kaum die Rede sein. Es ist noch von einem großen Wachstumspotenzial für die Nachfrage nach attraktiven und innovativen Wanderangeboten auszugehen. Touristische

Wanderangebote sollten ein zeitgemäßes Image haben und den heutigen Marktbe-
dingungen entsprechen; wichtig sind z. B. ein emotionales Marketing und die
Vermittlung eines Zusatznutzens (Erlebnis- und Themenpfade etc.). Ferner sollten
Angebote unkompliziert zugänglich und buchbar sein. Dies kann durch die Gestaltung von Pauschalen oder die übersichtliche Zusammenstellung von Reisebaustei-
nen (‚Wandern á la carte') erreicht werden. Die Zusammenarbeit und der Austausch mit Experten innerhalb der Vereine und Verbände kann von besonderer
Bedeutung sein, weil diese in der Regel über wertvolle Fachkompetenzen verfügen
und dadurch positive Synergieeffekte für beide Seiten – Vereine und Tourismusverantwortliche – erzielt werden können.

Wandern in der Natur stellt sich heute mehr denn je als Gegenwelt zur stresserfüll-
ten Alltagswelt dar. In diesem Sinne ist eine Ansprache der Interessierten im Kontext mit Besinnlichkeit und Wellness besonders Erfolg versprechend.

Literatur

Allensbacher Werbeträger Analyse (AWA) (1999). In: GRUNER + JAHR (Hrsg.): G+J-
Branchenbild Reisen in Deutschland. Gruner+Jahr Marktanalyse.

ALTMANN, R. (2000): Lange leben durch Bewegung in frischer Luft. Facharzt unterstützt
das SGV-Jahresthema/Teil 2. In: Sauerlandzeitung I, S. 10.

BRÄMER, R. (1999): Wandern als Chance für den Inlandstourismus? Schlüsselfaktoren und
Entwicklungsanreize. In: Deutscher Tourismusverband e. V. (DTV) (Hrsg.): Dokumentation: Zukunftswerkstatt Mittelgebirge. 1. Wanderkongress Rheinland-Pfalz. Wege zur
erfolgreichen Marke, 23.-24. September 1999 in Bad Kreuznach. (Neue Fachreihe des
DTV e. V.; H. 18). Bonn.

BRÄMER, R. (1998): Profilstudie Wandern. Gewohnheiten und Vorlieben von Wandertouristen. Befundbericht. Marburg.

Brockhaus (1999[20]): Die Enzyklopädie in 24 Bänden.

Deutsche Gesellschaft für Freizeit (Hrsg.; 1998): Freizeitlexikon. Ostfildern.

F. U. R. Forschungsgemeinschaft Urlaub und Reisen e. V. (2001): Die Reiseanalyse RA
2001. Hamburg.

HERBERS, K. (1991): Unterwegs zu heiligen Stätten. Pilgerfahrten. In: BAUSINGER, K.
(Hrsg.): Reisekultur. Von der Pilgerfahrt zum modernen Tourismus. München, S. 23-31.

KASCHUBA, W. (1991): Die Fußreise. Von der Arbeitswanderung zur bürgerlichen Bil-
dungsbewegung. In: BAUSINGER, K. (Hrsg.): Reisekultur. Von der Pilgerfahrt zum modernen Tourismus. München, S. 165-173.

LEDER, S. (2000): Wanderer als touristische Zielgruppe, dargestellt am Beispiel der Ferien-
wanderungen des Verbandes Deutscher Gebirgs- und Wandervereine. Paderborn (unveröffentlichte Magisterarbeit an der Universität Paderborn).

MUTTER, M. (1999): Ansprüche an Wanderwege und Landschaft nicht nur im Schwarzwald, Befragung der Wanderer. In: Der Schwarzwald IV, S. 156-158.

ROTH, P. (1999[3]): Grundlagen des Touristikmarketing. In: ROTH, P./SCHRAND, A. (Hrsg.):
Touristikmarketing: Das Marketing der Tourismusorganisationen, Verkehrsträger, Reiseveranstalter und Reisebüros. München, S. 24-144.

SÄNGER, M. (1999): Kann man das Wandern vermarkten. Altes Image versus zielgruppen-
    orientiertes Marketing. In: Deutscher Tourismusverband e. V. (DTV) (Hrsg.): Doku-
    mentation: Zukunftswerkstatt Mittelgebirge. 1. Wanderkongress Rheinland-Pfalz. We-
    ge zur erfolgreichen Marke, 23.-24. September 1999 in Bad Kreuznach. (Neue Fachrei-
    he des DTV e. V.; H. 18). Bonn.
UHLENBROCK, G. (1995): Stress, Sport und Verwirrungen des Immunsystems. In: 1. Teuto-
    burger Wald Symposium für Sportmedizin Halle/Westfalen 03.-05.06.1994. Röding-
    hausen.

Fahrradtourismus

Peter Schnell

Das Fahrrad hat als Verkehrsmittel in den vergangenen Jahren zunehmend an Popularität gewonnen. Nach den Angaben des ersten Berichtes der Bundesregierung über die Situation des Fahrradverkehrs in der Bundesrepublik Deutschland aus dem Jahr 1998 erreichte es im Modal Split einen Anteil von 11% an der Zahl aller Wege (Kfz-Verkehr 45%, sonstige Verkehrsmittel 44%; vgl. Der Bundesminister für Verkehr, Bau- und Wohnungswesen 1999, S. 3-4). Differenziert man den Einsatz des Fahrrades, das im Jahr 1993 in 75% aller deutschen Haushalte mit wenigstens einem Exemplar vorhanden war, nach Verkehrszwecken, so erreicht der Freizeitverkehr im Jahr 1995 mit 38% den höchsten Anteil vor dem Ausbildungs- und dem Einkaufsverkehr (vgl. Der Bundesminister für Verkehr, Bau- und Wohnungswesen 1999, S. 5).

Diese Situation weist deutliche regionale Unterschiede auf und ist als das Ergebnis eines längerfristigen Entwicklungsprozesses zu verstehen, denn noch im Jahr 1993 konnte HOFMANN vom ADFC Fachausschuss Fahrradtourismus auf der Internationalen Tourismusbörse in Berlin unter der Überschrift ‚Zielgruppe: Fahrradtouristen – unbekannt und unterschätzt' feststellen, dass „die Zielgruppe Radfahrer als touristisches Potential (...) in der Freizeit- und Tourismusforschung nahezu unbekannt (ist) und (...) dementsprechend wenig berücksichtigt (wird) bei touristischen Planungen" (ADFC 1993). In der Folgezeit hat sich offensichtlich nicht sehr viel getan, denn sechs Jahre später kommt HOFMANN auf der ITB 1999 zu dem Ergebnis „Radtourismus – Es gibt noch viel zu forschen. Trotz einiger Untersuchungen ist der Fahrradtourismus wissenschaftlich immer noch unterentwickelt" (ADFC 1999).

Fahrradfahren als Tourismusart hat in den letzten Jahren in Deutschland einen einzigartigen Aufschwung erlebt. Auf der Beliebtheitsskala der Freizeitaktivitäten der Deutschen nahm ‚Fahrradfahren' im Jahr 1997 den vierten Rang ein, und auch im Urlaub gehört das Fahrradfahren zu den beliebten Aktivitäten, vor allem bei den Inlandtouristen (vgl. BECKER 2000, S. 88). Diese Entwicklung findet – nicht zuletzt auch auf Grund der Aktivitäten des 1979 gegründeten ‚Allgemeinen Deutschen Fahrrad Clubs (ADFC)' – ihren Niederschlag auch in einem verstärkten Angebot an radtouristischen Programmen und Leistungen in fast allen deutschen Tourismusregionen, denn auf die gewachsene Nachfrage wird im Zuge des Wandels vom Anbieter- zum Käufermarkt entsprechend reagiert. Keine Region möchte auf dieses Nachfragesegment verzichten und mit den Nachbar- und anderen Regionen konkurrieren können, vor allem wegen der ökonomischen Bedeutung dieses Nachfragesegmentes.

1   Definitionen und Strukturen

In der deutschsprachigen wissenschaftlichen Literatur wurde der Fahrradtourismus
lange Zeit vernachlässigt (vgl. SCHNELL 1993, S. 375). Nach der Definition des
ADFC werden „unter dem Begriff Fahrradtourismus (...) alle Arten der Fahrradnut-
zung verstanden, die zum Zweck der Freizeit- und Urlaubsgestaltung unternommen
werden. Dazu zählen der Kurz- und Tagesausflug, die Wochenendtour, die mehrtägige Reise sowie die ausgedehnte Radreise" (ADFC 1998, S. 4). In einer anderen Typologie werden ‚Ausflugsradfahrer', zu denen die Tagesausflügler und Naherholer
gerechnet werden und für die häufig eine Kombination des Fahrrades mit anderen
Verkehrsmitteln (Pkw, ÖPNV, Flugzeug) charakteristisch ist, und ‚Fahrradtouristen'
unterschieden, die wiederum in ‚Kurzreiseradler' (2-4 Tage, nur Fahrrad oder Fahrrad in Kombination mit anderen Verkehrsmitteln) und ‚Reiseradler' (mindestens fünf
Tage, nur Fahrrad oder Fahrrad in Kombination mit anderen Verkehrsmitteln) differenziert werden (vgl. STEINECKE/HALLERBACH 1996, S. 15). Eine Aussage über die
prozentuale Aufteilung des Fahrradtourismus auf die in der zitierten Definition angesprochenen Tourismusvarianten ist aufgrund fehlender Daten nicht möglich; in Analogie zum Tourismus ist generell jedoch davon auszugehen, dass Kurz- und Tagesausflüge den dominanten Anteil ausmachen.

Als Voraussetzung für den Fahrradtourismus muss eine spezielle Art von Infrastruktur vorhanden sein: für das Radfahren und Radwandern geeignete Wege. Hier
wiederum spielen die Art der Wegeführung sowie die Oberflächengestaltung der
Wege eine wesentliche Rolle. Gegenüber den straßenbegleitenden, aber nicht von
der Straße getrennten Radwegen stellen die straßenparallel verlaufenden Radwege
bereits eine deutliche Verbesserung dar. Noch besser ist allerdings die Akzeptanz
von eigenen Radwegenetzen, die von den Straßen völlig gelöst verlaufen, denn bei
ihnen ist das Unfallrisiko deutlich gemindert und auch die Beschwerden über die
hohe CO_2-Belastung an stark befahrenen Straßen entfallen weitgehend. Die Art der
Wegeoberfläche stellt eine bautechnische Frage dar. Untersuchungen im Münsterland zeigen, dass von den Radwegenutzern überwiegend eine befestigte Allwetter-
Oberfläche gewünscht wird, die auch kostengünstig ist.

Zu einer kompletten Infrastruktur gehört auch die Radwegweisung, d. h. Wege-
kennzeichnung, denn „‚König Kunde' möchte **radeln**, nicht **suchen**" (STEINER
1998, S. 11; Hervorhebung durch STEINER). Unter den Oberbegriff ‚Radwegweisung' fällt auch die Ausweisung und Kennzeichnung des für den Fahrradtourismus
notwendigen Radroutennetzes, das sich aus Radfernwegen und Radwanderwegen
zusammensetzt. Bei den Radfernwegen handelt es sich um „Verbindungen, die für
Mehrtagestouren geeignet sind. Sie dienen der Erschließung einer größeren Ge-
bietseinheit (z. B. Radfernwegenetz Mecklenburg-Vorpommern), orientieren sich
an geographischen Leitlinien (z. B. Donauradweg, Schwarzwaldradweg) oder
können auch unter einem bestimmten Thema stehen (z. B. münsterländische „100
Schlösser Route")" (ADFC 1998, S. 9). Zum Teil handelt es sich um „überregionale, beschilderte Radrouten, die vornehmlich dem touristischen Fahrradverkehr

dienen und bestimmte Mindeststandards aufweisen" (ADFC 1999, S. 1). Zu den Mindeststandards gehören nach Auffassung des ADFC u. a.:
- eindeutiger Name,
- Konzeption als Strecke, Rundkurs oder Netz,
- Mindestlänge von 150 km oder Empfehlung von mindestens zwei Übernachtungen,
- Allwettertauglichkeit,
- einheitliche und durchgängige Wegweisung in beide Fahrtrichtungen,
- naturnahe Routenführung,
- touristische Infrastruktur entlang der Route (Beherbergungsbetriebe, Schutzhütten, Gastronomie, Abstellanlagen, Bereitstellung touristischer Informationen etc.; vgl. ADFC 1999, S. 2).

,Radwanderwege' sind meist auf kleine Räume ausgerichtet (Kreise, Gemeinden) und werden meist im Rahmen von Freizeit- oder Tagesaktivitäten genutzt; sie bilden insgesamt aber die Basis des Radroutennetzes, da sie eine sehr variable zeitliche und distanzielle Nutzung ermöglichen (vgl. ADFC 1999, S. 9). Über die kombinierte Nutzung beider Systeme sind sowohl Rund- als auch Streckenfahrten möglich.

SCHNEIDER (1999a, S. 9) stellt bei ihrer Untersuchung über die Bedeutung thematischer Routen für den Fahrradtourismus im Münsterland fest, dass für derartige Routen eine Vielzahl von Begriffen in Gebrauch ist (z. B. Radfernweg, thematische Radwanderroute, Themenroute, Themenweg, themenorientierte Route, radtouristische Themenroute). Sie kommt zu dem Ergebnis, dass sich hierin ein definitorisches Defizit widerspiegelt. Themenrouten stellen nach SCHNEIDER (1999b, S. 29) „im Rahmen der Angebotspolitik ein Leistungsbündel dar, welches sich aus dem ,Grundangebot' und dem sogenannten ,routenspezifischen Angebot' zusammensetzt". Ein grundlegender Unterschied zwischen dem Grundangebot und dem routenspezifischen Angebot besteht darin, dass ersteres für alle für radtouristische Zwecke ausgewiesenen Wege gilt (z. B. Übernachtungsmöglichkeiten, Verpflegung, ÖPNV-Anbindung), während letzteres die Besonderheit und Einmaligkeit einer Radwanderroute ausmacht (z. B. Authentizität der thematischen Sehenswürdigkeiten, Zugänglichkeit der thematischen Sehenswürdigkeiten insbesondere an Wochenenden, zielgruppenorientierte Ausrichtung des Angebotes; vgl. SCHNEIDER 1999b, S. 29).

Nach Angaben des ADFC kann der Radwanderinteressent innerhalb der Bundesrepublik im Jahre 2000 zwischen 190 Radfernwegen mit einer Gesamtlänge von rund 40.000 km wählen, die sich auf alle Bundesländer verteilen. Die 45 attraktivsten Radwanderrouten werden vom ADFC in der Broschüre ,Deutschland mit dem Rad entdecken' vorgestellt, eine ausführlichere Darstellung enthält der ADFC-Ratgeber ,Radfernwege in Deutschland' (vgl. HOFMANN/FROITZHEIM 2001; vgl. Abb. 1).

Abb. 1: Radfernwege in Deutschland

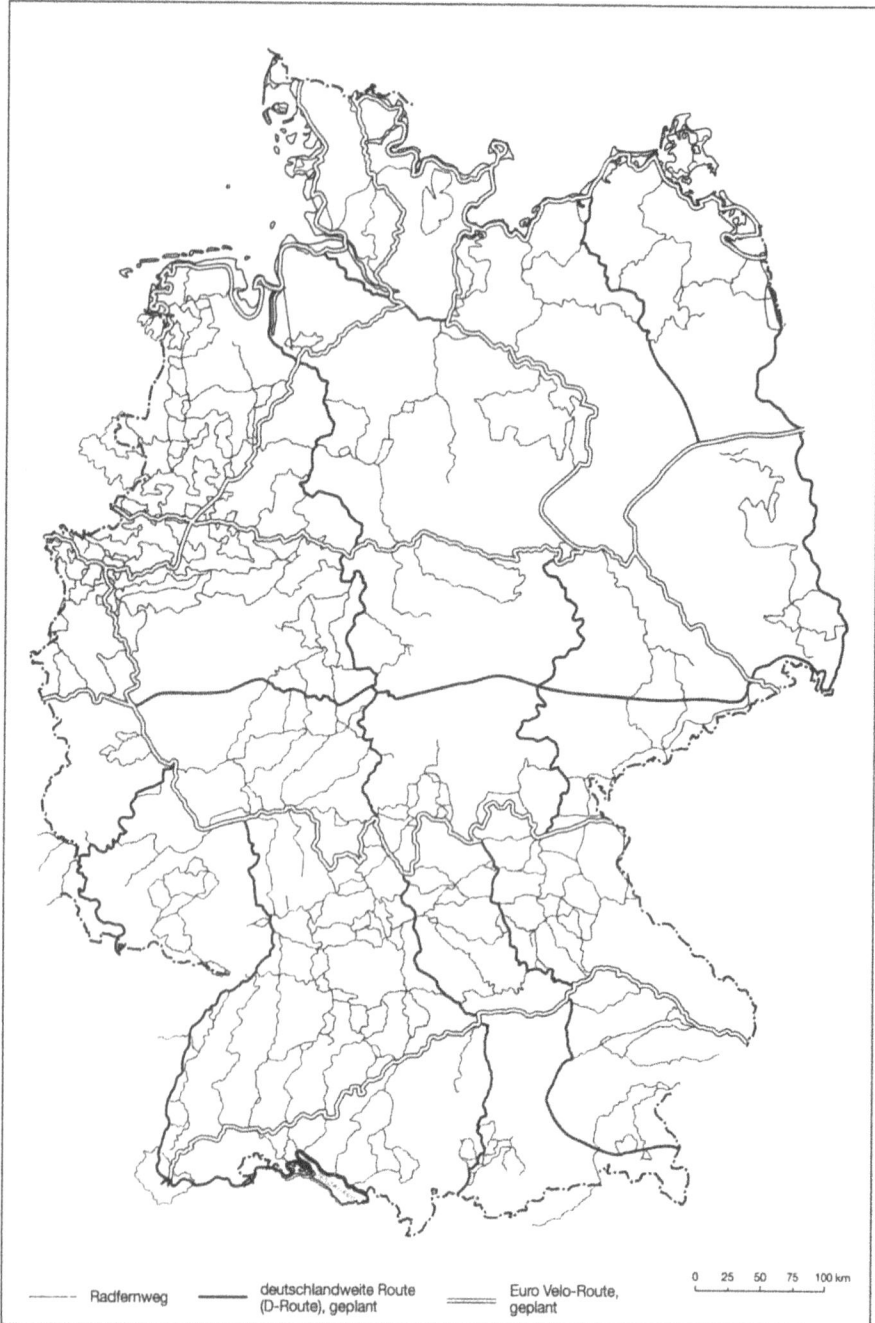

Quelle: Eigener Entwurf

Die Streckendichte ist innerhalb Deutschlands offensichtlich ungleichmäßig. Ein Grund für die teilweise noch recht lückenhafte Radroutendichte in den Neuen Bundesländern ist in der kurzen Zeitspanne zu sehen, innerhalb derer der Ausbau und die Anpassung des Radwegenetzes erfolgen konnte. Bei der bundesweiten Übersicht über die Fernradwege ist bei einer größeren Anzahl von Fernradwegen in den Neuen Bundesländern der Hinweis zu finden, dass der Wegeverlauf zwar geplant, diese Planung aber noch nicht vollständig umgesetzt worden ist (fehlende Wegweisung, unfertige Teilabschnitte, Oberflächenbau u. ä.). Geplant ist ein europäisches, zum Teil thematisches Radroutennetz, in welches das deutsche Fernradwegenetz eingebunden sein wird, so dass grenzüberschreitende Radtouren möglich werden.

Eine noch junge Variante des Fahrradtourismus bildet das Mountainbiking, das als naturorientierte Trend- und Extremsportart anzusehen ist. Während im Freizeit-Lexikon von 1984 Mountainbiking als Begriff noch nicht vertreten ist, werden im Freizeit-Abc von 1996 die sportliche Komponente und bergiges, waldreiches Gelände als Ausübungsraum herausgestellt (vgl. Deutsche Gesellschaft für Freizeit 1996, S. 111). In den von der Deutschen Gesellschaft für Freizeit (vgl. 1998, S. 41) jährlich herausgegebenen Zusammenstellungen ‚Freizeit in Deutschland' werden erstmals für das Jahr 1997 500.000 Anhänger dieser Freizeitaktivität genannt, die damit unter 48 Aktivitäten den letzten Platz einnimmt. Von 1997 bis 1999 ist die Ausübungshäufigkeit nahezu konstant geblieben, denn rund 4,2% der Deutschen fahren Mountainbike häufig und rund 12% ab und zu (vgl. Deutsche Gesellschaft für Freizeit 2001, S. 50). Mountainbiking führt jedoch zu Konflikten mit Belangen des Umweltschutzes sowie zu sozialen Konflikten. Bei Ersteren sind vor allem negative Auswirkungen auf Fauna und Flora zu befürchten, bei Letzteren sind vor allem die Interessenkonflikte zwischen Mountainbikern und anderen Naturnutzern angesprochen (vgl. PETCZELIES 1998, S. 164-167).

2   Die Radtouristen: Verhalten und Präferenzen

Das Fahrrad stellt ein Fortbewegungsmittel dar, das in den letzten Jahren an Bedeutung stark gewonnen hat. Hinsichtlich der Nutzung des Fahrrades in der Freizeit lassen sich in Abhängigkeit von der zeitlichen Dauer vier Nutzungsvarianten unterscheiden: a) der Kurz- oder Tagesausflug, b) die Wochenendtour, c) die mehrtägige Radtour und d) die ausgedehnte Radreise (vgl. ADFC 1998, S. 4). Wie sich die Radtouristen auf diese Varianten quantitativ verteilen, lässt sich – wie bereits angesprochen – auf Grund fehlender Daten nicht belegen. Als Quellen für Aussagen zu den Verhaltensmustern und Präferenzstrukturen von Radtouristen können Veröffentlichungen des ADFC sowie Untersuchungen einzelner Fahrradrouten oder -regionen herangezogen werden; insgesamt ist jedoch im Vergleich zu anderen Tourismusarten die Datenlage bezüglich des Fahrradtourismus als defizitär zu bezeichnen:

- In der Rangfolge der Freizeittätigkeiten der Deutschen liegt Radfahren unverändert seit Mitte der 1990er-Jahre an achter Stelle (vgl. DGF-Freizeit-Daten 2000). Deutliche Rangverbesserungen zeichnen sich hier seit dem Anfang der 1990er-Jahre (1992: 16. Rang) ab. So hatte die Freizeitaktivität Radfahren allein zwischen 1995 und 1998 eine Zuwachsrate von 15%. Zu berücksichtigen ist allerdings, dass dieser Aussage kein Hinweis auf die oben genannten Nutzungsvarianten zu entnehmen ist.

- Im Jahr 1998 hatten 8,5% aller deutschen Urlauber eine Fahrradreise mit wechselnden Übernachtungsstandorten unternommen und 24% benutzen im Urlaub auch das Fahrrad (vgl. STEINER 1998, S. 19). Im Jahr 2000 haben mehr als 2 Mio. Deutsche eine Urlaubsreise mit dem Fahrrad unternommen, was mehr als 4% aller Urlaubsreisen entspricht. Für 77% der Fahrradurlauber war diese Fahrt die wichtigste Urlaubsreise des Jahres. 87% der über die Zeitschrift ‚Radwelt' befragten Leser haben im Jahr 2000 mindestens eine Radreise unternommen, 45,7% mindestens zwei. Die Reiseintensität lag bei den Radtouristen über dem bundesdeutschen Durchschnittswert von 76,4%. Im Jahr 2001 planten 97,1% der ADFC-Mitglieder mindestens eine Radreise (Bundesdurchschnitt 71%). Nahezu 50% der Reisen werden in Deutschland unternommen. 95,5% der Radtouristen planen ihre Reise individuell, nur 4,5% buchen Pauschalreisen. Radfernwege werden bei der Routenplanung mit 60% im Vergleich zu Regionen (33%) deutlich bevorzugt. Die bei ADFC-Mitgliedern ermittelte Rangliste der Radfernwege führt 1999 mit deutlichem Abstand der Weserradweg an, gefolgt vom Donau- und Altmühltalradweg, dem Ostseeküstenradweg und dem Elberadweg (vgl. Abb. 2). Bei der Radreiseplanung für das Jahr 2000 führte hinsichtlich der Radregionen Mecklenburg-Vorpommern vor Bayern; Mecklenburg-Vorpommern hat seitdem in der Beliebtheit deutlich verloren (vgl. Abb. 3). Mit den ersten zehn Radfernwegen bzw. Regionen sind jeweils fast die Hälfte aller Nennungen erfasst.

- Für die Radtouristen spielt der Inlandsurlaub eine erheblich größere Rolle als für andere Touristen, denn im Jahr 2001 planten 48,1% aller Radurlauber eine Tour innerhalb Deutschlands – im Unterschied zum bundesdeutschen Durchschnitt, der nach den Ergebnissen der Reiseanalyse der Forschungsgemeinschaft Urlaub und Reisen nur bei 29,7% liegt. Von denjenigen, die ihren Urlaub innerhalb Deutschlands verbringen, fahren 51,1% während dieser Zeit Fahrrad. 65% der Deutschen gehen dieser Freizeitaktivität häufig nach; damit liegt Radfahren noch vor Schwimmen (63%), Fußball (57%) und Skilaufen (50%). 62% der Deutschen fahren in ihrer Freizeit mindestens einmal im Monat Fahrrad; beim Schwimmen trifft dies für 54% zu, beim Wandern für 40% und beim Joggen für 23%.

Abb. 2: Die beliebtesten Radfernwege (1999)

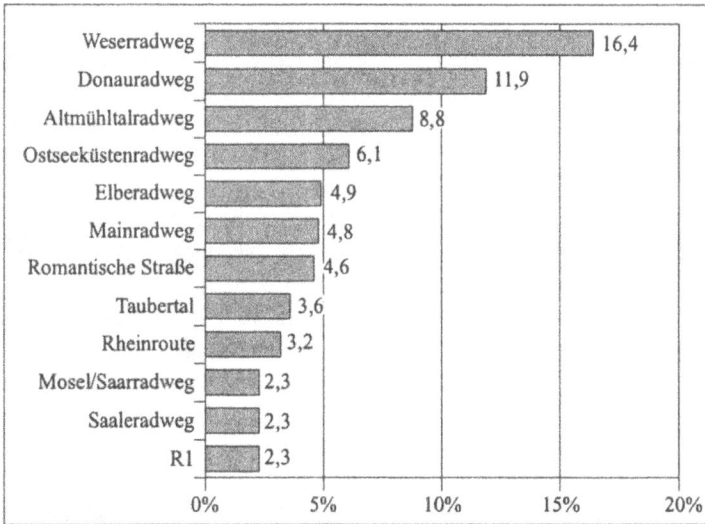

Quelle: ADFC (Hrsg.): Radreiseanalyse 2000, S. 13

Abb. 3: Radreiseplanung 2000 und 2001 – Zielregionen (Bundesländer/Angaben in %)

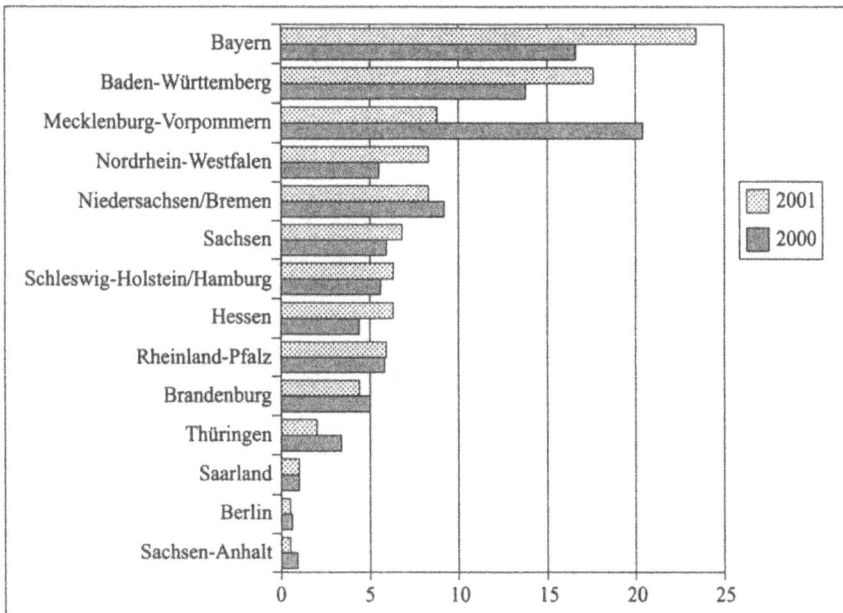

Quelle: ADFC (Hrsg.): Radreiseanalysen 2000 und 2001

- Der Radtourismus stellt einen wichtigen Wirtschaftsfaktor dar. Nach ADFC-Untersuchungen übernachten Radtouristen überwiegend in Drei-Sterne-Hotels und geben 20% mehr aus als andere Touristen. Dieses Ergebnis kann anhand von Erhebungen im Münsterland – einer Destination, für die der Fahrradtourismus ein wichtiges Alleinstellungsmerkmal darstellt – allerdings nicht bestätigt werden, was sicherlich auf den hohen Anteil von Tagesausflüglern zurückzuführen ist, die in der Region selbst zu Hause sind. Der Fremdenverkehrsverband Münsterland Touristik Grünes Band e. V. geht davon aus, dass ein Drittel aller Übernachtungen auf Radtouristen entfällt und ca. 6.000 Arbeitsplätze vom Fahrradtourismus abhängig sind. Nach Angaben des ADFC hat sich in Ostfriesland die Anzahl der Anfragen nach buchbaren Angeboten von 1.900 im Jahre 1994 auf über 8.000 im Jahr 2000 erhöht. Nach STEINER (1998, S. 23) entfallen im Münsterland auf die Radtouristen rd. 30% des touristischen Primärumsatzes – ein Anteil, der die ökonomische Bedeutung des Radtourismus unterstreicht. Nach einer Schätzung des ADFC betrug der radtouristische Umsatz in Deutschland im Jahr 2001 ca. 10 Mrd. DM.

- Hinsichtlich der sozioökonomischen Strukturmerkmale der Radtouristen liegen nur wenige Daten vor. Einen zusammenfassenden Überblick über den Kenntnisstand Mitte der 1990er-Jahre geben STEINECKE/HALLERBACH (1996, S. 17-22) sowie HOFMANN (1997, S. 8-16). Die von diesen Autoren geäußerte Kritik an einer fehlenden flächendeckenden Grundlagenerhebung gilt nach wie vor, so dass auch heute keine aktuellen Daten vorliegen. Über eine Befragung in der Zeitschrift ‚Radwelt', die überwiegend ADFC-Mitglieder anspricht, konnte ermittelt werden, dass der Altersdurchschnitt der Radtouristen bei 45,6 Jahren liegt, es sich bei 64% um Ein- bis Zwei-Personen-Haushalte handelt, 78% ohne Kinder leben und als Wohnorte Städte in Westdeutschland überrepräsentiert sind.

- Zu den fünf wichtigsten Gründen dafür, Radtouren zu unternehmen, gehören das Naturerlebnis, der Spaß am Radfahren, das Erkunden der regionalspezifischen Eigenarten, Erholung und Fitness (vgl. SCHNEIDER 1995, zitiert bei HOFMANN 1996, S. 12). Weiterhin spielt der Wunsch, sich abseits des Autoverkehrs bei körperlicher Bewegung Abwechslung zu verschaffen und kulturtouristische Angebote wahrnehmen zu können, eine wesentliche Rolle (vgl. MIGLBAUER/SCHULLER 1991, S. 10; SCHNELL 1993, S. 387). Da die Gruppenzusammensetzung sich von der anderer Tourismusarten unterscheidet, spielen auch Aspekte der Kommunikation eine größere Rolle.

3   Das Münsterland und das Altmühltal als Beispiele

Die Regionen Münsterland und Altmühltal bieten sich als Beispielregionen für den Fahrradtourismus an, da für beide Untersuchungen vorliegen, bei denen das Thema ‚Radtourismus' im Vordergrund stand.

Das Münsterland hat für die Entwicklung des Fahrradtourismus in Deutschland in vielfacher Hinsicht eine Pionierrolle geleistet, denn bereits im Jahr 1983 wurde mit der Planung der 100 Schlösser Route, dem Markenzeichen des Münsterlandes, begonnen. Sie wurde im Jahr 1987 mit einer Länge von 880 km eröffnet und 1992 nach dem Beitritt des Kreises Warendorf und des Altkreises Tecklenburg zum Fremdenverkehrsverband Münsterland Touristik Grünes Band e. V. auf ca. 2.000 km erweitert, von denen 1.250 km Hauptrouten und ca. 750 km Verbindungsstrecken waren. Am 6. Mai 2001 wurde der ‚Radelpark Münsterland' eröffnet, für den ein neues und in Deutschland bislang einmaliges Radwegeweisungssystem entwickelt wurde. Zu der 100 Schlösser Route, die nach wie vor die wichtigste Radroute bildet, sind inzwischen weitere thematische Radwanderwege hinzugekommen – z. B. Baumberger Sandsteinroute (vgl. REISCH 1996; SCHNEIDER 1998a), Römerroute (vgl. HEMSING 2000). Im Rahmen mehrerer Diplomarbeiten wurden diese Routen näher untersucht, so dass Informationen über die Nutzer und ihre Strukturen vorliegen. Über den Altmühltalradweg existieren ebenfalls Diplomarbeiten (vgl. JILG 1992; HERTLEIN 1998).

Ein wesentliches Ergebnis aller Analysen besteht darin, dass Tagesausflügler den größten Teil der Radtouristen ausmachen; nur am Altmühltalradweg erreichen die Radwanderer, die mehrere Tage unterwegs sind, eine größere Rolle, denn auf sie entfallen 52% aller Radtouristen (vgl. HERTLEIN 1999, S. 73; vgl. Tab. 1).

Tab. 1: Radtourdauer auf verschiedenen Radwanderrouten

	100 Schlösser Route SCHNELL SCHNEIDER		Baumberger Sandsteinroute REISCH SCHNEIDER		Römer- route HEMSING	Altmühltal- radweg JILG HERTLEIN		Münster- land SCHNELL
halber Tag	28,7%	17,0%	29,7%	25,6%	38,3%	26,1%	--	--
ganzer Tag	39,6%	41,5%	43,7%	49,1%	35,3%	42,9%	23,0%	86,5%
mit Ü.	31,7%	41,5%	26,6%	25,3%	26,4%	31,1%	77,0%	13,5%

Quelle: SCHNELL 1993, S. 383; SCHNEIDER 1998a, S. 73; REISCH 1998a, S. 46; HEMSING 2000, S. 73; JILG 1992, S. 84; HERTLEIN 1999, S. 74; SCHNELL 2001

In Erhebungen zum Tagestourismus im Münsterland, bei denen in den Jahren 1997, 1998 und 1999 an über 50 Standorten mehr als 4.000 Besucher befragt wurden, erreicht das Fahrrad als Standortanreiseverkehrsmittel nur einen Anteil von 18,6%. Dieser niedrige Anteilswert muss allerdings relativiert werden, denn zum einen wurde auch im für den Radtourismus ungünstigen Winter befragt und zum anderen war bei der Auswahl der Erhebungsstandorte der Typ ‚Radwandern' nicht direkt vertreten; erfasst werden konnten nur die Radtouristen, die in Gaststätten einkehrten oder Sehenswürdigkeiten aufsuchten. Der reale Radfahreranteil ist nicht genau zu ermitteln, dürfte aber deutlich höher liegen. Hinsichtlich der Dauer der

Radtour wurde nicht – wie in Tab. 1 – zwischen Halb-, Ganz- und Mehrtagesfahrten unterschieden, sondern nach endogenen, exogenen und sekundären Tagestouristen. Bei den endogenen Tagestouristen handelt es sich um Radtouristen, deren Wohnstandort innerhalb des Untersuchungsraumes Münsterland liegt, exogene Tagestouristen haben ihren Wohnsitz außerhalb des Münsterlandes, und bei den sekundären Tagestouristen handelt es sich um Übernachtungsgäste, die von ihrem Übernachtungsstandort aus Tagesausflüge im Münsterland unternehmen. Fast drei Viertel (71,4%) der im Münsterland angetroffenen Radtouristen sind innerhalb dieser Region zu Hause, 12,1% entfallen auf den Typ der exogenen Tagestouristen, und bei 16,5% handelt es sich um Übernachtungsgäste. Geht man von den Startorten der Radtouren aus, dann betragen die Fahrtstrecken zwischen Wohn- bzw. Übernachtungsstandort und Befragungsstandort (einfacher Weg) bei den endogenen Fahrrad-Tagestouristen im Durchschnitt 14 km (Median 9 km), bei den exogenen 75 km (Median 62 km) und bei den sekundären 16 km (Median 11,0 km). Die tatsächliche Fahrtstrecke dürfte in der Regel erheblich länger sein, da bei Radtouren sehr häufig für den Rückweg ein anderer Routenverlauf als für den Hinweg gewählt oder ein Rundfahrtkurs gefahren wird.

Weitere Übereinstimmungen zeichnen sich bei demographischen und sozioökonomischen Strukturmerkmalen der Radtouristen ab:

- So dominieren hinsichtlich der Gruppengröße zwei-Personen-Gruppen vor größeren Gruppen, die durchschnittliche Anzahl von Personen/Gruppe liegt bei der 100 Schlösser Route bei 4,8, bei der Baumberger Sandsteinroute bei 4,5, bei der Römerroute bei 3,3 und bei den Radtouristen im Münsterland bei 2,2.

- Von der Gruppenstruktur her handelt es sich überwiegend um Paare bzw. Ehepaare sowie um Freunde und Bekannte. Hinsichtlich der Stellung im Beruf dominieren Angestellte und Beamte; höhere Anteile erreichen aber auch noch Selbständige, Rentner/Pensionäre, Hausfrauen und Studenten, während Arbeiter unterrepräsentiert sind.

- Abschlüsse an weiterführenden Schulen herrschen bei den Radtouristen vor; Fachhochschul-, Hochschul- bzw. Universitätsabschlüsse erreichen im Münsterland bei allen genannten Untersuchungen Anteile von über einem Drittel; eine Ausnahme bildet nur der Altmühlradweg mit 26,6% (vgl. JILG 1992, S. 78).

Die von Seiten des ADFC sehr hoch eingeschätzte ökonomische Bedeutung des Fahrradtourismus muss auf Grund der empirischen Untersuchungen niedriger angesetzt werden, denn die durchschnittlichen Ausgaben belaufen sich pro Radtourist im Münsterland auf nur 11,60 DM. Die geringe Ausgabenhöhe ist in diesem Falle jedoch darauf zurückzuführen, dass zum einen der Anteil der Tagestouristen in dieser Tourismusregion extrem hoch liegt und zum anderen von den Tagestouristen wiederum ein sehr großer Teil im Münsterland selbst zu Hause ist. Der Zusammenhang zwischen Aufenthalts- oder Verweildauer und der Höhe der Ausgaben ist eindeutig nachweisbar; besonders deutlich wird dieser Sachverhalt bei den Radtouristen, die mehrere Tage unterwegs sind, denn allein die Übernachtungskosten verursachen höhere Ausgaben pro Person. Beim Radtourismus ist unter ökonomischen Gesichtspunkten sicherlich ein möglichst hoher Anteil von Radwanderern wünschenswert, die – wie z. B. im Altmühltal – deutlich höhere Ausgaben tätigen als die Tages- und Naherholer. Die Tatsache, dass die Geschäftsführung der Münsterland Touristik Zentrale von 6.000 Arbeitsplätzen ausgeht, die vom Fahrradtourismus abhängig sind, belegt den insgesamt hohen ökonomischen Effekt dieser Tourismusart.

4 Ausblick

Der Fahrradtourismus stellt in Deutschland eine relativ junge Tourismusart dar, die starke Wachstumsraten zu verzeichnen hat und an Attraktivität weiterhin zunimmt. Verantwortlich für diesen Boom sind das gesteigerte Gesundheitsbewusstsein der Bevölkerung, das in hohem Maße durch die Mitte der 1970er-Jahre von der Deutschen Olympischen Gesellschaft propagierte Trimm-Dich-Bewegung ausgelöst wurde, die seit Anfang der 1970er-Jahre deutlich gestiegenen Benzinpreise, die vielfach der Grund für einen Verkehrsmittelwechsel waren, sowie die gewachsene Sensibilität für die mit dem Einsatz des Pkw verbundene Umweltbelastung (Stichwort ‚Sanfter Tourismus’).

Die Frage, ob Fahrradtourismus dem sanften Tourismus zuzuordnen ist, lässt sich nicht uneingeschränkt positiv beantworten, denn im Rahmen der empirischen Untersuchungen an der 100 Schlösser-Route wurden 1991 an einem Wasserschloss zwischen 11 und 15 Uhr 1.100 Radfahrer erfasst und auch im Altmühltal kommt es an Schönwetter-Wochenenden zu einer derartigen Massierung von Radtouristen, dass die ‚Sanftheit’ dieser Tourismusform durchaus in Frage gestellt werden kann.

Im Zusammenhang mit dem ‚Mountainbiking’ ist der in der jüngeren Vergangenheit verstärkt zu beobachtende Trend zu Veränderungen im Konsum- und Freizeitverhalten zu erwähnen, der sich nach STEINECKE (vgl. 2000, S. 44) darin dokumentiert, dass bei der Auswahl von Zielen und Aktivitäten in immer stärkerem Maße vor allem bei jüngeren Menschen Abwechslung, Action, Thrill, Fun und Vergnügen eine Rolle spielen.

Nach BEHM (1996, S. 119-127) sind für den deutschen Fahrradtourismus Mitte der 1990er-Jahre eine Reihe von Stärken und Schwächen charakteristisch (vgl. Tab. 2), die zum größten Teil auch heute noch zu beobachten sind. Der ADFC fordert z. B. eine Koordinierungsstelle, die für die gesamte Bundesrepublik zuständig sein soll.

Tab. 2: Stärken und Schwächen des deutschen Fahrradtourismus

Stärken	Schwächen
Erhebliches Nachfrage- und Wirtschaftspotenzial	Ausrede für Konzeptionslosigkeit der Anbieter
Als positiver Imagefaktor dominante Säule des Erholungstourismus	Gefahr einer ‚ökologischen Ausrede' bei Anbietern und Nachfragern
zunehmender Bestandteil regionaler, umweltfreundlicher Tourismuskonzepte	Der Fahrradtourismus droht zu einer flächendeckenden Lenkungsaufgabe zu werden (technokratische Überorganisation)
Steigende Akzeptanz Deutschlands als Reiseziel	Erstickung an drohender Inhalts- und Phantasielosigkeit
Grundlage zur Entwicklung eines (über-)regionalen Qualitätstourismus	Attraktivitätsverlust mangels regionaler Differenzierung, Thematisierung und Akzentuierung
Zusammenführung von lokalen und regionalen Anbietern zu leistungsstärkeren und attraktiveren Einheiten	Werteverlust durch Massennachfrage und Massenangebote
Zusammenführung kommunal-, regional- und landespolitischer Verantwortung und Vernetzung von Entscheidungen	‚Entwicklungsbremsen' durch undifferenzierte Bündelung von Infrastrukturmaßnahmen
Bereicherung örtlicher und regionaler Infrastruktur auch für die ‚Bereisten'	drohende Einbrüche mangels gemeinsamer Zielgruppenausrichtung auf örtlicher/regionaler Ebene
Intensivierung der Erlebbarkeit von Zielgebieten und ihren Eigenheiten	drohende Einbrüche mangels kontinuierlicher Pflege der notwendigen Infrastruktur angesichts kommunaler Kassenlage
Tiefere Diskussion bei Gästen und Gastgebern um Landschaftspflege, Ortgestaltung usw.	Imageverlust durch kaninchenhafte Vermehrung der Spezies ‚Fahrrad-Rambo' im Fahrrad-Personen-Nahverkehr wie auch im Urlaub

Quelle: BEHM 1996, S. 119-127

Dank der Aktivitäten des ADFC hat sich die Situation des Fahrradtourismus in der Bundesrepublik in den letzten Jahren erheblich verbessert. So liegt ein flächendeckendes Kartenwerk in 27 Blättern vor, das regelmäßig aktualisiert wird. Außerdem bietet der ADFC in erheblichem Umfang Radreiseführer und andere Literatur an, die bei der Planung einer Radreise helfen können (vgl. www.fa-tourismus.adfc.de), aber auch Planungshilfen können in Anspruch genommen werden.

Literatur

ADFC (Hrsg.; 1982): Handreichung zur Förderung des Fahrradtourismus. Bremen.
ADFC, Fachausschuss Tourismus (1999): Radfernwege. www.fa.-tourismus.adfc.de.

ADFC / Deutsche Zentrale für Tourismus (Hrsg.; 2001): Deutschland per Rad entdecken 2001/2002. Bremen.

BECKER, P. (2000): Unterwegs in der Landschaft – Wandern, Radfahren und Reiten. In: Institut für Länderkunde/BECKER, CHR./JOB, H. (Hrsg.): Nationalatlas Bundesrepublik Deutschland. Bd. 10. Freizeit und Tourismus. Heidelberg/Berlin, S. 88-91.

BEHM, H. U. (1996): Perspektiven für den Fahrradtourismus in Deutschland. In: BIERMANN, A./HOFMANN, F./STEINECKE, A. (Hrsg.): Fahrradtourismus. Baustein eines artgerechten und umweltverträglichen Tourismus. ETI-Texte, H. 8. Trier, S. 119-128.

BIERMANN, A. (1994): Fahrradtourismus – eine umweltschonende Fremdenverkehrsform? Ergebnisse einer Analyse der fahrradtouristischen Angebots- und Nachfragestrukturen im Münsterland unter besonderer Berücksichtigung umweltschonender Aspekte. Trier (unveröffentl. Diplomarbeit).

BIERMANN, A./HOFMANN, F./STEINECKE, A. (Hrsg.; 1996): Fahrradtourismus. Baustein eines marktgerechten und umweltverträglichen Tourismus. ETI-Texte, H. 8. Trier.

Bundesministerium für Verkehr, Bau- und Wohnungswesen (1999): Erster Bericht der Bundesregierung über die Situation des Fahrradverkehrs in der Bundesrepublik Deutschland 1998. Bonn.

Deutsche Gesellschaft für Freizeit (Hrsg.; 1986): Freizeit-Lexikon. Ostfildern.

Deutsche Gesellschaft für Freizeit (DGF) (Hrsg.; 1988ff.): Freizeit-Daten. Ausgewählte Daten und Kurzinformationen für die Mitglieder der Deutschen Gesellschaft für Freizeit. Erkrath.

Deutsche Gesellschaft für Freizeit (Hrsg.; 1996): Freizeit-Abc. Freizeitbegriffe aus Umgangssprache, Freizeitberuf, Wissenschaft und ihre Erklärung. Erkrath.

Deutsche Gesellschaft für Freizeit (Hrsg.; 1998): Freizeit in Deutschland 1998. Aktuelle Daten und Grundinformationen. DGF-Fachbuch. Erkrath.

Deutsche Gesellschaft für Freizeit (Hrsg.; 2000): Freizeit in Deutschland. Freizeittrends 2000 plus. Ergänzungsband 2001 zum DGF-Gutachten. Erkrath.

HEMSING, M. (2000): Die Römerroute – Akzeptanzanalyse einer thematischen Radwanderroute. Münster (unveröffentlichte Diplomarbeit).

HERTLEIN, M. (1998): Radwegeplanung im Freizeitbereich. Evaluation eines bestehenden Radwegenetzes am Beispiel des Naturpark Altmühltal. Eichstätt (unveröffentlichte Diplomarbeit).

HOFMANN, F. (1995): Zielgruppenanalyse Radtouristen. In: Deutsches Seminar für Fremdenverkehr Berlin (Hrsg.; 1997): Auf zwei Rädern zum Erfolg! Wachstumsmarkt Fahrradtourismus. Berlin, S. 8-16.

HOFMANN, F./FROITZHEIM, TH. (2001[5]): Radfernwege in Deutschland. Bielefeld.

JILG, A. (1992): Radfahren, ein freizeitrelevantes Element. Aspekte einer geographischen Analyse. München, WGI Berichte 19.

KLEMM, H. (1995): Fahrradtourismus – Ein Vergleich der Nachfragesegmente Pauschalradreisende und Individualradreisende. Eine empirische Analyse am Beispiel der Region Saar/Mosel. Trier (unveröffentlichte Diplomarbeit).

MIGELBAUER, E./SCHULLER, E. (1990): Gästebefragung Donau-Radwanderer 1988-1990. ÖAR-Regionalberatung, Bad Leonfelden.

PETCZLIES, F. (1998): Mountainbiking und Tourismus – Die Akzeptanz von Mountainbike-Wegenetzen am Beispiel der Mountainbike-Arena Hochsauerland. In: HEINEBERG, H./TEMLITZ, K. (Hrsg.): Nachhaltige Raumentwicklung im Sauerland? Landschaftswandel, Wirtschaftsentwicklung, Nutzungskonflikte. Westf. Geogr. Studien 47. Münster, S. 161-182.

REISCH, U. (1996): Die Baumberger Sandsteinroute. Akzeptanzanalyse und Bedeutung für eine nachhaltige Regionalentwicklung mit Tourismus. Münster (unveröffentl. Diplomarbeit).

SCHNEIDER, CH. (1999a): Die Bedeutung Thematischer Routen für den Fahrradtourismus im Münsterland – Eine Akzeptanzanalyse anhand ausgewählter Beispiele. Münster (unveröffentlichte Diplomarbeit).

SCHNEIDER, CH. (1999b): Die Bedeutung von Themenrouten im Fahrradtourismus. In: Fremdenverkehrsverband Münsterland Touristik Grünes Band et al. (Hrsg.): Regionales Tourismus Marketing, H. 3, S. 29-40. Steinfurt.

SCHNEIDER, P. (1995): Fahrradtourismus – eine Zielgruppenanalyse im Hinblick auf die Konzeption von Radwanderführern – durchgeführt in ausgewählten Radwanderregionen Baden-Württembergs. Trier (unveröffentlichte Diplomarbeit).

SCHNELL, P. (1993): Fahrrad und Freizeit im Münsterland: Die 100 Schlösser-Route. In: Spieker 36, S. 375-389. Münster.

SCHNELL, P. (2001): Fahrradtourismus im Münsterland. Münster (unveröffentlichte Befragungsergebnisse).

STEINECKE, A. (2000): Erlebniswelten und Inszenierungen im Tourismus. In: Geogr. Rundschau 52, H. 2, S. 42-45.

STEINECKE, A./HALLERBACH, B. (1996): Fahrradtourismus – ein Bericht zur Forschungslage und zu den Forschungsdefiziten. In: BIERMANN, A./HOFMANN, F./STEINECKE, A. (Hrsg.): Fahrradtourismus. Baustein eines marktgerechten und umweltverträglichen Tourismus. ETI-Texte, H. 8. Trier. S. 7-31.

STEINER, J. (1998): Mit Fahrradtourismus Geld verdienen?! In: Fremdenverkehrsverband Münsterland-Touristik Grünes Band et al. (Hrsg.): Regionales Tourismus Marketing 2: Daten und Fakten zur wirtschaftlichen Bedeutung des Tourismus im Münsterland, S. 19-24. Steinfurt.

Neuere Trendsportarten im Outdoor-Bereich

Christian Langhagen-Rohrbach

Mountain-Biking, Canyoning, Rafting oder Bungee-Jumping – dies sind einige aktuelle Beispiele von Trendsportarten (vgl. OPASCHOWSKI 2000).[1] In diesem Artikel soll zuerst geklärt werden, was das verbindende Element dieser Sportarten ist bzw. ob sie überhaupt Sportarten sind. Ferner sollen Trendsportarten typisiert und hinsichtlich ihrer Anforderungen an den Sportler und die Infrastruktur dargestellt werden. Im letzten Teil stehen die Auswirkungen dieser Sportarten im Mittelpunkt. Dem Titel des Aufsatzes entsprechend werden in dieser Betrachtung ausschließlich Sportarten betrachtet, die im Freien (‚outdoor') und nicht in Sporthallen (‚indoor') ausgeübt werden.

1 Was sind Trendsportarten im Outdoorbereich?

Eine allgemeingültige Definition von Trendsportarten gibt es nicht; es besteht auch eine Unklarheit in der Abgrenzung zu ähnlichen Bezeichnungen wie ‚Funsportarten'. Am Ende dieses Abschnittes wird demnach auch nur eine Zusammenstellung wesentlicher Charakteristika der Trendsportarten stehen. Inhaltlich lassen sich viele Trendsportarten auch als ‚Funsportarten' verstehen, weil vor allem der Spaß, den die Ausübung des jeweiligen Sports bringen soll, in den Vordergrund rückt. Umgekehrt gibt es eine Vielzahl an ‚Funsportarten', die jedoch nur von wenigen ausgeübt werden, so dass man sie (noch) nicht als Trendsportart bezeichnen kann. Zudem können sich viele ‚Funsportarten' am Markt nicht behaupten; sie bleiben einer kleinen Minderheit vorbehalten oder verschwinden nach einer kurzen Lebensdauer wieder völlig.

Eine weitere Einschränkung muss hinsichtlich dessen gemacht werden, was als ‚Sport' bezeichnet wird: Dem Wortsinn nach bedeutet Sport ‚körperliche Ertüchtigung'. Einige als Trendsportarten beschriebene Betätigungen erfüllen dieses Kriterium jedoch nicht: Diese Tatsache gilt z. B. für das ‚Zorbing', bei dem sich die Aktiven in einem Gummiball von ca. 3 m Durchmesser Hänge oder sogar Wasserfälle hinunterstürzen (vgl. Austriazorb 2001):[2] Bei solchen ‚Sportarten', bei denen man sich nicht bzw. nur wenig bewegen muss, ist die Bezeichnung ‚Sport' fehl am Platze; es tritt nur der kurzfristige Nervenkitzel in den Vordergrund (analog z. B. beim Bungee-Jumping).

---

[1]   vgl. dazu die Übersicht in www.sport.de
[2]   Homepage der Fa. Austriazorb: http://www.zorbing.at (30.11.01)

Weiterhin kann nach Meinung des Verfassers nur dann von einer Trendsportart gesprochen werden, wenn die betreffende Sportart bereits von so vielen Sportlern ausgeübt wird, dass sie öffentlich wahrgenommen wird. Das heißt i. d. R. auch, dass die Sportart schon einige Zeit auf dem Markt sein muss, um eine entsprechende Zahl an Interessenten zu finden und damit als Trend offensichtlich zu werden. Diesen Sachverhalt drückt der Vorsatz ‚Trend' deutlich aus, der nach Duden ‚Grundrichtung einer Entwicklung' bedeutet und somit eine gewisse Fristigkeit beinhaltet. OPASCHOWSKI (1997, S. 115) schlägt in diesem Zusammenhang vor, neue Sportarten erst nach einer fünfjährigen Einführungs- und Behauptungsphase als Trendsportarten zu bezeichnen. Bis dahin sollte von „Modesportarten" gesprochen werden. Die Fünfjahresfrist nach OPASCHOWSKI leuchtet jedoch wenig ein, vor allem wenn man bedenkt, dass einige Sportarten deutlich länger bis zu ihrem Durchbruch gebraucht haben (z. B. Golf). Sinnvoller ist es dagegen, bei neuen Sportarten von Modesportarten zu sprechen, wenn der Durchbruch noch nicht erreicht ist; nach dem Durchbruch ist die Bezeichnung Trendsportart richtig.

Dieser Aspekt wird um so deutlicher, wenn man Trendsportarten in Zusammenhang mit dem Produktlebens-/Innovationszyklus betrachtet: Auf die Ausübung der Sportart durch eine kleine Minderheit folgt ein starker Zuwachs (Durchbruch), mit dem die Sportart von einer Mode- zu einer Trendsportart wird. Dieser Ansicht sind auch STAMM/LAMPRECHT (1997), die ebenfalls erst dann von einem Trendsport sprechen, wenn dieser eben nicht mehr nur von einigen ‚Freaks' ausgeübt wird, sondern wenn sich die Teilnehmerbasis im Zuge der weiteren Expansion deutlich verbreitert. Von großer Bedeutung ist dabei, dass Trendsportarten eben nicht von Geschäftsleuten oder Marketingexperten entworfen werden können, sondern von Interessierten entwickelt werden. Damit verbunden ist auch der Aufbau einer Art symbolischer Gegenwelt, die Trendsportler zu ‚Rebellen' gegen den etablierten Sport werden lässt; prägend ist auch das ‚Wir-Gefühl' der Ausübenden einer Trendsportart (vgl. STAMM/LAMPRECHT 1997).

Bei der räumlichen Verbreitung bedingen sich die Industrie (in ihrer Rolle als Hersteller der Ausrüstung für die Trend- oder Extremsportler) und ihre gesellschaftlichen Adaptoren wechselseitig: Die Verbreitung von Trends entspricht den diffusionstheoretischen Verteilungsmustern mit den dort beschriebenen Hierarchie- und Nachbarschaftseffekten (vgl. RITTER 1993, S. 143; SCHÄTZL 1993, S. 114). Neue ‚Trends' treten zuerst in verschiedenen Großstädten auf und verbreiten sich dann weiter. Diese Dynamik bedeutet nicht, dass die Sportarten auch dort entwickelt werden, sondern lediglich, dass dort die meisten potenziellen ‚Trendsportler' leben. Im Zuge der Verbreitung steigt die Zahl der Sportler sukzessive an, wobei nur während der ersten Phasen der Adaption, also während die ‚frühen Anwender' und die ‚frühe Mehrheit' eine neue Sportart annehmen, von einer ‚Trendsportart' dem Wortsinn nach gesprochen werden sollte. Abb. 1 zeigt beispielhaft den Lebenszyklus einiger Trendsportarten. Zusätzlich spielt auch die Sportartikel-Industrie eine wichtige ‚trendverstärkende' Rolle (vgl. hierzu die Renaissance des Rollers in den letzten zwei Jahren als ‚Kickboard'). So beschreibt HARTMANN (1996, S. 74) neue

‚Fun-' oder Trendsportarten als ein „kommerziell angeheiztes jugendkulturelles Massenphänomen". Für viele Trendsportarten folgt daher auf einen raschen Zuwachs der Verbreitung auch der Niedergang und schließlich das Verschwinden bzw. Platz machen für andere neue Sportarten.

Abb. 1: Lebenszyklus ausgewählter Trendsportarten seit 1970 (schematische Darstellung; 100% entsprechen jeweils der weitesten Verbreitung der genannten Sportart)

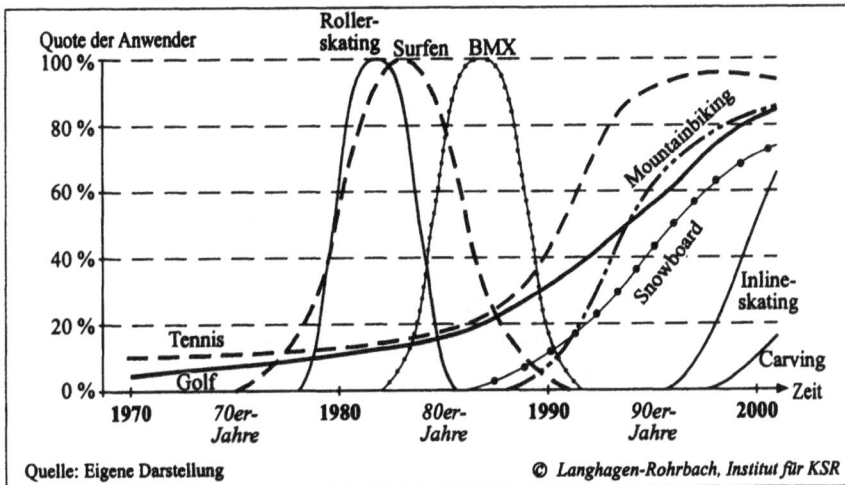

Quelle: Eigener Entwurf

Um den besonderen Reiz der Trendsportarten verstehen zu können, ist es notwendig, grundsätzliche Veränderungen in der Struktur der Gesellschaft zu erläutern, da diese großen Einfluss auf das Sportverständnis haben. Glaubt man dem Deutschen Sportbund (DSB), so ist nach wie vor „Sport im Verein am schönsten" (Werbespruch auf Plakaten des DSB). Die Wahrheit sieht für Trendsportarten jedoch anders aus, denn diese werden meist außerhalb der Vereine in Kleingruppen, alleine oder unter Leitung eines Reiseveranstalters bzw. eines ‚Guides', der für eine spezielle Unternehmung angemietet wird, ausgeübt (vgl. SEGER 2000, S. 9). Das Einzelkämpferdasein der Trendsportler lässt sich in direkter Linie auf das bereits angeführte ‚Rebellenimage' der Innovatoren einer Sportart zurückführen (vgl. STAMM/LAMPRECHT 1997). Diese Fragmentierung des Sports kann man nur als Resultat der Veränderung von einer ‚geschichteten' Gesellschaft zu einer auf Lebensstilen basierenden und individualisierten Gesellschaft deuten. Bei den klassischen Sportarten stand in der Vergangenheit vor allem die Fitness im Vordergrund, während das Gewicht bei Trendsportarten auf ‚Fun, Action und Entertainment' liegt (vgl. OPASCHOWSKI 1997, S. 105). Gegenüber dem klassischen Sport im Verein wird das individuelle Vergnügen beim Sport wichtiger; die ausgeübte Sportart und ihre Sportgeräte werden zu sozialen Zeichen für die Zugehörigkeit zu bestimmten Gruppen, die ‚in' sind; sie können auch als Ausdruck eines bestimmten Lebensstils umgedeutet werden (vgl. LÜDTCKE 1995, S. 39). Auch in der Tatsache, dass in den 1960er-Jahren etwa 30, Ende der 1990er-Jahre aber über 240 Sportarten zur Auswahl standen, zeigt sich dieser Trend der Individualisierung (vgl. OPASCHOWSKI 1997, S. 108).

Während der letzten 40 Jahre wurde aus einer Industriegesellschaft, in der Güter produziert wurden und körperlich gearbeitet wurde, eine hauptsächlich von Dienstleistungsberufen geprägte Gesellschaft mit einem sehr hohen Anteil an Bürotätigkeiten. Während der Arbeitsalltag in einem produzierenden Unternehmen körperlich anstrengend und zum Teil auch gefährlich war, ist die Tätigkeit in einem Dienstleistungsunternehmen mit vergleichsweise wenig Risiko und kaum körperlicher Arbeit verbunden.

Die Aufgabe, die den Trendsportarten damit heute zukommt, ist nach OPASCHOWSKI (2000, S. 29-32) der Versuch, aus einem ansonsten risikoarmen, sicheren Leben (angefangen bei der Kranken-, Sozial- und Unfallversicherung bis hin zur aktiven und passiven Sicherheit in den Autos auf den täglichen Wegen) mit einem geregelten Alltag auszubrechen und in riskanten Unternehmungen bzw. Erlebnissen persönliche Grenzen zu erfahren oder zu überschreiten. Ziel ist es, der Langeweile des Alltags zu entfliehen und in eine ‚Gegenwelt' einzutauchen, die den Kitzel (‚Thrill') erleben lässt, der im Alltag fehlt. Treibende Kraft in diesem Zusammenhang soll nach VON CUBE (in OPASCHOWSKI 1997, S. 104) die Tatsache sein, dass der Mensch als organisches Wesen im Lauf seiner Evolution auf ‚Anstrengung' programmiert worden sei und durch die Ausübung von Trendsportarten versuche, sich diese Anstrengung zu verschaffen. Zudem stellt das Abenteuer ‚Trendsport' insofern häufig einen weiteren Gegenpol zum alltäglichen Leben dar, als die Natur zur wichtigen Kulisse des Erlebnisses wird. Die ‚unberührte' Natur ist daher in enger Verbindung zu vielen aktuellen Trendsportarten (z. B. Trekking) zu sehen. Der Zulauf zu den meisten der modernen ‚In'-Sportarten wäre jedoch bei weitem nicht so groß, wenn diese tatsächlich zu einem echten Risiko geworden wären. So aber bleibt, dank technischer Hilfsmittel, das Risiko weitgehend kalkulierbar.

Wenn von Trendsportarten die Rede ist, ist außerdem zu beachten, wann diese ausgeübt werden. Im Zuge der in den letzten Jahrzehnten stetig steigenden täglichen und wöchentlichen Freizeit (vgl. AGRICOLA 1997, S. 5), bietet sich an, den jeweiligen Sport in den Abendstunden oder am Wochenende zu betreiben. Obwohl diese in der Tages- und Wochenendfreizeit ausgeübten sportlichen Aktivitäten streng genommen keine touristische Aktivität im klassischen Sinn darstellen, sollen sie hier dennoch berücksichtigt werden, da der Freizeit im Lauf der Woche ein immer höherer Stellenwert zukommt und sich die Grenzen zwischen Freizeit und Tourismus immer mehr verschieben.

Weiteres Merkmal der neueren Trendsportarten ist, dass ihre Ausübung beinahe ausnahmslos nach einer hochwertigen, teuren Ausrüstung verlangt. Diese Anforderung kann zum einen bedeuten, dass der Sportler selbst diese Ausrüstung finanzieren muss, um überhaupt in den Genuss zu kommen, diese Sportart ausüben zu können, oder aber, dass ein Veranstalter erst in erheblichem Maß in Ausrüstung und/oder Infrastruktur investieren muss, um eine bestimmte Sportart anbieten zu können. Die Ausrüstung zum Golfen oder Mountainbiking verschlingt schnell fünfhundert oder mehr Euro, die Anlage von Inlineskate-Parcours kostet i. d. R. bis zu hunderttausend Euro – eine Investition, die sich nicht ohne weiteres jede Gemeinde oder jeder Betreiber einer Freizeitanlage leisten kann.

Als Trendsportarten können zusammenfassend Sportarten beschrieben werden, die folgende Kriterien erfüllen:
- Die Sportart gehört nicht zu den ‚klassischen' organisierten Massensportarten (Leichtathletik, Fußball etc.) und ist erst seit kurzem ‚auf dem Markt'.
- Trendsportarten können ein Ausgleich für einen risikoarmen Alltag und dementsprechend mit ‚Thrill' verbunden sein.
- In der Mehrzahl werden die Trendsportarten nicht in organisierten Sportvereinen ausgeübt, sondern als Einzelveranstaltungen, die von ‚Guides' geführt bzw. von Agenturen angeboten werden.
- Es ist eine bestimmte persönliche Ausrüstung oder eine spezielle Infrastruktur notwendig; dabei wird die Natur häufig – nicht immer – zur Kulisse des Erlebnisses.
- Die Sportarten werden bevorzugt von jungen Personen ausgeübt; häufig sind sie mit einem Image des Außenseiter-/Rebellentums verknüpft, um den Exklusivitätsanspruch der Sportart zu dokumentieren. Gleichzeitig kann die Sportart auch Ausdruck eines bestimmten Lebensstils sein.

2 Beispiele verschiedener Trendsportarten im Outdoorbereich

Nachdem die Charakteristika der Trendsportarten erläutert wurden, sollen in diesem Abschnitt einige dieser Sportarten näher vorgestellt werden. Dabei handelt es sich durchaus nicht nur um neue Sportarten, sondern auch um solche, die bereits vor einiger Zeit ‚im Trend' lagen, neuerdings aber in einer veränderten Variante großen Zuspruch finden oder bereits länger existieren, ihren Durchbruch aber erst jüngst erlebt haben.

2.1 ‚Inlineskating' (Rollschuhfahren)

Zu den am weitesten verbreiteten neuen Sportarten zählt sicher das ‚Inlineskating'. Bereits vor etwa 20 Jahren war Rollschuhfahren mit anderem Sportgerät, den 'Rollerskates', eine Trendsportart (vgl. Abb. 1). Anfang der 1990er-Jahre erlebte das Rollschuhlaufen dann als ‚Inlineskating' einen neuen Aufschwung. Heute können vornehmlich zwei Arten des ‚Inlineskating' unterschieden werden: Zum einen gibt es Sportler, die längere Strecken auf ihren 'Skates' zurücklegen. In Frankfurt hat sich hierzu z. B. das ‚Tuesday Night Skating' etabliert, bei dem hunderte Skater allwöchentlich eine Strecke von ca. 40 km zurücklegen.[1] Hierfür ist nichts weiter als eine asphaltierte Fahrbahn notwendig. Andererseits gibt es das Inlineskating in der ‚Half Pipe' bzw. in ‚Skateparks'. Dort sind Hindernisse in Parcours zusammengestellt (vgl. SKATESTONE 2001).[2] Die Kosten für eine solche Anlagen können bis zu mehreren hunderttausend Euro betragen. Generell sind an solchen Anlagen jedoch nicht nur Jugendliche interessiert, sondern auch Personen bis zu einem Alter von ca. 40 Jahren; erst danach nimmt das Nutzungsinteresse ab (vgl. WOLF/ LANGHAGEN-ROHRBACH 2001).

Die wachsende Zahl an Inline-Skatern führte dazu, dass sich im Jahr 1996 der ‚Deutsche Inline-Skater Verband' gründete, der mittlerweile im ‚Deutschen Rollsport- und Inline-Verband' (DRIV) aufgegangen ist. Die Zahl der Einzelmitglieder liegt bei 1.500 (vgl. DIV 2001);[3] im Vergleich zu den Teilnehmerzahlen an den Skates in deutschen Großstädten zeigt diese Zahl, dass der Organisationsgrad beim Inlineskating deutlich niedriger als in klassischen Sportarten ist. So ist z. B. der Deutsche Leichtathletik-Verband mit knapp 900.000 Mitglieder ‚nur' der sechstgrößte Verband im Deutschen Sportbund (vgl. DLV 2001).[4] Die Tatsache, dass die Inlineskater begonnen haben, sich zu organisieren, zeigt, dass auch für Trendsport-arten die Möglichkeit besteht, sich zu etablieren, bedeutet aber nach STURM/ LAMPRECHT (1997), dass Inlineskating im Grunde bereits am Ende seiner Entwicklung als Trendsportart steht und im Übergang zu einer ‚normalen' Sportart begriffen ist.

2.2   ‚Mountainbiking'

Das Mountainbike als Sportgerät wurde als Kombination eines herkömmlichen Fahrrades mit den Geländeeigenschaften des ‚BMX-Rades' in den USA entwickelt. In der Vorläuferschaft des BMX (BMX-Räder waren um 1980 ‚Trendsport') zum Mountainbike lässt sich wiederum die Zyklizität der Trendsportarten belegen (vgl. Inlineskating in Abb. 1).

---

[1]   FAZ (Frankfurter Allgemeine Zeitung vom 24.06.2001, S. 14): Anfangs sind sie nur versteckt gerollt. Inlineskating ist ein Boom geworden/Wöchentliche Massenstarts in hessischen Großstädten.

[2]   Skatestone (2001): Skatestone-Homepage. http://www.skatestone.de (11.06.2001)

[3]   DIV = Deutscher Inlineskate-Verband (2001): Wir über uns. http://www.d-i-v.de/general/wirüberuns.html (29.11.01)

[4]   DLV = Deutscher Leichtathletik-Verband (2001): Der DLV: Ein Kurzportrait. http://www.dlv-sport.de/DERDLV/index.html (29.11.01)

Grundsätzlich ist Mountainbiking eher zu den Sportarten zu rechnen, die in der näheren oder weiteren Umgebung des Wohnortes ausgeübt werden. Nur wenige ,Mountainbiker' nutzen ihr Fahrrad tatsächlich der Wortbedeutung nach in den Bergen. Als Sportart in urbanen Räumen ist Mountainbiking vergleichsweise exotisch: Die Fahrräder werden hier oftmals als Statussymbole und als Ausdruck eines bestimmten Lebensstils verwendet. Auch beim ,Mountainbiking' sind neben den Touren mit Gepäck zwei weitere Strömungen zu unterscheiden: Zum einen das sog. ,Crosscountry', also das Radfahren ,über Stock und Stein' und das sportlich ambitionierte ,Downhill-Fahren' (i. d. R. werden reine ,Downhills' nur im Rahmen von Rennveranstaltungen angeboten).

Die Landschaft – besser das Relief – ist nur für sportliche Fahrer tatsächlich von Bedeutung, denn Mountainbikes sind heute auf dem Weg, das klassische Fahrrad abzulösen. Das Mountainbike kann daher als ein Trendsportartgerät gelten, das sich im Zuge seiner Entwicklung zu einem Alltagsgerät entwickelt hat.

2.3 Golf

Auch das Golfspielen zählt zu den Gewinnern unter den Sportarten der letzten Jahre, so dass man Golf ohne Weiteres als eine der aktuellen Trendsportarten bezeichnen kann, auch wenn der Golfsport nicht den ,Thrill' bietet, wie es andere Sportarten tun. Der Golfsport kann aber als Beispiel für eine Sportart dienen, die sehr stark als Ausdruck eines bestimmten Lebensstils zu verstehen ist. Nach einer Phase, in der das Golfspielen einer kleinen Elite vorbehalten war, hat sich der Golfsport mit der Anlage zahlreicher neuer Golfplätze für eine größere Zahl an Interessenten geöffnet. Zum Teil betreiben die Golfclubs eine massive Expansionspolitik: So hat sich die Zahl der aktiven Golfspieler allein zwischen 1990 und 2000 von ca. 141.000 auf über 300.000 mehr als verdoppelt (vgl. DGV 2001).[7] Golf ist im Gegensatz zu anderen hier genannten Trendsportarten die einzige Sportart, bei der die organisierte Form – Golf im Verein – deutliche Zuwächse verzeichnen konnte. Auch die Zahl der Golfplätze hat sich kräftig erhöht: Waren es im Jahr 1990 ,nur' 304 Golfplätze, so gab es im Jahr 1999 schon 562 in Deutschland (vgl. MURSCH 2000, S. 94).

2.4 Wintersport: Carving (Skifahren)/Snowboardfahren

Mitte der 1990er-Jahre sah es eine Zeit lang so aus, als würde das Snowboardfahren das Skifahren völlig verdrängen. Durch die Erfindung des Carving bekam jedoch das Skifahren wieder neuen Aufwind. Carving kann als Skifahren mit ,Snowboardfeeling' bezeichnet werden (die Ski sind kurz und drehfreudig, es ist

---

[7] DGV = Deutscher Golfverband (2001): Überblick Statistiken. http://www.golf.de/dgv/
frameload.cfm?subsite=dgv&subsubsite=home (19.06.01)

weniger Technik als beim konventionellen Skilaufen zu erlernen und die Geschwindigkeit ist höher, verspricht also mehr ‚Thrill'). Vor allem Snowboardfahren gehört sicher zu den Trendsportarten des Winters, wenngleich beim Wintersport insgesamt mittlerweile eine Umorientierung festzustellen ist – weg vom
klassischen Skiurlaub, hin zum funorientierten Erlebnisurlaub, bei dem das Aprés-
Ski (diese Bezeichnung hält sich hartnäckig) immer bedeutender wird (vgl. OPA-
SCHOWSKI 1997, S. 115). Ursprünglich dürfte auch beim Ski-/Snowboardfahren
das Landschaftserleben ein tragendes Motiv gewesen sein. Gerade in den großen
Wintersportarealen fällt es jedoch zunehmend schwer, die Landschaft neben den
Liften und Pisten noch als bestimmendes Element wahrzunehmen. Wichtiger ist
mittlerweile auch die Ausstattung der Skigebiete mit Buckelpisten, Halfpipes und
Fun Parks für die Sportler.

2.5   Kajak/Canyoning/Rafting

Allen genannten Wassersportarten ist gemeinsam, dass sie ein geeignetes Wildwasser zur Ausübung brauchen. Dieses ist insbesondere in den deutschen Mittelgebirgen kaum zu finden, so dass sich der Wildwassersport auf relativ wenige
Flüsse in den Alpen konzentriert (z. B. Isar, Ammer, Loisach in Deutschland, Soèa
in Slowenien). Übungskanäle – wie z. B. den Eiskanal in Augsburg – gibt es ebenfalls nur selten. Das Kajakfahren ist unter den drei genannten Sportarten die älteste. Starken Zulauf hat das Kajakfahren in den letzten Jahren dadurch erhalten, dass
neue Materialien im Bootsbau die Befahrung weitaus schwierigerer Wildbäche
gestatten, als dies noch vor wenigen Jahren der Fall war: Galt lange Zeit die Belastbarkeit des wenig robusten Bootsmaterials (Glasfaserkunststoff) als Grenze der
Befahrbarkeit eines Gewässers, so sind in Anbetracht der nahezu unzerstörbaren
Boote aus Polyethylen eher psychische Grenzen sowie das Fahrkönnen des Einzelnen maßgeblich (vgl. z. B. Kanu Magazin 2001).[8]

Neben dem Befahren von extremem Wildwasser gibt es auch im Wildwassersport
neuere Erfindungen wie z. B. das ‚Kajak-Rodeo', bei dem Figuren mit dem Boot
gemacht werden. Das Verhältnis zwischen dem ‚klassischen' Kajakfahren und dem
Kajak-Rodeo ist ein gutes Beispiel dafür, wie stark das Rebellenimage (vgl.
STURM/LAMPRECHT 1997) der Innovatoren nachwirken kann: Hierzu ist es nur
notwendig, den Kajakalltag auf einem Fluss mit den in ‚jungen Medien' (u. a.
MTV, VIVA oder auch EUROSPORT) verbreiteten aggressiven und risikoreichen
Darstellungen des Kajakfahrens zu vergleichen oder die einschlägigen Markenna-
men zu betrachten (z. B. ‚Young Pirates'). Ähnlich ist auch das Verhältnis zwi-
schen den Profi-Kanuten, die extremes Wildwasser befahren, und den übrigen
Kanuten: Die Präsenz in den Medien hat das Bild des Kajakfahrens als Sportart in

---

[8]   Kanu Magazin (2001): WW VII – wir über uns. http://www.kanu-magazin.de/mythos/
      ww7.html (29.11.01)

den letzten Jahren stark verändert und mit Sicherheit auch zum Aufschwung des Kajakfahrens insgesamt beigetragen.

Weitere neuere Spielarten der Befahrung bzw. Begehung von Wildwasser sind Rafting oder Canyoning: Beide Sportarten werden oft als geführte Touren angeboten; beim Rafting wird der Wildbach mit einem großen Schlauchboot befahren, beim Canyoning werden Schluchten im Neoprenanzug zu Fuß durchklettert. Abseilen in Wasserfällen oder in Gumpen zu springen, macht den Reiz des Canyoning aus (vgl. SCHMAUCH 2001).

2.6   Freeclimbing (Klettern)

Das Freeclimbing steht an der Grenze zwischen Indoor- und Outdoorsport, da es in den letzten Jahren durch die Errichtung zahlreicher Kletteranlagen auch Eingang in die in größeren Städten im ‚Trockenen' ausübbaren Sportarten gefunden hat. Gerade deswegen hat sich die Zahl der aktiven Kletterer in den letzten Jahren stark erhöht, zumal Klettern bis vor wenigen Jahren als alpiner Extremsport nur von wenigen ausgeübt wurde. Aus den Kletterhallen heraus breitet sich das Klettern nun zusehends weiter aus. Diese Entwicklung ist insofern problematisch, als zwischen dem Klettern an einer Kletterwand und dem im echten Fels ein eklatanter Unterschied besteht. Zudem brauchen Kletterer im Fels neben dem reinen Können auch umfassende Kenntnisse über die Beschaffenheit des Gesteins, in dem geklettert werden soll, über das Wetter in den Alpen etc. Gerade aus Unkenntnis in diesen Bereichen haben sich in den vergangenen Jahren immer wieder Unglücke in den Bergen ereignet.

Das Klettern an Felswänden ist – zumindest in den Mittelgebirgen – in den vergangenen Jahren aus Gründen des Naturschutzes stark eingeschränkt worden (vgl. DAV 1999). Die Bandbreite des Klettersports reicht dabei vom ‚Bouldern' (Klettern ohne Seilsicherung bis in wenige Meter Höhe) bis hin zum Extremklettern im Hochgebirge oder dem Eisklettern, in gefrorenen Wasserfällen, aber auch an eigens errichteten ‚Eiszinnen'.[9]

3   Auswirkungen der Trendsportarten

Die Sportarten, die in der täglichen und wöchentlichen Freizeit ausgeübt werden können, sind hinsichtlich ihrer Auswirkungen auf die Umwelt am unproblematischsten: Es fällt meist kaum An- oder Abreiseverkehr an und es können vorhandene Infrastruktureinrichtungen genutzt werden.

---

[9]   Tourismusverband Pitztal (2001): Ice Adventure Pitztal 2002. 1. Ice Climbing World Championship 11. + 12.01.2002 http://www.pitztal.com/de/winter/iceclimbing.htm (29.11.01)

Zu den positiven Auswirkungen der Trendsportarten gehört – wie bei allen anderen Tourismusarten auch – die wirtschaftliche Bedeutung, die der Tourismus in einigen Regionen bei der Sicherung bzw. der Schaffung von Arbeitsplätzen hat. Dieser positive Effekt kann sich deutlich verstärken, wenn es eine Stadt oder Region schafft, sich als Zentrum einer bestimmten Trendsportart zu etablieren. Wenn von einer Trendsportart gesprochen wird, so bedeutet dies, dass im Vergleich zu den herkömmlichen Sportarten nur eine relativ geringe Zahl an Sportlern zu erwarten ist. Die Infrastruktur, die für eine Trendsportart notwendig ist, kann daher auch nur für einen sehr engen Kreis von Personen bzw. Unternehmen positiv sein (z. B. Sportgeschäfte und andere freizeitbezogene Unternehmen). Einrichtungen für Trendsportarten generell als positiven Standortfaktor einzustufen, erscheint zu weit gegriffen, da die Reichweite der Trendsportarten zu gering ist.

Problematisch werden Trendsportarten dann, wenn sie in sensiblen Ökosystemen ausgetragen werden (müssen). ‚Mountainbiking' liegt an der Schnittstelle zwischen einer verträglichen und einer weniger verträglichen Sportart (vgl. DAV o. J.): Vor allem die Reifenspuren der Radfahrer können in Hanglagen den Beginn größerer Erosionsrinnen bedeuten. Auch der Wintersport ist mit zahlreichen Auswirkungen verbunden. An dieser Stelle seien neben den Erschließungsmaßnahmen (Lifte und Seilbahnen, Parkplätze etc.) die Pistenplanierungen, die Gewässerbelastung durch Zusatzstoffe in Kunstschnee bzw. das Absenken des Grundwasserspiegels durch künstliche Beschneiung, die ‚Kantenrasur' auf ausgeaperten Pisten und die Gewässerbelastung durch Fäkalien in abgelegenen Skigebieten erwähnt. HUPKE (1990) legt dies ausführlich am Beispiel eines Gletscherskigebiets im Tiroler Ötztal dar.

Auch die wassergebundenen Sportarten (Kanu, Kajak, Rafting, Canyoning) können Belastungen auslösen. Diese reichen von Trittschäden an den Ein- und Ausstiegsstellen bis hin zum Verjagen von Fischen oder Wasservögeln oder zur Zerstörung von Fischlaich. Der An- und Abreiseverkehr ist ebenfalls erheblich (vgl. HELLBERG 1992, S. 79-102). Zusätzlich wird die negative Wirkung der Wassersportarten dadurch verstärkt, dass immer mehr Gewässer für die Befahrung aus Gründen des Naturschutzes gesperrt werden, so dass die Sportler an wenigen Gewässern um so geballter auftreten (vgl. HELLBERG 1992, S. 42-43).

Eine ähnliche Konzentration gibt es auch an Kletterfelsen außerhalb der Alpen. Hier bringen Kletterhallen bzw. künstliche Kletterfelsen eine gewisse Entlastung. Darüber hinaus gibt es von Seiten des Deutschen Alpenvereins zahlreiche Bemühungen (z. B. zeitliche Einschränkungen), den Konflikt zwischen Klettern und Naturschutz zu entschärfen (vgl. DAV 1999).

Insgesamt dürften die Trittschäden bei allen Trendsportarten das Gros der Auswirkungen darstellen; auch beim Wander- und Trekkingtourismus kommt es durch die Wanderer zu Bodenabtrag in einem Ausmaß, das nicht unwesentlich ist. Gerade Abkürzungen in der Falllinie zwischen einzelnen Serpentinen der Wanderwege können die Erosion dramatisch erhöhen, da sie sich zu Wasserleitbahnen entwickeln.

Besonders umstritten sind die Auswirkungen des Golfsports: Zum einen wird der enorm hohe Flächenverbrauch kritisiert, zum anderen stehen die Golfclubs als Betreiber oftmals in der Kritik, da die Pflege des Platzes mit erheblichem Einsatz an Pestiziden und Herbiziden vonstatten geht, so dass häufig Verunreinigungen des Grundwassers die Folge sind. Eine weitere Expansion des Golfsports, die auch von der Zahl der Sportstätten abhängt, wird daher auch von der umweltverträglichen Gestaltung der Sportanlagen maßgeblich bestimmt (Regierungspräsidium Darmstadt 2000, S. 32).

4   Ausblick

Der Bereich der neueren Trendsportarten ist so breit gefächert, dass es an dieser Stelle nur möglich war, einen kleinen Ausschnitt aus der Fülle dieser Sportarten vorzustellen. Generell soll die große Zahl an Sportarten jedoch nicht darüber hinweg täuschen, dass es sich bei den Trendsportarten (noch) um Sportarten handelt, die im Vergleich zu den etablierten Massensportarten von relativ kleinen Gruppen ausgeübt werden. Die jüngere Entwicklung zeigt jedoch, dass die Zahl der organisierten Sportler in den Vereinen rückläufig ist. Hier können viele Ursachen eine Rolle spielen: Die Überalterung der Bevölkerung ebenso wie die Abkehr von den traditionellen Sportarten oder der Unwille, sich ehrenamtlich zu engagieren. Auf der einen Seite folgt bei vielen Trendsportarten nach einiger Zeit der Übergang zu einer 'normalen' Sportart, es ist jedoch nicht auszuschließen, dass die Fragmentierung des Sports insgesamt weiter fortschreiten wird und die bisherigen Organisationsformen des Sports in nicht all zu ferner Zukunft durch lockerere und temporäre Verbünde der Sportler ersetzt werden. Andererseits ist es ebenfalls vielen Trendsportarten eigen, nach einer kurzen Blütezeit wieder vollkommen zu verschwinden – kurz gesagt: Trendsportarten kann man nicht machen, sondern sie werden in höchstem Maß von den Sportlern selbst erfunden und können sich dann – unterstützt durch die Medien und die Sportartikelindustrie – weiter verbreiten. Diese Verbreitung ist nach STAMM/LAMPRECHT (1997) jedoch eher zufällig als zwangsläufig.

Literatur

AGRICOLA, S. (1997): Freizeit Professionell. Handbuch für Freizeitmanagement und Freizeitplanung. Erkrath.

Deutscher Alpenverein (DAV) (o. J.): Zum Beispiel: Bike am Berg. München.

Deutscher Alpenverein (DAV) (1999): Konzeption für das Klettern in den außeralpinen Felsgebieten in Deutschland. München.

HARTMANN, H. A. (1996): The Thrilling Fields. In: HARTMANN, H. A./HAUBL, R. (Hrsg.; 1996): Freizeit in der Erlebnisgesellschaft. Opladen, S. 67-94.

HELLBERG, U. (1992): Naturerlebnis und Naturschutz im Konflikt am Beispiel des Kanusports an der Ammer. Mensch – Natur – Bewegung, H. 1. Rüsselsheim.

HUPKE, K.-D. (1990): Das Gletscherskigebiet Rettenbach-Tiefenbachferner (Sölden i. Ötztal/Tirol). Ein Beitrag zur Wirksamkeit kapitalintensiver touristischer Infrastruktur im peripheren Raum. Stuttgarter Geographische Studien, H. 114. Stuttgart.

LÜDTCKE, H. (1995): Zeitverwendung und Lebensstile. Empirische Analysen zu Freizeit-verhalten, expressiver Ungleichheit und Lebensqualität in Westdeutschland. Marburger Beiträge zur sozialwissenschaftlichen Forschung, H. 5. Marburg.

MURSCH, K.-O. (2000): Golfsport. – In: Institut für Länderkunde/BECKER, CHR./JOB, H. (Hrsg.): Nationalatlas Bundesrepublik Deutschland. Bd. 10. Freizeit und Tourismus. Heidelberg/Berlin, S. 94-95.

OPASCHOWSKI, H. (1997): Deutschland 2010. Wie wir morgen leben – Voraussagen der Wissenschaft zur Zukunft unserer Gesellschaft. Hamburg.

OPASCHOWSKI, H. (2000): Xtrem – Der kalkulierte Wahnsinn. Extremsport als Zeitphäno-men. Hamburg.

Regierungspräsidium Darmstadt (2000): Regionalplan Südhessen 2000. Darmstadt.

RITTER, W. (1993[2]): Allgemeine Wirtschaftsgeographie. München.

SCHÄTZL, L. (1993[5]): Wirtschaftsgeographie 1 – Theorie. Paderborn.

SCHMAUCH, A. (2001): Canyoning – umweltfreundlich? In: PANORAMA – Mitteilungen des Deutschen Alpenvereins, H. 3, S. 60-62.

SEGER, H. (2000): Grußwort. In: DAV (Hrsg.): Wohin geht die Reise? Alpentourismus im 21. Jahrhundert. Tagung der Naturschutzreferenten des Deutschen Alpenvereins vom 20.-22. Oktober 2000 in Oberstdorf.

STAMM, H./LAMPRECHT, M. (1997): Innovationen im Sport: Wie gute Ideen zu Trendsport-arten werden. In: Neue Zürcher Zeitung Nr. 217 vom 19.09.1997, S. 60.

WOLF, K./LANGHAGEN-ROHRBACH, C. (2001): Regionale Freizeiteinrichtungen im Rhein-Main-Gebiet. Teil A: Der Rodgausee – Struktur und Potential, Teil B: Badeseen der Region im Vergleich. Materialien Bd. 31. Frankfurt.

Die Freizeit- und Tourismuswirtschaft in Deutschland – ein Überblick

Heinz-Dieter Quack/Birke Schreiber

1   Tourismus als Industrie, Deutschland als Freizeitpark?

Die Freizeit- und Tourismuswirtschaft in Deutschland boomt. Publikumszeitschriften und Ratgebersendungen im Fernsehen kommen kaum noch ohne nützliche Tipps für die kommerzielle Freizeitgestaltung und die Planung des nächsten (Kurz-)Urlaubes aus. Nicht erst seit dem Politikerwort vom ‚kollektiven Freizeitpark Deutschland' gewinnt man gelegentlich den Eindruck, Deutschland sei zu einer kommerzialisierten Spaß- und Urlaubsgesellschaft mutiert. Bei genauerer Betrachtung stellt man jedoch schnell fest, dass die wesentlichen Freizeitaktivitäten der Deutschen nicht-kommerzieller Natur sind und sich im Verlauf der letzten Jahre in ihren Prioritäten kaum verändert haben (vgl. BECKER 2000, S. 12f.).

Dennoch lassen sich für die zurückliegenden Jahre und Jahrzehnte erhebliche Nachfrage- und Angebotserweiterungen im Tourismus und im Bereich kommerzieller Freizeitangebote in Deutschland feststellen. Als wesentliche Steuerfaktoren dieser Entwicklung können gelten (vgl. auch BECKER 2000, S. 12-21; STEINECKE 2000, S. 11f.; QUACK 2001, S. 19-48):
- starke Zunahme erwerbsfreier Zeit (einschließlich bezahlter Urlaubszeit),
- Steigerung des Wohlstandes für nahezu die gesamte Bevölkerung,
- Veränderung der Werthaltungen sowie der Freizeit- und Konsumpräferenzen weiter Teile der Bevölkerung und nicht zuletzt
- technologischer Fortschritt und Motorisierung.

Das Urlaubsverhalten der Deutschen zeichnet sich durch eine seit Jahren konstant hohe Reiseintensität und eine deutliche Bevorzugung ausländischer Zielgebiete aus (vgl. Tab. 1 und 2). Zugleich nimmt die Nachfrage nach Urlaub in Deutschland nicht ab: Neben einer gewissen Attraktivität Deutschlands als Zielgebiet ausländischer Gäste kann auch der Binnentourismus (trotz sinkenden Marktanteils) leichte absolute Zuwächse verzeichnen (vgl. Tab. 3). Aufgrund ihrer wachsenden ökonomischen Bedeutung wird die Tourismuswirtschaft gelegentlich plakativ als ‚Tourismusindustrie' bezeichnet. Dieser Ausdruck bezieht sich auf den zunehmenden Erfolg von Pauschalreisen als nicht-individuelle Urlaubsangebote (‚Urlaub von der Stange'). Er ist jedoch im Wortsinn falsch, da touristische Angebote aufgrund ihres Dienstleistungscharakters – im Gegensatz zu maschinell gefertigten Waren – nur durch die Mitwirkung des Kunden zu dem werden, was der Gast sucht: Urlaub.

Tab. 1: Ausgewählte Urlaubsreise-Kennziffern (1997–2000)

	1997	1998	1999	2000
nachrichtlich:				
Bev. ab 14 J. (Mio)	63,3	63,5	63,8	63,8
Reiseintensität (%)	74,3	76,4	75,3	75,9
Reisende (Mio.)	47,0	48,5	48,0	48,4
Reisehäufigkeit	1,32	1,31	1,30	1,29
Urlaubsreisen (5 Tage +) in Mio.	62,2	63,4	62,6	62,2

Quelle: F. U. R. 2001

Tab. 2: Marktanteile ausgewählter Bundesländer als Urlaubsziele (1998-2000; Angaben in %)

	1998	1999	2000
Deutschland gesamt	29,6	29,0	29,3
Hiervon:			
Bayern	7,3	7,1	6,8
Mecklenburg-Vorpommern	3,7	3,7	3,8
Schleswig-Holstein	4,5	3,8	3,7
Niedersachsen	2,8	3,5	3,1
Baden-Württemberg	3,1	3,4	3,1
Nordrhein-Westfalen	1,7	1,5	1,8
Sachsen	1,3	1,2	1,2
Thüringen	0,7	1,0	1,2
Rheinland-Pfalz/Saarland	1,1	1,2	1,1
Ausland gesamt	70,4	71,0	70,7
Hiervon:			
Spanien	14,2	14,7	14,2
Italien	9,3	9,6	9,3
Österreich	6,9	7,4	6,6
Türkei	3,6	3,2	4,7
Frankreich	4,2	3,8	3,8
Griechenland	3,4	4,0	3,3

Quelle: F. U. R. 2001

Speziell der Tourismus hat sich zu einem bedeutenden Wirtschaftszweig innerhalb der Dienstleistungsbranche entwickelt. Schätzungen zufolge trägt er in Deutschland bei einem Gesamtumsatz von 275 Mrd. DM mit 8% zum BIP bei, hierbei wird die Zahl der Arbeitsplätze (einschl. Saison- und Teilzeitkräfte) mit 2,8 Mio. angegeben (vgl. DTV 2001). Diese Zahlen sind mit einer gewissen Vorsicht zu behandeln, da „es keine ‚Tourismusbranche' im üblichen Sinn einer produktionsseitigen Klassifikation gibt. (...) Neben einigen ausgesprochen tourismusnahen Bereichen sind praktisch auch alle anderen Wirtschaftszweige mit dem Tourismus mehr oder weniger verflochten (u. a. Banken, das Ernährungsgewerbe, die Verbrauchsgüterindustrien, die Mineralölverarbeitung, der Einzelhandel). Hinzu kommt, dass die Wirtschaftszweige zusätzlich – über Vorleistungslieferungen – auch mittelbar mit dem Tourismus verbunden sind" (FILIPP-KÖHN et al. 1999, S. 3).

Tab. 3: Übernachtungen in Deutschland (in Mio.)

	1992	1994	1996	1998	2000
Übernachtungen insgesamt	318,5	314,1	321,3	314,4	347,3
Darunter Ausländer (%)	12,0	11,1	11,0	11,9	12,3
davon auf Campingplätzen (%)	24,6	23,0	21,3	19,9	21,0

Quelle: Bundesministerium für Wirtschaft und Technologie 2001, S. 57

Im engeren Sinne beruht die Freizeit- und Tourismuswirtschaft auf folgenden vier Säulen (vgl. Abb. 1):
- Essen und Trinken sowie Wohnen (Beherbergung und Gastronomie),
- Aktivitäten, Unterhaltung und Animation im Zielgebiet bzw. im Wohnumfeld (Freizeit, Entertainment, Kultur),
- Verknüpfung, Veredelung und Verkauf freizeit- und tourismusspezifischer Einzelangebote (Reiseveranstaltung und -vermittlung) sowie
- Raumüberwindung (Transport).

Der vorliegende Beitrag berichtet in den folgenden Abschnitten über Umfang und Struktur der einzelnen Säulen der Freizeit- und Tourismuswirtschaft in Deutschland.

2 Beherbergung und Gastronomie

Beherbergung und Gastronomie – das Gastgewerbe – bilden das Kernstück der Tourismuswirtschaft. Rund 242.000 Betriebe in Deutschland boten im Jahr 2000 entsprechende Dienstleistungen in diesen beiden Bereichen an (vgl. Tab. 4 und Tab. 6). Dabei ist die Beherbergungslandschaft Deutschlands sehr vielfältig: Der Deutsche Hotel- und Gaststättenverband (DEHOGA) gliedert das Beherbergungsgewerbe zum Beispiel in zehn verschiedene Betriebsarten.

Darüber hinaus fließen in die Gesamtbetrachtung des Beherbergungsgewerbes auch Ferienzentren, Ferienwohnungen, Jugendherbergen und ähnliche Einrichtungen mit ein. Damit entfallen nach Angaben des Statistischen Bundesamtes etwa 2,5 Mio. Gästebetten auf ca. 54.300 gewerbliche Beherbergungsbetriebe, die mehr als 8 Betten anbieten (vgl. Tab. 4).

Abb. 1: Die vier Säulen der Freizeit- und Tourismuswirtschaft

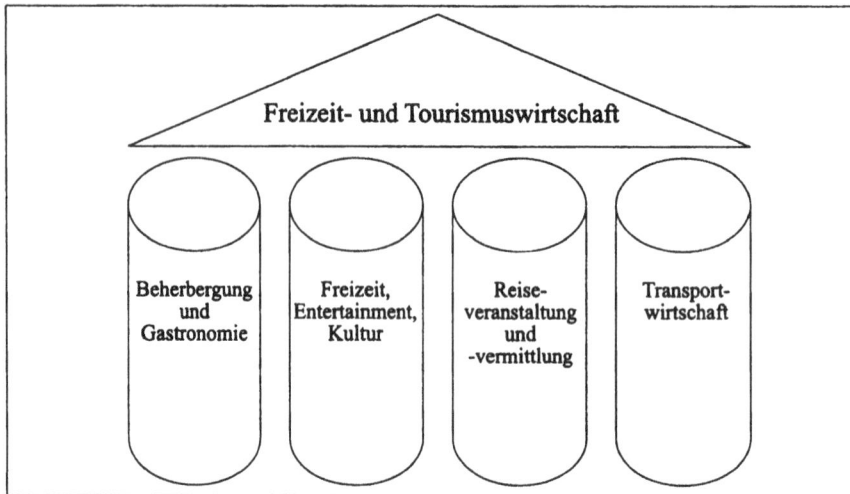

Quelle: Eigener Entwurf

Tab. 4: Struktur des Beherbergungsgewerbes in Deutschland (2000)

Geöffnete gewerbliche Betriebe (mit mehr als 8 Betten)		angebotene Gästebetten
Hotels	12.939	907.313
Gasthöfe	10.727	240.008
Pensionen	5.340	135.043
Hotels garnis	9.515	307.760
Erholungs- / Ferienheime	2.603	204.201
Ferienzentren	90	59.094
Ferienhäuser, Ferienwohnungen	10.391	317.140
Hütten, Jugendherbergen u. ä. Einrichtungen	1.527	126.747
Sanatorien, Kurkrankenhäuser	1.146	181.077
Gesamt	54.278	2.478.383

Quelle: DTV 2001, S. 3

Das Bettenangebot wuchs im Jahr 2000 im Vergleich zum Vorjahr um 1,9%. Auch die Bettenauslastung entwickelte sich nach dem Negativtrend zu Beginn der 1990er-Jahre seit 1998 positiv. Sie lag im Jahr 2000 bei 37,6% gegenüber 36,1% in 1999.[1]

Die Zahl der Übernachtungen lag im Jahr 2000 bei 326,3 Mio.; dieser Wert entsprach einem Plus von 5,9% im Vergleich zum Vorjahr. Auf Hotels, Gasthöfe,

---

[1] vgl. www.destatis.de/basis/d/tour/tourtab2.htm, 29.09.01

Pensionen und Hotel Garnis entfielen 60,7% der Übernachtungen, weitere 15% auf Vorsorge- und Reha-Kliniken. Etwa 12% nahmen Ferienhäuser und -wohnungen ein (vgl. Tab. 5). Wie schon in den Vorjahren erzielten die Hotels und Hotels garni mit insgesamt 7,1% Zuwachs unter den verschiedenen Betriebsarten des Beherbergungsgewerbes einen überdurchschnittlichen Anstieg bei den Übernachtungen. Doch auch bei den Betriebsarten Ferienzentren, -häuser, -wohnungen oder auch Gasthöfen und Pensionen wurden im Jahr 2000 mit 5,8% deutlich steigende Übernachtungszahlen registriert.[2] Das verhältnismäßig hohe Wachstum ist unter anderem auf die positiven Aspekte durch die Weltausstellung EXPO 2000 zurück zu führen. Ob dieser Trend auch in den folgenden Jahren anhält, bleibt abzuwarten.

Tab. 5: Übernachtungen in Beherbergungsstätten (mit mindestens 9 Betten) – differenziert nach Betriebsarten (2000)[3]

Betriebe	Übernachtungen		
	in Mio.	Anteil in %	Veränderung zu Vorjahr in %
Deutschland	326,3	100	+5,9
Hotels	123,7	37,9	+6,6
Gasthöfe	20,3	6,2	+3,1
Pensionen	14,9	4,6	+7,9
Hotel garnis	39,1	12,0	+8,5
Zusammen	198,1	60,7	+6,7
Erholungs-, Ferien-, Schulungsheime	25,8	7,9	-1,2
Ferienzentren, -häuser, -wohnungen	39,4	12,1	+6,5
Jugendherbergen, Hütten u. ä. Einrichtungen	14,2	4,4	+3,9
Vorsorge- und Reha-Kliniken	48,9	15,0	+7,2

Neben dem Beherbergungsgewerbe liegt der Schwerpunkt des Gastgewerbes im Gaststättengewerbe. Mehr als drei Viertel der Unternehmen sind der Gastronomie zuzuordnen (vgl. Tab. 6).[4]

Im Jahr 2000 lag das Umsatzvolumen des Gastgewerbes bei rund 114 Mrd. DM. Fast ein Drittel der Gesamtsumme, ca. 37 Mrd. DM, wurden im Beherbergungsgewerbe erwirtschaftet. Weiterhin wurden etwa 70 Mrd. DM im Gastronomiebe-

---

2   vgl. Statistisches Bundesamt: Statement zur Internationalen Tourismusbörse 2001 in Berlin. In: www.destatis.de/basis/ d/tour/tourtxt.htm, 29.09.01
3   vgl. Statistisches Bundesamt: Statement zur Internationalen Tourismusbörse 2001 in Berlin. In: www.destatis.de/basis/ d/tour/tourtxt.htm, 29.09.01
4   vgl. www.dehoga.de/daten/betriebe.htm, 29.09.01

reich (speisenzentrierte und getränkezentrierte Gaststätten) umgesetzt; Kantinen und Caterer hatten einen Umsatz von 7 Mrd. DM.[5] Die sinkenden Beschäftigungszahlen im Gastgewerbe setzen sich weiter fort. Während das Gastgewerbe im Jahr 1997 noch 1.138.000 Beschäftigte verzeichnete, waren es im Jahr 2000 nur noch wenig mehr als eine Million Beschäftigte. Im Beherbergungsgewerbe konnte der Abwärtstrend jedoch im Jahr 2000 gestoppt werden. Das Gaststättengewerbe dagegen verzeichnete weitere Rückgänge.[6]

Tab. 6: Anzahl und Typen von Gastronomiebetrieben (2000)

Restaurants insgesamt	71.808
davon mit herkömmlicher Bedienung	68.239
davon mit Selbstbedienung	3.569
Cafés	7.660
Eisdielen	5.516
Imbisshallen	23.693
Speisenzentrierte Gaststätten insgesamt	**108.677**
Schankwirtschaften	62.005
Bars, Vergnügungslokale	2.575
Discotheken, Tanzlokale	3.339
Trinkhallen	1.149
Getränkezentrierte Gaststätten insgesamt	**69.068**
Kantinen	6.399
Caterer	3.299
Gastronomiebetriebe insgesamt	**187.443**

3   Freizeit, Entertainment und Kultur

Als typische außerhäusliche Freizeitaktivitäten galten in Deutschland über lange Zeit überwiegend naturorientierte Aktivitäten wie Spaziergänge, Wanderungen und Ausflüge per Rad. Dementsprechend wurden zahlreiche Naherholungsgebiete ausgewiesen und entwickelt, um den Erholungsuchenden am Wochenende entsprechende Angebote in relativer Nähe zum Wohnort bieten zu können. Über lange Zeit wenig beachtet wurde die steigende Bedeutung kommerzieller Freizeitangebote, deren Beliebtheit besonders bei Jüngeren die der klassischen Freizeitangebote schon teilweise übersteigt. Insgesamt werden die Umsätze freizeitrelevanter Ange-

---

[5] vgl. www.dehoga.de/daten/umsaetze.htm; www.destatis.de/basis/d/tour/tourtab2.htm, 29.09.01

[6] vgl. www.dehoga.de/daten/beschaeftigte.htm; ww.destatis.de/basis/d/tour/tourtab2.htm, 29.09.01

bote in Deutschland auf derzeit 450 Mrd. DM pro Jahr geschätzt (vgl. Tab. 7). Offenbar erfüllen diese überwiegend neuen Angebotsformen wie Musicaltheater, Freizeit- und Erlebnisparks und Spaßbäder die Bedürfnisse und Wünsche der Konsumenten besser als traditionelle Angebote – und dies, obwohl die neuen Freizeitgestaltungsangebote kostenpflichtig sind. Akzeptanzuntersuchungen zeigen, dass diese Einrichtungen offenbar eher den komplexen Motivationsstrukturen der Konsumenten gerecht werden als andere, traditionell gewachsene Angebote: Eine Studie des BAT-Freizeit-Forschungsinstituts zur Bewertung künstlicher Freizeit- und Erlebniswelten kommt zu dem Ergebnis, dass:
- 47% der Befragten ein Vergnügen mit Familie und Freunden damit verbinden,
- 34% solche Einrichtungen für Attraktionen und Sehenswürdigkeiten halten,
- 29% die anregende Atmosphäre loben,
- 25% hier Ablenkung vom Alltag finden und
- 19% sich von der perfekten Illusion begeistern lassen
(vgl. OPASCHOWSKI 1998, S. 32).

Demgegenüber sind kritische Stimmen in weitaus geringerer Zahl erfasst worden:
- 21% der Befragten sprachen von Geschäftemacherei,
- 13% von einem anspruchslosen Unterhaltungsangebot,
- 13% von phantasieloser Freizeitgestaltung,
- 12% von Kitschinszenierung und
- 9% skizzierten die Erlebniswelten als sterile Kunstgebilde
(vgl. OPASCHOWSKI 1998, S. 32).

Tab. 7: Umsätze in ausgewählten freizeitrelevanten Branchen (1998; in Mrd. DM)

Branche	Umsatz	Branche	Umsatz
TV/Radio/Zeitung/Zeitschriften	93,0	Souvenirwirtschaft	4,5
Heimwerkerbedarf	32,1	Bastel- und Hobbybedarf	2,5
Glücksspiele	29,0	Freizeitbäder	0,9
Sportartikelhandel	14,0	Freizeit- und Erlebnisparks	0,7
Kommunale Kulturausgaben	8,3	Kulturbetriebe, Musicals	0,5
Theater	4,8	*Freizeitrelevante Umsätze gesamt*	*450,0*

Quelle: AGRICOLA 2001, S. 250

Viele Angebote klassischer und in der Regel öffentlich geförderter Kultur- und Freizeitpolitik (traditionelle Schwimmbäder, Theater etc.) scheinen zunehmend an Nachfrage zu verlieren. In Zeiten anhaltenden Sparzwangs der öffentlichen Hand werden zudem weitere Bausteine (kommunaler) Kulturpolitik kritisch hinterfragt. Investitionen in innovative Projekte zeigen jedoch, dass auch anspruchsvolle Kulturprojekte eine bemerkenswert hohe Nachfrage stimulieren können, wenn sie erlebnisorientiert aufbereitet und entsprechend inszeniert werden, um dem Besucher immer wieder das von ihm gesuchte einmalige Erlebnis zu vermitteln: So zählen z. B. die regelmäßigen Kunstausstellungen im Gasometer Oberhausen zu den meistbesuchten Attraktionen dieser Art in Deutschland.

Entscheidendes Kriterium für Erfolg oder Misserfolg im Kultur- und Freizeitbereich ist damit nicht mehr das quantitativ messbare Angebot (wie in Tab. 8 dokumentiert); vielmehr wird der emotionale Überbau der jeweiligen Einrichtung zum zentralen Erfolgsfaktor. Dies betrifft sowohl freizeit- wie tourismusorientierte Angebote. Eine Trennung zwischen Freizeit und Tourismus ist bei der Bewertung kommerzieller Angebote ohnehin kaum noch möglich, da sie:

- als kommerzielle Einrichtungen auf eine größtmögliche Nachfrage angewiesen sind,
- dementsprechend wesentlich erhöhte Einzugsbereiche haben, die sie
- durch die Kombination bzw. Verknüpfung verschiedener Einzelangebote zu einem attraktiven Gesamterlebnis(versprechen) zu erreichen suchen.

Beispiele für solche Angebote sind Freizeit- und Erlebnisparks, Urban Entertainment Center sowie Brand Lands (vgl. hierzu KAGELMANN 1998; STEINECKE 2000, S. 19-21).[7] Sie sind gleichermaßen für Besucher aus der näheren Umgebung wie für Kurzurlauber attraktiv. Diese Tatsache impliziert allerdings auch raumstrukturelle Wirkungen in erheblichem Umfang, auf die hier nur hingewiesen werden soll (vgl. hierzu beispielsweise QUACK 2001).

Tab. 8:   Freizeit- und tourismusrelevante Infrastruktur (1999)

Städte und Gemeinden insgesamt: 14.626			
davon in Tourismusverbänden organisiert	4.200	Anzahl der Tennisanlagen	18.000
Heilbäder und Kurorte	310	mit Tennisplätzen	50.000
Museen	4.113	Jugendherbergen	600
Öffentliche/private Theater	345	Hütten	804
Musicaltheater	12	Campingplätze	5.800
Freizeit- und Erlebnisparks	220	Naturparks	78
Freizeit- und Spaßbäder	175	Nationalparks	13
Öffentliche Sauna-Anlagen	6.000	Biosphärenreservate	14
Öffentliche Bäder	6.075	Wanderwege	190.000 km
Reitsportanlagen	8.000	Radwege	40.000 km
Golfplätze	550	Wasserstraßen	6.930 km

Quelle: DTV 2000, S. 32

---

[7]   vgl. auch Beitrag STEINECKE zu ‚Kunstwelten in Freizeit und Konsum: Merkmale – Entwicklungen – Perspektiven' in diesem Band

4   Reiseveranstaltung und -vermittlung

Reiseveranstalter verknüpfen mindestens zwei Einzelleistungen einer Reise (z. B. Flug ins Zielgebiet und Übernachtung) zu einem Paket und bieten dieses zu einem einheitlichen Preis an. Reisemittler (z. B. Reisebüros) verkaufen einerseits Angebote von Reiseveranstaltern (und fungieren damit als Zwischenhändler zwischen Reiseveranstalter und Verbraucher), andererseits vermitteln sie auch touristische Einzelleistungen. Hierbei können Reisemittler wiederum als Reiseveranstalter auftreten, wenn sie im Kundenauftrag Einzelleistungen individuell kombinieren (vgl. MUNDT 2001, S. 34 und 319f.).

Der deutsche Reiseveranstaltermarkt ist im Touristikjahr 1999/2000 weiter gewachsen. Mit insgesamt 30,1 Mrd. DM Umsatz wurde eine Steigerungsrate von 6,9% gegenüber dem Vorjahr erzielt. Auch die Anzahl der Reisenden erhöhte sich um 5% auf 28,6 Mio. Personen. Damit lag der durchschnittliche Umsatz pro Reisendem bei 1.052 DM (+19 DM). Dabei gewannen Spezialreiseveranstalter (wie z. B. Schiffsreiseveranstalter) überdurchschnittlich hinzu (vgl. FOCUS Medialine 2001, S. 12).

Der Reiseveranstaltermarkt wird von drei großen Konzernen bestimmt, die zusammen einen Marktanteil von über 70% halten. An erster Stelle liegt die TUI (8,3 Mrd. DM Umsatz), gefolgt von der REWE-Gruppe (6,7 Mrd. DM) und Thomas Cook, ehemals C & N Touristic (6,5 Mrd. DM).

Abb. 2: Die größten Reiseveranstalter in Deutschland: Umsatz und
Teilnehmer (2000)

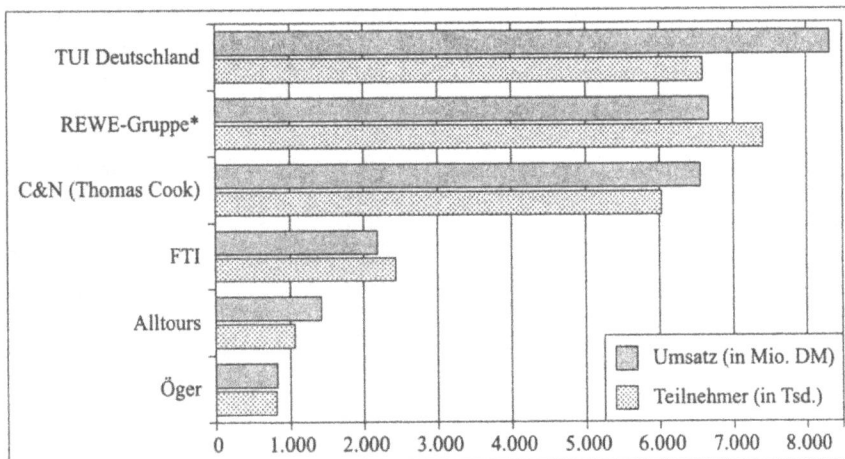

* LTU Touristik, Dertour, IST, ADAC-Reisen

Quelle: FVW 2001

Nach einer Umfrage des BAT-Freizeitforschungsinstituts haben ca. 43% der Befragten ihre Reise teilweise oder vollständig über einen Reisemittler gebucht. 35% organisierten ihre Reise selbst, das Segment der Nichtreisenden umfasste 22% (vgl. FOCUS Medialine, 2001, S. 6). In Deutschland sind rund 20.000 Reisevermittlungsstellen ansässig. Diese unterscheiden sich in ihrem Tätigkeitsbereich wie folgt:

- klassisches Voll-Reisebüro: Reisebüro mit mindestens einer Reiseveranstalter-und mindestens einer Verkehrsträgerlizenz,
- Business Travel: Reisebüros/Dienstleister/Betriebsstelle eines Firmenreisedienstes, die überwiegend Dienstreise- und Geschäftsreisekunden abwickeln,
- Gruppenreisedienste: spezialisierte Reisebüros, die fast ausschließlich Gruppenreisen anbieten,
- touristisches Reisebüro: Reisebüro mit mindestens zwei Veranstalterlizenzen, ohne Verkehrsträgerlizenz,
- Nebenerwerbsbüros: Reisevermittlungsstellen, deren Kerntätigkeit auf weiteren bekannten Erwerbsquellen beruht (z. B. Lotto/Toto, Verlage etc.),
- sonstige Buchungsstellen: Reisevermittlungsstellen mit nur einer Veranstalterlizenz, deren sonstige Erwerbsquellen nicht bekannt sind (vgl. DRV 2001, S. 7).

Etwa zwei Drittel der Reisevermittlungsstellen sind klassische Voll-Reisebüros und touristische Reisebüros, deren Hauptgeschäft im Verkauf von Reiseleistungen besteht. Die übrigen Betriebe bieten den Reiseverkauf als Nebenleistung an.

Tab. 9: Reisevermittlungsstellen in Deutschland (1998-2001; Stand jeweils Ende Februar)

	1998	1999	2000	2001
klassische Voll-Reisebüros	6.079	6.198	6.348	6.231
davon: stationäre Reisebüros	4.863	5.014	5.116	4.942
Business Travel	1.175	1.158	1.175	1.233
Gruppenreisedienste	41	26	57	56
Touristische Reisebüros	9.696	8.015	7.657	7.470
Nebenerwerbsbüros	1.843	1.935	2.400	2.106
Sonstige Buchungsstellen	3.253	3.470	4.125	4.015
Gesamt:	20.871	19.618	20.530	19.822
davon: IATA-Agenturen	4.591	4.690	4.771	4.709
DB-Agenturen	3.813	3.904	3.980	4.214

Quelle: DRV 2001, S. 7

Insgesamt erwirtschaftete die Reisemittlerbranche im Geschäftsjahr 2000 knapp 50 Mrd. DM. In den letzten Jahren ist der Umsatz stetig gestiegen. Auf das Privatkundengeschäft entfielen dabei etwa 70% des Umsatzes; 30% wurden im Geschäftsreisemarkt umgesetzt. Betrachtet man die einzelnen Sparten, so verteilen sich die Umsätze auf das Geschäftsjahr 2000 auf die touristischen Bereiche wie folgt: 55% Pau-schalreisen, 34% Linienflug, 5% Bahn, 6% Sonstige (vgl. DRV 2001, S. 8). Insge-samt waren bei Reiseveranstaltern und Reisemittlern 77.000 Personen beschäftigt (vgl. DRV 2001, S. 11).

5 Transportwirtschaft

Obwohl die Raumüberwindung elementarer Bestandteil des Tourismus ist und bei außerhäuslicher Freizeit zunehmend relevant wird (vgl. Kap. 3), beschäftigen sich erstaunlich wenige freizeit- und tourismuswissenschaftliche Arbeiten mit verkehrs-wirtschaftlichen Aspekten.[8] Auch die Amtliche Statistik in Deutschland erlaubt in ihrer systematischen Gliederung keine eindeutigen Rückschlüsse auf freizeit- und tourismusinduzierte Umsatz- und Beschäftigungswirkungen im Verkehrsgewerbe.

Während die Bereiche Luftverkehr und schienengebundener Verkehr noch ver-gleichsweise einfach abgegrenzt werden können, sind Untersuchungen zum freizeit-und tourismusspezifischen Anteil im straßengebundenen öffentlichen Verkehr und insbesondere im motorisierten Individualverkehr nur mit Hilfe umfangreicher Pri-märerhebungen möglich. Eine der wenigen regelmäßigen Untersuchungen in Deutschland, auf die hier zurückgegriffen werden kann, sind die Repräsentativerhe-bungen der ‚Forschungsgemeinschaft Urlaub und Reisen' (F. U. R.). Diese erlauben jedoch lediglich Hinweise auf die Verkehrsmittelwahl der Reisenden, nicht auf die freizeit- und tourismusbedingten Umsatzanteile bei einzelnen Verkehrsträgern (vgl. Tab. 10 und Abb. 3).

Eine Schätzung der generierten Umsätze bei den Verkehrsträgern haben in dieser Form erstmalig FILIPP-KÖHN et al. (1999) für das Bezugsjahr 1995 vorgenommen. Demnach erzeugte der tourismusbedingte Verkehr in Deutschland im Jahr 1995 Gesamtausgaben in Höhe von 28,8 Mrd. DM. Hiervon entfallen 19,1 Mrd. DM auf den Luftverkehr, 5,1 Mrd. auf Eisenbahnen und 3,6 Mrd. DM auf den Straßenpersonenverkehr. Die Schiff-fahrt nimmt mit 1,0 Mrd. DM den letzten Rang ein.

Tab. 10: Verkehrsmittel bei den Urlaubsreisen der Deutschen (1997-2000; in %)

	1997	1998	1999	2000
PKW/Wohnmobil	49,4	49,6	50,1	49,2
Flugzeug	32,1	32,5	33,1	34,6
Bus	9,9	9,6	9,3	9,1
Bahn	6,9	6,6	5,9	5,8

Quelle: F. U. R. 2001

---

[8] vgl. Beitrag KAGERMEIER zu ‚Freizeit- und Urlaubsverkehr: Strukturen – Probleme – Lösungsansätze' in diesem Band

Abb. 3: Verkehrsmittel bei den Geschäftsreisen der Deutschen (1999)

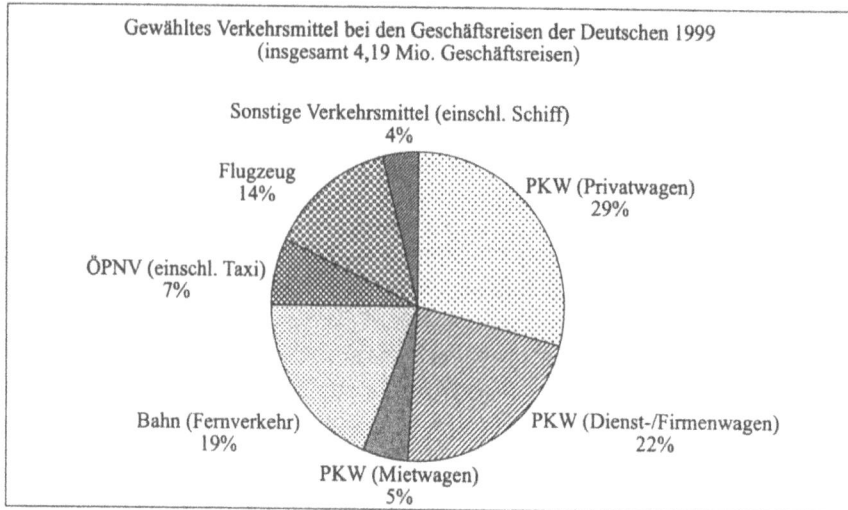

Gewähltes Verkehrsmittel bei den Geschäftsreisen der Deutschen 1999
(insgesamt 4,19 Mio. Geschäftsreisen)

Sonstige Verkehrsmittel (einschl. Schiff)
4%

Flugzeug
14%

PKW (Privatwagen)
29%

ÖPNV (einschl. Taxi)
7%

Bahn (Fernverkehr)
19%

PKW (Dienst-/Firmenwagen)
22%

PKW (Mietwagen)
5%

Quelle: F. U. R. 2000

6   Ausblick

Die in den letzten Jahren recht dynamische Entwicklung der Freizeit- und Tourismuswirtschaft in Deutschland wird auch auf absehbare Zeit geprägt bleiben von
den Erfordernissen einer weiteren Professionalisierung insbesondere in Hotellerie
und Gastronomie sowie weitreichenden Konzentrationstendenzen im Reiseveran-
stalter- und -mittlermarkt.

Bislang ging die Konsumforschung von einer Koexistenz divergierender Wünsche
und Bedürfnisse bei den Konsumenten aus, die jedoch nicht verschiedene Konsu-
mentengruppen, sondern das individuelle Spannungsfeld des multioptionalen Konsumenten selbst kennzeichnen (vgl. Abb. 4). In welche Richtung sich dieses Spannungsfeld in Zukunft verstärken wird oder ob alle drei Faktoren gleichberechtigt
nebeneinander existieren werden, ist zur Zeit nicht vorhersehbar.

Abb. 4: Der multioptionale Konsument im Spannungsfeld konträrer Werte

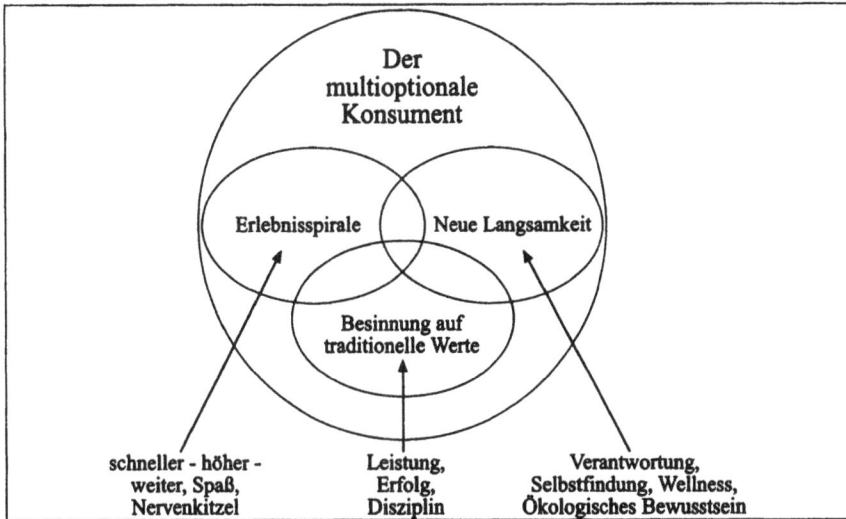

Quelle: QUACK 2001, S. 44

Nicht zuletzt ist es aber die Aufgabe der Akteure in der Freizeit- und Tourismuswirtschaft, sich so weiterzuentwickeln, dass eine zügige Reaktion auf wechselnde Bedürfnisse und Wünsche der Konsumenten realisierbar wird und dem Konsumenten die unterschiedlichen Optionen zur Befriedigung seiner Bedürfnisse offen stehen.

Literatur

AGRICOLA, S. (2001): Freizeit. Grundlagen für Planer und Manager. München/Wien.

BECKER, CHR. (2000): Freizeit und Tourismus in Deutschland – eine Einführung. In: Institut für Länderkunde/BECKER, CHR./JOB, H. (Hrsg.): Nationalatlas Bundesrepublik Deutschland. Bd. 10. Freizeit und Tourismus. Heidelberg/Berlin, S. 12-21.

Bundesministerium für Wirtschaft und Technologie (Hrsg.; 2001): Daten, Fakten, Entwicklungen: Wirtschaft in Zahlen 2001. Berlin.

DTV (2001): Zahlen – Daten – Fakten 2000. Bonn.

DRV (2001): Fakten und Zahlen zum Deutschen Reisemarkt – Eine Zusammenstellung des Deutschen Reisebüro- und Reiseveranstaltermarktes e. V. (DRV) anlässlich der ITB 2001. Berlin.

FILIPP-KÖHN, R. et al. (1999): Zur gesamtwirtschaftlichen Bedeutung des Tourismus in der Bundesrepublik Deutschland. DIW-Wochenberichte, 9/99, S. 1-12.

FOCUS Medialine 2001: Der Markt für Urlaubs- und Geschäftsreisen – Fakten 2001. München.

F. U. R. - Forschungsgemeinschaft Urlaub und Reisen (2000): RA 1999, Erste Ergebnisse. Berlin.

F. U. R. - Forschungsgemeinschaft Urlaub und Reisen (2001): RA 2000, Erste Ergebnisse. Berlin.

FVW - Fremdenverkehrswirtschaft International (Hrsg.; 2001): Deutsche Veranstalter in Zahlen 1999/2000. Hamburg.

KAGELMANN, H. J. (1998): Erlebniswelten: Grundlegende Bemerkungen zum organisierten Vergnügen. In: RIEDER, M./BACHLEITNER, R./KAGELMANN, H. J. (Hrsg.): ErlebnisWelten. Zur Kommerzialisierung der Emotionen in touristischen Räumen und Landschaften. München, S. 58-94.

MUNDT, J. W. (2001²): Einführung in den Tourismus. München.

OPASCHOWSKI, H. W. (1998): Kathedralen des 21. Jahrhunderts. Die Zukunft von Freizeitparks und Erlebniswelten. (Skript zur Freizeitforschung). Hamburg.

PETERMANN, TH. (1999): Folgen des Tourismus, Bd. 1: Gesellschaftliche, ökologische und technische Dimensionen. Studien des Büros für Technikfolgenabschätzung beim Deutschen Bundestag 5. Berlin.

PETERMANN, TH. (1999): Folgen des Tourismus, Bd. 2: Tourismuspolitik im Zeitalter der Globalisierung. Studien des Büros für Technikfolgenabschätzung beim Deutschen Bundestag 7. Berlin.

QUACK, H.-D. (2001): Freizeit und Konsum im inszenierten Raum. Eine Untersuchung räumlicher Implikationen neuer Orte des Konsums, dargestellt am Beispiel des CentrO Oberhausen. Paderborner Geographische Studien, 14. Paderborn.

STEINECKE, A. (2000): Tourismus und neue Konsumkultur: Orientierungen – Schauplätze – Werthaltungen. In: STEINECKE, A. (Hrsg.): Erlebnis- und Konsumwelten. München, S. 11-27.

Der Hotelmarkt in Deutschland: Struktur – Entwicklung – Trends

Bernd Eisenstein/Axel Gruner

1 Angebots- und Nachfragetrends

Im Jahre 1999 stellten in Deutschland über 13.000 Hotelbetriebe[1] fast 900.000 Betten zur Verfügung.[2] Das stärkere Wachstum der Wirtschaft sorgte auch im darauffolgenden Jahr für eine Steigerung der Nachfrage. Allerdings hat der deutsche Hotelmarkt nach wie vor mit Überkapazitäten auf der Angebotsseite zu kämpfen, die nach Aussage des Deutschen Hotel- und Gaststättenverbandes (DEHOGA) im internationalen Vergleich für ein weiterhin ‚unbefriedigendes Preisniveau' sorgen (vgl. POSAUTZ 2000, S. 6).

Trotzdem schreitet die Ausweitung des Angebotes weiter voran. So wurden im Zeitraum von Mai 1999 bis April 2000 163 neue Hotels eröffnet (vgl. DEHOGA 2000, S. 5) und für die nächsten zwei bis drei Jahre sind 600 neue Hotelprojekte in Planung (vgl. GHH Consult GmbH 2001, S. 2). Die Angebotskapazität wächst pro Jahr um ca. 5.000 bis 7.000 Zimmer, konzentriert auf Groß- und Mittelstädte, Stadtrandzonen und Gewerbeparks.[3] Bei den Neueröffnungen handelt es sich meist um Betriebe mittlerer Größenordnung im Low-Budget- und Mittelklassebereich, die einer Hotelkette bzw. -kooperation angehören (vgl. GUGG/HANK-HAASE 1998, S. 70).

Vom weltweiten Branchentrend zu Allianzen, Fusionen und Übernahmen bleibt auch der Hotelmarkt in Deutschland nicht unberührt. Mit zunehmender Marktmacht der nationalen und internationalen Hotelketten sehen sich viele Privathoteliers in ihrer Existenz bedroht. Als Resultat wächst das Interesse der Privathotels, sich Kooperationen oder Franchisesystemen anzuschließen, um von einer gemeinsamen Dachmarke zu profitieren.

---

[1] Zur Definition eines Hotels wird auf POMPL (1994, S. 125) Bezug genommen: „Beherbergungsbetrieb mit angeschlossenem Verpflegungsbetrieb für Hausgäste und Passanten sowie angemessenem Standard seines Angebotes und entsprechende Dienstleistungen. Mindestvoraussetzung: 20 Gästezimmer, Hotelrezeption." Der überwiegende Teil der Zimmer muss mit Bad oder Dusche/WC ausgestattet sein.

[2] Hinzu kommen nochmals ca. 9.000 Betriebe der Kategorie ‚Hotel garni', die zusammen etwa 290.000 Betten anbieten. Darüber hinaus werden ca. 150.000 Betten von rund 6.500 Pensionen und ca. 240.000 Betten von etwa 10.000 Gasthöfen offeriert (vgl. Statistisches Bundesamt 2001, S. 130).

[3] Zur geographischen Verteilung der Standorte vgl. auch die Karte in SPÖREL 2000.

Die Hotelbetriebe hatten im Jahr 1999 ca. 115 Mio. Übernachtungen zu verzeichnen.[4] Neben den für die deutsche Hotelbranche bedeutsamen, generellen Veränderungen auf der touristischen Nachfrageseite[5] ist vor allem die Stagnationstendenz beim inländischen Urlaubsreiseverkehr von Bedeutung. Demgegenüber stehen positive Tendenzen, die mittelfristig leicht ansteigende Belegungszahlen erwarten lassen: Steigerungen bei der ausländischen Nachfrage, beim Messe-, Kongress- und Tagungswesen und beim Kurz- und Wochenendreiseverkehr (vgl. GUGG/ HANK-HAASE 1998, S. 72).

Bezüglich der globalen Hotelmarktentwicklung weisen die Forschungsergebnisse von GRUNER/DEV (2001, S. 140ff.) darüber hinaus vier Mega-Trends aus:

- Changing customer profile:
  z. B. die ‚jungen Alten'
  z. B. der Geschäftsreisende im ewigen Jetlag
  z. B. der Geschäftsreisende mit Kindern

- Shifting consumption pattern:
  z. B. der Trend zur ‚Luxese'. Es handelt sich hierbei um das situative Pendeln zwischen Luxus und Askese auch bei der Auswahl einer Hotelkategorie. Gäste, die z. B. aus Repräsentanzgründen z. T. die Fünf-Sterne-Kategorie bei Hotels bevorzugen, buchen auch – je nach Situation – vermehrt niedrigere Hotelkategorien.
  z. B. der Wunsch nach Multioptionalität des betrieblichen Angebotes. Die Gäste möchten die Freiheit haben, spontan zwischen Entspannungs- und Anregungsaktivitäten wählen zu können.

- Intensifying competition/Continuing consolidation:
  z. B. ist eine weltweite Zunahme der Fusionen und Kooperationen zu verzeichnen. Voraussetzung ist das Aufeinandertreffen folgender drei Gegebenheiten: 1. Es sind Marktsättigungstendenzen vorhanden. 2. Bei den professionellen Anbietern liegt ein strategisches Patt vor, d. h. Know-How- und Innovationsvorsprünge sind kaum noch zu realisieren, die Faktorkosten sind für alle Mitbewerber ungefähr gleich und die Diffusionsgeschwindigkeit von Innovationen ist sehr hoch, da diese nicht geschützt und damit schnell kopiert werden können. 3. Die Erkenntnis, von kooperativen Partnern insbesondere durch *economies of scale/economies of scope* profitieren zu können, setzt sich mit steigendem Wettbewerbsdruck weiter durch.

---

[4] In den Hotel garnis wurden außerdem rund 34.000 Übernachtungen getätigt (vgl. Statistisches Bundesamt 2001, S. 134).
[5] GUGG/HANK-HAASE (1998, S. 73) führen hier vor allem die verkürzte Aufenthaltsdauer, das zunehmende Preis-Leistungs-Bewusstsein, die gehobeneren Ansprüche an Serviceleistungen, eine Verlagerung in den Mittelklassebereich und das kurzfristigere Buchungsverhalten an.

- Increasing influence of the internet

  Mittlerweile ist nicht nur die Individual- oder Markenhotellerie mit eigenen Websites im Netz vertreten und somit global buchbar, sondern auch die Global Distribution Systems (GDS) wie Amadeus, Galileo, Sabre und Worldspan verlagern ihre Buchungswege in das World Wide Web. Das Forrester Research Institut schätzt, dass im Jahr 2005 10% des Weltreiseaufkommens über das Internet abgewickelt werden.

2 Individualhotellerie und Markenhotellerie

2.1 Abgrenzung

Die dynamische Entwicklung der letzten Jahre auf dem Hotelmarkt lässt eine strikte Abgrenzung zwischen den Begriffen ‚Hotelkette' und ‚Hotelkooperation' als nicht mehr zeitgemäß erscheinen. Zum einen nehmen Hotelkooperationen immer stärker Eigenschaften klassischer Hotelketten an, zum anderen öffnen sich Hotelketten, zum Beispiel im Wege des Franchising, für selbständige Unternehmer.

Aus diesem Grund führte der Deutsche Hotel- und Gaststättenverband als Sammelbezeichnung den Begriff ‚Markenhotellerie' ein.[6] Hierunter sind die Hotelgesellschaften zu verstehen, die
- mindestens vier Hotels betreiben,
- zumindest einen Hotel-Standort in Deutschland haben
- und mit einer Markenstrategie am Markt agieren.[7]

Letzteres bedeutet, dass die Hotelgesellschaften gegenüber dem Gast mit einem einheitlichen Namen, Zeichen oder Design als produktbezogenes Identifikationsmittel auftreten. ‚Marke' wird hierbei bei Kooperationen häufig als ‚Dachmarke' interpretiert.[8]

Unter dem Begriff ‚Individualhotellerie' sind Beherbergungsbetriebe zusammengefasst, die keiner Kette angehören und sich keiner Kooperation oder Franchiseorganisation angeschlossen haben. Es sind kleine bis mittelständische Unternehmen, deren Kapazität meist unter 80 Zimmern liegt. Sie sind überwiegend inhabergeführt und zeichnen sich durch eine große Individualität aus.

---

[6] Mit KOTLER/BLIEMEL (1995) ist unter einer Marke „(...) ein Name, Begriff, Zeichen, Symbol, eine Gestaltungsform oder eine Kombination aus diesen Bestandteilen zum Zwecke der Kennzeichnung der Produkte oder Dienstleistungen eines Anbieters oder einer Anbietergruppe und zu ihrer Differenzierung gegenüber Konkurrenzangeboten" zu verstehen.

[7] vgl. www.hotelverband.de, Einsehdatum: 12.09.2001

[8] Als Dachmarke sei die Verbindung mehrerer Untermarken mittels einer übergreifenden Markenbezeichnung verstanden (vgl. FREYER 1997, S. 435).

2.2   Zur Situation der Individualhotellerie

Die Inhaber dieser Hotels werden insbesondere mit den folgenden Schwierigkeiten konfrontiert:

- Eine saisonal und konjunkturell schwankende Nachfrage führt im Beherbergungsgewerbe oftmals zu Angebots- und Nachfrageüberhängen. Während die Markenhotellerie durch Volumengeschäfte nachfrageschwache Zeiten überbrücken kann, ist der Individualhotelier, bedingt durch seine beschränkte Zimmerkapazität sowie das oftmals mangelnde Vertriebs-Know-How, diesbezüglich im Nachteil. Als Lösungsansätze gelten Kontingentverträge mit Reiseveranstaltern, die eine gewisse Auslastung garantieren, sowie die Anwendung von Yieldmanagement-Techniken, mit deren Hilfe Zimmerpreise variabel an Nachfrageschwankungen angepasst werden können.

- Es besteht generell eine geringe Finanzierungsbereitschaft der Banken (Kreditvergabe). Die Individualhotellerie steht damit vor Finanzierungsproblemen bei Investitionen, die häufig nur durch die Aktivierung von Privatvermögen zu lösen sind. Weitere Möglichkeiten sind die Aufnahme von Gesellschaftern und die Suche nach alternativen, wenig kapitalintensiven Lösungen.

- Das Hotelgewerbe zeichnet sich durch einen großen Anteil des Anlagevermögens am Gesamtvermögen und eine hohe Personalintensität aus, woraus eine hohe Fixkostenbelastung resultiert (vgl. HENSELEK 1999, S. 12). Ketten und Kooperationen haben durch Effekte der Fixkostenreduktion Vorteile gegenüber der Individualhotellerie. Outsourcing bestimmter Leistungen, Zusammenarbeit mit Zeitarbeitsunternehmen und Leasing von Anlagegütern stellen aber auch für die Individualhotellerie Möglichkeiten dar, die Fixkosten zu reduzieren.

Insbesondere kleine und mittelständische gastgewerbliche Unternehmen haben zunehmend Schwierigkeiten bei der Rekrutierung und Bindung von geeigneten Fachkräften. Die Gründe sind – auch wenn es viele Unternehmer nicht wahrhaben wollen – häufig ‚hausgemacht': Patriarchalisches Führungsverhalten, ungenügende Freizeit- und Überstundenregelungen, mangelhafte Konzepte zur Personalentwicklung sowie häufig fehlende monetäre Leistungsanreize führen zur Abwanderung der Mitarbeiter in andere Branchen und zum Nachwuchsmangel.

Die Inhaber und Führungskräfte der Individualhotellerie sind oftmals ungenügend ausgebildet und tendieren eher zum operativen als zum strategischen Management. Eine bessere Schulung der verantwortlichen Mitarbeiter, das Hinzuziehen externer Berater sowie die Entwicklung langfristiger Planungsszenarien mit den dazugehörigen Kontrollsystemen sind geboten.[9]

---

[9] Zum Fachkräftemangel in der Gastronomie und Hotellerie bleibt anzumerken, dass die Unternehmensleitung zeitgemäße Konzepte zur Mitarbeiterentwicklung sowie finanziel-

Abb. 1: Kostenstruktur am Beispiel eines Stadthotels der Mittelklasse
(Eigentumsbetrieb)

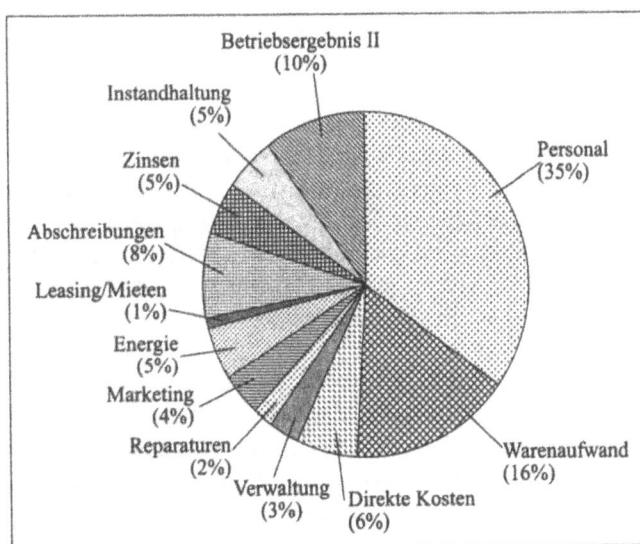

Quelle: GUGG/HANK-HAASE 1998, S. 76

2.3   Die Situation der Markenhotellerie

Im Vergleich zur Betriebszahl der Individualhotellerie nimmt sich die Anzahl der
in Ketten und Kooperationen zusammengeschlossenen Betriebe gegenwärtig eher
noch bescheiden aus. Der Konzentrationstrend innerhalb der Branche wird jedoch
langfristig Bestand haben. Im Jahre 1985 waren in Deutschland 41 unterschiedliche Ketten und Kooperationen der Markenhotellerie mit 1.068 Hotels präsent;
fünfzehn Jahre später waren es bereits 130 verschiedene Gesellschaften der Markenhotellerie mit 3.166 angeschlossenen Hotels.[10] Die Entwicklung scheint noch

---

le und nicht-finanzielle Anreize schaffen muss, um den heutigen Bedürfnissen und Erwartungen von Leistungsträgern gerecht zu werden. Dies ist die Aufgabe von Führungs-
kräften, die besser als vorherige Generationen ausgebildet sind. Insbesondere im europäischen Raum mangelt es aber an Universitäten und Fachhochschulen, die sich in Forschung und Lehre mit dem Thema Hotel- und Restaurantmanagement beschäftigen.
Diesbezügliche Vorbilder sind beispielsweise die nordamerikanischen Hochschulen
School of Hotel Administration an der Cornell University, Ithaca, sowie das College of
Hotel Administration an der University of Nevada, Las Vegas.

[10]   Bei dieser Zahl muss allerdings ein Doppelzählungseffekt berücksichtigt werden. Zum
einen sind Einzelhäuser an mehrere Hotelkooperationen gleichzeitig angeschlossen und
zum anderen sind auch Hotelketten Mitglieder von Hotelkooperationen. Bezogen auf
die Zimmerkapazitäten ergibt sich ein Anteil der Markenhotellerie von ca. 60%: GUGG/
HANK-HAASE (1999, S. 3) nennen in diesem Zusammenhang Anteile von 38% der Ket-

lange nicht abgeschlossen, bedenkt man, dass in den USA bereits 80% der Hotelbetriebe an ‚harte Marken' gebunden sind (vgl. GRUNER 2002, S. 141ff.).

Der Trend von individuellen Privathotels zur Markenhotellerie beruht auf mehreren Faktoren, die vor allem bei größeren Hotelgruppen zum Tragen kommen:

- Als ein wichtiger Punkt ist die qualifizierte Anwendung moderner Manage-
  ment- und professioneller Marketingmethoden und der Einsatz innovativer, z. T.
  sehr kostenintensiver Technologien (interne Kontrollsysteme, konzerneigene
  Computer Reservation Systems, Yieldmanagement-Systeme) zu nennen. Die ak-
  kumulierten Erfahrungswerte qualifizierter Mitarbeiter bei der Umsetzung dieser Methoden und bei Aufbau sowie bei Anwendung der Technologien können
  wesentliche Vorteile im Wettbewerb sichern.

- Ein weiterer Grund ist das Auftreten von Synergieeffekten sowie Kosteneinspa-
  rungen durch zentralisierte Funktionen wie beispielsweise beim Einkauf, bei
  dem mit der Markenpolitik in Zusammenhang stehenden Einsatz der Kommunikationsinstrumente, beim Key-Account-Management, beim Yieldmanage-
  ment und bei Reservierungs-Systemen (*economies of scale/economies of scope*).

- Große Hotelgesellschaften haben einen größeren finanziellen Spielraum sowie
  bessere Möglichkeiten der Liquiditätssteuerung, u. a. auch aufgrund der Risi-
  kodiversifikation, die das Ausgleichen von einzelnen negativen Betriebsergeb-
  nissen erleichtert.

- Schließlich verfügen Hotelgruppen aufgrund der geringeren Abhängigkeit von
  einzelnen Personen und der umfangreicheren Möglichkeiten der Kapitalbe-
  schaffung im Allgemeinen über bessere Wachstumschancen. Hierzu trägt auch
  das Image der besseren Arbeits- und Ausbildungsbedingungen bei, welches zu
  einer größeren Attraktivität für potenzielle Mitarbeiter führt (vgl. WIDMANN
  1999, S. 129).

- Nicht zuletzt seien die Vorteile konsequenter Markenpolitik genannt: Der Aufbau eines positiven Images führt zur Profilierung gegenüber der Konkurrenz
  und zu Präferenzen beim Kunden. Angestrebte Folgen sind eine geringere Anfälligkeit bei Nachfrageschwankungen, ein größerer preispolitischer Spielraum

---

ten, 22% der Kooperationen und 40% der Individualhotellerie. Zur räumlichen Verbreitung der Kettenhotels und Kooperationen in Deutschland mit ihren Anteilen an den Gesamtbettenkapazität wird auf BECKER/FONTANARI (2000, S. 121) hingewiesen.

und eine bessere Verhandlungsposition gegenüber Vertriebspartnern sowie Anbietern anderer touristischer Leistungen.[11]

Abb. 2: Entwicklung der Markenhotellerie in Deutschland (1985-2000)

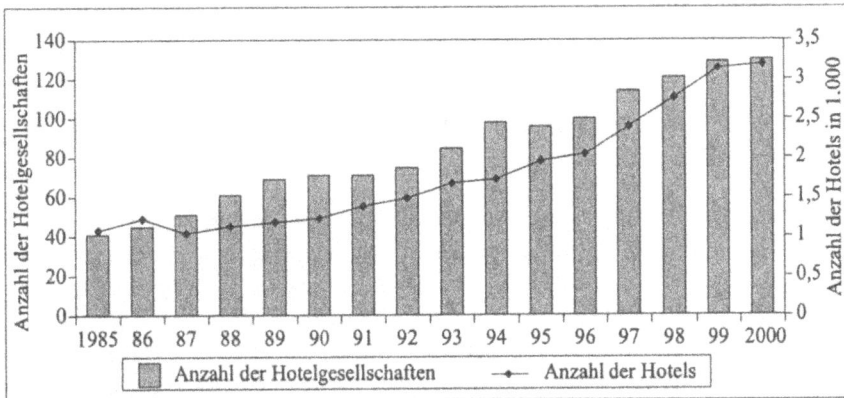

Quelle: DEHOGA 2000, S. 6

- Die Vorteile aus Sicht des Gastes sind zum einen die Orientierungshilfe und zum anderen die Qualitätssicherung: Durch den abgestimmten Marktauftritt der Hotelgesellschaften werden die Wiedererkennung und die Identifikation erleichtert. Bei positiven Erfahrungen werden Wiederholungsbuchungen (u. U. an anderen Destinationen) vereinfacht und Markentreue kann sich aufbauen. Der Kunde wird bei der Buchungsentscheidung durch die Orientierungshilfe der Marke bei seiner Auswahl unterstützt und von weiteren Vergleichen entlastet.

Als Nachteile von kettengebundenen Hotels sind die teilweise geringe Individualität der einzelnen Hotels und die oft langwierige interne Entscheidungsfindung anzuführen. Die schnelle Anpassung an geänderte Nachfragebedürfnisse kann u. U. an den weniger flexiblen Strukturen leiden. Hotels, die einer Kooperation angeschlossen sind, weisen die zuletzt genannten Nachteile in einem geringeren Maße auf, können aber die angestrebten Vorteile häufig nur partiell realisieren. So steht die individuelle Flexibilität teilweise im Widerspruch zu dem standardisierten Qualitätsniveau, das bei der Buchungsentscheidung des Nachfragers Sicherheit stiftet.

---

[11] Z. B. zur Anbindung an Vielflieger-, Frequent-Traveller- und ähnliche Bonusprogramme und um einfachere Buchungsmöglichkeiten mit modernen Vertriebssystemen zu realisieren.

Dem Wachstum der großen Hotelgesellschaften liegen zwei Strategien zu Grunde: Übernahmen und Franchising.[12] Seit dem Zweiten Weltkrieg war zunächst die Übernahme bisher unabhängiger Privathotels durch Ketten zu beobachten. In den letzten Jahren ist die zweite Phase des Konzentrationsprozesses eingetreten: Die Übernahme kleiner und mittelgroßer Hotelgesellschaften durch noch größere Konzerne bzw. der Aufbau strategischer Allianzen. So hat beispielsweise Marriott Ritz-Carlton und Ramada Renaissance gekauft; Starwood hat Westin übernommen. Den Weg der strategischen Allianz haben in den letzten Jahren unter anderem Arabella (mit Sheraton) und Dorint (mit Inter-Continental) gewählt (vgl. WIDMANN 1999, S. 129).

Die Markenhotellerie übt durch ihre Marketing- und Vertriebs-Know-How-Vorteile sowie mit den häufig besser geschulten Mitarbeitern einen starken Konkurrenzdruck auf die Betriebe der Individualhotellerie aus. Für diese stellen insbesondere die Suche und Besetzung von Marktnischen, der Aufbau von USPs (Unique Selling Propositions) und SEPs (Strategische Erfolgspositionen), die Schulung und Motivation der Führungskräfte und Mitarbeiter sowie die Anwendung ausgefeilter Kundenbindungssysteme Herausforderungen dar, die bewältigt werden müssen, um langfristig die Existenz der Betriebe zu sichern.

3   Aussichten und Fazit

Den leicht wachsenden Gesamtübernachtungszahlen steht eine überproportionale Steigerung der Bettenkapazitäten gegenüber. Die Überkapazitäten auf dem deutschen Hotelmarkt sorgen für ein im internationalen Vergleich niedriges Preisniveau. Der Preis- und Verdrängungswettbewerb gilt neben den hohen Kosten (Lohnnebenkosten, Modernisierungsinvestitionen) und der Beschaffungsproblematik bei qualifizierten und motivierten Arbeitskräften (bedingt durch ungünstige Arbeitszeiten und ein relativ niedriges Gehaltsniveau) als Hauptproblem innerhalb der Branche.

Die im Verdrängungswettbewerb preispolitische Notwendigkeit der Preisdifferenzierung hat ein für den Kunden kaum transparentes Geflecht von Nachlässen, Sonderkonditionen und Rabatten zur Folge.[13] Der ausgefeilte und aufeinander abgestimmte Einsatz unterschiedlicher Kommunikationsmittel im Rahmen der Markenpolitik wird ebenso zum erfolgsdeterminierenden Erfordernis wie der – für den potenziellen Gast erfreuliche – flexible, multioptionale und trendsensible Produktmix.

---

[12] Letzteres illustriert die weltgrößte Hotelkooperation Cendant besonders gut: Alle 5.600 Hotels (mit insgesamt rund 500.000 Zimmern) sind Franchisebetriebe (vgl. WIDMANN 1999, S. 130).

[13] Mit zunehmender Bedeutung des Internets als Informations- und Buchungsmöglichkeit kann bei Einrichtung entsprechender Programme zum Vergleich der Preise die Transparenz für den Kunden erhöht werden. Das Unternehmen muss dann noch klarer artikulieren, weshalb das Angebot den ausgewiesenen Preis auch tatsächlich wert ist.

Von besonderer Bedeutung wird in Zukunft auch die von Individualhoteliers und teilweise auch von Kooperationen vernachlässigte Distributionspolitik sein: Um im Wettbewerb bestehen zu können, müssen neben den herkömmlichen Vertriebswegen neue Vertriebswege genutzt werden. Die Zusammenarbeit mit Computer Reservation Systems (CRS) bzw. Global Distribution Systems (GDS), die nahtlose Verbindung vom Reisebüro bzw. Call Center-Terminal zum CRS des Hotelvertriebspartners werden ebenso wichtig wie der Einsatz von Marketing-Informations-Systemen und die Verwaltung des Zimmerbestandes. Der Nachfrager, der zunehmend die ‚elektronischen Datenautobahnen' zum Informieren und Buchen insbesondere im Business-Travel-Bereich nutzt, wird nur dann eine Leistung in Anspruch nehmen, wenn er sie schnell und einfach findet. Die Aufgabe des Managements wird darin bestehen, sich mit den jüngsten Buchungswegen und Marketinginstrumenten auseinander zu setzen sowie durch Unique Selling Propositions, Added Value sowie Kundenbindungsprogramme Präferenzen zu schaffen, um ein Abwandern der Gäste zur Konkurrenz zu verhindern.

Während die Markenhotellerie Zuwächse im Logisumsatz und bei der Auslastung verzeichnet, sinken die entsprechenden Zahlen in der Individualhotellerie. Der Verdrängungswettbewerb geht zu Lasten der Individualbetriebe. Insbesondere Hotels, die sich aufgrund von fehlendem Management-Know-How sowie von Kapitalmangel nicht an geänderte Rahmenbedingungen anpassen können, werden vom Markt verschwinden. Der Anteil der Einzelbetriebe wird weiter zurückgehen und die Bedeutung der Ketten und Kooperationen wird kontinuierlich wachsen. Es ist mit einer weiteren Konzentration zu rechnen, so dass es in einigen Jahren voraussichtlich nur noch fünf bis zehn große international operierende Hotelgesellschaften geben wird. Doch wie in anderen Branchen schafft die Konzentration und die damit einhergehende Standardisierung allerdings auch Nischen für neue innovative Anbieter (vgl. WIDMANN 1999, S. 130).

Literatur

BECKER, CHR./FONTANARI, M. L. (2000): Organisationsstrukturen im deutschen Tourismus. In: Institut für Länderkunde/BECKER, CHR./JOB, H. (Hrsg.): Nationalatlas Bundesrepublik Deutschland. Bd. 10. Freizeit und Tourismus. Heidelberg/Berlin, S. 120-123.

DEHOGA (Deutscher Hotel- und Gaststättenverband) (2000): DEHOGA-Hotelmarkt-Analyse 2000. Berlin.

FREYER, W. (1997): Tourismus-Marketing. München.

GHH Consult GmbH Dr. Hank-Haase & Co (2001): Hotelerie blickt optimistisch in die Zukunft. Presseerklärung vom 17.08.2001. Wiesbaden.

GRUNER, A./DEV, CH. (2001): Globale Marketing Trends und ihre Auswirkungen auf die Hotellerie. In: Tourismus Jahrbuch, Jahrgang 2000, H. 2. Limburgerhof, S. 140 ff.

GRUNER, A. (2002): Marketingmanagement. In: DETTMER, H. (Hrsg.) Betriebswirtschaftslehre für das Gastgewerbe. Hamburg, S. 141ff.

GUGG, E./HANK-HAASE, G. (1998): Der Hotelmarkt in Deutschland. Frankfurt am Main.

GUGG, E./HANK-HAASE, G. (1999): Hotellerie in Deutschland – Risiko-Immobilie oder lohnendes Investment? Frankfurt am Main.

HENSELEK, H. F. (1999): Hotelmanagement. München/Wien.

KOTLER, P./BLIEMEL, F. (1995): Marketing-Management. Stuttgart.

POMPL, W. (1994): Touristik-Management. Berlin et al.

POSAUTZ, K. (2000): Die Zeichen stehen auf Wachstum. In: Top hotel spezial – Hotellerie in Zahlen 2000. Landsberg/Lech 2000, S. 6-7.

SPÖREL, U. (2000): Entwicklung des Beherbergungsangebots (1985-1998). In: Institut für Länderkunde/BECKER, CHR./JOB, H. (Hrsg.): Nationalatlas Bundesrepublik Deutschland. Bd. 10. Freizeit und Tourismus. Heidelberg/Berlin, S. 75.

Statistisches Bundesamt (2001): Tourismus in Zahlen. Wiesbaden.

WIDMANN, M. (1999): Hotelkette. In: GEWALD, S. (Hrsg.): Handbuch des Touristik- und Hotelmanagement. München/Wien, S. 127ff.

Tourismuspolitik und Tourismusförderung

Christoph Becker

1   Einführung

Der Tourismus trägt in Deutschland mit beachtlichen 8% zum Bruttosozialprodukt bei.[1] Hier stellt sich die Frage, ob diese erhebliche wirtschaftliche Bedeutung in wesentlichem Maße auf den politischen Einfluss zurückgeführt werden muss: Es wird von einer Überorganisation im Deutschland-Tourismus gesprochen (vgl. BLEILE 2001, S. 3ff.). Auch verweisen Privatisierungsbefürworter auf das Beispiel der USA, wo sich die Bundesregierung ganz aus der Tourismusförderung zurückgezogen hat; auch die Kommunen in den USA engagieren sich meistens nur in geringem Maße für die Tourismusförderung oder auch gar nicht – manche Ressorts mit der Fläche einer deutschen Gemeinde werden, ohne finanzielle Unterstützung durch die öffentliche Hand, allein von einem Unternehmen aufgebaut und betrieben. Im Folgenden soll daher herausgearbeitet werden, welchen Einfluss die Politik auf die Entwicklung des Tourismus in Deutschland nimmt, differenziert nach den verschiedenen politischen Ebenen. Aufgrund der Förderung des Tourismus soll nicht zuletzt auch abgeschätzt werden, welchen politischen Stellenwert der Tourismus tatsächlich auf den verschiedenen Ebenen besitzt.

2   Tourismuspolitik und -förderung auf Bundes- und EU-Ebene

2.1   Tourismuspolitik auf der Bundesebene

Auf der Bundesebene besitzt der Tourismus keine starke Lobby. Erst im Jahr 1987 wurde ein Unterausschuss für Fremdenverkehr beim Ausschuss für Wirtschaft des Deutschen Bundestages eingerichtet; gleichzeitig war ein Parlamentarischer Staatssekretär als Ansprechpartner für Fragen des Tourismus benannt. Im Jahr 1991 wurde dann ein eigener ‚Ausschuss für Fremdenverkehr und Tourismus' eingerichtet. Dieses späte Einrichten eines spezifischen Ausschusses wirft ein bezeichnendes Licht auf den geringen Stellenwert der Tourismuspolitik auf Bundesebene.

Alle etablierten politischen Parteien haben mehrfach tourismuspolitische Programme vorgelegt. Sie unterscheiden sich in ihren Forderungen zur Entwicklung des Tourismus nur wenig. Alle Parteien betonen die Notwendigkeit des Umwelt-

---

[1]   vgl. Beitrag EISENSTEIN/ROSINSKI zu ‚Ökonomische Effekte des Tourismus' in diesem Band

schutzes. Dabei waren speziell die ‚Tourismuspolitischen Leitlinien der SPD' bemerkenswert, da sie in ihrer Darstellung die Konzeption der Nachhaltigkeit auf-
griffen.

Zahlreiche Ministerien befassen sich zumindest randlich mit Fragen des Tourismus. Allerdings liegt die Federführung für den Tourismusbereich beim Bundesministerium für Wirtschaft. Hier besteht innerhalb der Abteilung ‚Mittelstand' ein kleines Referat ‚Tourismus' mit nicht viel mehr als einem Dutzend Mitarbeiter. Diese
geringe Aufmerksamkeit, die die Bundesregierung (und auch die Bundespolitik) dem
Tourismus schenkt, resultiert daraus, dass der Tourismus als Teil der Wirtschaftspolitik angesehen wird und diese lt. Grundgesetz Art. 91a Aufgabe der Länder ist; daher
bestehen auf Bundesebene nur begrenzte Handlungsmöglichkeiten.

Zu den wesentlichen Aufgaben des Referates ‚Tourismus' im Bundeswirtschaftsministerium gehören
- die globale Beobachtung der Entwicklung des Tourismus,
- die Koordinierung von Tourismusfragestellungen zwischen den Bundesressorts
  und zwischen den Ländern,
- die Durchsetzung deutscher Interessen auf internationaler Ebene, insbesondere
  bei der EU sowie
- seit der Wende die Mitwirkung beim Aufbau des Tourismus in den Neuen
  Bundesländern.

Bereits im Jahr 1975 hat die Bundesregierung ein ‚Tourismuspolitisches Programm' veröffentlicht, das im Bundeswirtschaftsministerium nach Abstimmung
mit anderen Ressorts erarbeitet wurde. Das Oberziel besteht darin, „zur Sicherung
einer kontinuierlichen und zeitgerechten Entwicklung des Fremdenverkehrs in der
Bundesrepublik Deutschland Ziele und Schwerpunkte, Prioritäten und Belastungsgrenzen festzulegen" (vgl. Deutscher Bundestag 1975, S. 5). Daraus wurden die
folgenden Ziele und Schwerpunkte festgelegt:
- Sicherung der Rahmenbedingungen für Urlaubs- und Kurzzeiterholung (Naherholung),
- Steigerung der Leistungs- und Wettbewerbsfähigkeit der deutschen Fremdenverkehrswirtschaft,
- Verbesserung der Möglichkeiten für die Teilnahme breiter Bevölkerungs-
  schichten am Fremdenverkehr,
- Intensivierung der internationalen Zusammenarbeit im Tourismus,
- Verbesserung der Koordinierung zwischen Bund und Ländern.

Diese Ziele werden jeweils durch eine Reihe von meist stärker maßnahmeorientier-
ten Unterzielen konkretisiert. Obwohl dies mehrfach gefordert wurde, erfuhr das
Tourismuspolitische Programm der Bundesregierung keine Fortschreibung. Immerhin wurde im Jahr 1994 ein ‚Bericht der Bundesregierung über die Entwicklung des Tourismus' vom Bundeswirtschaftsministerium herausgegeben; es folgte
1998 und 2000 ein ‚Tourismusbericht der Bundesregierung' (vgl. Deutscher Bun-

destag 1998; Bundesministerium für Wirtschaft 2000). Diese Berichte geben vor allem einen Situationsbericht mit besonderem Bezug zu aktuellen Problemen. Programmatisch wird jetzt der Umweltschutz stark betont.

2.2 Tourismusförderung durch die Bundesregierung

Angesichts der Zuständigkeit der Länder für den Tourismus fördert die Bundesregierung den Tourismus nur in wenigen Bereichen und mit meist eng begrenzten Mitteln.

Die meisten Mittel werden vom Bundeswirtschaftsministerium bereitgestellt. Dabei fließt der größte Posten jedes Jahr als 50%-Anteil in die Gemeinschaftsaufgabe ‚Verbesserung der regionalen Wirtschaftsstruktur' (GRW), die von Bund und Ländern gemeinsam finanziert wird. Diese Mittel werden nach gemeinsam vereinbarten Grundsätzen von den Ländern vergeben, um Fremdenverkehrsbetriebe bei Investitionen und Fremdenverkehrsgemeinden beim Ausbau der touristischen Infrastruktur zu unterstützen (vgl. Kap. 3.1).

Weiterhin fördert das Wirtschaftsministerium die Deutsche Zentrale für Tourismus (DZT), die vor allem für die Auslandswerbung zuständig ist; seit einigen Jahren kümmert sich die DZT auch um die übergreifende Inlandswerbung. Die DZT wird zu rd. 85% vom Bundeswirtschaftsministerium finanziert.

Auch das Deutsche Seminar für Fremdenverkehr (DSF) wird vom Wirtschaftsministerium maßgeblich gefördert; es dient der Weiterbildung im Tourismus.

Andere touristische Organisationen wie der Deutsche Tourismusverband (DTV), der Deutsche Heilbäderverband (DHV), der Deutsche Hotel- und Gaststättenverband (DEHOGA) oder der Deutsche Reisebüro- und Reiseveranstalterverband (DRV) erhalten keine öffentlichen Zuschüsse, da diese Organisationen die spezifischen Interessen ihrer Mitglieder vertreten.[2]

Außer dem Wirtschaftsministerium fördern aber auch weitere Ministerien des Bundes den Tourismus. So unterstützt z. B. das Landwirtschaftsministerium die Vermarktung von Urlaub auf dem Bauernhof. Das Bundesministerium für Familie, Senioren, Frauen und Jugend unterstützt Investitionen in Familienferienstätten, Altenkurheimen, Müttergenesungsheimen und Jugendherbergen. Das Ministerium des Innern fördert den Bau von Sportanlagen. Nicht zuletzt ist hier auch das Verkehrsministerium zu nennen, das hohe Summen in den Bau und die Unterhaltung der Verkehrsinfrastruktur investiert; allerdings fällt es bei diesen Investitionen schwer, den touristischen Anteil abzuschätzen. Generell gilt für diese Ministerien, dass der Tourismus nur ganz am Rande mitbehandelt wird und dass für spezifisch

---

[2] vgl. Beitrag MAY zu ‚Verbandsstrukturen im Tourismus' in diesem Band

touristische Vorhaben nur sehr kleine Etats zur Verfügung stehen. Die Bundes-
raumordnung im Bundesministerium für Verkehr, Bau- und Wohnungswesen geht
in ihrem Raumordnungsgesetz sowie in ihren Programmen, Berichten und Forschungsprojekten nur randlich auf den Tourismus ein, ohne spezifische Förderprogramme einzusetzen.

2.3   Tourismuspolitik und -förderung durch die EU

Die EU hat erstmals auf dem Felde des Tourismus auf sich aufmerksam gemacht,
als sie für das Jahr 1990 das ‚Europäische Jahr des Tourismus' ausgerufen hatte.
In diesem Jahr wurde eine Reihe von touristischen Kleinstprojekten mit mehr oder
weniger starker Öffentlichkeitwirksamkeit gefördert. Der Tourismus zählt nicht zu
den definierten Aufgaben der EU; sie kann jedoch auch in diesem Bereich tätig
werden, soweit die Einzelstaaten – entsprechend dem Subsidiaritätsprinzip – nicht
in der Lage sind, die jeweiligen Probleme befriedigend zu lösen (vgl. THOMAS
1998, S. 16 f.). Ein gutes Beispiel, wo die EU wirkungsvoll tätig wurde, ist die
‚Richtlinie über Pauschalreisen', durch die Urlauber heute vor einer Insolvenz
ihres Reiseveranstalters einheitlich geschützt werden. Im Jahr 1992 wurde ein
mehrjähriger Aktionsplan für den Tourismus umgesetzt, aber auch nur mit eng
begrenzten Mitteln. Ein stärkeres Engagement der EU unmittelbar für den Tourismus scheitert am Subsidiaritätsprinzip, das die Nordländer der EU mehr oder weniger nachdrücklich – die Bundesrepublik Deutschland als Hauptzahler in der EU
im besonderen – betonen, während die Südländer ein Engagement der EU bei der
Förderung des Tourismus begrüßen würden, zumal sie von dieser hauptsächlich
profitieren würden.

Im Jahr 1999 wurde die Generaldirektion XXIII bei der Europäischen Kommission aufgelöst, die bis dahin für Unternehmenspolitik, Tourismus und Sozialwirt-
schaft zuständig gewesen war. Seitdem gehört der Tourismus zur Generaldirektion
‚Unternehmen', in der er mit einem Referat vertreten ist. Damit hat der Tourismus
bei der EU an Stellenwert verloren, zumal diese Umorganisation zu Einbußen an
Personal und Mitteln geführt hat. Gegenwärtig liegt der Schwerpunkt der Arbeiten
darin, ein integriertes Qualitätsmanagement EU-weit einzuführen.

Allerdings flossen auch schon vor dieser Umorganisation jedes Jahr wesentlich
höhere Fördermittel zu Gunsten des Tourismus aus dem ‚Europäischen Fond für
Regionale Entwicklung' (EFRE), aus dem u. a. auch Tourismusprojekte in wirtschaftlichen Problemgebieten gefördert werden. Bemerkenswert ist bei diesem
Förderprogramm, dass ihm eine andere Gebietsabgrenzung als bei der GRW
zugrunde liegt: Damit profitieren von diesem EU-Programm manche Tourismusgebiete, die im Rahmen der GRW nicht mehr gefördert werden. Bedauerlich ist,
dass die Gewährung dieser EU-Investitionsmittel kaum in das Bewusstsein der
begünstigten Investoren tritt und erst recht nicht in der Öffentlichkeit bekannt

wird, da die EU-Mittel in die Förderprogramme der Bundesländer integriert, von diesen aufgestockt und durch diese vergeben werden.

Über den Strukturfond EFRE hinaus fließen auch erhebliche Mittel u. a. zugunsten von touristischen Projekten aus dem INTERREG-Programm sowie aus dem LEA-DER-Programm. Mit dem INTERREG-Programm werden grenzüberschreitende Projekte gefördert, die sich häufig auf den Tourismus beziehen. Das LEADER-Programm konzentriert sich auf integrierte Projekte im ländlichen Raum, die meistens auch touristische Vorhaben einbeziehen. Darüber hinaus fördert die EU auch über andere Generaldirektionen und Programme u. a. auch den Tourismus (vgl. THOMAS 1998, S. 46 ff.), die hier nicht im einzelnen aufgeführt werden können.

3 Tourismuspolitik und -förderung der Bundesländer

3.1 Tourismuspolitik der Bundesländer

Die Federführung und auch den entscheidenden Einfluss auf die Tourismuspolitik der Bundesländer haben die jeweiligen Wirtschaftsministerien – in Schleswig-Holstein das Ministerium für ländliche Räume, Landwirtschaft und Tourismus. Die grundsätzliche Aufgabe des Fachressorts Tourismus in diesen Ministerien besteht darin, zielgerichtet herauszuarbeiten und zu verfolgen, was und wie etwas zur Befriedigung der touristischen Bedürfnisse der Gesellschaft zu geschehen hat und wie die entsprechenden Zielvorstellungen mit Hilfe systematisch vorbereiteter Maßnahmen umgesetzt werden können. Die Ziele des Fachressorts werden in der Regel in einem Fremdenverkehrsprogramm niedergelegt, allerdings meist in sehr unregelmäßigen Abständen ab Beginn der 1970er-Jahre (vgl. Tab. 1). Sie enthalten zumeist einen umfangreichen analytischen Teil, in dem problemorientiert auf die Fremdenverkehrssituation, die verschiedenen Fremdenverkehrsarten, das natürliche und infrastrukturelle Umfeld sowie auf die einzelnen Fremdenverkehrsgebiete des Landes eingegangen wird. Oft liegen den Fremdenverkehrsentwicklungsprogrammen Forschungsaufträge oder Gutachten von Tourismus-Consulting-Unternehmen zugrunde. Weiterhin wird u. a. mit Förderprogrammen (vgl. Kap. 3.2) und finanziellen Zuwendungen für bestimmte Vorhaben die Fremdenverkehrspolitik vom Fachressort realisiert.

Im einzelnen haben die Fachreferate für Fremdenverkehr in den Ländern ein vielfältiges Spektrum an Aufgaben wahrzunehmen: Es reicht von Fragen der Prädikatisierung von Fremdenverkehrsgemeinden, der Organisation von Wettbewerben und dem Abhalten von Tagungen über Weiterbildungsveranstaltungen, die Beantwortung parlamentarischer Anfragen, die Beobachtung der aktuellen touristischen Entwicklung und die Kooperation mit anderen Ressorts und Bundesländern bis hin zur Betreuung des Landesfremdenverkehrsverbandes und – wie schon erwähnt – zur (Mit-)Gestaltung der Landesförderprogramme.

Jedes Bundesland besitzt einen Fremdenverkehrsverband als e. V. oder neuerdings eine Tourismus-Marketing GmbH, in der Regel mit weiteren regionalen Organisationen. Mitglieder sind Fremdenverkehrsgemeinden und Fremdenverkehrsregionen, jedoch stellt in der Regel das jeweilige Land den größten Teil der Finanzmittel zur Verfügung. Hauptaufgabe dieser Landes-Tourismus-Organisation ist die Vermarktung des jeweiligen Landes als Tourismusdestination, vor allem im Bereich der Kommunikationspolitik – also insbesondere durch Werbung mit Prospekten, die einer spezifischen Werbelinie folgen, mit Pressearbeit, mit der Präsentation im Internet und auf Messen. Diese Aktivitäten werden häufig in Kooperation mit den Mitgliedern durchgeführt – bei entsprechender finanzieller Beteiligung. Auch die Kommunikation mit den Mitgliedern sowie die Klassifizierung von Beherbergungsbetrieben sind permanente Aufgaben. Schließlich können die Tourismus-Marketing GmbH auch Pauschalen zusammen mit den Mitgliedern entwickeln und vertreiben. Diese Möglichkeit, aber auch die Chance, rascher auf aktuelle Marktentwicklungen reagieren zu können, sind der wesentliche Grund für den Trend zur Tourismus-Marketing GmbH. Zunehmend wird allerdings die Bedeutung der regionalen Tourismusorganisationen erkannt, die einzelne Fremdenverkehrsgebiete vertreten, da der Gast bei seiner Reiseentscheidung primär das entsprechende Fremdenverkehrsgebiet als Ziel wählt, wobei das jeweilige Bundesland nur eine sehr nachrangige Rolle spielt. Daher werden auch die Finanzmittel zunehmend von der Landesorganisation auf die regionalen Tourismusorganisationen verlagert.

Tab. 1: Fremdenverkehrsprogramme der Landeswirtschaftsministerien

Land	Erscheinungs-jahr	Bezeichnung
Baden-Württemberg	1971	Fremdenverkehrsentwicklungsprogramm (ausgelaufen)
	1977	Heilbäderprogramm für Baden-Württemberg (ausgelaufen)
	1997	Konzeption zur Förderung des Tourismus in Baden-Württemberg
Bayern	1970	Fremdenverkehrsförderungsprogramm
	1974	Fremdenverkehrsförderungsprogramm
	1978	Fremdenverkehrsförderungsprogramm
	1994	Tourismuspolitisches Konzept der Bayerischen Staatsregierung
Brandenburg	1993	Fremdenverkehrskonzeption für das Land Brandenburg – Leitlinien, Ziele und Maßnahmen zur Tourismusentwicklung

Land	Erscheinungs-jahr	Bezeichnung
Hessen	1970	Großer Hessenplan; Fremdenverkehrs-Entwicklungsplan
	1973	Landesentwicklungsplan, Fachplan Fremdenverkehr
Mecklenburg-Vorpommern	1993	Tourismuskonzeption Mecklenburg-Vorpommern Ziele und Aktionsprogramm
	1998	dgl. – Fortschreibung 1998
Niedersachsen	1974	Fremdenverkehrsprogramm
	1980	Fremdenverkehrsprogramm Niedersachsen, Schwerpunktförderung für fremdenverkehrliche Infrastrukturprojekte 1981-1984
	1987	Niedersächsisches Fremdenverkehrsprogramm 1987-1991
	1992	Tourismuskonzept Niedersachsen (1992-1996)
	1997	Tourismuskonzept Niedersachsen
Nordrhein-Westfalen	1979	Kurorteförderungsprogramm
Rheinland-Pfalz	1971	Entwicklungsprogramm für den Fremdenverkehr
	1972	Bäderbericht der Landesregierung Rheinland-Pfalz
	1997	Rheinland-Pfalz – Ein touristisches Drehbuch für das neue Jahrtausend
Saarland	2001	Touristischer Masterplan für das Saarland – Highlights und Schwerpunkte
Sachsen	1998	Grundzüge der Sächsischen Tourismuspolitik
Sachsen-Anhalt	2000	Handbuch des Tourismus in Sachsen-Anhalt
Schleswig-Holstein	1981	Entwicklungsperspektiven für den Fremdenverkehr Schleswig-Holsteins
	1990	Fremdenverkehrskonzeption für Schleswig-Holstein
	1996	Tourismuskonzeption 1996
	2002	Tourismuskonzeption Schleswig-Holstein ‚Natürlich erfolgreich'
Thüringen	–	

Ähnlich wie auf Bundesebene engagieren sich auch andere Ministerien im Tourismusbereich. Besonders hervorzuheben ist hier die Landesplanung, die

- im Rahmen ihrer Landesentwicklungsprogramme Fremdenverkehrsgebiete ausweist sowie Grundsätze und Ziele für die Entwicklung des Tourismussektors vorgibt,
- einen Rahmen für die Funktionsbestimmung der Gemeinden festlegt sowie
- vielfältige Aussagen zu einer umweltverträglichen Tourismusentwicklung trifft, die teilweise von der jeweiligen Fachplanung übernommen worden sind.

Diese leitbildhaften Formulierungen sind allgemein gehalten, aber doch wesentlich konkreter als auf der Bundesebene. Sie reichen aus, da die Aussagen und Ausweisungen von der Regionalplanung weiter konkretisiert werden.

3.2   Tourismusförderung der Bundesländer

Als Ziele der Fremdenverkehrsförderung werden in den Fremdenverkehrsprogrammen die Strukturverbesserung in wirtschaftsschwachen Räumen, die Schaffung ausreichender Erholungsmöglichkeiten und die Unterstützung des Mittelstandes genannt. Wie noch gezeigt wird, steht allerdings die Strukturverbesserung in wirtschaftsschwachen Räumen im Vordergrund. Somit wird ein wesentlicher Teil der Tourismusförderung instrumentiert, um ganz andere – nämlich regionalwirtschaftliche – Zielsetzungen zu erreichen.

Das wichtigste Förderinstrument mit dem höchsten Einsatz von Fördermitteln ist seit 1969 die Gemeinschaftsaufgabe ‚Verbesserung der regionalen Wirtschaftsstruktur' (GRW), die von Bund und Ländern zu gleichen Teilen finanziert wird. Im Rahmen der GRW wird das Gewerbe generell gefördert, wobei nur rd. ein Zehntel der Fördermittel auf den Tourismus entfällt. Diese GRW-Förderung findet allerdings nur in den wirtschaftsschwachen Räumen der Bundesrepublik statt: bis 1990 Flächen mit 33,9% der Wohnbevölkerung, seit der Wiedervereinigung gehören nur noch Flächen mit 17,73% der westdeutschen Bevölkerung zum Fördergebiet (ab 2000), da die neuen Bundesländer vollständig an der GRW-Förderung partizipieren (vgl. Abb. 1). Zur Abgrenzung werden Arbeitsmarktregionen gebildet, die zumeist kreisscharf, in Einzelfällen auch gemeindescharf abgegrenzt werden (vgl. Hassold/Jung 2000, S. 59 ff.).

Mit den GRW-Mitteln können Investitionen sowohl in die Fremdenverkehrsinfrastruktur als auch bei Fremdenverkehrsbetrieben gefördert werden. Bei der Fremdenverkehrsinfrastruktur können Geländeerschließung und der Bau von öffentlichen Fremdenverkehrseinrichtungen mit bis zu 80% bezuschußt werden.

Abb. 1: Entwicklung der Förderkulisse im Rahmen der Gemeinschaftsaufgabe „Verbesserung der Regionalen Wirtschaftsstruktur"

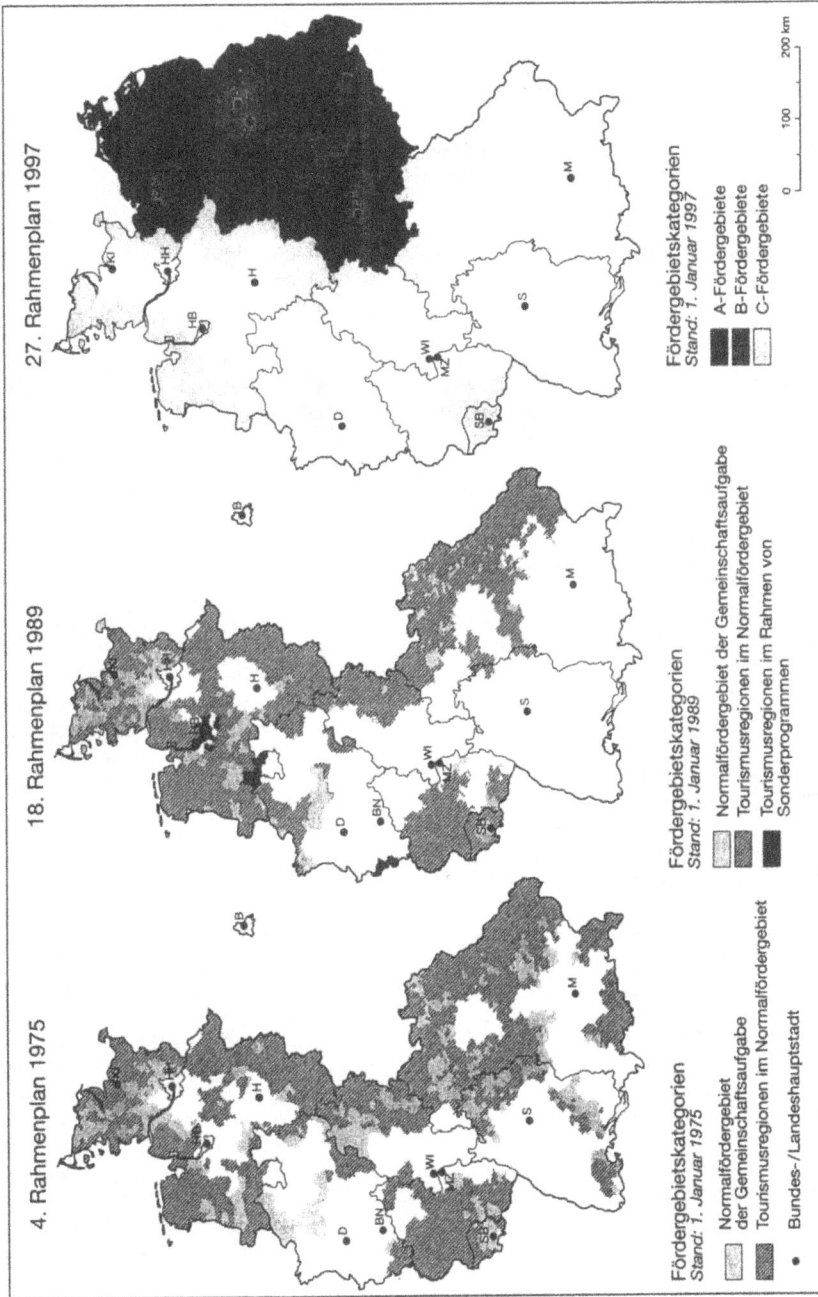

Quelle: Eigene Darstellung nach HOPFINGER 2000, S. 11

Für die Errichtung, Erweiterung und Modernisierung von Fremdenverkehrsbetrieben gilt in Westdeutschland ein Förderhöchstsatz von 28%; das Land Rheinland-
Pfalz z. B. gewährt jedoch bei der Neuerrichtung von Fremdenverkehrsbetrieben
nur 10% sowie bei der Erweiterung und Modernisierung lediglich 12% Investiti-
onszuschuss, weitere Mittel aus anderen Förderprogrammen können bis zum Erreichen des Höchstsatzes hinzutreten. Allerdings wird im Mittelrheintal, in dem
sich der traditionsreiche Tourismus in einer schwierigen Situation befindet, ab dem
Jahr 2002 eine erhöhte Förderung von bis zu 18% gewährt, um die Ernennung des
Mittelrheintales zum Weltkulturerbe zu unterstützen. Durch die reduzierten För-
dersätze können mehr Betriebe an der GRW-Förderung partizipieren; zu diesem
Zweck fördert Rheinland-Pfalz auch nur Projekte mit einem Investitionsaufwand
von bis zu 3 Mio. €, so dass etwa neue Ferienzentren oder mittelgroße Hotels aus
der Förderung herausfallen. In den Neuen Bundesländern gelten Förderhöchstsätze
von 50%, in den dortigen schon strukturstärkeren Regionen von 43%.

Teilweise stammen die Fördermittel auch aus dem ‚Europäischen Fond für regionale
Entwicklung' (EFRE); diese werden zu gleichen Konditionen mit einer leicht modifi-
zierten regionalen Abgrenzung vergeben (vgl. HASSOLD/JUNG 2000, S. 68 ff.).

Zusätzlich zu diesen Mitteln der regionalen Strukturförderung können auch Mit-
telstandsdarlehen und Bürgschaften der Länder oder ERP-Programme in Anspruch
genommen werden, deren Subventionswert freilich die GRW-Fördersätze nicht um
mehr als 10% übersteigen darf. Weiterhin werden in der gesamten Bundesrepublik
Hilfen für den Mittelstand gewährt, die auch für Fremdenverkehrsbetriebe gelten:
Existenzgründungsförderung, Bürgschaften, Kapitalbeteiligungen und Zinszu-
schüsse. Um für mehr Umweltorientierung im Tourismus zu sorgen, haben die
einzelnen Bundesländer unterschiedliche Maßnahmen ergriffen; allein Schleswig-
Holstein hat ein kleines Förderprogramm für umweltschonende Tourismusprojekte
aufgelegt (vgl. BECKER/JOB/WITZEL 1996, S. 61).

4   Tourismusentwicklung auf Regionsebene

Bei den Urlaubs- und Erholungsreisen hat sich zunehmend die Erkenntnis durchgesetzt, dass in der Regel nicht nur der gewählte Zielort für den Gast von Bedeutung ist, sondern das jeweilige überschaubare Fremdenverkehrsgebiet, das als
Destination aufgefasst wird.[3] Die Destination bietet einerseits den Rahmen für die
Ausflüge der Gäste und sie lässt sich andererseits wegen ihrer Größe besser als die
einzelne Fremdenverkehrsgemeinde vermarkten und bewerben.

Die Fremdenverkehrsgebiete stimmen aber häufig nicht mit den Grenzen der Re-
gierungsbezirke und der Landkreise überein, sondern sind mit ihren Grenzen stark
vom Naturraum abhängig. So haben sich spezifisch abgegrenzte Fremdenver-

---

[3]   vgl. Beitrag BECKER zu ‚Destinationsmanagement' in diesem Band

kehrsgebiete in Deutschland entwickelt, die in der Regel das jeweilige Bundesland mit mehreren Fremdenverkehrsgebieten abdecken (vgl. BECKER/FONTANARI 2000, S. 122).

Für diese Fremdenverkehrsgebiete sind jeweils Tourismusverbände tätig, z. T. noch Unterorganisationen der Landesfremdenverkehrsverbände. Sie firmieren als e. V., neuerdings verstärkt als GmbH. Teilweise bringen die Landkreise ihre Tourismusaktivitäten in diese Tourismusverbände mit ein. Daher ist auch die Finanzierung der regionalen Fremdenverkehrsverbände unterschiedlich geregelt: Meistens erhalten sie den größten Teil der öffentlichen Zuschüsse vom Landesfremdenverkehrsverband, teilweise tragen aber auch die Landkreise und die Fremdenverkehrsgemeinden maßgeblich zur Finanzierung der regionalen Tourismusverbände bei. Hauptaufgabe der Tourismusverbände ist die zielgerichtete Vermarktung der jeweiligen Fremdenverkehrsregion. Dazu gehört insbesondere die Werbung, aber auch die Präsenz auf Messen und im Internet; es können auch Pauschalangebote vermarktet werden. Zur besseren Vermarktung lassen sich die Tourismusverbände häufiger Entwicklungskonzepte anfertigen. Bei der Produktgestaltung werden die Tourismusverbände in der Regel nicht tätig; sie geben eher Empfehlungen an die Mitgliedsgemeinden.

Allerdings hat bisher nur ein Teil der Landkreise seine tourismusbezogenen Aktivitäten voll in die regionalen Tourismusverbände integriert. Allzu oft überlagern sich noch die Aktivitäten von beiden, so dass gerade in diesem Bereich mit einigem Recht von einer kontraproduktiven Überorganisation gesprochen werden muss.

Daneben nimmt aber auch die Regionalplanung eine durchaus wichtige Mittlerfunktion zwischen der Landesebene und den Kommunen ein. Sie nimmt die Ziele des Bundes und der Länder auf, konkretisiert diese und verfeinert sie im Hinblick auf die regionsspezifischen Bedürfnisse, die u. a. von den Gemeinden eingebracht werden, um sie zu einer regionalen Entwicklungskonzeption zu verbinden.

Im Hinblick auf den Tourismus übernimmt es die Regionalplanung in der Regel,
- die Fremdenverkehrsgebiete exakt abzugrenzen und auszuweisen,
- Schwerpunktorte für den Fremdenverkehr zu benennen,
- Entwicklungslinien für den Tourismus aufzuzeigen,
- Entwicklungsschwerpunkte für den Ausbau der Fremdenverkehrsinfrastruktur und des Beherbergungsgewerbes zu benennen,
- negative Auswirkungen auf den Tourismus durch andere Vorhaben zu vermeiden und
- mit den Gemeinden optimale Lösungen für touristische Projekte zu erarbeiten.

Auf diese Weise kann die Regionalplanung die Durchsetzung touristischer Vorhaben fördern, insbesondere wenn sie zur Lösung von Zielkonflikten beitragen kann. Finanzielle Fördermittel stehen der Regionalplanung allerdings nicht zur Verfügung.

Insbesondere bei größeren touristischen Projekten wie Feriendörfern, Freizeitparks, Campingplätzen, Freizeitseen, Liftanlagen und Skipisten führt die Regionalplanung bzw. die Abteilung Raumordnung in der Bezirksregierung Raumordnungsverfahren durch, um entweder im Regionalen Raumordnungsplan nicht enthaltene Projekte oder die Auswirkungen vorgesehener Großprojekte zu überprüfen.

5   Tourismusentwicklung der Gemeinden

Nicht in allen Gemeinden, jedoch in all den Gemeinden, die eine bestimmte Eignung für den Tourismus besitzen, erreicht der Tourismus eine teilweise große Bedeutung: Das gilt insbesondere für bekannte Kurorte und Seebäder, aber auch für verschiedene Erholungsorte in den Höhenlagen der Mittelgebirge und für den Alpenraum. Der teilweise hohe politische Stellenwert ist vor allem interessengeleitet, kaum parteipolitisch bestimmt.

Die Tourismusförderung ist eine freiwillig übernommene Aufgabe der Gemeinden, keine Pflichtaufgabe. In welchem Maße der Tourismus in einer Gemeinde gefördert wird, insbesondere ob Investitionen in den Ausbau der Fremdenverkehrsinfrastruktur getätigt werden, ist abhängig von den Beschlüssen des Gemeinderates. Die Gemeinden besitzen die Planungskompetenz, die lediglich durch die vorhandene Gesetzgebung und die Zielsetzungen der Landes- und Regionalplanung eingeschränkt wird. Da die Länder und in begrenztem Umfang auch die Landkreise bestimmte Investitionen in die Fremdenverkehrsinfrastruktur – u. a. im Rahmen der GRW – fördern, liegt hier ein gewisser Lenkungseffekt für die Gemeinden vor.

Die wesentlichen Aufgaben der Gemeinden bei der Förderung des Tourismus liegen
- in der Gästebetreuung vor Ort,
- im Marketing einschließlich Werbung, soweit dies nicht ganz oder teilweise von einem regionalen Tourismusverband wahrgenommen wird, und
- im Ausbau und der Unterhaltung der Fremdenverkehrsinfrastruktur.

Damit engagieren sich die Gemeinden in Deutschland traditionell recht stark bei der Förderung des Tourismus; sie bieten wichtige Leistungen für die Fremdenverkehrsbetriebe. Dabei decken die Einnahmen der Gemeinden durch Gebühren und Steuern nur selten die Kosten der Tourismusförderung. Insofern sind auch einer Privatisierung des Verkehrsamtes oder einzelner touristischer Einrichtungen enge Grenzen gesetzt. Die Fremdenverkehrsbetriebe erfahren bei der Ansiedlung und dem Ausbau in aller Regel keine direkte finanzielle Unterstützung durch die Gemeinden; allenfalls bei der Ansiedlung von Großbetrieben unterstützen die Gemeinden diese beim Grundstückserwerb.

Angesichts des erhöhten Konkurrenzdrucks und der stetig wachsenden und sich verändernden Ansprüche der Urlauber – z. B. mit dem Trend zu Kurzurlauben – sind die Fremdenverkehrsgemeinden gezwungen, ihr touristisches Angebot zu erneuern und auszubauen. Dies geschieht am zweckmäßigsten im Rahmen einer ganzheitlichen Fremdenverkehrskonzeption, die sich vor allem an den Gästebedürfnissen orientiert,

- auf ausgewählte Zielgruppen ausgerichtet ist,
- Kooperationen mit Nachbargemeinden oder Arbeitsgemeinschaften zur Aufgabenteilung beinhaltet,
- gemeinsame Qualitätsstandards festlegt,
- auf Umweltschonung achtet und
- die Bürger in die Entscheidungsfindung einbezieht.

6 Ergebnis

Diese Übersicht über die Tourismuspolitik und -förderung auf den verschiedenen Ebenen zeigt, dass allein auf der Gemeindeebene die wirtschaftliche Bedeutung des Tourismus von der Politik erkannt wird und dort – soweit eine entsprechende Eignung vorliegt – auch entsprechende Maßnahmen zur Förderung des Tourismus ergriffen werden. Auf der Ebene des Bundes und der Länder hat der Tourismus keinen seiner wirtschaftlichen Bedeutung entsprechenden Stellenwert und er wird auch nur in geringem Maße finanziell unterstützt.

Trotz der vielfältigen Organisationsstruktur im öffentlichen Tourismus besteht nur insoweit eine Überorganisation, als sich teilweise an den Tourismuslandschaften orientierte Tourismusverbände mit den Tourismusaktivitäten der Landkreise überschneiden. Hier ist anzustreben, dass sich die Landkreise weiter aus der kreisbezogenen Tourismusförderung zurückziehen.

Dem starken kommunalen Engagement bei der Tourismusförderung in Deutschland liegen bestimmte Verwaltungsstrukturen und Traditionen zugrunde. Lediglich die Ferienparks der zweiten Generation sind von der kommunalen Tourismusförderung unabhängig. Trotz teilweiser Privatisierungsansätze in der kommunalen Tourismusförderung werden sich die Fremdenverkehrsgemeinden in Deutschland der weiteren Tourismusförderung nicht entziehen können.

Literatur

BECKER, CHR./JOB, H./WITZEL, A. (1996): Tourismus und nachhaltige Entwicklung. Grundlagen und praktische Ansätze für den mitteleuropäischen Raum. Darmstadt.

BECKER, CHR./FONTANARI, M. L. (2000): Organisationsstrukturen im deutschen Tourismus. In: Institut für Länderkunde/BECKER, CHR./JOB, H. (Hrsg.): Nationalatlas Bundesrepublik Deutschland. Bd. 10. Freizeit und Tourismus. Heidelberg/Berlin, S. 120-123.

BLEILE, G. (2001): Neue Tourismus Landkarte „D". Leitfaden für ein marktorientiertes Destination Management. Akademie für Touristik Freiburg, Schriftenreihe Tourismus, H. 5. Freiburg.

Bundesministerium für Wirtschaft (1994): Bericht der Bundesregierung über die Entwicklung des Tourismus. (BMWi-Dokumentation 349). Bonn.

Bundesministerium für Wirtschaft (Hrsg.; 2001): Jahr des Tourismus 2001 in Deutschland – Maßnahmen der Bundesregierung zur Förderung des Tourismus im Aktionsjahr. (Dokumentation Nr. 484). Berlin.

Bundesministerium für Wirtschaft (Hrsg.): Tourismuspolitischer Bericht der Bundesregierung, Berlin 2000. (Dokumentation Nr. 474).

Deutscher Bundestag (1975): Tourismus in der Bundesrepublik Deutschland – Grundlagen und Ziele. Bonn. (Drucksache 7/3840 vom 1.7.75).

Deutscher Bundestag (1998): Tourismusbericht der Bundesregierung. Bonn. (Drucksache 13/10824 vom 27.5.98).

HASSOLD, H./Jung, L. (2000): Die Neuabgrenzung der Fördergebiete der Gemeinschaftsaufgabe „Verbesserung der regionalen Wirtschaftsstruktur". In: Informationen z. Raumentwicklung 2, S. 59-70.

HOPFINGER, H. (2000): Tourismusförderung als Aufgabe der Raumentwicklung. In: Institut für Länderkunde/BECKER, CHR./JOB, H. (Hrsg.): Nationalatlas Bundesrepublik Deutschland. Bd. 10. Freizeit und Tourismus. Heidelberg/Berlin, S. 118-119.

THOMAS, U. (1998): Europäische Tourismuspolitik. Materialien zur Fremdenverkehrsgeographie H. 44.

Verbandsstrukturen im Deutschlandtourismus

Bernd May

1   Einleitung

Der Standortwettbewerb hat sich in den 1990er-Jahren zum Nachteil der deutschen Tourismuswirtschaft entwickelt. Nach Jahren des kontinuierlichen Wachstums und ökonomischen Erfolgs steht die Branche am Scheidepunkt. Die touristische Nachfrage weitet sich kaum noch aus und zeigt gewisse Anzeichen von Konjunkturabhängigkeit.

Die 1990er-Jahre sind zudem vom fortschreitenden Prozess der Umwandlung der Industriegesellschaft in eine Dienstleistungs- und Freizeitgesellschaft geprägt. Dies hat auch eine Veränderung in den Verhaltensweisen der Kunden zur Folge – die Ansprüche und Erwartungen an die Tourismus- und Freizeitangebote steigen, der Kunde wird auch aufgrund seiner hohen Reiseerfahrung zunehmend qualitäts- und preis-leistungsorientiert handeln. Hieraus ergeben sich konsequenterweise neue Entwicklungschancen und Herausforderungen für touristische Destinationen.

Wie stellt sich der Deutschlandtourismus auf diese Herausforderungen ein? Seit einigen Jahren kommt es vor allem auf der Ebene der Bundesländer und Regionen zu Neu- und Reorganisationsprozessen der touristischen Strukturen – teilweise stehen diese Prozesse unmittelbar bevor oder werden momentan vollzogen.

Der vorliegende Beitrag stellt die Entwicklungsprozesse im sogenannten ‚öffentlichen' Tourismus dar; Verbände und Organisationen im Bereich der Reiseveranstalter, Reisebüros etc. sind in Abb. 1 mit dargestellt.

2   Verbandsstrukturen im Deutschlandtourismus

In Deutschland werben rund 4.500 Tourismusstellen von der kommunalen Tourist-Information oder Kurverwaltung bis hin zum Landesfremdenverkehrsverband um die Gunst der Gäste (vgl. KLARE 2000, S. 206). Diese Überorganisation bzw. organisatorische Zersplitterung wirkt sich insbesondere aus Sicht der Finanzierung und des Marketings negativ auf die Effektivität aus. Laut Grundgesetz liegt die Tourismusförderung, soweit sie als Wirtschaftsförderung verstanden wird, primär in der Zuständigkeit der Bundesländer – und somit auch der Kommunen. Es handelt sich hierbei allerdings um eine gemeinwirtschaftliche, freiwillige Leistung. Tourismuspolitik kann in der Bundesrepublik Deutschland nicht als isolierter Bereich gesehen werden, sondern sie muss aufgrund vielfacher Verflechtungen mit anderen Politikbereichen als Querschnittaufgabe betrachtet werden. Ihre Aufgabe liegt somit häufig darin, auf eine angemessene Berücksichtigung touristischer Belange in diesen Politikbereichen hinzuwirken.

Die touristischen Organisationsstrukturen in Deutschland sind über Jahrzehnte hinweg gewachsen und haben über längere Zeiträume keine grundlegenden Modifikationen erfahren. Auf Ebene der Bundesländer wurden die touristischen Marketingaktivitäten und tourismuspolitischen Aufgaben von ‚Landesfremdenverkehrsverbänden' wahrgenommen. Die formale Zuständigkeit liegt jedoch bei den jeweiligen Wirtschaftsministerien, die hierfür in der Regel spezielle ‚Tourismusreferate' eingerichtet haben, die aber unterschiedlich ausgestattet sind. Als Beispiele seien das ‚Referat für Tourismus' im rheinland-pfälzischen Ministerium für Wirtschaft, Verkehr, Landwirtschaft und Weinbau oder das Ministerium für Wirtschaft, Mittelstand und Technologie in Nordrhein-Westfalen genannt. Eine Besonderheit liegt allerdings darin, dass neben den formell zuständigen Ministerien beispielsweise auch Kultus- oder Landwirtschaftsministerien in die Querschnittaufgabe Tourismus hinein wirken.

Der dargestellte Sachverhalt führte in der Vergangenheit zu einer sowohl geographischen als auch funktionalen politisch-administrativen Eigensicht, welche mittlerweile in der Branche schon als ‚touristische Erblast' bezeichnet wird. Schlagworte wie ‚Kirchturmsdenken', ‚Politisierung', ‚mangelnde Kooperation' oder ‚fehlende Anpassung an den dynamischen Markt' beherrschen zur Zeit die touristischen Strukturdiskussionen, welche auf und zwischen allen touristischen, politischen und wirtschaftlichen Ebenen geführt werden.

Den momentanen touristischen Strukturen in Deutschland steht ein stark verändertes Marktverhalten der potenziellen Kunden gegenüber, welches schnelle und effektive Reaktionen erzwingt. Die Kunden sind zunehmend reise- und konsumerfahren, anspruchsvoll und qualitätsorientiert. Diesem eindeutigen Trend zu verstärkter Produktsicherheit und Markenvertrauen müssen die Tourismusakteure durch neue Angebote und Strukturen Rechnung tragen, um den Weg aus einem gesättigten Käufermarkt zurück zu einem knappen Verkäufermarkt einzuleiten. Positive Beispiele von gezielten Maßnahmen der Wirtschaftsförderung und der hieraus resultierenden Erhöhung der Standortattraktivität sowie verstärkte Synergiebildungen (Unternehmen, Organisationen, Privatwirtschaft, Politik) zeigen bereits auf, dass der aktuelle Entwicklungsprozess von Destinationen professionell eingeleitet und geführt werden muss. Dies bedeutet einen Wandel vom sektoralen Denken hin zur Verknüpfung einzelner Wirtschaftsbereiche, zur Bildung strategischer Allianzen und zur Herausstellung der regionalen Spitzenprodukte. Hieraus ergibt sich die Verpflichtung zu einem nachhaltigen und ganzheitlichen Denken und Handeln und somit zur engen Zusammenarbeit aller am Tourismus partizipierenden Organisationen und Akteure.

Wie reagieren nun die einzelnen Ebenen auf die notwendige und bereits eingeleitete ‚Revolution einer Branche'? Wie sehen die Konzepte und Maßnahmen aus, um

sich mit den Themen ‚weltweite Professionalisierung im Tourismus', ‚explosionsartige Entwicklung der Informationstechnologie', ‚Neuordnung der Beiträge zur
Wertschöpfung' oder ‚Komplexität des Anspruchsverhaltens der Kunden' erfolgreich und zukunftsorientiert auseinanderzusetzen? Wie interpretieren die Tourismusorganisationen (sowohl Verbände als auch Nachfolgeorganisationen) ihre neue
Rolle als Teilnehmer eines globalen Wettbewerbs, wie können somit auch in einem Europa der Regionen an Stelle von administrativen die räumlichen Grenzen
(Erlebnisräume) vermarktet werden? Wie werden sich die unterschiedlichen Ebenen vor dem Hintergrund der zukünftigen Destinationsentwicklungen neu definieren?

2.1 Bundesebene

In Deutschland spielen für den sogenannten ‚öffentlichen' Tourismus im wesentlichen vier Organisationen eine entscheidende Rolle, die nachfolgend kurz skizziert
werden (vgl. Abb. 1).

Bundesministerium für Wirtschaft und Technologie (BMWi)
Das BMWi sieht sich v. a. in einer koordinierenden und stimulierenden Funktion
im Umfeld der zahlreichen touristischen Akteure. Dies geschieht beispielsweise
durch finanzielle Förderprogramme oder durch eine vernetzte Infrastrukturpolitik,
die hohe Qualitätsstandards zugrunde legt (vgl. BMWi 2000, S. 28 ff.). Als Koor-
dinierungsinstrument wurde der Bund-Länder-Ausschuss Tourismus unter Vorsitz
des BMWi eingerichtet. Als wesentliche Aufgaben des Ministeriums sind zu nennen:
- Formulierung der tourismuspolitischen Aufgaben und Zielsetzungen
- Gestaltung und Abwicklung von Fördermaßnahmen und -programmen
- Gestaltung der Tourismusentwicklung durch entsprechende Rahmensetzungen
- Zusammenarbeit mit den Bundesländern (vgl. KAHLENBORN 1999, S. 10 f.)

Deutscher Tourismusverband (DTV)
Der DTV (1902 Bund Deutscher Verkehrsvereine, ab 1963 Deutscher Fremdenverkehrsverband, ab 1999 Deutscher Tourismusverband) versteht sich als Interes-
sen-, Service- und Fachverband des ‚öffentlichen' Tourismus. Die Sicherung der
Zukunft im Hinblick auf die wirtschaftliche Bedeutung des Tourismusstandortes
Deutschland stellt hierbei das oberste Ziel der Verbandsarbeit dar. Der DTV stellt
ein tourismuspolitisches Bindeglied zwischen dem kommunalen Tourismus sowie
der Bundespolitik dar – z. B. über die Mitgliedschaft im Tourismusbeirat des Bundesministeriums für Wirtschaft und Technologie. Im DTV sind die touristischen
Organisationen in den Bundesländern organisiert und darüber mittelbar mehr als
6.000 touristisch relevante Städte und Gemeinden. Die Mitglieder des DTV kommen aus den Bereichen Landestourismusorganisationen, Städte und Kommunale
Spitzenverbände – zudem wird die Arbeit durch fördernde Mitglieder, wie den

ADAC oder die Deutsche Bahn, unterstützt. (vgl. http://www.deutschertourismus-
verband.de/dtv1.html). In den vergangenen Jahren wurde zunehmend die Notwendigkeit des DTV als eigenständiger Verband hinterfragt, dies verdeutlicht auch der
Austritt von Berlin und Bayern.

Abb. 1: Übersicht über die Tourismusorganisationen in Deutschland

Bundesebene				
Deutscher Bundestag	**Bundesregierung**	**Deutsches FV-Präsidium**	**BTW**	**Sonstige**
Ausschuss für FV und Tourismus	BMWi	DZT		asr
		DTV		bdo
		DRV		AG Deutscher Luftfahrt- unternehmen
		DHV		RDA
		DEHOGA		
Landesebene				
Landtage	**Landesregierungen**	**Landes FV-Organistionen**		**Sonstige**
	v.a. Wirtschafts- ministerien der Länder	Marketingorganisationen		Landesverbände der Bundesorganisationen (z.B. des DEHOGA)
		Landesfremdenverkehrsverbände		
Kreis- und Regionsebene				
Kommunale Parlamente	**Kreise, Städte, Gemeinden**			**Sonstige**
	Regionale Marketingorganisationen			Kreis-, Bezirks- und Ortsverbände (z.B. DEHOGA)
	Tourismusorganisationen auf Kreis-, Gemeinde- und Ortsebene (Touristinformationen der Ämter, Kreisverwaltungen und Gemeinden)			Örtliche Fremdenverkehrsvereine

Abkürzungen: FV = Fremdenverkehr
                      Die übrigen Abkürzungen s. Kapitel 2.1

Quelle: Eigener Entwurf

Deutsche Zentrale für Tourismus (DZT)
Die 1948 noch als ,Deutsche Zentrale für Fremdenverkehr' gegründete und von
der Bundesregierung beauftragte DZT ist für das Auslands- und seit 1999 auch für
das Inlandsmarketing für Reisen nach bzw. innerhalb von Deutschland zuständig.
Dieses Marketing erfolgt u. a. auch durch Aktivitäten in den wichtigsten Quellge-
bieten, die von 13 DZT-Vertretungen im Ausland sowie 14 Vertriebsagenturen bei
Partnerorganisationen durchgeführt werden. Mitglieder sind Spitzenverbände des
Deutschlandtourismus sowie touristische Großunternehmen wie die Deutsche
Lufthansa AG oder die Deutsche Bahn AG (vgl. KLARE 2000, S. 206 f.). Die DZT
verfolgt durch die Wahrnehmung ihrer Aufgaben folgende wesentliche Ziele:

- Steigerung des Reiseaufkommens
- Erhöhung der Deviseneinnahmen
- Stärkung des Wirtschaftsstandortes Deutschland
- Positionierung Deutschlands als vielfältiges und attraktives Reiseland (vgl. http://www.deutschland-tourismus.de/d/44.html).

Bundesverband der Deutschen Tourismuswirtschaft (BTW)
1995 wurde der BTW als ‚Spitzenverband der gesamten Tourismuswirtschaft' mit dem Ziel der Interessenvertretung gegenüber Politik und Gesellschaft gegründet. Der Verband versteht sich als politisches Dach der Tourismusbranche, der die politische Arbeit leistet, um die volkswirtschaftliche und sozioökonomische Bedeutung des Wirtschaftsfaktors Tourismus stärker zu kommunizieren und sich darüber hinaus für effektivere Rahmenbedingungen einzusetzen. Mitglieder sind u. a. ebenfalls die Deutsche Bahn AG und Deutsche Lufthansa AG sowie bedeutende Reisekonzerne wie TUI oder LTU (vgl. Touristik R.E.P.O.R.T. 2000, S. 86 f.).

Ausschuss für Tourismus
Der Deutsche Bundestag setzt seit der 12. Wahlperiode einen Fachausschuss für Tourismus ein und sieht somit die Tourismuspolitik als eine verschiedene Politikbereiche tangierende Querschnittsaufgabe an. Dies hat konsequenterweise häufige Überschneidungen mit anderen Ausschüssen, wie z. B. dem Wirtschafts- oder dem Finanzausschuss, zur Folge. Der Ausschuss beschäftigt sich v. a. mit den Bereichen ‚Tourismus in die Dritte Welt', ‚Tourismus und Umwelt', ‚Institutionelle Stärkung einer zukunftsfähigen Tourismusentwicklung' und ‚Moderne Ausbildungs- und Freizeitplätze in einer Freizeit- und Tourismusbranche der Zukunft'. Diese Themen zeigen, dass neben strukturpolitischen Fragestellungen auch zunehmend globale Auswirkungen des Tourismus betrachtet werden. Darüber hinaus berät der Ausschuss zweimal jährlich den Bericht des Wirtschaftsministeriums zur aktuellen Entwicklung der deutschen Tourismuswirtschaft und gibt ggfs. weiterführende Empfehlungen (vgl. http://www.bundestag.de/gremien/a21/a21_a.html (29.12.2001).

2.2   Landesebene

In der Vergangenheit wurden sämtliche touristischen Aufgaben auf der Ebene der Bundesländer durch sogenannte ‚Landesfremdenverkehrsverbände' (LFV) wahrgenommen, deren Mitglieder in der Regel die Kommunen sowie einige Privatbetriebe waren. Während der 1990er-Jahre erfolgte in der Mehrzahl der Bundesländer die Gründung von Landesmarketinggesellschaften – überwiegend unter Beibehaltung der LFV. Als Gründe für diese Entwicklung werden v. a. ‚professionellere Marketingarbeit', ‚Einbindung der Privatwirtschaft', ‚höhere Effektivität' und ‚finanzielle Aspekte' genannt. Die LFV verlieren zunehmend an Bedeutung, ihr wesentliches Betätigungsfeld liegt in der politischen Lobbyarbeit. Teilweise werden die LFV aber auch ganz aufgelöst oder sukzessive ‚abgewickelt'.

2.3   Regionale und örtliche Ebene

Die regionale Ebene erlangt im Deutschlandtourismus eine immer größere Bedeutung. Existierten zunächst nur in wenigen Regionen, wie z. B. dem Schwarzwald, eigenständige Regionalverbände, so trägt man heute zunehmend den Bedürfnissen und dem Reiseverhalten der Gäste Rechnung, die sich an geographischen Regionen und nicht an administrativen Grenzen orientieren. Dies führt konsequenterweise auch verstärkt zur Aufgabe der über einen langen Zeitraum praktizierten Tourismuswerbung auf Ebene der Landkreise zugunsten von sich an geographischen Grenzen orientierenden Marketinggesellschaften. Laut DTV sind in Deutschland auf Landes- und Regionsebene rund 280 Tourismusorganisationen aktiv (vgl. BLEILE 2000, S. 103 f.).

Die ‚klassische' touristische Rollenverteilung bestand zwischen den Fremdenverkehrsämtern sowie den häufig noch zusätzlich existierenden Fremdenverkehrsvereinen auf der örtlichen Ebene sowie den LFV auf der Landesebene. Jede Gemeinde (respektive Verbandsgemeinde) war – und ist oft noch – ausschließlich für die eigenen touristischen Aktivitäten (inkl. Marketing) zuständig. Zusammenarbeit gab es häufig nur in Form von Arbeitsgemeinschaften mit Nachbargemeinden. Mittlerweile wird jedoch auch auf der örtlichen Ebene die Notwendigkeit großräumiger Angebots- und Vermarktungsstrukturen erkannt – mit ein Grund für die seit einigen Jahren entstehenden regionalen Tourismusorganisationen.

3   Neue Professionalität durch neue Organisationsformen?

Die Gründung touristischer Marketingorganisationen wird vielerorts als Allheilmittel angesehen. Sie sollen einem Land, einer Region, einer Gemeinde eine ‚goldene' touristische Entwicklung verschaffen und zudem durch Eigenfinanzierung die bisher erforderlichen öffentlichen Mittel drastisch reduzieren. Welche Aufgaben müssen von professionellen Organisationen zukünftig erfüllt werden? Als zentrale Bereiche sind hierbei zu nennen:
- Aufbau einer EDV-gestützten, vernetzten touristischen Informations- und Kommunikationstechnologie (da der Tourismus zunehmend als Informationsgeschäft zu verstehen ist, wird die optimale Ausnutzung aller möglichen Informationswege erfolgsentscheidend sein. In Zukunft werden nicht mehr die ‚Großen' Erfolg vor den ‚Kleinen' haben, sondern die ‚Schnellen' vor den ‚Langsamen'),
- Koordination und Durchführung von Messeauftritten, Workshops und Präsentationen,
- Entwicklung und Vermarktung von Spitzenprodukten,
- Durchführung von Klassifikationen im Beherbergungs- und Gastronomiebereich,
- Koordination übergreifender Themen,
- PR-Aktivitäten,

- Erschließung bisher vernachlässigter Bereiche (z. B. Merchandising),
- Vertretung der jeweiligen Interessen auf tourismuspolitischer Ebene,
- Gästebetreuung,
- beratende Funktion für die Leistungsträger,
- Innenmarketing,
- Veranstaltungsentwicklung und -durchführung,

Dies bedeutet die Entwicklung eines ganzheitlichen und integrativen Destinationsmanagements als Schlüsselelement bei der Positionierung auf dem nationalen und internationalen Tourismusmarkt und somit die Koordination der zielgruppenspezifischen Vermarktung touristischer Angebote, die strategische und operative Führung sowie die Integration aller Akteure aus Wirtschaft, Politik und Freizeit/Kultur.

Als zentrale Erfolgsfaktoren einer neuen touristischen Professionalität durch neue Organisationsformen sind zwei Punkte vorauszusetzen. Zum einen ist eine klare und möglichst sogar vertraglich fixierte Aufgabenteilung zwischen der lokalen, der regionalen und der Landesebene notwendig. Zum anderen dürfen die neuen Organisationen (überwiegend GmbHs) nicht sogenannte ‚Scheingesellschaften' sein, deren Hauptgesellschafter die Kommune (der Landkreis, das Land) ist und sich somit im Vergleich zur vorherigen Vereins- oder Verbandsstruktur nur der Name, aber nicht die Arbeitsweise, die Entscheidungswege und die Befugnisse verändert haben.

Inwieweit neben den neuen Marketingorganisationen zusätzlich noch die bestehenden Verbände für die Lobbyarbeit u. ä. notwendig sind, sollte kritisch hinterfragt werden. Sowohl für den Gast als auch für die touristischen Akteure ist es einfacher, für eine Region (eine Stadt, ein Land) nur einen zentralen Ansprechpartner zu haben. Somit bedeutet eine neue Professionalität auch eine Reduzierung der Zahl der Tourismusorganisationen und der touristischen Zusammenschlüsse (z. B. auf AG-Ebene).

4   Ausblick

Die Diskussion über eine neue Professionalität im Deutschlandtourismus focussiert sich stark auf die zu wählende und den größten Erfolg versprechende Organisationsform. Sicherlich haben in der Vergangenheit Verbands- und Vereinsstrukturen – die zudem meist in Verwaltungen eingebunden waren – aufgrund des bürokratischen und kameralistischen Denkens sowie finanzieller Abhängigkeiten eine marktgerechte und auf aktuelle Entwicklungen schnelle und effizient reagierende Tourismusarbeit häufig gehemmt (vgl. BLEILE 2000, S. 105). Die Frage der Organisationsform ist trotzdem nur von sekundärer Bedeutung. Dies hat z. B. auch die Entwicklung in Schleswig-Holstein mit dem Konkurs der neu gegründeten touristischen Buchungsgesellschaft auf Landesebene gezeigt.

Entscheidend ist eine klare Verteilung der Aufgaben und Zuständigkeiten zwischen den einzelnen touristischen Ebenen sowie eine professionelle Arbeit durch qualifiziertes und motiviertes Personal. An diesem Punkt müssen die Neu- und Reorganisationsprozesse ansetzen, damit die touristischen Destinationen in Deutschland optimistisch in eine erfolgversprechende Zukunft gehen können. Diese Prozesse dürfen aber auch nicht davor zurückschrecken, bestehende Tourismusorganisationen in Frage zu stellen. Hierzu zählen sicherlich in hohem Maße die Landesfremdenverkehrsverbände und touristischen Marketinggesellschaften auf Landesebene – wie bereits erwähnt, orientieren die Gäste ihre Reiseentscheidung an Urlaubsregionen und nicht an Verwaltungsgrenzen. Eine Ausnahme bilden die Stadtstaaten sowie in Ansätzen Bayern, da hier ein Bundesland mit einer Urlaubsregion gleichgesetzt wird.

Die nächsten Jahre werden für den Deutschlandtourismus richtungweisend sein. Eine positive Zukunftsgestaltung des Deutschlandtourismus erfordert die Kräfte aller Tourismusakteure aus Praxis, Politik und Wissenschaft. Sollte es nicht gelingen, die Aufgaben und Zuständigkeiten von der Bundes- bis hin zur Ortsebene klar zu definieren und umzusetzen, werden die potenziellen Gäste dies durch ihre Reiseentscheidung entsprechend quittieren.

Literatur

BLEILE, G. (2000): Marktorientiertes Destinationsmanagement erfordert neue Organisationsformen des Tourismus. In: FONTANARI, M./SCHERHAG, K. (Hrsg.): Wettbewerb der Destinationen. Wiesbaden, S. 101-114.

Bundesministerium für Wirtschaft und Technologie (BMWi) (Hrsg.; 2000): Tourismus in Deutschland. Bonn.

FONTANARI, M./SCHERHAG, K. (Hrsg.; 2000): Wettbewerb der Destinationen. Wiesbaden.

Institut für Länderkunde/ BECKER, CHR./JOB, H. (Hrsg.; 2000): Nationalatlas Bundesrepublik Deutschland. Bd. 10. Freizeit und Tourismus. Heidelberg/Berlin.

KAHLENBORN, W. (1999): Tourismus- und Umweltpolitik: ein politisches Spannungsfeld. Berlin et al.

KLARE, M. (2000): Das überregionale Inlandmarketing der Deutschen Zentrale für Tourismus e. V. (DZT). In: FONTANARI, M./SCHERHAG, K. (Hrsg.): Wettbewerb der Destinationen. Wiesbaden, S. 205-216.

Touristik R.E.P.O.R.T (2000): Wink mit dem Zaunpfahl, H. 6, S. 86-87.

Regionalwirtschaftliche Bedeutung des Tourismus – kleine Kreisläufe

Torsten Widmann

Zur Betrachtung der regionalwirtschaftlichen Bedeutung des Tourismus in Deutschland soll zunächst sein Beitrag zur nationalen und regionalen Wertschöpfung dargestellt werden, um dann von einer theoretischen Erläuterung der Entstehung der regionalen Wertschöpfung zu Ansätzen zur Verstärkung intraregionaler ‚kleiner' Wirtschaftskreisläufe durch den Tourismus zu gelangen. Diese kleinen Kreisläufe spielen insbesondere in der Diskussion um nachhaltige, eigenständige regionale Entwicklungskonzepte eine große Rolle.

1 Regionalwirtschaftliche Bedeutung des Tourismus in Deutschland

Die Übernachtungs- und Tagesreisen bilden die beiden Hauptsegmente der touristischen Nachfrage. Das Deutsche Wirtschaftswissenschaftliche Institut für Fremdenverkehr (DWIF) hat zuletzt den Tagesreiseverkehr im Jahr 1993 mit rund 2,2 Mrd. Fahrten beziffert. Er übersteigt die rund 610 Mio. Übernachtungen, welche im selben Jahr bei Urlaub, Kur, Verwandtenbesuchen und Geschäftsreisen getätigt wurden, um das Vielfache. Allerdings betragen die Ausgaben pro Person und Tag bei den Tagesreisenden durchschnittlich € 20,- während die Übernachtungsreisenden rund € 61,- pro Tag ausgeben (vgl. FEIGE/FEIL/HARRER 2000, S. 116).

Deutsche Unternehmen erzielen aus der gesamttouristischen Nachfrage jährliche Bruttoumsätze in Höhe von ca. 140 Mrd. € (vgl. BMWi 2000, S. 9). Der daraus resultierende Beschäftigungseffekt beträgt ca. 2,8 Mio. Arbeitsplätze[1] in unmittelbar und mittelbar der Tourismuswirtschaft zugeordneten Wirtschaftsbereichen (vgl. Deutscher Tourismus Verband e. V. 2001, o. S., nach Deutsches Institut für Wirtschaftsforschung 1999). Somit liegt der Anteil der vom Tourismus abhängigen Arbeitsplätze an der Gesamtbeschäftigung in Deutschland bei rund 8%. Am Bruttosozialprodukt der Bundesrepublik Deutschland ist der Tourismus ebenfalls mit etwa 8% beteiligt (vgl. Deutscher Tourismus Verband e. V. 2001, o. S.). Er ist damit nach dem Einzelhandel die größte Branche innerhalb des Dienstleistungsbereichs. Durchschnittlich 2-3% der in tourismuswirtschaftlichen Einrichtungen erwirtschafteten Nettoumsätze (ohne Mehrwertsteuer) fließen an die Kommunen als

---

[1] Unterschiedliche methodische Ansätze zur Berechnung führen zu alternativen Ergebnissen; vgl. Beitrag HARRER zu ‚Wirtschaftsfaktor Tourismus: Berechnungsmethodik und Bedeutung' in diesem Band: „Unterschiedlichen Studien folgend kann in Deutschland von mindestens 2 Mio. touristisch abhängigen Arbeitsplätzen ausgegangen werden."

Gewerbesteuer, Grundsteuer und anteilige Lohn- und Einkommenssteuer zurück (vgl. BMWi 2000, S. 9).

Eine Kennzahl zur Interpretation der regionalökonomischen Bedeutung des Tourismus ist der Beitrag zum Volkseinkommen.[2] Er misst, wie viel des gesamten Volkseinkommens einer Region in einem Jahr aus dem Tourismus stammt. Für das Jahr 1993 errechnete das DWIF einen durchschnittlichen Beitrag des Tourismus zum deutschen Volkseinkommen von insgesamt 2,8%, wobei der Tagesreiseverkehr mit 1,6% und der Übernachtungsreiseverkehr mit 1,2% am Volkseinkommen beteiligt war.

Bei der Betrachtung des Beitrags des Tourismus zum Volkseinkommen der einzelnen Bundesländer zeigt sich, dass der Tourismus in der Gesamtwirtschaft touristisch bedeutsamer, aber strukturschwacher Länder wie z. B. Mecklenburg-Vorpommern (Beitrag zum Volkseinkommen: 7,4%) oder Schleswig-Holstein (4,6%) eine deutlich größere Rolle spielt als in wirtschaftlich starken Tourismusländern wie Bayern (3,4%) oder Baden-Württemberg (2,4%). Der absolute Beitrag des Tourismus zum Volkseinkommen ist aber in diesen beiden letztgenannten Ländern wesentlich höher (Bayern ca. 6,6 Mrd. €, Baden-Württemberg ca. 4,1 Mrd. €) als in den strukturschwachen Ländern (Schleswig-Holstein ca. 1,8 Mrd. €, Mecklenburg-Vorpommern 1 Mrd. €; vgl. FEIGE/FEIL/HARRER 2000, S. 116).

Nach einer Erhebung des DWIF werden 48% der touristischen Umsätze einer Region im Beherbergungs- und Gastronomiesektor getätigt, 17% des Umsatzes entfallen auf die Privatzimmervermieter. Der Lebensmitteleinzelhandel ist ebenso wie die sonstigen touristischen Dienstleistungen mit 13% beteiligt. 9% des Umsatzes entfallen schließlich auf den sonstigen Einzelhandel (vgl. FEIGE/FEIL/HARRER 2000, S. 116). Auf Ebene der Bundesländer bewegt sich der Beitrag des Tourismus zum Volkseinkommen zwischen 1,3 und 7,4%, der Bundesdurchschnitt liegt bei 2,8%. Auf lokaler Ebene kann er einen erheblichen Wirtschaftsfaktor darstellen, wobei es von Ort zu Ort jedoch wesentliche Unterschiede geben kann, wie beispielsweise an der deutschen Nordseeküste. Für die Gemeinde St. Peter-Ording wurde ein mehr als 50%-iger Beitrag des Tourismus zum Volkseinkommen festgestellt, im benachbarten Tönning ist dieser Beitrag kleiner als 5% (vgl. FEIGE/ FEIL/HARRER 2000, S. 117).

Bei einem Beitrag von mehr als 50% zum Volkseinkommen kann von einer vollständigen Abhängigkeit vom Tourismus ausgegangen werden. Diese Ausnahme-

---

[2] Das Volkseinkommen oder auch Nettosozialprodukt beschreibt die Summe aller Erwerbs- und Vermögenseinkommen, die Inländern in einem Jahr zugeflossen sind. Es umfaßt die Erwerbs- und Vermögenseinkommen der privaten Haushalte, der privaten Organisationen ohne Erwerbszweck, die Vermögenseinkommen des Staates und die unverteilten Gewinne der Unternehmen mit eigener Rechtspersönlichkeit (vgl. FEIGE/FEIL/ HARRER 2000, S. 116).

situation wird nur in wenigen Gemeinden angetroffen, so beispielsweise in den Seebädern der Insel Sylt[3] oder einigen Gemeinden im Alpenraum (z. B. Lenggries). Bei einem 20%- bis 50%-igen Anteil stellt der Tourismus einen entscheidenden Wirtschaftsfaktor dar, dessen Entwicklung entscheidend die Prosperität des jeweiligen Ortes bestimmt. Ein Anteil von 10 bis 20% am Volkseinkommen entspricht einem maßgeblichen Wirtschaftsfaktor für die Region oder den Ort. Dieser Anteil wird häufig in etablierten Tourismusgemeinden vorgefunden; dort trägt der Tourismus wesentlich zur Existenzsicherung bei. Bei 5 bis 10% Anteil am Volkseinkommen ist der Tourismus ein stabilisierender Wirtschaftsfaktor für die Gemeinde; dies ist bei mäßig entwickelten Tourismusorten der Fall. Liegt der Anteil des Tourismus unter 5%, so ist er als ergänzender Wirtschaftsfaktor zu betrachten (vgl. FEIGE/FEIL/HARRER 2000, S. 117) .

2 Regionale Wertschöpfung

Die Quantifizierung des Beitrags des Tourismus zur regionalen Wertschöpfung erfolgt über die Ermittlung der Bedeutung des Tourismus zur Erzeugung von Einkommen und Beschäftigung in der Region. Zur Verdeutlichung der Entstehung der regionalen Wertschöpfung soll zunächst ein schematisches Produktionskonto eines touristischen Unternehmens betrachtet werden. Auf der linken Seite des Produktionskontos finden sich die Aufwendungen, welche notwendig sind, um die touristischen Dienstleistungen und Güter erstellen zu können. Die hieraus erzielten Umsätze sind wertgleich dem Bruttoproduktionswert. Dieser Wert ist wichtig, um die regionale Bruttowertschöpfung des Tourismus zu definieren.

Tab. 1: Schematisches Produktionskonto eines touristischen Unternehmens

Aufwendungen:	Umsätze:

Käufe aus Vorleistungen
   aus der Region
   außerhalb der Region
Abschreibungen
Indirekte Steuern minus Abschreibungen
Löhne und Gehälter an Haushalte
Gewinne (Saldogröße)
	Verkäufe an Touristen
	(Güter und Dienstleistungen)

Bruttoproduktionswert	Bruttoproduktionswert

Quelle: Eigene Darstellung nach TSCHURTSCHENTHALER 1993, S. 216

Die Bruttowertschöpfung ist der Bruttoproduktionswert abzüglich der Vorleistungen. Dieser Wert entspricht gesamtwirtschaftlich dem Bruttoinlandsprodukt. Die

---

[3] vgl. Beitrag NEWIG zu ‚Freizeitzentralität' in diesem Band

Nettowertschöpfung wird wiederum von der Bruttowertschöpfung abzüglich der Abschreibungen und abzüglich der indirekten Steuern zuzüglich der Subventionen gebildet. Die Nettowertschöpfung entspricht gesamtwirtschaftlich dem Volkseinkommen.

2.1 Direkte, indirekte und induzierte Wertschöpfung

Unabhängig von der Betrachtung der Brutto- oder Nettowertschöpfung ist zwischen direkter, indirekter und induzierter Wertschöpfung zu unterscheiden.

Die direkte Wertschöpfung entsteht, wenn der Tourist direkt Leistungen oder Güter beim Unternehmen nachfragt und somit direkte Wirkungen erzielt. Für eine Tourismusregion ist eine lange Kette von intraregionalen Verflechtungen wertschöpfungsrelevant; deshalb bezeichnet die indirekte Wertschöpfung des Tourismus jene Wertschöpfung, welche durch die von der Tourismusnachfrage ausgelösten Vorlieferverflechtungen entsteht (vgl. TSCHURTSCHENTHALER 1993, S. 218).

Da sich die Vorlieferverflechtungen nicht auf eine einfache Beziehung zwischen Tourismusunternehmen und deren Vorlieferanten beschränken, sondern die Vorlieferanten ihrerseits wiederum Güter und Dienstleistungen von anderen Unternehmen beziehen, kann der Wertschöpfungsprozess in verschiedene ‚Runden‘ oder ‚Stufen‘ aufgeteilt werden: Zunächst führen die Ausgaben des Gastes in einem Betrieb zur direkten Wertschöpfung. Dieser Vorgang kann als erste Wertschöpfungsrunde oder erste Umsatzstufe bezeichnet werden. Aus den in der Region bezogenen Vorleistungen resultiert dann die erste indirekte Wertschöpfung (zweite Wertschöpfungsrunde/zweite Umsatzstufe); bei den regionalen Vorleistern der Vorleister fällt die dritte Wertschöpfungsrunde an usw. Allerdings wird ab der dritten Umsatzstufe der Wertschöpfungseffekt so klein und dessen Analyse so aufwendig, dass der Geldfluss in der Regel nur bis zur zweiten Umsatzstufe verfolgt wird (vgl. BTE 1995a, S. 18).

Die induzierte Wertschöpfung ist schließlich jene Wertschöpfung, welche in der Region entsteht, weil aufgrund der Kaufkraft durch direkte und indirekte Einkommen aus dem Fremdenverkehr die Nachfrage in der Wirtschaft steigt und aus diesem zusätzlichen Produktionsaufkommen wiederum Einkommen entsteht (Multiplikatoreffekt). Die insgesamt nach Abschluss aller Kreislaufprozesse in der Region durch die Tourismusnachfrage entstandene Wertschöpfung setzt sich also aus den drei Komponenten der direkten, der indirekten und der induzierten Wertschöpfung zusammen.

Abb. 1: Das Prinzip der regionalen direkten und indirekten Wertschöpfung durch touristische Ausgaben (Angaben in %)

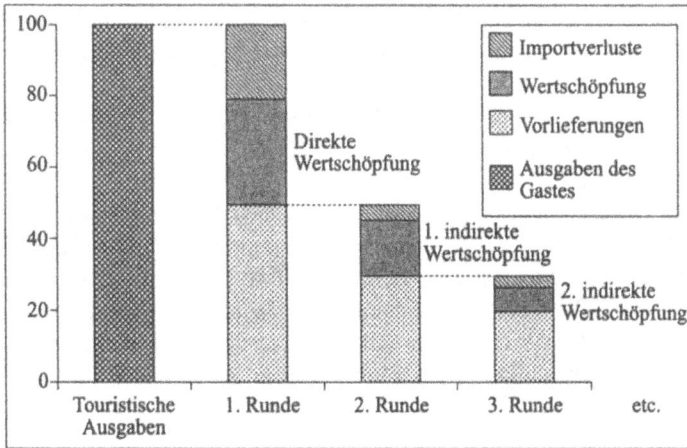

Quelle: Eigene Darstellung nach TSCHURTSCHENTHALER 1993, S. 220; BTE 1995a, S. 18

Die Höhe der touristischen Wertschöpfung wird durch den Umfang des Touristenstroms, die Ausgabenhöhe, die zeitliche Verteilung der Nachfrage und die Ausgabenstruktur bestimmt. In regionalwirtschaftlicher Sicht spielt die Struktur der touristischen Ausgaben eine große Rolle, denn der ökonomische Entwicklungsstand der Region ist entscheidend für das wirtschaftliche Ergebnis aus dem Tourismus: Je entwickelter die regionale Wirtschaft ist, desto mehr Vorleistungen können aus der Region selbst bezogen werden; damit werden Importverluste reduziert und somit Kaufkraftabflüsse vermindert. Bei der Bewertung der regionalwirtschaftlichen Bedeutung des Tourismus spielt auch die Größe des Untersuchungsraumes eine Rolle, denn je kleiner die betrachtete Tourismusregion ist, desto geringer fallen in der Regel die intraregionalen Vorlieferverflechtungen aus und desto kleiner sind die resultierenden Multiplikatoreffekte.

2.2 Touristische Multiplikatoreffekte

In der touristischen Fachliteratur werden unterschiedliche Multiplikatormodelle als touristischer Multiplikatoreffekt beschrieben. Hauptsächlich kommt als touristischer Wertschöpfungsmultiplikator folgender Ansatz zum Tragen (vgl. KÜPFER/ELSASSER 2000, S. 445):

$$\text{Wertschöpfungsmultiplikator} = \frac{(\text{direkte} + \text{indirekte} + \text{induzierte Wertschöpfung})}{\text{direkte Wertschöpfung}}$$

Da dieser Multiplikatoreffekt je nach Regionstyp stark schwanken[4] und seine Höhe auch von Faktoren wie beispielsweise der gesamtwirtschaftlichen Situation abhängen kann, ist die Angabe eines durchschnittlichen Multiplikatoreffektes nicht möglich. Vielmehr soll anhand des folgenden Beispiels die Anwendung eines Multiplikatoransatzes zur Berechnung von Beschäftigungseffekten erläutert werden.

Beispiel: Ansatz zur Berechnung des Multiplikatoreffektes bei geförderten Fremdenverkehrsbetrieben

Im Rahmen eines Forschungsprojektes zu raumordnerisch relevanten Auswirkungen verschiedener Förderprogramme wurden regionalökonomische Effekte der Fremdenverkehrsförderung analysiert. Zentrale Fragestellung war es, die regionalökonomischen Effekte neuer oder erweiterter Tourismusbetriebe herauszuarbeiten – also zu ergründen, wie viele neue Arbeitsplätze durch die Fremdenverkehrsförderung unter Berücksichtigung des Multiplikatoreffektes entstehen (vgl. BECKER 1999, S. 57).

Durch die Untersuchung von 62 Fremdenverkehrsbetrieben und deren Beschäftigten konnte ein Schema zur Bestimmung des Multiplikatoreffektes erarbeitet werden. Die räumliche Bezugsbasis für die Modellberechnung bildeten Programmregionen der Gemeinschaftsaufgabe ‚Verbesserung der regionalen Wirtschaftsstruktur‘. Die empirischen Daten für das Modell stammten aus Befragungen an der Ostsee, im Bayerischen Wald und den Alpen. Die ausgewählten Betriebe, die zum Zeitpunkt der Untersuchung gefördert wurden, hatten mindestens 20 Betten (sieben Betriebe davon waren Ferienzentren).

Um eine einheitliche Berechnungsbasis zu gewinnen, musste zwischen den in den geförderten Betrieben vorhandenen Arbeitsplätzen und den effektiv neu geschaffenen Vollzeitarbeitsplätzen unterschieden werden. Bei erweiterten Betrieben waren nur die zusätzlichen Arbeitsplätze zu berücksichtigen und bei neuen Betrieben wurden Saison- und Teilzeitbeschäftigte in Vollzeitarbeitsplätze umgerechnet. Insgesamt wurden 1.920 Arbeitsplätze neu geschaffen; diese Zahl entsprach 1.018 zusätzlichen Vollzeitarbeitsplätzen, die in die weiteren Berechnungen eingingen (vgl. BECKER 1999, S. 57 und Abb. 2).

---

[4] Eine Zusammenstellung von Untersuchungen des touristischen Wertschöpfungsmultiplikators in verschiedenen Regionen und Orten der Schweiz und von verschiedenen Autoren ergab eine Spannweite von 1,39 für den Ort Arosa bis zu 1,81 für den Kanton Bern (vgl. KÜPFER/ELSASSER 2000, S. 445).

Abb. 2: Regionale Beschäftigungseffekte durch den Betrieb neuer oder erweiterter Fremdenverkehrsbetriebe mit regionalem Multiplikatoreffekt

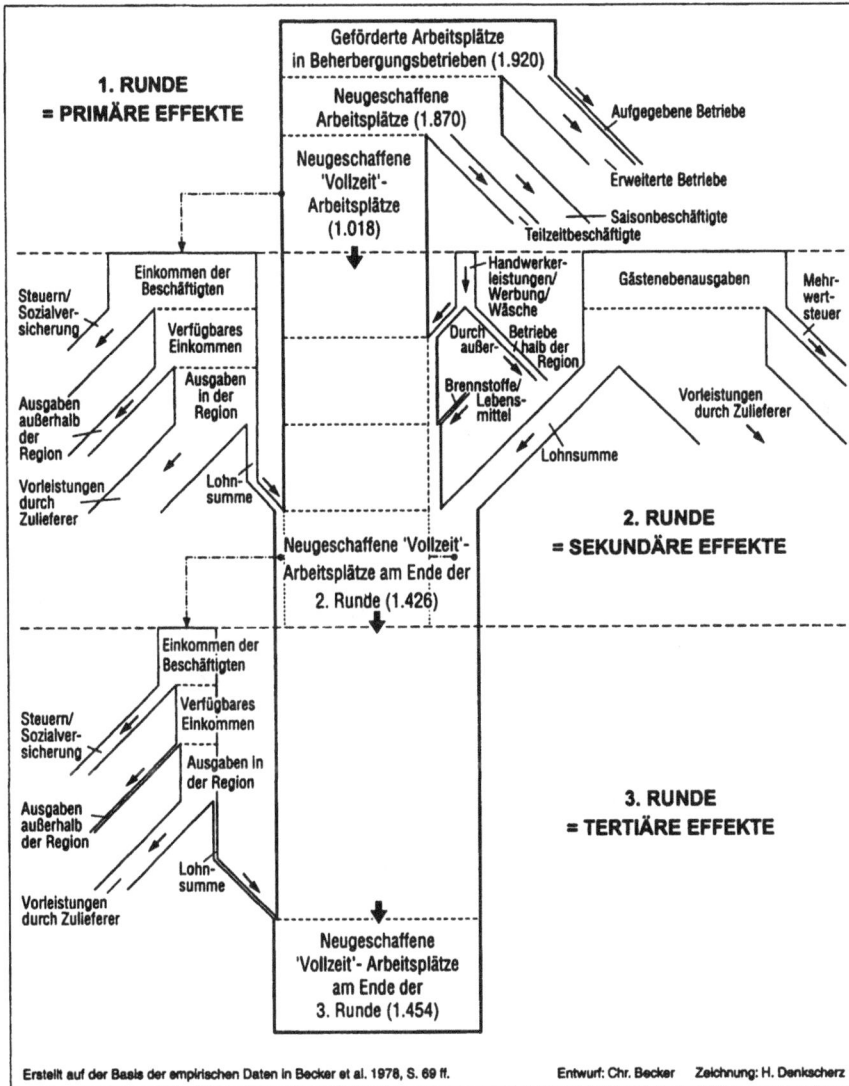

1. RUNDE = PRIMÄRE EFFEKTE

Geförderte Arbeitsplätze in Beherbergungsbetrieben (1.920)

Neugeschaffene Arbeitsplätze (1.870)

Neugeschaffene 'Vollzeit'-Arbeitsplätze (1.018)

Aufgegebene Betriebe

Erweiterte Betriebe

Saisonbeschäftigte

Teilzeitbeschäftigte

Steuern/ Sozialversicherung

Einkommen der Beschäftigten

Verfügbares Einkommen

Ausgaben in der Region

Handwerkerleistungen/ Werbung/ Wäsche

Gästenebenausgaben

Mehrwertsteuer

Durch außer-halb der Region

Betriebe

Ausgaben außerhalb der Region

Brennstoffe/ Lebensmittel

Vorleistungen durch Zulieferer

Vorleistungen durch Zulieferer

Lohnsumme

Lohnsumme

2. RUNDE = SEKUNDÄRE EFFEKTE

Neugeschaffene 'Vollzeit'-Arbeitsplätze am Ende der 2. Runde (1.426)

Einkommen der Beschäftigten

Steuern/ Sozialversicherung

Verfügbares Einkommen

Ausgaben in der Region

Ausgaben außerhalb der Region

3. RUNDE = TERTIÄRE EFFEKTE

Vorleistungen durch Zulieferer

Lohnsumme

Neugeschaffene 'Vollzeit'- Arbeitsplätze am Ende der 3. Runde (1.454)

Erstellt auf der Basis der empirischen Daten in Becker et al. 1978, S. 69 ff.   Entwurf: Chr. Becker   Zeichnung: H. Denkscherz

Quelle: BECKER 1988, S. 387; 1999, S. 58

Nach Feststellung der primären Beschäftigungseffekte in der ersten Runde mussten als nächstes die sekundären Effekte berechnet werden. Dabei wurde die Wirksamkeit der Einkommen der Beschäftigten in der Region untersucht. Nach Abzug von Steuern, Sozialversicherung, Ausgaben außerhalb der Region und Vorleistungen durch Zulieferer ergab sich ein Anteil von 12% der Einkommen der Beschäftigten, welcher als Lohnsumme wieder in der Region einkommenswirksam wird und somit zur Schaffung zusätzlicher Beschäftigungsmöglichkeiten führt. Weitere Arbeitsplätze werden in der zweiten Runde durch die Nachfrage der geförderten Fremdenverkehrsbetriebe nach Dienstleistungen in der Region geschaffen – insbesondere durch die Beschäftigung von Handwerksbetrieben, von Werbeagenturen und Wäschereien sowie durch Zulieferung von Brennstoffen und Lebensmitteln. Ein weiterer wesentlicher Arbeitsplatzeffekt in der zweiten Runde wird durch Nebenausgaben der Gäste ausgelöst, welche in touristischen und nichttouristischen Betrieben getätigt werden. Somit erhöhte sich die Anzahl der neugeschaffenen, nach dieser Methode berechneten Vollzeitarbeitsplätze am Ende der zweiten Runde auf 1.426 (vgl. Abb. 2).

Im Rahmen dieser Untersuchung konnten noch die Effekte bis in die dritte Runde berechnet werden, so dass aus den sekundären und tertiären Effekten ein Multiplikatoreffekt von 1,45 für geförderte Fremdenverkehrsbetriebe festgestellt werden konnte. Dieses Ergebnis lag höher als bei geförderten Industriebetrieben, aber deutlich unter den bis zum Zeitpunkt der Untersuchung im Jahr 1976 existierenden Schätzungen von 2,0 bis 5,0 (vgl. BECKER 1999, S. 57).

3 Kleine Kreisläufe

Im Zusammenhang mit der Übertragung des Nachhaltigkeitsprinzips auf den Tourismus treten Überlegungen zu regionalen Kreislaufwirtschaften immer mehr in den Vordergrund touristischer Entwicklungsstrategien. Seit dem UN-Umweltgipfel von 1992 in Rio de Janeiro ist der Begriff der ‚Nachhaltigen Entwicklung' nicht nur weit verbreitet, sondern erfährt in der in Rio verabschiedeten Agenda 21, einem Programm zur langfristigen Sicherung der Lebensgrundlagen der Menschheit, eine Umsetzung auf nationaler, regionaler und lokaler Ebene unter dem Motto ‚Global denken – lokal handeln'.

In Abb. 3 wird idealtypisch dargestellt, wie sich das Zusammenspiel von ökonomischen, ökologischen und sozialen Aspekten auf eine nachhaltige touristische Entwicklung auswirkt. Eine intakte Natur und Kultur sowie der Ressourcenschutz sind Voraussetzungen – einerseits für eine hohe Lebensqualität der einheimischen Bevölkerung (wirtschaftlicher Wohlstand und subjektives Wohlbefinden), andererseits für die optimale Befriedigung der Gästewünsche. Dabei gilt es, alle fünf dargestellten Zielbereiche gleichermaßen zu berücksichtigen. Übergeordnetes Ziel ist jedoch, entsprechend dem Verständnis der nachhaltigen Entwicklung, das Gestaltungsrecht zukünftiger Generationen sicherzustellen (vgl. MÜLLER 1995, S. 16).

Eine nachhaltige Regionalentwicklung mit Hilfe des Tourismus zielt insbesondere auf die Schaffung von intraregionalen Stoff- und Wertschöpfungskreisläufen ab. Die Anregung dieser Kreisläufe trägt sowohl zu positiven wirtschaftlichen Multiplikatoreffekten als auch zum Ressourcenschutz bei, weil z. B. lange Transportwege vermieden werden. Hierfür bieten sich insbesondere die Versorgung der Touristen mit regional und ökologisch produzierten Lebensmitteln, die Beschäftigung des regionalen Baugewerbes und Handwerks sowie die Nutzung regionaler, erneuerbarer Rohstoffe wie beispielsweise Holz an (vgl. PETERS/WITZEL 1995, S. 24ff.).

Abb. 3: Die magische Fünfeck-Pyramide einer nachhaltigen touristischen Entwicklung

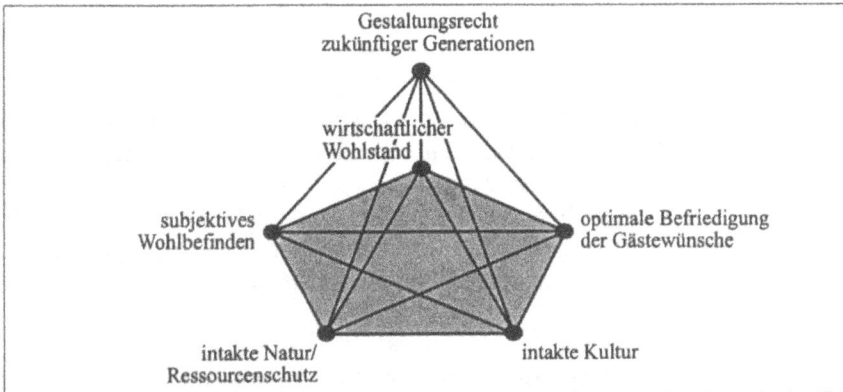

Quelle: MÜLLER 1995, S. 16

Diese Maßnahmen helfen dem Erhalt der regionalen Kulturlandschaft und fördern das Fortbestehen regionaltypischer Kultur- und Handwerkstraditionen. Diese Entwicklungen tragen wiederum zum subjektiven Wohlbefinden der ‚bereisten‘ Bevölkerung bei, befriedigen die Wünsche der Gäste und erzeugen regionalwirtschaftliche Effekte, indem Importverluste reduziert werden. Auch sollten die Tourismusformen an die naturräumlichen Gegebenheiten der Region angepasst sein. Diese Zielvorstellung impliziert eine behutsame Nutzung sensibler Gebiete (verbunden mit Informationsarbeit) sowie eine Konzentration auf einige belastbare Bereiche mit Hilfe entsprechender Besucherlenkungsmaßnahmen. Soziale Nachhaltigkeit in Form von subjektivem Wohlbefinden der Bevölkerung kann durch die Partizipation der lokalen Akteure an eigenständigen Tourismuskonzepten und Leitbildern gefördert werden.

Bedeutsam für die nachhaltige Regionalentwicklung mit Hilfe des Tourismus ist die Vermeidung einer touristischen Monokultur; vielmehr ist eine Verflechtung der regionalen touristischen Angebote mit den übrigen Bereichen der regionalen Wirtschaftsstruktur anzustreben. Somit können die Vermarktungschancen der regionalen Erzeugnisse gesteigert und wiederum regionale Wertschöpfungsketten angeregt werden.

Zusammenfassend spielt folglich die optimierte Nutzung von endogenen Potenzialen eine wesentliche Rolle bei der Anregung regionaler Kreisläufe. Von diesen theoretischen Überlegungen ausgehend, soll anhand eines beispielhaften Tourismusprojektes die praktische Umsetzung dargestellt werden.

Beispiel: Initiative ‚Aus der Rhön – für die Rhön e. V.‘

Die charakteristische Kulturlandschaft der Rhön mit weiten Wiesen, bewachsenen Kalkhängen und waldfreien Kuppen kam durch jahrhundertelange schonende landwirtschaftliche Nutzung, u. a. durch extensive Beweidung mit heimischen Schaf- und Rinderrassen, zustande. Unter den veränderten Rahmenbedingungen der Landwirtschaft mit intensiver Flächenbewirtschaftung und ‚festgesetzten‘ Agrarpreisen drohte diese Kulturlandschaft zu verschwinden. Mit der Ausweisung der Rhön als UNESCO-Biosphärenreservat im Jahr 1991 sollte anhand dieser Modellregion aufgezeigt werden, wie der Mensch die Natur ohne nachhaltige Schädigung nutzen kann. Vor diesem Hintergrund wurde im Jahr 1994 die Initiative ‚Aus der Rhön – für die Rhön e. V.‘ gegründet – eine Partnerschaft von Land- und Gastwirten zur Erhaltung der Kulturlandschaft im Biosphärenreservat Rhön (vgl. BTE 1995b, S. 18).

Die beteiligten gastronomischen Betriebe bestreiten ihren Wareneinsatz soweit möglich aus der Region und beziehen direkt vom Bauern oder von einem weiterverarbeitenden Betrieb. Der Anteil der verwendeten regionalen Erzeugnisse soll auf diese Weise bis auf 50% des gesamten Wareneinsatzes gesteigert werden. Durch diese Verlagerung könnte der Warentransport und somit der Schadstoffausstoß von Transportfahrzeugen um rund zwei Drittel gegenüber der herkömmlichen Einkaufspraxis verringert werden. Im Gegenzug garantieren die beteiligten Landwirte und Handwerker für Frische und Qualität ihrer Produkte, die Landwirte darüber hinaus für eine naturschonende Bewirtschaftung der Flächen und eine artgerechte Tierhaltung. Da die qualitativ hochwertigen regionalen Produkte preislich nicht mit Massenware konkurrieren können, muss bei den Verbrauchern Aufklärungsarbeit geleistet werden. Um die Qualität und regionale Herkunft zu kommunizieren, werden auf den Speisekarten diejenigen Gerichte mit einem Qualitätsgütesiegel gekennzeichnet, für die Produkte aus der Region verwendet werden. Ebenso werden die Lieferanten genannt, so daß die Herkunft der Waren jederzeit nachvollziehbar ist. Ein weiterer Entwicklungsschwerpunkt ist die Direktvermarktung regionaler Erzeugnisse an Einheimische und Gäste. So haben viele Landwirte einen Hofladen eingerichtet und bieten Hofführungen sowie den Einkauf ab Hof an (vgl. BTE 1995b, S. 19).

Der erhöhte Wareneinsatz regionaler Produkte in den Gastronomiebetrieben bringt langfristig positive Effekte für die regionale Wertschöpfung mit sich. Durch die direkte Vermarktung vom Landwirt an den verarbeitenden Betrieb bzw. Gastronomiebetrieb und durch ein Preisniveau, das der erschwerten naturschonenden Bewirtschaftung und der hohen Produktqualität angemessen ist, ergeben sich für die Landwirte wirtschaftliche Perspektiven, die langfristig zur Erhaltung bäuerlicher Familienbetriebe in der Rhön beitragen können (vgl. BTE 1995b, S. 19).

4   Fazit

Die unterschiedliche räumliche Verteilung des Tourismus führt auch zu einer verschieden starken regionalwirtschaftlichen Bedeutung, wobei die gesamtwirtschaftliche Situation des Raumes mit in die Betrachtung einfließen sollte. Zudem ist der Tourismus als Querschnittsbranche nur sehr schwer und aufwendig zu messen, wie das Beispiel des Beschäftigungsmultiplikators zeigt. Unbestritten leistet er in Fremdenverkehrsgebieten mit hohem Besucheraufkommen einen bedeutenden regionalwirtschaftlichen Beitrag, denn im Vergleich zum Einzelhandel mit 12% liegt der durchschnittliche Anteil des Nettoeinkommens, der zu direktem Einkommen wird, im Gastgewerbe bei etwa 42% (vgl. KOCH 1986, S. 149). Wie das Beispiel aus der Rhön zeigt, lassen sich die regionalwirtschaftlichen Effekte des Tourismus bei einem Einsatz von integrierten touristischen Entwicklungskonzepten noch weiter steigern.

Literatur

BECKER, CHR. (1988): Regionale Beschäftigungs- und Einkommenseffekte durch den Fremdenverkehr – Die Situation in der Bundesrepublik Deutschland. In: STORBECK, D. (Hrsg.): Moderner Tourismus – Tendenzen und Aussichten. Materialien zur Fremdenverkehrsgeographie, 17. Trier, S. 373-397.

BECKER, CHR. (1999): Regionalpolitische Effekte des Fremdenverkehrs. In: SCHNELL, P./ POTTHOFF, K. E. (Hrsg.): Wirtschaftsfaktor Tourismus. Vorträge einer Tagung der Arbeitsgemeinschaft Angewandte Geographie (AAG) und des Arbeitskreises Tourismus des Deutschen Verbandes für Angewandte Geographie (DVAG) in Münster 1998. Münstersche Geographische Arbeiten, 42. Münster, S. 57-60.

Bundesministerium für Wirtschaft und Technologie (Hrsg.; 2000[2]): Tourismus in Deutschland. Magdeburg.

Büro für Tourismus- und Erholungsplanung (BTE) (1995a): Wirtschaftliche Effekte touristischer Entwicklungsstrategien. Berlin.

Büro für Tourismus- und Erholungsplanung (BTE) (1995b): Förderung der Region durch den Tourismus. Berlin.

Deutscher Tourismus Verband e. V. (2001): Wirtschaftliche Bedeutung. www.deutscher-tourismusverband.de (12.12.2001).

FEIGE, M./FEIL, T./HARRER, B. (2000): Regionalwirtschaftliche Bedeutung des Tourismus. In: Institut für Länderkunde/BECKER, CHR./JOB, H. (Hrsg.): Nationalatlas Bundesrepublik Deutschland. Bd. 10. Freizeit und Tourismus. Heidelberg/Berlin, S. 116-117.

HAEDRICH, G. et. al. (Hrsg.; 1993[2]): Tourismus-Management: Tourismus-Marketing und Fremdenverkehrsplanung. Berlin.

Institut für Länderkunde/BECKER, CHR./JOB, H. (Hrsg.; 2000): Nationalatlas Bundesrepublik Deutschland. Bd. 10. Freizeit und Tourismus. Heidelberg/Berlin.

KOCH, A. (1986): Die wirtschaftlichen Auswirkungen des Fremdenverkehrs für eine Gemeinde. In: Jahrbuch für Fremdenverkehr, Jg. 33, S. 145-155.

KÜPFER, I./ELSASSER, H. (2000): Regionale Touristische Wertschöpfungsstudien: Fallbeispiel Nationalparktourismus in der Schweiz. In: Tourismus Journal, Jg. 4, H. 4, S. 433-440.

MÜLLER, H. (1995): Nachhaltige Regionalentwicklung durch Tourismus: Ziele – Methoden – Perspektiven. In: STEINECKE, A. (Hrsg.): Tourismus und nachhaltige Entwicklung – Strategien und Lösungsansätze. ETI-Texte, 7. Trier, S. 11-18.

PETERS, U./WITZEL, A. (1995): Regionale Nachhaltigkeit – von der Idee zum Leitbild regionaler Entwicklung. In: STEINECKE, A. (Hrsg.): Tourismus und nachhaltige Entwicklung – Strategien und Lösungsansätze. ETI-Texte, 7. Trier, S. 19-31.

SCHNELL, P./POTTHOFF, K. E. (Hrsg.; 1999): Wirtschaftsfaktor Tourismus. Vorträge einer Tagung der Arbeitsgemeinschaft Angewandte Geographie (AAG) und des Arbeitskreises Tourismus des Deutschen Verbandes für Angewandte Geographie (DVAG) in Münster 1998. Münstersche Geographische Arbeiten, 42. Münster.

STEINECKE, A. (Hrsg.; 1995): Tourismus und nachhaltige Entwicklung – Strategien und Lösungsansätze. ETI-Texte, H. 7. Trier.

STORBECK, D. (Hrsg.; 1988): Moderner Tourismus – Tendenzen und Aussichten. Materialien zur Fremdenverkehrsgeographie, 17. Trier.

TSCHURTSCHENTHALER, P. (1993[2]): Methoden zur Berechnung der Wertschöpfung im Tourismus. In: HAEDRICH, G. et. al. (Hrsg.): Tourismus-Management: Tourismus-Marketing und Fremdenverkehrsplanung. Berlin, S. 213-241.

Feriengroßprojekte und ihre regionalpolitische Bedeutung

Anja Brittner

Der Begriff ‚Feriengroßprojekte' wird in der Tourismuswissenschaft nicht einheitlich verwendet. In der Literatur finden sich seit den 1970er-Jahren unter anderem Synonyme wie ‚Touristische Großprojekte', ‚Freizeitgroßprojekte', ‚Ferienzentren', ‚Ferien- oder Freizeitwelten', ‚Erlebniswelten' u. a. m. Diese uneinheitliche Nutzung des Begriffes erschwert die Zuordnung von Feriengroßprojekten in der amtlichen Tourismusstatistik; damit sind auch keine präzisen Aussagen über ihren Beitrag zur touristischen Angebotsstruktur und zum Tourismusaufkommen möglich.

Die zunehmende Eroberung des deutschen Marktes durch Freizeit- und Feriengroßprojekte mit diversifizierten Angeboten verstärkt die Problematik der begrifflichen Einordnung. Allerdings finden immer wieder vom Planungsprozess über die Umsetzung bis zu den Auswirkungen von Feriengroßprojekten auf den Standort intensive Diskussionen um das Für und Wider solcher Anlagen statt, die positive wie negative Auswirkungen einander gegenüberstellen.

Ein vielfältiges und qualitativ hochwertiges Angebot mit einer Kombination von diversen Freizeiteinrichtungen in einem überdachten Zentralkomplex gewährleistet einen ganzjährigen, wetterunabhängigen Betrieb. Die oft als ‚Künstliche Freizeit- und Erlebniswelten' bezeichneten Anlagen scheinen die Konsumwünsche der Nachfrager zu bündeln: „die Sucht nach Erlebnissen, der Wunsch nach Wahlfreiheit, die Hoffnung auf Geselligkeit, das Interesse am Zusatznutzen, das Bedürfnis nach Markttransparenz – die Suche nach dem Besonderen" (STEINECKE 2000, S. 18f.).

1   Definition und Arten von Feriengroßprojekten

BECKER et al. (1979, S. 13) entwickelten erstmals Ende der 1970er-Jahre eine eigene Bestimmung für den Begriff Feriengroßprojekt: „Als Feriengroßprojekte gelten alle gewerblichen Ferienanlagen, in denen mindestens 200 Betten zur Vermietung an Fremde bereitstehen", wobei mindestens 35 Wohneinheiten vorhanden sein sollen. In den jüngsten Publikationen zu deutschen Feriengroßprojekten (vgl. Abb. 1) listet BECKER (2000a, S. 29; 2000b, S. 72) entgegen seinen Untersuchungen in den 1970er- und 1980er-Jahren nur Projekte mit mehr als 400 Betten auf.

Im Vorläuferstadium (bis 1968) sind in der Bundesrepublik Deutschland sechs Feriengroßprojekte in Form von Feriendörfern entstanden. In der vier Jahre umfassenden Boomphase von 1969 bis 1973 sind insgesamt 32 Feriengroßprojekte errichtet worden, darunter vorwiegend Ferienparks und Appartementanlagen. Durch staatliche Fördermaßnahmen wie hohe Sonderabschreibungen und Verlustzuweisungen entstanden sie vorrangig im Zonenrandgebiet (vgl. Abb. 1). Zugleich war in jener Zeit mit hohen Inflationsraten ein ausgesprochener Immobilienboom ausgebrochen; weiter war die GmbH & Co. KG als Rechtsform eingeführt worden, die es Bauträgern ermöglichte, bei minimalem Eigenkapital und Risiko riesige Bauten zu erstellen. Schließlich förderte das Prestigedenken einzelner Kommunalpolitiker und eine gewisse „Gigantomanie" (BECKER 1984, S. 171) den Bau der Ferienzentren. Als die Überkapazitäten und die Landschaftsschäden nicht mehr zu übersehen waren, wurden die Förderbedingungen wieder geändert; damit endete der Boom.

Das an diesen Zeitraum anknüpfende Folgestadium von 1974 bis 1989 brachte weitere 36 Projekte hervor, überwiegend Feriendörfer mit kleinerer Bettenkapazität. In der Erneuerungsphase von 1993 bis 1999 entstanden lediglich elf Anlagen mit neuen Konzepten wie Ferienparks der Zweiten Generation, Time-Sharing-Appartements und Luxus-Hotels.

In der DDR sind zwischen 1969 und 1987 insgesamt 19 Feriengroßprojekte angelegt worden, nach der Wiedervereinigung kamen drei neue hinzu, vier wurden stillgelegt (vgl. Abb. 1; BECKER 2000a, S. 29ff.).

2   Trends in der Entwicklung von Feriengroßprojekten in Deutschland

Die jüngsten Entwicklungen in den letzten 10 bis 15 Jahren erschweren die Abgrenzung der Feriengroßprojekte zunehmend. Freizeitparks investieren seit einigen Jahren in den Neu- und Ausbau von Beherbergungskapazitäten und positionieren sich damit im Kurzurlaubsegment als Mischform von Ferien- und Freizeitgroßprojekten (z. B. Europa-Park Rust). Neue clubähnliche Anlagen wie das in der Müritz-Region im Jahr 2000 eröffnete Land Fleesensee bieten den gleichen Standard wie ein Ferienclub am Mittelmeer: Das Areal umfaßt eine Größe von 550 ha und insgesamt 1.900 Betten mit Markenanbietern wie Club Robinson, Radisson/SAS und Dorfhotel (vgl. FRICKE 2001, S. 77ff.).

Abb. 2 bietet einen synoptischen Überblick über die verschiedenen Bezeichnungen und Arten von Ferien- und Freizeitgroßprojekten. Im weiteren Verlauf bezieht sich dieser Beitrag nur auf Einrichtungen mit Übernachtungskapazitäten – die Planungsproblematik und die regionalpolitische Bedeutung werden mit dem Fokus auf Ferienparks der Zweiten Generation erläutert.

Abb. 1: Feriengroßprojekte in Deutschland

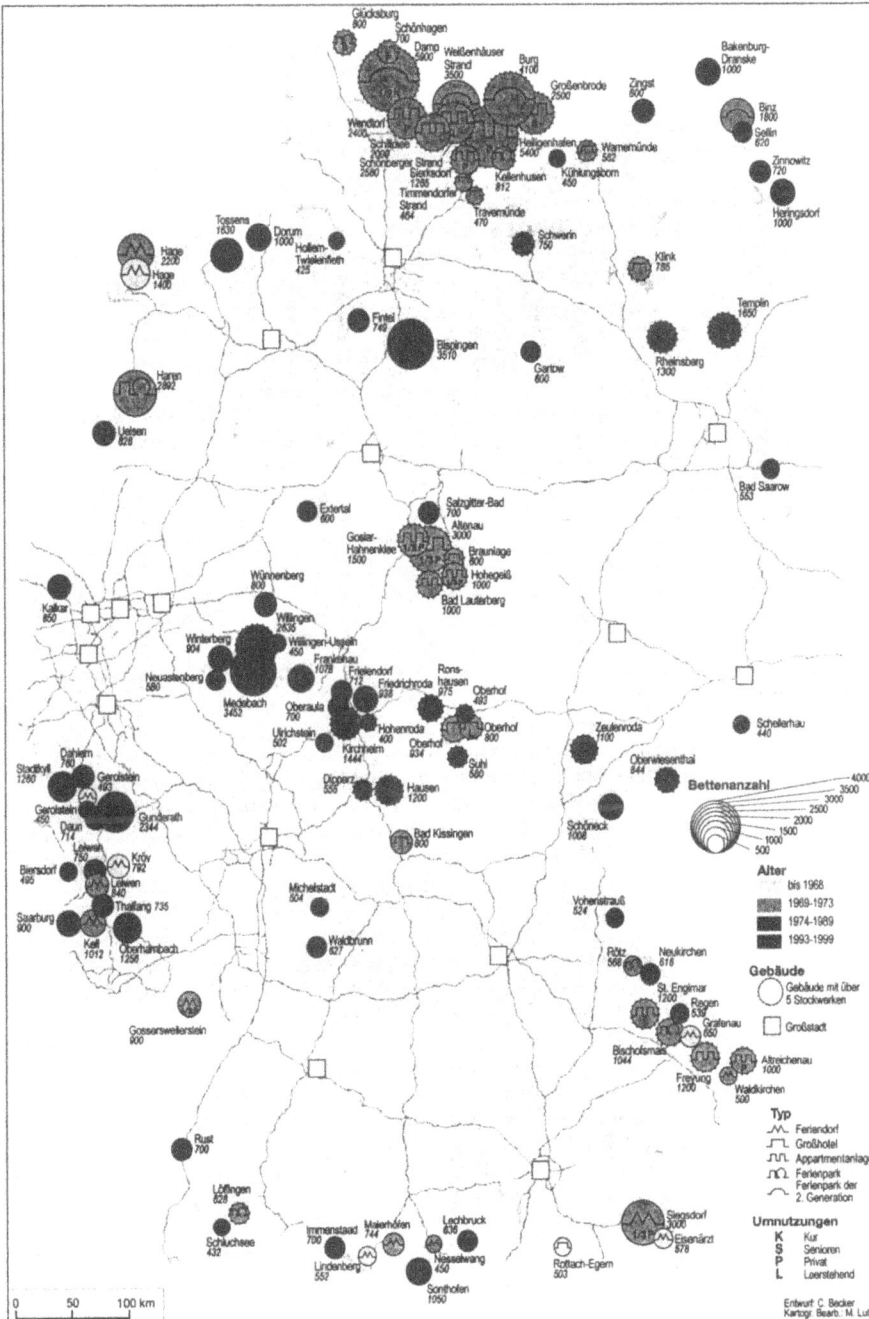

Quelle: BECKER 2000a, S. 30f.

Abb. 2: Freizeit- und Feriengroßprojekte im Überblick

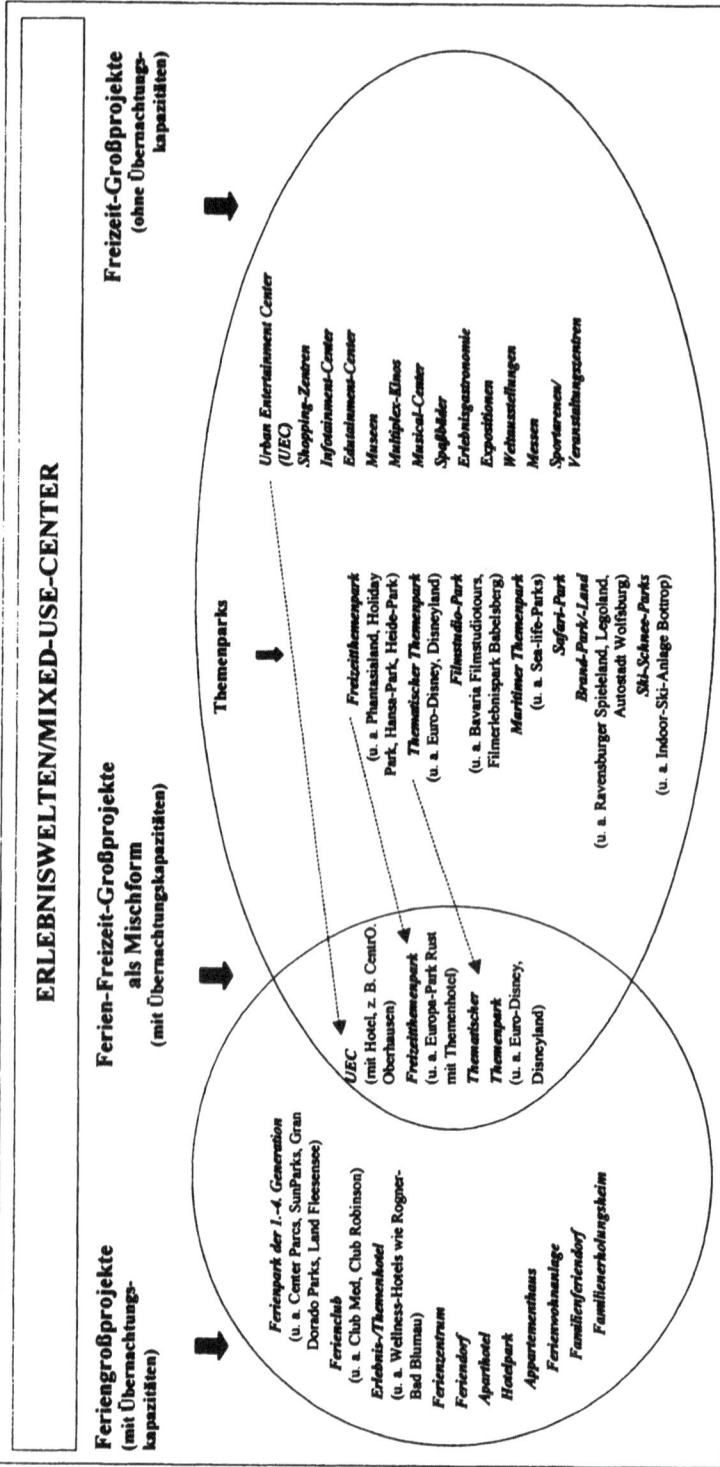

ERLEBNISWELTEN/MIXED-USE-CENTER

Feriengroßprojekte
(mit Übernachtungs-kapazitäten)

Feriengroßprojekte der 1.-4. Generation
(u. a. Center Parcs, SunParks, Gran Dorado Parks, Land Fleesensee)
Ferienclub
(u. a. Club Med, Club Robinson)
Erlebnis-/Themenhotel
(u. a. Wellness-Hotels wie Rogner-Bad Blumau)
Ferienzentrum
Feriendorf
Aparthotel
Hotelpark
Appartementhaus
Ferienwohnanlage
Familienferiendorf
Familienerholungsheim

Ferien-Freizeit-Großprojekte als Mischform
(mit Übernachtungskapazitäten)

UEC
(mit Hotel, z. B. CentrO. Oberhausen)
Freizeitthemenpark
(u. a. Europa-Park Rust mit Themenhotel)
Thematischer Themenpark
(u. a. Euro-Disney, Disneyland)

Themenparks

Freizeitthemenpark
(u. a. Phantasialand, Holiday Park, Hansa-Park, Heide-Park)
Thematischer Themenpark
(u. a. Euro-Disney, Disneyland)
Filmmedien-Park
(u. a. Bavaria Filmstudiotours, Filmerlebnispark Babelsberg)
Maritimer Themenpark
(u. a. Sea-life-Parks)
Safari-Park
Brand-Park/-Land
(u. a. Ravensburger Spieleland, Legoland, Autostadt Wolfsburg)
Ski-Schnee-Parks
(u. a. Indoor-Ski-Anlage Bottrop)

Freizeit-Großprojekte
(ohne Übernachtungs-kapazitäten)

Urban Entertainment Center (UEC)
Shopping-Zentren
Infotainment-Center
Edutainment-Center
Messen
Multiplex-Kinos
Musical-Center
Spielhäuser
Erlebnisgastronomie
Expositoren
Weihnachtsaustellungen
Messen
Sportarenen/
Veranstaltungszentren

Quelle: BRITTNER 2002; nach BECKER 1984, 2000a und 2000b; DGF 1996; KAGELMANN 1998; BAUMGARTNER 1999; DOGTEROM 2000a und STEINECKE 2000

3 Planungsproblematik und Umsetzung von Feriengroß- projekten – das Beispiel der Ferienparks der Zweiten Generation

STRASDAS (1992, S. 26ff.) hat im April 1991 den Bestand vorhandener und ge- planter Ferienzentren der Zweiten Generation oder ähnlicher Anlagen in Deutsch- land erfasst. Realisiert waren bis zu diesem Zeitpunkt vier Projekte, die zu einem Ferienpark der Zweiten Generation ausgebaut wurden. Weitere 41 Projekte führte er in unterschiedlichen Planungsstadien auf. Umgesetzt wurden bis heute lediglich sechs der damaligen Planungsvorhaben.

Eine erneute Bestandsaufnahme geplanter Feriengroßprojekte führten SPITT- LER/REINDERS (2001, S. 14ff.) im Februar 2000 durch; sie stießen dabei auf ähnli- che Erfassungsprobleme wie STRASDAS neun Jahre zuvor. Nach dieser Untersu- chung befinden sich ein Feriengroßprojekt in der Bauphase und 24 Anlagen in der Planungsphase; gestoppt wurden 17 Planungsvorhaben.

Die Gründe für die geringe Anzahl realisierter Projekte liegen einerseits in den Finanzierungsproblemen der Betreibergesellschaften, andererseits in den Geneh- migungsschwierigkeiten an den jeweiligen Standorten; diese führen dazu, dass sich Vorhabenträger häufig unverbindlich an verschiedenen Standorten präsentieren (vgl. STRASDAS 1992, S. 27f.; MIELKE/SANDER/KOCH 1993, S. 33).[1]

4 Der Beitrag zur Beherbergungskapazität in Deutschland

So unübersichtlich die Anzahl der Projekte in der Planungsphase ist, so unklar stellt sich auch die Datenlage der Feriengroßprojekte in der amtlichen Tourismus- statistik dar.

Das Statistische Bundesamt (2000, S. 9) definiert Ferienzentren als „Beherber- gungsstätten, die jedermann zugänglich sind und nach Einrichtung und Zweckbe- stimmung dazu dienen, wahlweise unterschiedliche Wohn- und Aufenthaltsmög- lichkeiten sowie gleichzeitig Freizeiteinrichtungen in Verbindung mit Einkaufs- möglichkeiten und persönlichen Dienstleistungen zum vorübergehenden Aufent- halt anzubieten. Als Mindestausstattung gilt das Vorhandensein von Hotelunter- kunft und anderen Wohngelegenheiten (auch mit Kochgelegenheit), einer Gaststät- te, von Einkaufsmöglichkeiten zur Deckung des täglichen Bedarfs und des Frei-

---

[1] Auf die Planungsproblematik und die Lösungsansätze bei der Ansiedlung eines Ferien- parks der Firma Center Parcs gehen ausführlich ein: VOSSEBÜRGER, P./WEBER, A. (1998): Planerischer Umgang mit Freizeitgroßprojekten. Bausteine zum Konfliktmana- gement am Beispiel eines „Center Parcs"-Projektes. Dortmunder Beiträge zur Raumpla- nung, 86: Blaue Reihe. Dortmund.

zeitbedarfs sowie von Einrichtungen für persönliche Dienstleistungen, z. B. Massageeinrichtungen, Solarium, Sauna, Friseur, Tennis-, Tischtennis-, Kleingolf-, Trimm-Dich-Anlagen."

Diese Definition weicht deutlich von der Einordnung der Feriengroßprojekte nach BECKER (2000a, S. 30f.) ab. Diese Unterschiede führen zu divergierenden Angaben bei der Zahl der Feriengroßprojekte: BECKER zählte im Jahr 1999 insgesamt 108 Feriengroßprojekte, das Statistische Bundesamt (2000, S. 33ff.) hingegen nur 83. Die beiden unterschiedlichen Erhebungsgrundlagen bedingen auch unterschiedliche Anteile an den angebotenen Gästebetten in Deutschland. Nach Angaben des Statistischen Bundesamtes nahmen die Ferienzentren mit 42.400 Betten einen Anteil von 2,2% an der gesamtdeutschen Kapazität von 2,4 Mio. Betten ein. BECKER hingegen kommt – ohne Berücksichtigung von Betten, die in Feriengroßprojekten nicht mehr an Urlauber vermietet werden – bei 118.500 Betten auf 4,9%. Auch nach Abzug der privatisierten Ferienwohnungen (vgl. Abb. 1) in Feriengroßprojekten ergibt sich noch ein Anteil von 4,1% bei 98.700 Betten.

5   Zur regionalpolitischen Bedeutung von Feriengroßprojekten

Feriengroßprojekte gelten als eine wesentliche ökonomische Chance, die regionale Wirtschaft strukturschwacher Regionen anzukurbeln (vgl. HAHNE 1997, S. 69). Die meisten Feriengroßprojekte sind mit ihrer Angebotsstruktur auf die Nachfrage von Kurzreisenden ausgerichtet.[2] Die wichtigsten Motive von Ferienparkgästen zeigen deutlich die Absicht der kurzzeitigen Erholung und Abwechslung vom Alltag, beispielsweise durch die Motive ‚Abschalten/Ausspannen', ‚dem Alltag entkommen', ‚Bewegung haben und leichten Aktivitäten nachgehen', ‚Zeit miteinander verbringen' und ‚mit Kindern spielen' (vgl. Gruner + Jahr 2000; BRITTNER 2002, S. 155ff.).[3]

Die ökonomischen, soziokulturellen und -politischen sowie ökologischen Auswirkungen sind von der Struktur, der Standortregion und dem Betriebskonzept abhängig, dennoch lassen sich einige grundlegende Aussagen treffen, die auf alle Feriengroßprojekte in unterschiedlichem Maße zutreffen.

---

[2] LÜTHJE/LINDSTÄDT (1994, S. 49) gehen bei der Anfahrt mit dem Pkw davon aus, dass beim maximalen Einzugsbereich eines Ferienparks der Zweiten Generation die Angaben zwischen einer und zwei Stunden Fahrzeit schwanken, STRASDAS (1992, S. 15) geht von zwei bis drei Stunden aus.

[3] Eine der Hauptzielgruppen von Ferienparks sind Familien mit Kindern.

5.1 Ökonomische Auswirkungen

Generell operieren Feriengroßprojekte mit einem relativ hohen Betriebsrisiko. Aufgrund der hohen Investitions- und Betriebskosten werden jährliche Mindestauslastungsraten von 65-90% erwartet, um in die Gewinnzone zu gelangen; erst dann läßt sich der Betrieb rentabel führen (vgl. STRASDAS 1992, S. 64; BAUMGARTNER/REEH 2001, S. 41f.).

In relativ kurzer Zeit kann eine Vielzahl neuer Arbeitsplätze geschaffen werden, wobei der Bedarf in der Anfangsphase u. a. durch die Bauphase höher ist.[4] Nach STRASDAS (1992, S. 64ff.) handelt es sich teilweise um unqualifizierte und Teilzeit-Arbeitsplätze. LÜTHJE/LINDSTÄDT (1994, S. 72) kommen zu dem Ergebnis, dass eine breite Berufspalette abgedeckt wird. Die wetterunabhängigen Feriengroßprojekte der Zweiten Generation entzerren die Saison; dadurch entstehen saisonal unabhängige Arbeitsplätze.

LÜTHJE/LINDSTÄDT (1994, S. 71) haben nach Untersuchungen in Ferienparks unterschiedlich hohe Anteile von festem Personal erhoben: Sie schwanken zwischen 25 und 80%. In den untersuchten Ferienparks werden in zumeist strukturschwachen Regionen zwischen 250 und 600 Arbeitsplätze pro Einrichtung geschaffen.[5]

Die Arbeitsplatzbilanz von Feriengroßprojekten ist im Vergleich zu mittelständischen Pensionen und Hotels jedoch ungünstig: Liegt der durchschnittliche ‚direkte' Arbeitsplatzeffekt für Ferienparks der Zweiten Generation bei 12,7 Betten je Vollzeitarbeitskraftäquivalent, so weisen Großhotels mit 3,3 und mittelgroße Hotels sowie Pensionen mit 5,4 Betten bessere Werte auf (vgl. STRASDAS 1992, S. 67; vgl. HAHNE 1997, S. 74).

Die indirekten wirtschaftlichen Auswirkungen sind im wesentlichen davon abhängig, ob es Betriebe in der Region gibt, die speziell benötigte Dienstleistungen bzw. Warenmengen zu konkurrenzfähigen Bedingungen liefern können. Stärker urbanisierte Standorte erfüllen diese Voraussetzung tendenziell eher als ländliche Regionen (vgl. STRASDAS 1992, S. 67ff.).

---

[4] „Das wohl am weitesten verbreitete Argument für die Durchsetzung von Erlebniswelten in der Planungs- und Genehmigungsphase ist das der Arbeitsplatzbeschaffung. (...) Häufig besteht eine beträchtliche Differenz zwischen den veranschlagten Arbeitsplätzen für ein Projekt, die in der Planungs- und Genehmigungsphase als Grundlage dienen und den effektiv geschaffenen Arbeitsplätzen" (BAUMGARTNER /REEH 2001, S. 28).

[5] Die Alternativen bei diesen Größenordnungen sind Industrie- und Gewerbearbeitsplätze; allerdings fehlen strukturschwachen Regionen meist die notwendigen Standortvoraussetzungen (vgl. LÜTHJE/LINDSTÄDT 1994, S. 71).

Bei einem stark innenorientierten Feriengroßprojekt verschiebt sich das Verhältnis
meist stärker zu Ungunsten der Region (vgl. STRASDAS 1992, S. 69). Generell ist
festzustellen, dass ein hoher Prozentsatz der Waren, die in Feriengroßprojekten
verkauft bzw. angeboten werden, aus der Region stammen (vgl. LÜTH-
JE/LINDSTÄDT 1994, S. 74). Feriengroßprojekte sind häufig ein positiver Pull-
Faktor für den infrastrukturellen Ausbau eines Standortes. MUNDT (1999, S. 20f.)
spricht in diesem Zusammenhang vom sog. „Aldi-Effekt",[6] LÜTHJE/LINDSTÄDT
(1994, S. 77) von der „Initialzündung" in schwach entwickelten Räumen.[7]

Hinsichtlich der Auswirkungen von Feriengroßprojekten auf den vorhandenen
Fremdenverkehr zeigen MIELKE/SANDER/KOCH (1993, S. 29f.) verschiedene Möglichkeiten auf. Einerseits können bisherige Gäste abwandern, die sich durch den
Ferienpark gestört fühlen, oder aber es werden neue Gäste infolge der Verbesserung der Infrastruktur und des Images angezogen. Zudem ziehen Feriengroßprojekte mit ihrer Angebotsstruktur andere Zielgruppen an, die nicht unbedingt zu
der Hauptzielgruppe der traditionellen Betriebe gehören.[8]

Der kommunale Haushalt einer Gemeinde profitiert von verschiedenen Steuereinnahmen. Die Grundsteuer stellt eine feste Einnahmequelle für die Kommune dar,
deren Höhe von den einzelnen Gemeinden je nach Satzung festgelegt wird. Die
Gewerbesteuer hingegen ist keine wesentliche Einnahmequelle, zumal die Steuer-
abgaben durch Abschreibung der Herstellungskosten und weiterer Investitionen
relativ gering sind. Die Höhe der Fremdenverkehrsabgabe wird von der Gemeinde
festgelegt und pro Bett berechnet; die Kurtaxe wird in ausgewiesenen Kurorten pro
Kurgast eingezogen (vgl. LÜTHJE/LINDSTÄDT 1994, S. 73f.).

Die Ausgaben für Infrastruktureinrichtungen variieren je nach Vorleistungen, die
eine Gemeinde übernimmt, z. B. für Kläranlagen oder Straßenbau. Es besteht die
Möglichkeit einer Kostenreduktion durch die Inanspruchnahme staatlicher Fördermittel oder der Kostenbeteiligung des Investors (vgl. LÜTHJE/LINDSTÄDT 1994,
S. 74).

---

[6] Geschäfte siedeln sich in der Nachbarschaft dieser Einkaufskette an und profitieren von
deren Pull-Faktoren. Die Bündelung der verschiedenen Angebote führt zu einer gegenseitigen Steigerung des Attraktionswertes und damit auch des Standortes.

[7] Nach Angaben des Gemeindedirektors verzeichnete Bispingen durch den Center Parcs
Bispinger Heide ein Umsatzplus von 30% bei den örtlichen Gewerbetreibenden (vgl.
VOSSEBÜRGER/WEBER 1998, S. 41).

[8] Eine Erhebung im Jahr 2000 unter den Gästen des Center Parcs Bispinger Heide zeigt,
dass für mehr als drei Viertel der befragten Gäste der Ferienpark primärer Reisegrund
war, nur 3% nannten die Lüneburger Heide als wichtigstes Entscheidungskriterium für
die Reisezielwahl. Aus diesem Ergebnis lässt sich ableiten, dass die traditionelle Zielgruppe, die in die Lüneburger Heide fährt, nicht mit der Zielgruppe des Ferienparks
gleichzusetzen ist (vgl. BRITTNER 2002, S. 222ff.).

Unter Umständen kann mit der Ansiedlung von Ferien- und Freizeitgroßprojekten eine Verteuerung der Lebenshaltungskosten einhergehen: (Wohn-)Immobilien in unmittelbarer Nähe der Anlage oder an den Zufahrtstraßen können an Wert verlieren. Wenn nur parkinterne Gastronomiebereiche oder Filialen überregionaler Ketten von der zusätzlichen Kaufkraft profitieren, so können einheimische Betriebe mit ihrem Preis-/Leistungsverhältnis unter Zugzwang geraten (vgl. BAUMGART-NER/REEH 2001, S. 40f.).

5.2 Soziopolitische und soziokulturelle Auswirkungen

Soziopolitische und -kulturelle Auswirkungen sind nicht immer unmittelbar ersichtlich. Eine hohe Fremdenverkehrsintensität kann als (Miss-)Verhältnis zwischen Einwohnern und Urlaubern verschiedene Auswirkungen hervorrufen: Zwischen den Einheimischen und den Feriengästen besteht bestenfalls ein Dienstleistungsverhältnis ohne persönliche Kontakte, wie sie generell im traditionellen Fremdenverkehr häufiger entstehen (vgl. STRASDAS 1992, S. 62; BAUMGARTNER/ REEH 2001, S. 32).

Proteste der Bevölkerung gegen die Standortpolitik der Investoren und die damit einhergehenden Konflikte können durch frühzeitige Information der einheimischen Bevölkerung vermieden werden (vgl. STRASDAS 1992, S. 63; BAUMGARTNER/ REEH 2001, S. 45ff.). Um das Konfliktpotenzial während des Betriebs einzudämmen, öffnen Anlagen zunehmend ihre Freizeitinfrastruktur für Ortsansässige bzw. Tagesgäste und bieten damit eine Angebotserweiterung im Freizeitbereich (vgl. LÜTHJE/LINDSTÄDT 1994, S. 87; BAUMGARTNER/REEH 2001, S. 33).

Besonders in ländlichen Räumen kann die Ansiedlung eines Feriengroßprojektes eine Veränderung des Orts- bzw. Landschaftsbildes mit sich bringen,[9] das sich in einem Gefühl der ‚Überfremdung' bei den Einheimischen durch die zahlenmäßige Dominanz der Feriengäste, die Zuwanderung von auswärtigen Arbeitskräften, die unkritische Übernahme von Verhaltensweisen der Feriengäste niederschlägt. Auch ist die Gefahr des Verlustes der politischen Autonomie in kommunalen Angelegenheiten gegeben (vgl. STRASDAS 1992, S. 61ff.; Büro für Tourismus- und Erholungsplanung 1994, S. 18). Neben diesen negativen Auswirkungen sind aber auch positive Effekte möglich: Die Ansiedlung eines Ferien- oder Freizeitgroßprojektes kann zur Konversion brachliegender Industrie-, Militär- oder Gewerbeflächen beitragen und mit der Revitalisierung der Flächen eine Initialwirkung für weitere Investoren auslösen. Je nach Größe und Standort der Anlage profitiert der Ort von einem Ausbau des ÖPNV oder von einem Anschluß an das Netz der Bahn (vgl. BAUMGARTNER/REEH 2001, S. 32ff.).

---

[9] In der Literatur wird der Aspekt der Veränderung des Landschaftsbildes teils den soziokulturellen, teils den ökologischen Effekten zugeordnet. Aus diesem Grunde wird er hier in beiden Kategorien aufgeführt.

5.3   Umweltauswirkungen

STRASDAS (1992, S. 50ff.) unterscheidet bei den ökologischen Auswirkungen eines Ferienparks zwischen systemimmanenten und standortabhängigen Effekten. Den systemimmanenten Wirkungen ordnet er den Flächenverbrauch bzw. die Flächenver- siegelung, den Ressourcenverbrauch sowie das Abwasser- und Abfallaufkommen zu. Der Flächenverbrauch und der Versiegelungsgrad ist vom Betriebskonzept abhängig: Innenorientierte Ferienparks beispielsweise haben aufgrund ihrer umfangreicheren Angebotsstruktur einen höheren Flächenbedarf als außenorientierte Ferienparks (vgl. MIELKE/SANDER/KOCH 1993, S. 36ff.). Die Spanne liegt zwischen 20 und 150 ha (vgl. STRASDAS 1992, S. 51f.). LÜTHJE/LINDSTÄDT (1994, S. 79) hingegen gehen davon aus, dass im Vergleich zu den fremdenverkehrsintensiven Feriengemeinden nicht von einem höheren Flächenverbrauch der Ferienparks gesprochen werden kann. Einer Versiegelung von Flächen wird mittlerweile in vielen Fällen durch eine was- serdurchlässige Oberfläche entgegengewirkt.

Der Wasser- und Energieverbrauch ist vor allem aufgrund der beheizten Erlebnisbä- der und Zentralkomplexe relativ hoch, da sie ein ganzjähriges wetterunabhängiges Angebot unter Dach vereinen: Center Parcs Bispiner Heide verbraucht ca. 770 m³ Wasser pro Tag. Der durchschnittliche Wasserverbrauch pro Kopf der Deutschen bewegt sich bei 129 Litern pro Tag (vgl. Statistisches Bundesamt 2001, o. S.).

Aufgrund des hohen Abwasser- und Müllaufkommens werden i. d. R. zusätzliche Kapazitäten in Klärwerken und Mülldeponien benötigt (vgl. STRASDAS 1992, S. 54). Jedoch betrachten MIELKE/SANDER/KOCH (1993, S. 46) eine genaue Bewertung dieser Auswirkungen als nicht messbar.

Die standortabhängigen Auswirkungen spiegeln sich in einer Beeinträchtigung von Flora und Fauna, Störung des Landschaftsbildes und Verkehrsbelastung wider. Bei entsprechender Standortwahl – z. B. bei der Nutzung von Industriebrachen oder Konversionsgelände – kann die Vegetation und Fauna einen erheblichen Auf- schwung erfahren und zu einer Aufwertung des Geländes beitragen. Andererseits werden Feriengroßprojekte häufig in landschaftlich attraktiven und ökologisch wert- vollen Gebieten errichtet (vgl. MIELKE/SANDER/KOCH 1993, S. 50ff.), so dass nach STRASDAS (1992, S. 55) „mit einem Verlust vielfältiger Biotopstrukturen und einer Störung von Ökosystemen zu rechnen ist."

Die Verkehrsbelastungen zählen STRASDAS (1992, S. 58) und MIELKE/SANDER/ KOCH (1993, S. 43ff.) zu den problematischsten ökologischen Auswirkungen, die sich besonders vor Ort in einem Anstieg der Abgas- und Lärmimmissionen nieder- schlagen, zumal etwa 90% der Gäste mit dem eigenen Pkw anreisen.

Trotz dieser größtenteils negativen Auswirkungen sehen Befürworter wiederum in dem neuartigen Freizeitangebot die Chance, „Freizeitaktivitäten so zu kanalisieren und zu bündeln, daß der Druck auf besonders schützenswerte Teile der Landschaft vermindert wird" (STRASDAS 1992, Vorwort).

6 Ausblick

Für die Zukunft der Feriengroßprojekte im Vergleich zu anderen Urlaubsformen erwartet die F. U. R. (2000a, o. S.) – absolut gesehen – zwar keine großen Zuwächse, aber auch keine Rückgänge. Der aktuelle Marktanteil liegt bei 2-3%, darüber hinaus besteht bei ca. 5 Mio. Deutschen ein Interesse, künftig einen Urlaub in Feriengroßprojekten zu verbringen (vgl. Abb. 3).

Abb. 3: Wachstumspotenziale von Urlaubsformen

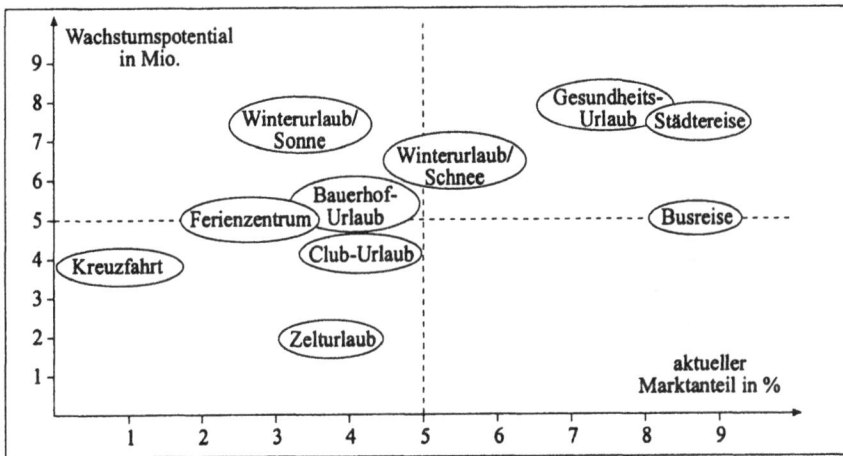

Quelle: Forschungsgemeinschaft Urlaub und Reisen e. V. (F. U. R.) 2000a, o. S.

Die Frage, ob die Zukunft den künstlichen Urlaubswelten gehört, ist nach Ansicht von HENNIG (1997, S. 73) überholt: „Ihnen gehört schon die Gegenwart. (...) Ihre Vorzüge liegen auf der Hand. Alle Widrigkeiten des Reisens werden effektvoll ausgeschaltet. Die Attraktionen der Welt sind in Themenparks auf engstem Raum zugänglich. Ohne lästige Bahnreisen oder ermüdendes Warten in Flughafenhallen erreicht man schweizerische Bergdörfer, japanische Tempel und arabische Basare. In geheizten ‚Badeparadiesen' kann man Regen und grauen Himmel vergessen und ganzjährig bei angenehmen Temperaturen unter Palmen flanieren. Alles, was das Reisen mühsam macht – Streiks und politische Unruhen, Magenverstimmungen und Diebstähle, der unerfreuliche Anblick von Armut und Krankheit – bleibt in den Ferienanlagen außen vor. Kein Wunder, daß sie boomen."

Literatur

BAUMGARTNER, CHR./REEH, T. (2001): Erlebniswelten im ländlichen Raum. Ökonomische und soziokulturelle Auswirkungen – mit Leitlinien zu einer ex-ante Beurteilung. München/Wien.

BAUMGARTNER; CHR. (1999): Themenwelten – ein definitorischer Überblick. Integra 4, S. 16f.

BECKER, CHR. (1984): Neue Entwicklungen bei den Feriengroßprojekten in der Bundesrepublik Deutschland – Diffusion und Probleme einer noch wachsenden Betriebsform. Zeitschrift für Wirtschaftsgeographie, Jg. 28, H. 3/4, S. 164-185.

BECKER, CHR. (2000a): Neuere Tendenzen bei der Entwicklung von Feriengroßprojekten in Deutschland. Geographische Rundschau, Jg. 52, H. 2, S. 28-35.

BECKER, CHR. (2000b): Feriengroßprojekte. In: Institut für Länderkunde/BECKER, CHR,/JOB, H. (Hrsg.): Nationalatlas der Bundesrepublik Deutschland. Bd. 10. Freizeit und Tourismus. Heidelberg/Leipzig, S. 72-73.

BECKER, CHR. et al. (1979): Feriengroßprojekte außerhalb des Zonenrandgebietes – Struktur und regionalpolitische Effekte. Materialien zur Fremdenverkehrsgeographie, 4. Trier.

BRITTNER, A. (2002): Zur Natürlichkeit künstlicher Ferienwelten. Eine Untersuchung zur Bedeutung, Wahrnehmung und Bewertung von ausgewählten Ferienparks in Deutschland. Materialien zur Fremdenverkehrsgeographie, 57. Trier.

Büro für Tourismus- und Erholungsplanung (BTE) (1994): Touristische Großprojekte. Eine Planungshilfe für Gemeinden. Berlin.

DOGTEROM, R. J. (2000a): Die thematische Inszenierung eines touristischen Großprojektes: Der Ferienpark „Heide-Metropole" Soltau. In: STEINECKE, A. (Hrsg.): Erlebnis- und Konsumwelten. München/Wien, S. 145-156.

Forschungsgemeinschaft Urlaub und Reisen e. V. (F.U.R.) (2000): Reiseanalyse aktuell. Mitteilung der ersten Ergebnisse auf der ITB in Berlin. Hamburg.

FRICKE, D. U. (2001): Das Fleesensee-Projekt in Mecklenburg-Vorpommern: Konzept, Partner, Perspektiven. In: KREILKAMP, E./PECHLANER, H./STEINECKE, A. (Hrsg.): Gemachter oder gelebter Tourismus? Destinationsmanagement und Tourismuspolitik. Management und Unternehmenskultur, 3. Wien, S. 75-87.

Gruner + Jahr (2000): Sonderauswertung der Reiseanalyse 2000 der Forschungsgemeinschaft Urlaub und Reisen e. V. (F.U.R.): Motive nach Urlaubsformen (unveröffentlichte Tabellierung nach Auftrag vom 2.04.2001, verantwortlich: Frau Kirstin Siebels-Krämer). Hamburg.

HAHNE, U. (1997): Die Mär von der regionalwirtschaftlichen und ökologischen Überlegenheit touristischer Großprojekte – gezeigt an einem Beispiel aus Schleswig-Holstein –. In: KÖHN, J. (Hrsg.): Tourismus und Umwelt. Berlin, S. 69-83.

HENNIG, CHR. (1997): Die unstillbare Sehnsucht nach dem Echten. Die Zeit, Nr. 11, 07.03.1997, S. 73.

KAGELMANN, H. J. (1998): Erlebniswelten: Grundlegende Bemerkungen vom organisierten Vergnügen. In: RIEDER, M./BACHLEITNER, R./KAGELMANN, H. J. (Hrsg.): ErlebnisWelten. Zur Kommerzialisierung der Emotionen in touristischen Räumen und Landschaften. Tourismuswissenschaftliche Manuskripte, 3. München/Wien, S. 58-94.

LEDUNE, P. (2000): Wirtschaftliche Auswirkungen eines Ferienparks: ‚Gran Dorado Hochsauerland' – Segen oder Fluch für den Standort? In: STEINECKE, A. (Hrsg.): Erlebnis- und Konsumwelten. München/Wien, S. 157-171.

LÜTHJE, K./LINDSTÄDT, B. (1994): Freizeit- und Ferienzentren – Umfang und regionale Verteilung. Materialien zur Raumentwicklung, 66. Bonn.

MIELKE, B./SANDER, H./KOCH, H. (1993): Großflächige Ferienzentren. In: Institut für Landes- und Stadtentwicklungsforschung des Landes Nordrhein-Westfalen (ILS) (Hrsg.): Großflächige Freizeiteinrichtungen im Freiraum. Freizeitparks und Ferienzentren. ILS-Schriften, 75. Dortmund, S. 9-72.

MUNDT, J. (1999): Die Authentizität des Geldes. In: Künstliche Ferien – Leben und Erleben im Freizeitreservat (= Voyage – Jahrbuch für Reise- und Tourismusforschung, Bd. 3). Köln, S. 13-32.

Spittler, R./Reinders, S. (2001): Ferien- und freizeittouristischer Anlagenmarkt des Kurzurlaubssegments – Untersuchung zur Planungspraxis. Vorabdruck. In: Akademie für Umweltforschung und -bildung in Europa (AubE) e. V. (Hrsg.). Bielefeld.

Statistisches Bundesamt (2000): Binnenhandel, Gastgewerbe, Tourismus. Fachserie 6, Reihe 7.2. Beherbergungskapazität 1999. Wiesbaden.

Statistisches Bundesamt (2001): Zahlen und Fakten des Statistischen Bundesamtes zum internationalen "Tag des Wassers" am 22. März 2001. Pressemitteilung. Wiesbaden, http://www.destatis.de/presse/deutsch/pm2001/p1030112.htm

Statistisches Bundesamt (lfd. Jahrgänge): Binnenhandel, Gastgewerbe, Tourismus. Fachserie 6. Reihe 7.2. Wiesbaden.

STEINECKE, A. (2000): Tourismus und neue Konsumkultur: Orientierungen – Schauplätze – Werthaltungen. In: STEINECKE, A. (Hrsg.): Erlebnis- und Konsumwelten. München/Wien, S. 11-27.

STRASDAS, W. (1992): Ferienzentren der zweiten Generation – Ökologische, soziale und ökonomische Auswirkungen. Untersuchung im Auftrag des Bundesministers für Umwelt, Naturschutz und Reaktorsicherheit. Bonn.

VOSSEBÜRGER, P./WEBER, A. (1998): Planerischer Umgang mit Freizeitgroßprojekten. Bausteine zum Konfliktmanagement am Beispiel eines „Center Parcs"-Projektes. Dortmunder Beiträge zur Raumplanung, 86: Blaue Reihe. Dortmund.

E-Business im öffentlichen Tourismussektor: Nutzung und Anwendung von Informations- und Kommunikationstechnologien im europäischen Vergleich

Thomas Feil/Britta Oertel/Sie Liong Thio

1   E-Business im Tourismus

1.1   Derzeitige Entwicklungsperspektiven

In der Tourismusbranche findet derzeit ein grundlegender Strukturwandel insbesondere bezüglich des Vertriebs und der Vermarktung touristischer Produkte und Leistungen statt. Neue Medien wie Internet, Mobilfunk, Mehrwertdienste im Telefonnetz, Call Center und Videotext, aber auch multifunktionelle Chipkarten und Automaten, eröffnen hier die Möglichkeit, mit innovativen E-Business-Lösungen indirekte Absatzverfahren durch direkte Kundenbeziehungen zu ergänzen bzw. zu ersetzen, Geschäftsvorgänge zu vereinfachen und Kostenreduzierungspotenziale umzusetzen. Das Konzept des Electronic Business beinhaltet dabei die auf neue Informations- und Kommunikationstechnologien (IuK-Technologien) gestützte Abwicklung aller Geschäftsprozesse sowohl im business-to-business-Bereich, als auch im business-to-consumer-Bereich – vom Marketing über das Bestell- und Rechnungswesen sowie den (digitalen) Zahlungsverkehr bis hin zum Support. Die Geschwindigkeit der Anpassung an die neuen Bedingungen gilt vor dem Hintergrund der rasant steigenden Zahl der Internet- und Mobilfunknutzer als wichtiges Maß für die Innovationsfähigkeit und den (volks)wirtschaftlichen Erfolg sowohl einzelner Marktteilnehmer als auch der deutschen Tourismusbranche insgesamt im internationalen Standortwettbewerb.

Die Bandbreite der derzeitigen Entwicklungsstränge durch den Einsatz von IuK-Technologien ergibt sich wie folgt:

-   Innovative IuK-Technologien eröffnen Potenziale zur Effektivitätssteigerung und Flexibilisierung innerhalb touristischer Organisations- und Marktstrukturen, zur Steigerung der internationalen Wettbewerbsfähigkeit, aber auch zur Einsparung von Arbeitskräften.

-   Telematikbasierte Formen des Direktvertriebs ermöglichen eine bessere Kundenorientierung und Kundenbindung (Customer Relation Management) sowie erweiterte Möglichkeiten der Informationsrecherche und des Marketings touristischer Produkte, die Möglichkeit des kurzfristigen Bündelns von Leistungen entsprechend der Kundennachfrage bzw. der Auslastung der Leistungsträger (z. B. Yield

Management) sowie einen verbesserten Zugang zum Kunden beispielsweise durch zeitliche und räumliche Flexibilität. Sie stärken jedoch auch die Präsenz internationaler Wettbewerber auf globalen Märkten.

- International agierende Tourismusakteure realisieren über innovative Techniken der Unternehmens- und Arbeitsorganisation Kostenvorteile und erobern so neue Marktsegmente. Denjenigen, die neue Technologien zu spät potenziellen Gästen zur Verfügung stellen, droht ein Verlust ihrer Marktposition.

- Vor allem das Internet, aber auch leistungsfähige Mehrwertdienste im Telefon- und Datennetz ermöglichen den verbesserten Zugang zu potenziellen Kunden auch für kleine und mittlere Leistungsträger bzw. Reisegebiete, deren Angebote derzeit nur unzureichend in globalen Vertriebskanälen präsentiert werden. Sie stärken grundsätzlich die orts- und zeitunabhängige Zusammenarbeit von Tourismusakteuren und eröffnen Potenziale, derzeitige Defizite bei der nationalen und internationalen Vermarktung des Tourismusstandortes Deutschland abzubauen. Hierfür ist praxisnahes technisches und organisatorisches Wissensmanagement erforderlich, welches zeitnah verfügbar und gleichzeitig konzentriert und anwendungsnah aufbereitet ist.

- Auch kleine und mittlere touristische Unternehmen können von innovativen Technologien, Verfahren und flexiblen Formen der Unternehmens- und Arbeitsorganisation (telematische Unternehmensnetzwerke, Zugang zu Dienstleistungen und Expertenwissen etc.) profitieren. Innovationen ermöglichen die Bildung strategischer Allianzen (auch virtueller Unternehmen), senken die Markteintrittsbarrieren und ermöglichen den Aufbau innovativer Produkte und Dienstleistungen, um neue Dienstleistungen und Produkte auch für neue Märkte zu entwickeln und zu vertreten.

- Vergleichbares gilt für Geschäftsmodelle im Electronic- und zukünftig im Mobile Business: Rabattsysteme wie Payback oder Webmiles, Vertriebsinstrumente wie Powershopping oder (Rückwärts)auktionen verändern zunehmend die Erwartungshaltungen der Verbraucher auch an kleine und mittlere Leistungsanbieter bzw. Vermittler.

Touristische Unternehmen agieren auf einem verbraucherorientierten Markt, der durch den steigenden Einsatz von Informations- und Kommunikationstechnologien sowie hohe Beratungsbedarfe gekennzeichnet ist. Gefördert durch die erfolgreichen Marketing- und Markenstrategien vor allem größerer Tourismusunternehmen steigen die Ansprüche der Verbraucher an die Qualität, das Preis-Leistungs-Verhältnis und die zeitliche und räumliche Flexibilität auch gegenüber kleinen und mittleren Unternehmen bzw. Vermittlern. Zunehmende Globalisierung auf Beschaffungs- und Absatzmärkten, die Entwicklung von Anbieter- zu Käufermärkten und technologische Entwicklungen führen zu einer Erhöhung des Wettbewerbsdruckes.

Innovative IuK-Technologien bieten insbesondere neue Möglichkeiten zur direkten, zeit- und ortsunabhängigen Interaktion zwischen Anbieter und Konsument. In der Folge werden die Kommunikationsbeziehungen zum Endkunden strukturell verändert und das Marktgleichgewicht in der Wertschöpfungskette massiv verändert.

Die weitreichenden Einsatzmöglichkeiten von E-Commerce im Tourismussektor sind unbestritten. Häufig scheitern jedoch E-Commerce-Konzepte an zwei Faktoren. Zum einen sind die Organisationsstrukturen der Destinationen nicht auf die schnelle Implikation der neuen Technologien ausgerichtet. Der Aufbau von Informationsnetzwerken zur Beschreibung des touristischen Angebotes in Reisegebieten ist sehr kostenintensiv. Nicht selten verlangsamen knappe Finanzmittel, fehlendes Personal für Datenpflege und ausbleibende Refinanzierungseinnahmen den Aufbau von effizienten E-Business-Strukturen (vgl. Kap. 2.4). Zum anderen ist das Kundenverhalten in der Anwendung der neuen Technologien schwer prognostizierbar. Das reale Informations- und Buchungsverhalten der Gäste ist nicht ausreichend bekannt. Auch wenn der Online-Kauf von Flug- und Fahrtickets zunimmt, stehen die Online-Buchungen von Urlaubsreisen noch am Anfang.

Über das Internet getätigte Buchungen – eines der größten Umsatzpotenziale für E-Commerce im Tourismus – sind derzeit in Deutschland noch vergleichsweise gering. Nach wie vor ist ein hoher Sicherheitsstandard beim Daten- und Zahlungsverkehr für über 85 Prozent der Nutzer eine sehr wichtige, aber häufig vermisste Eigenschaft auf den Websites der Destinationen. Insbesondere bei hochpreisigen Reiseprodukten kommt dies besonders deutlich zum Tragen.[1]

Solange die Internetauftritte der Destinationen die Interessen von nationalen und internationalen Gästen – klare Navigation, vertrauenerweckende Marken, hoher Sicherheitsstandard beim Zahlungsverkehr, übersichtliche, vergleichbare Angebote – nicht besser treffen, werden die Anteile der Online-Buchungen, wird generell das E-Commerce-Geschäft im öffentlichen Tourismussektor eine geringere Rolle spielen, als dies häufig von nationalen und internationalen Marktforschungsunternehmen prognostiziert oder von IT- Unternehmen erhofft wird (vgl. Kap. 2.3).

---

[1] Dies belegen unter anderem Untersuchungen des Hamburger Online-Marktforschungsunternehmens Fittkau & Maaß, die regelmäßig durchgeführt werden. Die Untersuchungen basieren auf Aussagen von rund 70.000 deutschsprachigen Internet-Nutzern. Einschränkend muss hier darauf hingewiesen werden, dass diese Analysen ,nur' Internetnutzer einschließen. Potenzielle Onlinenutzer, die derzeit noch keinen Internetanschluss haben, sind nicht berücksichtigt.

1.2 Relevanz des E-Business für das regionale europäische Tourismusmarketing

Ausgehend vom sich ständig ändernden Gästeverhalten hinsichtlich Informationsbeschaffung, Reservierung und Buchung müssen Regionen zunehmend flexibel und effizient auf heterogene Nachfragestrukturen reagieren. Der Kunde will 24 Stunden am Tag mit umfassenden und aktuellen Informationen bedient werden. Er will passende Pauschalen buchen, oder seine Reise aus verschiedenen Angebotspaketen von Beherbergungsbetrieben, Veranstaltern und Verkehrsträgern selbst zusammenstellen.

Elektronische Marktplätze im Internet spielen hierbei eine zunehmend bedeutende Rolle (vgl. Abb. 1). Trotz des deutlichen Nord-Süd- und West-Ost-Gefälles ist davon auszugehen, dass Informations- und Kommunikationstechnologien beim Marketing und Vertrieb regionaler Angebote stetig an Bedeutung gewinnen. Gründe für diese Einschätzung sind die rasant wachsende Zahl der Internetnutzer in Europa und die hohen prognostizierten Steigerungen des Electronic Commerce (insbesondere auch im Bereich touristischer Angebote). Im Jahr 2001 informierten sich 55% der deutschen Internetnutzer virtuell, 20% wählten ihr Reiseziel im Internet aus und fast 10% buchten ihre Reise im World Wide Web.[2]

Für das Marketing und den Vertrieb touristischer Leistungen über neue Medien sind Daten zur Nutzung des Internets auch für Informationsrecherchen und für den elektronischen Handel in europäischen Haushalten von besonderer Relevanz. Diese Daten wurden 1999 erstmals von EOS Gallup für das Gebiet der Europäischen Union im Rahmen von ca. 45.000 persönlichen Interviews erfasst (vgl. EOS Gallup 2000).

Obwohl diese Zahlen bereits zum Zeitpunkt ihrer Veröffentlichung nicht mehr auf dem aktuellsten Stand waren, wurden hier doch erstmals derartige Informationen auf regionaler Ebene bereitgestellt. Die hierbei aufgetretenen Disparitäten werden beispielsweise für Deutschland durch andere Untersuchungen bestätigt. Die EOS-Gallup Ergebnisse umfassen sowohl die Zahl der Haushalte mit Internetanschluss als auch die Nutzung des Internets zu Informationsrecherchen oder auch für E-Commerce in der Europäischen Union.[3] Für die Anbieter touristischer Leistungen sind diese Daten von Interesse, weil sie belegen, dass das Internet – sofern verfügbar – europaweit für die Informationsrecherche genutzt wird (bis auf wenige Ausnahmen beispielsweise in einigen griechischen Regionen).

---

[2] Wenige verreisen ohne vorherige Internetrecherche. In: VDI-Nachrichten vom 19. Oktober 2001, Nr. 42.

[3] Weitere Ergebnisse dieser Studie wurden ehemals unter http://europa.eu.int/ISPO/ infosoc/telecom-policy/en/EOStudy/Resid/ch0.htm [October 15, 2001] im Internet veröffentlicht. Zur Zeit sind die Informationen im Internet unter diesem Link nicht zu erhalten (Stand 14.01.2002).

Abb. 1: Internetnutzer in europäischen Ländern (2000; in % der Gesamtbevölkerung)

Internetnutzer im Jahr 2000 in % der Gesamtbevölkerung

- < 1 %
- 1 - 9 %
- 10 - 19 %
- 20 - 29 %
- 30 - 39 %
- 40 - 52 %
- keine Daten verfügbar

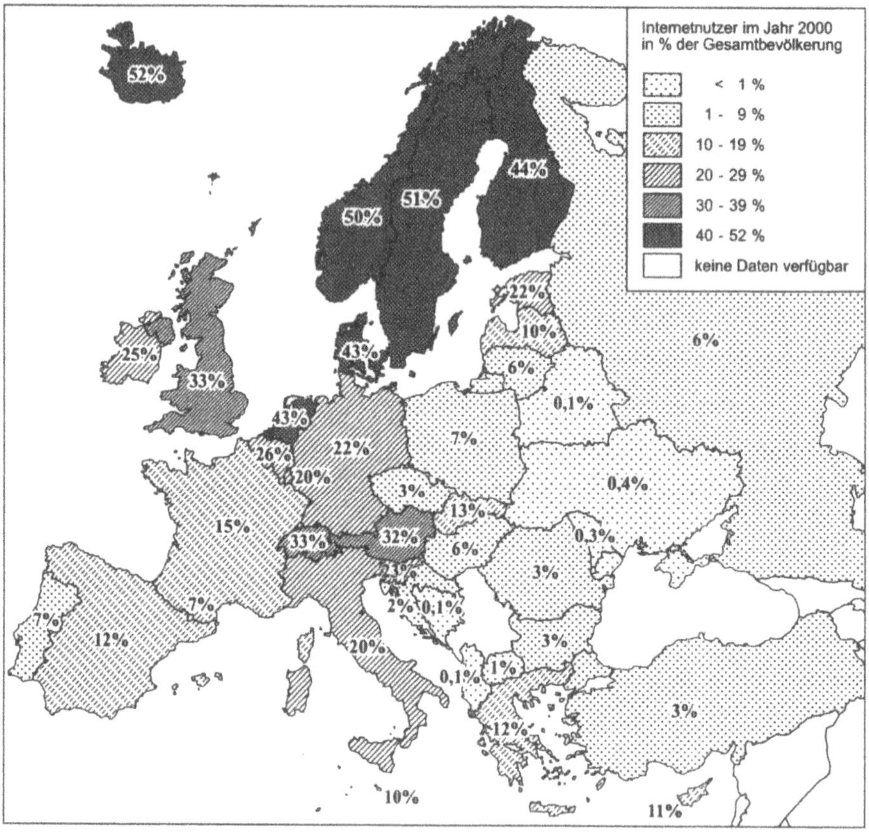

Quelle: http://www.ecin.de/marktbarometer/europa; eigene Ergänzungen

Im Vergleich hierzu ist E-Commerce erwartungsgemäß in den privaten Haushalten der europäischen Bürger geringer verbreitet. Die Erhebung unterscheidet hierbei nicht nach diversen (digitalen) Gütern. Trotz der insgesamt hohen Zahl von fast 45.000 befragten Personen in Europa konnte für einige Regionen nur eine unzureichende statistische Genauigkeit erzielt werden.[4] Unabhängig von bisher nicht ausreichenden Fallzahlen wird deutlich, dass die Bereitschaft zum elektronischen Kauf in Skandinavien, Großbritannien und Mitteleuropa am höchsten ist. Neuere Studien von der Gesellschaft für Konsumforschung (GFK) und Fittkau & Maaß

---

[4] So ist die hohe E-Commerce-Nutzung von über 80% in einigen deutschen Regionen – beispielsweise im Bundesland Sachsen-Anhalt – nicht nachzuvollziehen. Sie steht auch im Widerspruch zu anderen Forschungsergebnissen. Die Autoren von EOS Gallup haben selbst in ihrer Veröffentlichung auf teilweise ungenügende Fallzahlen verwiesen und den Karten einen vorläufigen Charakter verliehen.

bestätigen diese Tatsache. Insbesondere diejenigen europäischen Regionen, die von Individualreisenden aus diesen Gebieten profitieren, sollten deshalb nicht nur ein Informationsangebot, sondern auch Vakanzabfragen und Buchungsfunktionen auf ihren Webseiten bereit halten.

2 Benchmarking öffentlicher Dienstleistungen im Tourismus

2.1 Hintergrund und methodische Herangehensweise

Im Rahmen der Initiative ‚Dienstleistungen für das 21. Jahrhundert' fördert das Bundesministerium für Bildung und Forschung in Berlin eine Reihe von Forschungsprojekten, die Benchmarking-Verfahren zur Förderung der Innovationsfähigkeit und deren Erweiterung um branchen- oder regionalspezifische Komponenten zum Ziel haben. Im Mittelpunkt der Mehrzahl dieser Projekte steht nicht allein das Ermitteln von Kennzahlen, sondern vor allem das Lernen von guten Beispielen, aber auch der Forschungsauftrag, inwieweit öffentlich verfügbare Quellen und insbesondere statistische Daten für ein Benchmarking der Regionen genutzt werden können.

Aus mehreren vom Deutschen Wirtschaftswissenschaftlichen Institut für Fremdenverkehr (DWIF) und vom Institut für Zukunftsstudien und Technologiebewertung (IZT) durchgeführten Studien u. a. im Auftrag des Deutschen Bundestages geht hervor, dass dem Marketing, dem Vertrieb, aber auch dem Ausschöpfen der Potenziale zur Kundenbindung durch neue Technologien – insbesondere durch das Internet – in vielen deutschen, aber auch europäischen Regionen noch ein geringer Stellenwert zugewiesen wird. Auf den durch die neuen IuK-Technologien verstärkten globalen Wettbewerb und sich verändernde Kundenbedürfnisse sind nicht alle Fremdenverkehrsverbände bzw. Tourismusmarketinggesellschaften gleichermaßen vorbereitet. Deshalb wurde die Tourismusbranche als ein Beispiel der Benchmarking-Initiative gewählt, mit denen sowohl branchen- als auch regionalspezifisch Grundlagen für das strategische Benchmarking öffentlicher Dienstleistungen gelegt werden sollen.

Benchmarking ist ein kontinuierlicher Prozess, bei dem Produkte, Dienstleistungen und insbesondere Prozesse und Methoden betrieblicher Funktionen über mehrere Unternehmen hinweg verglichen werden. Ein Benchmark ist dabei ein Referenzpunkt einer gemessenen Bestleistung (vgl. CAMP 1989). DELBRIDGE/LOWE/OLIVER (1995) betonen dabei, dass durch das Lernen von ‚guten Beispielen' Veränderungs- und Verbesserungsprozesse gefördert werden, die die Wettbewerbsfähigkeit von Organisationen steigern.

Im Rahmen des von IZT und DWIF gemeinsam durchgeführten Forschungsprojektes ‚Benchmarking des iuk-gestützten Marketings und Vertriebs touristischer Leistungen – am Beispiel der deutschen Bundesländer und vergleichbarer europäischer

Regionen' (Laufzeit 1999-2001) wird dieser methodische Ansatz erweitert: Im Mittelpunkt stehen nicht allein Institutionen (hier Tourismusmarketinggesellschaften bzw. Fremdenverkehrsverbände), sondern auch die Regionen (hier Verwaltungseinheiten[5] in der Europäischen Union). Marketing und Vertrieb regionaler touristischer Leistungen sind in der Europäischen Union meist eine öffentliche Aufgabe, die von unterschiedlichen Akteuren auf kommunaler, regionaler und nationaler Ebene übernommen wird. Für das Benchmarking-Projekt wurden diejenigen Gebietseinheiten ausgewählt, für die in den einzelnen EU-Staaten das Marketing regionaler touristischer Leistungen durch eine Fremdenverkehrseinrichtung wahrgenommen wird.

Das Forschungsprojekt nutzt Methoden des externen Benchmarkings sowie des branchenbezogenen Benchmarkings: Obwohl der Vergleich zwischen Wettbewerbern bzw. konkurrierenden Regionen innerhalb der Europäischen Union stattfindet, stehen nicht die jeweiligen Marktanteile im Mittelpunkt, sondern vielmehr Innovationspotenziale durch den Einsatz von Informations- und Kommunikationstechnologien. Dabei wird von der These ausgegangen, dass das Angebot der regionalen Leistungsträger durch den Einsatz moderner Informations- und Kommunikationstechnologien – insbesondere des Internets – erfolgreich auf globalen Marktplätzen vermarktet werden kann.

Die methodische Herangehensweise beinhaltet zunächst die Zusammenstellung statistischer Daten zu den europäischen Regionen mit Relevanz für das Themenfeld. Die Basis hierfür bilden beispielsweise Erhebungen der Europäischen Union, der OECD sowie der World Tourism Organization. Im Mittelpunkt des Vorhabens steht eine Evaluation der Webseiten europäischer Regionen. Ziel dieses Untersuchungsschrittes ist es, ein Erhebungsinstrument zu konzipieren, mit dem auch zukünftig – mit deutlich verringertem zeitlichen und finanziellen Aufwand – die Position deutscher Tourismusangebote im Internet kontinuierlich evaluiert werden kann. Ergänzend hierzu wird eine schriftliche Befragung der für den Multimedia-Einsatz verantwortlichen Vertreter der Fremdenverkehrseinrichtungen in den deutschen Bundesländern und vergleichbarer europäischer Regionen durchgeführt. Die Erhebung fokussiert insbesondere Fragestellungen zum Einsatz von Informations- und Kommunikationstechnologien für Marketing und Vertrieb. Die Untersu-

---

[5] Diese Strukturen der Regionen orientieren sich in der Regel an den Verwaltungseinteilungen der jeweiligen Länder (beispielsweise den Départements in Frankreich oder den Provinzen in den Niederlanden), welche den ‚NUTS-II-Regionen' der Europäischen Union entsprechen. Ausnahmen bilden die Bundesrepublik Deutschland und Schweden. Hier werden im ersten Fall die Bundesländer (NUTS-I-Ebene), im letzteren Fall die NUTS-III-Ebene herangezogen, da auf dieser überregionalen Ebene die öffentliche Aufgabe des Tourismusmarketings, vergleichbar mit den übrigen NUTS-II-Gebieten in Europa, wahrgenommen wird. Finnland befindet sich aus touristischer Sicht im Moment in einem Umstrukturierungsprozess, so dass nur die Tourismusregionen in die Bewertung eingingen, deren derzeitige Strukturen weitestgehend den Gebietseinheiten der Europäischen Union entsprechen.

chungsschritte werden durch Experteninterviews sowie Fallstudien ausgewählter europäischer Regionen ergänzt.

2.2 Benchmarking-Partner in der Europäischen Union

Von 160 regionalen touristischen Organisationen in der Europäischen Union beteiligten sich 40 Organisationen an der schriftlichen Befragung. Für Griechenland wurde der Fragebogen zentral von der nationalen Tourismusorganisation für die griechischen Regionen beantwortet. Somit sind rund 30% der regionalen europäischen Destinationen in der Erhebung vertreten. Abgesehen von Irland und Dänemark (die im Rahmen unseres Forschungsprojektes aufgrund der Gebietseinteilung der Europäischen Union als jeweils eine Region zählten) haben alle Staaten der EU mit mindestens einer Region an der Befragung teilgenommen. Vor allem die deutschen und niederländischen Regionen waren überproportional repräsentiert. Die Ergebnisse werfen ein Schlaglicht auf das Aufgaben- und Leistungsspektrum der regionalen Tourismusmarketinggesellschaften in der Europäischen Union.

Von den befragten Tourismusmarketinggesellschaften erhalten zwei von drei mindestens 75% ihres Gesamtbudgets aus Zuwendungen öffentlicher Haushalte. Zukünftig soll dieser Anteil in den meisten Fällen deutlich sinken. Nur zwei von fünf Organisationen sind längerfristig nicht auf Gewinne aus ihrer wirtschaftlichen Tätigkeit angewiesen. Wichtige sonstige Einnahmequellen bilden Anzeigen der regionalen Leistungsträger sowie Mitgliedsbeiträge.

Die Tourismusmarketinggesellschaften zählen überwiegend zu Kleinst- und Kleinunternehmen. Zwei Drittel beschäftigen weniger als 20 Mitarbeiterinnen und Mitarbeiter, wobei Unternehmensgrößen mit unter 10 Beschäftigten die deutliche Mehrheit bilden. IuK-orientierte Tätigkeiten gewinnen an Bedeutung. In vielen Organisationen ist bereits jeder fünfte Beschäftigte ein IuK-Spezialist.

Information und Beratung, Marketing und Verkaufsförderung auch auf Messen und Veranstaltungen, Konzeption und Gestaltung von Informationsbroschüren und eines Internetauftritts der Region zählen zu den klassischen Aufgaben der befragten Tourismusmarketinggesellschaften (vgl. Abb. 2).

Auch ein Zugang zum Internet ist derzeit selbstverständlich. Auffällig ist, dass weniger als die Hälfte über einen Anschluss an ein Informations- und Reservierungssystem verfügt. Die Hälfte der Befragten gab an, nur die Aufgabe des Marketings bzw. die eines Mittlers zwischen Leistungsanbietern und Kunden zu übernehmen. Mit dem Vertrieb des touristischen Angebots ihrer Region seien sie nicht betraut. Dieser Sachverhalt wird bei der Untersuchung der Online-Buchbarkeit europäischer Regionen (vgl. Kap. 2.3) bestätigt.

Abb. 2: Aufgabenspektrum regionaler europäischer Marketinggesellschaften
         (Mehrfachantworten; in %)

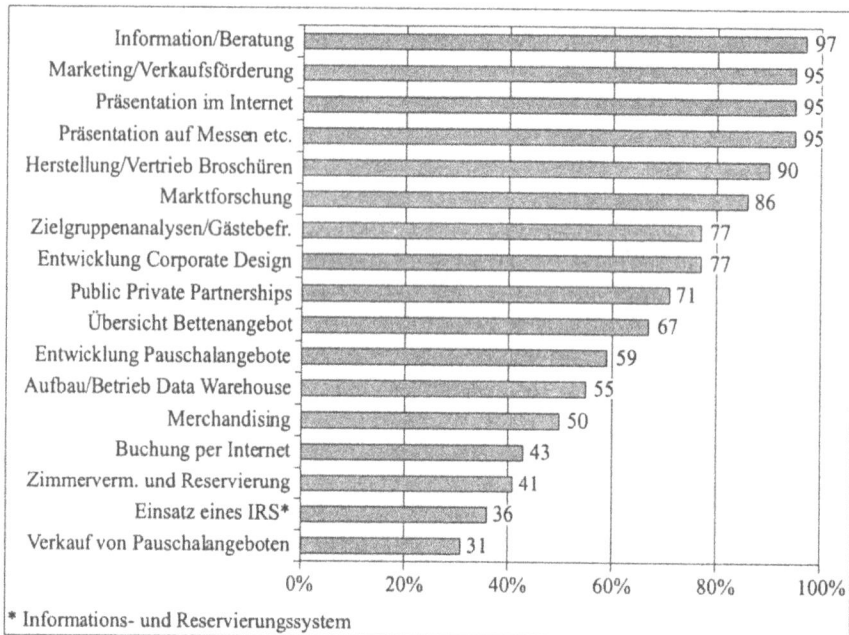

Information/Beratung	97
Marketing/Verkaufsförderung	95
Präsentation im Internet	95
Präsentation auf Messen etc.	95
Herstellung/Vertrieb Broschüren	90
Marktforschung	86
Zielgruppenanalysen/Gästebefr.	77
Entwicklung Corporate Design	77
Public Private Partnerships	71
Übersicht Bettenangebot	67
Entwicklung Pauschalangebote	59
Aufbau/Betrieb Data Warehouse	55
Merchandising	50
Buchung per Internet	43
Zimmerverm. und Reservierung	41
Einsatz eines IRS*	36
Verkauf von Pauschalangeboten	31

* Informations- und Reservierungssystem

Quelle: IZT/DWIF 2001

2.3   Benchmarking regionaler touristischer Internetpräsenzen

Steigende Nutzerzahlen in der Anwendung des Internets als Informationsquelle
und E-Commerce-Plattform, insbesondere für die Reservierung und Buchung
touristischer Leistungen einerseits, sowie die enger werdende Verzahnung von
elektronisch gestützten Marktauftritten mit dem operativen Geschäft der Tourismusmarketinggesellschaften und Fremdenverkehrsverbände andererseits, sind ein
wesentlicher Grund für die Analyse der Websites der europäischen Regionen unter
folgenden Fragestellungen:
- Welche Region stellt ihre Produkte innovativ und käufernah ins Netz?
- Gibt es Standards, die bei dem Aufbau und der Pflege eingehalten werden
   müssen?
- Gibt es gute Beispiele, d.h. Regionen, die mit ihren Webauftritt Benchmark für
   andere Regionen sind?
- Welche Aufmerksamkeit schenken die offiziellen Tourismusorganisationen
   ihrem Internetauftritt als Absatzkanal und Plattform für den Transport ihres
   Images?

Erstmals wurden im Rahmen des Projektes 'Benchmarking des IuK-gestützten Marketings und Vertriebs touristischer Leistungen' die Webauftritte von 160 Regionen (vorausgesetzt, die zuständige Tourismusorganisation betreibt eine Internetpräsenz) auf europäischer Ebene nach einem einheitlichen Erhebungsbogen analysiert. Die Analysen wurden im Frühjahr 2001 durchgeführt. Im Fokus der Analysen stand die Gestaltung der Internetpräsenzen, die Ausrichtung auf internationale Touristen, Art und Umfang der Informationen über das Reisegebiet und die touristischen Angebote, die Online-Buchbarkeit, die Einbindung in Suchmaschinen und links zu anderen Organisationen.[6]

Insgesamt war eine maximale Zahl von 316 Punkten zu erzielen. Die Bandbreite der erreichten Benchmark-Scores lag zwischen 10 bis 112 Punkten. Durchschnittlich wurden 59 Punkte erzielt. Allein dieses Ergebnis verdeutlicht, dass generell die Potenziale eines Webauftrittes durch Tourismusmarketinggesellschaften bzw. Fremdenverkehrsverbände in der Europäischen Union nicht ausgeschöpft werden. Hier bestehen Ansatzpunkte für die weitere Nutzung als Vertriebs- und Informationskanal.

Als 'best practices' sind derzeit die österreichischen Webpages zu bezeichnen. Auch die Angebote der britischen Regionen sollten als Beispiel für gelungene Webauftritte Beachtung finden. Vereinzelt zählen auch Regionen aus den Niederlanden, Spanien, Schweden, Deutschland, Finnland, Frankreich und Irland zu Regionen mit hohen Benchmarks, vor allem in der jeweiligen Kategorie Gestaltung der Homepage, Information über das Reisegebiet, Beschreibung des Beherbergungsangebotes und Reservierungs-/Buchungsmöglichkeit.

Die Auswertung der Daten ergab, dass viele Regionen der grafischen Gestaltung der Webseite hohe Aufmerksamkeit zollen. In die Bereitstellung von Informationen über die Region wird ebenfalls viel investiert. E-Commerce-Aktivitäten jedoch spielen auf den offiziellen Websites der Regionen noch eine unbedeutende Rolle, dies gilt sowohl für die Bereitstellung von Buchungstools für touristische Angebote, als auch für den Vertrieb von kostenpflichtigen Veröffentlichungen und weiteren Produkten. Auch die Möglichkeiten des Internets, beispielsweise durch Preisausschreiben oder Vergünstigungen potenzielle Kunden zu gewinnen und so den direkten Zugang zum Endkunden bzw. das Yield Management zu fördern, werden derzeit (auch im Vergleich zu großen kommerziellen Anbietern) vernachlässigt.

---

[6] Eine umfassende Dokumentation der Einzelergebnisse in den Rubriken Homepage, Informationen über die Region, Angebotsbeschreibung und Buchungsmöglichkeit kann unter http://www.izt.de/tourismus (Menüpunkt ITB 2001) heruntergeladen werden.

2.4   Die Implementierung von Online-Systemen in Deutschland

Die Hauptprobleme bei der Implementierung von Informations- und Reservierungssystemen sowie beim Aufbau von virtuellen Reisegebieten in Deutschland werden im Folgenden aus dem Blickwinkel des öffentlich geförderten Tourismus skizziert, der neben der Informationspflicht das aktive Vermittlungsgeschäft von KMU´s in der Fläche als eine seiner wesentlichen Aufgaben ansieht.

Die Kombination aus der kostentreibenden Informationspflicht über Orte und Regionen und dem Zwang, (vermittlungs-)technologisch ‚up to date' zu sein auf der einen Seite, sowie knapper werdende öffentliche Haushalte (in der Konsequenz müssen Business Units aufgebaut werden) und nicht zuletzt zeitaufwendige organisatorische Umstrukturierungen, machen es den öffentlichen Tourismuseinrichtungen immer schwerer, die richtige ‚System'-Entscheidung zu treffen. Folgende Situationen machen vorausschauende Entscheidungen für das Management in den Regionen nach wie vor nicht einfach:

- Hohe Geschwindigkeiten in den technologischen Entwicklungen bewirken die Zwangssituation in den Tourismusorganisationen, dass sie technologisch nachziehen müssen, um nach wie vor nah am Kunden zu bleiben. Die Organisationen sind häufig nicht zu diesen kurzen Innovationszyklen in der Lage.

- Konzentrationsprozesse innerhalb der Teilnehmer der touristischen Wertschöpfungskette sind schwer abzuschätzen, hier insbesondere im Vermittlungsgeschäft.

- Halbfertige Software-Produkte, deren Fortentwicklung zusammen mit dem Kunden im Echtbetrieb fortgesetzt werden soll, verlangen von allen Beteiligten organisatorisch erhebliche, z. T. unzumutbare Aufwendungen (Personal, Zeit).

- Finanzschwächere kleinere Anbieter von touristischen Leistungen sind sehr schwer oder überhaupt nicht elektronisch vermittelbar. Trotzdem fühlen sich Tourismusvereine und Tourismusverbände dieser Aufgabe verpflichtet.

- Gemeinsame Markenpolitik sowie gemeinsame Marktauftritte der Anbieter und Organisationen haben sich flächendeckend noch nicht durchgesetzt.

- Strukturelle und organisatorische Defizite setzen sich häufig in der Anwendung und Nichtanwendung von Systemen fort.

In der Abwägung der strategischen Positionierung am touristischen Markt steht nicht nur die Frage der geeigneten IuK-Technik im Fokus, sondern auch die Frage, welche organisatorischen Strukturen notwendig sind, um neue Technologien einzusetzen.

Es ist nach wie vor eine Herausforderung, eine Einschätzung zu künftigen Allianzen zwischen GDS/CRS, Switchern (wie TRUST), Hotelreservierungssystemen, Internetplattformen und Destination-Management-Systemen zu geben, um daraus die Konsequenzen für die nachgelagerten Vermittlungsstellen (Reisebüros, Touristinformationen, Tourismusorganisationen) und Leistungsanbieter abzuleiten. Durch Kooperationsbeziehungen besteht schon heute ein kompliziertes Flechtwerk (vgl. Abb. 3), dessen Hauptkräfte erst durch Detailanalysen ermittelt werden können.

Abb. 3: Auszug aus dem Kooperationsnetzwerk ‚Vermittlungsgeschäft'

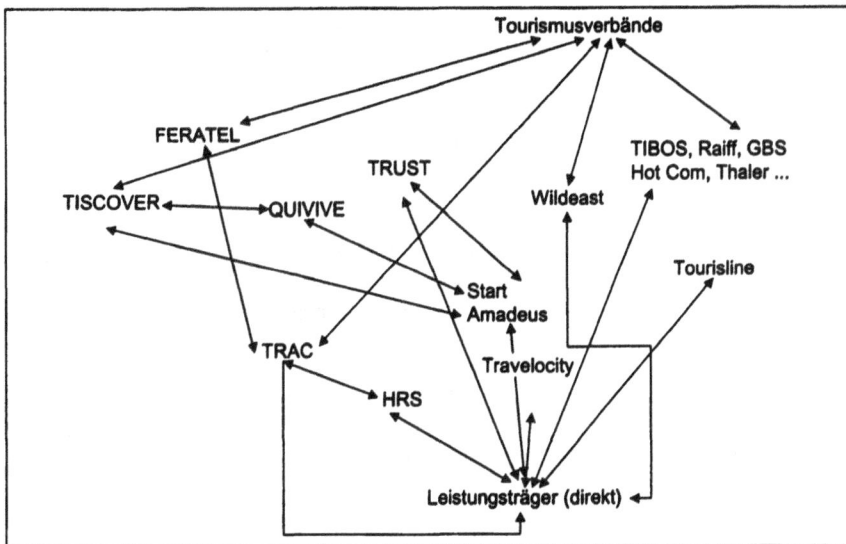

Quelle: FEIL 2001

Hinzu kommen die forcierte Öffnung der weltweit führenden GDS/CRS (Start Amadeus, Worldspan, Sabre, Galileo) für den Endanwender, die verstärkten E-Commerce-Aktivitäten der integrierten Tourismuskonzerne, weitere Expansionen von branchenfremden Marktteilnehmern sowie die Konkurrenz aus dem Ausland (insbesondere Travelocity und Expedia). Das sind nur einige Marktaktivitäten, die die hohe Dynamik auf dem deutschen Vermittlungsmarkt dokumentieren.

Qualifizierte Aussagen zu den künftigen iuk-technologisch und organisatorisch induzierten Verflechtungen innerhalb der touristischen Wertschöpfungskette erfordern weitere umfangreiche Untersuchungen, Primärerhebungen und vergleichende Analysen. Hier sind nach wie vor die Universitäten, Hochschulen und Forschungsinstitute gefordert, um einen aktiven Beitrag zu leisten, E-Tourismus in Deutschland zu analysieren und zu unterstützen.

Literatur

CAMP, R. (1989): Benchmarking: The Search for Industry Best Practices that lead to superior Performance.

DELBRIDGE, R./LOWE, J./OLIVER, N. (1995): The Process of Benchmarking: A Study from the Automotive Industry International Journal of Operations and Production Management 15(4).

DWIF (1998). Tourismus und Globalisierung – ökonomische Implikationen und ihre politische Relevanz. Abschlußbericht im Auftrag des Büros für Technikfolgenabschätzung des Deutschen Bundestages. Unveröffentlichtes Manuskript.

EOS Gallup (2000). The situation of the telecommunications services in the regions of the European Union. On behalf of the European Commission.

FEIL, TH. (2001): Informations- und Reservierungssysteme sowie E-Commerce in Deutschland – Marktrelevante Unternehmen und ihre Strategien. Im Auftrag des Deutschen Tourismusverbandes. Bonn, unveröffentlichtes Manuskript.

GREZEL, U./FESENMAIER, D. R. (2000): Organizational Readiness for the *E*-CONOMY. Illinois. http://www.tourism.uiuc.edu/nltec/personnel/ulli/ITTreadiness1.doc.

MERTINS, K./SIEBERT, G./KEMPF, S. (1995): Benchmarking – Praxis in deutschen Unternehmen.

SWEENY, S. (2000): Internet Marketing for Your Tourism Business: Proven Techniques for Promoting Tourist-Based Businesses over the Internet.

OERTEL, B./WOELK, M. (1999): Expert report. New Information Communication Technologies and their relevance for the innovation capability of the German Tourism Industry. Berlin.

OERTEL, B./THIO, S. L./GÜLDNER, J. A. (2000): 'Benchmarking Tourism'. Structural differences among the member states of the European Union. (http://www.izt.de/tourismus).

WERTHNER, H./KLEIN, S. (1999): Information Technology and Tourism – A Challenging Relationship. Wien/Münster/NewYork.

WTO Business Council (1999): Marketing Tourism Destinations Online. Strategies for the Information Age, World Tourism Organization.

ZERDICK, A. et al. (1999): Die Internet-Ökonomie, Strategien für die digitale Wirtschaft. European Communication Council Report. Berlin/Heidelberg/New York.

Freizeit- und Tourismusdestinationen: Management – Struktur – Politik – Planung

Wilhelm Steingrube

Die Freizeit- und Tourismusangebote präsentieren sich mittlerweile so umfangreich und vielfältig, dass man getrost behaupten kann, der globale touristische Markt vermag alle nur denkbaren Wünsche zu befriedigen.

Natürlich weisen dabei die einzelnen Destinationen sehr unterschiedliche Angebotsstrukturen auf: Die Bandbreite reicht von stark naturräumlich ausgerichteten Offerten über traditionell breit angelegte Erholungsurlaubsangebote bis hin zu künstlichen Inszenierungen, die Natur nicht einmal mehr als Kulisse benötigen. Die naturräumlichen Potenziale bestimmen zwar nach wie vor in vielen Destinationen das touristische Leistungsspektrum, doch die Erfolge der zunehmenden Anzahl von räumlich ungebundenen Freizeiteinrichtungen sowie von Erlebnis- und Konsumangeboten hängen heute weitgehend von der sich rasch wandelnden Nachfrage ab.

Die Freizeit- und Tourismuswirtschaft gilt als Wachstumsmarkt: Immer mehr und immer neue Anbieter treten als Mitbewerber im globalen Marktgeschehen auf. Dadurch ist ein Überangebot entstanden, das derzeit den potenziellen Nutzern zu Gute kommt. Für die Destinationen gestaltet sich diese Entwicklung weniger positiv. Mit dem Wandel vom Verkäufer- zum Käufermarkt gelten für den touristischen Markt die gleichen Regeln und Bedingungen des freien Wettbewerbs wie im warenproduzierenden Wirtschaftssektor.

Destinationen können auf Dauer nur bestehen, wenn sie die Erwartungen ihrer Gäste erfüllen. Da sich das touristische Produkt, die (Urlaubs-)Reise, aus einer teilweise sehr langen Leistungskette zusammensetzt, sind die Destinationen gezwungen, ihre Dienstleistungen perfekt aufeinander abzustimmen. Zur Bewältigung dieser (neuen) Aufgaben werden Instrumente aus anderen Branchen adaptiert: Destinationsmanagement und -marketing heißen seit etlichen Jahren die beiden Zauberformeln.

1   Destinationen

,Destination' ist ein beliebter und schillernder Begriff, der eigentlich jedem geläufig ist: Eine Destination ist zunächst einmal nichts anderes als ein Reiseziel. Somit definiert der Gast, was als Destination gilt. Es ist jenes Gebiet, in dem er die für seinen Aufenthalt definierten Bedürfnisse und Ansprüche glaubt, befriedigen zu können. Genau hieraus resultiert die Schwierigkeit, den Destinationsbegriff enger und verbindlicher zu fassen: Der eine Urlauber betrachtet sein Wellness-Hotel oder seinen Club als Destination, während andere Urlauber naturräumliche Einheiten (Lüneburger Heide, Rhön, Alpen etc.) oder gar ganze Kontinente (z. B. Australien) als ihre Reiseziele bezeichnen.

Eine Destination weist demnach keine bestimmte räumliche Ausdehnung auf, sie kann sowohl ein einzelner Betrieb als auch eine Landschaft sein oder administrativ abgegrenzt werden. Das einzig entscheidende Kriterium bildet die Wahrnehmung des Gastes, der in einem bestimmten Raum ein ganzes Leistungsbündel von Einrichtungen und Dienstleistungen als ein Gesamtprodukt konsumiert. Destinationen sind somit Reiseziele, die sich als Einheit im touristischen Markt präsentieren und als solche wahrgenommen werden.[1]

2   Management von Destinationen

Das traditionelle Management im Sinne von Unternehmensführung hat sich seit vielen Jahren zum ‚integrierten Management' weiterentwickelt. Im Tourismus erstreckt es sich über sämtliche Arbeitsbereiche aller Ebenen – von der normativen über die strategische bis hin zur operativen Ebene (vgl. Abb. 1).

Abb. 1: Ebenen des integrierten Tourismusmanagements

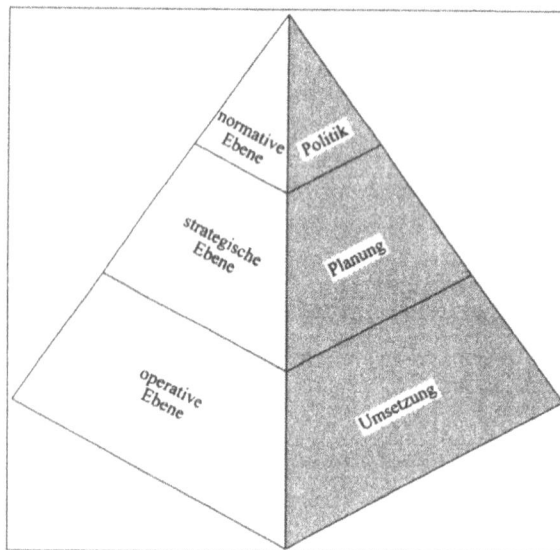

Quelle: Eigener Entwurf

---

[1]   vgl. Beitrag BECKER zu ‚Destinationsmanagement' in diesem Band

Allen Bereichen übergeordnet wirkt die Tourismuspolitik. Sie gibt die grundsätzlichen Ziele und Leitlinien vor.[2] Über die strategische Planungsebene werden dann im operativen Bereich die konkreten Maßnahmen umgesetzt.

Diese drei Ebenen bilden natürlich keine jeweils in sich geschlossenen Bereiche, sondern sie sind stark miteinander verzahnt. Der konkrete Arbeitsablauf stellt sich als ein nicht endender Kreislauf dar (vgl. Abb. 2):

-   Zunächst wird eine umfassende Bestandsaufnahme mit einer ganzen Reihe von Erfassungs- und Bewertungstechniken durchgeführt.

-   Darauf aufbauend werden die mittel- und langfristigen Ziele festgelegt (‚politische Phase'). Die Ziele werden üblicherweise als Tourismus-Leitbild formuliert und präsentiert.

-   Die Tourismusplanung befasst sich nachfolgend mit der Operationalisierung; sie leitet Teilziele und Strategien zur Realisierung ab.

-   Es schließt sich eine Phase der Umsetzung und Realisierung an.

-   Danach gilt es, in einer in der ‚ersten Runde' noch eigenständigen Phase ein Controlling-System einzuführen. Controlling geht weit über den deutschen Begriff ‚Kontrolle' hinaus: Kontrolle arbeitet retrospektiv, während Controlling als permanentes Instrument gegenwarts- und zukunftsorientiert ausgelegt ist.

-   In der ‚ersten Runde' wird naturgemäß die Kontrollaufgabe dominieren: Es ist zu prüfen, ob und inwieweit die gesteckten Ziele erreicht worden sind. Sind die Soll-Ist-Abweichungen zu groß, so muss erneut mit einer umfassenden Bestandsaufnahme begonnen werden. Sofern der Abgleich positiv ausfällt, kann direkt über gegebenenfalls modifizierte Ziele im Kreislauf fortgefahren werden.

-   Spätestens im zweiten Durchlauf wird das Controlling zu einer beständigen Einrichtung; der Soll-Ist-Abgleich wird nicht mehr episodisch in großen zeitlichen Abständen vorgenommen, sondern arbeitet als laufendes Beobachtungssystem. Damit übernimmt das Controlling etliche Aufgaben, die zu Beginn als erste Bestandsaufnahme erforderlich waren.

---

[2]   vgl. Beitrag BECKER zu ‚Tourismuspolitik und Tourismusförderung' sowie Beitrag JURCZEK zu ‚Freizeit- und Tourismusplanung' in diesem Band

Abb. 2: Kreislaufmodell des Tourismusmanagements

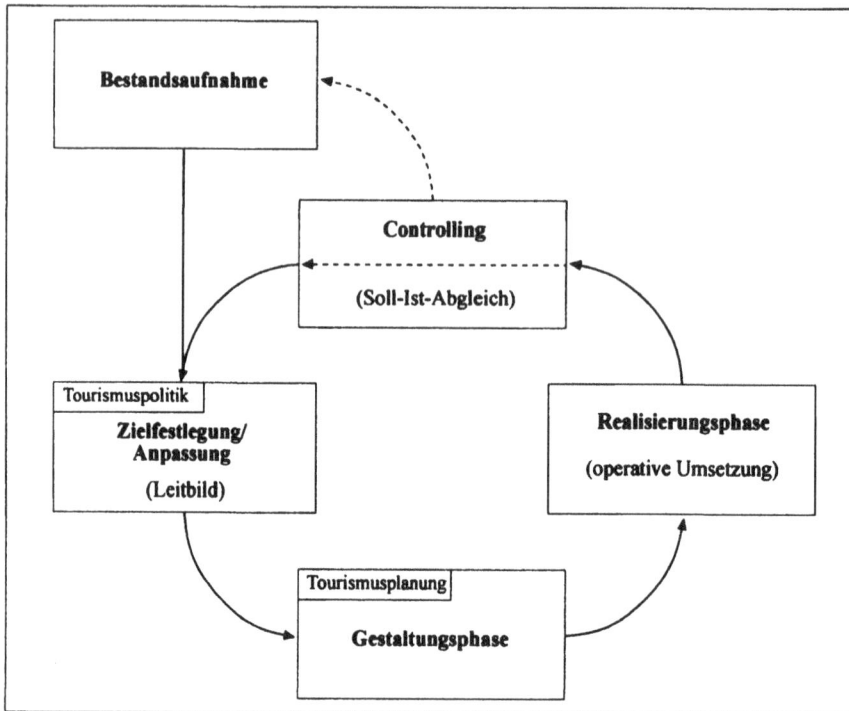

Quelle: Eigener Entwurf

3   Angebotsstrukturen

Destinationen bilden zwar als Zielgebiet für die Gäste eine Einheit, sie sind intern jedoch überaus heterogen strukturiert. Die touristische Angebotsseite setzt sich aus einer Vielzahl von sehr unterschiedlichen Elementen zusammen. Zur ersten Orientierung werden vier Angebotsbereiche unterschieden (vgl. Abb. 3):

-   Die naturräumliche Ausstattung bildet das Basispotenzial. Aufgrund der räumlichen Lage, des Klimas und der Vegetation ist jede Destination in eine spezifische Landschaft eingebunden. Diese ‚natürliche Vorgabe' bestimmt für die einzelnen Destinationen nicht ausschließlich, aber doch maßgeblich jene Tourismusformen, die es sich anzubieten lohnt (die deutsche Ostseeküste wird sich z. B. sinnvoller Weise dem maritimen Tourismus widmen und sich wohl kaum als Skigebiet positionieren können). Die natürlichen Ressourcen sind sehr ungleich verteilt. Aber es ist für die Destinationen ebenso müßig wie überflüssig, über die damit jeweils vorgegebenen Rahmenbedingungen zu lamentieren.

Statt dessen gilt es, die spezifischen Ressourcen positiv und zielgerichtet zu nutzen und in Wert zu setzen.

- Zum Angebotsbereich zählt weiterhin die allgemeine, infrastrukturelle Grundausstattung; sie beinhaltet jene Einrichtungen aus dem technischen Bereich (Verkehrsinfrastruktur, Ver- und Entsorgung, Kommunikationswesen) und aus dem sozialen Bereich (Bildung, Kultur, Gesundheitswesen), die vorrangig für die ortsansässige Bevölkerung bereitgestellt werden, die aber für die Gäste ebenfalls einen Mindeststandard in der Grundversorgung sicherstellen.

- Nicht vergessen werden darf die einheimische Bevölkerung. Diese wird gelegentlich zusammen mit dem Naturraum als ,ursprüngliches Angebot' zusammengefasst. Um die besondere Bedeutung der ortsansässigen Bevölkerung zu betonen, wird sie hier gesondert als Humanpotenzial herausgestellt. Zum einen bilden die Einheimischen mit ihrer Sprache, ihrer Kultur und ihrem Brauchtum ein spezifisches Ambiente für den Tourismus, zum anderen werden sie als Akteure und als Arbeitskräfte benötigt.

- Erst wenn Naturraum, Bevölkerung und Infrastruktur zusätzlich mit spezifischen touristischen Infrastruktureinrichtungen und Angeboten ausgestattet werden (dieses wird teilweise auch als ,abgeleitetes Angebot' bezeichnet), entsteht eine touristische Destination. Diese ergänzende Ausstattung umfasst jene Einrichtungen und Angebote, die benötigt werden, damit Gäste übernachten (Beherbergungswesen), sich versorgen (Gastronomie) und sich beschäftigen können (besondere Freizeitangebote wie Golfplatz, Marina, Kurpark und ähnliche Anlagen sowie spezielle Events).

Natürlich ist diese Einteilung nicht trennscharf. Insbesondere zwischen den beiden Infrastrukturbereichen sind die Übergänge fließend, denn die Gäste benutzen die Basisinfrastruktur und die Einheimischen besuchen touristische Einrichtungen.

Die Erfassung des touristischen Angebots in Form einer Destinationsanalyse bildet den ersten Schritt für eine umfassende Strukturanalyse, die dann als Bestandsaufnahme im Managementkreislauf zum Tragen kommt.

Analysen zum Marktgeschehen sowie auch des weiteren Umfeldes erbringen jene Ausgangsinformation, mit deren Hilfe weitergehende Einschätzungen vorgenommen werden können (vgl. Abb. 4; für alle hier ausgewiesenen Analysefelder gibt es unterschiedliche Techniken; diese können bei FREYER, 1997, nachgelesen werden).

Abb. 3: Die touristische Angebotsseite

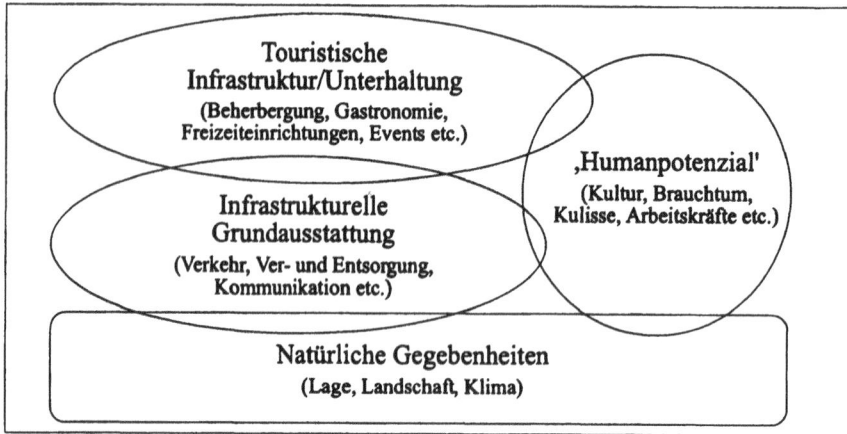

Quelle: Eigener Entwurf

Die Chancen-/Risiken-Analyse sowie insbesondere die SWOT-Analyse (Stärken-Schwächen-/Chancen-Risiken = strength-weakness-opportunities-threats) liegen bereits im Übergangsbereich zur strategischen Planung. Sie liefern die notwendigen Informationsgrundlagen, um solide Tourismuspolitik und -planung betreiben zu können.

Abb. 4: Analysetechniken zur Bestandsaufnahme

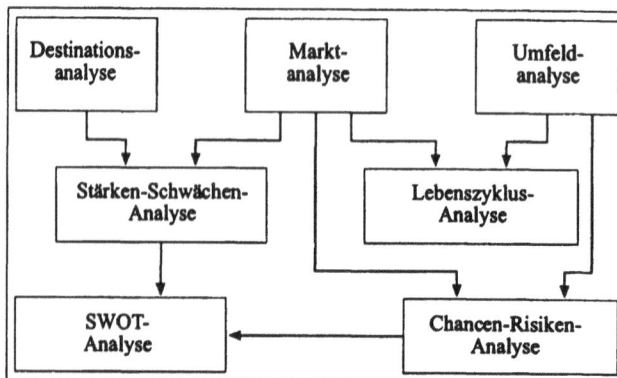

Quelle: Eigener Entwurf in Anlehnung an FREYER (1997, S. 308)

4   Tourismuspolitik

Die Tourismuspolitik bildet die allem übergeordnete normative Ebene. Sie gibt für einen mittel- bis langfristigen Zeithorizont die grundsätzlichen Ziele vor, die für die Organisationsmitglieder bindend sein sollten.

Für Destinationen ist es mittlerweile üblich geworden, ihre Ziele in Form von Leitbildern zu manifestieren. Tourismus-Leitbilder beinhalten sowohl den Rahmen als auch die Leitlinien für alle zukünftigen Handlungen. Leitbilder werden, wie in der Raumordnung auch, sehr allgemein gehalten. Sie bieten damit eine Orientierungshilfe, ohne durch zu enge und restriktive Vorgaben mögliche Entwicklungen zu behindern.

Die Bandbreite der (möglichen) Ziele ist extrem weit gefächert. Vor dem Hintergrund der Diskussionen zur Nachhaltigkeit, die auf allen Ebenen und in allen Bereichen geführt werden, ist gegenwärtig festzustellen, dass sich viele Destinationen die Ziele eines nachhaltigen Tourismus auf ihre Fahnen geschrieben haben. Dabei wird zwar nicht immer explizit der Nachhaltigkeitsbegriff verwendet, aber eine Mischung aus ökonomischen, ökologischen und sozialen Zielen offenbart jeweils diese Grundhaltung.

Die in Deutschland seitens der staatlichen Institutionen betriebene Tourismuspolitik weicht in ihren Intentionen deutlich von jener Vorgehensweise ab, die als normativer Teil des integrierten Managements von gewerblichen Akteuren praktiziert wird. Die staatliche Tourismuspolitik legitimiert sich über drei Problem- und Aufgabenfelder:

- Koordination der sektoralen Politikbereiche: Da Tourismus eine Querschnittsdisziplin darstellt, wirken eine Vielzahl von Entscheidungen sektoraler Politikbereiche in das Geschehen des Tourismus hinein. Diese Auswirkungen sind oftmals nicht beabsichtigt. Insofern muss eine Koordinierung bereits in den etablierten sektoralen Bereichen erfolgen.

- Marktversagen: Das Streben nach Gewinnmaximierung der einzelnen Akteure führt in seiner Summe oftmals zu einer nicht erwünschten Gesamtentwicklung einzelner Branchen oder ganzer Regionen. Die Tourismuspolitik soll vorausschauend steuernde Aufgaben übernehmen, doch in den meisten Fällen ist sie (nur) nachträglich korrigierend bzw. sanierend tätig.

- Regionalpolitik: Tourismuspolitik wird in Deutschland leider vielfach als ‚letzter Rettungsanker' im Zuge regionalpolitischer Entwicklungsmaßnahmen betrieben. Wenn in strukturschwachen Regionen alle üblichen Förderkonzepte fehlgeschlagen sind, besinnen sich verantwortliche Politiker oftmals darauf, dass es ja eine vermeintlich einzigartige Naturlandschaft gibt, die man dem Tourismus zuführen könne. Zudem gilt Tourismus grundsätzlich als personalintensiv, somit scheinen touristische Konzepte gleichzeitig auch arbeitsmarktpolitische Probleme lösen zu können. Dass derartig motivierte Tourismusentwicklungskonzepte selten gelingen und eher dem Ansehen des Tourismus insgesamt abträglich sind, überrascht eigentlich nicht.

Da sich Destinationen den Gästen als Einheit präsentieren müssen, bildet die Entwicklung eines einheitlichen Erscheinungsbildes (Corporate Design) ein sehr wesentliches Element im Zuge der Marktpositionierung. Eine solche (Selbst-)Darstellung nach innen und nach außen erfordert darüber hinaus auch ein einheitliches Verhalten und stimmige Kommunikationsabläufe. Diese drei Komponenten bilden gemeinsam die sog. Corporate Identity (CI; der deutsche Begriff ‚Unternehmenspersönlichkeit' wird selten verwendet). Die Erarbeitung der CI gilt allgemein als eine zentrale strategische Aufgabe und bildet das Bindeglied zur Tourismusplanung.

5   Tourismusplanung

Die Tourismusplanung beinhaltet den strategischen Managementbereich. Die Übergänge zur Tourismuspolitik sind fließend, denn hier werden die im Leitbild noch sehr abstrakt gehaltenen Ziele und allgemeinen Leitlinien weiter konkretisiert. Nachdem mit den Zielvorgaben die Frage ‚Wo wollen wir hin?' beantwortet worden ist, gilt es hier, die Aufgabe ‚Wie können wir das erreichen?' zu lösen.

Die Tourismusplanung greift wieder auf die vielfältigen Analyseergebnisse der Bestandsaufnahme zurück. Sie entscheidet strategisch über die Notwendigkeit(en) zur Erhaltung, Verbesserung oder Erneuerung vorhandener Ressourcen sowie auch über mögliche Maßnahmen zur Komplettierung oder gar offensiven Schwerpunktverlagerung im Angebotsbereich. Da die Einflussmöglichkeiten auf das naturräumliche Potenzial relativ gering sind, erstrecken sich Ergänzungsvorhaben in aller Regel auf Freizeitinfrastruktureinrichtungen und touristische Veranstaltungen.

Eine gewisse Problematik ergibt sich für alle Destinationen aus dem Umstand, dass die Anforderungen an vorhandene Freizeitangebote beständig steigen. Viele Reisegebiete schöpfen bereits mit der Nachrüstung auf das Niveau der aktuellen Grundausstattung ihre finanziellen Möglichkeiten aus. Darüber hinaus ist zu bedenken, dass Infrastruktureinrichtungen stets Folgekosten für die laufende Wartung nach sich ziehen.

Kostengünstiger erscheint vielen Destinationen die Inszenierung von Events. Fast unabhängig von der konkreten Ausprägung der Veranstaltungen (kulturell, volkstümlich, sportlich oder fach- und themenbezogen) lassen sich auf diesem Wege teilweise extrem viele (Tages-)Gäste anlocken. Doch da bereits viele Destinationen auf diese Idee verfallen sind und sich Event-Marketing zu einem eigenständigen Marktsegment entwickelt hat, wird das Angebotsspektrum immer unübersichtlicher und beliebiger. Nur noch wirklich neue Ideen (Angebote) oder historisch bzw. regional verankerte Veranstaltungen werden noch Wirkung erzielen können.

Neben den Maßnahmen zur Verbesserung der Angebotsstruktur hat die Tourismusplanung sich auch um die Art und Weise der Marktpositionierung zu kümmern. Hier gibt es wiederum eine Vielzahl unterschiedlich aufwendiger und effektiver Strategien: von kundenorientierten über konkurrenzorientierten bis hin zu allgemeinen Positionierungsstrategien (vgl. hierzu ausführlich FREYER 1997, S. 361 ff.).

Für Destinationen erweist es sich – in Abhängigkeit von ihrer inneren Struktur – als schwierige Aufgabe, klare Positionierungsstrategien zu entwickeln. Die wachsende Beliebigkeit des Reiseziels sowie die scheinbare Austauschbarkeit von Orten und Regionen kennzeichnen die problematische Situation vieler Destinationen, denn ihr primäres Interesse besteht darin, eben nicht durch andere ersetzbar zu sein.

Dass ,Schrotflinten-Konzepte' nicht mehr funktionieren, hat sich mittlerweile in allen Regionen herumgesprochen. Profilierung heißt das neue Zauberwort. Es umschreibt die Absicht, sich angebotsseitig auf bestimmte Elemente (Stärken) zu konzentrieren, um damit zielgruppenorientiert bestimmte Marktsegmente zu erschließen.[3]

Der Traum aller Destinationen ist ein wirkliches Alleinstellungsmerkmal (USP – Unique Selling Proposition). Naturräumliche Superlative lassen sich allerdings nicht beliebig erzeugen, soziokulturelle hingegen schon eher. Wie wichtig derzeit diese Form der Präsentation mit einzigartigen Angeboten zu sein scheint, belegen nahezu alle Imagebroschüren. Sie strotzen nur so vor künstlich erzeugten herausragenden Einmaligkeiten. Durch einschränkende Formulierungen (in sachlicher, zeitlicher und/oder räumlicher Hinsicht) kann man nahezu jede Einrichtung und jedes Angebot als Singularität herausarbeiten (,die einzige Rundkirche mit achteckigem Turm aus dem 17. Jh. in Norddeutschland'). Doch eine derartige Verkettung von Kriterien erzeugt keine wirkliche USP und die Wirkung auf potenzielle Gäste wird durch die Flut vermeintlicher Superlative verwässert. Auch eine USP im Bereich der touristischen Infrastruktur (,die größte Holz-Achterbahn der Welt') verliert an Bedeutung, weil sich die Halbwertzeit, d. h. die Frist, bis an anderer Stelle eine noch größere Anlage errichtet wird, beständig verringert.

Wettbewerbsorientierte Strategien bilden einen anderen Weg, um sich im Markt zu behaupten. Weit verbreitet sind Preisstrategien. Hier stehen sich als extreme Positionen der ,Exclusiv-Tourismus' und der ,Billig-Tourismus' gegenüber. Beide Vorgehensweisen sind nicht unproblematisch:

---

[3] vgl. Beitrag KERN zu , Profil und Profilierung deutscher Urlaubsregionen' in diesem Band

- Die geringen Gewinnspannen einer Niedrig-Preisstrategie müssen durch Menge kompensiert werden. Der damit entstehende Massentourismus kann mittelfristig zu einem Imageproblem für die Destination(en) werden. Darüber hinaus belässt das dicht an der Rentabilitätsgrenze liegende Agieren den Akteuren wenig Handlungsspielraum für weitere Marketingstrategien.

- Die Konzentration auf wenige, aber zahlungskräftige Gäste birgt ein ebenso großes Risiko: Diese Klientel ist ausgesprochen anspruchsvoll – ein konstant auf hohem Niveau gehaltenes Dienstleistungsangebot bildet nur die notwendige Voraussetzung, beinhaltet aber keine Garantie für die regelmäßige Rückkehr der Touristen. Fünf-Sterne-Gäste reagieren vielfach sehr kurzfristig auf nicht kalkulierbare Modewellen, d. h. sie sind launisch und als Stammgäste unzuverlässig.

Die im Tourismus bislang noch übliche Form der Preisbildung geht kostenorientiert vor. Die Addition aller anfallenden Kosten ergibt den notwendigen Mindestpreis.

Abb. 5: Formen der Preisbildung

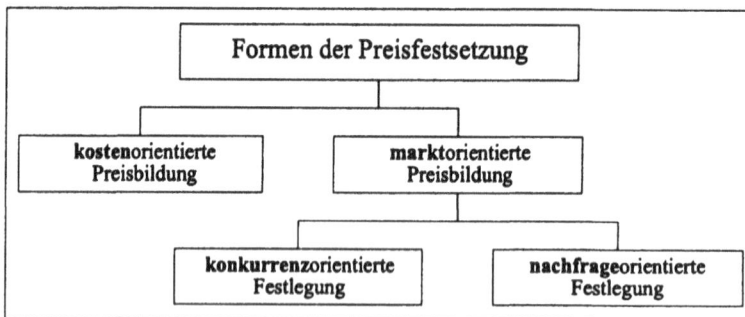

Quelle: Eigener Entwurf

Bei einer marktorientierten Preisbildung (vgl. Abb. 5) bestehen zwei Möglichkeiten:

- Die konkurrenzorientierte Vorgehensweise vernachlässigt die anfallenden Kosten und der Preis wird relativ zu den Mitbewerbern bewusst festgelegt (höher oder niedriger). Diese Strategie ist aus dem Einzelhandel hinlänglich bekannt (große Konzerne können aufgrund ihrer finanziellen Rückendeckung vergleichsweise lange Zeit mit Dumpingpreisen kleine Konkurrenten ‚ausschalten’).

- Die nachfrageorientierte Preisbildung berücksichtigt das Verhalten der Käufer und deren Nutzwertüberlegungen. Es wird ein Preis festgelegt, der unterhalb jenes Grenzbetrages liegt, den Gäste bereit sind, für bestimmte Leistungen zu zahlen. Dieser Endpreis muss dann rückwärts auf die einzelnen Glieder der

Leistungskette verteilt werden. Eine solche Vorgehensweise kommt immer häufiger zum Einsatz, weil damit die Vermarktbarkeit eigentlich sicher gestellt ist. Allerdings kann die ‚interne Tragfähigkeit' des Endpreises durch die einzelnen Leistungserbringer im Einzelfall Probleme aufwerfen, denn diese Form der Preisbildung wird aufgrund der starken Konkurrenzsituation in vielen Marktsegmenten den Preis drücken.

6   Regionen als Destinationen

Der Gast nimmt sein Reiseziel zwar als Einheit wahr und bezeichnet es demzufolge als Destination, doch nur wenige Destinationen bilden tatsächlich eine (betriebswirtschaftliche) Einheit. Größere Gebiete, angefangen von Ortschaften bis hin zu ganzen Ländern, vermarkten sich vielfach durch Interessenvertretungen (Fremdenverkehrsvereine, Tourismusverbände, Marketinggesellschaften etc.) unter einem (meist geographischen) Namen, bestehen intern aber aus einer Vielzahl von kleinen und großen Leistungsanbietern sowie Verbänden, die jeweils spezifische Gruppeninteressen vertreten (müssen).

Die in den meisten Orten und Regionen historisch gewachsenen Angebots- und Organisationsstrukturen arbeiteten bis noch vor wenigen Jahren überwiegend erfolgreich. Mittlerweile jedoch scheinen viele Destinationen den gestiegenen Anforderungen des Marktes nicht mehr gewachsen zu sein. Neue Marketing- und Managementmethoden werden nahezu flächendeckend eingefordert.

Voraussetzung für ein erfolgreiches integriertes Destinationsmanagement ist es, dass die Orte oder Regionen tatsächlich wie eine Einheit bzw. wie ein Unternehmen mit einem übergreifenden Management mit verschiedenen Geschäftsfeldern geführt werden können. Doch dieser Notwendigkeit stehen in den meisten Fällen (derzeit noch) etliche Probleme entgegen:
- Dualität von Verbandsstrukturen und wirklichen touristischen Leistungserbringern,
- Interessenvertretungen mit divergierenden Zielen (sowohl Branchen als auch Akteure betreiben Lobbyarbeit),
- gewachsene Organisationsstrukturen,
- gewachsene Personalstrukturen (und -bestände),
- tradierte Arbeitsorganisation und -abläufe,
- sehr unterschiedliche Betriebsstrukturen bei den Leistungserbringern (von familiären Kleinstbetrieben bis zu global agierenden Konzernen),
- bei großräumigen Destinationen teilweise keine hierarchischen Verbandsstrukturen, was trotz gleichartiger Interessen dennoch zu unkoordinierten Abläufen und widersprüchlichen Zielstellungen führen kann,

- politische Einflussnahme auf administrativ unterschiedlichen Ebenen mit un-
  einheitlichen Interessen,
- Orientierung der staatlichen Tourismuspolitik an administrativen Grenzen, die
  nicht immer deckungsgleich mit touristischen Destinationen sind.

Während sich Touristen nur selten an administrativen Grenzen orientieren, sind
Tourismusorganisationen in Deutschland hingegen überwiegend räumlich synchron mit Verwaltungseinheiten organisiert. Für den normalen Urlauber stellt z. B.
die Rhön eine Mittelgebirgsdestination dar. Dass sich gleich drei Bundesländer
(Bayern, Hessen und Thüringen) – kaum koordiniert – um die Vermarktung jeweils ihrer ‚Teil-Rhön' kümmern, erscheint nicht nur wenig einsichtig, sondern
behindert auch die Gesamtentwicklung dieser Region.

Nach den Ferien- und Freizeitgroßanlagen drängen immer mehr thematische Er-
lebnis- und Konsumwelten auf den Markt (vgl. hierzu STEINECKE 2000). Freizeitparks und Themenhotels erweitern nicht nur ihr Angebotsspektrum beständig,
sondern dehnen sich auch räumlich immer weiter aus. Bislang bilden die meisten
Freizeitanlagen zwar ‚nur' Reiseziele für Tagesausflüge, doch auch hier zeichnet
sich bereits ein Trend zur Verlängerung des Aufenthalts ab. Damit entwickeln sich
diese Einrichtungen zu einer unmittelbaren Konkurrenz für Urlaubsdestinationen,
die auf Kurzurlauber ausgerichtet sind. Dieser dynamischen Marktentwicklung
werden immer mehr traditionelle Tourismusdestinationen nicht mehr gewachsen
sein, wenn sie sich nicht grundlegend in ihren Organisations- und Vermarktungsstrukturen den veränderten Rahmenbedingungen anpassen.

7   Fazit

Der Freizeit- und Tourismusmarkt wird global weiter wachsen und die Anzahl der
um Gäste konkurrierenden Destinationen wird dabei überproportional zunehmen.
Eine verstärkte Konkurrenzsituation wird sich aber nicht nur wegen der wachsenden Anzahl von Mitbewerbern ergeben, sondern auch weil die viel diskutierte
Globalisierung im Tourismus bereits Realität ist.

Um in diesem Wettbewerb dauerhaft bestehen zu können, müssen die Destinationen neue Organisationsstrukturen, Instrumente und Arbeitsweisen entwickeln. Aus
dem Erfahrungsschatz anderer Branchen können dabei erfolgreiche Methoden
adaptiert werden. Destinationsmanagement und -marketing scheinen mögliche
Lösungswege zu bieten.

Diese Herausforderung wird insbesondere für traditionelle Reisegebiete mit ihren
gewachsenen Organisations- und Personalstrukturen erhebliche Probleme aufwerfen. Ein vermeintlich einzigartig gutes naturräumliches Potenzial, ergänzt durch
einige Freizeitinfrastruktureinrichtungen wird nicht mehr genügen, um auf Dauer
eine hinreichende Anzahl von Gästen halten zu können.

Gegenüber den in zunehmender Anzahl agierenden Großanlagen mit einem straffen Destinationsmanagement können sich nur innovationsfähige Orte und Regionen behaupten, die ihre Gebiete als virtuelle Unternehmen mit zahlreichen realen Leistungsträgern in neuen Organisations- und Kooperationsformen führen.

Literatur

BIEGER, T. (2001): Perspektiven der Tourismuspolitik in traditionellen alpinen Tourismusländern – Welche Aufgaben hat der Staat noch? In: KREILKAMP, E./PECHLANER, H./ STEINECKE, A. (Hrsg.): Gemachter oder gelebter Tourismus. S. 11-40.

FREYER, W. (1997): Tourismusmarketing. München.

HINTERHUBER, H. H./PECHLANER, H. (1999): Verbundsysteme von Tourismusorganisationen und Destinationen – Hypothesen für einen konzeptionellen Ansatz. In: PECHLANER, H./WEIERMAIR, K. (Hrsg.): Destinationsmanagement. Wien, S. 227–242.

KREILKAMP, E./PECHLANER, H./STEINECKE, A. (Hrsg.; 2001): Gemachter oder gelebter Tourismus? Schriftenreihe Management und Unternehmenskultur, Bd. 3. Wien.

STEINECKE, A. (Hrsg.; 2000): Erlebnis- und Konsumwelten. München/Wien.

Kennziffern zur Bewertung der Belastung von Tourismusgemeinden und -regionen

Jens Albowitz

1   Ausgangslage

Die touristische Entwicklung von Gemeinden und Regionen lässt sich mit Hilfe von Kennziffern objektiv und präzise bewerten. Bei der Kennziffernmethode handelt es sich um einen planerischen Bewertungsansatz, der das Ziel verfolgt, eine interne Wirkung auf die Tourismusentwicklung zu haben. Im Sinne der strategischen Planung werden die Situation erfasst und das Potenzial bestimmt. Mit der Kennziffernmethode werden notwendige Handlungsfelder (Problembereiche und Chancen) für eine zukunftsfähige Entwicklung der Gemeinde bzw. Region aufgezeigt, an denen sich eine nachhaltige Tourismusplanung orientieren kann. Bislang wird die Methode in der Praxis jedoch zu wenig berücksichtigt. Nachfolgend werden die Grundelemente der Kennziffernmethode erläutert und der aktuelle Forschungsstand diskutiert.

2   Grundelemente der Bewertungsmethode

2.1   Die Kriterienauswahl

Bei der Bewertung des Tourismus anhand der Kennziffernmethode muss eine Vielzahl von Kriterien berücksichtigt werden. Ihre Auswahl folgt oftmals einem Katalog von Zielen, der sich zumeist am Konzept des ‚Nachhaltigen Tourismus' orientiert: „Entsprechend der thematisch wie räumlich holistisch angelegten Nachhaltigkeits-Debatte müssen die Hauptziele des Tourismus den drei Dimensionen der Nachhaltigkeit folgen" (BECKER et al. 1996, S. 130), d. h. es müssen sowohl ökologische und ökonomische als auch soziale Folgen des Tourismus bedacht werden und bei der Festlegung der Ziele Berücksichtigung finden. Die Hauptziele dieser drei Dimensionen bestimmen bei den meisten Autoren die Gliederung des Zielkatalogs und damit die Auswahl der Einzelkriterien, welche sich aus den Teilzielen ergeben.[1]

---

[1]   Der Strategierahmen zur nachhaltigen Regionalentwicklung mit Tourismus, der vom Arbeitskreis „Freizeit- und Tourismusgeographie" entwickelt wurde, gibt einen gut strukturierten Überblick über die bisher erarbeiteten Kriterien (vgl. BECKER 1995).

2.2 Verwendung von Indikatoren

Den Einzelkriterien werden Indikatoren zugeordnet. Die Indikatoren dienen als Anzeiger, welche den Zustand der jeweiligen Kriterien beschreiben. Bei der Zusammenstellung der Indikatoren findet fast immer eine weitere Selektion statt, da die Indikatoren lediglich die als wichtig empfundenen Elemente eines Kriteriums anzeigen. SEILER (1989) stellte über 200 Indikatoren zusammen – gestützt auf Literaturkenntnisse und persönliche Erfahrungen. Für die Auswahl verwendet er fünf Merkmale, u. a. Priorität der Ziele, Vorhandensein von Datenmaterial und Aussagekraft. Indikatoren geben damit in „verbaler Form an, wie der qualitative Gehalt der tourismuspolitischen Zielsetzungen operationalisiert wird" (ABEGG 1991, S. 60).

2.3 Die Operationalisierung

Bei der Operationalisierung handelt es sich um den Prozess der Übersetzung des Indikators in eine empirisch beobachtbare bzw. messbare Variable. Die Indikatoren sollen in objektiv messbare Werte umgewandelt werden, welche dem wissenschaftlichen Anspruch und – woran besonders gedacht werden sollte – der praktischen Verfügbarkeit der Daten gerecht werden. Man bewegt sich dabei im Spannungsfeld zwischen Zuverlässigkeit und Aussagekraft (Reliabilität, Validität) sowie Anwendbarkeit (Praktikabilität). Dieser umfassende Anspruch führte dazu, dass bislang das „Konzept der nachhaltigen Entwicklung (generell) noch unzureichend operationalisiert (wurde)" (BECKER et al. 1996, S. 126). Besonders problematisch erscheint die Operationalisierung im Bereich der soziokulturellen Kriterien.

Ziel der Operationalisierung sind die aus statistischen Daten zu berechnenden Kennziffern, welche den derzeitigen Zustand der zugeordneten Einzelkriterien objektiv und konkret beschreiben sollen. Die Aussagekraft der Kennziffern beruht damit auf der Aussagekraft von statistischen Daten. Die hinlänglich bekannten Schwächen der Statistiken sind bei der Operationalisierung und Betrachtung der berechneten Kennziffern entsprechend zu berücksichtigen.

2.4 Bedeutung der Grenzwerte

Bisher wurde erläutert, wie die gesetzten Ziele und ausgewählten Kriterien über Indikatoren und deren Operationalisierung messbar gemacht werden können. Mit diesen Arbeitsschritten befindet man sich aber immer noch auf der Ebene der Beschreibung. Eine Bewertung wurde damit noch nicht vorgenommen. Sie ist aber notwendig, um die Stärken und Schwächen der Tourismusgemeinde bzw. -region zu bestimmen.

In der Tourismusforschung herrscht inzwischen Einigkeit darüber, dass Wachstum nicht zugleich als Entwicklung zu betrachten ist (vgl. KRIPPENDORF 1975). Diese Einsicht resultiert aus der Tatsache, dass eine zu intensive touristische Nutzung in einigen Tourismusregionen bereits zur Stagnation und zum Rückgang der Gästezahlen geführt hat (vgl. FREYER 1990, S. 382). Vor diesem Hintergrund entwickelte sich die Diskussion um Grenzen im Tourismus (vgl. ZIMMER 1992, S. 61). Die grundlegende Aufgabe muss die Klärung des Fassungsvermögens von touristischen Raumeinheiten sein. Erst durch die Auseinandersetzung mit dem Problem der Tragfähigkeit ist „die Festlegung von Grenzwerten für die jeweils zur Verfügung stehenden Ressourcen" (KREISEL 1997, S. 15) möglich. Die Grenzwerte sind die Anhaltspunkte einer zukunftsorientierten strategischen Planung.

Das Konzept der ‚carrying capacity' (Tragfähigkeit des Raumes) beschäftigt die Tourismusforschung seit Mitte der 1980er-Jahre (vgl. BECKER et al. 1996, S. 110). Die touristische Tragfähigkeit eines Raumes ist bestimmt durch die maximale touristische Nutzbarkeit ohne negative Folgen für die natürlichen Ressourcen, für die Erholungsmöglichkeiten der Besucher sowie für Gesellschaft, Wirtschaft und Kultur des betreffenden Gebietes (Definition der World Tourism Organization – WTO). Die touristische Kapazität ist eine komplexe Größe, welche die folgenden Komponenten umfasst (Der Rat der Sachverständigen für Umweltfragen 1980, S. 328):
- Beherbergungskapazität,
- infrastrukturelle Kapazität,
- soziopsychische Kapazität,
- ökonomische Kapazität,
- Freiraumkapazität und
- ökologische Kapazität.

Die Komponenten lassen sich den drei Objektebenen des Systems Tourismus – der ökologischen, der ökonomischen und der soziokulturellen Ebene – zuordnen. Für jede Kapazität sind Belastungsgrenzen zu ermitteln, welche meist durch die maximale Zahl an Gästen dargestellt werden.

Die Mehrzahl der quantitativen Richtwerte ist bisher im Bereich der ökologischen Kapazität festgelegt worden. Diese wird begrenzt durch ökologische Belastungen infolge touristischer und anderer Nutzungen. Dabei werden meistens nur die Grenzwerte bestimmt, welche die Leistungsfähigkeit der Ökosysteme für die touristische Nutzung verringern. Häufig untersuchtes Beispiel hinsichtlich der ökologischen Kapazität ist die Aufnahmefähigkeit von Strandflächen (vgl. KAMINSKE 1988, S. 25; Niedersächsischer Minister des Innern 1974, S. 56f.), welche aber auch unter anderen Tragfähigkeitsgesichtspunkten betrachtet werden können (vgl. BARTELS/HARD 1975, S. 27ff.). Da ökologische Belastungsgrenzen wissenschaftlich kaum bestimmt werden können (vgl. ABEGG 1991, S. 21), besteht bei Eingriffen in den Naturhaushalt die Notwendigkeit äußerster Zurückhaltung.

Die Grenze der ökonomischen Kapazität versteht sich als Marktsättigung, d. h. entweder ist die Nachfrage voll ausgeschöpft oder das Angebot hat den maximalen Ausbaustand erreicht. Die Untersuchungen zu den Entwicklungsstadien von Fremdenverkehrsregionen sind diesem Bereich zuzuordnen (vgl. FRÖSCH 1993, S. 30f.). Es kann angenommen werden, dass die durch die ökonomische Kapazität angegebene obere Grenze in der Realität durch sozialpsychologische und ökologische Kriterien weit unterschritten wird.

Die soziokulturelle oder soziopsychische Kapazität wird durch Verhaltensweisen, Interessen und Bereitschaften der Erholungsuchenden wie der einheimischen Bevölkerung bestimmt (vgl. Der Rat von Sachverständigen für Umweltfragen 1980, S. 328). Diese Grenzen orientieren sich damit v. a. an einem Hauptziel des ‚Nachhaltigen Tourismus' – der optimalen Erholung. So beginnt für TSCHURT-SCHENTHALER (1986, S. 46) die ‚Überfüllung' einer Ferienlandschaft, wenn der Nutzen pro Besucher das Maximum erreicht. Die Festlegung der Grenzen der soziopsychologischen Belastbarkeit unterliegt damit eher als andere Kapazitätsgrenzen dem Problem der subjektiven Einschätzung durch den Betrachter, welche sich an den gesetzten Zielen und eigenen Ansprüchen misst.

Die limitierende Größe für einen Ausbau sowie für die weitere touristische Nutzung stellt letztlich diejenige Komponente der touristischen Kapazität dar, die den niedrigsten Wert für das Gebiet aufweist (vgl. BECKER et al. 1996, S. 11). Problematisch ist, dass aus den genannten Gründen der Messbarkeit und der Objektivität für einige Kapazitätsgrenzen nur vage Spannbreiten von Werten bestehen. Es gibt keine Richtschnur, an der sich die einzelnen Kapazitäten messen lassen (vgl. ABEGG 1991, S. 20). Um Unsicherheiten bei der Bestimmung der Grenzwerte zu vermeiden, muss jeweils der niedrigste mögliche Grenzwert angenommen werden (risiko-averse Strategie). Tab. 1 gibt einen Überblick über die Grundelemente und den Aufbau der Kennziffernmethode.

Tab. 1: Erarbeitung der Bewertung anhand von Kennziffern

Beschreibung
Auswahl Kriterienkatalog
Einzelkriterium
Bestimmung Indikator
Berechnungsformel (Operationalisierung)
Berechnung Kennziffer (aus statistischen Daten)
Bewertung
Bestimmung Grenzwerte
Kennzifferbewertung durch Grenzwertrelation
Gewichtung der Einzelkriterien
Teilbereich-/Gesamtbewertung

Quelle: Eigener Entwurf

3   Verschiedene Ansätze der Kennziffernmethode

3.1   Studie zu ‚Belasteten Fremdenverkehrsgebieten'

Besonders zu erwähnen ist das bereits im Jahr 1978 vom Bundesminister für
Raumordnung, Bauwesen und Städtebau in Auftrag gegebene Forschungsprojekt
‚Belastete Fremdenverkehrsgebiete', das vom Alpeninstitut für Umweltforschung
und Entwicklungsplanung in der Gesellschaft für Landeskultur GmbH durchge-
führt wurde. Nach der Formulierung von übergeordneten Zielen werden Teilziele
abgeleitet; dabei handelt es sich u. a. um:
- gleichwertige Wohnbedingungen,
- Verhinderung der Belastung der kommunalen Finanzknappheit,
- Verhinderung sozialer Belastungszustände und
- Verhinderung von Störungen des Orts- und Landschaftsbildes.

Den Teilzielen werden in einem weiteren Schritt Bestimmungskriterien zugeordnet. Für das Teilziel ‚gleichwertige Wohnbedingungen' sind dies z. B. die Woh-
nungsbauintensität und der Wohnungspreis. Neben der Verkehrsproblematik und
der soziokulturellen Situation werden auch die Bevölkerungsstruktur und die Siedlungsstruktur zur Bewertung von Fremdenverkehrsgebieten herangezogen. Nach
den Messvorschriften, d. h. den Vorgaben zur empirischen Erhebung der einzelnen
Kriterien (Operationalisierung), wird der Versuch einer Gewichtung der Kriterien
unternommen. Zudem werden konkrete Berechnungen für ausgewählte Gebiete
durchgeführt, um die praktische Verwendbarkeit der entwickelten Kennziffern zu
überprüfen. Mit der im Jahr 1978 erarbeiteten Studie hat die Forschung bereits
früh einen wichtigen Grundstein für die Entwicklung der Kennziffernmethode
gelegt. Der Ansatz wurde jedoch weder weitergehend erforscht noch in die Praxis
übertragen, da zu dieser Zeit noch keine direkte Handlungsnotwendigkeit bestand.

3.2   Kennziffern einer harmonisierten touristischen Entwicklung

Eines der wenigen Beispiele einer wissenschaftlichen Untersuchung zur Kennziffernmethode stellt die Dissertation von SEILER (1989) dar. Die von ihm entwickelten ‚Kennziffern einer harmonisierten touristischen Entwicklung' sollen ermöglichen, die reale Entwicklung der touristischen Angebotskapazitäten an den gesellschaftlichen, ökologischen und ökonomischen Zielsetzungen eines Ferienorts zu
messen und diese darauf abzustimmen. Die Kennziffern dienen zur Überprüfung
der touristischen Entwicklung. Als Basis für die Auswahl der Indikatoren fungieren die Ziele des ‚Schweizerischen Tourismuskonzepts' und touristisch relevante
Angebots- und Nachfrageelemente sowie praktische Erwägungen. Unter besonderer Berücksichtigung der Auswirkungen des Fremdenverkehrs im Alpenraum wurde ein umfangreicher Indikatorenkatalog erarbeitet, welcher nicht nur den wirtschaftlichen Erfolg, sondern auch die Sozial- und Umweltverträglichkeit erfasst.
Sieben Schlüsselgrößen, wie z. B. die Übereinstimmung der Transportkapazität

der Seilbahnen mit der Bettenkapazität, wurden für einige Beispielgemeinden berechnet. Diese Werte werden in einem weiteren Schritt durch Richtwerte und Toleranzbereiche qualitativ bewertet und gemäß ihren Abweichungen handlungs-orientierten Intervallbereichen zugeordnet (grün = Chance/problemlos, gelb = Vorsicht, rot = Warnung/sofort steuern). Die Bewertungsergebnisse werden gra-phisch in einem Warn- und Chancenprofil dargestellt, aus dem die Situation der einzelnen Kriterien im Überblick ersichtlich ist. Positiv hervorgehoben wird die Handlungsorientierung des Ansatzes (vgl. BECKER et al. 1996, S. 114). Als Haupt-ergebnis seines Forschungsprojekts stellt SEILER fest, dass die harmonisierte tou-ristische Entwicklung mittels genereller quantitativer Kennziffern erfasst und ü-berprüft werden kann. Für ABEGG (1991, S. 12), der sich in seiner Diplomarbeit mit der Studie von SEILER beschäftigt, steht ein ausgewogenes Indikatorensystem (vgl. FISCHER 1985, S. 180) im Zentrum der Umsetzung der Strategie des Nachhal-tigen Tourismus (ABEGG verwendet den Begriff ‚qualitativer Tourismus' und bezieht sich damit lediglich auf die Gestaltung des Tourismus vor Ort). Nur durch die Verwendung zahlreicher und qualitativ hochwertiger Indikatoren kann eine nachhaltige Entwicklung gesichert werden.

3.3 Touristische Kennziffern zur räumlich-funktionalen Differenzierung

Als weitere intensive wissenschaftliche Auseinandersetzung mit Kennziffern im Tourismus ist die Dissertation von SCHEFFEL (1993) zu nennen. Am Beispiel der Deutschen Weinstraße werden touristische Kennziffern als Instrumente der räum-lich-funktionalen Differenzierung im Fremdenverkehr zusammengestellt, berech-net und z. T. kartographisch aufbereitet. Dabei stehen ökonomische Kriterien im Vordergrund. Die Kennziffern zum Tagestourismus ermöglichen eine intensive Erfassung der Ausprägung dieser – in der amtlichen Statistik bisher wenig berück-sichtigten – Form des Tourismus. Aufgrund der positiven wirtschaftlichen Auswir-kungen, aber auch der negativen ökologischen Folgen (als Konsequenz der raum-zeitlichen Konzentration) kommt dem Tagestourismus in einigen Gemeinden eine Bedeutung zu, die in der Planung meist noch vernachlässigt wird. Leider bleibt es in der Studie von SCHEFFEL bei der beschreibenden Darstellung der einzelnen Kennziffern. Die Bildung von konkreten Grenzwerten und die daraus resultierende Bewertung der Beispielgemeinden werden nicht vorgenommen.

3.4 Einheitliche Kennziffern zur Bewertung von Fremdenverkehrs-gemeinden

ALBOWITZ (1998) erarbeitet in seiner Diplomarbeit zur ‚Bewertung von Fremden-verkehrsgemeinden anhand einheitlicher Kennziffern' insgesamt 42 Einzelkriterien aus den Teilbereichen Landschaftsökologie, Bevölkerung, Siedlung, Wirtschaft, Verkehr, Fremdenverkehr und Kultur/Soziales. In die Bewertung fließen unter-schiedliche Aspekte ein; sie reichen von der Landschaftsversiegelung und Freiraumkapazität über die Wasserversorgung, Altersstruktur und Ortsbildveränderung bis hin zum Hotellerieangebot und Sozialhilfeempfängeranteil.

Für die Operationalisierung werden vorrangig Daten verwendet, die zentral in den Landesämtern für Statistik vorliegen. Die Kennziffern für die 32 bewerteten Gemeinden können deshalb schnell berechnet werden. Auf der Grundlage bisheriger Untersuchungsergebnisse, eines regionalen Vergleichs oder der eigenen Beurteilung werden für jede Kennziffer Grenzwerte festgelegt, die eine konkrete Bewertung der qualitativen Kriterien zulassen. Bei der Gesamtbewertung wird zusätzlich eine unterschiedliche Gewichtung der Einzelkriterien berücksichtigt. Die Ergebnisse sind auf zwei verschiedene Arten dargestellt – zum einen detailliert in einem Bewertungsüberblick und zum anderen anschaulich in einem Gütesiegel. Diese Gütesiegel für jede Gemeinde werden zudem für die regionale Betrachtung in eine Karte übertragen.

4   Zusammenfassende Analyse der Kennziffernmethode

ABEGG (1991, S. 58) fasst den Kern der Kennziffernmethode für die Bewertung von Tourismusgemeinden und -regionen wie folgt zusammen: Kennziffern alleine sagen nichts, erst Grenzwerte geben Auskunft darüber, wie die quantitativ bezifferten Indikatoren qualitativ zu bewerten sind. Ausgehend von Qualitäten (Zielsetzungen) und der nachfolgenden Umsetzung in Quantitäten (Bezifferung der Indikatoren), wird die Brücke zurück zu den Qualitäten (Beurteilung anhand der Grenzwerte) geschlagen (vgl. Abb. 1).

Abb. 1: Methode der Bewertung anhand von Kennziffern

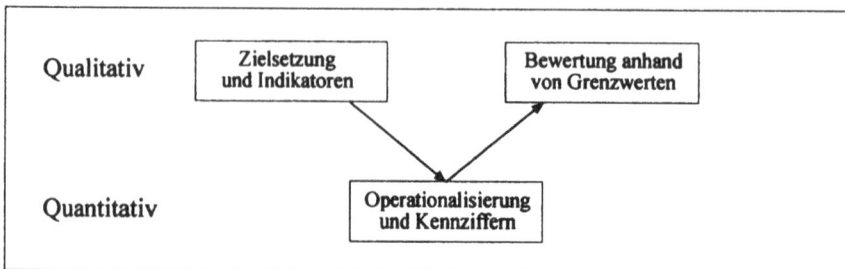

Quelle: Eigener Entwurf nach ABEGG 1991, S. 58

Die Kennziffernmethode weist durch diese Vorgehensweise einige Vorteile für die Bewertung der Belastung von Tourismusgemeinden und -regionen gegenüber anderen Methoden auf:

- Die relativ umfassende Bewertung anhand der zu berechnenden Kennziffern verursacht einen – im Vergleich zu anderen Methoden – geringen Arbeitsaufwand und damit geringere Kosten.

- Sie lässt eine objektive Beschreibung und Beurteilung der derzeitigen Situation und, bei Vergleich unterschiedlicher Jahreszahlen, auch der Entwicklung von Tourismusgemeinden und -regionen zu.

- Es findet eine konkrete Bewertung der touristischen Situation anhand festgelegter Kapazitätsgrenzen statt. Problembereiche und Potenziale werden aufgezeigt.

- Die unterschiedlichen Strukturen der Gemeinden (Fläche, Einwohner, Campinganteil usw.) können in der Berechnung der einheitlichen Kennziffern berücksichtigt werden. Erst dadurch werden die Gemeinden nach der Bewertung untereinander vergleichbar.

Folgende zusammengefasste Einschränkungen, welche z. T. auch auf andere Bewertungsmethoden zutreffen, sind allerdings zu bedenken:

- Mit dem Kriterienkatalog wird eine Kriterienauswahl getroffen. Die Auswahl steht immer zwischen der von der Theorie angestrebten Vollständigkeit und der von der Praxis ersehnten Einfachheit: „Auch das beste Indikatoren-System wird nicht mehr sein als eine verbesserte Quelle von Informationen, nicht mehr als ein nützliches Hilfsmittel bei der Entscheidungsfindung" (SEILER 1989, S. 36).

- Ein Indikator weist auf etwas hin, was er nur partiell selbst ist. Er erfasst oft mehr Aspekte eines komplexen Zusammenhangs, als er messen sollte. Durch diese Nicht-Identität des Gemessenen mit dem zu Messenden ergibt sich immer auch die Möglichkeit falscher Schlüsse (vgl. SEILER 1989, S. 37).

- Qualitäten lassen sich höchstens indirekt messen. Mit Hilfe der Bestimmung von Indikatoren und ihrer Operationalisierung dürfte es kaum gelingen, sämtliche Aspekte der Qualität zu erfassen. Qualitäten können nur unvollständig in Zahlen umgesetzt werden (vgl. ABEGG 1991, S. 59). Ökologische Kriterien können nur in geringem Umfang berücksichtigt werden, da kaum statistische Daten vorliegen.

- Die berechneten Kennziffern stützten sich auf statistisches Material, mit welchem vorsichtig umgegangen werden sollte.

Die diskutierten Ansätze zeigen, dass die Kennziffernmethode zur Bewertung von Tourismusgemeinden und -regionen geeignet ist. Aufgrund der raschen Entwicklungen und der komplexen Wirkungszusammenhänge, welche bei der Tourismusplanung berücksichtigt werden müssen, bedarf es geeigneter Messinstrumente, mit deren Hilfe Planer und Entscheidungsträger in den Tourismusdestinationen regelmäßig über umfassende Informationen verfügen. Die Kennziffernmethode bietet eine schnelle und detaillierte Möglichkeit, diese Informationen zu erhalten. Die Ergebnisse können als Diskussionsgrundlage für verbindliche Tourismuskonzepte bzw. Landschaftspläne dienen. Die Bewertung der einzelnen Faktoren durch die Kennziffernmethode gibt der Gemeinde einen Leitfaden an die Hand, nach dem der Tourismus zukunftsorientiert bewertet und darauf aufbauend weiterentwickelt werden kann. Ziel der weiteren Forschung muss es sein, die bisherigen Ansätze unter Beteiligung der verschiedensten Wissenschaftsdisziplinen im Rahmen der Tourismusforschung weiter auszuarbeiten und parallel deren Erprobung in der Praxis zu erforschen.

Literatur

ABEGG, B. (1991): Spezialisierung oder Diversifikation im Tourismus. Wirtschaftsgeographie und Raumplanung, 13. Zürich.

ALBOWITZ, J. (1998): Sanfter Tourismus in Ostfriesland – Erarbeitung einheitlicher Kennziffern zur Bewertung des Fremdenverkehrs auf kommunaler Ebene mit dem Ziel der Sicherung und Förderung der nachhaltigen regionalen Entwicklung. Göttingen.

ALBOWITZ, J. (2001): Sanfter Tourismus in Ostfriesland? – Zukunftsorientierte Bewertung anhand einheitlicher Kennziffern. In: LINDAU-BANK, D./MOSE, I./SCHAAL, P.: Tourismus 2020 – Perspektiven für Weser-Ems. 4. Weser-Ems Ferienakademie der OLB-Stiftung. Oldenburg.

BARTELS, D./HARD, G. (1975): Lotsenbuch für das Studium der Geographie als Lehrfach. Bonn/Kiel.

BECKER, CHR. (1995): Nachhaltige Regionalentwicklung mit Tourismus – ein Strategierahmen. In: BECKER, CHR. (Hrsg.): Ansätze für eine nachhaltige Regionalentwicklung mit Tourismus. Berichte und Materialien, Nr. 14. Berlin, S. 21-31.

BECKER, CHR./JOB, H./WITZEL, A. (1996): Tourismus und nachhaltige Entwicklung. Grundlagen und praktische Ansätze für den mitteleuropäischen Raum. Darmstadt.

Bundesminister für Raumordnung, Bauwesen und Städtebau (1978): Belastete Fremdenverkehrsgebiete. Forschungsprojekt BMBau RS II6-704102-74.14 (1977) (Schriftenreihe ‚Raumordnung', 06.031). München/Bonn.

FISCHER, D. (1985): Qualitativer Fremdenverkehr. Neuorientierung der Tourismuspolitik auf der Grundlage einer Synthese von Tourismus und Landschaftsschutz. Bern.

FREYER, W. (1990): Tourismus. Einführung in die Fremdenverkehrsökonomie. München.

FRÖSCH, R. (1993): Sättigung im Tourismus – Probleme und Lösungsmöglichkeiten. Dargestellt am Kanton Graubünden. Zürich.

KAMINSKE, V. (1988): Tourismus im Kräftefeld von Ökonomie und Ökologie – Anregungen für die unterrichtliche Behandlung in S II. In: Geographie und Schule, 10, H. 53, S. 24-29.

KREISEL, W. (1997): Hans Poser als Wegbereiter der modernen Fremdenverkehrsgeographie. In: BECKER, CHR. (Hrsg.): Beiträge zur nachhaltigen Regionalentwicklung mit Tourismus. Berichte und Materialien, Nr. 16. Berlin, S. 7-20.

KRIPPENDORF, J. (1975): Die Landschaftsfresser. Tourismus und Erholungslandschaft – Verderben oder Segen? Bern [Neuauflage 1986].

Niedersächsischer Minister des Innern (1974): Grundlage für die Entwicklung des Naturparks Ostfriesische Inseln und Küste. Schriften der Landesplanung Niedersachsen. Hannover.

Der Rat von Sachverständigen für Umweltfragen (1980): Umweltprobleme der Nordsee. Sondergutachten Juni 1980. Stuttgart/Mainz.

SCHEFFEL, R. (1993): Kennziffern im Tourismus – am Beispiel der Deutschen Weinstraße. Mannheimer Geographische Arbeiten, 35. Mannheim.

SEILER, B. (1989): Kennziffern einer harmonisierten touristischen Entwicklung. Sanfter Tourismus in Zahlen. Berner Studien zu Freizeit und Tourismus, 24. Bern.

TSCHURTSCHENTHALER, P. (1986): Das Landschaftsproblem im Fremdenverkehr – dargestellt anhand der Situation des Alpenraums. Eine ökonomische Analyse. Bern/Stuttgart.

ZIMMER, P. (1992): Sanfter Tourismus aus verkehrstouristischer Sicht. In: STEINECKE, A. (Hrsg.): Tourismus – Umwelt – Gesellschaft. Bielefeld, S. 61-83.

Destinationsmanagement

Christoph Becker

1   Einleitung

Der Begriff des Destinationsmanagements bestimmt seit Mitte der 1990er-Jahre die tourismuspolitische Diskussion in Deutschland. Wenn es um die Stärkung des Inlandstourismus und des Incoming-Tourismus geht, gibt es kaum eine Rede, in der dieses Stichwort oder eher Schlagwort fehlt. Was beinhaltet dieser neue Begriff? Steht er für etwas Neues? Hat er einen Bezug zur Geographie? Diesen Fragen will der folgende Beitrag nachgehen.

2   Zur Definition und zum Inhalt des Destinationsmanagements

Während der Begriff des Managements als ‚Gestaltung und Lenkung zweckorientierter sozialer Systeme' (ULRICH 1990, S. 13) einen festen Platz im System der Betriebswirtschaftslehre einnimmt, ist er erst in jüngster Zeit mit dem Begriff der Destination verknüpft worden. Am intensivsten hat sich BIEGER (1997) mit Destinationsmanagement auseinandergesetzt;. a. a. hat er ein Lehrbuch zum „Management von Destinationen und Tourismusorganisationen" verfasst. Dabei arbeitet er mit der folgenden, vielzitierten Definition für die Destination (S. 74):

„Geographischer Raum (Ort, Region, Weiler), den der jeweilige Gast (oder ein Gästesegment) als Reiseziel auswählt. Sie enthält sämtliche für einen Aufenthalt notwendigen Einrichtungen für Beherbergung, Verpflegung, Unterhaltung/Beschäftigung. Sie ist damit das eigentliche Produkt und die Wettbewerbseinheit im Tourismus, die als strategische Geschäftseinheit geführt werden muss."

Drei Aspekte hält BIEGER (1997, S. 74) in dieser Definition für besonders wichtig:

1. Eine Destination ist aus der Sicht des Gastes zu definieren. Der ausgewählte geographische Raum soll einen ganzheitlichen Nutzen für den Gast bringen, meist unabhängig von den Verwaltungsgrenzen im Gebiet.

2. Die Bedürfnisse des Gastes bestimmen die Größe der Destination. Dem Golfspieler mag ein Ferienzentrum mit Golfplatz genügen; ein Überseegast kann einen ganzen Kontinent als seine Destination betrachten. Damit bleibt gerade der geographisch relevante Teil der Definition allzu offen.

3. Die Destination bietet dem Gast alle gewünschten Leistungen. Dieses meist von vielen verschiedenen Leistungsträgern angebotene Produkt wird von der Destination als Wettbewerbseinheit vermarktet.

In der Regel kann davon ausgegangen werden, dass eine Destination umso groß-räumiger definiert wird, je weiter das Reiseziel entfernt ist (vgl. Abb. 1).

Abb. 1: Destinationsgrößen

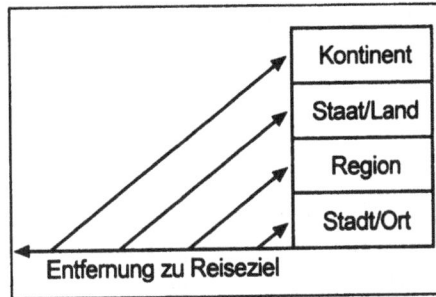

Quelle: Eigene Darstellung nach BIEGER 1997

Da der Gast bei der Inanspruchnahme der Einzelleistungen nicht nach den ver-schiedenen Anbietern differenziert, die die Leistungen erbringen, schreibt er die Qualität der Leistung der Destination als Ganzes zu. Daher besteht die Herausfor-derung im Destinationsmanagement darin, die Einzelleistungen in dieser Dienst-leistungskette bestmöglich aufeinander abzustimmen und zu koordinieren, um dem Gast ein lückenloses, optimales Angebot zu präsentieren.

Dabei verdient die Abgrenzung der Destinationen nach HAEDRICH (2001, S. 8) ganz besondere Beachtung: „Tourismuspolitik ist meiner Auffassung nach Desti-nations-Politik oder – allgemeiner ausgedrückt – normativer Bestandteil eines um-fassenden Destinations-Managements. Sie hat verschiedene Ebenen als Bezugs-punkte, und um zu einer abgestimmten und harmonischen Tourismuspolitik zu ge-langen, ist zunächst eine räumliche und hierarchisch gestaffelte Abgrenzung ein-zelner Destinationen vorzunehmen. Solange kein Einverständnis darüber existiert, wie Destinationen abzugrenzen sind – meines Erachtens ausschließlich unter Wett-bewerbsaspekten orientiert daran, was der Tourist als Destination wahrnimmt und als potenzielles Zielgebiet ins Auge fasst – fehlt der Tourismuspolitik ein festes Fundament, auf dem sie aufbauen kann."

3   Bekannte und neue Ansätze im Destinationsmanagement

Tourismusorganisationen zur nationalen und internationalen Vermarktung bestimmter Gemeinden und Reisegebiete bestanden schon vor dem Zweiten Weltkrieg. Auch danach begleiten Appelle für eine intensivere überörtliche Zusammenarbeit die weitere touristische Entwicklung in der Bundesrepublik. Neben diesen
Appellen gab es jedoch auch einige Ansätze, diesen Prozess intensiver voranzutreiben.

Hier ist vor allem als herausragendes Beispiel die Konzeption der Fremdenver-
kehrsgemeinschaften in Baden-Württemberg zu nennen. Dort wurde im Jahr 1970
vom Wirtschaftsministerium des Landes festgelegt, dass die Gemeinden Zuschüsse
für die Schaffung von Fremdenverkehrseinrichtungen nur noch dann erhalten,
wenn sie sich zu Gruppen von Gemeinden zusammenschließen und ein gemeinsames Fremdenverkehrsentwicklungsprogramm vorlegen. Damit sollten vor allem
Absprachen zwischen den Gemeinden getroffen werden, welche Einrichtungen wo
errichtet oder auch gemeinsam betrieben werden, um eine Ausstattungskonkurrenz
zu vermeiden. Dieses Konzept wurde allerdings bald durch die Gebiets- und Ver-
waltungsreform zerstört, die zu neuen Gruppierungen führte. Immerhin besitzt
Baden-Württemberg als Folge dieses Konzeptes noch immer eine große Zahl von
Werbegemeinschaften.

Ende der 1970er-Jahre befasste sich ein Arbeitskreis der Akademie für Raumforschung und Landesplanung mit der ‚Abgrenzung von Freizeiträumen' (ARL 1980),
dessen Ergebnisse von der Ministerkonferenz für Raumordnung 1979 als Ent-
schließung übernommen wurden. Diese Erkenntnisse führten im Landesentwick-
lungsprogramm von Rheinland-Pfalz aus dem Jahr 1980 zur Einführung von
‚Schwerpunktbereichen der weiteren Fremdenverkehrsentwicklung'. Diese wurden
daraufhin von der Regionalplanung als abgeschlossene Fremdenverkehrsgebiete
ausgewiesen. Letztere waren häufig nicht allzu groß. Hauptmangel war allerdings,
dass die Initiative der Raumordnung von den jeweiligen Gemeinden nicht aufgegriffen und keine entsprechenden Tourismusverbände gegründet wurden: Geldgeber war nach wie vor das Wirtschaftsministerium, nicht die Raumordnung!

Diese Beispiele zeigen, dass Ansätze zu einer stärkeren überörtlichen Zusammenarbeit immer wieder entwickelt wurden. Inzwischen wird sogar eine Überorganisation des Tourismus in Deutschland beklagt (vgl. BLEILE 2001).

Für die erstaunliche Konjunktur des Begriffs des ‚Destinationsmanagements' können zwei Entwicklungen verantwortlich gemacht werden:

-   Zunächst wurde von Seiten der Betriebswirtschaftslehre statt der wenig griffigen
    ‚überörtlichen Zusammenarbeit und Vermarktung' der prägnante Begriff des
    ‚Destinationsmanagements' aus dem Englischen übernommen und wissenschaft-

lich systematisiert – der Anglizismus dürfte die Bereitwilligkeit zur Übernahme des Begriffs noch gefördert haben.

- Und dann trat der Begriff in einem Zeitraum auf, in dem klar erkannt wurde, dass entscheidende Verbesserungen bei der Qualität des touristischen Angebots in Deutschland und seiner Vermarktung durchgeführt werden müssen.

Zugleich steht der Begriff des Destinationsmanagements heute aber auch für die folgenden anzustrebenden Ziele:

- Die Qualität des touristischen Angebots soll verbessert werden.
- Es sollen Destinationen, keine Verwaltungseinheiten wie Landkreise oder Bundesländer vermarktet werden.
- Es soll eine klare Aufgabenteilung zwischen Orten, Reisegebieten und Touristischen Großräumen stattfinden.

Vor allem durch diesen neuen und zusätzlichen Begriffsinhalt erhält der Begriff des Destinationsmanagements seinen innovativen Charakter.

4   Die Destination und ihre geographische Relevanz

In der Geographie des Tourismus ist der neue Begriff des Destinationsmanagements ohne weitere fachspezifische Reflexion adaptiert worden. Dies ist umso überraschender, als ja bereits in der Definition von einem ‚geographischen Raum' die Rede ist, seine Abgrenzung aber einen allzu weiten Spielraum vom Weiler bis zum Kontinent offen lässt – die Abgrenzung soll ‚aus Sicht des Gastes' erfolgen.

In dieser Hinsicht hätte die Betriebswirtschaftslehre durchaus einmal einen Blick auf die geographische Fachliteratur werfen sollen, denn die Geographie hat schon vorgearbeitet. In der Fremdenverkehrsgeographie wurde bereits vor 25 Jahren damit begonnen, die Aktionsräume von Urlaubern zu ermitteln. Dabei wurden sowohl methodische Erfahrungen als auch inhaltliche Erkenntnisse gesammelt (vgl. BECKER 1982).

Methodisch hat sich bei der Aktionsraumforschung bewährt, die einzelnen Freizeitaktivitäten außerhalb der Unterkunft mit den jeweiligen Orten der Ausübung mit Hilfe von Tagesprotokollen entlang einer Zeitschiene zu erheben. Begonnen wurde damit, dass Urlauber während ihres gesamten Urlaubs täglich ein Tagesprotokoll ausfüllten. Um den Erhebungsaufwand zu reduzieren, wurden später die Gäste nur noch nach den Aktivitäten während der beiden vorhergehenden Tage befragt – soweit reicht die Erinnerung erfahrungsgemäß problemlos zurück.

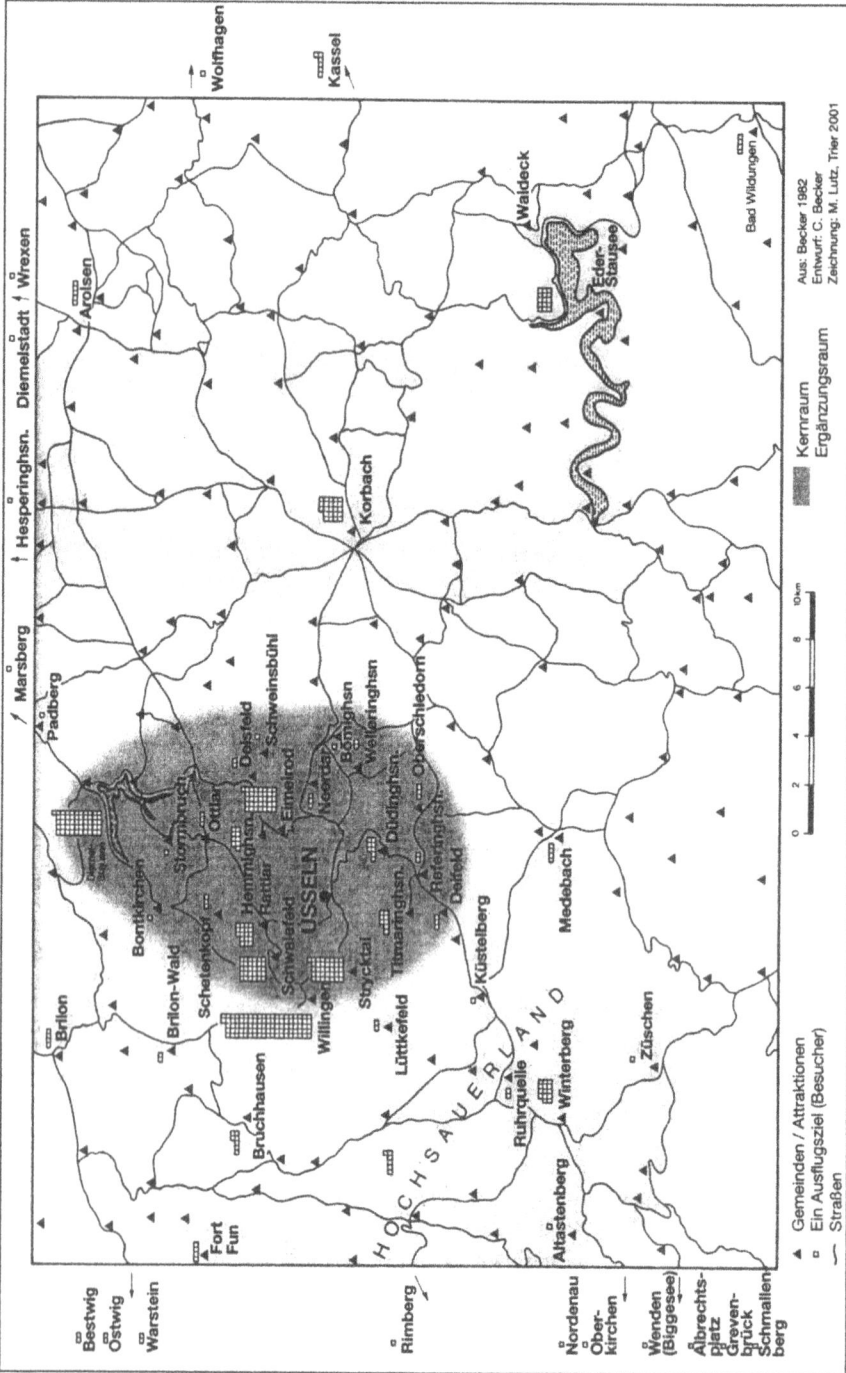

Abb. 2: Ausflugsziele der Feriengäste in Usseln/Waldecker Upland/Nordhessen

Inhaltlich hat sich – soweit für die Abgrenzung des Aktionsraums wichtig – gezeigt, dass sich der größte Teil der überörtlichen Aktivitäten auf einen recht engen Kernraum konzentriert (vgl. Abb. 2). Daneben gibt es einen Ergänzungsraum mit besonders attraktiven Ausflugszielen bzw. der Kreisstadt für besondere Erledigungen. Über den Ergänzungsraum hinaus werden dann nur noch vereinzelt Tagesausflüge unternommen.

Auch wenn Abb. 2 nur den Aktionsraum der Gäste einer Gemeinde zeigt, so zeichnet sich bereits hier ab, dass über den Kernraum einer Destination hinaus Beziehungen zu anderen Destinationen (in Abb. 2: Eder-Stausee) und zum nächsten höherrangigen Zentralen Ort (in Abb. 2: Korbach) bestehen. Damit stellt sich die Frage, ob der Aktionsraum einer Destination auf der Basis der Kernräume der Fremdenverkehrsorte begrenzt werden soll oder unter Einbezug der Ergänzungsräume. Ersteres Vorgehen würde manche randlichen zentralen Orte und attraktive Ausflugsziele in benachbarten Destinationen ausschließen; letzteres würde zu nicht unerheblichen Überschneidungen der einzelnen Destinationen miteinander führen. In jedem Falle zeichnet sich klar ab, dass die Aktionsräume der Gäste gar nicht sehr ausgedehnt sind.

Allerdings gibt es auch eine Reihe von Ausnahmen, die vom Verhalten des ‚mitteleuropäischen Normalurlaubers' abweichen:

- Städtetouristen konzentrieren sich bei ihren Aktivitäten in der Regel auf die jeweilige Stadt.
- Gäste in Kurorten verlassen diese nur selten, da sie wegen der Kuranwendungen meist nur am Nachmittag Zeit für Spaziergänge finden.
- Auch Gäste von geschlossenen Ferienparks – wie bei CenterParcs – verlassen diese während des Aufenthaltes in der Regel nur ausnahmsweise.
- Schließlich bleiben auch Inselurlauber meistens während des ganzen Urlaubs auf der Insel.
- Während die o. g. Gruppen nur einen eng begrenzten Aktionsradius haben, können sich Rund- und Studienreisen gelegentlich über einen ganzen Kontinent erstrecken.

Insgesamt ist das empirische Erhebungsinstrumentarium vorhanden, um die Aktionsräume und damit die Destinationen dem Gästeverhalten entsprechend wissenschaftlich abzugrenzen. Allerdings wäre dies mit einem erheblichen Arbeitsaufwand verbunden. In der Realität kann jedoch weitgehend auf klare Landschaftsgrenzen und Gruppierungen von Fremdenverkehrsorten zurückgegriffen werden; auch liegen häufig Kenntnisse über Verhaltensweisen der Gäste vor, so dass die Verfahren zum Erheben des aktionsräumlichen Verhaltens nur in Zweifelsfällen eingesetzt zu werden brauchen.

5   Zur Größe von Destinationen und ihrer Hierarchie

Nach wie vor liegen die Meinungen weit auseinander, wie groß eine Destination nun sein soll. BIEGER/LAESSER (1998, S. 25) setzen – vor dem Hintergrund der Situation in der Schweiz – relativ niedrige Schwellenwerte an. Bei ihnen soll:

eine nationale Destination	mindestens 300.000 Übernachtungen
eine internationale Destination	mindestens 600.000 Übernachtungen und
eine globale Destination	mindestens 1 Million Übernachtungen

verzeichnen.

Dabei kann auch eine eventuelle größere Bedeutung von Tagesgästen durch deren Wertschöpfung entsprechend berücksichtigt werden.

Demgegenüber plädiert BLEILE (2001, S. 7f.) dafür, die Mindestgröße von Destinationen bei 5 Mio. Übernachtungen festzulegen: Damit strebt er in Deutschland eine Straffung der 350 regionalen parastaatlichen Tourismusverbände und der ca. 4.000 kommunalen Tourismuseinrichtungen auf 35-40 wettbewerbsstarke Destinationen an, um die Effizienz der Fremdenverkehrsverbände zu erhöhen. Auch KREILKAMP (2001, S. 64) folgt dieser Linie: „Im Destinationsmanagement werden nicht viele kleine, sondern wenige starke professionelle Verbände gebraucht."

Da die Meinungen über die notwendige Mindestgröße der Destinationen doch extrem weit auseinander liegen, scheint es wichtig, sich auf die Inhalte zu besinnen, die der Abgrenzung einer Destination zugrunde liegen. Inhaltlich besteht weitgehender Konsens, dass eine Destination die folgenden Anforderungen erfüllen soll (vgl. auch die o. g. Definition von BIEGER):

- Eine Destination soll aus der Sicht des Gastes – unabhängig von politischen Grenzen – abgegrenzt sein.
- Die Destination soll über alle notwendigen touristischen Einrichtungen verfügen.
- Eine Destination soll ein spezifisches Profil besitzen, so dass sie als Marke vermarktet werden kann (vgl. KERN 2001).
- In der Destination soll eine zentrale Vermarktungszentrale vorhanden sein, die auch der Information und Reservierung dient.
- Die einheimische Bevölkerung soll sich mit der Tourismusentwicklung in der Destination identifizieren können (vgl. BAUER 2000, S. 100).

Die Erfahrungen aus der Aktionsraumforschung zeigen (vgl. BECKER 1982), dass die Aktionsräume der Gäste in den Reisegebieten oft gar nicht besonders ausgedehnt sind und teilweise noch nicht einmal die von BIEGER/LAESSER (1998, S. 25) genannte Untergrenze von 300.000 Übernachtungen erreichen. Besitzen diese Reisegebiete einen durchaus bekannten (Landschafts-)Namen und gleichzeitig ein vermarktungsfähiges natur- und/oder kulturräumliches Profil, steht nichts entgegen, ein solches Reisegebiet als Destination zu vermarkten. Wenn allerdings kein klares Profil entwickelt werden kann und kein einprägsamer Landschaftsname vorliegt oder dieser erst künstlich kreiert worden ist, kann nicht von einer Destination gesprochen werden.

Allerdings sind gerade die bekannten Landschaften in Deutschland oft so groß, dass sie nicht mehr der Vorstellung vom Aktionsraum entsprechen. Wählen wir als Beispiel den Schwarzwald. Er erstreckt sich von Nord nach Süd über 230 Straßenkilometer und wird konsequenterweise durch drei Tourismusverbände vertreten, die durch einen zentralen Verband koordiniert werden. Jedes Gebiet der drei Tourismusverbände kann als schon recht ausgedehnter Aktionsraum angesehen werden; nicht zu Unrecht warnt auch LUFT (1999, S. 47f.) vor zu großräumigen Destinationen. Und wer nur den Südschwarzwald von einem Urlaub her kennt, für den entspricht sein Bild vom Südschwarzwald dem des Schwarzwaldes insgesamt, obwohl z. B. der Nordschwarzwald ein durchaus anderes Landschaftsbild und Profil besitzt.

Die Aktionsräume haben aber auch eine sehr unterschiedliche touristische Bedeutung, die von zwei Aspekten abhängt: Einerseits hängt sie von der flächenmäßigen Ausdehnung des Reisegebietes ab, das je nach natur- und kulturräumlichen Gegebenheiten große Unterschiede aufweisen kann. Andererseits spielt die Fremdenverkehrsintensität im jeweiligen Aktionsraum eine wichtige Rolle, die von der Attraktivität und dem Profil des jeweiligen Gebietes abhängt. Wir haben also große (= bedeutende), mittlere und kleine Destinationen – vielleicht sind noch weitere Hierarchiestufen nötig. In diese Richtung weisen auch BIEGER/LAESSER (1998, S. 104), wenn sie – wie schon dargestellt – nationale, internationale und globale Destinationen am Beispiel der Schweiz unterscheiden.

Allerdings gibt es in Deutschland manche Destinationen mit spezifischem Aktionsraum, die gar nicht den Anspruch erheben, eine national bedeutsame Tourismusregion zu sein. Ihre Gäste kommen größtenteils aus recht klar definierten Teilräumen Deutschlands, während aus anderen Teilräumen fast keine Gäste stammen. So ist seit langem bekannt, dass wir bei den Inlandsurlaubern einen ausgesprochenen Südtrend feststellen (vgl. BECKER 1976, S. 95ff.). Dies bedeutet z. B. für die Mittelgebirge nördlich der Mainlinie, dass dort kaum Gäste aus Bayern und Baden-Württemberg anzutreffen sind, während das bevölkerungsreiche Nordrhein-Westfalen für diese den Haupt-Quellmarkt darstellt, aber z. T. auch die Niederlande einen nicht unerheblichen Gästeanteil stellen.

Es zeigt sich also, dass die von BIEGER/LAESSER für die Schweiz vorgenommene Untergliederung der Destinationen in nationale und globale Destinationen auf die Verhältnisse in Deutschland nicht ohne weiteres übertragen werden kann. Der distanzielle Gedanke, der hinter dieser Untergliederung steht, könnte in der Weise übernommen werden, indem in Deutschland von kleinen, mittleren und größeren Destinationen gesprochen wird, deren Abgrenzung sich an den Distanzen zu den wichtigsten Quellmärkten orientiert. So könnte beispielsweise festgelegt werden, dass 90% der Gäste bei kleinen Destinationen aus nicht mehr als 400 km Distanz und mittleren Destinationen aus nicht mehr als 1000 km Distanz kommen, während in großen Destinationen mehr als 10% der Gäste aus großer Distanz anreisen. Mit dieser distanziellen Fundierung könnte zum Ausdruck gebracht werden, wie weit die Marketingaktivitäten im Destinationsmanagement der einzelnen Destination reichen.

Allein die Übernachtungszahlen zum Maßstab für die Größe einer Destination zu nehmen, scheint zu kurz gegriffen, da es in Deutschland an der Küste Teilräume mit hohen Übernachtungszahlen gibt, wobei aber die Gäste nur selten aus größerer Distanz anreisen und fast keine Ausländer anzutreffen sind. Damit wären diese Teilräume an der Küste jeweils eine ‚kleine' oder allenfalls ‚mittlere' Destination mit jedoch hohem Übernachtungsvolumen.

Zu den ‚großen' Destinationen würden vor allem die touristisch bedeutsamen Großstädte zählen, kaum die klassischen Reisegebiete, da Ausländer – mit Ausnahme einiger Nachbarländer, wie insbesondere der Niederländer – primär städtische Reiseziele aufsuchen. Hier stellt sich die Frage, ob diese städtischen Destinationen sich nicht besser im fernen Ausland über Arbeitsgemeinschaften vermarkten, wie dies ohnehin schon praktiziert wird etwa mit den ‚Historic Highlights of Germany'.

Ohnehin scheint es wenig effektiv, dass klassische deutsche Reisegebiete im Ausland (jenseits bestimmter Nachbarländer) als eigene Destination auftreten. Auch für kleinere Städte, die innerhalb eines Reisegebietes liegen, aber internationale Attraktivität besitzen, wie z. B. Rothenburg oder Rüdesheim, bietet es sich eher an, im Rahmen von spezifischen Arbeitsgemeinschaften dort direkt in Zusammenarbeit mit der DZT aufzutreten.

Insgesamt wäre also für Deutschland ein System von kleineren, mittleren und großen Destinationen anzustreben, denen jeweils bestimmte Aktionsräume zugrunde liegen; einige ausgedehnte Reisegebiete wie etwa Nord- und Ostsee, Alpen und Schwarzwald setzen sich aus mehreren Aktionsräumen zusammen, deren Aktivitäten von einer Zentrale koordiniert werden. Die Destinationen vermarkten sich in Deutschland sowie im benachbarten Ausland. Über diesem System gibt es verschiedene Arbeitsgemeinschaften, die insbesondere touristisch attraktive Städte im Ausland vermarkten. So ergibt sich ein komplexes Geflecht von Destinationen und Arbeitsgemeinschaften, wobei insbesondere letztere sich immer wieder an neue Marktbedürfnisse anpassen müssen.

Diese Vielfalt an Destinationen und Arbeitsgemeinschaften ist aufgrund der vorhandenen Strukturen notwendig; sie sollte sogar noch ausgebaut werden, um Lücken im System zu schließen. Diese Lücken resultieren daraus, dass die Kooperation mit anderen Gemeinden zunächst einmal den Verlust von Macht, Einfluss und Profilierungsmöglichkeiten bedeutet; auf der anderen Seite zwingen aber die wachsende Konkurrenz und die knapper werdenden Haushaltmittel zur Zusammenarbeit (vgl. BAUER 2000, S. 97). Die nicht zu Unrecht immer wieder kritisierte Überorganisation des Tourismus in Deutschland resultiert allein daraus, dass bislang weitgehend ein doppeltes Netz von Tourismus-Organisationen bestand: Eines nach Verwaltungsgrenzen und eines nach Destinationen – die ersteren gilt es abzubauen, die letzteren gilt es auszubauen und zu intensivieren, vor allem indem sie finanziell gestärkt werden.

Für die kleineren Tourismusorte innerhalb einer Destination bedeutet das Destinationskonzept, dass sie sich auf die Gästebetreuung am Ort konzentrieren und die Marketingaktivitäten im Sinne einer Arbeitsteilung weitestgehend an die Destinationszentrale abtreten.

6   Zusammenfassung

Der Begriff des Destinationsmanagements hat in den letzten Jahren eine verblüffende Konjunktur erlebt. Er steht für eine alte, permanente Aufgabe, hat aber einen zusätzlichen Inhalt erhalten, indem er mit einer Qualitätsverbesserung und Aufgabenteilung verbunden wird sowie den Abbau von Tourismusorganisationen beinhaltet, die sich an Landkreis- oder Ländergrenzen orientieren.

In der Geographie des Tourismus wurde der Begriff des Destinationsmanagements ohne weitere fachspezifische Reflexion aufgegriffen – trotz der sehr offenen Definition des ‚geographischen Raumes'. Im Hinblick auf die Abgrenzung von Destinationen hat die Geographie im Rahmen der Aktionsraumforschung schon viel Vorarbeit geleistet.

Da die Destinationen ‚aus Sicht des Gastes' nach ihrem aktionsräumlichen Verhalten festzulegen sind, sollten die Destinationen auch nicht zu großräumig ausgewiesen werden. Die Überorganisation im deutschen Tourismus besteht vor allem darin, dass sich an Verwaltungsgrenzen und an Naturräumen orientierte Tourismusorganisationen überlagern, wobei erstere abgebaut werden sollten. Anzustreben ist ein vielfältiges System unterschiedlich bedeutsamer Destinationen und Arbeitsgemeinschaften mit ausreichender finanzieller Ausstattung.

Literatur

Akademie für Raumforschung und Landesplanung (Hrsg.; 1980): Empirische Untersuchung zur äußeren Abgrenzung und inneren Strukturierung von Freizeiträumen. Forschungs- und Sitzungsberichte, Bd. 132. Hannover.

BAUER, A. (2000): Überwindung lokaler Horizonte – Schlüsselfaktor für ein strategisches Destinationsmanagement. In: FONTANARI, M. L./SCHERHAG, K. (Hrsg.): Wettbewerb der Destinationen. Erfahrungen – Konzepte – Visionen. Wiesbaden, S. 95-100.

BECKER, CHR. (1976): Die strukturelle Eignung des Landes Hessen für den Erholungsreise-verkehr. Ein Modell zur Bewertung von Räumen für die Erholung. Abhandlungen des Geographischen Instituts - Anthropogeographie, Bd. 23. Berlin.

BECKER, CHR. (1982): Aktionsräumliches Verhalten von Urlaubern im Mittelgebirge. Materialien zur Fremdenverkehrsgeographie, H. 9. Trier.

BIEGER, T. (1997): Management von Destinationen und Tourismusorganisationen. München/Wien.

BIEGER, T./LAESSER, C. (Hrsg.; 1998): Neue Strukturen im Tourismus – Der Weg der Schweiz. Bern/Stuttgart/Wien.

BLEILE, G. (2001): Neue Tourismus Landkarte „D". Leitfaden für ein marktorientiertes Destination Management. Akademie für Touristik Freiburg, Schriftenreihe Tourismus H. 5. Freiburg.

HAEDRICH, G. (2001): Tourismuspolitik und Destinations-Management: Begriffshierarchie oder enge Verzahnung? In: KREILKAMP, E./PECHLANER, H./STEINECKE, A. (Hrsg.): Gemachter oder gelebter Tourismus? Destinationsmanagement und Tourismuspolitik. Wien, S. 7-70.

KERN, A. (2001): Profil und Profilierung deutscher Urlaubsregionen unter besonderer Berücksichtigung der Mittelgebirge. Materialien zur Fremdenverkehrsgeographie, H. 54. Trier.

KREILKAMP, E. (2001): Zukunftsorientierte Tourismuspolitik in Deutschland – Ergebnisse des 3. Kolloquiums der Deutschen Gesellschaft für Tourismuswissenschaft e. V. In: KREILKAMP, E./PECHLANER, H./STEINECKE, A. (Hrsg.): Gemachter oder gelebter Tourismus? Destinationsmanagement und Tourismuspolitik. Wien, S. 57-65.

LUFT, H. (1999): Destination „OstFrieslandFerien": ein konzertierter Aktionsvollzug von „unten nach oben". In: Tourismus Jahrbuch, 3, H.1, S. 45-57.

ULRICH, H. (1990[3]): Unternehmenspolitik. Bern/Stuttgart.

Landschaftsbewertung für Tourismus und Freizeit: Fallstudie Mecklenburg-Vorpommern

Birgit Nolte

1   Einführung

Die Bewertung einer Landschaft für Freizeit und Tourismus kann aus zwei Perspektiven stattfinden: 1. aus Sicht der Reisenden und 2. aus Sicht der bereisten Destination. Für Touristen sind Landschaften dann attraktiv, wenn sie einen Erlebniswert aufweisen können. Dieser Erlebniswert ist abhängig von der Bewertung der Landschaft durch den Touristen selbst, welche wiederum vom jeweiligen Landschaftsbild stark beeinflusst wird. Die Bewertung ist individuell, aber unterschiedlich, denn Attraktivität oder auch Schönheit sind subjektive Begriffe: Einige finden malerische Sonnenuntergänge schön, andere brauchen unbedingt Berge mit schneebedecktem Gipfel, um von schöner Landschaft sprechen zu können. Diese Individualität der Bewertung von Landschaft ist ein großes Hindernis bei der Bestimmung von touristischer Landschaftseignung für die Raumplanung.

In der Landesplanung findet die zweite Perspektive, die der bereisten Destination, ihre Anwendung. Die natur- und kulturräumliche Ausstattung einer Region ist die Basis, auf welcher die Eignung einer Destination für Freizeit und Tourismus bewertet wird. Diese Bewertung dient als Informationsgrundlage, für welche Nutzungen Natur und Landschaft am zweckdienlichsten sind. Eine darauf aufbauende planerische Zuweisung von Funktionen für bestimmte Räume ist Aufgabe der Raumplanung, die eine allgemeingültige Bewertung von Landschaft zu einem Entscheidungskriterium machen kann – besonders bei der Ausweisung von touristischen Eignungsräumen (vgl. BLÖCHLIGER 1993, S. 131).

So wurden komplexe Verfahren zur Landschaftsbewertung entwickelt, die auf eine Ermittlung der touristischen Eignung einer Region abzielen. Dabei sind vor allem Naturausstattung und Kultur die entscheidenden Faktoren.

2   Landschaftsbewertungsverfahren

2.1   Bedeutung in der Landes- und Regionalplanung

Methoden zur quantitativen Bewertung der Erholungseignung einer Landschaft werden seit den 1960er-Jahren entwickelt. Inwiefern solche Landschaftsbewertungsverfahren für die Landes- und Regionalplanung tauglich sind, wurde von BONERTZ (1983) untersucht. Mittels einer Totalerhebung wurden sämtliche Planungsbehörden der Länder sowie alle regionalen Planungsbehörden schriftlich befragt. Aus den Aussagen der Planer wurde deutlich, dass Landschaftsbewertungsverfahren für die Landes- und Regionalplanung eine wichtige Rolle spielen. Als Begründung wurden folgende Argumente angeführt (vgl. BONERTZ 1983, S. 30):

- Wissenschaftlich ausgearbeitete Landschaftsbewertungsverfahren bilden eine wichtige Informationsgrundlage und sind somit eine echte Entscheidungshilfe für raumrelevante Planungen, da sie auf objektiv überprüfbaren Daten basieren.

- Auf der Grundlage von Landschaftsbewertungsverfahren getroffene Entscheidungen ermöglichen durch die Nachvollziehbarkeit und Transparenz des Entscheidungsweges eine Rechtfertigung vor der Öffentlichkeit.

- Die Bewertung verschiedener Raumeinheiten nach demselben Verfahren ermöglicht eine gesicherte Vergleichbarkeit unterschiedlicher Räume.

Aufgrund dieser positiven Eigenschaften finden Landschaftsbewertungsverfahren insbesondere bei der Ausweisung von Erholungs- sowie Fremdenverkehrsfördergebieten ihre Anwendung, so die deutliche Aussage der Planer. Bei der Abgrenzung der Erholungs- sowie Fremdenverkehrsfördergebiete sind in Mecklenburg-Vorpommern zwei Ministerien beteiligt:

1. Das Wirtschaftsministerium entscheidet darüber, in welchen Gebieten eine touristische Förderung erfolgen soll. Die touristischen Fördergebiete des Wirtschaftsministeriums orientieren sich dabei stark an den raumordnerischen Ausweisungen.

2. Das Ministerium für Arbeit und Bau ist in Mecklenburg-Vorpommern für die Raumordnung des Landes verantwortlich; es erarbeitet planerischen Ausweisungen, die von den vier Planungsregionen in den Raumordnungsprogrammen umgesetzt werden. So werden touristische Eignungsräume nach den Vorgaben des Landes auf regionaler Ebene konkret räumlich abgegrenzt.

Fördergelder des Wirtschaftsministeriums fließen nur in Gebiete, die von der Raumordnung als touristische Eignungsräume definiert wurden.

2.2   Landschaftsbewertungsverfahren für den Tourismus

Das erste Landschaftsbewertungsverfahren für den Tourismus im deutschsprachigen Raum stammt von MAROLD (1965). Er hat im Auftrag der DDR-Regierung eine ‚Methode zur Bewertung von Erholungsmöglichkeiten an der Küste' entwickelt, die vorrangig das Planungsziel verfolgte, bei Gewährleistung optimaler Erholungsbedingungen die Zahl der Urlaubsplätze zu erhöhen. Die Methode von MAROLD beschränkt sich auf die Küstenregion im heutigen Mecklenburg-

Vorpommern und benutzt ausschließlich naturräumliche Faktoren, um die Land-schaftsbewertung durchzuführen.

Das Verfahren von KIEMSTEDT (1967) fand wesentlich breitere Resonanz; sein Ansatz hatte erstmals den Anspruch eines allgemeingültigen Verfahrens, egal ob für Küstenregionen oder das Binnenland. Er entwickelte eine wissenschaftliche Methode, die zur Bewertung der Erholungseignung einer Region dient. Die spe-zielle Verwendung quantitativer Methoden ermöglicht dabei eine transparente und nachvollziehbare Bewertung der Eignung einer Landschaft für die Erholung.

Seither ist eine Vielzahl von Methoden entwickelt worden, die mit Hilfe verschie-dener Kriterien die Eignung von Räumen für Freizeit und Erholung zu erfassen und zu bewerten versuchen. Die Mehrzahl dieser Methoden hat ergänzenden Cha-rakter oder knüpft an dem Ansatz von KIEMSTEDT an. Wie nachfolgend erläutert wird, stehen bei KIEMSTEDT die natürlichen Faktoren der Landschaftsbewertung im Vordergrund. Dieser grundlegenden Arbeit folgten andere Autoren, die aller-dings häufig über den Rahmen natürlicher und naturräumlicher Elemente der Landschaft hinaus auch Elemente der Kulturlandschaft berücksichtigen. Hierbei stehen besonders freizeitorientierte und freizeitrelevante Infrastrukturelemente im Mittelpunkt. Die einzelnen Arbeiten unterscheiden sich in Art, Bedeutung sowie Anzahl der verwendeten Kriterien, die für die Ermittlung des Raumpotenzials für Freizeit und Tourismus ausschlaggebend sind. BONERTZ (1983, S. 56) hat bei elf Landschaftsbewertungsverfahren festgestellt, dass sich die Verfahren hauptsäch-lich auf folgende Arten von Kriterien stützen:
- die natürliche Eignung,
- die Freizeitinfrastruktur,
- die Erreichbarkeit des Gebietes,
- die Erholungseignung negativ beeinflussende Faktoren,
- die Beherbergungskapazitäten,
- die sozioökonomischen Faktoren.

Auch BENTHIEN (1997, S. 122f.) stellt eine Liste von Kriterien auf, die für eine Landschaftsbewertung herangezogen werden. Sie ähnelt der Liste von BONERTZ, allerdings werden nur vier Kriterienbereiche verwendet:
- die relevante naturräumliche und landschaftliche Ausstattung,
- die relevante Infrastruktur für Freizeit und Erholung,
- die relevanten sozioökonomischen und kulturellen Kriterien,
- die relevante touristische Nachfrage.

Die Vorgehensweise ist bei allen Verfahren ähnlich: Nachdem die einzelnen Be-wertungselemente bestimmt sind, wird für sie jeweils ein Messwert errechnet, der wiederum mit einem Wichtungsfaktor multipliziert wird. Diese so gewonnenen Teilnutzwerte werden anschließend in einer Synthese summiert und einer Rang-ordnung unterworfen. Abb. 1 zeigt ein allgemeines Ablaufschema von Land-schaftsbewertungsverfahren, das auch die Nähe zur Nutzwertanalyse verdeutlicht.

Abb. 1: Ablauf von Landschaftsbewertungsverfahren

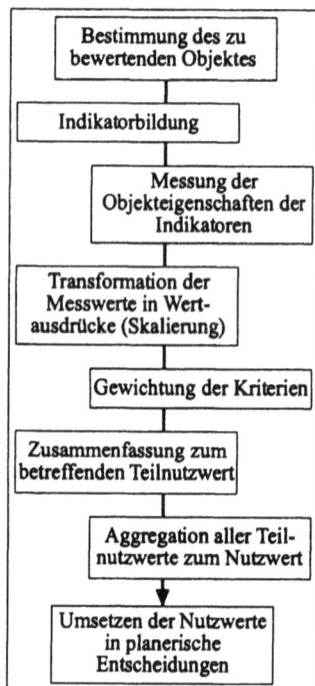

```
┌─────────────────────────────────┐
│  ┌──────────────────────┐       │
│  │ Bestimmung des zu     │       │
│  │ bewertenden Objektes  │       │
│  └──────────┬───────────┘       │
│  ┌──────────┴───────────┐       │
│  │ Indikatorbildung      │       │
│  └──────────┬───────────┘       │
│       ┌─────┴──────────────┐    │
│       │ Messung der          │    │
│       │ Objekteigenschaften  │    │
│       │ der Indikatoren      │    │
│       └─────┬──────────────┘    │
│  ┌──────────┴───────────┐       │
│  │ Transformation der    │       │
│  │ Messwerte in Wert-    │       │
│  │ ausdrücke (Skalierung)│       │
│  └──────────┬───────────┘       │
│       ┌─────┴──────────────┐    │
│       │ Gewichtung der       │    │
│       │ Kriterien            │    │
│       └─────┬──────────────┘    │
│  ┌──────────┴───────────┐       │
│  │ Zusammenfassung zum   │       │
│  │ betreffenden          │       │
│  │ Teilnutzwert          │       │
│  └──────────┬───────────┘       │
│       ┌─────┴──────────────┐    │
│       │ Aggregation aller    │    │
│       │ Teil-nutzwerte zum   │    │
│       │ Nutzwert             │    │
│       └─────┬──────────────┘    │
│       ┌─────┴──────────────┐    │
│       │ Umsetzen der         │    │
│       │ Nutzwerte in         │    │
│       │ planerische          │    │
│       │ Entscheidungen       │    │
│       └────────────────────┘    │
└─────────────────────────────────┘
```

Quelle: Eigene Darstellung nach BONERTZ 1983, S. 44

Die größte Schwierigkeit bei einer quantitativen Bewertung von Landschaft stellt die objektive Gewichtung der oft zahlreichen Variablen dar. Diese Gewichtung erfolgt in der Regel auf Grundlage von subjektiven Wertmaßstäben, die somit eine Anwendung auf andere Gebiete erschweren. Einige Ansätze, wie z. B. der Ansatz von PÖTKE (1979), versuchen mit Hilfe von umfangreichen Befragungen diesem Problem zu begegnen, so dass die Wertung und Gewichtung der einzelnen Kriterien objektiviert werden kann. Häufig liegen speziell in diesem Bereich die Unterschiede von Landschaftsbewertungsverfahren begründet. Ein guter Überblick über unterschiedliche Landschaftsbewertungsverfahren findet sich bei BONERTZ (1983), BENTHIEN (1997), HOFFMANN (1999) und ENGLER (2000).

2.3   Das Modell von KIEMSTEDT

KIEMSTEDT entwickelte ein quantitatives Verfahren, mit dem die Erholungseignung einer Region bewertet werden kann. Anhand von vier Faktoren errechnet er den sog. Vielfältigkeitswert. Die zentrale These des Ansatzes von KIEMSTEDT lautet: Die Vielfältigkeit einer Landschaft ist für die Empfindung von Schönheit einer Landschaft bedeutsam. Bestimmte Landschaftselemente sind in besonderem

Maße Ausdruck von Attraktivität und von harmonischer Gestaltung. Nach KIEMSTEDT sind natürliche Landschaftsfaktoren auf drei Ebenen wirksam:
- als Träger optischer Eindrücke,
- hinsichtlich der Benutzbarkeit für den Menschen (als Voraussetzung einer touristischen Eignung) und
- als unmittelbarer physischer Einfluss auf den Organismus in Form von Klimaeinwirkung.

KIEMSTEDT hat die Fülle der Landschaftsfaktoren aus Gründen der Handhabbarkeit und Nachvollziehbarkeit auf vier Faktoren reduziert, die als dominant gelten und somit hinreichend für eine Aussage zur Landschaftsbewertung erscheinen:
- Faktor 1: Wald- und Gewässerrand,
- Faktor 2: Relief,
- Faktor 3: Nutzungsart,
- Faktor 4: Klima.

Die einzelnen Bewertungsmerkmale der jeweiligen Faktoren sind bei KIEMSTEDT relativ übersichtlich:
- Waldränder (m je km²),
- Ufer stehender Gewässer (m je km²),
- Ufer fließender Gewässer (m je km²),
- Reliefenergie (Höhenunterschied zwischen dem höchsten und tiefsten Punkt),
- Nutzungsarten (Anteil an Acker, Grünland, Wald, Moor, Heide, Wasser und Ödland in % einer Fläche) und
- Klima (als Gesamtkomplex in Bioklimazonen); (vgl. KIEMSTEDT 1967, S. 19ff.).

Aus den einzelnen Werten wird der sog. Vielfältigkeitswert oder V-Wert berechnet. Der Ansatz von KIEMSTEDT ist wegen seiner geringen Anzahl von Faktoren und der daraus resultierenden Übersichtlichkeit und leichten Anwendbarkeit bei Praktikern sehr bekannt. Zugleich wird die spezielle Komprimierung auf wenige Faktoren von den Planern negativ beurteilt, weil sie die Wirklichkeit nur bedingt abbilden könne (vgl. BONERTZ 1983, S. 108f.).

2.4   Andere Landschaftsbewertungsverfahren

Neben den rein auf die natürlichen Faktoren orientierten Verfahren gibt es auch welche, die versuchen, die Wichtigkeit der Infrastruktur mit Hilfe von unterschiedlichen Faktoren zu bewerten. Hierbei wird die Perspektive der Besucher einer Destination eingenommen.

So verwendet z. B. PÖTKE (1979, S. 43) einen deutlich ausgeweiteten Kriterienkatalog. Der Katalog umfasst 149 Elemente, die in fünf Gruppen unterteilt sind:

1. natürliche und naturräumliche Ausstattung,
2. freizeitorientierte Infrastruktur,
3. freizeitrelevante Infrastruktur,
4. Freizeit und Erholung belastende Infrastruktur und Immissionen,
5. Bevölkerung.

Die Wichtung dieser Kriterien und der ihnen zugeordneten Elemente zur Bewertung einer Landschaft für Freizeit und Erholung basiert auf einer Befragung, die von PÖTKE zu diesem Zwecke durchgeführt wurde. Nach der Berechnung der Werte für die einzelnen Elemente kann der Freizeitteilwert ermittelt werden. Die fünf Kriteriengruppen bei PÖTKE machen deutlich, dass es sich um einen sehr umfassenden Ansatz handelt: Nicht nur naturräumliche Elemente sind bei seiner Landschaftsbewertung für Freizeit und Tourismus von Bedeutung, sondern vor allem kulturräumliche Elemente. Besonders hervorzuheben sind Elemente, die Landschaftsstörungen abbilden, wie z. B. eine Industrieanlage in einer attraktiven Landschaft.

Neue, grundlegend andersartige Verfahren sind seither nicht entwickelt worden. Die Studie von BARSCH/SAUPE (1994), die in ihren eigenen empirischen Teilen exemplarisch arbeiten, belegt eindrucksvoll den notwendigen, extrem hohen – personellen wie materiellen – Aufwand, wenn komplexe Bewertungsverfahren konsequent durchgeführt werden. Im Rahmen der von ihnen vorgeschlagenen Landschaftsbewertung wird auch der Versuch unternommen, die natürliche Landschaftseignung aus Sicht der Besucher hinsichtlich der Erholungsnutzung zu bewerten. Dabei beziehen sie sich auch auf die Kriterien von KIEMSTEDT (vgl. BARSCH/SAUPE 1994, S. 90). Die Primärerhebungen mit nutzerbezogenen Bewertungen dienen als Basis, um Funktionsgebietstypen auszuweisen, die ihrerseits in Landschaftsrahmenplänen zum Tragen kommen können. Den unterschiedlichen Ansprüchen an ein Erholungs- und Freizeitgebiet wird das Verfahren somit gerecht. Dieses differenzierte Bewertungsmodell wurde für das Bundesland Brandenburg angewendet; eine Überprüfung auf Übertragbarkeit auf andere Gebiete steht noch aus.

Bei dieser Studie wird der Zusammenhang der beiden unterschiedlichen Perspektiven deutlich. Ohne die Analyse und Bewertung der naturräumlichen Faktoren kann eine Bewertung aus Sicht der Reisenden nicht stattfinden. Jede touristische Infrastruktureinrichtung steht letztendlich in gewisser Abhängigkeit von der strukturellen Eignung einer Landschaft.

2.5   Kritik an Landschaftsbewertungsverfahren

In der Untersuchung von BONERTZ (1983) äußern Regionalplaner auf vielen Ebenen Kritik an Landschaftsbewertungsverfahren: Einige Planer sehen zwar die Notwendigkeit solcher Landschaftsbewertungsverfahren für den Tourismus und ebenso deren Nutzen für die Planung; dennoch entstehen ihrer Meinung nach beim Einsatz solcher Verfahren in der Praxis konkrete Probleme. Die Anwendbarkeit des häufig zu hohen theoretischen Niveaus auf der praktischen Ebene ist für einige Planer nicht realisierbar. Sie sehen den Hauptkonflikt darin, dass nicht messbare qualitative Elemente einer Landschaft in die Bewertung mit einfließen, die untereinander kaum vergleichbar sind. Dieses Problem ist nicht von der Hand zu weisen, da es sich um die zentrale Ausgangsposition von Landschaftsbewertungsverfahren handelt, die es im ersten Schritt zu akzeptieren gilt. Bei der Anwendung von Landschaftsbewertungsverfahren stellt sich auch die Frage, was eigentlich bewertet werden soll: das gesamte touristische Angebot oder allein das Entwicklungspotenzial einer Destination. Für ersteres eignen sich Quasi-Total-Verfahren, die versuchen, alle relevanten Faktoren in die Bewertung einzubeziehen und somit eine ganzheitliche Systembetrachtung für die Bewertung einer Landschaft ermöglichen. Soll lediglich das Entwicklungspotenzial ermittelt werden, kommen Partial-Modelle in Frage. Bei diesen Verfahren werden ausgewählte Faktoren des natur- und eventuell des kulturräumlichen Potenzials verwendet, die von den Autoren als dominant und somit hinreichend für die Berechnung der Landschaftsbewertung erachtet werden (vgl. HOFFMANN 1999, S. 14). Das Entwicklungspotenzial ist vor allem dann interessant, wenn neue, zu entwickelnde Tourismusstandorte gesucht werden.

Deutlich wird bei BONERTZ auch, dass Landschaftsbewertungsverfahren für Planer ein wichtiges Hilfsmittel darstellen. Sie können allerdings nur in Verbindung mit anderen Entscheidungshilfen sinnvoll eingesetzt und angewendet werden. Auch bei der Ausweisung von Tourismuseignungsräumen in der Raumplanung des Landes Mecklenburg-Vorpommern wird dies deutlich.

In der planerischen Praxis haben die Landschaftsbewertungsverfahren in Westdeutschland ab Ende der 1970er-Jahre an Bedeutung verloren, zumal es nicht mehr notwendig war, weitere Fremdenverkehrsgebiete auszuweisen. Fragen der Umweltbelastung durch Tourismus rückten in den Vordergrund.

3 Das Beispiel Mecklenburg-Vorpommern

3.1 Landschaftsbewertungsverfahren in Mecklenburg-Vorpommern

Im Vorfeld der Erstellung der Landschaftspläne ist in den Jahren 1993 bis 1995 im Auftrag des Umweltministeriums des Landes eine ‚Landesweite Analyse und Bewertung der Landschaftspotenziale in Mecklenburg-Vorpommern' vorgenommen worden (vgl. LAUN 1996). Die Gesamtheit des Landschaftspotenzials ergibt sich aus der Analyse verschiedener Teilkomponenten: Neben dem Bodenpotenzial, Arten- und Lebensraumpotenzial sowie Wasserpotenzial wird auch das Landschaftsbildpotenzial ermittelt. Dieses ist besonders für die touristische Bedeutung einer Region wichtig. Bei den anderen Potenzialen wird die Analyse überwiegend mit Hilfe von messbaren Größen durchgeführt. Bei der Analyse und Bewertung des Landschaftsbildes stehen vor allem landschaftsästhetische Kriterien im Vordergrund, die nur begrenzt zu operationalisieren sind. Durch die reine Erfassung von messbaren Größen lässt sich das Landschaftsbild nach Auffassung der Autoren dieser Studie nicht einschätzen, so dass eine qualitative Analyse und Bewertung erfolgt, die nachvollziehbar sein soll und den subjektiven Faktor sichtbar machen will. Dies geschieht in einem komplexen, mehrstufigen Verfahren. Die Ergebnisse liegen insgesamt und in ihren Teilschritten kartographisch in einem Maßstab von 1:50.000 vor.

Das Landschaftsbild trägt, wie in dieser Studie explizit erwähnt wird, drei Funktionen: Bildungsfunktion, Heimatfunktion und Erholungsfunktion. Dieser Teilbereich der Landschaftsbewertungsanalyse (Landschaftsbild) ist also für Tourismus und Freizeit bedeutsam. Aus den Funktionen werden die Kriterien abgeleitet: Vielfalt, Eigenart, Naturnähe/Kulturgrad und Schönheit. Für die Erholung werden insbesondere die Kriterien Naturnähe/Kulturgrad und Schönheit herausgestellt. Die Erfassung von Einzelelementen und Landschaftsstrukturen in Abhängigkeit vom Maßstab 1:50.000 steht am Anfang, wobei zwei Hauptgruppen unterschieden werden:

- Landschaftselemente, die durch natürliche Prozesse hervorgebracht wurden ((Geo-) Relief, Gewässer, Vegetation und Flächennutzung) und
- Siedlungs- und sonstige Landschaftselemente (Siedlungen, technische Anlagen, bauliche Anlagen)

Auf dieser Grundlage wird eine Abgrenzung von Landschaftsbildräumen vollzogen, um im nächsten Schritt die Beschreibung der Landschaftsbilder möglichst systematisch und einheitlich zu gestalten. Hier kommen die oben beschriebenen Kriterien zum Einsatz. Im letzten Schritt wird die Schutzwürdigkeit der Landschaftsräume mit Hilfe einer vierstufigen Skala bewertet (Stufe 1 = ‚sehr hoch', Stufe 2 = ‚hoch bis sehr hoch', Stufe 3 = ‚mittel bis hoch', Stufe 4 = ‚gering bis mittel'). Hierbei wird besonders das Leistungsvermögen hinsichtlich der Erfüllung der drei Funktionen (Bildungs-, Heimat- und Erholungsfunktion) eingeschätzt. Dieses Verfahren beruht auf einer sehr umfangreichen Geländearbeit, die im Ergebnis eine detaillierte Bewertung des Landschaftsbildes in Mecklenburg-Vorpommern ermöglichte. Es bietet sich an, dieses Resultat als Grundlage für die touristische Planung zu nutzen.

3.2   Anwendung in der Planung

Im Landesraumordnungsprogramm (LROP) von Mecklenburg-Vorpommern werden Tourismuseignungsräume ausgewiesen, in denen die touristische Nutzung Vorrang bzw. Berücksichtigung vor anderen Nutzungen hat. Im Jahr 2002 muss dieses Programm fortgeschrieben werden. Das Ministerium für Arbeit und Bau mit seiner Abteilung für Raumordnung ist in Mecklenburg-Vorpommern die oberste

Landesplanungsbehörde; es ist damit zuständig für die Abgrenzung von Tourismuseignungsräumen auf Landesebene und für Vorgaben auf regionaler Ebene. Im LROP von 1993 sind ‚Räume mit besonderer natürlicher Eignung für Fremdenverkehr und Erholung' abgegrenzt worden. Diese Bezeichnung liefert bereits Hinweise auf die besondere Bedeutung der naturnahen Landschaft.

Für die neue Festlegung der Tourismuseignungsräume im LROP 2002 sind die Planer zu der Erkenntnis gekommen, eine größere Transparenz und Nachvollziehbarkeit auch für die Öffentlichkeit zu schaffen, wenn es darum geht, Kriterien für diese Abgrenzung zu finden. So stand zu Beginn deutlich der Wunsch der Landes- und Regionalplaner in Mecklenburg-Vorpommern, die Abgrenzung der touristischen Eignungsräume nach Kriterien zu vollziehen, die deutlich messbar sind. Es wurden Faktoren favorisiert, die als ‚hart' bezeichnet werden, wie z. B. Übernachtungszahlen oder das Bettenangebot einer Gemeinde. Die naturräumliche Ausstattung könne nicht allein das attraktive Tourismuspotenzial bestimmen, wie etwa KIEMSTEDT (1967) propagierte. In der späteren Diskussion, besonders im Zusammenhang mit der gewünschten Offenheit gegenüber entwicklungsorientierten Gemeinden, die bisher kaum messbare Zahlen aufweisen können, kamen die naturräumlichen Landschaftselemente hinzu. So wurde bei der Suche nach geeigneten Abgrenzungskriterien der Teilbereich der Landschaftsbildpotenzialanalyse aus dem Landschaftsbewertungsverfahren für Mecklenburg-Vorpommern miteinbezogen. Gebiete, die in diesem Verfahren eine Landschaftsbildbewertung von ‚sehr hoch' oder ‚hoch bis sehr hoch' erhielten, sollen bei einer Neuausweisung von touristischen Eignungsräumen Berücksichtigung finden. Doch auch Gebiete mit ausschließlich attraktivem Landschaftsbild – so die Meinung der versammelten Regionalplaner – können von Touristen als unattraktiv wahrgenommen werden, wenn z. B. touristische Infrastruktur fehlt. In Kombination mit weiteren Kriterien kann der Wert einer attraktiven Landschaft für den Touristen insgesamt also eher gering ausfallen. Die touristische Infrastruktur bekommt hier also eine bedeutende Rolle.

Bei der Erfassung der vorhandenen Infrastruktur treten allerdings etliche Probleme auf: Zum einen ist eine flächenhafte Betrachtung nur auf Grundlage eines aktuellen Datenbestandes möglich, der in Mecklenburg-Vorpommern nicht vorhanden ist. Zum anderen ist unklar, wie mit laufenden Planungen von Infrastruktureinrichtungen umgegangen werden soll.

In Mecklenburg-Vorpommern wurde auch versucht, vergangene und zukünftige Entwicklungen von Gemeinden zu berücksichtigen. In der Umsetzung wurde die Prädikatisierung (z. B. Erholungsort, Kurort) als ein Kriterium diskutiert, das die historisch gewachsenen Gemeinden berücksichtigen soll. Für die Gemeinden mit Entwicklungschance soll die natürliche Ausstattung stärkere Berücksichtigung finden.

4   Zusammenfassung

Es gibt viele Versuche, Landschaft für den Tourismus zu bewerten; allerdings sind diese Verfahren in der Regel nur bedingt auf andere Regionen übertragbar. Die Grenzen der einzelnen Verfahren zeigen sich vor allem bei der Anwendung auf Regionen, die sich von den Modellregionen stark unterscheiden. In Mecklenburg-Vorpommern kann auf ein sehr detailliertes Landschaftsbewertungsverfahren zurückgegriffen werden, das speziell für dieses Bundesland erarbeitet wurde. Die Bedeutung in der tatsächlichen Ausweisung von Tourismuseignungsräumen in der Landesplanung bleibt aber marginal. Auch hier wurden von den Regional- und Landesplanern immer wieder Zweifel an der Intersubjektivität des Verfahrens laut: Wie kann die seenreiche Landschaft Süd-Mecklenburgs vergleichbar hohe Werte wie die Strände von Usedom oder Rügen aufweisen?

Für die Raumplanung ist es wichtig, die Destinationen zu ermitteln, die eine gute strukturelle Voraussetzung haben, Freizeit und Tourismus zu entwickeln. Touristische Infrastruktur, z. B. touristische Großprojekte, sind in der Regel unabhängig von der strukturellen Eignung der Landschaft. Aber es geht in der Landesplanung gerade darum, die strukturelle Eignung einer Region zu erkennen und diese entsprechend zu nutzen sowie die Weichen für zukünftige Entwicklungen zu stellen. Dort, wo der Tourismus bereits große Bedeutung hat, muss aus planerischer Sicht nicht mehr fördernd eingegriffen werden. In Mecklenburg-Vorpommern sind daher die Gebiete jenseits des touristischen Stromes an der Ostseeküste und den großen Binnenseen von großem planerischen Interesse. Hier sollte der Bewertung der naturräumlichen Eignung für Freizeit und Tourismus besonderes Augenmerk geschenkt werden. In Abwägung mit anderen Nutzungen muss dann entschieden werden, ob eine touristische Nutzung von Seiten der Landesplanung gefördert werden soll oder nicht.

Literatur

BARSCH, H. und SAUPE, G. (1994): Bewertung und Gestaltung der naturnahen Landschaft in Schutzgebieten, Erholungs- und Freizeitgebieten. Teil 1 und 2. Potsdamer Geographische Forschungen, Bd. 8. Potsdam.

BENTHIEN, B. (1997): Geographie der Erholung und des Tourismus. Gotha, S. 115 ff.

BLÖCHINGER, H. (1993): Der Wert von Natur- und Kulturlandschaften. In: LANGER, G./WEIERMAIR, K. (Hrsg.): Tourismus und Landschaftsbild. Thaur, S. 177–189.

BONERTZ, J. (1983²): Die Planungstauglichkeit von Landschaftsbewertungsverfahren in der Landes- und Regionalplanung. Materialien zur Fremdenverkehrsgeographie, H. 7, Trier.

ENGLER, S. (2000): Entwicklungspotentiale und Entwicklungsmöglichkeiten des Tourismus in den strukturschwachen ländlichen Gebieten der Region Westmecklenburgs. Unveröffentlichte Diplomarbeit am Institut für Landschaftsplanung und Landschaftsökologie der Universität Rostock.

HOFFMANN, G. (1999): Tourismus in Luftkurorten Nordrhein-Westfalens – Bewertung und Perspektiven. Dissertation an der Universität Paderborn.

KIEMSTEDT, H. (1967): Zur Bewertung der Landschaft für die Erholung. Beiträge zur Landespflege, Sonderheft 1. Stuttgart.

LAUN (Landesamt für Umwelt und Natur Mecklenburg-Vorpommern) (Hrsg.; 1996): Landesweite Analyse und Bewertung der Landschaftspotentiale in Mecklenburg-Vorpommern – Textzusammenfassung. Erarbeitet vom Ingenieurbüro Wasser und Umwelt Stralsund.

MAROLD, K. (1965): Methoden der Planung von Erholungsorten an der Küste. Wissenschaftliche Zeitschrift der Ernst-Moritz-Arndt-Universität Greifswald, XIV, S. 161-168.

PÖTKE, P. M. (1979): Der Freizeitwert einer Landschaft. Quantitative Methode zur Bewertung einer Landschaft für Freizeit und Erholung. Materialien zur Fremdenverkehrsgeographie, H. 2, Trier.

Touristische Raumanalyse und Raumbewertung durch Monitoring

*Destinationsmonitoring kann, wie jede Marktforschung,
keine Probleme lösen, wohl aber auf Probleme hinweisen,
die zu lösen sind.*

Mathias Feige

1   Was ist Monitoring?

Unter Monitoring versteht man ganz allgemein die Dauerbeobachtung eines bestimmten Systems. Der Begriff entstammt dem lateinischen ‚monere' und bedeutet erinnern bzw. ermahnen. In vielen Wissenschaften ist er seit langem gebräuchlich, z. B. in der Medizin, in der Biologie, in den Umweltwissenschaften (Ökosystemforschung), aber auch in der Soziologie (Verhaltensforschung). Vier Schlüsselfunktionen kennzeichnen das Verständnis von Monitoring:

- Beobachtungsfunktion:
  Die Dauerbeobachtung an sich, d. h. die systematische, langfristige, problemorientierte Erfassung ausgewählter Parameterwerte in regelmäßigen Abständen.

- Frühwarnfunktion:
  Die Bewertungsaufgabe von Monitoring, die Identifizierung kritischer Werte bzw. Zustände.

- Controllingfunktion:
  Das begleitende Monitoring von Managementmaßnahmen (vorher – nachher).

- Benchmarkingfunktion:
  Die Ableitung optimaler Werte bzw. Zustände für die einzelnen Indikatoren bzw. für das Indikatorenset (Identifikation der Besten).

Der Problembezug in der Parameterauswahl ist ein konstituierendes Element von Monitoring und stellt den entscheidenden Unterschied zu einer reinen Zahlenerfassung dar (z. B. im Rahmen von Statistischen Jahrbüchern, von Branchenstatistiken, von Zählungen etc.). Er ist zudem Voraussetzung für das zweite Kernziel von Monitoring, die Frühwarnfunktion. Diese wiederum setzt voraus, dass eine Zielstellung definiert wurde (z. B. ‚Beobachtung der Entwicklung der Seehundpopulation im Wattenmeer sowie des Aufzuchterfolgs von Heulern').

Monitoring ist keine ‚l'art pour l'art', also Datenerfassung um ihrer selbst Willen, sondern findet im Kontext eines konkreten Erkenntnisinteresses statt. Nur dann können kritische Werte definiert und angemessene Schlussfolgerungen gezogen werden. Der Problembezug beruht häufig auf Hypothesen über Indikatoren und die von ihnen gemessenen Zusammenhänge. Die Kunst besteht darin, ein richtiges Verständnis vom zu beobachtenden System zu gewinnen und dafür geeignete Indikatoren zu finden.

Die Langfristigkeit als weiteres Element bedeutet, dass zum einen Personal, Finanzmittel, Messinstrumente etc. dauerhaft zur Verfügung stehen müssen und zum anderen, dass die Aussagekraft eines Monitorings oft erst im Verlauf von vielen Jahren ihre volle Wirkung entfalten kann – ein gewisses Maß an Geduld ist somit nicht nur bei den Monitoren, den durchführenden Personen, sondern ebenso bei den Rezipienten der Ergebnisse erforderlich.

2 Monitoring im Tourismus

Das skizzierte Begriffsverständnis verdeutlicht, dass Tourismusstatistiken des Bundes und der Länder, der OECD, der Welttourismusorganisation (WTO) und anderer zwar stets Elemente eines Monitorings sind, dafür aber keineswegs ausreichen.

In der touristischen Nachfrageforschung ist die ‚Reiseanalyse' ein Beispiel für Monitoring (vgl. STENGER 1998). Hier wird seit über 30 Jahren das Urlaubsreiseverhalten der Deutschen mit dem Ziel erfasst, neben Basisparametern (Reiseintensität, -häufigkeit etc.), z. B. mittels Urlaubertypologien oder Ursachenforschung zur Attraktivität von Reisezielen etc. ein qualifiziertes Bild der Reisetätigkeit der Bundesbürger zu vermitteln. Der ‚Europäische Reisemonitor' (vgl. IPK 2001) und andere Untersuchungen verfolgen ähnliche Zielstellungen im Hinblick auf die touristische Nachfrage.[1]

Während sich die Marktforschung somit seit langem für die Bedürfnisse und Verhaltensweisen der Reisenden interessiert, steckt das Destinationsmonitoring in Deutschland erst in den Kinderschuhen, obwohl sich Disziplinen wie die Geographie, Raumplanung und Regionalökonomie ebenso lange mit der Entwicklung von Tourismusregionen beschäftigen (vgl. BIEGER 2000). Hauptursache für das in jüngster Zeit wachsende Interesse an einem derartigen Instrumentarium ist der gravierende Strukturwandel im Tourismus. Dessen wichtigste (hier relevante) Kennzeichen sind:

- Der globale Wettbewerb zwingt auch die deutschen Destinationen generell zu einem professionellen, marktorientierten Management.

- Die wachsenden Finanzierungsprobleme der bislang vorwiegend aus öffentlichen Haushalten alimentierten Tourismusverbände beschleunigen einen Wan-

---

[1] vgl. Beitrag BESEL/HALLERBACH zu „Touristische Großerhebungen' in diesem Band

del in deren Selbstverständnis. Sie verstehen sich immer mehr als unternehmerisch agierende Organisationen des aktiven Destinationsmanagements. Beispiel ist das vom Tourismusverband Insel Usedom e. V. formulierte Leitbild für das ‚Unternehmen Usedom' (vgl. TVIU 1998).

- Dieser Wandel geht einher mit zahlreichen GmbH-Gründungen, der Beschäftigung von Managerpersönlichkeiten als Geschäftsführer, der Ausweitung von Aktivitäten dieser Organisationen, einem damit verbundenen erhöhten Marketingetat und damit wiederum steigenden finanziellen Risiken.

- Kooperationspartner dieser Organisationen neuer Prägung sind zwar nach wie vor die Kommunen und Verbände wie HOGA, IHK etc., immer öfter aber auch die Tourismuswirtschaft, d. h. die Leistungsträger und nicht zuletzt die (großen) Reiseveranstalter, welche allmählich den Inlandsmarkt für sich erschließen.

Die Konsequenz dieser Entwicklungen ist, dass das Destinationsmonitoring als Basis für das Controlling von erfolgreichen Destinationsmarketingmaßnahmen einen eigenständigen Stellenwert erhält.

3   Destinationsmonitoring

Destinationsmonitoring ist die zielorientierte, langfristige Erfassung, Analyse und Bewertung von Daten, die für ein erfolgreiches Destinationsmanagement von Bedeutung sind. Bei Destinationen kann es sich um einzelne Orte, um Regionen unterschiedlichen Zuschnitts und unterschiedlicher Größe, um Bundesländer, aber auch um spezielle Destinationstypen oder Interessengemeinschaften handeln (z. B. Inseln, Heilbäder, Großstädte,[2] Ferienzentren etc.). Letztere müssen nicht unbedingt in räumlichem Bezug zueinander liegen.

Entscheidend ist, dass es sich um ein am Informationsbedarf der Nutzer orientiertes System handelt. Es kann sowohl quantitative Daten (z. B. Bettenkapazitäten, Übernachtungszahlen) als auch qualitative Informationen (z. B. Kundenzufriedenheitsmaße) enthalten. Der tatsächliche Umfang eines Monitorings ergibt sich aus dem konkreten Bedarf. Die Daten können aus unterschiedlichen Quellen entnommen und aufbereitet, aber auch speziell empirisch gewonnen werden.

Ein so verstandenes Monitoring zieht zudem eine eindeutige Grenze: Es hat nicht den Anspruch eines permanent durchgeführten Tourismus- oder Marketingkonzepts. Vielmehr liefert es dafür entscheidungsrelevante Informationen, welche von den Adressaten ausgewertet und in konkrete Maßnahmen umgesetzt werden müssen.

---

[2] Für die ‚Magic Cities Germany', eine Kooperation der neun übernachtungsstärksten Großstädte, wird ein derartiges Monitoring aufgebaut.

Ein bedeutender Erfolgsfaktor ist Aktualität; diese steht jedoch keineswegs im Widerspruch zur notwendigen Langfristigkeit. Beide Anforderungen ergänzen sich vielmehr. Ebenso wie ein Unternehmenscontrolling neben Jahres- auch Monatsdaten (z. B. zu Umsätzen, Cash Flow, Personalproduktivität etc.) ausweist, muss es Ziel des Destinationsmonitorings sein, wo sinnvoll und möglich, aktuelle Informationen bereit zu stellen. Dies sind z. B. Saison- und Monatswerte. Langjährige Zeitreihen wiederum werden es in vielen Fällen erst ermöglichen, kurzfristige Abweichungen von Durchschnittswerten aus der Beobachtung vieler Zyklen angemessen zu interpretieren. Die volkswirtschaftliche Konjunkturforschung leistet derartiges für die Gesamtwirtschaft.

Drei Typen von Monitoringinstrumenten illustrieren im Folgenden beispielhaft konkrete Ausgestaltungsmöglichkeiten. Sie beziehen sich auf unterschiedliche räumliche Maßstabsebenen und Typen von Destinationen.

4   Das S-Tourismusbarometer

4.1   Entstehung, Ziele und Organisation

Motivation für den Aufbau des S-Tourismusbarometers des Ostdeutschen Sparkassen- und Giroverbands (OSGV) war die Bereitstellung eines umfassenden und belastbaren Datensets zur Beurteilung des ‚Unternehmenserfolgs' der Tourismusdestinationen in Ostdeutschland. Sparkassen vergeben Kredite an Hotellerie und Gastronomie, an Kommunen und die gesamte touristische Dienstleistungsbranche. Sie engagieren sich zudem in Tourismusverbänden und Marketingorganisationen. Ein solider, umfassender und stets aktueller Überblick über diese wichtige Dienstleistungsbranche mit Breitenwirkung in viele Wirtschaftssektoren hinein (‚Multiprodukt Tourismus') ist somit für Finanzierungsentscheidungen und weitergehende Aktivitäten von herausragender Bedeutung.

Die Ermittlung von Tourismusdaten über deutsche Destinationen erfordert bislang viel Mühe und Zeit. Die Datenlage ist gekennzeichnet durch unterschiedlichste Datenquellen, eine Vielzahl von Herausgebern sowie verschiedenste Erhebungszeiträume und Berechnungsgrundlagen. Eine Vergleichbarkeit zwischen Regionen sowie Zeitvergleiche sind nur sehr eingeschränkt möglich. Hinzu kommen erhebliche Datenlücken. Die amtliche Tourismusstatistik erfasst z. B. nur einen kleinen Teil von Angebot und Nachfrage (Betriebe mit mindestens neun Gästebetten); über wichtige Segmente, wie den nicht-gewerblichen Markt und den Tagestourismus, gibt sie kaum Auskunft. Aber auch zum Markterfolg von tourismusrelevanten Freizeit-, Kultur- und Unterhaltungseinrichtungen, welche für die Attraktivität des Angebotsprofils von Destinationen aus Kundensicht entscheidend sein können, fehlt jede amtliche Information. Marketing-, Investitions- und Förderentscheidungen leiden massiv unter einer derart unsicheren Datenlage.

Das erstaunliche Manko, dass im Multimediazeitalter so etwas scheinbar Einfaches wie ein elektronisches Datenbanksystem über die Entwicklung touristischer Regionen noch nicht verfügbar ist, war Anlass für die Entwicklung des S-Tourismusbarometers durch das Deutsche Wirtschaftswissenschaftliche Institut für Fremdenverkehr e. V. an der Universität München (DWIF). Das S-Tourismusbarometer beobachtet kontinuierlich, problembezogen und handlungsorientiert die Tourismusentwicklung in den Ländern und Regionen Ostdeutschlands.[3]

Der Prototyp wurde 1997 entwickelt und auf der ITB 1998 erstmals präsentiert. Seitdem erfolgt seine stetige Weiterentwicklung zu einem immer stärker differenzierenden Benchmarking- und Frühwarnsystem. Die Organisations- und Kommunikationsstrukturen (vgl. Abb. 1) verdeutlichen die beabsichtigte Breitenwirkung.

Abb. 1: S-Tourismusbarometer: Organisation und Kommunikation

Träger und Finanzierung:	Ostdeutscher Sparkassen- und Giroverband (OSGV) in Kooperation mit Sparkassen- und Giroverband Hessen-Thüringen
Bearbeitung:	DWIF-Berlin (Projektbüro) und DWIF-München
Netzwerkpartner:	Deutscher Industrie- und Handelskammertag (DIHK)
Beiräte:	Sparkassenfachbeirat (7 Sparkassenvorstände), Gesamtbeirat (31 Mitglieder aus Bund, Ländern, Regionen, Verbänden)
Zyklus:	Beginn jeweils im Herbst (Datenerfassung); Ende Juni Vorlage des Berichts
Präsentationen:	Erste Ergebnisse jeweils zur ITB im März eines Jahres, Länderveranstaltungen im Herbst; Vorträge, Seminare, Verbandstage etc.
Publikationen:	Jahresbericht jeweils im Juni, Zeitschriftenartikel
Internet:	www.s-tourismusbarometer.de; Vorjahres- und ältere Jahresberichte vollständig verfügbar; aktueller Jahresbericht in Ausschnitten (Abonnement möglich); Quartalsberichte zu touristischen Wetterstationen

Quelle: DWIF 2001

Das S-Tourismusbarometer ist – mit einer kleinen Einschränkung – kein Exklusivprodukt für die Finanziers, sondern soll möglichst vielen Verantwortlichen aus Politik, Verbänden, Regionen, Kommunen und Wirtschaft als Beurteilungs- und

---

[3] Seit Januar 2002 befindet sich auch ein S-Tourismusbarometer für Schleswig-Holstein im Aufbau.

Entscheidungsgrundlage dienen. Damit ist es ein wissenschaftlich fundiertes, angesichts der Adressaten jedoch vorrangig praxisorientiertes Instrument. Diese Ausrichtung hat Einfluss auf den Inhalt sowie die Darstellung der Ergebnisse (vgl. OSGV 1999, 2000, 2001).

4.2   Aufbau und Inhalte

Der modulare Aufbau des S-Tourismusbarometers (vgl. Abb. 2) ermöglicht die Verfolgung unterschiedlicher Zielstellungen.[4] Ein wichtiger Erfolgsfaktor ist dabei, dass mit einheitlicher Methodologie Daten für alle Länder und Regionen erarbeitet werden, welche eine direkte, in dieser Form bislang nicht mögliche Vergleichbarkeit gewährleisten – die entscheidende Voraussetzung für ein aussagekräftiges Benchmarking.

Abb. 2: Die Module des S-Tourismusbarometers (2001)

≗ - Tourismusbarometer 2001

| Basismodul | Spezialmodul | Sparkassen- |
| Strukturdaten | Tourismussegmente | modul |

Angebot & Nachfrage	Arbeitsmarkt und Beschäftigung	Regionaler Branchen- vergleich Tourismus- betriebe
Grauer Beherbergungsmarkt	Fitness-Check: Websiteanalyse	
Wetterstationen	Regionen & Großstädte	
Großprojekte Förderung	Tagungsmarkt	

Quelle: Eigene Darstellung

---

[4]   Details können dem Internet (www.s-tourismusbarometer.de) bzw. den Publikationen entnommen werden. Hier erfolgt eine Konzentration auf ausgewählte Elemente mit dem Ziel, das Instrument vorzustellen.

4.2.1 Das Basismodul

Aufgabe des Basismoduls ist es, vergleichende Zeitreihen zu Schlüsseldaten der Tourismusentwicklung bereit zu stellen; dies geschieht im Rahmen einer regionalen sowie einer betrieblichen Analyse:

- Regionale Analyse:
   Die regionale Analyse führt zum einen vorhandene Strukturdaten der amtlichen Statistik zur Angebots- und Nachfrageentwicklung im gewerblichen Beherbergungssektor (Betriebe mit mindestens neun Gästebetten) zusammen. Diese Informationen werden ergänzt um empirisch ermittelte Daten zum sog. ‚Grauen Beherbergungsmarkt'. Der Begriff umschreibt das Angebots- und Nachfragevolumen in folgenden vier Segmenten: Privatzimmer und Ferienwohnungen, Dauercamping, Freizeitwohnsitze sowie private Verwandten- und Bekanntenbesuche. Alle Teile erfordern spezielle empirische Erhebungsverfahren. Die Darstellung erfolgt in Form von Tabellen, Diagrammen und Karten sowie mittels allgemeinverständlicher Indikatoren (z. B. Intensitätskennziffern). Speziell entwickelt wurde der sog. Touristische Regionalentwicklungsindex (TRIX), welcher die Veränderungsraten (nicht die Absolutwerte) der Übernachtungszahlen sowie der Bettenauslastung in einem bestimmten Zeitraum zueinander in Beziehung setzt. Fast alle Daten werden sowohl für die fünf Länder als auch für die 38 Reisegebiete Ostdeutschlands publiziert.

- Betriebliche Analyse:
   Über 4,4 Mrd. Euro sind seit 1990 an Fördermitteln in die touristische Infrastruktur Ostdeutschlands geflossen, womit ein Investitionsvolumen von 11,3 Mrd. Euro ausgelöst und mehr als 56.000 Arbeitsplätze geschaffen oder gesichert wurden. Diese Entwicklung betrifft gastgewerbliche Betriebe, Erlebnisbäder, Museumseisenbahnen, Freizeitparks, Naturparkzentren und eine Vielzahl anderer Einrichtungen. Zudem haben die Sparkassen in großem Umfang gastgewerbliche und sonstige touristische Unternehmen finanziert. Zur Messung des Markterfolgs dieser Angebote wurden die sog. 'Touristischen Wetterstationen' entwickelt – begrifflich orientiert am Netz echter Wetterstationen, deren Daten Wettervorhersagen ermöglichen (vgl. Abb. 3). Der Wettbewerbserfolg dieser Angebote, verdichtet im Indikator der Besucherzahlen, wird von einer Reihe unterschiedlicher Faktoren beeinflusst. Das S-Tourismusbarometer erfasst und bewertet diese Daten; es ermöglicht damit einen stets aktuellen Eindruck von Gewinnern und Verlierern der Branche. Das Augenmerk wird damit auf einen Bereich des Tourismus gelenkt, zu welchem bis dato jede vergleichende Analyse fehlte. Diese Modulteile werden durch weitere Elemente ergänzt (z. B. durch die anonymisierte Auswertung elektronischer Bilanzdaten gastgewerblicher Kreditnehmer der Sparkassen, durch Sonderauswertungen der Ergebnisse aus den regelmäßigen Konjunkturumfragen des Netzwerkpartners Deutscher Industrie- und Handelskammertag (DIHK) sowie durch die Erfassung des Aufbaus touristischer Großprojekte). Soweit möglich werden zudem

Informationen über die wirtschaftliche Bedeutung des Tourismus integriert. Zusammen genommen liefern diese Elemente einen umfassenden Überblick über die jeweilige Konjunkturlage in der Branche.

Abb. 3: Die touristischen „Wetterstationen" in den Neuen Bundesländern (2001)

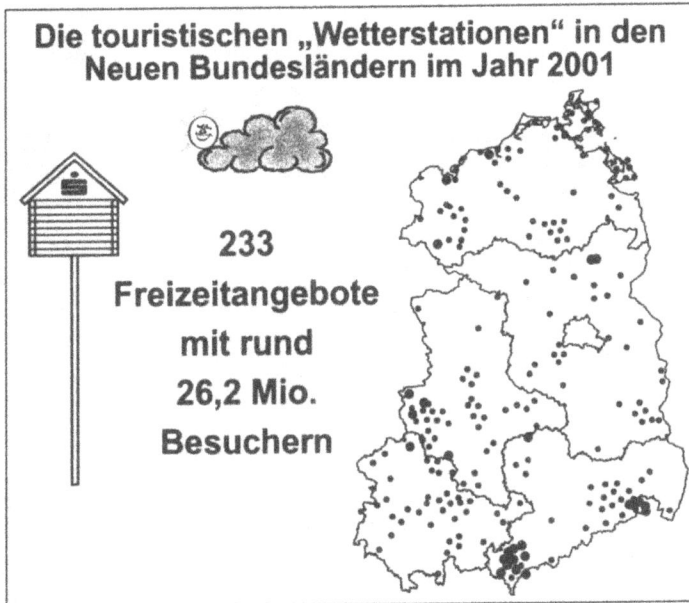

Quelle: OSGV 2001, S. 34

4.2.2 Spezialmodul und Sparkassenmodul

Den geforderten Problembezug löst das S-Tourismusbarometer unter anderem durch die Bearbeitung jährlich wechselnder, aktueller Themen im Rahmen des Spezialmoduls ein. Die Erfahrung zeigt, dass einige Elemente dieser Analysen in den Folgejahren meist in das Basismodul aufgenommen werden. Die Ergebnisse werden zusammen mit denjenigen des Basismoduls publiziert. Der methodische Ansatz ist in diesem Modul so unterschiedlich angelegt wie die Themen: Von statistischen Recherchen über repräsentative Bevölkerungsbefragungen bis zu Experteninterviews und Internetanalysen anhand ausgefeilter Kriterienkataloge können alle denkbaren Verfahren der Marktforschung und Regionalanalyse zur Anwendung kommen (vgl. Jahresberichte). Die einzigen Exklusivbausteine sind diejenigen des Sparkassenmoduls.

Abb. 4: Entwicklung der Besucherzahlen „Touristischer Wetterstationen"
         in einem Beispieljahr

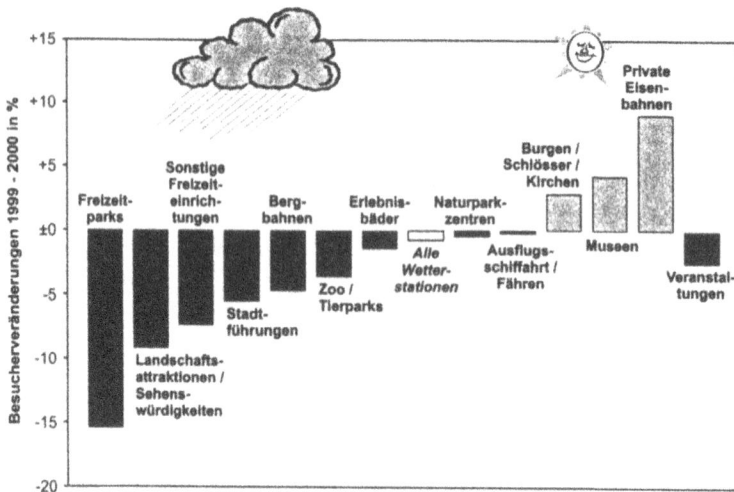

Quelle: OSVG 2001, S. 38

Hier werden speziell im Interesse der Sparkassenvertreter liegende Themen bearbeitet. In den Spezialmodulen sind bisher die folgenden Themen bearbeitet worden:

- Situation und Handlungsbedarf in Heilbädern und Kurorten; Organisation,
  Vertrieb, Marketing der Regionen (1999)
- Zahlungsverhalten von Reisenden; Kundenzufriedenheit sowie ‚Tourismuskli-
  ma Regional' (2000)
- Touristischer Arbeitsmarkt; Fitness-Check: Websiteanalyse der Tourismusver-
  bände (2001)
- Gesundheitstourismus; Städte-, Tagungs-, Eventtourismus; E-Commerce
  (2002)
- Kulturtourismus, Markenpolitik im Tourismus (2003)

5   Das S-Regionalbarometer

Das S-Tourismusbarometer stößt dort an seine Grenzen, wo es um die differenzierte
Analyse von Tourismusregionen geht. Die Daten sind stets Durchschnitts- oder
Summenwerte der gesamten Region, bilden die innerregionale Wirklichkeit daher zu
stark nivellierend ab.

Für ein leistungsfähiges Destinationsmonitoring ist eine entsprechend kleinräumige
Auflösung unerlässlich. Diese leistet das S-Regionalbarometer: Unter einem S-
Regionalbarometer ist die Erfassung, Aufbereitung und Interpretation von Daten und

Informationen für eine bestimmte Region zu verstehen, welche deren individuelle, innere Struktur und Problemlage mit dem Ziel einer dauerhaften, selbstständigen Bearbeitung durch die Verantwortlichen dieser Region angemessen erfassen.

Letzteres ist der entscheidende Unterschied zum S-Tourismusbarometer und macht es erst zu dem beabsichtigten Controllinginstrument: Das S-Regionalbarometer ist als Hilfe zur Selbsthilfe konzipiert. Zumindest wesentliche Teile sollen nach dem von außen begleiteten Aufbau in Eigenregie weitergeführt werden. Der Prototyp wurde 2000/2001 für das Sächsische Vogtland entwickelt (vgl. KIRCHHOFF-FEIL et al. 2001). Er orientiert sich am S-Tourismusbarometer, setzt jedoch in einigen Bereichen individuelle Schwerpunkte (vgl. Abb. 5).

Abb. 5: Die Module des S-Regionalbarometers Vogtland

Quelle: KIRCHHOFF-FEIL et al. 2001

Im S-Regionalbarometer erhält das Thema Qualität eine herausragende Bedeutung. Hierfür wurden regelmäßig durchführbare Websitechecks der Tourismusgemeinden, Kundenzufriedenheitsbefragungen und Verfahren zur Bewertung der Arbeit in lokalen Tourist-Informationen entwickelt. Das darin enthaltene Modul Wirtschaft und Finanzen stößt auf starkes Interesse, denn die Regionen benötigen aussagekräftige Daten zum Wirtschaftsfaktor Tourismus als Argumentationsgrundlage gegenüber Kämmerern und anderen Finanzierungspartnern.[5]

Dazu wurde u. a. ein themenbezogenes Auswertungsverfahren für die Analyse der kommunalen Haushaltspläne in allen 18 Tourismusgemeinden entwickelt. Die daraus gewonnenen Erkenntnisse erweisen sich für Diskussionen z. B. mit Bürgermeistern über künftige Entwicklungsschwerpunkte des Vogtlandtourismus als äußerst wertvoll.

---

[5]   vgl. Beitrag HARRER zum ‚Wirtschaftsfaktor Tourismus: Berechnungsmethodik und Bedeutung' in diesem Band

Die Dokumentation der Ergebnisse erfolgt bewusst in Form einer jederzeit aktuali-
sierbaren Loseblattsammlung von Datenblättern und Interpretationstexten.

6   Sozioökonomisches Nationalpark-Monitoring (SÖM-Watt)

Während sich S-Tourismus- und S-Regionalbarometer ausschließlich touristischen
Themen widmen, verfolgt das dritte Beispiel des SÖM-Watt eine etwas anders ge-
lagerte Zielstellung. Zwischen 1989 und 1994 hatten im Rahmen der ‚Ökosystemforschung im Nationalpark Schleswig-Holsteinisches Wattenmeer' (vgl. STOCK et
al. 1996) erstmals in einem deutschen Nationalpark neben ökologischen auch
umfangreiche sozioökonomische und damit touristische Untersuchungen stattgefunden (vgl. FEIGE/TRIEBSWETTER 1997). Der Schwerpunkt dieser Untersuchungen galt der Rolle des Menschen sowie den Wechselwirkungen zwischen dem
ökologischen und anthropogenen System des Nationalparks. Wichtig war, die
Region als Teil des trilateralen Wattenmeerraumes mit den Niederlanden und
Dänemark in eine entsprechend großräumige Betrachtung einzubeziehen. In einem
‚Trilateral Monitoring and Assessment Program' (vgl. TMAP 1996) waren dazu
bereits Mitte der 1990er-Jahre touristische Parameter, die allerdings noch
rudimentären Charakter trugen, entwickelt worden.

Das im Anschluss daran konzipierte und von Referenzprojekten (vgl. FEIGE et al.
1995; FEIL et al. 1998) inspirierte SÖM-Watt entstammt der Erkenntnis: „Die
Tatsache, dass Mensch und Natur im Nationalpark (...) untrennbar miteinander
verbunden sind, verlangt, dass der Beschreibung und Bewertung des Wirtschaftsraumes eine ebenso große Bedeutung zugemessen wird wie der Beschreibung und
Bewertung des Ökosystems" (GÄTJE 1998, S. 37). Das SÖM-Watt verfolgt sechs
ambitionierte Ziele (ebd., S. 37):
- Bevölkerungs- und Wirtschaftsstruktur der Nationalparkregion beschreiben
  und bewerten,
- Veränderungen und Trends erkennen, insbesondere bei den nationalparkbezo-
  genen Wirtschaftszweigen Tourismus, Landwirtschaft und Fischerei,
- durch Berücksichtigung der Interessen und Belange der Einheimischen und
  Gäste die Akzeptanz für den Nationalpark verbessern,
- Informationsangebote, Besucherlenkung, Schutzgebietes- und Gästebetreuung
  optimieren,
- Bausteine für das trilaterale Wattenmeermonitoring bereit stellen,
- Beiträge liefern, um Lösungsansätze für Konflikte zwischen Regional- und
  Schutzgebietsentwicklung zu finden.

Auch das SÖM-Watt (vgl. MÖLLER/FEIL 1997) hat einen modularen Aufbau (vgl.
Abb. 6) und umfasst ein komplexes Methodenset aus amtlichen Statistiken, sozialwissenschaftlichen Befragungen, Berechnungsverfahren etc.

Abb. 6: Module des Sozioökonomischen Monitorings Wattenmeer

SÖM **Regional**

Wir beschäftigen uns mit der
wirtschaftlichen Entwicklung
und den Zukunftsperspektiven
der Region und möchten diese
mitgestalten.

Statistiken und Daten zu
• Bevölkerung
• Wirtschaftsstruktur
• Arbeitsmarkt
• Nachhaltigkeit

SÖM **Trend**

Wir möchten die Entwicklung
der Besucherzahlen, Art und
Intensität der Freizeitaktivitäten
sowie die Erwartungen und
Reisemotive der Urlaubsgäste
beobachten.

Durchführung von
• Zählungen
• Gästebefragungen
• Hochrechnungen

SÖM **Meinung**

Wir interessieren uns für
Meinungen, Wünsche, Kritik
der Einheimischen sowie der
Nordsee- und Nationalpark-
gäste aus dem gesamten
Bundesgebiet.

Befragungen von
• Einwohner/innen
• Bundesbürger/innen

Quelle: MÖLLER 1998

Ergebnisse werden regelmäßig publiziert (vgl. GÄTJE 2000 - Beispiel Abb. 7). Mindestens ebenso wichtig ist jedoch, dass das Nationalparkamt sein Wissen um ökologische Zusammenhänge systematisch um sozioökonomische Kenntnisse erweitert. Damit ist ein Ziel der internen ‚Aufklärung' (des Innenmarketings) angesprochen, welches zwar für jedes Monitoring in Bezug auf die unmittelbaren Nutzer gilt, hier jedoch besondere Relevanz hat. Grund dafür ist die Tatsache, dass es sich bei Nationalparkämtern um Naturschutzbehörden handelt, bei denen die Kenntnis und angemessene Berücksichtigung sozioökonomischer Zusammenhänge und Bedürfnisse der Menschen sowie der Auswirkungen von Naturschutzmaßnahmen auf den Menschen noch nicht durchgängig selbstverständlich sind.

Das SÖM-Watt erforderte eine Aufbauzeit von rund zwei Jahren. Es wird von einer speziell geschulten Wissenschaftlerin im Nationalparkamt im Rahmen einer halben Dauerstelle betreut. Eine Coachingvereinbarung erweist sich seitdem als geeignetes Instrument zur regelmäßigen Reflexion über Ergebnisse sowie zur Abstimmung von Inhalten und Methoden der Weiterentwicklung.

Abb. 7: Auswertungsbeispiel SÖM-Watt (1999)

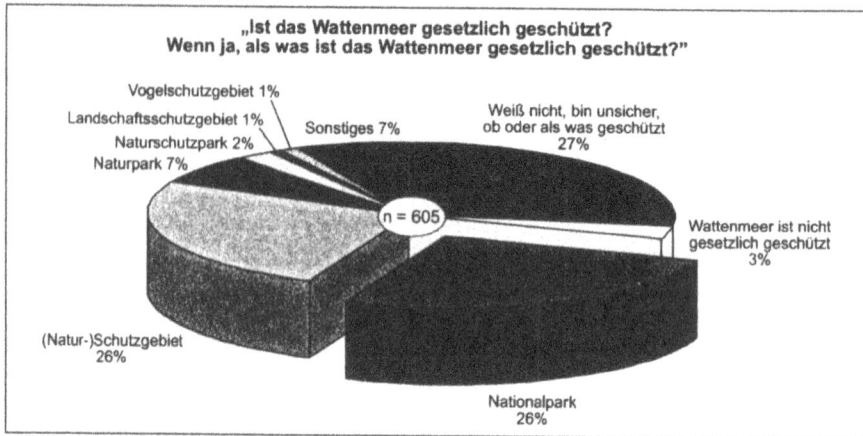

Quelle: GÄTJE 2000, S. 43

7   Bewertung und Ausblick

Die Erfahrungen aus rund fünf Jahren Destinationsmonitoring führen zusammenfassend zu folgenden Einschätzungen:

- Der modulare Aufbau eines Destinationsmonitorings, verbunden mit konkreten
  Zielstellungen für jedes Modul, scheint sich langfristig als konzeptionelles Ge-
  rüst zu bewähren.

- Ebenfalls zielführend ist der Methodenmix. Standardisierte Zeitreihen zur
  Beobachtung grundlegender struktureller Basisdaten plus problemorientierte
  aktuelle Vertiefung von Spezialthemen trifft die Bedürfnisse großer Nutzergruppen. Es zeigt sich zudem, dass harte Fakten notwendig sind, die Integration von Befragungsergebnissen das Interesse jedoch spürbar erhöht. Die geeignete Mischung aus quantitativen und qualitativen Elementen kristallisiert sich
  damit als wichtiger Erfolgsfaktor heraus.

- Das wiederum bedeutet, dass ein Destinationsmonitoring nur teilweise standardisierbar ist und der Individualität eines jeden Raumes und Erkenntnisinteresses angemessen Rechnung tragen muss.

- Die Ergänzung durch exklusive Bausteine für die Finanziers derartiger Instrumente stellt schließlich einen Beitrag zu dessen langfristiger Sicherung dar, wenn Eigenmittel nicht ausreichen.[6]

- Zudem erweist sich die intensive Kommunikation in Beiräten, im Rahmen von Präsentationen, im Internet, in Form regelmäßiger Publikationen etc. als erfolgsentscheidend für den Bekanntheitsgrad und die Nutzung eines solchen Instruments. Dabei muss, wie erwähnt, dem möglichen Missverständnis entgegengewirkt werden, ein Monitoring könne konzeptionelle Arbeit ersetzen.

- Konzeption und Aufbau dauern in aller Regel ein bis zwei Jahre. Im Anschluss daran ist ein betreuendes Coaching über mehrere Jahre bis zur völlig selbstständigen Dauerbearbeitung durch die Region sinnvoll.

- Ein Destinationsmonitoring sollte sowohl das Bedürfnis der meisten Nutzer (und ggf. Finanziers) nach unmittelbar sichtbarem Erfolg befriedigen und daher von Anfang an einige Elemente enthalten, welche sofortige Ergebnisse generieren können, als auch auf langfristige Beobachtungen ausgerichtete Bausteine enthalten.

- Zudem muss ein Monitoring als ein offenes und lernendes, dynamisch angelegtes System verstanden werden: Informationsbedürfnisse verschieben sich im Laufe der Jahre, Indikatoren erbringen nicht die erhoffte Aussagekraft, neue Themen und Daten kommen hinzu.

- Mit wachsender Erfahrung von Produzenten und Nutzern vertiefen sich die Erkenntnisse und die Interpretationskompetenz wächst. Daraus ergeben sich wandelnde Ansprüche an das Gesamtsystem, welche rechtzeitig erkannt und ggf. in Modifikationen umgesetzt werden müssen.

Auch wenn der grundsätzliche Ansatz für derartige Instrumente gefunden sein dürfte, besteht ein umfangreicher, fundamentaler Forschungsbedarf vorrangig auf zwei Feldern:

- Erstens steht die Verknüpfung mit dem Theoriengebäude der Regionalökonomie noch völlig aus. Hier ist interdisziplinäre Forschung wünschenswert, die für den Interpretationszusammenhang der Ergebnisse wertvolle neue Erkenntnisse erhoffen lässt.

---

[6] Monitoring bedarf i. d. R. einer Finanzierung, welche bislang aus Eigenmitteln der Tourismusbranche nicht möglich gewesen ist. Aus der universitären Tourismusforschung sind ebenfalls keine derartigen Ansätze bekannt. Insofern sind stets Auftraggeberinteressen in angemessenem Umfang zu berücksichtigen.

- Zweitens ist bislang vorrangig am Aufbau des Instrumenten- und Methoden- sets, der Datenerfassung und Darstellung gearbeitet worden. Die Erklärung, d. h. die Erarbeitung von Kausalzusammenhängen für beobachtete Entwicklungen und Interdependenzen, wurde dagegen erst in Ansätzen in Form von Diplomar- beiten (vgl. z. B. BELITZ 2001) begonnen. Hier eröffnet sich für ambitionierte TourismusforscherInnen ein völlig neues und weites Arbeitsgebiet.

Literatur

BELITZ, M. (2001): Die Bedeutung des Wetters und der Wetterberichterstattung für das Ausflugsverhalten. Potsdam, unveröffentlichte Diplomarbeit.

BIEGER, TH. (2000[4]): Management von Destinationen und Tourismusorganisationen. Mün- chen/Wien.

FEIGE, M./FEIL, TH./MÖLLER, A. (1995): Sozioökonomisches Monitoring- und Informati- onssystem für die Großschutzgebietsregionen in Mecklenburg-Vorpommern (SÖMIS). Berlin/München, unveröffentlichter Bericht.

FEIGE, M./TRIEBSWETTER, U. (1997): Projektberichte Sozioökonomie Teil A: Theoretisches Konzept und Methodologie, UBA Texte 79/97. Berlin.

FEIL, TH./FESER, ST./MÖLLER, A. (1998): Die Großschutzgebiete und die Regionen. Bro- schüre im Auftrag von: Ministerium für Landwirtschaft und Naturschutz Mecklenburg- Vorpommern, Landesnationalparkamt und Verwaltungen der Großschutzgebiete in Mecklenburg-Vorpommern. Berlin/Speck bei Waren.

GÄTJE, CHR. (1998): Aufbau eines sozioökonomischen Monitorings. In: Landesamt für den Nationalpark Schleswig-Holsteinisches Wattenmeer (Hrsg.): Wattenmeermonitoring. Tönning, S. 37-38.

dies. (2000): Der Mensch in der Nationalparkregion – das sozioökonomische Monitoring. In: Landesamt für den Nationalpark Schleswig-Holsteinisches Wattenmeer (Hrsg.): Wattenmeermonitoring 1999, Schwerpunktthema: Der Mensch in der Nationalparkre- gion. Tönning , S. 30-51.

HEUSCHMID, W./FEIGE, M. (2001): S-Tourismusbarometer. In: WANNHOFF, J. (Hrsg.): Spar- kasse und Tourismus. Stuttgart, S. 169-185.

KIRCHHOFF-FEIL, M. et al. (2001): S-Regionalbarometer Vogtland, Dokumentation im Auftrag des Ostdeutschen Sparkassen- und Giroverbandes sowie der Sparkasse Vogt- land. Berlin.

MÖLLER, A. (1998): Entwurf für Präsentationsfolien für das SÖM-Wattenmeer. München.

MÖLLER, A./FEIL, TH. (1997): Konzept Sozioökonomisches Monitoring im Nationalpark Schleswig-Holsteinisches Wattenmeer. München/Berlin, unveröffentlichter Bericht.

Ostdeutscher Sparkassen- und Giroverband (Hrsg.; 1999, 2000, 2001, 2002): S-Touris- musbarometer, Jahresberichte. Berlin.

STENGER, M. (1998): Repräsentativerhebungen im Tourismus. Materialien zur Fremdenver- kehrsgeographie, H. 45. Trier.

STOCK, M. et al. (1996): Ökosystemforschung Wattenmeer, Synthesebericht; Grundlagen für einen Nationalparkplan. Schriftenreihe des Nationalparks Schleswig-Holsteinisches Wattenmeer, H. 8. Tönning.

Tourismusverband Insel Usedom e. V. (TVIU) (Hrsg.; 1998): Touristisches Leitbild für die Insel Usedom, Broschüre. Ückeritz.

Trilateral Monitoring and Assessment Group (TMAP), Common Wadden Sea Secretariat (Hrsg.; 1996): The Trilateral Monitoring and Assessment Program. Wilhelmshaven.

Evaluation in Freizeit und Tourismus: Theoretische und methodische Aspekte

Uwe Fichtner

1   Hintergrund, Zielsetzungen und Erwartungen

Zur Bewertung von Dienstleistungsangeboten wird üblicherweise auf das Hilfsmittel der Evaluation zurückgegriffen. Sie stammt aus den Wirtschafts- und Sozialwissenschaften und wurde dort entwickelt, weil sich der Aufgabenkatalog der empirischen Forschung immer stärker auf die wissenschaftliche Begleitung und Bewertung von Maßnahmen oder Interventionen verlagerte (vgl. BORTZ/DÖRING 1995, Vorwort). Den Beginn der Evaluationsforschung kann man mit der Entwicklung pädagogischer Programme und Lernziele in den USA ansetzen (vgl. DAUMENLANG 1995, S. 703); in jüngster Zeit erfährt sie in Deutschland u. a. durch ihren Einsatz bei der Bewertung des Bildungsangebotes große öffentliche Aufmerksamkeit.

Evaluierungsverfahren haben in mehr oder weniger adaptierter Form auch im Freizeit- und Tourismussektor im Zuge seiner wachsenden Professionalisierung verstärkt Einzug gehalten. Die vielfältigen Einsatzmöglichkeiten des Instrumentariums führen inzwischen zu einer wahren Flut, die über die geplagten Gäste, Besucher oder Kunden schwappt. Ob in Hotels, Restaurants, Museen oder Besucherzentren, auf Nah- und Fernreisen, an exotischen Urlaubsstränden oder in heimischen Ausflugszielen, überall werden sie gebeten, ihr Urteil über das Angebot zu fällen. Was erwarten sich die Manager der Unternehmen von den gewonnenen Daten?

Unter dem Primat ökonomischer Zielsetzungen sind in erster Linie Serviceverbesserungen und Qualitätssicherung zu nennen, die zu Umsatzsteigerungen beitragen sollen. Man hofft eigene ‚Betriebsblindheit' für Schwachstellen zu überwinden und bisher verborgene Wünsche der Kunden aufzuspüren. Stärken und Schwächen sollen im Vergleich zur Konkurrenz aufgedeckt werden, um Investitionen gezielt lenken und im Wettbewerb bestehen zu können. Die durchgeführten Maßnahmen sollen sich schließlich positiv auf die Zufriedenheit der Gäste, Kunden oder Besucher auswirken, so dass deren Bereitschaft wiederzukommen und die Produktbindung ansteigen. Weiterhin möchte man Daten zur Struktur des Publikums in Bezug auf Alter, Familienstand, Besuchsmotive, Perzeption u. a. gewinnen, um das Profil der Gäste zu erfassen, Zielgruppen für das Marketing festzulegen und mit diesen in Kommunikation zu treten.

Wenn man sich die vielen methodischen Schwierigkeiten, die mit einer korrekten und sinnvollen Evaluation verbunden sind, vor Augen führt, bestehen doch berechtigte Zweifel, ob die Instrumente überall angemessen eingesetzt werden. Unzulässige Vereinfachungen und kurzschlüssige Interpretationen taugen kaum als Entscheidungshilfen für kurzfristige operationale Maßnahmen, geschweige denn zur Ableitung langfristiger strategischer Konzeptionen.

2   Typen von Evaluationen

In den Sozialwissenschaften wird zwischen summativer und formativer Evaluation (BORTZ/DÖRING 1995, S. 107) unterschieden. Bei der summativen Evaluation wird die Wirksamkeit einer Intervention am Ende des Einführungsprozesses zusammenfassend beurteilt, was eher einer abschließenden Kontrollstudie über die Effekte entspricht. Die formative Evaluation ist dagegen von vornherein als Begleitforschung angelegt: Es werden regelmäßig Zwischenergebnisse mit dem Ziel erarbeitet, den ablaufenden Prozess zu modifizieren und zu verbessern.

Die Deutsche Gesellschaft für Evaluation e. V. (2002) bemüht sich um eine Qualitätssicherung bei Evaluationen. Von ihr wurden Leitlinien für die Erstellung von Gutachten oder Meta-Evaluationen auf der Basis der DeGEval-Standards entwickelt. Danach sollen Evaluationen vier grundlegende Eigenschaften aufweisen, nämlich Nützlichkeit, Durchführbarkeit, Fairness und Genauigkeit.

Je nach Zielsetzung, Art der Erhebung und weiteren charakteristischen Eigenarten lassen sich in der Freizeit- und Tourismusbranche verschiedene Typen von Evaluierungsverfahren differenzieren, die nachfolgend einander schematisch gegenübergestellt werden.

2.1   Normative Bewertungen von Freizeitangeboten

In den Verfahren mit normativer Bewertung werden auf der Grundlage von vordefinierten Parametern bestimmte Kriterien a priori festgelegt und deren Ausprägung bei der Evaluation des Freizeitangebotes erhoben oder gemessen. Zu diesem Typus zählt z. B. die in den 1970er-Jahren viel diskutierte Landschaftsbewertung nach KIEMSTEDT (1975). In ähnlicher Weise lassen sich Fremdenverkehrsorte nach ihrem Sommer- bzw. Wintersportangebot evaluieren, indem man die freizeitrelevante Infrastrukturausstattung mit Parametern wie der Länge der Wanderwege und Skiabfahrten, der Kapazität der Bergbahnen, der Ausstattung mit Frei- und Hallenbädern etc. erhebt (vgl. z. B. FICHTNER 1981).

Die Verfahren sind oft aus der Nutzwertanalyse übernommen oder arbeiten analog in Ansatz und Aufbau; meist wird versucht, mehrdimensionale Messgrößen auf eine einheitliche Skala zu bringen. Am Ende lassen sich diese in einfachen Punktwerten zusammenfassen oder sogar, wie von manchen Autoren durchgeführt, in

Geldbeträgen ausdrücken, so dass eine vermeintlich ‚objektive' Bezugsbasis für
Vergleiche gegeben ist.

Die Auswahl der Kriterien wird aber immer dann problematisch, wenn keine theoretische Fundierung und angemessene Diskussion des Operationalisierungsvor-
gangs erfolgen. Entsprechend sind auch die mit diesen Verfahren verbundenen
Probleme gelagert. Sie beziehen sich weniger auf die Zuverlässigkeit (Reliabilität)
der Messung als auf ihre inhaltliche Gültigkeit (Validität). Dreh- und Angelpunkt
ist die Frage, ob denn die gemessenen Werte und das daraus resultierende Evalua-
tionsergebnis tatsächlich für Entscheidungsverhalten und Handeln der Besucher
von Relevanz sind. Der Rekurs auf vermeintlich objektive Parameter des Angebots
(z. B. die Anzahl der Lifte, die Länge der Loipen, die Transportkapazität der
Bergbahnen etc.) verschleiert, dass damit keineswegs eine Übereinstimmung mit
dem subjektiven Urteil und der Bewertung durch den Nutzer sichergestellt ist,
weshalb solche Evaluationen in der Konsequenz durchaus zu fragwürdigen Ergebnissen führen können.

Weitere Beispiele für teils anerkannte, teils in der Fachwelt umstrittene normative
Ansätze sind die Verleihung von Prädikaten an Fremdenverkehrsgemeinden, die
Verfahren zur Zertifizierung der Wasserqualität und der Badestrände, zur infrastrukturellen Ausstattung von touristischen Zielen, zum Service und Standard in
der Gastronomie, in Hotels oder auch von Verkehrsmitteln (z. B. bei Reisebussen),
verschiedene Öko-Siegel und ähnliches mehr.

2.2   Evaluation durch Experten (Delphi-Methode)

Anknüpfungspunkt für diesen Ansatz bildet das Bemühen, das unzweifelhaft vorhandene Wissen und Know How von Sachverständigen bei der Optimierung von
Problemlösungen zu nutzen. Bei der Delphi-Methode im engeren Sinn handelt es
sich um eine hochstrukturierte Gruppenkommunikation von Experten, die Lösungen für komplexe Probleme, z. B. im Rahmen einer formativen Evaluation, erarbeiten (vgl. BORTZ/DÖRING 1995, S. 239). In wiederholten Befragungsrunden wird
jedes Mitglied über die Ansicht aller anderen beteiligten Gruppenmitglieder informiert und erhält die Möglichkeit, seine eigene Einschätzung nach Kenntnis
jener der übrigen Experten zu verändern.

Zur Evaluierung von Freizeitangeboten werden oft Experten herangezogen, die das
Angebot einer Einrichtung oder Dienstleistung im Vergleich zur Konkurrenz auf
Qualität, Standard, Preis-Leistungs-Verhältnis, Attraktivität und auf andere Parameter hin prüfen sollen. Die ausgewählten Experten werden schriftlich oder mündlich befragt, um aus ihren Antworten Ranglisten für eine Bewertung oder auch
Empfehlungen für Maßnahmen zu gewinnen. Wiederholte Abstimmungsrunden
unter den Experten – wie sie von der Delphi-Methode gefordert werden – sind
aufgrund des Zeit- und Kostenaufwandes allerdings kaum zu finden.

Zu dieser Gruppe gehören schließlich auch Verfahren mit Testbesuchen oder Testeinkäufen ('Mystery Shopping'), die in der Fremdenverkehrsbranche zur Kontrolle der Zertifizierung in Gastronomie und Übernachtungsgewerbe schon lange üblich geworden sind. Ähnlich ging einmal die Stiftung Warentest (1996) vor, indem sie die spezifische Zielgruppe abgrenzte und ausgewählte Familien zum kostenlosen Test einlud, um Freizeitparks vergleichend zu evaluieren.

Als Expertengruppen können schließlich auch die Foren im Internet angesehen werden, die sich aus Nutzern oder Interessenten bestimmter Freizeitangebote zusammensetzen.

2.3 Repräsentative Erhebung unter allen Nutzern (Besuchermonitoring)

Bei diesem Ansatz steht eine möglichst exakte Erfassung der Nachfrageseite im Vordergrund, weil Perzeption, Sichtweise und Beurteilung der Nutzer erfahrungsgemäß durchaus signifikant von der Einschätzung von Fachleuten abweichen können. Was für manchen Experten attraktiv ist, muss keineswegs einem verbreiteten Geschmack des Publikums entsprechen, wie sich am Beispiel der bekannten Kritiker in Kunst, Literatur und Medien zeigt. Folgerichtig wird beim Fernsehen nicht nur auf das qualitative Urteil von Experten geachtet, sondern auch auf die Einschaltquote, die als quantitatives Kriterium zur Messung der Attraktivität von Sendungen dient.

Nur bei kleinen Freizeiteinrichtungen mit geringem Besuchsvolumen lässt sich eine Vollerhebung unter allen Nutzern durchführen: In der Regel ist man wegen großer Grundgesamtheiten gezwungen, eine Stichprobe nach dem Zufallsprinzip zu ziehen, um die Probanden auszuwählen und mündlich oder schriftlich zu befragen. Bei korrekter Anwendung besitzt dieses Verfahren höchste Zuverlässigkeit hinsichtlich ermittelter Werturteile und deren Aussagekraft. Indem man weitere Parameter aufnimmt und die Erhebung zu einem späteren Zeitpunkt wiederholt, lässt sie sich zu einem Besuchermonitoring (vgl. FICHTNER 1997, S. 80) ausbauen, das in einzelnen Querschnittsuntersuchungen Veränderungen in der Struktur des Publikums und seiner Perzeption erfasst und bei Fehlentwicklungen als Frühwarnsystem für das Management fungieren kann.

2.4 Unkontrollierte Erhebung mit Selbstselektion der Probanden (Nutzer)

Immer wieder stößt man auf Erhebungen, bei denen Probanden nicht streng nach dem statistischen Zufallsprinzip, sondern willkürlich ausgewählt werden. Da die Erhebungssituation in diesen Fällen meist nicht zu kontrollieren ist, kann der Fragebogen von einer oder mehreren Personen zu einem früheren oder späteren Zeitpunkt ausgefüllt werden. Die Gründe, weshalb zu derartigen unkontrollierten Verfahren gegriffen wird, liegen meist in schwierigen Erhebungssituationen oder in der Fehleinschätzung, auf diese Weise ließen sich die hohen Kosten einer kontrollierten Voll- oder Stichprobenerhebung vermeiden oder auch nur in der Unkenntnis über die implizierten Konsequenzen. Häufig findet man z. B. an der Kasse oder am Ausgang von Museen und Besucherzentren Fragebogen ausgelegt, verbunden mit der Bitte, diese doch auszufüllen. Um die Antwortbereitschaft zu steigern, werden derartige Erhebungen oft mit zusätzlichen Anreizen, z. B. einem Gewinnspiel, verknüpft. Am Ende lässt sich aber kaum noch feststellen, wer aus welchen Motiven den Fragebogen beantwortet hat und ob es Duplikate gibt. Eine typische Selbstselektion durch die Kunden liegt den Informationen zugrunde. Schlussfolgerungen auf generelle Tendenzen sind in allen diesen Fällen wegen der unsicheren Erhebungsgrundlage äußerst problematisch.

Diesem Typus lassen sich schließlich auch die modern gewordenen Umfragen im Internet zuordnen, deren Ergebnisse ebenfalls nur mit großer Vorsicht verallgemeinert werden können.

2.5   Evaluationen ausschließlich zu Zwecken des Marketings

Da sich positive Evaluationsergebnisse verkaufsfördernd vermarkten und in der Werbung einsetzen lassen, führen manche Werbestrategen und Marketingmanager Erhebungen auch allein zu diesem Zweck durch. Dabei wird allerdings das Pferd gewissermaßen ‚von hinten aufgezäumt', stehen doch eine gezielte Stärken- und Schwächenanalyse und die Ausmerzung von Fehlern überhaupt nicht im Zentrum der Bemühungen. Gelegentlich werden die Erhebungen selbst als Kommunikationsmittel eingesetzt und über Preise und andere Anreize wird versucht, die Anschriften, Telefonnummern etc. der Gäste zu erhalten oder einen Kreis von interessierten Personen für Direktmailingaktionen aufzubauen. Manchmal bleiben derartige Zwecke unausgesprochen oder verborgen, womit eine solche Erhebung allerdings im Hinblick auf die Wahrung des Datenschutzes und die Beachtung des wissenschaftlichen Ethos fragwürdig wird. Gegenüber solchen Verfahrensweisen ist deutlich festzuhalten: Im Rahmen von Evaluationen im Freizeitsektor gibt es keinen sachlich stichhaltigen Grund, weshalb personenbezogene, d. h. geschützte Daten, unbedingt aufgenommen werden müssten.

3   Evaluation von Freizeitangeboten durch das Publikum

Wie lässt sich die Attraktivität von unterschiedlichen Freizeitangeboten bestimmen, so dass ein Vergleich statthaft ist?

Manche Autoren, vor allem in den Massemedien, begnügen sich damit, das Besuchsaufkommen als Parameter für die Attraktivität eines Zieles heranzuziehen. Dies kann aber höchstens einen indirekten Hinweis liefern, da es von mehreren Faktoren abhängt, darunter vor allem auch von der Bevölkerungsverteilung im

Einzugsgebiet. Außerdem kann gerade bei starkem Besucherandrang durch auftretende Verdichtungserscheinungen die Attraktivität einer Einrichtung in den Augen des Publikums auch abnehmen.

Die meisten Studien versuchen Attraktivität zu messen, indem sie an der natürlichen Reaktion des Menschen anknüpfen, jedes neue Angebot und jede Veränderung in der Umwelt sofort einer Bewertung zu unterziehen. Im Bestreben, Attraktivität auf diese Art zu operationalisieren, greifen viele Forscher deshalb zu einem vermeintlich allgemein bekannten und einfachen Bewertungsverfahren, den Schulnoten (vgl. u. a. OPASCHOWSKI 1998, S. 34).

Schulnoten dieser Art weisen aber den Nachteil auf, dass sie keineswegs so eindeutig sind, wie man auf den ersten Blick meinen könnte. Im internationalen Vergleich sind sie nahezu unbrauchbar, weil es Staaten gibt, bei denen die Rang-werte der Schulnoten genau entgegengesetzt skaliert sind. Weiterhin können Schulnoten gerade nicht die affektive Ablehnung eines Angebotes beschreiben, die in Missfallensäußerungen der Befragten oft drastisch zum Ausdruck kommen. Und schließlich fehlt die neutrale Mitte bei den Schulnoten völlig. In einer Reihe von Untersuchungen (vgl. FICHTNER 1987, 1997) hat sich ein Verfahren bewährt, das in Deutschland ursprünglich von der Forschungsgruppe ,Wahlen' für die Sympathiemessung von politischen Persönlichkeiten eingesetzt wurde: Im Rahmen von mündlichen Interviews legt man den erwachsenen Probanden eine bipolare Skala von −5 (sehr schlecht) bis +5 (sehr gut) vor und verbindet sie mit der Frage, wie ihnen der Besuch bzw. das Freizeitangebot gefallen habe (vgl. Abb. 1). Die affektiv ablehnende Komponente wird durch den Zahlenstrahl mit negativen Werten besser abgebildet. Auf diese Weise lassen sich Erlebniswerte unterschiedlichster Attraktionen und Ziele erfassen und die Präferenzen des jeweiligen Publikums auf einer vergleichbaren Skala gegenüberstellen (vgl. Abb. 2).

4   Korrelationen mit Besuchermerkmalen

Es gibt eine Reihe von Regelmäßigkeiten und Besonderheiten, die sich bei Evaluationen als empirisch beständig erwiesen haben. So lässt sich regelmäßig feststellen, dass zwischen Männern und Frauen signifikante Unterschiede bei der Bewertung von Freizeitangeboten bestehen. Personen männlichen Geschlechts geben im Durchschnitt ein etwas weniger positives Urteil als Frauen ab. Der Unterschied tritt sowohl in schriftlichen als auch in mündlichen Befragungen auf. Die Differenz lässt sich dahingehend interpretieren, dass Männer generell etwas schärfer in ihrem Werturteil als Frauen eingestellt sind, die eher vorsichtiger urteilen.

Abb. 1: Evaluation des Europa-Park durch sein Publikum
(Frage: Wie hat Ihnen der Besuch im Europa-Park Rust gefallen?)

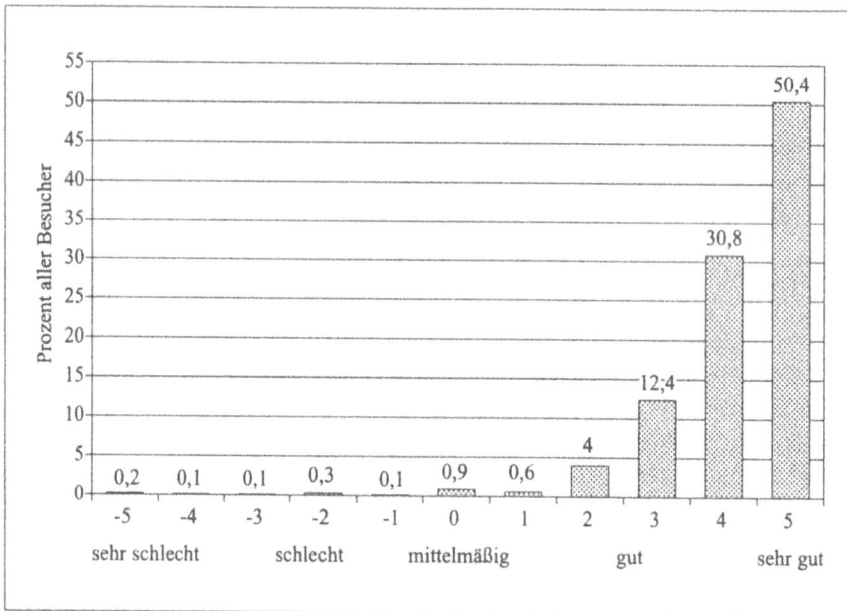

Quelle: FICHTNER 2000

Eine ähnlich hohe Differenz besteht zwischen dem Urteil von jüngeren und älteren Menschen. Hier zeigte sich, dass Freizeiteinrichtungen, die ein spezifisch älteres Publikum aufweisen, in der Regel besser abschneiden als solche Anlagen, die von jüngeren Menschen besucht werden. Eine sehr gute Bewertung durch ältere Menschen bietet folglich keineswegs die Gewähr dafür, dass dieses Angebot auf jüngere ebenso attraktiv wirkt.

Schließlich treten immer wieder signifikante Unterschiede zwischen jenen Personen auf, die zum ersten Mal ein Freizeitangebot nutzen und jenen, die es bereits zum wiederholten Mal ausgewählt haben. Sie sind Ausdruck eines unter dem Publikum abgelaufenen Selektionsprozesses, der aus folgendem Verhalten resultiert: Ein Angebot wird gewöhnlich nur dann freiwillig zum wiederholten Mal ausgewählt, wenn es subjektiv als positiv erfahren wurde. Bei Evaluationen im Freizeitsektor, wo in hohem Maß Wahlfreiheit besteht, geben folglich im Regelfall Wiederholer eine bessere Bewertung als Erstbesucher ab. Der Zusammenhang ist aber nicht linear, sondern kurvenförmig: Bei sehr häufigen Nutzungen können eintretende Gewöhnungseffekte wiederum eine Verschlechterung des subjektiven Werturteils zur Folge haben.

Abb. 2: Verschiedene Freizeitziele in der Evaluation durch ihr Publikum

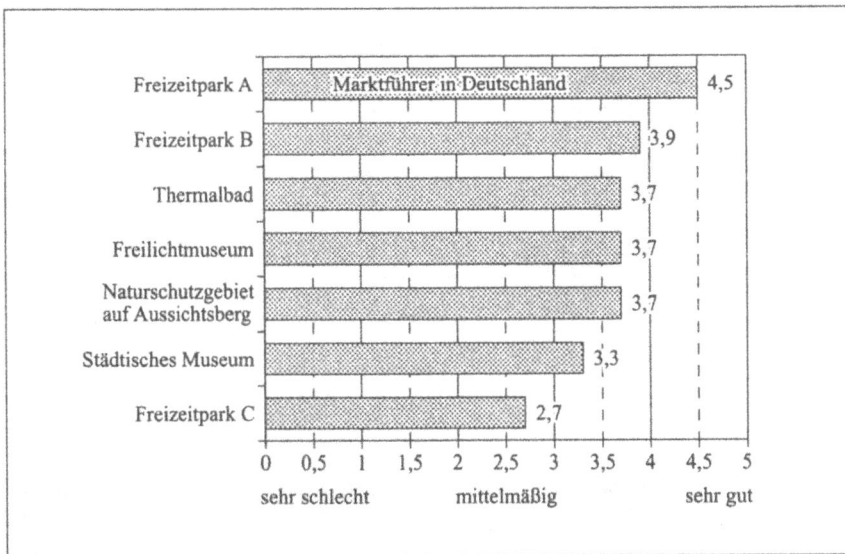

Quelle: FICHTNER 2000

Freizeiteinrichtungen lassen sich demnach auch nur dann vollständig miteinander vergleichen, wenn sie eine ähnliche Zusammensetzung des Publikums aufweisen. Diese Überlegung führt zum Zusammenhang mit spezifischen Merkmalsgruppen, über deren Beurteilung ebenfalls wenig in der Fachliteratur zu finden ist. Bei eigenen Untersuchungen zeigte sich, dass kulturelle Unterschiede und weiche Faktoren wie Identifikationsmöglichkeiten durchaus auch unterschiedliche Werturteile und Präferenzen zur Folge haben (vgl. FICHTNER/MICHNA 1987).

Für den wirtschaftlichen Erfolg von Unternehmen ist die folgende Korrelation von grundlegender Bedeutung: Je höher der Erlebniswert und die ermittelte Attraktivität sind, umso mehr nimmt die Zufriedenheit der Kunden zu und ihre Bereitschaft wiederzukommen wächst. In der Kundenzufriedenheit spiegelt sich nicht nur eine Serviceleistung des Unternehmens wider; in Verbindung mit der Wiederkehrbereitschaft und weiteren Variablen lassen sich aus ihr begründete Prognosen über den weiteren wirtschaftlichen Erfolg aufstellen.

5   ‚Attraktivität' unter modelltheoretischer Sicht

In vielen Untersuchungen zum Ausflugsverkehr hat sich eine Analogie zur Potenzial- bzw. Gravitationstheorie bestätigt, die schon seit langem (vgl. SMITH 1983, S. 41) als ein ‚ehernes Gesetz' gilt. Demnach wird das Besuchsvolumen einer Freizeiteinrichtung von folgenden Faktoren bestimmt:

Abb. 3: Besuchsvolumen einer Freizeitdestination nach der Gravitationstheorie

$$\text{BV}_{\text{(Besuchsvolumen)}} = \frac{\text{Bevölkerung}_{\text{(Zielgruppe)}} * \text{A}_{\text{(Attraktivität)}}}{\text{Distanz}} * \frac{1}{\text{K}_{\text{(Konkurrenz)}}}$$

Quelle: Eigener Entwurf

-   Die Anzahl der Besuche an einem Freizeitstandort ist direkt proportional zur vorhandenen Bevölkerung im Einzugsgebiet. Diese setzt sich vor allem in Fremdenverkehrsgebieten nicht nur aus der autochthonen Wohnbevölkerung zusammen, sondern wird um die nur zeitweise anwesenden Gäste (allochthone Bevölkerung) vermehrt.

-   Das Besuchsvolumen ist direkt proportional zur Attraktivität eines Angebots. Attraktive Angebote besitzen ein räumlich ausgedehnteres Einzugsgebiet und sprechen einen größeren Anteil unter dem potenziellen Publikum an. Die Attraktivität bestimmt weiterhin über die Wiederkehrbereitschaft die Besuchshäufigkeit pro Person, d. h. ob ein Ziel nur einmal oder mehrmals pro Zeiteinheit (Jahr, Saison, Tag) aufgesucht wird. Sinnvolle Evaluationen müssen deshalb der Erfassung und Beschreibung der Attraktivität einer Einrichtung, auch im Vergleich zu anderen Angeboten, höchste Priorität einräumen.

-   Das Besuchsvolumen ist indirekt proportional zur Distanz zwischen dem Entstehungsort der Nachfrage (bei Naherholern meist der eigene Wohnstandort) und dem Standort des Freizeitziels. Wie sich in vielen empirischen Studien gezeigt hat, spielt aufgrund der hoch entwickelten Verkehrstechnik dabei die metrische Distanz meist eine geringere Rolle als die zeitliche.

-   Das Besuchsvolumen ist indirekt proportional zur Anzahl konkurrierender Einrichtungen, da sich die Nachfrage mit wachsender Konkurrenz notwendigerweise auf mehrere Alternativen verteilt.

Konzeptionelle strategische Planungen von Freizeitdestinationen kommen folglich nach diesem Modell nicht ohne eine Evaluierung der Attraktivität aus. Sie bildet für Vergleiche mit anderen Einrichtungen ebenso eine unerlässliche Grundlage wie für modellhafte Simulationen oder Prognosen über die Entwicklung des Besuchs-volumens. Auf einer solchen Basis lassen sich sogar Potenziale ermitteln und räumliche Prozesse simulieren, die erst unter bestimmten Rahmenbedingungen oder in Zukunft eintreten werden. So kann man z. B. mit Hilfe der oben aufgeführ-ten Gleichung das zu erwartende Besuchsvolumen einer Freizeitdestination als die abhängige Größe prognostizieren. Ebenso ist es möglich, das Einzugsgebiet als die abhängige Variable zu definieren und seine Ausdehnung zu simulieren. Dieser Weg wurde beschritten, um Abb. 4 zu erstellen. Dabei wurden die vom Unterneh-men Legoland Deutschland im Planungsstadium veröffentlichten Zielvorgaben für das Besuchsvolumen übernommen und ein Wert für die Attraktivität der Anlage eingesetzt, der aus anderen Untersuchungen gewonnen worden war.

Abb. 4: Simulation des Einzugsgebietes von Legoland Deutschland

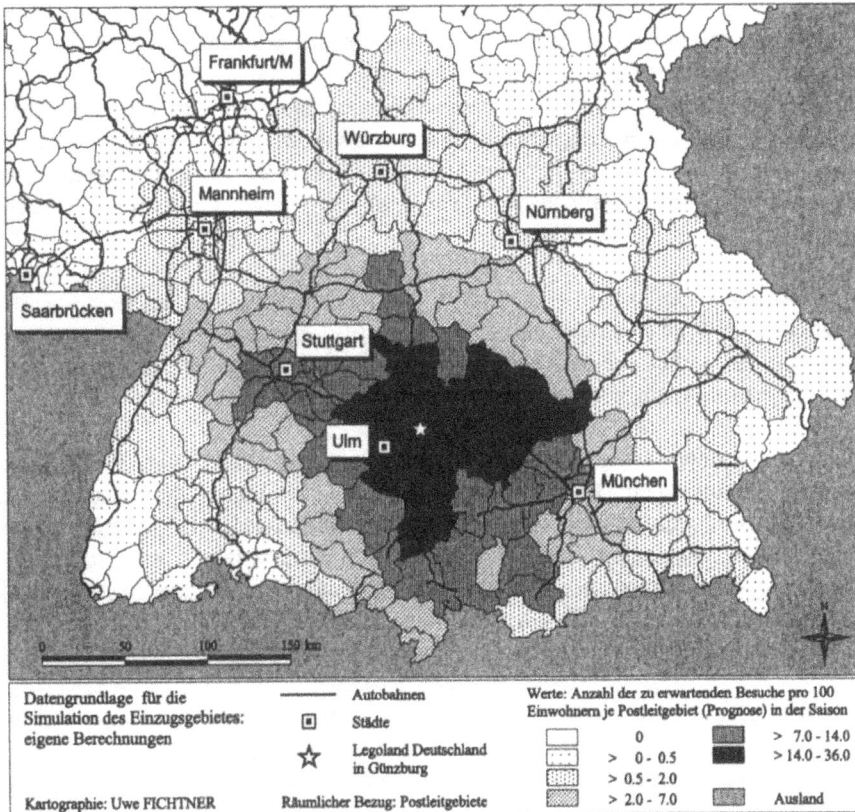

Quelle: FICHTNER 2000

Unter Einsatz eines geographischen Informationssystems (GIS) konnte auf diese Weise das hypothetische Einzugsgebiet des Freizeitparks simuliert werden. Eine derartige Prognose über die regionalen Verflechtungen schon vor der Eröffnung eines Freizeitzieles (FICHTNER 2000, S. 80) dürfte in der Fachliteratur bisher kaum zu finden gewesen sein. An der Realität wird sich erweisen, wie zutreffend diese Prognose war.

6   Besuchsvolumen, Gäste und Besuchsfrequenz – zur Klärung von Grundbegriffen

Interdisziplinäre Fachgebiete wie die Freizeit- und Tourismusforschung sind für Vergleiche, Messungen, Analysen und die Abschätzung von Entwicklungen auf eine möglichst präzise Terminologie angewiesen. Auch im Hinblick auf den internationalen Rahmen wäre eine Standardisierung nicht nur wünschenswert, sondern dringend geboten. Leider gibt es aber auf diesem Feld gerade in der wissenschaftlichen Fachliteratur einen Sprachgebrauch, der manchmal mehr verschleiert als aufhellt. Während die amtliche Fremdenverkehrsstatistik exakt zwischen Gästen und Übernachtungen unterscheidet, finden sich in der deutschsprachigen Geographie zahlreiche Untersuchungen, die nicht zwischen Personen (Besuchern) und Aktionen (den Besuchen oder Eintritten) differenzieren. Gerade bei Einrichtungen, die nur von bestimmten Zielgruppen genutzt werden, ist es aber unerlässlich, zwischen den ‚Besuchern' als Personen und deren Eintritten zu unterscheiden, da sonst nicht der Anteil der Nutzer an der gesamten Bevölkerung zum Ausdruck kommt.

Demnach bildet die Summe aller Eintritte das Besuchsvolumen oder Besuchsaufkommen einer Freizeitanlage; es ist als tägliches, saisonales oder jährliches Besuchsvolumen immer auf eine bestimmte Zeitspanne bezogen, die eindeutig definiert werden muss, um Vergleichbarkeit zu gewährleisten.

Um sich besonders wissenschaftlich auszudrücken, verwenden manche deutschsprachige Autoren den Begriff ‚Besucherfrequenz' im Sinne des Besuchsvolumens. Diesen Terminus sollte man aber tunlichst vermeiden, wird er doch weder seinem ersten Bestandteil, dem ‚Besucher', noch dem zweiten, der ‚Frequenz', gerecht. In der Betriebswirtschaft hat sich vielmehr – in Analogie zur üblichen Definition der Frequenz – durchgesetzt, unter ‚Besuchsfrequenz' die Anzahl der Besuche ein und der selben Person pro Zeiteinheit zu verstehen.

Während z. B. ein Museum meist nur wenige Male innerhalb von Jahren aufgesucht wird und deshalb eher eine geringe Besuchsfrequenz aufweist, werden Schwimmbäder von denselben Personen oft mehrmals besucht. Damit ist zugleich eine inhaltliche Verbindung zur Attraktivität eines Angebots und zur Wiederkehrbereitschaft der Gäste hergestellt. Das mathematische Produkt aus durchschnittlicher Besuchsfrequenz und Anzahl der Besucher pro Zeiteinheit ergibt wiederum das Besuchsvolumen einer Einrichtung.

7   Zusammenfassung

Evaluationsverfahren bilden in der Dienstleistungsbranche, im Bildungssektor, im Umweltbereich und weit darüber hinaus ein wichtiges Instrument im Rahmen des Qualitätsmanagements, und sie gewinnen folglich auch im Freizeitsektor an Bedeutung. Sie sind durch vier konstitutive Bestandteile gekennzeichnet, die als Einflussgrößen den Evaluierungsprozess bestimmen und zugleich wechselseitig voneinander abhängen: Die Evaluierten, die Evaluierenden, die Zwecke und Zielsetzungen, die mit dem Evaluationsverfahren verbunden sind, und das Evaluationsinstrument, mit dem die Erfüllung der Zielvorgaben gemessen werden soll. Mit Hilfe des ausgewählten Instrumentariums soll überprüft werden, ob ein Freizeitangebot, seine Veränderung oder eine spezifische Maßnahme die gewünschte Wirkung beim Kunden zeigt und das angestrebte Ziel erreicht wird.

Oft wird eine Evaluierung nicht von unternehmensinternen, sondern von externen Fachleuten (in der Wirtschaft meist bekannte Unternehmensberater, die Stiftung Warentest oder der TÜV) durchgeführt. Mit der Einschaltung von neutralen Persönlichkeiten, bekannten Institutionen oder Agenturen erhofft man sich eine höhere Akzeptanz des Verfahrens von Seiten der Evaluierten, stärkere Validität der Ergebnisse, eine konsequente Umsetzung in neue Konzepte und vermehrtes Vertrauen auf Seiten der Kundschaft.

Das Evaluationsinstrument kann sich aller Methoden der empirischen Sozialforschung bedienen wie Experiment, teilnehmende oder nichtteilnehmende Beobachtung, schriftliche und mündliche Befragung. Ein Beispiel, wie man mehrere Methoden und verschiedene konzeptionelle Ansätze miteinander kombinieren kann, bietet die jüngste Evaluation der Umweltausstellung ‚Multimar Wattforum Tönning' durch die AFEB Heidelberg (2002).

Unter einer begrenzten oder eindimensionalen Fragestellung, z. B. ob ein Angebot eine vorgegebene Norm erfüllt oder die Funktionalität eines Produktes gewährleistet ist, mag es genügen, wenn eine Evaluation auf einer verhältnismäßig geringen Anzahl von Fällen basiert. Zur vorbereitenden Exploration und bei der formativen Evaluation haben auch qualitative Tiefeninterviews durchaus ihre Berechtigung. Wenn aber vielfältige Einflussgrößen differenziert analysiert werden müssen und die Ergebnisse der Evaluation in hochwertige Prognosen mit weitreichenden Konsequenzen einfließen sollen, dürften summative Evaluationen weitaus von Vorteil sein. Sie greifen meist auf quantitative Verfahrensweisen zurück und können eine kontrollierte Erhebungssituation mit einer Stichprobe vorweisen, die üblicherweise mit Hilfe einer statistischen Zufallsauswahl gewonnen wurde.

In vielen Fällen ist deshalb eine im besten Sinne des Wortes kritische Einstellung gegenüber den Evaluierenden, dem Untersuchungsdesign, Konzeption und Ansätzen, gewonnenen Daten, den Analyseergebnisse und den aus der Evaluation abgeleiteten Konsequenten durchaus angebracht.

Literatur

AFEB Heidelberg (2001): Auswertung des F+E Vorhabens „Evaluation einer Umweltausstellung am Beispiel des Multimar Wattforums Tönning", gefördert durch das Bundesamt für Naturschutz, Heidelberg 2001. http://people.freenet.de/afeb/Multimar InhaltProjektbericht.html

BORTZ, J./DÖRING, N. (1995²): Forschungsmethoden und Evaluation. Berlin.

DAUMENLANG, K./ALTSTÖTTER, CH./SOURISSEAUX, A. (1995⁴): 8.1. Evaluation. In: ROTH, E. (Hrsg.): Sozialwissenschaftliche Methoden: Lehr- und Handbuch für Forschung und Praxis. München, S. 701-730.

Deutsche Gesellschaft für Evaluation (DeGEval) (2001): Standards für Evaluation, beschlossen von der Mitgliederversammlung der DeGEval am 4. Oktober 2001. http://www.degeval.de/

FICHTNER, U. (1981): Geographische Mobilität städtischer Bevölkerung in der kurzfristigen Freizeit. Forschungsmaterialien, H. 3. Bayreuth.

FICHTNER, U./MICHNA, R. (1987): Freizeitparks. Allgemeine Züge eines modernen Freizeitangebotes, vertieft am Beispiel des Europa-Park in Rust/Baden. Freiburg i. Br.

FICHTNER, U. (1997): Freizeitparks – traditionell inszenierte Freizeitwelten vor neuen Herausforderungen? In: STEINECKE, A./TREINEN, M. (Hrsg.): Inszenierung im Tourismus. Trends – Modelle – Prognosen; 5. Tourismus-Forum Luxemburg Trier Europäisches Tourismus Institut, ETI-Studien, Bd. 3. Trier, S. 78-97.

FICHTNER, U. (2000): Freizeit- und Erlebnisparks in Deutschland. In: Institut für Länderkunde/BECKER, CHR./JOB, H. (Hrsg.): Nationalatlas Bundesrepublik Deutschland. Bd. 10. Freizeit und Tourismus. Heidelberg/Leipzig, S. 80-83.

FREYER, W. (1988): Tourismus: Einführung in die Fremdenverkehrsökonomie. München.

KIEMSTEDT, H. (1975): Landschaftsbewertung für Erholung im Sauerland. Hannover.

OPASCHOWSKI, H. W. (1998): Kathedralen des 21. Jahrhunderts. Die Zukunft von Freizeitparks und Erlebniswelten. Hamburg.

SMITH, St. (1983): Recreation Geography. New York.

Stiftung Warentest (1996): Freizeit- und Erlebnisparks. Es muß nicht immer Disney sein. In: test, H. 4, S. 76-81.

Methoden von Orts- und Stadtbildanalysen

Kristiane Klemm

1   Ziele der Orts- und Stadtbildanalyse

Das Orts- und Stadtbild gehört zu einem der Erfolgsfaktoren der Tourismusentwicklung und damit zum Grundinstrumentarium der Tourismusplanung. Wird
heute über den ‚Tourismus ohne Raum' und künstliche Erlebniswelten gesprochen,
so wären diese sicherlich nicht so erfolgreich implementiert worden, hätten sie
nicht die tradierten Orts-, Stadt- und Landschaftsbilder adaptiert: Neuschwanstein
in Disney-World, Paris, das Dorfhotel (Häuser im dörflichen Stil) in Fleesensee
oder die spanische Idylle im Europa Park Rust.[1]

ROMEISS-STRACKE (1998, S. 482) fordert, die Tourismusarchitektur sollte „die
Symbol- und Zeichenwelt der unterschiedlichen sozialen Milieus aufgreifen und
sich durchaus zur ‚Inszenierung' bekennen. Die ‚künstlichen Ferienwelten' haben
deshalb soviel Erfolg, weil sie das von Anfang an tun können, ohne Rücksicht auf
‚gewachsene' Strukturen".

Vorrangiges Ziel von Ortsbildanalysen in traditionellen Tourismusregionen ist es,
zunächst durch kritische Betrachtung aus Sicht der Touristen (und deren zielgruppenspezifischen Ansprüchen) auf Stärken und Schwächen des Ortsbildes hinzuweisen,
um daraus dann Empfehlungen bzw. Verbesserungsmaßnahmen zu entwickeln. Nicht
immer sind große Investitionen und aufwendige bauliche Veränderungen notwendig,
um Schwachstellen zu beseitigen. Es kann nicht das Ziel von Orts- und Stadtbildanalysen sein, den Erwartungen und Ansprüchen aller Besucher gerecht zu werden sowie
zu einer allumfassenden und allgemein gültigen objektiven Bewertung zu kommen.

Zunächst geht es um die ästhetische Betrachtung und damit um subjektive Empfin-
dungen des Gastes, der diesen Ort zielgerichtet oder spontan (z. B. während eines
Ausflugs) besuchen will. Der Kontrast zum eigenen Alltag und zur gewohnten
Umgebung wird gesucht, zugleich möchte sich der Gast vor Ort sicher- und wohlfühlen sowie sich schnell und einfach orientieren können.

Tradierte Orts- und Landschaftsbilder spielen auch heute noch eine große Rolle:
So ergibt ein Test mit Studierenden unterschiedlicher Fachrichtungen immer wieder das gleiche Ergebnis: Am häufigsten werden die Bilder 2 und 6 (vgl. Abb. 1)
als bevorzugte Typen von Wintersportorten in der Schweiz ausgewählt.

---

[1]   vgl. Beitrag STEINECKE zu ‚Kunstwelten in Freizeit und Konsum: Merkmale – Entwicklungen – Perspektiven' in diesem Band

Abb. 1: Auswahl verschiedener Wintersportorte in der Schweiz

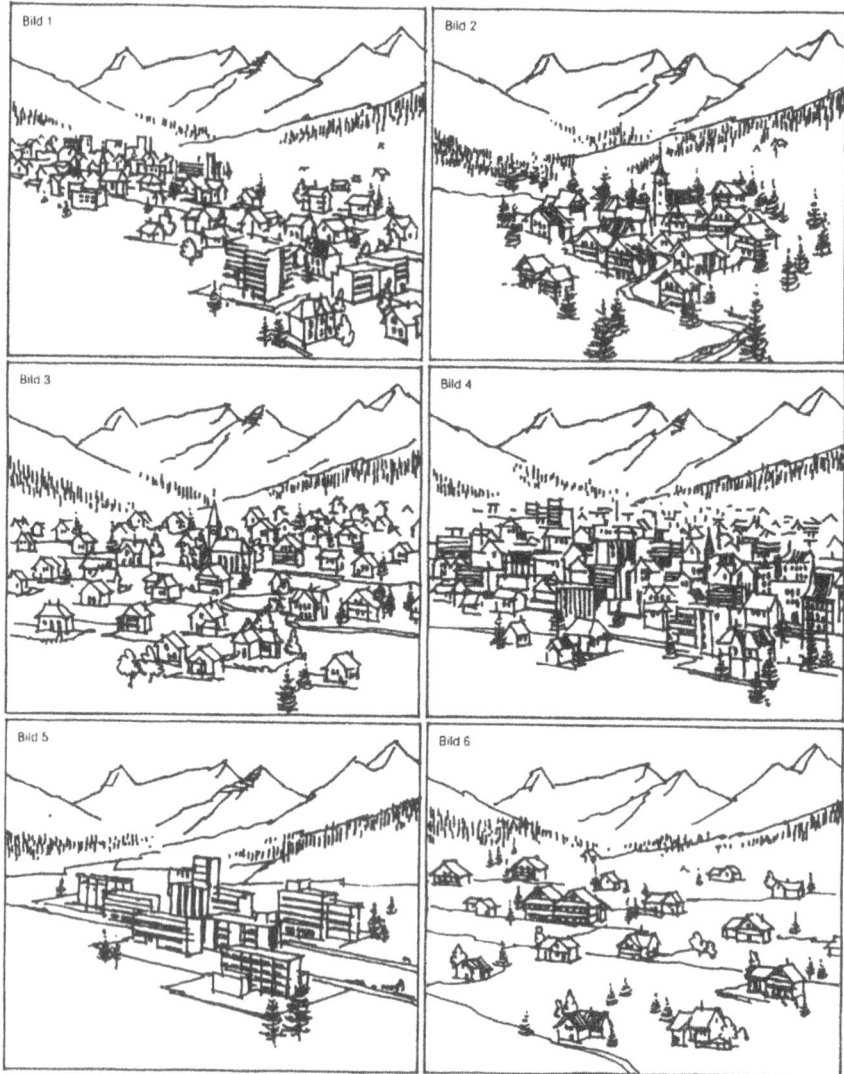

Quelle: Beratende Kommission des Bundesrates 1979, S. 53

Für die Bewertung von Orts- und Stadtbildern hinsichtlich ihrer touristischen Attraktivität gelten zum einen die gleichen Grundregeln, wie sie LYNCH (1965) in seinem Buch das ‚Bild der Stadt' beschreibt. Wichtige Merkmal des Stadtbildes sind für ihn:

- Wege,
- Grenzlinien (Ränder),
- Bereiche,
- Brennpunkte,
- Merkzeichen.

Hierbei spielen „Einprägsamkeit, Lesbarkeit und Vorstellbarkeit" eine wichtige Rolle; sie prägen das Image einer Stadt, tragen aber zugleich auch dazu bei, dass sich Besucher schnell orientieren und sich sicher in einer fremden Stadt bewegen können (vgl. LYNCH 1965, S. 60f.).

Zum anderen sind natürlich auch solche Kriterien von Bedeutung, wie sie für die Dorferneuerung, die Stadtentwicklung und für Freizeitarchitektur immer wieder diskutiert und angewendet werden. Ziele der Dorfentwicklungsplanung sind nicht nur die Verbesserung und Sicherung des Wohnumfeldes sowie der Produktions- und Arbeitsbedingungen für die Land- und Forstwirtschaft, sondern auch Empfehlungen, die am besten im Rahmen einer Gestaltungssatzung manifestiert werden; dazu zählen z. B. (vgl. BTE 1995, S. 14):
- Schaffung einer charakteristischen Architektur,
- Weiterentwicklung ohne Musealisierung,
- Erhalt von Freiflächen,
- Ausbau von Straßen,
- Bürgerbeteiligung etc.

Im Folgenden werden ausgewählte Methoden und Bewertungskriterien aufgezeigt.

2   Methoden von Ortsbild- und Stadtanalysen

Die ersten bekannt gewordenen Ortsbildanalysen für Tourismuskonzepte wurden im Jahr 1977 von der Forschungsgruppe Rheinland-Pfalz (auch Forschungsgruppe TRENT genannt) der Universität Dortmund im Rahmen von touristischen Gutachten für das Land Rheinland-Pfalz erstellt. Dabei ging es vorrangig darum, Planern in Rheinland-Pfalz Instrumentarien an die Hand zu geben, die es zuließen, die örtlichen Gegebenheiten hinsichtlich touristischer Potenziale kritisch zu überprüfen. Ebenso haben sich EBERLE/UTHOFF (1981) und später UTHOFF (1982) im Harz mit Ortsbildanalysen befasst.

Eine unter touristischen Aspekten angelegte Ortsbildanalyse erfasst – ähnlich wie sich ein Fremder einer Stadt nähert – zunächst das äußere Erscheinungsbild des Ortes bzw. der Stadt, widmet sich anschließend den Strukturen der Orts-, bzw. Stadtzentren und kommt dann zur Analyse einzelner Details und Besonderheiten. In dieser Reihenfolge werden im folgenden einzelne Analyseschritte beispielhaft dargestellt. Das Problem, wie bestimmte Ausprägungen (Stärken und Schwächen) zu bewerten bzw. zu skalieren sind, wird im Anschluss daran behandelt.

2.1   Das äußere Erscheinungsbild

Das äußere Erscheinungsbild ist vor allem für Touristen, insbesondere Ausflügler, die sich einem Ort nähern, von besonderer Bedeutung, da sich hier entscheiden kann, ob dieser Ort aufgesucht wird oder nicht. LANDZETTEL (1981, S. 60f.) spricht von „Orten des ersten Erkennens". Prägende Elemente sind dabei (vgl. Forschungsgruppe TRENT 1977, o. S.):
- die landschaftliche Lage und Einbindung,
- landschaftliche Besonderheiten,
- Silhouette des Ortes/der Stadt,
- Ortsränder/Stadtgrenzen,
- Ortseingänge/Stadtzufahrten,
- Wege- und Straßenführungen,
- Dachlandschaften.

2.1.1   Landschaftliche Lage, landschaftliche Einbindung, Besonderheiten und Silhouette

Von besonderer Bedeutung sind Ortslagen, die z. B. schon von weitem durch ihre Silhouette, durch einen Kirchturm oder andere markante Besonderheiten wie Burgen, Schlösser, Dachlandschaften sichtbar werden, die auf Bergkuppen liegen oder durch ihre Lage im Tal oder an einem Fluss harmonisch in die Landschaft eingebunden sind (vgl. Abb. 2). „Alles was sich einfügt und seiner Bedeutung angemessen in Erscheinung tritt, wirkt vertraut und selbstverständlich" (LANDZETTEL 1981, S. 61).

Markante Baumgruppen, Hecken und Knicks können die umgebende Landschaft deutlich strukturieren, den Wiedererkennungswert erhöhen und die Orientierung erleichtern.

2.1.2   Ortsränder, Stadtgrenzen, Orts- und Stadteingänge sowie Wege- und Straßenführung

Hier ist vor allem auf den harmonischen Übergang zwischen der offenen Landschaft und der geschlossenen Siedlung zu achten. Positiv wirkt ein deutliches Abheben des Ortes von der Landschaft und eine klar erkennbare Ortsgrenze. Die häufig durch Gewerbe- und Einkaufszentren bzw. Neubaugebiete (sog. Feldherrnhügel mit attraktiver Weitsicht) verursachten Zersiedlungen von Ortsrändern und -eingängen schrecken den Gast ab. Diese Entwicklung ist häufig nicht zu verhindern, „vermittelnde Begrünung" (LANDZETTEL 1981, S. 69) durch Hecken, Büsche und Bäume sollte daher die größten Schandflecken verdecken. Baumalleen als Zufahrtsstraßen machen neugierig und führen unmittelbar in die Ortschaften, ein Umkehren scheint fast unmöglich.

Abb. 2: Die Silhouetten von Siedlungen

    Sich der Landschaft einordnen   Die Landschaft steigern

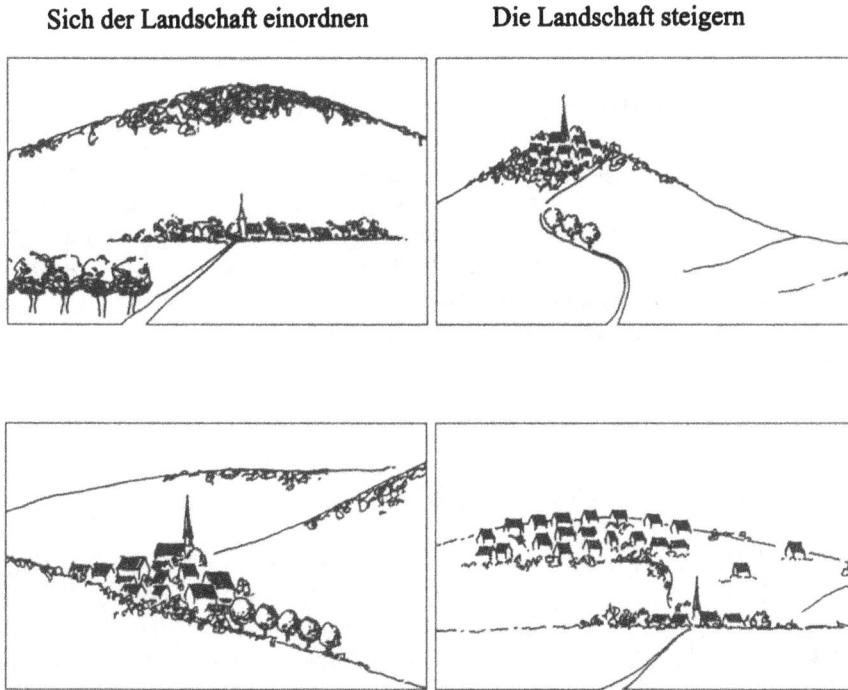

Quelle: LANDZETTEL 1981, S. 66

Handelt es sich um Städte, die einen attraktiven Altstadtkern besitzen, so sind weniger die Stadtränder, sondern vielmehr die deutlich erkennbaren Übergänge zum Altstadtkern wichtig. So ist z. B. die Altstadt von Lübeck mit ihrer Insellage, umgeben von Trave, Wakenitz und den Stadttoren ein Musterbeispiel für eine positiv zu bewertende Eingangssituation einer Altstadt. Ähnliche Wirkungen haben Stadtmauern und Wallanlagen.

2.1.3 Dachlandschaften

Vom äußeren Erscheinungsbild her betrachtet sind auch die sog. Dachlandschaften ortsbildprägend. Dabei ist darauf zu achten, dass sich Neigung, Formen und Materialen der Dächer ähneln; sie sollten sich nicht mit Flachdachgebäuden abwechseln und damit als gebrochene Zahnlinie am Horizont erscheinen. Diese Tatsache gilt gleichermaßen für Orte mit einheitlicher Flachdachbebauung (wie z. B. in den Mittelmeerländern); ein Gebäude mit Steildach würde hier als Fremdkörper wirken.

Häufig werden in den Gestaltungssatzungen der Orte Dachneigungswinkel und zu verwendendes Material genau festgelegt. Dies kann, in sehr strengem Masse umgesetzt, zu einer gewissen Monotonie führen. Das farbliche Absetzen von wichtigen und unwichtigen, von alten und neuen Gebäuden führt zu einer abwechslungsreicheren Dachlandschaft.

2.2   Das innere Erscheinungsbild

Nach Analyse des äußeren Erscheinungsbildes gibt es eine Vielzahl von Merkmalen und Kriterien im Ort oder in der Stadt selbst zu berücksichtigen, die hier nicht alle im Einzelnen behandelt werden können. Hier spielen natürlich auch architektonische Grundregeln eine Rolle. Zu den wichtigsten Bewertungselementen zählen:
- Straßen, Wege, Plätze und Kontakträume,
- Gesamtwirkung von Bebauung und Pflegezustand,
- örtliche Besonderheiten und Details wie Fassaden, Fenster, Türen etc.,
- Begrünung und Farbgebung.

2.2.1   Straßen, Plätze und Kontakträume

Straßen, Wege und Plätze gliedern den Ort und verbinden einzelne Sehenswürdigkeiten miteinander. Klare Straßen- und Wegeführungen strukturieren den Ort und erleichtern die erste Orientierung. Alte Ortskerne sind häufig durch ihre unorganisch gewachsenen Straßen und Gassen sowie Plätze gekennzeichnet; sie lassen vermuten, dass es hier historische Gebäude zu besichtigen gibt.

Autogerecht angelegte Ortsdurchfahrten können sich zu sog. Grenzlinien innerhalb von Orts- und Stadtkernen entwickeln, Bewohner und Besucher sind vom ständigen Verkehrsfluss gestört, vor allem von dem damit verbundenen Lärm und der ständigen Unruhe. Mit diesem Phänomen hatten viele Kurorte in den letzten Jahrzehnten zu kämpfen; es bedingte kostenaufwendige Ortsumgehungen. Dies wiederum birgt die Gefahr in sich, dass Gäste – vor allem Ausflügler – an den örtlichen Sehenswürdigkeiten vorbeifahren; entsprechende Hinweisschilder sollten daher auf den historischen Ortskern aufmerksam machen.

Positiv zu bewerten sind „Orte mit einem lebendigen Wechsel von offenen (Plätzen) und geschlossenen (Straßen und Wege) Raumfolgen. Historische Rundgänge entlang alter Ortsbefestigungen u. a. mit einzelnen Erkundungs- und Entdeckungszentren, wie Bach, Brücke, Brunnen, historische Einzelgebäude, Ensembles, Plastiken u. a." (Forschungsgruppe TRENT 1977, o. S.). Negativ dagegen sind „Straßen und Plätze mit zeitgemäß überwiegend breiteren und geradlinigen Straßenfluchten (...), die vom Kfz-Verkehr beansprucht werden (...)" (Forschungsgruppe TRENT 1977, o. S.).

Abhilfe schaffen „ortsbildprägende Bauten entlang der Durchgangsstraßen; eine differenzierte Gestaltung des Straßenraumes mit Plätzen, Wegen, Kleinarchitektur

und landschaftstypischer Bepflanzung sowie eine Verkehrsberuhigung durch ge-
schwungene Straßenführung, Fahrbahnrückbau und verschiedene Wegebeläge"
(BTE 1995, S. 31).

Plätze und Straßen sollten Kontakt- und Kommunikationsräume für Begegnungen
(Bänke), gemeinsame Gespräche (Straßencafes, Gaststätten) und Einkäufe (Märkte
und Verkaufsstände) bieten, vor allem zum Verweilen einladen und nicht ausschließlich als Parkplätze genutzt werden. Sollte dies dennoch der Fall sein, kann
Baumbepflanzung die Fläche auflockern.

2.2.2 Gesamtwirkung von Bebauung und Pflegezustand

Auf die Gesamtwirkung der Bebauung und den Pflegezustand von Gebäuden legen
vor allem EBERLE/UTHOFF (1981) besonderen Wert. Als positiv gelten eine abwechslungsreich gegliederte, eine geordnete oder eine geschlossene Bebauung.
Wenig attraktiv dagegen sind monotone, ungeordnete und lückenhafte Bebauungs-
strukturen. Zu ähnlichen Resultaten kommt LANDZETTEL (1981, S. 120): „In alten
Siedlungen fasziniert die große Ähnlichkeit der einzelnen Elemente bei vorhandener Individualität. Freistehende Häuser, zwischen denen kein rechter Zusammenhang aufkommen will, und Zeilen, in denen sich eine große Zahl gleicher Elemente
zu monotonen Ketten reiht, wirken starr und deshalb leblos".

Farben, Formen und ortstypische Bauweisen und -materialen, wie Fachwerk, Reet-
oder Schieferdächer geben ein harmonisches Ortsbild ab, das zur touristischen
Attraktivität beiträgt und Besucher anlockt.

„Neubauten sollen die vorhandenen Strukturen abrunden, um eine Geschlossenheit
zu vermitteln. Es ist wichtig, dass die überlieferten Gestaltungsmerkmale zeitgemäß umgesetzt werden und einen Bezug zur alten Ortslage haben. Alte Bauformen
sollten beachtet, aber nicht unkritisch übernommen werden" (BTE 1995, S. 33).

2.2.3 Örtliche Besonderheiten, Hausfassaden, Fenster, Türen und Details

Zu den örtlichen Besonderheiten, die sich positiv auf das Orts- und Stadtbild aus-
wirken, gehören einprägsame und optische Brennpunkte wie Marktplätze oder
Orientierungsmarken, wie Kirchtürme, historische Bauten in exponierter Lage,
Aussichtspunkte etc. Sie dienen in vielen Fällen als Imagefaktoren (vgl. LYNCH
1965), so z. B. das Holstentor in Lübeck, die Frauenkirche in München oder die
Erfurter Krämerbrücke.

Aber auch Details wie Hausfassaden und Fassadenschmuck, Fenster, Eingänge und
Türen oder Gehwegbeläge sind örtliche Besonderheiten, die ganz wesentlich zu
einem positiven Ortsbild beitragen. Am deutlichsten wird diese Tatsache wohl an

Hausfassaden: So werden die Fenster als die Augen und die Tür bzw. der Eingang als die Visitenkarte oder auch der Mund eines Gebäudes bezeichnet.

Die größten baulichen und stark beeinträchtigenden Veränderungen an alten Hausfassaden sind durch den Einbau neuer Fenster erfolgt, bei denen die ursprünglichen Verstrebungen oder Fenstersprossen durch großflächige Verglasungen ersetzt wurden. LANDZETTEL spricht von einer „Verletzung der Hauswand" (LANDZETTEL 1981, S. 168), zumal häufig durch den Einbau oder die Vergrößerung der Fenster die Proportionen verändert und durch neuen Putz die Fassadenstruktur deutlich gestört werden. Örtliche Gestaltungssatzungen geben wichtige Hinweise über solche Fensterverglasungen, die neue Materialen verwenden und zugleich den Anschein erwecken, dass alte Fensterstrukturen erhalten bleiben.

Haustüren oder -eingänge müssen dem Charakter des Hauses entsprechen und sich in die Fassade einfügen, gleichzeitig aber auch Individualität und Einmaligkeit zum Ausdruck bringen. Sie sind ebenfalls Orte des ersten Erkennens. Im Baumarkt gekaufte Einheitstüren sind kein Ersatz für alte Holzschnitzereien und Verzierungen. LANDZETTEL (1981) empfiehlt daher, die alten Türen so lange wie möglich zu erhalten oder serienmäßig erstellte Türen durch Anbringen individueller Details zu verschönern. In einigen Regionen gehört die besondere Gestaltung der Türen zu sehenswerten Attraktionen: Plakate mit deren Abbildungen entwickeln sich zu Verkaufsschlagern in Souvenirläden (z. B. die Türen des Wendlands, The Doors of Dublin u. ä.).

Die stärkste Verschandelung von Hausfassaden entsteht durch die Verschalung mit Eternit oder durch Putz z. B. an Fachwerkfassaden. Ganze Gebäudestrukturen werden durch solche Maßnahmen zerstört. Der berühmte Architekturkritiker JULIUS POSENER hat diese Entwicklung während eines Vortrags einmal als „Eternitisierung" bezeichnet.

Für die Beurteilung spielen der zeitgemäße bzw. ortstypische Stil und z. T. auch die Farbgebung von Gebäuden eine maßgebliche Rolle. So können langweilige und hässliche Plattenbauten hinter einer farblich abgesetzten Fassade sehr viel ansprechender wirken als bei einheitlichem Grauton.

Das Beispiel für die Sanierung einer Gaststätte zeigt (vgl. Abb. 3), wie sich eine Hausfassade durch Rückbau der horizontalen Fenstergliederung, durch Erneuerung des Eingangsbereichs und durch Berankung harmonisieren lässt und damit einladend auf den Gast wirkt. Als Hausschmuck gelten natürlich auch Blumenkästen, alte Handwerkszeichen oder Fassadenbegrünungen. Details, die das Ortsbild positiv oder negativ beeinträchtigen können, sind u. a.:

- Straßenlaternen,
- Gehwegbeläge,
- Gartenzäune,
- Farbgebung von Gebäuden.

Abb. 3: Beispiel für die geplante Fassadensanierung einer Gaststätte

Quelle: REPPEL + PARTNER 1990, Anlage 2.22

Störende Details sind oft Müll- und Glascontainer, die entweder am Ortseingangsbereich, an der Straße oder auf nicht genutzten Markt- und Parkplätzen stehen. Von den Einwohnern werden diese häufig gar nicht als Schandflecken wahrgenommen. Eine entsprechende Eingrünung könnte diesen Störfaktor etwas verdecken.

2.2.4 Öffentlicher Raum und Begrünung

Die subjektive Wahrnehmung eines Ortsbildes wird u. a. auch durch die Begrünung des öffentlichen und privaten Raums beeinflusst. Häufig lassen sich Schandflecken wie alte Plattenbauten und große LPG-Scheunen durch Begrünung verdecken. Ebenso wirken eintönige Hausfassaden durch Begrünung sehr viel abwechslungsreicher.

Straßenführungen und Fußgängerzonen wirken anheimelnder, wenn sie mit Bäumen oder Hecken als sog. Begleitgrün bepflanzt sind. Diese Tatsache gilt auch für Ortseingangssituationen.

Dorfteiche und -bäche sollten nicht begradigt oder sogar mit Parkplätzen überbaut, sondern in ihrem alten Lauf erhalten und begrünt werden. Sie dienen als Orte des Verweilens und der Begegnung (Kontakträume) und betonen den dörflichen Charakter.

Die Möblierung des öffentlichen Grüns mit Bänken und Papierkörben darf nicht übertrieben werden; vor allem geht es darum, Farben und Formen unauffällig oder aber in einem angenehmen Design zu gestalten. Ganze Produktionslinien von orange-gelben Papierkörben verschandeln häufig Plätze und Bushaltestellen. Neueste Ergebnisse haben gezeigt, dass bei fehlenden Papierkörben, Müll und Abfall mit nach Hause genommen und nicht einfach weggeworfen wird. Diese Maßnahme spart Kosten bei der Entsorgung und vermeidet die häufig damit einhergehende Verschmutzung rund um die Papierkörbe. Auch für den öffentlichen Raum gilt es, vorhandene und gewachsene Strukturen zu erhalten.

3 Bewertungskriterien, Bewertungsinstrumente und Skalierung

Wichtig ist, dass die Analyse unter dem Gesichtspunkt der touristischen Potenziale vorgenommen wird. Die Fragestellung muss daher lauten: Wie wirkt der Ort oder die Stadt auf den Erstbesucher und wie können sich Urlauber und Gäste im Ort wohlfühlen? Dabei geht es nicht um architektonisches Expertenwissen, sondern um eine gewisse naive Beobachtungs- und Herangehensweise.

Das Bewertungsverfahren kann von Mitarbeitern eines Beratungsbüros, über einen Fragebogen von Besuchern/Touristen oder auch von Studierenden direkt vor Ort durchgeführt werden. Sinnvoll ist es, dabei die Eignung für potenzielle Zielgruppen wie z. B. Familien, Radfahrer oder Senioren und Behinderte anhand von bestimmten Merkmalen (Spielplätze, autofreie Straßen, Radwegeausbau, abgesenkte Bürgersteige und Beschilderung etc.) zu berücksichtigen.

3.1 Auswahl der Bewertungskriterien und -instrumente

Die Vielzahl dieser Merkmale kann nicht bei jeder Ortsbildanalyse in vollem Umfang zur Anwendung kommen. Dies hängt im wesentlichen von der Größe der Untersuchungsregion, des Ortes oder der Stadt ab. Die engere flächenmäßige Abgrenzung sollte nach einer ersten Begehung festgelegt werden. Dabei geht es darum, festzustellen, was für Touristen interessant sein könnte und wo sie sich voraussichtlich aufhalten werden. Neubauviertel müssen keiner Ortsbildanalyse unterzogen werden; alte Industrieanlagen dagegen (z. B. Mühlen oder Hammerwerke) können durchaus als potenzielle touristische Sehenswürdigkeiten mit berücksichtigt werden.

Nach der ersten Begehung empfiehlt es sich, eine Art Checkliste zu erstellen, in der die zu beachtenden Merkmale verzeichnet sind. Dabei kann eine Untergliederung in äußeres und inneres Erscheinungsbild hilfreich sein, bevor einzelne Kriterien in Augenschein genommen werden. Neben Checklisten können Fotos als Ersatz die Stärken und Schwächen dokumentieren.

Als Binnenmarketingmaßnahme empfiehlt sich u. a. ein Schülerwettbewerb (Malen oder Fotografieren) unter dem Motto: ‚Was würde ich unseren Gästen zeigen und bestimmt nicht zeigen!'.

Von Bedeutung ist, wie die einzelnen Merkmale und Kriterien zu bewerten sind.

3.2 Bewertung und Skalierung

Wie bei allen Bewertungsverfahren oder Qualitätseinstufungen geht es auch hier um die Frage der Skalierung. Der hohe Praxisbezug verlangt im allgemeinen nach einfachen und eingängigen Skalen, die für alle Betroffenen (Planung, Verwaltung, Leistungsträger und Bürger) vor Ort verständlich sind, wie z. B. die Vergabe von Schulnoten (1 = sehr gut bis 5 = mangelhaft).

Die Ausprägungen der einzelnen Merkmale können mit einem doppelten Minus (--) auf einer zentrierten Achse bzw. 5er-Skala von (-- bis ++) bewertet werden (vgl. Forschungsgruppe TRENT 1977). Andere Verfahren (vgl. EBERLE/UTHOFF 1981) benutzen eine einfache Nominalskala wie z. B.: „gepflegt (+), durchschnittlich (0), ungepflegt (-)", „geordnet – ungeordnet", „abwechslungsreich – monoton", „positiv

– negativ" etc. Darüber hinaus können einzelne Merkmale ganz einfach tabellarisch als ‚Stärken' bzw. ‚Schwächen' aufgelistet werden.

Zur Beurteilung eines Ortes oder auch einer Urlaubsregion werden u. a. ‚semantische Differenziale' oder sog. Polaritätsprofile eingesetzt, mit deren Hilfe der Ort beurteilt wird:
- sehr schön – sehr hässlich,
- sehr abwechslungsreich – sehr langweilig,
- sehr laut – sehr leise etc.

Ein Polaritätsprofil eignet sich eher zur Charakterisierung und damit zum Vergleich von Wettbewerbsorten. Dabei können vier- und fünfstellige Skalen eingesetzt werden. Eine fünfstellige Skala verleitet weniger entscheidungsfreudige Probanden dazu, häufig Mittelwerte (weder noch) oder (0) als willkommene Ausweichbeurteilung zu wählen. Zu klareren Aussagen kommt eine vierstellige Skala. Auswahl der Kriterien und die Skalierungsmethoden hängen vom Ziel und Zweck sowie der Dimension der Aufgabenstellung ab.

4   Fazit

Grundlagen für die Erstellung von touristischen Orts- oder Stadtbildanalysen sind in der Dorfentwicklungsplanung, in der Stadtsanierung und in der Freizeitarchitektur verankert. Vorhandene örtliche Gestaltungssatzungen sind dabei als Ausgangsbasis zu berücksichtigen.

Das Aufgabengebiet kann jedoch nicht allein von Denkmalpflegern, Architekten und Stadtplanern ausgefüllt werden. Zur richtigen Einschätzung der touristischen Potenziale sind Kenntnisse der räumlichen Auswirkungen von Reiseerwartungen, -motiven und -aktivitäten erforderlich. Hier kann vor allem die Geographie der Freizeit und des Tourismus einen wichtigen Beitrag leisten.

Die praktische Anwendung von Orts- und Stadtbildanalysen in Form von Seminaren und Übungen an Hochschulen eignet sich hervorragend als didaktisches Mittel. Zum einen wird die kritische Auseinandersetzung mit der gestalterischen Ausprägung eines Urlaubsortes gefördert, eine Grundvoraussetzung für die spätere Arbeit vor Ort. Zum anderen treten die Probleme von qualitativen und quantitativen Bewertungsmethoden und die dabei erforderliche Aggregation von Daten sehr deutlich zu Tage.

Literatur

Beratende Kommission für Fremdenverkehr des Bundesrates (Hrsg.; 1979): Das schweizerische Tourismuskonzept. Bern.

BTE – Büro für Tourismus und Erholungsplanung (Hrsg.; 1995): Tourismus in der Dorfentwicklung. Arbeitsmaterialien für einen umweltschonenden Tourismus, H 9. Berlin.

Forschungsgruppe TRENT (1977): unveröffentlichte Arbeitsmaterialien der Arbeitsgruppe Rheinland-Pfalz an der Universität Dortmund. Dortmund.

EBERLE, I./UTHOFF, D. (1981): Fremdenverkehrsgutachten Verbandsgemeinde Kirn. (unveröffentlicht).

LANDZETTEL, W. (1981): Ländliche Siedlung in Niedersachsen. Eine Information des Niedersächsischen Sozialministers. Hannover.

LYNCH, K. (1965): Das Bild der Stadt. Wien/Frankfurt.

ROMEISS-STRACKE, F. (1998³): Freizeit- und Tourismusarchitektur. In: HAEDRICH, G. et al. (Hrsg.): Tourismus-Management. Berlin/New York, S. 477-484.

ROMEISS-STRACKE, F. (1987): Familiengerechte Ferienorte – Eine Planungshilfe für Ferienorte und Beherbergungsbetriebe. Allgemeiner Deutscher Automobilclub e. V. (Hrsg.). München.

REPPEL + PARTNER (1990): Leitfaden für die praktische Tourismusarbeit in der Marktwirtschaft. Bundesministerium für innerdeutsche Beziehungen (Hrsg.), Bd. 2, Anlage 2f. Bonn.

UTHOFF, D. (1982): Fremdenverkehr und Stadtbild – wirtschaftliche Bedeutung historischer Stadtbilder. In: SCHRÖDER-LANZ (Hrsg.): Trierer Geographische Schriften. Sonderheft 4/5, Teil II, S. 591-607.

Methoden der ‚Environmental Interpretation'

Bettina Kreisel

1   Was ist ‚Environmental Interpretation'?

‚Grün' – so lautet eine Standardantwort, wenn Touristen beispielsweise im Raum Hohes Venn-Eifel um eine spontane Beschreibung ihres Ausflugsziels gebeten werden. Zwar reicht diese Assoziation aus, um die Landschaft zum wichtigsten Motiv des Besuchs zu machen, doch sind den Gästen die natürlichen und kulturellen Besonderheiten vielfach nur oberflächlich bewusst, weil sie sporadisch und unkoordiniert vermittelt werden.

Die Eifel ist kein Ausnahmefall. In vielen Regionen ist eine Vielzahl von Akteuren damit beschäftigt, den Besuchern die landschaftlichen Eigenarten bewusst zu machen. Lehrpfade, Naturinformationszentren, Museen, Informationstafeln, Führungen, Ausstellungen oder Vorträge werden angeboten; sie verfehlen aber oftmals das Ziel, die prägnanten Themen der Region so vorzustellen, dass sie in Erinnerung bleiben.

Drei Ursachen sind dafür verantwortlich, wenn die eingesetzten Mittel landschaftliche Besonderheiten nicht wirksam kommunizieren:

- Der fehlende regionale Bezug: Ein Beispiel stellen Waldlehrpfade dar, die auf der Ebene der Bezeichnung von Bäumen bleiben und dabei die Besonderheiten des Waldstandortes nicht vermitteln (z. B. Zusammensetzung, Standortbedingungen, Geschichte).

- Die mangelhafte regionale und inhaltliche Planung: So kann es beispielsweise zu einer Lehrpfaddominanz zum Thema ‚Wald' bzw. zu Naturinformationszentren kommen, die lediglich ausgestopfte Tieren zeigen, während zentrale regionaltypische Landschaftsthemen, Bedeutungen und Zusammenhänge völlig fehlen.

- Die unzureichende Ausrichtung auf die Bedürfnisse der Besucher: Viele Angebote werden von den Gästen nicht wahrgenommen, weil sie nicht interessant erscheinen. Sprache, Gestaltung, Thema und Standort gehen oftmals völlig am Besucherinteresse und -verhalten vorbei.

Um diesen Defiziten entgegenzuwirken und eine Landschaft mit ihren Besonderheiten wirkungsvoll zu kommunizieren, ist ein planerischer Ansatz notwendig.

Im anglo-amerikanischen Raum sowie in Frankreich ist die Kommunikation von Themen des Natur- und Kulturerbes als systematische Disziplin etabliert; sie firmiert unter dem Begriff ‚Interpretation' bzw. ‚Environmental Interpretation'. Im Folgenden werden diese Bezeichnungen gleichbedeutend mit ‚Landschaftsinterpretation' verwendet.

Einer der frühen Vertreter der ‚Environmental Interpretation' ist der Amerikaner Freeman TILDEN, der in seinem schon fast philosophisch orientierten Grundlagenwerk ‚Interpreting Our Heritage' (1957) ‚Environmental Interpretation' als eine erlernbare Disziplin bezeichnet, die dazu beiträgt „(...) dem Besucher, der es wünscht, etwas von der Schönheit und dem Wunder, der Inspiration und dem Geist eines Ortes zu enthüllen, das über das hinaus geht, was er selbst mit seinen Sinnen erfassen kann" (übersetzt nach TILDEN 1977, S. 3f.).

Im Sinne der deutschen Bedeutung von ‚Interpretation' geht es bei ‚Environmental Interpretation' um Übersetzung, Deutung und Erklärung von Inhalten. Mit dem Anliegen, Bedeutungen zu vermitteln und eine Wertschätzung für das Vorgestellte zu erzeugen, geht Interpretation über die Ebene der reinen Information durch Fakten und Definitionen hinaus. Mittel der Interpretation sind so angelegt, dass sie Neugier wecken, Bezüge herstellen und Neues enthüllen („provoke, relate, reveal", vgl. SNH 1997, S. 3)

2   Aufgaben der ‚Environmental Interpretation'

Die eingesetzten Mittel der Landschaftsinterpretation sollen im Sinne des Tourismus, des Natur-, Landschafts- und Denkmalschutzes sowie der Besucher dazu dienen, die Besonderheiten der Landschaft
- zu genießen,
- zu erleben,
- zu verstehen,
- zu schützen.

Für den Tourismus beinhalten diese Ziele, dass Themen herausgestellt werden, die dazu geeignet sind, die Region anhand landschaftlicher Besonderheiten zu profilieren. Gleichzeitig werden attraktive Produkte geschaffen, die dem Besucher neue Erlebnisse ermöglichen und die er genießen kann.

Für den Natur-, Landschafts- und Denkmalschutz bietet die ‚Environmental Interpretation' die Chance, über Erlebnis und Verständnis gleichzeitig die Wertschätzung für Natur und Kultur zu steigern. Sie stellt eine wichtige Grundlage zur Akzeptanz von Schutzbestimmungen auf Seiten der Besucher dar.

Gleichzeitig können Angebote der Landschaftsinterpretation als Instrument der Besucherlenkung eingesetzt werden, indem ausgewählte Bereiche eines Schutzgebietes gezielt mit Angeboten versehen werden, während der Großteil der Region

unberührt bleibt – z. B. Vogelbeobachtungshütten, Bohlenwege durch Feuchtge-
biete, beschränkter Zugang durch geführte Wanderungen etc.

Nicht jedes interessante Thema muss zwangsläufig auch in der Landschaft dokumentiert werden. Vielmehr kann die ‚Environmental Interpretation', zum Beispiel
durch Lehrtafeln, die Wirkung und das Erleben einer imposanten Landschaftsku-
lisse oder eines historischen Gebäudes massiv stören. Eine zu starke Erschließung
durch Interpretation birgt darüber hinaus das Risiko, den Besucher durch Vorschläge und Erklärungen zu gängeln und ihm Möglichkeiten zu nehmen, sich die
Region auch selbst zu erschließen.

Vor diesem Hintergrund ist es wichtig, eine Region nicht mit Interpretation zu
überfrachten. Interpretation kann und sollte in unterschiedlicher Intensität erfolgen. Die Bandbreite reicht vom völligen Verzicht auf Interpretationsmittel, über
Broschüren, temporäre Angebote (Führungen, Feste, Aktionen) bis hin zu infrastrukturellen Einrichtungen (Beschilderung, Installationen, Infozentren). In jedem
Fall müssen Medien und Mittel sorgfältig geplant werden und dem Standort Rechnung tragen.

3   Planung

Nach Möglichkeit sollte eine regionale Strategie zur Landschaftsinterpretation
erstellt werden, bevor einzelne Interpretationsmittel konkret geplant und mit Inhalten gefüllt werden. Diese Tatsache gilt vor allem für Regionen wie Natur- oder
Nationalparke, die an der Schnittstelle von Tourismus und Landschaftsschutz
arbeiten. Für sie ist es notwendig, sowohl Begeisterung für das Anliegen des
Schutzgebietes zu wecken, als auch ein wirkungsvolles Besuchermanagement zu
betreiben. Diese beiden Ziele können nur erreicht werden, wenn die kommunikativen Maßnahmen aufeinander abgestimmt sind und dieselbe Sprache sprechen.

In den meisten Natur- und Nationalparks im anglo-amerikanischen Raum sowie in
Frankreich gehört die Erstellung einer Interpretationsstrategie zum festen Bestandteil
bei der touristischen Planung von Natur- und Nationalparks (z. B. Dartmoor National
Park, Parc National des Cévennes) sowie bei der Erschließung touristischer Zielgebiete und einzelner Standorte (z. B. historische Städte). Ein Beispiel für eine Strategie in einer Grenzregion gibt es im Deutsch-Belgischen Naturpark Hohes Venn-Eifel.
Mit dem Ziel, die Vermittlung von Landschaftsthemen zu koordinieren, zu optimieren und touristisch interessant zu gestalten, wurde in Zusammenarbeit mit der rheinland-pfälzischen Region der Vulkaneifel ein grenzüberschreitendes Konzept zur
Landschaftsinterpretation erstellt (vgl. AIXPLAN 1999).

Eine Strategie zur Landschaftsinterpretation kann als regionales Planungsinstru-
ment fungieren, das dazu beiträgt

- die Region über ausgewählte Themen zu profilieren,
- Ressourcen für Interpretationsmittel gezielt zu verwenden,
- Doppelarbeit zu vermeiden,
- Prioritäten festzulegen,
- Kooperation und Zusammenarbeit zu fördern,
- attraktive und qualitativ hochwertige Angebote zu schaffen,
- Tourismus nachhaltig zu gestalten und zu lenken.

Zur erfolgreichen Erstellung sowohl einer regionalen Strategie als auch individueller Interpretationsmittel sollte der Planungsprozess eine Reihe von Fragestellungen
klären, die im Folgenden erörtert werden.

3.1   Wer? (Träger und Beteiligte)

Die Initiative zur Erstellung von Interpretationsmitteln oder einer regionalen Stra-
tegie kann von unterschiedlichen Trägern ausgehen: Natur- und Nationalparke,
Tourismusorganisationen, Forstämter, Landschaftsbehörden, Naturschutzverbände,
Museen, Denkmalbehörden, Geschichtsvereine, Wandervereine usw.

Hierbei ist entscheidend, welche Ressourcen sie für die Umsetzung und die Instandhaltung der neuen Angebote einbringen können. Das personelle und finanzielle Potenzial der Träger wird den Projektrahmen grundsätzlich definieren und
klären, ob ein Bedarf an zusätzlichen Mitteln besteht.

Je nach Tätigkeitsfeld der Träger sollten entsprechende Kooperationen mit weiteren lokalen und regionalen Partnern geschaffen werden, um das Know-how zu
erweitern, die Akzeptanz der Projekte zu erhöhen sowie Fragen der technischen
und planungsrechtlichen Machbarkeit rechtzeitig zu berücksichtigen.

In diesem Zusammenhang ist auch die Frage zu klären, ob der Träger die Kommunikation und die touristische Inwertsetzung der Angebote langfristig übernehmen
kann bzw. welche Partner dafür in Frage kommen. So nützt die beste Naturinfor-
mationsbroschüre mit thematischen Wanderungen nichts, wenn sie im Keller einer
Kreisverwaltung verstaubt; Naturinformationszentren können ihrer Zielsetzung
nicht nachkommen, wenn sie nicht zu Zeiten hohen Besucherverkehrs geöffnet
sind und durch attraktive Angebote mit Leben gefüllt werden.

3.2   Warum? (Zielsetzung)

Die Formulierung konkreter Ziele und die Abstimmung dieser Ziele mit den beteiligten Partnern bilden eine wesentliche Hilfestellung zur Planung und Umsetzung
der Interpretationsmaßnahme; sie ermöglichen auch eine spätere Evaluierung. Vor

diesem Hintergrund sollten die Ziele präzise, messbar und realistisch sein; zugleich sollte auch ein Zeitrahmen für die Realisierung vorgegeben werden.

Wenn dieser Planungsschritt auch trivial klingen mag, so ist es doch das Manko vieler Interpretationsprojekte, dass sie ihre Zielsetzung nicht streng genug definiert bzw. diese nicht in aller Konsequenz verfolgt haben.

Teilweise wird die Vermittlung eines Themas zum reinem Selbstzweck: So stellt z. B. der Versuch, Fachwissen in Form von Informationsschildern in der Landschaft zu dokumentieren, eine der Hauptursachen für eine potenzielle infrastrukturelle Überfrachtung dar.

Wenn bei einem Waldlehrpfad das Ziel verfolgt wird, dass die Besucher die verschiedenen Baumarten voneinander unterscheiden können, so wird dieses Ziel durch die bloße Nennung der Namen und die Abbildung von Blättern didaktisch nur unzureichend erfüllt. Darüber hinaus stellt sich die Frage, warum der Besucher diese Kenntnisse erwerben soll. Möglicherweise geht es um ein ganz anderes Ziel, nämlich eine Wertschätzung und ein Bewusstsein für den Wald zu erzielen. Diese Zielsetzung sollte aber mit vielfältigen weiteren Inhalten und Mitteln realisiert werden.

Grundsätzlich können Maßnahmen der Landschaftsinterpretation eine Reihe von Zielsetzungen gleichzeitig erfüllen. Zu den Hauptkategorien gehören:
- Lernziele:
    - Themen und zentrale Aussagen vermitteln,
- emotionale Ziele:
    - Wertschätzung, Verständnis, Engagement, Besucherinteresse steigern,
- Managementziele:
    - Schwerpunkte bilden,
    - Zugang ermöglichen,
    - Zonen freihalten,
    - Anstoß zum schonenden Umgang, sensiblen Verhalten geben,
- touristische Ziele:
    - touristische Attraktivität steigern,
    - Region profilieren,
    - ökonomische Effekte erzielen,
    - Besucherzahlen steigern.

3.3   Was? (Raumbewertung)

Die Bedürfnisse, Erfordernisse und Potenziale des Raums bilden eine wesentliche Grundlage zur Planung von Inhalten und Mitteln der Landschaftsinterpretation. Themen der Untersuchung und Bewertung sind:

- Landschaft: kultur- und naturlandschaftliche Besonderheiten, Sehenswürdigkeiten,
- touristische Erschließung: touristische Einrichtungen, Unterkünfte, Schwerpunkte,
- Zugang und Orientierung: verkehrliche Anbindung, Barrieren, Information und Orientierung,
- Empfindlichkeiten: ökologische, landschaftliche und soziale Empfindlichkeiten, Störungszonen, Belastungen,
- bestehende Planungsvorgaben: Management-, Landschafts-, Flächennutzungspläne etc.,
- bestehende Interpretationseinrichtungen und Aktivitäten.

3.4 Was genau? (Thema und Botschaft)

Im Zusammenhang von Landschaftsinterpretation und Tourismus ist zu berücksichtigen, dass sich der Tourist in erster Linie erholen will. Selbst bei bestehendem Interesse wird er in der Regel nicht gewillt sein, viel Mühe und Zeit aufzuwenden, um ein Thema zu verstehen.

Will man den Besucher erreichen und sein Interesse halten, müssen Inhalte leicht fassbar sein. Eine Grundlage hierfür ist die systematische Planung und Strukturierung von Themen sowie die Formulierung von Botschaften.

3.4.1 Thema

Zunächst müssen thematische Schwerpunkte gebildet werden, um willkürliche Themenpotpourris und eine Überfrachtung zu vermeiden. Nur durch die Abgrenzung von Kernthemen kann auch ein Profil gebildet werden, das dem Gast im Gedächtnis bleibt.

Die Auswahl der Themen erfolgt auf der Grundlage
- der Zielsetzungen des Interpretationsprojektes und der Träger,
- der räumlichen Analyse,
- der Interessenschwerpunkte des Publikums
  (z. B. auffällige Landschaftsstruktur).

3.4.2 Botschaft (,message')

Im nächsten Schritt erfolgt die Definition einer klaren Botschaft, die mit dem Thema verbunden ist. Sie beantwortet die Frage, was die Interpretation dem Besucher vermitteln will, was er daraufhin wissen oder empfinden soll. Im Prinzip ist

die Botschaft damit einem Lernziel gleichzusetzen; sie macht den Erfolg der Interpretationsmaßnahme messbar.

Auf Seiten der redaktionellen Ausarbeitung der Interpretation dient die Formulierung von zentralen Botschaften als Leitgerüst der inhaltlichen Organisation. An
ihnen kann laufend entschieden werden, ob der behandelte Inhalt noch zur Unterstützung der Aussage gehört oder ob er schon nebensächlich ist. Die Präsentation
von klaren Botschaften macht es dem Publikum leichter, die Inhalte zu behalten,
denn sie bleiben besser im Gedächtnis haften als einzelne Fakten und Details.

Die Botschaften sollten als klare Aussagen formuliert werden. Im Vordergrund
steht eine zentrale Botschaft als das inhaltliche Minimum dessen, was jeder Besucher behalten haben soll, wenn er das Interpretationsangebot genutzt hat. In der
Regel wird es mehrere Aussagen geben, die zur Behandlung des Themas wichtig
sind. In diesem Fall erfolgt eine Hierarchisierung nach Wichtigkeit, die einer Ab-
stufung in Grob- und Feinlernzielen in der Didaktik entspricht. Auf dieser Grundlage kann später die Umsetzung der Interpretation entsprechend strukturiert werden (z. B. graphische Umsetzung in Textkategorien, Definition von Mitteln für den
ersten Einstieg und Mitteln für die Vertiefung).

Die Botschaften sollten nach Möglichkeit als vollständige Sätze formuliert werden,
die jeweils *eine* zentrale Aussage enthalten. Diese sollte darüber hinaus relevant
sein, d. h. das Anliegen der Interpretation enthüllen und die Fragestellung in einen
Zusammenhang stellen.

Mit dem Thema ‚Moor' können z. B. folgende Botschaften verknüpft werden:
- Das Moor ist ein besonders fragiler Lebensraum, der eine spezifische Flora und
   Fauna beherbergt.
- Das Moor ist über Jahrhunderte durch den Menschen genutzt und verändert
   worden.
- Das Moor ist sehr empfindlich und es sind Maßnahmen zu seiner Erhaltung
   erforderlich.

3.5   Für wen? (Zielgruppen)

Im Zentrum aller Interpretation steht der Besucher. Nur wenn er die bereitgestellten Angebote nutzt und ihre Inhalte versteht, kann Interpretation als erfolgreich
betrachtet werden.

Neben der genaueren Differenzierung unterschiedlicher Zielgruppen sind zunächst
zwei Haupttypen des Publikums zu unterscheiden: das gebundene und das unge-
bundene (vgl. HAM 1992, S. 7):

- Typische Formen des gebundenen Publikums sind Schulklassen oder Seminar-teilnehmer. Hier steht der Erwerb von Qualifikationen als Motivation im Vorder-grund. Die Aufnahme von Informationen ist daher nicht freiwillig, sondern als Leistungsgrundlage erforderlich, auch wenn Inhalte nicht ansprechend präsentiert werden. Sicherlich ist es auch zur Motivation des gebundenen Publikums von Vorteil, wenn Inhalte Spaß machen und leicht verständlich sind.

- Beim ungebundenen Publikum sind diese beiden Merkmale jedoch von elementa-rer Bedeutung. Diese Besucher stehen nicht unter dem Druck, Inhalte aufnehmen zu müssen. Ihre Motive sind Interesse, Unterhaltung, Erweiterung des Erfah-rungshorizontes, Lebensqualität und Zeitvertreib. Die Aktivität ist freiwillig: Bei sinkendem Interesse, z. B. durch Langeweile oder Überforderung, geht die Auf-merksamkeit verloren, die Besucher wenden sich ab.

Die Mittel der Landschaftsinterpretation müssen daher das Publikum, das angespro-chen werden soll, definieren und seinen Bedürfnissen entsprechen. Eckdaten zum Besucherprofil, zu Besucheraktivitäten sowie zu Besucherströmen und -schwer-punkten helfen, Angebote zu schaffen, die räumlich richtig platziert sind, die der Besucher annimmt und deren Inhalte er versteht. Hierbei ist es oftmals sinnvoll, Optionen mit unterschiedlicher inhaltlicher Intensität für unterschiedliche Zielgrup-pen bereitzuhalten (z. B. Kinderrallye, Schaffung unterschiedlicher Informationsebe-nen in Ausstellungen, Spezialführungen für Fachpublikum).

Wichtig ist es darüber hinaus, auf räumliche Schwerpunkte zu reagieren, an denen es aufgrund eines touristischen Zentrums (z. B. Ortskern, Besucherzentrum, zen-traler Parkplatz, Sehenswürdigkeit) zu einer Nachfrage nach Landschaftsinter-pretation und touristischer Information kommt. Hier können Besucher erreicht und zu weiteren Angeboten geleitet werden.

3.6   Wie? (Umsetzung)

Auf der Grundlage der erfolgten Planungsschritte kann nun festgelegt werden, an welchen Standorten und mit welchen Mitteln die Themen kommuniziert werden sowie welche Träger und Einrichtungen dafür in Frage kommen.

Mit inhaltlichen Schwerpunkten für Teilräume und Standorte gibt eine regionale Interpretationsstrategie zugleich auch Leitideen für zukünftige Aktivitäten der Interpretation. Anzustreben ist ein ,Interpretations-Mix' aus unterschiedlichen Mitteln (z. B. Pfade, Broschüren, Führungen, Aktionen), die auch temporär sein können und sich in ihrer inhaltlichen Intensität unterscheiden. Sie sollten sich ge-genseitig ergänzen und gemeinsam das ganze Themenspektrum abdecken.

Die Umsetzungsplanung der jeweiligen Angebote geht grundsätzlich nach dem gleichen – oben aufgeführten – Planungsprozess vor und beantwortet die Fragen nach Zielsetzungen, Trägern, Standorten, Themen, Botschaften und Zielgruppen.

3.6.1 Inhaltliche Gestaltung und Ansprache

Bei der konkreten inhaltlichen Umsetzung (z. B. in Text, Graphik, Ton, Führung) gibt es einige Leitlinien, die zu einer besseren Kommunikation beitragen.

- Neugierde wecken – die richtige Ansprache finden:
  Eine wirksame Ansprache ist die Grundlage dafür, dass Inhalte der Landschaftsinterpretation das Publikum erreichen. Um Interesse zu wecken und zu halten, ist es notwendig, dass die Angebote schon auf den ersten Blick Spaß machen und leicht aufzunehmen sind. Provokative Aufhänger zur Fragestellung dienen dabei als Mittel, um die Neugier der Besucher zu wecken und einen ersten Einstieg zu ermöglichen (z. B. Überschrift einer Tafel zum Thema Trinkwassertalsperre: ‚Na, dann Prost!'). Generell sollte die Sprache aktiv und lebendig sein sowie dem Sprachniveau des Besuchers entsprechen (z. B. unterschiedliche Ansprache bei Erwachsenen und Kindern, Vermeidung von interner Fachsprache, Einbindung von Fremdsprachen je nach Besucherspektrum).

- Persönliche Bezüge herstellen:
  Oftmals haben die vorgestellten Themen vor allem für Neueinsteiger keinerlei Bedeutung; Fachbegriffe erschweren darüber hinaus den Zugang. Aber auch wenn die Informationen verständlich dargestellt sind, wird man das Interesse des Besuchers verlieren, wenn ihm die Informationen fremd oder nicht relevant erscheinen. Die Schaffung eines persönlichen Bezugs und die Verbindung des Gewohnten mit dem Ungewohnten spielen eine zentrale Rolle, um den Inhalten eine Bedeutung zu verleihen. Folgende Stilmittel sind dabei hilfreich:
  - direkte Ansprache (wir, Du, Sie)
  - Herstellung von Sichtbezügen als Aufhänger:
    ‚An den Bäumen erkennen Sie dichte Flechten.'
  - direktes Erleben, Erleben von Nähe, Erleben des Authentischen:
    Tierbeobachtung, Experimente, O-Töne
  - Bezug zum Menschen:
    ‚Wie konnte man hier überleben?'
    ‚Wo kommt Kalk in unserem Alltag vor?'
  - Einsatz von Metaphern, Analogien, Vergleichen:
    ‚Das entspricht einer Größe von 20 Fußballplätzen.'
    ‚Das Sphagnum Moos ist ein großer Schwamm.'
  - Maßstäbe von Raum und Zeit verändern, Übertreibung, Provokation:
    vergrößertes begehbares Vogelnest
    geologische Zeitalter proportional auf einer Skala eines Tagesablaufes

- Rollenspiele, Personalisierung, Fokussierung:
    ‚Wenn du ein Wassertropfen wärst.'
    ‚Die Pflanze fühlt sich nicht wohl, sie braucht ...'
    ‚Was erlebte Hans als Junge in der Textilfabrik?'
- aktive Einbeziehung durch Aufgaben und Fragen:
    etwas überlegen, suchen, hören, fühlen, beobachten etc.
    ‚Was wäre, wenn es hier 5 Grad wärmer wäre?'
    ‚Schau den Fischotter genau an, warum kann er wohl so gut
    schwimmen?'
- Humor, Cartoons, Karikatur

- Zusammenhänge herstellen:
  Ebenso ist für die Vermittlung von Inhalten der Bezug zum Ganzen notwendig,
  um die Information nicht isoliert und trivial erscheinen zu lassen. So bleiben
  historische Zahlenreihen oder Namen von Pflanzen auf der rein faktisch infor-
  mativen Ebene. Gute Interpretation dagegen wird Daten und Informationen
  nutzen, um Zusammenhänge darzustellen, die eine Bedeutung haben und daher
  auch besser aufgenommen werden können (z. B. Wirkung der Geschehnisse
  auf die heutige Landschaft, spezifische Anpassung der Pflanzenarten an ihre
  Umgebung). Inhalte sollten nach klaren Botschaften, die sie in Zusammenhang
  bringen, strukturiert sein. Hierbei empfiehlt sich eine hierarchische Struktur
  nach Grob- und Feinzielen der inhaltlichen Vermittlung (vgl. Kap. 3.4; HAM
  1992, S. 8-28; TILDEN 1977, S. 9-54).

- Ausgangsfrage klären:
  Zur deutlichen inhaltlichen Organisation mit der Konzentration auf klare Botschaften gehört die Klärung der Ausgangsfrage, die als Aufhänger für die Interpretation und zur Ansprache des Publikums gestellt wurde.

- gut präsentiert, leicht handhabbar:
  Schließlich müssen Mittel der Landschaftsinterpretation in einwandfreiem Zustand und leicht handhabbar sein. Dies betrifft sowohl den physischen Zustand
  und die grundsätzliche professionelle Gestaltung (z. B. Graphik, Sprache,
  Technik), als auch die touristische Einbindung und Machbarkeit (Integration in
  die touristische Information, gute Orientierung, realistische touristische Nutzung, akzeptabler Zeitaufwand, Attraktivität der Strecke, weiterführende Angebote).

3.6.2 Definition von Projekten und Interpretationsmitteln

Die Definition der Zielsetzungen, des Publikums, der Themen, der Raumerforder-
nisse und der Träger liefern die Basis für eine adäquate Auswahl der Interpretationsmittel und -standorte. Es wird sich z. B. häufig herausstellen, dass die Vermitt-

lung von Themen nicht automatisch mit dem Aufstellen von Schildern verbunden sein muss (vgl. Abb. 1).

Abb. 1: Interpretationsmittel

personale Mittel
- Führungen
- geführte Wanderungen
- Vorträge
- Festivals, Events
- Vorführungen (z. B. Handwerkstechniken)
- Inszenierungen (z. B. gespielte Geschichte)

Printmedien / audio-visuelle Medien
- Faltblätter, Broschüren, Poster
- Einsatz von O-Tönen, Audioführungen
- Videofilme
- Computeranimation

Infrastrukturelle Mittel
- Besucherzentren, Museen
- Ausstellungen
- Originalobjekte (z. B. Kohlemeiler)
- Interaktive Medien
- Informationstafeln, Lehrpfade
- Aussichtspunkte
- Beobachtungsstände
- Kunstprojekte (z. B. LandArt)

Quelle: Eigener Entwurf

Vor allem der Einsatz infrastruktureller Mittel sollte vor dem Hintergrund der potenziellen Nachfrage, der Instandhaltung und der Frage der Überausstattung der Landschaft abgewogen werden. Insgesamt ist eine ansprechende Mischung an Interpretationsmitteln anzustreben, die Inhalte in unterschiedlicher Intensität vermitteln. Bei gezielter infrastruktureller Interpretation an ausgewählten Stellen kann an anderen Stellen völlig auf Interpretation verzichtet werden, um ein unkommentiertes Landschaftserlebnis zu ermöglichen. Hier reicht das Heranführen an ausgewählte Standorte (Führung, Wandervorschlag) oder der Einsatz professioneller Fotografie in der Werbung, um eine erste Faszination zu erzeugen, die eine Grundlage für weiteres Interesse und Wertschätzung bildet.

Insgesamt sollte der Einsatz von Interpretationsmitteln in Zusammenhang mit der Planung eines guten Informations- und Orientierungssystems für den Besucher erfolgen. Hierzu gehören eine gute touristische Wegweisung und die Einrichtung von touristischen Informationsstellen und weiteren Informationspunkten (z. B. in Cafés, Restaurants, Geschäften).

Unbedingt sollte auf eine professionelle Durchführung geachtet werden. Je nach Medium empfiehlt sich unter anderem die Zusammenarbeit mit Grafikern, Textern, Künstlern, Handwerkern, Schauspielern, IT-Spezialisten etc.

Darüber hinaus sollte ein Budget- und Zeitplan für die Umsetzung konzipiert werden und es sollte die Personalplanung für die spätere Zuständigkeit festgelegt werden.

3.7   Management und Instandhaltung

Um Qualität und Erfolg der Interpretationsmittel dauerhaft zu gewährleisten, ist eine verantwortliche Zuständigkeit unabdingbar. Angebote müssen aktiv in die touristische Information und Nutzung eingebunden werden, damit sie vom Besucher überhaupt wahrgenommen werden können. Hierzu gehören eine zielgerichtete Werbung, ein Verteiler sowie die Einbindung weiterer Kooperationspartner (z. B. Führungen, Programme, Aktivitäten, Zusammenarbeit mit Schulen, Vereinen).

Zur Qualitätssicherung gehört außerdem die regelmäßige Wartung und Pflege infrastruktureller Einrichtungen. Beschädigte oder verrottete Schilder in der Landschaft wirken negativ, und Gäste sind enttäuscht, wenn interaktive Medien nicht funktionieren. Der Aufwand für die Wartung und Instandhaltung sollte daher grundsätzlich in das finanzielle Budget von Interpretationsmaßnahmen eingeplant und die Zuständigkeit geklärt werden.

3.8   Evaluierung und Monitoring

Zentraler Planungsschritt ist die Klärung der Zielsetzungen der Interpretationsmittel. Sind die Ziele klar formuliert, kann der Erfolg der Mittel später leicht evaluiert werden. So können z. B. Ziele wie Schaffung von Schwerpunkten, Lenkung von Besucherströmen oder Attraktivitätssteigerung anhand der Besucherzahlen gemessen werden.

Auch die inhaltlichen Ziele sollten evaluiert werden. Diese Forderung ist durch die Abfrage der formulierten Botschaften mit ihren Grob- und Feinlernzielen einlösbar und sollte nach Möglichkeit mit Testpersonen bereits vor der Umsetzung der Mittel erfolgen, um eventuelle inhaltliche Korrekturen zu treffen.

Die Effekte der Interpretation sollten regelmäßig gemessen werden:
- Sind die Ziele erfüllt?
- Werden die Mittel nachgefragt?
- Funktionieren sie wie geplant?
- Sind die eingesetzten Medien effizient?
- Ist die Kosten-/Nutzen-Relation tragfähig?
- Werden die Botschaften vermittelt?
- Wie reagiert das Publikum auf die eingesetzten Mittel?
- Gibt es negative oder unerwünschte Effekte?

Ein laufendes Monitoring dient somit dazu, vorhandene Interpretationsmittel zu optimieren und neue fundiert zu planen. Mit der Kenntnis der Publikumsreaktionen und der Messung der Besucherzufriedenheit können zielgruppengerechte Angebote geschaffen werden.

Literatur

ALDRIDGE, D. (1975): Guide to Countryside Interpretation. Part 1: Principles of Countryside Interpretation and Interpretive Planning.

AIXPLAN (1999): Strategie zur Landschaftsinterpretation. Konzept im Auftrag des Deutsch-Belgischen Naturparks und der Wirtschaftsförderungsgesellschaft Daun-Vulkaneifel. Aachen.

CEI (Centre for Environmental Interpretation) (1994): ‚Interpretive Planning', = Interpretation – The Bulletin of the Centre for Environmental Interpretation. Manchester.

DE BARY, M.-O. (1999): L'interprétation. Les Cahiers de l'AFIT. Paris.

EUROPARC (Hrsg.; 2001²): Loving them to Death. Sustainable Tourism in Europe's Nature and National Parks. Grafenau.

EUROPARC (Hrsg.; 2001): Environmental education. Results of the working group. Grafenau.

HAM, S. H. (1992): Environmental Interpretation. A Practical Guide for People with Big Ideas and Small Budgets. Golden, Colorado.

KREISEL, B. (1998): Landschaft erleben und verstehen. In: Die Eifel, Jg. 93, H. 3, S. 132-133.

KREISEL, B./KREISEL, W. (2000): Tourismus – Landschaftsinterpretation – Naturschutz. Der Deutsch-Belgische Naturpark Hohes Venn – Eifel. In: Nationalpark, Nr. 110, H. 4, S. 54-59.

SNH (Scottish National Heritage) (1997): Provoke, Relate, Reveal. SNH's Policy Framework for Interpretation. Perth.

TILDEN, F. (1977): Interpreting our Heritage. Chapel Hill, N.C.

TRAPP, S./GROSS, M./ZIMMERMANN, R. (1992): Signs, Trails, and Wayside Exhibits. Connecting People and Places. Interpreter's Handbook Series. Stevens Point, Wisconsin.

VEVERKA, J. A. (1994): Interpretive Master Planning. Montana.

Freizeitzentralität

Jürgen Newig

1   Problemstellung

„Ich möchte jedoch bemerken, dass ich bemüht bin, ein polares Gegenstück zur
Theorie der zentralen Orte zu entwickeln, eine Theorie der ‚peripheren Orte'.
Darunter verstehe ich vor allem die Erholungsgebiete, die Gebiete des Tourismus
(....). Doch glaube ich, dass man hierfür so kein [soll heißen: kein so] exaktes Mo-
dell aufstellen kann wie bei den zentralen Orten. Vielleicht . aber doch?"
(CHRISTALLER 1968, S. 100).

Folgt man G. SCHWARZ (1966), so sind die Fremdenverkehrsorte in die „Zwischen
Land und Stadt stehenden Siedlungen" einzustufen. Sie könnten keine Städte im
geographischen Sinne sein, weil unter den fünf Kriterien Ortsgröße, Geschlossenheit der Ortsform, innere Differenzierung, städtisches Leben, Zentralität die beiden
letzteren nicht erfüllt seien.

Das eigentliche Problem liegt darin, dass in der Vergangenheit die Freizeitbevölkerung bzw. die touristische Bevölkerung in der stadtgeographischen Betrachtung
bisher kaum gewürdigt worden ist, was zu einem guten Teil mit ihrer ‚Flüchtigkeit'
(saisonale Temporärbevölkerung) und dem Fehlen jeglicher Statistiken über das
aktionsräumliche Verhalten dieser Nutzer zu erklären sein dürfte. Erst die Untersuchungen durch MAIER/RUPPERT (1976) und andere öffneten den Blick für die
Raumansprüche dieser Gruppe (Akademie für Raumforschung und Landesplanung
1980).

Für Schleswig-Holstein wurden entsprechende größere Untersuchungen mit Unterstützung durch die Deutsche Forschungsgemeinschaft um 1980 an allen großen
Fremdenverkehrsorten mit mehr als 700.000 Übernachtungen durch den Verfasser
angestellt (vgl. NEWIG 1980). Es handelt sich dabei um Westerland, Wyk, St. Peter-Ording, Büsum, Damp, Dahme/Kellenhusen, Grömitz und Timmendorfer
Strand.

Wie dringend derartige Untersuchungen waren, mag folgendes Zitat belegen, das
nur stellvertretend für viele ähnliche Auffassungen stehen soll: „Von einem
‚Selbstversorgerort' kann gesprochen werden, wenn eine Siedlung, die kein Umland auf sich ausgerichtet hat, dennoch über so ausgeprägte zentralörtliche Dienste
und Güter verfügt, dass sie auf dieser Stufe keiner Versorgung durch einen benachbarten zentralen Ort bedarf. (...) Zu diesen, in das vorhandene hierarchische
Gefüge nicht oder noch nicht integrierten Orten zählen auf der mittleren Versor-
gungsstufe vor allem gut ausgestattete Fremdenverkehrsorte wie (...) Timmendorfer Strand (...)" (KLUCZKA 1970, S. 29). In der Realität der touristisch geprägten

Regionen geht es in Wirklichkeit nicht darum, wie sich ein Fremdenverkehrsort in ein vorhandenes Gefüge einpaßt, sondern im Gegenteil darum, wie der Fremdenverkehrsort mit seinen neuartigen aktionsräumlichen Beziehungen das alte Gefüge auflöst. Dies soll im folgenden am Beispiel von Westerland und Sylt dargestellt werden.

1.1   Der Modellfall Sylt

Sylt eignet sich als Insel besonders gut für die Untersuchung der Freizeitzentralität, da hier die Einzugsgebietsgrenze durch die Insellage über die Zeit hinweg weitgehend stabil war und zudem keine interferierenden Einflüsse anderer Wirtschaftszweige in nennenswertem Umfang vorliegen.

Um 1850 war Keitum der Ort mit der größten Einwohnerzahl der Insel, lag er doch in Richtung zum Festland nahe einem Priel, der für kleinere Schiffe genug Wassertiefe bot. Alle zentralen Funktionen der Insel ballten sich in diesem kompakten Ort: vom Zollhaus bis zur Post, von der Apotheke bis zum Uhrmacher. Keitum liegt nahe am rechnerischen Zentralpunkt der Bevölkerung, der sich dadurch auszeichnet, dass die Summe der Wege aller Einwohner ein Minimum erreicht. Für die damalige Bevölkerung betrug die auf Keitum gerichtete Weglänge nur 64% der Weglängensumme für Westerland. In Abb. 1 läßt sich erkennen, dass Sylt-Ost im Jahre 1850 die weitaus meisten Einwohner der Insel hatte. Davon wohnten allein 772 in Keitum.

Der Tourismus begann auf Sylt im Jahre 1855 nach Fertigstellung der Eisenbahnstrecke, die Husum (und auch Flensburg) mit Hamburg verband. Vierzig Jahre später hatte sich eine Wandlung vollzogen. Westerland war inzwischen – und zwar ausschließlich durch den aufblühenden Fremdenverkehr – zum größten Inselort geworden. Um diese Zeit herum war die Weglängensumme zwischen Westerland und Keitum schon nahezu ausgeglichen.

Als allgemeine Erkenntnis läßt sich festhalten: Der Tourismus ist in der Lage, innerhalb kürzester Zeit ein jahrhundertelang gewachsenes zentralörtliches Gefüge aus den Angeln zu heben; damit wirkt er zentralitätsbildend. Diese Auswirkung des Tourismus ist bisher in der Literatur kaum erörtert worden. Ansätze finden sich bei CHRISTALLER (1955), KLÖPPER (1969), KLUCZKA (1968), PÖTKE (1976) und vor allem bei NIEMEIER (1974). Letzterer kommt zu dem Schluß: „Neben den zentralen Orten, deren Wurzeln in das Mittelalter zurückreichen, gibt es Städte und zentrale Orte, die ihren Rang erst durch den Badeverkehr erlangt haben (...)" (1974, S. 267). Die Untersuchungen des Verfassers ergaben, dass auch bei den anderen großen Fremdenverkehrsorten an der Küste eine solche Zentralitätsverlagerung stattgefunden hat, sofern die Orte nicht als Hafenstädte wie Wyk und Büsum von vornherein über zentrale Funktionen verfügten. Insbesondere ist hier St. Peter-Ording in West-Eiderstedt zu nennen, das den alten, landeinwärts gelegenen

Zentralort Garding entmachtet hat. Beide Orte werden heute in der Raumordnung als ländliche Zentralorte eingestuft. Der Vorgang, an dessen Ende der völlige Verlust zentraler Funktionen in Garding und die Aufwertung St.-Peter-Ordings zum Mittelzentrum stehen wird, ist noch in vollem Gange. An der Ostseeküste hat sich, wie schon erwähnt, Timmendorfer Strand stark entwickelt, wo es zu Beginn des Tourismus keine Siedlung gab, sondern lediglich einige Fischerboote lagerten. Der Ort besitzt heute den Status eines Unterzentrums, zu dessen Einzugsgebiet Scharbeutz gehört, womit auch belegt ist, dass der Ort kein isolierter mehr ist. In ähnlicher Weise hat Grömitz den alten Pilgerort Cismar entmachtet. Cismar ist heute ein Teil des Nahbereiches von Grömitz und zugleich Ortsteil.

Abb. 1: Die Entwicklung der Einwohnerzahlen der Insel Sylt von 1850 (vor Beginn des Tourismus) bis 1999 – mit Eintragung des errechneten freizeitzentralen Anteils für 1999

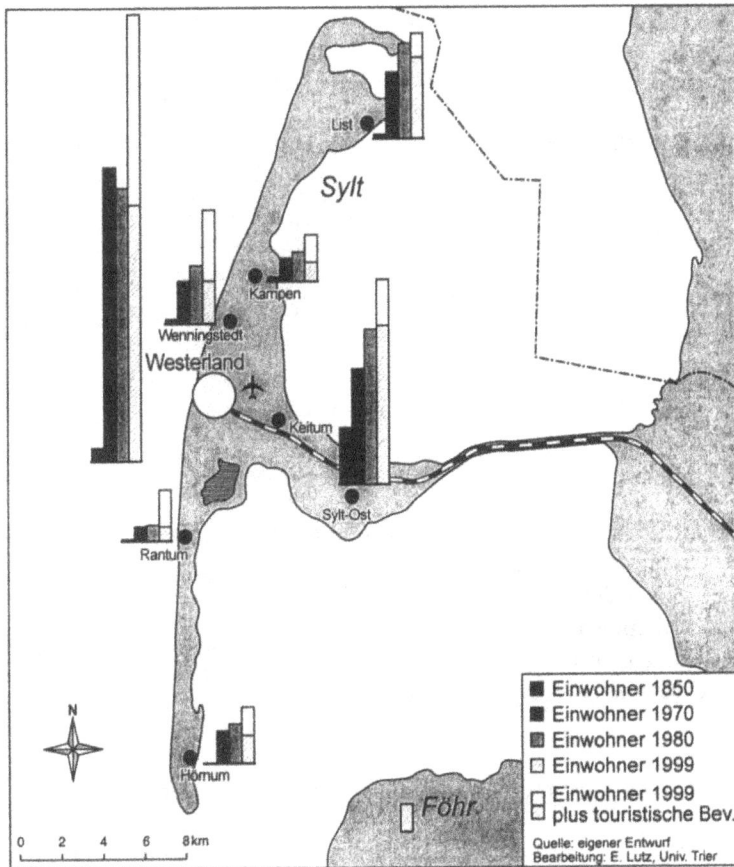

2   Die Dynamik im touristisch geprägten Nahbereich

Die großen Fremdenverkehrsorte an der Küste Schleswig-Holsteins waren mit
Ausnahme der klassischen Hafenorte wie Büsum und Wyk an der Nordsee, die von
vornherein über zentralörtliche Funktionen verfügten, zumeist einfache Bauern-
und/oder Fischerdörfer ohne jegliche zentrale Einrichtungen. Diese stellten sich
bei der Inbesitznahme durch Touristen relativ rasch ein, da die Touristen zumeist
Großstädter waren und den gewohnten Komfort im Fremdenverkehrsort nicht
missen wollten. So gab es relativ früh bereits Strom, fließend Wasser, Kanalisati-
on, befestigte Straßen, Promenaden usw. In Westerland wurde bereits im Jahre
1893 das Elektrizitätswerk in Betrieb genommen, 1895 wurde das Krankenhaus
erbaut, 1897 wurde ein Fernsprechnetz eingerichtet und 1901 folgte die zentrale
Wasserversorgung. Einen besonderen Einschnitt stellte die Verlegung der Apotheke von Keitum nach Westerland im Jahre 1982 dar. Alle diese Einrichtungen wurden induziert bzw. standortverlagert durch die Ansprüche des Tourismus, kamen
aber ganzjährig der Wohnbevölkerung zugute. In diese Phase fällt auch der Neubau der Post, des Amtsgerichtes, die Einrichtung der Mittelschule und vieles andere mehr. Diese überwiegend zentralörtlichen Einrichtungen führten zur Entwicklung einer ‚Residenzzentralität' (wie sie hier hilfsweise genannt werden soll),
gleichsam als Nebenprodukt der ‚Freizeitzentralität'. Allmählich nutzten die Bewohner der Umgebung, sofern sie nicht – wie beim Amtsgericht – administrativ
dazu genötigt wurden, in zunehmendem Maße die vielfältigen Funktionen des
Fremdenverkehrsortes. Bis zur völligen Akzeptanz, die z. B. für St. Peter-Ording
in West-Eiderstedt bis heute noch nicht gegeben ist, vergeht eine größere Zeitspanne, in der der Fremdenverkehrsort tatsächlich eine gewisse isolierte Stellung
innerhalb der unmittelbaren Umgebung hat. In dieser Hinsicht ist KLUCZKA (1970)
sehr eingeschränkt zuzustimmen. Insofern ist es natürlich müßig, nach einem
‚arbeitszentralen' Ort der Umgebung zu suchen, da dieser in Gestalt des Fremdenverkehrsortes bereits vorliegt.

Die Komplexität eines Fremdenverkehrsortes, die weit über Nicht-
Fremdenverkehrsorte gleicher Einwohnerzahl hinausgeht, lässt sich am besten in
der Heterogenität der verschiedenen Gruppen demonstrieren. Dabei zeigt der Gegensatz zwischen der einheimischen Wohnbevölkerung (plus Saisonpersonal als
gleichsam verkappten Pendlern) als Servicebevölkerung und der touristischen
Bevölkerung als konsumierender Zusatz- bzw. Temporärbevölkerung die grundlegende Bipolarität jedes Fremdenverkehrsortes an.

2.1   Übernachtungstouristen und aktionsräumliches Verhalten

Die Kerngruppe der touristischen Zusatzbevölkerung bilden die Übernachtungstouristen. Sie werden zumeist als überregionale Funktion aufgefasst und damit
auch in zentralörtliche Überlegungen nicht einbezogen. Als Zusatzbevölkerung

haben sie jedoch ähnliche Ansprüche wie eine gewöhnliche Umlandbevölkerung, d. h. sie wollen in vielfacher Hinsicht versorgt werden.

Insofern kann man mit CAROL von einem *internen* („die zentralörtliche Siedlung betreffenden") Ergänzungsgebiet sprechen (CAROL 1972, S. 213). Diese Auffassung teilen wir allerdings nur in bezug auf die Zusatzbevölkerung – nicht für die Wohnbevölkerung, für die die klassische Auffassung zugrunde gelegt wird.

Dieser Versorgungsbedarf äußert sich in einer scheinbaren Überversorgung, wenn man lediglich die Wohnbevölkerung betrachtet. So sind die großen Fremdenverkehrsorte in Schleswig Holstein im Vergleich zu gleichgroßen Nichtfremdenverkehrsorten zu rund 75% mit Ärzten, zu über 50% mit Einzelhandelsgeschäften und zu rund 30% mit weiterführenden Schulen überversorgt, um nur einige Funktionen zu nennen, die primär nicht mit dem Tourismus in Verbindung gebracht werden.

Es wird daher die Auffassung vertreten, dass diese Gruppe durch ihre bloße Anwesenheit als Zusatzbevölkerung einen Bedeutungsüberschuß des Fremdenverkehrsortes hervorruft. In einer ersten Phase bezieht sich der Bedeutungsüberschuß auf eine gewisse Überversorgung des zentralen Ortes nur auf diese ‚Pseudo-Einwohner', die sich von gewöhnlichen Einwohnern vor allem darin unterscheiden, dass sie nur saisonal anwesend sind. Durch Ausflüge in die landschaftlich reizvolle Umgebung des Fremdenverkehrsortes treten sie mit der dörflichen Umgebungsbevölkerung in Kontakt. Die Ausflugsströme, die wegen der Freizeitsituation der Touristen nicht auf das Wochenende beschränkt sind, wurden bisher in ihrer Bedeutung nur wenig gewürdigt. Eine Vorstellung vom Ausmaß der Distanzen und Verflechtungen gibt Abb. 2, die einen Median von 6,5 km um Westerland und 7 km für Wyk aufweist. Die Touristen bewegen sich in einem selbstgeschaffenen ‚Freizeitnahbereich', dessen Wirtschaft sie durch die Nachfrage nach touristischen Dienstleistungen beeinflussen. Diese Nachfrage kommt der Wohnbevölkerung des Umlandes zugute und fließt aufgrund erhöhter Einkommen der Umlandbevölkerung teilweise auch dem zentralen Ort wieder zu. Bezogen auf die touristischen Gruppen kann man angesichts solcher aktionsräumlicher Ströme, die sich bereits gleich zu Beginn des Tourismus auszubilden begannen und sich von den heutigen grundsätzlich wenig unterscheiden, kaum von einer Isoliertheit der an sich peripher gelegenen Fremdenverkehrsräume sprechen.

2.2 Sekundärausflügler (Freizeitpendler)

Ebenso wichtig wie die Übernachtungstouristen sind die Sekundärausflügler im Fremdenverkehrsort. Sekundärausflügler erscheinen als Tagestouristen im Fremdenverkehrsort, die aus einer ähnlich großen Entfernung wie die Übernachtungstouristen anreisen (Median über 400 km), die jedoch nicht im Fremdenverkehrsort,

sondern in seiner Umgebung Quartier nehmen.[1] Sie tun es aus verschiedenen
Gründen, vor allem, weil es dort preiswerter und der landschaftliche Charakter
besser erhalten ist. Bezeichnend ist, dass sie sich erst in einer zweiten Phase der
touristischen Erschließung einfinden, wenn sich der Fremdenverkehrsort bereits
eine gewisse zentralörtliche Stellung verschafft hat.

Abb. 2: Der von den großen Fremdenverkehrsorten in Schleswig-Holstein aus-
          strahlende touristische Ausflugsverkehr (1978, Ausschnitt; Erhebung
          durch den Verfasser)

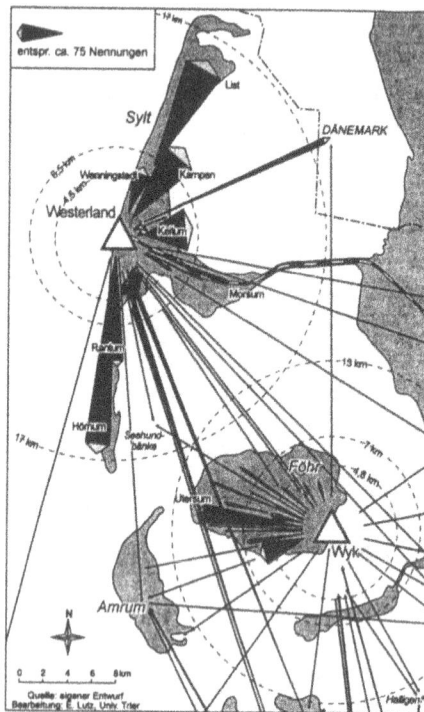

Fast jeder fünfte Gast, der an den Freizeiteinrichtungen der großen Fremdenverkehrsorte in Schleswig-Holstein durch den Verfasser befragt wurde, war Sekundärausflügler. Beim sekundären Ausflugsverkehr handelt es sich um zentripetale
Ströme, die denen der Wohnbevölkerung gleichen, sind sie doch beide auf den
zentralen Ort hin ausgerichtet. Wie Abb. 3 zeigt, umfaßt der Aktionsraum im wesentlichen die Insel Sylt, die auch in der Landesplanung als Verflechtungsraum für
den konventionellen Nahbereich ausgewiesen ist.

---

[1] Nicht wenige Touristen übernachten im preiswerten Niebüll und gelangen nach einer
     halbstündigen Zugfahrt nach Westerland.

Die Sekundär-Ausflügler beschleunigen gleichsam als ‚Freizeitpendler' einen Prozeß, der zunächst von den im Fremdenverkehrsort übernachtenden Touristen allein getragen wird und an dessen Ende die touristische Erschließung des gesamten Umlandes steht (wie es etwa das Beispiel Sylt zeigt). Dort wurden die Ostdörfer, die über keinen Strand verfügen, nach dem Zweiten Weltkrieg weitgehend für den Tourismus erschlossen.

2.3 Primärausflügler

An sich spielen Primärausflügler – d. h. solche, die unmittelbar von ihrem Wohnort aus anreisen – in den Fremdenverkehrsorten an der Küste eine relativ geringe Rolle, weil weite Entfernungen und hohe Kosten als hemmende Faktoren wirken. Aus diesem Grunde hat der Verfasser auch auf eigene Untersuchungen dieser Ströme verzichtet. Allerdings vollzieht sich hier mit der Einführung von Billigtickets der Bahn eine neue Entwicklung, so dass auch diese Ströme jetzt massenstatistisch interessant werden.

2.4 Die Pendler (Arbeitspendler)

Selbst wenn die Betreuungsintensität der Gäste aufgrund neuer touristischer Beherbergungsformen, insbesondere der Appartements, geringer zu veranschlagen ist als früher, so ist doch durch das Wachstum der touristischen Nachfrage ein erheblicher Arbeitskräftebedarf entstanden. Durch den Wegzug der Wohnbevölkerung wird dieser Bedarf zunehmend stärker vom Festland her gedeckt. Dadurch entstehen gewöhnliche ‚arbeitszentrale' Pendlerströme, die wiederum belegen, dass der Tourismus im Fremdenverkehrsort der Schrittmacher für die Intensivierung herkömmlicher zentralörtlicher Beziehungen ist.

169 dieser Pendler (vgl. Statistisches Landesamt 1990) kommen allein aus Niebüll, dem Festlandsort, der als Unterzentrum mit Teilfunktionen eines Mittelzentrums gleichrangig mit Westerland eingestuft wird. Beide Orte weisen zwar absolut eine ähnliche Einpendlerzahl auf, jedoch empfängt Westerland von seinen 2.378 Pendlern immerhin 855 vom Festland, während Niebüll nur 23 Pendler von der gesamten Insel Sylt erhält. Diese Diskrepanz ist ein Zeichen dafür, dass sich selbst der konventionelle Nahbereich Westerlands aufgrund seiner attraktiven Arbeitsplatzangebote nicht mehr nur auf die Grenzen der Insel erstreckt. Die 1.523 Pendler, die Westerland aus den Inselorten empfängt, weisen auf eine intensive Verflechtung mit dem Umland hin. Von einer isolierten Position kann also auch in ‚arbeitszentraler' Hinsicht nicht die Rede sein.

Insgesamt zeigt die Analyse der aktionsräumlichen Beziehungen, dass Fremdenverkehrsorte keine isolierten Punkte im Raum darstellen, sondern dass sie durch zentripetale und zentrifugale Ströme mit dem Umland verbunden sind. Dass diese

Ströme bisher wenig beachtet wurden, liegt vor allem daran, dass die touristischen Ströme statistisch nicht erfasst werden.

Abb. 3: Der auf Westerland gerichtete sekundäre Ausflugsverkehr
         (Befragung 1978)

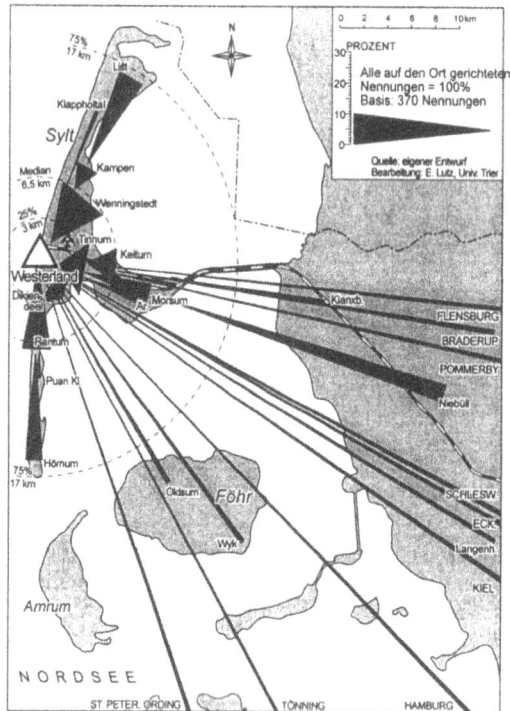

3   Besonderheiten der Fremdenverkehrsorte als Zentrale Orte

Die Fremdenverkehrsorte weisen aufgrund ihrer komplizierten Gruppenstruktur und deren verschiedener Raumansprüche eine Reihe von Besonderheiten auf, die von Bedeutung für ihre zentralörtliche Stellung sind.

3.1   Ganzjährig entfaltetes städtisches Leben trotz Saisonalität

Ein in den 1960er-Jahren teilweise noch berechtigter Einwand gegen eine Einstufung von Fremdenverkehrsorten als zentralen Orten lag in dem Argument, dass sich dort nicht das ganze Jahr hindurch städtisches Leben entfaltet. Inzwischen entfällt dieses Argument in den größeren Fremdenverkehrsorten.

Mit der Zunahme der Freizeitwohnsitze als strukturelles Phänomen hat auch die Saisonnivellierung in den vergangenen Jahrzehnten erhebliche Fortschritte gemacht, wie Abb. 4 selbst für den kurzen Zeitraum zwischen 1971 und 1999 für Westerland zeigt. Es gibt keinen Monat im Jahr mehr, in dem nicht mindestens 20.000 Übernachtungen verzeichnet werden. In den Wintermonaten finden sich in Strandnähe keine mit Brettern vernagelten Schaufenster mehr.

Der Mechanismus für diese Saisonverlängerung ist eng verbunden mit der Zunahme der Anzahl von Freizeitwohnungen. In Westerland wurde schon Anfang der 1980er-Jahre der Gleichstand zwischen Wohnungen für Einheimische und solchen speziell für Touristen erreicht. Heute stehen über 6.000 Wohnungen ausschließlich für Touristen zur Verfügung, gegenüber ca. 3.500 für die einheimische Wohnbevölkerung. Die meisten der touristischen Wohnungen sind in auswärtigem Eigentum. Diese Freizeitwohner vermieten allerdings überwiegend (meist über ortsansässige Betreuungsfirmen) ihre Appartements und Ferienhäuser während der Hochsaison an Urlaubsgäste, während sie selbst vor allem in der Nebensaison, besonders im Herbst oder über Weihnachten, persönlich anreisen, weil dann meist die Abrechnungen mit den Vermietfirmen durchgeführt werden.

Abb. 4: Saisonnivellierung in Westerland zwischen 1971 und 1999

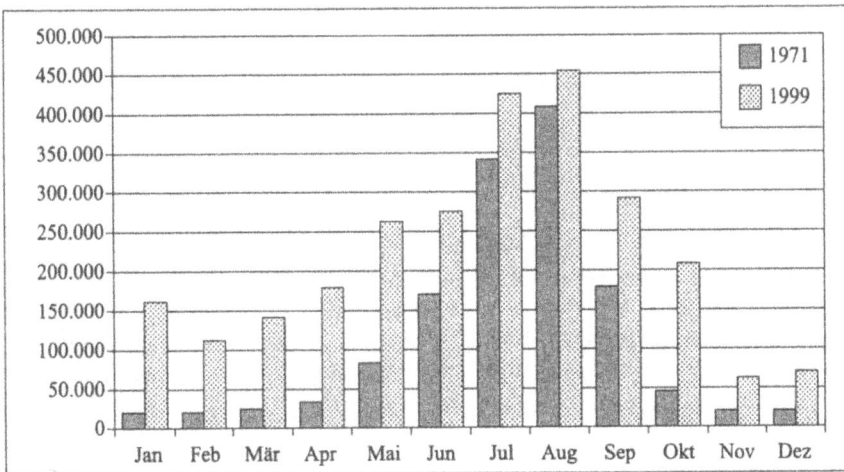

Quelle: Eigener Entwurf

3.2 Bevölkerungsrückgang in reifen Fremdenverkehrsgebieten als ‚Cityeffekt'

In den letzten 30 Jahren verlor Westerland rund 15% seiner Einwohner, ein Verlust, der gewöhnlich als Bedeutungsverlust interpretiert wird. Tatsächlich erlebte der Ort jedoch einen beispiellosen Aufschwung, der sich in einer enormen Bautä-

tigkeit von über 3.000 Wohnungen, aber auch im Anstieg der jährlichen Übernach-
tungsziffern widerspiegelt. Abb. 5 zeigt die Schere zwischen abnehmender Wohnbevölkerung und verstärkten Touristenströmen. Nicht die nachlassende, sondern
die stark zunehmende Attraktivität des Ortes ist für diese Entwicklung verantwortlich. Wir kommen nicht umhin, darin ein Pendant zum ‚City-Effekt‘ zu sehen – zur
Ausbildung eines Wohnbevölkerungskraters. An die Stelle der Wohnbevölkerung
tritt vermehrt die Freizeitbevölkerung mit ihren ganz eigenen Ansprüchen. Diese
muß als zentrale Funktion aufgefaßt werden, ähnlich wie die Dienstleistungen in
den Großstädten, die dort die Wohnbevölkerung substituieren. Die Ursache ist hier
wie dort die gleiche: Der Ersatz der einfachen Wohnfunktion durch eine höherwertige Nutzung – begleitet von steigenden Bodenpreisen. Im Fremdenverkehrsort
folgt auf die traditionelle Wohnfunktion zwar wiederum eine Wohnfunktion, aber
eben eine höherwertige und vor allem eine nur temporäre Nutzung für Freizeitzwecke. Diese Nutzung stellt einen Bedeutungsüberschuß gegenüber der gewöhnlichen dar und wird daher als (freizeit)zentrale Funktion aufgefaßt. Bezeichnen-
derweise vollzieht sich dieser Vorgang vor allem im Ortskern, d. h. in der Nähe
des Strandes. Im Gegensatz zu den ‚Speckgürteln‘ der Großstädte lassen sich die
aus dem Zentrum verdrängten Einwohner jedoch nicht in der Umgebung nieder,
wie die ebenfalls rückläufigen Einwohnerzahlen der Umlandgemeinden zeigen.
Wer Westerland verläßt, verläßt die Insel. Damit werden Bevölkerungsströme
ausgelöst, die weit über den regionalen Rahmen hinausreichen.

3.3   Verdrängung des produzierenden Sektors

Wir sind gewohnt, dass der produzierende Sektor in peripheren Gebieten besonders gute Chancen hat. Im touristischen Raum ist dies nicht unbedingt so, wie sich
am Beispiel Westerlands zeigen lässt. Hier entstand (nach Anfängen in List auf
Sylt) einer der größten Betriebe des nördlichen Schleswig-Holstein – eine Spezial-
fabrik für Schichtwiderstände mit über 600 Mitarbeitern, von denen viele vom
Festland kamen. Aufgrund der im Tourismus gezahlten höheren Löhne wanderten
diese Arbeitskräfte in diese Branche ab, vor allem als Servicepersonal für die Ap-
partementreinigung. Die an sich florierende Firma sah sich im Jahr 1971 genötigt,
einen anderen Standort an der Westküste zu suchen, wo das Lohnniveau geringer
war. Man fand diesen Standort in Heide, wo der Betrieb heute noch produziert
(vgl. NEWIG 1987, S. 209).

3.4   Regionale und lokale Exzentrik

Die Ausbildung eines Nahbereiches um einen Fremdenverkehrsort an der Küste
widerspricht dem gängigen Muster, gemäß welchem der zentrale Ort im Mittelpunkt seines Einzugsbereiches zu liegen hat. Aufgrund der Attraktivität des Mee-
res kommt es zu einer exzentrischen Lage des zentralen Ortes (vgl. NEWIG 1984).
Die Wohnbevölkerung hat aufgrund dieser Situation längere Wege zum zentralen

Ort zurückzulegen. Auf der anderen Seite werden die Weglängensummen minimiert, wenn man die Touristen in die Berechnung mit einbezieht. So wird unter regionaler Exzentrik die durch den Tourismus hervorgerufene funktionale Lage-Asymmetrie eines zentralen Ortes in seinem Nahbereich verstanden.

Abb. 5: Einwohner und Übernachtungen in Westerland von 1870-1999 -
‚Einwohnerkrater' seit 1970

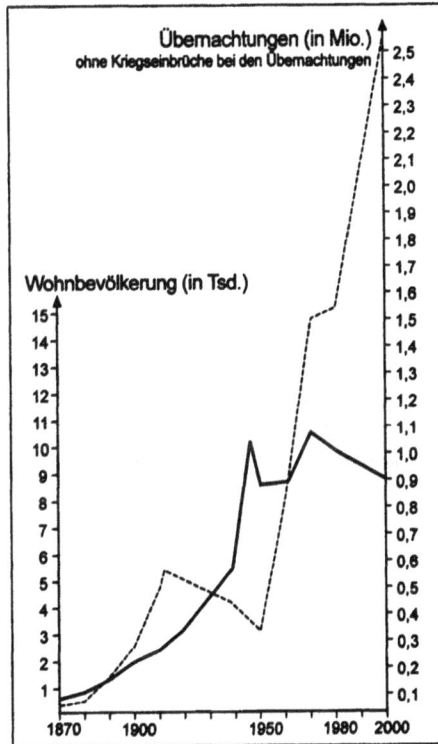

Quelle: Eigener Entwurf

Dieses veränderte Muster wird von der Landesplanung nur widerwillig akzeptiert. Daher kommt es oft zu Planungsfehlern, wie z. B. im Nahbereich Grube, wo die funktional zusammengehörigen Küsten-Fremdenverkehrsorte Dahme und Kellenhusen jeweils mehr Einwohner aufweisen als der weiter landeinwärts gelegene ländliche Ort Grube, den man unsinnigerweise zum Zentralort erklärt hat.

Auch im zentralen Ort selbst ist diese Exzentrik zu beobachten. Aufgrund der Beliebtheit der Strandnähe und des Meeresblicks liegt der Bereich mit den höchsten Bodenpreisen nicht in der Ortsmitte, sondern an der Meeresküste. Das Zeltmodell eines gewöhnlichen zentralen Ortes wird hier zu einem Halb-Zelt-Modell (lokale Exzentrik). Auch hier kommt es zu Planungsfehlern durch Nicht-Erkennen der exzentrischen Struktur, wenn sich z. B. in Damp die Apotheke nicht im Ferienzentrum mit dem großen Klinikum an der Küste ansiedeln darf, sondern den Ortskern von Vogelsang-Grünholz zugewiesen bekommt oder wenn der einheimischen Service-Bevölkerung untersagt wird, sich in der Nähe des ‚Sondergebiets' des Ferienzentrums anzusiedeln und ihr Wohngebiete in drei Kilometer Entfernung von der Küste zuweist, die durch lange tägliche Wege zum Arbeitsplatz gekennzeichnet sind.

4   Fremdenverkehrsorte als Mittelzentren

Bereits 1968 stuft FRAMKE in seiner detaillierten Untersuchung den Ort Westerland gemäß dem tatsächlich vorhandenen Angebot an zentralen Einrichtungen als ranggleich mit Husum (letzteres ist Mittelzentrum gemäß Landesplanung) ein. FRAMKES Argumentation verläuft in die gleiche Richtung, wie sie in dieser Arbeit vertreten wird. Es handelt sich um ein ‚Überangebot' in bezug auf die ‚ansässige Bevölkerung' (= Wohnbevölkerung), das nur durch die touristische Bevölkerung erklärt werden kann.

Zur Berechnung der Freizeitzentralität wird nun vorgeschlagen, die jährliche Übernachtungsziffer im Fremdenverkehrsort (sowie ggf. der Orte des zugehörigen Umlandes) durch 365 zu teilen und das so erhaltene touristische Bevölkerungsäquivalent (fiktive daueranwesende Personen) der einheimischen Wohnbevölkerung zuzuschlagen. Campinggäste, Jugendliche und Kinder in Heimen sowie Primärausflügler sind zur Hälfte zu veranschlagen.

Tab. 1: Einwohnerzahlen im Nahbereich Westerland (1980 und 1999)

	Wohn-bevölke-rung 1980	Wohn-bevölke-rung 1999	Über-nach-tungen 1980	Über-nach-tungen 1999	Freizeit-bevölk. (tour. B.) 1980	Freizeit-bevölk. (tour. B.) 1999	Gesamt-Bevöl-kerung 1980	Gesamt-Bevöl-kerung 1999
Umland	13.885	12.024	1.881.965	3.238.087	5.156	8.871	19.041	20.895
Westerland	9.745	9.098	1.626.977	2.620.287	4.457	7.179	14.202	16.277
Gesamt	23.630	21.122	3.508.942	5.858.374	9.613	16.050	33.243	37.172

Wie notwendig die Berücksichtigung der Freizeitzentralität ist, wurde schon bei der Behandlung des Bevölkerungsrückganges im Sinne des ‚City-Effekts' angesprochen. Solange für die Raumordnung und Landesplanung absolute (Mindest-)Bevölkerungsziffern für den Rang eines zentralen Ortes vor seinen Funktionen rangieren, ist die Ermittlung der zentralörtlich relevanten Bevölkerung von größter Bedeutung. Zwar sind – anders als für die Unterzentren und ländlichen Zentralorte – für die Mittelzentren feste Ziffern nicht gesetzlich verankert, man geht aber nach Mitteilung der Landesplanungsbehörde von mindestens 15.000 Einwohnern im zentralen Ort und mindestens 30.000 Einwohnern im gesamten Nahbereich aus. Der Widerspruch zwischen der ständig rückläufigen Ziffer der Wohnbevölkerung auf Sylt (von 23.630 im Jahre 1980 auf 21.122 im Jahre 1999) bei gleichzeitiger gewaltiger Zunahme der Bausubstanz, der Wirtschaftskraft und der zentralörtlicher Verflechtung demonstriert die ganze Absurdität der Situation. Nach der hier vorgeschlagenen Methode wäre die Gesamtbevölkerung für das Jahr 1980 mindestens 33.243 und für 1999 mindestens 37.172 (vgl. Abb. 1, Säulen für 1999). Hierbei sind noch nicht die Primärausflügler und Campingtouristen enthalten, bei deren Berücksichtigung man auf rund 40.000 Einwohner im Nahbereich kommt. Damit werden für den Nahbereich Westerland die Schwellenwerte für einen mittelzentralen Verflechtungsbereich deutlich überschritten.

Nur mit der Akzeptanz der Freizeitzentralität, d. h. der Einbeziehung der touristischen Bevölkerung kann man der besonderen Dynamik des touristischen Raumes gerecht werden.

Literatur

CAROL, H. (1972): Sozialräumliche Gliederung und planerische Gestaltung des Großstadtbereiches, dargestellt am Beispiel Zürich (1956). In: SCHÖLLER, P. (Hrsg.) Zentralitätsforschung. Darmstadt.

CHRISTALLER, W. (1933): Die zentralen Orte in Süddeutschland. Jena.

CHRISTALLER, W. (1955): Beiträge zu einer Geographie des Fremdenverkehrs. In: Erdkunde, Bd. 9, H. 1, S. 1–20.

FRAMKE, W. (1968): Die deutsch-dänische Grenze in ihrem Einfluss auf die Differenzierung der Kulturlandschaft. Forschungen zur deutschen Landeskunde, Bd. 172. Bonn-Bad Godesberg.

KLÖPPER, R. (1969): Der geographische Stadtbegriff. In: SCHÖLLER, P. (Hrsg.): Allgemeine Stadtgeographie. Darmstadt, S. 253-266.

KLUCZKA, G. (1970): Zentrale Orte und zentralörtliche Bereiche in der Bundesrepublik Deutschland, mit einer Karte 1:1 Mio. Forschungen z. Deutschen Landeskunde, Bd. 194. Bonn-Bad Godesberg.

Königliches Oberpräsidium (1868): Provinzial-Handbuch für Schleswig-Holstein und das Herzogthum Lauenburg. Kiel.

Kurverwaltung Westerland (1970ff.): Saisonberichte. Westerland.

MAIER, J./RUPPERT, K. (1976): Freizeitraum Oberstaufen. WGI Berichte zur Regionalforschung, H. 13. München.

NEWIG, J. (1987): Die Reaktion des Gewerbes auf Entwicklungen in Fremdenverkehrsgebieten. In: Informationen zur Raumentwicklung, H. 4, S. 207–225.

NEWIG, J. (1984): Regionale und lokale Exzentrik von großen Fremdenverkehrsorten in Schleswig-Holstein. In: Zschr. f. Wirtschaftgeographie, Jg. 28, H. 3/4, S. 186-196.

NEWIG, J. (1980): Zur Abgrenzung von Freizeiträumen in Schleswig-Holstein. In: Akademie für Raumforschung und Landesplanung. Empirische Untersuchungen zur äußeren Abgrenzung und inneren Strukturierung von Freizeiträumen. Veröffentlichungen der AfRL, Forschungs- und Sitzungsberichte 132. Hannover, S. 131–158.

NIEMEIER, G. (1974): Zur Problematik der zentralörtlichen Bedeutung und Stellung von Kur- und Erholungsorten. In: GREES, H. (Hrsg.): Die Europäische Kulturlandschaft im Wandel, S. 253-268. Kiel.

PÖTKE, P. M. (1978): Zum Begriff der Fremdenverkehrsstadt. In: Zeitschrift für Wirtschaftsgeographie, Bd. 22, S. 42–46.

SCHWARZ, G. (1966): Allgemeine Siedlungsgeographie. Berlin.

Statistisches Landesamt Schleswig-Holstein (1990): Statistische Berichte, Berufseinpendler am 25. Mai 1987 nach Zielgemeinden. Kiel.

Der Wandel des Tourismus in den Transformationsländern Ostmittel- und Osteuropas durch die politische Wende

Reinhard Paesler

Die kommunistische bzw. sozialistische Periode in den Staaten Ostmittel-, Ost- und Südosteuropas dauerte vier bis sieben Jahrzehnte, bewirkte aber trotz dieser – aus historischer Sicht – nur kurzen Zeitdauer äußerst tiefgreifende politische, wirtschaftliche und gesellschaftliche Veränderungen in allen Lebens- und Wirtschaftsbereichen (auch im Tourismus), die noch lange nachwirken werden. Die politische Wende um 1990 stellte sich, rückwirkend gesehen, in den einzelnen Staaten als unterschiedlich stark ausgeprägte Zäsur dar. Im folgenden sollen Kontinuitäten und Brüche in der Entwicklung des Tourismus in den Transformationsländern allgemein sowie anhand einiger Beispiele aufgezeigt werden.

1 Der Tourismus in den sozialistischen Ländern Europas nach dem Zweiten Weltkrieg bis zur politischen Wende

1.1 Probleme der Erfassung

Fremdenverkehrsstatistiken leiden bekanntlich, stärker als andere Wirtschaftsstatistiken, unter dem Problem der exakten Definition des quantitativ zu erfassenden Sachverhalts, da ‚Tourist' und ‚Tourismus' bzw. ‚Fremdenverkehr' in verschiedenen Ländern durchaus unterschiedlich definiert werden. Außerdem besteht die Schwierigkeit der exakten Erfassung. Häufig werden Zählungen durch Schätzungen oder Stichprobenerhebungen ersetzt; die Zählungen erfassen, wie in Deutschland, bei den Gästeankünften und -übernachtungen oft nur einen Teil des Tourismusgeschehens; die ausländischen Touristen (Incoming-Tourismus) werden teils in Beherbergungsbetrieben (Gästeankünfte), teils durch Zählungen der Einreisenden an den Grenzen erfasst usw.

Zu diesem methodisch bedingten Problem mangelnder Genauigkeit und Vergleichbarkeit internationaler Fremdenverkehrsstatistiken kam bei den Staaten des ehemaligen ‚Ostblocks' zusätzlich die Ideologie hinzu: Statistiken wurden nicht veröffentlicht, um die Realität aufzuzeigen, die evtl. auch wirtschaftliche Fehlschläge und Mängel beinhaltete, sondern um Fortschritt zu dokumentieren und die Überlegenheit des politischen Systems zu beweisen. In der Fachliteratur wurden mehrfach Beispiele genannt für das Verändern, Verschweigen oder sogar Fälschen von Tourismusstatistiken mit dem Ziel, wirtschaftliche und soziale Misserfolge zu verbergen und Erfolge sichtbar werden zu lassen oder vorzugaukeln (vgl. z. B. RICHTER 1983; BUCKLEY/WITT 1990; KRECK 1994, 1998; KRECK/PAESLER 2001).

Hinzu kamen oft mehrfache Wechsel der Erhebungsmethodik und zeitweise das gänzliche Unterlassen von Veröffentlichungen, so dass nicht nur internationale Vergleiche, sondern auch Zeitreihen-Vergleiche für ein Land erschwert bis unmöglich gemacht wurden. So veränderte die Sowjetunion im Jahr 1985 ihre gesamte Tourismusstatistik so weit, dass keine zeitlichen Vergleiche mehr möglich waren. Das Statistische Bundesamt (1986, S. 93) stellte fest: „Die statistischen Nachweisungen zum sowjetischen Reiseverkehr sind ausgesprochen dürftig und sporadisch." Die polnischen Statistiken waren ab 1985 nicht mehr verfügbar, und die DDR beendete 1984 ihre systematischen amtlichen statistischen Veröffentlichungen zum Fremdenverkehr und nahm sie erst nach der politischen Wende wieder auf. Die Beispiele könnten fortgesetzt werden; sie zeigen, dass über den Tourismus vor der ‚Wende' zwar qualitative, jedoch nur sehr begrenzt quantitative Aussagen möglich sind, die zudem nur sehr eingeschränkt im Zeitablauf oder international vergleichbar sind. Aus diesem Grund können im folgenden auch nur wenige vergleichende statistische Daten angegeben werden.

1.2 Bedeutung des historisch-ideologischen Hintergrunds

Nachdem die Länder Ostmittel- und Südosteuropas in den Machtbereich der Sowjetunion geraten waren, wurde auch ihnen – wie dieser selbst – die marxistisch-leninistische Ideologie als Grundlage der wirtschaftlichen und gesellschaftlichen Entwicklung aufoktroyiert. Alle Lebens- und Wirtschaftsbereiche – somit auch der Tourismus – wurden der Erreichung der politisch-ideologischen Ziele untergeordnet: dem ‚Kampf gegen den Kapitalismus' unter Führung der Sowjetunion, dem Primat der militärischen Stärke, der rigiden Einschränkung jeglicher privatwirtschaftlicher Betätigung und dem Aufbau einer sozialistischen Zentralplanungs- und -verwaltungswirtschaft.

Die Bedeutung dieser Rahmenbedingungen für den Tourismus war vielfältig. In der Sowjetunion und – in unterschiedlichem Ausmaß – in ihren ‚Satellitenstaaten' bestand noch viele Jahre nach dem Ende des Zweiten Weltkrieges eine enorme Knappheit an allen Gütern, die nicht für kriegswichtig oder staatsnotwendig gehalten wurden. Gegenüber dem Auf- und Ausbau der Schwerindustrie und der Stärkung des ‚sozialistischen Sektors' der Wirtschaft wurden die Bedürfnisse der Bevölkerung bewusst vernachlässigt – von der Produktion alltäglicher Gebrauchsgüter bis hin zur freien Wahl des Berufs und des Wohnorts. Dementsprechend wurde auch der Tourismus allein auf die für den Staat und die Wirtschaft nützlichen Funktionen reduziert: die Devisenfunktion beim Incoming-(Ausländer-)Tourismus und die Regenerationsfunktion beim Binnentourismus, d. h. den Erholungsurlaub zur Wiederherstellung der Arbeitskraft.

Freies, selbstbestimmtes und selbstorganisiertes Reisen, vor allem in das ‚kapitalistische' Ausland, wurde aus Kostengründen, wegen des ‚unproduktiven' Ressourcenverbrauchs, aber auch wegen der Gefahr der ‚Infizierung' mit abweichendem Gedankengut entweder völlig unterbunden oder zumindest sehr restriktiv gehandhabt. Ausländertourismus, insbesondere aus den nicht-sozialistischen Staaten, war wegen der Gefahr der Infiltration anderer Ideologien und aus Angst vor Spionage zunächst völlig unerwünscht, abgesehen davon, dass die hierzu notwendige Verkehrs-, Gastronomie- und Beherbergungsinfrastruktur nicht zur Verfügung stand. Erst langsam, vor allem in den 1970er-Jahren, öffneten sich die meisten ‚Ostblock'-Länder stärker dem Incoming-Tourismus aus westlichen Ländern, um Devisen zu erwirtschaften, die für Importe aus Hartwährungsländern und, angesichts zunehmender Verschuldung bei den kapitalistischen Staaten, für den Schuldendienst benötigt wurden. Insgesamt aber unterlag der Tourismus bis zur politischen Wende mehr (z. B. UDSSR, DDR) oder weniger (z. B. Ungarn) strikten ideologischen Vorgaben. Bezüglich der mit dem Tourismus untrennbar verbundenen Freizügigkeit des Reisens und des unbeschränkten Umtausches und Gebrauchs ausländischer Währungen erwiesen sich Tourismus, sozialistische Ideologie und Zentralplanungswirtschaft als unüberbrückbare Gegensätze (vgl. ALLCOCK/PRZECLAWSKI 1990). Vieles an der oft sprunghaft wechselnden Tourismuspolitik einzelner sozialistischer Staaten erklärt sich durch das ideologische, politische und wirtschaftliche Dilemma der kommunistischen Regierungen: Einerseits sollte jede ideologische Beeinflussung der Bevölkerung durch westliche Touristen und Kontaktaufnahme mit ihnen vermieden werden, andererseits mussten die dringend benötigten Deviseneinnahmen in Hartwährungen erwirtschaftet werden.

1.3   Probleme des Ausländertourismus (Incoming-Tourismus)

Einer kräftigeren Entwicklung des Ausländertourismus – etwa in dem Ausmaße, wie er in den Jahrzehnten nach dem Ende des Zweiten Weltkrieges in West- und Südeuropa zu beobachten war – standen in erster Linie die oben angedeuteten politisch-ideologischen Hemmnisse im Wege. Die Regierungen der sozialistischen Staaten mussten Mittel und Wege finden, um das politische und wirtschaftliche System gegen destabilisierende Einflüsse abzusichern, die von Touristen aus dem westlichen Ausland möglicherweise ausgehen konnten. Insbesondere musste verhindert werden, bei der einheimischen Bevölkerung Wünsche und Hoffnungen zu wecken, die aus wirtschaftlichen Gründen unerfüllbar waren oder die in Richtung auf mehr Freizügigkeit, Demokratisierung und politische Selbstbestimmung gingen. Um trotzdem Deviseneinnahmen von westlichen Touristen zu erzielen, mussten diese zwar angeworben, aber nach der Einreise streng reglementiert und überwacht sowie nach Möglichkeit von Kontakten zur einheimischen Bevölkerung ferngehalten werden.

Die erste Hürde war meist schon die Erteilung eines Visums, das häufig nur für Gruppen- oder Pauschalreisende problemlos zu bekommen war. Individualreisende mussten meist eine Hotelbuchung als Voraussetzung für die Einreisegenehmigung vorweisen und bei der Ankunft einen Zwangsumtausch in die Landeswährung in vorgeschriebener Höhe und zum amtlichen (meist überhöht festgesetzten) Wechselkurs vornehmen, wobei die Bestimmungen von Land zu Land und häufig auch von Jahr zu Jahr wechseln konnten (vgl. hierzu KRECK 1998, S. 66). Beispielhaft sei an den ‚Pflichtumtausch' für Besuche der DDR durch Bürger der Bundesrepublik Deutschland und westliche Ausländer erinnert, der innerhalb weniger Jahre von 10 auf 25 DM pro Tag erhöht wurde.

Ein weiteres Hindernis für eine stärkere Entwicklung des Incoming-Tourismus waren die zeitraubenden und teilweise menschenunwürdigen Personenkontrollen bei der Ein- und Ausreise an den wenigen, für den internationalen Reiseverkehr geöffneten Grenzstationen. Bei der Einreise, z. B. in die DDR, wurde besonders auf die Einhaltung des Verbots der Mitnahme unerwünschten Schrifttums geachtet. Bei der Ausreise erfolgten langwierige Passüberprüfungen und Durchsuchungen von Eisenbahnwagen bzw. Kraftfahrzeugen, um die unerlaubte Ausreise Einheimischer zu verhindern. Einmal im Land, waren die Touristen in der Regel verpflichtet, sich an festgesetzte Reiserouten, Transitwege usw. zu halten und nur in speziellen für Ausländer freigegebenen Hotels zu übernachten. In der Sowjetunion waren zudem große Landesteile völlig für ausländische Touristen gesperrt. In den Hotels und Gaststätten wurden Mahlzeiten häufig in separaten Speiseräumen serviert, die für Einheimische unzugänglich waren.

Neben teilweise schikanöser Behandlung und administrativen Beschränkungen der Reisefreiheit trugen natürlich auch infrastrukturelle Mängel, schlechte Straßenverhältnisse, geringes Angebot an Hotels höheren Standards, immer wieder auftretende Versorgungsengpässe u. ä. dazu bei, dass der Ausländertourismus in den meisten Ländern des ‚Ostblocks' quantitativ keine größere Bedeutung erlangte. Ausnahmen bildeten die Regionen, in denen umfangreiche Kontingente an Hotelbetten über westeuropäische Reiseveranstalter vermarktet wurden, wie die Schwarzmeerküste Bulgariens und Rumäniens; auch Ungarn ließ schon seit Ende der 1980er-Jahre größere Freizügigkeit zu.

1.4   Charakteristika des Binnentourismus

Der Binnentourismus und das Erholungswesen waren – mit gewissen nationalen Unterschieden – in den sozialistischen Staaten nur mit größeren Einschränkungen der freien Entscheidung des Individuums überlassen. Wie schon angedeutet, wurde den Bereichen Freizeit und Erholung eine wichtige politische und soziale Funktion zugeschrieben (‚Wohlfahrtsfunktion'). Um den weiteren ‚sozialistischen Aufbau' von Wirtschaft und Gesellschaft und die Steigerung der materiellen Produktion zu gewährleisten, war es notwendig, die Arbeitsfähigkeit der Individuen während ihres Arbeitslebens zu erhalten und zu stärken. Diesem Ziel diente der jährliche Erholungsurlaub, der infolgedessen in Form sehr preisgünstiger Aufenthalte in (meist staatlichen oder gewerkschaftlichen) Ferien- und Erholungsheimen, Kureinrichtungen u. ä. als eine Art Sozialtourismus hoch subventioniert wurde. So mussten beispielsweise in der DDR die Urlauber in den Einrichtungen des Feriendienstes der Einheitsgewerkschaft ‚Freier Deutscher Gewerkschaftsbund' (FDGB) oder in betriebseigenen Erholungsheimen maximal ein Drittel der Kosten selbst tragen (vgl. FREYER 1995, S. 409).

Urlaubsreisen und Ferienaufenthalte wurden also in den sozialistischen Staaten als Teil der staatlichen Versorgungsleistungen für die werktätige Bevölkerung gesehen, nicht als Bestandteil individueller Lebensgestaltung und kaum als Wirtschaftsfaktor (vgl. FEIGE 1986, S. 23ff.). Folgerichtig fehlte daher auch im Standardwerk der DDR zur Ökonomischen Geographie der Sowjetunion (vgl. GERLOFF/ZIMM 1978) der Fremdenverkehr völlig. Auch für die DDR galt, dass der Fremdenverkehr „von vornherein keine ökonomische Erscheinung darstellt" (GROSSMANN 1985, S. 782). Wichtige Lehr- und Handbücher zur Wirtschaftsgeographie von DDR-Autoren enthielten daher keine Kapitel zum Fremdenverkehr bzw. sie behandelten die Fremdenverkehrsgebiete lediglich nach ihren natürlichen Standortcharakteristika und die touristische Infrastruktur als Teil der staatlichen Sozialleistungen (vgl. z. B. KOHL et al. 1976, S. 508ff.; KOHL et al. 1978, S. 144ff.). Theoretisch untermauert wurde diese Sichtweise durch KOSTROWICKI (1975, zitiert nach BENTHIEN 1997, S. 34), für den Fremdenverkehrslandschaften – hier territoriale Rekreationssysteme genannt – die Aufgabe haben, „die bestmöglichen Voraussetzungen für die Wiederherstellung der physischen und psychischen Kräfte der Erholungssuchenden zu schaffen. Unter diesen Bedingungen muss allen ökonomischen Effekten, (...) eine untergeordnete Beachtung geschenkt werden."

Neben dem Rekreationseffekt darf nicht der systemstabilisierende und gemeinschaftsfördernde Charakter vergessen werden, der dem Erholungswesen staatlicherseits beigemessen wurde. Erreicht wurde dieses Ziel vor allem durch die bevorzugte Form der Lenkung und Verteilung der Urlaubsaufenthalte durch die Betriebe bzw. die Gewerkschaften und die Unterbringung in (häufig betriebseigenen) Gemeinschaftsquartieren. Hier ließ sich auch die Überwachung und soziale Kontrolle der Urlauber problemlos bewerkstelligen, und vielfach gehörten Veranstaltungen zur politisch-ideologischen Indoktrination zum Pflichtprogramm des Aufenthalts.

Besonders deutlich werden die Vorstellungen über die Bedeutung und die Funktionen des Fremdenverkehrs im Sozialismus bei GROSSMANN (1985, S. 773ff.). Die „Gesamtfunktionen des Fremdenverkehrs" werden hier in die „politische Funktion, Rekreationsfunktion, soziale Funktion, ökonomische Funktion" aufgeteilt. Zwar ist „die Rekreation des Menschen" (verstanden als „die Erhaltung, Wiedererlangung oder Förderung des physischen und psychischen Leistungsvermögens, aber vorrangig die Entwicklung seiner Persönlichkeit") „die bedeutendste unter den Funktionen des Fremdenverkehrs", doch nimmt die politische Funktion dann „eine exponierte Stellung" ein, wenn man die Funktionen nach der „Hierarchie der Zielvorstellungen beurteilt", weil die politische Funktion des Fremdenverkehrs „die Erhaltung und Festigung der Staatsmacht der herrschenden Klasse zum Ziel hat" und „beim Herausbilden der sozialistischen Bewußtheit mitwirkt" (GROSSMANN 1985, S. 777).

Diese politische Funktion des Fremdenverkehrs zeigt sich z. B. beim Inlandstourismus dadurch, dass er „zur Weiterentwicklung der politischen Beziehungen zwischen den Klassen und Schichten innerhalb der DDR beiträgt", was wiederum in die Festigung der ‚Arbeiter- und Bauernmacht' mündet. Noch stärker treten die politischen Funktionen beim Auslandstourismus hervor. Der Fremdenverkehr zwischen sozialistischen Staaten fördert das gegenseitige Verständnis der Völker, erhöht das politische Bewusstsein der Bürger und trägt zur „allseitigen Förderung des sozialistischen Internationalismus" bei. Eine besondere politische Bedeutung hat der Fremdenverkehr zwischen sozialistischen und kapitalistischen Staaten. Den einreisenden Gästen soll ein positives Bild des sozialistischen Aufbaus vermittelt werden, die gastgebenden sozialistischen Staaten sollen „die Errungenschaften ihrer Völker beim Aufbau der kommunistischen Gesellschaftsordnung" demonstrieren, und umgekehrt sollen sich DDR-Bürger im westlichen Ausland immer als Repräsentanten ihres Staates fühlen und für ihre Staatsordnung werben (vgl. GROSSMANN 1985, S. 778f.).

Die ökonomische Funktion des Tourismus wurde demgegenüber, wie schon erwähnt, für relativ unwichtig gehalten. Die Ermöglichung von Urlaubsreisen wurde als soziale Leistung des Staates für seine berufstätigen Bürger gesehen und enthielt eine ökonomische Komponente nur indirekt dadurch, dass der Fremdenverkehr durch seine Rekreationsfunktion den Menschen befähigt, sich wieder uneingeschränkt, voll leistungsfähig und effektiv dem Produktionsprozess zu widmen. In der DDR war somit „die Rekreation bzw. Reproduktion des Menschen unter sozialistischen Verhältnissen das wichtigste ökonomische Anliegen des Fremdenverkehrs" (GROSSMANN 1985, S. 783). Diese Reduktion des Tourismus auf seine Rolle im Arbeitsprozess und für die Rekreation der arbeitenden Bevölkerung, wie sie aus diesen Belegen offenbar wird, entsprach mehr oder weniger deutlich der offiziellen Politik in allen sozialistischen Staaten (vgl. KRECK 1998, S. 64ff.; IVY/COPP 1999, S. 428).

2 Der Tourismus in den Transformationsländern Ostmittel-, Ost- und Südosteuropas nach der politischen Wende

2.1 Ausgangssituation

Wie gezeigt wurde, entwickelte sich der Tourismus in den sozialistischen Ländern Europas in mehrfacher Hinsicht grundlegend anders als im westlichen Teil Europas. Die politische Wende um 1990 brachte für die Transformationsländer eine mehr oder weniger starke Hinwendung zum westeuropäischen politischen, wirtschaftlichen und gesellschaftlichen System. Auch der Tourismus wandelte sich dementsprechend sowohl hinsichtlich der Funktionen, der Qualität und der Quantität, aber auch hinsichtlich seiner wirtschaftlichen und sozialen Bedeutung. Um das Ausmaß des Wandels zu zeigen, sollen zunächst einige grundlegende Unterschiede gegenübergestellt werden, wie sie zum Zeitpunkt der ,Wende' existierten. Daraus kann deutlich werden, welche Probleme einer raschen Transformation entgegenstanden:

-   Während sich der Tourismus in Westeuropa auf kommerzieller Basis und stark kunden- bzw. nachfrageorientiert entwickelte, war Tourismus in Osteuropa im Sinne von Erholungswesen staatlich organisiert, gelenkt und subventioniert, dabei aber stark angebotsorientiert. Die touristischen Angebote wurden ganz überwiegend vom Staat und von gesellschaftlichen Organisationen bereitgestellt und verteilt, wobei Kriterien des politischen Wohlverhaltens und der Einordnung in das politisch-gesellschaftliche System eine große Rolle bei der Zuteilung spielten. Der Unterschied wird am Beispiel der DDR deutlich: Ende der 1980er-Jahre gehörten hier etwa 80% des Urlaubsreiseverkehrs zum Pauschaltourismus – gegenüber nur 35% in der Bundesrepublik Deutschland.

-   Aufgrund der anderen Struktur der Reisen, der unterschiedlichen Reiseziele und Reiseentfernungen und vor allem wegen der geringeren privaten Motorisierung wurden in Osteuropa andere Transportmittel für Urlaubsreisen benutzt als in Westeuropa. Höhere Anteile entfielen auf Bahn und Bus (z. B. in der DDR Mitte der 1980er-Jahre 42% bzw. 18%), wesentlich geringere auf den privaten Pkw und, wegen der erheblich geringeren Zahl von Fernreisen, auf das Flugzeug (zum Vergleich: Transportmittel für die Haupturlaubsreise in der Bundesrepublik Deutschland Mitte der 1980er-Jahre: Bahn 8%, Pkw 60%, Flugzeug 20%, Bus und sonstiges 12%). Diese stark unterschiedliche Verkehrsmittelnutzung in Ost und West schlug sich natürlich auch im Ausbau der Verkehrsinfrastruktur nieder. Wegen der großen Bedeutung der Eisenbahn (auch im Pendel- und im Güterverkehr) gab es – bei allen qualitativen Mängeln – kaum Tendenzen zum Abbau von Bahnlinien, wie er flächenhaft in Westeuropa erfolgte, während andererseits nur sehr wenig in den Aus- und Neubau von Straßen und straßenbezogener Infrastruktur (Park- und Rastplätze, Tankstellen u. ä.) investiert wurde. Selbst bedeutende Ferien- und Erholungsgebiete waren teilweise nur langwierig und beschwerlich per Pkw zu erreichen. Ähnlich mangelhaft war wegen der geringen Bedeutung des Flugverkehrs der Ausbauzustand der meisten Flughäfen.

-   Im Gegensatz zu den Reisegewohnheiten der Westeuropäer dominierten in den sozialistischen Ländern Zielgebiete im Inland. Besonders extrem waren die Verhältnisse in der DDR, wo in den 1980er-Jahren über 85% aller Urlaubsreisen im Inland stattfanden. Aus politischen, ideologischen und finanziellen Gründen waren private Urlaubsreisen in das westliche Ausland (einschließlich der Bundesrepublik Deutschland) kaum möglich, ausgenommen Verwandtenbesuche und Rentnerreisen. Ziele im sozialistischen Ausland lagen hauptsächlich in den ostmittel- und südosteuropäischen Staaten (Polen, Ungarn, Tschechoslowakei, Bulgarien u. a.), aber auch diese waren zeitweise aus politischen und ökonomischen Gründen nur beschränkt buchbar. Über Auslandsreisen der Bewohner anderer sozialistischer Länder liegen nur wenige verlässliche Daten vor, doch lag das Verhältnis von Inlands- zu Auslandsreisen in der Regel ähnlich wie bei der DDR bzw. eher noch stärker auf das eigene Land oder höchstens die sozialistischen Nachbarländer bezogen.

- Da Urlaubsreisen von Einheimischen einerseits (Binnentourismus) und touristische Reisen von Ausländern andererseits (Incoming-Tourismus) unterschiedlich organisiert wurden, eine völlig unterschiedliche Wertung besaßen und von der ökonomischen Seite gänzlich verschieden beurteilt wurden (Sozialtourismus im einen, Fremdenverkehr zur Devisengewinnung im anderen Fall), entwickelten sich zwei unterschiedliche Tourismusinfrastrukturen nebeneinander (vgl. IVY/COPP 1999, S. 426f.). Diese Tatsache betraf die Reiseveranstalter (vgl. bezüglich Polen MAZURSKI 2000, S. 173; für die DDR FREYER 2001, S. 409f.; für andere Länder KRECK 1998, S. 63), das Transportwesen und die Gastronomie; besonders deutlich war dieser Dualismus jedoch beim Beherbergungswesen. Während die Masse der Einheimischen und die Urlauber aus dem übrigen ‚Ostblock' in qualitativ eher minderwertigen Ferien- und Erholungsheimen, in Privatquartieren und auf Campingplätzen untergebracht wurden, erhielten die einreisenden westlichen Ausländer höherwertige und meist hochpreisige, relativ modern ausgestattete Hotelunterkünfte reserviert (z. B. die ‚Interhotels' der DDR). Insgesamt ergab sich auf diese Weise eine Angebotsstruktur, bei der einer geringen Zahl qualitativ hochwertiger Hotels eine große Zahl geringwertiger bis primitiver Beherbergungsstätten gegenüberstand. Beispielsweise entfielen in Polen im Jahr 1980 von 907.300 Betten in Beherbergungsstätten nur 51.300 (5,7%) auf Hotels, die übrigen auf Gasthäuser, sog. ‚Erholungszentren' (meist Ferienheime und Hüttensiedlungen), Campingplätze, Jugendherbergen usw. (vgl. Statistisches Bundesamt 1996). Die DDR zählte im Jahr 1988 102,8 Mio. Übernachtungen, darunter nur 6,1 Mio. von Ausländern (einschließlich Westdeutschen), von denen wiederum 3,8 Mio. in Hotels (62,3%), 1,2 Mio. in Jugendherbergen und 1,1 Mio. auf staatlichen Campingplätzen nächtigten. Von den 96,6 Mio. Inländerübernachtungen fanden dagegen 67,8 Mio. in gewerkschaftlichen oder betrieblichen Ferienheimen und Privatquartieren, 19,0 Mio. auf Campingplätzen, 4,3 Mio. in Jugendherbergen und -heimen und nur 5,4 Mio. (5,6%) in Hotels statt (vgl. FREYER 2001, S. 414 und andere Quellen). Ähnlich war die Situation in Ungarn: Von 441.100 Betten in Beherbergungsbetrieben (1985) entfielen nur 43.900 (ca. 10%) auf Betten in Hotels. Hier handelte es sich hauptsächlich um die Angebote in Budapest und am Plattensee – die beiden wichtigsten Reiseziele westlicher Ausländer. Die Masse der Gästebetten fand sich hingegen in Erholungs- und Ferienheimen, auf Campingplätzen sowie in einfachen Ferienwohnungen und Privatunterkünften (vgl. Statistisches Bundesamt 1987, S. 70ff.).

2.2 Probleme der Transformation und gegenwärtiger Stand der touristischen Entwicklung

Zum Zeitpunkt der politischen Wende trafen zwei Staatengruppen mit Wirtschafts- und Gesellschaftssystemen aufeinander, die sich extrem unterschieden. Es ist angesichts der angeführten Unterschiede im Fremdenverkehrsbereich nicht verwunderlich, dass der Übergang vom ‚sozialistischen' zum ‚kapitalistischen', d. h. marktwirtschaftlichen System nicht ohne größere Schwierigkeiten und erst in einem längeren Zeitraum vonstatten ging, der noch nicht abgeschlossen ist.

Die Öffnung des ‚Eisernen Vorhangs' brachte, bei allen graduellen Unterschieden etwa zwischen den ostmitteleuropäischen und den GUS-Staaten, als für den Tourismus wichtigste Konsequenzen zum einen die Reisefreiheit mit sich, sowohl bezogen auf Incoming- als auch auf Outgoing-Tourismus, sowie zum anderen die Privatisierung des Tourismusgewerbes. Der weitgehende Rückzug des Staates und der staatlichen Betriebe aus der Finanzierung bzw. Subventionierung der ‚Rekreation' führte auch im Binnentourismus theoretisch zur Wahlfreiheit des Reiseziels und zu unbegrenzter Freizügigkeit des Reisens. Allerdings trat in der Realität an die Stelle politisch-ideologischer Bevormundung und Gängelung und volkswirtschaftlich bedingter Hemmnisse nun der Mangel an privatem Kapital aufgrund zurückgehender Realeinkommen und starker Zunahme der Arbeitslosigkeit bei gleichzeitig steigenden Preisen für touristische Leistungen, die nun privatwirtschaftlich vermarktet wurden.

Die Folge dieser beiden Veränderungen – Freizügigkeit und Privatisierung – war Anfang der 1990er-Jahre eine kräftige Zunahme von Ausländerreisen in die Transformationsländer, da Visapflicht, Zwangsumtausch, Grenzschikanen, Reiserestriktionen usw. entfallen waren. Der Binnentourismus nahm jedoch gleichzeitig stark ab, da die neuen Marktpreise für die Masse der Bevölkerung nicht mehr erschwinglich waren. Auch die neu eröffneten Möglichkeiten von Auslandsreisen konnten nur in verhältnismäßig geringem Maße genutzt werden. Eine Ausnahme stellt in dieser Beziehung die DDR wegen ihrer ‚Sonderentwicklung' dar (Währungsunion, Wiedervereinigung, hohe Geldtransfers als Aufbauhilfe aus den westlichen Bundesländern).

Am Beispiel Polen lässt sich diese Entwicklung exemplarisch demonstrieren. Hier begann die marktwirtschaftliche Zeit mit Fremdenverkehrszahlen, die auf ein relativ niedriges Niveau abgesunken waren (Touristenankünfte in Beherbergungsstätten 1989: 15,6 Mio.; 1991: 10,7 Mio. – vgl. KLEMENTOWSKI et al. 2000, S. 148). Dieser starke Rückgang im polnischen Tourismus zu Beginn der 1990er-Jahre ging ausschließlich auf den reduzierten Binnentourismus zurück, wie KLEMENTOWSKI et al. (2000) nachwiesen. Durch die starke Abnahme des Realeinkommens der Bevölkerung und den Rückzug des Staates aus dem Sozialtourismus kam es zu einem starken Einbruch. Die Zahl der einheimischen Touristen in Polen fiel von 13,4 Mio. (1989) auf 8,1 Mio. (1991) und stieg in den Folgejahren nur langsam wieder an. Selbst im Jahr 1999 war mit 12,9 Mio. Binnentouristen die Zahl von 1989 noch nicht wieder erreicht. Dagegen nahm der Incoming-Tourismus nach der ‚Wende' einen beachtlichen Aufschwung. Die Zahl der einreisenden Touristen stieg von nur 2,2 Mio. (1989) auf 4,1 Mio. (1996). Seitdem ist wieder ein Rückgang zu verzeichnen, der vor allem auf die noch teilweise unbefriedigende touristische Infrastruktur und das allgemein schlechte Image Polens als Reiseziel zurückgeführt wird. In der Tendenz ähnliche Entwicklungen wie in Polen fanden auch in den anderen Transformationsländern statt (vgl. Ivy/Copp 1999).

Der in vielen Regionen noch unbefriedigende Zustand der Gastronomie und Hotellerie, aber auch der Verkehrs- und der allgemeinen Freizeitinfrastruktur ist ein Hauptgrund dafür, dass sich in den Transformationsländern bisher noch kein annähernd flächendeckender Tourismus entwickeln konnte. Hier zeigt sich noch sehr deutlich das Erbe der Tourismuspolitik der sozialistischen Regierungen, die jeweils nur wenige größere Städte und einige wenige landschaftlich attraktive Regionen für den Ausländertourismus durch Investitionen entwickelten (vgl. Ivy/Copp 1999, S. 427f.). Heute sind zwar in der Tschechischen Republik, in Ungarn, in Polen usw. jeweils einige historische Städte wichtige Destinationen im Städtetourismus (z. B. Prag, Budapest, Krakau, Warschau, Danzig, Breslau u. a.); in Bulgarien und Rumänien knüpfen die Schwarzmeer-Badeorte wieder an die Besucherzahlen der 1980er-Jahre an; die Sudeten, die Tatra und Masuren sind zunehmend beliebte Ziele für naturorientierten Tourismus; doch in weiten Teilen der Transformationsländer leiden die Möglichkeiten für touristisches Marketing immer noch unter dem Erbe der sozialistischen Zeit mit ihrer Trennung von Inländer- und Ausländertourismus und ihrer Investitionsschwäche, deren Folgen noch längst nicht überwunden sind.

Es existieren wenige große, moderne und meist hochpreisige Hotels sowie eine Vielzahl von Beherbergungsstätten minderer Qualität und eher primitiver Art, die nicht dem Standard entsprechen, den Touristen aus dem westlichen Ausland erwarten. Es fehlt auch zehn Jahre nach der Wende noch an einem ausreichenden Bestand an Hotels und Gaststätten mittlerer Komfort- und Preisklasse (vgl. Mazurski 2000, S. 175), da es in allen Ländern bisher nicht genügend im Tourismus engagierte Unternehmer mit dem nötigen Kapital für entsprechende Investitionen gibt. Ähnliche Mängel bestehen bei der Verkehrsinfrastruktur, vor allem beim Straßenausbau, der während der sozialistischen Zeit stark vernachlässigt worden war und für den auch in den 1990er-Jahren nicht genügend staatliche Investitionsmittel zur Verfügung standen (ausgenommen auch hier wieder die ehemalige DDR aufgrund ihrer Sonderentwicklung).

Als Fazit lässt sich mehr als ein Jahrzehnt nach der politischen Wende feststellen, dass allein der Tourismus in den neuen deutschen Bundesländern, d. h. der ehemaligen DDR, nach Qualität und Quantität inzwischen westeuropäischem Standard entspricht. Im gesamtdeutschen Vergleich konnten die neuen Bundesländer aufgrund kräftiger Investitionen und hoher Zuwachsraten in den 1990er-Jahren beachtlich aufholen und nicht nur absolute, sondern auch relative Zuwächse erzielen. So stieg der Anteil der neuen ostdeutschen Bundesländer an allen Gästeübernachtungen in Deutschland von nur 9,2% (1992) auf 16,6% (1998), die Fremdenverkehrsintensität nahm im gleichen Zeitraum von 1.713 auf 3.173 Übernachtungen pro 1.000 Einwohner zu (vgl. KRECK/PAESLER 2001).

In den übrigen Transformationsländern ist die Entwicklung des Tourismus wesentlich differenzierter zu sehen. Zwar sind wegen der erwähnten Mängel des Datenmaterials keine verlässlichen zusammenfassenden quantitativen Angaben für ganz Ostmittel- und Osteuropa möglich, doch zeigen die Statistiken der WTO (1999) für die einzelnen Länder, dass die unterschiedliche Entwicklung von Binnentourismus und Ausländertourismus bis zur Jahrtausendwende bestand. Der Binnentourismus hat sich im Laufe der 1990er-Jahre mit zunehmender wirtschaftlicher Konsolidierung von den starken Rückgängen unmittelbar nach der ‚Wende' erholt und erreicht heute meist wieder ähnliche Werte wie in den 1980er-Jahren.

Der internationale Tourismus (Incoming-Tourismus) hat, allerdings ausgehend von meist sehr niedrigen Basiswerten, in den 1990er-Jahren stark zugenommen, konzentriert sich jedoch nach wie vor auf relativ wenige überragende Destinationen pro Land, insbesondere die Hauptstädte und einige attraktive Landschaften und Küsten (vgl. IVY/COPP 1999, S. 425ff.). Weitere substantielle Steigerungen der Übernachtungszahlen im Ausländertourismus und vor allem die Entwicklung eines dichteren Netzes von Destinationen scheinen derzeit schwierig zu erreichen zu sein. WYRZYKOWSKI (2000, S. 109f.) führt einige Probleme an, die eine raschere touristische Entwicklung behindern:
- Investitionsschwäche des Staates und der Privatwirtschaft,
- ökologische Schäden und Bedrohungen,
- unterentwickeltes Verkehrssystem,
- schlechter baulicher Zustand vieler eigentlich sehenswerter historischer Städte,
- noch ungenügende Qualität von Hotels, Gastronomie und touristischen Dienstleistungen,
- starke Schwächen beim touristischen Marketing,
- ungenügende Reaktionen auf das verbreitete Gefühl der Unsicherheit und der Bedrohung durch Kriminalität, das die Touristen in einigen Ländern empfinden.

Eine kräftigere Entwicklung des Tourismus in den nächsten Jahren setzt eine Behebung der genannten Schwachstellen voraus, wobei WYRZYKOWSKI (2000, S. 110f.) folgende dem Tourismus förderliche Punkte herausstellt:
- die baldige Mitgliedschaft in der EU und die bereits angelaufenen Fördermaßnahmen durch die EU in den Beitrittsstaaten,
- die allgemeinen Zunahmetendenzen im internationalen Tourismus,
- das Bedürfnis nach Erholung in naturnahen Landschaften, wie sie in Osteuropa noch flächenhaft verbreitet sind,

- die große Zahl an kulturhistorischen Sehenswürdigkeiten, die noch nicht ‚entdeckt' sind,
- das große Potenzial an Arbeitskräften.

Insgesamt wird eine günstige Entwicklungsprognose für den Tourismus in den Transformationsländern gegeben.

Literatur

ALLCOCK, J. B./PRZECLAWSKI, K. (1990): Tourism in Centrally-Planned Economies. In: Annals of Tourism Research, 17 (3), S. 3-13.

BENTHIEN, B. (1997): Geographie der Erholung und des Tourismus. Gotha.

BUCKLEY, P./WITT, S. (1990): Tourism in the Centrally Planned Economies of Europe. In: Annals of Tourism Research, 17 (1), S. 7-18.

FEIGE, M. (1986): Die Geographie des Tourismus und der Rekreation in ausgewählten sozialistischen Staaten. München (unveröffentlichte Diplomarbeit).

FREYER, W. (2001[7]): Tourismus: Einführung in die Fremdenverkehrsökonomie. München.

GERLOFF, J. U./ZIMM, A. (1978): Ökonomische Geographie der Sowjetunion. Gotha/Leipzig.

GROSSMANN, M. (1985): Funktionen des Fremdenverkehrs in der sozialistischen Gesellschaft. In: Wissensch. Zeitschr., Hochschule f. Verkehrswesen ‚Friedrich List' Dresden, H. 4, S. 771-786.

HALL, D. R. (Hrsg.; 1991): Tourism and Economic Development in Eastern Europe and the Soviet Union. London.

IVY, R. L./COPP, CH. B. (1999): Tourism Patterns and problems in East Central Europe. In: Tourism Geographies, 1 (4), S. 425-442.

KLEMENTOWSKI, K./MARAK, J./WYRZYKOWSKI, J. (2000): Changes in Model of Tourism in Poland between 1989 and 1999. In: WYRZYKOWSKI, J. (Hrsg.): Conditions of the Foreign Tourism Development in Central and Eastern Europe. Vol. 6, Wroclaw, S. 147-157.

KOHL, H. et al. (Hrsg.; 1976[3]): Ökonomische Geographie der Deutschen Demokratischen Republik. Bd. 1. Gotha/Leipzig.

KOHL, H. et al. (1978): Geographie der DDR. Gotha/Leipzig.

KRECK, L. A. (1994): Tourism in Eastern Europe. In: Proceedings of the 25th Annual Conference of the Travel and Tourism Research Ass. Bal Harbour, Florida, S. 54-70.

KRECK, L. A. (1998): Tourism in Former Eastern European Societies: Ideology in Conflict with Requisites. In: Journal of Travel Research, Vol. 36, S. 62-67.

KRECK, L. A./PAESLER, R. (2001): Tourismus in den Staaten des ehemaligen ‚Ostblocks' – vor und nach der politischen Wende. In: Mitteilungen der Geographischen Gesellschaft München, Bd. 85, S. 119-142.

MAZURSKI, K. R. (2000): Geographical perspectives on Polish tourism. In: GeoJournal, 50, S. 173-179.

PAESLER, R. (2000): Tourism in Central and Eastern Europe under the Conditions of Socialism and Market Economy – the Example of East Germany. In: WYRZYKOWSKI, J. (Hrsg.): Conditions of the Foreign Tourism Development in Central and Eastern Europe, Vol. 6. Wroclaw, S. 159-173.

RICHTER, L. K. (1983): Political Implications in Chinese Tourism Policy. In: Annals of Tourism Research, 10 (3), S. 395-413.

Statistisches Bundesamt (Hrsg.; 1986): Sowjetunion – Länderbericht. Stuttgart/Mainz.

Statistisches Bundesamt (Hrsg.; 1987): Ungarn – Länderbericht. Stuttgart/Mainz.

Statistisches Bundesamt (Hrsg.; 1996): Polen – Länderbericht. Stuttgart.

Statistisches Bundesamt (Hrsg.; 2001): Tourismus in Zahlen 2000/2001. Stuttgart.

World Tourism Organization (Hrsg.; 1999[51]): Yearbook of Tourism Statistics. Madrid.

WYRZYKOWSKI, J. (2000): Conditions of the Foreign Tourism Development in Central and Eastern Europe. In: WYRZYKOWSKI, J. (Hrsg.): Conditions of the Foreign Tourism Development in Central and Eastern Europe. Vol. 6. Wroclaw, S. 93-112.

Tourismus in Polen im Wandel der letzten 20 Jahre

Irena Jedrzejczyk

1   Problemstellung und Zielsetzung

Vorrangige Absicht dieses Beitrags ist es, die wesentlichen Formen und den Verlauf des touristischen Erschließungsprozesses in Polen aufzuzeigen und – darauf
gestützt – zu prüfen, inwieweit die ursprünglich damit verknüpften wirtschaftlichen
Ziele, Devisenbeschaffung und regionale Entwicklung, erreicht worden sind.

Zwei sehr unterschiedliche Formen der touristischen Erschließung haben hauptsächlich zum Wachstum und zur Vielfalt des Fremdenverkehrs in Polen beigetragen:
- Die Erschließung vor der Wende 1989/90, in deren Rahmen das Erholungswesen von der Zentralplanung entworfen und durch den Staat finanziert wurde
  sowie
- Die Erschließung nach der Wende 1989/90, als der Markt und seine Regeln
  wiederentdeckt wurden.

Tourismus wurde bis zum Beginn der 1990er-Jahre als soziale Aufgabe des polnischen Staates betrachtet und weitgehend zentralisiert. Im Gegensatz dazu galt es in
den 1990er-Jahren, ein marktwirtschaftliches System mit privatem Eigentum und
Ausrichtung an ökonomischer Effizienz einzuführen.

Die Schwierigkeit eines marktorientierten Strukturwandels unter den veränderten
inneren und äußeren Rahmenbedingungen wird in der Tourismusbranche besonders deutlich. Die Einführung marktwirtschaftlicher Instrumente sowie die Privati-
sierungsbestrebungen in der Staatspolitik orientieren sich am westeuropäischen
und amerikanischen Vorbild. Zumindest partiell sind bisher beachtliche Fortschritte erzielt worden.

Probleme bei dieser Entwicklung sind zum einen eine Folge der schwierigen Über-
gangsprozesse, sie veranschaulichen zum anderen aber auch die Parallelität zu Prob-
lemstellungen in entwickelten EU-Ländern. So z. B. ist eEurope[1] eine Gesamtstrate-
gie, die ähnliche Initiativen für die Internet-Ausbreitung und -Nutzung in der Tourismuswirtschaft auch in Polen auf den Weg gebracht hat und mit ähnlichen Problemen wie in den EU-Ländern verbunden war.

---

[1]   Ein Aktionsplan, den der Europäische Rat bei seiner Tagung vom 19./20. Juni 2000 in
Feira angenommen hat.

2   Aufbau der marktwirtschaftlichen Strukturen in Polen

2.1   Der Transformationsprozess in der Tourismusbranche

Die vorliegende Analyse umfaßt den Zeitraum von 1980 bis 2000. Dieser ist in Polen von einem erheblichen Strukturwandel geprägt, der auf den politischen, wirtschaftlichen und technologischen Wandel zurückzuführen ist. Das Für und Wider dieses Wandels ist hier nicht abzuklären; doch sind mit den Jahren 1980, 1989, 1997 und 2000 vier kritische Zeitpunkte herauszustellen.

Nach Gründung des Gewerkschaftsbundes Solidarnoœæ[2] im September 1980 und später nach Verhängung des Kriegsrechts (13.12.1981) in Polen wurden die Arbeits- und Lebensbedingungen immer stärker durch sozialpolitische Konflikte geprägt. Die extreme Abhängigkeit der touristischen Nachfrage von politischen Einflüssen wird durch die Krise der Tourismusbranche belegt. Als in den 1980er-Jahren die Löhne stagnierten und die Rate der Hyperinflation immer höher lag, wurde immer weniger gereist. Diese kräftigen Nachfragerückgänge führten zum Abbau von Beherbergungskapazitäten. Die seit 1980 bis zum Beginn der 1990er-Jahre sinkenden wichtigsten Tourismusindikatoren haben bis heute noch nicht die früheren Werte wiedererreicht. So konnte Polen im Jahr 1980 255 Betten/10.000 Einwohner verzeichnen, im Jahr 2000 hingegen nur noch 204 Betten; dementsprechend reduzierten sich die Übernachtungszahlen von 477 Übernachtungen/1.000 Einwohner auf 410 Übernachtungen/1.000 Einwohner.

Mit dem Wachstum der Besucherzahlen aus dem Ausland und ausländischen Investitionen setzte gegen Mitte der 1990er-Jahre allmählich ein Trend zur qualitativen Erweiterung des touristischen Angebotes ein: Restaurants und Hotels mit viel Komfort wurden errichtet. Angebot und Ausstattung wurden vielfältiger, Drinks und Musik international.

Ein ‚Neuer Gesellschaftsvertrag' wurde im Jahr 1989 am ‚Runden Tisch' unterschrieben. Kurz danach wurde ein Programm zur marktwirtschaftlichen Reform vorgelegt. Welchen Einfluß diese ‚Schocktherapie' auf den Tourismus hatte, ist nicht einfach zu bestimmen. Folgendes steht jedoch fest:

- Die restriktive Geldpolitik führte zu einer Abnahme des privaten Verbrauchs und zu einem jähen Rückgang der inländischen touristischen Nachfrage.

- Durch den Abbau der Einreisebeschränkungen nahm die Zahl der ausländischen Besucher stark zu.

---

[2]   Über die Idee der Arbeiterselbstverwaltung hinaus ging man schon in den 1980er-Jahren zur Förderung des privaten Unternehmertums über und setzte auf die ‚Heilkraftwirkung des Marktes' (stark neoliberal nach Milton Friedmann).

- Durch den Abbau der Ausreisebeschränkungen stieg die Zahl der polnischen Touristen in das Ausland allmählich an.

- In der Folge der dramatischen Entwicklung von Unternehmenszusammenbrüchen in der Tourismusbranche entstanden freie Kapazitäten, ging die Anzahl der Betriebe stark zurück und freie Kapazitäten wurden in artfremde Nutzungen übergeführt.

- Als Reaktion auf die ‚unkontrollierte Freiheit' und die Rechtsordnungslücken, vor allem bei der Umsetzung der Privatisierung, entstand ein großer illegaler Teil der Privatwirtschaft. Dabei überwogen negative Aspekte wie z. B. nicht gemeldete Erträge und Gewinne, Steuerhinterziehung, Umgehen des erforderlichen Versicherungsschutzes für die Touristen etc.

Im Jahr 1998 trat eine bemerkenswerte wirtschaftliche Entwicklung in Polen ein. Diese war eine Folge der Stabilisierungspolitik, der Umsetzung einer ‚Strategie für Polen' und des mittelfristigen Wirtschaftsprogramms von 1994 bis zum Ablauf der Legislaturperiode Ende 1997. Fast alle Wirtschaftsindikatoren und dabei auch die Tourismusindikatoren wiesen eine sehr positive Entwicklung auf.

Die Durchführung von vier Reformen innerhalb der Legislaturperiode 1998-2001 erfolgte unter großen sozialen Spannungen und Einbußen. Dabei war das Ausmaß illegaler oder korrupter Praktiken erschreckend. Sicher ist, dass damit auch der Tourismus Schaden nahm, vor allem aber schreckte ein solches Klima die ausländischen Gäste ab: Seit dem Jahr 1999 verringerten sich die Besucherzahlen ebenso wie die Beherbergungskapazitäten dramatisch.

Im Sparhaushalt für 2002 wurde mit einem Defizit von mehreren Mrd. Poln. Zloty gerechnet, verursacht durch das Mißverhältnis von sinkenden Staatseinnahmen und hohen Ausgaben. Es wird erwartet, dass sich in dieser Entwicklungsphase die Arbeitsmarktsituation weiter verschlechtern wird. Für 2002 wurde die Arbeitslosenquote in Polen auf 17,5% geschätzt (vgl. HAVLIK 2001). Mit Zuwachsraten bei der inländischen Nachfrage ist vorläufig nicht zu rechnen. Die Angst um den Arbeitsplatz führt in Zeiten hoher Arbeitslosigkeit immer zu einem Rückgang der Reisebereitschaft im Urlaub.

2.2   Tourismuspolitik nach der Wende

Grundlegendes Dokument für die polnische Tourismuspolitik nach 1989 ist die vom Amt für Sport und Tourismus im November 1992 verabschiedete Richtlinie zur nationalen Tourismuspolitik, einschließlich eines Entwurfs zur Einführung marktwirtschaftlicher Instrumente der Tourismuspolitik.[3] Da die Gesetze zur Pri-

---

[3]   UKFiT (1992): Gospodarka turystyczna w Polsce. Zalozenia rozwoju, Warszawa

vatisierung und Demonopolisierung hinsichtlich der ordnungspolitischen Bedingungen und der marktwirtschaftlichen Infrastruktur die Besonderheiten der Tourismusbranche nicht berücksichtigten, entstand durch den Verfall der touristischen Betriebe und der Kurbetriebe ein breites soziales Spannungsfeld. Die anfänglichen Ertragssteigerungen im Tourismus wurden durch tourismuspolitische Schwächen zunichte gemacht, u. a. durch

- die Einschränkung und Verteuerung von Krediten,
- die Senkung der inländischen Nachfrage durch erhöhte Lebenshaltungskosten,
- die abnehmende Finanzkraft der Tourismusbetriebe,
- die Auswirkungen der reduzierten touristischen Kaufkraft auf andere Wirtschaftszweige sowie auf die öffentlichen Haushalte der Gemeinden und Regionen und deren Arbeitsmarkt.

Mit der Annahme wesentlicher Rechtsvorschriften im Jahr 1997 hat sich in der Tourismuswirtschaft das Rechtsetzungsverfahren beschleunigt.[4] Relativiert wird dieser Fortschritt dadurch, dass das Wirtschaftsministerium den Einsatz ökonomischer Instrumente in der Tourismuswirtschaft ankündigte. Weiterhin werden langfristige, komplexe Entwicklungskonzepte anstatt kurzfristiger Überlebensstrategien sowie eine Zusammenarbeit zwischen den touristischen Leistungträgern und den anderen Wirtschaftszweigen gefordert. Das Wirtschaftsministerium legte eine neue ‚Strategie für die Tourismusentwicklung 2001-2006' vor und will die Branche mit mehr als 600 Mio. US$ fördern.

3   Die touristische Entwicklung

3.1   Reiseintensität

Als recht globaler Indikator für die touristische Entwicklung gilt die Reiseintensität (vgl. Abb. 1). Diese Messzahl wird zur Charakterisierung des Reiseverhaltens in Polen während der letzten 20 Jahre verwendet; sie gibt an, welcher Anteil der Gesamtbevölkerung jährlich mindestens eine Urlaubsreise und welcher Anteil der Gesamtbevölkerung jährlich mindestens eine Auslandsreise unternimmt.

Die Angaben über die Zahl der polnischen Reisenden divergieren stark; dabei könnten die Zweitwohnsitze einer neuen Mittelschicht die wichtigste Rolle spielen. Sicher liegen die Daten der Gästestatistiken zu niedrig, aber ohne weiter auf die Berechnungsgrundlage unterschiedlicher Quellen einzugehen, ist davon auszugehen, dass etwa 50% der Gesamtbevölkerung jährlich mindestens eine Urlaubsreise unternehmen. Auffällig ist außerdem die starke Zunahme der Auslandsreisenden ab 1995. Dazu hat nicht nur die Öffnung der polnischen Grenzen Anfang der

---

[4]   Ustawa z dnia 29 sierpnia 1997 o uslugach turystycznych, Dz. U. Nr. 133, poz. 884; Rozporzadzenie Ministra Gospodarki z dnia 28 czerwca 2001 roku w sprawie oplat zwiazanych z zaszeregowaniem obiektu hotelarskiego, Dz. U. Nr. 72, poz. 756

1990er-Jahre, sondern auch das gestiegene Interesse an ausländischen touristischen Zielen beigetragen (vgl. Abb. 1).

Abb. 1: Entwicklung der Reiseintensität und der Auslandsreiseintensität in Polen (1980-2000)

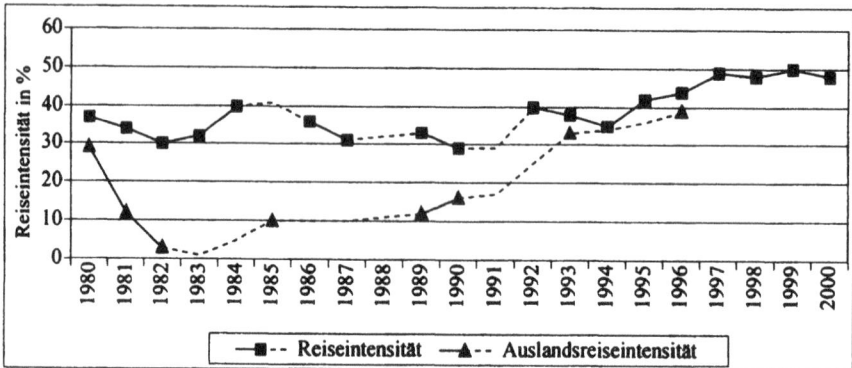

Quelle: Eigene Darstellung nach Statistisches Hauptamt

3.2   Touristisches Angebot: Entwicklung und Vermarktung

Die Attraktivität eines Landes als Reiseziel wird von unterschiedlichen Angebots-elementen bestimmt. Das quantitative und qualitative Angebot im Bereich der Beherbergungs- und Verpflegungsbetriebe ist in Polen noch nicht ausreichend (vgl. Abb. 2).

Die Entwicklung dieser Bereiche war in den Jahren nach der Wende 1989/1990 durch einen Trend zu größeren Betrieben gekennzeichnet, wobei Hotelketten eine besondere Rolle spielten. Das Bettenangebot in der Hotellerie stieg im Zeitraum 1980 bis 2000 von 49.900 Betten in 447 Hotelbetrieben auf 92.000 Betten in 1.200 Hotelbetrieben, u. a. in erstklassigen Hotels wie Sheraton, Marriott, Holiday Inn, Victoria, Sobieski, Mercure, Bristol in Warszawa (Warschau) oder Forum in Kraków (Krakau) sowie Radisson in Szczecin (Stettin).

Es fehlen allerdings Hotels niedrigeren Standards wie z. B. Zwei-Sterne-Hotels. Für derartige Angebote wären in Polen ca. 2.000 Häuser notwendig, es existieren aber erst 200. Dank großer Werbeanstrengungen und großzügiger Investitionsbe-dingungen zeigten private Investoren starkes Interesse am Bau von Hotels. Es gibt eine Reihe touristischer Großprojekte, die durch ausländische oder internationale Investoren verwirklicht werden – dabei handelt es sich insgesamt um mindestens zehn Projekte der luxuriöseren Variante durch InterContinental, Holiday Inn, Hy-att Regency und Radisson SAS sowie mehr als 200 Projekte des Einfach- und Mittelklasse-Angebotes durch Prima Vera oder Accor Group.

Abb. 2: Entwicklung der Bettenkapazität (1980-2000)

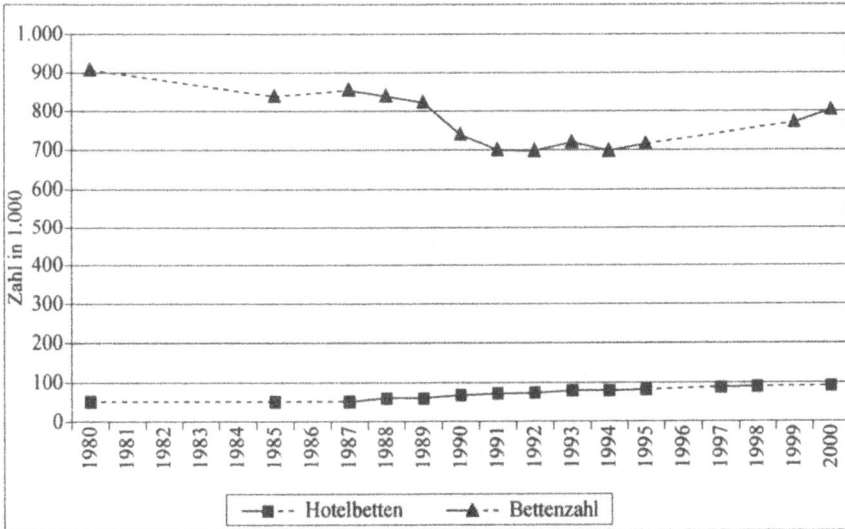

Quelle: Eigene Darstellung nach Statistisches Hauptamt

In der Angebotsstruktur dominieren die Erholungszentren (vgl. Abb. 3). Hotels weisen hingegen einen Anteil von 12% an der gesamten Bettenkapazität (1999) auf.

Abb. 3: Struktur des Bettenangebots in Polen (1999)

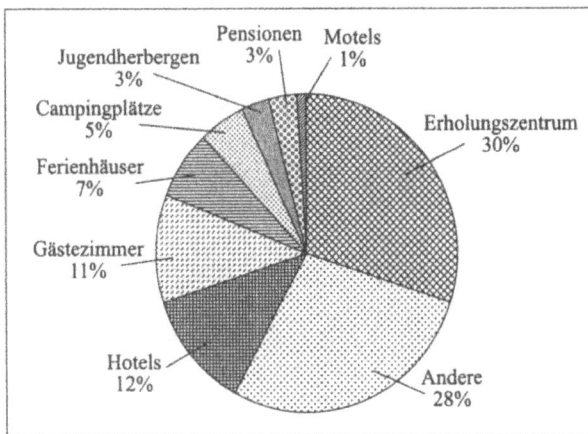

Quelle: Eigene Darstellung nach Statistisches Hauptamt

Der Bestand an Direktinvestitionen stieg in Polen von 1 Mrd. US-$ im Jahr 1993 auf 49,4 Mrd. US-$ im Jahr 2000.[5] Mit 12,3 Mrd. US-$ steht internationales Kapital mit Abstand an erster Stelle (Zahl der multinationalen Investoren: 21) und die Planungen sehen Investitionen in Höhe von mehr als 0,5 Mrd. US-$ für die nächste Zukunft vor. Die touristischen Großprojekte im Bereich Hotellerie und Restauration (mehr als 1 Mrd. US-$ investiertes Kapital) beliefen sich im Jahr 2000 auf 696,8 Mio. US-$ und die künftigen Pläne umfassen Investitionen von mehr als 200 Mio. US-$.

Für Polen besitzt der Städtetourismus einen besonderen Stellenwert. Die meisten Übernachtungen wurden in der Hauptstadt Warszawa (Warschau; ca. 6 Mio. Besucher jährlich) und in der ehemaligen Hauptstadt Polens Kraków (Krakau) erzielt. Es folgen die Städte Poznaà (Posen), Gdañsk (Danzig), LodŸ, Toruñ (Thorn), Szczecin (Stettin), Zamoœæ, Malbork (Marienburg) u. a. mit nennenswerten Zahlen.

Messeeinrichtungen sind in den Städten Warszawa (Warschau), Poznaà (Posen), Katowice (Kattowitz) und Kraków (Krakau) vorhanden; über Kongreß- und Tagungskapazitäten verfügen noch weitere Städte in Polen, z. B. Gdañsk (Danzig), Wroclaw (Breslau), Szczecin (Stettin).

Nach Angaben der International Convention and Congress Association nahm Warszawa den 40. Platz (1999) bei den internationalen Kongreßveranstaltungen ein, auch wenn Polen der ICCA noch nicht beigetreten ist.

3.3   Ausländische Gäste

Während im Jahr 1980 etwa 7 Mio. ausländische Touristen Polen besuchten, waren es im Jahr 1998 schon 88 Mio. Besucher: Einfachtouristen, Mittelklasseurlauber und Touristen aus höheren Einkommensklassen, Westeuropäer, Nordamerikaner, Japaner, Touristen aus Australien sowie Besucher aus allen Teilen des ehemaligen Ostblocks, vor allem aber aus den Großstädten der Nachbarländer Ukraine, Litauen, Slowakei etc.

Der florierende Tourismus zog auch auswärtige Investoren und Arbeitsuchende aus allen Teilen der Welt an. Es kamen neben den Investoren aber auch fliegende Händler und Verkäufer ebenso wie Glücksritter und Diebe, Hochstapler und Prostituierte.

---

[5]   Foreign Investment in Poland – the latest list. Investor – commercial real estate magazine, No. 2 (8), 2001.

Abb. 4: Entwicklung der Zahl ausländischer Besucher in Polen (1980-2000)

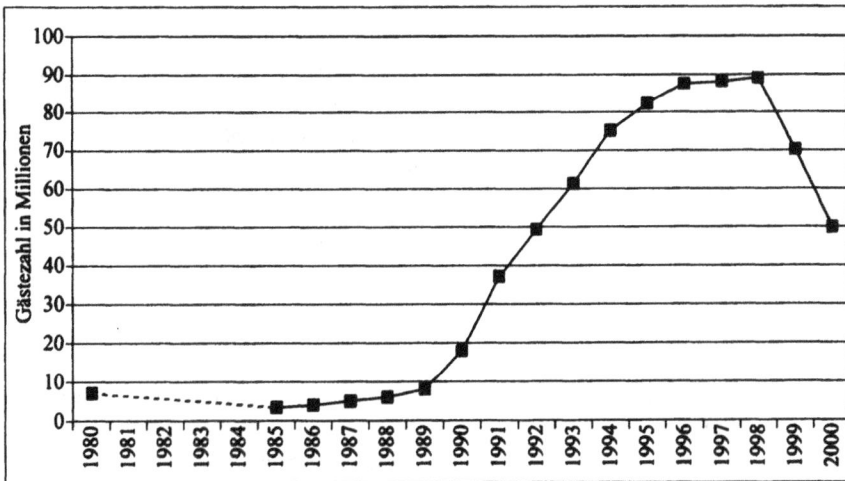

Quelle: Eigene Darstellung nach Statistisches Hauptsmt

Der Reiseboom von ausländischen Gästen nach Polen hat mehrere Gründe:

- Politisch-ideologische Gründe: In der enormen Steigerung kommt einmal die Wirkung der politischen Wende 1989 zum Ausdruck (Sympathie und/oder Neugier der westlichen Bürger), zum anderen wirkt sich hier die Visafreiheit aus.

- Reisen aufgrund biographischer Bezüge zu Polen sowie zum Besuch von Verwandten und Bekannten: Diese Form des Tourismus ist insofern von großer Bedeutung, als Polenstämmige besondere Multiplikatoren sind. Etwa 9,5 Mio. Polenstämmige leben im Ausland, davon 6,5 Mio. in den USA, 750.000 in Frankreich, 450.000 in Brasilien, einige 100.000 in Deutschland, in GUS usw.

- Die natur- und kulturräumliche Attraktivität des Zielgebiets: Eine besondere Attraktion stellen die 22 Nationalparke und 1.251 Naturreservate, 36 Kurorte und Mineralquellen sowie naturbelassene, schwachbesiedelte Gebiete dar. Polens kulturelle Eigenarten, kulturlandschaftliche Sehenswürdigkeiten, Kulturobjekte und -ensembles sowie regionale Eigenarten gehören zum vielfältigen kulturtouristischen Angebotspotenzial.

- Zunehmender Geschäftsreiseverkehr: Aufgrund des günstigen Investitionsklimas für ausländische Unternehmen und der guten Beziehungen zwischen polnischen und internationalen Institutionen hat dieser Markt erheblich an Bedeutung gewonnen. Für Warszawa als Polens Hauptstadt kann derzeit davon ausgegangen werden, dass die 6 Mio. Besucher zum größten Teil beruflichen Motiven folgen. Während in den polnischen Städten generell 70% der Städtetouristen aus beruflichen und 30% aus privaten Motiven anreisen, wird in Warschau der Anteil der beruflich motivierten Reisenden auf 90% geschätzt.

Die Werbung für polnische Reiseziele ist in Westeuropa und allgemein in der Welt stark zersplittert. Polnische Reiseveranstalter und Reisebüros haben relativ geringe Marketingerfahrungen. Auch sind die finanziellen Möglichkeiten der polnischen Fremdenverkehrsorte und -betriebe vielfach zu klein, um sich gut vermarkten zu können. Für die Auslandswerbung stellt Polen jährlich 7 bis 8 Mio. US-$ bereit (im Vergleich konnten Ungarn 20 Mio. US-$ und Spanien 60 Mio. US-$ aufwenden).

3.4   Die Effekte des Tourismus

Zur Bestimmung des Einkommenseffektes und der Ausgleichsfunktion durch den Tourismus liegt kein zufriedenstellendes Datenmaterial vor, um den Einfluß des Tourismus auf die polnische Volkswirtschaft zu verdeutlichen.

Die Einnahmen aus dem Ausländerreiseverkehr lassen sich durch die erzielten Umsätze ermitteln. Mit den Ausländerübernachtungen und anderen fremdenverkehrsspezifischen Leistungen, wie beispielsweise Verpflegung, Transporte, Souvenirs, Einkäufe etc. wurde ein Umsatz von über 7 Mrd. US-$ (inkl. Mehrwertsteuer) im besten Jahr 1999 erzielt. Die durchschnittlichen Devisenausgaben pro Person und Tag wurden auf 52 bis 70 US-$ geschätzt. Die ökonomische Bedeutung des Tourismus erhöht sich noch dadurch, dass das Statistische Hauptamt für das Jahr 1999 die tourismusinduzierten Deviseneinnahmen Polens auf gut 130% dieses Betrages, nämlich 9,1 Mrd. US-$ bezifferte. Polen gehört zu den Ländern mit relativ hohen Überschüssen in der Reiseverkehrsbilanz.

Die Polen gaben für ihre Urlaubsreise im Inland durchschnittlich ca. 300 US-$ aus, das entspricht etwa 50% eines Monats-Nettogehalts. Die Umsätze, die durch den Tourismus polnischer Gäste im Inland erzielt wurden, sind zu den vorgenannten 7 Mrd. US-$ zu addieren. Die gesamte Summe entspricht einem Anteil von ca. 7,8% am Bruttoinlandsprodukt (BIP). Das Gastgewerbe hat einen Anteil von mehr als 1% am BIP.

Der direkte Beschäftigungseffekt beinhaltet diejenigen Arbeitsplätze, die unmittelbar aus dem Fremdenverkehr resultieren. Während beispielsweise im Beherbergungsbereich, in den Verkehrsämtern und weitgehend auch in den Reisebüros alle Arbeitsplätze als unmittelbar tourismusabhängig bezeichnet werden können, ist dies für andere Angebotsbereiche, wie z. B. den Verpflegungsbereich, nur zu einem Teil möglich, da die dort Beschäftigten auch für die Einwohner der Region oder des Ortes tätig werden. Eine weitere Schwierigkeit, die fremdenverkehrsbedingten Arbeitsplätze zu erfassen, ist die Tatsache, dass eine nicht unerhebliche

Anzahl von Teilzeitarbeitskräften und Saisonarbeitsplätzen für den Fremdenverkehr typisch ist.

Abb. 5: Entwicklung der Reise-Deviseneinnahmen in Polen (1990-2000)

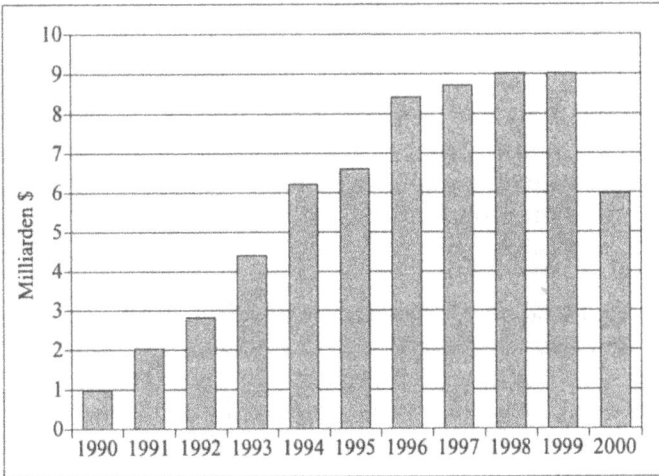

Quelle: Eigene Darstellung nach Statistisches Hauptamt

Nach Erhebungen des Statistischen Hauptamtes sind im Jahr 1998 ca. 320.000 direkt vom Tourismus abhängig Beschäftigte gezählt worden, darunter waren 221.600 Personen im Gastgewerbe tätig (d. h. 1,4% aller Beschäftigten in Polen).

Nicht nur in den primären Fremdenverkehrsbereichen, sondern auch in anderen Wirtschaftszweigen besteht ein mittelbarer Beschäftigungseffekt. Bei Handel, Banken, Versicherungen, Produzenten von Sport- und speziellen Fremdenverkehrsartikeln, Lebensmittelproduzenten, Fotoschnelldiensten, Schönheitssalons und Discos entsteht ebenfalls ein Teil der Beschäftigung aus dem Fremdenverkehr. Insgesamt ergibt sich in Addition mit den unmittelbaren Fremdenverkehrsbereichen eine Zahl von mehr als 1,3 Mio. Arbeitnehmern, die direkt oder indirekt von der touristischen Nachfrage abhängen; dieser Wert entspricht 8,2% aller Erwerbstätigen in Polen (1998).

4 Perspektiven

4.1 Übernahme der EU-Gesetzgebung – Auswirkungen auf den Tourismus

Im Jahr 1994 trat der Assoziierungsvertrag mit der EU in Kraft, und es wurde der Antrag auf Aufnahme in die EU gestellt. Nach HACKENBRUCH (2001) ist es zum besseren Verständnis der Integration Polens als zukünftigem EU-Mitgliedsstaat notwendig, zunächst die Gesetzgebung der EU im Bereich Wettbewerb mit ihren

Auswirkungen zu skizzieren. Dabei sollen vor allem diejenigen Aspekte im Mittelpunkt stehen, die sich bereits jetzt im Zuge der Übernahme der EU-Gesetzgebung in nationales Recht (Acquis) als Auswirkungen auf die Struktur der polnischen Tourismuswirtschaft und das Verhalten von Touristen und Investoren beobachten lassen. Dennoch existieren Bereiche in Polen, bei denen das nationale Recht noch nicht dem EU-Recht entspricht:

- Der Grundstückserwerb durch Ausländer steht in Polen unter Genehmigungsvorbehalt. Diese Praxis ist wettbewerbsverzerrend, weil sie die Niederlassungsfreiheit als Bestandteil der Freizügigkeit begrenzt (zur Freizügigkeit vgl. Art. 39ff EG-V). Ausschlaggebend für die Genehmigung ist jeweils, ob das Grundstück, das erworben werden soll, für die geplante z. B. touristische Investition tatsächlich unentbehrlich ist.

- Beihilfen sind wettbewerbsverzerrend, weil sie Wirtschaftssubjekte, z. B. touristische Unternehmen, mit Hilfe von nicht betriebswirtschaftlich erworbenen Gewinnen in Vorteilspositionen bringen. Die Einrichtung von Sonderwirtschaftszonen in Polen wurde mit dem Gesetz über die Sonderwirtschaftszonen vom 20. Oktober 1994 (in der Folgezeit mehrfach ergänzt bzw. geändert) ermöglicht.

Nach einer Stellungnahme der EU-Kommission vom 9. Januar 2001 sind die Sonderwirtschaftszonen nicht mit dem Gemeinschaftsrecht vereinbar (vgl. HACKEN-BRUCH, 2001).

Für die betroffenen touristischen Unternehmen in den Sonderwirtschaftszonen führt der augenblickliche Zustand dazu, dass mit der drohenden Aufhebung von Vergünstigungen zusätzliche und nicht eingeplante Kosten entstehen, die u. U. eine Investition unrentabel werden lassen. Für die Sonderwirtschaftszonen in den touristisch bedeutsamen Gebieten (Gemeinden, Regionen etc.) bedeutet das schon jetzt, dass ihre Standortvorteile zumindest langfristig nicht mehr bestehen und sie sich einem Wettbewerb mit anderen Regionen stellen müssen, der durch andere Parameter bestimmt ist (Infrastruktur, geographische Lage, touristische Attraktivität, Lohnniveau etc.).

4.2   Der Tourismus in Polen und die New Economy

Als Hoffnungsträger für eine Wiederbelebung der Tourismuswirtschaft zeigt sich die New Economy. Die New Economy dient als Sammelbegriff für die Gründe, warum sich die polnische Tourismuswirtschaft in nächster Zeit schneller entwickeln sollte als in den 1980er- und 1990er-Jahren. Schon in den letzten fünf Jahren hat sich die Ausbreitung und Nutzung der Digitaltechnik in der polnischen Tourismuswirtschaft und in der gesamten Gesellschaft deutlich beschleunigt. Nach den Ergebnissen von Umfragen, die im Mai 2001 in Polen durchgeführt wurden, haben ca. 8 Mio. Einwohner Polens einen Internet-Zugang, d. h. ca. 20% der Gesamtbevölkerung. Die befragten Benutzer sind der Meinung, dass in den nächsten fünf Jahren mehr als die Hälfte der privaten Haushalte einen Internet-Anschluß erhalten dürften. Ein Aktionsplan, der beim polnischen Ministerium für Transport und Kommunikation entwickelt wurde, legt die vorrangigen Maßnahmen fest, darunter:

- die Senkung der Mehrwertsteuer von 22 auf 7% für mit dem Internet verbundene Dienstleistungen,
- die Ausschreibung für die Schaffung von Telezentren in den Gemeinden und Kleinstädten,
- die Förderung von Internet und e-Commerce durch Rechtsvorschriften, die noch vor Ende 2001 im Parlament angenommen werden sollen.

Die Tourismuswirtschaft in Polen besteht – wie in vielen anderen Ländern – aus Milliarden von Transaktionen täglich. Waren und Dienstleistungen werden in Unternehmen der Tourismusbranche produziert und sowohl an institutionelle Kunden als auch direkt an Touristen verkauft. Bei den Ausgaben der Urlauber sind einige dieser Transaktionen von der New Economy stärker betroffen als andere, die grundlegenden Konzepte bleiben jedoch dieselben. Seit der Einrichtung der elektronischen INFOR-Börse im Mai 2001 benutzen die polnischen touristischen Unternehmen und Regionen die neuen Vertriebsmöglichkeiten sehr gern, ebenso wie auch die tschechischen, slowakischen und ungarischen Nachbarn.

Trotz des erkennbaren Wachstums des elektronischen Geschäftsverkehrs zeigen Studien in Polen, dass er gegenwärtig nur einen winzigen Bruchteil der Verbraucherausgaben repräsentiert.[6] Bisher hatte der elektronische Verkauf des touristischen Angebots keinen Effekt auf die größten Posten der Ausgaben der Privathaushalte: Urlaub, Unterbringung, Reise, Auto, Benzin, Versicherungen.

Die wichtigste Herausforderung für die Wissenschaftler besteht darin, die Erfassung der grundlegenden statistischen Daten so anzupassen, dass die neuen Vertriebskanäle erkannt und gemessen werden. Die Transaktionen müssen durch Erhebungen über die touristischen Waren und Dienstleistungen, Einzelhandelsumsätze und die Wirtschaftsrechnungen der privaten Haushalte erfaßt werden.

Und schließlich erleichtert das Internet die Bestellung im Ausland, d. h. die Daten zu Waren, Dienstleistungen und Finanzanlagen müssen entsprechend angepaßt werden, damit uns diese Handelsströme nicht entgehen. Die New Economy ist im Tourismus durch Virtualität gekennzeichnet. Ein bestimmter Bereich sollte hier besonders hervorgehoben werden: Die überwiegende Mehrzahl der Organisationen wurde traditionell definiert und begrenzt durch geographische Parameter. Für die

---

[6] Es wäre sehr interessant, die polnischen Ergebnisse mit den Ergebnissen von Eurobarometer-Umfragen, die die Europäische Kommission im Rahmen von eEurope durchgeführt hat, und den Ergebnissen von Umfragen, in denen die kanadische Gruppe IPSOS-REID die Weltbevölkerung befragt hat, miteinander zu vergleichen.

Informationsgesellschaft existieren diese Grenzen und Entfernungen nicht mehr. Heute werden neue Organisationen geschaffen, die nicht über geographische Gegebenheiten, sondern über gemeinsame Interessen definiert werden.

5   Schlussfolgerungen

Generell kann die These bestätigt werden, dass die tourismuspolitischen Reformen in Polen simultan mit dem ökonomischen Wiederaufbau verlaufen. Ob sich die Effizienz der Tourismuspolitik nach 1989 erhöht hat, kann weder generell noch endgültig beantwortet werden. Anhand empirischer Untersuchungen können jedoch Tendenzen identifiziert werden. Bei den Versuchen zur Sanierung der Tourismuswirtschaft in Polen, die seit 1989/1990 laufen und sich nach dem Jahr 2000 fortsetzen werden, standen die folgenden Aufgaben im Vordergrund:
- die Neuordnung des Wirtschaftssystems,
- die Modernisierung der veralteten Infrastruktur sowie der Einrichtungen und Objekte, die den Bewohnern, Touristen und der Umwelt dienen sollen,
- der Neuaufbau des ungenügenden Dienstleistungssektors,
- die Vereinbarungen, die den Beitritt Polens zur EU betreffen.

Als herausragende Merkmale der touristischen Entwicklung innerhalb der zehn Jahre nach der Wende 1989/1990 sind zu nennen:
- starker Anstieg der Besucherzahl, insbesondere der ausländischen Touristen,
- starke Zunahme des Zimmerangebots in der Hotellerie, verbunden mit einer Abnahme der anderen Unterkunftsarten,
- konsequente Privatisierungsmaßnahmen, einschließlich des Kurorte- und Bädersektors,
- steigende Akzeptanz bei ausländischen Touristen und Investoren für Polen als – wenn auch nicht völlig respektables, so doch zumindest interessantes – Reiseziel und als Standort von touristischen Investitionsprojekten.

Das touristische Angebot Polens, die relativ günstigen Preise, die Zunahme von Kaufkraft und Urlaubsbedürfnissen in Polen selbst und in den benachbarten Staaten, die Internet-Nutzung im Tourismus und deren Förderung sowie der zukünftige EU-Beitritt lassen kaum etwas anderes als ein weiteres Wachstum der Tourismusbranche in Polen im 21. Jh. erwarten. Gerade dieses Wachstum könnte sich längerfristig aber als nachteilig erweisen und den Urlaubswert Polens mindern. Bereits heute ist die Infrastruktur überlastet. So ist das bestehende Straßennetz der Verkehrszunahme nicht mehr gewachsen. Kaum mit Zahlen fassbar ist die Frage, ob Polen vom Tourismus profitieren kann, ohne der Umwelt zu schaden.

Literatur

HACKENBRUCH, U. (2001): EU Wirtschafts- und Wettbewerbspolitik: Auswirkungen auf Polen als Beitrittsland. Vortrag anlässlich der "Deutschen Tage", 23.-24. April 2001. Katowice.

HAVLIK, P. et al. (2001): Transition Countries in 2001: Robust Domestic Demand, Concerns About External Fragility Reappear. WIIW Research Report No. 277, July 2001.

JĘDRZEJCZYK, I. (1997): Ökologische Bedingungen und Funktionen des Tourismus in Polen. In: BECKER, CHR. (Hrsg.): Beiträge zur nachhaltigen Regionalentwicklung mit Tourismus. Berlin, S. 21-41.

JĘDRZEJCZYK, I. (1993): Zukunftschancen der polnischen Kurorte. Die Kurorte als Reiseziel für ausländische Besucher. In: STADTFELD F. (Hrsg.): Europäische Kurorte – Fakten und Perspektiven. Limburgerhof.

Tourismus in Ungarn:
Struktur – Dynamik – Perspektiven

Antal Aubert

Der vorliegende Beitrag zum Tourismus in Ungarn verfolgt mehrere Ziele. Zunächst soll ein Einblick in die Entwicklung des Tourismus in Ungarn gewährt werden. Weiterhin werden die wichtigsten Charakteristika der Periode vor und nach dem Systemwechsel dargestellt. Überdies gilt es, den Tourismus als eine bedeutende Branche der ungarischen Wirtschaft zu würdigen. Außerdem zeigt eine genauere Analyse der Verhältnisse in den 1990er-Jahren, dass im Jahr 1996 die gezielte Entwicklung des ungarischen Tourismus mit der Verabschiedung von zentralen und regionalen Entwicklungsprogrammen und der Einführung eines dezentralisierten Institutionensystems ihren Anfang genommen hat. Diese Entwicklung ist nach einer vergleichsweise chaotischen Übergangsphase erfolgt, wobei die Übernahme von Richtlinien der Europäischen Regionalpolitik einen wichtigen Einschnitt markierte.

Ein Vergleich der touristischen Entwicklung in Ungarn mit der Situation im Tourismus in anderen Ländern der Europäischen Union (EU) zeigt, dass Ungarn einen erheblichen Rückstand aufzuholen hat. Grundproblem ist, dass der ungarische Tourismus sowohl in räumlicher (Budapest und der Plattensee als herausragende Schwerpunkte) als auch in zeitlicher Hinsicht (Juli und August) immer noch sehr stark konzentriert ist. Ziel der ungarischen Tourismuspolitik ist es daher, sowohl die territoriale als auch die zeitliche Konzentration zu überwinden, was nur im Rahmen integrierter wirtschaftlicher und raumbezogener Entwicklungsprogramme geschehen kann.

1 Die regionale Entwicklung des Tourismus im sozialistischen Ungarn

Der Tourismus stellte für die Wirtschaft des sozialistischen Ungarns immer einen wichtigen Sektor dar. Von den Maßnahmen, die seine regionale Entwicklung besonders beeinflusst haben, ist das Raum- und Siedlungsentwicklungsgesetz von 1971 zu nennen, das mit Bezug auf den Tourismus (vgl. Punkt 1006/1971.II.3. in diesem Gesetz) zwei Prioritäten besonders hervorhob:
- die Entwicklung des Plattensees, der Hauptstadt Budapest und der Heilbäder; diese Destinationen bilden die Hauptattraktivitäten für ausländische Touristen;
- die Förderung von Wochenend-Erholungsregionen in den sich urbanisierenden Gebieten des Landes.

Die Einrichtung von bevorzugten Tourismusgebieten (Plattensee, Velencer-See, Donauknie, Matra-Bükk, später auch Sporon-Kőszeghegyalja, Tisza-See) und die Etablierung ständiger Ausschüsse an der Spitze dieser Gebietseinheiten gehen auf die Anordnung 2006/1979 des ungarischen Ministerrates zurück. Im Ungarn der sozialistischen Phase sind sowohl die Abhängigkeit von Finanzmitteln der Zentralregierung als auch die allmähliche Einengung raumbezogener touristischer Ressourcen deutlich zum Vorschein gekommen. In Bezug auf die touristische Infrastruktur war eine extreme Ungleichheit entstanden: Sie wurde durch die drückende Überlegenheit von Budapest und des Plattensees geprägt; lediglich die Thermal- und Heilbäder brachten etwas Farbe auf die Karte des ländlichen Ungarns.

Zuständig für die regionale Entwicklung des Tourismus waren in der sozialistischen Phase des Landes die in den Komitaten eingerichteten Fremdenverkehrsämter. Sie bildeten das Institutionensystem, das die in der Zentrale initiierten Prozesse vor Ort umsetzen sollte. Diese Einrichtungen waren jedoch nicht in der Lage, dem Sog der traditionellen touristischen Destinationen entgegenzutreten. Mit dem Systemwechsel haben diese Einrichtungen ihr Vermögen verloren; gleichzeitig ist ihre Rolle neu definiert worden (vgl. AUBERT/MISZLER 1999).

2 Die regionale Entwicklung des ungarischen Tourismus nach dem Systemwechsel

Mit der Öffnung Ostmitteleuropas verlor Ungarn seine spezifische touristische Attraktion. Zwar sind hinter den hohen statistischen Angaben zum Grenz- und Transitverkehr (ca. 40 Mio. Besucher im Jahr 1995) die Probleme lange Zeit verdeckt geblieben, doch heute liegen sie offen auf der Hand und ihr struktureller Charakter ist nicht zu übersehen. Zusätzlich zu den bestehenden traditionellen Destinationen ist die Entwicklung des Qualitätstourismus auch unter dem Aspekt der räumlichen Ausdehnung unumgänglich. Glücklicherweise ist diese Forderung mit Zielen kompatibel, wie sie in Programmen der EU zur Raumentwicklung im Vorfeld der EU-Erweiterung enthalten sind. So besteht die Chance, dass der Tourismus einer der führenden Sektoren der ungarischen Wirtschaft bleibt, falls es gelingt, ihn zielgerecht zu strukturieren und zu erneuern.

Das Jahr 2000 hat in der Planung und Entwicklung sowohl des Raumes generell als auch speziell des Tourismus unter mehreren Gesichtspunkten bedeutende Änderungen gebracht. Auf Landes- und Regionalebene sind komplexe touristische Konzeptionen und Programme erarbeitet worden, deren Finanzierung aus zentral zur Verfügung gestellten, aber auch dezentralisierten Quellen – analog zu den Grundprinzipien der Raumentwicklung – im Jahre 2000 in die Phase der Verwirklichung getreten ist.

In Hinsicht auf die Raumentwicklung ist mit der Harmonisierung landesweiter und regionaler Strategien der Nationale Entwicklungsplan, der sog. Széchenyi-Plan,

fertiggestellt geworden. Dieser Nationale Entwicklungsplan ist nicht nur eine Voraussetzung für den Bezug von Fördermitteln aus EU-Programmen, sondern er gilt
auch als ein wichtiges Rahmendokument für die planmäßige nationale und regionale Entwicklung. Der Plan bildete zum Beispiel den Hintergrund für die im Jahr
2000 geführte Debatte um die Nationale Tourismusstrategie. Die in der zweiten
Hälfte des Jahres 2001 fertiggestellten Konzeptionen und Programme fügen sich
ebenso in ihn ein.

Der Széchenyi-Plan ist ein nationales Programm zur Förderung der Wirtschaft, das
vom Wirtschaftsministerium betreut wird. Er gilt für den Zeitraum 2000-2006 und
umfasst sieben wichtige Wirtschaftsprioritäten. Unter ihnen hat der Tourismus mit
sechs Subprogrammen seinen Platz gefunden. Damit scheint gesichert zu sein, dass
die zentralen Elemente der landesweiten touristischen Strategie mit den dazu gehörenden Ressourcen tatsächlich umgesetzt werden können. Ein Abgleich der Raum-
entwicklungsakteure auf der regionalen Ebene mit den Tourismusprogrammen
sowie deren Einbau in die komplexen Entwicklungsstrategien der einzelnen Regionen sind noch im Gange. Ziel des vorliegenden Beitrages ist es, über die kurze
Darstellung des Beziehungssystems von Raumentwicklung und Tourismus hinaus
nach Anknüpfungspunkten und Belegen dafür zu suchen, dass der Tourismus als
Branche ein wichtiger Bestandteil der komplexen Raumentwicklung ist.

Die Multiplikator-Wirkung des Tourismus ist allgemein anerkannt, deshalb kann
auf eine integrierte Raum- und Tourismusentwicklung nicht verzichtet werden:
Steigende Einnahmen, neue Arbeitsmöglichkeiten, Investitionen in die Infrastruktur, günstige Umweltbedingungen, frisches ausländisches Kapital sowie positive
Effekte in Bezug auf den Ablauf ungünstiger demographischer Prozesse und die
Gestaltung kultureller Gegebenheiten – das alles sind Indikatoren, die darauf hinweisen, dass der Tourismus eine starke Wirkung auf das System als Ganzes ausübt
(vgl. LENGYEL 1999).

3   Das branchenspezifische Lenkungssystem des Tourismus in Ungarn

Landesweit gehört der Tourismus weiterhin zum Wirtschaftsministerium. Um
diesen Bereich besser managen zu können, wurde die Ungarische Tourismus AG
gegründet, die sich jedoch zu 100% im Besitz des Wirtschaftsministeriums befindet. Beratungsorgan des Ministers ist die Landes-Fremdenverkehrskommission.
Auch auf der Ebene der parlamentarischen Betreuung hat es nach und nach Fortschritte gegeben: Die Sparte Tourismus ist zwischen 1994 und 1998 als Fremden-
verkehrs-Subkommission der Umweltkommission angegliedert gewesen. Seit 1998
funktioniert sie als eigene Fremdenverkehrskommission des Parlaments.

Abb. 1: Ungarns touristische Regionen und Erholungslandschaften

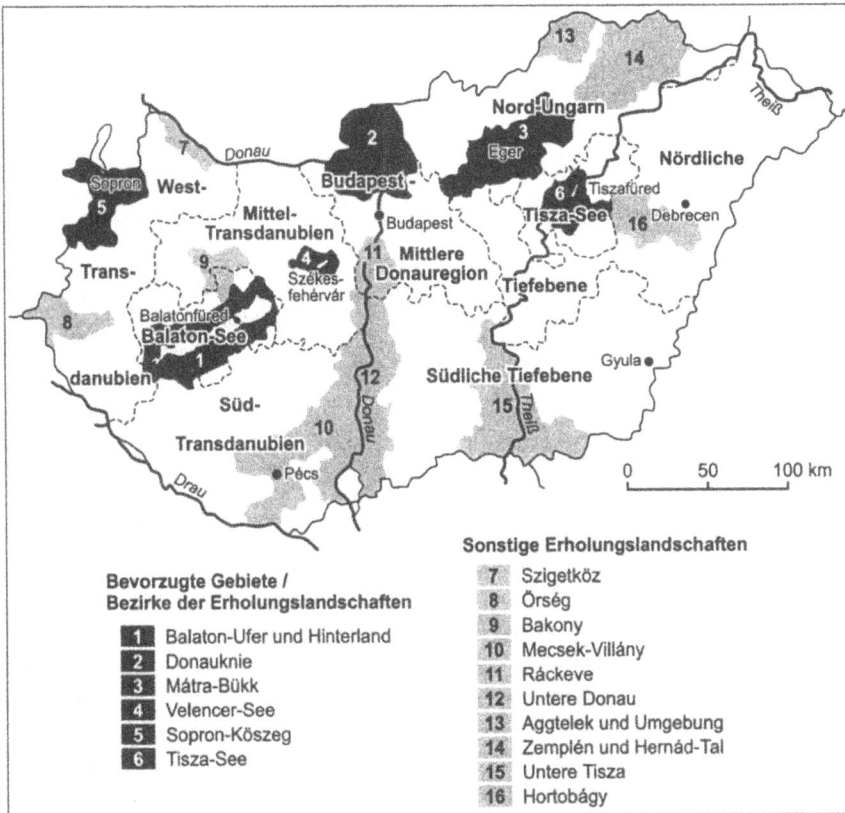

Bevorzugte Gebiete / Bezirke der Erholungslandschaften		Sonstige Erholungslandschaften	
1	Balaton-Ufer und Hinterland	7	Szigetköz
2	Donauknie	8	Örség
3	Mátra-Bükk	9	Bakony
4	Velencer-See	10	Mecsek-Villány
5	Sopron-Köszeg	11	Ráckeve
6	Tisza-See	12	Untere Donau
		13	Aggtelek und Umgebung
		14	Zemplén und Hernád-Tal
		15	Untere Tisza
		16	Hortobágy

Quelle: Eigener Entwurf

Die Gestaltung des regionalen Lenkungssystems im Tourismus ist in den 1990er-Jahren ziemlich chaotisch gewesen; von einer gezielten Entwicklung von Institutionen kann erst seit 1996 gesprochen werden. Zu jener Zeit hat man mit der organisatorischen Einrichtung des regionalen Fremdenverkehrssystems begonnen, um das Landes-Raumentwicklungsgesetz umzusetzen und um damit den Integrationswillen in die EU zu bekunden. Da nur bescheidene Erfolge erzielt werden konnten, traf die Landes-Fremdenverkehrskommission im Jahr 1997 den Beschluss, neun touristische Regionen zu bilden, die ganz Ungarn umfassen. Diese Struktur ist von der ungarischen Regierung im Jahr 1998 (im Beschluss 1007/1998) in Kraft gesetzt worden (vgl. Abb. 1).

Seitdem ist das regionale Organisationssystem mehrmals modifiziert worden. Da die Verantwortung für das Management des Tourismus auf Komitatsebene nicht konsequent verwirklicht worden ist, gibt es, was die praktische Politik der Komitate anbetrifft, im landesweiten Überblick starke Schwankungen. Vor allem das Aufgabensystem und der Personalbestand im Tourinform-Netzwerk müssten ver-

ändert und verstärkt werden (vgl. AUBERT/SZABÓ 1999). Das staatliche Institutionensystem zur regionalen Raumentwicklung ist dagegen auf Landes- und Regionalebene gut ausgebaut worden (vgl. Abb. 2).

Abb. 2: Das Management- und Lenkungssystem im ungarischen Tourismus

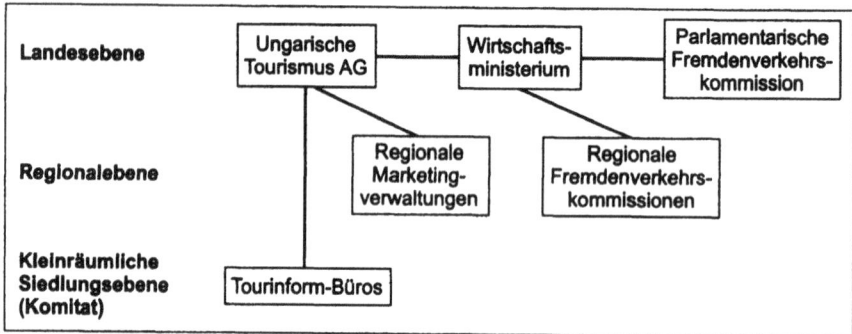

Quelle: Eigener Entwurf

Die Ressourcen, die für den Tourismus erforderlich sind, waren bisher über verschiedene Ministerien verstreut. Über die Fremdenverkehrssteuern, die bei den
Kommunalverwaltungen der Siedlungen anfallen und die mit staatlichen Ergänzungen versehen werden können, entscheidet die lokale Politik, die das komplexe
Interesse der Siedlungsentwicklung vor Augen hat. Allerdings gibt es in der jüngsten Vergangenheit kaum Beispiele für umfassende Entwicklungsaufgaben, die aus
den knappen Quellen der Komitatsverwaltungen gespeist werden; die Aufgabenbereiche dieser Institutionen beschränken sich auf den Betrieb der Tourinform-Büros
und auf Ziele im Tourismusmarketing. Der zentral erarbeitete Finanzplan hat als
touristischer Zielvoranschlag die Aufgabe, einen Rahmen für die nationalen und
regionalen Entwicklungs- und Marketingaufgaben vorzugeben. Die entsprechenden finanziellen Ressourcen haben sich anteilsmäßig seit 1998 zwar erhöht, was zu
begrüßen ist, aber im Verhältnis Land-Region gibt es keine wesentliche Veränderung. Die Subprogramme zur Tourismusentwicklung im Széchenyi-Plan stellen für
das Jahr 2001 Ressourcen zur Entwicklung besonderer Produkttypen zur Verfügung; sie beinhalten zugleich Möglichkeiten für touristische Investitionen, die ein
größeres Volumen umfassen. Auch EU-Ressourcen (z. B. die Programme PHARE,
ISPA, SAPARD) können in Übereinstimmung mit den Grundprinzipien der Raumentwicklung eingeworben werden.

Die bewusste Planung im ungarischen Tourismus hat in der zweiten Hälfte der
1990er-Jahre im Einklang mit der Raumentwicklung begonnen. Die Förderung des
Tourismus ist auf Seiten der zuständigen Institutionen ausgebaut worden. Eine
wichtige Aufgabe der nahen Zukunft ist, dass zwischen den einzelnen Institutionen
und den verschiedenen Ebenen des Managements ein harmonisierter Handlungs-
wille herbeigeführt wird, der für die Interessen der Tourismusbranche so genutzt

werden kann, dass zugleich auch die Raumentwicklungsfunktion des Tourismus
erfüllt wird.

4   Der ungarische Tourismus im internationalen Wettbewerb

Vor dem Hintergrund eines attraktiven touristischen Angebots hat Ungarn in den
letzten Jahren erfahren, dass das Land in den Augen der Welt und Europas einen
Imagewandel durchläuft:
-   Ungarn hat aufgehört, ein verhältnismäßig sicheres Land und ‚die fröhlichste
    Baracke' der kommunistischen Welt zu sein,
-   Ungarn hat aufgehört, ein deutsch-deutscher Treffpunkt zu sein,
-   Ungarn hat aufgehört, das Land billiger Dienstleistungen zu sein.

Ungarn wird jährlich von 30 Mio. internationalen Touristen (2000) besucht und
belegt damit den 14. Platz auf der Liste der beliebtesten Zielländer der Erde. Im
Hinblick auf die Höhe der Einnahmen aus dem Tourismus erreicht das Land jedoch nur den 38. Platz. Gerechnet in Besucherzahlen hat Ungarn einen Anteil von
3-4% am Welttourismus, hinsichtlich Einnahmen aus dem Tourismus beläuft sich
der Anteil des Landes jedoch auf nur 1,1%.

Aufschlussreich ist, dass Zahl und Aufenthaltsdauer der ausländischen Besucher
pro 1.000 Einwohner in Ungarn das Dreifache des Durchschnitts in der EU betragen. Die Zahl der in gewerblichen Unterkünften registrierten ausländischen Übernachtungen und die durchschnittlichen Einnahmen pro Tourist liegen jedoch nur
bei der Hälfte bzw. bei einem Drittel des Durchschnitts in der EU. Charakteristisch
ist weiterhin, dass im benachbarten Österreich, das von einer ungefähr gleichen
hohen Besucherzahl wie Ungarn aufgesucht wird, die durchschnittlichen Einnahmen pro Person bei 635 US-$ liegen, während in Ungarn Ausgaben in Höhe von
nur 118 US-$ pro Person getätigt werden. Diese Daten weisen darauf hin, dass
Ungarn im Bezug auf die EU trotz seiner günstigen touristischen Gegebenheiten
noch nicht ausreichend konkurrenzfähig ist.

5   Die Rolle des Tourismus in der ungarischen Wirtschaft

Trotz noch nicht ausreichender internationaler Konkurrenzfähigkeit zählt der Tourismus innerhalb der ungarischen Wirtschaft zu den Erfolgsbranchen: So haben
sich die Deviseneinnahmen aus dem Tourismus in Ungarn zwischen 1990 und
2000 vervierfacht. Die Gesamtdeviseneinnahmen aus dem Tourismus beliefen sich
im Jahr 2000 auf 3,6 Mrd. US-$; damit konnten drei Viertel des ungarischen Au-
ßenhandelsbilanzdefizits abgedeckt werden. Nach Expertenschätzungen stammen
bereits mehr als 10% des Bruttosozialprodukts aus dem Tourismus; die Branche
bietet beinahe 250.000 Personen Arbeit.

Damit gilt auch für den Tourismus in Ungarn, dass er fähig ist, das wirtschaftliche Wachstum zu stimulieren und das raumwirtschaftliche Gleichgewicht zu verbessern. Er kann zum Anschluss der unterentwickelteren Gebiete, zur Bewahrung und Nutzung von Kultur und Natur sowie zur Verbesserung der Lebensverhältnisse für die Bevölkerung beitragen.

6   Die Konkurrenzfähigkeit des ungarischen Tourismus als Problem

Der ungarische Tourismus zeichnet sich durch vergleichsweise hohe Umsätze bei gleichzeitig bescheidenen Erträgen aus. Während die durchschnittlichen Pro-Kopf-Einnahmen im EU-Durchschnitt im Jahr 1998 bei 750 US-$ lagen, betrug dieser Wert in Ungarn lediglich 234 US-$. Die Gründe für die niedrigen Erträge sind an der inneren Struktur des Tourismus und am Niveau der Dienstleistungen in dieser Branche festzumachen. Die wichtigsten Faktoren sind: die schlechte Infrastruktur (v. a. im Verkehrsbereich); der geringe Anteil anspruchsvollerer touristischer Produkte; die Knappheit bei Hotelkapazitäten; die niedrige Qualität der Dienstleistungen; der Anteil des Schwarztourismus bzw. des entsprechenden grauen Wirtschaftssektors (Touristen, die sich mehr als 24 Stunden im Land aufhalten, erzeugen beinahe die Hälfte des touristischen Gesamtumsatzes, doch nach Expertenschätzungen fallen davon lediglich 10% in gewerblichen Unterkünften an).

Wie oben erwähnt, ist die räumliche Konzentration der touristischen Infrastruktur und ihre zeitliche Auslastung innerhalb des Landes sehr stark ausgeprägt (62% der ausländischen Übernachtungen in gewerblichen Unterkünften konzentrieren sich auf Budapest und den Plattensee; 40% aller Übernachtungen entfallen auf Juli und August).

Eines der größten Probleme des ungarischen Tourismus ist die wenig zahlungskräftige inländische Nachfrage (im Jahr 2000 entfielen lediglich 43% der Gesamtübernachtungen und 36% der Hotelübernachtungen auf den Binnentourismus; vgl. Abb. 3).

7   Ausblick auf die zukünftige Entwicklung des Tourismus in Ungarn

Die Möglichkeiten der künftigen Entwicklung des ungarischen Tourismus werden von den Gegebenheiten vor Ort und von der Marktposition beeinflusst. Ungarn zeichnet sich durch eine günstige geographische Lage in Bezug auf den größten touristischen Markt der Welt aus und verfügt über Attraktivitäten, die den neuesten touristischen Trends entsprechen (ungarische Kultur, Heilwasser, Nationalparke, Reiten und Jagd, Geschäfts- und Kongresstourismus).

Abb. 3: Übernachtungen in gewerblichen Unterkünften – differenziert nach
touristischen Regionen (2000)

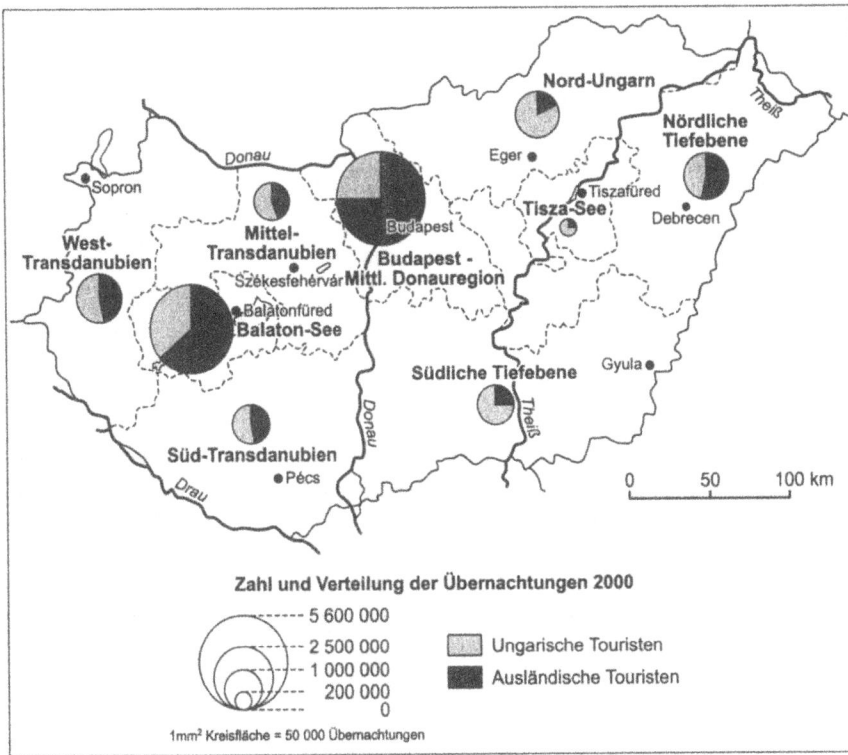

Quelle: Statistisches Zentralamt 2001

Das Hauptproblem der Entwicklung im Tourismus Ungarns ist im unzureichenden
Ausbau der Infrastruktur zu sehen; neben den Kapitalressourcen ist auch eine
planmäßige Gestaltung nötig (der Markt reguliert nachträglich).

Der Tourismus ist eine spezifische Wirtschaftsbranche, deren Entwicklung mehrere wirtschaftsstrategische Ziele gleichzeitig fördert: die Verbesserung der Zahlungsbilanz, die Schaffung von Arbeitsplätzen, die Raumentwicklung sowie die
Bewahrung des Kultur- und Naturerbes. Die Angebotsstruktur muss so umgestaltet
werden, dass der ungarische Tourismus aus seiner derzeitigen Situation mit hohem
Gästeverkehr, aber niedrigen spezifischen Einnahmen in eine Richtung gelenkt
wird, für die eine niedrigere Gästezahl, aber höhere spezifische Einnahmen charakteristisch sind. Das Budget zur Finanzierung des Tourismus aus zentralen
Quellen stieg von 8 Mill. US-$ in den 1990er-Jahren über 40 Mill. US-$ im
Jahre 2000 und 100 Mill. US-$ im Jahr 2001 auf 112 Mill. US-$ im Jahr 2002. Im
Széchenyi-Plan kommt ein Tendersystem für die Abwicklung der Förderpolitik im
Tourismus zur Anwendung: Die staatlichen Mittel für den Tourismus sollen über
dieses System private Investitionen in mehrfacher Höhe auslösen (im Jahr 2001

hat jeder ungarische Forint aus dem Széchenyi-Plan Ausgaben aus dem Privatsektor in Höhe von bereits drei ungarischen Forint bewirkt). Die wichtigsten Entwicklungsziele für den Tourismus im Széchenyi-Plan lauten:

- quantitative und qualitative Verbesserungen im ausländischen Tourismus, um dessen Effizienz zu steigern;

- Entwicklung spezifischer, auch international konkurrenzfähiger touristischer Produkte;

- Erhöhung des Niveaus der Dienstleistungen;

- Steigerung der Stabilität der Branche sowie Schaffung der Voraussetzungen für eine ausgeglichene Entwicklung durch die Förderung des ungarischen Binnentourismus;

- Sicherung der Voraussetzungen für nachhaltigen Tourismus durch Entwicklungsrichtungen, die keine negativen Auswirkungen auf das kulturelle und natürliche Umfeld des Landes ausüben;

- Ergänzung des traditionellen touristischen Images des Landes, das mit dem Trio von ‚Pußta, Piroschka, Paprika' gekennzeichnet werden kann bzw. seine teilweise Ersetzung über die Betonung des kulturellen Erbes;

- Erschließung neuer Quellmärkte zusätzlich zur Pflege traditioneller Gästekreise.

Vor dem Hintergrund der Bemühungen um den Ausbau regionaler Netzwerke und die Beseitigung der bereits erwähnten Konzentrationsprobleme ist das Subprogramm im Széchenyi-Plan für die Entwicklung des ungarischen Tourismus aus sechs Basis-Bausteinen aufgebaut:
- Heil- und Thermaltourismus,
- Konferenztourismus,
- Themenparks,
- Schlösser- und Burgentourismus,
- touristische Informationssysteme sowie
- Förderung weiterer touristischer Qualitätsprodukte.

Wenn die Tourismusbranche mit der aktiven lokalen und regionalen Verwaltung zusammenarbeitet, werden die Möglichkeiten genutzt, die sich dem Tourismus unter den Prioritäten des Széchenyi-Planes bieten, und wenn das staatliche System zur Förderung und Lenkung des Tourismus effizient genug ist, dann besitzt Ungarn die Chance, seine touristischen Destinationen neu zu gestalten und zum Abbau von Disparitäten beizutragen, die derzeit – bedingt durch die zeitliche und räumliche Konzentration von Nachfrage und Angebot – das Land in touristischer Hinsicht prägen.

Literatur

AUBERT, A./SZABO, G. (1999): Differenciá lt turizmusfejlesztés Baranya megye példá já n. Turizmus Bulletin 1.sz., S. 25-30.

AUBERT, A./MISZLER, M. (1999): Die Probleme im regionalen Lenkungsystem des Tourismus. In Ungarn. In: AUBERT, A./MISZLER, M. (Hrsg.): Globalisation – Regionalisation / Regionalismus. Pécs, S. 178-185.

Központi Statisztikai Hivatal (2001): Magyar régiók zsebkönyve, 2000. Budapest.

LENGYEL, M. (1999): Turizmus stratégia. Képzõmûvészeti Kiadó. Budapest, S. 110-130.

Turizmus fejlesztési program (2000). In: Széchenyi-Terv, Gazdasá gi Minisztérium, 2000. Budapest, S. 46.

Die Integration der baltischen Staaten in den internationalen Tourismusmarkt: Potenziale – Strukturen – Perspektiven

Harald Standl

Erst seit der 1991 errungenen Unabhängigkeit von der Sowjetunion und nach fast 50-jähriger Isolation ist es den drei baltischen Staaten wieder möglich, sich dem internationalen Reiseverkehr zu öffnen. Es stellt sich daher die Frage, inwieweit es Estland, Lettland und Litauen seither gelungen ist, sich als neue Destinationen auf dem Tourismusmarkt zu etablieren.

1 Natürliche und kulturhistorische Potenziale

Das Baltikum bietet eine überaus große Zahl an touristischen Attraktionen, die jedoch im Ausland noch kaum bekannt sind. Ein besonders positives Kennzeichen aller drei baltischen Länder ist die Vielfalt an weitgehend unberührten Naturlandschaften. Auf ihrem Territorium sind insgesamt 34 Naturschutzgebiete und Nationalparke ausgewiesen. Die wilde und urwüchsige Flusslandschaft am Oberlauf der Gauja, im gleichnamigen lettischen Nationalpark, wirbt beispielsweise um eine zunehmend wachsende Zahl an Aktiv- und Erlebnisurlaubern mit Angeboten zum Kanuwandern und zum Rafting. Besonders pittoresk sind die glazial entstandenen Seengebiete in Litauen bzw. die Seen- und Moorlandschaften Estlands, in denen sich eine nahezu einmalige Biodiversität erhalten konnte. Bei entsprechend zielgerichtetem Marketing können sie in Zukunft durchaus als Basis für einen Ökotourismus dienen. Weitere Besonderheiten sind die westestnischen Inseln Muhu, Saaremaa und Hiiumaa, vor allem weil sie beim Besucher den Eindruck hinterlassen, als sei die Zeit spurlos an ihnen vorübergegangen. Mit Ausnahme der nordestnischen Steilküste (Baltischer Glint) wird die Küstenzone zumeist von breiten Sandstränden gebildet, die sicherlich zu den schönsten im gesamten Ostseeraum zählen. Insbesondere auf der Kurischen Nehrung glaubt man, sich aufgrund der ausgeprägten Dünenlandschaft in der nordafrikanischen Sahara zu befinden, wäre da nicht der klimatische Einfluss, der den Besucher daran erinnert, dass er sich eben nicht in den Subtropen, sondern gerade noch im warm-gemäßigten Klimabereich am Nordostrand Mitteleuropas aufhält.

Diese unvorteilhaften klimatischen Bedingungen stellen einen deutlich limitierenden Faktor für die Entwicklung der baltischen Fremdenverkehrsdestinationen dar. Die Tourismussaison ist relativ kurz. Sie beginnt erst im Mai und endet bereits im September, wobei die Zeit zwischen Mitte Juni und Ende August die Hochsaison bildet. Die Badesaison an der Küste ist zeitlich noch stärker eingeengt und umfasst

– je nach Witterungsverlauf – lediglich die Periode von Anfang Juli bis Mitte oder Ende August. Im Winter kommt der Tourismus aufgrund der sehr niedrigen Temperaturen nahezu völlig zum Erliegen. Ausnahmen bilden lediglich der Geschäftsreiseverkehr, der sich aber im wesentlichen auf die Hauptstädte konzentriert und der im Sommer seinen saisonalen Tiefpunkt hat, sowie die spezielle Form des Shopping-Tourismus in der estnischen Hauptstadt Tallinn, die im Folgenden noch detailliert betrachtet werden muss (vgl. Kap. 7).

Aufgrund der Tatsache, dass die Region seit dem Mittelalter in der Einflusssphäre der um die Vorherrschaft im östlichen Ostseeraum kämpfenden Mächte lag, die sich zu unterschiedlichen Perioden geopolitisch und wirtschaftlich dort festsetzen konnten, ist das Baltikum überaus reich an geschichtlichem und kulturellem Erbe. Hinsichtlich der Attraktivität an Sehenswürdigkeiten, die im Verlauf der verschiedenen Epochen entstanden sind, stellen die heutigen Hauptstädte mit Sicherheit die eigentlichen Höhepunkte dar. Die Altstadtbereiche von Tallinn, Riga und Vilnius sowie in Riga sogar zusätzlich ein Großteil der Ende des 19. Jhs. planmäßig konzipierten Stadterweiterung sind zwischenzeitlich zu Recht in die UNESCO-Liste als Weltkulturerbe der Menschheit eingetragen worden. Tallinn konnte wie kaum eine andere Stadt den Charakter einer mittelalterlichen Hansestadt in ihrer Grundrissstruktur und in ihrer Bausubstanz bewahren. Rigas Altstadt wurde im Verlauf der ökonomischen Wachstumsphase der Gründerzeit hingegen nahezu völlig modernisiert. Der im Zweiten Weltkrieg zerstörte und danach von den russischen Besatzern durch Sprengung abgeräumte Rathausplatz (mit dem berühmten Schwarzhäupterhaus) befindet sich aktuell in Rekonstruktion. Die Altstadt von Riga und vor allem das gründerzeitliche Stadtzentrum sind bis heute durch imposante Jugendstil-Ensembles geprägt, die sich durchaus mit denen Prags messen können. In Vilnius, das die flächenmäßig größte Altstadt besitzt, wird der Besucher von der Vielzahl an beeindruckenden, zumeist barocken Kirchenbauten in den Bann gezogen, die jedoch noch einer tiefgreifenden Restaurierung bedürfen.

2   Die Angebotsstrukturen vor dem Erlangen der staatlichen Unabhängigkeit

Während der Sowjetherrschaft – und vor allem in den 1970er- und 1980er-Jahren – wurde das Baltikum neben der weitaus bedeutenderen Schwarzmeerküste zur zweitwichtigsten touristischen Empfängerregion der UdSSR entwickelt. Von staatlicher, aber noch weit mehr von betrieblicher und gewerkschaftlicher Seite kam es zur Eingliederung der drei baltischen Republiken in das allumfassende ‚Rekreationssystem' der Sowjetunion. So wurden in den beiden Jahrzehnten vor 1990 als augenfälligstes raumprägendes Merkmal außer einigen wenigen großen staatlichen INTURIST-Hotels in den Hauptstädten vor allem von Gewerkschaften, Industriekombinaten sowie von Moskauer und Leningrader Verwaltungsbehörden bzw. Ministerien zahlreiche Sanatorien und Erholungsheime in den ländlichen Gebieten des Baltikums und an der Ostseeküste errichtet, in denen sich Gäste aus der gesamten Sowjetunion kurieren bzw. ihren Urlaub verbringen konnten. Die teilweise recht ausgeprägte regionale Konzentration dieser Einrichtungen lässt sich an Hand von Abb. 1 nachvollziehen.

Die Ferien- und Erholungszentren waren in der Litauischen SSR vor allem in Druskininkai im Süden nahe der polnischen Grenze, in Birš tonas sowie an der Ostseeküste bei Palanga und auf der Kurischen Nehrung aufgebaut worden. Kleinere betriebliche Erholungsheime wurden zudem in der Seen- und Endmoränenlandschaft um die Hauptstadt Vilnius (insbesondere im Umkreis von Trakai) bzw. im Aukš taitija Nationalpark errichtet. In Lettland konzentrierten sich die Neubauaktivitäten nahezu ausschließlich auf die Region Jûrmala, wobei der ,Strand' (wie Jûrmala übersetzt heißt) binnen weniger Jahre von einem idyllischen Ort der Sommerfrische für das benachbarte Riga zum bedeutendsten Urlaubsort im Baltikum umfunktioniert wurde. Heute stellt diese Massierung an überdimensionierten Bettenburgen eine große Bürde dar (vgl. Kap. 8). Demgegenüber wurde Estland, und hier vor allem der traditionsreiche Kur- und Badeort Pärnu, nur vergleichsweise geringfügig in das Rekreationssystem der Sowjetunion integriert.

Mit der Wiedererlangung der Unabhängigkeit im Jahre 1991 brach das staatlich gelenkte Fremdenverkehrssystem oder - besser gesagt - das gewerkschaftlich bzw. betrieblich organisierte Erholungssystem in Estland, Lettland und Litauen verständlicherweise völlig zusammen.

3   Wandel der Nachfragestrukturen seit der Unabhängigkeit

Die Entwicklung der Übernachtungszahlen ausländischer Gäste verlief in den baltischen Staaten seither teilweise recht unterschiedlich (vgl. Abb. 2).

So lässt sich für Lettland kaum ein nennenswerter Zuwachs seit Beginn der Datenerhebung im Jahre 1993 erkennen. Die Werte nahmen seit dem Jahre 1997 (mit ca. 760.000 Übernachtungen) sogar ein wenig ab. In Litauen war der Zusammenbruch der alten Nachfragestrukturen Anfang der 1990er-Jahre wegen einer extrem starken Nachfrage von Seiten polnischer Gäste ein wenig retardiert, aber auch hier fand im Jahre 1994 ein extremer Rückgang statt. Zwar hat sich seit 1996 wieder eine gewisse Verbesserung der Situation ergeben, doch ist die Entwicklung ab dem Jahre 1998, als erstmals wieder über eine Million Übernachtungen ausländischer Gäste registriert werden konnten, erneut leicht rückläufig. Hinsichtlich des prozentualen Zuwachses ist Estland der eindeutige Gewinner, denn zwischen 1995 und 2000 kam es immerhin zu einer Verdoppelung des Gästeaufkommens (auf über 1,25 Mio.).

Abb. 1: Räumliche Verteilung der Sanatorien und Erholungsheime in den drei baltischen Republiken der UdSSR (Stand: Ende der 1980er-Jahre)

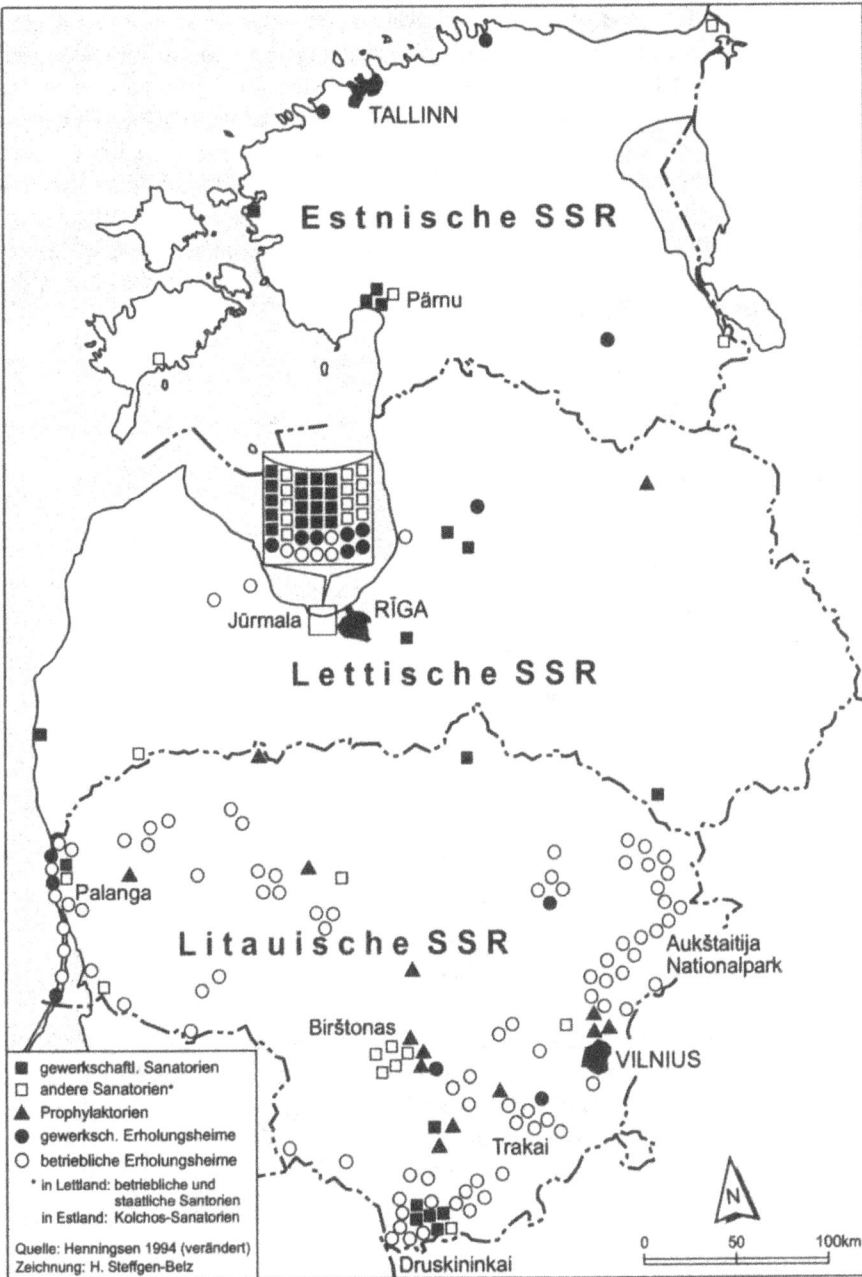

In Litauen wird die Nationenwertung, gemessen am Übernachtungsaufkommen, mit 19% noch immer von den Polen angeführt (vgl. Tab. 1). Ihr Anteil ist jedoch im Verlauf der zurückliegenden Jahre deutlich rückläufig. Erstmals lagen im Jahre 2000 die Gäste aus Weißrussland an zweiter Stelle. Die Anzahl der Übernachtungen von weißrussischen Gästen ist vergleichsweise konstant bei etwa 150.000, was darauf zurückzuführen ist, dass vor allem Kinder und Jugendliche in ein staatliches Sanatorium in Druskininkai zur Erholung geschickt werden, das sich im Eigentum von Weißrussland befindet. Aufgrund der Wirtschaftskrise in Russland sinkt das Gästeaufkommen von dort nahezu permanent. Daher stellt Deutschland seit mehreren Jahren die drittwichtigste Entsendenation für den Tourismus in Litauen dar. Der geringe, jedoch stetige Zuwachs an Übernachtungen deutscher Reisender lässt sich mit einem noch immer sehr hohen Anteil an Nostalgietouristen (vor allem ehemaliger Flüchtlinge aus Ostpreußen) sowie aus der räumlichen Nähe zu Mitteleuropa erklären. Hingegen haben die Gäste aus Skandinavien erst seit kurzem die litauische Destination für sich entdeckt.

Abb. 2: Übernachtungen ausländischer Gäste in den baltischen Staaten
(1993-2000)

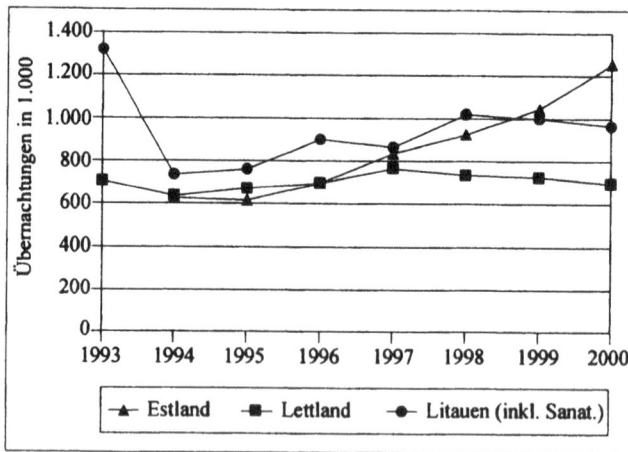

Quelle: Estonian Tourist Board 1995-2000; Tourism in Latvia, Riga 2001;
Statistical Yearbook of Lithuania 1994-1955ff.; Tourism in Lithuania 2000

Die jüngste Entwicklungslinie in Lettland deutet eindeutig darauf hin, dass die ehemalige Dominanz der Gäste aus der GUS nach der ökonomischen Krise in Russland im Jahre 1998 zumindest vorläufig der Vergangenheit angehört. Hatten die Übernachtungen der russischen und weißrussischen Gäste im Jahr 1997 noch einen Gesamtanteil von 41%, so waren es im Jahre 2000 nur noch 23%. Hingegen ließen sich vor allem bei den deutschen und finnischen Reisenden deutliche Zunahmen verzeichnen.

Tab. 1: Anteile der wichtigsten Entsendeländer am Übernachtungsaufkommen in
den baltischen Staaten (2000)

Herkunftsland der Gäste	Anteile in % am jeweiligen Übernachtungsaufkommen		
	Litauen	Lettland	Estland
Finnland	4,2	10,9	61,4
Schweden	3,5	6,5	7,6
Deutschland	13,9	10,2	5,0
GB / Irland *	3,8	5,4	3,3
Russland	8,9	10,3	2,8
Weißrussland	16,2	13,1	k. A.
Polen	19,0	1,6	0,5
Estland	2,3	5,5	-
Lettland	4,3	-	2,7
Litauen	-	5,2	1,5
USA **	5,0	4,9	2,7

* für Lettland: ohne Irland   ** für Litauen: Amerika gesamt   k. A. = keine Angaben

Quelle: Statistical Yearbook of Estonia 2001; Tourism in Latvia in 2000;
Tourism in Lithuania 2000

Das entsprechende Bild für Estland ist hingegen ein völlig anderes. Die Touristen
aus Finnland dominieren eindeutig. Sie konnten ihren Anteil am Übernachtungsaufkommen in den estnischen Hotels von 50% im Jahre 1995, bis 1998 auf 56%
und schließlich nochmals um weitere fünf Prozentpunkte im Jahre 2000 steigern.
An zweiter Stelle rangieren die Schweden mit 7,6%.

4   Die räumlichen Schwerpunkte des internationalen Tourismus

Der internationale Fremdenverkehr in Estland und Lettland ist sehr stark auf die
jeweilige Hauptstadt orientiert. Tallinn verbucht schon traditionell die Mehrzahl an
landesweiten Übernachtungen ausländischer Gäste. Die Dominanz der estnischen
Kapitale hat sich aber im Verlauf der 1990er-Jahre noch verstärkt; Sie lag im Jahre
1998 bei 72%. Riga konnte im gleichen Jahr über 60% aller Ausländerübernachtungen auf sich verbuchen. Vilnius hat von Seiten der touristischen Nachfrager zu
viele Konkurrenten im eigenen Lande, daher liegt der Anteil der litauischen
Hauptstadt bei den Ausländerübernachtungen (inkl. denjenigen in Erholungsheimen und Sanatorien) lediglich bei einem Drittel. Vor allem die polnischen und
teilweise auch die deutschen Gäste wählen in der Regel andere Übernachtungsorte
und besuchen Vilnius zumeist nur im Rahmen eines komplementären Kurztrips.
Die Polen bevorzugen die preiswerten und grenznahen Erholungsheime bei
Druskininkai und Birš tonas. Sie reisen im Rahmen von äußerst preiswerten, allein
durch polnische Veranstalter organisierten Busreisen in die südlitauischen Kurorte,

wo sie drei bis vier Wochen lang medizinische Anwendungen in den zumeist noch staatlichen Sanatorien erhalten. Auch eine Vielzahl von nach Israel emigrierten Juden, die ursprünglich in der Sowjetunion lebten, kommen zum Kuren hierher. Die deutschen Touristen verbringen ihren Urlaub am liebsten auf der Kurischen Nehrung. So ist es nicht überraschend, dass sich in der Region des ehemaligen Memellandes ein vergleichsweise hochpreisiger Fremdenverkehr herausgebildet hat, der sich auf deutsche Touristen spezialisiert. Infolge dessen sprechen die litauischen Beschäftigten im Hotel- und Gaststättengewerbe von Klaipėda (ehemals Memel) oder in Nida (Nidden) zumeist deutlich besser Deutsch als Englisch.

5   Verbesserungen in der Verkehrsinfrastruktur

Die verkehrsinfrastrukturellen Voraussetzungen für eine bequeme und schnelle Einreise in das Baltikum haben sich in den letzten Jahren deutlich verbessert. Insbesondere die Flughäfen der drei Hauptstädte wurden Ende der 1990er-Jahre erweitert und modernisiert, so dass sie zwischenzeitlich internationalen Standards genügen. Hierbei kamen teilweise Kredite der Europäischen Bank für Wiederaufbau und Entwicklung (EBWE/EBRD) zum Einsatz. Einen erheblichen Kapazitätsausbau erfuhr auch der in fußläufiger Entfernung zur Altstadt liegende Passagierhafen von Tallinn. Er stellt heute das mit weitem Abstand wichtigste Einfallstor für ausländische Gäste im gesamten Baltikum dar. So konnten im Jahre 2000 alleine im sogenannten ‚Alten Hafen' 6 Mio. Schiffsreisende gezählt werden. Die beiden anderen Fährhäfen in Riga und im litauischen Klaipėda sind hingegen hinsichtlich des Passagieraufkommens völlig nachrangig.

Aufgrund der Tatsache, dass das Baltikum schon vor der erstmaligen staatlichen Unabhängigkeit, die von 1918 bis 1940 dauerte, Teil des Russischen Zarenreiches war, wurde das Schienennetz primär in Ost-West-Richtung gebaut. Daher bestehen kaum akzeptable Bahnverbindungen mit Mitteleuropa. Allein Vilnius ist einigermaßen bequem mit dem Zug von Berlin aus zu erreichen. Als Alternative bleibt nur der sehr beschwerliche und zeitraubende Weg per Reisebus oder Pkw durch Polen.

6   Der post-sozialistische Wandel im Hotelgewerbe

Um die jüngste Entwicklung des Beherbergungsgewerbes im Baltikum richtig einschätzen zu können, ist es notwendig, sich vorab mit den Privatisierungsstrategien zu beschäftigen, die in den drei baltischen Staaten teilweise deutlich voneinander abweichen.

In Estland wurden die ersten staatlichen Hotels bereits im Jahr 1988 im Zuge der wirtschaftlichen Öffnungspolitik der damals noch bestehenden UdSSR teilprivatisiert, wobei vor allem joint-ventures zwischen estnischen und finnischen Firmen gegründet wurden. Nach der staatlichen Unabhängigkeit kam es in Estland zur

Gründung einer Privatisierungsagentur nach dem Vorbild der deutschen Treuhand-Anstalt, die u. a. mit der weiteren Entstaatlichung des Hotelsektors betraut wurde. Dadurch konnten bis Mitte der 1990er-Jahre nahezu alle Hotels verkauft werden, wobei auch einheimische Interessenten zum Zuge kamen.

In Lettland wurde die Mehrzahl der staatlichen Hotels in einem ersten Schritt ,kommunalisiert', d. h. in das Eigentum von Städten und Gemeinden überführt. Die dortigen gemeindlichen Selbstverwaltungen konnten dann entscheiden, ob sie einen Verkauf der Hotels anstreben oder die Betriebe in Eigenregie erst einmal weiter führen wollen. Diese Form der ,Kommunalisierung' hat in vielen Fällen eine rasche Restrukturierung der Hotels verhindert. Daher ist auch der Anteil ausländischer Investitionen sowie der Modernisierungsgrad des Altbestandes dort weitaus geringer als im nördlichen Nachbarland. Eine der wenigen Ausnahmen stellt das ,Hotel de Rome' in Riga dar, wobei Mittel der Hansestadt Bremen in das Projekt ,REHO' (Abkürzung für ,Renoviert Hotel') als eine Art public-joint-venture eingebracht wurden, das sich um die grundlegende Restrukturierung des Gebäudes kümmerte. Ferner wurde kürzlich das ehemalige INTURIST-Hotel ,Latvia', das eine unansehnliche Landmarke im sonst schönen Riga darstellte, an ein im Baltikum wirtschaftlich sehr aktives Bauunternehmen aus Norwegen (,Linstow') verkauft, so dass es nach nur einjähriger Umbauzeit rechtzeitig zur 800-Jahr-Feier der Stadt im Frühjahr 2000 wieder eröffnet werden konnte. Das Management liegt seither in Händen der estnischen (!) ,Reval-Hotel-Group'.

In Litauen wurde ein dritter Weg der Entstaatlichung eingeschlagen, nämlich der Privatisierung in zwei Phasen. In einem ersten Schritt hatten das bisherige Management von Hotels sowie sonstige Mitarbeiter bereits in den Jahren 1991 und 1992 die Möglichkeit, Eigentumsanteile an den von ihnen geleiteten Betrieben zu erwerben, wovon reger Gebrauch gemacht wurde. Weil die neu gegründeten, aber nur zu geringen Teilen tatsächlich entstaatlichten Unternehmen jedoch unter permanentem Kapitalmangel litten, wurden dringend notwendige Renovierungsmaßnahmen ebenfalls erheblich verzögert oder unterblieben sogar völlig. In der zweiten, teilweise noch laufenden Privatisierungsphase werden die von einem staatlichen Investitionsfonds verwalteten Mehrheitsanteile an den Hotels offiziell zum Kauf angeboten, wobei sich bislang nur einheimische Interessenten gefunden haben. Internationale Investitionen im dortigen Hotelwesen sind auch deshalb bislang sehr selten, weil es Ausländern in Litauen noch immer nicht erlaubt ist, Grund und Boden zu erwerben. Daher kann dort von keiner grundlegenden Restrukturierung oder gar Internationalisierung der auf den Tourismus orientierten Dienstleistungen gesprochen werden.

Investitionen internationaler Hotelketten in den baltische Staaten halten sich bislang in relativ bescheidenem Rahmen. Ein größeres Interesse ist lediglich von Seiten des Konzerns ,Radisson-SAS' zu beobachten, der nunmehr in allen drei Hauptstädten mit einem Hotel vertreten ist. Diese strategische Präsenz auf dem baltischen Markt lässt sich u. a. damit erklären, dass die skandinavische Flugge-

sellschaft SAS (vor allem auch im Rahmen der ,Star Alliance') eine große Zahl an
zahlungskräftigen Passagieren in das Baltikum transportiert, darunter einen Großteil an ausländischen Geschäftsreisenden.

7   Die touristische Boomtown Tallinn

Tallinn wird seit Beginn der 1990er-Jahre von finnischen Gästen regelrecht über-
flutet; im Jahre 1999 wurden 1,9 Mio. gezählt. Statistisch gesehen stattet somit
nahezu jeder zweite Einwohner Finnlands dem Nachbarn Estland einen jährlichen
Besuch ab. Die Gäste kommen i. d. R. als Tagestouristen und Wochenendausflüg-
ler mit der Fähre, weil sich die kurze Distanz zwischen Helsinki und der estnischen
Hauptstadt binnen weniger Stunden und bei guter Verpflegung an Bord bequem
und preiswert überwinden lässt. Ihr Reisemotiv ist weniger das Sightseeing als der
preiswerte Einkauf von Zigaretten, alkoholischen Getränken und Bekleidungsarti-
keln sowie die Inanspruchnahme von Dienstleistungen wie der Gang zum Frisör, in
ein Kosmetikstudio, zur Massage oder in die zahlreichen Restaurants und Kneipen.
Somit unterscheiden sich die finnischen Gäste in ihrem Verhalten nicht wesentlich
von demjenigen der Deutschen oder Österreicher, die in den grenznahen Städten
Polens, Tschechiens, der Slowakei oder Ungarns auf Einkaufstour gehen. Nur
dürfte in Tallinn der Aspekt des Erlebniseinkaufs in einer äußerst reizvollen historischen Altstadt noch zusätzlich zum tragen kommen.

Wirtschaftliche Gewinner des noch immer anhaltenden Nachfragebooms und vor
allem der erheblichen Überkapazitäten im Fährverkehr über den Finnischen Meer-
busen sind – neben dem innerstädtischen Handel sowie den dort in wachsender
Zahl angesiedelten Versorgungseinrichtungen und sonstigen privaten Dienst-
leistern – insbesondere die Hotelbetriebe in Tallinn. Die Buchung einer Fahrt nach
Tallinn mit der Fähre ist für die finnischen Gäste ebenso wenig ein Problem wie
die eines Hotelzimmers, denn beide Dienstleistungsprodukte und auch einige Zusatzleistungen, wie eine Stadtbesichtigung oder Ausflüge in die Umgebung der
estnischen Hauptstadt, sind schon seit vielen Jahren integraler Bestandteil von
Pauschalreisen bzw. von gut geschnürten Reisepaketen. Wesentliche Leistungsträger dieser Produktionskette sind dabei die in- und ausländischen Fährgesellschaften selbst, die – um im äußerst hart umkämpften Linienverkehr zwischen Tallinn
und Helsinki bestehen zu können – eng mit den Hotelbetreibern in Estland kooperieren müssen. So wurde von den Fährgesellschaften Mitte der 1990er-Jahre ein
ausgeklügeltes Buchungssystem entwickelt. Der Kunde erhält im Rahmen eines
Pauschalarrangements ein preiswertes Voucher für ein Hotel seiner Wahl sowie
gleichzeitig einen erheblichen Preisnachlass für die Überfahrt, dessen Höhe von
der Saison und vom Wochentag der Reise abhängt.

So ist beispielsweise die Zahl der im (mit 439 Zimmern größten) Hotel ,VIRU'
logierenden Gäste seit seiner Privatisierung durch ein finnisches Konsortium im
Jahre 1995 um mehr als 50% gestiegen. Die durchschnittliche Auslastungsquote

liegt bei knapp 70% wobei vor allem in den Sommermonaten kaum ein freies Zimmer zu finden ist. Die Gäste kommen zu 85% aus Finnland. Wesentliche Vertragspartner sind die estnische Fährgesellschaft ‚TALLINK', mit der knapp 24% der Hotelgäste im Rahmen von Pauschalarrangements anreisen, dicht gefolgt von der finnischen ‚Silja-Line' und der schwedischen ‚Eckerö-Line'.

Um an diesem Boom zu partizipieren, hat eine nicht geringe Zahl einheimischer Firmen, wie beispielsweise die Estnische Konsum Gesellschaft oder eine der größten Versicherungsgesellschaften des Landes, in jüngster Zeit neue Hotels gebaut oder ältere erweitert. Seit der zweiten Hälfte der 1990er-Jahre dominieren jedoch eindeutig ausländische Investoren. Das im wahrsten Sinne markanteste Beispiel ist die Errichtung des Hotelkomplexes durch ‚Radisson-SAS', der am 1. Februar 2000 eröffnet werden konnte. Das Hochhaus, das in der Nähe zur denkmalgeschützten Altstadt angesiedelt ist, symbolisiert die freie Marktwirtschaft in Estland ebenso wie einen bislang ungebrochenen Optimismus. So haben sich die Beherbergungskapazitäten in den Hotels von Tallinn seit 1992 auf aktuell ca. 6.000 Betten nahezu verdoppelt. Dass es sich bei den Nachfragern des touristischen Angebots im Baltikum allgemein, und in Tallinn im Besonderen jedoch primär um sehr preisbewusste Kunden handelt, musste erst kürzlich ein renommierter Hotelkonzern aus Frankreich schmerzlich zur Kenntnis nehmen. Nachdem man das ehemalige Hotel ‚Tallinn' im Rahmen der Privatisierung erworben und anschließend mit hohem Kostenaufwand zum Vier-Sterne-‚Grand-Hotel-Mercure' Ende der 1990er-Jahre umgebaut hatte, blieben die zahlungskräftigen Gäste aus, so dass man sich durch Verkauf des Hotels an einen estnischen Geschäftsmann nach einem äußerst verlustreichen Jahr wieder vom baltischen Markt zurückzog.

8 Erhebliche Transformations- und Integrationsprobleme im lettischen Seebad Jûrmala

Zu Sowjetzeiten wurde der am Südende des Rigaer Meerbusens, nur etwa 20 km westlich der Hauptstadt gelegene Strandabschnitt funktional völlig neu geprägt. Parallel zu einem über 25 km langen Küstenstreifen entstanden bis Ende der 1980er-Jahre Beherbergungskapazitäten von ca. 95.000 Betten, wobei in der Gesamtzahl auch Unterkünfte in Sommerhäusern, sogenannten Datschas, und in sonstigen Privatquartieren enthalten waren. Heute bietet Jûrmala, das aus einer Vielzahl an Ortsteilen besteht, einen eher tristen Eindruck. Zwar konnten einige Sanatorien und Rehabilitationszentren in das staatliche Gesundheitswesen überführt werden, weit mehr als die Hälfte der ehemaligen Kur- und Erholungsstätten steht aber leer und findet keine anderweitige sinnvolle Nutzung. Ein besonders drastisches Beispiel ist das frühere Sanatorium ‚Latvia' im etwas abseitig gelegenen Ī emeri, das Ende der 1980er-Jahre über eine Kapazität von 1.200 Betten verfügte. Heute ist das Gebäude eine Ruine. Nachdem alles noch brauchbare Inventar Mitte der 1990er-Jahre verkauft worden war, dient es seither als Abenteuerspielplatz für Kinder.

Doch selbst entlang der Fußgängerzone von Jûrmala, im zentralen Ortsteil Majori, sind große Hotelkomplexe völlig verwaist. Es fehlt sogar das Geld, diese unansehnlichen Denkmale einer überkommenen Epoche abzureißen. Von der Mehrzahl der noch betriebenen Kurhotels sind bislang nur die wenigsten privatisiert. Einzig positives Beispiel ist das vom lettischen Energiekonzern ‚Latgaz' erworbene ehemalige Erholungsheim des Ministerrats der UdSSR in Jauní emeri, das heute unter dem Namen ‚Rîgas Lîcis' firmiert. ‚Latgaz' ist ein Tochterunternehmen des russischen Großkonzerns ‚Gazprom'. Wegen dieser engen wirtschaftlichen Verflechtungen kann es nicht überraschen, dass die Mehrzahl der Gäste aus neureichen Moskauern besteht, die sich hier, wo einst Ministerpräsident Kossygin Entspannung fand, für den anstrengenden Job zu Hause wieder fit machen.

Das Vermieten von Datschen spielt heute keine Rolle mehr. Diese Sommerhäuser, die mehrheitlich vor dem Zweiten Weltkrieg gebaut und zu Sowjetzeiten enteignet waren, wurden zudem schon Anfang der 1990er-Jahre im Zuge der Restitutionsmaßnahmen an die Alteigentümer zurückgeben. Da viele dieser Eigentümer aber entweder als Exilanten weit weg im Ausland leben oder als Einheimische kein Geld für eine grundlegende Modernisierung der Holzhäuser haben, weisen ganze Straßenzüge in Jûrmala extreme Verödungstendenzen auf, die teilweise an verlassene Geisterstädte erinnern. Selbst architektonisch ganz wunderbare alte Sommerresidenzen sind dem Verfall preisgegeben. Eine aktuelle Lösung für den Problemkomplex Jûrmala ist derzeit leider nicht in Sicht.

9   Fazit und Ausblick

Zusammenfassend lässt sich konstatieren, dass es den baltischen Staaten bislang nur partiell gelungen ist, sich als neue Destinationen auf dem internationalen Tourismusmarkt zu platzieren. Allein Estland und vor allem die Hauptstadt Tallinn konnten aufgrund der räumlichen Lagegunst überdurchschnittlich von den postsozialistischen Gegebenheiten profitieren. Riga lebt noch immer in hohem Maße vom tendenziell abnehmenden Geschäftsreiseverkehr, während Vilnius sich in einer benachteiligten Randlage befindet, aus der sich die Stadt nur schwer befreien kann.

Der Tourismus hat sich speziell in Estland zu einem überaus bedeutenden Wirtschaftsfaktor entwickelt. Im Jahre 1997 wurden immerhin 15% des BSP durch das Fremdenverkehrsgewerbe und seine Multiplikatoreffekte erwirtschaftet. Der Anteil an den estnischen Gesamtexporten liegt bei 18%. Die entsprechenden Werte für Lettland (9%) und Litauen (7%) sind deutlich niedriger.

Leider wird das natürliche und kulturhistorische Potenzial der drei baltischen Staaten bislang nur äußerst selektiv nachgefragt. Insbesondere die zahlreichen Sehenswürdigkeiten fernab der Hauptstädte ziehen – von wenigen Ausnahmen abgesehen – bislang nur wenige internationale Besucher an. Neben einem nur unzureichenden, weil mit geringen finanziellen Ressourcen ausgestatteten Marketing stellen vor allem die im Baltikum noch mangelhafte bis ungenügende Erschließung des ländlichen Raumes die beiden wesentlichen Entwicklungshemmnisse dar, die es zukünftig zu lösen gilt. Der Bekanntheitsgrad der Destinationen an der östlichen Ostsee ist vor allem im westlichen Europa noch äußerst gering. Durch einen Beitritt der baltischen Staaten zur EU – so die Hoffnung der Tourismusmanager vor Ort – wird sich dieser Mangel eventuell beheben lassen.

Literatur

HENNINGSEN, M. (1994): Der Freizeit- und Fremdenverkehr in der (ehemaligen) Sowjetunion unter besonderer Berücksichtigung des Baltischen Raumes. (Europäische Hochschulschriften, Reihe XVII, Bd. 6). Frankfurt am Main.

MARWAN, P. (1997): Tourismus auf der Kurischen Nehrung (Litauen). (unveröffentlichte Magisterarbeit). Münster.

ROZĪTE, M. (1999): Pilsçtas tūrismas, tâ attîstîba und telpiskâs izpausmes Rîgâ. (Städtetourismus, dessen Entwicklung und räumliche Verteilung in Riga). (unveröffentlichte Dissertation). Riga.

STANDL, H. (2000): Tourism in the Baltic States: Background and Perspectives. In: The Baltic Review, Vol. 20. Tallinn, S. 32-35.

STUCKI, L. (1999): Die litauische Ostseeküste als traditionelle Fremdenverkehrsregion und ihr Entwicklungspotential. (unveröffentlichte Diplomarbeit). Bern.

www.latviantravel.com (Latvian Tourism Development Agency)

www.tourism.ee (Estonian Tourist Board)

www.tourism.lt (Lithuanian State Department of Tourism)

Tourismus in Bulgarien: Strukturen und Entwicklungen während der Übergangsperiode

Dotschka Kasatschka/Vassil Marinov

1 Einführung

Unter den ehemaligen Ostblockstaaten war Bulgarien das am meisten auf den Tourismus spezialisierte Land. Dieser verhältnismäßig junge Wirtschaftszweig genoss von Anfang an eine besondere Förderung durch den Staat. In diesem Zusammenhang begann bereits in den 1950er-Jahren seine planmäßige Entwicklung in großem Maßstab. Dem Tourismus wurden zwei Hauptaufgaben zugeschrieben: Der Incoming-Tourismus sollte Deviseneinnahmen für den Staat sichern und der Binnentourismus sollte die Reise- und Erholungsbedürfnisse der einheimischen Bevölkerung befriedigen.

Im internationalen Fremdenverkehr wurden vor allem die günstige geographische Lage Bulgariens sowie die Schönheit und Vielfalt der Natur, die Gastfreundlichkeit der Bevölkerung und die Geschichte des Landes vermarktet. Die Erholung der einheimischen Bevölkerung sowie ihre In- und Auslandsreisen waren ein Bestandteil des Sozialtourismus.

Seinem Wesen nach stand der internationale Tourismus in Bulgarien – im Vergleich zu anderen Wirtschaftszweigen – dem marktwirtschaftlichen Denken am nächsten. Deshalb entstand der Eindruck, dass der Tourismus beim Übergang von der Plan- zur Marktwirtschaft einen relativen Vorteil besaß. Dazu kamen die beträchtliche Beschäftigungskapazität, der verhältnismäßig hohe Umsatz der Fremdenverkehrsbetriebe und die zahlreichen Beziehungen dieser Branche zu anderen Wirtschaftszweigen. Diese Faktoren weckten die Erwartung, dass der Tourismus eine führende Rolle beim Strukturwandel und bei der Entwicklung der Wirtschaft während der Übergangsperiode übernehmen könnte. Die Realität war jedoch komplizierter als alle staatlichen Pläne, offiziellen Regierungsprogramme und Prognosen von Experten. Vor allem der Mangel an eigenem Investitionskapital und die politischen Auseinandersetzungen über die Privatisierung verzögerten die Dezentralisierung und Umwandlung der Wirtschaft. Dazu kam der abrupte, fast völlige Rückzug des Staates aus vielen Bereichen, der während der Übergangsperiode einige unerwartete und unerwünschte Konsequenzen mit sich brachte.

2 Entwicklung des Tourismus vor der politischen Wende (1989)

Bulgarien war im Ausland bereits vor der Wende als eine Sommer-Sonne-Sand-Destination am Schwarzen Meer bekannt. Ende der 1980er-Jahre konzentrierten sich bis zu 52% der Fremdenübernachtungen auf die Schwarzmeerküste (davon 31,4% auf die Süd- und 20,6% auf die Nordküste). Gleichzeitig wurden im Binnenland der Kurtourismus (in traditionellen balneologischen und klimatischen Kurorten) sowie der Gebirgstourismus entwickelt (in moderneren Wintersport- und Ferienzentren). Außerdem fand auch ein Rundreise- und Ausflugsverkehr in die kulturhistorisch wertvollen Städte und Klöster statt – wie z. B. Veliko Tarnovo, Plovdiv und das Rila-Kloster. Allerdings war bei diesen Tourismusarten nur selten ein längerer Aufenthalt an einem Ort zu beobachten.

Die Entwicklung zum Massentourismus setzte in Bulgarien (wie in den meisten europäischen Ländern) nach dem Zweiten Weltkrieg ein – allerdings mit einer zeitlichen Verzögerung gegenüber Westeuropa. Auf dem internationalen Tourismusmarkt erschien Bulgarien am Ende der 1950er-Jahre, als sukzessive einige Grenzformalitäten (Zoll, Visumpflicht u. a.) entfielen und die Förderung des Tourismus von staatlicher Seite verstärkt wurde. Zu dieser Zeit begann der planmäßige Aufbau von Tourismuszentren an der Küste, von denen Drushba (1948), Goldstrand (1956) und Sonnenstrand (1960) die ältesten sind. Im Binnenland erweiterte man die beiden größten Höhenkurorte (Borovetz im Rilagebirge und Pamporovo in den Rhodopen). Ein neues Skizentrum wurde in der Nähe von Sofia im Vitoshagebirge ausgebaut. Diese Tourismuszentren wurden auf freien, vorher unbesiedelten Flächen und nach festgelegten Raumplänen gebaut; in den meisten Fällen stellten sie eine selbständige Organisationseinheit dar. In den 1970er-Jahren wurden weitere Tourismuszentren an der Küste errichtet: Albena und Russalka im Norden sowie das Internationale Jugendzentrum Primorsko im Süden. In den 1980er-Jahren begann der Umbau der Gebirgsstadt Bansko zu einem Wintersportort von nationaler Bedeutung. An der Küste entstanden die Touristendörfer Düni und Elenite. Auch für die Erholung der einheimischen Bevölkerung wurden – im Rahmen des Sozialtourismus – Unterkünfte errichtet. In den 1980er-Jahren verfügte das Land über eine Unterkunftskapazität von mehr als 500.000 Betten.

Zum Aufschwung des internationalen Tourismus in den 1960er- und 1970er-Jahren trugen mehrere Faktoren bei: die verhältnismäßig günstigen Preise, die Abkommen mit anderen sozialistischen Ländern Osteuropas, der Straßenbau innerhalb Bulgariens sowie der Ausbau der Landtransitwege nach Bulgarien. Die massenhafte ökonomische Migration aus der Türkei in die mitteleuropäischen Länder förderte vor allem den Transitverkehr: Er stieg in Bulgarien von 181.000 Besuchern (1963) auf 4,3 Mio. (1988) an.

Bis zum Jahr 1990 wurde die Entwicklung des bulgarischen Reiseverkehrs durch ein ständiges, gleichmäßiges Wachstum gekennzeichnet. Die Anzahl der Ankünfte

aus dem Ausland stieg von 201.000 (1960) auf 10,3 Mio. (1990). Hinsichtlich der
internationalen Ankünfte hatte Bulgarien im Jahr 1980 einen Anteil von 1,9% am
internationalen Tourismus; damit lag das Land auf Platz 15 des Weltmarktes. In
den 1980er-Jahren empfing Bulgarien durchschnittlich 6,8 Mio. ausländische Besucher pro Jahr. Dabei waren Gäste aus den Nachbarländern Türkei und Jugoslawien am stärksten vertreten, bei denen es sich jedoch häufig um Transitreisende
(Türkei) bzw. Tagesgäste (Jugoslawien) handelte. Die Anzahl der Urlauber mit
einem längeren Aufenthalt (Reisemotive: Erholung, Besuch von Freunden und
Bekannten, Business u. a.) wuchs ebenso ständig: von 233.000 (1963) auf 5,2 Mio.
(1990).

Betrachtet man Übernachtungszahlen des Jahres 1988, so standen die Deutschen
an erster Stelle – mit 2,6 Mio. Übernachtungen von Bürgern der DDR und 2,1
Mio. Übernachtungen von Bundesdeutschen. Als weitere wichtige Quellmärkte
folgten die UDSSR (3,8 Mio.), Polen (3,7 Mio.) und die Tschechoslowakei (3,3
Mio.). Touristen aus diesen Ländern tätigten zusammen mit den Briten (1 Mio.)
ca. 83% der Übernachtungen von Ausländern in Bulgarien.

An der Gesamtzahl der Übernachtungen hatten die ausländischen Gäste einen Anteil von 32%. Der Binnentourismus entwickelte sich hauptsächlich auf Grund der
Sozialpolitik des Staates: In den sozialtouristischen Unterkunftseinrichtungen (Erholungsheime für Kinder, Jugendliche und Erwachsene) standen 162.000 Betten
zur Verfügung; sie wurden im Jahr 1988 von 1,7 Mio. einheimischen Touristen genutzt (19% der Bevölkerung). Die Zahl der Übernachtungen von Inländern belief
sich auf ca. 43 Mio. Darüber hinaus verbrachte ein großer Teil der einheimischen
Bevölkerung den Urlaub in eigenen Ferienhäusern: Bis zum Jahr 1986 stieg die
Anzahl der Zweitwohnungen auf rund 318.000.

3   Entwicklung des Tourismus in den 1990er-Jahren

Nach der politischen Wende von 1989 wurden große Hoffnungen in den Touris-
mus gesetzt, die vor allem darauf basierten, dass die Bevölkerung der Fremden-
verkehrsorte und die Beschäftigten der Tourismusbranche bereits über eine große
Erfahrung mit Gästen aus dem Westen und über gute Marktkenntnisse verfügten.
Außerdem bestand eine günstige Kombination aus natürlichen Gegebenheiten des
Landes und einer beträchtlichen Fremdenverkehrsinfrastruktur.

Um den Tourismus zu fördern, wurde dieser zunächst zum bevorzugten Wirtschaftszweig erklärt, der – neben der Landwirtschaft – als erste Branche zur Privatisierung vorgesehen wurde. Er schien mehrere Vorteile zu bieten – so z. B. die
Schaffung von direkten und indirekten Arbeitsplätzen, einen verhältnismäßig raschen Umsatz und auch zahlreiche Verbindungen zu anderen Wirtschaftszweigen.
Aus diesen Gründen bestand die Erwartung, dass der Tourismus als ein zentraler
Entwicklungsmotor auf lokaler und regionaler Ebene fungieren könnte. Die Analyse der auswärtigen Bedingungen und der Entwicklung des bulgarischen Tourismus

in den Jahren 1999-2000 zeigt jedoch, dass die Realität komplizierter und umfassender war als die staatlichen Planungen und die lokalen Prognosen. Seit der politischen Wende ist im Tourismus Bulgariens eine krisenhafte Situation festzustellen, die auf einer Reihe von äußeren und inneren Entwicklungen zurückzuführen ist.

Als wichtigste externe Faktoren sind der Zerfall der Sowjetunion, der Tschechoslowakei und Jugoslawiens sowie die Kriege in Bosnien, im Kosovo und in Mazedonien zu nennen. Neben der politischen Unsicherheit haben diese Ereignisse auch zur wirtschaftlichen und sozialen Instabilität Osteuropas bzw. Bulgariens beigetragen. Der Krieg in Jugoslawien schnitt nicht nur den Strom der jugoslawischen Touristen ab, sondern auch alle Überlandverbindungen Bulgariens zu seinen wertvollsten Märkten in Westeuropa. Generell haben sich die politischen und wirtschaftlichen Umwälzungen Osteuropas negativ auf den internationalen Tourismus Bulgariens ausgewirkt; verschärfend kommt eine starke Nachholtendenz in Osteuropa hinzu (Orientierung zu neuen Destinationen in Westeuropa).

Wichtige interne Faktoren für die Krise im Tourismus sind die politische Instabilität Bulgariens, die kontinuierliche Verschlechterung der wirtschaftlichen Situation und der Lebensbedingungen sowie soziale Unruhen. Der abrupte, fast vollkommene Zusammenbruch des politischen Systems während dieser Periode brachte Organisationsschwierigkeiten und andauernde Strukturreformen mit sich. Der Zerfall der alten Institutionen und das Fehlen neuer Strukturen verursachten eine chaotische Entwicklung in allen Wirtschaftszweigen. In diesem rechtsfreien Raum nahmen Korruption und Kriminalität erheblich zu. Von diesen Entwicklungen blieb auch der Tourismus nicht verschont.

Weitere Faktoren, die zu einer Stagnation des Tourismus führten, sind die Schwierigkeiten bei der Demonopolisierung sowie die Verzögerung der Privatisierung in der ersten Hälfte der 1990er-Jahre. Die schnell wachsende Bedeutung des Privatsektors blieb häufig einer vereinfachten Idee von Kapitalismus und freier Marktwirtschaft verpflichtet, so dass ein extremer Individualismus und der Wunsch nach schnellem Reichtum die Entwicklung kennzeichneten. Darüber hinaus wurde auch die Erneuerung der gesetzlichen Basis des Tourismus verzögert, die auch heute immer noch nicht abgeschlossen ist.

3.1 Die Entwicklung der touristischen Nachfrage

In der Entwicklung und Struktur der touristischen Nachfrage waren in den 1990er-Jahren folgende Veränderungen zu beobachten:

- Die Nachfrage weist einen instabilen und schwankenden Verlauf auf; sie wird generell durch eine rückläufige Tendenz gekennzeichnet. Das bisherige Maximum wurde im Jahr 1990 mit 10,3 Mio. Ankünften registriert. (Insbesondere am Ende der 1990er-Jahre ist ein erheblicher Rückgang – auf 5,1 Mio. Übernachtungen (1999) – festzustellen. Damit befindet sich das Tourismusaufkommen wieder auf dem Niveau der 1970er-Jahre. An dieser Entwicklung wird der krisenhafte Zustand des bulgarischen Tourismus deutlich. Im Zeitraum 1980-1999 sank der Anteil Bulgariens am internationalen Tourismus von 1,9% (1980) auf 0,4% (1999).

- Der Transitverkehr hat erheblich an Bedeutung gewonnen: Er erreichte in den 1990er-Jahren einen durchschnittlichen Anteil an der touristischen Nachfrage von ca. 60% (im Vergleich zu 40% in den 1970er- bzw. 50% in den 1980er-Jahren).

- Hinsichtlich der Tourismusarten hat ein deutlicher Strukturwandel stattgefunden: Während der Erholungstourismus, Verwandten- und Bekanntenbesuche sowie Geschäftsreisen rückläufige Anteile verzeichnen, nimmt die Zahl der sog. Kofferhändler aus benachbarten Staaten zu (Jugoslawien, Mazedonien, Rumänien); sie überschreiten mehrfach die bulgarische Grenze, um in den grenznahen Regionen ihre Waren zu verkaufen.

- Eine bemerkenswerte Veränderung ist auch hinsichtlich der Quellmärkte des Tourismus festzustellen (vgl. Abb. 1). Nachdem die Osteuropäer von zahlreichen Beschränkungen im Verwaltungs- und Währungsbereich befreit wurden, konnten sie aus einer sehr viel größeren Bandbreite von Destinationen auswählen. Damit nahm die Konkurrenz für Bulgarien erheblich zu. Im Jahr 1989 konnte man einen beträchtlichen Rückgang der Ankünfte beobachten – besonders aus den traditionellen Quellmärkten Tschechoslowakei, Polen und Ungarn, die seit den 1960er-Jahren zusammen ca. 40% des Touristenstroms gebildet hatten. In den 1990er-Jahren sank der Anteil dieser drei Länder auf ca. 6%, während der Anteil der drei Nachbarländer Jugoslawien, Griechenland und Rumänien von 22% in den 1970er-Jahren auf 47% im letzten Jahrzehnt angewachsen ist. Allerdings ist der Aufenthalt dieser Touristen in der Regel nur kurz, so dass die durch sie ausgelösten wirtschaftlichen Effekte sehr gering sind.

- Hinsichtlich der Entwicklung der Besucherzahl kann man die Herkunftsländer in vier Gruppen einordnen: Zum einen gibt es Länder mit einem starken Rückgang der Besucherzahl in den 1990er-Jahren (Polen, die Tschechische Republik und die Slowakei, Ungarn, Irak, Iran, Spanien, Jordanien), in denen Bulgarien seine Position auf dem Fremdenverkehrsmarkt praktisch verloren hat. Zum anderen finden sich Länder mit Schwankungen der Besucherzahlen, die im letzten Jahrzehnt deutlich sinken (Großbritannien, Norwegen). Eine dritte Ländergruppe weist beträchtliche Schwankungen der Besucherzahlen auf, die jedoch eine steigende Tendenz im letzten Jahrzehnt zeigen (Jugoslawien,[1] Russ-

---

[1]   nach dem Zerfall der Jugoslawischen Föderation, einschließlich Touristen aus Mazedonien, Serbien und Montenegro

land,[2] Deutschland, Türkei, Rumänien, Finnland, Italien, Belgien, die Niederlande, Österreich, Schweiz). Schließlich sind Länder wie Griechenland und die USA zu nennen, aus denen eine ständig steigende Zahl von Gästen kommt. Die ersten zwei Gruppen sollten durch aggressive Marketingpolitik (speziell durch Werbung) wiedergewonnen werden. Die beiden letzten Gruppen sollte man als stabile Partner bzw. als Zukunftsmärkte behandeln.

Abb. 1: Übernachtungen ausländischer Touristen in Bulgarien –
differenziert nach Quellregionen (1981-1999)

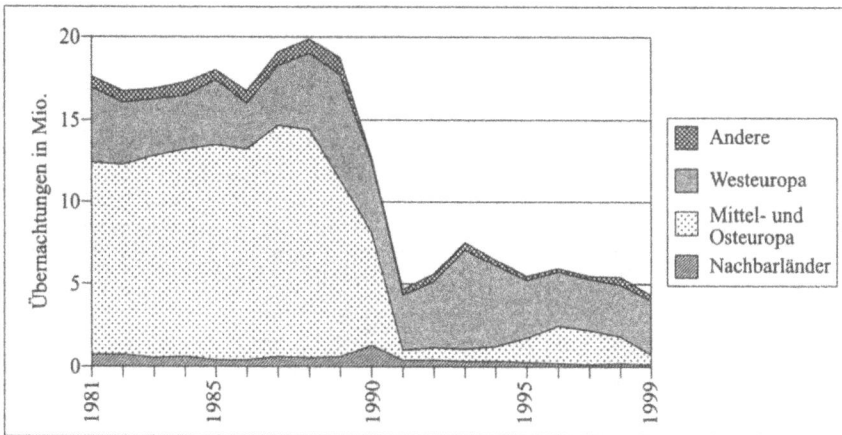

Quelle: Nationales Statistisches Institut: Fremdenverkehr 1982-2000

- Gemessen an Übernachtungen handelt es sich bei den EU-Ländern um die Hauptpartner Bulgariens (besonders Deutschland, Großbritannien und die skandinavischen Länder); außerdem sind Rußland und die Ukraine wichtige Quellmärkte. Die mitteleuropäischen Länder und die osteuropäischen Nachbarländer spielen hingegen eine geringe Rolle. Im Vergleich zu den 1980er-Jahren hat die Abhängigkeit von einer begrenzten Zahl von Quellmärkten deutlich zugenommen: Im Jahr 1986 befanden sich die Hauptmärkte in Deutschland (BRD und DDR 23,5% der Übernachtungen), in der UdSSR (19%), in Polen (18%), in der Tschechoslowakei (16,5%) und in Großbritannien (5%); es gab also keinen dominierenden Markt. Ende der 1990er-Jahre wird der Incoming-Tourismus durch drei Länder beherrscht, die über 70% der Übernachtungen ausmachen: Deutschland, die ehemaligen Sowjetrepubliken und Großbritannien.

- Auch der Binnentourismus verzeichnete in Bulgarien einen deutlichen Rückgang: So fiel z. B. die Zahl der Übernachtungen von 43,0 Mio. im Jahr 1988 auf 7,3 Mio. im Jahr 1999. Gleichzeitig stieg die Zahl der Auslandsreisen

---

[2] nach dem Zerfall der Sowjetunion, einschließlich Touristen aus den ehemaligen Sowjetrepubliken

boomartig an – zunächst von 0,5 Mio. im Jahr 1988 auf 4,4 Mio. im Jahr 1994, dann erfolgte eine Stabilisierung zwischen 2,5 und 3,0 Mio. (vgl. Abb. 2). Obwohl es sich zumeist um Kurzreisen in die Nachbarländern handelt, gibt es auch typische (längere) Erholungsreisen. Neuere soziologische Forschungen belegen dabei eine wachsende soziale Polarisierung: Die Reiseintensität ist von 50% (Ende der 1980er-Jahre) auf 30% (2001) gesunken – vorwiegend aus finanziellen Gründen.[3]

Abb. 2: Reisen der Bulgaren – differenziert nach Übernachtungen im Inland sowie nach Auslandsreisen (1988-2000)

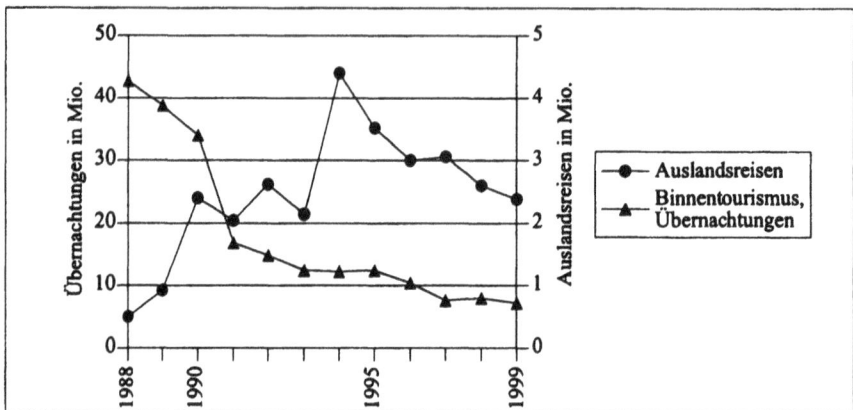

Quelle: Nationales Statistisches Institut: Fremdenverkehr 1989-2000

3.2 Die Entwicklung des Unterkunftsangebots und der Übernachtungszahl

Auch hinsichtlich der Bettenkapazität und der Struktur der Fremdenverkehrsunterkünfte lassen sich in Bulgarien in den 1990er-Jahren erhebliche Veränderungen feststellen:

- Im Jahr 1990 begann ein lawinenartiger Rückgang der Unterkunftskapazität von 565.000 auf ca. 170.000 Betten (1999) – damit war wieder das Niveau der 1960er-Jahre erreicht. Von den verschiedenen Unterkunftsarten konnten nur die Hotels den Stand der 1980er-Jahre halten (1999: ca. 100.000 Betten). Gründe für diese Entwicklung waren die Privatisierung der Erholungsheime, die teilweise in Hotels umgebaut wurden, die Gründung vieler Familienhotels sowie Investitionen internationaler Hotelketten. Die Bettenzahlen der Berghütten und der Campingplätze sind auf ein Drittel ihrer maximalen Kapazitäten

---

[3] Im Jahr 1997 belief sich das Bruttoinlandsprodukt pro Kopf auf 4.010 US-$; damit nahm Bulgarien die letzte Stelle unter den Anwärtern für einen EU-Beitritt ein. Die Arbeitslosigkeit betrug im Jahr 1998 12% und stieg bis zum Jahr 2002 auf 17%.

gefallen, die der Erholungsheime auf die Hälfte. Gleichzeitig sind Unterkunftsarten wie Privatquartiere und Jugendlager, die in den 1970er- und 1980er-
Jahren eine Blüte erlebt hatten, nahezu völlig verschwunden. Der Rückgang bei
den Erholungsheimen und den Jugendlagern war mit der Abschaffung des Sozialtourismus verbunden. Ein Teil der Erholungsheime wurde privatisiert und
von den neuen Besitzern als Hotels genutzt; der bedeutendere Teil blieb jedoch
ungenutzt und ist dem Verfall ausgesetzt. Dieses Schicksal traf auch die Kin-
der- und Jugendlager. Das Verschwinden der Privatquartiere ist vor allem darauf zurückzuführen, dass sie von den Besitzern entweder zu Familienhotels
umgewandelt wurden oder (der Steuer wegen) nicht offiziell deklariert werden.[4]

- Die Veränderungsprozesse haben einen erheblichen Strukturwandel bei den
  Unterkunftskapazitäten hervorgerufen, wobei der Anteil der Hotels wesentlich
  gestiegen ist (von 20% auf fast 59%) und zur Zeit völlig dominiert. Die Erholungsheime vergrößerten ihren Anteil um 10%, die Berghütten nur um weniger als 2%. Alle anderen Unterkunftsarten haben an Bedeutung verloren.

- Die Bettenauslastung der Unterkunftseinrichtungen und die Aufenthaltsdauer
  der Touristen sind ebenfalls beträchtlich gesunken (sowohl generell als auch in
  den einzelnen Unterkunftsarten).

- Außerdem ist es zu einer weiteren räumlichen Konzentration der Unterkünfte
  gekommen: So stieg z. B. der Anteil der Küstengebiete an der Gesamtzahl der
  Betten von 59,9% (1988) auf 65,4% (1999).

Die Dynamik und der Strukturwandel des Unterkunftsangebots stehen in engem
Zusammenhang mit den Veränderungen der Zahl und Struktur der Übernachtungen:

- So war in den 1990er-Jahren ein rasanter Rückgang der Übernachtungszahlen
  festzustellen – von 62,7 Mio. (1988) auf 10,1 Mio. (1999); damit wurde wieder
  das Niveau der 1960er-Jahre ereicht. Bei der Übernachtungsstruktur ist im gleichen Zeitraum eine deutliche Zunahme der Übernachtungen in Hotels zu beobachten (bis zu rund 99% bei den Ausländern und 76% bei den Inländern), die
  auf die Abschaffung des Sozialtourismus zurückzuführen ist (Schließung der Ge-
  werkschafts- bzw. Kurheime sowie der Jugend- bzw. Kinderlager). Auf diese
  Weise änderte sich das Verhältnis zwischen den Übernachtungen von Ausländern
  und Inländern von 32 zu 68 (1988) auf 43 zu 57 (1999).

---

[4] Die Daten sind mit Vorsicht zu interpretieren, denn ein Teil der Veränderungen ist nur
   auf Mängel der Statistik zurückzuführen (insbesondere bei Privatquartieren und Familienhotels). Nach Schätzungen von Experten beträgt die tatsächliche Bettenkapazität ca.
   400.000-450.000 Betten.

- Es besteht weiterhin eine ausgeprägte räumliche Konzentration des Tourismus: Auf das engere Küstengebiet entfallen 65% der Bettenkapazität. Nur in 25-30 Gemeinden (von insgesamt 262) kann man von einer bedeutenden Entwicklung des Tourismus sprechen. Die Konzentration wird noch deutlicher, wenn man die Besucher- oder Übernachtungszahlen als Indikatoren verwendet. Der Anteil der Übernachtungen an der Schwarzmeerküste hat sich von 52,1% (1988) auf 62,4% (1999) erhöht. Diese Entwicklung ist allerdings der Nordküste zu verdanken, wo sich die Übernachtungszahl fast verdoppelt hat, während an der Südküste eine Stagnation zu beobachten ist. Dabei ist es zu einem regionalen Strukturwandel gekommen: Während die Südküste bis in die 1980er-Jahre dominierte (60% der Übernachtungen), hat sich dieses Verhältnis im letzten Jahrzehnt zu Gunsten der Nordküste geändert (63% der Übernachtungen). Auch der Anteil von Übernachtungen von Ausländern ist deutlich gestiegen.

3.3 Die wirtschaftliche Bedeutung des Tourismus in Bulgarien

Obwohl der Tourismus die hohen Erwartungen nicht erfüllen konnte, spielte er in den 1990er-Jahren in der Wirtschaftsentwicklung Bulgariens eine wichtige Rolle:

- Das Nettoeinkommen aus dem Tourismus hat sich nach gewissen Schwankungen verdoppelt; es stieg von 250 Mio. US-$ (1990) auf über 536 Mio. US-$ (2000). Dieser Wert liegt allerdings immer noch beträchtlich unter den Deviseneinnahmen der Nachbarländer Griechenland bzw. Türkei in Höhe von jeweils 4 Mrd. US-$. Dennoch spielt der internationale Tourismus in Bulgarien eine bedeutende Rolle für die Wirtschaft. Im Jahr 1996 belief sich sein Anteil am Bruttoinlandsprodukt auf 8,0%, zusammen mit dem Binnentourismus wird er auf 11% geschätzt. Die Deviseneinnahmen umfassten 50% der gesamten Exporteinnahmen und glichen 40-50% des Handelsdefizit aus (vgl. Abb. 3.

- Der Tourismus erwies sich auch als ein stabiler Beschäftigungsfaktor in einer Situation, die durch hohe Arbeitslosigkeit (2000: 17%) und extrem viele Arbeitskräfte in der Landwirtschaft gekennzeichnet war (2000: 24%). Im Jahr 1988 wurde die Zahl der Beschäftigten im Tourismus auf 170.000 geschätzt (ca. 4% der Beschäftigten insgesamt), von denen ein Drittel ganzjährig beschäftigt war. In den 1990er-Jahren stieg die Anzahl der Vollbeschäftigten von 70.000 (1989) auf 131.000 (1999). Dabei liegt die Gesamtzahl aller durch Tourismus – direkt oder indirekt – geschaffenen Arbeitsplätze noch bedeutend höher, nämlich bei 338.000.

- Hinsichtlich der gesamten ausländischen Investitionen, die in Bulgarien im Zeitraum 1992-1999 getätigt wurden, liegt der Tourismus mit 142,8 Mio. US-$ an vierter Stelle (5,1%). In den letzten Jahren begann mit Hilfe der deutschen Reiseveranstalter Neckermann, ITS-Reisen und TUI eine Sanierung von Objekten in den Hauptseebädern. Von 1997 bis 2000 investierten diese Unternehmen 40 Mio. US-$ in die touristische Infrastruktur der Schwarzmeerküste (nach dem Prinzip ‚Investitionen gegen zukünftige Dienstleistungen'). Weitere 40 Mio. US-$ waren für das Jahr 2001 vorgesehen. Bedeutend höher sind allerdings die Investitionen der bulgarischen Privatunternehmen, die auf mehr als 500 Mio. US-$ geschätzt werden.

Abb. 3: Der Tourismus in der Zahlungsbilanz Bulgariens (1991-2000)

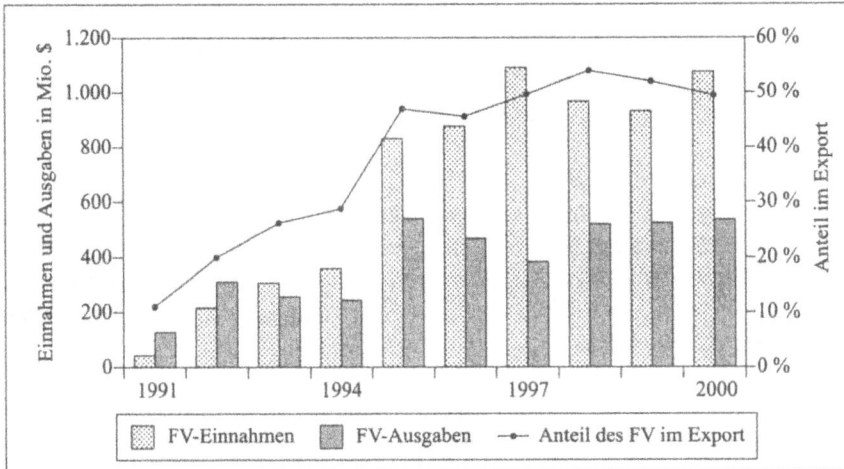

Quelle: Bulgarische National Bank, Zahlungsbilanz 1991-2001

3.4 Die Tourismuspolitik in Bulgarien in den 1990er-Jahren

Im Bereich der Tourismuspolitik haben sich in Bulgarien in den 1990er-Jahren folgende Veränderungen vollzogen:

- Die Privatisierung im Tourismus, die in den letzten fünf Jahren beschleunigt durchgeführt wurde, steht kurz vor ihrem Abschluss. Zu Beginn des Jahres 2001 ist der Anteil der privatisierten touristischen Objekte auf 94,2% gestiegen. Im Vergleich zum Jahr 1995, als sich nur 10% der touristischen Betriebe in privater Hand befanden, ist das ein bedeutender Erfolg.

- Im Jahr 1998 wurde ein Fremdenverkehrsgesetz erlassen, das eine neue Verwaltungsstruktur einführte sowie die Finanzierung und die Organisation des nationalen Marketings, die Genehmigung und die Kategorisierung der Unternehmen sowie den Konsumentenschutz regelte. Die neue Struktur für ein Destinationsmanagement des Tourismus umfasst mehr als 60 lokale und 4 regionale Fremdenverkehrsorganisationen (registriert als NGO). Zusammen mit den Branchenverbänden spielen sie eine wichtige Rolle bei der Koordinierung der

Arbeit von Institutionen auf nationaler, regionaler und lokaler Ebene. Hauptziel ihrer gemeinsamen Aktivität ist die Diversifizierung und Qualitätssteigerung des touristischen Angebots sowie eine bessere Positionierung Bulgariens auf dem internationalen Tourismusmarkt. Aufgrund mangelnder Ressourcen und fehlender Erfahrungen ist die Effizienz dieser Organisationen allerdings gering.

- Im Bereich der Werbung wurden 26 Touristinformationen im Lande geschaffen (als Filialen des nationalen touristischen Informationssystems). Die Zahl der touristischen Auslandsvertretungen ging von 16 auf 3 im Jahr 1997 zurück, da das Budget für Werbung im Ausland stark reduziert wurde. Seit 1997 übernehmen die bulgarischen Handelsvertretungen auch die Funktion der Tourismuswerbung; die staatliche Finanzierung der Auslandswerbung bewegt sich auf dem Niveau der 1980er-Jahren (2,0 bis 2,5 Mio. US-$ jährlich).

- Die Einreise nach Bulgarien wurde erheblich erleichtert: Im Jahr 1997 entfiel die Visumspflicht Touristen aus den Ländern der EU und der EFTA sowie aus ca. 30 anderen Staaten (für Aufenthalte bis zu 30 Tagen). Außerdem fand eine Erleichterung der Visumformalitäten für organisierte Touristen aus den Baltischen Republiken, aus Moldawien, aus Weißrussland sowie aus den Ländern am Persischen Golf statt.

- Im Jahr 1999 wurde der Tourismus im ‚Nationalen Entwicklungsplan' als ein vorrangiger Sektor der Wirtschaftsentwicklung ausgewiesen; damit konnten vom Jahr 2000 an strukturfondsähnliche Förderinstrumente für Tourismusprojekte zum Einsatz kommen.

4   Fazit und Ausblick

Während des Übergangs ist der Tourismus in Bulgarien durch verschiedene Strukturänderungen gekennzeichnet, die zu einem vollständigen Wandel des touristischen Angebots und der Nachfrage in Bulgarien geführt haben. Zu den wichtigsten Veränderungen, die gewissermaßen chronologisch erschienen sind, zählen:

- Wandel der Quellmärkte: Es hat eine Bedeutungszunahme der EU-Länder stattgefunden, bei gleichzeitigem Rückgang des Binnenmarktes sowie der mitteleuropäischen Länder (ehemalige sozialistische Länder).

- Wandel der Eigentumsverhältnisse: Gegenwärtig liegt das Eigentum im Tourismus fast zu 100% in privater Hand; dadurch vollzieht sich eine allmähliche Qualitätsverbesserung (die z. B. durch Erhebungen zu der Besucherzufriedenheit bestätigt wurde).

- Managementwandel: Diese Veränderung umfasst u. a. die Herausbildung einer neuen, marktwirtschaftlich orientierten Verwaltungsstruktur, eine erweiterte

Rolle der Tourismusorganisationen sowie die verstärkte Ausrichtung der Tourismuspolitik auf die Rahmenbedingungen, auf das Marketing und auf die Infrastrukturausstattung (weitere Änderungen in diesem Bereich sind zu erwarten, da ein neues Tourismusgesetz in Arbeit ist).

- Produktwandel: Hier sind Versuche der Diversifizierung und der Entwicklung von alternativen Tourismusarten zu nennen (Dorf-, Öko-, Kultur-, Medizintourismus etc.), mit denen neue Marktsegmente erschlossen werden sollen (dieser Bereich ist gegenwärtig noch nicht von großer Bedeutung).

- Imagewandel: Während Anfang der 1990er-Jahre das touristische Image Bulgariens als „fehlend bis negativ" (Horwath Consulting 1992, S. 2) bezeichnet wurde, führten die Qualitätsverbesserung und das aktive nationale Marketing seit 1997 zu einem höheren Bekanntheitsgrad, einem klareren Image sowie zu einer besseren Positionierung auf den führenden Märkten.

Innerhalb dieser Veränderungen erweist sich die Raumstruktur des Tourismus als ziemlich stabil. Trotz des tourismuspolitischen Ziels, das Binnenland stärker zu entwickeln und neue Standorte zu fördern, blieb die räumliche Konzentration bislang erhalten bzw. wurde sogar verstärkt. Die traditionellen Tourismusgebiete und -orte konnten sich besser an die neuen Bedingungen anpassen – nicht zuletzt aufgrund ihrer Erfahrungen und ihres professionellen Managements.

Es ist zu betonen, dass – neben den positiven Veränderungen – auch viele traditionelle Probleme erhalten oder sogar verschärft wurden (räumliche und zeitliche Konzentration, niedriger Auslastungsgrad, undifferenzierte Produkte, niedrige Ausgaben der Touristen u. a.). Darüber hinaus entstand mit der Privatisierung und Dezentralisierung eine fragmentierte Tourismusbranche ohne entsprechende Verwaltungs- bzw. Verbandsstrukturen, die das notwendige Maß an Abstimmung und Zusammenarbeit gewährleisten. Eng damit verbunden ist auch das Hauptproblem des bulgarischen Tourismus, das sich in einer ambivalenten Besucherzufriedenheit widerspiegelt: So sind die Gäste zwar mit den Natur- und Kulturgegebenheiten des Landes sowie mit den Leistungen der einzelnen Unternehmen (Hotels, Restaurants usw.) sehr zufrieden. Wesentlich geringer ist die Zufriedenheit aber mit den Produktelementen, die von der Tourismusbranche insgesamt erstellt werden müssen und die gemeinsames Handeln sowie eine aktive Tourismuspolitik voraussetzen.

Obwohl der Fremdenverkehr einer der wenigen Wirtschaftszweige in Bulgarien ist, die sich von der Krise Anfang der 1990er-Jahre am schnellsten erholen konnten, hat er bislang die hohen Erwartungen hinsichtlich seines Beitrags zum Strukturwandel in Bulgarien, zur Beschleunigung des Wirtschaftswachstums und zur Unterstützung strukturschwacher Gebiete nicht vollständig erfüllen können. Diese Tatsache ist zum einen auf die ungünstigen externen Rahmenbedingungen zurückzuführen (z. B. die Entwicklungen im ehemaligen Jugoslawien, die Finanzkrise in Russland), zum anderen aber auch auf die unzureichende Tourismuspolitik und

besonders auf die fehlenden Instrumente zur direkten Unterstützung von Tourismusunternehmen und -organisationen.

Literatur

BACHVAROV, M. (1997): End of the model? Tourism in post-communist Bulgaria. In: Tourism Management, 18, No. 1, 43-50.

Horwarth Consulting (1992): Tourism Development Strategy for Bulgaria.

KASATSCHKA, D. (1990): Der Tourismus in Bulgarien – geographische Aspekte. In: Tourismus in einem neuen Europa. Freudenstadt.

MARINOV, V. (1998): Fremdenverkehr. In: Geographie Bulgariens. Sofia (in bulgarischer
Sprache).

MARINOV, V. (1999): Challanges to sustainable tourism development in Bulgaria. In:
Anuaire de l'universite de Sofia. St. Kl. Ohridski, Faculté de Geologie et geographie,
Livre 2 Geographie, Vol. 92.

MARINOV, V./DOGRAMADJIEVA, E./PETROVA, L. (2000): Sustainable Urban Tourism.
Framework Conditions, Agents and Factors Influencing Participatory Decision-Making.
Sofia.

MARINOV, V. (2000): Tourism accomodation in Bulgaria in the transition period: main
changes in volume and structural parameters. In: Anuaire de l'universite de Sofia. St.
Kl. Ohridski, Faculté de Geologie et geographie, Livre 2 Geographie, Vol. 94, 2000.

Nationales Touristisches Institut: Statistisches Jahrbuch Fremdenverkehr, 1960-2000.

Wirtschaftsministerium (2001): Jahrbuch des bulgarischen Tourismus 1999/2000. Sofia.

WTO (2000): Tourism Highlights 2000.

Tourismus in Istrien

Anton Gosar

1 Geographie und Geschichte des Fremdenverkehrs in Istrien

Istrien ist eine Mittelmeerhalbinsel (Fläche: 4.725 km^2), die zwischen der Triester und Kvarner Bucht der Adria liegt. Die Großmächte, von denen die Grenzziehung nach dem Zweiten Weltkrieg bestimmt wurde, teilten den Großteil der Halbinsel Jugoslawien zu. Italien musste sich mit einem kleinen Teil, um den Hafen von Triest gelegen, zufrieden geben. Die einstigen Teilrepubliken Slowenien und Kroatien sind als Nationalstaaten, nach dem Zerfall Jugoslawiens 1991, auch in Istrien rechtliche Nachfolger des Vielvölkerstaates geworden. Somit entfallen derzeit 9% der Fläche auf Italien (498 km^2), 21% der Halbinsel gehören zu Slowenien (1.055 km^2) und 69% befinden sich im jungen Nationalstaat Kroatien (3.172 km^2 – vgl. Abb. 1). In diesem Beitrag wird der Tourismus des slowenischen Teils (die touristische Region ‚Küste und Karst') und des kroatischen Teils (Provinz Istrien und Gemeinde Opatija) der Halbinsel behandelt. Istrien nimmt in Slowenien einen Flächenanteil von 5,3% ein, in Kroatien stellt Istrien 5,6% der Landfläche.

Der Tourismus in Istrien hat schon eine lange Tradition; er kann sowohl hinsichtlich seiner geschichtlichen Entwicklung als auch seines Umfanges mit ähnlichen Mittelmeerregionen verglichen werden – wie z. B. mit der Ligurischen Küste in Italien oder der Costa del Sol in Spanien. Im Jahr 1845 wurden erste Reiseleiter in Poreè (Parenzo) eingesetzt; 1883 war Opatija (Abbazia) unter 195 Kurorten der am zweithäufigsten besuchte Kurort der Österreichisch-Ungarischen Monarchie. Im Jahr 1912 berichtet das statistische Amt der K. u. K. Monarchie von 19 Kurorten in Istrien, die 114.162 Besucher registrierten. Noch kurz vor Beginn des Zweiten Weltkriegs (1938) haben 129.838 ausländische Touristen Istrien (im damaligen Italien gelegen) besucht, die dort im Durchschnitt 6,5 Tage verbrachten (vgl. BLAŽEVIÆ 1987). Vor dem Zerfall Jugoslawiens sind jährlich fast 4 Mio. Touristen nach Istrien gefahren, davon stellten die Deutschen die wichtigste ausländische Nachfragegruppe (über 40% der Besucher). Mit über 30 Mio. Nächtigungen war Istrien eine der meistbesuchten Urlaubsdestinationen des Mittelmeerraums (vgl. GOSAR 1997).

Den Touristenstrom leiteten die in der zweiten Hälfte des 19. Jhs. gebauten Eisenbahnen ein. Als Kurort schätzten die Wiener und die Grazer besonders Opatija, an der östlichen Seite der Halbinsel gelegen. Von der Südbahn (Wien-Triest) wurde eine Verbindung zum Hafen Rijeka (Fiume), mit einer Haltestelle oberhalb des Kurortes, gezogen.

Abb. 1: Istrien in Europa

Opatija wurde speziell ein Kurort der Königshäuser: Er zählte den österreichischen Kaiser Franz Josef, den rumänischen König Karol, den deutschen Kaiser Wilhelm II. und den schwedischen König Oskar zu seinen Gästen. Die schmalspurige ‚Parenzo-Bahn' nach Poreè und die Normalspurbahn nach Pula (Pola), die von strategischer Bedeutung für die österreichische Marine war, ermöglichten den Bürgern Triests, Ausflüge und Urlaubsreisen in die Kurorte Westistriens zu unternehmen. Rainer Maria Rilke, Lord Byron, Robert Koch und Thomas Mann nutzten diese Verkehrsverbindungen, um zu den beliebtesten Urlaubsorten – unter anderem zu den Brioni Inseln – zu kommen. Verschiedene Firmen, wie z. B. die Südbahn AG (in Opatija: Hotel ‚Kvarner'), der Lloyd von Triest (in Poreè: Hotel ‚Riviera'), aber auch der österreichische Staat (Portorož -Portorose: Hotel ‚Palace') verstanden es schon damals, aus dem Streben der Bürger nach Freizeit Profit zu machen (vgl. BLAŽEVIÆ 1996).

Der nach dem Zweiten Weltkrieg stark zurückgegangene Tourismus erhielt wesentliche Impulse, als die damalige kommunistische Regierung Jugoslawiens im

Jahr 1961 beschloss, die Grenzen zu öffnen und den Tourismus aufzubauen. Durch die Bekanntgabe dieser Pläne bekam das Land, als Mitglied der nichtalliierten Länder, sofortige Know-how-Unterstützung durch die Vereinten Nationen. Unter deren Federführung wurde das Projekt ‚Obere Adria' erstellt, das auch die Halbinsel Istrien umfasste; bei der Realisierung dieses Großprojektes wurde Jugoslawien ebenfalls unterstützt (vgl. JORDAN 1997). Das heutige Landschaftsbild der Westküste Istriens ist das Ergebnis dieser koordinierten nationalen und internationalen Bemühungen. Zwischen 1965 und 1975 entstanden – für die damalige Zeit – moderne Kurorte und Hotels:

- in Portorož -Portorose wurden der Hotelkomplex ‚Bernardin' und andere Hotels im Ortskern gebaut,
- Poreè bekam die Hotelanlagen ‚Plava laguna' und ‚Zelena laguna',
- in Pula wurde die Hotelanlage ‚Verudela' errichtet usw.,
- außerdem wurden neue Kurorte wie Umag-Umago, Novi grad, Vrsar, Rovinj und Rabac gegründet.

Die Bautätigkeit löste einen regionalen Strukturwandel aus. Die einst beliebte Ostküste Istriens verlor hinsichtlich Unterkunftskapazitäten und Besucherzahl an Bedeutung. Opatija verbuchte im Jahr 1985 nur noch 2,5 Mio. Nächtigungen, während Poreè, das Zugpferd des Tourismus in Istrien, damals bereits 9 Mio. Nächtigungen hatte. Der Zerfall Jugoslawiens und die Kriege auf dem benachbarten Balkan in der letzten Dekade des 20. Jhs. haben den Tourismus erheblich geschwächt.

2 Nationale Tourismusstrategien für Istrien

Die Fremdenverkehrswirtschaft der beiden Teilrepubliken Jugoslawiens hatte sich in Istrien über lange Zeit gut ergänzt. In Slowenien hatten Reise- und Verkehrsunternehmen ihren Standort, während in Kroatien vor allem Hotelunternehmen hinsichtlich Zahl und Umfang eine große Bedeutung hatten. Zwei slowenische Reisebüros, ‚Kompas Jugoslavija' und ‚Globtour', beherrschten den Markt Istriens und stellten ein Bindeglied zu zahlreichen ausländischen Reiseveranstaltern her. Transfers von und zu den Flughäfen sowie Ausflugsreisen erfolgten oft durch einen dritten slowenischen Partner, das Busunternehmen ‚Slavnik Koper'. Auch flog die slowenische ‚Adria Airways' fast 75% aller Flugurlaubsgäste nach Istrien (zu den Flughäfen Pula, Rijeka-Krk und Portorož).

Als sich Kroatien und Slowenien am 25. Juni 1991 zu Nationalstaaten erklärten und ihre Souveränität durch Grenzziehung festlegten, erlosch die langjährige Kooperation über Nacht. Slowenische Reise- und Busunternehmer gerieten in Konkurs; die Fluggesellschaft ‚Adria Airways' war gezwungen, die Hälfte ihrer Maschinen zu verkaufen. Beide Staaten mussten neue Wirtschaftsstrategien entwickeln. Zuerst formulierte Slowenien die ‚Entwicklungsstrategie für den Wirtschaftsbereich Tourismus' (vgl. SIRŠ E/STROJ-VRTAÈNIK/POBEGA 1992) während Kroatien bis 1996 im Kriegszustand lebte und deshalb erst zwei Jahre später Teile seiner Strategie bekannt gab. Slowenien vernachlässigte innerhalb seiner Entwicklungsüberlegungen die eigene Mittelmeerküste in Istrien fast vollständig, hingegen wurden Thermalkurorte als wichtigstes Entwicklungspotenzial des Landes betrachtet. Istrien und der Adriaraum wurden in ein anderes Angebot, nämlich das der Spielkasinos, integriert. Die Autoren der Strategie setzten völlig auf den Erlebnistourismus, der recht bald auch im slowenischen Istrien in Form von ‚tropischen Landschaften' in Hotels ganzjährig Fuß fasste. Im Mittelpunkt der slowenischen Tourismusbranche stehen – durch Reduzierung der ursprünglichen Idee – spätestens seit der Jahrhundertwende fünf ‚Produkt-Cluster' (vgl. SIRŠE / MIHALIĖ 2000):

- das mediterrane Slowenien (‚Küste und Karst'),
- die slowenischen Alpen (‚Berge und Seen'),
- Heilbäder und Kurorte Sloweniens (‚Durch Natur zur Gesundheit'),
- die slowenischen Städte (‚Auf Brücken bewegter Erlebnisse') und
- Ferien auf dem slowenischen Lande (‚Touristische Bauernhöfe').

Die kroatische Strategie ist konservativer geblieben: ‚Narodne novine' bekundeten vier Kategorien von Orten, in denen Tourismus Priorität erhalten sollte. Mit Ausnahme der Städte Zagreb und Samobor, des Wahlfahrtortes Marija Bistrica, der Burg Trakošèan und dreier Thermalkurorte (Krapinske-, Tuheljske-, Stubièke toplice) liegen alle 85 Orte der ersten Kategorie im Mittelmeerbereich Kroatiens. Darunter befinden sich auch die im Tourismus renommierten Kurorte Istriens: Opatija, Ièièi, Lovran, Medveja, Mošèenièka Draga, Rabac, Medulin, Pula, Rovinj, Vrsar, Funtana, Poreè, Novigrad und Umag (vgl. Narodne novine 75/1994). Die Realität des Tourismus hatte jedoch auch kroatische Tourismusplaner gezwungen, neue Erlebnisse anzubieten. Anders als in Slowenien spielen Sport und Meer dabei eine herausragende Rolle: Wassersportarten wie Tauchen und Segeln, aber auch Tennis, Reiten und Golf entwickelten sich am Anfang des 21. Jhs. zu Boomsegmenten der Tourismusbranche Kroatiens. Unternehmer in Istrien versuchten, auch das Innere der Halbinsel durch Weinstraßen und Urlaub auf dem Bauernhof etc. touristisch zu beleben (vgl. BOŠKOVLÆ 2000; JORDAN 2000).

Die Nationalstaaten Slowenien und Kroatien bewerten die Wirtschaftspotenz Istriens ähnlich. Der Anstieg des Hotelbettenangebots geht in beiden Ländern vor allem auf den Bau neuer Hotelanlagen zurück. Doch der Neubau im Tourismusbereich ging sehr schleppend voran, da sich potenzielle Geldgeber scheuen, in politisch unstabile Regionen zu investieren. Die in Kroatien selten und in Slowenien häufiger vorgenommene Renovierung der bereits dreißig Jahre alten Hotels hat in der Regel das Angebot an Betten zuerst reduziert, da die vorhandenen Zimmer vergrößert und modernisiert wurden. Es muss aber betont werden, dass sich das Angebot an Kapazitäten in Istrien sehr ungleich auf die beiden Staaten verteilt: Slowenien bietet nur ein Zehntel der Unterkunftskapazitäten an (9,6%; in Hotels: 13,6%), die im kroatischen Teil Istriens an Betten zur Verfügung stehen (vgl. Abb. 2).

Abb. 2: Unterkunftskapazität bedeutender Fremdenverkehrsorte in Istrien
(1985 und 2000)

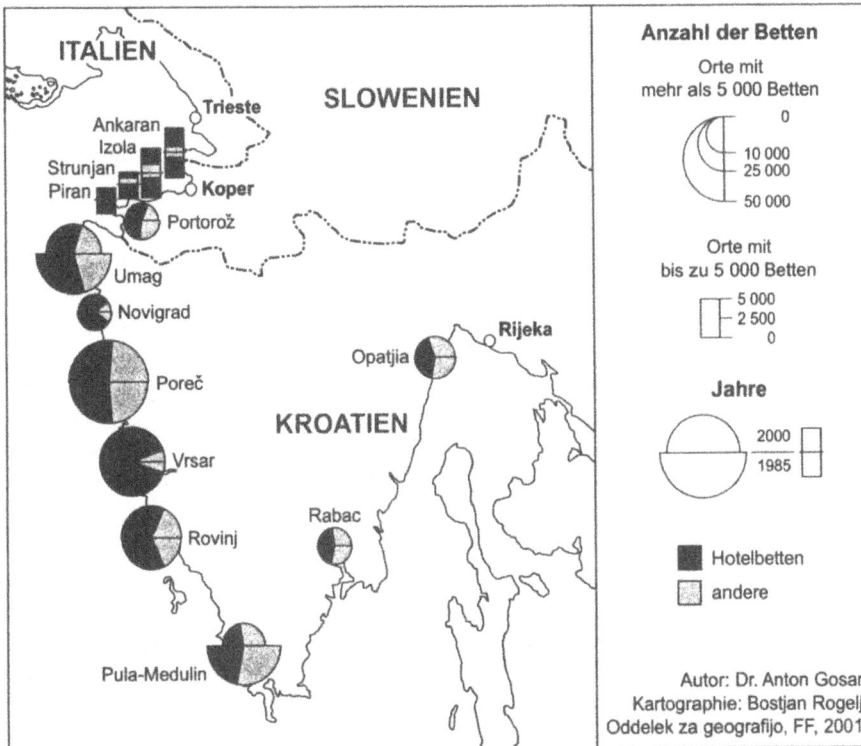

ITALIEN

SLOWENIEN

Trieste

Ankaran
Izola
Strunjan
Piran
Koper
Portorož

Umag

Novigrad

Rijeka

Opatija

Poreč

KROATIEN

Vrsar

Rabac

Rovinj

Pula-Medulin

Anzahl der Betten

Orte mit
mehr als 5 000 Betten

0
10 000
25 000

50 000

Orte mit
bis zu 5 000 Betten

5 000
2 500
0

Jahre

2000
1985

Hotelbetten

andere

Autor: Dr. Anton Gosar
Kartographie: Bostjan Rogelj
Oddelek za geografijo, FF, 2001

Die registrierten Besuche Istriens deuten jedoch auf eine relativ größere Bedeutung des slowenischen Teils hin. Im Durchschnitt beherbergt die slowenische Tourismusregion ‚Küste und Karst' im Durchschnitt ein Viertel der Besucher von
Istrien (2000: 23,9%). Innerhalb Kroatiens hat Istrien allerdings erheblich an Bedeutung gewonnen: Während es im Jahr 1985 22,9% aller Touristen in Kroatien
beherbergte, waren es im Jahr 2000 schon 30,3%. Die relative große Entfernung
zu den Krisengebieten auf dem Balkan hat in der letzten Dekade den Touristenstrom nach Istrien gelenkt. Für den slowenischen Teil Istriens können ähnliche
Entwicklungen festgestellt werden, für die jedoch vor allem die Nähe des europäischen Autobahnnetzes und das wachsende Interesse von Besuchern aus den Nachbarländern Italien und Österreich verantwortlich sind. Während im Jahre 1985 nur
19,5% aller Besucher Sloweniens in Istrien gezählt wurden, lag der Anteil im Jahr
2000 bei 26,5%. Das Bestreben der Slowenen, ein attraktives Ganzjahresangebot
in Istrien vorzuhalten (u. a. durch tropische und thermale Wasserparks, Kongresse), hat bereits kurzfristig Erfolge gezeigt.

3   Der Übergang zur Marktwirtschaft

Die Analyse der Besucher- und Übernachtungszahlen in den vergangenen 20 Jahren zeigt höchst unterschiedliche Entwicklungstendenzen. Die für Istrien günstigen Trends im Tourismus erreichten im Jahr 1986 ihren Höhepunkt: In Slowenisch-Istrien wurden mehr als 2,5 Mio. Besucher und in Kroatisch-Istrien nahezu 22 Mio. Übernachtungen gezählt. Besonders beliebt war diese Urlaubsregion bei den Ausländern, die im Norden (in Slowenien) einen Anteil an der Gesamtbesucherzahl von 58%, im südlichen (kroatischen) Teil der Halbinsel sogar von 64% erreichten.

Im weiteren zeitlichen Verlauf ist bis 1990 eine Stagnation zu verzeichnen gewesen. Die folgenden Jahre stellten Tiefpunkte der touristischen Entwicklung Sloweniens, Kroatiens und Istriens dar. Die Fremdenverkehrswirtschaft ist durch politisch-nationale Entscheidungen der beiden Länder und die anhaltenden Konflikte im benachbarten Bosnien fast völlig zum Stillstand gekommen. Fünf Jahre nach den Unabhängigkeitserklärungen beider Länder verzeichnete man im kroatischen Teil einen Rückgang der Übernachtungen um 68,9%, im slowenischen Teil Istriens jedoch ‚nur' um 28,6%.

Bei der ausländischen Nachfrage zeichnen sich unterschiedliche Entwicklungen ab: In Slowenisch-Istrien sank ihr Anteil auf 46%, während sie im benachbarten Istrien Kroatiens auf 77% stieg (sie lag damit deutlich über dem kroatischen Durchschnittswert von 54%). Die Ursachen für diese Entwicklung lagen zu einem in der relativ niedrigen Kaufkraft der einheimischen Kroaten, zum anderen aber auch in der Tatsache, dass seit der Unabhängigkeit slowenische Touristen in Kroatien als Ausländer registriert werden (und nicht mehr als einheimische ‚Jugoslawen'); schließlich war aber der Besuch der südlicheren Teile der kroatischen Adria-Küste wegen des dortigen Bürgerkrieges nicht ratsam.

Zu Beginn des 21. Jhs. haben die beiden jungen Nationalstaaten die Besucher- und Übernachtungszahlen der 1980er-Jahre noch nicht wieder erreicht (vgl. Abb. 3). Sie liegen in Kroatien um ein Drittel und in Slowenien um ein Viertel unter dem damaligen Maximum. Generell zeigt sich jedoch ein positiver Trend – mit Ausnahme des Jahres 1999, als der Kosovo-Jugoslawien-Krieg die potenziellen Gäste abschreckte.

Die Struktur der touristischen Nachfrage in Istrien hat sich in den letzten Jahren deutlich geändert:

- In beiden Teilen der Halbinsel haben die Gäste aus den Nachbarländern (Slowenen, Italiener, Österreicher, Ungarn und Tschechen) gegenüber den Besuchern aus Deutschland, Großbritannien und anderen westeuropäischen Ländern erheblich an Bedeutung gewonnen (vgl. Abb. 4 zur Situation im Jahr 2000).

- Istrien wird seltener im Rahmen von Pauschal- bzw. ‚All-inclusive'-Reise-
angeboten angeflogen, stattdessen finden sich mehr Individualreisende (häufig
Pkw-Reisende). Auch der Bustourismus hat sich positiv entwickelt.

- Im kroatischen Teil Istriens finden in der Hauptsaison ca. 75% Nächtigungen
statt (bei einer durchschnittlichen Aufenthaltsdauer von nahezu 7 Tagen).
Poreè (6,8 Tage), das durch FKK gekennzeichnete Vrsar (7,9 Tage) und Rovinj (7,4 Tage) stehen hinsichtlich der Aufenthaltsdauer an der Spitze.

Abb. 3: Übernachtungsaufkommen in bedeutenden Fremdenverkehrsorten in
Istrien (1985 und 2000)

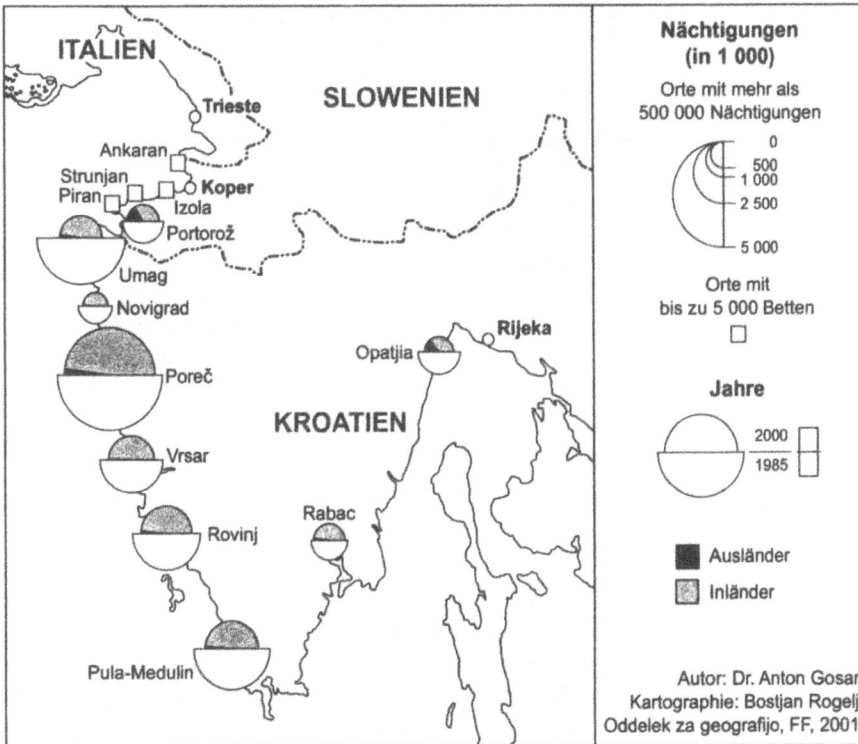

- In den Kurorten an der kroatischen Küste Istriens stellen die Kroaten weniger als
ein Zehntel der Gäste. In Slowenien sind Portorož -Portorose und die Gemeinde
Piran-Pirano federführend. Da in Portorož -Portorose ein mitteleuropäisches
Kongresszentrum enstand, das dortige Casino vor allem Kurzurlauber aus Italien
anspricht und die Hotels durch ihr ‚Wellen- und Tropenangebot' ganzjährig geöffnet sind, liegt die Aufenthaltsdauer hier deutlich niedriger (3,6 Tage). Hier
spiegeln sich auch die kurzen Besuche der Bustouristen in der Vor- und Nachsaison wider.

- Ähnliche Trends lassen sich im benachbarten kroatischen Umag-Umago beobachten: Das Sportangebot (Tennis und Wassersport) führt zu einer – für Kroatien relativ niedrigen – Aufenthaltsdauer von 5,9 Tagen.

Abb. 4: Übernachtungsaufkommen in Istrien – differenziert nach Herkunfts-
        ländern der Touristen (2000)

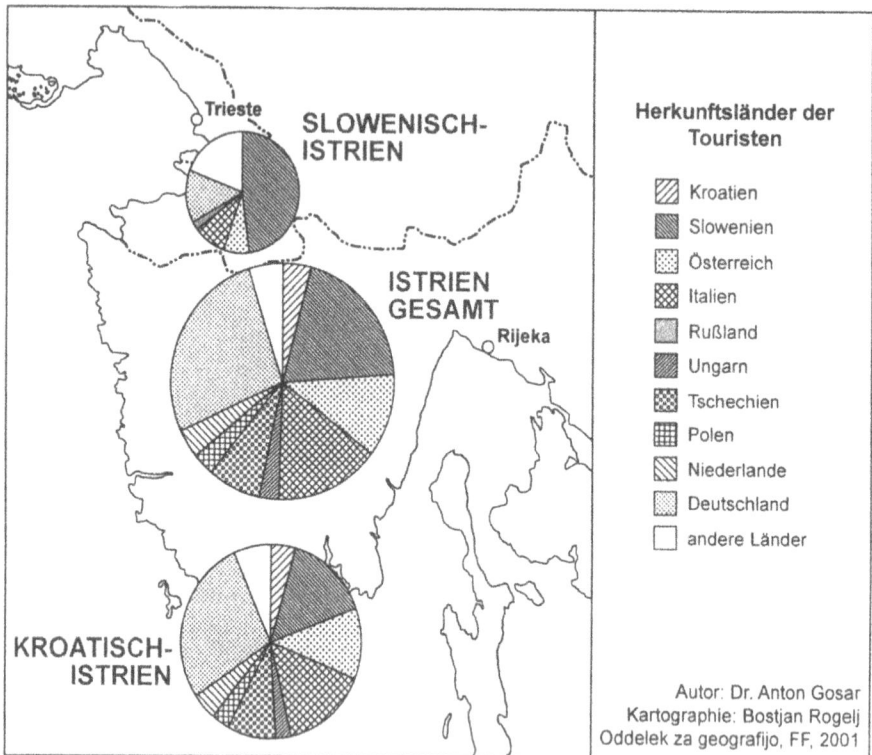

Die TOMAS-Umfrage (Tourismus Marketing Studie), bei der in den Jahren 1994,
1997 und 2000 Tausende von Touristen erfasst wurden, hat die Naturpotenziale
(Meer, Sonne, Berge) beider Länder hervorgehoben. Die Ergebnisse dieser Befragung stellten den Gast aus Mitteleuropa, Familien im sozialen Mittelstand als Zielgruppen in den Vordergrund. Für das bisherige Fehlen von Erlebnisangeboten
(Kultur, Unterhaltung, Spiele, Extremsportarten) soll Sorge getragen werden (vgl.
MIKAÈLÆ 1994; MARUŠLÆ 1997; Š KAFAR 1998).

Eine Umfrage, die von einer Studentengruppe der Universität Ljubljana im Sommer 1999 unter 97 im Tourismus erwerbstätigen Personen in Istrien, in Opatija,
Umag-Umago und Portorož -Portorose durchgeführt wurde, kam zum Ergebnis,
dass der kroatische und der slowenische Tourismus vor allem folgende Probleme
aufweisen:
- der Übergang von einer (sozialistischen) Planwirtschaft in eine moderne
  Marktwirtschaft,

- der Unruheherd Balkan,
- die Gründung nationaler Staaten und Schaffung neuer Grenzen,
- die veränderten Reisegewohnheiten von Touristen,
- die Globalisierung der Fremdenverkehrswirtschaft (vgl. GOSAR 2000).

Die Übernahme von einst staatlichen bzw. öffentlichen Betrieben durch private Eigentümer, Banken und internationalen Konsortien ist in beiden Teilen Istriens unübersichtlich durchgeführt worden. Scheinbankrotte führten zur Übernahme von zahlreichen Betrieben durch Personen, die über entsprechende Informationen verfügten und den Regierungen nahe standen. Auch haben Banken die Kontrolle über Unternehmen im Tourismus übernommen, um sie zu einem günstigen Zeitpunkt an in- oder ausländische Bestanbieter zu verkaufen. Im Falle Kroatiens waren es oft internationale Hotelketten oder Reiseveranstalter, die als Käufer auftraten:

- Die spanische Hotelkette ‚Sol Melia' hat sowohl die meisten Hotelkapazitäten als auch unterstützende touristische Betriebe in Umag und Rovinj übernommen.

- Die FKK-Anlagen in Vrsar werden von deutschen und englischen Reiseveranstaltern verwaltet.

- Ein Hotel und ein Apartmentkomplex in der Nähe von Pula ist von der italienischen Bankgruppe ‚Marconi' übernommen worden.

- Istriens größter Hotelkomplex – das ‚Plava laguna' (samt ‚Zelena laguna') – ist von einem kroatischen Emigranten gekauft worden. Eine amerikanische Managementfirma leitet nun den Betrieb.

- Im Sommer 2000 wurden neue Luxushotels auf der Halbinsel Savudrija (gegenüber von Portorož -Portorose) eröffnet. Der Bau wurde mit Hilfe von österreichischem, italienischem und deutschem Kapital finanziert, das somit über die Hypo-Adria Bank und CEIT (Padova) Einfluss auf die touristische Ent-wicklung Kroatiens nimmt.

In Slowenisch-Istrien ist der Prozess des Übergangs zur Markwirtschaft grundsätzlich ähnlich verlaufen. Allerdings zeigten ausländische Investoren ein geringeres Interesse an den Betrieben der slowenischen Tourismuswirtschaft. Stattdessen traten einzelne Unternehmer auf, die ihre in anderen Branchen rasch erwirtschafteten Profite in der Tourismusbranche Istriens investierten:

- ‚Krka', ein Kosmetik- und Pharmazeutika-Betrieb, der schon seit einigen Jahren zwei Thermalbäder betreibt (Dolenjske toplice und Šmarješke toplice), kaufte eine Hotelanlage in Strunjan;

-   Das Thermalbad ‚Terme Èatež' übernahm das Management zweier Hotels in Koper und baute sie in zeitgemäße Betriebe um. Sloweniens Thermen profitierten vor allem während des fünfjährigen Bürgerkriegszustands in Kroatien. Die beliebten Sommeraufenthalte in Süddalmatiens wurden durch Besuche in den ‚Aqualandschaften' der Thermen ersetzt.

-   Auch der Großhändler ‚Emona', die Autoreifenfabrik ‚Sava', der Werkzeugproduzent ‚Unior' und der Energiekonzern ‚ÖMV-Istra-benz' investierten in großem Maß in die Tourismusbranche.

-   Internationale Hotelketten – wie ‚Intercontinental' und ‚Best Western' – haben zwar generell Interesse an einem Einstieg in das Tourismusgeschäft in Slowenisch-Istrien gezeigt, doch gehören nur zwei Hotels einer Kette an.

-   Einige fragwürdige Gruppen, wie z. B. die Firma ‚Ton-City' (Australien/Singapore) haben Investitionspläne vorgelegt; doch das mehr als hundert Jahre alte (ehemals österreichische) Prachthotel ‚Palace', das diese Gruppe erworben hat, steht immer noch als Ruine an der Riviera von Portorož -Portorose.

4   Ausblick

In den letzten 20 Jahren hat Istrien – als Urlaubsziel am Mittelmeer – einen untypischen Zyklus im Tourismus erfahren, dessen Gründe vor allem im politischen Bereich zu suchen sind:
-   die ethnischen Konflikte und Kriege in den Nachbarregionen,
-   der Übergang von der sozialistischen Planwirtschaft zur modernen Marktwirtschaft und
-   der Zerfall Jugoslawiens bzw. die Gründung der neuern souveränen Staaten Kroatien und Slowenien, die sich die Adria-Halbinsel Istrien teilen (vgl. GOSAR 1998).

Die Rekordzahlen der Ankünfte und Übernachtungen in den 1980er-Jahren sind heute noch nicht wieder erreicht worden. Slowenien ist diesem Ziel nähergekommen, doch macht der slowenische Anteil am Umfang der Nachfrage nur ein Zehntel des Anteils von Kroatisch-Istrien aus. Das Nachfragevolumen von 1985/1986 kann als oberer Zielwert verstanden werden, den es anzustreben gilt (als Maximum der Ankünfte, das noch vor der Wende erreicht wurde; dann trat eine Stagnation ein, die auf eine natürliche Sättigung des Marktes hinweist).

Die zahlreichen Probleme, die von der Politik bislang nicht gelöst worden sind, werden noch über Jahre hinaus den Tourismus in Istrien beeinträchtigen; zu ihnen zählen z. B.:

- die Probleme der Grenzfestlegung zwischen Slowenien und Kroatien,
- die Frage der Flüchtlinge aus Bosnien, die jahrelang in Hotels wohnten und sich anschließend in Istrien niedergelassen haben,
- die ungelöste Frage der rund 20.000 Liegenschaften (auch Zweitwohnsitze) der Slowenen in Kroatien.

Diese Probleme können den Tourismusaufschwung zwar nicht grundsätzlich gefährden, aber seine weitere Entwicklung negativ beeinflussen. Zu einer gewissen Unsicherheit tragen auch die globalen Trends bei. Als Folge der Ereignisse des 11. September 2001, als das World Trade Center in New York durch einen terroristischen Angriff zerstört wurde, nahm die Flugangst zu; damit erlangen Urlaubsziele, die mit Pkw, Bus und Bahn zu erreichen sind, eine neue Attraktivität.

In Kroatien und Slowenien steht die Wiederbelebung des Tourismus in engem Zusammenhang mit dem Investitionsverhalten der globalen Partner. Diese haben zwar ein grundsätzliches Interesse an der touristischen Infrastruktur Istriens gezeigt, doch offenbar versuchen sowohl einheimische und ausländische Banken als auch Investoren aus der internationalen Hotel- und Freizeitindustrie, sehr kurzfristige Profite zu realisieren (vgl. JORDAN 2000).

Literatur

BLAŽEVIĆ, I. (1996): Turistička geografija Hrvatske. Sveučilište u Rijeci/Pedagoški fakultet u Puli. Pula.

BLAŽEVIĆ, I. (1987): Povijest turizma Istre i Kvarnera, Otokar Keršovani. Opatija.

BOŠKOVIĆ, D. (2000): Restrukturiranje i prilagođavanje turističke ponude Hrvatske Europskim in svijetskim trendovima. Turizam (Tourism), Vol. 48, No. 2. Zagreb, S. 153-166.

Drž avni zavod za statistiku Republike Hrvatske/MIKAČLA, V. (Hrsg.; 2000): Turizam: Kumulativni podaci 1998-1999. Priobčenje br. 4.4.2/11. Zagreb (unveröffentlicht).

GOSAR, A. (1997): Der Tourismus im Alpen-Adria Raum: Lage in Slowenien und Kroatien unter geopolitischen Aspekten. In: Slowenien, Kroatien, Bosnien-Herzegowina: Neue Staaten am Rande Mitteleuropas. Angewandte Sozialgeographie, Nr. 37. Augsburg, S. 65-79.

GOSAR, A. (1998): Probleme der Grenzziehung zwischen Kroatien und Slowenien. In: Grenzen und Grenzregionen in Südosteuropa. Südosteuropa Aktuell, 28. München, S. 33-50.

GOSAR, A. (1999): Reconsidering Tourism Strategy as a Consequence of the Disintegration of Yugoslavia – the Case of Slovenia. Turizam (Tourism), Vol. 47, No. 1. Zagreb, S. 67-73.

GOSAR, A./JERŠIČ, M. (1999): Slowenien – Reiseführer, Mladinska knjiga. Ljubljana.

GOSAR, A. (2001): Učinki slovensko-hrvaške meje in osamosvojitve na turizem v hrvaški in slovenski Istri, Sociogeographic Problems of Border Regions along Slovenian-Croatian Border (Dela 16); Oddelek za geografijo, Filozofska fakulteta – Univerza v Ljubljani. Ljubljana, S. 135-165.

JORDAN, P. (1997): Beiträge zur Fremdenverkehrsgeographie der nördlichen kroatischen Küste. Klagenfurter Geographische Schriften, H. 15. Klagenfurt, S. 173.

JORDAN, P./SCHAPPELWEIN, K. (2000): International Tourism Attractions in Central and Southeastern Europe 1999, Map and Text, Atlas Ost- und Südosteuropa. Wien.

JORDAN, P. (2000): Hrvatski turizam pred izazovima globalizacije, Turizam (Tourism), Vol. 48, No. 2. Zagreb, S. 195-203.

MARUŠIÈ, Z. (1997): Stavovi i potrošnja turista u Hrvatskoj – TOMAS '97: osnovni izveštaj, Institut za turizam. Zagreb.

MIKAÈIÈ, V. (1994): Stavovi i potrošnja turista u Hrvatskoj – TOMAS '94: osnovni izveštaj, Institut za turizam. Zagreb.

Narodne novine (1994): Zakon o krajevima sa turistièkim potencialima, Narodne novine br. 75. Zagreb.

RADNIÆ, A./IVANDIÆ, N. (1999): War and Tourism in Croatia – Consequences and the Road to Recovery. Turizam (Tourism), Vol. 47, No. 1. Zagreb, S. 43-54.

Savezni zavod za statistiku (1986): Statistièki godišnjak SFR Jugoslavije, Godina XXXIII. Beograd, S. 594-601; S. 696-701.

Zavod za statistiku Republike Hrvatske/Škafar, A. (Hrsg.; 2001): Turizam 2000: Istarska županija. Ljubljana (unveröf fentlicht).

Statistièni urad Republike Slovenije (1999): Letni pregled turizma 1997, Rezultati raziskovanj št. 736. Ljubljana.

Statitièni urad Republike Slovenije (2001): Gostinstvo in turizem, 2000. Letopis 2001. Ljubljana, str. 441-456; S. 603-605.

Statistièni urad Republike Slovenije (1997): Letni pregled turizma 1995, Rezultati raziskovanj št. 681. Ljubljana.

SIRŠE, J./STROJ-VRTAÈNIK, I.,/POBEGA, N. (1992): Strategija razvoja slovenskega turizma, Inštitut za ekonomska raziskovanja. Ljubljana, S. 96.

SIRŠE J./MIHALIÈ, T. (1999): Slovenian Tourism and Tourism Policy – A Case Study. In: Revue de Tourisme, No. 3/1999, S. 34-47.

ŠKAFAR BOŽIÈ, A./ZALETEL, M./ARNEŽ, M. (1998): Anketa o tujih turistih v Republiki Slove-niji v poletni sezoni 1997, Rezultati raziskovanj št. 704/pogl. 6.3. Ljubljana, S. 43-47.

Zavod SRS za statistiko/KŠELA J. (1989): Letni pregled turizma 1985-1987, št. 467/Nov. 89. Ljubljana, S. 120-129.

Tourismus in Entwicklungsländern

Hubert Job/Sabine Weizenegger

1 Tourismus: Entwicklungschance oder Weg in neue Abhängigkeiten?

An der Wende zum Dritten Jahrtausend wird weltweit etwa ein Drittel aller internationalen Touristenankünfte in Entwicklungsländern registriert. Zwanzig Jahre zuvor war es gerade einmal ein Zehntel gewesen. Der Tourismus in Entwicklungsländern boomt mit deutlich überdurchschnittlichen Wachstumsraten von fast fünf Prozent pro Jahr. In jedem dritten Entwicklungsland ist mittlerweile Tourismus die Haupteinnahmequelle für Devisen (vgl. ADERHOLD et al. 2000, S. 20).

Trotzdem bleibt nach wie vor umstritten, ob bzw. unter welchen Bedingungen die oftmals hohen Erwartungen, die an den Tourismus (insbesondere als Wirtschaftsfaktor) gestellt werden, sich erfüllen. Befürworter sehen im Tourismus einen Entwicklungsmotor für die Zielländer und versprechen sich positive wirtschaftliche und soziale Effekte, Kontrahenten befürchten neue wirtschaftliche Abhängigkeiten, negative Auswirkungen auf die Umwelt und schwerwiegende sozio-kulturelle Veränderungen (vgl. hierzu auch Abb. 2).

2 Einige Grundlagen

2.1 Was sind Entwicklungsländer?

Es gibt weder eine einheitliche Definition noch eine international verbindliche Liste von Entwicklungsländern. Als gemeinsame Merkmale werden im Allgemeinen relativ hohes Bevölkerungswachstum, geringe Lebenserwartung, niedriges Pro-Kopf-Einkommen, schlechte Gesundheitsversorgung, niedrige Alphabetisierungsrate, niedriger Lebensstandard, hoher Anteil von Beschäftigten im Primären Sektor und Polarisierung traditioneller und moderner Wirtschaftsstrukturen angeführt (vgl. z. B. NOHLEN 1996, S. 212). Allerdings werden diese Merkmale von unterschiedlichen Institutionen wie der Weltbank oder den Vereinten Nationen in ihrem Human Development Index (HDI) für die Kategorisierung der Länder unterschiedlich stark gewichtet (vgl. WTO 1998, S. 167; DGVN 2000).

Das Fehlen einer einheitlichen Definition von Entwicklungsländern führt zu Problemen bei der Vergleichbarkeit, insbesondere von statistischen Ergebnissen. Denn in verschiedenen Studien werden u. U. unterschiedliche Länderlisten für Berechnungen zugrunde gelegt.

Die ‚World Tourism Organization' (WTO) etwa teilt in ihren Veröffentlichungen die Welt in sechs Regionen ein: Afrika, Amerika, Ostasien/Pazifik, Europa, Mittlerer Osten und Südasien. Mit Ausnahme der beiden letztgenannten werden diese Regionen noch weiter untergliedert (z. B. Zentral-, Nord-, Südamerika, Karibik). Die Zugehörigkeit zu einer bestimmten Länderkategorie ist aus dieser rein regionalen Einteilung nicht ersichtlich. Die Kategorie ‚Entwicklungsländer' verwendet die WTO nur noch selten, weil sich im Laufe der Zeit die diesem Aggregat zugrundeliegende Länderzuordnung geändert hat und die erhobenen Zahlen damit in einer Zeitreihe nicht vergleichbar sind. Studien, die nicht regelmäßig durchgeführt werden, orientieren sich an der o. g. Klassifizierung der Weltbank oder an der Zugehörigkeit von Zusammenschlüssen (OECD, EU usw.; vgl. z. B. WTO 1998).

Nicht zu verwechseln ist Entwicklungsländertourismus mit Ferntourismus. Obwohl hier die Länderzuordnungen in vielen Fällen koinzidieren, werden die Begriffe – und das ist nicht korrekt – häufig synonym verwendet. Während Ferntourismus durch die Distanz zwischen Herkunfts- und Zielgebiet definiert ist, handelt es sich bei Entwicklungsländertourismus um Reisen in ein(em) Entwicklungsland: Eine Reise von Deutschland aus nach Ägypten oder Marokko ist zwar eine Reise in ein Entwicklungsland, aber keine Fernreise, während eine Reise von Deutschland aus nach Japan oder Australien eine Fernreise ist, aber keineswegs dem Entwicklungsländertourismus zugeordnet werden kann.

2.2   Daten- und Informationsquellen

Wichtigste Datenquelle für (quantitative) internationale Vergleiche ist die WTO-Statistik. Sie erfasst für jedes Land ‚internationale Touristenankünfte', was Grenzübertritte meint, jedoch nicht den Binnentourismus und Aspekte wie Aufenthaltsdauer oder Reisezweck. Speziellere Informationen, wie etwa die Herkunft von Angestellten im Hotelgewerbe etc., werden – wenn überhaupt – nur fallstudienbezogen erhoben, d. h. kleinräumig und nicht regelmäßig. Interessante Einblicke gewährt z. B. die 1990 vom Deutschen Wirtschaftswissenschaftlichen Institut für Fremdenverkehr an der Universität München (DWIF) durchgeführte Studie ‚Wirtschaftsfaktor Ferntourismus'. Sie beleuchtet insbesondere den ökonomischen Wert von Fernreisen in Entwicklungsländer und untersucht dabei die Rolle des Tourismus als Devisenbringer, Einkommensquelle und Generator von Arbeitsplätzen (vgl. DRV 1990, S. 12).

Mit Fokus auf Deutschland als Quellgebiet ist die Studie ‚Tourismus in Entwicklungsländer' der Schriftenreihe für Tourismus und Entwicklung (vgl. ADERHOLD et al. 2000) wichtigstes Kompendium für Daten. Sie versteht sich als Fortschreibung der vom BMZ unter dem selben Titel herausgegebenen und mittlerweile vergriffenen Materialien Nr. 88 und Nr. 67 aus den Jahren 1993 und 1981 (vgl. BMZ 1981 und 1993).

Eine ganze Reihe von Organisationen und Institutionen setzt sich mittlerweile mit dem Themenfeld Tourismus und Entwicklung auseinander, und zwar sowohl in den Entwicklungsländern selbst als auch in den Industrieländern. Ein großer Teil davon, insbesondere Nichtregierungsorganisationen (NRO), sind dabei tendenziell eher auf der tourismuskritischen Seite anzusiedeln.

Bedeutende Einrichtungen im deutschsprachigen Raum sind:
- der ‚Studienkreis für Tourismus und Entwicklung' in Ammerland,
- ‚Tourism Watch' in Bonn (ehemals Fachstelle Ferntourismus des Kirchlichen Entwicklungsdienstes der Evangelischen Kirche in Leinfelden-Echterdingen),
- das ‚Informationszentrum Dritte Welt' (iz3w) in Freiburg mit seinem Forum Tourismus und Kritik (FernWeh),
- der ‚Arbeitskreis Tourismus und Entwicklung' (akte) in Basel und
- das ‚Institut für Integrativen Tourismus und Freizeitforschung' (IITF) in Wien.

Die Hauptbetätigungsfelder dieser Institutionen liegen im Bereich Informations- und Öffentlichkeitsarbeit, in der Lobbyarbeit sowie in der Forschung. Im Einzelnen sind als Aufgabenbereiche zu nennen:

- die Herausgeberschaft von Publikationen, z. B. Schriftenreihe für Tourismus und Entwicklung, Sympathie Magazine, Tourism Watch, akte Kurznachrichten, Integra,

- die Auslobung von Wettbewerben, z. B. ToDo! (Internationaler Wettbewerb Sozialverantwortlicher Tourismus, jährlich), Toura d'or (Filmwettbewerb zukunftsfähiger Tourismus, im zweijährigen Turnus) oder der bislang einmalig ausgeschriebene Fotowettbewerb ‚Das Fremde im Urlaubsland',

- die Durchführung von Seminaren, insbesondere für Reiseleiterinnen und Reiseleiter in Entwicklungsländern,

- das Erstellen von Infomappen, Büchern, Readern, Unterrichtsmaterialien und dergleichen für die Bildungsarbeit an Schulen,

- die Zusammenarbeit mit Partnern in Entwicklungsländern, z. B. der ‚Ecumenical Coalition on Third World Tourism' (ECTWT) mit Sitz in Hongkong, Koordination des ‚Third World Tourism European Ecumenical Network',

- sowohl eigene Forschung als auch Auftragsforschung und

- Initiativen, z. B. gegen Sextourismus und Kinderprostitution sowie Kinderarbeit im Tourismus.

3   Forschungserkenntnisse

3.1   Raumzeitliche Expansion des Entwicklungsländertourismus

Die Entwicklung des Tourismus verlief in den Ländern Lateinamerikas, Südostasiens und dem tropischen Afrika unterschiedlich und steht im engen Zusammenhang mit den jeweiligen Herkunftsgebieten der Touristen (vgl. GORMSEN 1983, S.
608). VORLAUFER (1996, S. 17ff.) hat die globale raumzeitliche Expansion des
Entwicklungsländer-Tourismus in einem mehrdimensionalen Schema visualisiert,
das Entwicklungsphasen (Zeit), Herkunftsräume und Zielräume (Raum) sowie
Intensitätsstufen touristischer Erschließung umfasst.

Daraus wird ersichtlich, dass zunächst die nahe gelegenen Zielräume bereist werden: Nordafrika von Europa, Zentralamerika von den USA und Kanada aus. Erst
ab ca. 1960 werden die Langstreckenziele mit über 12 Stunden Flugdauer vermehrt und in organisierter Form besucht. Gleichzeitig entstehen mit Japan, Australien und Neuseeland sowie den südost- und ostasiatischen Schwellenländern neue
sekundäre Quellgebiete des Entwicklungsländertourismus.

Tourismus in größerem Ausmaß ist ein originäres Phänomen der Industriegesellschaft. Deshalb wurden Entwicklungsländer lange Zeit ausschließlich als Zielgebiete diskutiert. Allerdings findet mittlerweile in einigen Ländern, insbesondere
den Schwellenländern ein erheblicher Binnentourismus statt (z. B. Indien, China,
Brasilien, Thailand, Marokko u. a.; vgl. z. B. DEWAILLY 1999, S. 43). Verschiedene Faktoren deuten außerdem darauf hin, dass Entwicklungsländer künftig in zunehmendem Maße auch als Quellgebiete für Tourismus fungieren werden: Die
Freizeitgesellschaft hat mittlerweile in vielen Ländern des Südens Einzug gehalten.
Zunehmende Verstädterung und Umweltverschmutzung bei fehlenden Naherho-
lungsmöglichkeiten fördern das Bedürfnis nach Reisen. Die politischen Rahmenbedingungen verbessern sich, etwa durch Deregulierungen von Einreisebestim-
mungen, Währungsunionen, grenzüberschreitende Transportwege und dergleichen
(vgl. dazu ADERHOLD et al. 2000, S. 22). WTO-Prognosen gehen davon aus, dass
sich die Region Ostasien/Pazifik bereits bis 2010 zur zweitwichtigsten Herkunfts-
und Zielregion nach Europa entwickeln wird (vgl. WTO 2001, S. 7). Sowohl der
Binnentourismus in Entwicklungsländern als auch Entwicklungsländer als Quellgebiete sind bislang wenig erforschte Phänomene, die künftig an Bedeutung gewinnen werden.

3.2   Welche Faktoren beeinflussen die Entwicklung des Entwicklungs-
          ländertourismus?

Generell gibt es Einflussfaktoren im Tourismus, die in den Quellgebieten wirken
und solche, die in den Zielgebieten wirken. Die Faktoren können die Nachfrage

entweder steigern oder hemmen. Dergestalt gegliedert benennt Abb. 1 einige relevante Einflussgrößen.

Abb. 1: Einflussfaktoren auf die Entwicklung des Entwicklungsländertourismus

	Nachfragesteigernde Faktoren	Nachfragehemmende Faktoren
Im Quellgebiet	↗ Soziodemographische Veränderungen ↗ *Gesellschaftliche Veränderungen (Wertewandel)* ↗ Neue Entsendemärkte (Schwellenländer) ↗ *Verändertes Konsumverhalten* ↗ Prestigefaktor ↗ *Zunehmende Reiseerfahrung* ↗ Medienpräsenz ↗ Globalisierung ↗ Technische Entwicklung (Flugverkehr)	↘ Eventueller Rückgang des disponiblen Einkommens ↘ Erhöhung der Transportkosten ↘ *Zunehmendes Bewusstsein in Bezug auf Umweltverträglichkeit und Sozialverantwortlichkeit* ↘ Zunehmende Zahl an virtuellen Angeboten und Erlebniswelten
Im Zielgebiet	↗ *Devisenbedarf* ↗ *Notwendigkeit zur Diversifizierung der Wirtschaftsstrukturen und Verringerung der Importabhängigkeit* ↗ *Erhoffen eines Beschäftigungseffektes* ↗ *Außergewöhnliche Kultur sowie exotische Pflanzen- und Tierwelt*	↘ Politische Konflikte ↘ Umweltkatastrophen ↘ Menschenrechtsverletzungen ↘ Kriminalität ↘ „Widerstand der Bereisten" ↘ *Hygienische Situation, Krankheiten und Epidemien* ↘ Sprachbarrieren ↘ Schlechtes Gewissen aufgrund möglicher negativer Folgewirkungen des Tourismus

(Die kursiv gedruckten Faktoren sind die entwicklungsländerspezifischen)

Quelle: Eigene Zusammenstellung, verändert und ergänzt nach ADERHOLD et al. 2000, S. 17ff.

3.3 Ausgewählte Merkmale und Besonderheiten des Entwicklungsländertourismus

Generell ist in Entwicklungsländern der Anteil der Einnahmen aus dem Tourismus am BSP signifikant höher als in Industrieländern. Im Durchschnitt liegt dieser Anteil im Jahr 1995 global bei 1,42%, bei den Entwicklungsländern bei 2,2% und bei OECD-Ländern bei 1,24% (vgl. WTO 1998, S. 68).

Insgesamt ist ein zunehmender Devisentransfer von Industrieländern in Entwicklungsländer festzuhalten. Damit wächst allerdings auch die Abhängigkeit vom
internationalen Tourismus, insbesondere von kleinen Inselstaaten in der Karibik,
im Südpazifik oder im Indischen Ozean. Trotz der in diesen Staaten besonders
hohen Sickerraten[1] (50% bis 70%) ist der Anteil der Nettodeviseneinnahmen am
BSP oft höher als in größeren Ländern mit mehr eigenen Ressourcen. Spitzenreiter
sind hier die Malediven, bei denen 1997 der Anteil des internationalen Tourismus
am BSP bei 95% lag (vgl. ADERHOLD et al. 2000, S. 23ff.).

In den meisten Entwicklungsländern erlauben die klimatischen Bedingungen einen
Strand-/Badeurlaub in den kalten Monaten der wichtigsten Quellgebiete (Nordamerika und Europa), was in vielen ‚klassischen' Urlaubsgebieten, wie zumindest
für die Europäer am nördlichen Mittelmeer, nicht möglich ist. Sonne, Wärme und
schönes Wetter liegen nach der Reiseanalyse von 2000 (zit. in ADERHOLD et al.
2000, S. 129) in Deutschland mit an der Spitze der Reisemotive.

Eine besondere Rolle spielen (vor allem in Afrika) Großschutzgebiete und damit
der Naturtourismus, sowie aus finanzieller Sicht der Jagdtourismus. Reservate sind
nicht nur Besuchermagneten, sondern häufig auch die wichtigste Einnahmequelle
einer Region. Aus diesen Einnahmen finanzieren sich die zuständigen Verwaltungseinheiten, in einigen Fällen werden auch durch direkte Abgaben der Einnahmen Entwicklungsfonds umliegender Gemeinden gespeist (vgl. JOB/WEIZENEGGER
1999, S. 50ff.; WEIZENEGGER 2002). Naturtourismus meint Landschaften und die
dazugehörige Flora und Fauna zu genießen bzw. studieren. Tierbeobachtung (‚game drives', ‚bird watching') ist eine häufig ausgeführte Aktivität. Der daraus her-
vorgegangene Ökotourismus (vgl. STRASDAS 2001) ist zudem mit möglichst geringen Auswirkungen auf die Umwelt verbunden und findet nach Möglichkeit unter
aktiver Partizipation der indigenen Ethnien vor Ort statt.

Diese Ethnien sind ihrerseits ‚touristische Attraktionen'. Beim Ethnotourismus
geht es darum, fremde Völker und Kulturen sowie ihre Lebensweise kennen zu
lernen.

3.4   Auswirkungen des Entwicklungsländertourismus

Tourismus bleibt meist nicht ohne Auswirkungen. Diese Auswirkungen, positiv
wie negativ, speisen die Diskussion pro und contra Entwicklungsländertourismus.
Abb. 2 stellt die wichtigsten Argumente in Stichpunkten gegenüber.

---

[1] Mit Sickerrate ist der Anteil an den Deviseneinnahmen gemeint, der wegen der zur
Erstellung des touristischen Angebots notwendigen Importe wieder aus dem Land abfließt (z. B. Ausstattung von Hotels, Marken-Konsumgüter wie z. B. Spirituosen).

Abb. 2: Wirkungen des Tourismus

	(Mögliche) positive Effekte	(Mögliche) negative Effekte
Ökonomisch	☺ Deviseneffekte ☺ Beschäftigungseffekte ☺ Multiplikatoreffekte ☺ Ausbau der Infrastruktur ☺ Regionale Entwicklungsimpulse und damit Disparitätenabbau	☻ Sickerrate ☻ Preissteigerungen ☻ Gefahr der Monostrukturierung und Abhängigkeit ☻ Beschäftigung saisonal oder für Auswärtige ☻ Ungleicher Zugang zu Infrastruktur, Infrastruktur ohne Nutzen für die Allgemeinheit ☻ Vorwiegend einfache Beschäftigungsmöglichkeiten
Ökologisch	☺ Reisemotiv Landschaftsästhetik als Anreiz zur Unterschutzstellung von Gebieten ☺ Tourismus finanziert Naturschutz ☺ Erhalt von Reservaten	☻ Infrastrukturbedingte Effekte: Beeinträchtigung des Landschaftsbildes, Eingriff in (empfindliche) Ökosysteme, Flächenzerschneidung und -versiegelung ☻ Aktivitätsbezogene Effekte: z.B. Zerstörung von Korallen durch Ankern / Tauchsport, Verhaltensänderung von Wild in Schutzgebieten, Ressourcenverbrauch ☻ Auswirkungen des Flugverkehrs (Raumüberwindung)
Sozio-kulturell	☺ Interkulturelle Begegnung / Völkerverständigung ☺ Erhalt von kulturellem Erbe, Traditionen und Baudenkmälern	☻ Akkulturation ☻ Airport-Art (nur scheinbar traditionelle Kunst- oder Gebrauchsgegenstände, die für den Tourismus hergestellt werden; „Souvenirkitsch") ☻ (Kinder-)Prostitution ☻ Anstieg von Kriminalität ☻ Betteln ☻ Kommerzialisierung der Gastfreundlichkeit und Traditionen ☻ Segregation zwischen Gewinnern und Verlierern im Tourismus

Quelle: Eigene Zusammenstellung

Etliche dieser Wirkungen treffen auch auf Länder zu, die nicht zu den Entwicklungsländern gezählt werden, z. B. die Kommerzialisierung von Traditionen oder Flächenzerschneidung und -versiegelung. Manche Aspekte können, je nach Ausprägung, sowohl positiv als auch negativ gewertet werden. Die erhofften Deviseneffekte z. B. bleiben aus, wenn die Sickerraten zu hoch sind. Einfache Beschäftigungsmöglichkeiten sind positiver zu bewerten, wenn es mangels Ausbildungsmöglichkeiten an Fachpersonal vor Ort fehlt.

Bestimmte Faktoren sind noch differenzierter zu betrachten. Ist etwa das Wasserdargebot in einer bestimmten Region beschränkt, so ist der Verbrauch durch Tourismus dort anders zu beurteilen als in einer Region, in der reichlich Wasser verfügbar ist (vgl. JOB 1996, S. 121f.; MÄDER 1986, S. 93f.).

Die Wirkungen des Tourismus können außerdem abhängig davon variieren, ob Tourismus konzentriert oder dispers, stationär oder mobil, segregativ oder integrativ organisiert ist. Bei stationären (konzentrierten) Tourismusformen wie dem Strandurlaub/Badetourismus sind z. B. die Negativwirkungen räumlich begrenzt und damit besser zu regulieren, allerdings können regionale Disparitäten eher als beim mobilen (dispersen) (Rundreise-)Tourismus verschärft werden. Segregativ organisierter Tourismus (‚Ghettoisierung der Touristen’), der sich in nach außen abgeschotteten Enklaven abspielt, minimiert die Kontakte mit den Einheimischen und dadurch auch so genannte Akkulturationseffekte (vgl. LÜEM 1985), bietet allerdings auch weniger Gelegenheit zum gegenseitigen Austausch und Kennenlernen (Völkerverständigung).

Immer wieder im Zusammenhang mit Entwicklungsländertourismus wird die Frage thematisiert, ob bzw. inwieweit es vertretbar ist, in Länder zu reisen, in denen Sextourismus und Kinderprostitution stattfinden, in denen die Menschenrechte missachtet werden oder in denen ein (Bürger-)krieg stattfindet. Mittlerweile gibt es eine Reihe von Vereinbarungen der Verantwortlichen, die sich mit den genannten Themen auseinandersetzen und Initiativen ergreifen; z. B. einen ‚Verhaltenskodex zum Schutz der Kinder vor sexueller Ausbeutung[2] oder einen ‚Globalen Ethik-Kodex für den Tourismus‘.[3]

Spricht man von Tourismus und Nachhaltigkeit, bleibt auf das (meist vernachlässigte) Problem der Raumüberwindung hinzuweisen. Alleine aufgrund des enormen Verbrauchs von Primärenergie durch die Anreise mit dem Flugzeug, ganz zu schweigen von den Emissionen (Kohlendioxid, Wasserdampf, Stickoxide, Schwefeldioxid, Kohlenwasserstoffe, Kohlenmonoxid, Ruß) und der damit verbundenen

---

[2] initiiert von DRV (Deutscher Reisebüro und Reiseveranstalter Verband) und ECPAT (Arbeitsgemeinschaft gegen kommerzielle sexuelle Ausbeutung von Kindern) vom Juni 2001

[3] Von der WTO erarbeitet und von deren Generalversammlung im Oktober 1999 einstimmig angenommen.

Problematik des Treibhauseffekts kann es keinen „nachhaltigen Tourismus in Entwicklungsländern" geben, sondern allenfalls einen „Beitrag des Tourismus zur nachhaltigen Entwicklung in den Zielländern" (vgl. GÖSSLING 1997).

3.5 Die raumzeitliche Entwicklung der Destination

Sowohl Befürworter als auch Gegner des Entwicklungsländertourismus argumentieren also hauptsächlich mit Wirkungen auf die Zielgebiete. Diese Zielgebiete aber sind nicht statisch, sondern verändern sich im Laufe der Zeit. Zwischen der Entwicklung eines Tourismuszentrums, den dadurch ausgelösten Veränderungen der Wirtschafts-, Bevölkerungs- und Siedlungsstruktur und den damit verbundenen Auswirkungen auf die Umwelt bestehen komplexe Zusammenhänge. BUTLER'S (1980) Modell des Entwicklungszyklus von Destinationen (bzw. die auf Ferienorte zugeschnittene Überarbeitung durch JOHNSTON 2001) trifft mit den üblichen Einschränkungen auch, wenn nicht sogar in besonderem Maße, auf Destinationen in Entwicklungsländern zu. Im Verlauf des Zyklus wird der Einfluss des Tourismus auf die Destination immer größer. Unterschiedliche Gästetypen reisen an (vgl. COHEN 1972, S. 167f.) und auch die Einstellung der Gastgeber wandelt sich mit fortschreitender Entwicklung der Destination DOXEY (1976, zit. in MATHIESON/ WALL 1982, S. 138). Dabei verliert die Destination an Authentizität (vgl. SMITH 1978, S. 11).

Zu atypischen Entwicklungen kann es kommen, wenn Tourismus im Zielgebiet nicht (endogen) gewachsen ist, sondern (exogen) initiiert wurde. Ein prominentes Beispiel ist die Retortenstadt Cancun in Mexiko, bei der die Phase der Entdeckung und der Erschließung extrem schnell verlaufen sind. Die Regierung hatte sich durch die Erschließung peripherer Küstengebiete bereits frühzeitig eine Milderung der extremen räumlichen Disparitäten im Land erhofft. Durch gezielte, in ein Gesamtkonzept eingebundene Planung sollten die positiven Effekte des Tourismus optimiert und zugleich ein unkontrolliertes Wachstum (wie man es von Acapulco kannte) verhindert werden. In Cancun öffnet 1974 das erste Hotel, Anfang der 1990er-Jahre zählt man bereits etwa 18.000 Hotelzimmer (vgl. BRENNER 1996, S. 70f.).

4 Tourismus und Entwicklung

4.1 Überblick

Welche Rolle spielt der Tourismus in der entwicklungspolitischen Diskussion? Wie verhalten sich Tourismus und Entwicklungszusammenarbeit (EZ) zueinander? Sind Touristen Entwicklungshelfer? VORLAUFER (1996, S. 5) hat das Verhältnis von Tourismus und Entwicklung bzw. Entwicklungszusammenarbeit im Wandel der Zeit untersucht und Phasen des Entwicklungsländertourismus ausgegliedert: In der ersten Phase (Euphoriephase) dominieren die positiven Effekte des Tourismus die Diskussion, während in der Phase II (Ernüchterung) die Contra-Argumente überwiegen (vgl. auch Abb. 2). In Phase III verläuft die Diskussion sachlicher. Es hat sich gezeigt, dass sich Tourismus in vielen Ländern mit oder ohne Zutun der Entwicklungszusammenarbeit etabliert (nicht immer in der erwünschten Ausprägung). Daran wäre eine mit ‚Globalisierung‘ zu benennende Phase IV anzuschließen, denn die zunehmende Internationalisierung macht den Trend zu noch mehr Reisen bzw. Kontakten (ob physisch oder virtuell) zwangsläufig. Die Phasen im Tourismus entsprechen den jeweiligen allgemeinen entwicklungspolitischen Paradigmen. Die Euphorie-Phase fällt in die Zeit der Modernisierungstheorie, Kritik am Tourismus entsteht gleichzeitig mit dem Aufkommen der Dependenztheorien.

4.2   Der Stellenwert des Tourismus in der Entwicklungszusammenarbeit

In den 1960er-Jahren wird Tourismusförderung zu einem anerkannten, wenn auch nicht vorrangigen, Instrument der Entwicklungszusammenarbeit. Zunächst werden Maßnahmen wie Infrastrukturausbau (Verkehr, Unterkünfte) gefördert. Wegen der massiven Kritik an den negativen Auswirkungen des Tourismus, insbesondere im kulturellen und sozialen Bereich, reduziert Deutschland allerdings wie viele andere Länder seine öffentliche Tourismusförderung in den 1970er- und 1980er-Jahren beträchtlich. Erst in den 1990er-Jahren rückt die Diskussion wieder stärker ins öffentliche Bewusstsein (vgl. z. B. MAURER 1997, S. 50f.). Durch die Förderung auf politisch-administrativer Ebene hofft man, einen Beitrag zu einer integrierenden Tourismuspolitik zu leisten, bei der ein kooperatives Vorgehen und das Anerkennen der Interessensvertreter aller Gruppierungen im Vordergrund steht. Tourismusförderung wird nicht als eigenes Ziel verfolgt, sondern die Tourismusförderung ist ein (entwicklungspolitisches) Instrument zum Erreichen anderer Ziele.

Im Mai 2001 wird Tourismus zum ersten Mal auf die Tagesordnung der UN-Konferenz über die am wenigsten entwickelten Länder gesetzt. U. a. soll ein politisches und wirtschaftliches Klima geschaffen werden, das dem Tourismus förderlich ist.

4.3   Entwicklungszusammenarbeit als Reisemotiv: Projekttourismus

Tourismus leistet nicht nur einen Beitrag zur Entwicklung. Umgekehrt kann ‚Entwicklung‘ bzw. Entwicklungszusammenarbeit zum Reisemotiv werden. Projekttourismus ist zwar nur ein kleines Segment, gewinnt aber in Entwicklungsländern zunehmend an Bedeutung. Dabei kann man zwei Formen unterscheiden:

- *Besuch von Projekten:* Hier werden von den Reisenden im Rahmen einer Studien- oder Badereise Projekte besucht, die von anderen geplant und durchgeführt werden. Oft handelt es sich dabei um Projekte der Entwicklungszusammenarbeit.

- *Mitarbeit in Projekten:* Bei solchen Reisen steht der tatsächliche Arbeitseinsatz der Reisenden (z. B. Beteiligung an Wildzählungen) im Vordergrund. Diese Form etabliert sich in Form eines kommerziellen Projekttourismus durch Anbieter wie ‚Biosphere Expeditions‘ oder das ‚Earthwatch Institute‘. Sie ist ähnlich den sog. Workcamps, welche jedoch noch stärker den Aspekt der interkulturellen Begegnung verfolgen.

Projekttourismus ist meist mit einer Belastung für die Besuchten verbunden. Positive Aspekte finden sich nur andeutungsweise, etwa in der Lobby-Arbeit, die Projektreisende in ihren Heimatländern für die besuchten Projekte leisten können (vgl. KAMP 1997, S. 194). In eine ähnliche Kategorie wäre Wissenschaftstourismus einzuordnen. Gemeint sind damit eigene Forschungsreisen, d. h. Forschungsprojekte, die von den Reisenden (Wissenschaftlern) selbst initiiert und durchgeführt werden. Ihr Ausmaß und ihre Effekte sind bislang nur spärlich untersucht worden.

5 Fazit und Perspektiven des Entwicklungsländertourismus

Für den Tourismus in Entwicklungsländern werden einhellig weitere Zuwachsraten prognostiziert. In der Frage pro oder contra Entwicklungsländer-Tourismus ist eine solche Einigkeit in absehbarer Zeit allerdings nicht zu erwarten. Von den z. T. heftigen Debatten zum Jahr des Ökotourismus (IYE – International Year of Ecotourism) 2002 darf man sich zwar neue Schritte in diese Richtung erhoffen. Vielleicht ist aber auch nur ein Quäntchen mehr Pragmatismus für die Einsicht nötig, dass die Standpunkte so konträr gar nicht sind. Auf eine einfache Formel gebracht geht es heute wie morgen darum, negative Effekte zu minimieren und positive zu maximieren. Dafür ist es notwendig, weiter zu kritisieren. Konzepte zu liefern ist Aufgabe der Wissenschaft, deren Umsetzung liegt an den Akteuren. Und zwar nicht nur an den Menschen im Zielgebiet und den Anbietern und Mittlern, sondern auch auf der Nachfrageseite, bei den Reisenden selbst.

Literatur

ADERHOLD, P. et al. (2000): Tourismus in Entwicklungsländer. Eine Untersuchung über Dimensionen, Strukturen, Wirkungen und Qualifizierungsansätze im Entwicklungsländer-Tourismus – unter besonderer Berücksichtigung des deutschen Urlaubsreisemarktes. Schriftenreihe für Tourismus und Entwicklung. Ammerland.

BMZ – Bundesministerium für wirtschaftliche Zusammenarbeit und Entwicklung (Hrsg.; 1981): Tourismus in Entwicklungsländer. Materialien Nr. 67. Bonn.

BMZ – Bundesministerium für wirtschaftliche Zusammenarbeit und Entwicklung (Hrsg.; 1993): Tourismus in Entwicklungsländer. Materialien Nr. 88. Bonn.

BRENNER, L. (1996): Eigenständige Regionalentwicklung durch Kulturtourismus. Ein Weg strukturangepasster Fremdenverkehrspolitik in Staaten der Dritten Welt dargestellt am Beispiel Mexicos. Materialien zur Fremdenverkehrsgeographie, H. 37. Trier.

BUTLER, R. (1980): The concept of a tourist area cycle of evolution: Implications for management of resources. In: Canadian Geographer 24(1), S. 5-12.

COHEN, E. (1972): Towards a sociology of international tourism. In: Social Research 39, S. 164-182.

DEWAILLY, J.-M. (1999): Sustainable tourist space: from reality to virtual reality? In: Tourism Geographies 1(1), S. 41-55.

DGVN – Deutsche Gesellschaft für die Vereinten Nationen e. V. (2000): Bericht über die menschliche Entwicklung 2000. Bonn.

DRV – Deutscher Reisebüro-Verband e. V. (Hrsg.; 1990): Wirtschaftsfaktor Ferntourismus. Frankfurt/Main.

GORMSEN, E. (1983): Tourismus in der Dritten Welt. In: Geographische Rundschau 35(12), S. 608-617.

GÖSSLING, St. (1997): Triebwerkeffekte im globalen Treibhaus. Die ökologischen Auswirkungen des Flugverkehrs. In: STOCK, CHR. (Hrsg.): Trouble in Paradise. Tourismus in die Dritte Welt, S. 91-98. Freiburg/Düsseldorf.

JOB, H./WEIZENEGGER S. (1999): Anspruch und Realität einer integrierten Naturschutz. und Entwicklungspolitik in den Großschutzgebieten Schwarzafrikas. In: MEYER, G./THIMM, A. (Hrsg.): Naturräume in der Dritten Welt. Interdisziplinärer Arbeitskreis Dritte Welt Veröffentlichungen, Bd. 13, S. 37-64. Mainz.

JOB, H. (1996): Modell zur Evaluation der Nachhaltigkeit im Tourismus. In: Erdkunde 50(2), S. 112-132.

JOHNSTON, CH. S. (2001): Shoring the foundatins of the destinatin life cycle model, part 1: ontological and epistemological considerations. In: Tourism Geographies 3(1), S. 2-28.

KAMP, CHR. (1997): Höherer Anspruch – besseres (Ge-)Wissen? Forschungs- und Projektreisen von Nord nach Süd. In: STOCK, CHR. (Hrsg.): Trouble in Paradise. Tourismus in die Dritte Welt, S. 193-204. Freiburg/Düsseldorf.

LÜEM, TH. (1985): Sozio-kulturelle Auswirkungen des Tourismus in Entwicklungsländern. (Diss.) Zürich.

MÄDER, U. (1986): Tourismus und Umwelt. In: iz3w (Hrsg.): „Klar, schön war's, aber ...". Tourismus in die Dritte Welt. Freiburg.

MATHIESON A./WALL, G. (1982): Tourism: economic, physical and social impacts. London/New York.

MAURER, M. (1997): „Die Reise als Spende". Entwicklungshilfe für den Tourismus. In: STOCK, CHR. (Hrsg.): Trouble in Paradise. Tourismus in die Dritte Welt. Freiburg/Düsseldorf, S. 50-59.

NOHLEN, D. (Hrsg.; 1996): Lexikon Dritte Welt. Reinbek.

SMITH, V. L. (Hrsg.; 1978): Hosts and Guests: The Anthropology of Tourism. Oxford.

STRASDAS, W. (2001): Ökotourismus in der Praxis. Schriftenreihe für Tourismus und Entwicklung. Ammerland.

VORLAUFER, K. (1996): Tourismus in Entwicklungsländern. Möglichkeiten und Grenzen einer nachhaltigen Entwicklung durch Fremdenverkehr. Darmstadt.

WEIZENEGGER, S. (2002): Ökotourismus und Großschutzgebietsmanagement. In: ERDMANN, K.-H. (Hrsg.; 2002): Naturschutz – neue Ansätze, Konzepte und Strategien. BfN-Skripte 67, S. 207-221.

WTO – World Tourism Organization (1998): Tourism Economic Report. Madrid.

WTO – World Tourism Organization (2001): Tourism Highlights 2001. Madrid.

Tourismus in Entwicklungsländern unter dem Einfluss politischer Konflikte – das Beispiel Ägypten

Harald Standl

Innen- wie außenpolitische Sicherheit und Stabilität von Staaten und Regionen sind Grundvoraussetzungen für deren erfolgreiche Partizipation am internationalen Tourismusgeschäft. Nun liegen aber gerade zahlreiche Entwicklungsländer in geopolitisch instabilen Großregionen. Vor allem die Länder Schwarzafrikas hatten es äußerst schwer, sich in den internationalen Tourismusmarkt zu integrieren, da dort zu Zeiten des Ost-West-Konfliktes zahlreiche ‚Stellvertreterkriege' geführt wurden. Andere Staaten der Dritten Welt, die sich bereits als florierende internationale Reiseziele etablieren konnten, fielen wiederum aus dem Markt heraus, weil die Touristen dort plötzlich um ihr Leben fürchten mussten, wie beispielsweise in Sri Lanka, wo seit fast zwei Jahrzehnten ein ethnisch bedingter Bürgerkrieg zwischen Tamilen und Singhalesen tobt (VORLAUFER 1996, S. 27). Im folgenden soll exemplarisch dargestellt werden, wie sich regionale Konflikte im Nahen Osten bzw. innenpolitische Krisen im Lande selbst auf die bekannte internationale Fremdenverkehrsdestination Ägypten ausgewirkt haben.

1 Die Anfänge des internationalen Tourismus in Ägypten im 19. Jahrhundert und dessen Entwicklung bis zum Zweiten Weltkrieg

Ägypten ist das Entwicklungsland mit der längsten touristischen Tradition. Aufgrund seines einzigartigen kulturhistorischen Angebots, das während des Napoleonischen Ägyptenfeldzuges (1798-1801) erstmals systematisch erforscht und in den ‚Descriptions de l'Égypte' (1809-1822) der Öffentlichkeit bekannt gemacht wurde, kam es bereits Anfang des 19. Jhs. zu einer äußerst positiven Imageprägung. Waren es anfangs vor allem ausländische Wissenschaftler (Archäologen, Historiker, Geographen, Orientalisten und Ägyptologen), die zu Untersuchungen nach Ägypten reisten, so entwickelte sich das Land bereits Mitte des 19. Jhs. bei der europäischen Oberschicht zu einer beliebten Destination (insbesondere für einen Aufenthalt während der Wintermonate). In der zweiten Hälfte des 19. Jhs. stellten Briten die größte Zahl an Ägyptenreisenden, zumal der Engländer Thomas Cook im Jahre 1869 mit dem Chartern zweier Nildampfer die ersten organisierten Pauschalreisen nach Ägypten offerieren konnte und damit eine neue Form des Ferntourismus initiierte. RITTER (1977, S. 646) nennt Zahlen von immerhin ca. 20.000 ausländischen Besuchern für das Jahr 1875 und sogar 50.000 für die Jahre vor dem Ersten Weltkrieg. Die beiden wichtigsten Aufenthaltsorte waren Assuan und Luxor. Nach

dem Ersten Weltkrieg und insbesondere durch den Zusammenbruch der Weltwirtschaft Ende der 1920er-Jahre geriet der ägyptische Fremdenverkehr in eine Krise,
vor der er sich bis nach dem Zweiten Weltkrieg nicht wieder erholen sollte.

2   Die zaghafte Neubelebung des Fremdenverkehrs nach Gründung der Republik (1952) und die Folgen der Suezkrise (1960/61)

Erst seit 1952 wird in Ägypten eine offizielle Fremdenverkehrsstatistik geführt. Im
folgenden soll die Entwicklung der dort verzeichneten Touristenankünfte vor dem
Hintergrund der internen und externen politischen Einflüsse rekapituliert werden,
wobei jeweils zwischen den wichtigsten Nachfragergruppen zu differenzieren ist.
Aus Abb. 1 lässt sich ablesen, dass sich der internationale Fremdenverkehr in
Ägypten zu Beginn der Datenerhebung quantitativ noch auf sehr niedrigem Niveau
befand. Die Zahl der damals eingereisten Ausländer betrug lediglich etwa 75.000.

Am 22./23 Juli 1952 erfolgte der Militärputsch unter Leitung des damals 35-jähri-
gen Oberstleutnants Gamal Abdel Nasser gegen das Regime von König Faruk. Obwohl die erfolgreiche Verschwörung relativ unblutig verlief und dem Monarchen
die Gelegenheit gegeben wurde, in das Exil zu gehen, blieben die europäischen
und nordamerikanischen Touristen in den beiden darauf folgenden Jahren (1953
und 1954) Ägypten nahezu völlig fern. Das innen- und außenpolitische Geschick
des neuen Staatspräsidenten Nasser verhalfen ihm und seinem Land aber bald zu
einem positiven Image, was ausschlaggebend dafür war, dass in den beiden folgenden Jahren ein deutlicher Aufwärtstrend beim Fremdenverkehr aus westlichen Ländern registriert werden konnte.

Die Suezkrise (1956/57), die u. a. wegen des Zurückziehens eines bereits zugesag-
ten westlichen Darlehens für den Bau des Hochdammes von Assuan durch den
amerikanischen Außenminister am 19. Juli 1956 ausgelöst wurde, machte diese
Entwicklung des Tourismus aber erst einmal wieder zunichte. Nachdem der ägyptische Präsident die internationale Kanalgesellschaft, die den Suezkanal verwalte-
te, verstaatlichen ließ, intervenierten Großbritannien und Frankreich gemeinsam
mit Israel in der Kanalzone. Der Rechtsstreit konnte dann jedoch schnell mit Hilfe
der UNO zu Gunsten Ägyptens entschieden werden. Israel, das dadurch unter
massiven Druck geraten war, musste schließlich den Sinai wieder räumen.

Abb. 1: Entwicklung der jährlichen Touristenankünfte in Ägypten (1952-1998)

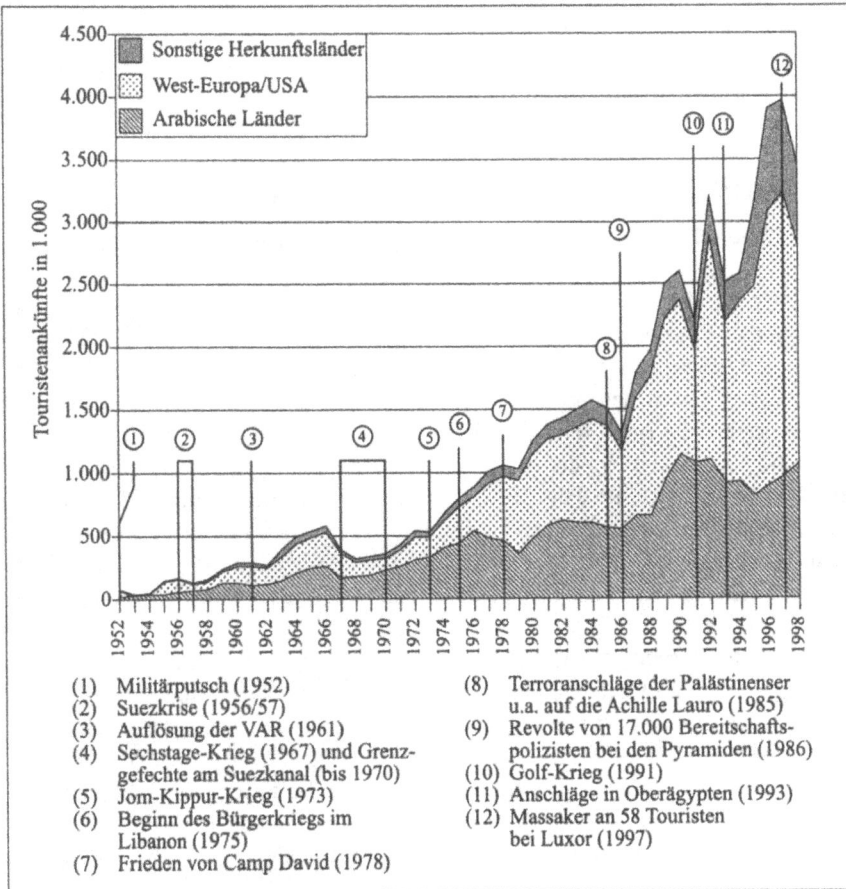

(1) Militärputsch (1952)
(2) Suezkrise (1956/57)
(3) Auflösung der VAR (1961)
(4) Sechstage-Krieg (1967) und Grenz-
     gefechte am Suezkanal (bis 1970)
(5) Jom-Kippur-Krieg (1973)
(6) Beginn des Bürgerkriegs im
     Libanon (1975)
(7) Frieden von Camp David (1978)

(8) Terroranschläge der Palästinenser
     u.a. auf die Achille Lauro (1985)
(9) Revolte von 17.000 Bereitschafts-
     polizisten bei den Pyramiden (1986)
(10) Golf-Krieg (1991)
(11) Anschläge in Oberägypten (1993)
(12) Massaker an 58 Touristen
     bei Luxor (1997)

Quelle: MEYER 1996, ergänzt durch Daten der WTO-Jahrbücher

Im Zuge der Suezkrise wurde zudem eine Vielzahl von ausländischen Besitzungen enteignet und anschließend verstaatlicht, wozu auch viele Hotels zählten. Die ausländischen Unternehmer und leitenden Angestellten verließen das Land. An ihre Stelle traten einheimische Beamte der 1961 neu gegründeten ,Egyptian General Organisation for Tourism and Hotels' (EGOTH), die das Management übernahmen. Diese Maßnahme hatte negative Auswirkungen auf die Qualität des Service im Tourismussektor. Ferner setzte Nasser in wirtschaftspolitischer Hinsicht zunehmend auf einen Etatismus und (wenig später) auf einen sog. arabischen Sozialismus; diese Schritte räumten vor allem der Industrialisierung Ägyptens höchste Priorität ein. Gezielte Investitionen zum Ausbau des Fremdenverkehrsgewerbes mussten daher zwangsläufig unterbleiben. Zu den wenigen in der Folgezeit von der öffentlichen Hand finanzierten Neu- bzw. Erweiterungsbauten von verstaatlichten Hotelanlagen zählen auch unverzeihliche architektonische Sünden wie das ,New

Winter Palace' in Luxor oder das ‚New Cataract' in Assuan. Auch die nach bereits 40 Monaten Existenz erfolgte Auflösung der staatlichen Vereinigung mit Syrien (Vereinigte Arabische Republik, VAR) im Jahre 1961 trug nicht dazu bei, den Ruf des Landes zu verbessern. So stagnierte die zahlenmäßige Entwicklung des Ausländertourismus bis in das erste Drittel der 1960er-Jahre hinein bei jährlich etwa 250.000 Gästeankünften.

3   Positive Tendenzen Mitte der 1960er-Jahre und ihr rapider Abbruch durch den Sechstage-Krieg (1967)

Um die Mitte der 1960er-Jahre erlebte Ägypten einen ersten kleinen Boom im internationalen Fremdenverkehr, der vor allem durch eine wachsende Nachfrage in Europa und teilweise auch in Nordamerika genährt wurde. Da die nördlichen Mittelmeerküsten durch den motorisierten Massentourismus zunehmend übervölkert wurden, suchte die (neu-)reiche Oberschicht nach exklusiven und unverbrauchten Destinationen. Es kam wieder in Mode, nach Ägypten zu reisen. So stieg die Zahl der Touristenankünfte im Jahr 1963 erstmals über 500.000. Aufgrund der damals noch vorhandenen panarabischen Bestrebungen Nassers erfuhren auch die Ankünfte von Reisenden aus den Nachbarstaaten einen Aufwärtstrend. Dann aber folgte der sog. Sechstage-Krieg, der die positive Tourismusentwicklung wieder abwürgte.

Nachdem die Vereinigte Arabische Republik am 19. Mai 1967 den Abzug der UNO-Truppen vom Golf von Aqaba und aus dem von Israel und Ägypten reklamierten Gaza-Streifen erzwungen hatte, brach am 5. Juni der offene Konflikt zwischen Israel und den arabischen Staaten aus. In Folge der vernichtenden Niederlage der arabischen Truppen an allen Fronten wurde der Krieg jedoch bereits am 8. Juni durch einen Waffenstillstand beendet, der aber in den nächsten drei Jahren immer wieder verletzt wurde. Israel besetzte neben Teilen Jordaniens und Syriens vor allem auch die bis dahin zu Ägypten gehörende Halbinsel Sinai bis zum Suezkanal sowie den Gaza-Streifen.

Die Auswirkungen auf den Tourismus waren entsprechend negativ. Hatte die Zahl der eingereisten ausländischen Touristen im Jahr 1966 (mit ca. 600.000 Gästen) einen ersten Höhepunkt erreicht, kam es aufgrund des Sechstage-Krieges und der bis 1970 andauernden Scharmützel am Suezkanal fast zu einer Halbierung der Ankünfte. Erst danach stieg die Zahl der einreisenden Gäste wieder etwas deutlicher an, um im Jahre 1973 einer erneuten, wenn auch vergleichsweise kleinen und kurzen Krise entgegen zu sehen.

4 Der Take-off des Massentourismus in Ägypten nach dem Jom-Kippur-Krieg (1973)

Nachdem Staatspräsident Nasser am 28. September 1970 überraschend einem Herzschlag erlegen war, wurde der bisherige Vizepräsident Mohammed Anwar as-Sadat als Nachfolger ins Amt gewählt. Anders als sein Vorgänger suchte Sadat gezielt die außenpolitische Annäherung an den Westen. Im Jahre 1972 gelang es der ägyptischen Armee zudem, durch einen Überraschungsangriff am Tage des höchsten jüdischen Festes *Jom Kippur* die von Israel okkupierte Sinai-Halbinsel im Handstreich zurück zu erobern. Die als Jom-Kippur- bzw. Oktober-Krieg in die Geschichte eingegangene militärische Aktion war für Sadat ein überwältigender Prestigeerfolg – nicht nur im arabischen Lager, sondern auch im westlichen Ausland. Mit Unterstützung der USA, die nach dem Ende des Krieges auch wieder offizielle diplomatische Beziehungen zu Ägypten aufnahmen, kam es im Januar 1974 zu einem Truppenentflechtungsabkommen mit den Israelis, die sich daraufhin endgültig vom Suezkanal zurückziehen mussten. Der Kanal konnte im Juni 1975 wieder für den Schiffsverkehr freigegeben werden.

Betrachtet man die Entwicklung des Ausländertourismus in Ägypten in der ersten Hälfte der 1970er-Jahre, so fällt auf, dass vor allem die Zahl an arabischen Gästen überproportional stark zunahm, während die Touristenankünfte aus den anderen Herkunftsregionen eher stagnierten. Nach dem Beginn des Bürgerkrieges im Libanon (1975) erlebte der arabische Tourismus seinen vorläufigen Höhepunkt, da Beirut als beliebte Sommerfrische für wohlhabende Saudis und Kuwaitis ausfiel. Die arabischen Touristen suchten nach Alternativen und entdeckten neben der Metropole Kairo vor allem die ägyptische Hafenstadt Alexandria als neue attraktive Fremdenverkehrsdestination für sich.

Ende der 1970er-Jahre kam es dann jedoch zu einer deutlichen Trendumkehr. Die Zahl der Gäste aus den arabischen Staaten nahm wieder ab, um im Jahre 1979 (mit ca. 350.000) einen vorläufigen Tiefstand zu erreichen. Grund für diese negative Tendenz war die Tatsache, dass viele Nachbarstaaten mit der Außenpolitik Sadats nicht einverstanden waren, die auf eine Aussöhnung mit Israel abzielte. Nachdem Präsident Sadat bereits Ende November 1977 überraschend eine Reise nach Jerusalem unternommen hatte, um dort vor der Knesseth, dem israelischen Parlament, die friedliche Koexistenz beider Länder anzubieten, wurde diese Aktion im arabischen Lager als ein massiver Affront empfunden. Ägypten wurde zum Verräter gestempelt, das mit Israel und USA gemeinsame Sache macht. Als dann im darauf folgenden Jahr (1978) das sogenannte Friedensabkommen von Camp David zwischen Sadat und dem israelischen Ministerpräsidenten Begin geschlossen wurde, kam es zu offen ausgetragenen außenpolitischen Spannungen zwischen Ägypten und zahlreichen Nachbarstaaten. Die Westgrenze Ägyptens wurde teilweise völlig geschlossen, was die Einreise von Libyern unmöglich machte. Auch innenpolitisch war der mutige Schritt zur Aussöhnung mit Israel auf heftige Kritik gestoßen. So mußte Staatspräsident Sadat, der – gemeinsam mit dem israelischen Ministerpräsidenten Begin – kurz zuvor mit dem Friedensnobelpreis belohnt worden war, sein Engagement mit dem Leben bezahlen. Er wurde am 6. Oktober 1981 während einer Militärparade in Kairo das Opfer eines Attentats, das von radikalen Islamisten innerhalb der Armee durchgeführt worden war. Hosni Mubarak wurde zum Nachfolger Sadats gewählt, der sofort das bis heute gültige Notstandsgesetz erließ, wodurch die bürgerlichen Rechte zu Gunsten der inneren Sicherheit erheblich eingeschränkt wurden.

Sadat hatte neben seiner Aussöhnungspolitik mit Israel und einer allgemeinen Annäherung an den Westen auch einen völlig anderen wirtschaftspolitischen Kurs gefahren als sein Vorgänger Nasser. Unter dem Motto ‚infitah' (Öffnung) wurden ab 1973 sehr wirtschaftsliberale Gesetze erlassen, die darauf abzielten, ausländische Investitionen in das Land zu locken. Diese Maßnahme war auch dringend notwendig geworden, denn Nassers Sozialismus hatte das Land ökonomisch nahezu ruiniert. Sadat sah vor allem auch im Bereich des internationalen Tourismus eine große Chance für Ägypten, die es zukünftig besser zu nutzen galt. Das Hotelgewerbe und die sonstige touristische Dienstleistungs- und Infrastruktur waren abgewirtschaftet und konnten gehobenen Ansprüchen ausländischer Gäste nicht mehr genügen. Der Erfolg dieser Politik stellte sich rasch ein. Internationale Hotelkonzerne, allen voran Sheraton, Hilton und ETAP, bauten neue Luxushotels in Kairo, Assuan und Luxor (vgl. STANDL 1988). Und nachdem eine Tutanchamun-Ausstellung als Teil einer umfassenden Marketing-Kampagne in den USA gezeigt worden war, entwickelte sich dort nahezu schlagartig eine wahre Ägyptomanie. Seit etwa 1974 konnte ein bis dato nicht gekannter Zulauf in das nordafrikanische Reiseland registriert werden, mit jährlichen Zuwachsraten von 10% und mehr. Im Jahr 1977 wurden erstmals über 1 Mio. Touristenankünfte in Ägypten gezählt. Der Aufwärtstrend erhielt nur im Jahre 1979 einen kleinen Rückschlag, nachdem zahlreiche arabische Gäste aus Protest gegen das bilaterale Friedensabkommen von Camp David (1978) dem Reiseland fern blieben. Doch schon eine weitere Saison später hatte sich der Miniboykott der Araber wieder in Wohlgefallen aufgelöst.

5   Das Ausstrahlen des Palästina-Konfliktes Mitte der 1980er-Jahre

Die Zukunft Ägyptens als internationale Fremdenverkehrsdestination schien für mehr als ein Jahrzehnt (1974 bis 1984) unbegrenzt auf Wachstum programmiert, doch dann entbrannte im benachbarten Palästina ein bewaffneter Konflikt mit der Besatzungsmacht Israel, der bis heute nicht gelöst ist. Nachdem die Palästinenser zuvor mit gezielten Terroranschlägen auf Israelis vergeblich versucht hatten, ihre politische Autonomie zu erreichen, änderten sie Mitte der 1980er-Jahre ihre Strategie, indem sie versuchten, auch die USA und Europa als die vermeintlichen politischen Freunde Israels (einschließlich des auf friedliche Koexistenz mit Israel bedachten Ägypten) mit bewaffneten Terroraktionen zu treffen.

Am 7. Oktober 1985 kaperten vier palästinensische Terroristen das italienische Kreuzfahrtschiff ‚Achille Lauro' mit 454 Menschen an Bord auf der Fahrt von Alexandria nach Port Said. Sie forderten die Freilassung von 51 in Israel inhaftierten Palästinensern. Um ihre Forderungen zu unterstreichen, wurde ein US-Bürger erschossen. Sechs Wochen später (am 20.11.1985) erfolgte die Entführung eines Verkehrsflugzeuges der ‚Egypt Air'. Bei der Erstürmung der Maschine auf dem Flughafen von La Valetta (Malta) durch ägyptische Sicherheitskräfte fanden 60 Menschen den Tod. Als Drahtzieher wurde Libyen beschuldigt.

Als sei das nach außen hin friedliebende Ägypten noch nicht genug gestraft, traten einige Wochen später erstmals nach der Verhängung der Sondergesetze (1981) innenpolitische Spannungen in Ägypten offen zu Tage: Ende Februar, beginnend mit dem 25.02.1986, kam es im Kairoer Vorort Giseh (nahe den Pyramiden) zu einer Rebellion paramilitärischer Einheiten (17.000 Bereitschaftspolizisten), in deren Verlauf neben zahlreichen Villen und Autos drei Luxushotels in Flammen aufgingen, darunter u. a. das zum Mövenpick-Konzern gehörige ‚Jolie Ville', wobei eine dänische Touristin den Tod fand. Die wesentlichen Gründe für den Aufstand waren die äußerst schlechte Bezahlung und die Ankündigung, die Wehrdienstpflicht um ein Jahr zu verlängern. Da sich die Unruhen am 26.02.1986 auch auf den internationalen Flughafen und andere Städte ausweiteten, verhängte die ägyptische Regierung die Ausgangssperre. Die Revolte konnte zwar von der Armee niedergeschlagen werden, sie forderte aber insgesamt 107 Menschenleben und über 700 Verletzte.

Im April desselben Jahres folgte schließlich der militärische Vergeltungsschlag der USA gegen Libyen mit der Bombardierung von Tripolis und Bengasi als Reaktion auf vorangegangene Sprengstoffattentate z. B. auf die Berliner Diskothek ‚La Belle', in der sich zahlreiche GIs aufhielten. Nicht erst seit diesem Zeitpunkt kam es zu massiven Warnungen nordamerikanischer Tourismusagenturen vor Reisen in die Mittelmeerregion. Sogar das State Department riet vor einem Besuch u. a. von Ägypten dringend ab. Die Berichterstattung in den westlichen Medien löste damals eine regelrechte Hysterie aus. So gingen die Buchungen aus den USA in der Saison 1985/86 um über die Hälfte zurück. Hingegen war von Seiten der arabischen Reisenden keine Panikreaktion zu spüren. Ihre Ankunftszahlen blieben (mit ca. 1 Mio.) relativ konstant.

Insgesamt beschränkten sich die negativen Folgen für die ägyptische Reisedestination vorläufig auf das Jahr 1986. Schon in der darauf folgenden Saison war die Krise überwunden und für den Rest der 1980er-Jahre konnten Wachstumsraten von bislang nicht gekanntem Ausmaß verbucht werden. Vor allem Nilkreuzfahrten erfreuten sich bei Besuchern aus westlichen Ländern besonderer Beliebtheit, aber auch reiche arabische (Geschäfts-)Reisende kamen in zuvor nicht registriertem Umfang in das Land, wobei noch immer eine räumliche Segregation der beiden größten Nachfragergruppen zu verzeichnen war, die bis heute andauert. Die Gäste aus den arabischen Staaten ignorieren bislang das kulturhistorische Potenzial

(Ober-)Ägyptens und kommen – wenn nicht aus geschäftlichen Motiven – so vor allem zum Einkaufen und zur Teilhabe am Nachtleben nach Alexandria und nach Kairo (vgl. STANDL 1988). Im Jahre 1990 reisten über 2,5 Mio. Ausländer nach Ägypten ein, davon etwa 1 Mio. Araber.

6   Die Auswirkungen des Golf-Krieges (1991) auf die Tourismusdestination Ägypten

Der Tourismusboom erlebte im Jahre 1991 einen erneuten Knick und zwar diesmal durch einen Krieg, der sich am Persischen Golf, und damit über 1.500 km entfernt von Ägypten abspielte. Ausgelöst wurde der sogenannte Golfkrieg durch den Ü-berfall der irakischen Streitkräfte auf das südlich benachbarte Kuwait am 2. August 1990. Die irakische Invasion in Kuwait wurde zwar sofort vom UN-Sicherheitsrat einstimmig verurteilt, doch reagierte der Aggressor Saddam Hussein auf das gegen den Irak verhängte Wirtschafts-, Finanz- und Militärembargo mit der Annexion Kuwaits, worauf US-Präsident George Bush die ‚Operation Wüsten-schild' in Gang setzte. Amerikanische Truppen, Panzer und Kampfflugzeuge wurden – als Teil einer multinationalen Streitmacht – zum Schutz Saudi-Arabiens und des dortigen Erdöls in Marsch gesetzt. Nachdem ein Ultimatum des UN-Sicherheitsrat an den Irak zur Räumung Kuwaits ebenfalls ignoriert worden war, begann am 17. Januar 1991 der massive Luftangriff der alliierten Streitkräfte am Golf gegen den Irak, der von den Amerikanern als ‚Operation Wüstensturm' zur Befreiung Kuwaits bezeichnet wurde. Die in der Nacht vom 24. auf den 25. Februar einsetzende Landoffensive gegen den Irak, an der sich auch 19.000 ägyptische Soldaten beteiligten, endete bereits nach drei Tagen mit einer verheerenden Niederlage der irakischen Armee.

Die kurzen, aber sehr heftigen Kriegshandlungen am Golf Anfang des Jahres 1991 brachten für die Tourismussaison in Ägypten, das sich politisch dezidiert auf die Seite der Verbündeten und damit gegen Saddam Hussein gestellt hatte, einen deutlichen Einbruch des Fremdenverkehrsaufkommens mit sich. Doch bereits kurz nach dem Waffenstillstand wurden erste Stornierungen für Reisen an den Nil wieder zurückgenommen, so dass sich schon im Herbst des Jahres die Hotels erneut zu füllen begannen. Wie optimistisch die zukünftige Sicherheitslage im Nahen Osten eingeschätzt wurde, wird um so deutlicher, wenn man die nahezu explosionsartige Zunahme des Reiseaufkommens für das Jahr 1992 betrachtet. Mit über 3,2 Mio. Touristenankünften konnte Ägypten mehr einreisende Gäste registrieren als jemals zuvor. Der Boom war so enorm und überraschend, dass 1992 als das Jahr mit den meisten Überbuchungen in die Tourismusgeschichte des Landes einging. Teilweise waren nicht genügend Beherbergungskapazitäten vorhanden, um dem unerwarteten Nachfragezuwachs gerecht zu werden. Zahlreiche Touristen waren während der Hochsaison gezwungen, in andere Quartiere auszuweichen. Nicht selten wurden Reisende, die ihren Aufenthalt in Hotels in Luxor oder Assuan gebucht hatten, sogar an das Rote Meer zwangsverlegt, von wo aus sie dann per

Bus (über mehrere hundert Kilometer) zu den pharaonischen Sehenswürdigkeiten in Oberägypten transportiert wurden. Diese deutliche Zunahme der Ankünfte, vor allem von Touristen aus Europa und den USA, hatte zur Konsequenz, dass die Hotelkapazitäten in Ägypten im Verlauf der 1990er-Jahre nochmals deutlich ausgebaut wurden. Insbesondere die Zahl der Kreuzfahrtschiffe auf dem Nil nahm erheblich zu. Ferner wurden neue Fremdenverkehrsregionen gezielt für den internationalen Reiseverkehr erschlossen; vor allem das bis dahin vernachlässigte Gebiet am Roten Meer (im Golf von Aqaba und bei Hurghada) erhielt dabei höchste Priorität. Damit erweiterte Ägypten auch sein touristisches Angebotsspektrum, das bislang seinen Schwerpunkt im Sightseeing hatte, hin zu einer Destination mit komplementärem Wassersport- und Badetourismus (IBRAHIM 1996; MEYER 1996).

7 Die terroristischen Anschläge radikaler islamischer Fundamentalisten in Ägypten (1993 bis 1997)

Spätestens seit der Ermordung des damaligen Staatspräsidenten Anwar as-Sadat im Jahre 1981 wurde offenbar, dass auch Ägypten von einer zunehmenden Radikalisierung islamistischer Extremisten im eigenen Lande betroffen war. Sein Nachfolger Hosni Mubarak griff hart gegen diese im Untergrund agierende Opposition durch, doch führten die Verhaftungswellen und die zahlreich vollstreckten Todesurteile unter dem 1981 verhängten Ausnahmezustand lediglich zu einer kurzfristigen Kontrolle des religiös motivierten Terrorismus. Als Mubarak im Oktober 1993 für eine dritte Amtsperiode als Staatsoberhaupt mit überwältigender Mehrheit wiedergewählt wurde, meldeten sich einige besonders gewalttätige Untergruppierungen der Muslimbruderschaft mit zahlreichen Anschlägen in Oberägypten zurück und schockierten nicht nur die Mehrheit des Volkes, sondern auch die Weltöffentlichkeit. Ihre terroristischen Aktionen richteten sich in dieser Phase zwar noch vornehmlich auf Polizeikräfte und die koptisch-christliche Minderheit in der Gegend von Asyut, aber auch hochrangige Politiker, darunter Präsident Mubarak selbst, entgingen solchen Anschlägen nur knapp. Als dann im gleichen Jahr noch erste ausländische Touristen von Attentaten betroffen waren, erfuhr Ägypten im Jahr 1994 einen drastischen Rückgang (von über 20%) bei den Ankünften internationaler Besucher aus den traditionellen Quellgebieten, der nur dadurch ein wenig kompensiert werden konnte, weil nach dem Fall des ‚Eisernen Vorhangs' ein neues Nachfragepotenzial aus den Staaten Ostmittel- und Osteuropas hinzutrat (vgl. Abb. 1).

Die innenpolitische Krise im Lande verschärfte sich, als bei den Parlamentswahlen vom 6.12.1995 die Nationaldemokratische Partei von Hosni Mubarak trotz offensichtlicher Unregelmäßigkeiten als eindeutiger Sieger hervorging. Schon im November 1995 waren in Oberägypten Eisenbahnzüge mit ausländischen Touristen beschossen worden. Am 18.04.1996 starben bei einem Anschlag vor einem Hotel in Kairo 18 griechische Touristen, die man für israelische Gäste gehalten hatte. Damit stieg die Zahl ausländischer Todesopfer seit 1992 auf fast 40. Im gleichen Zeitraum waren 90 Touristen bei Anschlägen verletzt worden. Weil man wohl davon ausgehen konnte, dass es sich beim o.g. letzten Terroranschlag um eine ‚Verwechslung' handelte, wurde das Gefährdungspotenzial für Nicht-Israelis in Ägypten offensichtlich noch immer als vergleichsweise gering eingestuft. Diese Einschätzung erklärt, warum im Jahre 1996 so viele Ausländer wie nie zuvor einreisten, nämlich über 3,8 Mio., wobei im folgenden Jahr die Vier-Millionen-Grenze nur knapp verfehlt wurde. Dann aber eskaliert die Situation, denn weitere Attentate folgen: Am 18.9.1997 kommen zehn Touristen bei einem Anschlag auf einen Reisebus in Kairo ums Leben. Die beiden Attentäter, die zum Tode verurteilt werden, sind Sympathisanten der radikalen Dschamaa al-Islamija. Diese Organisation bekennt sich schließlich ebenfalls zum bislang blutigsten Anschlag, der am 17.11.1997 bei Luxor erfolgte. Ein islamistisches Kommando erschießt vor dem berühmten Hatschepsut-Tempel von Theben 58 Touristen und vier Ägypter. Die schrecklichen Bilder des Attentats, das zufälliger Weise gefilmt wurde, werden im Fernsehen global verbreitet. Die Weltöffentlichkeit ist entsprechend schockiert, aber bereits im Herbst des Jahres 1998 nehmen die Buchungen für Reisen nach Ägypten im gesamten Ausland wieder deutlich zu, nachdem die Schuldigen verhaftet und zum Tode verurteilt waren. Zudem hatte die ägyptische Geheimpolizei eine Serie von Razzien unter potenziellen Terroristen und Anhängern radikalislamischer Gruppen im Lande durchgeführt. Damit sollte endgültig die innere Sicherheit wieder hergestellt werden.

8   Fazit und Ausblick

Ägyptens Fremdenverkehrsindustrie reagierte stets sehr sensibel gegen externe wie interne Krisenfälle. Aufgrund des einmaligen touristischen Potenzials konnte sich dieser für das Land äußerst wichtige Wirtschaftszweig jedoch immer wieder schnell von Rückschlägen erholen und in der Folgezeit sogar zu ungeahnt neuen Höhenflügen ansetzen. Es bleibt aber abzuwarten, wie sich der aktuelle ‚Krieg gegen Terrorismus' der USA und seiner Verbündeten auf die internationalen Gästeankünfte in Ägypten auswirken wird. Noch liegen die entsprechenden Zahlen für die Jahre nach 1998 nicht vor. Es ist aber davon auszugehen, dass sich, nach einer neuerlichen Erholung des Reiseaufkommens in 1999 und 2000, ein erneuter drastischer Rückschlag für 2001 und wohl auch für 2002 prognostizieren lässt. Vor dem Hintergrund der katastrophalen Terroranschläge vom 11. September 2001 auf das ‚World Trade Center' in New York und auf das ‚Pentagon' in Washington werden vor allem US-amerikanische Touristen vorerst den Nahen Osten und damit auch Ägypten als Reiseziel meiden, zumindest so lange die Terroristengruppe Al-Qaida um Osama bin Laden in Afghanistan nicht unschädlich gemacht und diese völlig neue Dimension des Terrors beendet werden kann.

Literatur

BÜTTNER, F./KLOSTERMEIER, I. (1991): Ägypten. Aktuelle Länderkunde. (Beck'sche Reihe, Nr. 842). München.

Der Fischer Weltalmanach (diverse Jahrgänge).

IBRAHIM, F. N. (1996): Ägypten. Eine geographische Länderkunde. (Wissenschaftliche Länderkunden, Bd. 42). Darmstadt.

MEYER, G. (1996): Tourismus in Ägypten. Entwicklungen und Perspektiven im Schatten der Nahostpolitik. In: Geogr. Rundschau, Jg. 48, H. 10, S. 582-588.

RITTER, W. (1977): Der Fremdenverkehr. In: SCHAMP, H. (Hrsg.): Ägypten: Das alte Kulturland am Nil auf dem Weg in die Zukunft. Tübingen/Basel, S. 646-653.

STANDL, H. (1988): Beobachtungen zu jüngsten touristischen Entwicklungen in Ägypten. In: RITTER, W./MIELITZ, G. (Hrsg.): Berichte und Materialien Nr. 4. (2. Sitzung des Arbeitskreises „Freizeit- und Fremdenverkehrsgeographie"). Institut für Tourismus, Freie Universität Berlin. Berlin, S. 107-121.

STANDL, H. (1989): Wirtschafts- und sozialgeographische Untersuchungen zur Entwicklung und Struktur der touristischen Dienstleistungsunternehmen in Luxor/Ägypten. In: Mitteilungen der Fränkischen Geographischen Gesellschaft, Bd. 35/36, S. 203-271.

VORLAUFER, K. (1996): Tourismus in Entwicklungsländern. Möglichkeiten und Grenzen einer nachhaltigen Entwicklung für den Fremdenverkehr. Darmstadt.

World Tourism Organization (WTO) (1986): Yearbook of Tourism Statistics. Madrid.

Jagdtourismus und Wildreservate in Afrika und ihre Problematik

Bernhard Müller

1   Kontroverse um Jagdtourismus

„Reisen, um zu töten" – mit diesem Satz überschrieben der Bayerische Tierschutz-
bund und der Ökologische Jagdverein Bayern im Jahr 1999 ihre in der deutschen
Öffentlichkeit erhobene Forderung, zukünftig auf Trophäenjagdreisen und Tro-
phäenabschüsse zu verzichten und entsprechende Reiseangebote aus den Katalogen der Reiseveranstalter zu streichen. Von den weltweit 27.000 Mitgliedern des
Safari Club International (SCI) gingen – so die Schätzung der beiden Verbände –
14.000 mindestens gelegentlich im ‚Trophäenjäger-Paradies' Afrika auf Jagd. Die
Geldelite ließe sich den ‚Spaß' jeweils bis zu 100.000 DM kosten.

Dem gegenüber steht die Ansicht, „Safari Hunting Tourism" sei „the Embryo of
Conservation in Africa's Rural Areas". Ökosystemgerechter Jagdtourismus decke
„wie keine andere Form des Tourismus die idealistischen Ansprüche des Ökotourismus" ab und die festzustellende Ablehnung eines gesetzlich abgesicherten und
nachhaltigen Jagdtourismus entbehre jeglicher wissenschaftlichen Grundlage. Sie
basiere „nahezu ausschließlich auf emotionalen und an Einzelfällen festgemachten
Argumenten, die für eine dem Naturschutz kontraproduktive Meinungsbildung
missbraucht werden, in dem das mangelnde Verständnis der Öffentlichkeit für
ökosystemare Zusammenhänge und die Notwendigkeit zu einer Bewirtschaftung
der Wildtiere durch das bewusste Verschweigen von Tatsachen manipuliert wird"
(SCHÜLE o. J., S. 216).

Ungeachtet der Kontroverse zwischen Gegnern und Befürwortern von Jagdtourismus und der polarisierenden Wirkung öffentlicher Debatten über dieses Thema ist
zu konstatieren, dass Jagdsafaris seit langem zu den ‚traditionellen' und einträgli-
chen Tourismusarten in Afrika zählen. Nicht wenige Länder versuchen, insbesondere aus der Jagd auf die ‚Big Five', d. h. Löwe, Leopard, Büffel, Nashorn und
Elefant, aber auch auf die vielen anderen unter Großwildjägern begehrten Wild-
tierarten Kapital zu schlagen, indem sie Jagdreisen international anbieten.

Als ‚High income – low impact'-Variante wird der Jagdtourismus mit dem Ökotourismus in Verbindung gebracht (vgl. Arbeitsgruppe Ökotourismus 1995). Er
verspreche vor allem den armen Ländern Afrikas hohe Einnahmen und habe – verglichen mit dem Massentourismus in den Tierreservaten oder an den Küsten des
Kontinents – relativ geringe negative Auswirkungen auf die Entwicklung von
Natur und Umwelt sowie das soziokulturelle Gefüge der touristischen Destinationen. Diese Tatsache gelte jedoch – und dabei stimmen auch die Befürworter des

Jagdtourismus zu – nur dann, wenn ein verantwortungsvolles und zuverlässiges Management sowohl des Tourismus als auch der Schutzgebiete gewährleistet sei.

Im Folgenden sollen der Jagdtourismus in Afrika und seine Problematik näher betrachtet werden. Insbesondere die Situation in Tansania dient dabei als empirischer Hintergrund, da der Jagdtourismus hier einerseits eine relativ große Bedeutung hat und andererseits die damit verbundenen Probleme deutlicher als in vielen anderen Ländern Afrikas zutage treten. Zunächst werden Vorkommen, Umfang und wirtschaftliche Bedeutung des Jagdtourismus diskutiert. Danach wird die Organisation von Jagdreisen erläutert und es werden Steuerungsprobleme des Jagdtourismus dargestellt. Schließlich werden Perspektiven des Jagdtourismus im Zusammenhang mit der Frage des Ökotourismus und der internationalen Entwicklungszusammenarbeit erörtert.

2 Vorkommen, Umfang und Bedeutung des Jagdtourismus

Internationaler Jagdtourismus konzentriert sich in Afrika vor allem auf den südlichen und östlichen Teil des Kontinents, wobei jedoch bei weitem nicht alle Länder betroffen sind. Während die Großwildjagd in Botswana, Mosambik, Namibia, Sambia, Südafrika, Tansania und Zimbabwe eine wichtige Einnahmequellen darstellt, beschränken sich andere Staaten wie z. B. Kenia, einer der „Pioniere des Naturtourismus in den 60er- und 70er-Jahren" (CHRIST 1993) und heute eine der wichtigsten Safari-Destinationen im internationalen Tourismus, auf Fotosafaris in Wildreservate.

Tab. 1: Ökonomische Bedeutung des Jagdtourismus in Afrika

Land	Art (darunter billigste u. teuerste Arten)	Abschussgebühr (inkl. staatl. Lizenz) in DM	Jagdkosten pro Tag und Jäger in DM	Dauer der Reise in Tagen (Minimum)	Kosten für nicht jagende Begleitperson, DM/Tag
Botswana	Pavian Elefant	230 25.500	-- 1.950	-- 14	-- 230
Namibia	Schakal Leopard	frei 4.000	-- 330	-- 7	-- 50
Südafrika	Schakal Nashorn	50 pauschal	-- 40.000	-- 7	-- --
Tansania	Pavian Elefant	140 6.000	1.930 2.260	7 21	-- 230
Zimbabwe	Vögel Elefant	frei 15.000	450 1.800	7 21	-- 230

Quelle: ELLENBERG 1999, S. 29

Die konsumtive und die nicht-konsumtive Form des Safaritourismus unterscheiden sich deutlich hinsichtlich ihrer strategischen Ausrichtung.[1] Während ein Tier mit seiner Trophäe an den Großwildjäger lediglich einmal – und dann zu einem entsprechend hohen Preis – ‚verkauft‘ wird, setzt die nicht konsumtive Form des Safaritourismus auf das Beobachten frei lebender Tiere und das Erleben des Ensembles von Tier und Landschaft und verkauft dieses ‚Bild‘ möglichst oft, d. h. an eine möglichst große Zahl von Touristen. Der Jagdtourismus zielt daher im Unterschied zum übrigen Safaritourismus weniger auf große Touristenzahlen – sie wären im Hinblick auf die angestrebte Exklusivität geradezu kontraproduktiv – als auf hohe touristische Umsätze und Einnahmen.[2]

Diese Tatsache lässt sich am Beispiel von Tansania verdeutlichen: Während das Land mit seinen weltbekannten Attraktionen, den Schutzgebieten wie dem Serengeti-Nationalpark, dem Ngorongoro-Krater und dem Mount Kilimanjaro, nach Angaben des Ministry of Tourism, Natural Resources and Environment in der ersten Hälfte der 1990er-Jahre jährlich bei etwa 260.000 Besuchern in den Nationalparks des Landes knapp mehr als 190 Mio. US-$ an Einnahmen aus dem Tourismus erzielte, betrug der Anteil der Einnahmen aus dem Jagdtourismus bei lediglich 550 bis 600 registrierten ausländischen Jagdtouristen bei 10.141 bezahlten Jagdtagen etwa 14 Mio. US-$. Die Einnahmen aus Gebühren (Wildgebühren etc.) wurden auf über 5 Mio. US-$ geschätzt.

Nach diesen Angaben wurden im Jagdtourismus Einnahmen in Höhe von schätzungsweise über 20.000 US-$ je Tourist erzielt gegenüber 730 US-$ je Tourist im übrigen Safaritourismus. Jagdtouristen machten lediglich 2,3 Promille der Besucher aus, trugen aber zu rund 7 Prozent der Einnahmen aus dem Tourismus bei.

Diese Daten belegen, dass der Jagdtourismus eine durchaus lohnende Einnahmequelle für die Länder Afrikas darstellen kann, denn die Pro-Kopf-Einnahmen aus dem Jagdtourismus sind – nicht zuletzt aufgrund seltener oder aus anderen Gründen mit hohen Abschussgebühren belegter Tierarten – in der Regel um ein Vielfaches höher als bei anderen Tourismusarten (vgl. auch Tab. 1 und 2).

---

[1] Eine weitere, in ihrer Bedeutung und räumlichen Verbreitung jedoch relativ eng begrenzte Form des nicht konsumtiven Safaritourismus auf Wildtierfarmen ist die Jagd mit dem Betäubungsgewehr, eine Form des Jagdtourismus, bei der seltene Tiere, für die hohe Trophäenabgaben zu zahlen wären (z. B. Breitmaulnashorn) bis zu dreimal pro Jahr ‚gedartet‘ werden dürfen. Sie wird an dieser Stelle nicht weiter betrachtet.

[2] Wenngleich Fotosafaris in der Praxis eher mit Massentourismus verbunden sind, so müssen sie dennoch nicht weniger exklusiv sein als Jagdreisen. Es gibt eine Reihe von Spezialangeboten, z. B. mehrtägige bis mehrwöchige Wanderungen mit naturkundlichen Führungen für Kleinstgruppen. Je exklusiver die Führungen und je außergewöhnlicher die Angebote sind, desto höher sind die Preise.

Tab. 2: Anzahl der von Jagdtouristen erlegten Tiere und ihr Anteil an der Summe der dafür gezahlten Gebühren in Tansania (1988-1992)

Tierart	1988 An-zahl	1988 An-teil (%)	1989 An-zahl	1989 An-teil (%)	1990 An-zahl	1990 An-teil (%)	1991 An-zahl	1991 An-teil (%)	1992 An-zahl	1992 An-teil (%)
Elefant	59	11	50	6	15	2	12	2	18	2
Löwe	106	12	204	13	210	13	165	13	222	12
Leopard	98	11	194	12	214	13	145	11	214	12
Büffel	269	9	502	9	544	10	459	11	736	12
Zebra	216	6	431	7	463	7	279	6	459	8
Andere	2.117	51	4.033	53	4.605	55	6.050	57	5.385	54
Summe	2.865		5.414		6.051		7.110		7.034	

Quelle: Arbeitsgruppe Ökotourismus 1995, S. 224

Dabei ist zu beachten, dass Jagdtourismus in Afrika – wie in den meisten anderen Regionen auch – nur in speziellen, dafür vorgesehenen Gebieten erlaubt ist. In Tansania zum Beispiel ist touristische Jagd in Wildreservaten und Jagdgebieten möglich (vgl. Tab. 3). In anderen afrikanischen Ländern gibt es zudem große private Schutzgebiete für ‚Game Ranching' (d. h. die Aufzucht und die Bewirtschaftung von Wildtieren), in denen Jagen erlaubt ist. Wildreservate und Jagdgebiete gehören zu den offiziellen Schutzgebietskategorien. Es handelt sich dabei um weitgehend menschenleere Räume von beträchtlicher Größenordnung, in denen neben der touristischen Jagd in Konzessionsgebieten entsprechend vorgegebener Abschussquoten sowie anderen Formen des Tourismus keine Nutzungen erlaubt sind. Insbesondere sind Vieh- und Landwirtschaft, die wirtschaftlichen Grundlagen der lokalen Bevölkerung in den ländlichen Regionen, in diesen Gebieten verboten.

In Tansania gibt es 20 Wildreservate und 56 Jagdgebiete mit einer Fläche von insgesamt etwa 195.000 qkm (ca. 21% der Landesfläche bzw. über 80% der gesamten Schutzgebietsfläche). Dieser hohe Flächenanteil unterstreicht die Bedeutung des Tourismus und insbesondere auch des Jagdtourismus für den Natur- bzw. Wildtierschutz. Gleichzeitig wird aber auch die Exklusivität der Nutzung dieser Gebiete deutlich: In den Wildreservaten und Jagdgebieten gab es Mitte der 1990er-Jahre etwa 130 Jagdblöcke, deren Nutzung 25 spezialisierten Anbietern von Jagdreisen vorbehalten war. Jedes Jagdunternehmen hatte somit das ausschließliche Nutzungsrecht für durchschnittlich knapp ein Prozent der Landesfläche Tansanias. Vor dem Hintergrund dieser Zahlen ist es verständlich, dass der Jagdtourismus in den betroffenen Ländern und dort insbesondere in den Randbereichen der Schutzgebiete, in denen es inzwischen aufgrund der Bevölkerungsentwicklung häufig zu erheblichen Landnutzungskonflikten kommt und in denen das Jagen der lokalen

Bevölkerung zur eigenen Fleischversorgung als Wilderei angesehen wird, nicht auf ungeteilte Zustimmung stößt.

Tab. 3: Schutzgebiete und deren Nutzungsbeschränkungen in Tansania

	Nationalpark	Conservation Area	Wildreservat	Jagdgebiet
Anzahl	12	1	20	56
Fläche (in qkm)	39.040	8.192	74.100	121.655
Anteil an der Landes-fläche (%)	4,1	0,9	7,9	12,9
Anteil an Schutzge-bietsfläche (%)	16,1	3,4	30,5	50,0
Besiedlungsverbot	ja	nein	ja	ja
Jagdverbot	ja	ja	nein[1]	nein[1]
Viehwirtschaftsverbot	ja	ja[2]	ja	ja
Landwirtschaftsverbot	ja	ja	ja	

[1] Quotenregelung, Genehmigung erforderlich, Bezahlung in US-$
[2] Sondergenehmigung für traditionelle Viehwirtschaft

Quelle: Arbeitsgruppe Ökotourismus 1995, S. 189f.

3   Jagdreisen: Organisation, Wirkungen, Probleme

3.1   Organisation

Beim Jagdtourismus handelt es sich um ein zahlenmäßig kleines, aber exklusives Tourismussegment. Gleichzeitig sind Jagdreisen in höherem Maße als andere touristische Angebote individuell auf die Kunden zugeschnitten. Die Kosten einer Jagdreise variieren je nach dem Spektrum der Tiere, die ein Jäger erlegen möchte. Einfache Angebote sind bereits für wenige 1.000 US-$ zu erhalten. Eine 21-tägige Elefanten- und Raubkatzenjagd hingegen kann inklusive Flugkosten mehr als 45.000 US-$ kosten.

Die hohen Kosten einer Reise und die Tatsache, dass der Jagdtourist in der Regel bei der Reise einem Hobby nachgeht, bei dem er selbst eine gewisse Kompetenz entwickelt hat, legen es nahe, dass Jagdtouristen relativ hohe Ansprüche an die Reise stellen und eher dem Typ der engagierten (‚hard-core nature tourists') als dem Typ der oberflächlichen Naturtouristen (‚casual nature tourists') zuzurechnen sind. Für Erstere ist kennzeichnend, dass sie u. a. ein sehr spezielles Naturinteresse, vergleichsweise geringe Infrastrukturansprüche und sehr hohe Ansprüche an Erlebnisqualität und Naturnähe haben und sehr empfindlich gegenüber hohen Besucherzahlen sind (vgl. Arbeitsgruppe Ökotourismus 1995, S. 48). Vor diesem Hintergrund kommt der Vorbereitung der Reise – sie kann sich über mehrere Jahre hin erstrecken (vgl. SCHÜLE o. J., S. 132) – und dem Verhältnis von Anbieter und Kunde eine relativ große Bedeutung zu.

Die Dauer einer Jagdreise richtet sich nach den Jagdwünschen der Kunden. Für die meisten Tierarten, darunter Elefanten, Löwen und Leoparden und eine Anzahl von größeren Antilopenarten, müssen meist Reisen von einer gewissen Mindestdauer (z. B. 21 Tage) gebucht werden, unabhängig davon, ob der Jäger diese Zeit tatsächlich in Anspruch nimmt. Nach Angaben von Veranstaltern reisen Kunden zum Teil bereits unmittelbar nach einer erfolgreichen Jagd auf die ‚gebuchten' Tiere wieder ab. Ähnlich ist man bemüht, auf dem schnellsten Weg, d. h. möglichst ohne Zwischenaufenthalte, in das gebuchte Jagdgebiet zu gelangen.

Für die Erreichbarkeit der Jagdcamps oder Lodges trägt in der Regel der Jagdreiseanbieter Sorge. Je nach Lage des Jagdgebiets zum Einreiseflughafen erfolgt der Transfer auf dem Land- oder Luftweg. Bewirbt sich ein Anbieter in Tansania um einen Jagdblock, kann er z. B. parallel dazu einen Antrag auf den Bau eines Fluglandeplatzes stellen. Dieser Air Strip wie auch die Verbindungsstrecke zur Unterkunft im Jagdgebiet und die Wege zu den Wasserlöchern der Tiere müssen von den Veranstaltern angelegt und gewartet werden. Die damit verbundenen Investitionen lohnen sich aus Sicht der Anbieter jedoch nur, wenn ihnen eine ausreichend lange Nutzung der Konzessionsgebiete garantiert wird.

Die Unterbringung der Jagdtouristen erfolgt in der Regel in teilweise einfach ausgestatteten Camps bzw. Lodges; diese bieten jedoch aufgrund der teilweise recht anspruchsvollen Wünsche der Kunden hinsichtlich der Erreichbarkeit (z. B. bei Unternehmern Verbindung mit ihrem Büro am Herkunftsort) oder auch aus Sicherheitsgründen (z. B. wegen potenzieller Jagdunfälle) eine breite Palette moderner Dienstleistungen. Nicht zuletzt die Erfahrung der Berufsjäger, die jeden Jagdtouristen begleiten, ist entscheidend für den Erfolg eines Anbieters.

3.2 Wirkungen

Hinsichtlich der Wirkungen des Jagdtourismus sollen neben den bereits genannten gesamtwirtschaftlichen Effekten an dieser Stelle sektorale und regionale Aspekte angesprochen werden. Aufgrund der geringen Anzahl der Gäste – ein Berufsjäger betreut in der Regel bis zu zwei Jagdtouristen und gegebenenfalls eine kleine Anzahl von nicht jagenden Begleitpersonen – kommt es bei einem nachhaltigen Wildtiermanagement grundsätzlich nicht zu nachteiligen Wirkungen auf die Tier- und Pflanzenwelt. Aktivitäten der Jagdkunden können darüber hinaus positiv zur Wildtierbewirtschaftung beitragen.

Da Jagdtouristen weitgehend isoliert reisen und nur als Einzelpersonen oder in sehr kleinen Gruppen an einem Ort auftreten, sind Beeinträchtigungen der ländlichen Bevölkerung in ihren Lebensweisen durch den Jagdtouristen enge Grenzen

gesetzt. Einige Anbieter haben mit Unterstützung ihrer Kunden auch private Hilfs-
programme für die lokale Bevölkerung im Umkreis der Jagdgebiete ins Leben
gerufen. Positive ökonomische Wirkungen des Jagdtourismus für die Jagdregion
sind insbesondere dann zu erwarten, wenn regionale Stellen sowohl an der Entscheidung über die Vergabe von Lizenzen und Jagdquoten als auch an den Einnahmen aus dem Jagdtourismus, zum Beispiel über rechtlich abgesicherte Finanz-
verteilungsschlüssel, direkt beteiligt werden.

Tab. 4: Ablauf von Jagdreisen: Stadien, Aktivitäten, Akteure

Reisestadium	Aktivitäten	Ort	Akteure
Reiseinformation und -planung	Information über Reiseangebote durch Medien, Messen, Freunde, Vermittler, Veranstalter, Fach- presse, Reiseliteratur	Quell- gebiet	Jagdreiseveranstalter, Jagdreisevermittler, Sonstige
Reisevermittlung oder -buchung	Buchung der Jagdreise und von Flügen ins Zielland, inkl. An- schlussaufenthalte	Quell- gebiet	Jagdreiseveranstalter, Jagdreisevermittler
Anreise ins Ziel- land	Anreise mit dem Flugzeug		Fluggesellschaft
Abholung durch Jagdveranstalter	Abholung der Kunden am Flugha- fen, Waffendeklaration, evtl. ande- re Einreiseformalitäten, ggf. Kurz- aufenthalt vor Weiterfahrt in Jagd- gebiet	Zielland	Local Agents, Jagdrei- severanstalter, evtl. Hotelbetriebe
Anreise ins Jagd- gebiet	Charterflug oder PKW-Transfer entweder durch den Jagdveranstal- ter oder eine Fremdfirma organi- siert	Zielland	Transportunternehmen oder Jagdreiseveran- stalter
Vorbereitung im Jagdgebiet	Einrichten und Beziehen der Un- terkünfte	Jagd- gebiet	Jagdreiseveranstalter, Berufsjäger
Vorbereitung der Jagd	Einschießen der Waffen, Diskussi- on über die örtlichen Gegebenhei- ten, Kennen lernen des Berufsjä- gers	Jagd- gebiet	Jagdreiseveranstalter, Berufsjäger
Unterkunft	Bereitstellung von Unterkunft und Infrastruktur	Jagd- gebiet	Jagdreiseveranstalter und seine Mitarbeiter
Verpflegung	Vollpension im Jagdgebiet	Jagd- gebiet	Jagdreiseveranstalter
Transport im Jagdgebiet	Bewältigung der Strecken bei der Jagd	Jagd- gebiet	Berufsjäger und seine Mitarbeiter

Reisestadium	Aktivitäten	Ort	Akteure
Jagdführung	Aufsuchen und Nachstellen des Wildes	Jagd-gebiet	Berufsjäger und seine Mitarbeiter
Jagdausübung	Selektion, Tötung und Bergung des Wildes	Jagd-gebiet	Berufsjäger und seine Mitarbeiter
Versorgung des Wildes	Versorgung des Fleisches, Bergung der Jagdtrophäe	Jagd-gebiet	Jagdreiseveranstalter, Berufsjäger und Mitarbeiter
Nebenaktivitäten	evtl. kleinere kulturelle Ereignisse, sportliche Aktivitäten	Zielland	Jagdreiseveranstalter, evtl. örtliche Organisationen
Trophäenversorgung	Versandvorbereitung, Verpacken, Dokumentation der Trophäen	Zielland	Jagdreiseveranstalter oder Spezialbetriebe
Rückreise zum Flughafen	Transport vom Camp zum Flughafen nach der Jagd	Zielland	Transportunternehmen, Jagdreiseveranstalter
Trophäenversand	Versand der Trophäen ins Quellgebiet des Jägers	Zielland	Trophäenspedition bzw. örtliche Frachtagenten
Rückreise	Flugtransport ins Quellgebiet		Fluggesellschaft
Reisenachbereitung	Aufbereitung der Erlebnisse, Informationsaustausch über Jagdclubs	Quell-gebiet	Jagdclubs, Interessengemeinschaften

Quelle: SCHÜLE o. J., S. 133; Arbeitsgruppe Ökotourismus 1995, S. 247ff.

3.3 Probleme

Gleichwohl kann Jagdtourismus auch zu erheblichen Problemen führen. Hinsichtlich der Umweltwirkungen ist die entscheidende Rolle eines funktionierenden Wildtiermanagements einschließlich eines entsprechenden Monitorings zu bedenken. In der Realität mangelt es jedoch oft an Jagdquotierungen, die sich an der Gefährdung und Schutzwürdigkeit einzelner Tierarten orientieren. Eine kontinuierliche Beobachtung der Wildtierbestände ist ebenfalls nicht überall ausgeprägt und auch angesichts der Größe der Gebiete nicht einfach zu etablieren. Zudem widerspricht der Wunsch der Jagdtouristen nach möglichst großen und schönen Trophäen per se dem Hegegedanken des Wildschutzes.

Hinzu kommt das Problem mangelnder Jagdethik, das gerade auf einem kapitalkräftigen und für Anbieter lukrativen Markt nicht zu unterschätzen ist. So soll es nach Aussagen von Jagdreiseveranstaltern[3] immer wieder vorkommen, dass Trophäen und Kadaver liegen gelassen werden, wenn sich ein prächtigeres Exemplar bietet und erlegt werden kann. Teilweise sollen Tiere von einem Jagdblock in einen anderen transportiert oder mit Ködern gelockt werden, um Quotenregelungen zu umgehen oder um den Kunden die versprochenen Trophäen bieten zu können.

Von den bei Jagdsafaris üblicherweise eingesetzten Wildhütern kann nicht erwartet werden, dass sie solche Praktiken wirksam und nachhaltig unterbinden, wenn ihnen für ‚kundenfreundliches Verhalten' von Veranstaltern oder Kunden ein Vielfaches der Summe angeboten wird, die sie monatlich von ihrem staatlichen Arbeitgeber als Lohn erhalten. Anders verhält es sich hinsichtlich der Unterbindung von Anti-Wilderei-Maßnahmen, die nicht nur im Interesse des Staates, sondern auch im Interesse der Jagdreiseveranstalter selbst liegen. Hier kommt es häufig zu engen Kooperationen von Staat und Jagdreiseveranstaltern und wirksamen gemeinsamen Maßnahmen.

Besser belegbar, aber nicht weniger problematisch sind die regionalen Wirkungen des Jagdtourismus. In dieser Hinsicht sind drei Faktoren von Bedeutung: erstens der geringe Personalbedarf des Jagdtourismus und die hohen Anforderungen an die Spezialisierung der Beschäftigten, zweitens die relativ schwachen Multiplikatorwirkungen in den Jagdregionen und die differenzierten Wirkungen im Hinblick auf die soziokulturelle Entwicklung sowie drittens die geringen Rückflüsse staatlicher Einnahmen aus dem Jagdtourismus in die Haushalte der Kommunen in den Jagdregionen.

Im Hinblick auf den ersten Faktor ist zu bedenken, dass für Jagdsafaris Personal mit speziellen Kenntnissen und Fertigkeiten gebraucht wird, das in der Lage ist, anspruchsvolle Kunden ‚rund um die Uhr' zu betreuen. Der Service, den der Anbieter zu erbringen hat, umfasst zum einen unmittelbar auf die Jagd bezogene Aktivitäten wie Fährtensuche, Unterstützung beim Erlegen der Tiere (insbesondere bei noch wenig erfahrenen Großwildjägern), professionelles Häuten der Tiere, die fachgerechte Trennung von Trophäen und Kadaver sowie das Präparieren der Trophäen. Zum anderen erfordern auch alle indirekt mit der Jagd verbundenen Aktivitäten, z. B. Nahrungs- und Getränkeversorgung sowie -zubereitung, Transport und Notfallvorsorge sowie Kommunikation ein hohes professionelles und technisches Niveau. Insgesamt sind z. B. in tansanischen Jagdcamps in der – je nach Lage des Jagdreviers vier bis neuen Monate dauernden – Jagdsaison jeweils etwa 14-20 Personen tätig, die in der Regel nicht aus den Jagdregionen selbst stammen. Bei den Berufsjägern handelt es sich vielfach um weiße Afrikaner. Teil-

---

[3] Der Wahrheitsgehalt solcher Aussagen ist schwer nachprüfbar. Allerdings ist den Schilderungen eine gewisse Plausibilität und systemimmanente Logik nicht abzusprechen, so dass sie an dieser Stelle zumindest als ernst zu nehmende Hinweise auf potenzielle Probleme erwähnt werden.

weise ist es den Kunden auch gestattet, Berufsjäger ihrer eigenen Wahl mitzubringen (z. B. aus ihren Heimatländern).

Aufgrund der nicht selten minimalen Verflechtungen zwischen Jagdveranstalter und Jagdregion sind regionale Multiplikatorwirkungen des Jagdtourismus kaum zu erwarten: Beschäftigungseffekte sind nur in geringem Umfang vorhanden, Jagdcamps werden in der Regel nicht aus der Region versorgt und die lokalen Ausgaben der Veranstalter für die Erstellung der Basisinfrastruktur sind gering. Die Bevölkerung in der Umgebung von Jagdcamps profitiert zum Teil von den Jagdabschüssen, da die Veranstalter den Dörfern der Umgebung das in den Camps überschüssige Fleisch gelegentlich kostenlos anbieten. Gleichwohl liegt hierin nicht selten auch ein Problem, denn der Bevölkerung ist das Jagen zur Fleischversorgung der Dörfer teilweise verboten und lokale Jäger werden als Wilderer verfolgt.

Hinzu kommt eine politische Dimension von nationaler Tragweite: Jagdtourismus wird lokal als ein von Weißen dominiertes Gewerbe wahrgenommen. Befragungen in Tansania haben gezeigt, dass die Bevölkerung in den Randgebieten der Jagdreviere den Jagdtourismus nicht selten als eine gegen sie gerichtete Allianz von Staat und ausländischen bzw. nationalen ,weißen' Unternehmen wahrnimmt, die nach ihrer Meinung beide ein Interesse daran haben, die Bevölkerung der betroffenen Dörfer von der Nutzung ,ihrer' lokalen Ressourcen auszuschließen.

Diese Argumentation ist grundsätzlich nicht von der Hand zu weisen, denn die finanziellen Rückflüsse aus den staatlichen Einnahmen in die Gemeinden sind vielerorts nach wie vor gering. Allerdings gibt es eine Reihe von Vorhaben, die sich um gerechtere Partizipationsbedingungen und Finanzverteilungsmechanismen zugunsten der Dörfer im Umkreis der Jagdreviere bemühen – wie z. B. das ,Campfire-Programm' in Zimbabwe, das ,Admade-Programm' in Sambia, das ,SecureProgramm' in Bophuthatswana oder ,Community Wildlife Management-Ansätze und ,Retention-Schemes' in Tansania und anderen afrikanischen Staaten[4] (vgl. Arbeitsgruppe Ökotourismus 1995; ELLENBERG 2000; GILLINGHAM 1998; HECHT/ WEIS 1999; NUDING 1999).

Gleichwohl ist selbst bei erfolgreichen Programmen oder Projekten zu bedenken, dass die neuen Einnahmequellen eher kollektive als individuelle Nutzen generieren (und daher die individuellen Sichtweisen nicht unbedingt verändern) sowie regionale und lokale Verteilungskonflikte unter den möglichen Begünstigten (Dörfer, Distrikte, lokale und regionale Fachstellen, NGOs) auslösen (vgl. Arbeitsgruppe Ökotourismus 1995; GILLINGHAM 1998). Zudem ist in der Vergangenheit teilweise

---

[4] Campfire: Communal Areas Management for Indigenous Resources; Admade: Administrative Management Design; Secure: Sustainable Environmental Conservation through the Utilization of Natural Resources; Retention Schemes zielen nicht nur auf eine gerechtere Finanzverteilung zwischen Staat und Kommunen, sondern auch auf eine Finanzierung von Naturschutzmaßnahmen durch die Einnahmen aus dem Jagdtourismus.

zu beobachten gewesen, dass Gelder in wenig produktive Verwendungen gelenkt wurden. In Fällen, in denen sie in unrealistischer Weise durch lokale Investitionsmittel (z. B. für Schulneubauten) ergänzt werden sollten, blieben sie gänzlich wirkungslos und begonnene Projekte wirkten sogar kontraproduktiv als abschreckende Beispiele für eine verfehlte staatliche Entwicklungspolitik.

Hinzu kommen in vielen Fällen grundsätzliche Steuerungsprobleme des Jagdtourismus – wie auch des Naturschutzes allgemein – auf nationaler Ebene. Diese Tatsache gilt insbesondere dort, wo der Staat schwach oder korruptionsanfällig und in hohem Maße dem Einfluss privater Interessen ausgesetzt ist. Dabei spielen institutionelle, konzeptionelle und instrumentelle sowie personelle und materielle Probleme eine große Rolle.

Im Hinblick auf die institutionellen Probleme sind die Vielzahl verantwortlicher Institutionen und ihre unübersichtliche Kompetenzverteilung sowie die häufig stark an Einzelpersonen gebunden Entscheidungsstrukturen von Bedeutung. Die Vergabe von Jagdkonzessionen, die konkrete Abgrenzung von Jagdblöcken und die Festlegung von Jagdquoten sind mit höchst sensiblen Entscheidungen verbunden, die einer möglichst großen Transparenz und öffentlichen Kontrolle bedürfen. Diese Bedingungen liegen jedoch in vielen Fällen weder im Interesse der Entscheidungsträger noch der Adressaten von Entscheidungen.

Hinsichtlich der konzeptionellen und instrumentellen Defizite spielen die Diskrepanz zwischen übergreifenden Politikerklärungen und nationalen Strategieansätzen auf der einen Seite und der mangelnden Fähigkeit, klare Prioritätensetzungen vorzunehmen und umzusetzen auf der anderen Seite eine Rolle. Die Politik erklärt Jagdgebiete zu Schutzgebieten, Managementpläne kommen jedoch aufgrund gegenseitiger institutioneller Blockaden zwischen Naturschutz- und Tourismusinteressen, nationalen und regionalen Verwaltungen oder staatlichen und kommunalen Stellen nicht zustande oder werden nicht adäquat umgesetzt.

Personelle und materielle Probleme bei der Durchsetzung von Schutzinteressen sind wesentlich auf die mangelhafte Finanzausstattung von Schutzgebietsverwaltungen zurückzuführen. Die zur Verfügung gestellten Budgets für die Schutzgebiete und Wildreservate reichen häufig nicht aus, um auch nur elementare Schutzanforderungen zu erfüllen. Anti-Wilderei-Patrouillen können mangels Ausstattung nicht durchgeführt werden, Wildhüter sind Wilderern technisch und logistisch hoffnungslos unterlegen (vgl. ROHS 1989), dringend benötigte Grenzfestlegungen bzw. deren Markierung können nicht in Angriff genommen werden. Auch bei gut gemeinten Schutzansätzen steht die praktische Umsetzung damit nicht selten im Widerspruch zu den ambitionierten Zielsetzungen.

4 Perspektiven: Jagdtourismus und Entwicklungs-zusammenarbeit

Die bisherigen Erfahrungen mit dem Jagdtourismus in Afrika legen eine ambivalente Beurteilung dieser Form des Ökotourismus nahe (vgl. Arbeitsgruppe Ökotourismus 1995; ELLENBERG 2000). Selbst Gegner des Jagdtourismus verneinen nicht dessen ökonomische Potenziale. Umgekehrt verkennen auch Befürworter nicht, dass der Jagdtourismus erhebliche Kontroll- und Steuerungsprobleme aufweist. Das Hauptdefizit der vorherrschenden Jagdsysteme in den untersuchten Ländern liege in einer mangelnden Kontrolle der Einhaltung der gesetzlichen Vorschriften. Bei der zukünftigen Gestaltung der Systeme müsse die Aufmerksamkeit stärker auf eine Erhöhung der Effizienz in der Kontrolle der Jagdausübung gerichtet werden. Zudem sei eine Optimierung der Partizipation der betroffenen Bevölkerung an der Gestaltung und den Erträgen des Jagdtourismus von Bedeutung (vgl. SCHÜLE o. J., S. 216).

Definiert man Ökotourismus als eine Form von Naturtourismus, die in verantwortungsvoller Weise praktiziert wird, Umweltauswirkungen und soziokulturelle Veränderungen zu minimieren versucht, zur Finanzierung von Schutzgebieten beiträgt und Einkommensmöglichkeiten für die lokale Bevölkerung schafft (vgl. Arbeitsgruppe Ökotourismus 1995, S. 3f.; MÜLLER 1998a), so zeigt sich, dass der Jagdtourismus zwar Ansätze bietet, den mit der Verwendung des Begriffs verbundenen hohen Anforderungen gerecht zu werden, diese aber keineswegs per se bereits erfüllt. Daher ist eine Förderung von Vorhaben im Rahmen der internationalen Entwicklungszusammenarbeit, die sich mit dem Problemkreis Naturschutz, Wildtiermanagement und touristischer Jagd auseinandersetzen, grundsätzlich zu begrüßen. Dabei sollte sichergestellt werden, dass sich die Beteiligten aktiv um wirksame Lösungsansätze für die mit dem Jagdtourismus verbundenen Kontroll- und Steuerungsprobleme bemühen und dass die Rahmenbedingungen für den Natur- und Wildtierschutz nachhaltig verbessert werden.

Dabei ist auf unterschiedlichen Ebenen anzusetzen: Auf der nationalen Politikebene sind Verbesserungen für den Ökotourismus anzustreben, zum Beispiel hinsichtlich

- der Formulierung und Umsetzung einer abgestimmten und konsistenten Tourismus- und Naturschutzpolitik, in der auch der Jagdtourismus eine wohldefinierte Rolle haben kann,
- der Schaffung von geeigneten gesetzlichen Grundlagen und Umsetzungsmechanismen (z. B. hinsichtlich Quotenregelungen), die eine wirksamere Kontrolle des Jagdtourismus erlauben, sowie
- einer intersektoralen Koordination und Kooperation zwischen den beteiligten staatlichen, kommunalen und privatwirtschaftlichen Interessen.

Politikdialog und die Beratung nationaler Handlungs- und Entscheidungsträger sind dabei als Instrumente internationaler Zusammenarbeit von großer Bedeutung.

Im Hinblick auf die Schutzgebiete selbst und ihre Randbereiche sind entwicklungspolitische Interventionen sinnvoll, die auf ein besseres Management der Schutzgebiete, auf die sachgerechte Auswahl von touristischen Anbietern und wirksame Mechanismen der Lizenzvergabe, auf sinnvolle Umweltqualitätsstandards, Qualitätsanforderungen und Nutzungsbeschränkungen, die Erschließung und gerechte Verteilung finanzieller Ressourcen sowie auf die Bereitstellung von angepassten Infrastruktur- und Dienstleistungsangeboten abzielen. Die lokale und regionale Partizipation an Planungen und Entscheidungen sind dabei von großer Bedeutung, um für die Umsetzung von Aktivitäten den erforderlichen Rückhalt zu finden. Wildtier- und jagdorientierte Gemeindeentwicklungsprogramme haben im südlichen Afrika bereits eine relativ lange Tradition. Ihre Erkenntnisse gilt es, auf möglichst breiter Basis zu nutzen.

Schließlich sind auch Maßnahmen von Bedeutung, die auf eine Verbesserung der Rahmenbedingungen im nichtstaatlichen Bereich abzielen; hierzu gehören u. a.:
- Initiativen der Privatwirtschaft zur Erarbeitung von Vorgaben und Richtlinien für die Durchführung von Jagdtourismus,
- die Ausgrenzung ‚schwarzer Schafe' der Branche,
- die Ausarbeitung von Informationshilfen sowie
- die Förderung der Professionalität lokaler Anbieter.

Nichtregierungsorganisationen haben eine entscheidende Bedeutung bei der Mobilisierung von öffentlicher Aufmerksamkeit und bei der Unterstützung lokaler Stellen durch fachliche Erkenntnisse. Ihnen kommt auch die Rolle als unabhängige Sachverständige zu, die zur Kontrolle des Jagdtourismus beitragen können. Ihre Bereitschaft und Einbindung könnte die Chancen für ein kooperatives Management des Jagdtourismus und der Wildreservate in Afrika positiv beeinflussen.

Literatur

Arbeitsgruppe Ökotourismus (1995): Ökotourismus als Instrument des Naturschutzes? Möglichkeiten zur Erhöhung der Attraktivität von Naturschutzvorhaben. Köln.

ELLENBERG, L. (2000): Jagdtourismus in Tansania. Anspruch und Realität einer Form des Ökotourismus. In: Geogr. Rundschau 52, H. 2, S. 11-15.

GILLINGHAM, S. (1998): Conservation Attitudes of Villagers living next to the Selous Game Reserve. Tanzania Wildlife Discussion Paper, Nr. 23. Dar es Salaam.

HECHT, V./WEIS, C. (1999): Auf der Suche nach Synergien aus Entwicklung und Naturschutz. CAMPFIRE – Ein Ansatz aus Zimbabwe. Bochum.

KRUG, W. (1999): Wildtierbewirtschaftung und Biodiversitätsschutz im südlichen Afrika. In: Geogr. Rundschau 51, H. 5, S. 263-268.

MÜLLER, B. (1998a): Was ist Ökotourismus? In: RAUSCHELBACH, B.: (Öko-)Tourismus: Instrument für eine nachhaltige Entwicklung? Tourismus und Entwicklungszusammenarbeit. Heidelberg, S. 13-18.

MÜLLER, B. (1998b): Naturschutz durch Tourismus? Probleme und Perspektiven des Öko-tourismus in Entwicklungsländern. In: RAUSCHELBACH, B.: (Öko-)Tourismus: Instrument für eine nachhaltige Entwicklung? Tourismus und Entwicklungszusammenarbeit. Heidelberg, S. 29-46.

NUDING, M. A. (1999): Naturressourcen-Nutzung in Zimbabwe. Berlin.

ROHS H. W. (1989): Konzept einer ökologisch verträglichen Tourismusentwicklung im Norden des Selous Game Reserve, Tanzania. Hannover (unveröffentlicht).

SCHÜLE, C. (o. J.): Ökosystemare Aspekte von Wildtiernutzungsstrategien auf der Südhalb-kugel. Trier.

Vom Apartheidstaat zur Regenbogennation: Tourismusentwicklung in der Republik Südafrika

Imre Josef Demhardt

Das am Südende des Kontinents gelegene Land ist etwa dreieinhalb Mal so groß wie Deutschland. Mit seinen bei der letzten Volkszählung im Oktober 1996 ermittelten etwa 40 Mio. zu rund drei Vierteln schwarzen und im übrigen weißen, farbigen und asiatischen Einwohnern stellt es das wohl eigenartigste Land dieses Erdteils dar.

In die erste Hälfte der 1990er-Jahre fiel für die Republik Südafrika das Säkularereignis der allmählichen Abkehr von der vier Jahrzehnte zuvor rigide eingeführten Politik der ethnischen Segregation ('Apartheid'), welche im demokratischen Wandel des Jahres 1994 kulminierte. Dieser tiefgreifende und noch fortdauernde sozioökonomische Prozess ermöglichte bereits seit Beginn des Jahrzehnts eine schrittweise Wiedereingliederung der zuvor mehr oder minder boykottierten südafrikanischen Volkswirtschaft in das Weltwirtschaftssystem. Damit einhergehend kam es zu einem kurzen Wirtschaftsboom – nicht zuletzt wegen des Aufblühens des internationalen Tourismus nach Südafrika und dessen überaus rasche Entwicklung zu einer der führenden Tourismusdestinationen.

1   Volkswirtschaftliche Bedeutung des Tourismus

Seit Beginn der 1960er-Jahre nahm die Bedeutung des Tourismus für die südafrikanische Volkswirtschaft erheblich zu. Bereits in den 1970er-Jahren war der ausländische Tourismus hinter Gold und Wolle der drittwichtigste Devisenbringer des Landes. Für 1998 wurden Umsätze des inländischen Tourismus von etwa Rand 23,2 Mrd.[1], des inländischen Geschäftsreiseverkehrs von etwa R 8,9 Mrd. und des ausländischen Tourismus von etwa R 18,4 Mrd. geschätzt. Durch den Boom des Auslandstourismus in den 1990er-Jahren hat sich der Anteil der Tourismuswirtschaft am südafrikanischen Bruttosozialprodukt alleine zwischen 1993 (5,8%) und 1998 (8,2%) um etwa 41% vergrößert. Dabei erwies sich der Tourismus als der einzige Wirtschaftssektor mit beständig wachsendem Anteil am südafrikanischen Bruttosozialprodukt. So rückte die Tourismuswirtschaft 1998 bereits auf den dritten Platz hinter Industrie (24,4%) und Bergbau (8,6%) vor.

Die volkswirtschaftliche Gesamtnachfrage durch den in- und ausländischen Tourismus erreichte 1998 rund R 69,8 Mrd. (noch 1995 nur R 54 Mrd.), darunter

---

[1] 1 Rand [R] war Ende der 1990er-Jahre ca. 0,16 Euro wert.

- R 23,2 Mrd. durch private Inlandsnachfrage (5,8% der Konsumausgaben),
- R 8,9 Mrd. durch Geschäftsreisen und Dienstreisen der öffentlichen Hände,
- R 0,8 Mrd. durch staatliche Dienstleistungen (0,6% des Staatshaushalts),
- R 12,8 Mrd. Kapitalinvestitionen in private, kommerzielle und öffentliche Infrastrukturen und Tourismuseinrichtungen (11,5% aller Kapitalinvestitionen),
- R 24,2 Mrd. durch private Nachfrage von Ausländern für Waren und Dienstleistungen in Südafrika (13,2% des südafrikanischen Gesamtexportwertes).

Der zweite und noch wichtigere Beitrag des Tourismus zur südafrikanischen Volkswirtschaft sind die durch seinen Dienstleistungscharakter ausgelösten hohen Beschäftigungseffekte in einem Gemeinwesen der Dritten Welt, welches typischer Weise geprägt ist durch hohes Bevölkerungswachstum bei geringen anderweitigen wirtschaftlichen Entwicklungsmöglichkeiten und daraus resultierender hoher und noch steigender Arbeitslosigkeit (2000: ca. 39%). Bereits zu Beginn der 1980er-Jahre beschäftigte der Tourismus in Südafrika etwa 240.000 Personen, darunter je etwa die Hälfte direkt im Tourismus und indirekt in hiervon abhängigen Wirtschaftszweigen. Für das Jahr 1991 schätzte der nationale Tourismusverband, dass etwa 400.000 Personen oder etwa 4% aller damaligen Beschäftigten in Südafrika durch den Tourismus ihr Auskommen fanden, deren Zahl bis zum letzten ‚Vorwendejahr' 1993 auf etwa 450.000 Beschäftigte anstieg. Im Zuge des Tourismusbooms sind dann alleine zwischen 1995 und 1998 in der südafrikanischen Volkswirtschaft rund 187.000 Arbeitsplätze direkt oder indirekt durch den Tourismus neu geschaffen worden. Im Jahr 1998 betrug der Anteil der Tourismusbranchen im engeren Sinne mit rund 248.000 Arbeitsplätzen rund 2,4% an der Gesamtbeschäftigtenzahl und mit einem Umsatz von rund R 16,98 Mrd. etwa 2,6% des Bruttosozialproduktes. Die südafrikanische Tourismuswirtschaft insgesamt beschäftigte 1998 sogar rund 737.600 Personen oder 7,0% aller Beschäftigten. Dieser Anteil von 1 aus 14,2 Beschäftigungsverhältnissen lag damit noch deutlich unter dem Weltdurchschnitt von 1 aus 10,7. Allerdings wurde im Zeitraum 1994-1999 bereits etwa jeder fünfte neue Arbeitsplatz in der südafrikanischen Tourismuswirtschaft geschaffen.

Im Jahre 1998 betrugen bei einem touristischen Steueraufkommen von R 15,0 Mrd. (8,4% der gesamten Steuereinnahmen) die direkten Staatsausgaben für den Tourismus wie etwa Museumszuschüsse und Grenzkontrollen lediglich R 147 Mio. sowie an indirekten Ausgaben, etwa für gesamtgesellschaftliche Aufgaben wie Flughafenverwaltung, Sicherheit und Entsorgungsdienstleistungen, weitere R 619 Mio. Die Gesamtsumme von R 766 Mio. repräsentierte nur 0,6% der gesamten südafrikanischen Staatsausgaben.

Nach den Berechnungen des ‚World Travel & Tourism Council' erfolgten die touristischen Gesamtumsätze von Südafrika zum Ende der 1990er-Jahre zu 40% durch ausländischen Tourismus und zu 60% durch inländischen Tourismus, wobei aufgrund des schneller wachsenden Auslandstourismus je nach Fähigkeit zur Beseitigung der strukturellen Engpässe eine deutliche Verschiebung zu dessen Gunsten

mittelfristig zu erwarten steht. Eine schwere Hypothek der gegenwärtigen touristischen Strukturen in Südafrika liegt darin, dass sowohl faktisch als auch – noch ver-
heerender – in der allgemeinen Wahrnehmung ‚der Tourismus' nach wie vor als eine
‚weiße' Angelegenheit sowohl auf der Angebots- wie auch der Nachfrageseite gesehen wird. Dies dürfte die dauernde kulturelle und mehr noch politisch-administrative
Akzeptanz der konkurrierenden Raumnutzungs- und Ressourcenansprüche dieses
Phänomens, wie etwa nach dem Erhalt oder der Ausweisung neuer Naturschutzgebiete, trotz der skizzierten volkswirtschaftlich zunehmend wichtigeren ‚spin-off'-Effekte
bei den mehrheitlich nicht-weißen Entscheidungsträgern nicht eben erleichtern.

2   Wandel im Tourismusmarketing und jüngere Kampagnen

Der nationale Fremdenverkehrsverband ‚South African Tourism' (bis 2000: ‚South
African Tourism Board'; SATOUR) wurde im Jahr 1947 gegründet und richtete
seit den 1950er-Jahren in den wichtigsten überseeischen Quellmärkten Vertretun-
gen ein, so etwa auch 1960 in Frankfurt am Main. In den Jahren der Apartheid
standen dank hoher staatlicher Zuschüsse ganz erhebliche Mittel zur Verfügung,
um über ein aufwendiges touristisches Marketing ein positiveres Bild der zunehmend politisch isolierten Burenrepublik zu vermitteln. Dabei konzentrierte sich
das südafrikanische Marketing lange recht einseitig auf die bekannten und zugkräf-
tigen ‚Trademarks' wie etwa den Kruger National Park und den Table Mountain
mit deutlichem Schwergewicht auf dem Naturerlebnistourismus. So bediente SA-
TOUR das bis heute fortwirkende Image der ‚weiten menschenleeren Savannen
voll wilder Tiere'. Dabei wurde eine frühzeitige, möglichst breite regionale und
thematische Diversifizierung der touristischen Angebote versäumt. Über Jahrzehnte benutzte Werbeslogans waren: „It's sunny today in South Africa" und für ein
multikulturelles Land zwar passend, aber in Apartheidzeiten eigentlich auf die
verschiedenartigen Naturräume gemünzt: „South Africa – a world in one country".

Dem gewandelten Selbstverständnis des neuen Südafrika nach 1994 trugen die Marketingstrategien Rechnung, indem etwa zur verstärkten Vermarktung der facetten-
reichen Kultur der selbsterklärten ‚Regenbogennation' 1997-1999 unter dem Slogan
‚South Africa's best kept secret – a cultural cosmos' (zugleich ein Eingeständnis
bisheriger Versäumnisse) eine leider nur dreijährige Kampagne lief, welche insbesondere die nicht-weißen Ethnien, das Kulturerbe und den südafrikanischen Lebensstil herausstellte.

Nachdem Südafrika im Gefolge des politischen Wandels von 1994 für einige Jahre
recht mühelos auf der mitunter überschäumenden Welle der touristischen (Nach-
hol-)Nachfrage reiten konnte, waren zum Ende der 1990er-Jahre Zeichen der Ab-
schwächung des Nachfragezuwachses und sogar der Stagnation in allen Bereichen
der Tourismuswirtschaft zu beobachten. Im September 1999 startete daraufhin die
Marketingoffensive ‚National Tourism Action Plan'. Der Plan ist eine der vielen
politisch gewollten ‚public-private-partnerships' zwischen dem nationalen ‚De-

partment of Environmental Affairs and Tourism' und ‚Tourism South Africa' auf der öffentlichen Seite sowie den Wirtschaftsdachverbänden ‚Business Trust' und ‚Tourism Business Council of South Africa' als wichtigsten privaten Mitgliedern, welche nun gemeinsam das Ziel eines koordinierten Auslandsmarketings verfolgen. Durch die angelaufenen Marketingkampagnen in den Hauptquellmärkten sollten 2000 rund 6,9 Mio. ausländische Besucher und in den beiden Folgejahren 2001 rund 7,6 Mio. (+ 10%) und 2002 rund 8,4 Mio. (+ 10%) angelockt werden.

Durch einen solchermaßen erhöhten Besucherzustrom sollen binnen nur drei Jahren Arbeitsplatzzuwächse von rund 140.000 in den touristischen Kernbranchen und sogar rund 350.000 in der gesamten Tourismuswirtschaft erreicht werden. Der Anfang 2000 wirksam gewordene Plan sieht in zweigleisigem Vorgehen zunächst eine kurzfristige Marketingoffensive auf den sechs wichtigsten traditionellen überseeischen Quellmärkten Großbritannien, Deutschland, Frankreich, Niederlande, Italien und den USA vor. Darüber hinaus erfolgt begleitend eine umfassende Informationssammlung über den weltweiten Tourismus zur Entwicklung wirksamer mittel- und langfristiger Marketingstrategien nicht nur in den traditionellen Hauptquellmärkten, sondern auch in bislang noch weniger bedeutenden Nebenmärkten wie Asien und dem übrigen Afrika. Erklärtes Ziel ist dabei, Südafrika bis 2005 unter die ‚Top Twenty Tourist Destinations' der Welt zu führen.

Als weitere Tourismusoffensive wurde im Dezember 1999 vom Minister of Environmental Affairs und Tourism die auf Breitenwirkung in der südafrikanischen Gesellschaft angelegte ‚SA Welcome Campaign' gestartet. Als Leitlinien für Unterstützer wurden folgende acht einfache Hinweise für den Umgang mit ausländischen Besuchern gegeben:
1. Sei freundlich. Betrachte den Schwatz mit Touristen nicht als verlorene Zeit.
2. Gib Touristen bereitwillig Hilfestellung, wenn diese solche benötigen.
3. Kehre nicht wieder und wieder negative Umstände (z. B. Kriminalität) in Südafrika hervor.
4. Sei stolz auf Südafrika und seine Infrastruktur.
5. Weise auf die Verschiedenheit und Qualität der einheimischen Früchte, Weine und Küche hin.
6. Ermutige die Touristen, sich an unserer einheimischen Musik zu erfreuen.
7. Sei stolz auf den demokratischen Wandel in Südafrika und die Verfassung.
8. Weise auf die kulturelle Vielfalt der ‚Regenbogennation' und deren reiches Erbe hin.

3 Strukturen der Tourismuswirtschaft

Von Mitte der 1970er- bis Mitte der 1980er-Jahre war der Markt der klassifizierten Hotelbetriebe mit etwa 1.400 Betrieben und einer Kapazität von etwa 88.000 Gästebetten praktisch statisch – während vergleichsweise Spanien bereits Mitte der 1970er-Jahre über rund 2,5 Mio. Gästebetten verfügte. Mehr als die Hälfte der

seinerzeitigen Hotelbetriebe stand entlang der Küsten oder im Raum Witwater-
rand. In der amtlichen Hotelstatistik über ausländische Besucher wurden bis einschließlich April 1994 die Übernachtungsgäste aus den nur formal in die Unabhängigkeit entlassenen ‚Homeland'-Staaten Ciskei, Transkei, Boputhatswana und
Venda als ausländische Besucher erfasst, was den Aussagewert sowohl der Statistik
der inländischen wie der ausländischen Übernachtungen erheblich verzerrte. Kaum
war dieses statistisches Problem behoben, wurde aufgrund finanzieller Restriktionen
die amtliche Veröffentlichungsreihe speziell zu ausländischen Übernachtungzahlen
mit dem Berichtsjahr 1996 drastisch gekürzt oder gar gänzlich eingestellt.

Trotz des Tourismusbooms ab dem Jahre 1994 sanken die durchschnittlichen nationalen Auslastungsraten aller klassifizierten Hotels 1995 bis 1998 kontinuierlich, da
die auf den Markt drängenden Neukapazitäten die Nachfragesteigerungen deutlich
überschritten; dabei konnten sich nur die Fünf-Sterne-Hotels bis 1997 gegen diesen
Trend stemmen. Nach amtlicher Berechnung von ‚Statistics South Africa' hat die
durchschnittliche Zimmerauslastung der südafrikanischen Hotelbetriebe in der zweiten Hälfte der 1990er-Jahre infolge der starken Kapazitätsausweitungen leicht von
56% (1995) über 54% (1996) auf 53% (1997) abgenommen, während im gleichen
Zeitraum der durchschnittliche Zimmerpreis von R 209 (1995) über R 233 (1996)
auf R 249 (1997) um ungefähr ein Fünftel (19,1%) anstieg. Dabei waren im Jahr
1997 insgesamt 23 nationale und internationale Hotelketten mit 288 Hotels und
32.785 Zimmern auf dem südafrikanischen Hotelmarkt vertreten. Als weitaus
größte Kettenbetreiberin war dabei die einheimische ‚Southern Sun'-Gruppe mit
71 Hotelbetrieben in sieben Marken vom einfachen Zwei-Sterne-Hotel ‚Formula
1' in der Lizenz der französischen ‚Accor'-Gruppe bis zum Fünf-Sterne-Hotel
‚InterContinental' sowie luxuriösen Ferienanlagen und Game Lodges mit zusammen 12.232 oder 37,3% aller Zimmer in Kettenbetrieben zu nennen.

Da für Guesthouses und Bed & Breakfast-Betriebe bis zum Jahr 2000 keine Registrierungspflicht bestand und sich deshalb bei SATOUR bis Mai 1998 landesweit lediglich 497 Guesthouses und 815 Bed & Breakfast-Betriebe akkreditieren
ließen, können Größe und Wachstum dieses wohl in den mittleren vierstelligen
Bereich gehenden Marktsegments derzeit nicht seriös genug eingeschätzt werden.
Nach Erhebungen von SATOUR nutzten Ende der 1990er-Jahre etwa 13% der
inländischen Urlaubsreisenden und sogar etwa 23% der ausländischen Besucher
bei ihren Reisen durch Südafrika eine Spielart der Selbstversorgerunterkünfte.
Hierunter sind im südafrikanischen Kontext insbesondere die Rastlager in den
nationalen, provinzialen und kommunalen Naturschutzgebieten, Ferienwohnungen
und Ferienhäuser, Time-Sharing-Objekte, Appartmentwohnungen mit Servicean-
geboten, sonstige Ferienanlagen sowie Caravan- und Campingplätze zu verstehen.
Da für die meisten der hierunter fallenden Anbieter keine Registrierungspflicht
bestand, konnte die Gesamtgröße des Angebots nur indirekt erschlossen werden,
so etwa über das einschlägige Verzeichnis ‚AA Self-Catering Getaways' der dem
deutschen ADAC vergleichbaren ‚Automobile Association'. Dieses Verzeichnis
listete im Jahr 1997 landesweit 1.758 in der Regel größere Selbstversorgerunter-

künfte – gegenüber erst 1.080 noch 1995 – auf, wobei mit 587 Betrieben genau ein Drittel (33,4%) im Western Cape lagen, gefolgt von KwaZulu-Natal (370 oder 21,0%). Erst seit dem 31.3.2000 wird schrittweise eine nicht nur wie zuvor für Hotels freiwillige, sondern nun für sämtliche Beherbergungsbetriebe obligatorische (Neu-)Klassifikation durchgeführt, welche auf überarbeiteten Bewertungsstandards basiert, die in Zusammenarbeit der Interessenverbände der Tourismuswirtschaft und der staatlichen Tourismusverwaltung entstanden.

Auf die Abwicklung der südafrikanischen Paketbestandteile von Pauschalreiseangeboten für ausländische touristische Besucher hatten sich im Jahr 1998 ungefähr 460 Reiseveranstalter oder ‚Incoming Tour Operator' spezialisiert, wobei der Löwenanteil des Marktes aber an nur etwa 15 größere Unternehmen fiel. Gemäß SATOUR nahm 1999 etwa ein Viertel (27%) der ausländischen Besucher vor allem aus den traditionellen Hauptquellmärkten an Pauschalreisen im Lande teil. Die Tourdauer beläuft sich bei europäischen und nordamerikanischen Gruppen auf etwa 12-14 Tage, bei asiatischen Gruppen hingegen nur auf etwa acht Tage. Meistgeäußerte Schwierigkeiten der südafrikanischen Reiseveranstalter sind neben dem sich seit 1998 allmählich auflösenden Engpass zu geringer Buskapazitäten vor allem der Mangel an ausreichendem fremdsprachigen Führungspersonal sowie internationalen Ansprüchen nicht genügende Standards in Teilen von Hotellerie und Gastronomie vor allem abseits der Tourismuszentren.

4   Inländischer Tourismus

Unbeschadet des boomartigen Zustroms ausländischer Touristen in den 1990er-Jahren ist für ein Schwellenland in völlig untypischer Weise in Südafrika als einzigem Staat auf dem afrikanischen Kontinent der inländische Tourismus sowohl hinsichtlich der Übernachtungszahlen als auch der Wertschöpfung gegenwärtig noch bedeutender als der Auslandstourismus. Die sozioökonomische Begründung hierfür liegt in der jahrzehntelangen Apartheidpolitik mit ihrer ökonomischen Besserstellung der gegenwärtig rund 4,4 Mio. Personen umfassenden weißen Bevölkerung. Diese ermöglichte nicht nur einer reichen Oberschicht, sondern auch breiten Mittelschichten ein Urlaubsreiseverhalten wie etwa die Sommerfrische im eigenen oder angemieteten Ferienhaus an der See. Dies gilt auch (noch) im neuen Südafrika mit seinem Pendelumschwung von der Apartheid zur ‚Affirmative Action', welche in Verwaltung und Wirtschaft staatlicherseits nun die Nicht-Weißen bevorzugt.

Noch immer ist der Binnentourismus weitgehend ein weißes Phänomen, da die anderen ethnischen Gruppen eine Urlaubsreise sich entweder (noch) nicht leisten können oder diese als Sozialverhalten (noch) nicht akkulturiert haben. So erklärt es sich, dass auch ohne Apartheid die Besucher des Kruger National Park zur Jahrtausendwende noch nahezu ausschließlich weiße Südafrikaner und ausländische Touristen sind. Dem Freizeitverhalten des neuen Südafrika mit seinen aufsteigenden nicht-weißen Bevölkerungsschichten scheinen ersten Trends zufolge eher wohnortnahe Vergnügungsparks und Glückspielcasinos sowie die Badereise als derzeit (noch) einzige klassische Übernachtungsreiseform zu entsprechen. Aus der Sicht der Tourismuswirtschaft wird der – trotz praktisch durchweg fehlender statistischer Daten – unstreitig zunehmende nicht-weiße (Massen-)Tourismus jedoch zwiespältig beurteilt: Zwar entwickeln sich schwarze Touristen der (unteren) Mittelschicht zunehmend zur Hauptstütze der Ferieneinrichtungen entlang des subtropischwarmen Sandstrands von Durbans ‚Golden Mile', doch führt diese Entwicklung auch zu einer schleichenden, aber bereits augenfälligen Verdrängung der ausgabefähigeren weißen Mittelschicht in die kleineren Ferienzentren der Nord- und Südküste von KwaZulu-Natal.

Das traditionell wichtigste inländische Quellgebiet des Tourismus ist die kleinste südafrikanische Provinz Gauteng mit dem nationalen Wirtschafts- und Bevölkerungszentrum der Agglomeration Witwatersrand um Johannesburg und Pretoria, wo nicht nur etwa die Hälfte der weißen Bevölkerung Südafrikas ansässig ist, sondern auch die Wirtschaftskonzentration aus Goldbergbau, Industrie und Dienstleistungen alleine rund ein Drittel des südafrikanischen Bruttosozialprodukts erwirtschaftet. Traditionelles Haupturlaubsziel des (weißen) inländischen Tourismus sind über Jahrzehnte die Naturschutzgebiete im Umkreis dieser Agglomeration wie etwa der Kruger National Park sowie die Küsten und Naturschutzgebiete von KwaZulu-Natal aufgrund ihrer Nähe zum Witwatersrand gewesen.

Einer SATOUR-Erhebung zufolge unternahmen im Jahr 1996 etwa 63,2% aller erwachsenen Südafrikaner – einschließlich der auf Heimaturlaub gehenden Wanderarbeiter – zumindest eine inländische Urlaubsreise mit zumindest einer Übernachtung, was in etwa 16 Mio. verreisenden Südafrikanern mit im Durchschnitt etwa 1,9 inländischen Urlaubsreisen und einer Gesamtzahl von etwa 30,4 Mio. Urlaubsreisen mit einer durchschnittlichen Abwesenheit von zu Hause von 6,2 Nächten entsprach. Mehr als zwei Drittel (71%) der urlaubenden Südafrikaner unternahmen im Jahr 1996 nur eine einzige Übernachtungsreise und nur 16% zwei sowie 8% drei oder mehr Reisen. Bei den inländischen touristischen Reisen mit mindestens einer Übernachtung erwies es sich, dass für alle Provinzen (vgl. Abb. 1), mit Ausnahme des Eastern Cape, nach den Einwohnern der jeweiligen eigenen Provinz Gauteng die wichtigste touristische Quellprovinz darstellte. Vor diesem Hintergrund populärste Destinationen waren KwaZulu-Natal (26%) und das Western Cape (22%), gefolgt in einem deutlichen Abstand vom Eastern Cape (13%), Gauteng (12%), Mpumalanga und Free State (je 8%), North West (6%), Limpopo (5%) und dem Schlusslicht Northern Cape mit nur 2%. Damit zog das Western Cape alleine genau so viele inländische Urlaubsreisende an wie seine beiden Nachbarprovinzen Eastern und Northern Cape sowie Mpumalanga zusammengenommen.

Durchschnittlich gaben inländische Touristen im gleichen Jahr nur R 844 je Reise aus, wovon R 228 auf Unterkunft, R 197 auf Verpflegung, R 204 auf Transport und R 215 auf sonstige Ausgaben entfielen. Bei den Durchschnittsausgaben je Reise wird deutlich, dass die Südafrikaner am meisten auf Ferienreisen in das

Western Cape ausgaben (R 1.794), während die Ausgaben im zweitplatzierten Mpumalanga mit seinen hochkarätigen Attraktionen wie dem Kruger National Park kaum mehr als halb so hoch waren (R 912) und das Schlusslicht Freestate sogar nur R 343 verzeichnete. Damit tritt statistisch das Western Cape als das Ziel des wohlhabenderen Reisesegments hervor. Mehr als die Hälfte aller Einnahmen aus dem Inlandstourismus erzielten nur zwei Provinzen, KwaZulu-Natal (28,2%) und Western Cape (27,7%), während sich die übrigen sieben Provinzen in den Rest teilten.

Abb. 1: Hauptattraktionen des ausländischen Tourismus in der Republik Südafrika

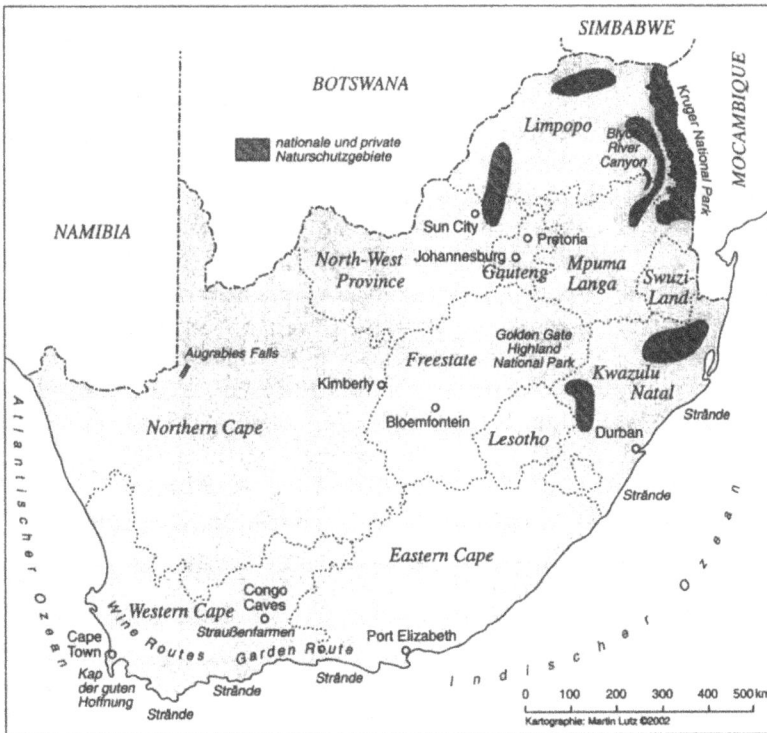

Quelle: Eigener Entwurf

5 Ausländischer Tourismus

Obwohl die Republik Südafrika bereits seit dem Ende der 1950er-Jahre vom entstehenden europäischen Fernreise(massen)tourismus als eine der ersten afrikanischen Destinationen erschlossen wurde, dauerte es noch bis 1977, bevor die Anzahl der überseeischen Touristen (294.000) diejenige der Touristen aus anderen afrikanischen Staaten (287.000) überflügelte. Unter diesen ,afrikanischen' Touristen waren damals mehrheitlich weiße Urlauber aus dem meerfernen weißen ,Rebellen-staat' (Süd-)Rhodesien zu verstehen, gefolgt von weißen Kolonialportugiesen aus Mocambique und Angola.

Nach einem kurzfristigen Einbruch im Gefolge des Soweto-Aufstands des Jahres 1976, welcher noch bis zum Ende des Jahrzehnts wieder wettgemacht werden konnte, stagnierten die Besucherzahlen in den 1980er-Jahre erneut infolge der wirtschaftlichen Rezession in den wichtigsten überseeischen Quellmärkten, den hohen Preissteigerungsraten in Südafrika und den Auswirkungen der Boykott-Maßnahmen gegen das Apartheidregime auch auf touristischem Gebiet. Nach einem leichten Einbruch 1985 und 1986 hatte Südafrika bereits im Zeitraum 1987 bis 1990 einen gleichmäßigen und – gemessen an dem Ausgangsniveau – deutli-chen Anstieg der ausländischen Besucherzahlen erlebt. Mit dem Jahr 1991 und dem absehbaren demokratischen Wandel nahm ein geradezu logarithmischer Boom seinen Anfang: Im Zeitraum 1993 bis 1998 verdoppelte sich die Zahl der Ankünfte ausländischer Besucher in Südafrika nahezu von 3,36 Mio. auf 5,90 Mio. Hierbei handelt es sich aber keineswegs ausschließlich um touristische Besucher, da die Zahl der Einreisenden in jedem Jahr beständig die Zahl der Ausreisenden um mehr als zehn Prozent übertraf, was auf das beträchtliche Problem der Zuwan-derung legaler und illegaler Arbeitsmigranten insbesondere aus den übrigen Staa-ten des afrikanischen Kontinentes verweist. Etwa drei Viertel aller Besucheran-künfte entstammten dem afrikanischen Kontinent (vgl. Tab. 1), während etwa zwei Drittel der verbleibenden Überseebesucher aus Europa kamen. Die Gesamtzahl der überseeischen Besucher der Republik Südafrika nahm in der zweiten Hälfte der 1990er-Jahre von 1.101.899 (1995) um 38,6% auf 1.527.401 (1999) zu.

Tab. 1: Entwicklung des Incoming-Tourismus in Südafrika (1995-1999)

Jahr	Afrika absolut	Europa absolut	Amerika absolut	Asien absolut	Australien & Ozeanien absolut
1995	3.452.164	721.878	160.473	158.463	61.085
1996	3.792.077	798.398	178.195	165.133	63.793
1997	3.676.810	876.127	208.500	163.904	64.200
1998	4.304.878	981.680	249.935	167.048	70.333
1999	4.366.558	1.026.748	245.469	184.877	70.307

Quelle: University of Stellenbosch, Bureau for Economic Research 2000, S. 88

Eine Aufschlüsselung nach den vier wichtigsten europäischen Quelländern (vgl. Tab. 2) zeigt, dass Großbritannien, Deutschland, Frankreich und die Niederlande zusammen in der zweiten Hälfte der 1990er-Jahre beständig knapp drei Viertel der überseeischen Besucher von diesem Kontinent stellten. Überdies wird deutlich, dass Großbritannien und Deutschland durchgängig gemeinsam mehr als die Hälfte der europäischen Besucher entsandten (1995: 424.939 oder 58,9% und 1999: 554.986 oder 54,1%), wobei diese beiden Staaten zusammen zahlenmäßig stets bedeutender waren als die Kontinente Amerika, Asien und Australien zusammen.

Tab. 2: Entwicklung der wichtigsten europäischen Quellmärkte (1995-1999)

Jahr	Großbri-tannien absolut	Zu-wachs in %	Deutsch-land absolut	Zuwachs in %	Frank-reich absolut	Zuwachs in %	Nieder-lande absolut	Zu-wachs in %
1995	252.437		172.502		55.907		48.197	
1996	253.828	+ 0,6	200.730	+ 16,4	65.636	+ 17,4	55.769	+ 15,7
1997	294.788	+ 16,1	198.584	- 1,1	67.793	+ 3,3	69.594	+ 24,8
1998	332.478	+ 12,8	201.321	+ 1,4	76.380	+ 12,7	85.296	+ 22,6
1999	343.934	+ 3,4	211.052	+ 4,8	87.887	+ 15,1	87.606	+ 2,7
Ó		+ 36,2		+ 22,3		+ 57,2		+ 81,8

Quelle: University of Stellenbosch, Bureau for Economic Research 2000, S. 89

Während in der Hochsaison des Jahres 1998 bei den Briten nur 44% ,Tourist' als Einreisemotiv nannten, waren dies bei den Deutschen 55%. Damit erzielten letztere den höchsten Anteil von allen europäischen Einzelmärkten. Nach Berechnungen der ,World Tourism Organisation' hatte Südafrika im Jahre 1998 infolge des terrorismusbedingten großen Einbruchs des Tourismus in Ägypten erstmals die Führungsposition als meistbesuchte afrikanische Tourismusdestination erobert, während Ägypten es umsatzmäßig noch ganz knapp übertraf.

Die durchschnittliche Aufenthaltsdauer – ohne Berücksichtigung der zumeist nur nominellen ,touristischen' Besucher aus Afrika – sank im Trend der Vorjahre weiter auf nunmehr 16,7 Tage im (Süd-)Winter und 17,0 Tage im (Süd-)Sommer des Jahres 1998, wobei allerdings die beiden wichtigsten überseeischen Besuchernationen (Deutsche und Briten) mit 20,0 bzw. 21,9 Tagen im Winter und 19,7 bzw. 21,5 Tagen im Sommer deutlich überdurchschnittliche Werte erzielten. Die durchschnittlichen Ausgaben für einen überseeischen Besuch in Südafrika lagen bei R 15.882 für durchschnittlich 16,7 Tage im (Süd-)Winter, was einer Tagesausgabe von R 951 entsprach, und R 12.784 für 17,0 Tage im (Süd-)Sommer, was R 752 entsprach. Aufgrund der von SATOUR im Jahr 1998 wieder im Januar (Hochsaison) und im August (Nebensaison) durchgeführten Befragungen (vgl. Tab. 3) ergab sich eine Bestätigung der bereits während der gesamten 1990er-Jahre zu beobachtenden Entwicklung, dass Western Cape und Gauteng die beiden mit Abstand am häufigsten von den ausländischen Besuchern bereisten Provinzen Südafrikas sind. Ersteres nimmt dabei mit seinen hochkarätigen Attraktionen im besucherstärkeren (Süd-)Sommer und letzteres nur wegen des hier gelegenen Flugdrehkreuzes Johannesburg im (Süd-)Winter die Spitze ein:

Tab. 3: Regionale Verteilung des ausländischen Tourismus nach Provinzen,
Hauptattraktionen und Saisonzeiten (1998)

		Januar	August
Western Cape	(Cape Town, Wine Routes, Garden Route)	59%	46%
Gauteng	(Pretoria, Gold Reef City, Soweto)	56%	62%
KwaZulu-Natal	(Durban, Provinz-Naturschutzgebiete, Zulu-Kräle)	24%	31%
Mpumalanga	(Kruger National Park, Blyde River Canyon)	20%	23%
Eastern Cape	(Port Elizabeth, National Parks, Strände)	16%	12%
Limpopo	(Private und Provinz-Naturschutzgebiete)	5%	8%
North West Province	(Sun City, Private Naturschutzgebiete)	5%	6%
Free State	(Golden Gate National Park, Bloemfontein)	5%	5%
Northern Cape	(Kimberley, Augrabies Falls)	4%	4%

Quelle: SATOUR 1998, S. 9, 31-33

Durch die Befragung von abreisenden ausländischen Besuchern auf den internationalen Flughäfen von Johannesburg, Cape Town und Durban ermittelte SATOUR
in der Hochsaison 1998 folgende zehn landesweit meistbesuchte Attraktionen (vgl.
Tab. 4), wobei die sieben erst-platzierten zum Teil mit deutlichem Abstand und
insgesamt sogar acht in der südwestlichsten Provinz Western Cape lagen, welche
nur ein Zehntel der Landesfläche einnimmt:

Tab. 4: Meistbesuchte Touristenattraktionen in der Hochsaison (1998)

Cape Town Waterfront	(Western Cape – City of Cape Town)	50%
Kap der Guten Hoffnung	(Western Cape – City of Cape Town)	41%
Table Mountain	(Western Cape – City of Cape Town)	40%
Weinrouten des Western Cape	(Western Cape)	35%
Garden Route	(Western Cape; Teil im Eastern Cape)	26%
Kirstenbosch National Botanical Garden	(Western Cape – City of Cape Town)	23%
Straußenfarmen in der Little Karoo	(Western Cape)	16%
Kruger National Park	(Mpumalanga; Teil in Limpopo)	16%
Cango Caves in der Little Karoo	(Western Cape)	12%
Beachfront Durban	(KwaZulu-Natal)	12%

Quelle: SATOUR 1998, S. 31

Deutlich abgeschlagen folgten Attraktionen wie etwa der Blyde River Canyon
(9%) in Mpumalanga, die Museumsstadt und das Schaubergwerk der Gold Reef
City (8%) in Johannesburg, die provinzialen Naturschutzgebiete in KwaZulu-Natal
(7%), die ‚traditionellen' Zulu-Kräle in KwaZulu-Natal und die Township-Touren
durch Soweto in Johannesburg (je 6%) sowie das Glücksspiel- und Entertainmen-
center Sun City (4%) in der North West Province.

Das charakteristische Profil eines ausländischen Touristen lässt sich aufgrund
dieser Erhebungen für Januar 1998 wie folgt beschreiben: Ein männlicher (57%)

Erstbesucher (72%) aus Europa (65%), entweder noch in Ausbildung oder bereits
Rentner (je 26%) mit einem durchschnittlichen Monatseinkommen von € 3.500,
der in einer Reisegruppe (41%) das Land erkundet. Die durchschnittlichen Tagesausgaben in Südafrika beliefen sich dabei ausschließlich der Flugkosten auf R
876. Interessanterweise ist zu beobachten, dass die weitaus weniger zahlreichen
Touristen im (Süd-)Winter deutlich mehr pro Tag ausgeben (August 1998: R 1.297)
als die wesentlich zahlreicheren Hochsaison-Besucher im (Süd-)Sommer. Die beiden
wichtigsten Kritikpunkte ausländischer Touristen betrafen ihre persönliche Sicherheit
bzw. die allgemeine Kriminalität (16%) sowie Mängel im Service (13%). Von den
übrigen Monita erreichten lediglich Nennungen fortbestehender Apartheid bzw.
Armut (8%) und der Langweiligkeit südafrikanischer (Schachbrett-)Städte (6%) noch
nennenswerte Anteile.

6   Entwicklungsprobleme – nicht nur im Tourismus

Die langfristig folgenreichsten Entwicklungsschwierigkeiten Südafrikas entsprin-
gen im Kern alle den demographischen Rahmenbedingungen, welche den Grund-
mustern eines Entwicklungslandes mit hoher Geburtenrate, wirtschaftlich motivierter Landflucht und rapider Ver(groß)Städterung folgen. Hierunter zählt neuerdings
auch die Pandemie AIDS, welche nach jüngsten Schätzungen etwa 22% der sexu-
ell aktiven Bevölkerung infiziert und somit auch einen erheblichen Teil der mühsam qualifizierten Fachkräfte der Tourismuswirtschaft erfasst hat. Bis 2010 werden die sozioökonomischen Auswirkungen dieser Katastrophe das Bruttosozialprodukt des Landes wohl um etwa ein Sechstel gegenüber dem heutigen Stand
schrumpfen lassen.

Parallel hierzu verlangsamt sich das durch den demokratischen Wandel im Jahr
1994 zunächst boomartige Wirtschaftswachstum seit 1997 immer weiter und die
ausländischen Direktinvestitionen gehen auf breiter Front zurück. Als Ursachen
hierfür wurden neben regionalpolitischen Unwägbarkeiten (wie die von Investoren
misstrauisch beäugte politische und wirtschaftliche Krise im Nachbarland Zimbabwe) auch eine ganze Reihe innersüdafrikanischer Probleme genannt. Am nach-
haltigsten bremsend wirken dabei die noch auf Autarkiebestrebungen der Apartheid zurückgehende ausgeprägte Vormachtstellung von Staatsbetrieben in volkswirtschaftlichen Schlüsselbranchen und eine durch den (weißen) ‚Brain Drain' in
staatlichen Lenkungsstellen zunehmend ineffizientere Bürokratie.

Diese kumulierenden (Wirtschafts-)Schwierigkeiten münden in einer ausufernden
Armutskriminalität. Mitte der 1990er-Jahre besaßen nur 5,8% (vorwiegend weiße)
Südafrikaner über die Hälfte des verfügbaren Einkommens, während 53% (vorwiegend nicht-weiße) Südafrikaner sich nur in etwa ein Zehntel teilten. In Bezug
auf den verheerenden Einfluss der erfahrenen und noch mehr der von den (internationalen) Massenmedien transportierten Kriminalität in den südafrikanischen
Großstädten wies SATOUR bereits im Jahr 1998 darauf hin, dass das Ausbleiben

von nur 200 überseeischen Besuchern aufgrund etwa des berichteten Mordes an einem Landsmann einen volkswirtschaftlichen Verlust von etwa R 3,5 Mio. für Südafrika bedeutet. Aufgrund der auch international zunehmenden Berichterstattung hierüber versuchen viele ausländische Besucher, das als zu gefährlich empfundene Johannesburg mit seinem Luftdrehkreuz entweder rasch zu verlassen oder ganz zu umgehen. Vor allem aus diesem Grunde wurde im April 1998 das Vier-Sterne-Hotel ‚Carlton' in der City von Johannesburg – in den 1970er-Jahren südafrikanisches Hotelflaggschiff und führendes Haus auf dem afrikanischen Kontinent – wegen zu geringer Nachfrage endgültig geschlossen. Die Geschäftsleitung musste zuletzt den Gästen dringend empfehlen, sich in den Zimmern einzuschließen und bei Nacht die Hotelflure zu meiden. Damit ist die insbesondere in den Großstädten noch stetig zunehmende Kriminalität die Hauptbedrohung – vor allem für den überseeischen Tourismus.

Unbeschadet der Lippenbekenntnisse der Politik zur Bedeutung des Tourismus für die südafrikanische Wirtschaftsentwicklung folgen jedoch keine fiskalisch angemessenen Taten. Dies führte bei der gleichzeitigen im Zeichen der ‚Affirmative Action' stehenden Reorganisation dieser Körperschaft zu einem mittelfristig nicht wieder auszugleichenden ‚Brain Drain', welcher sich seither etwa auch in fehlenden oder nur oberflächlich auf dem Laufenden gehaltenen Marktforschungsberichten darstellt. In diesem Zusammenhang ist auch auf die aus den gleichen Gründen seit dem Jahr 1999 zu beobachtende erheblich verzögerte Veröffentlichung von amtlich erhobenen Tourismusstatistiken und deren zum Teil gravierende Qualitätsverluste bei ohnehin seit Mitte der 1990er-Jahre stark eingeschränkten Erhebungsserien ausdrücklich hinzuweisen.

Literatur

DEMHARDT, I. J. (2000): Aktuelle Strukturen in der tourismusgeographischen Entwicklung des Binnen- und Auslandstourismus der Western Cape Province (Südafrika). In: BÄHR, J./JÜRGENS, U. (Hrsg.): Transformationsprozesse im Südlichen Afrika – Konsequenzen für Gesellschaft und Natur. Kieler Geographische Schriften, Bd. 104. Kiel, S. 173-190.
GRANT/THORNTON/KESSEL/FEINSTEIN (1998⁴): Tourism Talk Southern Africa. A Bulletin on Tourism and its allied Industries. Johannesburg/Cape Town/Durban.
GRANT/THORNTON/KESSEL/FEINSTEIN (1999⁵): South African Tourism Trends. An Interim Update of Tourism Talk. Johannesburg/Cape Town/Durban.
SAAYMAN, M. (2000²): En Route with Tourism. Potchefstroom.
South African Tourism Board (1998): A survey of South Africa's international tourism market. Pretoria.
Statistics South Africa (2000): Stats in brief 2000. Pretoria.
University of Stellenbosch, Bureau for Economic Research (2000): Tourism: Foreign Visitors to RSA. In: Trends, Vol. 24, No. 1, S. 88-89.
WIESE, B. (1999): Südafrika mit Lesotho und Swaziland. Gotha/Stuttgart.
World Travel & Tourism Council (1998): South Africa's Travel & Tourism. Economic Driver for the 21st Century. London.

Strukturen und Probleme des Tourismus in Thailand

Oliver Libutzki

1 Einführung

Wegen seiner einzigartigen Landschaft und Gastfreundschaft, der hochwertigen Hotellerie, aber nicht zuletzt auch durch die politischen und gesellschaftlichen Probleme seiner Nachbarstaaten und Konkurrenten im internationalen Fremdenverkehr verzeichnet die Entwicklung des Tourismus in Thailand seit Mitte der 1980er-Jahre ein im Durchschnitt zweistelliges Wachstum. Unterbrochen wurde der jährliche Anstieg an internationalen Gästen nur durch jeweils äußere Einflüsse: die Öl- und Weltwirtschaftskrisen von 1976 und 1982, der Golfkrieg von 1991, die südostasiatische Wirtschaftskrise von 1997 und die Auswirkungen der Terrorangriffe vom 11. September 2001 in New York. Auch wenn aus dem letztgenannten Grund der psychologisch wichtige Schwellenwert von 10 Mio. Touristen auch im Jahr 2001 noch nicht erreicht werden wird, so haben vor allem die stark gestiegenen Deviseneinnahmen (2000: 285 Mrd. THB, vgl. Abb. 1) aus dem Tourismus entscheidend dazu beigetragen, dass sich Thailand schneller als z. B. Indonesien oder die Philippinen von der südostasiatischen Wirtschaftskrise erholen konnte.

Abb. 1: Touristenankünfte und Einnahmen aus dem Tourismus (1960-2000)

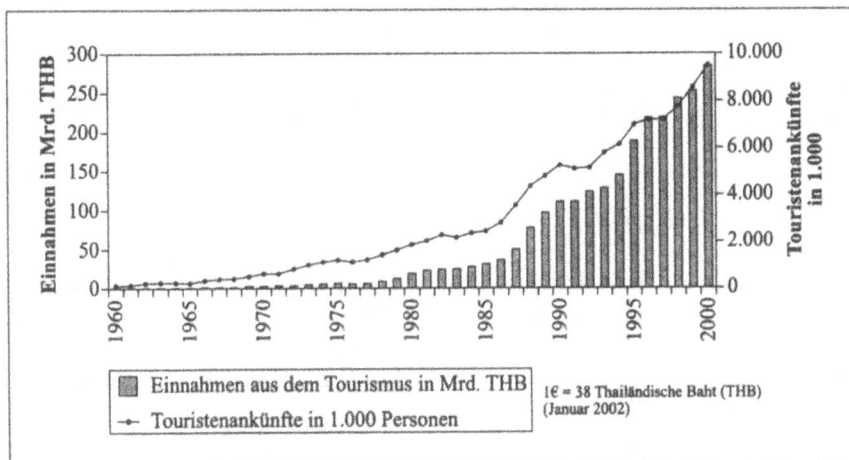

Quelle: TAT 2001a, S. 115ff.

Doch mit der gleichen Geschwindigkeit, mit der die Einnahmen aus dem Tourismus gewachsen sind, stieg die Anzahl der Probleme, die in einem direkten Zusammenhang mit der Entwicklung des Tourismus in Thailand stehen. Die aktuellen Strukturen des Fremdenverkehrs in Thailand und seine wichtigsten damit verbundenen Dritte-Welt-spezifischen Probleme werden in diesem Bericht vorgestellt.

In Bezug auf ihre räumliche Verteilung wird nachfolgend unter den drei Tourismusformen Pauschaltourismus, Individualtourismus und *‚Domestic Travel'* unterschieden. Wegen ihrer großen Bedeutung für die räumliche Verteilung werden bei den Individualtouristen in diesem Beitrag nur die sog. Rucksacktouristen berücksichtigt, wobei *‚Domestic Travel'* nur den inländische Reiseverkehr mit mindestens einer Reiseübernachtung beschreibt.

Im Jahre 2000 wurden von den thailändischen Behörden mittels der Auswertung der Einreisedokumente genau 9.508.623 internationale Touristen gezählt. Da diese Dokumente unter *‚Travel Arrangements'* nur zwischen *‚Group Tour'* und *‚Non-Group Tour'* unterscheiden, können keine verläßlichen Angaben über die quantitative Aufteilung der internationalen Touristen in Pauschal- und Individualreisende gemacht werden. Jedoch ermittelten die Behörden für die durchschnittlichen Tagesausgaben der internationalen Touristen einen Wert von THB 3.399,- pro Person bei 7,7 Tagen durchschnittlichem Aufenthalt. Die 39.331.591 einheimischen Übernachtungsgäste, mit einer durchschnittlichen Aufenthaltsdauer von 1,8 Tagen, gaben THB 1.915,- pro Person und Tag aus.

2   Das touristische Angebot der Großräume

Unter Zuhilfenahme der naturräumlichen Gliederung von DONNER (1989, S. 12ff.) wird nachfolgend das touristische Angebot der sechs Großräume Thailands vorgestellt (vgl. Abb. 2). Schwerpunkte der Betrachtung sind das jeweilige Potenzial und die besonderen Faktoren, die zu der Entwicklung der touristischen Zentren und den überwiegenden Reisearten in den Regionen geführt haben.

2.1   Die Zentralregion

Das touristische Angebot der landwirtschaftlich geprägten Zentralregion konzentriert sich auf die Hauptstadt Bangkok und das in Form von Tagesausflügen zu erreichende Umland, zu dem auch die ehemalige Königsstadt Ayuthaya gehört. Bangkok ist als asiatisches Drehkreuz im internationalen Flugverkehr auch das Einreisezentrum des Tourismus: 73% aller Gäste sind 1999 über den Flughafen Don Muang nach Thailand eingereist (vgl. TAT 2001a, S. 54). Die Hauptstadt ist zudem der wirtschaftliche, religiöse, kulturelle, politische und als Königssitz auch der gesellschaftliche Mittelpunkt des Landes. Die überwiegend asiatischen Shoppingtouristen und westlichen Pauschalreisenden wohnen während ihres durchschnittlich zweitägigen Aufenthaltes in exklusiven, international bekannten Hotelbetrieben und setzen ihre Reise dann in der Regel in eine andere Region des Landes fort. Individualtouristen nutzen die billigen Guesthouses in Bangkoks international bekanntem Backpacker-Zentrum Khao San Road in erster Linie zum Gewinnen von hilfreichen Informationen für ihre Weiterreise in die typischen Backpacker-Destinationen Thailands oder Südostasiens.

2.2 Der Westen

Das touristische Kerngebiet des Westens ist das dschungelbewachsene Bergland der Provinz Kanchanaburi und die 200 km weiter südlich gelegenen Badeorte Hua Hin und Cha Am. Das Bergland um den durch eine Romanverfilmung bekannt gewordenen ‚River Kwai' ist mit der dazugehörigen Brücke eines der wichtigsten Ziele für Tagesausflüge von Bangkok oder Hua Hin. Von der Popularität des Flusses profitieren zunehmend auch mehrtägige abenteuer- und erlebnisorientierte Reiseprogramme mit Übernachtungen auf sehr einfachen Hausbooten (River Kwai Floatel Jungle Rafts) sowie Floss-, Trekking und Kanutouren durch die angrenzenden Nationalparks.

Hua Hin und das 10 km nördlicher gelegene Cha Am besitzen den Status kleiner, international etablierter Badeorte. Ihre touristische Entwicklung verdankt die Region ihrer Nähe zu Bangkok (drei Autostunden) und der Nähe des Königlichen Sommerpalastes, der seither die thailändische Oberschicht anzog und Hua Hin daher auch eine wichtige Rolle im inländischen Reiseverkehr spielt. Die Region ist generell durch exklusive Hotelanlagen und eine auf Badeurlaub und Golfsport ausgerichtete Infrastruktur geprägt.

2.3 Der Norden

Die Bergregionen des Nordens besitzen zusammen mit dem Süden das größte touristische Potenzial Thailands. Die besondere Beliebtheit dieser Region unter einheimischen und internationalen Gästen basiert auf dem historisch begründeten Reichtum der ehemaligen Königsstädte Chiang Mai und Chiang Rai und dem Erholungs- und Erlebniswert der waldreichen Gebirgslandschaften.

Mehrtägige, geführte Rundreisen durch den Norden müssen generell als die wichtigste Reiseart des Pauschaltourismus bezeichnet werden, wobei Individualtouristen neben der Besichtigung der Kulturdenkmäler überwiegend an abenteuer- und erlebnisorientierten Programmen wie Trekking, Rafting und Mountainbiking interessiert sind. Neben der Besichtigung der bedeutendsten Tempel ist das wichtigste Ziel einheimischer Touristen der Besuch eines naturnahen Resorts. Dies sind in der Regel einfachere Bungalowanlagen in den kühlen Hang- oder Tallagen der nördlichen Bergregion, die sich durch ausgedehnte Gartenanlagen und vor allem durch ein vergleichsweise kühles Klima und klare Luft auszeichnen. Der Klimaaspekt ist für die Thais der mit Abstand wichtigste Grund für einen z. T. mehrtägigen Aufenthalt.

Abb. 2: Großräume Thailands

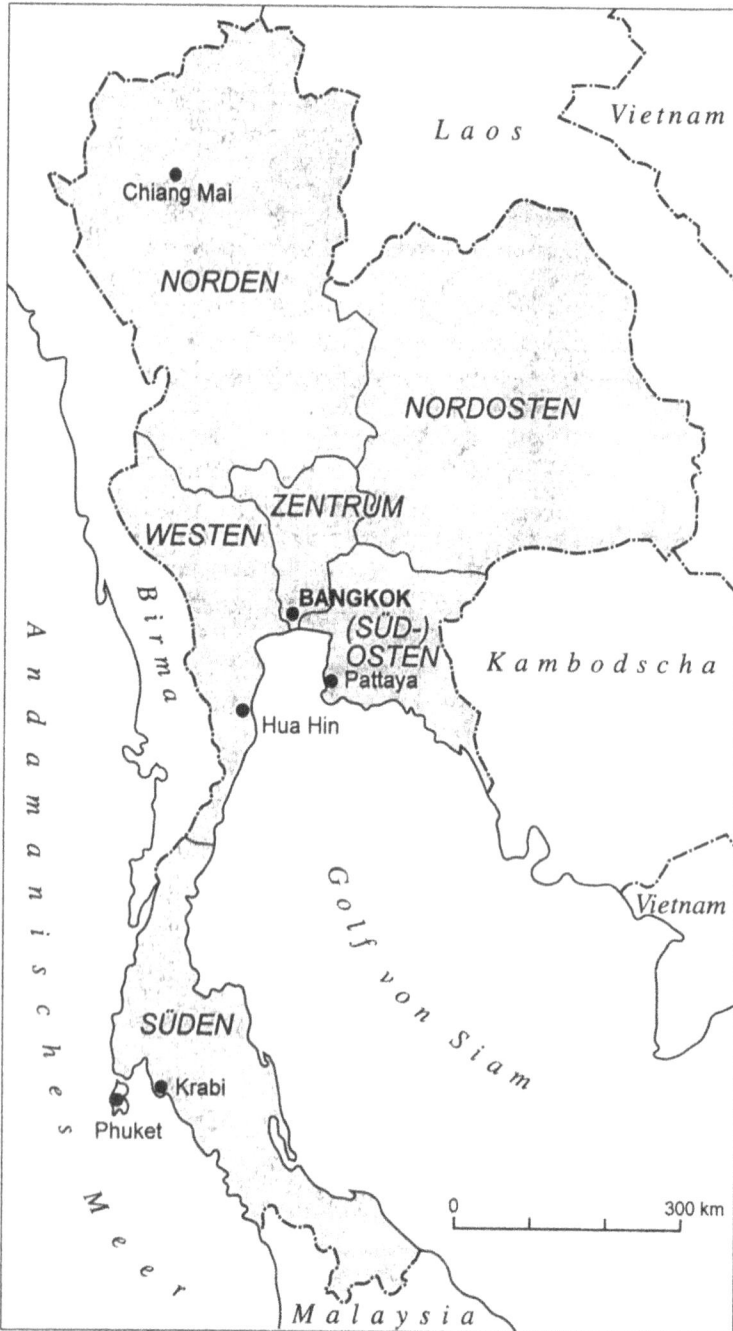

Quelle: Eigene Darstellung nach DONNER 1989, S. 13

Trotz zunehmender Proteste gegen die deutlichen Akkulturationserscheinungen (vgl. Kap. 3.3) ist ein Besuch der Bergdörfer verschiedener ethnischen Minderheiten (Bergstämme) immer noch einer fester Programmpunkt aller beschriebenen Reiseformen.

2.4 Der Südosten

Das aus touristischer Sicht interessanteste naturräumliche Potenzial des Südostens besteht aus langgezogenen Buchten mit mittelmeerähnlichen Sandstränden. Zudem besitzt die Region eine Vielzahl von vorgelagerten Inseln, die wegen der besonderen Attraktivität ihrer Palmenstrände vor allem von Tagesausflüglern besucht werden.

Im Zentrum der Region, ca. 190 km von Bangkok entfernt, befinden sich mit den Badeorten Pattaya und Jomtien zwei der wichtigsten Ziele für den Pauschaltourismus, wohingegen Rucksackreisende diese Orte genau aus diesem Grund, nicht zuletzt aber auch wegen Pattayas Image als Zentrum des internationalen Sextourismus, ganz gezielt meiden. Thais kennen dieses Imageproblem nicht: Insbesondere für die Stadtbevölkerung Bangkoks ist Pattaya und sein Umland einschließlich der Region Rayong die mit Abstand wichtigste Stranddestination in Thailand. Die herausragende Bedeutung der Destination für den inländischen Reiseverkehr resultiert aus der relativen Nähe zu Bangkok (zwei Autostunden) und der für Thais sehr attraktiven Tatsache, dass Pattaya den Urlaubscharakter eines Strandresorts (frische Luft, Wassersport, Ausflüge, Meeresfrüchte-Restaurants) mit den Vorzügen einer Stadt (Einkaufscenter, Kinos usw.) vereint.

2.5 Der Süden

Der Süden des Landes, die malaiische Halbinsel und die sie umgebenden Inseln, bilden das herausragende Zentrum des internationalen Tourismus in Thailand. Die Region unterteilt sich in die Zielgebiete der West- und der Ostküste, die durch geomorphologische und klimatische Unterschiede ein jeweils individuelles touristisches Potenzial besitzen.

2.5.1 Die Westküste Südthailands

Aus der Sicht des internationalen Tourismus haben sich an der Westküste Südthailands drei unterschiedliche, aber eng miteinander verbundene Destinationen herausgebildet: Die Insel Phuket, die Strände der Provinz Krabi und die Inselwelt der Andamansee (u. a. Phi Phi Island, Koh Lanta).

Das touristische Potenzial Phukets besteht in erster Linie aus der Vielzahl von tropischen Stränden an der Westküste, die durch einzelne Buchten räumlich voneinander getrennt sind. Mit nahezu 2,5 Mio. internationalen Gästen im Jahr 2000 ist die Insel die mit Abstand wichtigste Reisedestination in Thailand. Ein Badeaufenthalt in einem der vielen Hotelbetriebe der Drei- bis Fünf-Sterne Kategorie ist das Hauptziel von Pauschaltouristen aus der ganzen Welt. Gerade wieder aus diesem Grund wird die Insel von Individualtouristen gezielt gemieden. Die ca. 890.000 einheimischen Gäste (2000) bilden auf Phuket eine deutliche Minderheit, was überwiegend an dem auch im internationalen Vergleich sehr hohen Preisniveau der Hotelbetriebe liegt (vgl. TAT 2001a, S. 34).

Die Provinz Krabi ist international vor allem durch die landschaftliche Schönheit ihrer durch Karstfelsen eingerahmten Strände bekannt geworden. Die außergewöhnliche Attraktivität der Strände und die Eröffnung des internationalen Flughafens Krabi im Jahre 1999 hat dazu beigetragen, dass sich die Region von einer ehemaligen Backpacker-Destination zu einem Reiseziel des internationalen Pauschalurlaubs entwickelt hat. Im Gegensatz zu Phuket erfreuen sich Krabi und die vorgelagerten Inseln immer noch einer großen Beliebtheit unter Individualreisenden, da die Region als ein internationales Zentrum für abenteuer- und erlebnisorientierte Sportarten wie Tauchen, Freeclimbing und Seacanoeing gilt.

Koh Phi Phi und Koh Lanta sind bisher die einzigen Inselgruppen der Phang Nga-Bucht, die eine Erschließung durch den internationalen Tourismus erfahren haben. Wegen seiner herausragenden landschaftlichen Schönheit gilt Koh Phi Phi wie Krabi seit Mitte der 1980er-Jahre als Traumziel für Rucksackreisende. Aber angesichts der rasanten touristischen Entwicklung und der damit verbundenen Probleme mit der Müll- und Wasserentsorgung muß die Insel heute als das eindruckvollste Beispiel für die massentouristische Naturzerstörung bezeichnet werden. Für die ökologischen Schäden sind nicht nur die individuell-reisenden Langzeiturlauber verantwortlich, sondern auch eine hohe Anzahl von Pauschaltouristen, die Koh Phi Phi in Form eines Tagesausfluges besuchen.

Der Inselgruppe Koh Lanta ist diese Entwicklung bisher aufgrund der längeren Anreise und des Mangels an Übernachtungsmöglichkeiten erspart geblieben; die Inseln werden überwiegend von ruhesuchenden Individualtouristen besucht. Doch mit der Eröffnung zweier Luxusresorts im Sommer 2001 auf Koh Lanta Yai hat hier nun auch die Entwicklung des Pauschaltourismus eingesetzt.

2.5.2 Die Ostküste Südthailands

Die zwei größten Inseln der Region, Koh Samui (254 km^2) und Koh Phangan, sind die einzigen Badeziele der Ostküste, die bisher vollständig für den internationalen Pauschal- und Individualtourismus erschlossen wurden.

Während Koh Phangan mit eher einfachen Beherbergungsbetrieben vornehmlich von Rucksacktouristen besucht wird, besitzt Koh Samui an den Hauptstränden Chaweng und Lamai eine Vielzahl internationaler Hotelanlagen der Mittel- bis Luxusklasse. Sie sind das Ergebnis einer rasanten touristischen Entwicklung, die 1989 durch die Eröffnung eines heute internationalen Flughafens zusätzlich an Dynamik gewann.

Alle beschriebenen Beherbergungsbetriebe liegen direkt an den sehr attraktiven, von Kokospalmen gesäumten Sandstränden. Sie sind aus der Sicht der Reisebranche das größte Kapital der Insel. Infolgedessen ist auch das touristische Angebot der Insel überwiegend auf Badeurlaub und Wassersport konzentriert, zudem werden Bootsausflüge in den naheliegenden Ang Thong-Meeresnationalpark angeboten. Individualtouristen nutzen Samui heute hauptsächlich als Gateway zu den kleineren, auf Rucksackreisende spezialisierten Inseln Koh Phangan und Koh Tao oder suchen jene Strände auf Samui auf, die noch keine pauschaltouristische Entwicklung erfahren haben (z. B. Bophut und Mae Nam Beach).

2.6 Der Nordosten (Issarn)

Die durch klimatische Ungunst bedingte Unterentwicklung der Nordost-Region verhinderte bisher auch die Entfaltung des internationalen Tourismus. Die verkehrstechnische Ausstattung und die Kapazitäten der vorhandenen Beherbergungsbetriebe sind sehr begrenzt, aber entgegen dem Mangel an einer entsprechenden Infrastruktur ist ein großes, touristisch interessantes Kulturpotenzial vorhanden. Durch die geographische und ethnologische Nähe des Issarn zu Laos und den Einfluß der kambodschanischen Khmer besitzt der Nordosten eine einzigartige Kulturgeschichte, die sich in der großen Anzahl farbenfroher Feste (z. B. elephant-round-up in Surin) widerspiegelt. Ein Besuch dieser i. d. R. mehrtägigen Festivals wird zunehmend in das sich langsam entwickelnde Rundreiseangebot des internationalen Pauschaltourismus integriert und ist neben den kulinarischen Spezialitäten des Issarn eine der Hauptattraktionen des wachsenden Binnentourismus.

Entscheidende Impulse für eine wirtschaftliche und infrastrukturelle Entwicklung des Nordosten erwartet die thailändische Regierung von der international geförderten Erschließung der gesamten Mekong-Region (Greater Mekong Subregion). Im Zuge dieser Entwicklung könnte sich der Nordosten dann als touristisches Zentrum und Ausgangspunkt für grenzüberschreitende Rundreisen in die Nachbarstaaten Vietnam, Laos und Kambodscha entwickeln.

3   Dritte-Welt-spezifische Probleme des Tourismus in Thailand

Auch wenn Thailand aufgrund seiner Wirtschaftskraft und des durchschnittlichen Lebensstandards seiner Bevölkerung international als Schwellenland bezeichnet wird (vgl. The World Bank 2001, S. 1), sind soziokulturelle und ökologische Effekte des Tourismus in Thailand geradezu beispielhaft für die Probleme des Fremdenverkehrs in der Dritten Welt.

Abb. 3: Touristische Bedeutung der Großräume für die verschiedenen Tourismusformen

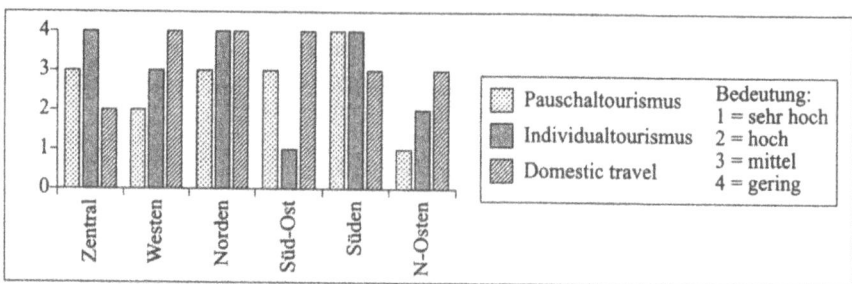

Quelle: Eigener Entwurf

3.1   Erhöhte Sickerrate als Folge der südostasiatischen Wirtschaftskrise

Die Wirtschaftskrise in Südostasien von 1997 bis 1999 und die daraus resultierende Abwertung der thailändischen Währung hat sich auch entscheidend auf die Tourismuseinnahmen in Thailand ausgewirkt. Auch wenn hierzu keine offiziellen Daten zur Verfügung stehen, kann mit Sicherheit behauptet werden, dass durch die starke Abwertung des thailändischen Baht um bis zu 45% (Januar 1998 gegenüber Januar 1997; vgl. www.oanda.com) die Kosten für tourismusspezifische Importgüter wie Wein und Spirituosen, aber auch für Software-Lizenzen, internationales Management sowie import-abhängige Energiekosten in gleichem Maße gestiegen sind. Die wirkliche Zunahme der Tourismuseinnahmen von 1998 und 1999 müsste trotz Steigerung der absoluten Werte um 10% bzw. 4,5% (vgl. TAT 2001b, S. 115) durch eine gleichzeitige, stärkere Erhöhung der Sickerrate einen deutlich geringeren oder sogar gesunkenen Wert aufweisen.

3.2   Tourismusbedingte Umweltzerstörung

Neben der allgemeinen, durch die unkontrollierte Wirtschaftsentwicklung verursachten Umweltverschmutzung stellt auch eine rasch voranschreitende Umweltzerstörung durch den Tourismus in allen Fremdenverkehrsregionen ein sehr großes Problem für Thailand dar:

In Nordthailand sorgen vor allem die modernen Tourismusformen Trekking und River-Rafting durch Vegetationsschäden und Müllverbreitung für einen wachsenden Widerstand von Einheimischen und Naturschutzverbänden. Bei den mit Geländewagen oder als Elefantensafaris durchgeführten Trekking-Touren kommt es zunehmend zur Zerstörung der sensiblen Bergflora.

Badeziele in Süd- und Südostthailand erfahren die wohl größte Belastung durch den Tourismus. Die internationalen Zentren Phuket, Koh Samui und Pattaya weisen deutliche Folgen einer touristischen Überentwicklung auf. Zu den gravierendsten Problemen zählen die Verbauung der Strände, die Abwasserreinigung, die Müllentsorgung und der wachsende Straßenverkehr. Auf den kleineren Inseln wie Phi Phi Island und Koh Samet tritt zudem eine durch den gestiegenen Trinkwasserbedarf verursachte Übernutzung der natürlichen Grundwassersysteme auf.

Mit der Zerstörung der küstennahen Korallenriffe erfährt auch die marine Umwelt tiefgreifende Belastungen durch den Tourismus. Nach einer Studie der Chulalongkorn Universität in Bangkok waren schon 1991 5% der Korallenriffe in Thailand schwer geschädigt, 28% geschädigt, 31% in einem annehmbaren Zustand und nur 36% wiesen noch keine Schäden auf. Die Untersuchungen haben aufgezeigt, dass der Tourismus bereits mehr als die Fischerei und die allgemeine Wasserverschmutzung zur Zerstörung der Korallen beigetragen haben. Die größte Verantwortung tragen unachtsame Sporttaucher und die hohe Anzahl der von den Touristen gecharterten Fischerboote, die durch rücksichtslosen Ankerwurf täglich neue Korallenstöcke abbrechen (vgl. SUDARA/YEEMIN 1996, S. 94).

3.3   Akkulturation ethnologischer Minderheiten

Die touristische Erschließung aller Landesteile bezieht auch die verschiedenen Minderheiten Thailands in das vielfältige Angebot kultureller Attraktionen mit ein. Das gilt ganz besonders für die Bergvölker (hill tribes) im Norden (Bergregionen der Provinzen Chiang Mai, Chiang Rai und Mae Hon Song) und die Seezigeuner im Süden des Landes (Provinz Phang Nga).

Viele Dörfer der sonst weitgehend isoliert lebenden Bergstämme werden schon seit Anfang der 1980er-Jahre regelmäßig von Trekking- oder Pauschaltouristen besucht, wobei verkehrsgünstig gelegene Dörfer fast im Fünf-Minutentakt von großen Reisebussen mit bis zu 50 Touristen aus der ganzen Welt angesteuert werden. Dieser massenhaften Konfrontation der Bergvölker mit Besuchern einer andersartigen, der eigenen scheinbar überlegenen Kultur hat zu starken Veränderungen ihrer traditionellen Lebensformen beigetragen: Ein kritischer Besucher eines häufig besuchten Bergstammes erkennt heute sofort, dass die gesamte Dorfgemeinschaft allein vom Souvenirverkauf an Touristen lebt. Die Vorführung traditioneller Tänze und Stammestrachten sowie die noch vereinzelt zu beobachtende Landwirtschaft erscheint zunehmend als eine ausschließlich touristische Showveranstaltung. Dies wird vor allem dann deutlich, wenn die für Fotos posierenden Dorfbewohner nach jeder Aufnahme sofort eine vergleichbar hohe Gebühr (z. B. 1 US-$) vom Fotografen einfordern. Selbst Bewohner entlegenster Dörfer, die von den Touristen nur auf mehrtägigen Trekking- oder Mountainbike-Touren besucht werden können, beginnen bei der ersten Sichtung eines Fremden sofort mit dem Aufbau provisorischer Souvenirstände.

Gleiche Veränderungen erleben die Seezigeuner der Phang-Nga-Bucht im Süden Thailands: Ein Bootsausflug zur Insel Koh Pannyi, einer der letzten Rückzugsorte dieser malayischen Muslime, gehört zum festen Programm der Badetouristen in Phuket und Krabi. Auch hier haben die täglichen Besucherströme dazu beigetragen, dass die Bewohner ihre traditionelle Fischerei zunehmend aufgeben und sich ganz auf den Verkauf von Souvenirs einstellen.

3.4   Profitorientierte Tourismuspolitik der Regierung

Abb. 2 verdeutlicht, dass alle Landesteile Thailands eine mittlere bis sehr hohe Bedeutung für den Tourismus besitzen. Diese Tatsache und die Auswirkungen der südostasiatischen Wirtschaftskrise auf den Regierungshaushalt und das internationale Investitionsvolumen haben die thailändische Administration seit 1999 dazu veranlaßt, den Tourismus gezielt als Motor einer wirtschaftlichen und infrastrukturellen Regionalentwicklung einzusetzen. Zudem zeichnet sich die im Januar 2001 mit absoluter Mehrheit gewählte Regierung unter Premier Taksin Shinawatra besonders dadurch aus, dass sie die enorme Bedeutung des Tourismus in Thailand als definitiv wichtigsten Devisenbringer des Landes erstmals offiziell propagiert und diesbezüglich entschieden hat, die weitere Entwicklung des Tourismus mit allen Mittel zu fördern.

Ein entscheidendes Problem dieser neuen Tourismuspolitik ist ihre klare Konzentration auf die Maximierung von Deviseneinnahmen. So zielen alle von Taksin bisher vorgestellten Marketingaktionen, aber auch politische und selbst diplomatische Maßnahmen allein auf eine quantitative Entwicklung des internationalen und inländischen Fremdenverkehrs ab. Dabei setzt die Regierung vor allem auf den intra-asiatischen Tourismus, insbesondere auf einen weiterhin starken Anstieg der Touristenzahlen aus China und Taiwan, da diese asiatischen Quellmärkte in den letzten vier Jahren sowohl absolut und prozentual am stärksten gewachsen sind (1996-2000: China + 65%, Taiwan + 58%).

Aber gerade der Tourismus aus diesen Ländern ist durch einen sehr starken Massencharakter und eine überdurchschnittliche Umweltbelastung geprägt: Besonders auf den vorgelagerten Inseln Pattayas und in dem sensiblen Archipel der Andamansee sind die Massen an Plastikmüll, die täglich von Hunderten ostasiatischer Tagestouristen achtlos hinterlassen werden, zu einem enormen Umweltproblem für alle Küstenregionen herangewachsen. Gerade unter diesem Aspekt muß die von der Regierung bereits verabschiedete Öffnung der Nationalparks für den Massentourismus als eine Entscheidung mit voraussichtlich katastrophalen Auswirkungen bezeichnet werden: Allein zur Maximierung von Tourismuseinnahmen werden nun auch die sensibelsten Räume des Landes der touristischen Umweltzerstörung preisgegeben.

3.5   Korruption als Widerstand staatlicher Steuerung und Kontrolle

Die allgegenwärtige Korruption in Thailand muß nicht nur als größtes aller tourismus-spezifischen Probleme angesehen werden, sondern zugleich auch als die Hauptursache für den Fortbestand aller bisher beschriebenen Probleme.

Besonders in den Provinzen Thailands verhindert die von Korruption gesteuerte Vernachlässigung von Kontrollen und Strafmaßnahmen in allen administrativen Bereichen und Ebenen eine erfolgreiche Durchsetzung von gesetzlichen Vorschriften und Entwicklungsplänen. Folgende Bespiele verdeutlichen die Auswirkungen von Korruption und mafiösen Seilschaften im Tourismus:

-   Immer wieder gelingt es internationalen wie einheimischen Investoren durch Bestechung der entsprechenden Behörden, neue Hotelanlagen in sensiblen, offiziell geschützten Nationalparks zu errichten. Als abschreckendstes Beispiel gilt die gesamte Infrastruktur im Nationalpark Phi Phi Island und die wilde Bebauung der Bang Tao Bay in Phuket. Das neueste Negativbeispiel ist das JW Marriott Resort in Phuket: Es wurde im Dezember 2000 trotz zahlreicher Proteste lokaler und internationaler Naturschutzgruppen am Nai Khao Beach eröffnet, einer von nur noch zwei in Thailand bekannten Nistplätzen der vom Aussterben bedrohten Lederschildkröte.

-   In nahezu allen Badeorten werden gegen entsprechende ‚Gewinnbeteiligungen' der zuständigen Beamten Kontrollen zur a) Einhaltung von Umweltauflagen für die Abwasser- und Müllentsorgung und b) Überprüfung existierender Sicherheitsvorschriften für Hotels, öffentliche Transportmittel sowie der Umgang mit motorbetriebenen Sportgeräten wie Jetskis vernachlässigt oder ausgelassen.

-   An allen Hauptstränden Phukets wird die Vermietung von Strandliegen und Sonnenschirmen von einer lokalen Mafia kontrolliert, die eng mit den zuständigen Polizeibehörden in Verbindung steht. Unter Androhung von Gewalt sehen sich selbst internationale Fünf-Sterne Hotels außer Stande, ihre hochwertigen, hoteleigenen und gratis zur Verfügung gestellten Liegen und Sonnenschirme am Strand zu platzieren.

4   Ausblick

Die vorgestellten Probleme verdeutlichen das Ausmaß der negativen Auswirkungen des Tourismus vor allem auf die Landesnatur und die Gesellschaft Thailands. Insbesondere unter Beachtung der aktuellen, auf quantitatives Wachstum ausgerichteten Tourismuspolitik drängt sich die Befürchtung auf, dass sich diese Probleme in naher Zukunft eher verstärken werden. Diese negativen Zukunftsaussichten basieren vor allem auf zwei entscheidenden Tatsachen: Zum einen auf der korruptionsbedingten Unfähigkeit der Regierung, Schutz-, Lenkungs- und Kontrollmaßnahmen in Bezug auf die touristische Entwicklung effektiv durchzusetzen, und zum anderen auf der Tatsache, dass der touristische Druck auf die sensiblen Naturräume und Kulturen durch den zu erwartenden, enormen Anstieg des intra-asiatischen Fremdenverkehrs stark zunehmen wird. Hierbei sei allein auf die über 2 Mrd. Menschen hingewiesen, die allein im süd- und ostasiatischen Raum leben – und vielleicht schon in ca. 20 Jahren einen ähnlich intensiven intra-asiatischen (Urlaubs-)Reiseverkehr entwickeln werden, wie er heute innerhalb Europas zu beobachten ist.

Literatur

DONNER, W. (1989): Thailand – Räumliche Strukturen und Entwicklung. Wissenschaftliche Länderkunde, Bd. 31. Darmstadt.

SUDARA, S./YEEMIN, T. (1996): Coral reefs in Thai waters: newest tourist attractions. Veröffentlichung des Department of Marine Science, Chualongkorn University, Bangkok, zum „Third ASEAN-Australia Symposium on Living Coastal Resources". Bangkok.

The World Band (Hrsg.; 2001): Thailand Economic Monitor. Bangkok.

Tourism Authority of Thailand (TAT) (Hrsg.; 2001a): Statistical Report 2000. Bangkok.

Tourism Authority of Thailand (TAT) (Hrsg. 2001b): Annual Report 2000. Bangkok.

Strukturen und Probleme des Tourismus in Mexiko

Ludger Brenner

Die Fremdenverkehrsentwicklung Mexikos ist aus mehreren Gründen beachtenswert. Einmal stellt das Land mit fast 20 Mio. internationalen Touristenankünften (1998) nach der Volksrepublik China (25,1 Mio.) und weit vor der Türkei (9,0 Mio.) und Thailand (7,7 Mio.) das zweitwichtigste Zielgebiet der Dritten Welt dar.[1] Das bedeutende naturräumliche und kulturelle Potenzial sowie die Nähe zu den USA zählen zu den entscheidenden Wachstumsfaktoren. Daneben ist der Binnentourismus der mexikanischen Mittel- und Oberschicht einer der aktivsten außerhalb der Industrieländer. Eine Besonderheit ist zudem die frühe und intensive Fremdenverkehrsförderung, die nachhaltiger als in anderen vergleichbaren Ländern die räumliche Verteilung und Struktur der touristischen Infrastruktur beeinflußt hat (vgl. CLANCY 1999). Im Gegensatz zu zahlreichen karibischen und pazifischen Kleinstaaten kommt dem Tourismussektor Mexikos allerdings keine herausragende gesamtwirtschaftliche Bedeutung zu.

Trotz der führenden Rolle im Bereich des Dritte-Welt-Tourismus spielt Mexiko im weltweiten Reiseverkehr eine nachgeordnete Rolle: Mit 3,5% der Ankünfte und 1,6% der Einnahmen Mitte der 1990er-Jahre liegt Mexiko weit hinter den USA und den meisten westeuropäischen Ländern zurück. Zudem ließ die zunehmende Konkurrenz im karibischen Raum und in Mittelamerika den Marktanteil des Landes schrumpfen: Während der 1980er-Jahre betrugen die entsprechenden Werte noch 4,5% bzw. 3%.[2] Charakteristisch für den Incoming-Tourismus ist die ausgeprägte Abhängigkeit vom US-amerikanischen Quellmarkt; alle Anstrengungen zur Marktdifferenzierung erwiesen sich bislang als wenig erfolgreich: Von den 10,2 Mio. Touristenankünften (1998) mit einer Aufenthaltsdauer von mehr als drei Tagen entfallen 88% auf die USA und jeweils nur knapp 4% auf Kanada, Lateinamerika und Europa.[3] Der beachtliche Kleine Grenzverkehr von ein bis drei Tagen

---

[1] World Tourism Organization (WTO) (1999): World Tourism Statistics 1998. Madrid.

[2] ebd.

[3] Secretaría de Turismo (2000): Compendio Estadístico de Turismo en México. SECTUR (EDV-Version). México. Die folgenden statistischen Daten stammen im wesentlichen aus Quellen des mexikanischen Tourismusministeriums (Secretaría de Turismo, kurz SECTUR) und des Nationalen Statistikamtes (Instituto Nacional de de Estadística, Geografía e Informática, kurz INEGI). Hinsichtlich der Genauigkeit und Zuverlässigkeit dieser Daten gelten die allgemein bekannten Einschränkungen. Da das Nationale Statistikamt eine auch nach internationalen Maßstäben effiziente und regierungsunanhängige Institution ist, können dessen Daten für Forschungszwecke durchaus verwendent werden (vgl. SOMMERHOFF/WEBER 1999, S. 14-15). Auch die unmittelbar vom Tourismusministerium geführten Statistiken gelten im allgemeinen als zuverlässig, obwohl nach Auskunft von

Dauer (Ende der 1990er-Jahre fast 10 Mio. Ankünfte jährlich) sowie der intensive grenzüberschreitende Tagesausflugsverkehr (ca. 80 Mio. Grenzübertritte jährlich) werden ebenfalls eindeutig von Nordamerikanern dominiert.[4]

Der Ausländernachfrage steht ein intensiver Binnenreiseverkehr gegenüber, dessen wirtschaftliche Bedeutung den Incoming-Tourismus deutlich übertrifft: Im Jahr 1998 wurden in den 55 bedeutendsten Fremdenverkehrsorten des Landes 28 Mio. Ausländerübernachtungen und 51 Mio. Inländerübernachtungen registriert.[5] In nur wenigen Orten wie Cancún, Cozumel und Puerto Vallarta dominieren ausländische Touristen; selbst im weltbekannten Acapulco bestimmen mexikanische Gäste das Stadtbild. Zudem wurden im Jahre 1998 mehr als 80% der im Inland angebotenen tourismusbezogenen Dienstleistungen und Güter von Mexikanern nachgefragt, so dass auch die gesamt- und regionalwirtschaftlichen Effekte überwiegend auf den Binnentourismus zurückgehen.[6] Das Reiseverhalten der Ober- und oberen Mittelschicht hat sich dabei weitgehend westlichen, insbesondere US-amerikanischen Konsummustern angeglichen: So werden verstärkt All-Inclusive-Pakete und andere Pauschalreisen nachgefragt. Davon ist allerdings das Gros der mexikanischen Bevölkerung ausgeschlossen, weshalb traditionelle Reiseformen wie Kurzurlaube in vergleichsweise preiswerten Seebädern (wie Acapulco oder Veracruz), Familienbesuche und Wallfahrten nach wie vor eine große Rolle spielen.

1   Die volkswirtschaftliche Bedeutung des Tourismus

Offiziellen Verlautbarungen zufolge wird dem Fremdenverkehr eine wichtige Rolle im Rahmen der nationalen Entwicklungsstrategie zugewiesen. Im ‚Nationalen Entwicklungsplan' von 1995 bis 2000 ist beispielsweise zu lesen: „Der Tourismus ist die am schnellsten wirksame und am einfachsten zu realisierende Entwicklungsoption für verschiedene Regionen. Er schafft rasch Arbeitsplätze, erfordert verhältnismäßig geringe Investitionen und bietet jungen Menschen beiden Geschlechts umfangreiche Beschäftigungsmöglichkeiten".[7] Diese Aussage lässt die Vermutung aufkommen, die Reisebranche sei ein überdurchschnittlich dynamischer Sektor und spiele in der mexikanischen Volkswirtschaft eine zentrale Rolle.

---

ehemaligen Behördenmitarbeitern aus politischen Gründen eine gewisse Tendenz zur Überschätzung der wirtschaftlichen Bedeutung des Fremdenverkehrssektors vermutet werden kann.

[4] Secretaría de Turismo (2000): Compendio Estadístico de Turismo en México. SECTUR (EDV-Version). México.

[5] ebd.

[6] Instituto Nacional de Estadística, Geografía e Informática (2000a): Sistema de Cuentas Nacionales de México. Cuenta Satélite de Turismo de México 1993-1998. INEGI. Aguascalientes.

[7] Poder Ejecutivo Federal (1995): Plan Nacional de Desarrollo, 1995-2000. México. (Übersetzung L.B.)

Ein solcher Optimismus muss allerdings vor dem Hintergrund aktueller Statistiken relativiert werden: Wie aus Tab. 1 hervorgeht, entfielen auf den gesamten Tourismussektor in den 1990er-Jahren kaum mehr als 8% des Bruttoinlandsprodukts.[8] Der auf die touristische Nachfrage zurückgehende Anteil an industriellen Gütern, aber auch an Dienstleistungen wie Handel, Gastronomie, Transport und Kommunikation sowie anderen persönlichen Dienstleistungen ist recht gering (vgl. Tab. 1).

Folglich ist auch der Beschäftigungseffekt begrenzt: Der Tourismus ist Arbeitgeber von ca. 6% der erwerbstätigen Bevölkerung (1,7 Mio. sozialversicherungspflichtige Vollzeitarbeitsplätze). Obwohl diese Zahlen den informellen touristischen Arbeitsmarkt nicht einbeziehen, muss die von politischer Seite häufig betonte Funktion eines ‚Beschäftigungsgenerators' zumindest relativiert werden, zumal während der 1990er-Jahre die Erwerbstätigenzahl in anderen volkswirtschaftlichen Bereichen wie der verarbeitenden Industrie, dem Handel und den konsumentenorientierten Dienstleistungen mit vergleichbarer Geschwindigkeit zunahm.

Darüber hinaus ist auch der Anteil des Fremdenverkehrs an den Exporterlösen rückläufig. Wurden Anfang der 1990er-Jahre noch ca. 10% der Devisen durch die Tourismusbranche erwirtschaftet, fiel dieser Anteil bis 1997 auf knapp 6%. Davon entfallen auf den Bade-, Besichtigungs- und Geschäftstourismus ca. 4%, auf den Tagesausflugsverkehr 1,5% und auf den Kleinen Grenzverkehr 0,5%.[9] Industrielle Fertigprodukte wie Automobile, Elektrogeräte und Chemieerzeugnisse mit über 60% der Deviseneinnahmen sind bei weitem wichtigere exportorientierte Branchen.[10] Es ist allerdings zu berücksichtigen, dass diese Branchen – im Gegensatz zum Fremdenverkehr – einen hohen Anteil an importierten Vorprodukten benötigen. So hatte der Reiseverkehr Ende der 1990er-Jahre mit einem Überschuss von

---

[8] Diese Daten wie auch die Ziffern zur Beschäftigung stammen aus einem aktuellen Sonderzensus des nationalen Statistikamtes (‚Cuenta Satélite del Turismo de México 1993-1998'). Dabei wurden einmal alle ausschliesslich oder überwiegend von der nationalen und ausländischen touristischen Nachfrage abhängigen produzierenden Branchen (Kunsthandwerk, Strandbekleidungs-Hersteller, Campingausstatter usw.) und Dienstleistungen (Beherbergungssektor, Reisemittler, Transportunternehmen) berücksichtigt. Zudem flossen die in den wichtigsten Tourismuszentren Mexikos (ca. 100 Gemeinden) erzeugten, nicht unmittelbar fremdenverkehrsspezifischen Güter (Lebensmittelproduktion, Bekleidung, Sportartikel etc.) und Dienstleistungen (u. a. Gastronomie, freizeitbezogene Dienstleistungen, Autovermietungen) mit in die Berechnung ein (zu den Details des methodischen Vorgehens vgl. INEGI 2000a). Dieser für Staaten der Dritten Welt außergewöhnlich guten Datenlage steht der Nachteil gegenüber, dass der weite Bereich des informellen Sektors (nicht gemeldete Aushilfskräfte, Straßenhandel usw.) nicht erfasst ist und demzufolge auch keine Schätzungen vorliegen.

[9] Secretaría de Turismo (2000): Compendio Estadístico de Turismo en México. SECTUR (EDV-Version). México.

[10] Instituto Nacional de Estadística, Geografía e Informática (2000b): Anuario Estadístico de los Estados Unidos Mexicanos 1999. INEGI (EDV-Version). Aguascalientes.

gut drei Mrd. US-$ einen ausgleichenden Effekt auf die traditionell defizitäre Zahlungsbilanz.[11]

Tab. 1:   Anteil der Wirtschaftssektoren und des Fremdenverkehrs am Bruttoinlandsprodukt zu Marktpreisen (1993-1998; in %; zu Marktpreisen und inflationsbereinigt)

Sektor	1993	1994	1995	1996	1997	1998
Verarbeitende Industrie	19,0	19,0	19,2	20,3	20,9	21,3
davon fremdenverkehrsabhängig	1,7	1,6	1,7	1,7	1,6	1,6
Handel/Gastronomie/Beherbergung	21,8	22,3	20,1	20,0	20,7	20,9
davon fremdenverkehrsabhängig	3,7	3,8	3,8	3,7	3,7	3,7
Transport & Kommunikation	9,3	9,7	9,8	10,1	10,4	10,5
davon fremdenverkehrsabhängig	2,0	2,1	2,1	2,0	2,0	2,0
Soziale/persönliche Dienstleistungen	22,8	22,2	23,1	22,2	21,4	21,0
davon fremdenverkehrsabhängig	0,5	0,5	0,5	0,5	0,5	0,5
andere Wirtschaftssektoren	27,0	26,9	27,8	27,5	26,6	26,3
davon fremdenverkehrsabhängig	0,2	0,2	0,3	0,3	0,2	0,2
gesamt	100,0	100,0	100,0	100,0	100,0	100,0
Anteil Fremdenverkehr total	8,1	8,2	8,4	8,2	8,0	8,0

Quelle: Instituto Nacional de Estadistica, Geografía e informática (2000a): Sistema de Cuentas Nacionales de Mexico. Cuenta Satélite del Turismo de México, 1993-1998. Aguascalientes: INEGI

2   Der Fremdenverkehr als Mittel regionaler Entwicklung

Die gegenwärtige Bedeutung und räumliche Verteilung des Tourismus in Mexiko kann nur vor dem Hintergrund der nachdrücklichen staatlichen Förderung verstanden werden. Die Leitlinien der Fremdenverkehrspolitik haben sich trotz einiger Modifikationen im Laufe der letzten drei Jahrzehnte kaum geändert. Wie eine Analyse der Fachplanung des seit 1974 existierenden Tourismusministeriums ergibt, sind – bei einer deutlichen Ausrichtung auf den Incoming-Tourismus – drei Hauptziele auszumachen (vgl. BRENNER/AGUILAR 2002, S. 507): die Steigerung der Deviseneinnahmen, die Schaffung von Arbeitsplätzen und die Stimulierung der sozioökonomischen Entwicklung in peripheren Regionen.

---

[11]   Secretarís de Turismo (2000): Compendio Estadístico de Turismo en México. SECTUR (EDV-Version). México.

Mit der Umsetzung der Tourismuspolitik ist in erster Linie die 1974 gegründete Förderbehörde FONATUR12 beauftragt. Sie hat unter anderem an zuvor unerschlossenen Standorten fünf neue ‚Integriert Geplante Touristenzentren' (IGTZ) mit einer internationalen Standards genügenden Infrastruktur geschaffen. Daneben wurden die Kapazitäten in den traditionellen Seebädern sowie in den drei größten Metropolen deutlich erweitert. Neben der Errichtung und Instandhaltung der erforderlichen Infrastruktur fallen auch die Anwerbung von Großinvestoren, der Verkauf von Grundstücken sowie verschiedene Verwaltungsaufgaben in den Zuständigkeitsbereich dieser Behörde.13 FONATUR ist allerdings nicht – oder zumindest nicht notwendigerweise – für die Lösung der durch die Entwicklungsprojekte entstehenden sozialen Probleme verantwortlich (vgl. JIMÉNEZ 1998, S. 33).

Durch die Maßnahmen von FONATUR konnte die Hotelkapazität beträchtlich erweitert werden: Zwischen 1974 und 1997 wurde die Errichtung von 116.000 Zimmern subventioniert; diese Zahl entspricht fast einem Drittel der Gesamtkapazität von 382.000 Zimmern (1997).[14] Die Investitionen konzentrieren sich dabei auf den Beherbergungssektor gehobenen Standards und auf einige wenige ausgewählte Standorte: Wie Abb. 1 zeigt, wurden vorwiegend Hotels der Vier- und Fünf-Sterne-Kategorie und andere Unterkunftsarten der Luxusklasse gefördert. Dagegen kamen im Zeitverlauf immer weniger Mittelklassebetriebe in den Genuss von staatlichen Mitteln. Abb. 1 verdeutlicht zugleich den Rückgang der Förderintensität seit Anfang der 1980er-Jahre; diese Entwicklung ist auf die vom Internationalen Währungsfond und von der Weltbank forcierte neoliberale Wirtschaftspolitik nach der Schuldenkrise von 1982 zurückzuführen (vgl. JIMÉNEZ 1992, S. 242-249).

Eine Analyse der räumlichen Verteilung der Investitionen in Infrastruktur und unmittelbare Betriebsförderung zeigt eine klare Konzentration auf die Hauptstadt, die Millionenstädte Guadalajra und Monterrey sowie acht bedeutende Seebäder (vgl. Abb. 2). Die Bevorzugung der großstädtischen Luxushotellerie ist Ausdruck des allgemeinen Zentralismus und des in den 1970er- und 1980er-Jahren noch bestehenden Mangels an adäquaten Unterkünften für den Geschäfts- und Kongresstourismus (vgl. JIMÉNEZ 1992, S. 78-79). Daneben konzentrieren sich die öffentlichen Investitionen auf die ‚Integriert Geplante Touristenzentren' (IGTZ), vor allem auf Cancún (Baubeginn 1970) und Ixtapa-Zihuatanejo (1972) sowie in geringerem Masse auf Los Cabos (1974) und Huatulco (1984). Das fünfte Projekt, Loreto (1975), hat sich mittlerweile als Fehlschlag erwiesen. Allein in Cancún und Ixtapa-Zihuatanejo wurden Anreize für die Errichtung von 17.000 bzw. 7.500 Zimmern gewährt. Aber auch in den traditionellen Seebädern wurde in beträchtlichem Umfang investiert. In Puerto Vallarta sind 11.000, in Acapulco 8.000, auf der Insel Cozumel 4.500 und in Ma-

---

[12] Fondo Nacional de Fomento al Turismo (Nationaler Fond zur Förderung des Fremdenverkehrs)

[13] Fondo Nacional de Fomento al Turismo (FONATUR) (1999): Los 25 años del Fondo Nacional de Fomento al Turismo. México.

[14] ebd.

zatlán 4.000 Zimmer subventioniert worden. Die unmittelbare Betriebsförderung wurde durch ähnlich hohe Mittelaufwendungen für die allgemeine touristische Infrastruktur (Straßen- und Flughafenbau, Geländeerschließung, Ver- und Entsorgungsleitungen etc.) an den genannten Standorten ergänzt (vgl. Abb. 2).

Abb. 1: Struktur der Tourismusförderung durch FONATUR (geförderte Hotelzimmer nach Kategorien und Perioden) (1974-1997)

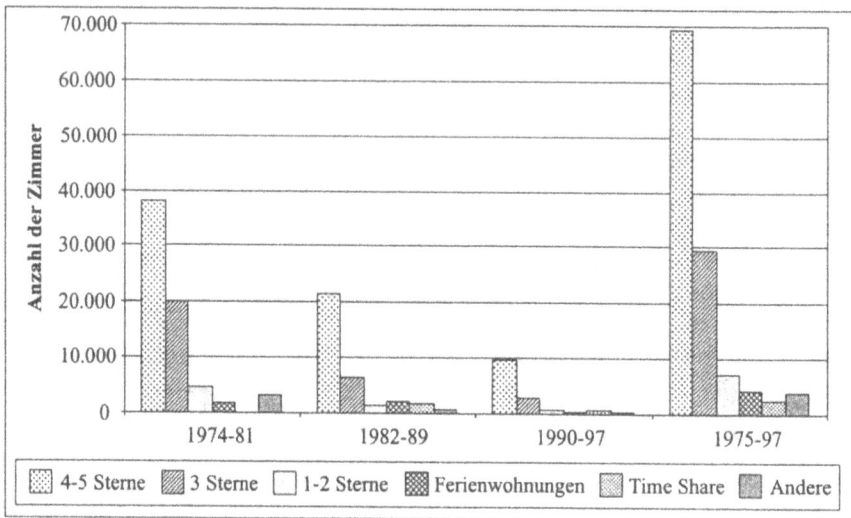

Quelle: FONATUR 1999

Eine der Konsequenzen der Förderpolitik ist die Verlagerung des Schwerpunktes des touristischen Angebotes von den in den 1950er- und 1960er-Jahren entstandenen Seebädern der zentralen Pazifikküste auf neue Entwicklungsprojekte an der Karibikküste und im Süden der Halbinsel Niederkalifornien. Acapulco, Puerto Vallarta und Tijuana stellen nach wie vor wichtige Fremdenverkehrsziele dar; allerdings nahm ihre Bedeutung im Verlauf der 1990er-Jahre ab. Entfielen auf die traditionellen Seebäder im Jahr 1986 noch 27,9% der Beherbergungskapazität Mexikos, so waren es 1997 nur noch 21% (vgl. Abb. 3). Als Gründe werden neben der allgemein schärferen Wettbewerbssituation das fortgeschrittene Stadium der traditionellen Seebäder im Destinationslebenszyklus und wachsende Umweltprobleme genannt (vgl. GORMSEN 1997). Eine weitere Ursache für die Stagnation ist die ‚hausgemachte Konkurrenz' der staatlich geplanten Seebäder, insbesondere von Cancún und Los Cabos; ihr Anteil an der nationalen Kapazität nahm im gleichen Zeitraum von 9,3% auf 14,4% zu.[15] Im Zuge dieses Prozesses gelang es zumindest, die Qualität der touristischen Infrastruktur der großen Seebäder auf internationalen Standard anzuheben.

---

[15] Secretaría de Turismo (SECTUR) (1998): Compendio Estadístico de Turismo en México. SECTUR (EDV-Version). México.

Abb. 2: FONATUR-Investitionen in ausgewählten Orten Mexikos (1974-1998)

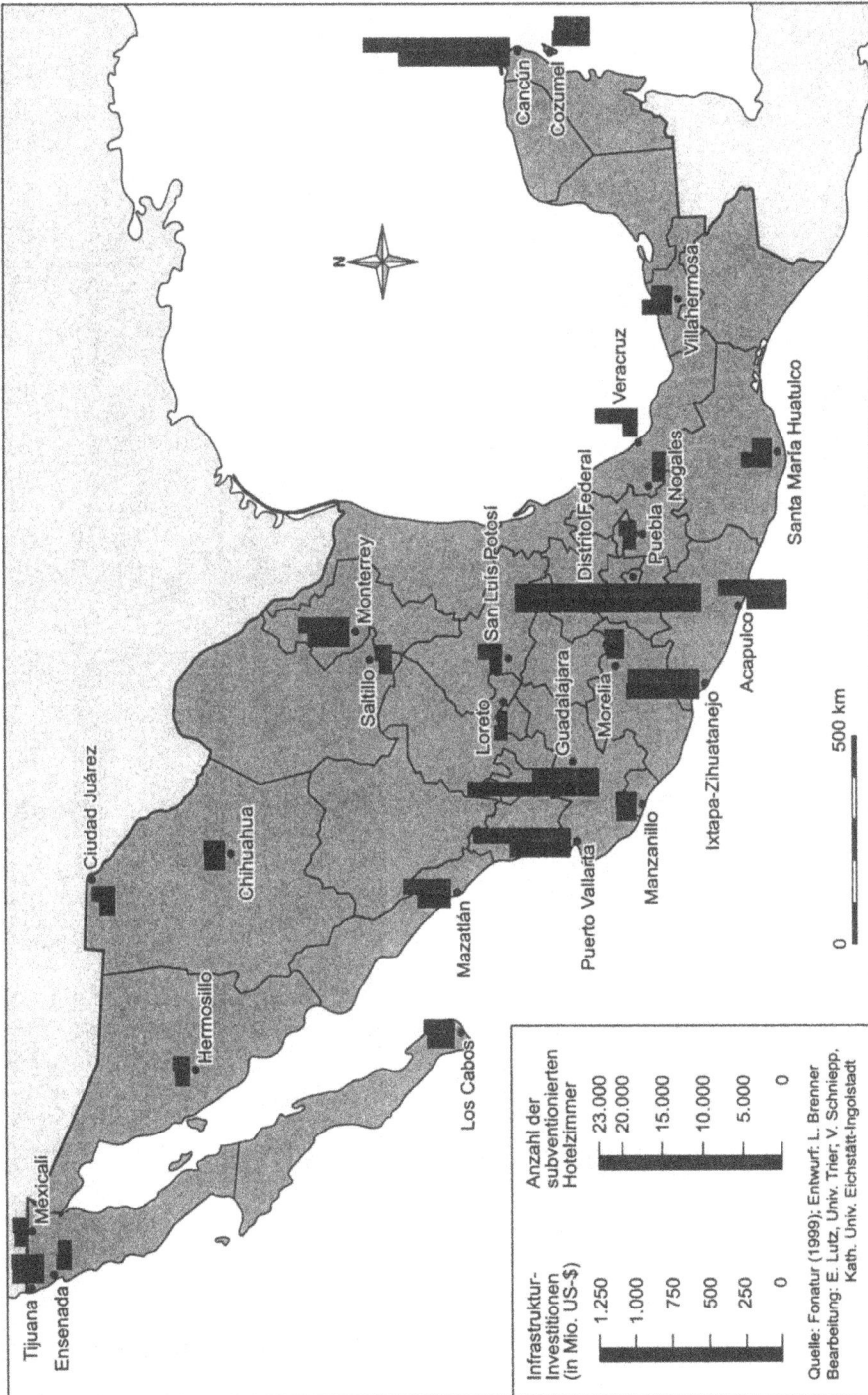

Anzahl der subventionierten Hotelzimmer

23.000	
20.000	
15.000	
10.000	
5.000	
0	

Infrastruktur-Investitionen (in Mio. US-$)

1.250
1.000
750
500
250
0

0   500 km

Quelle: Fonatur (1999); Entwurf: L. Brenner
Bearbeitung: E. Lutz, Univ. Trier; V. Schniepp,
Kath. Univ. Eichstätt-Ingolstadt

Abb. 3: Hotelkapazitäten in ausgewählten Orten Mexikos (1986-1997)

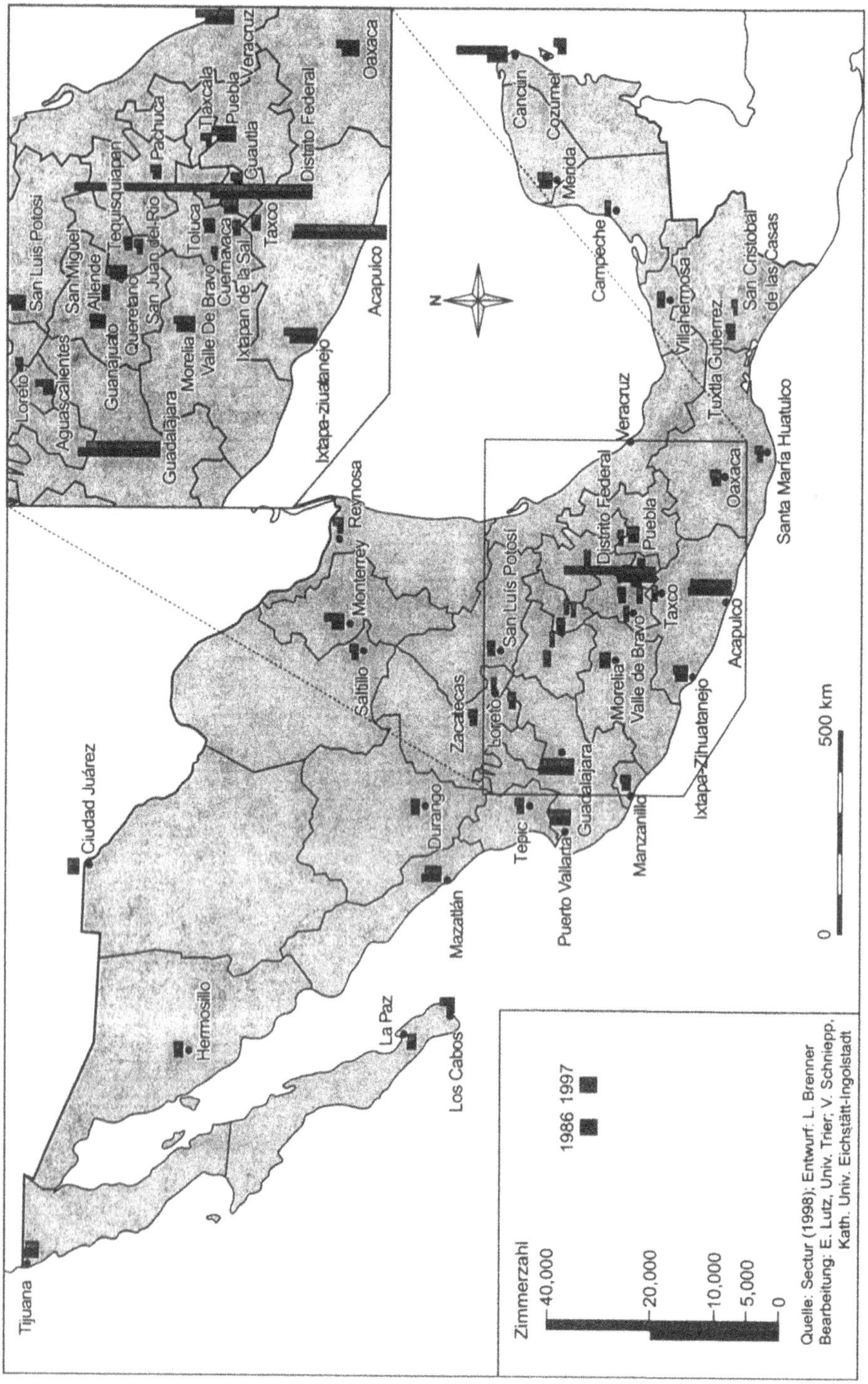

3 Problembereiche der touristischen Entwicklung

Dieser teilweise sehr erfolgreichen Entwicklung stehen allerdings eine Reihe von Problemen gegenüber, die unmittelbar mit dem schnellen Kapazitätsausbau in peripheren Küstengebieten in Zusammenhang stehen. Neben geringen Impulsen auf die regionale Wirtschaft sind die überwiegend geringe Qualität der geschaffenen Arbeitsplätze, die Herausbildung von Marginalsiedlungen sowie Beeinträchtigungen des tropischen Küstenökosystems zu nennen.

3.1 Geringe regionalwirtschaftliche Impulse

Mehrere Fallstudien stellen übereinstimmend eine enklavenartige Struktur der bedeutenden Seebäder fest – ohne nennenswerte wirtschaftliche Verflechtungen mit ihrem Hinterland. Beispielsweise wies MÜLLER (1983) bereits Anfang der 1980er-Jahre im Raum Puerto Vallarta-Manzanillo nach, dass fast alle Großhotels von Firmen aus der westmexikanischen Metropole Guadalajara oder aus Mexiko-Stadt errichtet wurden; Lebensmittel und Einrichtungsgegenstände wurden mehrheitlich von Großhändlern aus Guadalajara bezogen.

Da sich an der lange Zeit kaum besiedelten Pazifik- und Karibikküste keine kunsthandwerklichen Traditionen herausgebildet hatten, profitierten auch hier vor allem Produktionsstandorte im Landesinneren. Mehrere nachfolgende Untersuchungen in Cancún, Ixtapa-Zihuatanejo und Huatulco kommen zu ähnlichen Ergebnissen (vgl. BRAVO 1994; AGUILAR et al. 1997; BRENNER 1999). Ein wesentlicher Grund ist dabei die Inkompatibilität zwischen der Nachfrage der Großhotels und der begrenzten Kapazität der überwiegend kleinen, ortsansässigen Betriebe. Letztere sind in aller Regel nicht in der Lage, die hohen Anforderungen an Produktqualität und -quantität zu erfüllen, so dass vor allem Unternehmen aus den nationalen Wirtschaftszentren profitieren. Die schwachen Impulse auf die peripheren Räume führen bei einer gleichzeitig nachfrageinduzierten Stimulierung der Produktion in den Wirtschaftszentren tendenziell zu einer Verschärfung der bereits deutlich ausgeprägten räumlichen Disparitäten. Diese Entwicklung kann somit das explizit angestrebte Ziel einer wirtschaftlichen Dezentralisierung konterkarieren.[16]

Zwischen 1974 und 1998 sind allein in den fünf IGTZ etwa 98.000 Arbeitsplätze neu geschaffen worden.[17] Dabei ist zu berücksichtigen, dass der Anteil sozial kaum abgesicherter Saisonarbeitsplätze groß ist. Beispielsweise wird das Hotelpersonal während der Nebensaison (ca. sechs Monate im Jahr) in Cancún und Ixtapa-Zihuatanejo um durchschnittlich 40% reduziert, in Huatulco ist nur etwa die Hälfte der Beschäftigungsverhältnisse unbefristet (vgl. AGUILAR et al. 1997, S. 278-334). Obwohl das

---

[16] Poder Ejecutivo Federal (1995): Plan Nacional de Desarrollo, 1995-2000. México.
[17] Fondo Nacional de Fomento al Turismo (FONATUR) (1999): Los 25 años del Fondo Nacional de Fomento al Turismo. FONATUR. México.

reale Lohnniveau aufgrund der von den großen Hotelketten gewährten Zusatzleistungen (u. a. kostenlose Verpflegung während der Arbeitsschicht, Transport zum Arbeitsplatz, Trinkgelder) oft über dem regionalen Durchschnitt liegt (vgl. BRENNER/ AGUILAR 2002, S. 515), ist zu berücksichtigen, dass es sich um Gebiete mit einem sehr niedrigen sozioökonomischen Entwicklungsstand handelt. Zudem sind die Aussichten auf einen beruflichen Aufstieg und somit ein verbessertes Einkommen für die meisten Angestellten sehr begrenzt: 60% der Stellen erfordern nur ein geringes Qualifikationsniveau (Kellner, Reinigungs- und Sicherheitspersonal etc.) und sind in der Regel von betrieblichen Weiterbildungsmaßnahmen ausgeschlossen (vgl. AGUILAR et al. 1997, S. 278-345).

3.2   Bevölkerungswachstum, Infrastrukturüberlastung und Wohnungsnot

Ein weiteres Merkmal der meisten mexikanischen Fremdenverkehrsorte ist ihr sehr schnelles Bevölkerungswachstum. Die meisten Zuwanderer haben nur eine rudimentäre Ausbildung bzw. geringe berufliche Kenntnisse und stammen aus dem Hinterland des jeweiligen Zentrums (vgl. BRAVO 1994); der Anteil qualifizierter Fachkräfte ist dagegen gering. Außerordentlich hohe Zuwanderungsraten sind in Cancún (durchschnittlich 21% jährliches Bevölkerungswachstum), Los Cabos (14%), Ixtapa-Zihuatanejo (12%) und Huatulco (12%) zu beobachten (vgl. Tab. 3). In diesen Fällen haben sich vormals unbedeutende Siedlungen in weniger als 25 Jahren zu Mittel- und in einigen Fällen zu Großstädten entwickelt. So macht beispielsweise Cancún heute Mérida seine Funktion als traditionelles Oberzentrum der Halbinsel Yucatan streitig. Aber auch die traditionellen Seebäder Puerto Vallarta, Manzanillo, Acapulco und Mazatlán weisen Zuwachsraten auf, die beim Fünf- bis Sechsfachen von Mexiko-Stadt, Guadalajara oder Monterrey liegen (vgl. Tab. 2).

In der Folge wurde die Aufnahmefähigkeit der kommunalen Infrastruktur rasch überschritten. Trotz der Infrastrukturmaßnahmen in den IGTZ und Acapulco sind bereits in der Anfangsphase Siedlungen mit behelfsmäßigen Behausungen ohne Anschluß an das Trinkwasser- oder Kanalisationsnetz entstanden (vgl. GORMSEN 1997). Dabei liegen die Anteile der Haushalte ohne Zugang zu Basisinfrastruktur deutlich über denen von Mexiko-Stadt, wo bekanntermaßen erhebliche Siedlungsprobleme bestehen. Gleiches gilt für den Anteil der Behausungen ohne Zementboden oder Dächer aus unzureichenden Baumaterialien wie beispielsweise Wellblech (vgl. Tab. 2). Brisanterweise treten diese Defizite in Huatulco, dem jüngsten Projekt von FONATUR, am markantesten hervor; dort sollten allerdings die in anderen Orten aufgetretenen sozialen und infrastrukturellen Probleme verhindert werden.[18] Dieses Ziel wurde keineswegs in vollen Umfang erreicht, obwohl in Huatulco die Zuwanderung mit knapp 25.000 Einwohnern im Jahr 1995 vergleichsweise begrenzt geblieben ist.

---

[18]   Fondo Nacional de Fomento al Turismo (FONATUR) (1999): Los 25 años del Fondo Nacional de Fomento al Turismo. FONATUR. México.

Tab. 2: Bevölkerungsentwicklung und Infrastrukturausstattung in wichtigen Fremdenverkehrszentren Mexikos

Fremdenverkehrsorte mit intensiver staatlicher Förderung	Bevölkerung (in 1000)/ jährliche Wachstumsrate (jWR)			% der Haushalte ohne Leitungs- wasser (1995)	% der Haushalte ohne Kanali- sation (1995)	% der Haushalte ohne Beton- böden (1990)	% der Haushalte ohne Beton- dächer (1990)
	1970	1995	jWR				
Pazifikküste/ Baja Califor.							
Los Cabos	2,6	71,0	14,1	13,9	23,8	24,6	47,0
Pazifikküste/ Festland							
Puerto Vallarta	24,1	149,8	7,6	5,2	4,1	11,4	39,0
Ixtapa-Zihuatanejo	4,9	87,1	12,2	14,9	16,7	51,4	70,0
Mazatlàn	119,6	35,6	4,5	6,8	13,5	10,0	15,7
Acapulco	174,4	687,3	5,6	24,5	24,9	35,0	55,5
Manzanillo	20,8	108,6	6,8	7,8	6,4	12,7	44,6
B. de Huatulco	1,5	25,2	12,0	24,7	35,5	73,9	83,6
Golfküste							
Veracruz	214,1	425,1	2,8	15,9	12,0	31,8	17,9
Karibikküste							
Cancún	2,6	311,7	21,3	18,0	10,8	33,6	41,4
Cozumel	5,9	48,4	8,8	8,8	7,8	32,8	42,3
Millionenstädte							
Mexico City	6.874,2	8.489,0	0,9	3,0	3,5	4,1	22,7
Guadalajara	1.193,6	1.633,2	1,3	5,1	2,9	10,7	9,3
Monterrey	858,1	1.088,1	1,0	4,5	6,1	5,7	19,5

Quelle: Instituto Nacional de Estadistica, Geografia e Informática (1995): Conteo de Población y Vivienda, 1995.- Aguascalientes: INEGI, Instituto National de Estadistica, Geografia e Informática (1990): Censo de Población y Vivienda 1990. Aguascalientes: INEGI (Haushaltsdaten); Jiménez 1998 (Bevölkerungsdaten)

Speziell von diesen Marginalsiedlungen gehen zahlreiche Umweltbeeinträchtigungen aus, die oft gravierender sind als die unmittelbar von der Tourismuswirtschaft verursachten Probleme. Beispielsweise führt ungeregelte Abwasser- und Hausmüllentsorgung in Acapulco und Cancún noch immer zur Verschmutzung sowohl des Grund- als auch des küstennahen Meerwassers. Die bestehenden kommunalen Kläranlagen sind während der Hauptsaison überlastet, so dass keine vollständige Brauchwasseraufbereitung erfolgt. Nachträglich errichtete Anlagen zeugen eher von einer ‚Feuerwehrpolitik‘ denn von einer antizipierenden Planung (vgl. GORMSEN 1995, S. 235-236; BORN 1993). Zudem kam es im Bereich der Bucht von Acapulco durch unkontrollierte Ausdehnung der Siedlungsflächen zu einer großflächigen Vernichtung von Vegetation.

Eine ähnlich problematische Entwicklung findet derzeit in einem ca. 100 km langen Küstenstreifen südlich von Cancún, der sog. Riviera Maya, statt, wo sich während der letzten zehn Jahren zahllose Hotelbetriebe und Clubanlagen der Luxus-klasse angesiedelt haben. Die ausgedehnten küstennahen Korallenbänke sind sowohl durch ungeregelten Tauchsport und intensiven Bootsverkehr (vgl. STRASDAS 1999, S. 55-76) als auch durch Windeinwirkung in das Meer gelangtes, biologisch schwer abbaubares Material wie Plastiktüten und anderes Verpackungsmaterial (vgl. BORN 1993, S. 48-53) ernsthaft bedroht. Paradoxerweise zählt heute die Hotelbranche Cancúns, die die ökologischen Degradierung als unmittelbaren Wettbewerbsnachteil betrachtet, zu den einflußreichsten Verfechtern eines effizienteren Naturschutzes. Angesichts der weiterhin vor allem auf Kapazitätssteigerung ausgerichteten Fremdenverkehrspolitik erscheint eine schnelle und nachhaltige Lösung der skizzierten Probleme allerdings unwahrscheinlich.

Literatur

AGUILAR, A. G./GRAIZBORD, B./SÁNCHEZ, A. (1997): Política Pública y Base Económica en Seis Ciudades Medias de México. El Colegio de México, Centro de Estudios Demográficos y de Desarrollo Urbano. México.

BORN, G. (1993): Tourismusplanung in Mexiko. Konzeptions- und Umweltprobleme am Beispiel des integriert geplanten Tourismuszentrums Cancún. Universität Mainz, unveröffentlichte Diplomarbeit.

BRAVO, C. (1994): La Política de Impulso Turístico en México. Ixtapa-Zihuatanejo como Polo de Desarrollo Turístico. Universidad Nacional Autónoma de México (UNAM), unveröffentlichte Examensarbeit.

BRENNER, L. (1999): Modelo para la Evaluación de la ‚Sustentabilidad' del Turismo en México con Base en el Ejemplo de Ixtapa-Zihuatanejo. In: Investigaciones Geográficas 39, S. 139-158.

BRENNER, L./AGUILAR, A. G. (2002): Luxury Tourism and Regional Economic Development in Mexico. In: The Professional Geographer 54(4), S. 500-520.

CLANCY, M. J. (1999): Tourism and Development. Evidence from Mexico. In: Annals of Toursim Research 26(1), S. 1-20.

GORMSEN, E. (1995): Mexiko – Land der Gegensätze und Hoffnungen. Gotha.

GORMSEN, E. (1997) The Impact of Tourism in Coastal Areas. In: GeoJournal 42(1), S. 39-54.

JIMÉNEZ, A. (1992): Turismo: Estructura y Desarrollo. México.

JIMÉNEZ, A. (1998): Desarrollo turístico y sustentabilidad: el Caso de México. México.

MÜLLER, B. (1983): Fremdenverkehr und Entwicklungspolitik zwischen Wachstum und Ausgleich. Mainzer Geographische Studien, 25. Mainz.

SOMMERHOFF, G./WEBER, CHR. (1999): Mexiko. Darmstadt.

STRASDAS, W. (1999): Ökotourismus in der Praxis von Naturschutzprojekten in Mexiko und Belize. Eschborn.

Wettbewerbsbedingungen kleiner Inselstaaten im internationalen Tourismus – das Beispiel der Seychellen

Oliver Hörstmeier

Der Archipel im Indik versucht, durch eine Spezialisierung auf naturnahen Hochpreistourismus im internationalen Wettbewerb eine Nischenposition zu besetzen. Dieser Beitrag schildert zunächst die geographische Lage und beschreibt das Landschaftspotenzial. Darüber hinaus wird auf die erfolgreiche Tourismusentwicklung und die damit verbundenen positiven wirtschaftlichen und sozialen Auswirkungen eingegangen. Zudem wird gezeigt, wie sich die Seychellen in einem schwierigen Marktumfeld zu behaupten versuchen, um den für afrikanische Verhältnisse außergewöhnlich hohen Lebensstandard für die Zukunft zu sichern.

1 Geographische Lage und Ausstattung der Seychellen

Die Seychellen liegen inmitten des Indiks südlich des Äquators. Das Staatsgebiet ist mit annähernd 1.374 Mio. km² von beachtlicher Größe. Demgegenüber ist die Landfläche des östlich von Afrika liegenden Inselarchipels mit lediglich 455 km² extrem gering. Sie verteilt sich zudem auf 115 Inseln. Der Staat zerfällt somit in viele, kaum miteinander verflochtene Landsplitter.

Charakteristisch für den Archipel sind zwei verschiedene Inseltypen, nämlich Granit- und Koralleninseln. Typisch für die Granitinseln, die Teil des vergangenen Urkontinents Gondwana waren, ist eine starke horizontale und vertikale Gliederung. Oftmals erheben sie sich einige hundert Meter steil aus dem Meer heraus. Kennzeichnend sind ferner eine üppige tropische Vegetation, eine Vielzahl attraktiver Strände sowie das Fehlen von größeren Küstenebenen. Eine bedeutende landwirtschaftliche Produktion ist aufgrund des limitierten Agrarpotenzials nicht möglich.

Typisch für die Koralleninseln, die den überwiegenden Teil der Inseln ausmachen, sind die geringe Größe und die artenarme Vegetation. Gegen eine landwirtschaftliche Produktion im großen Ausmaß sprechen jedoch nicht nur diese beiden naturräumlichen Merkmale, sondern auch die schlechten Sandböden und das Vorhandensein eines geringen Wasserdepots. Diese Faktoren haben zur Folge, dass selbst Grundnahrungsmittel in außergewöhnlich hohem Umfang auf die Seychellen eingeführt werden müssen (vgl. VORLAUFER 1991, S. 222-225; VORLAUFER 1996, S. 189-190).

Da die Seychellen mit ihren 80.000 Einwohnern nur einen kleinen Binnenmarkt besitzen und zudem keine Bodenschätze vorweisen können, ist eine umfangreiche, rentable Industrieproduktion nicht realisierbar. Die Vorteile großer Volkswirtschaften – wie z. B. eine sektorale Arbeitsteilung – können die Seychellen nicht nutzen (vgl. VORLAUFER 1991, S. 225; Seychelles Nation 10.08.1999).

2   Tourismus als Entwicklungsoption

Gegenwärtig besitzen die Seychellen einen für afrikanische Verhältnisse ungewöhnlich hohen Lebensstandard mit einem Bruttoinlandsprodukt von über 7.600 US-$ pro Kopf im Jahr 1999 (vgl. IMF 2000, S. 5). Beim Human Development Index, einem Maßstab für Lebenserwartung, Bildungsstand und Einkommen, nahmen die Seychellen laut United Nations Development Programme-Report im Jahr 2000 Rang 53 von 174 Nationen ein. Sie sind damit die bestgestellte Nation in Afrika (vgl. UNDP 2001).

Aufgrund dieses hohen Entwicklungsstandes reduzieren internationale Organisationen ihre Unterstützungsleistungen. Ein weiterer Einnahmeverlust resultiert aus der veränderten weltpolitischen Lage: Bis zum Ende des ‚Kalten Krieges' nutzten verschiedene Nationen die Seychellen als Beobachtungsstützpunkt im Indik. Die damit verbundenen Zahlungen in Höhe von mehreren Millionen US-$ fallen nunmehr weg, da keine Notwendigkeit einer derart umfangreichen Kontrolle mehr besteht (vgl. Seychelles Nation 15.02.2000).

Darüber hinaus verlangen mehrere anstehende Projekte hohe Investitionen; dazu zählen beispielsweise die Landgewinnung auf den Inseln Mahé und Praslin, die notwendige Verbesserung der Wasserversorgung durch den Bau von Entsalzungsanlagen sowie die Bemühungen um den Naturschutz und um das Gesundheitssystem (vgl. IMF 2000, S. 7-9).

Vor dem Hintergrund der naturräumlichen Restriktionen befinden sich die Seychellen in einer schwierigen Lage. Welche Entwicklungsalternativen bleiben dem Inselarchipel überhaupt? Wie können die Seychellen ihre Zukunft sichern, die dringend benötigten Devisen beschaffen und das gut ausgebaute Sozial- und Gesundheitssystem aufrechterhalten?

Um den auftretenden Finanzierungsbedarf zu decken, existieren für die Seychellen lediglich zwei Entwicklungsoptionen: der Ausbau des Fischfangs und der Tourismus. Da die Attraktivität des Naturraumes langfristig gesichert werden soll, haben sich die Seychellen vor mehr als 20 Jahren dazu entschlossen, einen naturnahen Hochpreistourismus zu betreiben. Sie verfolgen dieses Ziel bis heute engagiert. Auf den Seychellen soll und kann sich nicht ein Massentourismus etablieren. Nur wenige Privilegierte sollen ihren Urlaub in der Inselwelt der Seychellen verbringen dürfen. Die ökologische Ausrichtung des Fremdenverkehrs wird durch eine konsequente Naturschutzgesetzgebung unterstützt. Es existieren zahlreiche Regelungsvorschriften, die einen Raubbau an der Natur verhindern helfen sollen (vgl. VORLAUFER 1991, S. 248-250).[1] Mittlerweile sind 50% der Landfläche unter Naturschutz gestellt.[2]

Begünstigt wurde diese Tourismusausrichtung durch die politischen Verhältnisse: Von 1977 bis 1993 waren die Seychellen ein sozialistisch orientierter Einparteienstaat, in dem es der Regierung gelang, ihre zentralistischen tourismuspolitischen Vorstellungen durchzusetzen (vgl. VORLAUFER 1991, S. 235-239). Nach Einführung demokratischer Verhältnisse wurde Präsident René mehrfach wieder gewählt; er leitet bis heute als Staatsoberhaupt die Geschicke der Republik (vgl. Seychelles Nation 04.09.2001).

3 Entwicklung des Tourismus

Ähnlich wie in anderen Dritte-Welt-Ländern begann die Tourismusentwicklung Ende der 1960er-Jahre mit dem Bau des internationalen Flughafens, der 1971 an der Ostküste der Hauptinsel Mahé eröffnet wurde. Vor der Aufschüttung des Flughafengeländes waren die Seychellen durch jeweils 16 Fährverbindungen pro Jahr an Mumbai und an Mombasa angeschlossen. Ergänzend wurden gelegentlich Kreuzfahrten durchgeführt. Darüber hinaus richteten die USA im ‚Kalten Krieg' eine Satellitenbeobachtungsstation ein, deren Personal ab 1963 einmal pro Woche mit einem Wasserflugzeug ausgetauscht wurde. Für eine geringe Anzahl von Touristen bestand eine Mitfluggelegenheit (vgl. WOLF 1983, S. 43-47).

Nach der Eröffnung des Airports steigerte sich die Besucherzahl explosionsartig – von 1.622 im Jahr 1970 auf 15.278 in 1972. Genau wie in anderen Entwicklungsländern fand zunächst ein umfangreicher Bauboom statt, der größere Hotelprojekte, die Erweiterung des Straßennetzes und die Verbesserung der Versorgung mit Wasser und Elektrizität umfasste. Der Aufschwung hielt bis 1976 an, als annähernd 49.500 Besucher verzeichnet und hohe Zuwachsraten registriert wurden. Als Gründe für das Wachstum können die Steigerung der Bettenkapazität, die durch Marketingbemühungen und durch rückreisende Gäste aufgewertete Reputation sowie das wachsende Platzangebot der Airlines durch die Einführung der Boeing 747 ins Feld geführt werden.

Im Jahr 1977 ist ein erster Einschnitt aufgrund einer politischen Zäsur zu verzeichnen. Präsident Mancham wurde durch einen von René organisierten, unblutig verlaufenden Staatsstreich des Amtes enthoben. René erklärte sich zu seinem

---

[1] vgl. auch Seychelles Nation 04.12.2000; persönliches Gespräch mit Frauke Dogley, Ministry of Environment, Mont Fleuri, Seychelles, 17.10.2000 und 23.10.2001

[2] persönliches Gespräch mit Gilbert Pool, Special Adviser to the President of Seychelles, ITB, Berlin, 06.03.2001

Nachfolger und führte ein sozialistisch orientiertes Einparteiensystem ein. Zwar wurden annähernd 5.000 Besucher mehr begrüßt als im Jahr 1976, jedoch war die Zuwachsrate weit geringer als in vorangegangenen Perioden. Als Folge des Machtwechsels war eine Verunsicherung bei potenziellen Touristen festzustellen, die sich in einer Reisezurückhaltung niederschlug. Als sich die Unsicherheit legte, trat im Jahr 1979 eine Steigerung auf annähernd 79.000 Personen ein (vgl. WOLF 1983, S. 138-143).

Das Jahr 1980 kennzeichnet den Beginn eines drastischen Einschnitts für den Seychellen-Tourismus. Im Gegensatz zu den positiven Prognosen sackten die Besucherzahlen bis 1982 auf annähernd 42.300 ab. Eine Vielzahl von inner- und außerhalb des Archipels auftretenden Faktoren ist dafür verantwortlich. Zu nennen sind einerseits die sich weltweit verschlechternde wirtschaftliche Situation zu Beginn der 1980er-Jahre sowie die politisch angespannte Situation im Nahen Osten mit der Iranischen Revolution und dem Iran-Irak-Krieg. Infolgedessen waren Benzinpreiserhöhungen zu verzeichnen, die zur Anhebung der Flugtarife führten. Andererseits sind die Aufwertung der Seychellen-Währung, die durch die Regierung veranlassten Preiserhöhungen für touristische Einrichtungen und politische Unruhen zu nennen, hervorgerufen durch den Umsturzversuch südafrikanischer Söldner 1981 (vgl. WOLF 1983, S. 38-47, 138-145, 316-321).

Besonders dieses Ereignis veranlasste einige Fluggesellschaften, die Destination aus dem Flugplan herauszunehmen, was der Regierung die extreme Abhängigkeit von ausländischen Airlines deutlich demonstrierte. In der folgenden Zeit konzentrierten sich die Bemühungen darauf, die Außenabhängigkeit durch die Gründung einer eigenen Fluglinie, der ‚Air Seychelles', zu mildern (vgl. VORLAUFER 1991, S. 225-226). Durch den Betrieb von ‚Air Seychelles' als qualitativ hochwertiger Airline gelingt es den Seychellen bis heute, die Tourismusentwicklung aktiv zu steuern und selbständig neue Märkte zu erschließen.

Ab 1983 trat ein Umschwung ein: Bis 1988 reichten die Besucherzahlen wieder an die Werte von 1979 heran. In den folgenden Jahren kam es zu einem sprunghaften Anstieg der Nachfrage. Ursachen hierfür waren u. a. der Ausbau der internationalen Fluganbindungen, die Intensivierung des interinsularen Verkehrs zur besseren Erreichbarkeit kleinerer Inseln, die Erhöhung des Bettenangebots, die Förderung höherwertiger Unterkünfte und die verstärkten Marketingbemühungen in den Herkunftsländern der Reisenden. Im Jahr 1990 wurde erstmals die 100.000er-Besuchermarke überschritten. Der Rückgang auf annähernd 90.000 Besucher im Jahr 1991 ist nicht durch inländische Begebenheiten, sondern durch den Golfkrieg zu erklären, der weltweit für einen Einbruch im Fremdenverkehr sorgte. Die Unterbrechung der Aufwärtsentwicklung war allerdings nur temporärer Natur, denn im Jahr 1996 wurde mit annähernd 131.000 Besuchern der bisherige Höhepunkt erreicht. Bis zum Jahr 2000 war dann eine Stagnation zu verzeichnen (vgl. MISD 2001).

Abb. 1: Entwicklung der Besucherzahlen auf den Seychellen (1967-2000)

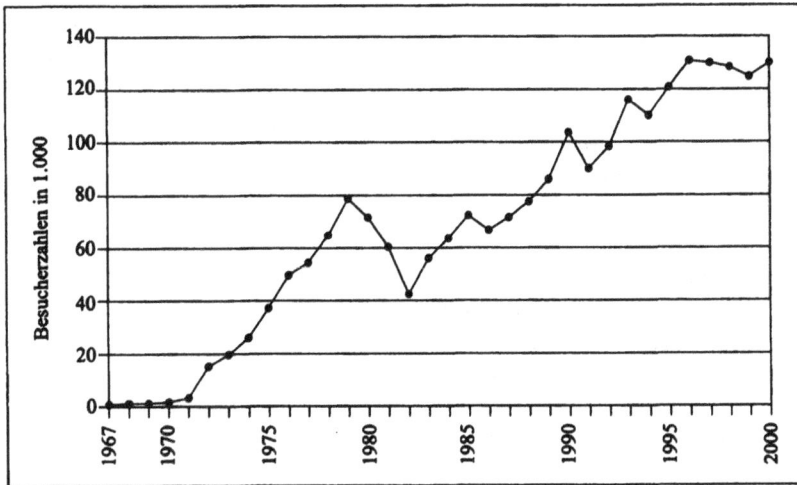

Besucherzahlen in 1.000

140
120
100
80
60
40
20
0

1967 1970 1975 1980 1985 1990 1995 2000

Quelle: WILSON 1994; S. 34; MISD 2001

Als Erklärung für die stagnierende Nachfrage sind neue, zu Beginn des Millenniums auftretende Trends zu nennen. Sie haben Auswirkungen auf die Anbieter- und Nachfragerseite: Auf der Anbieterseite zeigen sich Konzentrationsprozesse und Globalisierungstendenzen. Diese Entwicklung wird an den strategischen Allianzen in der Airlinebranche und am offensiven Übernahmeverhalten der Reiseveranstalter auf europäischer Ebene deutlich (vgl. FACHÉ 2001, S. 53). Viele Staaten bauen ihre Handels- und Visabeschränkungen ab, um für Handelspartner attraktiver zu werden und um mehr Reisende anzuziehen. Außerdem kommt es durch das Auftreten neuer Zielgebiete, die bislang auf dem internationalen Tourismusmarkt kaum in Erscheinung getreten sind, zu einem starken Wettbewerb und erhöhtem Konkurrenzdruck. Resultat ist ein Überhang touristischer Angebote, eine sich daraus entwickelnde Käufermarktsituation und ein Preisverfall (vgl. STEINECKE 1997, S. 8).

Auf der Nachfragerseite sind – speziell auf dem deutschen Markt – folgende Trends zu beobachten: Die Reisenden verfügen über eine sehr große Reiseerfahrung und besitzen mittlerweile vielfältige Vergleichsmöglichkeiten zwischen touristischen Angeboten. Sie stellen zudem steigende Ansprüche an die touristische Infrastruktur und an den Service. Es wird zunehmend Flexibilität und individuelle Behandlung erwartet. Heutige Reisende gelten ferner als preissensibel und kritisch (vgl. STEINECKE 1997, S. 7-11).

Ein weiterer Trend ist im veränderten Buchungsverhalten zu sehen, denn es werden immer mehr Last-Minute-Reisen und Reisen per Internet gebucht (vgl. F. U. R. 2001). An dieser Stelle soll weiterhin noch auf einen demographischen Trend hingewiesen werden. Bemerkenswert ist der wachsende Anteil der Senioren an der

Gesamtbevölkerung. Ältere Reisende über 60 Jahre mit hohem Einkommen verreisen überproportional häufig (vgl. FVW 09.03.2001, S. 38-40). Die Tourismusbranche wird neue Konzepte und Produktinnovationen entwickeln müssen, um die hohen Ansprüche zu erfüllen. Die Seychellen reagieren mit verschiedenen Maßnahmen auf diese Trends. Zu nennen sind:

-   eine veränderte Organisationsstruktur innerhalb des Tourismusministeriums mit der neuen Marketingbehörde ‚Seychelles Tourism Marketing Authority' (STMA),[3]

-   die Neuentwicklung einer qualitativ hochwertigen Marketingkonzeption mit dem Slogan ‚Seychelles – as pure as it gets', die den Archipel als unverfälschte, authentische und naturnahe Destination darstellt und die Aufmerksamkeit vermehrt auf die Inseln im Indik lenken soll,[4]

-   die Gründung des ‚Seychelles Tourism Advisory Board' (STAB), einem mit Repräsentanten aller touristischen Akteure besetzten Beratungsgremium für Tourismusaspekte (vgl. IMF 2000, S. 6).

4   Quellmärkte

Bedingt durch die notwendigen Importe und die tourismuspolitische Ausrichtung sind die Kosten für einen Aufenthalt sehr hoch. Die Seychellen gelten als eine der teuersten Destinationen der Welt. Aus diesem Grund beherbergen sie mit einem Anteil von 80,1% im Jahr 2000 vornehmlich Besucher aus wohlhabenden europäischen Industrienationen. Innerhalb der europäischen Klientel sind die Anteile der vier Hauptentsendeländer relativ ausgeglichen, so dass keine extreme Abhängigkeit von einem einzigen Land besteht: Frankreich steht mit einem Marktanteil von 22% an erster Stelle, gefolgt von Italien mit 15%, Deutschland mit 14% und Großbritannien mit 13%. Von den afrikanischen Herkunftsländern ist Südafrika stark vertreten, das hinsichtlich seiner Wirtschaftskraft und seines Nachfragepotenzials allerdings nicht als typisches afrikanisches Land gelten kann (vgl. MISD 2001).

Um die Abhängigkeiten möglichst gering zu halten, bemühen sich die Seychellen um die Erschließung weiterer Quellmärkte. Die entsprechenden Maßnahmen umfassen beispielsweise die Ausweitung des Marketings auf Osteuropa und die werbliche Ansprache der Einwohner von La Réunion, die bislang besonders die benachbarte Insel Mauritius als Reiseziel bevorzugen. Darüber hinaus werden Grup-

---

[3]   persönliches Gespräch mit Nathalie Savy, Seychelles Tourism Marketing Authority STMA, Bel Ombre, Mahé, Seychelles, 24.10.2001

[4]   persönliches Gespräch mit Edith Hunziger und Nadja Schätzler, Seychelles Tourist Office, ITB, Berlin, 07.03.2001

pen mit Spezialinteressen angesprochen, wie zum Beispiel US-amerikanische Flyfishermen, die ihrem Hobby besonders gut auf der 450 km südwestlich von Mahé gelegenen Amiranteninsel Alphonse nachgehen können.[5]

Abb. 2: Besucherzahlen der Seychellen nach Herkunftsländern (2000)

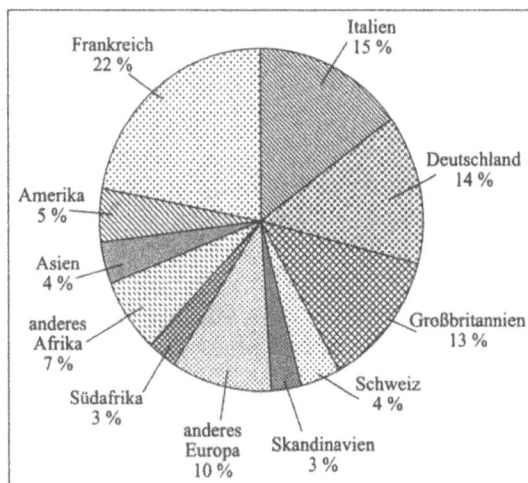

Quelle: MISD 2001

5   Unterkunftskapazität und Entwicklungsplanung

Die amtlichen Statistiken weisen die Unterkunftskategorien ‚große Hotels mit 50 Betten oder mehr', ‚kleine Hotels', ‚Gästehäuser' sowie ‚Self-Catering-Unter-künfte' aus. Die drei letztgenannten Rubriken werden in dieser Betrachtung zu-sammengefasst.

Insgesamt gab es im Januar 2001 eine Kapazität von ca. 5.400 Betten, wobei sich eine deutliche Konzentration der Unterkünfte auf die Hauptinsel Mahé zeigt: Dort verfügen die zehn großen Hotels zusammen über 2.250 Betten (vgl. Abb. 3). Das größte Hotel der Seychellen ist das im Norden gelegene ‚Berjaya Beau Vallon' mit 464 Betten. Durch die Genehmigung verhältnismäßig kleiner Unterkünfte zeigt sich der Wille der Regierung, auf die landschaftlichen Gegebenheiten Rücksicht zu nehmen, Unterkünfte in die Landschaft zu integrieren, negative soziale Effekte durch Massentourismus zu minimieren und die ökologische Belastung an den einzelnen Standorten gering zu halten.

---

[5]   vgl. Seychelles Nation 22.10.2001; persönliche Gespräche mit Peter Moncherry, Mana-ger Alphonse Island, ITB, Berlin 05.03.2001; Nathalie Savy, Seychelles Tourism Mar-keting Authority STMA, Bel Ombre, Mahé, Seychelles, 24.10.2001

Bemerkenswert hoch ist die Anzahl von Unterkünften mit weniger als 50 Betten. Auf Mahé sind es 61 Betriebe mit einer Kapazität von insgesamt 924 Betten. Diese kleinen Hotels, Gästehäuser und Self-Catering-Unterkünfte werden oftmals von Einheimischen betrieben. Sie eröffnen somit zusätzliche Einkommensmöglichkeiten und sorgen für eine verhältnismäßig ausgewogene Verteilung touristischer Einnahmen. Diese wirtschaftliche Tätigkeit führt zu einem hohen Lebensstandard für breite Bevölkerungsschichten. Eine ähnliche Situation ist auf der zweitgrößten Insel Praslin sowie auf La Digue vorzufinden, wo sich lediglich ein großes Hotel befindet, aber 23 kleine Unterkünfte, die durchschnittlich 13 Betten zur Verfügung stellen.

Vor allem Koralleninseln wie Denis und Bird, aber auch kleinere Granitinseln wie Frégate, Félicité oder Anonyme, verfügen aufgrund der naturräumlichen Gegebenheiten über eine limitierte Tragfähigkeit. Deswegen war hier von vornherein die Errichtung von lediglich einer Unterkunft vorgesehen. Auf Denis wurde ein großes Hotel mit 50 Betten eingerichtet. Bei den Einrichtungen auf den anderen genannten Inseln handelt es sich jeweils um ein kleines Hotel.

Speziell auf der Hauptinsel Mahé lastet ein bemerkenswerter Siedlungsdruck, denn sie ist das bevorzugte Ziel von Wanderungsbewegungen innerhalb des Archipels. Mahé macht 34% der gesamten Inselfläche aus, beherbergt aber 90% der Bevölkerung (vgl. MISD 2001; VORLAUFER 1991, S. 239). Um den Siedlungsdruck abzubauen und die damit verbundenen negativen ökologischen Folgen für die Bevölkerung und die Besucher einzuschränken, werden mehrere Maßnahmen ergriffen.

In den Blickpunkt des Interesses geraten mehr und mehr die abgelegenen inneren Inseln und die äußeren Inseln, durch deren touristische Inwertsetzung zudem ein Abbau räumlicher Disparitäten erfolgen soll. Zwar sind einige große und kleine Unterkünfte auf Mahé geplant, gleichzeitig werden aber – bedingt durch die geplante Schließung mehrerer Unterkünfte – über 300 Betten vom Markt genommen. Zudem hat bereits in den vergangenen Jahren eine massive Begünstigung der Entwicklung Praslins stattgefunden, die künftig fortgeführt werden soll. Dort sind ein großes Hotel mit 60 Betten und acht kleine Hotels, Gästehäuser oder Self-Catering-Unterkünfte mit 122 Betten geplant. Ferner ist eine 30 Betten umfassende Erweiterung eines großen Hotels beabsichtigt sowie weitere sechs Betten in den anderen Unterkunftskategorien.

Vorgesehen sind darüber hinaus zum Beispiel ein großes Hotel auf der im Marine-Nationalpark nahe Mahé gelegenen Insel Ste. Anne, ein ökologisch ausgerichtetes kleines Hotel auf North und ein Neubau sowie die Erweiterung der bestehenden Anlage auf der drittgrößten Insel Silhouette (vgl. Abb. 4). Ferner beschlossen sind eine Sechs-Betten-Unterkunft auf der Amiranteninsel Rémire und ein 24 Betten umfassendes Projekt auf Platte. Sofern alle beschlossenen Projekte umgesetzt werden, wird die Bettenkapazität im Jahre 2007 annähernd 7.400 Betten betragen (vgl. MISD 2001).

Ziel ist die intelligente Lenkung des Besucherstromes. Durch die Schaffung neuer Arbeitsplätze auf abgelegenen Inseln soll eine Reduktion der Zuwanderung auf Mahé erreicht werden. Landnutzungskonflikte zwischen Einheimischen und Touristen werden auf diese Weise unterbunden.

Ein weiteres Mittel, die Siedlungsbelastung zu reduzieren, ist die vermehrte Nutzung der Seefläche durch die Förderung von Kreuzfahrten innerhalb des Archipels. Diese sollen zum Beispiel mit Segelschiffen oder – wie vom Hotelkonzern ‚Le Méridien' zu Beginn des Jahres 2002 ins Programm aufgenommen – mit Katamaranen durchgeführt werden.[6]

Neben den in Abb. 4 dargestellten genehmigten Neubauten sind weitere Projekte geplant, die noch keine Zustimmung erhalten haben oder für die Investoren gesucht werden. Sie sollen vornehmlich auf den äußeren Inseln errichtet werden, wie z. B. auf der Amiranteninseln Poivre (60 Betten), auf Farquhar Island (60 Betten) und auf der zu Aldabra gehörenden Insel Assomption (16 Betten), die 1.000 Kilometer südwestlich der Hauptinsel liegt, sowie auf Coetivy (50 Betten) südöstlich von Mahé (vgl. MISD 2001).

6 Diversifizierung des touristischen Angebots durch den Bau von Luxushotels

Der Inselarchipel sieht sich gegenüber anderen Destinationen im Indik – wie Mauritius oder den Malediven – im Wettbewerbsnachteil. Zur Erhöhung der Wettbewerbsfähigkeit hat die Regierung der Seychellen in den vergangenen Jahren die Etablierung von Luxushotels stark gefördert. Einige Projekte befinden sich in der Planung beziehungsweise im Bau, andere wie das ‚Lémuria Resort' auf Praslin sind bereits eröffnet worden. Zu ihnen ist auch ‚Frégate Island Private' zu zählen, das mit einem Übernachtungspreis von 1950 US-$ pro Villa und einem Mindestaufenthalt von fünf Nächten als das teuerste Ferienresort der Welt gilt (vgl. www.fregate.de).

---

[6] vgl. Seychelles Nation 26.12.2001; FVW 14.12.2001, S. 77; persönliches Gespräch mit Marc Marengo, Special Adviser to the Minister, Ministry of Tourism and Civil Aviation, Victoria, Mahé, Seychelles, 16.11.2000

Abb. 3: Unterkunftskapazität auf den Seychellen (2001)

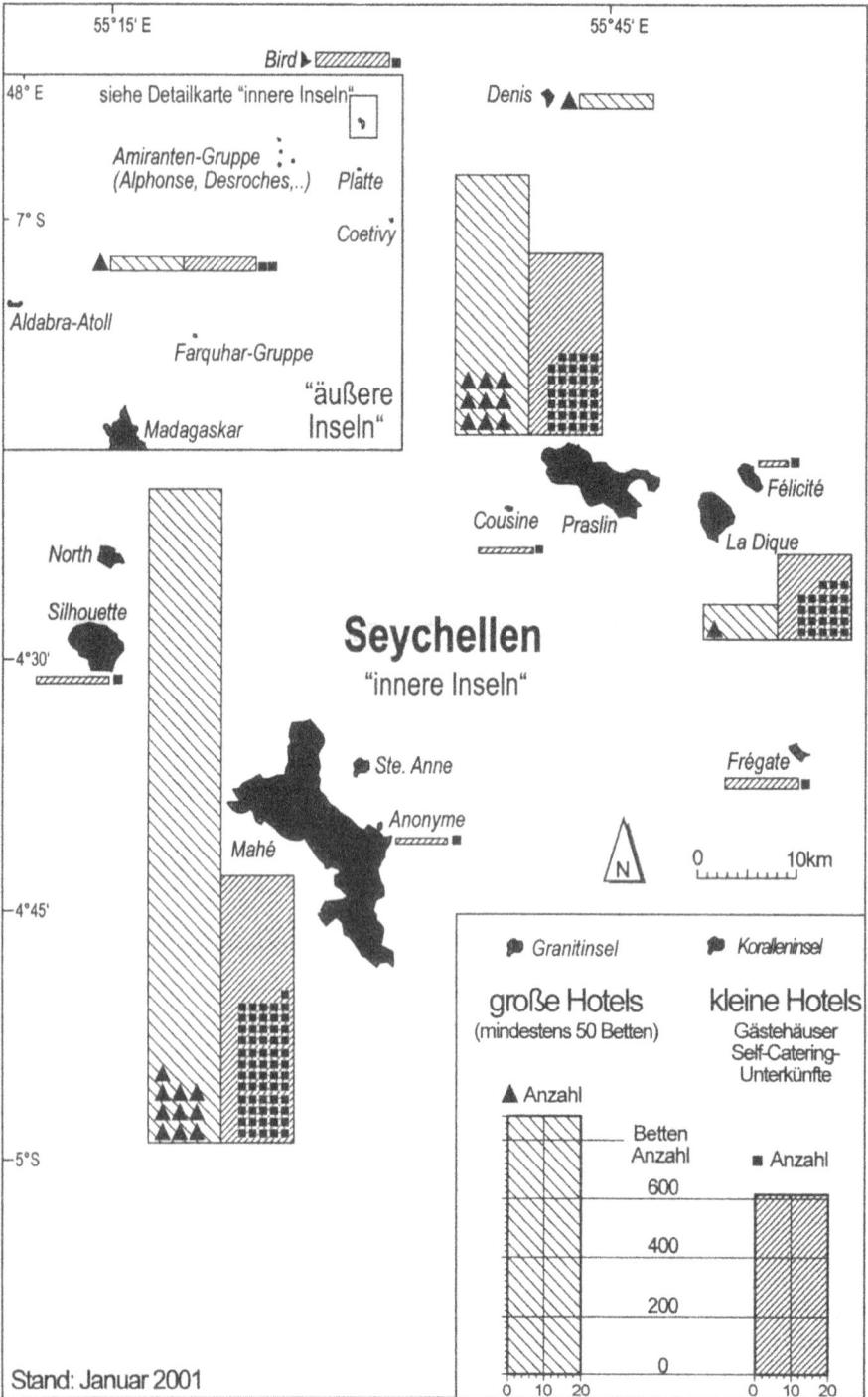

55°15' E

55°45' E

Bird ▶

Denis

48° E   siehe Detailkarte "innere Inseln"

Amiranten-Gruppe
(Alphonse, Desroches,..)   Platte

7° S   Coetivy

Aldabra-Atoll

Farquhar-Gruppe

"äußere
Inseln"

Madagaskar

North

Silhouette

4°30'

Cousine   Praslin

Félicité

La Digue

Seychellen
"innere Inseln"

Ste. Anne

Anonyme

Fregate

Mahé

4°45'

5°S

Stand: Januar 2001

🐚 Granitinsel   🐚 Koralleninsel

große Hotels   kleine Hotels
(mindestens 50 Betten)   Gästehäuser
Self-Catering-
Unterkünfte

▲ Anzahl

Betten
Anzahl

■ Anzahl

600

400

200

0

0   10   20

0   10   20

0   10km

N

Abb. 4: Geplante Unterkunftsprojekte auf den Seychellen (2007)

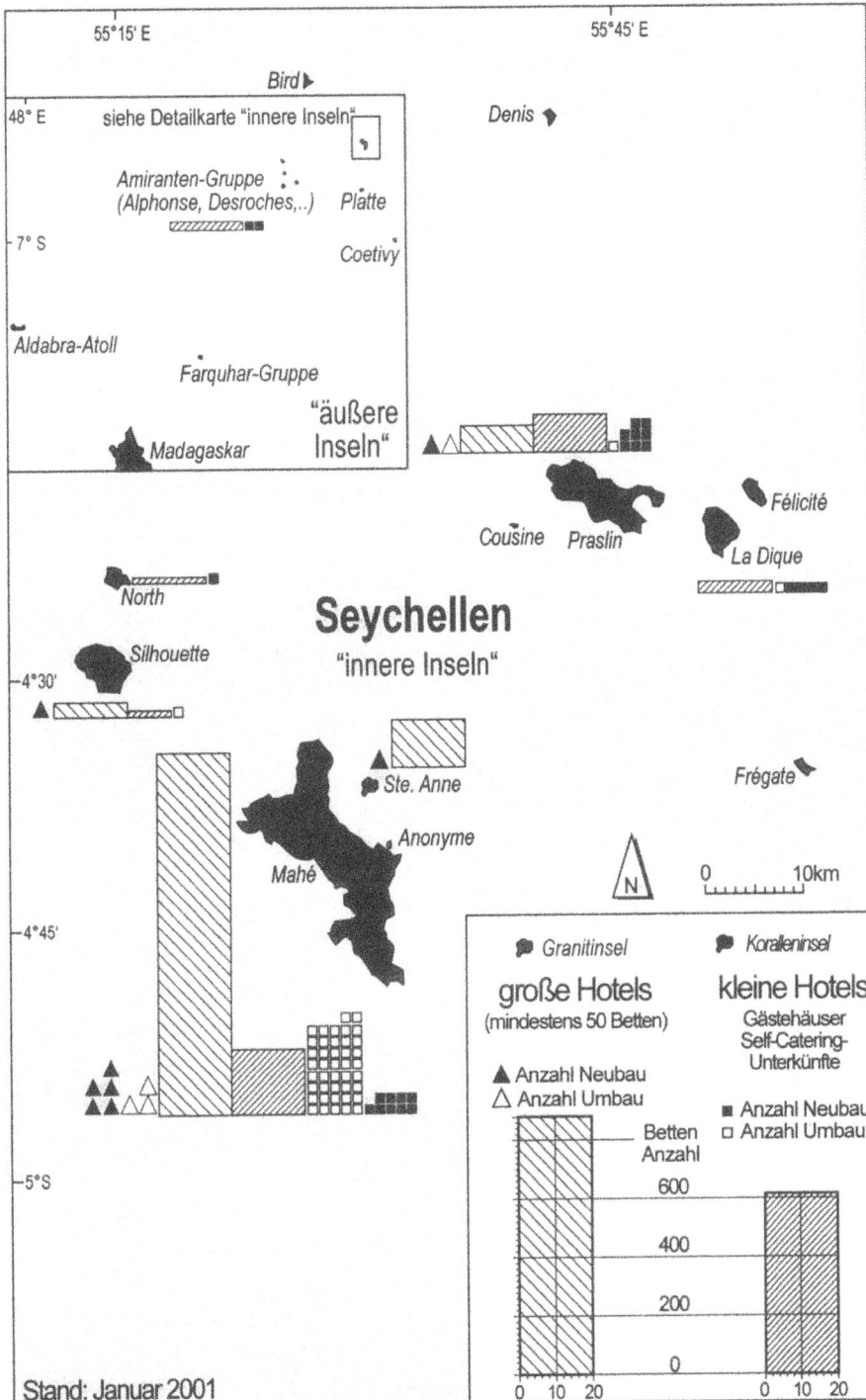

Durch die neuen Luxushotels soll eine Klientel angesprochen werden, die vorher
Konkurrenzdestinationen bevorzugt hat. Die Etablierung der Luxushotels geht
einher mit der Steigerung des Engagements ausländischer Hotelketten wie z. B.
‚Sofitel', der asiatischen ‚Banyan Tree'-Gruppe oder der mauritianischen ‚Beach-
comber'-Gruppe. Charakteristisch war bislang deren relativ geringes Engagement
aufgrund der politischen Verhältnisse im bis 1993 existierenden Einparteienstaat.
Die Förderung hat das Ziel, mehr touristische Professionalität in Form von Wissen,
Dienstleistungseinstellung und Arbeitskräften zu importieren, damit dem Besucher
mehr ‚value for money' geboten werden kann.[8]

7   Fazit

Insgesamt gesehen können die Seychellen auf eine sehr erfolgreiche und positive
Tourismusentwicklung zurückblicken, die sich unter Berücksichtigung naturräumlicher Gegebenheiten vollzieht. Neben dem engagierten Umweltschutz der Regierung mit dem Ziel, einen Ökotourismus zu realisieren, sind weitere positive soziale
Effekte zu nennen.

Durch die touristischen Einnahmen konnte ein für afrikanische Verhältnisse vor-
bildliches Gesundheits- und Sozialsystem aufgebaut werden. So ist beispielsweise
der Arztbesuch für Einheimische kostenlos und jeder Einwohner erhält eine Rente.
Ein Besuch der zahlreichen Schulen ist für Kinder unentgeltlich möglich. Bedingt
durch die Anwesenheit der Touristen wird der kleine Binnenmarkt erweitert. Ihre
Nachfrage nach Souvenirs, Gesangsdarbietungen und Malereien steigert nicht nur
das Einkommen, sondern fördert auch die kulturelle Identität der Inselbewohner.
Ein weiterer positiver Effekt ist die Stärkung der Rolle der Frau durch Arbeit im
Tourismus, denn viele Managementpositionen sind mit Frauen besetzt.·

Mit der Förderung von Luxushotels hat die Regierung einen neuen Weg eingeschlagen, die Nischenposition im Wettbewerb zu behaupten. Allerdings besteht die
Gefahr, die positiven Einnahmeeffekte durch die Gewährung von Sonderkonditionen bei der Einfuhr von Gütern zu schmälern. Außerdem können Nachahmungsef-
fekte der Einheimischen das Konsumverhalten verändern, mit der Folge der Im-
portsteigerung, der Erhöhung des Devisenbedarfs und der Vergrößerung der Außenabhängigkeit. Weiterhin ist auf ökologische Aspekte zu achten, da zum Beispiel der Elektrizitäts- und Wasserverbrauch pro Gast in luxuriösen Unterkünften
größer ist als in Gästehäusern.

[8] vgl. persönliches Gespräch mit Marc Marengo, 16.11.2000

Literatur

FACHÉ, W. (2001): New entrants in travel and tourism intermediations. In: STEINECKE, A. et al. (Hrsg.): Gemachter oder gelebter Tourismus. Destinationsmanagement und Tourismuspolitik. Wien.

Frégate Island Private: www.fregate.de.

F. U. R. (Forschungsgemeinschaft Urlaub und Reisen): Reiseanalyse 2001. www.fur.de.

FVW International: Zeitschrift für die Tourismuswirtschaft 09.03.2001, S. 38-40; 14.12.2001, S. 77.

International Monetary Fund (IMF) (2000): Seychelles recent economic development, Washington D.C. www.imf.org.

Management and Information Systems Division (MISD) (2001): Visitor Statistics. Republic of Seychelles, Victoria, Mahé, Seychelles.

Seychelles Nation, Tageszeitung der Seychellen, Victoria, Mahé, Seychelles, Online-Edition unter www.seychelles-online.com.sc, 10.08.1999, 15.02.2000, 04.12.2000, 04.09.2001, 22.10.2001, 26.12.2001.

STEINECKE, A. (1997): Inszenierung im Tourismus. Motor der zukünftigen touristischen Entwicklung. In: STEINECKE, A./TREINEN, M. (Hrsg.): Inszenierung im Tourismus. Trends - Modelle - Prognosen. (ETI-Studien, Bd. 3). Trier.

VORLAUFER, K. (1991): Tourismus als Entwicklungsoption für einen insularen Kleinstaat. In: Africa-Spectrum, 26, S. 221-255.

VORLAUFER, K. (1996): Tourismus in Entwicklungsländern. Möglichkeiten und Grenzen einer nachhaltigen Entwicklung durch Fremdenverkehr. Darmstadt.

WILSON, D. (1994): Unique by a thousand miles. Seychelles tourism revisited. In: Annals of Tourism Research, Vol. 21, Nr. 1, S. 20-45.

WOLF, H. (1983): Tourismus und Verkehr auf den Seychellen. Selbstverlag des Instituts für Wirtschafts- und Sozialgeographie der Goethe Universität, Frankfurt am Main, H. 45.

United Nations Development Programme (UNDP) (2001): Human Development Report 2000. New York, www.undp.org/hdr2000/english/presskit/hdi.pdf.

Kreuzfahrt- und Ökotourismus in der Karibik: Fallbeispiel Dominica

Carola Bischoff

Der Kreuzfahrttourismus zählt zu den weltweit am schnellsten wachsenden Zweigen der Tourismuswirtschaft, und die Karibik stellt seit langem diesbezüglich die bedeutendste Zieldestination dar. Die Insel Dominica in der Ostkaribik hatte an dieser wirtschaftlich bedeutungsvollen Entwicklung jedoch bis Ende der 1980er-Jahre keinen Anteil. Sie beheimatete aufgrund ihrer gleichermaßen reichen wie beschränkenden physiogeographischen Ausstattung eine Form des Tourismus, der aufgrund seiner sozialen und ökologischen Verträglichkeit als Ökotourismus Anerkennung fand. Die wirtschaftliche Basis der Inselökonomie wurde über Jahrzehnte vom Bananenanbau bestimmt, so dass nur wenige Inselbewohner ein ökonomisches Interesse am Tourismus hatten. Im Laufe der 1990er-Jahre sind beide Tourismusformen in einem Maße angewachsen, dass es zukünftig zu Interessenkonflikten kommen wird, falls das ‚Ökotourismus-Modell' Dominica, das den Kreuzfahrttourismus nicht explizit ausschließt, nicht in erwarteter Weise politisch greift. Empirisch erhobene Daten helfen, die Erwartungen und Bedürfnisse der verschiedenen Gästegruppen an die Insel zu belegen.

1 Die Entwicklung des Kreuzfahrttourismus und seine Bedeutung in der Karibik

Die Kreuzfahrt lässt sich anhand verschiedener Kriterien von anderen Boots-, Fähr-, Expeditions- und Frachtschifffahrten definitorisch abgrenzen. Typischerweise wird sie als Vergnügungsfahrt mit Vollpension auf einem mit Kabinen, Bewirtschaftungs- und Aufenthaltsräumen ausgestatteten Fluss- oder Hochseeschiff verstanden. Es ist darüber hinaus mindestens eine Übernachtung an Bord eingeschlossen sowie der Umstand, dass neben dem Abfahrts- und Ankunftshafen noch mindestens ein weiterer Hafen angelaufen wird (vgl. GANSER 1991, S. 144).

Die Entstehung der Kreuzfahrt geht auf die Passagierschifffahrt zurück, die mit der Entwicklung der Dampfmaschine und den großen Auswanderungswellen nach Amerika Mitte des 19. Jh. einen großen Boom erlebte. Während grundsätzlich nur in der beschäftigungsarmen Winterzeit Schiffe zu Vergnügungsreisen eingesetzt wurden, bot Thomas Cook 1875 die erste Kreuzfahrt zum Nordkap an. Die Karibik war aufgrund der seit langem bestehenden kolonialen Beziehungen zu Europa eines der ersten kreuzfahrttouristischen Reiseziele im ausgehenden 19. und beginnenden 20. Jh. (vgl. ALTHOF 1994, S. 12; LAWTON/BUTLER 1987, S. 330-331).

Die große Zahl der Passierschiffe überstand den Zweiten Weltkrieg wegen der Umnutzung zu Truppentransporten nur stark renovierungsbedürftig oder gar nicht. Da der Flugverkehr über den Atlantik seit Ende der 1950er-Jahre die Linienschifffahrt hinsichtlich des Passagieraufkommens überholt hatte, gingen etliche Reedereien an diesen verschiedenen Umwälzungen zugrunde (vgl. SCHÄFER 1998, S. 67). Doch das Mischkonzept von Transatlantikfahrt und Reise in den sonnigen Süden hatte Erfolg: Zwischen 1960 und 1970 verdreifachte sich das US-amerikanische Kreuzfahrtpassagieraufkommen, wobei 90% aller Kreuzfahrtteilnehmer weltweit aus den USA stammten; dieser hohe Anteil blieb bis Ende der 1980er-Jahre nahezu konstant (vgl. LAWTON/BUTLER 1987, S. 336-337; CLIA 1995). Ebenfalls 90% der US-amerikanischen Gäste wählten die Destination Karibik, die damit einen überragenden Stellenwert erlangt hat, als Reiseziel. Zwischen 1980 und 1995 verdreifachten sich die Teilnehmerzahlen in Nordamerika nahezu auf 3,7 Mio. Passagiere (vgl. SCHÄFER 1998, S. 311-312); die politische Stabilität und die räumliche Nähe zum wachsenden amerikanischen Freizeitmarkt machten die Inseln der Karibik – besonders die der Ostkaribik – sehr attraktiv.

Auch die Erwartungen hinsichtlich der künftigen Marktentwicklung bleiben positiv. Die US-Amerikaner bilden dabei nach wie vor die dominante Gästeklientel, doch ist ihr Anteil innerhalb der 1990er-Jahre von rund 80% auf ca. 60% zusammengeschmolzen. Der asiatische und europäische Markt haben hingegen deutlich an Bedeutung gewonnen. Die zwei- bis fünftägigen Kreuzfahrten haben von 1980 bis 2000 mit 12,6% die größten Zuwachsraten erreicht. Im Jahr 2000 haben weltweit mehr als zehn Millionen Menschen eine Kreuzfahrt unternommen; ca. 6,9 Mio. dieser Reisen wurden allein in Nordamerika verkauft (vgl. CLIA 1995, 2001; SCHÄFER 1998, S. 313-314; TEYE/LECLERC 1998, S. 160; WARD 1998, S. 21).

Jüngere Entwicklungstendenzen liegen vor allem im Zusammenschluss der Reedereien – auch mit Fluglinien oder Hotelgesellschaften – zu multinationalen Unternehmen, so dass vor- und nachgelagerte Dienstleistungen das Produkt Kreuzfahrt erweitern (vgl. WARD 1998, S. 18; GÖCKERITZ 1997, G9; SCHÄFER 1998, S. 19-21). Bereits Anfang der 1990er-Jahre wurde eine Konsolidierung des Kreuzfahrtmarktes auf langfristig nur noch drei Gesellschaften prognostiziert, die rund 90% des Weltmarktes abschöpfen würden (vgl. HOBSON 1993a, 1993b; MYERS 1992). Zweifelsfrei sind hiermit ,Carnival', ,Royal Caribbean International' und ,Princess' Cruises (P & O) gemeint, die zusammen Ende der 1990er-Jahre über die Hälfte der Tonnage der Weltkreuzfahrtflotte stellten. 1998 befanden sich 78,8% der Gesamttonnage im Besitz von nur elf Reedereien bzw. Reedereikonzernen. Darüber hinaus bewirtschaftete diese Gruppe mehr als die Hälfte aller Schiffe (eigene Berechnungen nach WARD 1998).

Auch hinsichtlich der in Auftrag gegebenen Schiffsneubauten kann man zwei klare Trendentwicklungen erkennen – einerseits sehr luxuriöse, nur maximal 250 Passagiere fassende Schiffe und andererseits sehr große Einheiten mit mehr als 2000 Passagierplätzen. Die Marktsegmente, die mit diesen Schiffsgrößen eröffnet werden, ergänzen sich, da Hoch- bzw. Niedrigpreisigkeit unterschiedliche Gästegruppen für den Kreuzfahrtmarkt erschließen (vgl. WARD 1998, S. 24). Für 1999 und die ersten Jahre des 21. Jh. kündigten die Kreuzfahrtreedereien weltweit 35 neue Schiffe mit insgesamt 2,5 Mill. t und 60.000 Betten an (vgl. GÖCKERITZ 1999). Hierbei wird es sich natürlich überwiegend um BRT- und passagierreiche Schiffe handeln. Wenn auch den großen Schiffen etliche Häfen verwehrt bleiben, bieten sie den Passagieren auf See ein weitaus reicheres Angebot an Unterhaltungs-, aber auch an Tagungsmöglichkeiten. ,Royal Caribbean International' führt derzeit den Weltmarkt der Megaschiffe an – mit den Schwesterschiffen ,Voyager of the Seas' (1999), ,Explorer of the Seas' (2000) und ,Adventure of the Seas' (2001), die jeweils 142.000 BRT und rund 3100 Passagiere fassen.[1] Die ,Carnival Corporation' hat jedoch mit der Ankündigung, ihre Flotte auf 21 Schiffe bis 2004 aufzustocken, die Herausforderung angenommen: Allein sechs Schiffe werden dabei mehr als 100.000 BRT umfassen.[2]

Die Karibik wird vor allem vom zeitgenössischen Kreuzfahrttyp beherrscht. Im Mittelpunkt stehen hierbei weniger die Reisedestination, die für die klassische Kreuzfahrt besonders wichtig ist, als vielmehr das Schiff und mit ihm vor allem Spaß und Unterhaltung rund um die Uhr. Das Konzept der zeitgenössischen oder ,contemporary' Kreuzfahrten kam mit der Idee der ,Fun-Ships' auf, die heute als urheberrechtlich geschütztes Produkt vor allem von der ,Carnival Cruise Line' verfolgt wird.[3] Familien mit Kindern und Jugendliche konnten als neues Marktsegment erreicht und das klassische Kreuzfahrtprodukt von seinen Förmlichkeiten und Ritualen befreit werden. Das Leistungs- und Serviceangebot wurde qualitativ und quantitativ abgespeckt, so dass auch weniger zahlungskräftige Kunden gewonnen wurden, die andernfalls nie eine Kreuzfahrt unternommen hätten (vgl. GALLAGHER 1992, S. 6). „Allerdings wäre die Schlussfolgerung voreilig, ,Contemporary Cruises' seien die Low-Budget-Versionen der klassischen Kreuzfahrten. Vielmehr entstand aus einem Grundgedanken, der den Preisaspekt durchaus mit ins Kalkül zog, ein völlig neuer Typus des Kreuzfahrttourismus" (SCHÄFER 1998, S. 191). Zeitgeist und amerikanischer Lebensstil sind die Wegweiser zur Entwicklung des Typs geworden. Das Kreuzfahrtschiff ist damit selbst zur Destination geworden, die durch die Kombination der Elemente Architektur, Design, Entertainment, Animation und Bordeinrichtungen entsteht: „Das Kreuzfahrtschiff, oder besser das ,floating resort', ist speziell für sein amerikanisches Publikum konzipiert und wird durch ständige Variation und Innovationen an die neuesten Tendenzen und Trends im Freizeitbereich angepasst" (MOTTOK 1992, S. 128).

---

[1] vgl. www.cruisecritic.com/reviews/cruiseline.cfm? CruiseLineID=32 vom 20. September 2001)

[2] vgl. www.cruisecritic.com/reviews/cruiseline.cfm?Cruise LineID=8 vom 20. September 2001)

[3] vgl. carnival.com/Ships/default.asp vom 20. September 2001

Über die Hälfte aller weltweit verbrachten Passagiertage[4] werden allein dem Reisegebiet Karibik zugeordnet, wobei die Möglichkeit der ganzjährigen Bereisung dieser Region gegenüber anderen Kreuzfahrtdestinationen einen bedeutenden Vorteil darstellt (vgl. SCHÄFER 1998, S. 150). Neben den klimatischen Gunstfaktoren weist die Karibik darüber hinaus Strände und Bademöglichkeiten, kulturhistorische Sehenswürdigkeiten, reizvolle Landschaften, eine interessante Fauna und Flora, Sicherheit und politische Stabilität sowie gute Einkaufsmöglichkeiten auf.

Ab Mitte der 1990er-Jahre kann bei nahezu allen Staaten der Karibik eine (erneute) Zunahme der Ankünfte von Kreuzfahrttouristen verzeichnet werden, die das Ende einer rezessionsbedingten ca. dreijährigen Stagnation bedeuten. Die Insel Dominica besuchten im Jahr 1999 202.000 Passagiere auf 263 ankommenden Schiffen, so dass durchschnittlich von 768 Besuchern pro Schiff ausgegangen werden kann (vgl. CSO 2000, S. 39). Der Einbruch in den Passagierankünften für 1999 erklärt sich durch den zeitweiligen Rückzug einer Kreuzfahrtlinie.

2   Reiseziel Dominica – Gunst und Ungunst der Unzugänglichkeit

Das steile, unzugängliche Relief der Insel erschwert alle Bemühungen, eine qualitativ und quantitativ hinreichende Infrastruktur aufzubauen. Trotz zahlreicher multi- und bilateraler Projekte der Entwicklungszusammenarbeit bleibt die infrastrukturelle Ausstattung mangelhaft; sie bildet nach wie vor ein wesentliches Entwicklungshemmnis. Viele abgelegene Siedlungen haben nur einen erschwerten Zugang zu Markt-, Verwaltungs-, Schul- und Gesundheitszentren. Der hauptstadtnahe, nur für 19-sitzige Maschinen geeignete Flughafen Canefield wird seit 1997 von der wichtigsten Fluglinie nicht mehr angesteuert, da die kleinen Flugzeuge ausgemustert wurden (vgl. Abb. 1). Der im Nordosten der Insel liegende Flughafen Melville Hall sieht in den nächsten Jahren einer technischen Verbesserung entgegen, die es künftig Flugzeugen der Größe einer Boeing 737 ermöglicht, Dominica anzufliegen (derzeit können auch hier nur max. 40-Sitzer landen).

Im Jahr 1989 wurde der erste Kreuzfahrtanleger an der Nordwestküste eröffnet, doch er brachte nicht die erhofften wirtschaftlichen Effekte für die Region, da die best erschlossenen Sehenswürdigkeiten durchschnittlich rund 30-40 km entfernt liegen und besser über den hauptstadtnahen Industriehafen Woodbridge Bay zu erreichen sind. Im Jahr 1995 wurden in der Hauptstadt Roseau die Wiederaufbauarbeiten nach der Küstenzerstörung durch Hurrikan David 1979 abgeschlossen: Ein Fischereihafen und ein Kreuzfahrtanleger wurden im unmittelbaren Stadtgebiet ihrer Bestimmung übergeben (vgl. BISCHOFF 2000, S. 90-93).

---

[4] Passagierkapazität x Dauer der Reise

Das unzugängliche Relief sorgt ebenfalls dafür, dass speziell im Inselinnern eine
Unberührtheit erhalten geblieben ist, die auf den karibischen Nachbarinseln verloren
ging (ca. 70% der Inselfläche Dominicas müssen als landwirtschaftlich ungeeignet
eingestuft werden) (vgl. CCA 1991, S. 83). Eine besondere Auszeichnung erhielt
Dominica im Dezember 1997, als der Morne Trois Pitons National Park im südlichen
Bereich der Insel (vgl. Abb. 1) aufgrund seiner herausragenden Biodiversität in die
Liste der zum Welterbe der UNESCO zählenden Stätten aufgenommen wurde.[5]

Die wirtschaftliche Entwicklung Dominicas wird oftmals als eine von Kolonialinte-
ressen diktierte Abfolge von Aufbau, Blüte und Ruin einzelner Plantagenfrüchte
beschrieben: Kaffee, Zuckerrohr, Limonen und Vanille reihen sich hierbei nahtlos
aneinander. Seit den 1950er-Jahren hat der Bananenanbau so stark an Bedeutung
gewonnen, dass er Anfang der 1960er-Jahre einen Exportanteil von rund 70% erreichte (vgl. NUSCHELER 1995, S. 372). Die vor allem durch das steile Relief erschwerten Anbaubedingungen ließen Dominica aber nie zu einem ernstzunehmenden
Konkurrenten für lateinamerikanische Staaten werden. Mit der Bildung des EG-
Binnenmarktes war früh abzusehen, dass die gesicherten Absatzmärkte in Großbritannien mittelfristig der Vergangenheit angehören würden. Der Druck, neue wirtschaftliche Standbeine finden zu müssen, veranlasste die Regierung bereits in den
1970er-Jahren, Untersuchungen zum touristischen Potenzial in Auftrag zu geben. Die
Gutachten fielen vielversprechend aus. Man entschloss sich deshalb, eine naturver-
bundene Konzeption – trotz fehlender weißer Strände – zu verfolgen und legte diese
in entsprechenden ,Tourism Policies' seit 1987 nieder. Im Jahr 1994 wurde eine
,National Cruise Tourism Policy' vorgelegt, die mit der wachsenden Bedeutung des
Kreuzfahrttourismus korrespondiert, der sich seit Anfang der 1990er-Jahre entwickelt
hat.

Ein spezielles ökotouristisches Konzept, das eine Integration der verschiedenen touristischen Ausprägungen anstrebt, erreicht 1997 erst ein Entwurfsstadium (vgl. BI-
SCHOFF 2000, S. 85-86). Auf diesem fußt das ,Ökotourismus-Modell', das noch
näher dargestellt wird. Sowohl der Übernachtungs- als auch der Kreuzfahrttourismus
prosperieren, wobei die Schaffung qualitativ ansprechender Übernachtungsmöglichkeiten mehr Zeit erfordert als die Bereitstellung von Schiffsanlegern (vgl. Abb. 2).

---

[5] vgl. The Chronicle, Dominica's National Newspaper, 08.08.1998 (www.delphis.dm/
chron.htm)

Abb. 1: Dominica – eine Übersichtsdarstellung

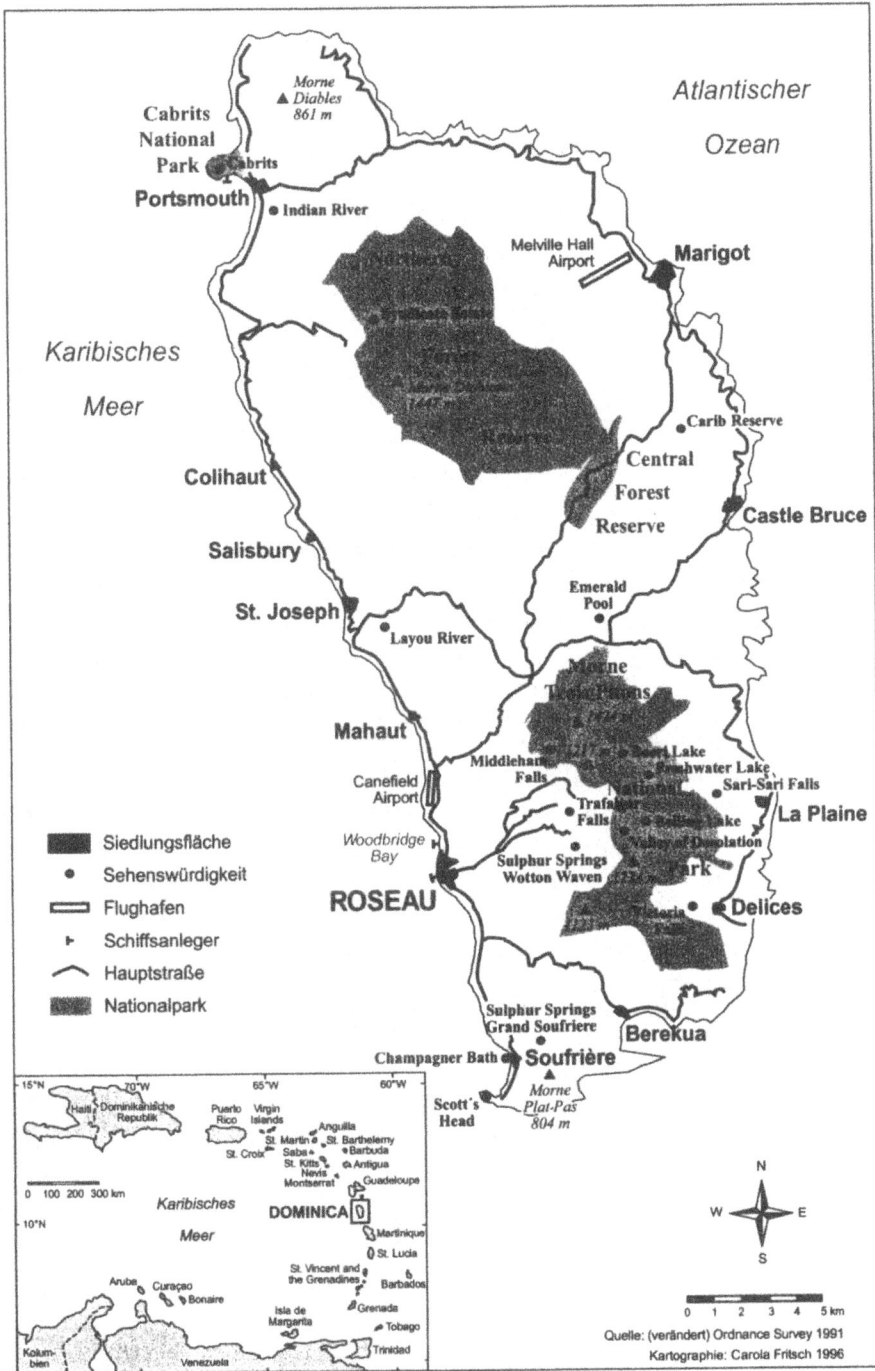

Atlantischer Ozean

Karibisches Meer

Morne
▲ Diables
861 m

Cabrits
National
Park — Cabrits

Portsmouth
● Indian River

Melville Hall
Airport

Marigot

Colihaut

Carib Reserve

Central
Forest
Reserve

Castle Bruce

Salisbury

St. Joseph

● Layou River

Emerald
Pool

Morne
Trois Pitons

Mahaut

Middleham
Falls

Boeri Lake
Freshwater Lake
Sari-Sari Falls

La Plaine

Canefield
Airport

Trafalgar
Falls

Woodbridge
Bay

Valley of Desolation

Sulphur Springs
Wotton Waven

ROSEAU

● Delices

Siedlungsfläche
● **Sehenswürdigkeit**
▭ **Flughafen**
► **Schiffsanleger**
⌒ **Hauptstraße**
▨ **Nationalpark**

Sulphur Springs
Grand Soufrière

Berekua

Champagner Bath ● Soufrière
▲

Scott's
Head

Morne
Plat-Pas
804 m

15°N — 70°W — 65°W — 60°W
Haiti — Dominikanische Republik
Puerto Rico — Virgin Islands
St. Croix — St. Martin ● St. Barthélemy
Saba ● ● Barbuda
St. Kitts ● ◐ Antigua
Nevis
Montserrat — Guadeloupe

0 100 200 300 km

Karibisches
Meer

10°N

DOMINICA ▣

◖ Martinique
◖ St. Lucia

Aruba
Curaçao
◖ Bonaire

St. Vincent and
the Grenadines ●
◖ Barbados

Isla de
Margarita

◖ Grenada

Kolum-
bien

Venezuela

◖ Tobago
◖ Trinidad

N
W — E
S

0 1 2 3 4 5 km

Quelle: (verändert) Ordnance Survey 1991
Kartographie: Carola Fritsch 1996

Abb. 2: Ausgewählte Kennzahlen der touristischen Entwicklung in Dominica
         (1985-1999)

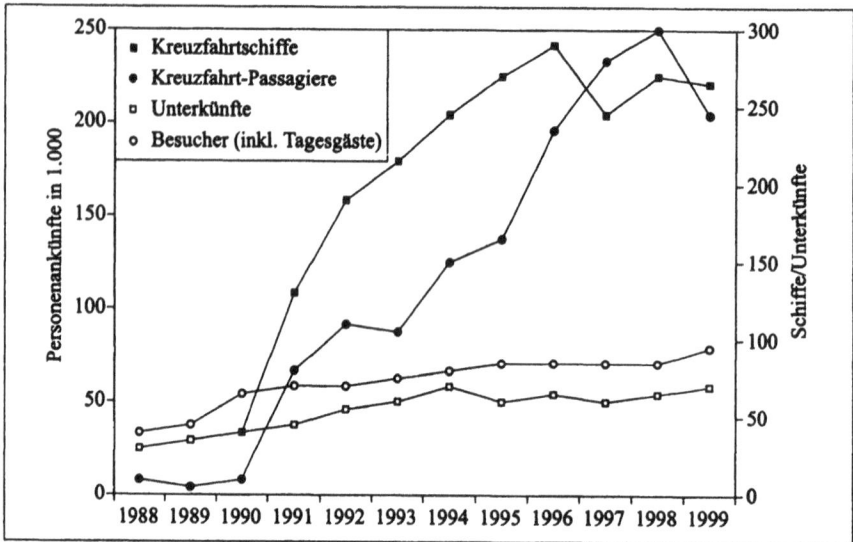

Quelle: CSO 1995, S. 28; CSO 2000, S. 8, 38 und 43

Im Jahre 1999 wurde die Insel von 77.430 Personen besucht, die nicht dem Kreuzfahrttourismus zuzuordnen sind. Hiervon haben 95% mindestens eine Übernachtung auf Dominica getätigt. Mit einem Anstieg von 15,6% gab es damit nach mehreren Jahren der Stagnation wieder einen deutlichen Aufschwung der Besucherzahlen, der im engen Zusammenhang mit einer regionalen und internationalen Konferenz im Sommer des Jahres stand. Besonders interessant ist, dass die Übernachtungsgäste zumeist aus der Karibik selbst kommen (59,6%), gefolgt von Gästen
aus den USA (20,3%) und Europa (15,8%) (vgl. CSO 2000, S. vii-viii).

3   Das ‚Ökotourismus-Modell' Dominica

Im Vorfeld der Ökotourismus-Konferenz im Mai 1997 auf Dominica wurden für
die Insel ein ökotouristisches Stärken- und Schwächenprofil erstellt sowie die zu
erwartenden Chancen und Konflikte benannt. Hieraus wurde das ‚Ökotourismus-
Modell' Dominicas abgeleitet, das auf fünf Kernkomponenten basiert, die allesamt
einer klassischen nachhaltigen Konzeption folgen und vor allem die Lebens-, Bil-
dungs-, Arbeits- und Wohnbedingungen der Dominicaner sichern bzw. verbessern
sollen. Damit ist ein deutliches Gewicht auf die ökonomischen und soziokulturellen Aspekte gelegt worden. Klar erkannt wurde dabei die zweischneidige
Aufgabe, einerseits ein ‚touristisches Produkt Dominica' ausbauen und pflegen zu
wollen und andererseits den Naturschutzgedanken konsequent weiter verfolgen

und sichern zu müssen. Diese Aufgaben sollen vor allem durch die Einbindung der lokalen Gemeinden sowie verschiedener Akteursgruppen langfristig sichergestellt werden (vgl. BISCHOFF 2000, S. 96-102).

Das speziell für die Insel skizzierte Modell der Caribbean Futures (1997) verfolgt vier Hauptziele: Es gilt, die Vorstellungen und Visionen der Bewohner Dominicas von einer generellen touristischen Entwicklung ihrer Insel darzustellen; hieraus wird in einem zweiten Teil das dominicanische Verständnis von Ökotourismus erarbeitet; in einem dritten Schritt werden die bereits erfolgten Bemühungen des Staates hinsichtlich einer ökotouristischen Ausrichtung der bisherigen Tourismuspolitik dargestellt, und hieraus wird letztlich in einem vierten Teil das aktuelle ,Ökotourismus-Modell' Dominica abgeleitet.

Die tourismuspolitischen Bestrebungen der dominicanischen Regierung des Jahres 1991 verfolgen das Ziel, die grundlegenden Bedingungen zu schaffen, um der Bevölkerung mit einem anhaltenden Tourismuswachstum eine neue wirtschaftliche Basis zu sichern (vgl. GOCD 1991). In diesem Kontext werden bereits die erhofften weitreichenden positiven Effekte auf die verschiedenen wirtschaftlichen, ökologischen, sozialen und kulturellen Bereiche skizziert. Diese Vorstellung wird in dem ökotouristischen Politik- und Strategiekonzept, das BELLOT (1997) mit und für die dominicanische National Development Corporation (NDC) erarbeitet hat, ausdrücklich bestätigt. Gemäß eines ganzheitlichen Ansatzes lassen sich die Wünsche der Bewohner und Politiker zu folgender Formel zusammenfassen: „Sustainable, harmonized development and growth in which every Dominican has an opportunity to have an education; to have a job; to have an affordable home; to enjoy reasonable standard of living and to enjoy a quality of life style" (Caribbean Futures 1997, S. 13).

Die Ausführungen der Caribbean Futures (1997, S. 15-23) benennen im weiteren detailliert die Basis des touristischen Produkts, mit dem Dominica sich im karibischen Vergleich platzieren will und muss. Explizit herausgestellt sind die touristische Bedeutung der Nationalparks und der geschützten Gebiete, des Tauchens, der Möglichkeiten der Walbeobachtung, der Wanderwege sowie des karibischen und folkloristischen Kulturerbes.

Unter Berücksichtigung der Ergebnisse verschiedener Besucherstatistiken und Gästebefragungen wurden hieraus für Dominica ein Stärken- und Schwächenprofil erstellt sowie die zu erwartenden Chancen und Konflikte benannt, um letztlich die konkreten Schlüsselelemente des dominicanischen ,Ökotourismus-Modells' abzuleiten. Die tabellarische Zusammenstellung (vgl. Tab. 1) erlaubt einen grundsätzlichen Einstieg in die lokalen Vorstellungen, die zusammen mit der National Development Corporation als offiziellem Organ erarbeitet wurden (vgl. Caribbean Futures 1997, S. 28-33; ausführliche Darstellung in BISCHOFF 2000, S. 97-100).

Zusammenfassend lässt sich festhalten, dass das skizzierte ökotouristische Konzept Dominicas einerseits durch das Produkt und andererseits durch den Schutzgedanken getragen wird. Aufgabe der Regierung wird es sein, das ‚Produkt' Dominica weiter zu entwickeln. Nur mit großem zeitlichen und finanziellen Aufwand sowie Engagement wird es möglich sein, die Nationalparks wie auch die anderen ökotouristischen Attraktionen zu pflegen bzw. zu schaffen. Eine besondere Bedeutung wird jedoch der Einbindung der Gemeinden zugemessen.

Tab. 1: Dominicas ‚Ökotourismus-Modell'

Stärken	Schwächen
• neue, unberührte Destination • freundliche Bewohner • reiche Tierwelt • Einzigartigkeit des Produkts • Urlaub im Abenteuer-Stil • gutes Straßennetz • schwierige Erreichbarkeit der Insel kann als Abenteuer/Vorteil gesehen werden • Gelegenheit zu Tauchsport und Walbeobachtung • günstiges Klima • Kariben-Indianer • Entscheidung, einen nachhaltigen Tourismus zu entwickeln	• Fehlendes internationales Image • geringe Wahrnehmung D.s im Ausland • Mangel eines adäquaten Umweltschutzes • unzulängliche Luftverkehrsanbindung und fehlende Nachtlandemöglichkeiten • mangelhafte Infrastrukturausstattung • begrenztes Marketing & Promotion Budget/ Fehlen eines effektiven Marketings • nur in geringem Maße Kooperation zwischen privatem und öffentlichem Sektor • Knappheit an ausgebildetem Personal • fehlender Öffentlicher Personennahverkehr • risikoabgeneigte Gesellschaft, Barrieren für das Unternehmertum • Mangel an qualifizierten Unterkünften
Chancen	Konfliktpotenzial
• neue Touristen • special interest-Märkte • Entwicklung von Nationalparks • Vermeiden der Fehler anderer Ziele • Schmieden neuer Verknüpfungen zu anderen Wirtschaftssektoren • Organischer Landbau • Topographie (obwohl ideal zum Zitrusfruchtanbau, importiert Dominica noch immer aus anderen Ländern) • Landwirtschaft als Chance sehen • Schwierigkeiten in der Bananenwirtschaft können zu einer Umnutzung der Ressourcen führen	• wetteifernde Nutzung der Nationalparkressourcen • ökologische Gefahr durch häufige Nutzung der fragilen natürlichen Umwelt • amerikanischer Einfluss (TV) auf Kultur • Drogen • geographische Lage in der Mitte des Hurrikangürtels begünstigt das Eintreten von Naturkatastrophen • Konkurrenz durch andere ähnliche Destinationen

Kernkomponenten des dominicanischen Ökotourismus	
1. eine der Idee verpflichtete Regierung	⇒ eine extreme Verpflichtung gegenüber der Fremdenverkehrswirtschaft gemäß Umweltrichtlinien
2. klare Politik	⇒ klare Politik gemäß einer ganzheitlichen und nachhaltigen Entwicklung
3. Umweltschutz	⇒ Ausweisung neuer Nationalparks und Schutzgebiete sowie einer Gesetzgebung zum Umweltschutz
4. Entwicklung der Sehenswürdigkeiten und Attraktionen	⇒ Investitionen zur Aufwertung der Besuchsziele (Emerald Pool, Trafalgar Falls, Karibenreservat usw.)
5. Einbindung der lokalen Gemeinden/ Bevölkerung	⇒ eine Kernkomponente des Ökotourismus-Ansatzes
6. Förderung/Entwicklung des privatwirtschaftlichen Sektors	⇒ Schaffung einer Reihe von Anreizen für privatwirtschaftliche Investitionen in Tourismusanlagen und -einrichtungen
7. Marketing, Promotion und klare Positionierung	⇒ stimmiges Marketing der Insel mit der einmaligen Positionierung als ,Nature Island of the Caribbean'

Quelle: BISCHOFF 2000, S. 98 nach Caribbean Futures 1997, S. 28-33

Die zentralen Akteure, die dieses Konzept tragen müssen, sind die Regierung Dominicas, internationale Institutionen der Entwicklungszusammenarbeit, die dominicanische Privatwirtschaft sowie nationale und regionale Nicht-Regierungsorganisationen (vgl. Caribbean Futures 1997, S. 38-45; BISCHOFF 2000, S. 100-101).

Grundsätzlich sind die zukünftigen Handlungsfelder bereits in Tab. 1 unter den Kernelementen des dominicanischen ,Ökotourismus-Modells' zusammengefasst worden; die einzelnen Punkte sollen hinsichtlich ihrer tatsächlichen Durchführbarkeit im weiteren diskutiert werden. So wird es z. B. für die Regierung eine schwierige Aufgabe sein, konsequent eine umweltorientierte Politik zu vertreten, wenn Minenunternehmen 300 Arbeitsplätze in Aussicht stellen, für den Fall, dass die Staatsvertreter einem Bodenschatzabbau im Tagebau zustimmt, der allerdings mit gewaltigen Eingriffen in den Naturhaushalt verbunden wäre (vgl. BISCHOFF 2000, S. 85-86). Der Bedarf an Arbeitsplätzen ist ungebrochen groß, so dass tiefgreifende Interessenkonflikte und damit Uneinigkeit vorprogrammiert sind.

Außerdem reicht der bekundete Wille, die angestrebten ökotouristischen und umweltpolitischen Verknüpfungen zu vertreten, allein nicht aus, um eine tatsächliche Umsetzung zu sichern. Es stellt sich die Frage nach einer geeigneten Institution, von der die Gesetze und deren Durchführung miteinander verknüpft werden. Die National Development Corporation, die bisher viele Vorarbeiten geleistet hat, müsste entweder um diese (ihr grundlegend fremde) Pflicht erweitert werden, oder aber ein neues Organ müsste geschaffen werden. Wer wird sich künftig dafür verantwortlich fühlen bzw. sein, das fremdenverkehrliche Ausbildungsangebot der

Insel auf eine qualifizierte ökotouristische Basis zu stellen? Wer kontrolliert diese entsprechende Stelle?

Wer legt auf Grund welcher Kriterien fest, welche Besucherzahlen gemäß dem nachhaltigen Gesamtkonzept noch ‚verträglich' sind? Diese Frage stellt sich gleichermaßen hinsichtlich der Anzahl der ankommenden Übernachtungsgäste wie auch der Tagesgäste, die von den Kreuzfahrtschiffen auf die Insel strömen (vgl. hierzu erste Untersuchungen von ECOSYSTEMS LTD. 1997). Hierbei gilt es zu berücksichtigen, dass Verknüpfungen zwischen touristischen sowie vor- und nachgelagerten Wirtschaftszweigen einen gewissen Mindestumsatz benötigen, um langfristig wirken zu können. Darüber hinaus fehlen Aussagen zum benötigten qualitativen und quantitativen Ausbau der inselweiten Übernachtungskapazität. Auch sind Beratungsleistungen zum optimalen Einsatz des begrenzten Marketing- und Werbebudgets einzuholen.

4 Ausgewählte empirische Ergebnisse zum Verhältnis von Kreuzfahrt- und Ökotourismus auf Dominica

In einer vergleichenden Analyse wurden für die Jahre 1995 und 1997 das Verhalten und die Einschätzungen von insgesamt 1.325 Kreuzfahrt- bzw. Übernachtungsgäste auf Dominica vor und nach Inbetriebnahme des neuen Kreuzfahrtanlegers in Roseau untersucht (vgl. BISCHOFF 2000). Einige ausgewählte empirische Ergebnisse sind hier im Folgenden dargestellt, um zu zeigen, inwieweit sich die Aktivitäten und Erwartungen der verschiedenen Gästegruppen voneinander unterscheiden.

Tendenziell hat sich die Annahme bestätigt, dass die Ankunft direkt in der Hauptstadt Roseau auf die Seereisenden eine stärkere Anziehung zur selbstständigen Stadtbesichtigung und zum Einkauf ausübt als die Ankunft an den anderen Kreuzfahrtanlegern in Woodbridge Bay und im nördlichen Portsmouth (vgl. Abb. 1). Aber auch im Jahr 1997, als die meisten Seereisenden über den Anleger in Roseau auf die Insel kamen, bleibt das geführte Sightseeing die meistgenannte Aktivität der Kreuzfahrtteilnehmenden (1995: 71%; 1997: 66%). Das ungeführte Sightseeing (1995: 2%; 1997: 6%) hat hingegen überhaupt erstmalig – wenn auch auf sehr niedrigem Niveau – an Bedeutung gewonnen, während das ziellose Herumgehen (1995: 15%; 1997: 12%), das zumeist von jüngeren Personen unter 30 Jahren unternommen wird, nur leicht abgenommen hat. Der Souvenirverkauf hat von diesen ‚vorsichtig' in die Stadt strömenden Menschen profitiert. Auch in den weniger übersichtlichen, schmalen Seitenstraßen in der unmittelbaren Nähe des Kreuzfahrtanlegers haben sich Anbieter mit touristisch interessanten Waren gehalten bzw. haben neu eröffnet. Obwohl die Konkurrenz der Souvenirstände am Anleger, die ursprünglich ausschließlich auf die Kreuzfahrttouristen in Woodbridge Bay ausgerichtet waren und nun mit den anlegenden Kreuzfahrtschiffen ihre Lokalität wechseln, durch die Innenstadtlage größer geworden ist, profitieren die zumeist kunst- und bekleidungsgewerblich orientierten Anbieter von der optisch immens verbesserten Umgebung. Der Souvenirkauf der Kreuzfahrttouristen nahm von 5% (1995) auf 12% (1997) und damit am stärksten unter allen genannten Aktivitäten zu. Dieser positiven Entwicklung muss jedoch entgegen gesetzt werden, dass sich diese steigende Aktivität nicht in den finanziellen Ausgaben der Reisenden und damit den Einnahmen der Dominicaner widerspiegelt. Insgesamt wurde pro Tag und Kreuzfahrtteilnehmer ein konstanter Medianwert von 25 US-\$ an Gesamtausgaben in beiden Erhebungsjahren errechnet. Der Souvenirkauf hatte hieran einen Anteil in Höhe von 18% (1995) bzw. nur mehr 14% (1997), und auch Ausgaben für sonstige Einkäufe stagnierten bei 3%. Die organisierten Inselrundfahrten nahmen hingegen mit 47% (1995) bzw. 57% (1997) den größten Anteil an den Ausgaben ein. Für die Vermittlung und Organisation dieser Touren sowie die Schulung der Fahrer streichen die Touranbieter einen erheblichen Prozentsatz dieser Summe ein. Im Interview mit dem Geschäftsführer des Veranstalters, der ca. 90% aller kreuzfahrttouristisch generierten Inselrundfahrten abwickelt, waren keine konkreteren Angaben zu erfahren, doch darf davon ausgegangen werden, dass über die Löhne letztlich weniger als die Hälfte der hier durch den Tourismus erwirtschafteten Dollars auch in den Geldbörsen der dominicanischen Bewohner bleibt, die diese Touren tatsächlich durchführen.

Die Hypothese, dass Übernachtungsgäste pro Tag und Person größere Ausgaben auf Dominica tätigen als Kreuzfahrttouristen, konnte uneingeschränkt bestätigt werden. Die auf den Medianwert berechneten Angaben weisen bei den Übernachtungsgästen tägliche Pro-Kopf-Ausgaben in Höhe von 62,50 US-\$ (1995) bzw. 45,00 US-\$ (1997) aus – gegenüber einem Betrag von 25,00 US-\$, den die Kreuzfahrttouristen in den Jahren 1995 und 1997 auf die Insel trugen. Auf die Problematik des Brutto- gegenüber eines Nettodeviseneinkommens sei hier nur hingewiesen.

Außerdem wurde untersucht, ob Übernachtungsgäste mit zunehmender Länge ihres Aufenthalts auf Dominica mehr und andere Aktivitäten als Kreuzfahrttouristen ausüben. Grundsätzlich ist die überragende Bedeutung des auf Kleinbustouren basierenden und möglichst bequemen Sightseeings für die Kreuzfahrttouristen soeben ausführlich dargestellt worden. Auch die Übernachtungsgäste sind an Besichtigungszielen interessiert, doch besuchen sie diese zumeist im Rahmen von Wanderungen. Natürlich können die durchschnittlich sechs Nächte auf Dominica verbleibenden Übernachtungsgäste mehr unternehmen und sie tun dies auch. Jedoch steigt die Zahl der unternommenen Aktivitäten nicht proportional zur Aufenthaltsdauer. Vielmehr kristallisiert sich ein besonders aktiver, naturorientierter Besuchertypus heraus, der zumeist mehr als vier Sehenswürdigkeiten besucht. Unter den Aktivitäten der Übernachtungsgäste wurden am häufigsten (Berg-)Wandern, Schwimmen sowie Tier- und Pflanzenbeobachtungen genannt. Die begrenzte Auswahl von Ausflugszielen führte jedoch dazu, dass oftmals die gleichen Ziele in der Gunst beider Besuchergruppen standen. Die beiden Wasserfälle Trafalgar Falls und Emerald Pool wurden hierarchiegleich als beliebteste Ziele angegeben. Doch die Kreuzfahrttouristen nannten danach vor allem die Hauptstadt Roseau sowie den dort befindlichen Botanischen

Garten als meistbesuchte Ziele. Die Übernachtungsgäste führten hingegen das Karibenreservat, den Cabrits Nationalpark sowie den Indian River an. Diese Sehenswürdigkeiten liegen im Nordosten bzw. Nordwesten der Insel, so dass die Zielauswahl der längerfristigen Besucher eine weitaus größere Bedeutung für die inselweite touristische Entwicklung Dominicas besitzt.

5   Ausblick

Dieser knappe Ausblick soll vor allem die guten Ausgangsbedingungen Dominicas betonen, die eine beiderseits als fruchtbar empfundene Kooperation zwischen Kreuzfahrt- und Ökotourismus überhaupt ermöglichen. Die gesamte Karibik – und Dominica mit ihr – kann es sich finanziell nicht leisten, die internationale Tourismuswirtschaft als Einkommensquellen zu ignorieren. Es stellt sich also nur die Frage nach der Quantität und Qualität des touristischen Einflusses. Einen massentouristischen Weg haben Aruba, Antigua, Barbados, die Bahamas sowie St. Maarten eingeschlagen: Sie konnten früh von diesem Wirtschaftszweig profitieren, mussten aber auch früh die negativen Folgen spüren. Diesen Staaten sind keinerlei Freiräume verblieben, die einen umweltschonenden, kreativen Umgang mit dieser Einnahmequelle ermöglichen könnten (vgl. PATTULLO 1996, S. 204).

Unter allen ostkaribischen Staaten wird einzig Dominica die Chance auf eine umweltverträgliche wirtschaftliche Zukunft mit Hilfe des Ökotourismus in Aussicht gestellt. Da Landaufkäufe durch ausländische Investoren eine Seltenheit geblieben sind, verfügt der Staat heute noch über Flächen, die als weitläufige Nationalparks ausgewiesen werden können. So ist Dominica in der glücklichen Lage, agieren zu können, aber auch zu müssen. Es gilt, ein kreatives, flexibles Konzept aufzustellen, das eine Segmentierung zulässt und diagonal in den verschiedenen Akteursebenen integriert ist. Der Kreuzfahrttourismus stellt hierbei zwar eine besondere Herausforderung, aber kein unüberwindbares Hindernis für ein grundlegend ökotouristisches Konzept dar.

Literatur

ALTHOF, W. (1994): Welt der Kreuzfahrtschiffe. Hamburg.
BELLOT, M. (1997): Ecotourism development in Dominica. Policy and strategy (draft). Roseau/Dominica.
BISCHOFF, C. (2000): Kreuzfahrt- und Ökotourismus in Dominica. Auswirkungen auf die Nutzungsstruktur der Hauptstadt eines karibischen Mikrostaates. Münstersche Geographische Arbeiten, 44. Münster.
Caribbean Tourism Organization (1998): Caribbean Tourism Statistical Report 1997. St. Michael/Barbados.
Caribbean Futures (1997): Dominica's ecotourism approach. Towards a model for sustainable development. o. O.

CCA (Caribbean Conservation Association) (1991): Dominica. Environmental profile. Roseau/Dominica.

CLIA (Cruise Lines International Association) (1995): The cruise industry. An overview. New York.

CLIA (Cruise Lines International Association) (2001): CLIA Passenger Carryings Report. New York.

CSO (Central Statistical Office; Commonwealth of Dominica) (1995): Travel report for 1994. Roseau/Dominica.

CSO (Central Statistical Office; Commonwealth of Dominica) (2000): Travel report for 1999. Roseau/Dominica.

ECOSYSTEMS LTD. et al. (1997): Integrating conservation with ecotourism on the island of Dominica. European Community project No. B7-5040-24. Final report. 7 Bde. Brüssel.

GALLAGHER, T. (1992): Carnival Cruise news: Seventeen years of success. A history of Carnival Cruise Lines. Miami.

GANSER, A. (1991): Kreuzfahrten. In: SEITZ, E./WOLF, J. (Hrsg.): Tourismusmanagement und -marketing. Landsberg/Lech, S. 137-161.

GoCD (Government of the Commonwealth of Dominica) (1991): Tourism policy 1991. Roseau/Dominica.

GÖCKERITZ, H. (1997): Wo Badeurlauber zu Seetouristen werden. In: Handelsblatt, Nr. 26, 07./08.02.1997, S. G9.

GÖCKERITZ, H. (1999): Hohe Nachfrage führt zu Neubauten auch bei den ‚kleinen Feinen'. Super-Luxus-Schiffe kommen trotz ihrer hohen Tagespreise am Markt gut an. In: Handelsblatt, Nr. 25, 05./06.02.1999, S. G7.

HOBSON, P. (1993a): Increasing consolidation within the cruise line industry. In: Journal of travel and tourism marketing 2, H. 4, S. 91-96.

HOBSON, P. (1993b): Analysis of the U.S. cruise line industry. In: Tourism Management 14, H. 12, S. 453-462.

LAWTON, L. J./BUTLER, R. W. (1987): Cruise ship industry – patterns in the Caribbean 1880-1986. In: Tourism Management 8, H. 12, S. 329-343.

MOTTOK, A. (1992): US-Turnuskreuzfahrten – Ein Vorbild für den deutschen Kreuzfahrtmarkt. Marktanalyse mit Vergleich der beiden größten Kreuzfahrtmärkte BRD und USA. (unveröffentlichte Diplomarbeit an der Fachhochschule München). München.

MYERS, L. (1992): Cruise consolidation seen as finances dwindle. In: Journal of Commerce and Commercial, H. 3, S. 1B.

NUSCHELER, F. (1995): Dominica. In: NOHLEN, D./NUSCHELER, F. (Hrsg.): Handbuch der Dritten Welt. Bd. 3: Mittelamerika und Karibik. Hamburg, S. 370-380.

PATTULLO, P. (1996): Last resorts. The cost of tourism in the Caribbean. London.

SCHÄFER, C. (1998): Kreuzfahrten. Die touristische Eroberung der Ozeane. Nürnberger Wirtschafts- und Sozialgeographische Arbeiten 51. Nürnberg.

TEYE, V. B./LECLERC, D. (1998): Product and service delivery satisfaction among North American cruise passengers. In: Tourism Management 19, H. 2, S. 153-160.

WARD, D. (1998): Berlitz 1998. Complete guide to cruising and cruise ships. Princeton.

Freizeit- und Tourismusplanung

Peter Jurczek

Die Freizeit- und Tourismusplanung hat sich in den letzten 50 Jahren ebenso rasant verändert wie die Freizeit und der Tourismus selbst. Während zu deren Beginn (ca. 1950er- bis 1970er-Jahre) das Erschließungsprinzip dominierte, wurde dieses später (ca. 1980er- bis 1990er-Jahre) durch das Ordnungsprinzip abgelöst. Mittlerweile stehen ganzheitliche Planungskonzepte im Vordergrund, die sowohl räumliche als auch in zunehmendem Maße betriebliche Aspekte beinhalten.

1 Freizeitplanung

Freizeitplanung wird als Fachplanung definiert, „die alle Maßnahmen und Planungen im Bereich der Freizeit des Menschen umfasst" und „einen integrierenden Bestandteil von Regionalplanung und Landesplanung" darstellt (WOLF 1985, S. 340). In der Regel wird sie unter infrastrukturellen Gesichtspunkten diskutiert, die sowohl materielle als auch immaterielle Elemente beinhaltet, die aus dem häuslichen und außerhäuslichen Freizeitverhalten ihrer Akteure resultieren. Zur materiellen Freizeitinfrastruktur werden – neben naturräumlichen Ausstattungsfaktoren – sämtliche baulichen Einrichtungen (z. B. der Gastronomie, für Spiel, Spaß und Sport sowie der Kultur) gezählt, die in der Freizeit genutzt werden können. Demgegenüber gehören zur immateriellen Freizeitinfrastruktur alle in entsprechenden Einrichtungen tätigen Personen sowie spezifische Informationen und Programme.

Die wissenschaftliche Auseinandersetzung mit der Freizeitplanung hat erst in den 1960er-Jahren einen Aufschwung erfahren, nachdem die Vertreter der Geographie des Freizeitverhaltens die Belange der Freizeit im Wohnumfeld und in der Stadt bzw. in der Wohngemeinde in den Vordergrund gerückt haben (vgl. RUPPERT 1975). Seitdem ist die konzeptionelle Beschäftigung mit der Freizeitinfrastruktur und ihrer Planung zum festen Bestandteil geographischer Überlegungen geworden, wobei einerseits der stetige Wandel dieser Infrastruktur und die damit verknüpften zukünftigen Entwicklungsperspektiven in den laufenden Forschungsprozess eingehen. Eine besonders intensive wissenschaftliche Beschäftigung erfahren dabei innovative Freizeiteinrichtungen wie z. B. Freilichtbühnen, Freizeit- und Erlebnisbäder, Multiplex-Kinos, Freizeit- und Erlebnisparks (vgl. Institut für Länderkunde e. V. sowie BECKER/JOB 2000). Andererseits werden freizeitorientierte Untersuchungen vielfach im Kontext von stadt- oder einzelhandelsspezifischen Studien durchgeführt, um der integrativen Funktion der Freizeit gerecht zu werden.

Nicht zuletzt ist der Trend zu immer größer dimensionierten Freizeitanlagen zu erwähnen, die besondere Planungsmaßnahmen erforderlich machen. Da deren Flächenanspruch immer höher steigt, hat die Zahl der in diesem Bereich eingeleiteten Raumordnungsverfahren erheblich zugenommen. Diese Tatsache erscheint widersprüchlich: Einerseits wird eine zur Freizeitgestaltung vorgesehene Einrichtung geplant, was angesichts der Tendenz zur Freizeitgesellschaft grundsätzlich zu befürworten ist. Andererseits besteht jedoch die Gefahr, dass deren räumlicher Umgriff derart flächenintensiv ausfällt, dass ihre Errichtung einer fachplanerischen Prüfung unterzogen werden muss.

2 Tourismusplanung

2.1 Definition und Entwicklung

Obwohl die geographische Freizeitforschung mittlerweile zu einer festen Größe geworden ist, konzentrieren sich die meisten wissenschaftlichen Aktivitäten dennoch auf den Bereich der Tourismusplanung. Diese bezeichnet die Beplanung bestehender bzw. zukünftiger Tourismusgebiete (Fremdenverkehrsregionen, -gemeinden, -orte) sowie touristischer Betriebe (vgl. SCHMUDE 2002). Der letztgenannte Gesichtspunkt wird aus wirtschaftsgeographischer Perspektive erst in den letzten Jahren umfassender thematisiert. Dagegen gehören die raumbezogenen Aspekte der Fremdenverkehrsplanung (vormalige Bezeichnung) bzw. der Tourismusplanung (jüngere, internationale Bezeichnung) schon seit längerem zu den traditionellen Aufgabenfeldern der Geographie. Dabei ist zwischen einer großräumigen (nationalen) und kleinräumigen (gemeindlichen, örtlichen) Betrachtungsweise sowie einer dazwischen liegenden (regionalen) Ebene zu unterscheiden. Letztere wiederum weist in der Tourismusforschung einen hohen Stellenwert auf, da sie sich an der klassischen Abgrenzung von Fremdenverkehrsgebieten orientiert. Diese überschreiten in der Regel administrative Grenzen, so dass in der Praxis vielfach organisatorische Schwierigkeiten auftreten (z. B. auf Grund der Einbeziehung mehrer Gebietskörperschaften, bei der Tourismuswerbung).

Tourismusplanung setzt somit einen Fremdenverkehr voraus, der sowohl global als auch innerhalb der Länder und ihrer Regionen zunimmt und „der unter marktwirtschaftlichen Bedingungen letztlich durch Angebot und Nachfrage gesteuert wird" sowie „wegen der von ihm ausgelösten verschiedenartigen Interaktionen (z. B. Verkehrsströme zwischen Quell- und Zielgebieten, Personen-, Waren- und Informationsbeziehungen in den Zielgebieten) und wegen der direkten und indirekten Inanspruchnahme oder Beeinflussung von Fläche (z. B. Baugrund, Verkehrsfläche, Trassen der Ver- und Entsorgung) auch zunehmend raumordnerische Aufmerksamkeit und Einflussnahme" erfährt (BENTHIEN 1995, S. 346).

Allerdings ist dieser praxisorientierte Ansatz geographischer Tourismusarbeiten relativ neu. Noch in den 1950er- und 1960er-Jahren überwog deren deskriptive Ausrichtung, denn in den meisten Fällen hat man sich auf eine differenzierte Beschreibung von Fremdenverkehrslandschaften beschränkt. Lediglich die Ausführungen von CHRISTALLER (1955), der sich bereits vor dem Zweiten Weltkrieg dezidiert mit anwendungsorientierten Fragestellungen (z. B. den Zentralen Orten) beschäftigt hat, beinhalten einige tourismusplanerische Elemente. Verstärkt sind diese Aspekte bei der Thematisierung des erheblich an Bedeutung gewinnenden Erholungswesens und seiner raumprägenden Strukturen eingeflossen, das in jenen Jahren im Zentrum der fremdenverkehrsgeographischen Überlegungen stand. Da dessen prosperierende Entwicklung zunächst erschließende, später dann ordnende Maßnahmen erforderlich machte, erfuhr auch die Tourismusplanung einen gewissen Aufschwung (vgl. KLÖPPER 1955).

Dieser Trend setzte sich in den 1970er- und 1980er-Jahren weiter fort; er ist nicht zuletzt als Folge der verstärkten, wenn auch spät einsetzenden tourismuspolitischen Aktivitäten auf (inter)nationaler, regionaler und lokaler Ebene zu erklären. Dabei stand eine Kanalisierung der boomartigen Entwicklung von Fremdenverkehrsräumen und -standorten im Vordergrund, die die Erarbeitung und Umsetzung einer Vielzahl touristischer Konzepte erforderlich machte.

Seitdem sind die fremdenverkehrsplanerischen Strategien zunehmend verstetigt und professionalisiert worden. Sie dienen vielfach als Grundlage zur Implementierung von Entwicklungsimpulsen – insbesondere in peripher gelegenen und ländlich strukturierten Gebieten. Diese Zielsetzung hat in den Jahren nach der Vereinigung Deutschlands einen nochmaligen Bedeutungsaufschwung erfahren, und sie hat zu einem überdurchschnittlichen Anstieg von neu entstandenen Tourismusplänen vor allem in Ostdeutschland geführt. Dabei rücken die wirtschaftsgeographischen Belange in den Vordergrund des Interesses, was auf eine wachsende Konkurrenz von Fremdenverkehrsgebieten untereinander und auf eine deutliche Akzentuierung ihrer marktwirtschaftlichen Belange zurückzuführen ist.

2.2   Tourismusplanung auf nationaler und regionaler Ebene

In Deutschland ist erst seit Mitte der 1970er-Jahre von nennenswerten tourismuspolitischen und – wiederum daraus resultierend – tourismusplanerischen Aktivitäten auszugehen. Diese setzten weitaus später als in anderen europäischen Ländern ein, da jene entweder über eine längere Fremdenverkehrstradition oder eine größere touristische Bedeutung verfügen. Hierzu zählen sowohl klassische Reisezielgebiete wie die Schweiz (vgl. TSCHIDERER 1980) oder Österreich (vgl. WALCH 1998[3]) als auch international wichtige Fremdenverkehrsländer wie Spanien, Italien oder Frankreich. Nicht zuletzt hat die Tourismusplanung auch in den ehemaligen sozialistischen Staaten und in den Entwicklungsländern einen überdurchschnittlich hohen Stellenwert. Gründe hierfür sind die vormalige planwirtschaftliche Denkweise bzw. die Notwendigkeit zu einem umfassenden Aufbau einer rentablen Tourismusinfrastruktur.

Demgegenüber ist die bundesdeutsche Fremdenverkehrspolitik und -planung lange Zeit vernachlässigt worden, so dass sich zu jener Zeit folgende Probleme herauskristallisiert haben (vgl. JURCZEK 1989, S. 287-288):

- Der Fremdenverkehr dient häufig nur dann als Instrument zur Verbesserung der regionalen Wirtschaftsstruktur, wenn die Bedeutung anderer Wirtschaftszweige (z. B. Landwirtschaft, Industrie) rückläufig ist.

- Tourismusplanung wird bislang nur in bescheidenem Umfang betrieben.

- Nicht zuletzt auf Grund des weitgehenden Fehlens fundierter tourismusplanerischer Vorstellungen sind grundlegende Aspekte zur Struktur und Entwicklung des Fremdenverkehrs vielfach unbekannt.

- Falls Fremdenverkehrsentwicklungspläne in Auftrag gegeben werden, bestehen oft nur unklare Vorstellungen darüber, was eigentlich tourismusbezogen erforscht werden soll, oder es wird eine zu sehr eingegrenzte Thematik vorgegeben, wie das konzeptionelle Vorgehen der Fremdenverkehrswissenschaftler auszusehen hat.

- Die staatliche Fremdenverkehrsförderung hat nicht unbedingt solchen Regionen geholfen, die bevorzugt hätten unterstützt werden müssen.

Angesichts einer Vielzahl solcher und anderer Defizite haben in Deutschland vor rd. 25 Jahren Bund und Länder damit begonnen, den Fremdenverkehr zielstrebig weiterzuentwickeln. Die damit verbundenen Zielvorstellungen werden im dafür zuständigen Fachressort (in der Regel im jeweiligen Wirtschaftsministerium) formuliert und gehen in die entsprechende Fachplanung, nämlich das Fremdenverkehrsprogramm ein. Da jedoch auch Fragen der Umwelt und sonstiger Lebensbereiche tangiert werden, muss die spezifische Fachplanung mit anderen Ressorts abgestimmt werden (vgl. BECKER 1998[3]).

Dabei nimmt die Raumordnung einen zentralen Stellenwert ein. Allerdings verfügt der Bund auf diesem Gebiet lediglich über eine Rahmenkompetenz, die sich beispielsweise in der inhaltlichen Gestaltung von Bundesraumordnungsprogrammen und -berichten verdeutlicht. Dort werden verschiedentlich aktuelle Fremdenverkehrsfragen erörtert, wie zum Beispiel sich abzeichnende Probleme und zukünftige Trends sowie idealtypische Leitvorstellungen des Tourismus. Derartige übergeordnete Aussagen haben jedoch für die Bundesländer, deren hoheitliche Aufgabe u. a. die Betreuung des Fremdenverkehrs ist, keine bindende Wirkung, sondern weisen lediglich empfehlenden Charakter auf.

Demgegenüber sind die fachlichen Festlegungen in den Landesentwicklungsplänen bzw. Landesentwicklungsprogrammen verbindlich. Dort werden beispielsweise Räume unterschiedlicher funktionaler (z. B. touristischer) Ausrichtung voneinan-

der abgegrenzt. Deren Ausweisung erfolgt in der Regel auf der Basis ihrer natur-
und kulturräumlichen Eignung. Ziel ist meistens die Erhaltung, Verbesserung oder
Sicherung des touristischen Potenzials. Dessen Stellenwert lässt sich wiederum
mittels unterschiedlicher Strategien steuern, wenn auch nicht bestimmen: Touristische Fördermaßnahmen vermögen die Entwicklung des Fremdenverkehrs und
seiner Grundlagen einerseits zu steigern, während diese andererseits durch restriktive Auflagen eingeschränkt werden kann (z. B. Raumordnungsverfahren, Um-
weltverträglichkeitsprüfungen).

Kleinräumige Festlegungen zum Fremdenverkehr auf der Mesoebene werden im
Regionalplan vorgenommen, der zunächst einmal die von der Landesplanung vorgegebenen Ziele zu Grunde legt. Dabei werden in der Regel Gebiete ausgewiesen,
die sich für eine touristische Entwicklung eignen; in ihnen werden häufig einzelne
Fremdenverkehrsgemeinden besonders gekennzeichnet. Die lokale Betrachtungsweise ist allerdings nicht zu verwechseln mit der touristischen Prädikatisierung von
Gemeinden, die – je nach Eignung (z. B. als Heilbad, Luftkurort) – vom Innenmi-
nisterium des jeweiligen Bundeslandes vorgenommen wird. Letztere setzt u. a. das
Vorhandensein bestimmter Fremdenverkehrseinrichtungen voraus, stellt jedoch in
erster Linie einen gewissen Imagefaktor dar. In Bezug auf den Tourismus fungiert
die Regionalplanung als Mittlerin zwischen der kommunalen und der staatlichen
Planungsebene: „Sie betreibt eine integrierte, also eine zusammenfassende, überörtliche und überfachliche Planung, die die übergeordneten und großräumigen
Zielsetzungen des Bundes und der Länder für die Raum- und Siedlungsstruktur
sowie für die gesellschaftliche und wirtschaftliche Entwicklung aufnimmt, konkretisiert, räumlich verfeinert und mit den regionsspezifischen Bedürfnissen, die u. a.
von den Gemeinden eingebracht werden, zu einer regionalen Entwicklungskonzeption verbindet" (BECKER 1998[3], S. 458).

Wie bereits angedeutet, spielen im Fremdenverkehr verschiedene Fördermaßnahmen eine besondere Rolle.[1] Herausragendes Instrument der bundesdeutschen Förderpolitik ist die Gemeinschaftsaufgabe ‚Verbesserung der Regionalen Wirtschaftsstruktur' (GRW), die Ende der 1960er-Jahre zur Lösung struktur- und regionalpolitischer Probleme aufgelegt worden ist. Daran beteiligen sich Bund und
Länder finanziell jeweils zur Hälfte. Darüber hinaus kommen zahlreiche weitere
Fördermöglichkeiten in Frage, wie beispielsweise solche für den Mittelstand.
Während nach der politischen Wende im Rahmen des Programms ‚Aufbau Ost' die
Tourismusförderung einen Aufschwung erfahren hat, kann in den letzten Jahren
eine zunehmende Inanspruchnahme europäischer Fremdenverkehrsförderpro-
gramme beobachtet werden. Dennoch ist festzuhalten, dass der Tourismus in
Deutschland weiterhin eine hoheitliche Aufgabe der Bundesländer darstellt, wobei
es angesichts der Breite der Fördermöglichkeiten im Fremdenverkehr vielfach
schwierig ist, deren ressortbezogene Herkunft genau zu identifizieren.

---

[1] vgl. Beitrag BECKER zu ‚Tourismuspolitik und Tourismusförderung' in diesem Band

In der Regel dient die Tourismusförderung dazu, mittels Investitionen in den Fremdenverkehr – vorrangig im strukturschwachen ländlichen Raum – zu einer Verbesserung des Arbeitsplatzangebotes und der Einkommensstruktur zu gelangen. Idealtypisch sind folgende tourismusrelevante Fördermaßnahmen zu nennen (vgl. HOPFINGER 2000, S. 118-119):

- Förderung wie in der gewerblichen Wirtschaft: Beherbergungsbetriebe können öffentliche Fördermittel erhalten, wenn sie mindestens 25 Gästebetten mit modernem Standard neu erstellen oder modernisieren.

- Förderung nicht-investiver Maßnahmen: Seit 1995 können Mittel auch für nicht-investive Maßnahmen gewährt werden. Hilfen gibt es beispielsweise für qualitative Verbesserungen der Personalstruktur in touristischen Unternehmen wie auch für Beratungsleistungen und Schulungen.

- Förderung der Infrastruktur: Maßnahmen zur Geländeerschließung sowie öffentliche Einrichtungen wie Kurhäuser und -parks, Rad- und Wanderwege, aber auch Spaß- und Erlebnisbäder, Beratungs- und Planungsleistungen.

Abgesehen vom Wandel der Förderpraxis zugunsten qualitativer Verbesserungsmaßnahmen sind weitere Veränderungen zu nennen, denen die bundesdeutsche Fremdenverkehrsförderung unterworfen ist. Bis Mitte der 1970er-Jahre konzentrierte sich diese auf fast alle Grenzregionen, in den darauf folgenden 15 Jahren speziell auf die zur vormaligen DDR und ĊSSR gelegenen Grenzgebiete sowie nach der deutschen Vereinigung auf die neuen Bundesländer.[2] Während dort bereits touristische Überkapazitäten zu vermuten sind,[3] wird die Fremdenverkehrsplanung in den alten Bundesländern mit einem zunehmenden Modernisierungsbedarf im Tourismus konfrontiert.

2.3 Tourismusplanung in Fremdenverkehrsgebieten, -gemeinden und -orten

Wie bereits erwähnt, erfolgte in den 1970er-Jahren eine intensivere Auseinandersetzung mit der Fremdenverkehrsplanung, um die zu jener Zeit prosperierende Entwicklung des Tourismus vor allem in räumlicher Hinsicht zu kanalisieren und in jeglicher Form positiv zu gestalten. Dabei befasst sich die Tourismusplanung nach KLEMM (1979, S. 3) „mit Entwicklungskonzeptionen von Gebieten für den langfristigen Erholungsreiseverkehr. Neben der Planung einer speziellen Freizeitinfrastruktur gehören dazu auch wirtschaftsfördernde Maßnahmen, der technische

---

[2] vgl. die Karten zur Entwicklung der Förderkulisse im Beitrag BECKER zu ‚Tourismuspolitik und Tourismusförderung' in diesem Band

[3] vgl. Beitrag KAISER zu ‚Tourismusentwicklung in Ostdeutschland von der DDR-Zeit bis heute' in diesem Band

Ver- und Entsorgungsbereich sowie die Landschaftsplanung." Wesentliche Grundlage ist der Fremdenverkehrs- bzw. Tourismusplan, der sowohl für Fremdenver-
kehrsunternehmen als auch für Tourismusregionen und -gemeinden eine Art Ideen-
sammlung darstellt und als sinnvolles Orientierungsmittel anzusehen ist (vgl.
EBERHARD 1968).

In der Folge des überdurchschnittlichen Fremdenverkehrswachstums hat sich auch
die Zahl der zu jener Zeit erarbeiteten Tourismusstudien enorm erhöht. Diese sind
in der Bundesrepublik Deutschland vor allem für Fremdenverkehrsgebiete und
-gemeinden erstellt worden, während im Ausland – insbesondere in den Entwicklungsländern – vorrangig touristische Masterpläne auf nationaler Ebene Priorität
hatten. Dabei lassen sich die bundesdeutschen Fremdenverkehrsentwicklungspläne
der 1970er-Jahre idealtypisch in drei Teile gliedern (vgl. Abb. 1) - in die Frem-
denverkehrszustandsanalyse und in die touristische Bewertungsanalyse sowie in
einen Katalog an Planungsmaßnahmen zur künftigen Fremdenverkehrsentwicklung
(vgl. JURCZEK 1983, S. 42).

Da zu jener Zeit eine umfassende und differenzierte Darstellung des touristischen
Ist-Zustands meistens noch nicht vorlag, kam diesem Kapitel – nach der Skizzie-
rung der Problemstellung und Zielsetzung – eine besondere Bedeutung zu. Je nach
der spezifischen Fragestellung stand die Untersuchung der touristischen Angebots-
oder/und Nachfrageseite im Vordergrund des Interesses. Angesichts des deskriptiven Ansatzes der Raum-, Kapazitäts- und Wirtschaftsanalyse dominierte in diesem
Kapitel die klassische Vorgehensweise der Fremdenverkehrsgeographie. Im Rahmen der Tourismusbewertung erfolgte im daran anschließenden Arbeitsschritt die
sachgerechte Beurteilung einzelner Tourismuselemente, die schließlich in einem
Gesamtergebnis mündete. Diese Einschätzung basierte in der Regel auf dem Mei-
nungsbild verschiedener Akteure, wobei der Gutachter eine übergeordnete Evalu-
ierungsfunktion ausübte. In den 1970er-Jahren neu – da in starkem Maße praxis-
orientiert – war die Zusammenstellung touristischer Planungsmaßnahmen zur künftigen Fremdenverkehrsentwicklung, die seitdem zum festen Bestandteil jeglicher
Tourismusstudien gehören. Somit rückte zu jener Zeit die Durchführung fachspezi-
fischer Entwicklungs- bzw. Erschließungsplanungen in den Mittelpunkt angewand-
ter Fremdenverkehrsuntersuchungen.

3   Ausblick

Nach der Etablierung der Freizeit- und Tourismusgeographie als anerkannte Teildisziplin sind deren konzeptionelle Ansätze zahlreichen Veränderungen unterworfen gewesen. Während in den 1980er-Jahren ein Trend zur Durchführung touristischer Markt- und Meinungsforschungsanalysen zu beobachten war, hat in den
1990er-Jahren eine weitere Ökonomisierung der inhaltlichen Gestaltung von
Fremdenverkehrsarbeiten (z. B. in Form touristischer Marketingkonzepte) eingesetzt (vgl. Abb. 2).

Abb. 1: Exemplarisches Ablaufschema klassischer geographischer Tourismusstudien

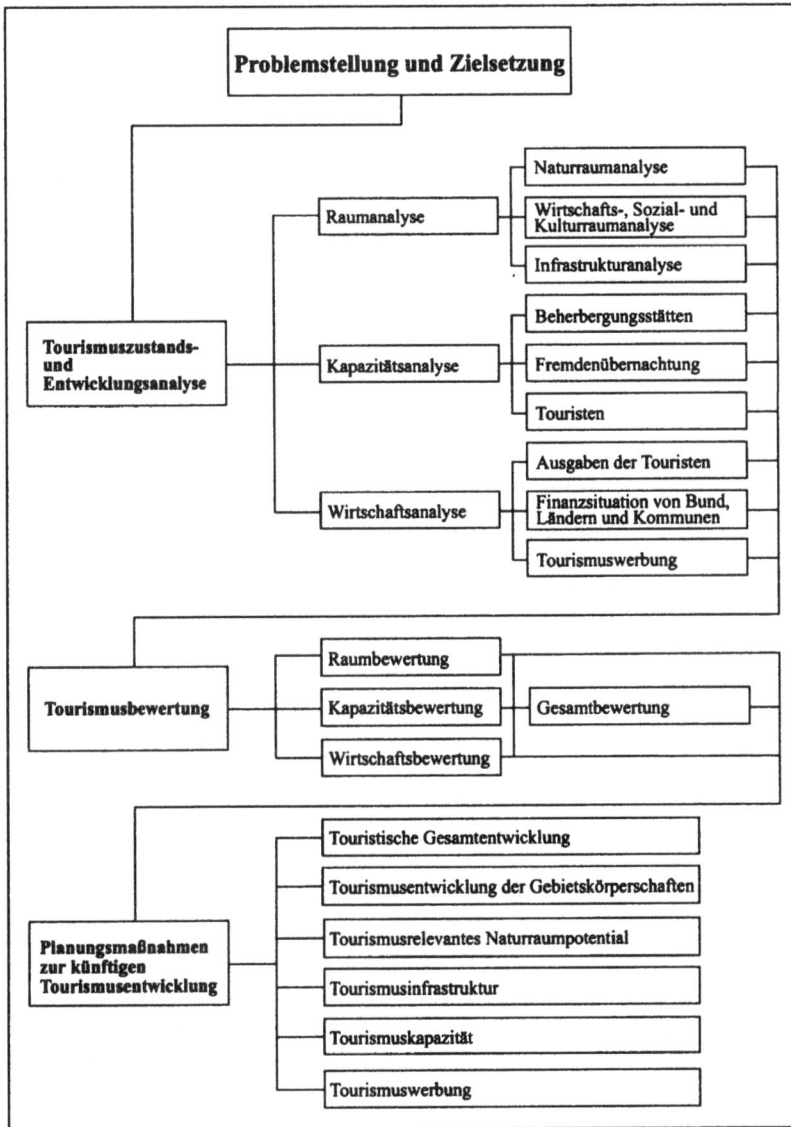

Problemstellung und Zielsetzung

Tourismuszustands- und Entwicklungsanalyse
- Raumanalyse
  - Naturraumanalyse
  - Wirtschafts-, Sozial- und Kulturraumanalyse
  - Infrastrukturanalyse
- Kapazitätsanalyse
  - Beherbergungsstätten
  - Fremdenübernachtung
  - Touristen
- Wirtschaftsanalyse
  - Ausgaben der Touristen
  - Finanzsituation von Bund, Ländern und Kommunen
  - Tourismuswerbung

Tourismusbewertung
- Raumbewertung
- Kapazitätsbewertung — Gesamtbewertung
- Wirtschaftsbewertung

Planungsmaßnahmen zur künftigen Tourismusentwicklung
- Touristische Gesamtentwicklung
- Tourismusentwicklung der Gebietskörperschaften
- Tourismusrelevantes Naturraumpotential
- Tourismusinfrastruktur
- Tourismuskapazität
- Tourismuswerbung

Quelle: Eigener Entwurf nach JURCZEK 1983, S. 42

Damit einher ging ein Anstieg der interdisziplinären Zusammenarbeit mit anderen Wissenschaftsdisziplinen (vgl. JURCZEK 1981, S. 47). In Folge der politischen Wende haben schließlich strategische Fremdenverkehrskonzepte an Bedeutung gewonnen, um insbesondere den strukturschwachen Regionen in Ostdeutschland wirtschaftliche Impulse zu verleihen. Was die zukunftsgerichtete Entwicklung betrifft, so stehen ganzheitliche Tourismuskonzepte im Vordergrund des Interesses, mit deren Hilfe eine nachhaltige Raumentwicklung realisiert werden soll. Dabei spielt die integrative Einbeziehung wirtschaftlicher, ökologischer und sozialer bzw. kultureller Aspekte eine vorrangige Rolle.

Abb. 2: Wandel der inhaltlichen Ausrichtung geographischer Tourismusstudien

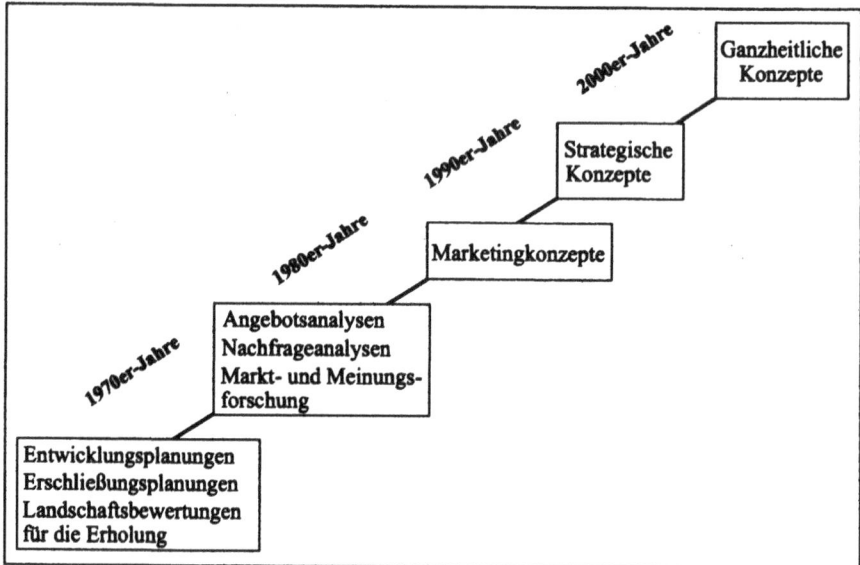

Quelle: Eigener Entwurf nach KLEIN 1984; SCHMUDE 2002

Gleichermaßen gewinnen eine breitere Berücksichtigung von Akteuren im Fremdenverkehr sowie deren Erforschung zunehmend an Bedeutung. Während es sich dabei vor allem um eine stärkere partizipative Beteiligung tourismusrelevanter Schlüsselpersonen handelt (vgl. BECKER 1995), können mit Hilfe moderner Kommunikationsinstrumente (Diskursstrategien, Mediationsverfahren usw.) vielfach auch Probleme oder sogar Konflikte zwischen verschiedenen an Fremdenverkehrsstandorten agierenden gesellschaftlichen Gruppen gelöst oder zumindest minimiert werden (vgl. FERRANTE 1998[3]). Auf jeden Fall bleibt festzuhalten, dass der ‚bottom-up-Ansatz' mittlerweile auch in der Tourismusforschung und -praxis zu einer wichtigen Methodik geworden ist.

Was die zukünftige Rolle der Freizeit- und Tourismusplanung betrifft, so dürfte diese ihre Bedeutung nur dann beibehalten, wenn sie sich an den aktuellen Entwicklungen orientiert und die daraus resultierenden Aufgabenstellungen zügig thematisiert und offensiv löst. Dabei wird es notwendig sein, deren Einzelelemente – je nach den sich stellenden Herausforderungen – angemessen zu berücksichtigen. Für die geographische Freizeit- und Tourismusforschung bedeutet dies eine kontinuierliche Untersuchung der real ablaufenden Freizeit- und Tourismusprozesse und vor allem ihrer spezifischen räumlichen Ausprägungen.

Literatur

BECKER, CHR. (1995): Planung und Partizipation im umweltschonenden Tourismus. In: MOLL, P. (Hrsg.): Umweltschonender Tourismus – Eine Entwicklungsperspektive für den ländlichen Raum. Material zur Angewandten Geographie, Bd. 24. Bonn, S. 77-84.

BECKER, CHR. (1998[3]): Instrumente der Raumordnung, der regionalen Fremdenverkehrsplanung und der Fremdenverkehrsförderung. In: HAEDRICH, G. et al. (Hrsg.): Tourismus-Management. Berlin/New York, S. 449-460.

BENTHIEN, B. (1995): Fremdenverkehrsplanung. In: Akademie für Raumforschung und Landesplanung (Hrsg.): Handwörterbuch der Raumordnung. Hannover, S. 346-349.

CHRISTALLER, W. (1955): Beiträge zu einer Geographie des Fremdenverkehrs. In: Erdkunde, H. 1. Bonn, S. 1-19.

EBERHARD, R. (1968): Wie soll ein deutscher Fremdenverkehrsplan aussehen? In: Studienkreis für Tourismus (Hrsg.): Die Deutsche Fremdenverkehrspolitik der Zukunft. Starnberg, S. 9-19.

FERRANTE, C. L. (1998[3]): Konflikt und Diskurs im Ferienort. In: HAEDRICH, G. et al. (Hrsg.): Tourismus-Management. Berlin/New York, S. 893-908.

HOPFINGER, H. (2000): Tourismusförderung als Aufgabe der Raumentwicklung. In: Institut für Länderkunde/BECKER, CHR./JOB, H. (Hrsg.): Nationalatlas Bundesrepublik Deutschland. Bd. 10. Freizeit und Tourismus. Heidelberg/Berlin, S. 118-119.

Institut für Länderkunde/BECKER, CHR./JOB, H. (Hrsg.; 2000): Nationalatlas Bundesrepublik Deutschland. Bd. 10. Freizeit und Tourismus. Heidelberg/Berlin.

JURCZEK, P. (1981): Freizeit, Fremdenverkehr und Naherholung. In: Praxis Geographie, S. 45-49.

JURCZEK, P. (1983): Fremdenverkehrsplanung in der Bundesrepublik Deutschland. Beispiel Frankenwald. Frankfurt am Main/Bern/New York.

JURCZEK, P. (1989): Probleme und Perspektiven der Tourismusplanung in der Bundesrepublik Deutschland. In: AUFHAUSER, E. et al. (Hrsg.): Regionalwissenschaftliche Forschung: Fragestellungen einer empirischen Disziplin. Mitteilungen des Arbeitskreises für Regionalforschung, Vol. 19. Wien, S. 287-293.

KLEMM, K. (1979): Methoden der Fremdenverkehrsplanung in der Bundesrepublik Deutschland. Materialien zur Fremdenverkehrsgeographie, H. 5. Trier.

KLEIN, N. (1994): Erfolgskontrolle für Tourismuskonzepte. Erfolgsfaktoren als Richtlinie für Auftraggeber und Gutachter. Materialien zur Fremdenverkehrsgeographie, H. 28. Trier.

KLÖPPER, R. (1955): Das Erholungswesen als Bestandteil der Raumordnung und als Aufgabe der Raumforschung. In: Raumforschung und Raumordnung, H. 4, S. 209-217.

RUPPERT, K. (1975): Zur Stellung und Gliederung einer allgemeinen Geographie des Freizeitverhaltens. In: Geographische Rundschau, S. 1-6.

SCHMUDE, J. (2002): Tourismusplanung. In: Lexikon der Geographie, Bd. 3, Heidelberg/Berlin, S. 360 (im Druck).

TSCHIDERER, F. (1980): Ferienortplanung. Eine Anwendung unternehmensorientierter Planungsmethodik auf den Ferienort. St. Galler Beiträge zum Fremdenverkehr und zur Verkehrswirtschaft, Reihe Fremdenverkehr, Bd. 12. Bern/Stuttgart.

WALCH, S. (1998³): Implementierung von Marketing- und Fremdenverkehrskonzepten am Beispiel von Tiroler Tourismusorten. In: HAEDRICH, G. et al. (Hrsg.): Tourismus-Management. Berlin/New York, S. 879–892.

WOLF, K. (1985): Freizeitplanung. In: Internationales Geographisches Glossarium. Wiesbaden, S. 340.

Das Profil von Destinationen als Determinante der Reiseentscheidung – deutsche Urlaubsregionen als Beispiel

Alexandra Kern

1 Einleitung

Destinationen in den klassischen Tourismusländern sehen sich zur Zeit einem wachsenden Marktdruck ausgesetzt. BIEGER/WEIBEL (1998, S. 168) sprechen von „Hyperwettbewerb". Die Gründe hierfür liegen unter anderem im Markteintritt zahlreicher neuer Destinationen sowie im Aufkommen destinationsähnlicher Produkte, wie Ferienressorts oder Freizeitparks (vgl. BIEGER/WEIBEL 1998, S. 167 ff.). Diese Entwicklung bedingt nicht nur eine zunehmende Auswahlmöglichkeit des Kunden bei seiner Reiseentscheidung sowie Macht gegenüber den konkurrierenden Anbietern. Ebenso führt diese ausgesprochene Käufermarkt-Situation zu einer für den Konsumenten unüberschaubaren Angebotsvielfalt bei gleichzeitig homogener werdenden Angeboten (vgl. hierzu HARTMANN 1996, S. 77 sowie RITCHIE, B./RITCHIE, R. 1998, S. 100). Hinzu kommt die mit der steigenden Wettbewerbsintensität zusammenhängende Aufwertung der Marketingkommunikation, wodurch der Konsument mit einer noch größer werdenden Informationsflut konfrontiert ist (vgl. KELLER 1998, S. 43).

Vor dem Hintergrund dieser Situation werden die Wahrnehmbarkeit und Identifizierbarkeit einer Tourismusregion aus der Masse an Angeboten heraus entscheidende Zielgrößen im touristischen Marketing. Eine Region hat dann eine Chance, in die Kaufentscheidung eines Konsumenten einbezogen zu werden, wenn sie von ihm wahrgenommen wurde und gleichzeitig für eine erkennbare und spezifische Nutzenstiftung steht (vgl. DETTMER et al. 1998, S. 59): „Um im gesättigten touristischen Markt überhaupt noch wahrgenommen zu werden, müssen Unternehmen und Regionen Flagge zeigen. Dazu benötigen sie ein klares Profil" (STEINECKE 1990, S. 67). Viele Tourismusexperten sind der Auffassung, dass Destinationen wie Marken des Konsumgüterbereichs in den Köpfen der Konsumenten verankert werden müssen. Die kritisch geführte Diskussion zur Übertragbarkeit des Konzepts der Markenbildung auf Tourismusregionen soll an dieser Stelle nicht aufgegriffen werden. Es sei aber darauf verwiesen, dass ein systematischer und strategisch orientierter Prozess der Profilbildung, der das Produkt ‚Tourismusdestination' ausgehend von seinen spezifischen, unverwechselbaren Besonderheiten (USP's) in einzigartiger Weise auf dem Markt positioniert, eine entscheidende Voraussetzung zur Entwicklung einer Destinationsmarke darstellt (vgl. KERN 2000, S. 26ff.).

Im Folgenden gilt das Interesse dem Profil von Urlaubsregionen. Als zentrale
Determinante der Reiseentscheidung stellt das Profil bzw. das Image von Urlaubsregionen ein wesentliches Potenzial einer Destination im touristischen Wettbewerb
dar. Ausgehend von einer begrifflichen Bestimmung werden die Funktionen des
Profils im Rahmen der Reiseentscheidung sowie die Besonderheiten von Tourismusregionen als Gegenstand des Profils dargestellt. Anschließend werden die
Ergebnisse einer Befragung von Reisebüromitarbeitern zu den profiliertesten Urlaubsregionen Deutschlands und ihren Profilen vorgestellt.

2   Begriffsabgrenzung

Die Forderung nach einem unverwechselbaren Profil wird in Zeiten zunehmender
Wettbewerbsintensität überall, unabhängig von Wirtschaftssektor und Wirtschaftszweig, erhoben. Eine genaue Begriffsbestimmung blieb die Wissenschaft allerdings bisher noch schuldig. Im Duden wird der Begriff ‚profiliert' mit den Adjek-
tiven ‚scharf umrissen', ‚markant' und ‚von ausgeprägter Art' beschrieben. ‚Profil'
wird definiert als eine „stark ausgeprägte persönliche Eigenart" (DROSDOWSKI et
al. 1974, S. 591). Eigenarten werden von verschiedenen Individuen unterschiedlich wahrgenommen. Das Profil ist somit ein Konstrukt der individuellen oder
gruppenspezifischen Wahrnehmung, welche von vielfältigen Einflussfaktoren
bestimmt wird. So verstanden rückt der Profilbegriff in unmittelbare Nähe zum
Begriff des Images. Hierunter versteht man „die Gesamtheit der Vorstellungen,
Einstellungen, Gefühle usw., die eine Person oder Gruppe im Hinblick auf etwas
Spezielles besitzt" (SCHEUCH zit. in WELLHOENER 1992, S. 13). Das Profil hingegen spiegelt nur die in der Vorstellung von Personen stark ausgeprägten persönlichen Eigenarten eines Objekts wider (vgl. DROSDOWSKI et al. 1974, S. 591). Unter
Profil kann daher ein Teil des Images verstanden werden, der dazu dient, ein Ob-
jekt von anderen zu unterscheiden (vgl. AVENARIUS zit. in RÖTTGER 1998, S. 24).
Die das Profil einer Tourismusregion bildenden Merkmale sind damit all jene, die
eine Region von anderen abgrenzen.

3   Funktionen des Images bei der Reiseentscheidung

Im modernen Marketing wird das Image und damit auch das Profil als eine der
entscheidenden Variablen im Kaufentscheidungsprozess angesehen. „Der Konsument richtet seine Kaufentscheidung nicht danach, wie das Produkt ist, sondern
danach, wie er glaubt, dass es wäre" (DETTMER et al. 1998, S. 299). Im Rahmen
der Reiseentscheidung übernehmen Images verschiedene wichtige Funktionen für
den Konsumenten, aus denen die Notwendigkeit einer professionellen Gestaltung
und Entwicklung eines attraktiven, wettbewerbsabgrenzenden Profils erwächst:

- Umweltbewältigungsfunktion: In gesättigten Märkten, wie dem touristischen Markt, steht dem Kunden ein breites Angebotsspektrum gegenüber, dessen Vielfalt für ihn unübersichtlich ist. Ein rationeller Vergleich von Kaufalternativen ist kaum mehr möglich, zumal sich die Produkte immer mehr angleichen. Um Informationsüberlastungen zu vermeiden, reagiert der Konsument auf diese Situation durch Ignorieren objektiver Produktmerkmale (vgl. HERZIG 1991, S. 6). Zur Unterscheidung ähnlicher Produkte wird das Image bzw. das Profil herangezogen. In diesem Sinne wird Image wie folgt definiert: „Images bestehen aus schematisierten Vorstellungen, vereinfachen die Wahrnehmung und üben somit eine Entlastungsfunktion bei der Urteilsbildung aus" (SCHWAIGER/ SCHRATTENECKER 1988 zit. in HERZIG 1991, S. 3).

- Selbstbestätigungsfunktion: Der Konsument ist bestrebt, Produkte zu kaufen, die zur Stützung des eigenen Selbstbildes beitragen. Hierbei sind nicht die objektiven Produktmerkmale von Interesse, sondern die subjektiven Wahrnehmungen von Personen oder Personenkreisen, also Images oder Profile (vgl. DETTMER et al. 1998, S. 299).

- Wertausdrucksfunktion: Der Konsum bestimmter Leistungen dient dem Menschen der Mitteilung an seine Umwelt. Das mit einem Produkt verknüpfte Image wird in den Augen des Konsumenten auf ihn selbst übertragen. Der Konsument wird also solche Produkte kaufen, die diejenigen persönlichen Charakteristika verkörpern, die er nach außen darstellen möchte (DETTMER et al. 1998, S. 299f.).

- Anpassungsfunktion: Schließlich versucht man durch die Inanspruchnahme von Leistungen mit einem bestimmten Image seine Zugehörigkeit zu bestimmten Gruppen oder Schichten zu signalisieren (DETTMER et al. 1998, S. 300).

Gerade weil Urlaub und Reisen Leistungen des öffentlichen Konsums darstellen, kommt dem Image bzw. dem Profil einer Tourismusregion eine wichtige Rolle im Rahmen der Reiseentscheidung zu (vgl. WELLHOENER 1992, S. 14f.). Durch die hohe Stabilität und die komplexe Struktur von Wahrnehmungskonstrukten ist die Profilbildung allerdings eine langfristige und anspruchsvolle Aufgabe (vgl. MAYERHOFER 1995, S. 66f.). Für eine erfolgreiche Profilierung müssen daher bestimmte Regeln streng beachtet werden. Erfolgsfaktoren der Profilbildung wurden von verschiedenen Autoren definiert. Von besonderem Interesse sind hier die Erfolgsfaktoren nach ANTONOFF (1971, S. 29ff.), da diese speziell für Regionen entwickelt wurden. Demnach muss das vermittelte Image
- einen Bezug zur Region haben;
- attraktiv für die Öffentlichkeit sein;
- selten und prägnant sein;
- überschaubar sein und sich auf die wesentlichen Merkmale konzentrieren;
- sympathisch sein;

- bildhaft sein (gerade die emotionale Ansprache wird besser über Bilder oder bildhafte Sprache erreicht);
- über Jahre beständig sein und über die Massenmedien kommunizierbar sein.

4   Die Tourismusregion als Profilierungsobjekt

Die Tourismusregion als Profilierungsobjekt weist eine Reihe von Besonderheiten auf, die sie von anderen Gütern und Dienstleistungen unterscheiden und die einen Einfluss auf die gezielte Herausbildung eines unverwechselbaren und attraktiven Profils haben. Die wichtigsten spezifischen Kennzeichen von Destinationen sowie die daraus resultierenden Anforderungen an die Profilbildung sind im Folgenden zusammengestellt.

- Die Destination und ihre Grenzen: Bestimmte Leistungsmerkmale müssen eindeutig einem Produkt zugeordnet werden können. Hierfür ist die genaue Definition des Produktes – in unserem Fall die Definition der Grenzen der Tourismusregion – notwendig (vgl. SCHERHAG 1999, S. 39). Diese sollten sich an der Wahrnehmung der Kunden orientieren. Bestehende Probleme bei der Definition von Destinationsgrenzen resultieren daraus, dass jeder Gast die Grenzen einer Tourismusregion aus seiner persönlichen Wahrnehmung heraus definiert, so dass touristische Wahrnehmungsräume nie eindeutig definiert werden können. Um räumliche Vermarktungseinheiten trotzdem möglichst marktgerecht zu definieren, sind typische Wahrnehmungsräume der touristischen Nachfrage im Rahmen entsprechend angelegter empirischer Untersuchungen zu ermitteln.

- Die Destination als Leistungsbündel: Die Destination als Gesamtprodukt setzt sich aus verschiedenen komplementären Leistungs- und Angebotsfaktoren zusammen, die nur durch ihr Zusammenwirken für den Kunden einen Nutzen darstellen. Der Konsument differenziert bei der Inanspruchnahme einzelner Leistungen nicht nach den verschiedenen Unternehmen, die die Leistungen erbringen, sondern schreibt die Qualität der Leistungen der Destination als Ganzes zu. Das Profil einer Destination wird damit von jedem einzelnen Element des Gesamtprodukts geprägt. Für die Generierung eines attraktiven Destinationsprofils bedeutet dies die Notwendigkeit einer zentralen Destinationsmanagementorganisation, die in der Lage ist, die Leistungsbausteine einer Destination zu einem schlüssigen und eindeutigen Gesamtprodukt zusammenzusetzen.

- Das touristische Produkt als Dienstleistung: Beim touristischen Produkt, das der Gast konsumiert, handelt es sich im wesentlichen um Dienstleistungen. Dienstleistungen sind immateriell und individuell, sie lassen sich nur schwer beschreiben, sind im Voraus vom Kunden kaum auf ihre Qualität hin zu überprüfen und sind schwer standardisierbar (vgl. BIEGER 1998, S. 33f.). Der Kauf einer touristischen Dienstleistung ist deshalb durch Unsicherheit seitens des Konsumenten gekennzeichnet, der beim Kauf der Leistung lediglich ein Leistungsversprechen erhält, auf dessen Qualität er sich nur bedingt verlassen kann. Grundsätzlich lässt sich Unsicherheit durch eine gezielte Informationsvermittlung und durch eine den Kommunikationsinhalten entsprechende Leistungsgestaltung reduzieren (vgl. SCHERTLER 1994, S. 19f.). Innerhalb der Informationsvermittlung geht es im Kern darum, dem Kunden eine möglichst konkrete Vorstellung davon zu vermitteln, welche spezifische Nutzenstiftung er in einer Destination erwarten kann: Die Destination muss für den Konsumenten identifizierbar sein (vgl. FERNER/PÖTSCH 1998, S. 77f.). Darüber hinaus muss sich das Bild, welches durch die Kommunikation vermittelt wird, durch Erfahrung bestätigen lassen. Letzten Endes geht es bei den Maßnahmen zur Unsicherheitsreduktion um die Herausbildung eines möglichst konkreten und attraktiven Profils der Destination. Eine konzentrierte und fokussierte Informationsvermittlung sowie eine den Kommunikationsinhalten entsprechende Angebotsgestaltung stellen daher Schlüsselfaktoren der Profilbildung dar.

- Die Persistenz der materiellen Angebotsfaktoren einer Destination: Das touristische Produkt als Dienstleistung ist zwar immateriell, es ist jedoch materiell ausgestattet (vgl. WÖHLER 1993, S. 42). Insbesondere Art und Qualität der landschaftlichen und kulturellen Potenziale sind bedeutende Faktoren der Reiseentscheidung (vgl. ROMEISS-STRACKE 1998, S. 104). Sie stellen jedoch gleichzeitig einen kaum gestaltbaren Teil des Tourismusangebotes dar, der durch seine Unveränderlichkeit die in der Destination möglichen Urlaubsformen in bestimmtem Maße determiniert (vgl. DETTMER et al. 1998, S. 39). Die Positionierung einer Destination muss demnach an den Potenzialen der Destination ansetzen. Ausgehend von der spezifischen Ressourcenausstattung einer Destination ergeben sich destinationsspezifische Möglichkeiten der Produktgestaltung, die in einem weiteren Schritt zielgruppenspezifisch aufzubereiten sind.

- Die Destination und die emotionalen Erwartungen der Kunden: Urlaub ist für viele ein wesentlicher Lebensinhalt, auf den hingearbeitet wird und in den man höchste emotionale Erwartungen setzt. Im Urlaub möchte der Konsument Lebensgefühle verwirklichen, die sich von seinen Alltagsgefühlen unterscheiden. Neben den hohen emotionalen Erwartungen der Nachfrager an ‚die schönste Zeit im Jahr' gewinnt die Emotionalisierung des touristischen Produkts auch dadurch an Bedeutung, dass für nahezu alle Bedürfnisse adäquate Leistungsangebote vorhanden sind (vgl. HAEDRICH 1998, S. 8). Es wird für Destinationen damit schwieriger, sich über funktionelle Produktvorteile gegenüber der Konkurrenz zu profilieren. Hierdurch stehen Destinationen vor der Herausforderung, das eigene Angebot emotional hochgradig aufzuladen (vgl. STEINECKE/ QUACK 1998, S. 490).

5   Die profiliertesten Urlaubsregionen Deutschlands

Im Folgenden werden die Ergebnisse einer deutschlandweiten Befragung von Reisebüromitarbeitern zum Profil deutscher Urlaubsregionen vorgestellt.[1] Die Befragung von Reisebüromitarbeitern erschien besonders geeignet, weil diese durch ihren direkten Kundenkontakt als Multiplikatoren gesehen werden können. Gleichzeitig ist davon auszugehen, dass die Meinung der Reisebüromitarbeiter umgekehrt durch die Einstellungen der Kunden geprägt ist, wodurch sich in den Ergebnissen auch die Kundenmeinung wiederfindet.

Abb. 1: Die profiliertesten Urlaubsregionen Deutschlands und ihre Profilstärke
(Profilstärke = Summe der gewichteten Häufigkeiten der Nennungen auf den Rängen eins bis fünf)

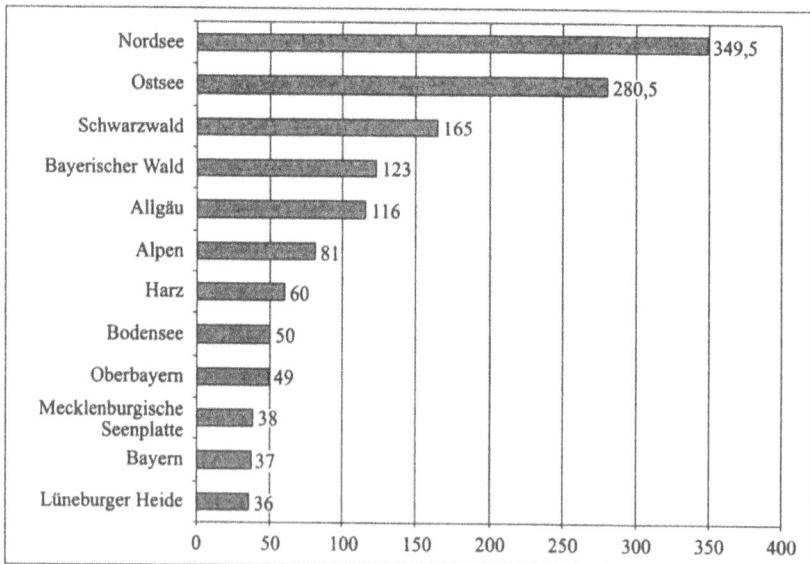

Quelle: Kern 2000, S. 65

Es wurde bereits darauf hingewiesen, dass bestimmte Profileigenschaften nur einem Raum zugeordnet werden können, der auch als Region vom Kunden wahrgenommen wird. Aus diesem Grund wurden die Probanden im ersten Befragungsteil gebeten, (ungestützt) die aus ihrer Sicht fünf profiliertesten[2] Urlaubsregionen

---

[1]   Deutschlandweit wurden insgesamt 110 Personen befragt. Um eine gleichmäßige regionale Streuung zu erreichen, wurde eine gleich große Stichprobe aus den zehn Postleitzahlengebieten Deutschlands gezogen.

[2]   Zur Erklärung wurde den Befragten eine profilstarke Region wie folgt definiert: „Unter einer profilstarken Urlaubsregion soll eine solche Region verstanden werden, von der

Deutschlands in entsprechender Rangfolge zu benennen. Hierdurch konnten die wichtigsten touristischen Wahrnehmungsräume Deutschlands aus Sicht der befragten Personen ermittelt und darüber hinaus eine Rangliste der Regionen entsprechend ihrer Profilstärke erstellt werden. Die Profilstärke stellt die Summe der gewichteten Häufigkeiten der Nennungen auf den Rängen eins bis fünf dar.

Insgesamt wurden 55 verschiedene Regionen genannt, wobei hierunter eine Vielzahl von Einzelnennungen fiel, die als Zufallsnennungen gewertet werden können. Herausragend sind die Positionen von Nordsee und Ostsee, die von über 80% bzw. 70% der Befragten in deren persönliche Rangliste aufgenommen wurden. Mit 165 Punkten folgt der Schwarzwald als erster Repräsentant der Mittelgebirgsregionen auf Platz drei. Auch der Bayerische Wald nimmt mit 123 Punkten einen vorderen Platz ein. Die dritte Mittelgebirgsregion im Spitzenfeld ist der Harz mit 60 Punkten.

Im Gegensatz zu den touristischen Großräumen Nord- und Ostsee wird das deutsche Alpengebiet stärker in seiner regionalen Differenzierung wahrgenommen. Das Allgäu besitzt dabei mit 116 Punkten die deutlichste Präsenz in der Wahrnehmung der Befragten, gefolgt von den Alpen (insgesamt) mit 81 Punkten und Oberbayern mit 49 Punkten. Da sich die drei Gebiete überschneiden, erscheint eine am Kunden orientierte Abgrenzung von touristischen Vermarktungseinheiten im Alpenraum schwierig. Trotz der fehlenden Überschneidungsfreiheit werden den Regionen jedoch ganz unterschiedliche Eigenschaften zugeordnet. Insofern könnte die Positionierung sich überlappender Gebietseinheiten durchaus sinnvoll sein. Interessant ist die hohe Punktzahl von Bayern, das einen Wert von 37 erreichte, obwohl explizit darauf hingewiesen worden war, keine Bundesländer zu nennen.

Die Liste der klar profilierten Regionen bricht hinter der Lüneburger Heide ab. Insgesamt entfallen auf die ersten 12 Regionen über 80% der 525 gültigen Antworten. Auf Basis der vorliegenden Ergebnisse ist erkennbar, dass es in Deutschland zur Zeit 12 Spitzenregionen gibt, die klar profiliert sind. Die Regionen konzentrieren sich dabei vor allem auf die Küsten sowie das Alpen- und Alpenvorlandgebiet. Die Mittelgebirgsregionen, auf die der größte Teil der Übernachtungen in Deutschland entfällt, sind auf den vorderen 12 Rängen deutlich unterrepräsentiert.

6 Ausgewählte Profile deutscher Urlaubsregionen

Das Ziel des zweiten Befragungsteils war die Erfassung der Profile derjenigen Regionen, die von den Befragten genannt worden waren: Als geeignetes Verfahren hierfür wurde eine ungestützte Befragung der Probanden nach den aus ihrer Sicht wesentlichen Merkmalen und Eigenschaften der Regionen gewählt.

Sie ein klares Bild haben bzw. mit der Sie ganz konkrete Merkmale und Eigenschaften verbinden."

Im Folgenden werden die wichtigsten Profildimensionen von jeweils zwei Regionen der Landschaftseinheiten Küste, Mittelgebirge und Alpen/Alpenvorland gegenübergestellt, um die Besonderheiten der einzelnen Regionen im Vergleich zu ähnlich ausgestatteten Destinationen darstellen zu können. Die Prozentangaben geben den Anteil der Befragten an, von dem die jeweilige Profildimension genannt wurde.

Die Profile von Nordsee und Ostsee unterschieden sich in der Vorstellung der Befragten nur marginal. Es wurden meist ähnliche oder gleiche Profileigenschaften genannt, wobei die Ausprägungen der Merkmale jeweils unterschiedlich sind (vgl. Abb. 2 und 3). Das wesentliche Differenzierungskriterium der Nordsee bilden die Gezeiten und das Wattenmeer. Zudem ist die Wahrnehmung von guter Luft und gesundem Klima im Zusammenhang mit der Nordsee deutlich stärker ausgeprägt als bei der Ostsee. Diese steht hingegen stärker als die Nordsee für schöne, lange Sandstrände und wird als familienfreundlicher eingeschätzt.

Abb. 2: Profildimensionen der Nordsee (Prozentualer Anteil der Befragten, die die Nordsee als profiliert einstufen)

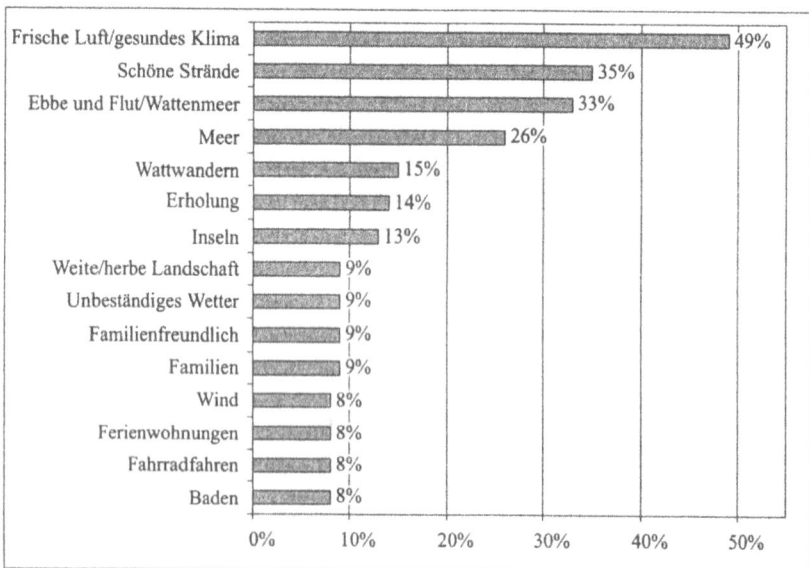

Quelle: Eigene Erhebung 2000 (N = 89)

Abb. 3: Profildimensionen der Ostsee (Prozentualer Anteil der Befragten, die die Ostsee als profiliert einstufen)

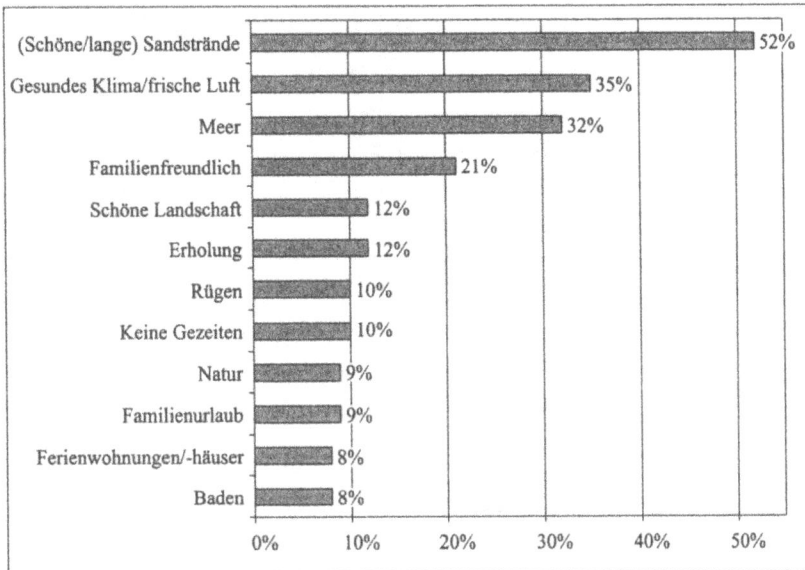

(Schöne/lange) Sandstrände	52%
Gesundes Klima/frische Luft	35%
Meer	32%
Familienfreundlich	21%
Schöne Landschaft	12%
Erholung	12%
Rügen	10%
Keine Gezeiten	10%
Natur	9%
Familienurlaub	9%
Ferienwohnungen/-häuser	8%
Baden	8%

Quelle: Eigene Erhebung 2000 (N = 78)

Sowohl der Schwarzwald als auch der Bayerische Wald werden in erster Linie als Wanderregionen wahrgenommen (vgl. Abb. 4 und 5). Auch in Bezug auf die landschaftlichen Merkmale der Regionen weisen die Profile der Regionen zum Teil Überschneidungen auf, wobei die Befragten ausschließlich im Schwarzwald eine schöne Seenlandschaft vermuten. Ferner ist die Profildimension gesunde Luft/ angenehmes Klima beim Schwarzwald sehr viel stärker als beim Bayerischen Wald ausgeprägt. Weitere Differenzierungsmerkmale des Schwarzwaldes stellen die gute Küche und viele Kureinrichtungen dar. Die Merkmale familienfreundlich und gutes Preis-Leistungsverhältnis werden hingegen vor allem dem Bayerischen Wald zugeordnet. Insgesamt lassen die Profile der beiden Regionen deutliche Unterschiede in Bezug auf die Positionierung und die Zielgruppen der Regionen vermuten. Während der Bayerische Wald als naturbezogenes und preisgünstiges Urlaubsziel für Familien wahrgenommen wird, steht der Schwarzwald eher für ein gesundheits- und genussbetontes Urlaubsangebot.

Der Profilvergleich der Regionen Alpen und Allgäu ist besonders interessant, weil sich die Regionen räumlich überschneiden (vgl. Abb. 6 und 7); dennoch werden ihnen ganz unterschiedliche Eigenschaften zugeordnet. Die Alpen werden im Gegensatz zum Allgäu als ausgesprochene Sportregion wahrgenommen. Assoziationen wie Skilaufen, Wandern, Wintersport, Bergsteigen/Bergwandern, Klettern/ Extremsportarten prägen das Bild, das die Befragten von den Alpen haben. Ferner stehen die Alpen für ein ganz besonderes Naturerlebnis.

Abb. 4: Profildimensionen des Schwarzwaldes (Prozentualer Anteil der
Befragten, die den Schwarzwald als profiliert einstufen)

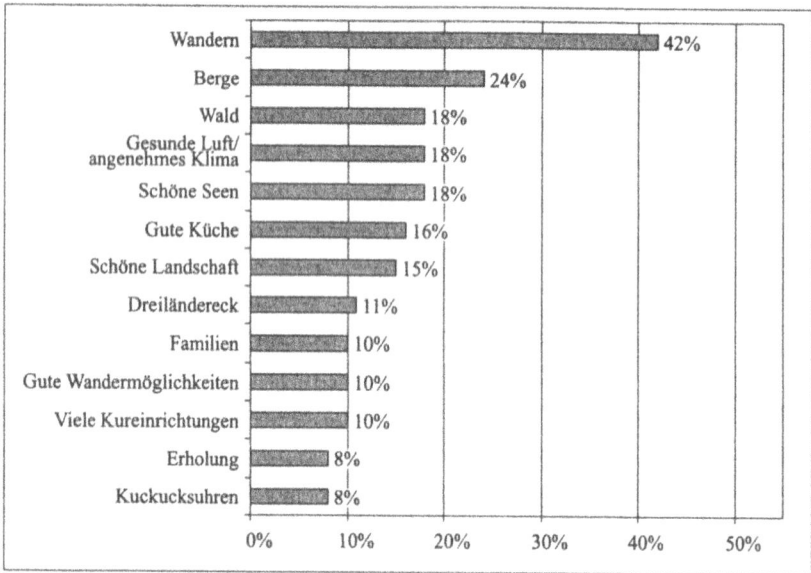

Quelle: Eigene Erhebung 2000 (N = 62)

Abb. 5: Profildimensionen des Bayerischen Waldes (Prozentualer Anteil der
Befragten, die den Bayerischen Wald als profiliert einstufen)

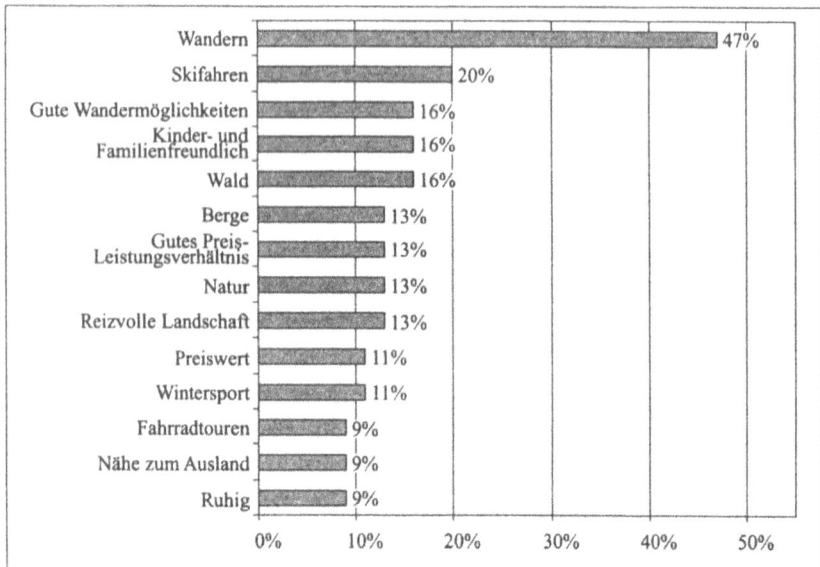

Quelle: Eigene Erhebung 2000 (N = 45)

Abb. 6: Profildimensionen des Allgäus (Prozentualer Anteil der Befragten, die das Allgäu als profiliert einstufen)

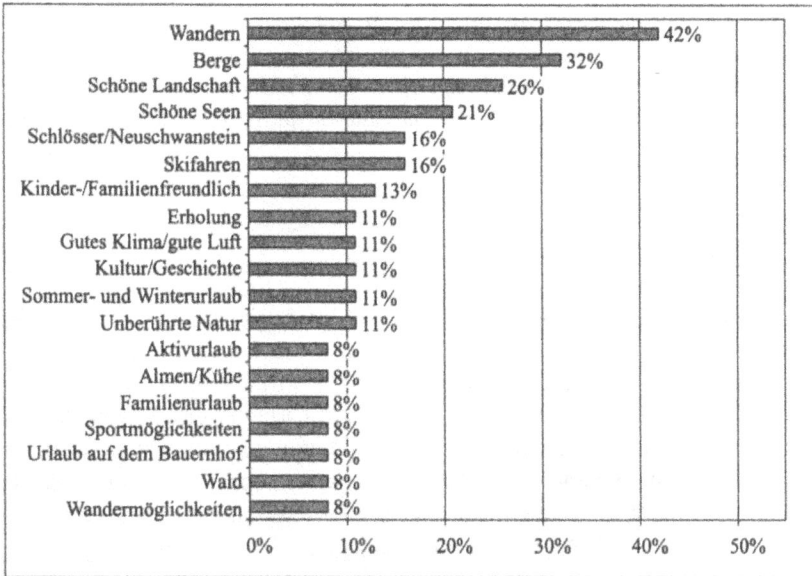

Quelle: Eigene Erhebung 2000 (N = 38)

Abb. 7: Profildimensionen der Alpen (Prozentualer Anteil der Befragten, die die Alpen als profiliert einstufen)

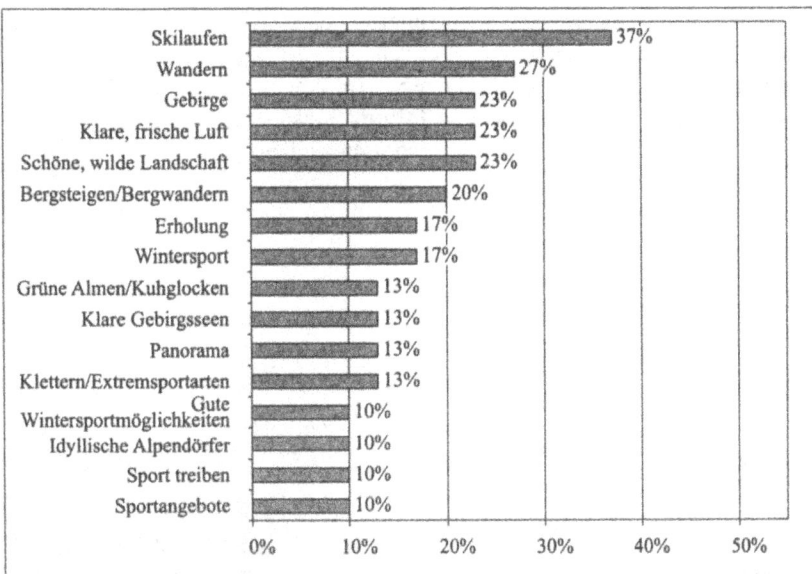

Quelle: Eigene Erhebung 2000 (N = 30)

Einen in der Wahrnehmung des Allgäus stark präsenten Angebotsfaktor stellen die
Schlösser der Region dar, insbesondere das Schloss Neuschwanstein. Ferner wird
das Allgäu als familienfreundlicher empfunden als die Alpen. Charakteristika des
Allgäus mit einer gewissen Alleinstellung stellen die Merkmale ‚Almen', ‚Kühe'
und ‚Urlaub auf dem Bauernhof' dar. Trotz der räumlichen Überschneidung der
Gebiete Alpen und Allgäu handelt es sich in der Wahrnehmung der Befragten um
unterschiedliche Destinationen in jeweils eigenen touristischen Themen und Zielgruppen.

7   Fazit

Auch wenn bei der Ermittlung und Analyse der Regionsprofile zum Teil klare
Unterschiede zwischen einigen Regionen herausgearbeitet werden konnten, ist die
Wahrnehmung der deutschen Urlaubsregionen noch nicht spezifisch genug. Die
Erkenntnis, dass einige der befragten Reisebüromitarbeiter große Schwierigkeiten
hatten, fünf deutsche Urlaubsregionen zu nennen und diesen konkrete Eigenschaf-
ten zuzuordnen, dokumentiert nicht nur eine geringe spontane Bekanntheit deut-
scher Urlaubsregionen, sondern auch eine wenig ausgeprägte Profilschärfe der
Regionen. Neben der eingeschränkten Eignung der Marketingstrukturen im
Deutschlandtourismus und in den einzelnen Regionen für eine professionelle Profilierung liegen die Gründe hierfür vor allem in der fehlenden Konsequenz und
Systematik im Rahmen der Profilierungsbemühungen der Marketing-Organi-
sationen. Viele Regionen und Orte möchten noch immer allen alles bieten. Die
Angst vor einer angebotsseitigen Gewichtung basiert noch zu häufig auf der Annahme, dass sich durch konsequente Spezialisierung auf ein bestimmtes Gästesegment andere Zielgruppen nicht mehr angesprochen fühlen. Hiervon zeugt zum
Beispiel die geradezu inflationäre Verwendung des Begriffs ‚vielfältig' in der
Kommunikation von Fremdenverkehrsregionen. Angesichts der aktuellen Wettbewerbssituation und der zunehmenden Informationsüberlastung des Kunden wird
eine effektive Profilierung ohne Konzentration und Spezialisierung künftig nicht
mehr möglich sein.

Literatur

ANTONOFF, R. (1971): Wie man seine Stadt verkauft. Kommunale Werbung und Öffentlichkeitsarbeit. Düsseldorf.
BIEGER, T. (1998): Freizeit- und Tourismustrends – Zeit und Geld auf dem Prüfstand. In:
BIEGER, T./LAESSER, C. (Hrsg.): Jahrbuch der Schweizerischen Tourismuswirtschaft
1997/98, St. Gallen, S. 145-158.
BIEGER, T./WEIBEL, C. (1998): Möglichkeiten und Grenzen des kooperativen Tourismus-
marketing. Schaffung von Tourismussystemen als Strategie gegen destinationsähnliche
Konkurrenzprodukte. In: KELLER, P. (Hrsg.): Destinationsmarketing. Möglichkeiten
und Grenzen. St. Gallen, S. 167-200.

DETTMER, H. et al. (1998): Tourismus-Marketing-Management. München/Wien.

DROSDOWSKI et al. (1974): Der große Duden. Fremdwörterbuch. Mannheim/Wien/Zürich.

FERNER, F.-K./PÖTSCH, W. (1998): MarkenLust und MarkenFrust im Tourismus. Wien.

FONTANARI, M./SCHERHAG K. (2000): Wettbewerb der Destinationen. Erfahrungen – Konzepte – Visionen. Wiesbaden.

HAEDRICH, G. (1998): Destination Marketing. Überlegungen zur Abgrenzung, Positionierung und Profilierung von Regionen. Zeitschrift für Fremdenverkehr, 4/98, S. 6-12.

HARTMANN, M. (1996): Markenstrategien im Schweizer Tourismus. In: FISCHER, G./ LAESSER, C. (Hrsg.): Theorie und Praxis der Tourismus- und Verkehrswirtschaft im Wertewandel. St. Gallener Beiträge zum Tourismus und zur Verkehrswirtschaft, Reihe Tourismus, Bd. 30. Bern/Stuttgart/Wien, S. 75-86.

HERZIG, O. A. (1991): Markenbilder, Markenwelten. Neue Wege in der Imageforschung. Empirische Marktforschung, Bd. 9. Wien.

KELLER, P. (1998): Destinationsmarketing. Strategische Fragestellungen. In: KELLER, P. (Hrsg.): Destinationsmarketing. Möglichkeiten und Grenzen. St. Gallen, S. 39-52.

KELLER, P. (Hrsg.; 1998): Destinationsmarketing. Möglichkeiten und Grenzen. Publication of the AIEST. St. Gallen.

KERN, A. (2000): Profil und Profilierung deutscher Urlaubsregionen unter besonderer Berücksichtigung der Mittelgebirge. Materialien zur Fremdenverkehrsgeographie, H. 54. Trier.

MAYERHOFER, W. (1995): Imagetransfer. Nutzung von Erlebniswelten zur Positionierung von Ländern. Empirische Marketingforschung, Bd. 13. Wien.

RITCHIE, J. R./RITCHIE, R. (1998): The Branding of Tourism Destinations. Past Achievements and future Challenges. In: KELLER P. (Hrsg.): Destinationsmarketing. Möglichkeiten und Grenzen. St. Gallen, S. 89-116.

ROMEISS-STRACKE, F. (1998): Tourismus gegen den Strich gebürstet. Essays. Tourismuswissenschaftliche Manuskripte, Bd. 2. München/Wien.

RÖTTGER, B. (1998): Vielfalt als Profil? Imagekommunikation im Fremdenverkehr. Eine empirische Untersuchung am Beispiel der Ostseeinsel Fehmarn. unveröffentlichte Magisterarbeit an der Philosophischen Fakultät Münster/Westfalen.

SCHERHAG, K. (1999): Destinationsmarken. Tourismus Jahrbuch, 3. Jg., H. 1, S. 17-44.

SCHERTLER, W. (Hrsg.; 1994): Tourismus als Informationsgeschäft. Strategische Bedeutung neuer Informations- und Kommunikationstechnologien im Tourismus. Wien.

STEINECKE, A. (1990): Statement zum Deutschlandtourismus. In: Landesverkehrsverband Westfalen e. V. (Hrsg.): Wettervorhersage. 31 Autoren zum Thema: Die Zukunft des Tourismus in Deutschland. Festschrift anlässlich des 90-jährigen Bestehens des Landesverkehrsverbandes Westfalen. Dortmund, S. 65-67.

STEINECKE, A./QUACK, H.-D. (1998): Globalisierung und Kirchturmdenken: Chancen und Herausforderungen deutscher Zielgebiete im internationalen Tourismus. Der Landkreis, H. 8-9/98, S. 489-492.

WELLHOENER, B. (1992): Das Image von Reisezielen. Studie zum Schwerpunktthema der Reiseanalyse 1990 des Studienkreises für Tourismus. München.

WÖHLER, K. (1993): Ökologieorientiertes Tourismusmarketing. In: SCHERTLER, W./WÖHLER, K. (Hrsg.): Touristisches Umweltmanagement. Limburgerhof, S. 35-108.

Der maritime Tourismus und die Steuerungs-möglichkeiten der Raumordnung – das Fall-beispiel Greifswalder Bodden

Birgit Poske

1   Einführung

Der Tourismus beeinflusst in weiten Teilen der Erde die Raumentwicklung. Mit einer besonderen Situation ist die Raumordnung im Fall des maritimen Tourismus konfrontiert, da sich dieser sowohl auf Land- als auch Wasserbereiche erstreckt.

Die Betrachtung des maritimen Tourismus – zunächst mit Definition, Entwicklung und Erscheinungsformen – ist Gegenstand des folgenden Beitrags. Anschließend werden die raumordnerischen Steuerungsmöglichkeiten der Tourismusentwicklung aufgezeigt. Die Betrachtung des Konfliktpotenzials des maritimen Tourismus bezieht sich insbesondere auf die Situation im Bundesland Mecklenburg-Vorpommern und wird anhand des regionalen Fallbeispieles des Greifswalder Boddens dargestellt.

2   Maritimer Tourismus

Der maritime Tourismus ist Teil des wasserbezogenen Tourismus (vgl. Abb. 1) und umfasst alle Tourismusformen, die auf die maritime Umgebung orientiert sind. Der Begriff maritim bezieht sich auf das Meer, das durch Salzwasser und Gezeiten gekennzeichnet ist.

Der größte Teil des maritimen Tourismus kann auch als Küstentourismus bezeich-net werden, da er vor allem im Übergangsbereich von Land und Wasser realisiert wird. Diese Definition schließt jedoch einige Bereiche aus, so dass aus diesem Grund der umfassendere Begriff des maritimen Tourismus bevorzugt wird.

Der maritime Tourismus tritt in unterschiedlichen Formen auf, die sowohl Aktivi-täten als auch Einrichtungen und Veranstaltungen umfassen (vgl. ORAMS 1999):
- klassischer Strand- und Badeurlaub,
- sportliche Formen (Surfen, Segeln etc.),
- naturorientierte Formen (Whale Watching, Schnorcheln etc.),
- sozial/kulturell orientierte Formen (Museen, Fischmärkte, Kreuzfahrten etc.),
- besondere Events (Hanse-Sail etc.).

Eine solche Einteilung ist nicht überschneidungsfrei. So lassen sich z. B. Kreuzfahrten je nach Marktsegment einer anderen Form zuordnen: Die klassische Mit-
telmeerkreuzfahrt ist eher kulturell orientiert, eine Kreuzfahrt auf dem Clubschiff
Aida ist eher ein kommunikatives Ereignis, Kreuzfahrten zu tropischen Tauchre-
vieren sind sportlich ausgerichtet oder naturorientiert.

Abb. 1: Systematik des wasserbezogenen Tourismus

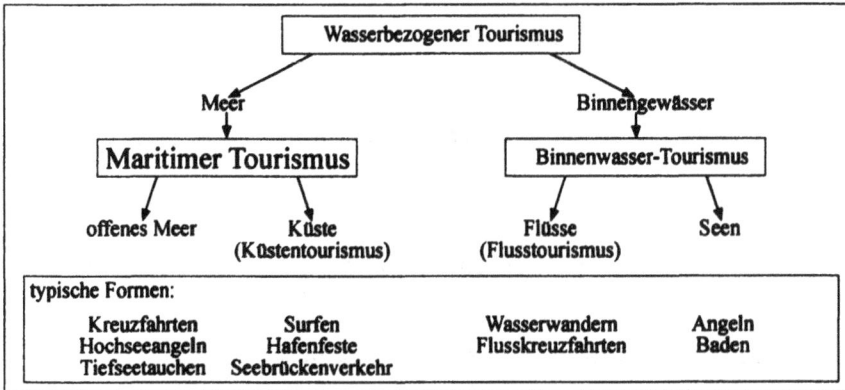

Quelle: Eigene Darstellung

In verschiedenen Bereichen haben sich besondere Erscheinungsformen des maritimen Tourismus entwickelt, so beispielsweise bei den Transportmitteln die Kreuzfahrten (auch Kreuzfahrten unter Segeln) und Reisen auf den norwegischen Post-
schiffen, bei den Unterkünften die ‚Floatels' (schwimmende Hotels) oder Unter-
wasserhotels. Die Exklusivität einiger Urlaubsformen verschaffte dem maritimen
Tourismus ein teilweise elitäres Image (z. B. Segeln, Kreuzfahrten).

Der moderne maritime Tourismus entwickelt sich im ausgehenden 18. Jh. an der
Südküste Englands mit den berühmten ersten Seebädern in Brighton und Hastings.
In den 1950er- und 1960er-Jahren beginnt die globale Expansion des maritimen
Tourismus. Dies hängt ursächlich mit der Entwicklung der Transportmittel und
neuen Reiseformen zusammen (erste Charterflüge und preisgünstige Pauschalreisen). So verbinden sich auch die zunächst ausschließlich von kulturellen Interessen
dominierten Fernreisen mit dem Erlebnis von ‚SSS' – Sun, Sand and Sea (später
kommt ein weiteres ‚S' für Sex hinzu).

Der maritime Tourismus ist heute eine der wichtigsten Säulen der weltweiten Tourismuswirtschaft. Es ist jedoch schwierig, die reale Bedeutung des maritimen Anteils zu ermitteln, da er statistisch nicht gesondert ausgewiesen wird, sondern nur
mittelbar abgeleitet werden kann. Für bestimmte Destinationen ist der maritime
Tourismus der Hauptwirtschaftsfaktor; einige karibische Inselstaaten erwirtschaf-

ten bis zu 90% ihres BIP durch Tourismus, der in erster Linie maritim ausgerichtet ist (vgl. HAAS/SCHARRER 1997, S. 648).[1]

Auch das Reiseverhalten der Deutschen ist vom maritimen Tourismus geprägt: Die Reiseanalyse 2000 weist 30% aller Urlaubsreisen als Strand-/Bade-/Sonnen-Urlaub aus (vgl. F. U. R. 2000). Hinzu kommen Anteile anderer Urlaubsreisearten, die dem maritimen Tourismus zugerechnet werden können, z. B. aus den Bereichen Erlebnis-, Aktiv- oder Gesundheitsurlaub.

Die derzeitige Entwicklung des maritimen Tourismus entspricht den allgemeinen Trends im Tourismus:

-   Die Reiseziele sind immer weiter entfernt, es entwickeln sich neue Destinationen. Hierzu zählt die wachsende Zahl der Fernreisen, aber ebenso die touristische Entwicklung der mittel- und osteuropäischen Länder nach dem Systemzusammenbruch. Außerdem werden bislang nicht oder wenig erschlossene Meeresgebiete (Wasserflächen fern der Küsten und größere Wassertiefen) touristisch genutzt.

-   Die Reisedauer verkürzt sich, dafür steigt die Reisehäufigkeit: Der Tauchurlaub beispielsweise beschränkt sich nicht mehr auf eine Haupturlaubsreise; preiswerte Fernreiseangebote ermöglichen es, in einem Jahr weltweit verschiedene Reviere zu besuchen.

-   Der maritime Tourismus ist mittlerweile sehr populär und verliert teilweise sein elitäres Image, eine Standardisierung ermöglicht preiswertere Angebote. Neben der Ausweitung auf neue Personenkreise ist gleichzeitig eine Diversifizierung und Individualisierung zu beobachten, herkömmliche Formen werden weiterentwickelt, wie z. B. aus dem Wind- das Kite-Surfing. Außerdem werden die maritimen Aktivitäten spektakulärer (Tauchen mit Haien); darüber hinaus entwickeln sich neue (maritime) Fun-Sportarten.

Die Ausprägung des maritimen Tourismus wird entscheidend von neuen Technologien mitbestimmt, wie verbesserten Utensilien und Kommunikationsmedien. Die Weiterentwicklung und Vermarktung von einzelnen Formen des maritimen Tourismus kann bis zur Entwicklung von spezifischen ‚Kulturen' (z. B. Surfer-Szene) führen, die der Tourismussoziologie ein breites Forschungsgebiet eröffnen (vgl. ORAMS 1999, S. 14-20).

Der maritime Tourismus ist eng gebunden an natürliche Elemente des Raumes, die zugänglich und nutzbar – also erlebbar – sein müssen. An die natürliche Ausstat-

---

[1]   vgl. auch die Beiträge BISCHOFF zu ‚Kreuzfahrt- und Ökotourismus in der Karibik: Fallbeispiel Dominica' und HÖRSTMEIER zu ‚Wettbewerbsbedingungen kleiner Inselstaaten im internationalen Tourismus – das Beispiel der Seychellen' in diesem Band

tung der maritimen Destinationen werden spezielle Ansprüche gestellt, die von der Strandqualität bis zu einer interessanten Unterwasserwelt reichen können. Ebenso bestehen Anforderungen an die infrastrukturelle Ausstattung des Raumes im weitesten Sinne, vor allem an die Erschließung durch Zufahrtsmöglichkeiten zum Strand, Anlegeplätze etc.

Daneben sind auch im Bereich des maritimen Tourismus ‚Künstliche Erlebniswelten' entstanden, die jedoch erst ein kleines Segment darstellen. Die Angebote reichen von Wasserparadiesen unterschiedlichster Ausstattung (z. T. mit Strand und Wellenanlagen wie der Seagaia Ocean Dome in Japan) bis hin zu maritimen Freizeit- und Erlebnisparks (z. B. Sea World, Florida). Trotz dieser „Entkoppelung von der natürlichen Umwelt" bleiben Umweltfaktoren wichtig (vgl. ELSASSER 1999, S. 25). Sie bestimmen die Planung und Errichtung solcher Anlagen, sind Teil des Produktes (z. B. der Ferienparks) und entscheiden somit über Image und Akzeptanz auf dem Markt.

3 Maritimer Tourismus in Mecklenburg-Vorpommern

In Mecklenburg-Vorpommern basiert die rasante Entwicklung des Tourismus der vergangenen Jahre hauptsächlich auf dem Tourismuspotenzial ‚Wasser'. Mit ca. 1.470 km Küstenlinie, zahlreichen Inseln, Seen und Flüssen bietet das ‚Tourismusland Mecklenburg-Vorpommern' hervorragende naturräumliche Voraussetzungen. Hinzu kommt ein durch die Küste und Binnengewässer geprägter Kulturraum mit dem maritimen Flair der Städte und Orte sowie zahlreichen Museen und Festspielen, die sich diesem Thema widmen. Als Beispiele für Veranstaltungen mit überregionaler Bedeutung sind die Hanse-Sail in Rostock und die Störtebeker-Festspiele auf Rügen zu nennen.

Bei Gästebefragungen des Landestourismusverbandes in Mecklenburg-Vorpommern steht hinsichtlich der Rangfolge der Aktivitäten ‚Baden, Sonnen' stets an erster Stelle. Auf dem fünften Platz rangiert ‚das maritime Flair genießen'. Die Plätze dazwischen belegen ‚Ruhe genießen', ‚Natur erleben' und ‚gut essen gehen', denen durchaus auch eine maritime Komponente zugesprochen werden kann (vgl. BREITZMANN 2000, S. 21).

Bereits vor der Wende und der damit verbundenen Grenzöffnung gab es maritimen Tourismus an der ostdeutschen Ostseeküste. Der klassische Strand- und Badeurlaub wurde im Wesentlichen durch den FDGB-Feriendienst bzw. über die Betriebe organisiert (vgl. ALBRECHT, G. et al. 1991). In nahezu allen größeren Orten gab es Betriebs- oder Hochschulsportgemeinschaften, die an der Küste, einigen Binnengewässern und in den größeren Städten wie Berlin und Leipzig Sektionen hatten, in denen auch die Wassersportler organisiert waren. Beispielhaft sei hier auf den Segelsport eingegangen.[2]

Die Sektionen Segeln waren (vom Verkehrsministerium über den ‚Bund Deutscher Segler der DDR' als Dachverband) mit der Ausbildung der Segler und der Vergabe der Führerscheine sowie der Liegeplätze beauftragt. Die Boote wurden sowohl industriell vorgefertigt und eigenständig ausgebaut als auch selbst gebaut. Daraus resultiert wahrscheinlich die große Verbundenheit der Segler mit ihren Booten, die sie (im Unterschied z. B. zum Kraftfahrzeugmarkt) nach der Wende nicht sofort verkauften, sondern zum Teil bis heute nutzen.

Für das Befahren der Gewässer gab es unterschiedliche Regelungen: Die Binnengewässer waren bis auf lokal geschützte/gesperrte Gebiete frei befahrbar, der Greifswalder Bodden war ebenfalls frei befahrbar, nur für den südlichen Teil gab es ein Nachtfahrverbot (Ausnahmegenehmigung möglich). Die Inseln Ruden, Vilm und Greifswalder Oie im Bereich des Greifswalder Boddens waren militärisches Sperrgebiet, konnten jedoch (bis auf den Vilm) als Nothafen angelaufen werden. Innerhalb der 3-Meilen-Zone der Küstengewässer war ein Befahren grundsätzlich möglich, wofür allerdings jährlich eine personengebundene Genehmigung eingeholt werden musste. Die größeren Städte hatten praktisch ‚Hausreviere' in der 3-Meilen-Zone, für die diese Genehmigung galt. Um längere Törns an der Küste machen zu können, nahmen viele Segler an den alljährlichen Regatten in Warnemünde und Stralsund teil, ohne sich jedoch immer an den Wettkämpfen zu beteiligen. Genehmigungen für Törns ins Ausland waren limitiert und wurden erst nach einer intensiveren Überprüfung der Personen vergeben. Somit war es kaum möglich, internationale Kontakte zu knüpfen, lediglich Regatten in Polen boten eine Gelegenheit, da es dort flexiblere Regelungen gab. Die gesamte DDR-Küste wurde von Radarstationen überwacht; das Ein- und Ausklarieren (v. a. Personenkontrolle) wurde über festgelegte Kontroll- und Passierpunkte realisiert.

Bereits zum Jahreswechsel 1989/90 waren Auslandsfahrten möglich, die 1990er-Saison ganz frei von diesen Beschränkungen. Allmählich entstanden private Sportboothäfen, die entscheidend zum Wachstum der Branche beitrugen. Die mittlerweile in Vereine umgewandelten Segelsektionen der Sportgemeinschaften sind jedoch weiterhin sehr wichtig. Im Greifswalder Bodden gehört fast jeder zweite Liegeplatz zu einem Verein.

Trotz des Ausbaus und der Neuerrichtung vieler Standorte ist das Hafennetz heute noch unzulänglich. Vor allem für unerfahrene Segler sind einige Etappen zwischen den Häfen zu lang und somit gefährlich. Im Rahmen der Förderung des maritimen Tourismus in Mecklenburg-Vorpommern sollen diese Lücken geschlossen werden. Unterstützt wird dieses Vorhaben durch das EU-Programm ‚SuPortNet', das den gesamten Ostseeraum umfasst.

---

[2] Für wertvolle Informationen danke ich Herrn Ralf Scheibe, Greifswald/Regensburg.

An der Ostseeküste des Landes wurden in den 1990er-Jahren 18 Seebrücken wieder oder neu errichtet. Zusammen mit den Molen, die einige Häfen (z. B in Stralsund und Sassnitz) schützen, sind sie beliebte Aussichtspunkte. Die ersten Seebrücken entstanden bereits Ende des 19. Jhs. als Anlegestellen für Ausflugsschiffe. Die Holzkonstruktionen hielten zumeist den winterlichen Eismassen nicht stand und wurden zerstört. Die modernen Seebrücken entsprechen nur teilweise den Ansprüchen eines Anlegers für Fahrgastschiffe. Ihre Funktion wandelte sich daher von Schiffsstegen zu verlängerten Bummelmeilen. Restaurants an den Brückenköpfen ergänzen dieses Angebot.

Als sog. Bäderverkehr verbinden Fahrgastschiffe die Seebäder der Ostseeküste, zum Teil auch an der polnischen Küste. Schiffsausflüge sind an der Küste (z. B. zu den Kreidefelsen) wie auf den zahlreichen Binnengewässern Touristenattraktionen. Hier steht besonders das Naturerlebnis im Vordergrund.

Obwohl Mecklenburg-Vorpommern ein Küstenland ist, hat sich die Fährschifffahrt nur mäßig entwickelt bzw. ist rückläufig. Grund dafür ist zum einen die Ausgleichsküste dieses Teiles der Ostsee. Die Unterhaltung von Fahrrinnen sowie das Ausbaggern der Hafenbecken sind sehr kostspielig. Zum anderen entspricht die landseitige Infrastruktur nicht den Anforderungen einer modernen Schifffahrt, da gut ausgebaute und leistungsfähige Straßenanbindungen der Häfen fehlen.

4 Raumnutzungskonflikte durch den maritimen Tourismus

Neben dem maritimen Tourismus existieren andere, konkurrierende Raumnutzungsansprüche in den Küstenbereichen, so dass vielfältige Konflikte entstehen, die der Steuerung und Koordination bzw. Moderation durch die Raumordnung bedürfen (vgl. Abb. 2).

Abb. 2: Raumnutzungskonflikte des (maritimen) Tourismus

Quelle: Eigene Darstellung

Grundsätzlich besteht die Frage, wie viel Tourismus ein Raum verträgt. Dabei ist eine Konkretisierung erforderlich im Sinne von ‚Wann, wo und wie findet Tourismus statt?' Die Probleme beruhen zum Teil auf internen Konflikten, die infolge unterschiedlicher Raumnutzungsansprüche zwischen einzelnen Tourismusformen bestehen, sowie auf externen Konflikten zu anderen Wirtschaftsbereichen und Umweltschutzbelangen.

Ist der maritime Tourismus damit konfliktreicher als andere Tourismusformen? Die Küstenzonen gehören zu den dicht besiedelten und wirtschaftlich intensiv genutzten Räumen; etwa 60% der Weltbevölkerung leben in einem 60 km breiten Küstenstreifen (vgl. ORAMS 1999, S. 21). Touristische Unterkünfte und Aktivitäten konzentrieren sich auf hochwertige Standorte, oftmals in unmittelbarer Küstennähe, und schaffen einen hohen Nutzungsdruck. Dieser Übergangsbereich zwischen Land und Meer ist ökologisch sehr sensibel und beherbergt besondere Lebensformen, die zu schützen sind.

Bei den vielfältigen externen Konflikten des maritimen Tourismus nimmt der Raumnutzungskonflikt zwischen anthropogener Tätigkeit und Naturschutzinteressen eine herausragende Position ein. Dies wird im Bundesland Mecklenburg-Vorpommern besonders deutlich. Bei gleichzeitig intensiver touristischer Nutzung existieren diverse Schutzgebiete: 15 Europäische Vogelschutzgebiete, FFH-Gebiete (Flora-Fauna-Habitat-Richtlinie der EU), Ramsar- und HELCOM-Gebiete, drei Nationalparke, fünf Naturparke, zwei Biosphärenreservate sowie über 300 Natur- und Landschaftsschutzgebiete. Zum Teil überlagern sich touristische und naturschutzfachliche Interessen direkt, wie in der Wismarer Bucht und dem Greifswalder Bodden, die beide höchst attraktive Wassersportreviere und gleichzeitig als Europäische Vogelschutzgebiete ausgewiesen sind.

Auch im Binnenland Mecklenburg-Vorpommerns steht die Weiterentwicklung des wasserbezogenen Tourismus den Schutz- und Entwicklungsansprüchen gegenüber. Die Einrichtung von Anlegestellen und Wasserwanderrastplätzen an den zahlreichen Flüssen ist aufgrund der meistenteils unter Schutz stehenden Flusslandschaften und aktuellen Renaturierungsvorhaben problematisch.

Die generellen Entwicklungstrends des maritimen Tourismus verstärken die bereits bestehenden Konflikte. Touristen dringen in immer neue Gebiete vor, die oftmals seltene Tier- und Pflanzenvorkommen beherbergen. Durch die höhere Reisehäufigkeit, die wachsende Freizeit und die steigenden Ausgaben für Erholung nimmt der Nutzungsdruck zu. Neue Aktivitäten, die spektakulärer, lauter oder schneller sind, können die Störwirkung zusätzlich erhöhen (z. B. schnelleres Kite-Surfen, große Motorboot-Racing-Veranstaltungen).

Außerdem bestehen konkurrierende Raumnutzungsansprüche zu anderen Wirtschaftszweigen (Hafenwirtschaft, Energiewirtschaft, Fischerei u. a.). Als Beispiel dafür seien Windenergieanlagen genannt, die zunehmend als Offshore-Anlagen errichtet werden sollen, oder die geplante Erdgasförderung und -verstromung auf der Insel Usedom.

Dabei sind zwei wesentliche Problemfelder zu unterscheiden, die Touristen von dem Besuch einer Region abhalten und das Image einer Region nachhaltig beeinträchtigen können: erstens die subjektiv empfundene Beeinträchtigung der Landschaft,[3] zweitens reale Gefahren, die durch den Betrieb der Anlage (Sogwirkung der Windräder) oder u. U. durch technisches Versagen entstehen.

Weitere Konflikte resultieren aus den infrastrukturellen Anforderungen des maritimen Tourismus: Historisch bedingt liegen Ortskern und Hafen oftmals einige Kilometer entfernt voneinander. Die Projektierung von Straßen muss – wie bei allen Infrastruktureinrichtungen – der Maximalnutzung (durch Touristenströme in der Saison) folgen, der Straßenbau ist somit sehr teuer und wird nur von einem kleinen Teil der Nutzer finanziert. Zudem ist der Hochwasserschutz für Hafenanlagen außerhalb der Ortslagen gefährdet, da das Land Mecklenburg-Vorpommern diese Aufgabe zukünftig nicht mehr übernimmt.

Bei dieser Problemdiskussion sollte nicht übersehen werden, dass bereits innerhalb des maritimen Tourismus zahlreiche Konflikte aufgrund der extrem unterschiedlichen Anforderungen an den Raum durch die einzelnen Formen des maritimen Tourismus auftreten (z. B. ruhesuchende Sonnenbader vs. Wasserski-Fahrer oder Sportangler, die mit ihren Angelruten Hafeneinfahrten blockieren). Dadurch besteht bereits innerhalb des Tourismus ein erheblicher Abstimmungs- und Schlichtungsbedarf.

5   Steuerungswirkung der Raumordnung

Die Raumordnung zählt zu den Trägern der Tourismusplanung.[4] Ihre Aufgabe bei der Entwicklung des (maritimen) Tourismus ist die räumliche Steuerung. Die Raumordnung besteht aus einem System von Rechtsgrundlagen, die auf den einzelnen Planungsebenen wirksam sind (vgl. Abb. 3).

Wie kann die Raumordnung bei den diversen externen Konflikten des maritimen Tourismus steuernd eingreifen? Sie besitzt eine Ordnungsfunktion (Abstimmungsinstrumente), die Möglichkeit von Restriktionen (Sicherungsinstrumente) sowie eine Informationspflicht (vgl. HÖHNBERG 1995). Die Ausweisung von Räumen mit der Vorrangfunktion Tourismus dient in erster Linie der Abstimmung mit anderen Fachplanungen. Praktisch bedeutet dies, dass bei der Beurteilung eines Vorhabens die touristische Entwicklung Vorrang vor anderen Interessen besitzt.

---

[3]   vgl. Beitrag NOLTE zu ‚Landschaftsbewertung für Tourismus und Freizeit: Fallstudie Mecklenburg-Vorpommern' in diesem Band

[4]   vgl. Beitrag JURCZEK zu ‚Freizeit- und Tourismusplanung' in diesem Band

Abb. 3: Das System der deutschen Raumplanung

Staats-aufbau	Planungs-ebenen	Rechtliche Grundlage	Planungs-instrumente		Materielle Inhalte
Bund	Bundes-raumordnung	Raumordnungs-gesetz (Neuregelung ROG 1998)	-		Grundsätze der Raumordnung
Länder	Landesplanung (Raumordnung der Länder)	Raumordnungs-gesetz und Landesplanungs-gesetze	Übergeordnete und zusammenfassende Programme und Pläne		Ziele der Raumordnung und Landes-planung
	Regional-planung		Räumliche Teilprogramme und Teilpläne (Regionalprogramme/-pläne)		
Gemeinden	Bauleitplanung	Baugesetzbuch (Neufassung BauGB 1998)	Bauleit-pläne	Flächen-nutzungsplan	Darstellung der Art der Bodennutzung
				Bebauungs-plan	Festsetzungen für städtebauliche Ordnung

Quelle: TUROWSKI 1995, S. 775 (aktualisiert)

Im Bundesland Mecklenburg-Vorpommern wurden im Landesraumordnungspro-gramm von 1993 ‚Räume mit besonderer natürlicher Eignung für Fremdenverkehr und Erholung', kurz ‚Eignungsräume' ausgewiesen. In den vier Regionalen Raum-ordnungsprogrammen wurden diese konkretisiert und differenziert nach ‚Touris-musschwerpunkträumen' und ‚Tourismusentwicklungsräumen'. Ähnlich wird in anderen Bundesländern verfahren.

Restriktiv kann die Raumordnung und Landesplanung vorgehen, indem sie raum-ordnungswidrige Planungen und Maßnahmen untersagt (§12 ROG). Dieses In-strument wird jedoch selten angewandt (vgl. HÖHNBERG 1995, S. 512). Häufiger findet bei größeren Vorhaben mit Raumbedeutsamkeit und einem hohen zu erwar-tenden Konfliktpotenzial (wie z. B. bei der Errichtung eines touristischen Großpro-jektes in unmittelbarer Nachbarschaft zum Nationalpark Vorpommersche Bodden-landschaft) das Instrument eines Raumordnungsverfahrens (ROV, §15 ROG) An-wendung. Hierbei wird das Vorhaben einzeln geprüft; es erfolgt eine Abwägung mit den konkurrierenden raumordnerischen Belangen. Die Durchführung eines ROV beschließt die oberste Landesplanungsbehörde. Gegebenenfalls wird die Genehmigung von der Erfüllung von Auflagen, bspw. einer Kapazitätsreduzierung, abhängig gemacht. Außerdem ist es möglich, bei der landesplanerischen Beurtei-lung der Flächennutzungspläne der Städte und Gemeinden übergeordnete Interessen der Raumordnung und Landesplanung einfließen zu lassen (vgl. SCHMIDT 1996, S. 45).

Durch die Konzentration des maritimen Tourismus im ökologisch sensiblen Übergangsbereich von Wasser und Land werden besonders hohe Ansprüche an die Raumordnung gestellt. Daher sind spezifische und verantwortungsbewusste Einzelfall-Entscheidungen gefragt, v. a. auf der untersten Ebene der Raumordnung/ Landesplanung in den Kommunen bei der Erarbeitung der Flächennutzungs- und Bebauungspläne sowie in der späteren Genehmigungspraxis.

Die Frage, wie viel (maritimen) Tourismus der Raum verträgt, ‚Wann? Wo? und Wie?', ist in dieser Komplexität nicht generell zu beantworten. Sie muss im Einzelnen diskutiert werden, wobei räumliche und zeitliche Konflikte zu unterscheiden sind. Die befristete Sperrung einer bestimmten Bucht für Segler zur Brutzeit seltener Vögel kann bereits die Lösung des Konfliktes darstellen. Diese Maßnahme kann die Raumordnung wiederum nicht leisten, da sie über kein entsprechendes Instrumentarium verfügt. Allerdings kann sie aufgrund ihrer Kompetenz, der fachlichen Gesamtschau und ihrer Neutralität koordinierend tätig werden. Zunehmend werden in diesem Bereich die neuen Aufgaben der Raumordnung gesehen und neue Instrumente eingesetzt. Die Tätigkeitsfelder reichen dabei von der Koordinierung über das Konfliktmanagement und die Mediation bis hin zum Regionalmanagement. Gefragt sind weiche Instrumente, die Partizipation beinhalten und Ansätze von unten (‚bottom up') aufgreifen können.

Bei der Betrachtung des maritimen Tourismus wird ein besonderes Problem der Raumordnung deutlich: Sie besitzt für die Wasserflächen im Küstenbereich nur eine eingeschränkte planerische Kompetenz, die sie sich mit diversen anderen zuständigen Behörden und Institutionen teilen muss. Damit fehlt die fachübergreifende und vorausschauende Steuerung (vgl. BUDDE 2000).

Zunehmend sind die Küstengewässer für wirtschaftliche Zwecke interessant (Offshore-Windenergieanlagen, Pipelines, touristische Nutzungen etc.), so dass dringend eine Koordinierung der unterschiedlichen Raumnutzungsansprüche erforderlich ist. Dafür sind verschiedene Wege vorstellbar – entweder die Schaffung einer neuen Planungsregion ‚Wasser' oder die Ausdehnung der Kompetenz der bestehenden regionalen Planungsbehörden. Im Interesse einer abgestimmten Entwicklung der wasser- und landseitigen Küstenbereiche muss es ein fachübergreifendes Konzept geben, so dass nur die zweite Variante dieser integrierenden Aufgabenstellung gerecht werden kann.

Bereits seit geraumer Zeit wird ein ‚Integriertes Küstenzonenmanagement' gefordert, wie es vorbildhaft in den USA nach dem ‚Coastal Zone Management Act' praktiziert wird. Eine entsprechende Einrichtung soll nicht nur die raumordnerische Funktion übernehmen, sondern alle betroffenen Institutionen ebenso wie die Öffentlichkeit an den Planungs- und Entscheidungsprozessen beteiligen (vgl.

BUDDE 2000, S. 280). In diesem Sinne ist auch die Forderung nach einem Integrierten Qualitätsmanagement der Reiseziele an Küsten durch die Europäische Kommission zu verstehen (vgl. Europäische Kommission 1999).

6   Best practice: Greifswalder Bodden?

Mit einem vom Land Mecklenburg-Vorpommern initiierten Projekt[5] wurde begonnen, die Konflikte im Greifswalder Bodden – v. a. zwischen Wassersport und Naturschutz – zu analysieren und Lösungsstrategien zu entwickeln.

Der Greifswalder Bodden wird aufgrund seiner naturräumlichen Ausstattung traditionell intensiv durch Freizeit- und Tourismusaktivitäten genutzt. Die touristische Entwicklung seit 1989 war sehr rasant; für die Zukunft wird eine weitere positive Entwicklung erwartet. Zudem befinden sich einige der wichtigsten Wirtschaftsstandorte der Region direkt am Greifswalder Bodden (Wirtschaftshäfen, Werften, ein Energie- und Technologie-Park). Gleichzeitig ist der Greifswalder Bodden seit 1992 notifiziertes EU-Vogelschutzgebiet, außerdem wurden einige besonders hochwertige Teilräume als FFH-Gebiete gemeldet. Aufgrund seiner Größe und des Vorhandenseins noch relativ ungestörter Bereiche besitzt der Greifswalder Bodden insbesondere als Rast- und Überwinterungsgebiet für Wasservögel eine große internationale Bedeutung.

Diese kurze Beschreibung des Gebietes macht bereits deutlich, dass es eine starke räumliche Überlagerung verschiedener Interessen gibt (vgl. Abb. 4). Daraus entsteht ein hohes Konfliktpotenzial der regionalen Entwicklung, insbesondere der touristischen.

Im Rahmen des Projektes wurde untersucht, wie eine touristische Entwicklung des Greifswalder Boddens und seiner Anrainergemeinden mit den konkurrierenden Nutzungsansprüchen zu vereinbaren ist.

In einer ersten Projektphase erfolgte eine umfangreiche Bestandsaufnahme der unterschiedlichen, zeitlich differierenden Raumnutzungsansprüche bzw. Schutzinteressen. Die kartographische Aufbereitung zeigte die räumliche Überlagerung, auf deren Basis eine Entwicklungszonierung des gesamten Untersuchungsgebietes erarbeitet wurde. Grundsatz war dabei die räumliche und zeitliche Entflechtung der konkurrierenden Raumnutzungsansprüche. Außerdem wurden Empfehlungen

---

[5]   Ministerium für Arbeit und Bau Mecklenburg-Vorpommern, Abt. Raumordnung, ‚Möglichkeiten zur nachhaltigen Entwicklung der vorpommerschen Ostseeküste im Bereich des EU-Vogelschutzgebietes 'Greifswalder Bodden' unter besonderer Berücksichtigung touristischer Nutzungen', bearbeitet durch das Ingenieurbüro UmweltPlan Stralsund und die Universität Greifswald, Lehrstuhl Wirtschafts- und Sozialgeographie. Das Projekt ist eingebunden in das EU-Programm Interreg/SuPortNet.

für die Entwicklung einzelner Standorte erarbeitet, wobei dem Ziel einer ‚dezentralen Konzentration' gefolgt wurde. Dies beinhaltet, dass zukünftig weniger, aber dafür hochwertig ausgestattete Standorte des Wassersports (mit einer umweltgerechten Infrastruktur) vorhanden sein sollen.

Abb. 4: Die Überlagerung von Raumnutzungsinteressen im Greifswalder Bodden

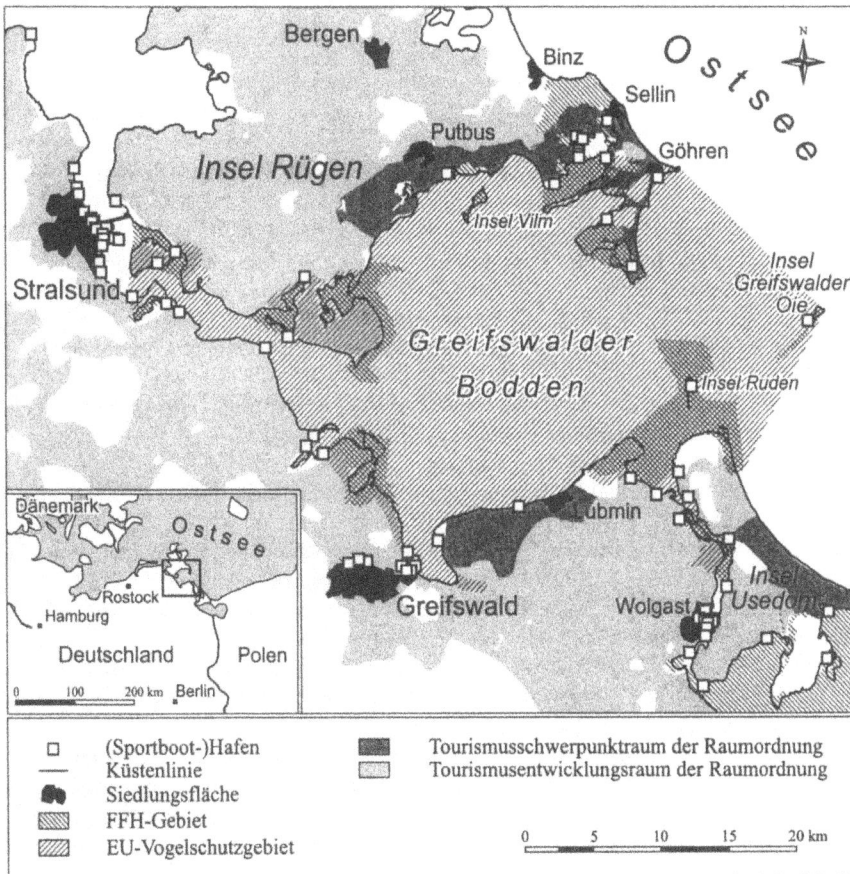

Kartographie: Birgit Poske

Neu an dem vorgestellten Projekt ist, dass Interessenvertreter der Wirtschaft und des Naturschutzes gemeinsam das Projekt bearbeiteten. Es gelang, neben den verschiedenen zuständigen Ministerien, Planungsbehörden und Kommunen auch Verbände und Vereine einzubeziehen, wodurch eine recht positive Stimmung entstand (während die Fronten zwischen Wassersport und Naturschutz sonst eher verhärtet sind). Die mehrmalige Diskussion zum Arbeitsstand, der Zonierung und der Entwicklungsrichtlinien trug zur Akzeptanz des Projektes entscheidend bei.

In der folgenden zweiten Projektphase muss nun auf teilregionaler bis lokaler Ebene versucht werden, eine breite Beteiligung aller Betroffenen an einem Konfliktmanagement zu erreichen, indem spezifische Lösungen und auch Kompromisse gefunden werden. Dabei kommt der Raumordnung die Rolle der Moderatorin und Mediatorin zu.

Literatur

ALBRECHT, G. et al. (1991): Erholungswesen und Tourismus in der DDR. In: Geogr. Rundschau 43, H. 10, S. 606-613.

BREITZMANN, K.-H. (Hrsg.; 2000): Mecklenburg-Vorpommerns Gäste. Struktur, Aktivitäten und Zufriedenheit. Beiträge und Informationen aus dem Ostseeinstitut für Marketing, Verkehr und Tourismus an der Universität Rostock, H. 8. Rostock.

BUDDE, F. (2000): Integriertes Küstenzonenmanagement – eine Aufgabe der Raumordnung? In: RaumPlanung 93. Dezember, S. 280-284.

ELSASSER, H. (1999): Trends in der touristischen Angebotsentwicklung. In: AFI (Hrsg.): Mega-Trends und Tourismus – von Umwelt keine Spur? Garmisch-Partenkirchen, S. 23-27.

Europäische Kommission (1999): Für Qualität im Küstentourismus. Integriertes Qualitätsmanagement (IQM) der Reiseziele an den Küsten. Brüssel.

F. U. R. (2000): Reiseanalyse 2000. Hamburg.

HAAS, H.-D./SCHARRER, J. (1997): Tourismus auf den Karibischen Inseln. In: Geogr. Rundschau 49, H. 11, S. 644-650.

HÖHNBERG, U. (1995): Instrumente zur Verwirklichung der Raumordnung und Landesplanung. In: ARL (Hrsg.): Handwörterbuch der Raumordnung. Hannover, S. 511-515.

KAY, R./ALDER, J. (1999): Coastal Planning and Management. London/New York.

Ministerium für Arbeit und Bau Mecklenburg-Vorpommern (Hrsg.; 2001): ‚Möglichkeiten zur nachhaltigen Entwicklung der vorpommerschen Ostseeküste im Bereich des EU-Vogelschutzgebietes ‚Greifswalder Bodden' unter besonderer Berücksichtigung touristischer Nutzungen'. Kurzfassung. Schwerin.

ORAMS, M. (1999): Marine Tourism: Development, Impacts and Management. London.

SCHMIDT, C. (1996): Zur Rolle des Tourismus in der Regionalplanung Vorpommerns. In: ALBRECHT, W. (Hrsg.): Mecklenburg-Vorpommern: Standbein Tourismus. Greifswalder Beiträge zur Rekreationsgeographie/Freizeit- und Tourismusforschung. Bd. 7. Greifswald, S. 43-46.

TUROWSKI, G. (1995): Raumplanung. In: ARL (Hrsg.): Handwörterbuch der Raumordnung. Hannover, S. 774-776.

Wirtschaftsministerium Mecklenburg-Vorpommern (Hrsg.; 2000): Entwicklungschancen des maritimen Tourismus in Mecklenburg-Vorpommern. Kurzfassung. Schwerin.

Der Berlin-Tourismus im Spiegel von Angebot und Nachfrage

Christian Krajewski

1   Einleitung

Eine Dekade nach dem Fall der Berliner Mauer und der Wiedervereinigung wird die deutsche Hauptstadt, die heute gerne als das ‚Neue Berlin' apostrophiert wird, den Besuchern als (welt-)offene Stadt präsentiert. Auch während der Transformation zur Hauptstadt und Metropole bleibt Berlin eine Stadt der Gegensätze und fungiert als ‚Baufeld der Zukunft' inmitten von Relikten der Vergangenheit. Das Brandenburger Tor, einst Symbol der Teilung Berlins und Deutschlands, avancierte nun zum Wahr- und Markenzeichen der zusammenwachsenden Hauptstadt. Mehr als zehn Jahre nach Öffnung des Tores sind in dessen Umgebung neue Wahrzeichen hinzugetreten. Den Umzug von Parlament, Regierung und Botschaften in das neue alte Stadtzentrum Berlins symbolisieren der restaurierte Reichstag mit der begehbaren Glaskuppel und das im Jahr 2001 eröffnete, repräsentativ wirkende Kanzleramt im Spreebogen. Der Potsdamer Platz mit seinen Hochhäusern auf dem ehemaligen Brachland an der innerstädtischen Grenze wird dagegen gerne als Sinnbild für das städtebauliche Zusammenwachsen der beiden Stadthälften interpretiert.

Heute leben auf einer Fläche von rund 890 Quadratkilometern ca. 3,3 Mio. Menschen in der größten deutschen Stadt. Zusätzlich zu den Bewohnern halten sich täglich rund 300.000 Besucher in Berlin auf: Mit über 10 Mio. Übernachtungen im Gastgewerbe, rund 30 Mio. privaten Übernachtungen und fast 75 Mio. Tagesausflüglern ist Berlin somit das mit Abstand bedeutendste Ziel im deutschen Städtetourismus. Seit Ende der 1990er-Jahre haben sowohl die Zahl der Ankünfte von Privat- als auch von Geschäftsreisen deutlich zugenommen. Analog zur wiedergewonnenen herausragenden politischen Bedeutung wächst Berlins Stellenwert als Destination für Tagungen, Kongresse und Messen. Der Tourismus stellt heute einen der wichtigsten – wachstumsorientierten – Wirtschaftsfaktoren der Spreemetropole dar.

Die in eine wasser- und waldreiche Umgebung eingebettete Berliner Kulturlandschaft bietet den Touristen ein breites Spektrum natürlicher, künstlicher und kultureller Attraktivitätsfaktoren. In der Berliner Mitte (City-Ost), der City-West in Charlottenburg und den zahlreichen Nebenzentren existiert ein vielfältiges Freizeitangebot aus den Bereichen Kunst, Kultur und Sport, welches sich bereits heute mit anderen europäischen Metropolen messen kann. Ein Großteil der Sehenswürdigkeiten konzentriert sich im historischen Zentrum in Berlin Mitte. Die mediale Vermarktung Berlins als ‚Stadt im Wandel', die sich im Zuge der urbanen Transformation permanent verändert und etwas Neues zu bieten hat, strahlt weit über die deutschen Grenzen hinaus und hat das vormalige Image der geteilten Stadt mit dem ‚Dauer-Event Berliner Mauer' abgelöst.

2   Entwicklung des Berlin-Tourismus seit der Wiedervereinigung

2.1   Übernachtungs- und Tagestourismus

Hauptsegmente der touristischen Nachfrage sind der Übernachtungs- sowie der Tagestourismus. Nachdem Berlin in der Zeit nach dem Fall der Mauer im Jahr 1989 einen kurzzeitigen wiedervereinigungsbedingten Touristenboom erlebte, blieb die neue alte Hauptstadt 1990 nicht von rückläufigen Besucherzahlen verschont. Während sich die Anzahl der in gewerblichen Beherbergungsbetrieben (ab neun Betten) registrierten Übernachtungen als wichtiger touristischer Indikator in der ersten Hälfte der 1990er-Jahre auf einem Niveau von rund 7,5 Mio. bewegte (abgesehen von einem ‚Einbruch' auf 6,4 Mio. Übernachtungen 1991), ist seit 1997 im Westteil, besonders aber in der östlichen Stadthälfte ein deutlicher Aufwärtstrend zu beobachten, welcher der Hauptstadt im Jahr 1998 8,4 Mio. Übernachtungen bescherte. Dem Auf- und Ausbau der neuen Mitte sowie dem Umzug von Bundestag und -regierung dürften hier die entscheidenden Impulse zu verdanken sein. Nachdem im Jahr 1999 in den Berliner Hotels und Pensionen bereits 9,5 Mio. Übernachtungen bei 4,2 Mio. Gästeankünften gezählt werden konnten, wurde im November 2000 erstmals in einer deutschen Stadt die ‚10-Millionen-Hürde' bei der Zahl der Übernachtungen überschritten. So ist die Spreemetropole mit über 11,4 Mio. Übernachtungen bei 5 Mio. Ankünften von Gästen aus dem In- und Ausland im zehnten Jahr nach der deutschen Wiedervereinigung unangefochtener Spitzenreiter unter den deutschen Städtereisezielen mit weitem Abstand vor München (7,8 Mio. Übernachtungen 2000), Hamburg, Frankfurt/M. und Köln (vgl. im folgenden v. a. NERGER 1998; STALA BERLIN 2001a; STALA BERLIN 2001b; TREICHEL 2000).

Im europäischen Städtevergleich konnte Berlin ebenfalls seine Position verbessern, Madrid und Wien überrunden und mittlerweile Platz vier hinter London (66 Mio. Übernachtungen 1998), Paris und Rom (16,2 Mio. Übernachtungen 1998) einnehmen. Allerdings tragen vor allem deutsche Touristen zum Boom bei: Die Zahl der Inlandsgäste erhöhte sich im Jahr 2000 um fast 20% auf 3,8 Mio. (8,3 Mio. Übernachtungen, durchschnittliche Aufenthaltsdauer – wie schon in den vergangenen Jahren: 2,3 Tage). Während in London jeder zweite Tourist Ausländer ist, kommt in Berlin nur ungefähr jeder vierte Besucher aus dem Ausland. Insgesamt wurden im Jahr 2000 1,2 Mio. Auslandsgäste mit einer durchschnittlichen Verweildauer von 2,6 Tagen in den gewerblichen Beherbergungsstätten gezählt. Seit 1998 hat Berlin zwar München als wichtigste Städtedestination ausländischer Touristen überrundet (gemessen an den absoluten Zahlen), allerdings beträgt der

Ausländeranteil unter den München-Besuchern 43%, in Frankfurt a. M. sogar 51% (2000).

Trotz Warnungen vor fremdenfeindlichen Übergriffen in Deutschland in englisch-sprachigen Medien im Jahr 2000 stellten US-Amerikaner (mit 417.000 Übernachtungen) und Briten (mit mehr als 300.000 Übernachtungen) die stärksten Gruppen unter den ausländischen Besuchern (vgl. TREICHEL 2000). Insgesamt 70% der Auslandsgäste kamen jedoch aus europäischen Nachbarländern (zusammen 2,1 Mio. Übernachtungen): Auf Touristen aus Großbritannien folgen Gäste aus Italien, den Niederlanden, Dänemark, Schweiz, Schweden, Frankreich und Spanien.

Eng verknüpft mit der Entwicklung der Übernachtungszahlen sind Menge und Größe der Beherbergungsbetriebe sowie die Veränderung der Bettenkapazität. Die 11,4 Mio. Übernachtungen im Jahr 2000 wurden in 549 Betrieben mit insgesamt über 62.000 Betten erzielt. Abb. 1 zeigt eine Differenzierung der Übernachtungen sowie eine Verteilung der Betten im Beherbergungsgewerbe nach Berliner Bezir-ken im Jahr 2000.

Auf den Bezirk Charlottenburg (City-West) entfallen mit über 2,2 Mio. die meis-ten Übernachtungen (20% aller Übernachtungen in Berlin 2000), verteilt auf über 11.500 Betten in 118 Betrieben. Auf Platz zwei folgt mit fast 2 Mio. Übernachtun-gen (Anteil: 17%) und rd. 9.600 Betten der Stadtbezirk Mitte. Die beiden genann-ten Bezirke verzeichnen mit zusammen über 30% auch den größten Anteil an aus-ländischen Übernachtungen. 7,5 Mio. Übernachtungen und 41.000 Gästebetten entfallen auf die westlichen Stadtbezirke; allerdings haben die östlichen Bezirke im Zuge des Transformations- und Restrukturierungsprozesses der letzten Jahre in Bezug auf Betten- und Übernachtungszahlen deutlich aufgeholt: In den vergange-nen Jahren sind vor allem in den zentral gelegenen östlichen Bezirken neue Hotels und Pensionen entstanden, so dass sich die Anzahl der Betriebe (155 im Jahr 2000), Betten (21.000) und Übernachtungen (3,9 Mio.) in den betrachteten fünf Jahren bis 2000 in Berlin-Ost nahezu verdoppelt hat. Insgesamt konnte in Berlin die Anzahl der Beherbergungsstätten zwischen 1995 und 2000 um ein Drittel ge-steigert werden, die Bettenkapazität stieg sogar um 38% auf 62.000. Trotz dieses Anstiegs erhöhte sich die Bettenauslastung in den Beherbergungsbetrieben insge-samt weiter; sie erreichte im Jahr 2000 mit über 51% im Jahresdurchschnitt den höchsten Wert seit 1991 (vgl. STALA BERLIN 2001a und STALA BERLIN 2001b).

Wie aus Abb. 2 hervorgeht, wurden in den 156 Berliner Hotels (mit insgesamt 40.000 Betten) mit rund 7,6 Mio. und einem Anteil von über 67% die mit Abstand meisten Übernachtungen registriert. Die 268 Hotels garni bildeten mit 21% die zweitwichtigste Beherbergungsart (zusammen 14.000 Betten). Auf Pensionen (48 Betriebe mit 2.940 Betten) und Gasthöfe (25 Betriebe mit rd. 1.100 Betten) entfie-len im Jahr 2000 zusammen 6,1% der erfassten Übernachtungen, gefolgt von den übrigen Beherbergungsstätten (vor allem Jugendgästehäuser, Backpacker-Hostels, Schulungsheime und Fortbildungsstätten) mit 5,7% (fast 4.200 Betten, verteilt auf 52 Betriebe, vgl. Abb. 2). 35% der Hotels gehören in die Kategorie der Luxushotels mit mindestens vier Sternen (vgl. BTM 2000). Mit 13 Fünf-Sterne-Hotels und 41 Vier-Sterne-Hotels verfügt die Hauptstadt über die meisten Luxushotels in Deutschland.

Abb. 1: Übernachtungen und Betten im Beherbergungsgewerbe Berlins nach Bezirken (2000)

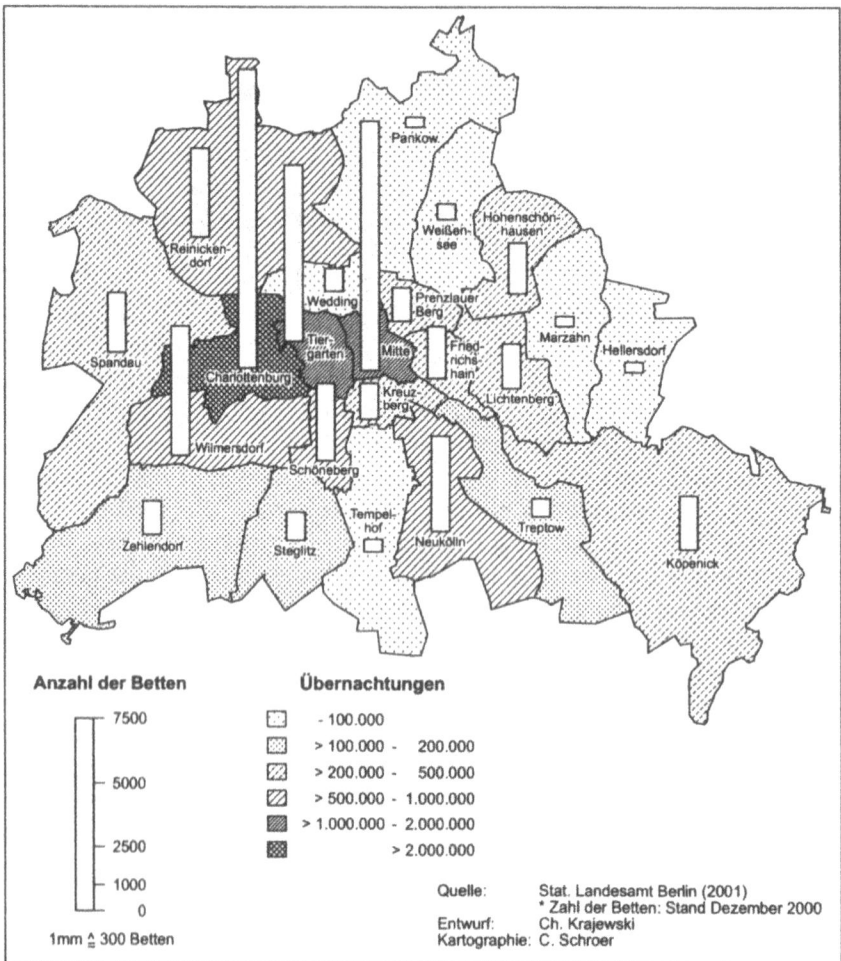

Der größte Teil der Berlin-Besucher übernachtet jedoch nicht in gewerblichen Beherbergungsstätten, sondern in privaten Haushalten bei Freunden, Verwandten oder Bekannten. Nach einer repräsentativen Befragung des DWIF (Deutsches Wirtschaftswissenschaftliches Institut für Fremdenverkehr) betrug im Jahr 1998 das Volumen privater Übernachtungen 28 Mio., also mehr als das Dreifache der gewerblich registrierten (vgl. SENWI 1999, S. 6). Dieser Untersuchung zufolge empfing jeder zweite Berliner Haushalt im Jahr 1998 durchschnittlich vier Mal im Jahr Übernachtungsgäste, die meist zu zweit anreisten und sich im Durchschnitt fast vier Tage aufhielten. Somit liegt die tatsächliche Anzahl der Übernachtungsgäste in Berlin bei jährlich rund 40 Mio.

Abb. 2: Übernachtungen im gewerblichen Beherbergungswesen nach Betriebsarten mit mehr als acht Betten (2000)

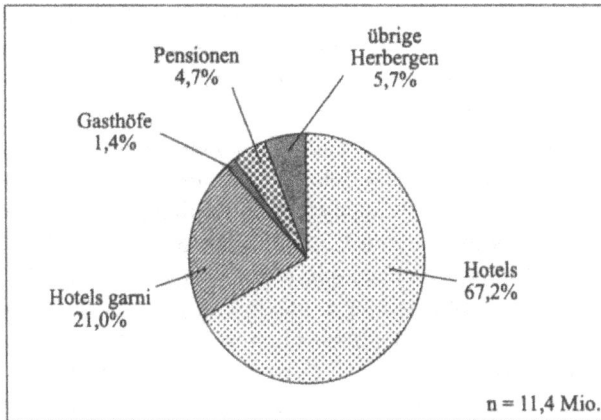

Quelle: STALA BERLIN 2001

Unter quantitativen Gesichtspunkten ist der Tagestourismus weitaus bedeutender als der Übernachtungstourismus: Nach Erhebungen des DWIF besuchen jährlich fast 75 Mio. Tagesgäste die Spreemetropole (vgl. SENWI 1999, S. 6f.). Neben den 3,4 Mio. Einwohnern und 100.000 Übernachtungsgästen halten sich im Durchschnitt also täglich mehr als 200.000 Tagestouristen in Berlin auf. 90% dieser Tagesbesucher (rd. 68 Mio.) gelangen im Rahmen eines privaten Tagesausflugs in die Hauptstadt, um beispielsweise eine der durchschnittlich 1.400 täglichen Veranstaltungen aus den Bereichen Kunst und Kultur, Sport, Unterhaltung, Wissenschaft und Politik zu besuchen oder um sich zum Einkaufsbummel durch Geschäftsstraßen oder Shopping-Center zu begeben. Im Rahmen von Geschäftsreisen, als Teilnehmer von Messen, Kongressen, Tagungen, Seminaren oder Incentive-Reisen besuchen jährlich rd. 7 Mio. Tagesgäste Berlin, so dass sich die touristische Nachfrage als Summe gewerblicher (8,4 Mio.) und privater (28 Mio.) Übernachtungen sowie aller Tagesgäste (75 Mio.) im Jahr 1998 auf insgesamt 111 Mio. Aufenthaltstage beziffern lässt (vgl. SENWI 1999, S. 6). Sollten die Zuwächse im Bereich außergewerblicher Übernachtungen und Tagesgäste ähnlich dem der gewerblichen Übernachtungen gewesen sein, dürften für das Jahr 2000 schon fast 150 Mio. Gästeaufenthaltstage angenommen werden.

2.2   Tagungs-, Kongress- und Messetourismus

Seit der Wiedervereinigung Deutschlands und der Öffnung der Grenzen in Richtung Osteuropa hat sich Berlin als einer der führenden zentraleuropäischen Kon-
gress- und Messeplätze etablieren können (nicht zuletzt aufgrund seiner geographisch günstigen Mittellage und einer verkehrstechnisch guten Erreichbarkeit
sowie zusätzlich begünstigt durch den Umzug von Regierung, Parlament, Botschaften und Verbänden). In den vergangenen Jahren entwickelte sich die deutsche
Hauptstadt zu einer der Top-Ten-Destinationen in der Welt des Kongressbereichs;
sie belegt hinter Paris, Brüssel, Wien, London und Singapur Platz sechs und steht
auf Platz eins der Kongressplätze in Deutschland. Mit dem Internationalen Congress Centrum (ICC) der Messe Berlin in Charlottenburg, mit dem 1999 eröffneten
Hotel-Kongress-Komplex Estrel Convention Center in Neukölln (12.000 qm Nutz-
fläche), der zur ,Destination Budapester Straße' zusammengeschlossenen Hotel-
gruppe mit dem Hotel Inter Continental (First-Class-Hotel mit 4.500 Kongress-
plätzen) sowie zahlreichen anderen Hotelanlagen verfügt Berlin über verschiedene
Standorte mit zeitgemäßen, nachfragegerechten Einrichtungen, in denen sich Kongresse und Tagungen mit mehreren tausend Teilnehmern durchführen lassen. Allein im ICC, einem der größten europäischen Kongresszentren, fanden im Jahr
2000 über 660 Kongressveranstaltungen mit zusammen 250.000 Teilnehmern statt.
Fast 60% des Umsatzes im Kongressbereich werden jedoch in Berliner Hotels
erwirtschaftet (vgl. LOTZE 2000). Die stark wachsende ökonomische Bedeutung
des internationalen Messe- und Kongressreiseverkehrs in Berlin – nach Berechnungen der BTM finden an der Spree mittlerweile rund 82.000 Veranstaltungen
mit mindestens 3,5 Mio. Teilnehmern jährlich statt (vgl. BTM 2001a, S. 29) – hat
bei günstigen Prognosen für die zukünftige Entwicklung zum einen zur Gründung
einer zielgruppenspezifischen Tagungs- und Kongressabteilung bei der BTM geführt, zum anderen zum Bau neuer sowie zur Erweiterung bestehender Kongress-
anlagen.

Nach Frankfurt am Main, Hannover, Düsseldorf, Köln und München folgt Berlin
heute als sechstwichtigster Messestandort in Deutschland. Im Jahr 2000 besuchten
erstmals seit Eröffnung der Berliner Messe mehr als 2 Mio. Menschen die rund 70
verschiedenen Veranstaltungen in den citynahen Messehallen am Funkturm. Durch
bauliche Erweiterungsmaßnahmen wuchs die Ausstellungsfläche, auf der im Jahr
2000 23.500 Aussteller (davon 10.000 ausländische) ihre Produkte und Dienstleistungen präsentierten, auf 1,3 Mio. Quadratmeter Ausstellungsfläche, mehr als 10%
davon in den Messehallen (vgl. Messe Berlin 2000). Insgesamt gesehen, stellen die
Messe- und Kongressveranstaltungen mit ihren Begleiterscheinungen (z. B. Kauf-
kraftzuflüssen) einen wichtigen Beitrag für den Wirtschaftsstandort Berlin dar.

2.3 Wirtschaftsfaktor Tourismus

Nachdem in der Vergangenheit die ökonomische Bedeutung des Fremdenverkehrs häufig unterschätzt wurde, konnten in jüngerer Zeit mehrere empirische Untersuchungen zum Wirtschaftsfaktor Tourismus durchgeführt werden. Einer Studie des DWIF (im Auftrag der SENWI 1999) zufolge erwirtschaftete die Tourismusbranche in Berlin im Jahr 1998 ein Umsatzvolumen von 7,7 Mrd. DM. Wie aus Abb. 3 hervorgeht, trägt die mit Abstand größte Nachfragegruppe, die Tagesausflügler (jährlich rd. 68 Mio.), auch mit über 43% am meisten zum Umsatz des Berlin-Tourismus in Höhe von 7,7 Mrd. DM bei. Im Durchschnitt gibt jeder Tagestourist fast 50 DM bei einem Berlinbesuch aus, wobei ungefähr die Hälfte der Ausgaben in den Einzelhandel fließt und rund ein Drittel in die Gastronomie investiert wird. Die Ausgaben von Tagesgeschäftsreisenden liegen durchschnittlich um 50% höher (vgl. SENWI 1999, S. 8f.). Die 8,4 Mio. Übernachtungsgäste (1998), gemessen am Umsatz die zweitwichtigste Besuchergruppe (32,3%), geben pro Tag fast 300 DM in der Hauptstadt aus; bis zu 80% dieses Betrages werden für das Beherbergungsquartier aufgewendet.

Da der Fremdenverkehr eine Querschnittsbranche darstellt, profitieren die verschiedensten Akteure und Wirtschaftsbereiche von den Besucherausgaben. Ungefähr die Hälfte des gesamten Tourismusumsatzes wird allerdings im Gastgewerbe (Beherbergung und Gastronomie) erzielt, der Einzelhandel hat einen Anteil von 35% am touristischen Umsatz. Die verbleibenden 15% entfallen auf die verschiedensten tourismusrelevanten Dienstleistungen, beispielsweise auf Freizeitangebote aus den Bereichen Kultur und Sport oder auf den ÖPNV. Die touristische Gesamtwertschöpfung als Summe aller direkten und indirekten Einkommen und Gewinne beläuft sich nach den Berechnungen des DWIF auf 3,4 Mrd. DM (vgl. SENWI 1999, S. 10f.). Mit 3,5% des Volkseinkommens 1998 liegt der gesamtwirtschaftliche Stellenwert des Berlin-Tourismus deutlich über Vergleichswerten anderer Großstädte (z. B. München: 2,8%). Legt man den gesamtwirtschaftlichen Stellenwert des Berlin-Tourismus und die hochgerechnet mehr als 50.000 Beschäftigten in der Fremdenverkehrsbranche zugrunde (vgl. BTM 2001b), so zeigt sich, dass der Tourismus als eine der Schlüsselbranchen des dynamisch wachsenden Dienstleistungssektors und als einer der wichtigsten Wirtschaftszweige der Stadt überhaupt anzusehen ist.

2.4 Die Berlin Tourismus Marketing GmbH (BTM)

Mit dem Ziel, die touristische Vermarktung der Hauptstadt zu professionalisieren und Berlin am internationalen Markt besser zu positionieren, ist im Jahr 1993 die Berlin Tourismus Marketing GmbH (BTM) gegründet worden, die als privatwirtschaftliche Organisation die Berlin Touristen Information abgelöst hat und nicht mehr ausschließlich auf öffentliche Fördergelder angewiesen ist. Die BTM hat die Aufgabe, weltweit für das touristische Angebot des Landes Berlin zu werben. Dem

Selbstverständnis nach ist das Marketing-Unternehmen mit einem Jahresbudget von 20 Mio. DM und 110 Mitarbeitern Service-Agentur für die Touristik-Partner und Informationsbroker für die Reisebranche und die Touristen (vgl. BTM 2001c). Wichtigste Maßnahmen des Außenmarketings sind die Destinationspräsentation auf Messen, die Platzierung des Reiseziels Berlin in nationalen wie internationalen Medien sowie die Verbreitung von Informationsmaterialien. Vor Ort gehören die Reisemittlerdienste zu den primären Aufgaben, wobei den Serviceleistungen in den ‚Tourist Informationen' im Europa Center und am Brandenburger Tor eine zentrale Bedeutung zukommt. Bereits im Jahr 1996 wurden beispielsweise mit der Inbetriebnahme eines Call Centers für telefonische Information und Reservierung touristischer Leistungen und der Einrichtung eines Internet-Auftritts mit integrierter Veranstaltungsdatenbank wichtige Schritte zur Verbesserung des Destinationsmarketings vollzogen.[1]

Abb. 3: Anteile der unterschiedlichen Nachfragegruppen am touristischen Umsatz (1998)

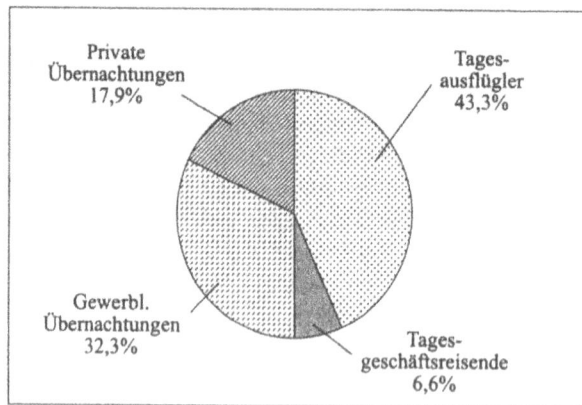

Quelle: DWIF 1999

2.5 Kulturtouristische Infrastruktur

Durch Umfang, Vielfalt und Lebendigkeit trägt die Berliner Kulturlandschaft zum unverwechselbaren Profil der Stadt entscheidend bei. Da West-Berlin in Zeiten des Kalten Krieges als kulturelles und wirtschaftliches Schaufenster des Westens ausgebaut wurde und die DDR Ost-Berlin als Hauptstadt ebenfalls mit repräsentativen kulturellen Einrichtungen ausstattete, hatten sich bis 1989 auf beiden Seiten der Berliner Mauer hochsubventionierte Kulturbetriebe etabliert, die zwar den Titel der deutschen Kulturmetropole rechtfertigten, den Kultursektor in den 1990er-Jahren jedoch zusehend unfinanzierbar machten. Mit einem Kulturetat von rund

---

[1] vgl. www.btm.de, auch unter dem Portal www.berlin.de abrufbar

einer Mrd. DM gehört Berlin dennoch zu den internationalen Spitzenreitern (vgl. BURI 2000, S. 61). Nach einem Restrukturierungsprozess, der auch vor der Schließung von Kultureinrichtungen nicht Halt machte, wird nun auch in der Berliner Kulturlandschaft die Wiedervereinigung sichtbar. Mit über 160 Museen (mit 7,5 Mio. Besuchern im Jahr 2000, vgl. BTM 2001d), mehr als 250 Galerien und einer großen Zahl renommierter Privatsammlungen gilt Berlin als Kunstmetropole von internationalem Rang. Das abwechslungsreiche Programm der bis zu 150 Berliner Bühnen wird jährlich von 3,5 Mio. Theatergästen aufgesucht (vgl. Land Berlin 2000). Als größte Theater- und Orchesterstadt Deutschlands deckt Berlin das gesamte Spektrum der Theaterlandschaft von der klassischen Hochkultur über Boulevard und Experimentell bis zur lebendigen Kultur-Off-Szene ab.[2] Drei Opernhäuser und acht große Symphonieorchester (einschließlich der Opernorchester) umfasst das musikalische Bühnenangebot, vier große Theater-Spielstätten bilden die ‚Leuchttürme' des Berliner Schauspiels.

Nach statistischen Ermittlungen steht Besuchern wie Berlinern im Gastronomiebereich eine Auswahl an 4.300 Restaurants, 570 Cafés und Eisdielen, 130 Bars, Clubs und Diskotheken, sowie 850 Kneipen und 1.480 Imbisshallen und -ständen zur Verfügung (vgl. STALA BERLIN 2001c).

2.6 Veranstaltungen und Events

Eine zunehmende Bedeutung zur Steigerung der Attraktivität von Städten und zur Aufwertung des Image kommt kulturellen Events vornehmlich aus den Bereichen Musik, Kunst und Theater und auch sportlichen und wirtschaftlichen (Messen und Kongresse) Großveranstaltungen zu (vgl. JAGNOW/WACHOWIAK 2000, S. 111). Als bisher herausragendstes Event fand – nach zwanzigjähriger ‚Vorlaufzeit' – im Frühsommer 1995 die Reichstagsverhüllung durch das Verpackungskünstlerpaar Christo und Jeanne-Claude statt. Mit diesem einmaligen – damals nicht unumstrittenen – Ereignis, das geschätzte 5 Mio. Menschen (darunter 3 Mio. auswärtige Gäste) besuchten, wurde die Stadt als Kunstwerk inszeniert (vgl. SCHLINKE 1996). Dank weltweiter medialer Berichterstattung konnte sich Berlin international als Kulturstadt positionieren; das Projekt trug langfristig zur positiven Imagebildung bei. Zugleich lässt sich das Ereignis als Aufbruchimpuls zum ‚Bau' der neuen Hauptstadt interpretieren.

Was im Jahr 1996 als ‚Baustellen-Sommer' begann, ist als ‚Schaustelle Berlin' zum Beginn des 21. Jhs. die wichtigste Kultur-Event-Reihe der Hauptstadt geworden. Zwar fand mit der Demontage der roten Info-Box auf dem Leipziger Platz das kommerziell erfolgreichste Kapitel des Berliner Baustellenmarketings seinen Abschluss. Seit der Eröffnung 1995 informierten sich jedoch fast 9 Mio. Besucher (vgl. BTM 2001a) über den als ‚Baustellen-Event' inszenierten Baufortschritt am

---

[2] vgl. Rubrik ‚Kultur & Freizeit' unter www.berlin.de

Potsdamer Platz, der seit der Fertigstellung von Daimler-City und Sony-Center als ‚neue Stadt in der Stadt' oder als Verbindung zwischen City-West und City-Ost beworben und täglich von durchschnittlich 70.000 Gästen besucht wird (darunter 40.000 Touristen). Die als ‚Europas größte Baugrube' vermarktete Megabaustelle avancierte zeitweise zu einer der bedeutendsten Attraktionen Berlins, bevor sich die ‚Baustellentouristen' den infolge des Regierungsumzugsbeschlusses entstanden Bauarbeiten im Spreebogen (Band des Bundes mit Kanzleramt und Reichstagsge-bäude) zuwandten. Neben den Besichtigungstouren zu den neuen Regierungs- und Parlamentsbauten, dem Geschehen am Potsdamer Platz oder in das Diplomaten- und Botschaftsviertel am Rande des Tiergartens bilden weit über 1.200 kulturelle Veranstaltungen jährlich den Hauptbestandteil der ‚Schaustelle Berlin'.

Im Zuge der Festivalisierung der Stadtkultur sind verschiedene große Feste und Paraden in Berlin entstanden, die als kulturelle Einzel-Events teilweise zwischen 500.000 und 1 Mio. Besucher anziehen. So hat sich die Love-Parade in der zwei-ten Hälfte der 1990er-Jahre als weltgrößte Technoparty, die im Jahr 1999 mit 1,5 Mio. Besuchern rund um die Siegessäule ihren bisherigen Höhepunkt erreichte, zum herausragendsten Einzel-Event Berlins und internationalen Markenzeichen entwickelt. Die größte schwul-lesbische Demonstration findet am Christopher Street Day statt; sie verzeichnete im Jahr 2000 eine halbe Million Teilnehmer. Jährlich angebotene kulturelle Ereignisse mit zum Teil weltweiter Ausstrahlung sind die Internationalen Filmfestspiele Berlin, das Theatertreffen Berlin, die Fest-tage der Staatsoper Unter den Linden, das Classic Open Air am Gendarmenmarkt, die Berliner Festwochen, die Lange Nacht der Museen oder der Karneval der Kul-turen.

Mit den im Jahr 1999 eingeführten Shopping-Weekends begann auch im Bereich des Einkaufstourismus das Event-Marketing. Gezielt wird seitdem für Berlin als Shopping-Destination mit den prominenten Einkaufsstraßen Kurfürstendamm/ Tauenzienstraße und Friedrichstraße sowie weiteren Haupt- und Nebengeschäfts-straßen geworben.

3   Fazit und Ausblick

Nachdem sich Berlin nach der wiedervereinigungs- und transformationsbedingten Auf- und Umbruchsituation in den 1990er-Jahren zu einem der bedeutendsten tou-ristischen Ziele in Europa entwickeln konnte, soll die deutsche Hauptstadt zu An-fang des 21. Jhs. durch innovatives Destinationsmanagement expansiv vermarktet werden. Vor dem Hintergrund einer zunehmenden Wettbewerbssituation im Frem-denverkehr sind die von der BTM als Teil eines strategischen Netzwerkes begrün-deten Kooperationen mit anderen Tourismusleistungsträgern ein wichtiger Bau-stein. Mit dem Abschluss von Kooperationsverträgen mit den Städtedestinationen Hamburg, Dresden, Prag und St. Petersburg (und entsprechenden Kombinations-reisen) sollen mehr Gäste aus Übersee (z. B. aus den USA) angeworben werden.

Die Zusammenarbeit von Städtereisezielen mit der sie umgebenden Region führt zu wechselseitigen Synergien, welche die Positionierung von Destinationen auf dem Markt verbessern. Zukünftig will die BTM die bereits existierende strategische Allianz mit dem Tourismusland Brandenburg intensivieren. Mit den vielfältigen Perspektiven der Brandenburger Natur- und Kulturlandschaft (vgl. KRAJEWSKI/NEUMANN 2000) lässt sich so die Palette individueller Reiseangebote weiter differenzieren.

Verbesserungen sind allerdings im dienstleistenden Servicebereich notwendig. Mit einer Intensivierung freundlicher Aufgeschlossenheit lässt sich die Servicebereitschaft verstärken, so dass in der ganzen Stadt ein Milieu der Gastfreundschaftlichkeit und Weltoffenheit erzeugt werden kann, in dem sich in- und ausländische Gäste wohlfühlen und das zur Rückkehrbereitschaft von Erstbesuchern entscheidend beiträgt. Als Problem erweist sich außerdem die mangelnde Internationalität in der Stadt, die sich in teilweise sehr sporadischen Fremdsprachenkenntnissen in Gastgewerbe und Einzelhandel ausdrückt, oder auch die fehlende Bilingualität von Hinweisschildern auf der Straße sowie in Verkehrsmitteln und Museen (vgl. TREICHEL 2000). Hier bleibt zu hoffen, dass das geplante touristische Leitsystem die Stadtbesucher zukünftig in deutscher und englischer Sprache lenken wird.

Ob es dagegen gelingt, den Großflughafen Berlin Brandenburg International (BBI) in Schönefeld innerhalb der nächsten zehn Jahre zu eröffnen und Berlin somit als attraktives Drehkreuz des Luftverkehrs von europäischem Rang zu positionieren, scheint zwar angesichts steigender Passagierzahlen (13 Mio. im Jahr 2000) wünschenswert, bleibt aber aufgrund von Problemen bei der Privatisierung, immensen Schulden in der Stadtkasse und diversen Einsprüchen im noch nicht abgeschlossenen Planfeststellungsverfahren höchst fraglich. Die verzögerte Verwirklichung des Projektes hätte wegen seiner Schlüsselstellung für die regionale Wirtschaftsentwicklung nicht nur negative Folgen für die touristische Komponente des Luftverkehrs.

Berlins Image als chronisch finanzschwacher Subventionsstandort ist zwar nicht unprekär, da zum Beispiel Fragen der Kultursubvention durch die Bundesregierung noch ungeklärt und Verzögerungen im Prozess der Stadtsanierung, von der Bewohner wie Besucher profitieren, zu erwarten sind. Allerdings besteht so die Chance, den morbiden Charme verfallener Stadtteile zu erhalten, die jenseits der glänzenden Fassaden des Regierungsviertels eine ganz andersartige Ästhetik ausstrahlen und faszinierte Besucherblicke auf sich ziehen. Zugleich dienen diese Viertel, vor allem in den gründerzeitlichen Quartieren von Friedrichshain und Prenzlauer Berg gelegen, derzeit (noch) als Beweis, dass Berlin – anders als beispielsweise die österreichische Hauptstadt Wien – nicht als ‚Freilichtmuseum' restrukturiert wurde.

Auf zu erwartende Zuwachsraten bei Ankünften und Übernachtungen in den nächsten Jahren reagiert das Gastgewerbe mit dem Ausbau der Hotelkapazitäten.

Da am Regierungssitz noch Entwicklungspotenzial in der Luxuskategorie prognostiziert wird, wollen nahezu alle großen Hotelgesellschaften mit einem Standort in Berlin vertreten sein. Die kühnsten Planungen gehen sogar von 21 neuen Luxus-Hotels aus. Die Auswirkungen eines solchen Wachstums indes bleiben ungewiss, zumal Berlin bereits heute über die im Durchschnitt preiswertesten Hotelbetten unter den europäischen Metropolen verfügt (Durchschnittspreis: 95 EURO). Das Angebot von – im europäischen Vergleich – preiswerteren Beherbergungsquartieren könnte allerdings auch (spätestens seit der Einführung des EURO) positiv interpretiert und zur Umwerbung zusätzlicher ausländischer Gäste eingesetzt werden.

Den positiven Trend des Berlin-Tourismus belegt auch die jüngste, vom DWIF im Auftrag der Investitions Bank Berlin (IBB) und der BTM im Jahr 2001 durchgeführte Studie, nach welcher der touristische Umsatz zwischen 1998 und 2000 von 7,7 Mrd. DM um über 30% auf 10,1 Mrd. DM angestiegen ist. Bei mittlerweile über 66.000 Vollzeitarbeitsplätzen in der Fremdenverkehrsbranche im Jahr 2001 wird der touristische Beitrag zum Berliner Volkseinkommen auf nunmehr 4,3% taxiert (vgl. BTM 2001e).

Es steht zu erwarten, dass der Berlin-Tourismus mit der Fortsetzung eines erfolgreichen Tourismus-Marketings, bei dem Berlin weiterhin als spannende und dynamische ‚Stadt im Wandel' kommuniziert wird, sowie einer fortwährenden Qualifizierung des Fremdenverkehrsangebotes einen zukunftsfähigen Entwicklungspfad beschreiten wird.

Literatur

Berlin Tourismus Marketing (BTM) (2000): Hotels und Pensionen 2001. Berlin.
Berlin Tourismus Marketing (BTM) (2001a): Die Reise nach Berlin. März-April 2001. Berlin.
Berlin Tourismus Marketing (BTM) (2001b): Tourismus als Wirtschaftsfaktor. Presseinformation der BTM vom Januar 2001. Berlin.
Berlin Tourismus Marketing (BTM) (2001c): Mit der BTM ins Tourismusjahr 2001. Presseinformation der BTM vom Januar 2001. Berlin.
Berlin Tourismus Marketing (BTM) (2001d): Berlin – Kulturmetropole mit Tradition. Presseinformation der BTM vom Januar 2001. Berlin.
Berlin Tourismus Marketing (BTM) (2001e): Neue Studie: Berlin-Tourismus sichert mehr als 66.00 Arbeitsplätze. Presseinformation der BTM vom Oktober 2001. Berlin.
Berliner Festspiele und Architektenkammer (1999): Berlin – offene Stadt. Bd. 1: Die Stadt als Ausstellung. Berlin.
BURI, H. (2000): Berlin – boomende Kulturmetropole mit Tradition. In: Herden Studienreisen Berlin (2000): Berlin für junge Leute. Berlin, S. 60-75.
JAGNOW, E./WACHOWIAK, H. (2000): Städtetourismus zwischen Geschäftsreisen und Events. In: Institut für Länderkunde/BECKER, CHR./JOB, H. (Hrsg.): Nationalatlas Bundesrepublik Deutschland. Bd. 10. Freizeit und Tourismus. Heidelberg/Berlin, S. 108-111.

KRAJEWSKI, C./NEUMANN, P. (Hrsg.; 2000): Touristische Perspektiven für das Land Brandenburg. (Arbeitsberichte der Arbeitsgemeinschaft für Angewandte Geographie Münster, H. 30). Münster.

Land Berlin (2000): Kulturmetropole. Online unter: http://www.berlin.de/ Land/ Bundeshauptstadt/neuesberlin/zahlen_fakten_kultur.html, abgerufen am 6.11.2000.

LOTZE, B. (2000): Bei Kongressen auf Platz sechs in der Welt. In Berlin hat sich Zahl der Pensions- und Hotelbetten in zehn Jahren verdoppelt. In: Das Parlament Nr. 52-53 vom 22./29.12.2000.

Messe Berlin (2000): Bisher erfolgreichstes Messe- und Kongressjahr – Umsatzsteigerungen auf 250 Mio. DM – Nächstes Jahr 70 Messen und Ausstellungen. Pressemitteilung der Unternehmensgruppe Messe Berlin vom 4.12.2000. Online unter: http://fair.messe-berlin.de/vers1/topics/presse/blancocontent2_20-f90.htm, abgerufen am 28.9.2001.

NERGER, H. P. (1998): Städtetourismus am Beispiel der Berlin Tourismus Marketing GmbH. In: HAEDRICH, G. (Hrsg.): Tourismus-Management: Tourismus-Marketing und Fremdenverkehrsplanung. Berlin u. a., S. 813-828.

SCHLINKE, K. (1996): Die Reichstagsverhüllung in Berlin 1995. Auswirkungen einer kulturellen Großveranstaltung auf die touristische Nachfrage. (Materialien zur Fremdenverkehrsgeographie, H. 34). Trier.

Senatsverwaltung für Wirtschaft und Betriebe Berlin (SENWI) (1999): Berlin – Wirtschaftsfaktor Tourismus. Berlin.

Statistisches Landesamt Berlin (STALA) (2001a): Tourismusrekord im Jahr 2000: Mehr als fünf Millionen Gäste in Berlin. Pressemitteilung 34/01 vom 28.2.2001. Online unter: http://www.statistik-berlin.de/framesets/berl1.htm, abgerufen am 13.9.2001.

Statistisches Landesamt Berlin (STALA) (2001b): Statistischer Bericht G IV 1/G IV 2, 12/2000. Berlin.

Statistisches Landesamt Berlin (STALA) (2001c): Tourismus in Berlin. Online unter: http://www.statistik-berlin.de/framesets/berl.htm, abgerufen am 13.9.2001.

TREICHEL, T. (2000): Die Deutschen bleiben unter sich. Tourismus-Experten: Berlin mangelt es an Internationalität – Ein Sommer mit Besucherrekord. In: Berliner Zeitung vom 30.8.2000. Online unter: http://www.BerlinOnline.de/wissen/berliner_ zeitung/archiv/2000/0830/lokales/0027/ index.html, abgerufen am 14.4.2001.

Touristisches Stadtmarketing –
Ziele und Konzepte

Reinhard Paesler

1 Stadtmarketing als neue Form der Stadtentwicklungsplanung und -politik

Der Begriff des Marketing wurde ursprünglich in den USA entwickelt und nach dem Zweiten Weltkrieg auch in Deutschland eingeführt, wo er inzwischen die Termini Absatzwirtschaft, -theorie und -politik weitgehend ersetzt und verdrängt hat (vgl. SCHNEIDER 2000, S. 2056). Der Marketingbegriff bezog sich ursprünglich fast ausschließlich auf marktrelevante Aktivitäten im Güter- und Dienstleistungsbereich, vielfach sogar beschränkt auf den Absatz von Konsumgütern. Die Entwicklung von Marketingkonzepten und -maßnahmen ist eine typische Erscheinung eines wettbewerbs- und angebotsorientierten Käufermarkts im Gegensatz zur Knappheitswirtschaft eines Verkäufermarkts mit Nachfrageüberhang, auf dem selbstverständlich keine Marketinganstrengungen notwendig sind.

In den 1990er-Jahren dehnte sich der Marketingbegriff relativ rasch auch auf regionale Einheiten aus, die sich nur im übertragenen Sinn ‚verkaufen' oder ‚vermarkten' lassen: Stadtmarketing, Citymarketing, Regionalmarketing wurden häufig gebrauchte Begriffe mit nicht immer klar abgegrenzten Inhalten. Diese Begriffserweiterung ist symptomatisch für eine Zeit, in der auch Städte und Regionen im Wettbewerb miteinander stehen. Angesichts von zunehmenden Entwicklungsschwierigkeiten, von regional hoher Arbeitslosigkeit, von Problemen noch nicht bewältigter wirtschaftlicher Umstrukturierung, von sozialen und ökologischen Problemlagen, von Abwanderungstendenzen einerseits und von Integrationsschwierigkeiten neu zugezogener Bevölkerungsgruppen andererseits werben sie um Investoren, um Arbeitsplätze, um gut verdienende kaufkraftstarke Einwohner und steuerkräftige Unternehmen.

HEINEBERG (2000, S. 240f.) erklärt „Stadtmarketing als neues kommunales Instrument oder als Chance zur ganzheitlichen Stadtentwicklung" und sieht angesichts der verstärkten „Wettbewerbssituation zwischen den Städten sowie auch zwischen Städten und Regionen" Verbindungen zum Globalisierungsprozess. KURON (1997, S. 1) definiert Stadtmarketing als „modernes Management-Instrument für eine ganzheitliche Stadtentwicklung", und SCHNEIDER (1993, S. 40) erkennt eine „Neukonzeptionierung der Stadtentwicklungspolitik durch kommunales Marketing". HELBRECHT (1994, S. 78f.) begründet die Notwendigkeit von Stadtmarketing vor allem mit konkreten Veränderungen in der Stadt- und Regionalentwicklung; es sei eine planungspolitische Reaktion auf sich verändernde Steuerungsbedürfnisse; ein Richtungswechsel in der Stadtentwicklung habe sich als notwendig erwiesen; es sei die Idee entstanden, „daß eine Stadt ebenso wie ein Automobilhersteller ein Angebot entwickeln muß, das attraktiv, einzigartig und marktfähig ist" (HELBRECHT 1994, S. 83).

Als bedeutendste Ursachen für die Notwendigkeit einer solchen neu ausgerichteten Entwicklungspolitik von Städten nennt HELBRECHT (1994, S. 79f.) auf Deutschland bezogen u. a. die Polarisierung des Städtesystems in ‚Gewinner- und Verliererregionen', veränderte Aufgabengebiete der kommunalen Wirtschaftsförderung, die mit den klassischen Mitteln der öffentlichen Verwaltung nicht mehr zu bewältigen sind, die veränderte Bedeutung von Standortfaktoren und die zunehmende Wichtigkeit lokaler und regionaler Standortprofilierung sowie die wachsenden Ansprüche der Bewohner an ihre Städte sowohl im Hinblick auf die Lebensqualität als auch auf Beteiligungsmöglichkeiten an der Stadtentwicklungsplanung.

In einer neueren Arbeit charakterisiert SPIESS (1998, S. 9) Stadtmarketing als „die Analyse, Planung, Steuerung und Kontrolle aller der Standortgestaltung dienenden Aktivitäten von Städten oder Regionen, deren Zweck es ist, Austauschvorgänge mit aktuellen oder potenziellen Zielgruppen von Standortnachfragern zu bewirken." Ziel soll es also sein, die Stadt je nach Zielgruppe als Wirtschafts-, Fremdenverkehrs-, Wohn- oder Freizeitstandort zu profilieren und Austauschprozesse anzuregen. Die einzelnen Zielgruppen der Marketinganstrengungen sollen die betreffende Stadt als den besten Standort zur Befriedigung ihrer Bedürfnisse ansehen, wobei es insbesondere notwendig ist, ein positives Image der Stadt zu erzeugen.

2 Städtetourismus und Stadtmarketing

Hauptziel des Stadtmarketings ist, wie die zitierten Literaturbelege übereinstimmend zeigen, eine bestimmte Stadt nach innen und außen, d. h. für ihre Bewohner und für Auswärtige, attraktiv zu machen und ihr ein positives Image zu verschaffen oder es zu verstärken. Die Stadt soll:

- als Wohnstandort so interessant und anziehend gemacht werden, dass ihre Bewohner gern dort leben – vielleicht sogar stolz darauf sind, dort leben zu können, und dass sich durch Zuzüge ein positiver Wanderungssaldo entwickelt;

- als Industrie- und/oder Gewerbestandort so attraktiv werden, dass Unternehmen diesen Standort suchen, ihn gegenüber konkurrierenden Standorten präferieren, evtl. sogar bereit sind, vergleichsweise höhere Kosten (Bodenpreise, Mieten, Lohnkosten, Gewerbesteuern u. ä.) zu tragen, um an diesem Standort präsent sein zu können;

- als Versorgungsstandort ein derart attraktives Angebot an Waren und Dienstleistungen bieten und dieses so offensiv vermarkten, dass einerseits ein möglichst hoher Anteil der Kaufkraft ihrer eigenen Einwohnerschaft in der Stadt selbst realisiert wird (statt in benachbarte Städte abzufließen), andererseits ein

möglichst ausgedehntes Umland (im Sinn eines zentralörtlichen Einzugsge-
biets) in versorgungsfunktionaler Hinsicht möglichst eng und umfassend an die
Stadt angebunden werden kann, um möglichst hohe Kaufkraftanteile dieses
Umlandes in die Stadt zu lenken;

- als touristische Destination als einmaliges, unverwechselbares Ziel so interessant werden, dass ein Besuch dieser Stadt zu einem ‚Muss' wird, dass z. B.
  ausländische Besucher im Idealfall das Gefühl haben, Deutschland nicht wirklich gesehen zu haben, wenn sie nicht dieser Stadt einen Besuch abgestattet haben. In der Praxis stehen heute im deutschsprachigen Raum Stadt- und Regio-
  nalmarketingaktivitäten im Bereich Freizeit und Tourismus an zweiter Stelle
  nach der allgemeinen Wirtschaftsförderung (vgl. AHRENS-SALZSIEDER 1994, S.
  32).

In vielen Reiseführern werden Städte (und sonstige touristische Destinationen)
gemäß ihrer Attraktivität in Gruppen eingeteilt, z. B. ‚lohnt einen Besichtigungs-
stopp' (I), ‚lohnt einen Umweg von der Reiseroute' (II), ‚lohnt eine eigene Reise'
(III). Das Ziel eines wirkungsvollen touristischen Stadtmarketings muss es sein,
eine Stadt in der ‚mental map' von Touristen zum Anziehungspunkt zu machen
und sie in einer möglichst hohen Attraktivitätsstufe zu positionieren.

In einer 1999 fertiggestellten groß angelegten Untersuchung über ‚Internationale
Tourismusattraktionen in Mittel- und Südosteuropa' (JORDAN u. a. 1999) wird die
Bedeutung der Vermarktung des vorhandenen Tourismuspotenzials deutlich her-
ausgestellt. Die Städte und sonstigen Tourismusziele werden hier in vier Katego-
rien untergliedert (‚Weltattraktion', ‚europäische Attraktion', ‚wichtige internatio-
nale Attraktion', ‚sonstige internationale Attraktion'), doch betont JORDAN (1999,
S. 14): „Ob Attraktionen und Attraktionsfaktoren (...) tatsächlich Reiseströme an
sich ziehen (...), hängt aber nicht nur von ihrer Wertigkeit ab." Es sind „auf der
Seite des Anbieters (des Angebots) noch die folgenden Faktoren maßgebend: (...)
Vermarktungsstrategien und Vermarktungsbemühungen."

Die große ökonomische Bedeutung des Tourismus für Städte wird in Deutschland,
auf das sich die folgenden Ausführungen im wesentlichen beziehen, ohne weiteres
durch einen Blick in die Fremdenverkehrsstatistik deutlich. Der Städtetourismus ist
seit vielen Jahren die Tourismusform mit den größten jährlichen Zuwachsraten.
Naturorientierte Tourismusformen, wie Mittel- und Hochgebirgs- oder Seebäder-
tourismus stagnierten teils in den letzten Jahren, teils zeigten sie sogar rückläufige
Tendenz, die aufgrund der Auswirkungen der sog. ‚Gesundheitsreformen' der
1990er-Jahre beim Kur- und Bädertourismus besonders ausgeprägt war. Demgegenüber zeigte der Städtetourismus überdurchschnittliche Zuwachsraten. So stei-
gerten sich 1995-1999 die Übernachtungszahlen in den ‚sonstigen Gemeinden',
hinter denen sich in der amtlichen Fremdenverkehrsstatistik hauptsächlich die
Zahlen für die größeren Städte verbergen, von 85,52 Mio. (altes Bundesgebiet) auf
152,98 Mio. (Gesamtdeutschland), d. h. um 78,9%, während der gesamte Touris-

nus, gemessen an den Übernachtungszahlen in Beherbergungsbetrieben, nur um 44,6% zunahm. Der Tourismus in dieser Gemeindegruppe, den man weitgehend mit dem Städtetourismus gleichsetzen kann, erhöhte seinen Anteil am Gesamttourismus von 40,1% (1985, altes Bundesgebiet) auf 49,7% (1999, Deutschland gesamt; alle Zahlen nach: Statistisches Bundesamt 2001). Auf die große und wachsende Bedeutung des Städtetourismus auch im europäischen Rahmen wiesen kürzlich PETERS/WEIERMAIR (2001, S. 105ff.) hin.

Obige Zahlen können so interpretiert werden, dass im Bereich des Städtetourismus besonders große Marktpotenziale neu erschlossen wurden und die Marketinganstrengungen der Anbieter besonders erfolgreich waren. Sie geben aber auch deutliche Hinweise darauf, dass Städtetourismus auch in Zukunft weitere bedeutende Marktchancen besitzt und sich touristisches Stadtmarketing lohnt. Das überdurchschnittliche Wachstum des Städtetourismus, das sich auch in den letzten Jahren bis 2001 fortsetzte, hängt natürlich eng mit der Tatsache zusammen, dass hier zwei bedeutende Besuchergruppen beteiligt sind, die beide gleichermaßen Zuwachsraten zeigen: Städtetourismus beinhaltet einerseits den Dienst- und Geschäftsreiseverkehr sowie den Messe- und Kongresstourismus, also beruflich bzw. geschäftlich bedingten Reiseverkehr, andererseits den privaten Besuchs-, Besichtigungs-, Kultur- und Eventtourismus. In der Praxis treten beide Komponenten häufig kombiniert in der Weise auf, dass geschäftlich motivierte Reisen um private Elemente erweitert werden, dass etwa an einen Kongress- oder Messebesuch ein Tag oder ein Wochenende für Einkäufe oder Besichtigungen angehängt wird oder dass geschäftlich engagierte Besucher mit Begleitpersonen anreisen, die einen privaten Aufenthalt in der Stadt verbringen. Eine wirkungsvolle Tourismuswerbung wird daher immer beide Aspekte miteinander verknüpfen, d. h. Konzepte für ein tourismusorientiertes Stadtmarketing sollten Bestandteile enthalten, die beide potenziellen Besuchergruppen berücksichtigen.

Aus der Sicht des Deutschen Tourismusverbandes e. V. belegt DUNKELBERG (2001, S. 8f.) die aktuelle ökonomische Bedeutung des Städtetourismus und plädiert daher für verstärkte Anstrengungen um ein tourismusorientiertes Stadtmarketing. Nach diesen Angaben zeigte der Städtetourismus in Deutschland zwischen 1993 und 1999 jährliche Steigerungsraten von ca. 4%; 45% aller touristischen Umsätze werden derzeit in den Städten generiert, und fast 25% aller Übernachtungen im Fremdenverkehr entfallen auf eine Großstadt. Aus den durchschnittlichen touristischen Tagesausgaben pro Kopf von 59,60 DM (bezogen auf alle auswärtigen Stadtbesucher) resultiert ein Bruttoumsatz von 57,5 Mrd. DM. Hiervon entfallen 38,1 Mrd. DM auf den Tagesausflugsverkehr, 13,3 Mrd. DM auf den Fremdenverkehr mit Übernachtung (geschäftlich und privat) und 6,1 Mrd. DM auf den Tagesgeschäftsverkehr (DUNKELBERG 2001, S. 9).

Neben den direkten ökonomischen Auswirkungen des Städtetourismus bzw. eines effizienten touristischen Stadtmarketings dürfen nicht die indirekten positiven Wirkungen auf eine Stadt übersehen werden, die von einer erfolgreichen Imagewerbung und einem überzeugenden touristischen Marketingkonzept für die gesamte Stadtentwicklung ausgehen. Man kann die Gleichung aufstellen, dass nicht nur Stadtmarketing den Tourismus fördert, sondern umgekehrt auch der Tourismus die oben genannten übrigen Ziele des Stadtmarketings fördern kann. Eine Stadt mit attraktiver touristischer Infrastruktur (z. B. Gastronomie, Museen, Sport- und Freizeiteinrichtungen) ist auch für die Bewohner bzw. als Zielort für Zuzügler anziehend; wenn sie darüber hinaus ein positives Image als bekannte Tourismusdestination besitzt, dann hat sie durch ihren Bekanntheitsgrad – neben dem Wettbewerbsvorteil einer hervorragenden Infrastruktur – gute Chancen im Konkurrenzkampf um Industrie- und Gewerbeansiedlungen.

MAY (1986) belegte für die 1980er-Jahre diesen Zusammenhang in Bezug auf die Städte des Ruhrgebiets, für die sie den gezielten Einsatz des Städtetourismus zur Imageverbesserung und damit zur wirtschaftlichen Strukturverbesserung untersuchte. In der Gegenwart ist die Stadt München ein häufig genanntes Beispiel für diese gegenseitige Verstärkung von Attraktivität sowohl im Tourismus wie auch als Standort im Industrie- und Dienstleistungsbereich (z. B. Medien, Wirtschaftsberatung, Finanzdienstleistungen u. ä.). Den deutlichsten Ausdruck findet dieser Zusammenhang von touristischem und gewerblichem Stadtmarketing in München im überdurchschnittlichen Wachstum des Flughafens und der Messe.

3 Konzepte und Organisationsformen des touristischen Stadtmarketings

Für die praktische Umsetzung eines auf den Tourismus ausgerichteten Stadtmarketings sind im Vorfeld zwei wichtige Entscheidungen zu treffen: Welches inhaltliche Konzept soll zugrunde gelegt werden und welche Organisationsform soll zur Umsetzung dieses Konzepts und zur Realisierung von Marketingmaßnahmen gewählt werden?

3.1 Tourismusorientierte Stadtmarketingkonzepte

Wegen der in der Regel größeren Zahl von anzusprechenden Zielgruppen aus dem Bereich des geschäftlich und des privat motivierten Tourismus ist die Erarbeitung eines touristischen Marketingkonzepts für eine Stadt häufig wesentlich schwieriger als beispielsweise im Fall eines Kurortes oder eines Wintersportortes mit einem eher eingeschränkten Kreis von potenziellen Besuchern. Andererseits eröffnet diese Tatsache, dass gerade die größeren Städte mehrere unterschiedlich orientierte Zielgruppen ansprechen (vom jungen dynamischen Geschäftsmann, der eine Messe besucht, bis zum kunstinteressierten älteren Ehepaar, das über ein Wochenende zum Besuch von Museen und Kunstgalerien anreist), die Chance, mit kreativen Ideen neue auf die spezielle Stadt zugeschnittene Marketingkonzepte zu entwickeln und evtl. sogar gemeinsame Attraktionen für beide beispielhaft genannten Besuchergruppen zu kreieren, z. B. im Bereich der Gastronomie.

MAIER/TROEGER-WEISS (1990, S. 40ff.) schlagen vor, bei der Erarbeitung von Handlungskonzepten für ein regionales und kommunales Marketing mit Marktforschung und der Durchführung einer Marktanalyse zu beginnen, die das angebotene Produktspektrum, die Marktsegmentierung bezüglich der Teilmärkte und Nachfragegruppen untersuchen und eine Stärken-Schwächen-Analyse des Produkts beinhalten sollte. Auch beim touristischen Stadtmarketing empfiehlt sich diese Vorgehensweise. Wichtig ist als erster Schritt zur Erarbeitung eines Konzepts zunächst einmal eine gründliche Bestandsaufnahme. Hierbei sind zu berücksichtigen:

- das vorhandene tourismusaffine Infrastrukturpotenzial – von der Hotellerie bis zum Kunstmuseum,

- die vorhandenen und bisher vielleicht nur von Einheimischen genutzten Freizeit- und Erholungsmöglichkeiten in der Stadt und ihrem Umland,

- die natürlichen Voraussetzungen für touristische Aktivitäten in der Stadt und ihrer Region, z. B. Berge, Seen, Wälder, Naturparks,

- die touristisch interessanten oder interessant zu machenden Aspekte des Stadtbildes und der städtischen Bau- und Gebäudestruktur, von der Stadtmauer bis zur kunsthistorisch wertvollen Kirche,

- die vorhandenen Potenziale für die Entwicklung von Geschäftsreiseverkehr, Messe- und Kongresstourismus (z. B. größere Unternehmen mit überregionalen, evtl. sogar internationalen Geschäftsbeziehungen, Hallenflächen, Hotels mit Seminarräumen, Kooperationen der Wirtschaft mit Hochschulen und Akademien),

- die Bevölkerungs-, Berufs- und Sozialstruktur der Stadt, da Bemühungen um eine verstärkte Tourismusentwicklung immer die Bereitschaft der Bevölkerung voraussetzt – gerade auch derjenigen, die mit dem Tourismus keine direkten wirtschaftlichen Interessen verbindet, sich Gästen gegenüber offen zu zeigen und in der Stadt eine besucherfreundliche Atmosphäre zu schaffen.

Diese erste Bestandsaufnahme sollte gleichzeitig auch Aspekte der Marktsegmentierung berücksichtigen, d. h. die Überlegung, welches Potenzial und welche Infrastruktur für welche Teilmärkte und Nachfragegruppen besonders geeignet sind. Eine Stärken-Schwächen-Analyse, die ungeschönt und schonungslos vor allem die Defizite in einzelnen Segmenten und evtl. existierende Qualitätsmängel auf der Angebotsseite aufzeigt, muss sich anschließen. Hierbei ist insbesondere auch der Vergleich mit ähnlich strukturierten oder direkt konkurrierenden Städten notwendig, um die eigene Wettbewerbsposition realistisch einschätzen zu können. Städte, die sich neu auf dem touristischen Markt positionieren wollen, sollten sich nicht scheuen, sich in vergleichbaren Städten zu informieren und ihr eigenes Angebot an dem zu messen, was bereits woanders, unter Umständen sehr erfolgreich, auf dem Tourismusmarkt vorhanden ist. In der touristischen Fachliteratur liegen inzwischen zahlreiche Fallstudien vor, die detailliert aufzeigen, wie für einzelne Städte derartige Marktanalysen und Bewertungen der Wettbewerbsposition vorgenommen wurden (z. B. FRIED/WIEDENMANN 1995 über Bad Harzburg, HANRIEDER 1995 über Augsburg).

Nach einer im obigen Sinn durchgeführten gründlichen Analyse des touristischen Angebots und seiner voraussichtlichen Vermarktungsmöglichkeiten unter Berücksichtigung der Konkurrenzsituation und der anzusprechenden Nachfragegruppen folgt als wichtigster Schritt die Ausarbeitung eines Stadtmarketingkonzepts. Nach BIEGER (2000, S. 184) wird unter einem Marketingkonzept eine „mittelfristig gültige Grundvorstellung für das Marketing" verstanden, die als Leitlinie für den Einsatz von Marketinginstrumenten und für die Planung von Werbeaktionen dient. Wichtigstes Ziel muss es dabei sein, „eine einzigartige, unverwechselbare Stadt zu schaffen" (KONKEN 1997, S. 103).

Dies gilt selbstverständlich vor allem für den privat motivierten Städtetourismus. Während für den Geschäftsreiseverkehr, Messe- und Kongresstourismus eher funktionale Aspekte im Vordergrund stehen, kann sich eine Stadt im Besichtigungs- und Kulturtourismus bzw. im Ausflugverkehr, bei Kurzurlauben, für Event- und Incentive-Reisen nur dann als attraktive Destination behaupten, wenn es ihr gelingt, sich und ihr Angebotspotenzial als einmalig darzustellen. Das Charakteristische, unbedingt Sehens- und Erlebniswerte einer Stadt, ihre unverwechselbare Identität muss herausgearbeitet und öffentlichkeitswirksam dargestellt werden. Der Name der Stadt muss durch Werbemaßnahmen und gezielte Öffentlichkeitsarbeit in den Medien zu einer allseits bekannten ‚Marke' werden; die Stadt muss – vor allem auch durch Imagewerbung – in ihrem Marktsegment (als Kunststadt, als historische Stadt, als Theaterstadt, als Messestadt, als Einkaufsstadt usw.) so bekannt gemacht werden wie ein allen geläufiger Markenartikel im Güterbereich. STEINECKE (2001) thematisierte die Notwendigkeit der Markenbildung von Destinationen als Voraussetzung für eine erfolgreiche Vermarktungsstrategie.

Die Bedeutung dieses Faktors für die Praxis geht z. B. daraus hervor, daß die Thomas-Morus-Akademie (Bensberg) 2001 eine Studienkonferenz zur Image-Entwicklung von touristischen Regionen veranstaltete, in der beispielsweise gefragt wurde „Wie lässt sich ein Alleinstellungsmerkmal erfolgreich vermarkten? Welche Erfahrungen aus einer langfristigen Markenpflege liegen vor?" DETTMER u. a. (2000, S. 67f.) stellen hierzu kritisch fest, dass die Angebote im Städtetourismus seit einiger Zeit immer ähnlicher und damit austauschbar werden. Vordringlichstes Ziel der Verantwortlichen im Tourismus müsse aber sein, Schwerpunkte zu setzen und die einzelnen Komponenten des städtetouristischen Potenzials so aufeinander abzustimmen, daß eine unverwechselbare Erfolgsposition geschaffen wird, die die eigene Stadt als etwas Besonderes und Einzigartiges erscheinen lässt.

Bei der Schaffung einer solchen ‚Marke' im Tourismus ist selbstverständlich eine realistische Einschätzung der Wettbewerbsposition, der Angebotsqualität und -quantität, der Potenziale – sowohl bezüglich des Angebots als auch der Zielgruppe – und der zukünftig zu erwartenden Entwicklungsmöglichkeiten notwendig. D. h. auch Prognosen hinsichtlich der Tourismusformen, in denen sich die Stadt positionieren will, sollten durchgeführt werden. Es verspricht wenig Erfolg, wenn eine Stadt in einem Markt expandieren will, der entweder wenig Wachstumsmöglichkeiten bietet oder der bereits erfolgreich von anderen Städten besetzt ist, die evtl. noch reichhaltiger ausgestattet sind oder aufgrund längerer Tourismustradition bereits ein entsprechendes Image besitzen. Stattdessen sollte sich eine Stadt, die neu in den Tourismusmarkt eintreten oder ihren Marktanteil vergrößern will, bei ihrer Strategie bemühen, Marktlücken zu finden, ein eigenständiges Image aufzubauen und sich möglichst an neuen, zukunftsträchtigen Trends zu beteiligen. Wenn man von der Theorie des Produktlebenszyklus ausgeht, dann ist touristisches Stadtmarketing dann am erfolgreichsten, wenn ein Produkt angeboten wird, das sich in der Markteinführungs- bzw. Wachstumsphase befindet.

Unbedingt notwendig ist eine gute Zusammenarbeit mit den städtischen Randgemeinden und dem Stadtumland bzw., im Fall von Großstädten, mit der gesamten Region. Den Besucher einer Stadt interessieren administrative Stadtgrenzen nicht, er sieht den gesamten städtischen Raum als Destination. Marketingkonzepte dürfen daher nicht an Verwaltungsgrenzen haltmachen, sie sollten immer die Landschaft im Umland, Besichtigungsobjekte in den Landkreisen um die Stadt, folkloristische Charakteristika der gesamten Region u. ä. einbeziehen. So gehören beispielsweise im Fall München auch der Starnberger See oder das Schloß Schleißheim (im Landkreis München) zu den touristischen Attraktionen der Stadt; die ‚Regio Augsburg Tourismus GmbH' wirbt für den Augsburg-Tourismus auch mit Attraktionen in den benachbarten Landkreisen Augsburg und Aichach-Friedberg.

3.2 Organisationsformen zur Umsetzung von touristischen Stadtmarketingkonzepten

Zur Umsetzung von Konzepten zum touristischen Stadtmarketing existieren verschiedene mögliche Organisationsformen. Relativ häufig ist eine Konstruktion, bei der eine Abteilung der Stadtverwaltung, z. B. das Wirtschaftsreferat oder das Stadtplanungsamt, mit der Realisierung beauftragt wird. Wegen der Abhängigkeit von Beschlüssen des Stadtrats und der Einbindung in die städtische Verwaltungshierarchie macht sich hier allerdings oft ein strukturell bedingter Mangel an Spontaneität, das Fehlen rascher unbürokratischer Entscheidungsmöglichkeiten, wie sie im Tourismusbereich häufig nötig sind, hemmend bemerkbar. Handlungsfähiger ist eine Konstruktion, bei der das Stadtmarketing als Stabsstelle beim Büro des Oberbürgermeisters angesiedelt oder als eigenes Referat, z. B. für Stadtentwicklung und

Wirtschaftsförderung, organisiert ist. Alle diese Lösungen haben den Nachteil mangelnder direkter Einbindung der Bevölkerung und der Wirtschaft; auch wirkt sich die Abhängigkeit von Mehrheitsentscheidungen des Stadtrats oft hinderlich aus.

Die Tendenz geht daher immer stärker dahin, für die Zwecke des Stadtmarketings – sowohl des touristischen als auch zur Förderung von Handel und Gewerbe, die sowieso immer Hand in Hand laufen sollten – einen eingetragenen Verein (e. V.) oder eine GmbH zu gründen. In beiden Fällen können im Sinne einer ‚public-private-partnership' neben der Stadt und evtl. weiteren Gebietskörperschaften auch Unternehmen und Privatpersonen Mitglieder werden. Ein eingetragener Verein mit dem Vereinszweck des touristischen Stadtmarketings ist gut geeignet, als Diskussionsforum und Mitwirkungsplattform für die verschiedenen Interessensvertretungen, von der Stadtverwaltung bis zu Wirtschaftsverbänden und Bürgerinitiativen, zu dienen. Ein Nachteil sind gewisse Handlungsrestriktionen, die sich aus dem Vereinsrecht ergeben.

Aus diesem Grund wird gegenwärtig am häufigsten mit der Konstruktion einer Gesellschaft mit beschränkter Haftung (GmbH) gearbeitet, da diese ebenfalls alle interessierten Gruppen einbeziehen kann, aber kaufmännisch markt- und gewinnorientiert arbeitet und zu schnellen Entscheidungen unabhängig von politischen Mehrheitsentscheidungen des Stadtrats fähig ist. Die Stadt bringt in der Regel den höchsten Anteil am Stammkapital der Gesellschaft ein und sichert sich dadurch den entscheidenden Einfluss, ohne die selbständige Handlungsfähigkeit der Gesellschaft und ihres Geschäftsführers zu beeinträchtigen, der für die Realisierung der ausgearbeiteten Konzepte verantwortlich ist.

Zum Schluss sind noch die in einigen Städten existierenden eher losen Arbeitskreise für Stadtmarketing zu erwähnen. Sie können sich bilden, wo kein institutionalisiertes Stadtmarketing gewünscht wird, arbeiten z. T. sehr innovativ, haben aber den Nachteil der meist unsicheren Finanzierung und der lockeren Organisationsform, die häufig nicht auf Dauer angelegt ist.

4   Das Beispiel der Stadt Augsburg

Am Beispiel der Stadt Augsburg soll abschließend erläutert werden, wie touristisches Stadtmarketing in der Praxis einer Großstadt durchgeführt wird. Augsburg war zwar seit langem ein Ziel im kunst- und kulturhistorisch motivierten Städtetourismus (neben einem eher unbedeutenden Geschäftsreiseverkehr trotz des Vorhandenseins größerer Industriebetriebe), doch stagnierte die Zahl der Besucher jahrzehntelang auf verhältnismäßig niedrigem Niveau (um 300.000 Gästeübernachtungen pro Jahr). Die Bemühungen, im Fremdenverkehr neue Arbeitsplätze zu schaffen und höhere Einnahmen zu erzielen, wurden in den 1980er-Jahren verstärkt, als Augsburg insbesondere durch die Krise der bis dahin dominierenden Textilindustrie sowie durch Arbeitsplatzabbau auch in anderen Branchen (z. B. Maschinenbau)

eine große Zahl industriell-gewerblicher Arbeitsplätze verlor und ernsthafte Wirt-
schafts- und Arbeitsmarktprobleme auftraten. Die Stadt bemühte sich um neue
Betriebe und Arbeitsplätze im tertiären Sektor und hier u. a. auch im Tourismus.

1990 wurden auf Initiative der Stadtverwaltung und des Verkehrsvereins mehrere
Untersuchungen zur Vorbereitung eines neuen Marketingkonzepts in Auftrag gegeben (vgl. HANRIEDER 1995, S. 194ff.). Die Studien zeigten erhebliche Schwächen in Bezug auf den Bekanntheitsgrad und das Image der Stadt, das sich als
wenig profiliert erwies. Zwar sah man als Stärken der Stadt im Tourismus die Güte
eines soliden Angebots, das günstige Preis-Leistungs-Verhältnis sowie die lange
kulturelle Geschichte und Bedeutung der Stadt (‚Römerstadt’, ‚Fuggerstadt’,
‚Stadt des Religionsfriedens’, ‚Mozartstadt’), doch überwogen bei weitem die
Schwächen (Mangel an überregional bekannten touristischen Attraktionen,
schlechte Vermarktung und daher nur durchschnittlich erscheinendes Angebot an
Sehenswürdigkeiten, Mangel an überdurchschnittlich guten und für den Touristen
attraktiven Hotellerie- und Gastronomiebetrieben, insgesamt geringer Bekanntheitsgrad vor allem im Vergleich mit ähnlich strukturierten und ausgestatteten
Städten).

Um das Marketingziel, eine Vergrößerung des touristischen Marktanteils im In-
und Ausland und eine Verbesserung der Situation der Übernachtungs- und Gastronomiebetriebe sowie des Einzelhandels zu erreichen, wurden als Hauptziele festgelegt: stärkere Bekanntmachung der Stadt als attraktives Ziel des touristischen
Kurzreiseverkehrs und Aufbau eines eigenständigen, profilierten Images der Stadt
nach außen (Abgrenzung gegenüber anderen Reisezielen) wie auch nach innen
(Förderung des touristischen Bewußtseins der Stadtbevölkerung, Kooperationsbe-
reitschaft der verschiedenen städtischen Gruppen). Die Marketingstrategie für den
touristischen Standort Augsburg sollte mehrere Zielgruppen ansprechen: Tagesausflügler, Kurz- und Wochenendreisende, Urlauber in Schwaben und im Allgäu in Bezug auf Ausflugfahrten vom Ferienort aus, schließlich Messe- und Tagungsteilnehmer und -besucher. Außerdem sollten Meinungsmultiplikatoren, wie
Journalisten und Presseagenturen, sowie stadtinterne Zielgruppen, wie städtische
Referate, Hotellerie und Gastronomie, kulturelle Einrichtungen und relevante
Dienstleistungsbetriebe, gesondert angesprochen werden.

Als Zielimage sollte vermittelt werden, dass Augsburg als historische Stadt mit
einer über 2000-jährigen Geschichte das politische, wirtschaftliche, kulturelle und
wissenschaftliche Zentrum von Bayerisch-Schwaben ist, eine attraktive, pulsieren-
de, doch überschaubare Kunst- und Kulturstadt, eingebettet in eine schöne, erhol-
same und sehenswerte Umgebung (Naturpark ‚Augsburg – Westliche Wälder’ vor
den Toren der Stadt, ‚Wittelsbacher Land’ als Stammland des bayerischen Kö-
nigshauses östlich der Stadt).

Über einen einprägsamen Slogan wurde heftig diskutiert. Da die Begriffe ‚Römerstadt’ (z. B. Trier) und ‚Mozartstadt’ (Salzburg) bereits besetzt sind, einigte man

sich auf die Begriffe ‚Fuggerstadt' und ‚Renaissance-Stadt' in Anlehnung an die kunst- und kulturgeschichtliche Epoche, in der Augsburg durch seine Kaufleute und Bankiers, wie die Fugger und Welser, Weltgeltung besaß und bedeutende Kunstwerke und Baudenkmäler erhielt, die heute zum Kernprogramm jeder Stadtbesichtigung gehören. Die Positionierung Augsburgs als ‚Fuggerstadt' und ‚Renaissance-Stadt' „ist im deutschen Städtemarkt alleinstellend und differenzierend, (...) und als hervorragende Basis nicht nur für den Tourismus, sondern auch für Kultur und wirtschaftliche Themen geeignet" (HANRIEDER 1995, S. 202).

Zur Umsetzung des neuen Marketingkonzepts wurde die ‚Regio Augsburg Tourismus GmbH' gegründet, die nicht nur die Stadt, sondern auch die beiden angrenzenden Landkreise vertritt und touristisch vermarktet. Mit dem Slogan ‚Augsburg – Stadt der Renaissance – Renaissance einer Stadt', der nicht nur Kunst und Kultur, sondern auch die neu belebte Wirtschaftskraft und die neu erworbene Stellung als Universitätsstadt und Zentrum für Umweltforschung und -technologie ansprechen soll, und mit Hilfe einer Vielzahl neu gestalteter Werbemittel ist es dieser Marketing-GmbH seit Ende der 1990er-Jahre gelungen, sowohl im Privattourismus als auch im Geschäftsreiseverkehr beachtliche Zuwachsraten zu erzielen.

Bisher wurde noch keine breit angelegte Evaluierung des Stadtmarketingkonzepts von Augsburg durchgeführt. Es ist daher nicht zweifelsfrei belegbar, ob die Zunahme der Zahl der Gästeübernachtungen in der ‚Regio Augsburg' (Stadt Augsburg, Kreise Augsburg und Aichach-Friedberg) von 764.044 (1995) auf 994.219 (2000), wie sie die amtliche Statistik ausweist, ursächlich auf die Aktivitäten der Tourismus GmbH zurückgeht. Die Zuwachsrate von 30,1% unterscheidet sich jedoch gravierend von der Entwicklung in ganz Bayern im gleichen Zeitraum, das eine Zunahme der Übernachtungszahlen um 1,6% aufwies. Auf eine zunehmende Wirksamkeit der touristischen Marketinganstrengungen weist daneben auch die statistisch nicht direkt erfassbare, aber von Gastronomie, Einzelhandel und kulturellen Einrichtungen vielfach bestätigte Steigerung der Zahl der Tagesbesucher (Ergebnisse eigener Befragungen und Interviews mit Herrn Beck, Geschäftsführer der ‚Regio Augsburg Tourismus GmbH' 2000/2002). Obwohl eine abschließende Würdigung sicherlich noch verfrüht wäre, kann Augsburg derzeit wohl als ein Beispiel für erfolgreiches touristisches Stadtmarketing angesehen werden.

Literatur

AHRENS-SALZSIEDER, D. (1994): Regional- sowie Stadtmarketing und ihr Einfluss auf die jeweilige Infrastrukturpolitik. In: DISP 116. Zürich, S. 32-37.

BEYER, R./KURON, I. (Hrsg.; 1995): Stadt- und Regionalmarketing. Irrweg oder Stein der Weisen? Material zur angewandten Geographie, Bd. 29. Bonn.

BIEGER, Th. (2000⁴): Management von Destinationen und Tourismusorganisationen. München.

DETTMER, H./GLÜCK, G. et al. (2000): Tourismustypen. München.

DUNKELBERG, D. (2001): Städte müssen sich heute als touristisches Gesamtbild vermarkten. In: Der Städtetag, H. 7-8/2001, S. 8-12.

FRIED, H./WIEDENMANN, S. (1995²): Integriertes Fremdenverkehrskonzept für die Stadt Bad Harzburg. In: ROTH, P./SCHRAND, A. (Hrsg.): Touristikmarketing. München, S. 169-191.

HANRIEDER, M. (1995²): Kommunikation im Städtetourismus am Beispiel Augsburg. In: ROTH, P./SCHRAND, A. (Hrsg.): Touristikmarketing. München, S. 193-205.

HEINEBERG, H. (2000): Grundriß Allgemeine Geographie: Stadtgeographie. Paderborn.

HELBRECHT, I. (1994): Stadtmarketing – Konturen einer kommunikativen Stadtentwicklungspolitik. Stadtforschung aktuell, 44. Basel.

JORDAN, P. et al. (1999): Internationale Tourismusattraktionen in Mittel- und Südosteuropa. In: Österreichisches Ost- und Südosteuropa-Institut (Hrsg.): Atlas Ost- und Südosteuropa, Karte 3.4 – G6. Dazu: Jordan, P. (1999): Begleittext. Wien.

KONKEN, M. (1997): Stadtmarketing in der Praxis. In: Tourismus-Jahrbuch, Jg. 1, S. 75-120.

KURON, I. (1997): Stadtmarketing. In: PFAFF-SCHLEY, H. (Hrsg.): Stadtmarketing und kommunales Audit: Chance für eine ganzheitliche Stadtentwicklung. Berlin, S. 1-13.

MAIER, J./TROEGER-WEISS, G. (1990): Marketing in der räumlichen Planung. Akademie für Raumforschung und Landesplanung, Beiträge, 117. Hannover.

MAY, M. (1986): Städtetourismus als Teil der kommunalen Imageplanung. Dargestellt am Beispiel der kreisfreien Städte im Ruhrgebiet. Materialien zur Fremdenverkehrsgeographie, H. 14. Trier.

PETERS, M./WEIERMAIR, K. (2001): Stadtmanagement und -marketing: Perspektiven der touristischen Stadtentwicklung. In: Tourismus-Jahrbuch, Jg. 5, S. 105-124.

SCHNEIDER, D. (2000¹⁵): Marketing. In: Gabler-Wirtschaftslexikon, Bd. 3. Wiesbaden, S. 2056-2058.

SCHNEIDER, U. (1993): Stadtmarketing und Großveranstaltungen. Beiträge zur angewandten Wirtschaftsforschung, Bd. 26. Berlin.

SPIESS, S. (1998): Marketing für Regionen. Anwendungsmöglichkeiten im Standortwettbewerb. Wiesbaden.

Statistisches Bundesamt (Hrsg.; 2001): Tourismus in Zahlen 2000/2001. Stuttgart.

STEINECKE, A. (2001): Markenbildung von Destinationen: Erfahrungen, Herausforderungen, Perspektiven. In: BIEGER, TH. et al. (Hrsg.): Erfolgskonzepte im Tourismus: Marken, Kultur, Neue Geschäftsmodelle. Wien, S. 9-27.

Reiseinformation und Reiseführer

Ann P. Strauch

Bei der Planung und Durchführung eines Urlaubs ist es nahezu unerlässlich, sich mit ausreichenden Informationen über das Reiseziel zu versorgen. Aufgrund des Booms in der Tourismusindustrie, die vor allem in den letzten zwanzig Jahren expandierte, ist der Bedarf an Reiseinformationen entsprechend gestiegen und damit auch die Auswahl. Reiseinformationen werden in den unterschiedlichsten Formen angeboten, wobei die gedruckten Reiseführer meist die umfassendsten Informationen liefern und daher sehr gefragt sind: „Hatten vor zehn Jahren nur 25 Prozent einen Reiseführer im Gepäck, sind es heute bereits gut 40 Prozent, die nicht ohne gedruckte ‚Gebrauchsanleitung' in den Urlaub fahren."[1] Somit verwundert es nicht, dass die Reiseführerbranche sich parallel zur Entwicklung des Tourismus zu dem am schnellsten expandierenden Bereich auf dem deutschen Buchmarkt entwickelt hat (vgl. KUHR 1997, S. 1). Der deutsche Buchhandel bietet mittlerweile weltweit die größte Auswahl an Reiseliteratur.

Das Informationsverhalten der Reisenden variiert jedoch je nach Urlaubertyp und nach soziodemographischen Merkmalen. Zum Beispiel nimmt die Zahl der genutzten Informationsquellen mit zunehmenden Alter ab, mit der Höhe der Schulbildung zu und mit wachsender Reiseerfahrung ab (vgl. DATZER 1983, S. 141-185). Reisende, die Informationsquellen häufiger nutzen, bevorzugen neutrale Quellen, wie z. B. Reiseführer. Auch nimmt die Bedeutung der neutralen, objektiven Informationsquellen im Verlauf des Entscheidungsprozesses zu. Während erste Anregungen der Reisezielwahl überwiegend auf persönlichen Empfehlungen basieren, wird der endgültige Entschluss anhand von Prospekten und Katalogen bekräftigt. Erst in der Phase der Vorbereitung bekommt die Bedeutung von Reiseführern mehr Gewicht, denn dann möchten sich Reisende intensiver über das Reisegebiet informieren (vgl. HAHN/HARTMANN 1973, S. 28).

Reiseinformationen und besonders Reiseführer nehmen aufgrund dieses Ausmaßes und Erfolges in Deutschland in wirtschaftlicher und sozialer Hinsicht eine sehr wichtige Stellung ein. Dementsprechend hat sich eine Vielzahl von Wissenschaftlern mit dieser Thematik beschäftigt. Zu diesen Experten zählen z. B. Geographen, da Reiseführer und geographische Länderkunden viele Überschneidungen aufzeigen. Bisher haben sich jedoch nur wenige Geographen mit dieser Thematik befasst. Der Geograph POPP sieht aber große Chancen, Reiseführer als einen Markt für ‚Angewandte Geographie' zu etablieren: „Die Geographie wäre gut beraten, das Literaturgenre der Reiseführer für wissenschaftliche und angewandt praktische Zwecke stärker als bisher zu beachten" (POPP 1997, S. 178). Reiseführer können

---

[1] HERB, A.: Die besten Seiten des Reisens. In: GLOBO Extra – Reiseführer 2000. Beilage zur Ausgabe 10/2000.

somit in vielfältiger Hinsicht untersucht werden, da sie einerseits zu einem Sektor der Tourismusindustrie gehören und somit unter wirtschaftlichen Aspekten betrachtet werden können. Andererseits stellen sie eine Literaturgattung bzw. eine Medienart dar, die nicht nur Bereiche der Geographie, sondern auch zahlreiche andere Wissenschaften (z. B. Germanistik, Medienwissenschaft, Tourismuswissenschaft) betrifft.

Im Folgenden wird erst auf die Reiseführer eingegangen und dann auf andere Quellen, die Reiseinformationen anbieten. Abschließend wird noch ein Blick auf die zukünftige Entwicklung dieses Bereichs der Tourismusbranche geworfen.

1 Reiseführer als touristisches Informationsmedium

1.1 Entwicklungsgeschichte der Reiseführer

Der Reiseführer in seiner heutigen Funktion als touristisches Informationsmedium blickt auf eine lange Entwicklungsgeschichte zurück. Erste Ansätze in Form von Reportagen und Itinerarien (Wegbeschreibungen) gab es bereits in der Antike und im Mittelalter. Diese wurden vorrangig von Händlern und Militärs genutzt. Durch die Bildungsreisen junger Adliger entwickelte sich im 16. Jh. eine weitere Form, die Apodemik. Sie enthielt neben praktischen, ärztlichen und religiösen Ratschlägen eine kurze Länderkunde und vor allem eine Anleitung über effektive Informationsgewinnung und -auswertung (vgl. GORSEMANN 1995, S. 61). Aufgrund der gesellschaftlichen Wandlungen im 19. Jh., die es auch dem Bürgertum ermöglichten zu reisen, entwickelte sich der erste ,moderne' Reiseführer, der Baedeker. Das neue Reiseführerkonzept des Verlegers Karl Baedeker war u. a. durch Übersichtlichkeit (Inhaltsverzeichnis), durch Strukturierung nach geographischen Routen, durch genaue und aktuelle touristische Information sowie durch die Klassifizierung von Sehenswürdigkeiten usw. mittels eines Sternchensystems gekennzeichnet (vgl. PRETZEL 1995, S. 64).

Die bessere Mobilität durch die Eisenbahn und die kürzeren Arbeitszeiten ermöglichten Anfang des 20. Jhs. neuen Gesellschaftsgruppen das Reisen. Der Reisemarkt wurde zunehmend differenzierter, besonders mit dem Einsetzen des Massentourismus nach dem Zweiten Weltkrieg (vgl. SCHERLE 2000, S. 69). Da immer mehr Reisende mit unterschiedlichsten Interessen und Motiven Reisen unternahmen, wurden auch die Reiseführer immer spezieller. Es entwickelten sich Spezialreiseführer für verschiedene Reisezwecke, z. B. Reiseführer für Radfahrer. Sie orientierten sich aber immer noch am Baedeker-Prinzip. Erst Ende der 1960er-Jahre bewirkte ein neuer Reisetyp, der ,Globetrotter', einen Wandel in der Reiseführer-Branche: „Resultate der Globetrotterzeit sind: die wiederentdeckte Lust am Reisen, die breite Reiseerfahrung großer Bevölkerungskreise und eine Vielzahl von Reiseführern und Reiseführerreihen, die mit dem althergebrachten Bildungstourismus brachen und stattdessen das Augenmerk anglo-amerikanisch pragma-

tisch auf die Bewältigung der langen Strecken und das Überleben konzentrierten"
(GOHLIS 1999, S. 20). Diese neue Art der ‚Alternativ-Reiseführer' wurde von den
Globetrottern selbst initiiert. Die anfänglich amateurhaften Publikationen wurden
aufgrund des guten Absatzes immer professioneller, so dass auch die großen, traditionellen Reiseführerverlage damit begannen, alternative Reiseführer zu publizieren.

Seitdem ist die Zahl der Verlage und – damit verbunden – die der Reiseführer und
Reiseführerreihen extrem gestiegen. Die Folge ist, dass der heutige Reiseführer-
markt in seiner ganzen Dimension kaum noch überblickt werden kann: „Nie vorher
in den Epochen der Geschichte war die Flut der Reisebücher so überquellend, so
mächtig, so differenziert wie heute, aufgesplittert nach Reisezielen und Reisemotiven" (WAGNER 1990, S. 30). Diese große Bandbreite des heutigen Reiseführer-
markts und die abwechslungsreiche Entwicklungsgeschichte stellen ein Problem
bei der Definition des Mediums ‚Reiseführer' dar.

1.2   Definitionsansätze

Die Entwicklungsgeschichte von Reiseführern hat gezeigt, dass sich über die Jahrhunderte hinweg das Verständnis von Reisen und damit auch der Reiseliteratur
ständig gewandelt hat und sich auch heute noch wandelt. Obwohl mit dem 1839
erschienenen Baedeker-Band der erste moderne Reiseführer publiziert worden
war, gibt es seitdem immer noch keine einheitliche Definition. Dies liegt nicht an
fehlenden Definitionsversuchen, sondern an der besonderen Charakteristik dieses
Literaturtyps: „Reiseführer sind nämlich Mischungen aus verschiedenen Literaturarten: (meist trockene) Literatur- und Informations-Cocktails" (STEINECKE 1994,
S. 17). So vermischen sich in Reiseführern Elemente aus den Kategorien Länderkunde, Bildband, Erlebnisbericht, Hotelführer, Kochbuch usw. Hinzu kommt, dass
diese Mischungen verschiedener Literaturarten von Reiseführer zu Reiseführer
stark variieren. In einem Reiseführer kann der Anteil der Länderkunde überwiegen, während in einem anderen Reiseführer kaum auf diese eingegangen wird.

In ihren ‚Untersuchungen zur Sprache im Fremdenverkehr' grenzt PUTSCHÖGL-
WILD (1978, S. 19) die Reiseführer von der Reiseliteratur ab: „Bei einer ersten
groben Unterteilung läßt sich unterscheiden zwischen Reiseliteratur und Reiseführern. Zum literarischen Schrifttum über Reisen sind zu zählen faktische Reisebeschreibungen, imaginäre Reisen, Reiseerzählungen. (...) Daneben stehen die Reiseführer, die hier gleichsam als ‚Gebrauchsprosa' bezeichnet werden sollen: Bücher
zur Beratung und Unterrichtung der unerfahrenen Reisenden." Somit weist PUT-
SCHÖGL-WILD dem Reiseführer hauptsächlich praktische Funktionen zu, indem er
über Sehenswürdigkeiten, Routen, Hotels usw. informiert. Verwendung findet der
Reiseführer daher zur Reisevorbereitung, zur Planung der Urlaubsstrecke und
besonders als Nachschlagewerk am Urlaubsort (vgl. PUTSCHÖGL-WILD 1978, S. 20).

GORSEMANN betrachtet Reiseführer als einen Teil der Reiseführerliteratur, wobei sie festhält, dass keine eindeutigen Abgrenzungen zu benachbarten Literaturarten gemacht werden können. Neben dem Gebrauchswert der Reiseführer sieht GORSEMANN (1995, S. 11) eine weitere wichtige Funktion: „Um eine gelungene, lohnende Urlaubsreise zu realisieren, geben Reiseführer unter dem Maßstab einer so begründeten Effektivität Anleitungen zu praktischen Fragen, mit denen sich Touristen auseinandersetzen müssen, etwa Unterkunft, Routen, Öffnungszeiten. Außerdem bieten sie dem Touristen Informationen zu seiner Unterhaltung, erläutern Sehenswürdigkeiten, geben Auskünfte über Land und Leute, die die bereiste ‚Fremde' zugänglich machen und Bilder von ihr konstruieren. Diese ‚Bildung' des Lesers zielt darauf, ihm ideell lohnende Urlaubseindrücke zu vermitteln. Die Funktion des Reiseführers besteht aus diesen Gründen unverzichtbar darin, Bildungsgut und touristische Gebrauchsanweisung zu sein."

Obwohl die bisher zitierten Definitionsansätze einige Unterschiede aufweisen, lassen sich dennoch eindeutige Hauptmerkmale eines Reiseführers feststellen. Beide Autoren sind sich darüber einig, dass der Reiseführer vor allem praktischen Nutzwert für den Touristen bedeutet. Diese Gebrauchsfunktion ist es auch, die den Reiseführer von anderer Reiseliteratur (z. B. Reiseberichten) unterscheidet, jedoch nicht eindeutig abgrenzt. Unter dem Gebrauchswert werden Elemente wie Routenvorschläge, Öffnungszeiten, Hotelpreise usw. verstanden. Diese Funktion, nützliche und konkrete Hinweise für die Reisegestaltung zu geben, kann daher als Hauptmerkmal von Reiseführern bezeichnet werden. Ein zweites Merkmal wird von den Autoren als sehr wichtig und als charakteristisch für Reiseführer angesehen: die Unterrichtungs- bzw. Bildungsfunktion. Darunter fallen solche Elemente wie Beschreibungen von Sehenswürdigkeiten, von Land und Leuten usw. Diese sollen die Voraussetzung dafür schaffen, dass der Tourist sich nicht nur mit Hilfe der praktischen Anweisungen optimal in der Fremde orientieren, sondern auch das ‚Fremde' richtig erfassen und verstehen kann. Fazit dieser Definitionsansätze ist daher, dass ein Reiseführer als eine Publikation für die Beratung und Unterrichtung eines Touristen über sein Reiseziel bezeichnet werden kann.

1.3 Typologie der Reiseführer

Aus den gleichen Gründen, aus denen sich Probleme für eine einheitliche Definition des Begriffs ‚Reiseführer' ergeben, sind auch Schwierigkeiten bei einer Einordnung der unterschiedlichen Reiseführer in eine bestimmte Typologie vorhanden. Bereits im Jahr 1980 konstatierte RANFT (1980, S. 111): „Vom Reiseführermarkt selbst einen wirklichen Überblick zu bekommen, ist fast unmöglich."[2] Andere bezweifelten gar, dass eine Typisierung von Reiseführern überhaupt möglich sei, denn „dieses Unterfangen würde vermutlich im Gestrüpp unterschiedlicher

---

[2] RANFT, F. (1980): Wie sich die Welt so spiegelt. In: BuchMarkt, 5, S. 111-129.

Verlagskonzepte (...) untergehen."[3] Dieser Umstand der zahllosen, nicht mehr
überblickbaren Reiseführerreihen der Verlage hat sich seit diesen Aussagen noch
weiter verschärft. Dennoch gab es einige Typisierungsversuche, von denen das
Typologie-Modell von STEINECKE (1988) nach Funktionen bis heute am gängig-
sten ist und daher im Folgenden vorgestellt wird.

Das Typologie-Modell nach Funktionen basiert auf theoretischen Überlegungen,
die sich auf die Funktion von Reiseführern beziehen. Hierfür entwickelte STEIN-
ECKE ein Schema des Soziologen COHEN (1985) weiter, der damit die funktionale
Rolle von Reiseleitern bestimmen wollte. Gemäß seiner These „Reiseführer können (...) als eine entpersonifizierte Form von Reiseleitern verstanden werden"
(STEINECKE 1988, S. 22), konnte STEINECKE das Reiseleiter-Modell von COHEN
auf Reiseführer übertragen.

Nach COHEN können dem Reiseleiter zwei Hauptfunktionen zugesprochen werden,
die des „leaders" und des „mediators" (vgl. COHEN 1985, S. 9). Dementsprechend
stellt STEINECKE (1988, S. 23) zwei wesentliche Aufgaben für einen Reiseführer
heraus: „Er muß dem Reisenden die Orientierung in der Fremde ermöglichen (Ori-
entierungsebene) und er muß ihm Kenntnisse und Einsichten über die besuchte
Region vermitteln (Vermittlungsebene)." Eine weitere Unterteilung dieser beiden
Ebenen vollzieht sich durch zwei Komponenten, die auch eine Rolle bei der Funktionsbestimmung von Reiseführern spielen. So lässt sich sowohl auf der Orientie-
rungs- als auch auf der Vermittlungsebene zwischen einem Außen- und einem
Innenbezug unterscheiden. Von ,Außen' her beziehen sich die Aufgaben auf die
touristische Umwelt und von ,Innen' auf den Touristen selbst. Aus diesen vier
Faktoren lassen sich somit vier Funktionen von Reiseführern bzw. vier Reisefüh-
rertypen bestimmen (vgl. STEINECKE 1994, S. 20): der ,Wegweiser'- (Orientierung
in der Fremde), der ,Animateur'- (Verwirklichung eigener Freizeitinteressen), der
,Organisator'- (Organisation von Reise, Unterkunft und Verpflegung) und der
,Interpret-Reiseführer' (Vermittlung von Wissen über die fremde Kultur und Gesellschaft).

1.4   Anforderungen an Reiseführer

Obwohl es je nach Urlaubertyp und Urlaubsform unterschiedliche Ansprüche und
Anforderungen an einen Reiseführer gibt, können doch einige generelle Merkmale
festgehalten werden, die ein guter Reiseführer in Bezug auf Konzept, Aufbau,
Inhalt und Gestaltung haben sollte (vgl. Tab. 1). Diese Anforderungen, wie z. B.
Übersichtlichkeit oder kompetente Autoren, basieren auf einer Umfrage von Verlagen und einer Auswertung von Rezensionen, die STEINECKE (1988, S. 30ff.) in
seiner Untersuchung zum deutschen Reiseführermarkt durchführte. Andere Wis-

---

[3]   SCHWARZER, H. (1985): Die Welt zwischen zwei Buchdeckeln. In: BuchMarkt, 2,
       S. 212-229.

senschaftler bzw. Autoren haben sich mit den negativen Seiten eines Reiseführers beschäftigt. Viele kritische Anmerkungen beziehen sich dabei auf den Aspekt der Vermittlung von Informationen über Land und Leute, die häufig nicht Verständnis wecken, sondern eher Vorurteile festigen. Andere oft genannte Kritikpunkte zielen auf die einseitig positive Darstellung eines Landes, das Abschreiben und die Festigung von Klischees: „Reiseführer neigen dazu, überkommene Bilder des Fremden, selbst wenn sie einseitig sind, zu wiederholen und zudem Negatives auszublenden" (WETZEL 1994, S. 74). In ihrer (selbst)kritischen Untersuchung von etablierten und alternativen Reiseführern stieß TÜTING (1986, S. 245ff.) auf einige Mängel – besonders hinsichtlich des Umgangs mit den ‚Bereisten'. Auf der Grundlage dieser Ergebnisse stellte sie eine ‚Tabu-Liste' mit den Inhalten zusammen, die auf keinen Fall in einen Reiseführer gehören (vgl. Tab. 1).

Tab. 1: Merkmale von guten bzw. schlechten Reiseführern

Merkmale eines guten Reiseführers	Merkmale eines schlechten Reiseführers
Kompetente Autoren mit umfassender Länderkenntnis	Ausbeuterische Schnorrertipps (Reisen ohne Geld)
Verständnis für andere Länder und Kulturen wecken	Tipps zum Kauf von gefährdeten Tieren und Pflanzen
Sachlich informieren und die Atmosphäre des Landes vermitteln	Hinweise auf Schwarzmarkt, Drogen und Waffen
Zusammenhänge aufzeigen und Beobachtungen einordnen helfen	Diskriminierende Bezeichnungen, Rassismus
Einheitlicher Schreibstil	Illegale Tipps („Obwohl verboten, ...")
Zuverlässigkeit	Jedweder Geheimtipp
Übersichtlichkeit	Tipps für Prostitutions-Tourismus
Gute Ausstattung (Format, Karten, Bilder, Register etc.)	Anreisetipps zu schutzbedürftigen ethnischen Minderheiten

Quelle: Eigener Entwurf nach STEINECKE 1994, S. 28; TÜTING 1986, S. 268

Diese Merkmale eines guten Reiseführers stimmen auch weitgehend mit den Untersuchungen überein, die DE PAULI in ihrer vergleichenden Darstellung wichtiger Reiseführer-Reihen anstellt. Für ihre Arbeit hat DE PAULI (1995) 150 Rezensionen von sechs ausgewählten Reiseführer-Reihen ausgewertet und dabei auch positive Merkmale wie praktische Reiseinformationen, Übersichtlichkeit, Karten usw. herausstellen können; weiterhin hat sie die Meinung der Reiseführer-Nutzer zu diesem Thema untersucht. Bei den Ergebnissen dieser Befragung konnte DE PAULI (1995, S. 58) einige Unterschiede zu der Beurteilung der Reiseführer durch Rezensenten aufweisen: „Sie unterscheiden sich nicht nur in der Beurteilung einzelner Merkmale (wie gut ein Reiseführer einzelne Merkmale erfüllt), sondern auch in der Bedeutung, die den entsprechenden Merkmalen beigemessen wird". So ist z. B. ein wichtiges Merkmal für einen guten Reiseführer aus Sicht der Nutzer der Preis, während dieser bei den Rezensenten keine Beachtung findet. Andererseits finden sich Anforderungen der Rezensenten wie Aktualität und kompetente Autoren (womit Zuverlässigkeit und

Schreibstil verbunden sind) bei den Anforderungen der Reiseführer-Nutzer nicht wieder. Diese Merkmale werden von den Reiseführer-Nutzern wohl als selbstverständlich angesehen. Bei der Bestimmung eines ‚idealen' Reiseführers kann daher nicht einfach nur von den Expertenmeinungen ausgegangen werden: „Ein Reiseführer, der möglichst viele Bedürfnisse möglichst vieler Reiseführer-Nutzer befriedigen soll, darf nicht nach den zum Teil stark überhöhten Ansprüchen der Experten zusammengestellt werden, sondern muss sich an den Anforderungen der Nutzer orientieren, die in vielen Fällen niedriger liegen" (DE PAULI 1995, S. 59). Je nach Interessengruppe, also auch innerhalb der Gruppe ‚Reiseführer-Nutzer', gibt es unterschiedliche Anforderungen an einen idealen Reiseführer. Nachdenklich stimmt dabei aber, dass die größten Diskrepanzen zwischen den Experten (Verleger, Rezensenten) und den Reiseführer-Nutzern liegen.

Wie eingangs schon erwähnt, nutzen Reisende nicht nur Reiseführer als Informationsquelle über ihr Reiseziel. Auf diese anderen Quellen wird daher im nächsten Kapitel eingegangen. Dabei werden auch jeweils die Bedeutung dieser Informationsquellen im Vergleich zu Reiseführern, also die Konkurrenzfähigkeit, sowie die unterschiedlichen Anwendungsmöglichkeiten herausgestellt.

2   Andere Quellen als Reiseinformation

2.1   Reiserubriken in Tages- und Wochenzeitungen

Als ein sehr weit verbreitetes Medium gelten Tages- und Wochenzeitungen. Da der Tourismus ein sehr wichtiges wirtschaftliches und gesellschaftliches Phänomen in Deutschland geworden ist, fehlt in kaum einer Zeitung ein entsprechender Reiseteil. Dabei werden in diesen Reiseteilen unterschiedliche Aspekte des Reisens in diversen Darstellungsformen präsentiert. Dies gilt nicht nur für Reiseteile in verschiedenen Zeitungen; auch innerhalb eines Reiseteils wird oftmals von einer einheitlichen Darstellung abgesehen. In einigen Zeitungen wird der Begriff Reisen sehr weit gefasst, um diesem komplexen Bereich, der kulturelle, soziale, politische, ökonomische und ökologische Aspekte beinhaltet, gerecht zu werden (vgl. NOACK 1999, S. 136).

Somit sind die Reiseteile von Tages- und Wochenzeitungen für die Reiseführer, die dort empfohlen werden, ein idealer Werbeträger. Allerdings werden auch Adressen für weitere Informationen angegeben. Insgesamt gesehen können Reiseteile in Zeitungen hauptsächlich als Ergänzung zu Reiseführern angesehen werden; sie können aber auch eine Konkurrenz darstellen, wenn ausführliche reisepraktische Informationen angegeben werden. Im allgemeinen dienen Reiseteile jedoch nicht dem praktischen Nutzen während der Reise, sondern der Unterhaltung der Leser, die durch die Reportagen in andere Welten eintauchen können (vgl. GANSER 1995, S. 36).

2.2   Reise- und Spezialzeitschriften

Als eine weitere Quelle für Reiseinformationen, die ebenfalls weite Verbreitung findet, sind die Reise- und Spezialzeitschriften zu nennen (vgl. Tab. 2). Ende 1970 entstanden die ersten Reisemagazine, die auf Länderreportagen basierten; Ende 1980 etablierten sich diese Magazine zu einer eigenen Gattung, woraufhin Großverlage begannen, in diesen Sektor einzusteigen (vgl. BENEDIKT 1995, S. 15). In Folge davon stiegen die Auflagenzahlen, so dass EGGELING im Jahr 1995 im Börsenblatt konstatierte: „Der ‚klassische' Reiseführer hat – zumindest als ‚Werkzeug' der Reisevorbereitung – ernsthafte Konkurrenz bekommen: Regelmäßig erscheinende Spezialzeitschriften, die jeweils einem Zielgebiet oder -ort gewidmet sind."[4]

Tab. 2:   Auflagenzahlen von deutschen Reisezeitschriften

Reisezeitschrift	Erscheinungsweise	Druckauflage	Verkauf
ADAC Reisemagazin	2-mtl.	246.440	192.954
Geo Special	6 x jährl.	240.164	87.798
Geo Saison	10 x jährl.	212.550	149.221
Merian	mtl.	153.536	95.300
GLOBO	10 x jährl.	132.337	95.556
Abenteuer & Reisen – Das Erlebnismagazin	10 x jährl.	127.639	100.331
Tours – Das Abenteuer-Magazin	2-mtl.	66.000	48.961

Quelle: Eigener Entwurf nach IVW, 3. Quartal 2000[5]

Tab. 2 macht deutlich, welche große Verbreitung diese Reisezeitschriften zur Zeit in Deutschland haben. Dabei ist vor allem die hohe Erscheinungsfrequenz von Bedeutung. Sie garantiert eine Aktualität, die einen deutlichen Vorteil gegenüber den Reiseführern in Buchform darstellt.

Weshalb diese Spezialzeitschriften so einen großen Anklang finden, begründet EGGELING mit drei Aspekten – mit der Aktualität, die durch die Präsentationsform ‚Zeitschrift' signalisiert wird, mit der Vielzahl an farbigen Bildern und mit dem günstige Preis. Die ansprechende Optik, der günstige Preis und die mitunter bessere Erreichbarkeit (Zeitschriftenstände in Kiosks usw.) sind dabei eindeutige Vorteile der Reisemagazine. Andererseits hat auch der Reiseführer seine Vorzüge, wie z. B. die bessere Handlichkeit während der Reise. Daher schränkt EGGELING die Konkurrenzfähigkeit der Reisemagazine auf die Phase der Reisevorbereitung ein.

---

[4]   EGGELING, H. (1995): Munter gemacht: die Muntermacher. In: Börsenblatt für den deutschen Buchhandel, 14, 17. Februar 1995, S. 96.

[5]   IVW (Informationsgesellschaft zur Feststellung der Verbreitung von Werbeträgern e. V.): www.ivw.de/auflagen (Stand: 21.12.2000).

2.3   Begleitbücher zu TV-Reisereportagen

Ideale Voraussetzungen für einen hohen Absatz haben Begleitbücher zu TV-Reise-Reportagen, da sie durch eine Fernsehreportage einen hohen Bekanntheitsgrad erreichen. Um noch einmal alle in der Reportage genannten Informationen nachlesen zu können, sind solche Begleitbücher sehr gefragt. Der Verlag Schlütersche weitete daher das Programmsegment 'Mit Fernsehbüchern unterwegs' weiter aus. Dafür kooperiert der Verlag mit verschiedenen Fernsehsendern, wie z. B. NDR, VOX, WDR und mdr: „Insgesamt hat der Hannoveraner Verlag jetzt acht TV-Reisebücher im Programm, deren Auflagen zwischen 10.000 und 20.000 Exemplaren schwanken."[6] Der Markt für solche Begleitbücher scheint also zu wachsen, so dass Reiseführerverlage auch Konkurrenz von anderen Verlagen fürchten müssen, die auf diese Weise in die Reisebranche einsteigen.

2.4   Reisehörbücher

Eine ähnliche Voraussetzung für einen weiten Bekanntheitsgrad wie die TV-Begleitbücher haben Reisehörbücher, da sie oft in Zusammenarbeit mit Rundfunksendern entstehen. Dieses Medium ist aber noch relativ neu auf dem Markt, so dass die Entwicklung in den Anfängen steckt. Zuerst begannen einige Hörbuchverlage, ihr Programm auf das Thema Reisen auszuweiten, wobei vor allem literaturinteressierte Reisende angesprochen werden sollten: So bringt z. B. der 'Aufbau-Verlag' zusammen mit dem NDR die 'Hörreisen' heraus, die auf Reiseberichten berühmter Persönlichkeiten basieren.[7] Dieses Medium bietet aber auch für herkömmliche Reiseführerverlage eine Chance. Seit 1999 besteht eine Kooperation zwischen dem Verlag 'Hoffmann & Campe', dem Hessischen Rundfunk (hr) und der 'Merian'-Redaktion. 'Merian' stellt seinen Markennamen für die Reisefeature-Reihe des hr zur Verfügung. Weiterhin liegt die Konzeption des Hörfunkfeatures der Reisezeitschrift 'Merian' zugrunde, während der hr sein fachliches und technisches Wissen einbringt und eine hohe Reichweite für das gesamte 'Merian'-Angebot garantiert. Reisehörbücher können demnach einerseits als Konkurrenz angesehen werden, wenn sie von Hörbuchverlagen produziert werden, können aber andererseits auch als reizvolle Ergänzung der Reiseführerverlagsprogramme und als Werbemöglichkeit angesehen werden.

Inwieweit Reisehörbücher zu einer ernsthaften Konkurrenz werden, hängt daher auch von den Reiseführerverlagen selbst ab. So kann dieses neue Medium genutzt werden, um das Verlagsprogramm zu erweitern, insbesondere aufgrund seiner

---

[6]   Buchreport (2000): Schlütersche verreist mit TV-Sendern. März, Nr. 3, S. 125.

[7]   Buchreport (1999): Vom literarischen Reisebericht bis zum schnellen Appetizer. Februar, Nr. 8, S. 84-85.

vielfältigen Möglichkeiten: „Die Neuansätze zeigen, daß das Reisehörbuch – ähnlich wie die Touristik im Printbereich – eine breite Ausdifferenzierung erlaubt."[8]

2.5 Reisevideos

In einen anderen technischen Mediensektor sind dagegen schon mehrere herkömmliche Reiseführerverlage eingestiegen. Es handelt sich hierbei um audiovisuelle Reiseführer, also Reisevideos. Genau wie die Reiseführer in Buchform stellen Reisevideos ein bestimmtes Urlaubsgebiet vor und geben praktische Informationen für die Reise. Durch die Darstellungsform in bewegten Bildern können Reisevideos recht eindrucksvoll auf den Zuschauer wirken, so dass sie optimal zur Vorbereitung einer Reise oder Einstimmung auf eine Destination genutzt werden können. Um den Urlauber aber vor Ort mit Informationen zu versorgen, sind Reisevideos aus technischen Gründen höchst ungeeignet. Obwohl Reisevideos einen Vorteil in bezug auf Anschaulichkeit gegenüber einem Reiseführer in Buchform haben, stellen sie keine Konkurrenz für diese dar: „Die guten Kassetten, die auf dem Markt sind, lassen Reiselustigen unmittelbare Einstiegserlebnisse, pralle, optische Sinnlichkeit des Möglichen zuteil werden. (...) Dennoch ist es nur eine gute Ergänzung zum gedruckten Führer, nicht sein Ersatz."[9] Da Reisevideos nicht während einer Reise genutzt werden können, hat sich seit der Einführung dieses Mediums in der Reisebranche kein bedeutender Absatz entwickelt.

2.6 Neue Medien

Ähnliche Probleme wie das Reisevideo weist das (nicht mehr so) neue Medium CD-ROM auf. Auch dieses dient hauptsächlich der Reisevorbereitung und kann unterwegs nicht mitgenommen werden. Hergestellt werden CD-ROMs von reisebegeisterten Computerspezialisten und auch von klassischen Reiseverlagen, die mit spezialisierten Multimedia-Firmen zusammenarbeiten. Nicht nur wegen der schlechten Transportfähigkeit, sondern auch wegen technischer Mängel und zu komplexer Inhalte bzw. komplizierter Programme stellt BRÄUER in seiner Untersuchung von Reise-CD-ROMs fest, dass diese keinen Reiseführer in Buchform ersetzen können, sondern wie Reisevideos höchstens zur Reisevorbereitung dienen.[10] Trotz Beseitigung vieler technischer Mängel und struktureller Verbesserung der Reise-CD-ROMs hat es dieses Medium bisher auch nicht geschafft, den gedruckten Reiseführer vom Markt zu verdrängen.

---

[8] Buchreport (1999): Vom literarischen Reisebericht bis zum schnellen Appetizer. Februar, Nr. 8, S. 85.

[9] STORKEBAUM, S. (1995): Gesamtreisebild: Im Rausch der Sinne. In: Börsenblatt für den deutschen Buchhandel, H. 14, 17. Februar, S. 135-136.

[10] vgl. BRÄUER, C. H. (1995): Fernweh – scheibenweise. In: Börsenblatt für den deutschen Buchhandel, H. 14, 17. Februar, S. 137-141.

Es gibt vielmehr eine Weiterentwicklung, die DVD, die weitaus mehr Speicher-
platz und eine bessere Bild- und Tonqualität bietet. Sie ist seit 1997 auf dem
Markt. Seitdem sind die Absatzzahlen der DVD enorm gestiegen – inwieweit dies
auch für Reiseführer auf DVD gilt, ist noch nicht feststellbar.

Ein weiteres, bereits sehr erfolgreiches neues Medium ist das Internet. Hierfür hat
die Buchhändler-Vereinigung ein System zur Publikation und Vermarktung von
Online-Informationen entwickelt. Das Konzept der Buchhändler-Vereinigung sieht
zudem vor, Recherchefunktionen anzubieten und als letzten Schritt den Internet-
Dienst um direkte Abrechnungs- und Bestellmöglichkeiten (‚Print-on-demand') zu
erweitern: „Damit wird es möglich, Publikationen kleinerer und mittlerer Verlage
und Buchhandlungen auf dem Volltext-Server aufzulegen und online abzurechnen
oder als Einzelbuch zu drucken und zu versenden."[11] Inwieweit dieses System von
den Reiseführer-Kunden auch genutzt werden wird, kann bislang nur vermutet
werden.

Die gegenwärtigen Entwicklungen auf dem Sektor der Neuen Medien lassen jedoch vermuten, dass der Prozess vom ‚Gedruckten' zum ‚Digitalen' nicht mehr
aufzuhalten ist.[12] Es gibt auch bereits eine weitere Alternative zum Downloaden
von Texten aus dem Internet, nämlich das ‚E-Book'. Auch hierfür benötigt der
Benutzer einen Computer mit Internetzugang: „Das E-Book kann jedes Buch der
Welt enthalten – vorausgesetzt, es steht in digitalisierter Form zur Verfügung.
Dazu lädt der E-Book-Leser den Lesestoff, den jeder Verlag im Netz anbieten
kann, gegen Gebühr aus dem Internet auf den heimischen PC herunter und über-
spielt ihn von dort auf das E-Book."[13]

Da das E-Book in Deutschland erst seit Juni 2000 erhältlich ist, muss auch hier
erst abgewartet werden, wie groß der Anklang dieses neuen Mediums bei den
Nutzern sein wird. In Bezug auf Reiseführer und ihren Nutzwert vor allem während der Reise wird das transportable E-Book vermutlich eine bessere Chance
haben, den herkömmlich gedruckten Reiseführer zu ersetzen als Volltext-
Informationen aus dem Internet, da diese nur am Computer gelesen werden können
(es sei denn, man druckt die Texte selbst aus). Es bleibt abzuwarten, wie sich die
E-Books in Hinblick auf Handlichkeit usw. weiterentwickeln bzw. unterwegs auf
Reisen bewähren werden.

Noch praktischer ist die Nutzung des Internets per Handy durch das ‚Wireless
Application Protocol' (WAP). Es ermöglicht, Karten und Informationen online auf
das Handy zu übermitteln. Parallel dazu wird die Position des Handynutzers per
Funkortung detailliert angegeben, so dass sich der Reisende auf der Online-Karte

---

[11] Börsenblatt für den Deutschen Buchhandel (1999): Antwort auf die Zukunft. H. 81, 12.
Oktober, S. 9-10.
[12] JUNG, A. (1999): Rilke, elektronisch. In: Spiegel Spezial, 10, S. 14.
[13] Spiegel Spezial (1999): Das elektronische Buch. Oktober, Nr. 10, S. 29.

schnell und genau orientieren kann: „Mit LBS profitiert man davon, dass ein übliches WAP-Handy den aktuellen Aufenthaltsort des Kunden kennt – man bekommt daher die standortbezogenen Informationen auf Tastendruck".[14] Die bereits existierende Weiterentwicklung des WAP-Systems, das UMTS, ermöglicht eine noch bessere Übertragung bzw. Bereitstellung von Informationen und Orientierungsmöglichkeiten. Das internetfähige Handy stellt daher eine Lösung des bisherigen Transportproblems der neuen Medien dar: „Kein PC ist mehr nötig, um Internet zu sehen – komplette Mobilität bei (fast) gleichem Komfort wie zu Hause."[15] Diese neuen technischen Möglichkeiten können bzw. sind schon dabei, herkömmliche Produktformen zu revolutionieren.

Abschließend kann festgehalten werden, dass herkömmliche Reiseführer in Buchform nicht nur Konkurrenz von anderen Printmedien oder technischen Medien fürchten müssen, sondern besonders auch von neuen elektronischen Medien, die eventuell dazu in der Lage wären, gedruckte Reiseführer vollkommen zu ersetzen. Mögliche Konkurrenzprodukte der neuen Medien wie z. B. das WAP-Handy müssen sich erst im praktischen Gebrauch bewähren. Damit verbunden ist, dass die Reiseinformationen immer knapper ausfallen. Da es sich hierbei aber um einen generellen Trend im Lese- bzw. Informationsverhalten handelt, tendieren schon herkömmliche Reiseführer zu kompakten, auf Fakten reduzierte Inhalte (vgl. STRAUCH 2001, S. 45 ff.).

Eine Umfrage von deutschen Reiseführerverlagen im Jahr 2000 kam zu dem Ergebnis, dass die Konkurrenz neuer Medien für gedruckte Reiseführer nicht als existentiell bedrohlich angesehen wird. Jedoch wird das Internet als eine große Konkurrenz betrachtet, wobei neue Medien bzw. Techniken in den Verlagen selbst bereits eine große Bedeutung einnehmen und verstärkt Verwendung finden werden (vgl. STRAUCH 2001, S. 59 ff.). Generell herrscht aber eine optimistische Stimmung vor, da der gedruckte Reiseführer bei vielen Urlaubern zu einem festen und beliebten Bestandteil ihrer Reisen geworden ist.

Letztlich werden die verschärfte Konkurrenzsituation und die neuen Möglichkeiten, die u. a. das Internet bietet, den Urlaubern ermöglichen, aus einem qualitativ und quantitativ wachsenden Angebot an Reiseinformationen zu wählen – sei es in Druckversionen oder auf elektronischen Datenträgern. Allerdings werden Reisende, die zukünftig auf ausführliche Informationen Wert legen, zunehmend das Nachsehen haben, denn die Medienwelt wird immer stärker durch neue elektronische und schnelllebige Angebote gekennzeichnet werden.

---

[14] C'T: WAP-Handy als Fremdenführer. www.heise.de (Stand 27.10.2000).
[15] MENZEL, M. (2000): Wettlauf um Informationen. In: BuchMarkt, H. 2, Februar, S. 146.

Literatur

BENEDIKT, B. (1995): Wie Reiseträume ins Blatt kommen. In: GUILINO, H. (Hrsg.): Reisejournalismus als Berufsfeld. Eichstätter Materialien zur Journalistik 5. Eichstätt, S. 15-21.

COHEN, E. (1985): The Tourist Guide. The Origins, Structure and Dynamics of a Role. In: Annals of Tourism Research 12, S. 5-29.

DATZER, R. (1983): Informationsverhalten von Urlaubsreisenden. Starnberg.

DE PAULI, J. (1995): Vergleichende Darstellung wichtiger Reiseführer-Reihen. In: Jahrbuch für Fremdenverkehr, Bd. 38, S. 39-69.

GANSER, A. (1995): Reisejournalismus – für die Leser oder für die Reiseindustrie? In: GUILINO, H. (Hrsg.): Reisejournalismus als Berufsfeld. Eichstätter Materialien zur Journalistik 5. Eichstätt, S. 32-42.

GOHLIS, T. (1999): Vom Gilgamesch-Epos zur CD-ROM. Ein Ritt durch die Geschichte der Reisebücher. In: FRANZMANN, B. (Hrsg.): Reisezeit – Lesezeit. München, S. 13-22.

GORSEMANN, S. (1995): Bildungsgut und touristische Gebrauchsanweisung. Internationale Hochschulschriften, Bd. 151. Münster/New York.

HAHN, H./HARTMANN, K. D. (1973): Reiseinformation, Reiseentscheidung, Reisevorbereitung. Starnberg.

KUHR, J. (1997): Konzeption eines Geographischen Reiseführers als zielgruppenorientiertes Bildungsangebot. Praxis Kultur- und Sozialgeographie 17. Potsdam.

NOACK, R. (1999): Die Welt als Wundertüte. Der Reiseteil der ‚Zeit' – Nach welchen Kriterien wird er gestaltet? In: FRANZMANN, B. (Hrsg.): Reisezeit – Lesezeit. München, S. 136-138.

POPP, H. (1997): Reiseführer-Literatur und geographische Länderkunde. In: Geographische Rundschau 49 H. 3, S. 173-179.

PRETZEL, U. (1995): Die Literaturform Reiseführer im 19. und 20. Jahrhundert. Untersuchungen am Beispiel des Rheins. Europäische Hochschulschriften, Bd. 1531. Frankfurt am Main.

PUTSCHÖGL-WILD, A. M. (1978): Untersuchungen zur Sprache im Fremdenverkehr. Durchgeführt an den Ferienkatalogen einiger deutscher Touristikunternehmen. Europäische Hochschulschriften, Reihe 1: Deutsche Literatur und Germanistik, Bd. 236. Frankfurt am Main/Bern/Las Vegas.

SCHERLE, N. (2000): Gedruckte Urlaubswelten: Kulturdarstellungen in Reiseführern – Das Beispiel Marokko. München/Wien.

STEINECKE, A. (1988): Der bundesdeutsche Reiseführer-Markt. Leseranalyse – Angebotsstruktur – Wachstumsperspektiven. Starnberg.

STEINECKE, A. (1994): Der bundesdeutsche Reiseführer-Markt. Ein Überblick unter besonderer Berücksichtigung der Mallorca-Reiseführer. In: POPP, H. (Hrsg.): Das Bild der Mittelmeerländer in der Reiseführer-Literatur. Passauer Mittelmeerstudien, H. 5. Passau, S. 11-34.

STRAUCH, A. P. (2001): Der deutsche Reiseführermarkt: Strukturen und Tendenzen. Paderborn (unveröffentlichte Magisterarbeit).

TÜTING, L. (1986): Die Menschen sind Nebensache – Rassismus in Reiseführern. In: DÄRR, E. (Hrsg.): Handbuch für Selbstreiser. Reihe ‚Reise Know-How'. München, S. 245-268.

WAGNER, F. A. (1990): Anleitungen zur Kunst des Reisens. Zur Kulturgeschichte des Reiseführers. In: Thomas-Morus-Akademie (Hrsg.): Wegweiser in die Fremde? Reiseführer, Reiseratgeber, Reisezeitschriften. Bensberger Protokolle, Nr. 57. Bensberg, S. 9-31.

WETZEL, H. H. (1994): Von Riedesel zu DuMont. Das Bild Siziliens in den deutschen Reiseführern. In: POPP, H. (Hrsg.): Das Bild der Mittelmeerländer in der Reiseführer-Literatur. Passauer Mittelmeerstudien, H. 5. Passau, S. 71-92.

Ökonomische Effekte des Tourismus

Bernd Eisenstein/André Rosinski

1   Einführung

Die Tourismusbranche ist der weltweit größte Wirtschaftszweig. Ca. 11% des globalen Bruttosozialprodukts, so die Welttourismusorganisation (WTO), werden im Reisegeschäft erwirtschaftet. Schon heute beschäftigt die Branche 200 Mio. Menschen. Nach Schätzungen der WTO wird sich die Zahl der Reisenden bis 2020 sogar verdoppeln (vgl. WTO 2001, S. 46). Umfangreiche Förderprogramme der EU und der Weltbank bestärken Politiker, vor allem in strukturschwachen Gebieten auf den Tourismus als Wachstumsmotor und Wirtschaftsfaktor zu setzen. Die Interdependenzen zwischen dem ökonomischen Umfeld und dem System Tourismus sind vielfältig und bedeutsam. Das Interesse der Praktiker und Politiker an fundierten Informationen zur wirtschaftlichen Bedeutung des Tourismus ist sehr groß.

Aus wirtschaftlicher Sicht stehen zum einen die Wirkung des Tourismus auf die Zahlungsbilanz und zum anderen der Tourismus als eigener Wirtschaftszweig mit seinen Beschäftigungs-, Einkommens-, Wertschöpfungs- und Ausgleichseffekten im Mittelpunkt der Betrachtung. Auf die genannten Effekte wird näher eingegangen; zuvor soll jedoch auf die Verflechtungs- und Abgrenzungsproblematik hingewiesen werden.

2   Sektorale Verflechtungen und Abgrenzungsproblematik

Der Wirtschaftszweig Tourismus ist keine eindeutig definierte und eine nur schwer abgrenzbare Branche, da er sich als Leistungsbündel aus einer Vielzahl von Sachgütern und vor allem Dienstleistungen aus diversen Bereichen der Volkswirtschaft zusammensetzt.[1] Aufgrund der vielfältigen Verflechtungen des Phänomens Tourismus' mit den unterschiedlichsten Wirtschaftsbereichen gibt es keine ,Tourismusbranche' im Sinne einer produktionsseitigen Klassifikation (vgl. DIW 1999, S. 180). Um die wirtschaftlichen Effekte des Tourismus erfassen zu können, ist es notwendig, neben den direkt zuordenbaren Branchen, wie dem Beherbergungswesen oder dem personenbefördernden Luftverkehr, weitere Wirtschaftsbereiche zu berücksichtigen. Zu den bedeutendsten Wirkungen des Fremdenverkehrs auf den Primären Sektor gehören z. B. diejenigen, die der Tourismus auf die Landwirtschaft ausstrahlt (Direktvermarktung agrarer Produkte, Vermietung von Flächen, Räumen und anderen Produktionsmitteln, aber auch Abzug von Arbeitskräften

---

[1]   vgl. hierzu insbesondere die Ausführungen von FREYER 1998, S. 106-115

etc.). Die Verflechtungen mit dem Sekundären Sektor treten am stärksten in den Bereichen der Verkehrsmittelproduktion und der Bauindustrie hervor. Diese Wirkungen resultieren daraus, dass einerseits ausreichende Mobilitätsmöglichkeiten zur Raumüberwindung und andererseits ausreichende Infrastruktureinrichtungen am vorübergehenden Aufenthaltsort der Gäste als Voraussetzungen für den Tourismus notwendig sind. Angebotsbereiche aus dem Tertiären Sektor (z. B. Beherbergungsangebot, Reisemittler und -veranstalter, Fremdenverkehrsämter, -verbände und -organisationen) stehen, bezogen auf Umsatz und Beschäftigung, in einem vollständigen Abhängigkeitsverhältnis zum Tourismus. Das aus den vielfältigen Verflechtungen resultierende Quantifizierungsproblem der wirtschaftlichen Effekte des Tourismus trifft in besonderem Maße auf den Bereich des sogenannten ‚Informellen Sektors‘[2] (Schuhputzer, Bettler, Kofferträger, Souvenirhändler etc.) zu, der vorwiegend in Entwicklungsländern besteht.[3]

Die direkten Primärumsätze aus der touristischen Nachfrage führen zu wirtschaftlichen Impulsen in vielen weiteren Wirtschaftszweigen (Multiplikatoreffekte). Bei der Quantifizierung dieser zusätzlichen Nachfrage nach Sachgütern und Dienstleistungen wird zwischen der indirekten und induzierten Nachfrage unterschieden (vgl. IN-ALBON 1983, S. 230):

- Indirekte Nachfrage: Güter und Dienstleistungen, die touristische Anbieter als Vorleistungen beziehen. Die indirekte Nachfrage tritt zum Beispiel im gesamten Versorgungsbereich des Gastgewerbes, in der Landwirtschaft oder bei Banken auf. Da diese Zulieferer ihrerseits Vorleistungen anderer Produzenten in Anspruch nehmen, entsteht ein großes Netz von Vorlieferverflechtungen.

- Induzierte Nachfrage: Die aus den Umsätzen des Tourismus resultierende gesteigerte Kaufkraft der Bevölkerung in der Region führt zu einer größeren Konsumgüternachfrage, die wiederum eine Steigerung der gesamtwirtschaftlichen Nachfrage induziert.[4]

---

[2] „Unternehmen des Informellen Sektors arbeiten ohne behördliche Genehmigung und staatlichen Schutz, sind weder registriert noch in Statistiken erfaßt, werden kaum besteuert, sind vom Staat eher geduldet als gern gesehen und haben keine Möglichkeit, staatliche Maßnahmen zu beeinflussen." (VIELHABER 1986, S. 60).

[3] Auf die sozialen Problemfelder (Demonstrations-, Identifikations-, Imitations- und Akkulturationseffekte sowie die damit verbundenen gesellschaftlichen Folgen), die sich bedauerlicherweise – auch durch die Prostitution im Informellen Sektor – ergeben, kann hier nicht weiter eingegangen werden.

[4] „Der durch die touristische Nachfrage ausgelöste direkte, indirekte und induzierte Bedarf an Gütern und Dienstleistungen führt zu einem wirtschaftlichen Multiplikatoreffekt. D. h., die Summe der Güter und Dienstleistungen, die in der durch den Tourismus ausgelösten Nachfragekette umgesetzt werden, bekommt einen Wert, der weit größer ist, als die ursprünglichen Ausgaben der Reisenden." (KLAGGE 2000, S. 12).

3   Deviseneffekte

Die Reiseverkehrsbilanz als Teilbilanz der Zahlungsbilanz ist vielfach die einzige Möglichkeit, die wirtschaftlich bedeutenden Deviseneffekte des Tourismus für ein bestimmtes Land zu quantifizieren (vgl. KASPAR 1996, S. 126).

Abb. 1: Reiseverkehr und Zahlungsbilanz

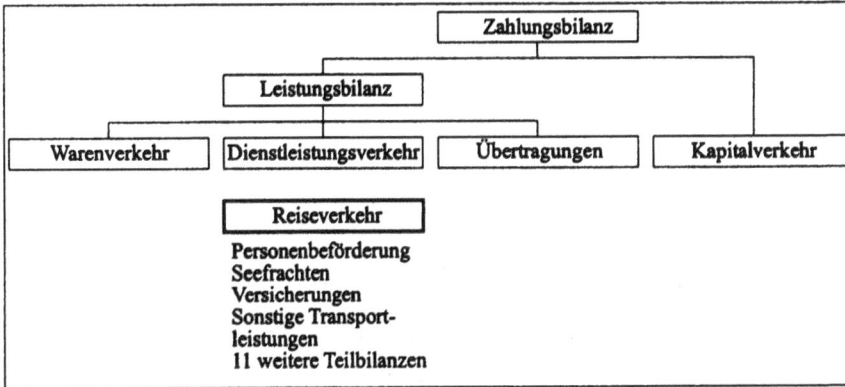

Quelle: Eigene Darstellung nach FREYER 1998, S. 350

Die Reiseverkehrsbilanz weist alle Einnahmen und Ausgaben für Waren und Dienstleistungen für den persönlichen Ge- und Verbrauch der Reisenden aus (vgl. FREYER 1998, S. 350). Dabei ergibt sich die wirtschaftliche Bedeutung vor allem daraus, dass in einem bestimmten Gebiet oder Land durch den vorübergehenden Aufenthalt ortsfremder Personen aus dem In- und Ausland ein Mehr an Nachfrage, Beschäftigung und Einkommen entsteht (vgl. SMERAL 1986, S. 2). Der Konsum des Ausländers im Zielland ist nicht anders zu werten als der Güterexport, da die Konsumverlagerung vom Herkunftsort zum Zielort gleichzeitig einen Devisentransfer vom Herkunfts- in das Zielland bewirkt. Während Importe und Exporte statistisch genau in der Handelsbilanz erfassbar sind, fehlt diese Möglichkeit beim Tourismus. Im Zusammenhang mit dem Konsum von Gütern oder der Inanspruchnahme von Dienstleistungen ausländischer Gäste im Inland wird häufig vom ‚unsichtbaren Export' gesprochen (vgl. KASPAR 1996, S. 127).

Folgendes lässt sich bei der Quantifizierung des Deviseneffektes für Deutschland feststellen (vgl. FINKE 2001, S. 1ff.):

- Die Reiseverkehrsbilanz der Bundesrepublik weist traditionell einen negativen Saldo aus. So erreichte das Defizit im Jahr 2000 wiederum einen Rekordwert von gut 60 Mrd. DM. Die Ausgaben für Privat- und Geschäftsreisen der Deutschen ins Ausland lagen 1999 bei 90,9 Mrd. DM. Für das Jahr 2000, so eine

Schätzung der Deutschen Bundesbank, ist mit einer deutlichen Steigerung um 6% im Vergleich zu 1999 auf 96,3 Mrd. DM zu rechnen. Auch die Einnahmenseite der deutschen Reisebilanz konnte im Jahr 2000 einen Zuwachs von etwa 7% auf knapp 33 Mrd. DM verbuchen.

- Die Deutschen sind nach wie vor hinter den USA die reisefreudigste Nation der Welt. Im internationalen Vergleich erreichen ihre Ausgaben für Auslandsreisen rund 80% (48,2 Mrd. US-$) des Niveaus der Vereinigten Staaten, obwohl die Bevölkerungszahl in den USA mehr als dreimal so hoch ist.

- Trotz des hohen Defizits zählt Deutschland zu den beliebtesten Reisezielen in der Welt. Nach den Angaben der WTO rangiert es auf dem sechsten Platz hinter den USA, Spanien, Frankreich, Italien und Großbritannien.

Interessant ist der potenziell positive Effekt des internationalen Tourismus auf die Zahlungsbilanz insbesondere für Entwicklungsländer. Der Tourismus ist aber nicht gleichzusetzen mit einem Wunderheilmittel, um ein wirtschaftsschwaches Land zu stärken, sondern allenfalls mit einer Medizin mit Risiken und Nebenwirkungen. So ist der Tourismus für die Zielländer bei weitem nicht so profitabel, wie die effektiven Ausgaben der Reisenden Glauben machen. Ein oft nicht geringer Teil der Reisekosten verbleibt im Herkunftsland. Besonders trifft dies bei Veranstalterreisen zu, da die Aufwendungen für den Transport, für Versicherungen, Provisionen etc. meist zu Umsätzen ausländischer Unternehmen werden. Auch der Ausgabenanteil, der zunächst in das Zielland fließt und dort ggf. für hohe Einnahmestatistiken sorgt, kann nicht unmittelbar als Devisengewinn verbucht werden. Denn der Aufbau der Infrastruktur (Verkehrs-, Beherbergungs-, Verpflegungs-, Entertainmentinfrastruktur etc.) und die Nachfrage der Touristen nach spezifischen Produkten (Nahrungsmittel, Ausstattungs- und Unterhaltungselemente) machen häufig zahlreiche Importe aus dem Ausland erforderlich. Bei der Bewertung des Tourismus als Deviseneinnahmequelle sollte daher zwischen Brutto- und Nettoeinnahmen unterschieden werden.

Der Nettodeviseneffekt ergibt sich aus der Differenz zwischen dem Bruttodeviseneffekt und der sogenannten ‚Sickerrate'. Sie gibt an, wie viel von den touristischen Devisen für den tourismusbedingten Import von Waren und Dienstleistungen wieder abfließt (vgl. DRV 1990, S. 17). Große und industrialisierte Länder können den Bedarf der Tourismuswirtschaft größtenteils aus eigener Produktion stillen. Die Sickerrate ist mit 5-30% relativ niedrig. Kleine, arme und wenig industrialisierte Länder, aber vor allem isolierte Inselstaaten wie Mauritius und die Seychellen müssen hingegen nahezu alles importieren, was für Aufbau und Unterhalt beispielsweise der Hotelanlagen benötigt wird. Hier werden Sickerraten bis zu 80% erreicht (vgl. LAGGER 1995, S. 9f.).

Die Höhe der Sickerrate hängt neben dem Industrialisierungsgrad und den Produktionsreserven auch von der vorherrschenden Tourismusart und der Abhängigkeit

von ausländischen Reisekonzernen ab. Luxustourismus mit einem hohen Bedarf an
aufwendigen Konsumgütern und komplizierter technischer Ausstattung – vom
Aufzug bis zu Sportgeräten – führt einerseits zu relativ hohen Einnahmen, bringt
andererseits aber oft hohe Abflüsse an Devisen für die zu importierenden Vor- und
Versorgungsleistungen mit sich. Weiterhin entscheidend ist zudem, ob die Beherbergungsbetriebe in einheimischem oder ausländischem Besitz sind. Wenn zusätzlich zu den Warenimporten auch noch Gewinne, Zinsen, Gehälter für hochqualifi-
zierte ausländische Arbeitskräfte, Lizenzgebühren usw. an die Konzerne im Ausland fließen, bleibt von den ursprünglichen Einnahmen nur ein Bruchteil im Land.

Zusammenfassend folgt aus den geschilderten Tatbeständen, dass der Tourismus
immer dann einen besonders positiven Einfluss auf die Zahlungsbilanzsituation
entfaltet, wenn relativ wenig Waren, Dienstleistungen und Kapital zum Auf- und
Ausbau des touristischen Angebots importiert werden müssen und die Sickerrate
somit entsprechend niedrig bleibt (vgl. VELISSARIOU 1991, S. 30).

4   Beschäftigungs- und Einkommenseffekte

Auf Deutschland bezogen liefert das Deutsche Institut für Wirtschaftsforschung
(DIW) 1999 den Nachweis über die Höhe des Beschäftigungseffektes (vgl. DIW
1999, S. 179-186). Ausgehend von der Berechnung des Anteils des Tourismus am
Bruttoinlandsproduktes (rd. 8%), konnte ein Beschäftigungseffekt von rund 2,8
Mio. Erwerbstätigen abgeleitet werden.[5] Auf Europa bezogen sind derzeit 9 Mio.
Erwerbstätige im Tourismus beschäftigt. Bis 2010, so wird prognostiziert, können
bei einer jährlichen Wachstumsrate von 1,0% bis 1,5% europaweit zusätzlich
zwischen 2,2 und 3,3 Mio. weitere Arbeitsplätze im Tourismus geschaffen werden
(vgl. Kommission der europäischen Gemeinschaften 1999, S. 3).

Zur qualitativen Beurteilung des Beschäftigungseffektes werden teilweise die
Kapitalintensität und die Arbeitsplatz-/Hotelbetten-Relation als Kennzahlen herangezogen: Die Kapitalintensität, definiert als Investitionskosten pro direkten Arbeitsplatz, ist ein entscheidendes Kriterium zur Förderungswürdigkeit des Tourismussektors.

Es stellt sich die Frage, ob der Tourismus weniger kapitalintensiv ist als andere
Wirtschaftszweige. Vor allem in Entwicklungsländern erfordern die touristischen
Arbeitsplätze häufig hohe Investitionen. Eine weitere Kennzahl zur Beurteilung
des Beschäftigungseffektes des Tourismus ist das Verhältnis von Hotelbetten zu
Arbeitsplätzen. Die Werte in europäischen Regionen sind bedeutend geringer als
in wirtschaftlich weniger entwickelten Staaten. Zur Berechnung der gesamten
Beschäftigungswirkung des Tourismus eignet sich dieses Konzept allerdings

---

[5]   vgl. auch Bundesministerium für Wirtschaft und Technologie (BMWi) 1999, S. 7f.

kaum, da die Beschäftigungseffekte ausserhalb des Beherbergungswesens vernachlässigt werden.[6]

Die Beschäftigungseffekte des Tourismus ziehen entsprechende Einkommenseffekte nach sich. „Der Einkommenseffekt erfasst die Nachfragewirkung der dank
dem Tourismus direkt und indirekt beschäftigten Personen in der Region" (RÜT-
TER/GUHL/MÜLLER 1996, S. 46).

Wie groß die durch die Einkommenswirkungen des Tourismus erfolgte Nachfrage-
erhöhung innerhalb der Region bzw. innerhalb des Staates tatsächlich ist, hängt
von verschiedenen Determinanten ab (u. a. vom Entwicklungsstand der Volkswirtschaft, von der damit verbundenen Importquote und von der Konsumneigung).[7]

5   Wertschöpfungseffekte

„Der Erzeugungsfaktor des Fremdenverkehrs im Sinne der Wertschöpfung resultiert aus der Tatsache, dass der Fremdenverkehr:
- als Arbeitgeber auftritt
- zusätzliche Arbeitsmöglichkeiten schafft
- Kapitaleinkommen schafft
- eine Bodenrente ermöglicht." (KASPAR 1986, S. 126)

Um die Wertschöpfung des Tourismus quantifizieren zu können, müssen zunächst
die durch den Tourismus erzielten Umsätze berechnet werden.[8] Bei der angebotsseitigen Umsatzmethode gilt es, in allen Wirtschaftsbetrieben den aus dem Tourismus erzielten Umsatz zu ermitteln. Aufgrund der Verflechtung des Tourismus
mit vielen Wirtschaftsbereichen, der Trennungsproblematik der touristischen und
nicht-touristischen Umsatzanteile (z. B. in der Gastronomie) und der z. T. mangelnden Auskunftsbereitschaft der Unternehmen und Betriebe bedingt diese Methode eine schwierige Erhebungssituation.[9]

---

[6] vgl. auch SCHAWINSKI 1973, S. 99

[7] vgl. hierzu auch EISENSTEIN 1993, Kapitel 4.3 „Determinanten des touristischen Einkommensmultiplikators"

[8] KOCH (1966) weist darüber hinaus auf die sogenannte Intensitätsmethode hin. Hierbei
wird die durch den Tourismus bewirkte Wertschöpfung auf Basis der Fremdenverkehrsintensität des Bezugsraumes abgeschätzt, ohne dass zunächst die touristischen Umsätze
ermittelt werden müssen. Eine Berechnung der Wertschöpfung des Tagestourismus
bleibt hierbei jedoch ausgeklammert.

[9] Gleichwohl belegen verschiedene Studien die Anwendbarkeit der Methode (z. B. Volkswirtschaftsdepartement des Kantons Wallis 1981).

Die andere, in der Praxis häufiger angewandte Möglichkeit ist die Analyse der Ausgaben über die Nachfrageseite (nachfrageseitige Umsatzmethode[10]). Mit Hilfe von Gästebefragungen ist es möglich, die durchschnittlichen Tagesausgaben und die Ausgabenstruktur der Touristen zu ermitteln. Diese sind z. B. abhängig von dem örtlichen touristischen Angebot, dem jeweiligen Reisemotiv der Gäste und der von ihnen gewählten Unterkunftsart. Mit den aus der Befragung gewonnen Daten zu den Ausgaben der Touristen lässt sich die touristische Wertschöpfung berechnen, die in der Regel ca. 40% des Umsatzes erreicht.[11] Abb. 2 zeigt dies am Beispiel eines Events auf.

6   Ausgleichs- und Infrastruktureffekte

Bereits im Jahr 1930 weist HÄUSSLER (1930, S. 26) auf den Ausgleichseffekt des Fremdenverkehrs hin, weil der Tourismus eine „(...)Basis für wirtschaftliche Betätigung gerade in Gegenden schafft, die sonst mehr oder weniger wirtschaftlich daniederliegen würden."[12] Aufgrund der sich durch die touristische Nachfrage ergebenden räumlichen Konsumverlagerung rückt der Tourismus als potenziell wirtschaftsbelebender Faktor von Problemgebieten – und damit als Instrument zum Abbau regionaler Disparitäten und zur Herstellung möglichst gleichwertiger Lebensverhältnisse innerhalb eines nationalen Wirtschaftsraumes – in das Interesse der Regionalpolitik. Auf den damit angesprochenen ‚Interregionalen Ausgleichseffekt' wird in der Literatur am häufigsten eingegangen. Bei dieser Betrachtungsweise kann davon ausgegangen werden, dass bis auf die Deviseneffekte alle bereits vorgestellten wirtschaftlichen Effekte des Tourismus auftreten. Unter dem Ausgleichseffekt subsumieren sich also Beschäftigungs-, Einkommens- und Wertschöpfungseffekte auf regionaler Ebene (vgl. EISENSTEIN 1993, S. 82f.).

Betrachtet man den touristischen Ausgleichseffekt unter anderen räumlichen Dimensionen, zeigt sich, dass neben dem „unterregionalen" Aspekt noch weitere Ausgleichseffekte bestehen: So kann der Tourismus neben einem Ausgleich zwischen den Regionen auch zu einer einheitlicheren Verteilung der Wirtschaftskraft innerhalb einer Region führen. In solch einem Fall wäre es angemessen, von einem ‚intraregionalen Ausgleichseffekt' zu sprechen. Auch zwischenstaatlich, und damit auf internationaler Ebene, können durch den Tourismus Ausgleichseffekte entstehen (‚internationaler Ausgleichseffekt'). Durch die rege Reisetätigkeit der nord- und mitteleuropäischen Staatsbürger in Zielgebiete im Süden des Kontinentes werden sicherlich z. T. wirtschaftliche Ungleichgewichte innerhalb Europas abgebaut. Erweitert man die

---

[10] vgl. Beitrag HARRER zu ‚Wirtschaftsfaktor Tourismus: Berechnungsmethodik und Bedeutung' in diesem Band

[11] Wird zudem nicht nur die Gesamtausgabenhöhe, sondern darüber hinaus die Ausgabenstruktur ermittelt, sind branchenspezifische Berechnungen (z. B. die Wertschöpfungseffekte für den Einzelhandel) möglich.

[12] Freilich gilt dies nicht für alle Tourismusarten (z. B. Städtetourismus).

Betrachtungsweise über die europäischen Grenzen hinaus, so kann man mit Bezug auf den weiteren Anstieg der Fernreisen einen ‚interkontinentalen' oder ‚globalen Ausgleichseffekt' anführen (vgl. EISENSTEIN 1993, S. 85 f.).

Abb. 2: Wertschöpfungskette des Formel-1-Grand-Prix 1996 auf dem
         Nürburgring[13]

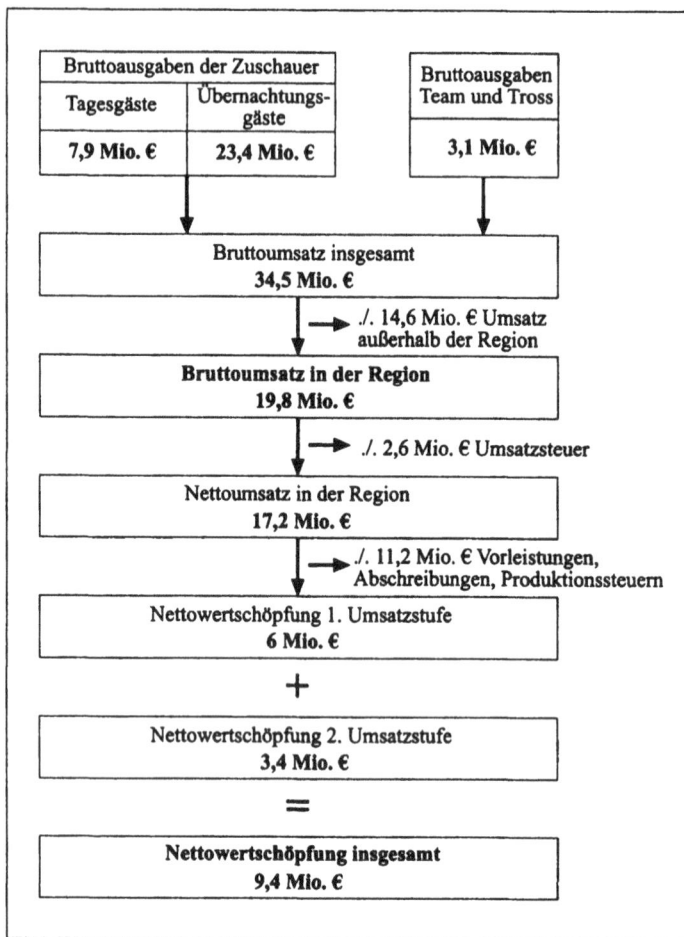

Quelle: STEINECKE/HAART 1996, S. 64

Die mit der regionalen bzw. nationalen Förderung des Tourismus verbundenen, vorwiegend ökonomischen Zielsetzungen, insbesondere die dem Tourismus häufig

---

[13] Die Berechnungen lehnen sich an die empirisch ermittelten Werte der Nettowertschöpfungsquoten des DWIF an. Bei der Nettowertschöpfungsberechnung der 2. Umsatzstufe (Multiplikatoreffekt) wird von einer durchschnittlichen Nettowertschöpfungsquote von 30% ausgegangen (vgl. STEINECKE/HAART 1996, S. 59f.).

zugeschriebene Initialzündung für eine positive Wirtschaftsentwicklung, die damit einhergehende Verbesserung der Infrastrukturausstattung des jeweiligen Raumes und der resultierende Abbau wirtschaftlicher Disparitäten konnten und können jedoch nicht immer erreicht werden. Neben ökologischen und sozialen Problembereichen ergeben sich vor allem dann auch negative ökonomische Wirkungen, wenn es zu einer einseitigen Konzentration der Wirtschaft auf den Tourismus kommt. Knappheits- und Preissteigerungs-, Arbeitskräfteabzugs-, Saisonalitäts-, Abhängigkeits- und Investitionssubstitutionseffekte sind die Folge, deren Auswirkungen und Zusammenhänge sowohl regional, national und international wirken.[14]

Literatur

Bundesministerium für Wirtschaft und Technologie (BMWi) (Hrsg.; 1999): Tourismuspolitischer Bericht der Bundesregierung.

Bürskens, H. (1990): Der Tourismus auf Barbados. Entwicklung und Auswirkungen in einem kleinen Inselstaat. In: Geographische Rundschau, 42, H. 1, S. 27-32.

Deutsches Institut für Wirtschaftsforschung (DIW) (Hrsg.; 1999): Zur gesamtwirtschaftlichen Bedeutung des Tourismus in Deutschland. Wochenbericht 9/99. Berlin.

Deutscher Reisebüro Verband (DRV) (Hrsg.; 1990): Wirtschaftsfaktor Ferntourismus. Die ökonomische Bedeutung des Ausländerreiseverkehrs, dargestellt am Beispiel von 10 Ländern in Afrika, Asien, Mittelamerika und der Karibik. Frankfurt am Main.

Eisenstein, B. (1993): Wirtschaftliche Effekte des Fremdenverkehrs. Trierer Tourismus Bibliographien, 4. Trier.

Finke, R. (2001): Konjunktur beflügelt Auslandsreisen. Analyse der Dresdner Bank (Hrsg.) zur Messe CMT Stuttgart 2001. Frankfurt am Main.

Freyer, W. (1998⁶): Tourismus – Einführung in die Fremdenverkehrsökonomie. München.

Häussler, X. (1930): Der Fremdenverkehr. Eine Studie über seine volkswirtschaftliche Bedeutung und seine Förderung. Unter besonderer Berücksichtigung der Verhältnisse im bayerischen Hochland. Abhandlungen des Staatswissenschaftlichen Seminars an der Universität Erlangen, 8. Leipzig.

Herz, W. (2001): Die Tourismus-Falle. In: Die Zeit Nr. 33.

In-Albon, B. (1983): Die Bestimmung des Fremdenverkehrsvolumens und seiner volkswirtschaftlichen Auswirkungen. Eine Darstellung grundlegender theoretischer und empirischer Aspekte. Dissertation Universität Freiburg in der Schweiz. Zürich.

Kaspar, Cl. (1986³): Die Tourismuslehre im Grundriß. Bern.

Kaspar, Cl. (1996⁵): Die Tourismuslehre im Grundriß. Bern.

Klagge, B. (2000): Regionalökonomische Effekte eines fiktiven Ferienparks an der schleswig-holsteinischen Nordseeküste und Konzeptentwicklung. Universität Hamburg, Institut für Geographie.

Koch, A. (1966): Die gegenwärtige wirtschaftliche Bedeutung des Fremdenverkehrs unter besonderer Berücksichtigung der im Fremdenverkehr erzielten Umsätze und der Wertschöpfung. In: Deutsches Wirtschaftswissenschaftliches Institut für Fremdenverkehr an der Universität München (DWIF) (Hrsg.; 1966): Jahrbuch für Fremdenverkehr, 14. Jahrgang, S. 22-34. München.

---

[14] vgl. auch Eisenstein 1993, S. 84

Kommission der europäischen Gemeinschaften (Hrsg.; 1999): Das Beschäftigungspotential der Tourismuswirtschaft. Wertungen und Empfehlungen der high level group für Tourismus und Beschäftigung. Brüssel.

LAGGER, S. (1995): Güterbedarf und Güterversorgung im Drittwelttourismus. In: Basler Beiträge zur Geographie, H. 44. Basel.

RÜTTER, H./GUHL, D./MÜLLER, H. (1996): Wertschöpfer Tourismus: Ein Leitfaden zur Berechnung der touristischen Gesamtnachfrage, Wertschöpfung und Beschäftigung in 13 pragmatischen Schritten. Forschungsinstitut für Freizeit und Tourismus (FIF) (Hrsg.), Universität Bern. Bern.

SCHAWINSKI, R. (1973): Die sozio-ökonomischen Faktoren des Fremdenverkehrs in Entwicklungsländern: Der Fall Guatemala. St. Galler Beiträge zum Fremdenverkehr und zur Verkehrswissenschaft, Reihe Fremdenverkehr, 5. Bern.

SMERAL, E. (1986): Reiseverkehr und Gesamtwirtschaft. Studie des österreichischen Instituts für Wirtschaftsforschung, Bundeskammer der gewerblichen Wirtschaft (Hrsg.). Wien.

STEINECKE, A./HAART, N. (Hrsg.; 1996): Regionalwirtschaftliche Effekte der Motorsport-Großveranstaltungen „Formel-1-Grand-Prix 1996" und „Truck-Grand-Prix 1996" auf dem Nürburgring. ETI-Texte, 11. Trier.

VELISSARIOU, E. (1991): Die wirtschaftlichen Effekte des Tourismus dargestellt am Beispiel Kretas. Eine empirische Untersuchung der unmittelbaren und mittelbaren wirtschaftlichen Wirkungen. Europäische Hochschulschriften, Reihe V: Volks- und Betriebswirtschaft, 1227. Frankfurt am Main et al.

VIELHABER, CHR. (1986): Vom Fischerdorf zum Zentrum des Fernreisetourismus. Das Beispiel Pattaya/Thailand. Eine Studie vor dem Hintergrund der gesamtstaatlichen Tourismusentwicklung. In: Geographischer Jahresbericht aus Österreich, 43, S. 31-76.

VORLAUFER, K. (1991): Die Seychellen: Tourismus als Entwicklungsoption für einen insularen Kleinstaat. In: Africa Spectrum, 26, H. 2, S. 221-255.

Volkswirtschaftsdepartement des Kantons Wallis (Hrsg.; 1981): Die wirtschaftliche Bedeutung des Tourismus im Wallis. o. O.

World Tourism Organisation (WTO) (Hrsg.; 2001): Tourism Market Trends: World Overview an Tourism Topics – May, Provisional Edition 5, S. 46-47.

Die Bedeutung von Freizeit und Tourismus für die Entwicklung von Innenstädten

Rolf Monheim

Innenstädte stehen in komplexen Wechselbeziehungen zu Freizeit und Tourismus. Einerseits verdanken sie ihnen vielfältige Entwicklungsimpulse, andererseits beeinflußt ihr Angebot die Entwicklung von Freizeit und Tourismus, indem es Alternativen bzw. Ergänzungen zum landschaftsbezogenen oder auf nicht integrierte ‚städtische’ Angebote bezogenen Freizeit- und Fremdenverkehr bietet. Dabei kann oft schwer zwischen Ursache und Wirkung unterschieden werden, da beide in enger Rückkoppelung aufeinander bezogen sind; neue Angebote regen eine neue Nachfrage an und dieser neue Markt führt zu einem regen Ausbau der Angebote.

Innenstädte bieten erhebliche Potenziale für die Entwicklung von Freizeit und Tourismus wie umgekehrt Freizeit und Tourismus zur Attraktivität und Überlebensfähigkeit von Innenstädten beitragen. Durch ‚Urban Entertainment Centers’ außerhalb der Stadt entsteht allerdings die Gefahr, dass das Konzept des ‚Urbanen’ vom Standort Innenstadt losgelöst, d. h. frei von dessen vielfachen Unzulänglichkeiten am neuen Standort professionell inszeniert wird. Daraus ergibt sich die Frage, wie weit historisch gewachsene Innenstädte in der Lage bzw. dazu bereit sein sollen, sich den Anforderungen von Freizeit und Tourismus anzupassen. Diese hat nicht zuletzt eine normative Dimension, gipfelnd in dem immer wieder erhobenen Vorwurf, durch Inszenierung verlören Innenstädte ihre Identität und pervertierten zu einer Art ‚Disneyland’. Dieser Vorwurf verkennt, dass Städte zu allen Zeiten inszeniert wurden, so dass sich lediglich die Frage stellt, was die jeweilige Inszenierung zum Ausdruck bringen soll: politische Macht (Absolutismus, Totalitarismus, Demokratie etc.), Macht des Geldes und des Konsums?

Die Bedeutung von Freizeit und Tourismus für Innenstädte kann nicht pauschal festgestellt werden, da es einerseits viele Facetten von Freizeit und Tourismus gibt und sich andererseits Innenstädte unterschiedlich dafür eignen. Häufig fehlt allerdings das Bewusstsein für die Potenziale dieser Wechselbeziehung, da die daraus sich ergebenden Anforderungen in Konkurrenz zu anderen Anforderungen stehen, seien es die Verwertungsinteressen profitablerer Nutzungen, sei es der funktionalistische Stadtumbau (z. B. beim Verkehr), sei es der Wunsch der ansässigen Bevölkerung, nicht gestört zu werden – um nur drei Beispiele zu nennen. Der folgende Beitrag kann hierzu keinen erschöpfenden Überblick bieten, sondern will exemplarisch Potenziale und Probleme aufzeigen. Dabei sollen nicht die auf Freizeit und Tourismus spezialisierten Innenstädte betrachtet werden, sondern durchschnittliche Innenstädte mit breiter Nutzungsmischung (vgl. auch ASHWORTH/ TUNBRIDGE 1990; ROMEISS-STRACKE 2000).

1   Innenstadtrelevante Segmente von Freizeit und Tourismus

Die durch mehr Freizeit bzw. flexiblere Arbeitszeitmodelle zunehmende Bedeutung von Kurzurlauben führt zu einer steigenden Nachfrage im Städtetourismus, wobei die Innenstädte das wichtigste Ziel bilden.[1] Auch für den Tagungsreiseverkehr sind Innenstädte als weicher Standortfaktor wichtig, selbst wenn die Tagungsstätten außerhalb liegen. In Urlaubsregionen bieten vom Urlaubsort aus angesteuerte Innenstädte beliebte Programmpunkte, insbesondere an Schlechtwettertagen.

Sowohl für Touristen als auch für die regionale Bevölkerung bildet das freizeit- und erlebnisorientierte Einkaufen ein zunehmend wichtiges Nachfragesegment (vgl. z. B. FREHN/PLATE 1999, 2001; MONHEIM 1997b; REY 1997; ROMEISS-STRACKE 2000).Während dieses Bedürfnis z. B. in den USA großenteils durch neue Zentren an nicht-integrierten Standorten abgedeckt wird (HAHN 2001), haben in Deutschland hierfür bisher, von Ausnahmen abgesehen (z. B. CentrO Oberhausen, vgl. KAGERMEIER 2001; QUACK 2001), die Innenstädte die größte Bedeutung.

Beim ‚Shopping' ist es nicht so wichtig, ob man etwas Bestimmtes einkauft, sondern es geht vor allem um Unterhaltung, Abwechslung und Erlebnis. Dabei ist man gerne zu mehreren unterwegs. An Wochenenden erhöhen ‚Einkaufsausflügler' (vgl. JOCHIMS/MONHEIM 1996) den Einzugsbereich von Innenstädten weit über den zentralörtlichen Bereich hinaus, was vor allem den höherrangigen Zentren zugute kommt. Sie bewirken also deutliche Ausweitungen der zentralörtlichen Einzugsbereiche (bei Berechnungen von Kaufkraftströmen ist dies zu berücksichtigen!). Ihr Verhalten weicht deutlich von dem des Versorgungseinkäufers ab. Sie legen zu Fuß größere Distanzen zurück, besuchen mehr Geschäfte (oft ohne dort etwas zu kaufen), kehren öfter ein, bleiben länger und sind zufriedener als der alltägliche Innenstadtbesucher. Damit bilden sie eine für die Belebung der Innenstädte wichtige Gruppe. Ihre Bedeutung wird mit zunehmender Mobilität und Distanzunempfindlichkeit weiter steigen (auch gefördert durch Nahverkehrsangebote der Bahn). Gerade angesichts der von E-Commerce erwarteten Herausforderungen[2] bietet diese innenstadtspezifische – aber nicht notwendigerweise auf Innenstädte beschränkte – Form des Einkaufens ein wichtiges Standortmerkmal. Die Einkaufsfunktion der Innenstadt ist auch für viele Touristen von Bedeutung, selbst wenn sie nicht deshalb gekommen sind; sowohl die Einzelhandelsauslagen als auch die Einkäufer geben dem Stadtbild eine gewisse Authentizität, bilden Bühne und Schauspiel.

---

[1]   vgl. Beitrag ANTON-QUACK/QUACK zu ‚Städtetourismus – eine Einführung' in diesem Band

[2]   vgl. Beitrag FEIL zu ‚E-Business im öffentlichen Tourismussektor: Nutzung und Anwendung von Informations- und Kommunikationstechnologien im europäischen Vergleich' in diesem Band

Auch die Gastronomie ist doppelt freizeitrelevant – einerseits als eigenständiger oder ergänzender Besuchszweck (für viele Innenstadtbeschäftigte auch als Grundversorgung), andererseits durch die zunehmend ausgeweitete Außengastronomie als Belebung des Stadtbildes, als Schauplatz für Urbanität.

Ein häufig unterschätztes Nachfragesegment stellt die alltägliche Freizeit der örtlichen Bevölkerung dar. Dazu gehören einerseits die im Naheinzugsbereich Wohnenden, andererseits die dort Beschäftigten, für die die Innenstadt zum Pausenraum wird. Die Art der Nutzung ist vielfältig, wobei dem öffentlichen Freiraum besondere Bedeutung zukommt. Geeignete ‚behavioural settings' laden zum Verweilen und zur Kontaktaufnahme ein, Angsträume können sie verhindern (vgl. ILS 2001; TZSCHASCHEL 1979). Die Freizeitnutzung erfolgt teilweise in zeitgleicher Überlagerung bzw. in Koppelung mit den sonstigen Innenstadtnutzungen, teilweise zeitlich abwechselnd – KUHN (1979) spricht von synchron und diachron.

Die unterschiedlichen Nachfragegruppen haben verschiedene Erwartungen an die Gestaltung der Innenstadt. Dabei dominiert zwar die erlebnisorientierte Einstellung, es gibt aber auch eine ruheorientierte Minderheit, vor allem unter älteren Menschen (vgl. z. B. MONHEIM 2001a, Tab. 1). Es kommt deshalb darauf an, durch ausgewogene Angebote beide Interessen zu befriedigen. Die vielfach vorherrschende Orientierung auf maximale Besucherzahlen übersieht, dass heute in manchen Fußgängerstraßen deren Überfüllung zum großen Problem wird.

Die Nutzung der Innenstadt für Freizeit und Tourismus hängt entscheidend von allgemeinen kulturellen Strömungen ab: Ob Urbanität positiv besetzt ist oder suburbane, disurbane bzw. antiurbane Lebensstile vorherrschen, ob man die Unordnung und Widersprüchlichkeit der Spontaneität und Unberechenbarkeit urbaner Milieus mag oder sich durch sie zu stark verunsichert fühlt. Dazu trägt bei, ob Entscheidungsträger in Politik und Wirtschaft den Standort Innenstadt für erfolgversprechend halten. Diese Einstellung beinhaltet allerdings auch das Risiko, dass sie die Innenstadt nach ihren Maßstäben umgestalten, sie nach den auf der Grünen Wiese erprobten Modellen ‚clean' machen wollen (u. U. einschließlich Videoüberwachung). Die ‚Besitzergreifung des öffentlichen Raumes' (vgl. THIEN/VOGLMAYR 1999, S. 75) durch private Unternehmen, u. U. in Public-Private-Partnership, bildet einen sehr kontrovers diskutierten Trend der Innenstadtaufwertung mittels Ausgrenzung Angst machender Gruppen (vgl. RADA 1998; allgemein zur Sicherheit und Aufenthaltsqualität vgl. ILS 2001).

2   Freizeitrelevante Innenstadtstrukturen

Die Bedeutung von Freizeit und Tourismus bezieht sich einerseits auf die Nutzungen, andererseits auf das durch Bebauung und öffentliche Freiräume geprägte Erscheinungsbild. Sie manifestiert sich einerseits in Funktionen bzw. Tätigkeiten wie Gastronomie, Essengehen oder Kinobesuch, andererseits in Einstellungen wie etwas erleben, Freunde treffen usw. Dabei können Freizeit und Tourismus jeweils die dominante oder ergänzende Dimension bilden. Diese fließenden Übergänge werden besonders deutlich beim Einkaufsausflugsverkehr.

Freizeit und Tourismus bilden zwar in Innenstädten im Unterschied zu neu errichteten ‚Urban Entertainment Centern' nur eine ergänzende Nutzung. Sie haben aber für die Funktion der Innenstadt als Mitte und Orientierungspunkt der Stadt und ihrer Region sowie als Träger des Stadtimages und der städtischen Identität eine zunehmende Bedeutung. Dies zeigt sich deutlich an der Entwicklung der Fußgängerbereiche. Während bis Anfang der 1970er-Jahre funktionalistische Gesichtspunkte, wie die Behebung von Verkehrskonflikten oder die Anpassung der innerstädtischen Einkaufsstraßen an das Vorbild der Einkaufs-Mall vorherrschten, gab München mit seinem zur Olympiade 1972 eröffneten Fußgängerbereich das Signal für eine Orientierung an ‚weichen' Standortfaktoren, wie sie für den Postfordismus kennzeichnend sind. Ohnehin an der Spitze der Beliebtheit deutscher Städte stehend, sprach München mit dem von Prof. Winkler entworfenen Gestaltungskonzept die Emotionalität an, präsentierte bzw. inszenierte die Innenstadt als ‚gute Stube' für die eigenen Bürger und ihre Besucher (vgl. MONHEIM 1998). Damit wurde sie rasch zum Vorbild, zumindest für Städte, die ebenfalls dem postfordistischen Trend folgten. Freiburg ist ein gutes Beispiel.

Freizeit und Tourismus sind überwiegend mit den sonstigen Innenstadtfunktionen gemischt. In Teilbereichen können sie sich auch zur dominierenden Funktion entwickeln, insbesondere bei Standortagglomerationen von Kultureinrichtungen (Theater, Museen etc.) bzw. von Gastronomie. Letztere bevorzugt städtebaulich interessante Milieus in Altstädten (z. B. Düsseldorf, Frankfurt-Sachsenhausen), aber auch in Gründerzeitvierteln. Die Entwicklung einer Kneipenszene spielt teilweise auch eine wichtige Rolle bei der Gentrifizierung von Wohngebieten (z. B. Berlin-Prenzlauer Berg, München-Schwabing). Die damit verbundenen Konflikte, insbesondere durch Verkehrsbelastung und nächtliche Ruhestörung, können ein Eingreifen der Stadtplanung erforderlich machen.

Die kommunalen und staatlichen Kunst- und Kulturangebote erlangen eine zunehmende Bedeutung für den Funktionsmix der Innenstadt (vgl. MSWKS 2001a). So entwickeln sich Museen, die lange eher ein Schattendasein führten, zu imagefördernden Anziehungspunkten. Die ‚Popularisierung' wird nicht nur durch neue Ausstellungskonzepte, sondern auch durch intensiv beworbene Events wie ‚Museumsnächte' gefördert. Die Kneipenszene setzt ebenfalls zunehmend auf Großereignisse, wie z. B. das ‚Honky Tonk' Kneipenfestival in Leipzig (vgl. FREHN/ PLATE 2001). Kunst im öffentlichen Raum hat zwar eine lange Tradition (z. B. Standbilder, Brunnen), wird aber zunehmend strategisch zur Positionierung der Innenstadt als Ort des öffentlichen Diskurses eingesetzt, z. B. in Bamberg mit wechselnden Ausstellungen von Großplastiken international renommierter Künstler. Die breite Zustimmung der Bevölkerung zeigt sich u. a. an dem Ankauf ausgestellter Werke mit Spenden der Bürger.

Von strategischer Bedeutung für die Innenstadt als Freizeitstandort ist die Ansiedlung von Multiplex-Kinos. Nachdem diese zunächst nach amerikanischem Vorbild zu nicht-integrierten Standorten tendierten, geben sie inzwischen wichtige Impulse für die Innenstädte. Dabei können komplexe Standortagglomerationen mit großflächigem Einzelhandel entstehen, wie z. B. in der Essener Weststadt, am Düsseldorfer Hauptbahnhof und in Berlin am Potsdamer Platz (vgl. MASSKS 1999). Für die Kommunalpolitik sind derartige Großprojekte z. T. stark prestigebeladen, was zum Risiko überzogener Maßstäbe und letztlich des Scheiterns führt, wie es sich beim ‚UFO' über dem Dortmunder Hauptbahnhof abzeichnet. Grundsätzlich eröffnen die Freizeitgroßprojekte allerdings wichtige Potenziale für die Innenstadt (vgl. auch MAIER/GÖTZ 2001; MASSKS 1999; RÖCK 1998).

Grundsätzlich entspricht eine gute Integration der verschiedenen Funktionen am besten dem Ideal der europäischen Stadt. Ein Problem bilden dabei allerdings der freie Grundstücks- bzw. Mietmarkt und das fehlende bzw. durchsetzungsschwache City-Management. Während Shopping-Center-Manager die Freizeit- und Erlebnisfunktionen optimieren können (z. B. durch Mietenmix mit Quersubventionierung oder Finanzierung von Events durch Zwangsbeiträge), maximiert in den gewachsenen Innenstädten jeder Hauseigentümer seinen eigenen Profit ohne Rücksicht auf den Nutzen für den Gesamtstandort; Gemeinschaftsaktionen stehen deshalb meist vor erheblichen finanziellen und organisatorischen Hürden. Dieser Gegensatz zeigt sich besonders deutlich bei den Ladenöffnungszeiten, die in Einkaufszentren selbstverständlich von allen Betrieben voll ausgeschöpft werden, während in den Innenstädten viele Betriebe später öffnen oder früher schließen. Die unterschiedliche Anpassungsfähigkeit an neue Lebensrhythmen verstärkt die Umverteilung von Entwicklungschancen innerhalb wie zwischen den Zentren.

Eine in den USA zunehmend eingesetzte Möglichkeit zu rechtlich abgesichertem gemeinsamen Handeln städtischer Standortgemeinschaften bildet der ‚Business Improvement District' (vgl. MASSKS 1999). Dabei müssen alle innerhalb des Gebietes gelegenen Grundstückseigentümer Beiträge zahlen, entscheiden aber auch über die damit finanzierten Verbesserungsmaßnahmen. Ein Gutachten für das Land Nordrhein-Westfalen zeigt die Möglichkeit der Übertragung auf das deutsche Rechtssystem (vgl. MSWKS 2001b), doch gibt es noch kein Anwendungsbeispiel. In den USA wurden nicht zuletzt innerstädtische Freizeitstandorte auf dieser Grundlage wiederbelebt (z. B. 42nd Street in New York, vgl. MASSKS 1999).

Die Einsicht, dass ein freizeitbetontes Image der Innenstadt für deren Erfolg, aber auch für die Gesamtattraktivität der Stadt sehr wichtig ist, führt dazu, dass Städte und Wirtschaft zunehmend zusammenarbeiten. Dabei erkennt auch der Einzelhandel die große Bedeutung von Kultur und Freizeit für die Positionierung der Innenstädte. Eine in dieser Hinsicht modellhafte Gemeinschaftsinitiative ist die ‚City-Offensive NRW Ab in die Mitte!', die seit 1999 mit wachsendem Erfolg durchgeführt wird (vgl. Initiatoren 2000). Diese Public-Private-Partnership sollte auch auf andere Bereiche ausstrahlen, da es nicht genügt, einzelne Events zu organisieren, sondern sich auch die Frage nach dem Leitbild für die Innenstadt stellt. Zwar gelten Leitbilddiskussionen mancherorts als unfruchtbar, sie können aber zur Überwindung von Denk- und Handlungsblockaden beitragen. Das mehrfach fortgeschriebene Leitbild für die Nürnberger Altstadt belegt den hohen Stellenwert, den dabei Freizeit und Tourismus haben (vgl. Stadt Nürnberg 2000).

Freizeitrelevante Strukturen können sich bei den Gebäudenutzungen nur so weit entwickeln, wie dies der Druck konkurrierender Nutzungen zulässt. Unter diesem Gesichtspunkt muß das Spannungsverhältnis zwischen der Innenstadt und sonstigen Einzelhandelsstandorten differenzierter gesehen werden. Der häufig beklagte, meist nur relative Bedeutungsverlust der Innenstadt bildet auch ein Ventil, das den Nachfragedruck abschwächt und Handlungsspielräume für die Entwicklung bzw. Bewahrung einer vielseitigen Angebotsmischung schafft.

Ein Beispiel hierfür ist die Regensburger Altstadt. Obwohl (oder weil?) im Krieg fast unzerstört, plante man in Fortführung alter Überlegungen bis in die 1960er-Jahre, sie mit Straßendurchbrüchen und modernen Geschäftshäusern den vermeintlichen Erfordernissen einer zeitgemäßen Stadtgestaltung anzupassen. Die Rückbesinnung auf historische Werte mit behutsam erhaltender Stadterneuerung wurde als Chance zur Inwertsetzung des ‚mittelalterlichen Wunders' der Altstadt genutzt. Das 1967 in 1,5 km Entfernung eröffnete und schrittweise von 22.400 m² auf 67.300 m² erweiterte Donau-Einkaufs-Zentrum verringerte den sonst auf Altstädten lastenden Veränderungsdruck. Damit konnte sich die kleinteilige Nutzungsstruktur der Altstadt auf Nachfragestrukturen einstellen, die sich mit der Ausbreitung postmoderner Lebensstile entwickelten. Kleine Geschäftsräume in historischem Umfeld mit tragbaren Mieten in vielfältig vernetzten Nebenlagen bieten dafür gute Voraussetzungen, zumal einzelne Großbetriebe Frequenz bringen. Die Stadt hat diese Entwicklung durch eine konsequente Aufwertung der Freiräume, durch Stadtsanierung, Verkehrsberuhigung, Imagekampagnen und Events gefördert (vgl. HELLER/MONHEIM 1998; STEINBACH et al. 1995). Stadtbild und Einzelhandelsstruktur weisen damit auffallende Ähnlichkeiten mit den historischen Zentren italienischer Städte auf (vgl. MONHEIM 2001b).

Die durch das historische Erbe gebotenen Chancen werden nicht immer so erfolgreich genutzt. Ein Gegenbeispiel ist Lübeck (vgl. HELLER/MONHEIM 2001; MONHEIM 1997a, 2001a). Dort hatte man einen durch den Krieg zerstörten Teil der Altstadt als moderne Geschäftscity wieder aufgebaut. Selbst nachdem sich die erhaltende Stadtsanierung durchsetzte, gelang es nicht, die Freiräume dem Charakter der zum Weltkulturerbe erhobenen Altstadt gemäß zu gestalten. Widerstände des Handels verhinderten eine Erweiterung des kleinen Fußgängerbereichs, und die von heftigen Kontroversen begleitete Verkehrsberuhigung der Altstadt wurde mit so vielen Kompromissen belastet, dass nicht das für große Fußgängerbereiche charakteristische ‚Wohlfühlambiente' entstand. In Tätigkeiten wie Einstellungen der Lübecker Innenstadtbesucher spielen im Vergleich zu anderen Städten die freizeit- und erlebnisorientierten Komponenten eine deutlich geringere Rolle. Dies schadet auch der Einkaufsfunktion.

Neben dem vorindustriellen baulichen Erbe, das unsere Vorstellungen von der historischen Stadt prägt, wird seit den 1970er-Jahren auch der Wert gründerzeitlicher Bauten geschätzt. Hier bietet der Freizeitsektor gute Möglichkeiten, durch den Nutzungswandel freiwerdende Großbauten (z. B. Industrie, Post, Bahn) in Innenstadt- bzw. Innenstadtrandlage wieder in Wert zu setzen und damit die örtliche Identität zu bewahren. Ein Beispiel ist die als Erweiterung der Essener City auf ehemaligem Industriegelände entstandene Weststadt (u. a. Musicaltheater Colosseum; vgl. MASSKS 1999, S. 73 f.).

Insgesamt geben Freizeit und Tourismus den Innenstädten vielfältige Impulse, sowohl für die Inwertsetzung ihres historischen Erbes als auch für das Aufgreifen neuer Entwicklungen, etwa bei Großinfrastrukturen. Entscheidende Vorteile sind die Erreichbarkeit, die Ergänzung mit anderen Nutzungen sowie ein im Vergleich zu peripheren Standorten längerfristiger Werterhalt der Investitionen.

3 Gesichtspunkte der empirischen Erfassung

Die meisten Innenstadtuntersuchungen konzentrieren sich auf deren Funktion als Einkaufs- und Bürostandort und, damit zusammenhängend, insbesondere die Erreichbarkeit. Angesichts der strategischen Bedeutung von Freizeit und Tourismus für die Innenstadt sollten diese systematischer berücksichtigt werden. Dies erweist sich jedoch als schwierig, da sie gerade in der Symbiose mit anderen Funktionen ihre Wirksamkeit entfalten und sich dabei vielfach als ‚Zutat' erweisen, die dem Menu ‚Innenstadt' Würze und Farbe verleihen, ohne dass dies aus dem quantitativen Anteil ablesbar wäre. In das Bild der Kochkunst paßt auch, dass versucht werden muß, eine nichtssagende Schnellgastronomie zu vermeiden und statt ihrer ein unverwechselbares Gericht zu kreieren, das möglichst authentisch ist – sei es als ‚Gourmet-Menü' oder als regionale ‚Hausmannskost'. Befragungen zum Innenstadtbesuch bieten eine bewährte Möglichkeit, zu erfassen, wie das Angebot der Innenstadt ‚ankommt', insbesondere wenn verschiedene Städte miteinander verglichen werden. Dieser Ansatz kann hier nur angedeutet werden (vgl. MONHEIM 1999, 2001a).

Der Funktionsvielfalt der Innenstädte entsprechend üben die Besucher im Durchschnitt etwa zwei unterschiedliche Tätigkeitsarten aus. In Befragungen wird das Tätigkeitsspektrum allerdings nur dann angemessen erfasst, wenn zusätzlich zum Hauptbesuchszweck systematisch alle sonstigen Aktivitätsmöglichkeiten überprüft werden. Viele Untersuchungen verzichten darauf. Dies geht dann vor allem zu Lasten der Freizeittätigkeiten, die häufiger einen anderen Hauptzweck ergänzen, dabei aber doch zu dessen Charakterisierung wichtig sein können. So sollte zwischen Versorgungs- und Erlebniseinkäufen unterschieden werden. Außerdem kann man Einkäufer fragen, ob sie einen festen Erledigungsplan hatten, und generell bewerten lassen, ob der Innenstadtbesuch mehr Freizeit oder Pflicht und Notwendigkeit ist. Dabei bildet die Freizeitkomponente keineswegs ein Alleinstellungsmerkmal der Innenstadt, sondern wird von geplanten Einkaufszentren gezielt eingesetzt (vgl. z. B. BAHRENBERG et al. 1998; FREHN 1998).

Innerhalb der Freizeittätigkeiten sollten die Teilbereiche nochmals unterschieden werden. Dabei sollte der Stadtbummel als eigene Kategorie abgefragt werden. Dem Interviewten ist sonst nicht klar, ob er diesen angeben soll. Viele Besucher kombinieren mehrere Freizeittätigkeiten.

Eine stärkere Freizeitkomponente erhöht die Anwesenheitsdauer, die Länge des zu Fuß zurückgelegten Weges sowie die Zahl der aufgesuchten Einzelhandelsbetriebe. Dabei werden längere Wege zu Fuß nur ganz selten als unangenehm empfunden (und wenn, dann vor allem wegen des Gedränges). Neben den objektiven Merkmalen des Innenstadtbesuchs sollten zur Berücksichtigung der Freizeitfunktion stärker subjektive Wahrnehmungen erfaßt werden. Dazu gehören z. B. die Annehmlichkeit des Aufenthalts bzw. Fußwegs, positiv bzw. negativ bewertete Teilräume der Innenstadt sowie besonders gut bzw. wenig gefallende Gesichtspunkte der Innenstadt. Meist zeigt sich dabei eine beachtliche Sensibilität der Befragten für die Stadtqualität, wobei die Einheimischen am kritischsten sind. Positive Einstellungen überwiegen, selbst wenn man über Haushaltsbefragungen auch die seltenen Besucher erfaßt (vgl. z. B. HELLER/MONHEIM 1998, 2001; MONHEIM et al. 1998; MONHEIM 2001a). Bei isolierten Fallstudien entstehen dadurch Interpretationsprobleme, dass bestimmte Häufigkeiten erst im Vergleich mit ,Sollwerten' bzw. dem ,normalerweise' zu Erwartenden aussagefähig sind.

Bei der positiven Bewertung innerstädtischer Haupteinkaufsbereiche dominieren freizeitbezogene Gesichtspunkte klar gegenüber dem Einkaufsangebot. Die Kritik fällt sehr differenziert aus. Mit zunehmender Stadtgröße steigen Klagen über das Gedränge bis zu einem Maximum von 33% samstags in München; andererseits kann selbst bei weitgehender Verkehrsberuhigung ein mit der Stadtstruktur verträglicher Restverkehr zu Klagen führen (Regensburg), die sich in Lübeck auch an Schmutz und Gestaltungsmängeln festmachen. Die Kritik am Publikum weist auf die mit der Besuchervielfalt verbundenen Spannungen hin. Wo Außengastronomie schwach entwickelt ist, wird dieses Defizit bemängelt; wo sie – wie in Regensburg – die Altstadt belebt, trägt dies zu einem Spitzenrang positiver Bewertungen bei.

Aufschlussreich für die Schwerpunkte der Freizeitnutzungen, aber auch für die generelle Attraktivität von Innenstadtstraßen sind Passantenzählungen. Diese sollten nicht nur die Hauptgeschäftslagen und Geschäftszeiten erfassen, sondern auch Nebenlagen und Abende bzw. Sonntage. Dabei zeigt sich, dass ein attraktiver Boulevard wie die Düsseldorfer ,Kö' Sonntag nachmittags 223% des gleichzeitigen Aufkommens an einem Werktag-Vormittag erreichen kann. Das höchste Passantenaufkommen wird in Düsseldorf sogar nachts in einigen von Gastronomie geprägten Altstadtgassen erreicht. Zur Geschäftszeit geben die Relationen zwischen stärker einkaufsorientierten und freizeitorientierten Tageszeiten Hinweise auf die Freizeitfunktion von Teilbereichen (vgl. MONHEIM 1980, Kap. 3.5).

In verschiedenen Fallstudien werden weitere Methoden zur Erfassung von Gesichtspunkten der Freizeitnutzung in Innenstädten eingesetzt, wie Größe und Zusammensetzung der Passantengruppen, Gehgeschwindigkeit, Aktionsräume, Beachtung von Schaufenstern, Flohmärkte, Koppelungstätigkeiten bei Events, doch kann an dieser Stelle nicht darauf eingegangen werden (vgl. z. B. KUHN 1979; STEINBACH 1995 sowie die Literaturhinweise in MONHEIM 1980, 1999). Wichtig erscheint bei Innenstadtstudien, die Differenziertheit der Nutzungen und qualitativen Bewertungen durch einen entsprechenden Methodenmix zu erfassen.

4   Schlussfolgerungen für die Planung

Die Bedeutung von Freizeit und Tourismus für die Entwicklung von Innenstädten geht weit über ihren meßbaren Anteil hinaus. Sie beeinflussen maßgeblich das Image der Innenstadt und damit auch der Gesamtstadt. Es erscheint deshalb wichtig, diese Gesichtspunkte systematischer bei der Entwicklung von Innenstadtleitbildern und Stadtmarketing zu berücksichtigen. Dabei kann es weder um eine reine Event-Politik und Festivalisierung noch um die Kopie künstlicher Urban Entertainment Center gehen. Vielmehr muss im Mittelpunkt die Herausarbeitung der eigenen Identität und qualitativen Stärken stehen. Im Hinblick auf die kaum zu verhindernde Suburbanisierung bieten Freizeit und Tourismus eine wichtige Chance, der Verödungsgefahr gegenzusteuern.

Für den Erfolg einer Innenstadt (und einer Stadt insgesamt) ist wesentlich, dass sich ihre Besucher wohlfühlen. Bisher stehen dagegen häufig Gesichtspunkte wie Autoerreichbarkeit und Parkregelungen im Vordergrund; zugleich werden Innenstädte von vielen Seiten schlecht geredet (,Krise', ,Verödung'). Es kann allerdings nicht einfach um die ,Verhübschung' einer konfliktfrei-konsumgerechten Innenstadt gehen. Ziel muß eine ausgewogene Entwicklung zwischen Tradition und Moderne sein. Da in der Marktwirtschaft stets die Tendenz besteht, dass sich die stärkeren Nutzungen ohne Rücksicht auf die Erfordernisse des Standortes durchsetzen, muss durch Planung oder Mediation – in Zukunft vielleicht auch durch vertragliche Regelungen wie Business Improvement Districts – Raum für die ebenfalls wichtigen, aber schwächeren Nutzungen geschaffen werden. Freizeit und Tourismus bilden hierbei strategische Handlungsfelder.

Literatur

ASHWORTH, G. J./TUNBRIDGE, J. E. (1990): The tourist-historic city. London/New York.

BAHRENBERG, G./MEVENKAMP, N./MONHEIM, R. (1998): Nutzung und Bewertung von Stadtzentren und Nebenzentren in Bremen. Arbeitsmaterialen zur Raumordnung und Raumplanung, 180. Bayreuth.

FREHN, M. (1998): Wenn der Einkauf zum Erlebnis wird. Die verkehrlichen und raumstrukturellen Auswirkungen des Erlebniseinkaufs in Shopping-Malls und Innenstädten. Wuppertal Papers, 80. Wuppertal.

FREHN, M./PLATE, E. (1999): Freizeit und Events in der Leipziger Innenstadt. Ergebnisse einer Passantenbefragung. Modellvorhaben des Umweltbundesamtes: Umweltschonender Einkaufs- und Freizeitverkehr. Teilbericht 6. Dortmund.

FREHN, M./PLATE, E. (2001): Die Allianz von Handel, Freizeit und Kultur. Der Beitrag von ‚Events' zur Wiederbelebung und Attraktivität der Innenstädte. Raumplanung 95, S. 70-74.

HAHN, B. (2001): Erlebniseinkauf und Urban Entertainment Centers. Neue Trends im US-amerikanischen Einzelhandel. Geographische Rundschau 53, H. 1, S. 19-25.

HELBRECHT, I. (1996): Die Wiederkehr der Innenstädte. Zur Rolle von Kultur, Kapital und Konsum in der Gentrification. Geographische Zeitschrift 84, H. 1, S. 1-15.

HELLER, J./MONHEIM, R. (1998): Die Regensburger Altstadt im Spiegel ihrer Besucher und Betriebe. Arbeitsmaterialien zur Raumordnung und Raumplanung, 176. Bayreuth.

HELLER, J./MONHEIM, R. (2001): Nutzerbefragung zur neuen Verkehrsführung in der Lübecker Altstadt. Leipzig/Bayreuth (unveröffentlicht).

Initiatoren des Projektes 'Ab in die Mitte! Die City-Offensive NRW' (Hrsg.; 2000): Dokumentation 2000. Düsseldorf.

ILS – Institut für Landes- und Stadtentwicklungsforschung des Landes NRW (Hrsg.; 2001): Im Mittelpunkt der Städte. Sicherheit und Aufenthaltsqualität – Strategien für den Erfolg urbaner Zentren. ILS Schriften 171. Dortmund.

Institut für Städtebau und Wohnungswesen München (Hrsg.; 2001): Standortplanung für Freizeiteinrichtungen und Urban Entertainment Center. ISW Veröffentlichungen, 4. München.

ISENBERG, W. (Hrsg.; 1999): Musicals und urbane Entertainmentkonzepte. Markt, Erfolg und Zukunft. Zur Bedeutung multifunktionaler Freizeit- und Erlebniskomplexe. Bensberger Protokolle, 90, [darin vgl. insbesondere F. Romeiß-Stracke]. Bensberg.

JOCHIMS, C./MONHEIM, R. (1996): Einkaufsausflugsverkehr in Stadtzentren – ein zukunftsträchtiges Marktsegment. Der Städtetag 49, H. 11, S. 729-737.

KAGERMEIER, A. (2001): Auswirkungen des Urban Entertainment Center CentrO in Oberhausen auf das Freizeitverhalten. In: POPP, H. (Hrsg.): Neuere Trends in Tourismus und Freizeit. Wissenschaftliche Befunde – unterrichtliche Behandlung – Reiseerziehung im Erdkundeunterricht. Bayreuther Kontaktstudium Geographie, 1. Passau, S. 187-197.

KUHN, W. (1979): Geschäftsstraßen als Freizeitraum – Synchrone und diachrone Überlagerungen von Versorgungs- und Freizeitfunktionen, dargestellt am Beispiel von Nürnberg. Münchener Geographische Hefte, 42. Kallmünz/Regensburg.

MAIER, J./GÖTZ, B. (2001): Erlebniswelten als neuer Trend städtischer Freizeitnutzung. In: POPP, H. (Hrsg.): Neuere Trends in Tourismus und Freizeit. Wissenschaftliche Befunde – unterrichtliche Behandlung – Reiseerziehung im Erdkundeunterricht. Bayreuther Kontaktstudium Geographie, 1. Passau, S. 177-186.

MASSKS – Ministerium für Arbeit, Soziales und Stadtentwicklung, Kultur und Sport des Landes Nordrhein-Westfalen (Hrsg.; 1999): Stadtplanung als Deal? Urban Entertainment Center und private Stadtplanung – Beispiele aus den USA und Nordrhein-Westfalen. MASSKS, 1322. Düsseldorf.

MONHEIM, R. (1980): Fußgängerbereiche und Fußgängerverkehr in der Bundesrepublik Deutschland. Bonner Geographische Abhandlungen, 64. Bonn.

MONHEIM, R. (1997a): 'Autofreie' Innenstädte – Gefahr oder Chance für den Handel? Arbeitsmaterialien zur Raumordnung und Raumplanung, 59, Teil A/B. Bayreuth.

MONHEIM, R. (1997b): Einflüsse von Leitbildern und Lebensstilen auf die Entwicklung der Innenstadt als Einkaufs- und Erlebnisraum. In: Spuren, Wege und Verkehr. Festschrift Klaus Aerni. Jahrbuch der geographischen Gesellschaft Bern, 60. Bern, S. 171-197.

MONHEIM, R. (Hrsg.; 1998): Nutzungen und Verkehr in historischen Innenstädten [Themenheft]. Die alte Stadt 25, H.1.

MONHEIM, R. (Hrsg.; 1999): Methodische Gesichtspunkte der Zählung und Befragung von Innenstadtbesuchern. In: HEINRITZ, G. (Hrsg.): Die Analyse von Standorten und Einzugsbereichen. Geographische Handelsforschung, 2. Passau, S. 65-131.

MONHEIM, R. (2000): Fußgängerbereiche in deutschen Innenstädten. Entwicklungen und Konzepte zwischen Interessen, Leitbildern und Lebensstilen. Geographische Rundschau 52, H. 7-8, S. 40-46.

MONHEIM, R. (2001a): Die Innenstadt als Urban Entertainment Center? In: POPP, H. (Hrsg.): Neuere Trends in Tourismus und Freizeit. Wissenschaftliche Befunde – unterrichtliche Behandlung – Reiseerziehung im Erdkundeunterricht. Bayreuther Kontaktstudium Geographie, 1. Passau, S. 129-152.

MONHEIM, R. (2001b): Struktur und Entwicklungsdynamik des Einzelhandels in historischen Stadtzentren Nord- und Mittelitaliens. In: Berichte des Arbeitskreises Geographische Handelsforschung 10, S. 9-12.

MONHEIM, R. (2002): Nutzung und Verkehrserschließung von Innenstädten. In: Nationalatlas Bundesrepublik Deutschland. Band: Dörfer und Städte. Heidelberg/Berlin [in Vorbereitung].

MONHEIM, R./ HOLZWARTH, M./ BACHLEITNER, M. (1998): Struktur, Verhalten und Einstellungen der Besucher der Münchener City unter besonderer Berücksichtigung der Auswirkungen der neuen Ladenöffnungszeiten. Arbeitsmaterialien zur Raumordnung und Raumplanung, 177. Bayreuth.

MSWKS – Ministerium für Städtebau und Wohnen, Kultur und Sport des Landes NRW (Hrsg.; 2001): Kunst findet Stadt. Wie wird die Stadt attraktiv, reizvoll und kreativ? MSWKS Aktuell (a). Düsseldorf

MSWKS – Ministerium für Städtebau und Wohnen, Kultur und Sport des Landes NRW (Hrsg.; 2001): Business Improvement Districts (BIDs). Untersuchung von Business Improvement Districts (BIDs) in Bezug auf Möglichkeiten und Grenzen einer Übertragbarkeit auf innerstädtische Geschäftsquartiere in Nordrhein-Westfalen. MSWKS Aktuell (b). Düsseldorf

QUACK, H.-D. (2001): Freizeit und Konsum im inszenierten Raum. Eine Untersuchung räumlicher Implikationen neuer Orte des Konsums, dargestellt am Beispiel des CentrO Oberhausen. Paderborner Geographische Studien, Bd. 14. Paderborn.

RADA, U. (1998): Die Urbanisierung von Angst. Von einer kulturellen zur sozialen und räumlichen Technik der Verdrängung. In: KIRCHBERG, V./GÖSCHEL, A. (Hrsg.): Kultur in der Stadt. Stadtsoziologische Analysen zur Kultur. Opladen.

REY, J. (1997): Erlebnishandel. BBE-Sonderdokumentation, Jg. 1997/98. Köln.

RÖCK, S. (1998): Freizeiteinrichtungen in der Stadt – Potential und Gefahr. In: Informationen zur Raumentwicklung, H. 2-3, S. 123-132.

ROMEIß-STRACKE, F. (2000): Erlebnis- und Konsumwelten. Herausforderungen für die Innenstädte. In: STEINECKE, A. (Hrsg.): Erlebnis und Konsumwelten. München/Wien, S. 76-83.

Stadt Nürnberg, Wirtschaftsreferat (Hrsg.; 2000): Nürnberg. Zukunft der Altstadt. Entwicklungskonzept, Strukturplanung, Programmschwerpunkte. Nürnberg.

STEINBACH, J. et al. (1995): Grundlagen eines Planungskonzeptes für den Städtetourismus in Regensburg. Materialien und Diskussionsgrundlagen des Faches Wirtschaftsgeographie Katholische Universität Eichstätt, 5. Eichstätt.

STEINECKE, A. (Hrsg.; 2000): Erlebnis- und Konsumwelten. München/Wien.

STEINECKE, A. (2000): Auf dem Weg zum Hyperkonsumenten: Orientierungen und Schauplätze. In: ISENBERG, W./SELLMANN, M. (Hrsg.): Konsum als Religion? Über die Verzauberung der Welt. Mönchengladbach, S. 85-94.

THIEN, K./VOGLMAYR, I. (1999): Urbane Strukturen und neue Freizeittrends. Werkstattbericht Nr. 29 der Stadtplanung Wien. Wien.

TZSCHASCHEL, S. (1979): Der innerstädtische Fußgängerbereich als Rahmenbedingung für Freizeitverhalten – eine Analyse der Verhaltensspielräume in kleinräumlichen Strukturen der Münchner Fußgängerzone. In: Freizeitverhalten in verschiedenen Raumkategorien. Materialien zur Fremdenverkehrsgeographie, 3. Trier, S. 79-100.

WEIGEL, J. (2001): Altstadtambiente und Individualverkehr. Das Beispiel Dinkelsbühl (Mittelfranken). Würzburger Geographische Manuskripte, 55. Würzburg.

Thermalbäder als regionaler Wirtschaftsfaktor - das Beispiel des Steirischen Thermenlandes

Paul Eder

1   Einleitung

Der Gesundheitsbereich hat sich in den letzten Jahren als wichtiger Wachstumsmarkt in der Tourismuswirtschaft herauskristallisiert. Die steigende Zahl älterer Menschen, die Zeit und Geld in präventives Gesundheitsverhalten investieren wollen, wie auch die jüngere Generation, bei der das Gesundheitsbewusstsein einen immer größeren Stellenwert einnimmt, lassen erwarten, dass der Gesundheitstourismus auch als Wachstumsmotor zukünftiger touristischer Entwicklung angesehen werden kann (vgl. SMERAL 1994, S. 258).

Der Gesundheitstourismus als Tourismusform ist inhaltlich schwer abzugrenzen, da er unterschiedlichste Teilaspekte in sich vereinigt. Eines der boomenden Themen im Gesundheitstourismus heißt ‚Wellness'. Grundsätzlich geht es dabei nicht um die traditionelle Kur, die eher mit Krankheit in Verbindung gebracht wird, sondern um Einrichtungen mit Gesundheitsservice für Gesunde. Wellness ist heute zu einem generationsübergreifenden Wert geworden, der sich am ganzheitlichen Wohlbefinden des Menschen orientiert und einen Lebensstil präsentiert, der es uns möglich macht, die eigene Gesundheit und Fitness selbst zu bestimmen und zu beeinflussen: „Wellness wird als Lebensphilosophie beschrieben, die das körperliche, geistige und seelische Wohlbefinden fördert" (KASPAR 1996, S. 56f.).

Dem bereits rollenden Wellness- und Gesundheitszug wiederum kommt der verstärkte Trend der neuen Urlaubergeneration zu erlebnisorientierten Kurzreisen von höchster Qualität, meist im Rahmen von Zweit- und Drittreisen, besonders entgegen. Der Vorteil dieser Urlaubsform für die Wirtschaft liegt darin, dass der Konsument bereit ist, für Kurzurlaube als ‚Quell der Gesundheit' mehr zu bezahlen, und dass daher die Preiselastizität höher ist.

Auch die Thermalbäder des Steirischen Thermenlandes haben den Gesundheits- und Wellnesstourismus zu ihrer Philosophie erkoren. Dem Trend der Zeit entsprechend reicht ihr Angebot von der medizinisch kompetenten Kuranwendung über den Erlebnisbereich bis hin zur Entspannungs- und Erholungskultur mit hohem Wellness-Aspekt.

Der seit Jahren ungebrochene Zustrom von Gästen zu den Thermalbädern entlang der südoststeirischen Thermenlinie, der seine Ursache in der klaren Positionierung auf das Segment Gesundheit/Kur hat, spiegelt den Trend zum Kurztrip-Wellness- und Gesundheitsurlaub wider. Laut Mikrozensus 2000 der Statistik Austria führte ein Viertel aller Kurzurlaube die Österreicher in das Steirische Thermenland, das mit seinen fünf attraktiven Thermenstandorten Bad Walterdorf, Bad Blumau, Loipersdorf bei Fürstenfeld, Bad Gleichenberg und Bad Radkersburg heute zu einer der erfolgreichsten Tourismusregionen Österreichs zählt. Zudem geht aus der Kurorte- und Thermenstudie 2000 hervor, dass bei den Kurorten vom Bekanntheitsgrad her die Therme Loipersdorf nach Bad Gastein in Österreich am zweitbesten verankert ist, beim Ranking über den Bekanntheitsgrad von Thermen die Thermalbäder des Steirischen Thermenlandes, allen voran wieder die Therme Loipersdorf, klar voranliegen.

In der Fremdenverkehrsstatistik sind diese Thermenorte als Gemeinden mit ortsgebundenem Heilvorkommen registriert. Sie werden unter ‚Heilbäder und Kurorte' zusammengefasst und ihr Tourismus als Kurtourismus ausgewiesen. In Österreich gibt es derzeit 80 solcher Heilbäder und Kurorte mit insgesamt 17,18 Mio. Übernachtungen. Gemessen an den Gesamtübernachtungen Österreichs von 113,69 Mio. entfielen im Jahr 2000 somit rund 15% auf den Kurtourismus, der in Österreich einen bedeutenden Wirtschaftsfaktor darstellt. Das Bundesland Steiermark ist in dieser Tourismussparte mit 14 Kurorten bzw. Heilbädern vertreten, die im Jahr 2000 zusammen 2,09 Mio. Übernachtungen auf sich vereinigten, was wiederum ca. 22% der gesamtsteirischen Übernachtungen ausmachte. Relativ gesehen hat somit der Kurtourismus für das Bundesland Steiermark heute größere Bedeutung als für Österreich insgesamt. Allerdings verlief die Nachfrage im Kurtourismus in den letzten zwei Jahrzehnten in Österreich bzw. in der Steiermark recht unterschiedlich (vgl. Abb. 1).

Abb. 1: Entwicklung der Übernachtungen im Kurtourismus – differenziert nach
         Steiermark und Österreich (1980-2000)

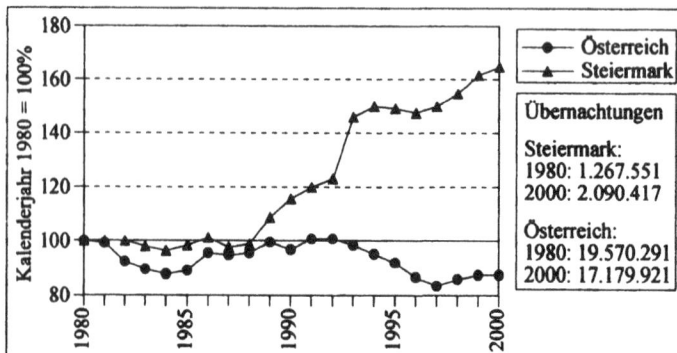

Quelle: ÖSTZ: Der Fremdenverkehr in Österreich 1980-1999;
        Statistik Austria: Tourismus in Österreich 2000

Während die Übernachtungen im österreichischen Kurtourismus von 1980 bis 2000 um 12,2% zurückgingen (von 19,57 Mio. auf 17,18 Mio.), stiegen sie in der

Steiermark im gleichen Zeitraum um 64,9% (von 1,27 Mio. auf 2,09 Mio.). Die Steiermark konnte so ihren Anteil am österreichischen Kurtourismus von 6,5% auf 12,2% erhöhen.

Diese bemerkenswerte Entwicklung in der Steiermark ist den jungen modernen Thermalbädern des Steirischen Thermenlandes zu verdanken, die auf die Wellness- und Gesundheitswelle setzen, während die meisten klassischen Kurorte seit Jahren mit Nächtigungsrückgängen zu kämpfen haben. Diese Tatsache ist umso bedeutender, wenn man bedenkt, dass diese Region zu den strukturschwachen Grenzgebieten Südostösterreichs zählt, in denen dem Tourismus zumeist nur relativ geringe Bedeutung zukommt.

2 Lage und wirtschaftliche Rahmenbedingungen des Steirischen Thermenlandes

Das Steirische Thermenland mit seinen fünf bekannten Kur- und Thermenorten Bad Waltersdorf, Bad Blumau, Loipersdorf b. F., Bad Gleichenberg und Bad Radkersburg liegt rund 60 bis 80 Kilometer von der steirischen Landeshauptstadt Graz entfernt im südoststeirischen Grenzgebiet nahe der Grenze zu Ungarn und direkt an der Grenze zu Slowenien. Die sanfte Hügellandschaft des Steirischen Thermenlandes und die besondere Klimagunst ('Weinbauklima') geben zusammen mit dem ganzjährigen Thermen-Feeling dieser Landschaft ein unverwechselbares Gepräge.

Von den wirtschaftlichen Rahmenbedingungen her ist das Steirische Thermenland ein strukturschwaches, stark agrarisch geprägtes Gebiet mit überwiegend kleinbäuerlicher Betriebsstruktur. Die natürlichen Produktionsbedingungen ermöglichen neben intensivem Ackerbau (Monokultur Mais) besonders den Anbau von arbeitsintensiven Spezialkulturen wie Obst, Wein und Ölkürbis.

Industrie und Gewerbe spielen aufgrund ungünstiger Standortfaktoren wirtschaftlich nur eine geringe Rolle. Der bisher einzige Standortvorteil, das niedrige Lohnniveau, verlor durch die Ostöffnung an Bedeutung. Auch die verbesserte Verkehrsanbindung (1985: Fertigstellung A2 Graz-Wien; 1988: Fertigstellung A9 Graz-Spielfeld-Slowenien) konnte an der Standortungunst nur wenig ändern.

Die Bedeutung des Dienstleistungssektors war vor dem Thermenboom ebenfalls als gering einzustufen. Im Fremdenverkehr selbst spielte neben einem bescheidenen Ausflugstourismus nur die Sommerfrische eine gewisse Rolle; einzig der traditionelle Kurort Bad Gleichenberg als lokaler touristischer Wachstumspol bildete eine Ausnahme.

Ein erhebliches Defizit an Arbeitsplätzen im sekundären und tertiären Sektor zum einen sowie der Rückgang der Zahl der Beschäftigen in der Landwirtschaft zum anderen führten in der Folge zu hohen Auspendlerzahlen in die Zentralräume Graz und Wien sowie zu einem starken Bevölkerungsrückgang aufgrund von Abwanderungen.

Nach den EU-Regionalförderungsrichtlinien war das Untersuchungsgebiet von 1995 bis 2000 als Ziel 5b-Gebiet eingestuft, also als ländliche Problemregion; in der laufenden Periode von 2000 bis 2006 wird es als Ziel 2-Gebiet ausgewiesen (ländliche Gebiete mit strukturellen Schwierigkeiten).

3 Thermenstandorte als touristische Leitprojekte

Grundlage der einzigartigen touristischen Entwicklung in der südöstlichen Steiermark stellen die in den 1970er-Jahren bei Erdölbohrungen der RAG (Rohölaufsuchungsgesellschaft) in großer Tiefe erschlossenen Heißwasservorkommen dar, deren potenzielle Heilwirkung aufgrund der hohen Mineralisierung rasch erkannt wurde. Nach vielversprechenden Heißwasseranalysen wurde die Nutzung geothermaler Energie für Thermal- und Heilbäder beschlossen, womit ein entscheidender Impuls für eine zukünftige touristische Entwicklung und Wirtschaftsbelebung in diesem Raum gesetzt wurde (vgl. EDER 1985/86, S. 69 ff.).

Nachstehend soll kurz die Entstehungsgeschichte der fünf Thermalbäder aufgezeigt und ihre touristische Entwicklung dargestellt werden.

3.1 Loipersdorf bei Fürstenfeld

Die Geschichte des Thermalbades Loipersdorf beginnt im Jahr 1972, als man bei Erdölversuchsbohrungen in 1100 m Tiefe auf 62°C heißes Wasser hoher Mineralisierung stieß. Nach Gründung einer Gesellschaft zur Verwertung des Heißwasservorkommens und der Erschließung einer zweiten (Sicherheits-)Bohrung konnten im Jahr 1981 nach zweijähriger Bauzeit die Thermenanlage und das erste Hotel in Betrieb genommen werden. Nach einem Großbrand im Thermenbereich im September 1983 wurde bereits zwei Jahre später (September 1985) das wiederaufgebaute Kurzentrum neu eröffnet.

Weitere Um-, Aus- und Neubauten im Bereich der Thermenanlage führten zu einer boomartigen Entwicklung der touristischen Nachfrage (vgl. Abb. 2 u. Tab. 1): So machten Gesamtinvestitionen allein in der Thermenanlage von rund ATS 1,2 Mrd.[1] die Therme Loipersdorf heute zu einer der größten und modernsten Thermenanlagen Europas; außerdem fanden weitere Investitionen in die touristische Infrastruktur statt, u. a. in die Ausweitung der Bettenkapazität von 78 auf 1.223 Betten in nur zwei Jahrzehnten. Eine kurze Verweildauer von drei Tagen sowie ein Inländeranteil von 96,5% bei den Übernachtungsgästen, vor allem aber die hohe

---

[1] 1 ATS = 0,07267 Euro

Zahl an Tagesbesuchern charakterisieren die steirische ,Paradetherme': Im Jahr 2000 nutzten durchschnittlich 2.100 Badegäste pro Tag die Thermeneinrichtungen, wovon die Übernachtungsgäste einen Anteil von 44% ausmachten. Da die Therme Loipersdorf besonders auf den Tagestourismus setzt, wurde in den letzten Jahren verstärkt in Einrichtungen, die den Übernachtungsgästen vorbehalten sind, investiert, um der Problematik einer Überlagerung von Tages- bzw. Nächtigungsgästen entgegenzuwirken.

Tab. 1: Kurzcharakteristik und touristische Kennzahlen der fünf Thermalbäder des Steirischen Thermenlandes im Vergleich

	Loipersdorf	Waltersdorf	Blumau	Gleichenberg	Radkersburg
Erdölbohrung der RAG	1972	1975	1979	-	1927
Bohrung nach Thermalwasser	1977	1990	1996 (2x)	1973, 1979, 2001	1978, 2001
Eigentümer	Land: 85%	privat	privat	Land: 60%	Land: 74%
Aufnahme des Kurbetriebes	Sept. 1981	Dez. 1984	Mai 1997	1837	1966
Ernennung zum ,Bad'	-	1988	2001	1926	1975
Betten: SHJ** 1980 SHJ 2000	78 1.223	227 1.481	64* 825	1.550 1.696	267 1.010
Übernachtungen: FVJ** 1980 FVJ 2000	859 284.588	11.805 321.643	1.532* 180.088	282.066 299.421	27.401 269.636
Aufenthaltsdauer in Tagen: FVJ 1980 FVJ 2000	6,1 3,0	11,1 3,5	5,5* 2,6	16,1 11,8	7,8 7,6
FVJ 2000 (in %) Inländer: Ausländer:	96,5 3,5	93,2 6,8	62,7 37,3	96,8 3,2	95,7 4,3
Tagesbesucher: KJ** 2000	~ 2.100	~ 800	~ 450	~300	~1.100

* Zahlen gelten für 1981
** Abkürzungen: SHJ = Sommerhalbjahr, FVJ = Fremdenverkehrsjahr, KJ = Kalenderjahr

Quelle: Eigene Darstellung

3.2   Bad Waltersdorf

In Waltersdorf, das ursprünglich eine bescheidene Sommerfrische war, hat sich die touristische Struktur vollkommen verändert, nachdem bei einer Erdölbohrung im Jahr 1975 in einer Tiefe von 1.150 m ein Heißwasservorkommen erschlossen wurde. Der Kurbetrieb wurde im Jahr 1984 aufgenommen und die Thermenanlage in den folgenden Jahren in mehreren Ausbaustufen vergrößert (Gesamtinvestitionen in die Thermenanlage von ca. ATS 350 Mio.). Außerdem fanden Investitionen in die touristische Infrastruktur statt, insbesondere eine enorme Erweiterung des Bettenangebotes von 227 auf 1.481 Betten von 1980 bis 2000. Als Folge dieser Maßnahmen stieg die touristische Nachfrage rasant an.

Vor allem die Vergrößerung der Therme in den Jahren 1987/88 brachte einen gewaltigen Aufschwung (vgl. Abb. 2). Mit 321.643 Übernachtungen im Jahr 2000 (1980: 11.805 Übernachtungen) war Bad Waltersdorf der nächtigungsstärkste Kurort im Steirischen Thermenland (vgl. Tab. 1). Im Jahr 1988 wurde Waltersdorf mit dem Prädikat ‚Bad' ausgezeichnet. Zusätzliche Bekanntheit erlangte Bad Waltersdorf als Austragungsort der Heißluftballon-Weltmeisterschaften 1999.

3.3   Bad Blumau

Bad Blumau ist das jüngste Thermalbad des Steirischen Thermenlandes; es verdankt seine Entstehung einer im Jahre 1979 erfolgten Erdölbohrung, die statt des erhofften Erdöls heißes Wasser in rund 3.000 m Tiefe mit fast 100°C erbrachte. Im Jahr 1987 konnte der Kärntner Baumeister R. Rogner von der Idee eines Thermalbadprojektes seitens der Gemeinde Blumau überzeugt werden, dessen Gestaltung Österreichs populärer Künstler Friedensreich Hundertwasser übernahm. Die Philosophie Hundertwassers lag in der Umsetzung einer natur- und menschengerechten Bauweise. Sein Denkansatz bestand darin, der Natur wieder das zurückzugeben, was man ihr genommen hat; er erachtete es als Pflicht, das durch den Hausbau aus der Erde gehobene Baumaterial auf dem Dach des Hauses wieder anzubringen und damit den Kreislauf zu schließen. Der Zweck der Bauten bestand auch darin, einer Zersiedelung durch Einfamilienhäuser entgegenzuwirken und gerade Linienführungen zu vermeiden.

Von 1993 bis 1997 wurde an der Verwirklichung des Hundertwasserprojektes (‚weltgrößtes bewohnbares Kunstwerk') gearbeitet; die Eröffnung der ersten Ausbaustufe dieser einzigartigen Thermen- und Hotelanlage mit 600 Betten fand im Mai 1997 statt (das Investitionsvolumen lag bei ATS 900 Mio.). In den ersten zwei Jahren nach der Eröffnung ist die touristische Nachfrage sprunghaft gestiegen, stagniert seither aber, da die Hundertwasser-Therme an ihre Kapazitätsgrenzen stößt (vgl. Abb. 2 u. Tab. 1). Im Jahr 2000 wurden deshalb schon ATS 130 Mio. in den Ausbau der Hotel- und Thermenlandschaft investiert, zusätzliche Investitionen in einen Thermensee und weitere Hotelbauten sind bis 2003 geplant.

Charakteristisch für den Kurort Bad Blumau ist, dass er im Fremdenverkehrsjahr 2000 mit 2,6 Tagen die kürzeste Verweildauer, mit 37,3% aber den höchsten Ausländeranteil bei den Übernachtungen aller fünf südoststeirischen Thermalbäder aufzuweisen hat. Diese Kennzahlen lassen vermuten, dass Bad Blumau von der touristischen Nachfrage her an der Schnittstelle der Bereiche Gesundheitstourismus und Kulturtourismus liegt. Nach BRITTNER (1999, S. 217) werden bei der Frage nach dem Reisemotiv von den Gästen sowohl gesundheitliche als auch kulturelle Interessen genannt. Neben Erholung/Stressabbau dominiert als Motiv das Interesse an der Hundertwasser-Architektur; vor allem aber der durch das einzigartige Ambiente der Anlage gewonnene Zusatznutzen stellt sich als eigentlicher Anlass zur Wahl von Bad Blumau als Reiseziel heraus.

3.4   Bad Gleichenberg

Bad Gleichenberg ist der älteste Kurort der Steiermark (Kurbetrieb seit 1837), dessen funktionale und siedlungsmäßige Entwicklung eng mit den heilkräftigen Mineralquellen zusammenhängt. Der Kurort ist eine einzige Parklandschaft, in die Villen aus der Biedermeier- und Gründerzeit, Hotels sowie die Badeanlage bewusst locker hineingebettet wurden. Sie verleihen dem Ort ein besonderes Flair und unterscheiden ihn so grundlegend von den jungen modernen Thermalbädern. Das Prädikat ‚Bad' wurde dem Kurort bereits im Jahre 1926 verliehen.

Den absoluten Höhepunkt in der touristischen Entwicklung erreichte Bad Gleichenberg im Fremdenverkehrsjahr 1970 mit 343.361 Übernachtungen. Nach starkem Rückgang in den 1970er-Jahren weisen die Übernachtungen seit 1980 eine konstante bzw. leicht rückläufige Tendenz auf, seit 1996 sind wieder leichte Zuwächse zu verzeichnen (vgl. Abb. 2). Die Ursache für die im Vergleich zu den anderen vier Thermen so gegensätzliche Entwicklung liegt in der geringen Investitionstätigkeit, die sich auf Instandhaltungsarbeiten und nötige bauliche Veränderungen beschränkte. Erst mit der Übernahme der Aktienmehrheit durch das Land Steiermark im Jahre 1999 soll nun auch in das älteste Kurbad der Steiermark verstärkt investiert werden. Nach erfolgreicher Thermalwasserbohrung im Februar 2001 sollen nun für den Um- und Ausbau der Thermenanlage, den Bau eines Thermenhotels und für Sanierungsmaßnahmen in bestehende Beherbergungsbetriebe zur Hebung der Qualität rund ATS 300 Mio. zur Verfügung gestellt werden.

Dass Bad Gleichenberg ein traditioneller Kurort ist, der überwiegend von ‚echten' Kurgästen frequentiert wird, beweist die durchschnittliche Aufenthaltsdauer von 11,8 Tagen (1980: 16,1 Tage) und die geringe Rolle, die hier der Tagestourismus mit derzeit rund 300 Tagesbesuchen spielt. Um den Tagesausflugsverkehr anzukurbeln, hat man im Jahr 1999 etwas außerhalb des Kurortes einen Erlebnispark über die Geschichte der Dinosaurier (‚Styrassic Park') errichtet.

Mit der bestehenden Landesberufsschule für das Gastgewerbe, der anerkannten Hotelfach- und Tourismusschule und der mit Herbst 2001 neu eingerichteten Fachhochschule für Gesundheitsmanagement ist Bad Gleichenberg gleichsam zum ‚Kompetenzzentrum für Tourismus' aufgestiegen.

3.5   Bad Radkersburg

Die ehemals befestigte Stadt Bad Radkersburg mit ihrer wertvollen historischen Bausubstanz liegt im äußersten Südosten der Steiermark direkt an der slowenischen Grenze; sie war schon vor der Bohrung nach Thermalwasser im Jahr 1978 als Kurort bekannt. Die Erschließung eines Säuerlings (heute Mineralwasser ‚Long Life') in 208 m Tiefe bei einer Erdölsondierbohrung im Jahr 1927, die Erklärung zur Heilquelle (1962) und die Erfüllung der weiteren gesetzlichen Auflagen führten bereits im Jahr 1975 zur Verleihung des Prädikates ‚Bad'.

Eine nennenswerte touristische Entwicklung setzte aber erst mit der Erschließung heißen Wassers (80°C) in 1.900 m Tiefe bei der Bohrung im Jahr 1978 ein. Wie sehr die touristische Entwicklung von den getätigten Investitionen abhängt, zeigt sich auch am Beispiel von Bad Radkersburg deutlich. Die Investitionen in die Parktherme selbst (ca. ATS 400 Mio.) sowie in die übrige touristische Infrastruktur, u. a. in die Erweiterung des Bettenangebotes von 267 auf 1.010 Betten in 20 Jahren, führten zu einem steilen Anstieg der touristischen Nachfrage (vgl. Abb. 2). Sie war vor allem nach der vierten Ausbaustufe in den Jahren 1992/93 besonders groß, nachdem noch 1991, bedingt durch die Jugoslawienkrise und die Kampfhandlungen direkt an der jugoslawisch(slowenisch)-österreichischen Grenze, ein leichter Einbruch zu verzeichnen war. Mit der erfolgreichen Bohrung nach einer zweiten Thermalquelle (März 2001) sind nicht nur die Heißwasserressourcen langfristig gesichert; sie spielt im Hinblick auf weitere Investitionen eine besondere Rolle.

Auffallend in Bad Radkersburg ist die etwas höhere durchschnittliche Aufenthaltsdauer von 7,6 Tagen, die auf die größere Bedeutung der klassischen Kur in diesem südlichsten Kurort der Steiermark hinweist. Mit rund 1.100 Tagesgästen besitzt in der Parktherme Bad Radkersburg auch der Tagestourismus einen hohen Stellenwert.

Bedeutsame kulturelle und wirtschaftliche Impulse brachte auch die im Jahr 1998 in Bad Radkersburg ausgetragene steirische Landesausstellung (Thema: Jugendkulturen), die ca. 150.000 Besucher anlockte.

Abb. 2: Entwicklung der Übernachtungen in den Kurgemeinden Bad Waltersdorf, Bad Blumau, Loipersdorf b. F., Bad Gleichenberg und Bad Radkersburg (1980-2000)

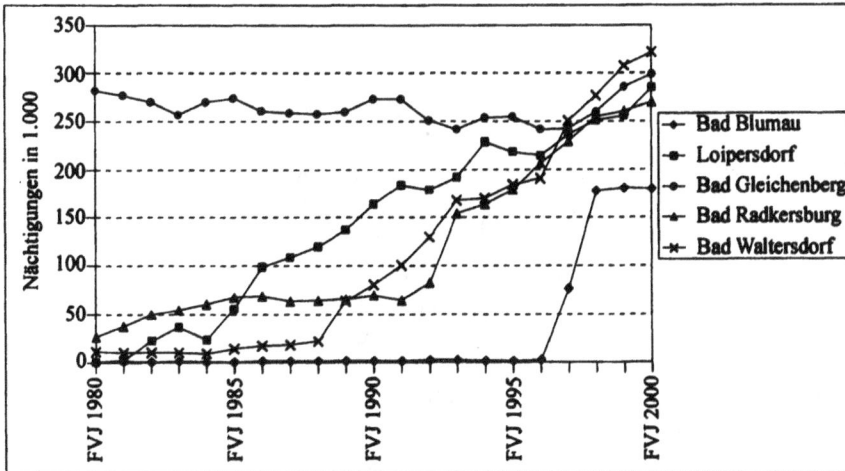

4 Touristisches Beherbergungsangebot im Steirischen Thermenland

Entsprechend der getätigten Investitionen in die großzügig angelegten Thermalbadelandschaften und andere Gesundheitseinrichtungen wurde parallel dazu auch das Beherbergungsangebot ausgeweitet. Verfügte das Steirische Thermenland im Sommerhalbjahr 1980 mit 5.918 Gästebetten über 5,6% aller steirischen Gästebetten, so betrug 20 Jahre später der vergleichbare Anteil mit 10.974 Betten bereits 11%. Während das Bettenangebot im Steirischen Thermenland in diesen 20 Jahren um 85,4% stieg, ging es innerhalb der Steiermark im gleichen Zeitraum um 6,1% zurück. Profitiert vom Aufschwung des Tourismus im Steirischen Thermenland hat dabei vor allem der Hochqualitätsbereich, was sich am Beispiel der Entwicklung des Bettenangebotes von 1996 bis 2000 deutlich zeigt. So nahm in der Fünf- und Vier-Sterne-Kategorie die Zahl der Gästebetten in diesem Zeitraum um 47,2% zu (von 2.291 auf 3.372 Betten), das Bettenangebot bei den Drei-Sterne-Anbietern immerhin noch um 8,8% (von 2.666 auf 2.901 Betten), während die Zwei- und Ein-Sterne-Betriebe in diesen vier Jahren starke Einbußen (-28,4%) hinnehmen mussten. Bedenkt man, dass von den zwischen 1996 und 2000 1.499 hinzugekommenen Gästebetten 1.081 Betten oder 72,1% auf die Fünf- und Vier-Sterne-Kategorie entfielen, zeigt sich klar die Qualitätsoffensive in der Beherbergungsstruktur. Im Jahr 2000 wurden in den Drei-, Vier- und Fünf-Sterne-Betrieben mit 6.273 Betten somit bereits 57,2% aller Betten angeboten.

Die Bettenauslastung über alle Kategorien hat sich von 1996 bis 2000 ebenfalls deutlich verbessert (von 34,2% auf 45,5%). Die höchste Auslastung innerhalb der einzelnen Unterkunftsarten wiesen im Jahr 2000 die Fünf- und Vier-Sterne-Betriebe mit 68,7% auf; bei den Privatunterkünften lag der Auslastungsfaktor bei 28,8%.

5   Touristische Nachfrage im Steirischen Thermenland

Dass der Tourismus in Österreich und auch in der Steiermark zu einem bedeutenden Wirtschaftsfaktor geworden ist, ist unbestritten. Eine besonders auf regionaler Ebene interessante ökonomische Wirkung des Fremdenverkehrs ist nun, dass er sich in der Steiermark zunehmend in bisher von der Agrarwirtschaft dominierten Gebieten wie dem südöstlichen Hügelland ausbreitet und damit steiermarkweit für einen tourismuswirtschaftlichen Ausgleich sorgt.

Beim Vergleich der Übernachtungszahlen der Jahre 1980 und 2000 in den 13 Tourismusregionen der Steiermark werden diese Veränderungen besonders deutlich (vgl. Abb. 3). Während das Steirische Thermenland dank der Thermalbäder zur touristischen Boomregion avancierte, mussten die touristischen Intensivregionen der alpinen Obersteiermark, allen voran die Dachstein-Tauern-Region, Nächtigungsrückgänge hinnehmen. Da die touristische Nachfrage in der Steiermark in den letzten zwei Jahrzehnten stagnierte, im Steirischen Thermenland im gleichen Zeitraum aber um das Dreifache stieg (vgl. Abb. 4), konnten die Nachfrageverluste der obersteirischen Tourismusregionen kompensiert werden. Dank dieser Entwicklung stieg von 1980 bis 2000 der Anteil des Steirischen Thermenlandes an den Übernachtungen in der Steiermark von 9% (589.354 von 9,43 Mio. Übernachtungen) auf fast 20% (1,83 Mio. von 9,44 Mio. Übernachtungen; heute übernachtet also bereits jeder fünfte Besucher der Steiermark im Steirischen Thermenland).

Auf die fünf Thermenorte entfielen im Jahre 1980 54,7% (davon auf Bad Gleichenberg allein 47,9%) aller Übernachtungen im Steirischen Thermenland, im Jahre 2000 waren es bereits 74,2%. Somit wird deutlich, dass die getätigten Investitionen in die Thermenanlagen und die sonstige touristische Infrastruktur zu starken Steigerungen in den Ankunfts- und Übernachtungszahlen der entsprechenden Standortgemeinden bzw. der Tourismusregion Steirisches Thermenland insgesamt geführt haben. Da die Steigerungsraten bei den Ankünften im Zeitraum 1980-2000 ungleich höher waren als bei den Übernachtungen, verringerte sich die durchschnittliche Aufenthaltsdauer im Steirischen Thermenland in diesen zwei Dezennien kontinuierlich von 8,9 auf 4,0 Tage; diese Zahlen dokumentieren den Übergang von der klassischen Sommerfrische zum kurzzeitigen Gesundheitstourismus. Auch der Rückgang des Anteils des Sommerhalbjahres bei der touristischen Nachfrage im Zeitraum 1980-2000 von 78,8% auf 62,6% spiegelt den Bedeutungsverlust des einst (ohnedies bescheidenen) Sommertourismus im Untersuchungsgebiet wider und weist das Steirische Thermenland nunmehr als Ganzjahresdestination aus.

Abb. 3: Entwicklung der Übernachtungen in den 13 steirischen Tourismusregionen – differenziert nach In- und Ausländern (Fremdenverkehrsjahre
1980 und 2000)

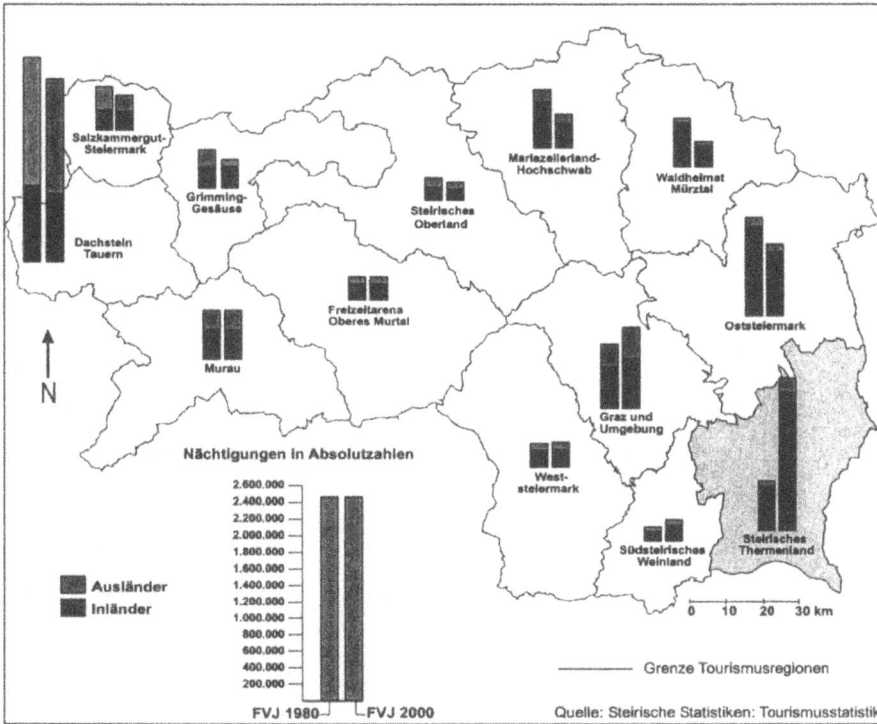

Hinsichtlich der Herkunft der Gäste ist das Steirische Thermenland wie auch die
nördlich angrenzende Tourismusregion Oststeiermark mit über 90% Inländeranteil
eine Domäne der Österreicher (vgl. Abb. 3). Der Grund liegt in der geographisch
abseitigen Lage dieses Gebietes. Zum einen sind die umgebenden Staaten Slowenien und Ungarn aufgrund des Preisniveaus keine potenziellen Märkte, zum anderen liegt mit der Bundesrepublik Deutschland der wichtigste Markt des österreichischen Tourismus in zu großer Entfernung zum Steirischen Thermenland, wenngleich auf deutsche Gäste im Jahr 2000 auch hier 55,6% aller Ausländerübernachtungen entfielen.

6 Wirtschaftliche Auswirkungen der Thermalbäder im Steirischen Thermenland

Dass der Thermentourismus für das Steirische Thermenland einen bedeutenden
Wirtschaftsfaktor darstellt, kann man allein schon aus der statistisch belegbaren
äußerst positiven Entwicklung der touristischen Nachfrage schließen. Dabei

schlägt sich der Aufschwung des Tourismus in den einzelnen Thermenorten auch auf die Umgebungsgemeinden statistisch signifikant nieder, wobei der Wirkungsgrad der Thermalbäder in Bezug auf Ankünfte und Übernachtungen in einem Radius von ca. zehn Kilometern stark ausgeprägt ist. Nach statistischen Schätzungen brachte von 1988 bis 1997 ein Plus von 100.000 Übernachtungen rund 360 Vollarbeitsplätze mit sich, von denen ca. 190 direkt auf die Sektion Tourismus- und Freizeitwirtschaft fielen (vgl. Joanneum Research 1999, S. 227).

Abb. 4: Entwicklung der Übernachtungen im Steirischen Thermenland und
         in der Steiermark (1980-2000)

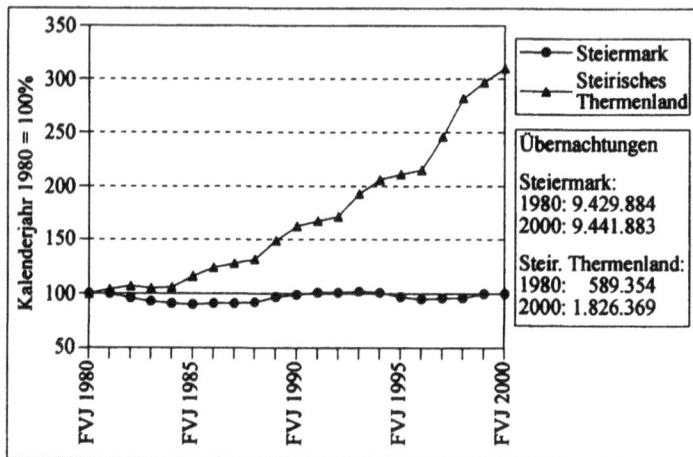

Quelle: Steirische Statistiken: Tourismusstatistik

Als wirtschaftlicher Impulsgeber trägt der Thermentourismus aber auch maßgeblich zum Abbau regionaler Disparitäten bei; er ist aufgrund seiner vielfältigen sektoralen Verflechtungen bestens zur Ankurbelung der bereits ansässigen Wirtschaftszweige geeignet. Vom Tourismusboom profitieren dabei insbesondere der Konsumgüterbereich, die Bauindustrie- und Handwerksbetriebe sowie die Dienstleistungsbranche, aber auch die Landwirtschaft zählt durch die Möglichkeit zur Einkommensergänzung bzw. zur Schaffung einer sicheren Existenz zu den Nutznießern der touristischen Entwicklung; diese Effekte sind in einem agrarisch geprägten, benachteiligten Gebiet wie der Süd- und Oststeiermark von größter Bedeutung.

Um die vom Tourismus ausgehenden wirtschaftliche Impulse annähernd quantifizieren zu können, muss nachfrageorientiert ermittelt werden (Zahl der Übernachtungen und der Tagesgäste, durchschnittliche Tagesausgabensätze). Es lässt sich für das Steirische Thermenland für das Jahr 2000 ein touristisch bedingter Umsatz von ca. ATS 4 Mrd. abschätzen: Davon stammen zwei Drittel aus Unterkunft und Verpflegung sowie ein Drittel aus Einkäufen und sonstigen Nebenausgaben. Für die regionale Bevölkerung ist der Einfluss des Tourismus auf die Arbeitsmarktsituation von besonderem Interesse; sie lässt sich mit Hilfe des Beschäftigungsmultiplikators (Vollzeit-Arbeitsplätze je Umsatz-Million) quantifizieren (vgl. Joanneum Research 1999, S. 217). Im Steirischen Thermenland induzierte der Fremdenverkehr im Jahr 2000 demnach nahezu 5.000 Vollzeit-Arbeitsplätze in der Tourismus- und Freizeitwirtschaft. Generell ist der Kurtourismus als Dienstleistungsbereich naturgemäß relativ personalintensiv und bietet wenig Rationalisierungsmöglichkeiten im Personalbereich; damit besitzt er eine große arbeitsmarktpolitische Bedeutung. Mit einer Beschäftigtenzunahme von 28% seit 1990 erlebte die Oststeiermark das zweitstärkste Beschäftigungswachstum in Österreich.[2]

Von größter Bedeutung für die wirtschaftliche Entwicklung sind die getätigten Investitionen. Die letzten 20 Jahre haben gezeigt, dass nicht nur die Höhe der Investitionsmittel, sondern auch die Tatsache, wie investiert wurde, für den Erfolg ausschlaggebend sind. Dies zeigt sich deutlich bei den jungen erfolgreichen Thermalbädern Bad Waltersdorf, Bad Blumau, Loipersdorf b. F. und Bad Radkersburg, wo jeweils in große Baustufen investiert wurde, während im traditionellen Kurort Bad Gleichenberg im gleichen Zeitraum insgesamt nur wenig, und wenn, dann nur geringe Mittel eingesetzt wurden.

Schließlich muss noch festgestellt werden, dass mit der geschaffenen (touristischen) Infrastruktur eine wesentliche Attraktivitätssteigerung des Wohnumfeldes einhergegangen ist. Sie hat nicht nur zu einer Verbesserung der Lebensqualität der Einheimischen geführt, sondern auch die Verbundenheit und Identifikation der Einwohner mit ihrer Region gestärkt.

Literatur

Amt der Steiermärkischen Landesregierung (Hrsg.): Tourismus. Steirische Statistiken. H. 9, 10/1999, 7/2000, 1/2001. Graz.

BRITTNER, A. (1999): Inszenierung als Mittel zur Angebotsprofilierung im Gesundheitstourismus – das Rogner-Bad Blumau. Materialien zur Fremdenverkehrsgeographie, H. 49. Trier, S. 168-235.

EDER, P. (1985/86): Thermalbäder als Grundlage der Tourismusentwicklung und Wirtschaftsbelebung in einem peripheren ländlichen Raum. Das Beispiel des ‚Südoststeirischen Thermengürtels'. Arbeiten aus dem Institut für Geographie der Karl-Franzens-Universität Graz, Bd. 26. Graz, S. 69-97.

GRABNER, I. (1996): Statistische Analyse des Gesundheitstourismus in der Steiermark. (unveröffentlichte Diplomarbeit). Graz.

HUSSAIN, M. (1996): Thermenbericht. Steirische Statistiken. H. 6. Graz, S. 53-73.

Joanneum Research (1999): Quantitative Analyse der wirtschaftlichen Auswirkungen des Thermentourismus. Graz.

---

[2] vgl. Der Standard: Dank Thermentourismus zur Boomregion, 10. Juli 2001, S. 6

Kaspar, C. (1996): Gesundheitstourismus im Trend. In: Jahrbuch der schweizerischen Tourismuswirtschaft 1995/96. St. Gallen, S. 53-61.

Österreichisches Statistisches Zentralamt (ÖSTZ): Der Fremdenverkehr in Österreich 1980 bis 1999. Beiträge zur Österreichischen Statistik. Div. Hefte. Wien.

Smeral, E. (1994): Tourismus 2005: Entwicklungsaspekte und Szenarien für die Tourismus- und Freizeitwirtschaft. Wien.

Statistik Austria (2001): Der Tourismus in Österreich 2000. Wien.

Statistik Austria (2001): Schnellbericht Urlaubsreisen 2000: Ergebnisse des Mikrozenzus-Sonderprogramms Dezember 2000. Wien.

Wirtschaftliche Bedeutung des Nationalpark-tourismus: Fallstudie Schweiz

Hans Elsasser/Irene Küpfer

1 Einleitung

Natur, natürliche Umwelt, unversehrte, naturnahe Landschaften sind knappe Güter. Der Naturschutz ist eine Möglichkeit der Nutzung dieser Güter bzw. der entsprechenden Flächen. Diese Art der Nutzung, nämlich der Schutz, konkurriert mit anderen Nutzungsarten. Heute sind in der Schweiz rund 2% der Landesfläche als Naturschutzgebiete rechtlich geschützt. Gegenwärtig wird darüber nachgedacht und diskutiert, diesen im internationalen Vergleich relativ geringen Flächenanteil zu steigern, u. a. durch die Schaffung neuer Nationalparke, zusätzlich zum bestehenden Schweizerischen Nationalpark in der Region Unterengadin/Münstertal.

Vor diesem Hintergrund und unter Berücksichtigung der Tatsache, dass zahlreiche Schutzgebiete – nicht nur in der Schweiz – in wirtschaftlich peripheren Regionen lokalisiert sind, erstaunt es nicht, dass die Frage nach der wirtschaftlichen Bedeutung von Schutzgebieten an Aktualität gewonnen hat. Die Frage wird oft noch schärfer gestellt, nämlich: Kann ein Schutzgebiet einen Beitrag zur regionalwirtschaftlichen Entwicklung leisten?

2 Kosten und Nutzen eines Schutzgebietes

2.1 Kosten

Die Kosten eines Schutzgebietes können in drei Kategorien aufgeteilt werden:

- Direkte Kosten:
  Darunter sind all jene Aufwendungen zu verstehen, die mit der Errichtung, dem Unterhalt und dem Management eines Schutzgebietes anfallen. Sie können beispielsweise auch Kosten für Einrichtungen der Umweltbildung und Forschung beinhalten. Ferner zählen dazu auch Auslagen im Zusammenhang mit einer effektiven Durchsetzung des Schutzes.

- Indirekte Kosten:
  Diese beinhalten Kosten, die als Folge des Schutzes außerhalb der Schutzgebietsgrenze verursacht werden, z. B. Schäden, die von im Schutzgebiet lebendem Wild jenseits der Schutzgebietsgrenze verursacht werden.

- Opportunitätskosten:
  Unter diesem Begriff sind jene Kosten zu verstehen, die sich aus entgangenen andersartigen Nutzungsmöglichkeiten ergeben.

2.2 Nutzen

Der Nutzen eines Schutzgebietes ergibt sich aus dessen Funktionen. Diese können verstanden werden als Güter und Dienstleistungen, die das Schutzgebiet zur Verfügung stellt. Sie lassen sich grob in vier Gruppen einteilen:

- Regulationsfunktionen:
  Dazu zählt beispielsweise der Beitrag zur Aufrechterhaltung der Biodiversität oder zur Regulation des Wasserhaushaltes.

- Lebensraum- oder Trägerfunktionen:
  Diese ergeben sich durch die Bereitstellung von Raum, von Flächen, die – im Rahmen der Schutzbestimmungen – auf verschiedene Art und Weise genutzt werden können. Dazu zählt nicht zuletzt auch die touristische Nutzung von Schutzgebieten.

- Produktionsfunktionen:
  Darunter fallen – je nach Schutzbestimmungen – die Produktion von Nahrungsmitteln, von medizinischen Ressourcen usw.

- Informationsfunktionen:
  Dabei ist in erster Linie an wissenschaftliche und erzieherische Funktionen (Forschung, Bildung) zu denken.

Aufgrund der Vielfalt seiner Funktionen ist somit ein Schutzgebiet nicht einfach als ,ein Gut' zu betrachten, welches ,einen Nutzen' stiftet. Der Nutzen eines Schutzgebietes setzt sich vielmehr aus zahlreichen verschiedenen Komponenten zusammen. Der wirtschaftliche Wert eines Schutzgebietes ergibt sich schliesslich aus der Wertschätzung, die all diesen Nutzenkomponenten entgegengebracht wird.

Der wirtschaftliche Wert eines Schutzgebietes lässt sich in Gebrauchswerte und Nicht-Gebrauchswerte unterteilen. Zu den Gebrauchswerten zählen der direkte und der indirekte Wert.

- Direkter Wert:
  Einrichtung, Betrieb und Unterhalt eines Schutzgebietes sind als Vorleistungen zu dessen Gebrauch zu betrachten. Aus diesen Vorleistungen und dem Gebrauch selbst, wobei vor allem an die touristische Nutzung zu denken ist, ergeben sich wirtschaftliche Effekte, wie Einkommen, Wertschöpfung und Beschäftigung. Der Erlebniswert, d. h. der Nutzen, den Besucher aus dem Besuch

eines Schutzgebietes ziehen, der Beitrag, den ein Schutzgebiet zur Bildung leistet oder die Imagewirkung, die auf eine Region ausgeht, zählen ebenfalls zum direkten Wert.

- Indirekter Wert:
  Zum indirekten Wert tragen die ökologischen Funktionen eines Schutzgebietes bei.

- Die Nicht-Gebrauchswerte umfassen den Existenz- und den Vermächtniswert.

- Existenzwert:
  Dieser entsteht dadurch, dass gewisse Personen allein aus der Tatsache, dass es Schutzgebiete gibt, einen Nutzen ziehen. Man engagiert sich für den Schutz gefährdeter Tier- und Pflanzenarten, Landschaften und Naturdenkmäler, obwohl man diese nie zu Gesicht bekommt. Die Wertschätzung ist hier somit unabhängig von einer allfälligen Inanspruchnahme des Gutes.

- Vermächtniswert:
  Dieser ergibt sich daraus, dass es Personen gibt, die Schutzgebiete für zukünftige Generationen erhalten wollen, und zwar unabhängig davon, ob sie diese Schutzgebiete selbst in Anspruch nehmen oder nicht.

- Optionswert:
  Dieser Wert schließlich bezieht sich auf die Offenhaltung der Möglichkeit, ein Schutzgebiet künftig zu gebrauchen oder ihm in Zukunft einen Existenz- oder Vermächtniswert zuzuweisen.

3   Beispiel Schweizerischer Nationalpark

Im Folgenden soll nun am Beispiel des Tourismus im Schweizerischen Nationalpark ein Teil des direkten Wertes eines Schutzgebietes dargelegt werden. Nationalparke besitzen, wie andere Schutzgebiete, viele Funktionen. Sie dienen dem Natur- und Landschaftsschutz und offerieren gleichzeitig hervorragende Erholungsmöglichkeiten. Aus Sicht der regionalen Bevölkerung stellen sie jedoch oft auch eine Einschränkung individueller Handlungsmöglichkeiten dar. Die Frage nach dem regionalwirtschaftlichen Potenzial eines Nationalparks wird deshalb oft und schnell gestellt. Häufig werden in diesem Zusammenhang große wirtschaftliche Hoffnungen in den Nationalparktourismus gesetzt.

Abb. 1: Übersicht über die wirtschaftlichen Wertkomponenten eines Schutzgebietes

Monetäre Bewertung	Wertkomponenten	
	Gebrauchswerte	Nicht-Gebrauchswerte
Direkt möglich (über Marktpreise)	**Direkter Wert** - aus Vorleistungen zum Gebrauch - aus Gebrauch selbst	
Nur über Umwege oder gar nicht möglich	- Erlebniswert - Beitrag zur Bildung - Imagewirkung - u. a. **Indirekter Wert**	Existenzwert Vermächtniswert Optionswert

Grau = Direkter Wert

Quelle: Eigene Darstellung

Der Schweizerische Nationalpark (SNP) wurde 1914 als erster Nationalpark der Alpen gegründet. Er ist (vorläufig) der einzige Nationalpark der Schweiz und mit einer Fläche von 170 qkm, rund ein Drittel davon sind Wald, das größte Naturschutzgebiet des Landes. Nach den Richtlinien der Internationalen Naturschutzunion (IUCN) gehört er zur Kategorie I, d. h. er entspricht damit den strengsten Schutzbestimmungen. Im Nationalpark stehen 20 Wanderrouten von insgesamt rund 80 km zur Verfügung. Um die Störungen der Natur durch menschliche Aktivitäten möglichst gering zu halten, darf der Park nur auf diesen Wanderwegen begangen werden. Wandern und Naturbeobachten sind die einzigen touristischen Aktivitäten, die im SNP erlaubt sind. Die Zahl der Parkbesucher beträgt pro Sommersaison 120.000 bis 180.000 Personen. Im Winter ist der Park für Touristen nicht zugänglich.

3.1   Methodik

In einer umfassenden Untersuchung über den Tourismus im Schweizerischen Nationalpark wurde der Frage nach der regionalwirtschaftlichen Bedeutung dieser Tourismusform detailliert nachgegangen. Aus methodischer Sicht handelt es sich dabei um eine Wertschöpfungsstudie, die sich auf repräsentative Gästebefragungen (1997 und 1998) im Nationalpark (308 auswertbare Fragebogen) und in den Unterkünften der Nationalparkregion (1107 auswertbare Fragebogen) abstützt. Die Befragung im Nationalpark hatte zum Ziel, die durchschnittlichen Tagesausgaben pro Person zu ermitteln, diejenige in den Unterkünften (Hotels und Pensionen, gemietete Ferienwohnungen, Campingplätze sowie Gruppenunterkünfte) die Zahl der nationalparktouristischen Logiernächte. Mit diesen beiden Werten ließ sich die nationalparktouristische Gesamtnachfrage bestimmen.

Abb. 2: Der Schweizerische Nationalpark

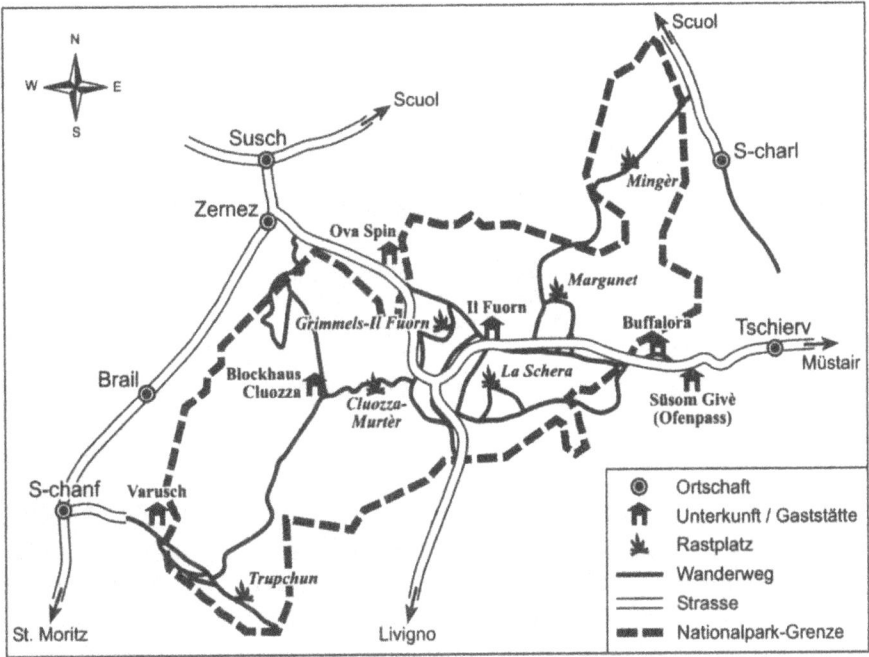

Quelle: Eigene Darstellung

Abb. 3: Schema zur Bestimmung der nationalparktouristischen Gesamtnachfrage

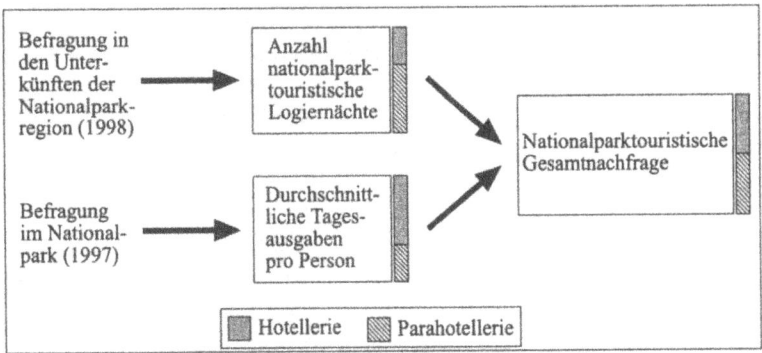

Quelle: Eigene Darstellung

Abb. 4:   Schema zur Ermittlung der nationalparktouristischen Wertschöpfung

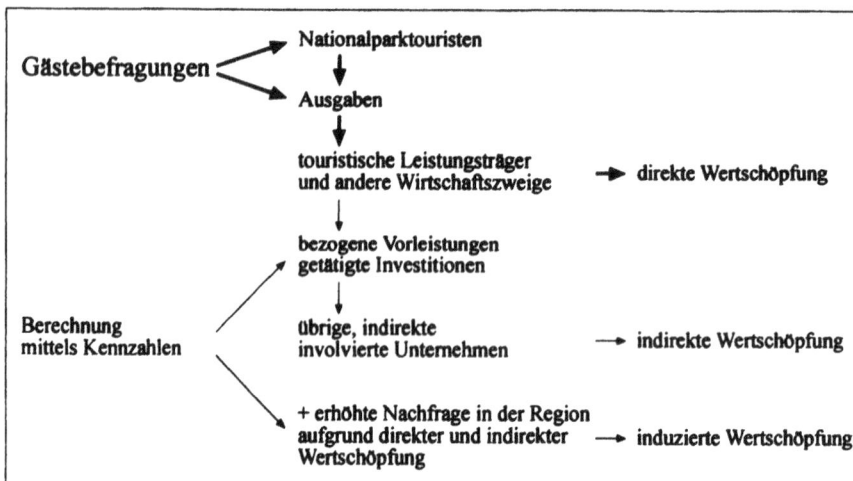

Quelle: Eigene Darstellung

3.2   Resultate

Die wichtigsten Resultate lassen sich folgendermassen zusammenfassen: In der
Sommersaison 1998 (der Nationalpark ist im Winter geschlossen) verzeichnete die
Nationalparkregion, die die zehn Gemeinden im Engadin zwischen Zuoz und Scu-
ol sowie alle sechs Gemeinden im Münstertal umfasst, 248.126 Logiernächte in
der Hotellerie und 354.651 Logiernächte in der Parahotellerie. Von diesen Logiernächten entfielen in der Hotellerie 34% und in der Parahotellerie 46,6% auf Nationalparktouristen. Damit wurden 1998 rund 42% aller Sommer-Logiernächte in der
Untersuchungsregion durch Nationalparktouristen generiert. Nationalparktouristen
sind Übernachtungstouristen, welche die beiden folgenden Kriterien erfüllen müssen: Der Nationalpark war für sie, mindestens unter anderem, ein Grund, um in die
Region zu kommen, und während ihres Aufenthaltes in der Region besuchten sie
den Nationalpark mindestens einmal. Diese Definition leitet sich aus der Tatsache
ab, dass heute eine einzige Attraktion alleine kaum mehr Touristen an einen Ferienort zu locken vermag. Vielmehr muss ein Ort über ein multioptionales Angebot
verfügen.

Die durchschnittlichen Tagesausgaben eines Nationalparktouristen betrugen in der
Hotellerie Fr. 129,- und in der Parahotellerie Fr. 59,- (1 Euro = 1,46 Fr.). Die
Nationalparktouristen generierten eine Gesamtnachfrage von 20,6 Mio. Fr. Diese
verteilte sich, unter Berücksichtigung der unterschiedlichen Ausgabenstrukturen
von Hotellerie- und Parahotelleriegästen, folgendermaßen auf einzelne Ausgaben-
kategorien: Übernachtung 52%, Verpflegung 21%, Einzelhandel 15%, Transporte
(in der Region) 6% und Übriges 6%.

Die nationalparktouristische Gesamtnachfrage stellt für diejenigen Betriebe, die die nachgefragten Produkte oder Dienstleistungen anbieten, einen direkten nationalparktouristischen Umsatz dar (1. Wirkungsrunde). Diese Betriebe beziehen ihrerseits Vorleistungen oder tätigen Investitionen, wodurch bei den dabei berücksichtigten Unternehmen indirekt ebenfalls nationalparktouristische Umsätze entstehen (2. Wirkungsrunde). Dieser Prozess geht theoretisch unendlich weiter; in der Regel wird er aber nur bis zur 2. Wirkungsrunde verfolgt. Zusätzlich zu den direkten und indirekten Umsätzen entstehen induzierte Umsätze, denn das in den Betrieben der 1. und 2. Wirkungsrunde erwirtschaftete Einkommen, z. B. die Löhne der Angestellten, wird zumindest teilweise wiederum in der Region ausgegeben. Mit Hilfe des sog. Vorleistungs- und Investitionsmultiplikators sowie des sog. Einkommensmultiplikators lassen sich die indirekten und induzierten Umsätze berechnen. Die entsprechenden Werte lauten:

Direkter nationalparktouristischer Umsatz	20,6 Mio. Fr.
Indirekter nationalparktouristischer Umsatz	8,9 Mio. Fr.
Induzierter nationalparktouristischer Umsatz	6,5 Mio. Fr.
Gesamter nationalparktouristischer Umsatz	*36,0 Mio. Fr.*

Ausgehend von diesen Umsatzzahlen (Bruttoproduktionswert) kann unter Berücksichtigung der branchenspezifischen Vorleistungen bzw. Bruttowertschöpfungsanteile, die nationalparktouristische Bruttowertschöpfung berechnet werden:

Direkte nationalparktouristische Bruttowertschöpfung	10,2 Mio. Fr.
Indirekte nationalparktouristische Bruttowertschöpfung	4,5 Mio. Fr.
Induzierte nationalparktouristische Bruttowertschöpfung	2,7 Mio. Fr.
Gesamte nationalparktouristische Bruttowertschöpfung	*17,4 Mio. Fr.*

Das regionale Bruttoinlandsprodukt (BIP), d. h. der Wert aller in der Nationalparkregion produzierten Güter und Dienstleistungen beträgt 410 Mio. Fr. Der Anteil des Nationalparktourismus am regionalen BIP beläuft sich somit auf mindestens 2,5% (nur direkte Wirkungen berücksichtigt). Im Maximum entspricht die nationalparktouristische Bruttowertschöpfung 4,25% des regionalen BIP.

Bei einer durchschnittlichen Bruttowertschöpfung von 85.000 Fr. pro erwerbstätiger Person resultieren mindestens 120 und maximal 204 Vollzeit-Arbeitsplätze in der Region, die auf den Nationalparktourismus zurückzuführen sind. Die Zahl der Vollzeitbeschäftigten in der Untersuchungsregion liegt bei knapp 5.100; die Einwohnerzahl beträgt 8.800. Der Anteil der durch den Nationalparktourismus geschaffenen Arbeitsplätze beträgt somit mindestens 2,4%, maximal 4%; 1,3 bis 2,3 Arbeitsplätze pro 100 Einwohner sind auf den Nationalparktourismus zurückzuführen.

Abb. 5: Anteil der Nationalparktouristen an allen Logiernächten (Sommer 1998)

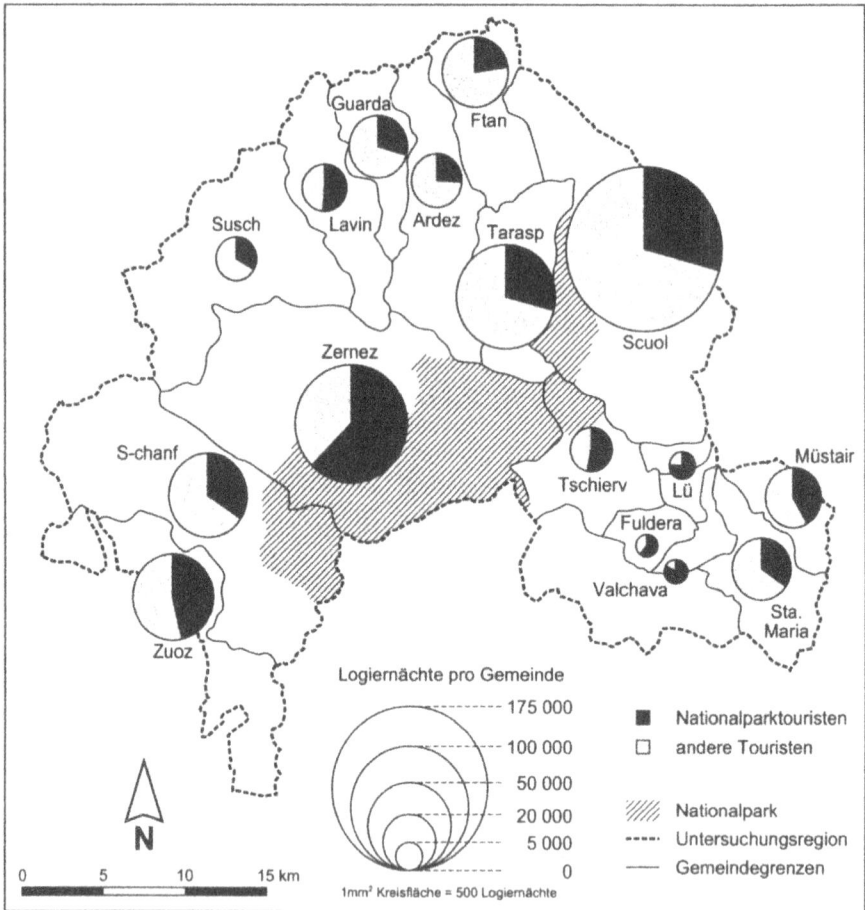

Quelle: Eigene Darstellung

Im Vergleich zum übernachtenden Nationalparktourismus ist die regionalwirtschaftliche Bedeutung der 37.000 bis 56.000 Nationalpark-Tagestouristen (gut
30% der 120.000 bis 180.000 Parkbesuche pro Saison) äußerst gering. Der Tagestourismus generiert im Maximum 1.954.00 Fr. Umsatz bzw. 943.000 Fr. Bruttowertschöpfung. Dies entspricht 11 Vollzeit-Arbeitsplätzen.

Abb. 6: Ausgaben der Nationalparkgäste nach Hotellerie und Parahotellerie

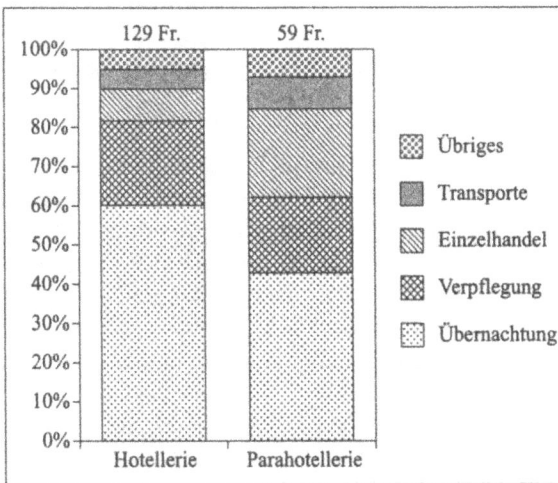

Quelle: Eigene Darstellung

4   Strategien

Zur Steigerung der nationalparktouristischen Wertschöpfung bestehen drei Ansatzpunkte:

- Steigerung der Logiernächtezahl:
  Dies kann einerseits geschehen, dass durch ein gezieltes, Nationalpark-orientiertes Marketing versucht wird, zusätzliche (übernachtende) Nationalparktouristen zu gewinnen. Ein alternativer oder zusätzlicher Weg wäre die Steigerung der Aufenthaltsdauer; die durchschnittliche Aufenthaltsdauer in der Hotellerie der Region beträgt lediglich drei Übernachtungen (Sommersaison). Sowohl aus betriebswirtschaftlicher als auch aus ökologischer Sicht ist die Steigerung der Aufenthaltsdauer der Übernachtungsgäste einer Steigerung der Zahl der Kurzaufenthalter oder Tagestouristen vorzuziehen.

- Steigerung der Ausgaben der Nationalparktouristen:
  Aufgrund von Untersuchungen über die Gästestruktur der Nationalparktouristen dürfen die Chancen, dass diese zum vermehrten Kauf regionaler Bio-Produkte und anderer Angebote aus dem Bereich des Ökotourismus gewonnen werden können, als gegeben beurteilt werden. Dies setzt allerdings entsprechende Anstrengungen im Marketing und Labeling voraus.

- Vergrößerung der regionalen Multiplikatorwirkungen:
  Für die Unternehmungen in der Region bedeutet dies, dass sie bewusst in noch grösserem Umfang als bisher Vorleistungen aus der Region beziehen und bei Investitionen die Aufträge an in der Region ansässige Firmen vergeben. Analoges gilt auch für die Konsum- und Investitionsentscheide von privaten Haushalten.

Die Untersuchung über die regionalwirtschaftliche Bedeutung des Nationalparktourismus zeigt, dass über den Tourismus zwar eindeutig die grösseren regionalwirtschaftlichen Wirkungen erzielt werden können als über die Einrichtung und den Betrieb eines Schutzgebietes. Eine Region, die sich aufgrund eines neu einzurichtenden Schutzgebietes über den entsprechenden Tourismus eine Belebung ihrer Wirtschaft erhofft, muss jedoch einige Voraussetzungen erfüllen. Sie sollte eine relativ vielfältige, aber auf das Schutzgebiet abgestimmte touristische Infrastruktur zur Verfügung stellen können. Ein Schutzgebiet allein vermag relativ wenige Touristen anzuziehen. Gerade jene Touristen, die sich für einen längeren Aufenthalt in einer Region entscheiden und daher aus regionalwirtschaftlicher Sicht besonders interessant sind, bevorzugen vielfältige touristische Angebote. Es ist davor zu warnen, mit einem Nationalpark bzw. einem anderen Schutzgebiet alleine regionale Wirtschaftsförderung betreiben zu wollen.

Literatur

ELSASSER, H./STEIGER, C./SCHEURER, T. (1995): The Regional Economic Impact of the Swiss National Park. In: Mountain Research and Development, Vol. 15, No. 1, S. 77-80.

ELSASSER, H./KÜPFER, I. (1999): Zur regionalwirtschaftlichen Bedeutung des Schweizerischen Nationalparks. In: WEBER G. (Hrsg.): Raummuster – Planerstoff. Festschrift für Fritz Kastner. Wien, S. 309-316.

KÜPFER, I. (2000): Die regionalwirtschaftliche Bedeutung des Nationalparktourismus – untersucht am Beispiel des Schweizerischen Nationalparks. Nationalparkforschung in der Schweiz, Nr. 90. Zernez.

KÜPFER, I./ ELSASSER H. (2000): Regionale touristische Wertschöpfungsstudien – Fallbeispiel Nationalparktourismus in der Schweiz. In: Tourismus Journal H. 4, S. 433-448.

RÜTTER, H./GUHL, D./MÜLLER, H. (1996): Wertschöpfer Tourismus. Ein Leitfaden zur Berechnung der touristischen Wertschöpfung und Beschäftigung in 13 pragmatischen Schritten. Rüschlikon/Bern.

RÜTTER, H. et al. (1995): Tourismus im Kanton Bern. Wertschöpfungsstudie. Berner Studien zu Freizeit und Tourismus, Nr. 34. Rüschlikon/Bern.

Freizeit/Tourismus und Umwelt – Umweltbelastungen und Konfliktlösungsansätze

Hubert Job/Luisa Vogt

1   Problemskizze

„Je näher wir der Natur sind, desto näher fühlen wir uns der Gottheit" schrieb J. W. v. GOETHE 1775 und verlieh damit dem Zeitgefühl des ausgehenden 18. Jhs. ‚Zurück zur Natur!' Ausdruck. Vor allem seit der Romantik gewinnt die unberührte Natur als Reisemotiv an Bedeutung, bis heute spielt sie sogar eine entscheidende Rolle. Während die ökologischen Belastungen durch den Tourismus infolge der geringen Anzahl an Touristen bis Ende der 1950er-Jahre vernachlässigbar waren, nahmen die negativen Konsequenzen mit dem einsetzenden und seit Jahren boomenden Massentourismus massiv zu. Wenige Zahlen mögen die quantitativen Ausmaße des Tourismus verdeutlichen: Im Jahr 2000 waren es weltweit insgesamt 698,3 Mio. Menschen, die in andere Länder reisten. Für 2020 wird mit einem Anstieg der globalen Touristenankünfte auf 1,65 Mrd. gerechnet (vgl. WTO 2001, S. 7). Diese fortschreitende Zunahme des Tourismus, aber auch der Trend zu kürzeren, dafür häufigeren Reisen in immer entferntere Destinationen und schließlich die zunehmende Diversifizierung der Freizeitaktivitäten haben „neben den erwünschten ökonomischen Vorteilen auch vermehrte Belastungen für die Umwelt zur Folge. Durch landschaftsbezogenen Tourismus und Freizeitsport werden oftmals empfindliche Lebensräume in Anspruch genommen. Flächenverbrauch, Zersiedlung, Beeinträchtigung der verschiedenen Umweltmedien sowie Verkehrsemissionen sind wesentliche Ursachen der Belastung" (Sachverständigenrat für Umweltfragen 1998, S. 56).

2   Bedeutung einer intakten Umwelt für den Tourismus

Provokativ formuliert BUTLER (2000, S. 339), dass die These, der Tourismus sei von einer gesunden bzw. ursprünglichen Umwelt abhängig, zu einem der vielen Mythen über den Tourismus zählt. Wohl weisen Kultur- oder Eventtourismus, Sonne-, Strand- und Meer- wie auch Sextourismus und der Besuch von Bekannten und Verwandten tatsächlich nur einen geringen Bezug zur Umwelt auf, dennoch sind die Urlauberwartungen infolge des allgemein gewachsenen ökologischen Bewusstseins stark mit der Vorstellung von unverfälschter Natur und Umwelt verbunden. Seit Jahren ist – Umfrageergebnissen zufolge – für mehr als 75% aller Deutschen eine intakte Natur und Umwelt am Urlaubsort sehr wichtig (vgl. Studienkreis für Tourismus und Entwicklung 1997, S. 35). Zu starke visuelle, akustische, olfaktorische und mentale Belastungen können demnach dazu führen, dass sich die Touristen von der Destination abwenden. Dabei muss berücksichtigt werden, dass Touristen eine gewisse Toleranz gegenüber begrenzten Belastungen entwickeln und eine intakte Umwelt in der Regel auf ein traditionelles, harmonisches Landschaftsbild reduzieren. Die hohen Werte müssen jedoch auch deshalb relativiert und differenziert betrachtet werden, da bei empirischen Erhebungen zu Einstellungsfragen das Antwortverhalten häufig der Einflussgröße der sozialen Erwünschtheit unterliegt. Dennoch verdeutlichen diese Zahlen den großen Stellenwert von Umweltaspekten für Touristen.

Inzwischen ist der Umweltschutz auch von der Tourismuswirtschaft als strategischer Erfolgsfaktor am Markt erkannt worden. In der ‚Umwelterklärung‘ von 1997 halten die deutschen Spitzenverbände und -organisationen des Tourismus fest, dass sie „auch künftig ihre besonderen Verantwortlichkeiten für den Umwelt- und Naturschutz wahrnehmen [wollen]“ (BTW et al. 1997, S. 7). Inwiefern belasten nun Freizeit und Tourismus die Umwelt?

3   Belastungen der Umwelt durch Freizeit und Tourismus

Die Auswirkungen von Freizeit und Tourismus lassen sich in drei Teilbereiche unterteilen: Belastungen der Umwelt durch touristisch motivierten Verkehr, Belastungen durch Erschließungsfolgen, worunter in der Hauptsache die infrastrukturellen Vorleistungen zu verstehen sind, und schließlich Belastungen durch Nutzungsfolgen, die von den ausgeübten touristischen Aktivitäten selbst ausgehen (vgl. HASSE 1988, S. 15ff.).

3.1   Verkehrsproblematik

Der Begriff Fremdenverkehr weist auf eine wichtige Eigenschaft des Tourismus hin: die Raumüberwindung und Mobilität, die per definitionem allen Spielarten des Tourismus zu eigen ist. Mit einem Anteil von fast 50% an der Verkehrsleistung der Deutschen (in Pkm) stellt der Freizeit- und Urlaubsverkehr den quantitativ bei weitem bedeutendsten Fahrtzweck dar (vgl. HEINZE 1997, S. 13). Dabei ist das seit Jahren anhaltende Verkehrswachstum vor allem ein Weitenwachstum, das durch schnellere Verkehrsmittel ausgelöst wird. Stark erhöht hat sich das Verkehrsaufkommen auch dadurch, dass häufiger und mit kürzerer Aufenthaltsdauer gereist wird.

Das Ausmaß der Umweltbelastung hängt primär von den Variablen Verkehrsmittelwahl, Reiseverhalten, zurückgelegte Distanz und Auslastung der Verkehrsmittel ab. Vergleichende Berechnungen zum Primärenergieverbrauch und Schadstoffausstoß weisen die Bahn, dicht gefolgt vom Reisebus, als umweltfreundlichstes Verkehrsmittel aus. Gerade diese beiden Verkehrsmittel verloren jedoch in den letzten Jahrzehnten beständig an Marktanteilen. Als Ursachen dafür sind unter anderem die relativ hohen Fahrpreise der Deutschen Bahn AG (DB) und der individuelle

Freiheitsaspekt beim Reisen zu nennen, der nur vom PKW in dieser Form befriedigt wird.

Die Auswirkungen des PKW-Verkehrs auf die Umwelt sind allgemein bekannt. Dazu zählen die Belastungen durch Schadstoffemissionen, Lärmbeeinträchtigungen, Luftverschmutzung und der Verbrauch von Ressourcen wie Energie und Boden durch die Bereitstellung der Verkehrsinfrastruktur (vgl. HERZOG et al. 1994, S. 68f.).

Langsam läuft das Flugzeug dem Auto bei der Verkehrsmittelwahl den Rang ab, da bereits fast 30% aller auf Urlaubsreisen zurückgelegten Pkm fliegend bewältigt werden. Nach Angaben des Statistischen Bundesamtes reisten im Jahr 2000 71,6 Mio. Passagiere (Touristen und Geschäftsreisende) von deutschen Flughäfen ab, das bedeutet eine Steigerung von 6,9% gegenüber dem Vorjahr (Die Rheinpfalz vom 24.2.2001). Gerade der stetig wachsende Luftverkehr gilt jedoch als einer der größten Klimaschädiger. Neben der am Boden benötigten Infrastruktur, Lärmbelastungen und dem immensen Energieverbrauch hat die Freisetzung von Schadstoffen in der Tropopause, die wesentlich zum Abbau der Ozonschicht und zum Treibhauseffekt beiträgt, negative Konsequenzen auf die Umwelt. Kurzstreckenflüge belasten dabei die Umwelt besonders stark. So ist auf kurzen Distanzen (unter 800 km) die Bahn bezogen auf den Energieverbrauch sechsmal sparsamer als das Flugzeug und dreimal sparsamer als der PKW (vgl. HOPFENBECK/ZIMMER 1993, S. 376ff.).

3.2 Ökologische Belastungen durch touristische Infrastruktur

Die Erstellung und der Betrieb von touristischer Infrastruktur haben zu massiven ökologischen Belastungen geführt. So stieg seit Einsetzen des Massentourismus der Bedarf an Flächen in den immer zahlreicher werdenden Destinationen rapide an. Zur Unterbringung der Gäste werden Siedlungsflächen für Hotels, Ferienappartements und -häuser und Campingplätze benötigt – besonders flächenintensiv sind dabei die Bauten der Parahotellerie. Entsprechende Ver- und Entsorgungsinfrastruktur muss geschaffen werden, auch wenn der Bedarf dafür entsprechend der Auslastung der Bettenkapazitäten nur periodisch gegeben ist. Vor allem wegen der meist weder ortstypischen noch landschaftsbezogenen Bauweise wurden die gewachsenen Landschaftsstrukturen zerstört und das Landschaftsbild stark beeinträchtigt (vgl. HOPLITSCHEK et al. 1991, S. 36f.). Ein hervorstechendes Beispiel für die Verfremdung des Landschaftscharakters sind neben Touristenghettos an Meeresküsten die Retortenstädte in den Alpen, die in den 1960er- und 1970er-Jahren um des kurzfristigen ökonomischen Profits willen hochgezogen wurden. Eine ‚neue urbane Peripherie' entstand insbesondere in den Westalpen, wo in Orten wie z. B. Bardonecchia im italienischen Piemont das Verhältnis von Hotelbetten zu Betten in der Parahotellerie sich auf 1:20 beläuft (vgl. BARTALETTI 2001, S. 49ff.). In den meisten Gemeinden der italienischen Westalpen beträgt dabei die Auslastung der Ferienappartements und

-häuser weit weniger als 40%, in Bardonecchia beispielsweise sind diese Unterkünfte nur ca. 50 Tage im Jahr belegt (vgl. FERRERO 1998, S. 64f.).

Ökologische Belastungen treten aber auch beim Bau der zusätzlich benötigten Verkehrsinfrastruktur (Parkplätze, Sportboothäfen etc.) und von touristischen Anlagen wie z. B. Golfplätzen oder Skipisten auf. Im Rahmen der touristischen Erschließung der Alpen wurden 40.000 Skipisten mit einer Gesamtlänge von über 120.000 km inklusive 15.000 Aufstiegshilfen angelegt (PRAHL/STEINECKE 1981). Die Umweltschäden nehmen dabei großräumige Ausmaße an: Durch die Planierung bzw. Vernichtung der ohnehin nur spärlichen Vegetation kommt es immer häufiger zu Murenabgängen, Lawinen und Überschwemmungen in den Tälern.

Zusammenfassend lassen sich neben der Flächenumwidmung und der Zersiedlung folgende Auswirkungen des Baus von touristischer Infrastruktur feststellen: Versiegelung des Bodens, Veränderung und Umlagerung des Bodens, Schadstoffeintrag und Zerschneidungseffekte (Biotopverinselung) (vgl. HERZOG et al. 1994, S. 69f.).

Vielfältige Probleme entstehen auch im Zusammenhang mit dem Betrieb von Anlagen und Gebäuden. Da die Touristen ihr gewohntes Anspruchsniveau hinsichtlich der Versorgung mit Wasser oder auch Energie nicht reduzieren wollen bzw. pro Gast und Übernachtung sogar mehr Ressourcen verbrauchen als zu Hause, kommt es vor allem in semiariden und ariden Gebieten sowie auf kleinen Inseln zu Versorgungsengpässen, die bei einer Übernutzung der Wasserreserven zu gravierenden ökologischen Problemen führen können. Spitzenreiter im Wasserverbrauch ist mit 245 bis 260 Litern pro Tag (in Abhängigkeit von der Hotelkategorie) der Küstentourismus. Duschen, Swimmingpools, das Bewässern von Parkanlagen etc. schlagen hier zu Buche. Ebenso bereitet die Entsorgung des Abfalls und der Abwässer Probleme. So ist immer noch ein Großteil der Abwässer, die in das Meer eingeleitet werden, ungeklärt (vgl. PETERMANN 1997, S. 60ff.). Einen hohen Ressourcenverbrauch weisen auch Freizeitanlagen wie beispielsweise Golfplätze auf, deren Pflege in wasserarmen Regionen viel Wasser verbraucht. Auch Schneekanonen, die zur künstlichen Beschneiung von Skipisten eingesetzt werden, haben einen immensen Bedarf an Wasser und Strom.

Ein relativ neues Problemfeld stellen touristische Großprojekte dar (wie z. B. Center-Parcs). Diese Ferienzentren der zweiten Generation, die seit Mitte der 1980er-Jahre gebaut werden, vereinen auf abgeschlossenem Areal Wohnbungalows, diverse Freizeiteinrichtungen und ein überdachtes exotisches Freizeitbad. Trotz der Kontroversen darüber, ob die Konzentration der Besucher auf einen räumlich abgegrenzten Bereich zu einer Entlastung ökologisch sensiblerer Regionen führen könnte, sind folgende Umweltbelastungen offensichtlich: Zum einen werden häufig naturnahe, landschaftlich attraktive Standorte bevorzugt; dabei ist der Flächenbedarf extrem hoch (teilweise über 100 ha). Zum anderen verbrauchen diese Anlagen nicht nur in erheblichem Umfang Energie und Wasser und produzieren massenhaft Abwässer und Müll, sondern führen auch zu einem erhöhten

Verkehrsaufkommen (STRASDAS 1992, S. 50ff.). Und ob Kurzurlaube in Center-
Parcs u. ä. Reisen in exotische Destinationen ersetzen, erscheint mehr als fraglich.

3.3 Ökologische Belastungen durch Freizeitaktivitäten

Eine Bewertung der Freizeitaktivitäten hinsichtlich des Grads der ökologischen
Belastung gestaltet sich schwierig. Denn das Ausmaß ist von mehreren Faktoren
abhängig, die im Folgenden kurz vorgestellt werden sollen. Eine Rolle spielen: Die
Nutzungsintensität (sowohl räumlich als auch zeitlich), die Belastbarkeit/Tragfä-
higkeit des Freizeitraumes, das Verhalten des Erholungsuchenden oder Sporttrei-
benden sowie die Art der Aktivität (vgl. HERZOG et al. 1994, S. 63f.).

Generalisierende Aussagen zu den Belastungen durch ‚sanfte‘ (z. B. Wandern) bzw.
‚harte‘ Aktivitäten (z. B. Heliskiing) sind dabei nur schwer zu treffen, da der Grad
der Belastungen eben auch vom individuellen Verhalten abhängt. So stellt beispielsweise ein Mountainbike-Fahrer, der sich auf vorhandenen Wegen ordnungsgemäß
verhält, im Gegensatz zu seinem querfeldeinfahrenden Kollegen sicherlich keine
Belastung dar. Tendenzen lassen sich dennoch feststellen (vgl. Abb. 1).

Weiteres Konfliktpotenzial entsteht durch technische Innovationen im Sportarti-
kelbereich. Qualitativ verbesserte Sportgeräte und Sportbekleidung (man denke
nur an Kletter- oder Neopren-Surfausrüstung) machen Aktivitäten wetter- und
damit jahreszeitenunabhängig, so dass die Ruhephase für die Natur eingeschränkt
wird. Ermöglicht wird durch die verbesserte Ausrüstung jedoch nicht nur die zeitliche, sondern auch die räumliche Expansion in bislang periphere, großenteils
ökologisch wertvolle Regionen wie Regenwälder oder polare Meere (vgl. TEMPEL
1998, S. 77f.). Da die Materialien der Sportartikel hohen Anforderungen (so z. B.
hinsichtlich der mechanischen Belastung bei Sportgeräten und Thermo-
Eigenschaften bei Sportbekleidung) genügen müssen, treten – abgesehen von dem
hohen Materialverbrauch – auch Probleme beim Recycling oder bei der Deponierung ausgedienter Artikel auf (vgl. PETERMANN 1997, S. 64f.).

Kritisch zu sehen ist ebenso das quantitative Wachstum der Freizeit-‚Hardware‘,
das sich in immer kürzeren Produktionszyklen widerspiegelt. Die Ursachen dafür
liegen in schnelllebigen Freizeittrends, die einen hohen technischen Ausrüstungs-
grad erfordern.

4 Positive Effekte von Freizeit und Tourismus auf die Umwelt

Trotz der vielfältigen Belastungen können sich Freizeit und Tourismus auch positiv auf die Natur auswirken. „Tatsache ist: Ohne Tourismus wäre es um viele Naturschutzgebiete der Erde deutlich schlechter bestellt", stellt Wünschmann (1999,
S. 14) fest. Wie lässt sich dieser scheinbare Widerspruch erklären?

Abb. 1: Matrix direkter Beeinträchtigungen der Umwelt durch Freizeit und
         Erholung

Freizeitaktivitäten	Boden	Luft	Wasser	Pflanzen	Tiere	Durchschnittliche Belastung
Landschaftsbezogene Nutzungen						
Wandern/Spazieren	+	+	+	+	+	1,0
Waldlauf/Jogging	+	+	+	+	+ +	1,2
Pflanzen/Früchte sammeln	+ +	+	+	+ +	+ +	1,6
Lagern/Campen	+ +	+	+ +	+ +	+	1,6
Reiten	+ +	+	+	+ +	+	1,4
Bergsteigen/Klettern	+	+	+	+ +	+ +	1,4
Golfsport	+ +	+	+ +	+ +	+ +	1,8
Radsport						
Tourenradfahren	+ +	+	+	+	+	1,2
Geländeradfahren	+ +	+	+	+ +	+ +	1,6
Motorsport						
Mit dem Auto spazieren fahren	+ + +	+ + +	+	+	+ +	2,0
Motorflug	+ + +	+ + +	+	+ +	+ +	2,2
Modellbauflug	+	+ +	+	+	+ +	1,4
Motorbootfahren/Wasserski	+	+ +	+ + +	+	+ + +	2,0
Motorschlitten	+ +	+ + +	+	+ +	+ + +	2,2
Motocross/Trial	+ + +	+ + +	+	+ + +	+ + +	2,6
Flugsport						
Drachen-/Gleitschirmfliegen	+ +	+	+	+ +	+ +	1,6
Segelfliegen	+ +	+	+	+ +	+	1,4
Wassersport						
Schwimmen/Baden	+	+	+	+	+	1,0
Surfen/Segeln/Rudern	+	+	+ +	+ +	+ +	1,6
Wildwasserfahren	+	+	+	+	+ +	1,2
Angeln	+	+	+ +	+	+ +	1,4
Tauchen	+	+	+	+ +	+ +	1,4
Wintersport						
Eislaufen	+	+	+	+	+	1,0
Rodeln	+ +	+	+	+	+	1,2
Ski Alpin/Snowboard	+ + +	+	+	+ +	+ +	1,8
Ski Langlauf	+ +	+	+	+	+	1,4
Extremskifahren (z.B. Gletscher)	+ + +	+	+ +	+ + +	+ + +	2,4
Heliskiing	+ +	+ + +	+	+ + +	+ + +	2,4
Eissegeln/-surfen	+	+	+	+	+ +	1,2
Organisierte Veranstaltungen						
Sportveranstaltungen mit motorbetriebenen Fahrzeugen	+ + +	+ + +	+ +	+ + +	+ + +	2,8
Andere Großveranstaltungen (Konzerte, Laufwettbewerbe)	+ + +	+ +	+ +	+ +	+ + +	2,4

Entwurf: D. Balthasar/A. Witzel '95

+	keine bis geringe Belastung	< 1,5	durchschnittlich keine bis geringe Belastung
+ +	geringe bis mittlere Belastung	1,5 – 1,9	durchschnittlich geringe bis mittlere Belastung
+ + +	mittlere bis hohe Belastung	≥ 2	durchschnittlich mittlere bis hohe Belastung

Quelle: JOB 1996

Vor allem in Entwicklungsländern stößt ein per se betriebener Naturschutz auf kein Interesse, stattdessen ist eine nachhaltige Nutzung der natürlichen Ressourcen gefragt, an welcher die lokale Bevölkerung partizipieren kann. Dafür bietet sich der Tourismus als nichtkonsumtive Naturnutzung an (Ausnahme: Jagd- und Angelsport). Positive Erfahrungen wurden – um nur ein Beispiel zu nennen – mit dem Schutz von Berggorillas an den Virunga-Vulkanen Afrikas gemacht, als diese Maßnahmen durch den Tourismus auch für die Einheimischen lukrativ wurde. So kann der Tourismus dazu beitragen, dass gefährdete Ökosysteme bewahrt werden können. Zudem können generell durch den Tourismus in Großschutzgebieten Maßnahmen für den weiteren Naturschutz finanziert werden. In Tansania lassen die rund 300.000 Touristen z. B. ca. 7,5 Mio. US-$ allein an Eintrittsgebühren in Nationalparks im Land, die allerdings an den Staat fließen und dem Naturschutz nur zum Teil wieder zur Verfügung gestellt werden (vgl. NIEKISCH 1998, S. 50).

Als ein weiterer Aspekt mag gelten, dass das Erlebnis intakter Natur die Touristen zu mehr Umweltbewusstsein und zu einem schonenderen Umgang mit den natürlichen Lebensgrundlagen motivieren kann. Naturschutz durch Naturgenuss ist also möglich. Die oben geschilderten Risiken dürfen aber nicht übersehen werden.

5 Konfliktlösungsansätze

Mit dem Erstarken der Umweltbewegung in den 1970er- und 1980er-Jahren nahm auch die Sensibilisierung der Bevölkerung gegenüber touristisch induzierten Umweltschäden zu. Als Protagonisten eines Plädoyers für einen umweltfreundlichen, ‚sanften' Tourismus traten KRIPPENDORF (1975) und JUNGK (1980) auf und initiierten intensive Diskussionen unter Wissenschaftlern, Tourismusfachleuten und der Öffentlichkeit. Das Problembewusstsein stieg dementsprechend an und erreicht inzwischen seit Jahren Spitzenwerte. Das tatsächliche Umweltverhalten hat sich, was den Tourismus anbelangt, hingegen kaum verändert. Diese Diskrepanz gilt es immer noch zu verringern.

5.1 Konfliktlösungsansätze im Bereich Information

Wissen ist eine notwendige, wenn auch nicht hinreichende Bedingung für das Verhalten. Das heißt: „Nur wer weiß, was für den Umweltschutz wichtig ist, kann gemäß seiner umweltschonenden Einstellung handeln" (SCHAHN 1997, S. 38). Der Abbau von Informationsdefiziten durch Gütesiegel und andere Umweltbilanzierungen im Tourismus setzt deshalb beim Konsumenten an. Durch diese Umweltinformationen soll die Reiseentscheidung mitbeeinflusst werden. Exemplarisch soll die Umweltkennzeichnung ‚Gütesiegel' vorgestellt werden.

Seit der zweiten Hälfte der 1980er-Jahre werden einzelne Komponenten des touristischen Angebots wie Strandqualität oder Beherbergungsbetriebe mit meist

einprägsamen Gütesiegeln ausgezeichnet. Vorreiter derartiger Umweltkennzeichnungen im Tourismus war die ‚Silberdistel' des Kleinwalsertals. Bis zum Jahr
1989 existierten drei Gütesiegel im Tourismus; 1998 waren es bereits über 40
solcher Prädikatisierungen. Umweltkennzeichnungen weisen darauf hin, dass das
bewertete Angebot auf der Grundlage von meist gebündelten Indikatoren gemessen wird und von einer Jury kontrolliert wird. Gütesiegel verfolgen zweierlei Ziele:
Durch die Erhöhung der Transparenz soll dem Verbraucher eine Kaufentschei-
dungshilfe an die Hand gegeben werden und für die prädikatisierten Anbieter besteht ein Wettbewerbsvorsprung (Imageeffekt), der zu verstärkten Umweltanstren-
gungen motivieren soll.

Die Resultate von zwei empirischen Studien relativieren den Wert des weichen
Instruments Gütesiegel. SPITTLER (1999, S. 74f.) hat festgestellt, dass nur jede
fünfte Umweltkennzeichnung im Tourismus hohen Qualitätsstandard aufweist und
einer kritischen Überprüfung standhält. „Soziale Aspekte werden von über 60%
aller Umweltauszeichnungen kaum bzw. nicht berücksichtigt, bei jeder zweiten
Umweltauszeichnung werden Umweltverbände kaum bzw. nicht an der Jury beteiligt. Bei einem Drittel aller Umweltauszeichnungen werden keine innovativen
Maßnahmen gefördert, und die Vorgaben sind viel zu niedrig, d. h. weniger als
80% der Kriterien müssen erfüllt werden." Ein wesentlicher empirischer Befund
der Arbeit von LÜBBERT (1999, S. 209) ist, dass zwar die Bekanntheit von Umweltkennzeichnungen generell als hoch eingestuft werden kann (wobei in Abhängigkeit der Kennzeichnung teilweise erhebliche Unterschiede bestehen), allerdings
nur etwa die Hälfte der deutschen Urlauber sich überhaupt danach richtet. Kritik
wird auch daran geübt, dass im Leistungsbündel des touristischen Produkts die
wesentliche Komponente der Raumüberwindung nicht berücksichtigt wird (vgl.
JOB 1996, S. 114). Zweifellos gibt es derzeit viel zu viele Umweltgütesiegel touristischer Natur, so dass der Konsument eher verwirrt wird, statt eine Entscheidungshilfe für ein im Vergleich umweltfreundlicheres Angebot zu erhalten. Es bedarf
insofern einer einheitlichen nationalen (oder besser europäischen) Umweltkennzeichnung im Tourismus. Auf Betreiben des deutschen Bundesumweltministeriums
wurde im Jahr 2001 eine nationale Umweltdachmarke ‚Viabono' eingeführt, die
versucht, mehr Transparenz zu schaffen. Ob ihr dies gelingen wird, bleibt abzuwarten.

Eine potenziell wichtige Rolle bei der Information der Touristen nehmen die Reiseveranstalter ein, da heute der Anteil von Pauschalreisen an Urlaubsreisen (von
mehr als vier Tagen Dauer) fast 40% beträgt. Was die ‚public awareness' betrifft,
ist der Schweizer Reiseveranstalter SSR-Reisen bei der Problematisierung von
Flugreisen vorbildlich. Für jede im Katalog angebotene Reise wird eine Transport-
energiebilanz angegeben (vgl. DENZLER 1995, S. 108ff.), die einen groben Vergleich des Verbrauchs bei der Benutzung alternativer Verkehrsmittel ermöglicht.
Auch der Branchenriese ‚World of TUI' versucht Zeichen zu setzen, indem er in
sämtlichen Reisekatalogen über gewisse Umweltstandards von Unterkünften informiert.

5.2 Konfliktlösungsansätze im Bereich Verkehr

Durch Innovationen in der Fahrzeugtechnik ist es bereits gelungen, den Energieverbrauch und die Schadstoffemissionen bei PKW und Flugzeug zu senken, doch
werden die Fortschritte auf diesem Gebiet durch die gestiegene Reiseintensität und
wachsende Distanzen zum Reiseziel konterkariert. Ein Konfliktlösungsszenario,
das lautet: „Möglichst nahegelegene Reiseziele müssten über einen möglichst
langen, zusammenhängenden Zeitraum mit möglichst umweltfreundlichen Verkehrsmitteln aufgesucht werden" (vgl. BECKER et al. 1996, S. 10), trägt allerdings
höchst idealistischen Charakter. Dennoch sollte es perspektivisch darum gehen,
mit Hilfe einer Erhöhung der Energiepreise auch die externen Umweltkosten der
Verkehrsträger PKW/Flugzeug zu decken. Eine solche marktwirtschaftliche Lösung über den Preis dürfte am ehesten die Verkehrsmittelwahl beeinflussen. Insbesondere eine angemessene Besteuerung des Flugbenzins steht noch aus. Leichter
realisierbare Handlungsoptionen zur Reduktion der Belastungen durch den touristischen Verkehr umfassen u. a.:

- organisatorische Maßnahmen, wie z. B. Wander- und Radwegekarten mit
  ÖPNV-Netz, Fahrradverleih und Kooperationen mit der DB (etwa bzgl. der
  Gepäckabholung am Bahnhof);
- verkehrstechnische Maßnahmen, wie z. B. P+R-Systeme;
- verkehrsregelnde Maßnahmen, wie z. B. hohe Park- und Zufahrtgebühren zu
  ‚beauty spots' in Form von Mautstellen für MIV-Benutzer (vgl. ADAC 1993,
  S. 35ff.).

5.3 Konfliktlösungsansätze im Bereich Destination (Fremdenverkehrs-gemeinden und Beherbergungsbetriebe)

Auch die Gemeinden selbst verfügen über Steuerungsmöglichkeiten. Zum einen
können sie durch öffentlich finanzierte Einrichtungen Zeichen setzen. So gilt es, die
richtigen Standorte (Vermeidung von Zersiedlung), den gebietstypischen Stil des
Bauwerks selbst, den möglichst schonenden Umgang mit Grund und Boden sowie
Möglichkeiten für einen ressourcenschonenden Betrieb zu beachten (vgl. BECKER et
al. 1996, S. 92f.). Zum anderen können sie über das Steuerungsinstrument der Bebauungspläne auch auf die privat erstellte touristische Infrastruktur Einfluss hinsichtlich des Ausmaßes der Umweltbelastung nehmen. Bei der Aufstellung eines touristischen Entwicklungskonzeptes ist dabei die Beteiligung der Öffentlichkeit (Partizipation) essentiell.

Ein wichtiges Handlungsfeld für Ansätze eines umweltverträglichen Tourismus besteht auch im Bereich der Beherbergungsbetriebe. Wenn heute in einem Hotel für das
Frühstück keine Portionspackungen mehr ausgegeben werden, an der Toilettenspü-
lung eine Spartaste vorhanden ist oder Handtücher nur bei Bedarf gewaschen werden, ist das eine Selbstverständlichkeit. Solche kleinen ‚Öko-Signale' führen allerdings nur zu einer punktuellen Reduzierung der Belastungen und folgen zumeist dem

‚low-cost'-Prinzip: Betriebswirtschaftliche Einsparungen überwiegen die eventuell anfallenden zusätzlichen Kosten. In diese Richtung zielen beispielsweise alle vom „Deutschen Hotel- und Gaststättenverband" entwickelten Kriterien für eine umweltfreundliche Betriebsführung (vgl. DEHOGA 1991). Weitergehende Maßnahmen würden u. a. umweltschonende Freizeitangebote oder den Einkauf regionaler Lebensmittel umfassen. Vorreiter bei der Verarbeitung heimischer Produkte war beispielsweise das UNESCO-Biosphärenreservat Rhön: „Insgesamt verarbeitet die Rhöner Gastronomie heute rund 10% aus heimischer Herkunft" (POPP 1998, S. 55) und liegt damit doppelt so hoch wie der Bundesdurchschnitt.

5.4   Exkurs: Großschutzgebiete

Großschutzgebiete haben in erster Linie den Zweck, wertvolle Natur-, aber auch anthropogen geformte Kulturlandschaften zu schützen. Prinzipiell lassen sich in Deutschland drei Typen von Großschutzgebieten unterscheiden:

-   Nationalparke dienen der Erhaltung der Naturlandschaft, d. h. dem Schutz der Artenvielfalt und der Sicherung anthropogen möglichst unbeeinflusster ökosystemarer Prozessabläufe. Erholung und Tourismus werden akzeptiert, wenn der prioritäre Schutzzweck dadurch nicht berührt wird.

-   Biosphärenreservate haben neben dem Schutzgedanken auch die Entwicklung von Zonen ‚harmonischer Kulturlandschaften' als Ziel, in denen die menschliche Bewirtschaftung im Einklang mit der Natur stattfinden soll (Nachhaltigkeitsparadigma). Somit wird auch hier am Tourismus als Nutzungsform festgehalten.

-   Naturparke sind attraktive Kulturlandschaften, deren Zweck – neben dem Auftrag zu Schutz und Pflege von Natur und Landschaft – die Erholungsvorsorge darstellt.

Zur Minimierung der Belastungen durch den Tourismus werden neben Kapazitätsbeschränkungen, auf die später noch eingegangen wird, verschiedene Besucherlenkungsmaßnahmen angewandt, die in Abb. 2 synoptisch dargestellt sind.

Zwei Ebenen der Einflussnahme können differenziert werden: Einerseits der Ausbau von touristischer Infrastruktur und Zonierungskonzepte, andererseits ein ganzes Aktionsbündel von Maßnahmen, welches auf die konkrete Objektebene abzielt. Hierbei können Zwangsmaßnahmen von sanften Maßnahmen unterschieden werden. Letztere setzen weitestgehend auf psychologische Steuerungsmöglichkeiten, wozu auch die Informations- und Öffentlichkeitsarbeit im Naturschutz gerechnet werden muss (vgl. JOB 1991). Vor allem ist auch die räumliche Anlage von Infrastruktureinrichtungen ein wichtiges Instrument – insbesondere angesichts der Erfahrung, dass die meisten Besucher in deren Nähe bleiben und nur gekennzeichnete Bereiche aufsuchen. Häufig praktiziert wird auch die Zonierung, d. h. die

Einteilung eines Gebietes in Areale verschiedener Nutzungsintensitäten durch Freizeit und Tourismus. Die Zonierung sollte sich dabei zum einen nach den angestrebten Zielsetzungen der Großschutzgebietstypen und zum anderen nach der räumlich variierenden ökologischen Sensibilität richten. Prinzipiell ist eigentlich jede Erholungslandschaft zonierbar. Bekanntestes Beispiel für eine frühe Zonierung dürfte der ‚Alpenplan' sein, der im Zuge der Aufstellung des Bayerischen Landesentwicklungsprogramms (1976) bereits 1972 in Kraft gesetzt wurde. Der gesamte bayerische Alpenraum wurde dabei in drei Zonen mit unterschiedlichen Erschließungsmöglichkeiten unterteilt. „Diese planerischen Vorgaben haben sich als sehr wirkungsvoll erwiesen, z. B. ist seit 1972 kein einziges Bergbahnprojekt in der Zone C des Alpenplans, in der Bergbahnprojekte unzulässig sind, genehmigt worden. Die Zone C umfasst immerhin 42% des Alpenraums" (DICK 1991, S. 7).

Bei der Vielzahl der Steuerungselemente sollte für ein erfolgreiches Konfliktmanagement eine individuelle Mischung aus kompatiblen Strategien zusammengestellt werden. Die ‚härteste', gleichzeitig wohl aber effektivste Maßnahme stellt eine Festlegung maximaler Besucherzahlen dar, wie sie beispielsweise auf den Galapagos-Inseln betrieben wird (theoretisch, die Praxis sieht leider anders aus). Als Idee steht das Konzept der touristischen Tragfähigkeit dahinter, das von der WTO seit Mitte der 1980er-Jahre propagiert wird. Dabei definiert die WTO: „Die touristische Tragfähigkeit eines Raumes bestimmt die maximale touristische Nutzbarkeit, bei der keine negativen Auswirkungen auf die natürlichen Ressourcen, die Erholungsmöglichkeiten der Besucher sowie auf die Gesellschaft, Wirtschaft und Kultur des betreffenden Gebietes erfolgen" (WTO 1992, S. 23). Dem spezifischen Belastungspotenzial entsprechend wird das jeweils schwächste Glied als bestimmender Grenzwert für eine touristische Nutzung herangezogen. Hintergrund ist die Überlegung, dass ein wesentlicher Grund für Umweltbelastungen das oft massenhafte, räumlich und zeitlich konzentrierte Auftreten von Touristen ist. Um dauerhafte Schädigungen der Natur, der Lebensqualität der Bereisten und der touristischen Attraktionen selbst zu verhindern, werden deshalb Limitierungen der Besucherzahlen diskutiert.

6 Fazit

Die Hauptverantwortung für das Reisen und die dadurch verursachten Umweltauswirkungen liegen beim Touristen selbst. Reiseentscheidungen werden i. d. R. wenig rational, häufig zufallsbedingt bzw. meist nach finanziellen Erwägungen getroffen – Umweltaspekte sind dabei absolut nachrangig. Stellen wir uns einmal vor, die 1,2 Mrd. Chinesen würden so viel reisen wie die Europäer: Dies würde unweigerlich einen immensen Anstieg der globalen Umweltbelastungen nach sich ziehen. Die Industrieländer nehmen also Privilegien in Anspruch, ohne den damit verbundenen Verpflichtungen einer umweltschonenden und dem Prinzip der nachhaltigen Entwicklung entsprechenden Gestaltung des Reisens gerecht zu werden.

Abb. 2: Maßnahmen zur Besucherlenkung

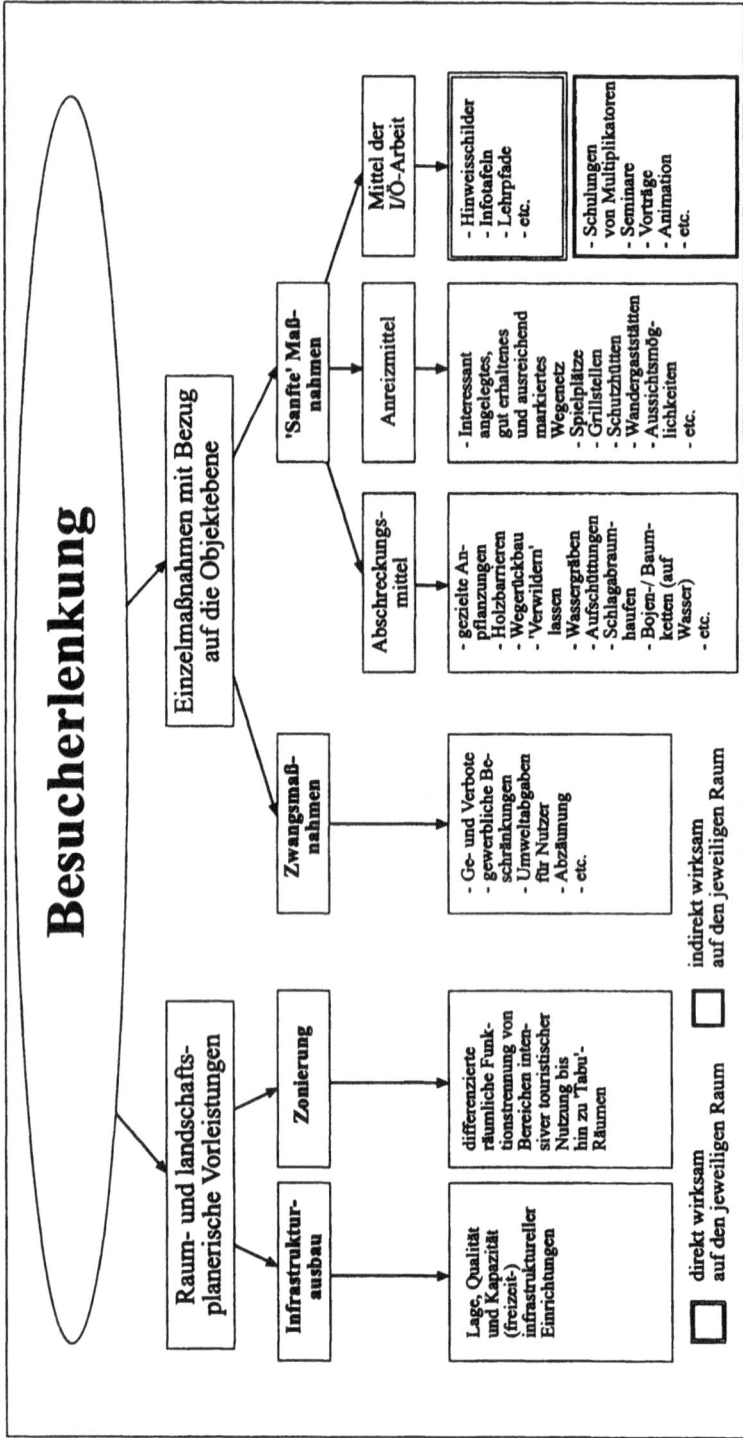

Besucherlenkung

Raum- und landschafts-planerische Vorleistungen

- **Infrastruktur-ausbau**
  - Lage, Qualität und Kapazität (freizeit-) infrastruktureller Einrichtungen

- **Zonierung**
  - differenzierte räumliche Funktionstrennung von Bereichen intensiver touristischer Nutzung bis zu 'Tabu'-Räumen

Einzelmaßnahmen mit Bezug auf die Objektebene

- **Zwangsmaß-nahmen**
  - Ge- und Verbote
  - gewerbliche Beschränkungen
  - Umweltabgaben für Nutzer
  - Abzäunung
  - etc.

- **'Sanfte' Maßnahmen**
  - **Abschreckungs-mittel**
    - gezielte Anpflanzungen
    - Holzbarrieren
    - Wegerückbau
    - 'Verwildern' lassen
    - Wassergräben
    - Aufschüttungen
    - Schlagabraumhaufen
    - Bojen-/ Baumketten (auf Wasser)
    - etc.
  - **Anreizmittel**
    - Interessant angelegtes, gut erhaltenes und ausreichend markiertes Wegenetz
    - Spielplätze
    - Grillstellen
    - Schutzhütten
    - Wandergaststätten
    - Aussichtsmöglichkeiten
    - etc.
  - **Mittel der I/Ö-Arbeit**
    - Hinweisschilder
    - Infotafeln
    - Lehrpfade
    - etc.

    - Schulungen von Multiplikatoren
    - Seminare
    - Vorträge
    - Animation
    - etc.

direkt wirksam auf den jeweiligen Raum

indirekt wirksam auf den jeweiligen Raum

Quelle: JOB 1995

Wie zuvor gesehen, besitzen wir sehr wohl Mittel und Fähigkeiten, Reisen so zu organisieren, dass die Ressourcen und Ökosysteme weniger beansprucht werden, ohne dabei die Reisezufriedenheit zu kurz kommen zu lassen. Ob Touristen zukünftig verantwortungsbewusstere Reiseentscheidungen treffen werden, bleibt abzuwarten. Eins aber ist klar und lässt sich frei nach Erich. Kästner prägnant formulieren: „Es gibt nichts Gutes, außer man tut es"!

Literatur

ADAC (Hrsg., 1993): Verkehr in Fremdenverkehrsgemeinden. Eine Planungshilfe für Ferienorte mit praktischen Beispielen. München.

BARTALETTI, F. (2001): Tourismus in den italienischen Alpen. In: Geographische Rundschau 53, H. 4, S. 48-53.

BECKER, CHR./JOB, H./WITZEL, A. (1996): Tourismus und nachhaltige Entwicklung. Grundlagen und praktische Ansätze für den mitteleuropäischen Raum. Darmstadt.

Bundesverband der Deutschen Tourismuswirtschaft e. V. (BTW) et al. (1997): Umwelterklärung. Bonn.

BUTLER, R. W. (2000): Tourism and the environment: a geographical perspective. In: Tourism Geographies 2, S. 337-358.

DEHOGA (Hrsg.; 1991): So führen Sie einen umweltfreundlichen Betrieb. Tips für das Gastgewerbe, die sich rechnen. Bonn.

DENZLER, V. (1995): Ansätze von Schweizer Reiseveranstaltern für einen umweltverträglichen Tourismus in die Dritte Welt. Wirtschaftsgeographie und Raumplanung 22. Zürich.

DICK, A. (1991): Trends der Freizeitgesellschaft und ihre Auswirkungen auf Raum und Umwelt. In: Großflächige Freizeiteinrichtungen – Funktionen, Auswirkungen und Beurteilungsmaßstäbe. ARL-Arbeitsmaterial 175, S. 3-9. Hannover.

ELLENBERG, L./SCHOLZ, M./BEIER, B. (1997): Ökotourismus: Reisen zwischen Ökonomie und Ökologie. Heidelberg/Berlin/Oxford.

FERRERO, G. (1998): Seconde case, politiche urbanistiche e turismo nelle Alpi occidentali italiane. In: Revue de gèographie alpine 3, S. 61-68.

HASSE, J. (1988): Tourismusbedingte Probleme im Raum. In: Geographie und Schule, H. 53, S. 12-18.

HEINZE, G. W./KILL, H. H. (1997): Freizeit und Mobilität: Neue Lösungen im Freizeitverkehr. Hannover.

HERZOG, S. et al. (1994): Freizeit-Freizeitverkehr-Umwelt. Tendenzen und Beeinflussungsmöglichkeiten. Bericht 58A des NFP „Stadt und Verkehr". Zürich.

HOPFENBECK, W./ZIMMER, P. (1993): Umweltorientiertes Tourismusmanagement. Strategien, Checklisten, Fallstudien. Landsberg/Lech.

HOPLITSCHEK, E./SCHARPF, H./THIEL, F. (1991): Urlaub und Freizeit mit der Natur. Das praktische Handbuch für ein umweltschonendes Freizeitverhalten. Stuttgart/Wien.

JOB, H. (1991): Freizeit und Erholung mit oder ohne Naturschutz? Pollichia-Buch 22. Bad Dürkheim.

JOB, H. (1995): Besucherlenkung in Großschutzgebieten. In: MOLL, P. (Hrsg.): Umweltschonender Tourismus: Eine Entwicklungsperspektive für den ländlichen Raum. Bonn, S. 153-160.

JOB, H. (1996): Modell zur Evaluation der Nachhaltigkeit im Tourismus. In: Erdkunde 50, S. 112-132.

JOB, H./BALTHASAR, D. (1997): Konfliktfeld Natur- und Umweltschutz – Tourismus. In: MICHELSEN, G. (Hrsg.): Umweltberatung. Grundlagen und Praxis. Bonn, S. 548-555.

JUNGK, R. (1980): Wieviel Touristen pro Hektar Strand? In: GEO, 5 (10), S. 154-156.

KRIPPENDORF, J. (1975): Die Landschaftsfresser. Bern/Stuttgart.

LÜBBERT, C. (1999): Qualitätsorientiertes Umweltschutzmanagement im Tourismus. Wirtschaft und Raum 4. München.

NIEKISCH, M. (1998): Erhaltung von Schutzgebieten durch Tourismus. In: RAUSCHELBACH, B. (Hrsg.): (Öko-) Tourismus: Instrument für eine nachhaltige Entwicklung? Tourismus und Entwicklungszusammenarbeit. Heidelberg, S. 47-56.

PETERMANN, TH. (1997): TA-Projekt „Entwicklung und Folgen des Tourismus. Bericht zum Abschluß der Phase I. TAB Arbeitsbericht Nr. 52. Berlin.

POPP, D. (1998): Regionalentwicklung am Beispiel eines Biosphärenreservates. Bilanz zum UNESCO-Biosphärenreservat Rhön. In: MAB-Mitteilungen 45, S. 43-62.

PRAHL, H. W./STEINECKE, A. (1981): Der Millionenurlaub. Frankfurt a. M./Berlin/Wien.

Sachverständigenrat für Umweltfragen (1998): Umweltgutachten 1998. Deutscher Bundestag, Unterrichtung durch die Bundesregierung. Bonn.

SPITTLER, R. (1999): Tourismus zwischen Ökonomie und Ökologie. In: SCHNELL, P./POTTHOF, K. E. (Hrsg.): Wirtschaftsfaktor Tourismus. Münsterische Geographische Arbeiten, Bd. 42. Münster, S. 67-76.

SCHAHN, J. (1997): Die Diskrepanz zwischen Wissen, Einstellung und Handeln: Sozialwissenschaftliche Erkenntnisse. In: MICHELSEN, G. (Hrsg.): Umweltberatung. Grundlagen und Praxis. Bonn, S. 34-42.

SPÖREL, U. (2000): 1999 – Rekordjahr im deutschen Inlandstourismus. In: Statistisches Bundesamt, Wirtschaft und Statistik, 4. Wiesbaden, S. 245-252.

STRASDAS, W. (1992): Ferienzentren der zweiten Generation. Ökologische, soziale und ökonomische Auswirkungen. Bonn.

Studienkreis für Tourismus und Entwicklung e. V. (1997): Urlaubsreisen und Umwelt. Ammerland.

TEMPEL, K. G. (1998): Die „Berliner Erklärung" zu „Biologische Vielfalt und nachhaltiger Tourismus" – Ziele und Perspektiven. In: RAUSCHELBACH, B. (Hrsg.): (Öko-) Tourismus: Instrument für eine nachhaltige Entwicklung? Tourismus und Entwicklungszusammenarbeit. Heidelberg, S. 77-82.

WTO (2001): The impact of the attacks in the US on international tourism: An initial analysis. Madrid.

WÜNSCHMANN, A. (1999): Können Touristen Natur retten? In: WWF Journal 2, S. 14-21.

Auswirkungen von Umweltveränderungen auf den Tourismus - dargestellt am Beispiel der Klimaänderung im Alpenraum

Hans Elsasser/Rolf Bürki

1   Einleitung

Bei der Behandlung des Themenkreises ‚Umweltveränderung und Tourismus' geht es meist um das Problem der Auswirkungen des Tourismus auf die Umwelt bzw. um Fragen, in welcher Art und Weise und in welchem Ausmaß der Tourismus, die touristische Entwicklung die (physische) Umwelt verändert. Im nachfolgenden Aufsatz soll die Blickrichtung umgekehrt werden: Welche Auswirkungen haben Umweltveränderungen auf den Tourismus? Die Thematik wird am Beispiel der Klimaänderung im Alpenraum dargestellt, handelt es sich doch bei der Klimaänderung um die bedeutendste Umweltveränderung.

Zusammen mit der Land- und Forstwirtschaft zählt der Tourismus zu denjenigen Wirtschaftszweigen, die sowohl angebots- als auch nachfrageseitig in starkem Maße von Wetter und Klima abhängig sind. „Vereinfacht ausgedrückt bestimmt das Klima, ob ein Gebiet für bestimmte touristische Aktivitäten in Frage kommt, das Wetter hingegen, ob diese Aktivitäten auch tatsächlich ausgeübt werden können" (ABEGG 1996, S. 10). Bereits an dieser Stelle muss vor einem Wetter- und Klimadeterminismus gewarnt werden. Die touristische Entwicklung ist von einer Vielzahl von Einflussgrössen abhängig, auch wenn die Touristiker oft dem Wetter und Klima die Schuld für schlechte Betriebsergebnisse zuschieben. In diesem Zusammenhang ist es allerdings erstaunlich, dass der Themenkreis ‚Wetter – Klima – Tourismus' in der Tourismusforschung, wie auch ein Blick in die Lehrbücher bestätigt, relativ selten detaillierter aufgegriffen wird. In vielen Arbeiten werden Wetter und Klima lediglich der Vollständigkeit halber erwähnt. Wetter und Klima sind jedoch nicht nur Rahmenbedingungen für den Tourismus, sondern sie müssen als tourismusrelevante Ressourcen angesehen werden.

Die Klimaänderung und die globale Erwärmung zählen zweifellos zu den wichtigsten Umweltproblemen. Die Klimafolgenforschung beschäftigt sich generell mit dem Zusammenhang zwischen dem Klima einerseits sowie den natürlichen und anthropogenen Elementen unseres Lebensraumes andererseits. Als Beispiel dafür können Klimaeignungsuntersuchungen für die unterschiedlichsten Aktivitäten, so auch für den Tourismus, genannt werden. In jüngerer Zeit wird der Begriff hauptsächlich im Zusammenhang mit der Klimaänderung verwendet. Dabei spielt es in einem ersten Schritt noch keine Rolle, ob es sich bei den Gründen für einen Klimawandel um natürliche Ursachen oder um anthropogene Faktoren handelt. An

Gründen für einen natürlichen Klimawandel sind zu nennen: Schwankung der Solarstrahlung, Vulkanausbrüche, interne Systemschwankungen, wie El Nino oder Nordatlantische Oszillation. Beim anthropogen verursachten Klimawandel sind dies: Treibhauseffekt, Veränderung der Landbedeckung und Landnutzung, Aerosoleinfluss, Ozonabbau. Beim effektiven Klimawandel greifen diese Elemente ineinander.

„Seit 1995 ist die überwiegende Mehrheit der Klimaforscher davon überzeugt, dass schon jetzt von der Entdeckung des menschlichen Einflusses auf das Klima gesprochen werden kann. Direkte Beobachtungen weltweit, aber auch Hochrechnungen mit gekoppelten Ozean/Atmosphäre/Land-Modellen und statistische Mustererkennungsverfahren durch mehrere Forschergruppen lieferten eindeutige Hinweise darauf. Diese Befunde gipfelten im berühmten Satz ‚Alle Befunde deuten auf einen menschlichen Einfluss auf das globale Klima‘" (GRASSL 1999, S. 78 f.).

2   Tourismus – Klima – Wetter

Je nach Erscheinungsform stellt der Tourismus unterschiedliche Anforderungen an Klima und Wetter. Während beispielsweise Geschäfts- und Kongresstourismus kaum wetter- und klimaabhängig sind, weisen Bade- und Skitourismus eine starke Abhängigkeit auf. Das Wandern kann innerhalb eines breiten Klima- und Wetterspektrums ausgeübt werden, dagegen verlangt das Gleitschirmfliegen klar definierte Voraussetzungen. Zahlreiche Freizeit- und Erholungsaktivitäten, die früher ausschliesslich *‚outdoor‘* möglich waren, werden vermehrt auch *‚indoor‘* angeboten. Die touristischen *‚hors-climat‘*-Angebote nehmen zu. Wetter und Klima können ferner belastend, stimulierend oder schonend auf den menschlichen Organismus einwirken. Je nach körperlicher Verfassung und Alter können die Ansprüche an Wetter und Klima variieren. Nicht zu vergessen ist ferner der Einfluss von Mode und Werbung.

Damit wird deutlich, dass es meist allzu stark vereinfachend ist, wenn im Zusammenhang mit Klimaänderungen über Veränderungen in den naturräumlichen Voraussetzungen direkt auf Änderungen im Tourismus geschlossen wird, wie z. B. ‚höhere Temperaturen weniger Schnee weniger Skifahrer‘.

In Tourismusuntersuchungen, insbesondere in Eignungsstudien, wird das Klima (wenn überhaupt) als konstante Grösse betrachtet. Die Arbeiten zur Klimaänderung zeigen nun aber, dass sich das Klima in Zeiträumen ändern kann, die für wirtschaftliche Akteure und damit auch für den Tourismus relevant sind. Auf der anderen Seite ändert sich jedoch – unabhängig von einer Klimaänderung – auch der Tourismus. Allerdings sind die Zeiträume der Klimaänderung und von Tourismustrends recht unterschiedlich. Während wir es bei Klimaszenarien mit Zeiträumen von mehreren Jahrzehnten zu tun haben, sind diese im Tourismus wesentlich kürzer. Denken wir beispielsweise an sog. Trendsportarten, die sich teilweise, wie das

Snowboarden, zum Massenphänomen entwickelten, an Sportarten, die sich nach einer Aufschwungphase wieder zurückgebildet haben, wie das Gletscherskifahren im Sommer, oder an den Aufschwung und Niedergang einzelner Tourismusdestinationen. Die Produktlebenszyklen touristischer Angebote werden laufend kürzer. Wie bei anderen wirtschaftlichen Aktivitäten stellen wir auch im Tourismus einen Trend der Beschleunigung fest. Neben Klimaszenarien benötigen wir somit auch Zukunftsvorstellungen zum Tourismus. Dabei ist festzuhalten, dass Tourismusszenarien, trotz Trendforschung, mit noch größeren Unsicherheiten als Klimaszenarien behaftet sind.

Es ist unbestritten, dass eine Klimaänderung weitreichende Konsequenzen für den Tourismus nach sich zieht, dass dabei aber nicht alle Destinationen und Tourismusformen gleichermassen betroffen sein werden. Wir müssen mit einem komplexen *mix of winners and losers* rechnen. Als besonders sensitiv gelten:

- Destinationen, die sehr stark tourismusabhängig sind (wirtschaftliche Monostruktur),
- Destinationen, die einseitig auf bestimmte Tourismusformen ausgerichtet sind (Monostruktur innerhalb des Tourismus),
- Destinationen, deren Attraktion vor allem auf natürlichen Angebotsfaktoren beruht (als besonders sensitiv gelten Küsten- und Gebirgsräume),
- Destinationen, die bereits heute nur über eine geringe klimatische Eignung verfügen,
- Destinationen, die keinen oder nur einen unbedeutenden Binnenmarkt aufweisen; der Binnentourismus gilt im Vergleich zum internationalen Tourismus als weniger anfällig gegenüber Veränderungen im Angebot.

Betrachtet man diese Kriterienliste, wird klar, dass hauptsächlich die Wintersportorte im Alpenraum und in anderen Gebirgsräumen sowie Ferienorte an der Küste zu denjenigen Destinationen zählen, die von einer Klimaänderung besonders betroffen sind.

3 Klimaänderung und touristisches Angebot im Alpenraum

3.1 Schneesicherheit von Skigebieten generell

Die Schneesicherheit ist ein ganz wesentliches Element des touristischen Angebots im Alpenraum. Für die Definition der Schneesicherheit hat sich die sog. 100-Tage-Regel eingebürgert. Für seine Untersuchung definierte ABEGG (1996, S. 62) die 100-Tage-Regel wie folgt: „Die Schneesicherheit eines Gebietes ist gewährleistet, wenn in der Zeitspanne vom 16. Dezember bis zum 15. April an mindestens 100 Tagen eine für den Skisport ausreichende Schneedecke von mindestens 30 cm (Ski alpin) bzw. 15 cm (Ski nordisch) vorhanden ist." Entscheidend für das längerfristige Überleben von touristischen Transportanlagen, die von der Wintersaison abhängig sind, ist nun die Frage: Mit welcher Häufigkeit und Regelmässigkeit müssen derartige schneesichere Winter auftreten? Oder anders gefragt: Wie häufig können weniger gute oder schlechte Winter verkraftet werden? Darauf kann keine allgemeine und abschliessende Antwort gegeben werden, denn die wirtschaftliche Situation der verschiedenen Bergbahnunternehmen ist zu unterschiedlich. Erfahrungen aus schweizerischen Skigebieten zeigen, dass in rund sieben von zehn Wintern die 100-Tage-Regel erfüllt sein muss, um ein Skigebiet als schneesicher zu bezeichnen. Gute Schneeverhältnisse bilden keine Garantie für ein gutes Geschäftsjahr. Neben dem Vorhandensein von genügend Schnee zur richtigen Zeit, insbesondere auch während den Weihnachts-/Neujahrsferien, spielen auch die Wetterbedingungen (nicht zuletzt an den Wochenenden) eine wichtige Rolle. Gute Schneeverhältnisse garantieren zwar noch keinen wirtschaftlichen Erfolg eines Skigebietes, ohne ausreichenden Schnee wird aber ein rentabler Skibetrieb kaum möglich sein.

Es waren insbesondere die schneearmen Winter Ende der 1980er-Jahre (1987/88 – 1989/90), die für Aufsehen gesorgt haben. Schneearme Winter sind aber kein neues Phänomen und die Schneehöhenverhältnisse sind seit jeher grossen Schwankungen unterworfen. Der grosse Unterschied zur Situation in früheren Jahrzehnten besteht darin, dass im alpinen Tourismus und damit im schweizerischen Tourismus insgesamt wesentlich mehr Investitionen und Arbeitsplätze direkt und indirekt an das Vorhandensein von genügend Schnee gebunden sind. Die Schneeabhängigkeit des Tourismus im Alpenraum hat sich vergrössert.

Die mit Hilfe der 100-Tage-Regel definierte Höhengrenze der Schneesicherheit liegt heute bei 1.200 m ü. M. Bei einer durchschnittlichen Erwärmung um 2 Grad Celsius kann mit einer Verschiebung dieser Grenze um 300 m nach oben, d. h. auf 1.500 m ü. M. gerechnet werden. Diese Situation könnte in 30 bis 50 Jahren eintreten.

3.2   Schneesicherheit der Schweizer Skigebiete

Es wurden im weiteren alle 230 Skigebiete und 122 Einzelanlagen in der Schweiz, differenziert nach acht Regionen, hinsichtlich der Höhenlage der höchstgelegenen Bergstation sowie der Höhenerstreckung der Transportanlagen überprüft. Mit Hilfe dieser Methode kann die aktuelle und zukünftige Schneesicherheit in allen skitouristisch genutzten Gebieten der Schweiz abgeschätzt werden; sie erlaubt aber keine abschliessende Beurteilung eines einzelnen Gebietes. Dazu müssten zudem die regionalen klimatischen Unterschiede und Gegebenheiten sowie die spezifischen lokalen Situationen berücksichtigt werden. Ferner können Aussagen über die Anzahl der schneesicheren Skigebiete, nicht aber über den Anteil der schneesicheren Skigebietsflächen gemacht werden.

Von den heutigen Skigebieten können gegenwärtig 85% und von den Einzelanlagen, die markant tiefer liegen, 40% als schneesicher bezeichnet werden. Verschiebt sich als Folge der Klimaänderung (Anstieg der Durchschnittstemperatur um 2 Grad Celsius) die Höhengrenze der Schneesicherheit um 300 m nach oben, sind noch 63% der Skigebiete und 9% der Einzelanlagen als schneesicher zu beurteilen. Besonders gefährdet sind der Jura, die Ost- und Zentralschweiz, das Tessin sowie die Waadtländer und Freiburger Alpen. Kaum vor grössere Probleme gestellt werden die Skigebiete in den Kantonen Wallis und Graubünden, da die mittlere Höhe der Bergstationen in diesen Gebieten über 2.500 m ü. M. liegt. Ein Anstieg der Höhengrenze um weitere 300 m auf 1.800 m ü. M. verschlechtert die Bedingungen nochmals beträchtlich: Nur noch 44% der Skigebiete und 2% der Einzelanlagen könnten als schneesicher bezeichnet werden. Auch im Wallis und in Graubünden wäre rund ein Viertel der heutigen Skigebiete nicht mehr schneesicher (vgl. Abb. 1).

Die Klimaänderung wird zu einem neuen Mosaik skitouristischer Gunst- und Ungunsträume führen. Wenn alle anderen Einflussfaktoren außer dem Klima unverändert bleiben, wird sich der Skitourismus auf die hochgelegenen und auch in Zukunft schneesicheren Gebiete konzentrieren. Tiefergelegene Skigebiete werden als Folge des Schneemangels früher oder später aus dem Markt ausscheiden. Wirklich gute Perspektiven besitzen nur diejenigen Gebiete, die mit bodenunabhängigen Transportanlagen Höhenbereiche von über 2.000 m ü. M. erschließen. In den hochgelegenen Gebieten kann es zu einer gesteigerten Nachfrage kommen, auf die mit einem quantitativen Weiterausbau reagiert wird. Die Technisierung der Wintersportorte wird vorangetrieben und der Druck auf ökologisch sensible Hochgebirgsregionen wird zunehmen. Die Schneeunsicherheit bzw. die Forderung nach Schneekompetenz stellt den Hauptgrund für den gegenwärtigen Boom an Konzeptstudien und Planungen für die Hochgebirgserschließung dar. Oder anders ausgedrückt: Die Klimaänderung wird als Argument für die touristische Hochgebirgserschließung benutzt.

4 Klimaänderung und touristische Nachfrage im Alpenraum

Auf mögliche Klimaänderungen werden jedoch nicht allein Anbieter touristischer Leistungen reagieren, sondern auch die Touristen als Nachfrager.

Im Winter 1996/97 wurden in fünf Skigebieten der Zentralschweiz (Kantone Ob- und Nidwalden) in einer repräsentativen Gästebefragung 1.000 Skifahrer (inkl. Snowboardfahrer und Langläufer) schriftlich zum Thema Klimaänderung und Tourismus befragt (Rücklaufquote: 96,3%). Dabei handelt es sich um Skigebiete mit unterschiedlicher Höhenerstreckung und damit unterschiedlicher Schneesicherheit.

Abb. 1:　Schneesicherheit der Schweizer Skigebiete

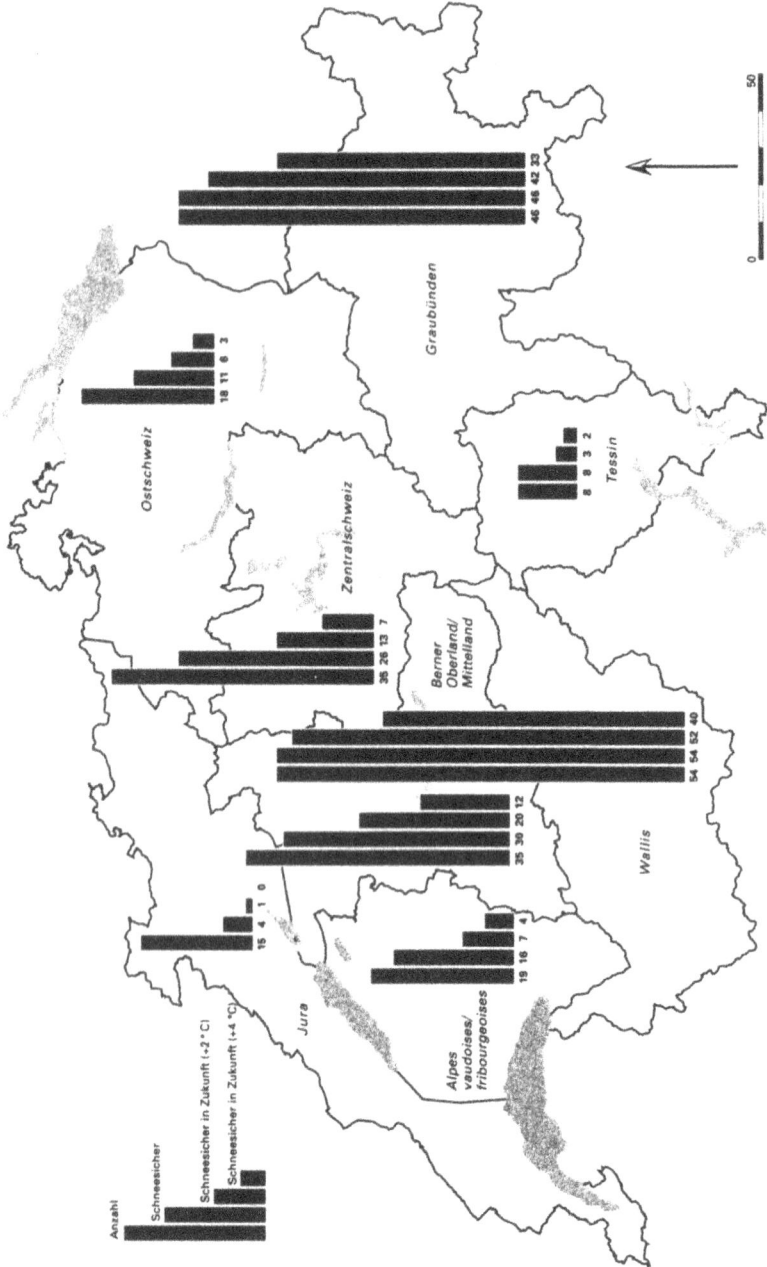

Quelle: Eigene Darstellung

Die zentrale Herausforderung der Befragung lag darin, dass eine mögliche Klimaänderung eine hypothetische Situation darstellt. Die Skifahrer wurden deshalb nicht nach Reaktionen auf eine Klimaänderung befragt, sondern nach Reaktionen auf eine Abfolge von fünf schneearmen Wintern. Diese Analogiesituation ist für Skifahrer leichter vorstellbar, weil sie in der jüngeren Vergangenheit selbst schon schneearme Winter erlebt haben.

83% der befragten Skifahrer glauben, dass eine Klimaänderung Auswirkungen auf den Skitourismus haben werde. Je jünger die Skifahrer sind, desto eher wird an Auswirkungen geglaubt. Fast die Hälfte (48%) erwarten Auswirkungen im Zeitraum zwischen den Jahren 2000 und 2030. Die Klimaänderung wird also nicht als etwas sehr Abstraktes, das erst in weiter Zukunft Auswirkungen haben wird, wahrgenommen.

Der Verlust an Gästen in den untersuchten Skigebieten wäre beträchtlich, auch wenn nur wenige wirklich mit Skifahren aufhören würden, denn ein bedeutender Teil der Gäste würde sich auf schneesicherere Orte (49%) ausrichten und weniger oft skifahren (32%). Dabei zeigen sich Unterschiede bezüglich der Gästestruktur: Ältere Personen werden dem Ort die Treue halten, aber weniger oft skifahren; Tagesgäste und weniger gute Skifahrer mit eher wenigen Skitagen im Jahr werden häufiger in schneesicherere Gebiete wechseln, dort aber gleich oft skifahren. Wenig schneesichere Skigebiete müssen mit einem Rückgang an jüngeren Gästen, Tagesgästen und Skifahrern mit wenigen Skitagen im Jahr rechnen.

5   Die Antworten der Tourismusverantwortlichen

Die Tourismusverantwortlichen auf politischer, unternehmerischer, betrieblicher und organisatorischer Ebene schauen den Folgen einer Klimaänderung nicht tatenlos zu. Sie reagieren bereits heute auf die Erwartung eines Klimawandels. Nicht zuletzt aufgrund der Erfahrungen mit schneearmen Wintern haben sie erkannt, dass das Klima ihre wirtschaftlichen Tätigkeiten nicht determiniert, aber eine wichtige Ressource und Rahmenbedingung darstellt.

Im Jahr 1998 wurde in der Zentralschweiz eine Befragung bei Tourismusverantwortlichen durchgeführt. Dabei wurde in den Kantonen Ob- und Nidwalden mit der sozialwissenschaftlichen Methode der Fokusgruppen gearbeitet. Die Ergebnisse dieser thematisch fokussierten und durch Informationsinputs angeregten Gruppendiskussionen mit Touristikern lassen sich folgendermassen zusammenfassen:

-   Die Klimaänderung ist als Problem für den Wintertourismus erkannt. Die Touristiker wissen um die grosse Schneeabhängigkeit ihres Angebotes und die Anfälligkeit auf schneearme Winter. Sie kennen mögliche Folgen einer Klimaänderung für den Wintertourismus. Während die Gewährleistung der Schneesicherheit ihrer Skigebiete ein zentrales Thema darstellt, besitzt eine mögliche Klimaänderung nur einen relativ geringen Stellenwert.

- Die Klimaänderung wird nicht als Katastrophe für den Wintertourismus angesehen. Nach Meinung der Touristiker wird die Thematik von den Medien, aber auch von der Wissenschaft und von der Politik stark übertrieben dargestellt. Zwar könnte eine Klimaänderung für tieferliegende Skigebiete die bereits bestehenden Probleme verstärken und den Strukturwandel der Branche beschleunigen, der Grossteil der Skigebiete in mittleren und höheren Lagen würde hingegen kaum betroffen.

- Die Klimaänderung fliesst bereits heute in Strategien und Planungen der Wintersportorte ein. Die Diskussionen in den Fokusgruppen haben deutlich ein ambivalentes Verhältnis der Touristiker zur Klimaänderung offengelegt. Einerseits sind sie sehr misstrauisch gegenüber den Informationen zur Klimaänderung und verharmlosen zum Teil deren mögliche Folgen, andererseits benutzen sie die Klimaänderung zur Legitimation von Vorwärtsstrategien. Denn die Klimaänderung und die globale Erwärmung bilden zusammen mit der internationalen Konkurrenzsituation seit einiger Zeit ein zentrales Argument für die Errichtung und den Einsatz von Beschneiungsanlagen (inkl. chemischer Zusatzmittel) sowie für die Erweiterung und Neuerschließung von Skigebieten in hochalpinen Gebieten.

- Die Tourismusverantwortlichen sind sich einig, dass ein Wintersportort in den Alpen nur überleben kann, wenn die ‚Schneekompetenz‘ gewährleistet ist. Gerade kleineren Skigebieten in tiefen Lagen sind entweder aus topographischen Gründen die Hände gebunden oder sie können die notwendigen Investitionen (z. B. Beschneiung, Planierung, Erschließung höhergelegener Skigebietskammern) kaum finanzieren. Ihnen fehlen einerseits die Eigenmittel, andererseits gewähren die Banken nur sehr restriktiv Kredite für wenig rentable Skigebiete in Lagen unter 1.500 m ü. M.

- Die Touristiker sind der Meinung, dass kleinere Skigebiete in den Voralpen eine wichtige Rolle in Bezug auf den Stellenwert des Skifahrens einnehmen. Allerdings gehen die Meinungen weit auseinander, ob solche oftmals wenig rentablen Skigebiete erhalten werden sollen und wie ihre Finanzierung gewährleistet werden kann. Während einige für den Rückbau von nicht rentablen Seilbahn- und Skiliftbetrieben plädieren und eine gewisse ‚Gesundschrumpfung‘ der Branche für notwendig erachten, sehen andere eine Verpflichtung zur Erhaltung dieser Skigebiete aus regionalwirtschaftlichen Gründen. Damit wächst auch der Druck zur Subventionierung der Bahnen durch die öffentliche Hand (Gemeinden, Kantone, Bund).

6 Versuch einer Bilanz

6.1 Potenzielle Schadenskosten

Im Rahmen eines Nationalen Forschungsprogrammes (NFP 31 ‚Klimaänderung und Naturkatastrophen') wurde versucht, die potenziellen Schadenskosten der Klimaänderung für die Schweiz abzuschätzen (vgl. MEIER 1998). Ausgehend von den Annahmen einer Klimaerwärmung von 2,3 bis 2,7 Grad Celsius und Änderungen der Niederschläge von +5% im Winter und –7,5% bis –12,5% im Sommer bis zum Jahre 2050 wurden Schadenskosten (pro Jahr) von insgesamt 2.345 bis 3.240 Mrd. Fr. geschätzt; dies sind 0,6% bis 0,8% des schweizerischen Bruttosozialproduktes des Jahres 1995. Davon entfallen allein auf den Tourismus 1.780 bis 2.280 Mrd. Fr.; sie sind größtenteils zurückzuführen auf Einbussen der Bruttowertschöpfung des Wintersporttourismus in der Größenordnung von –30% bis –40%. Diesen Schadenskosten stehen auch Gewinne gegenüber. Diese betragen (pro Jahr) insgesamt 140 Mio. Fr., davon entfallen 100 Mio. Fr. auf den Tourismus. Es wird dabei davon ausgegangen, dass die Berggebiete der Schweiz in Zukunft vermehrt von Touristen aufgesucht würden, weil andere Destinationen, z. B. wegen zu hoher Temperaturen, an Attraktivität verlieren oder gar nicht mehr bereisbar wären, z. B. als Folge eines Anstiegs des Meeresspiegels. Auch wenn gegen diese Berechnung zahlreiche Vorbehalte angebracht werden können, zeigt sie doch, dass der Tourismus in der Schweiz derjenige Bereich ist, der mit grossem Abstand am stärksten von einer Klimaänderung betroffen sein dürfte und dass es dabei um Grössenordnungen geht, die nicht vernachlässigt werden können.

6.2 Strategien

Die Klimaänderung stellt eine neue Herausforderung für den Tourismus und insbesondere für den Wintertourismus im Alpenraum dar. Es ist nun aber nicht so, dass sich die Ausgangssituation für den Tourismus schlagartig verändern würde. Vielmehr muss die Klimaänderung als Katalysator betrachtet werden, der den touristischen Strukturwandel verstärkt und beschleunigt; er lässt bereits vorhandene Risiken und Chancen der touristischen Entwicklung deutlicher hervortreten. Die Herausbildung einer ‚Zwei-Klassen-Gesellschaft' im Tourismus ist nicht allein eine Folge einer Klimaänderung, sondern auch des allgemeinen Strukturwandels. Auf der einen Seite haben wir Top-Orte, die bereits heute über ein relativ schneesicheres, vielfältiges und attraktives Angebot verfügen; auf der anderen Seite stehen kleinere Orte mit bescheidenerem Ausbaugrad, einfacheren Angeboten und eingeschränkten Entwicklungsmöglichkeiten. Ähnlich sieht die Situation bei den touristischen Transportanlagen aus: Einerseits grosse und finanzstarke Bahnunternehmen, die expandieren, sowie andererseits kleine Unternehmen, die um ihr Überleben kämpfen müssen. Da es sich bei der Klimaänderung – im Vergleich zu anderen Trends im Tourismus – um eine relativ langfristige Entwicklung handelt, besitzen

Anbieter und Nachfrager die Möglichkeit, sich auf veränderte Rahmenbedingungen einzustellen sowie entsprechende Strategien und Massnahmen zu ergreifen.

Heute dominieren immer noch die Anpassungsstrategien (vgl. Abb. 2). Zweifellos werden diese auch in Zukunft noch von Bedeutung sein, wenn es darum geht, den Alpenraum einerseits als Lebens- und Wirtschaftsraum für die einheimische Bevölkerung, andererseits aber auch als Freizeit-, Erholungs- und Ferienraum zu erhalten und zu entwickeln. Der Tourismus wird auch in Zukunft in vielen alpinen Regionen der wichtigste Wirtschaftssektor sein. Alternativen zum Tourismus gibt es kaum. Auf der andern Seite müssen aber Alternativen innerhalb des Tourismus gefördert und weiterentwickelt werden.

Abb. 2: Strategien der Tourismusentwicklung vor dem Hintergrund des
         Klimawandels

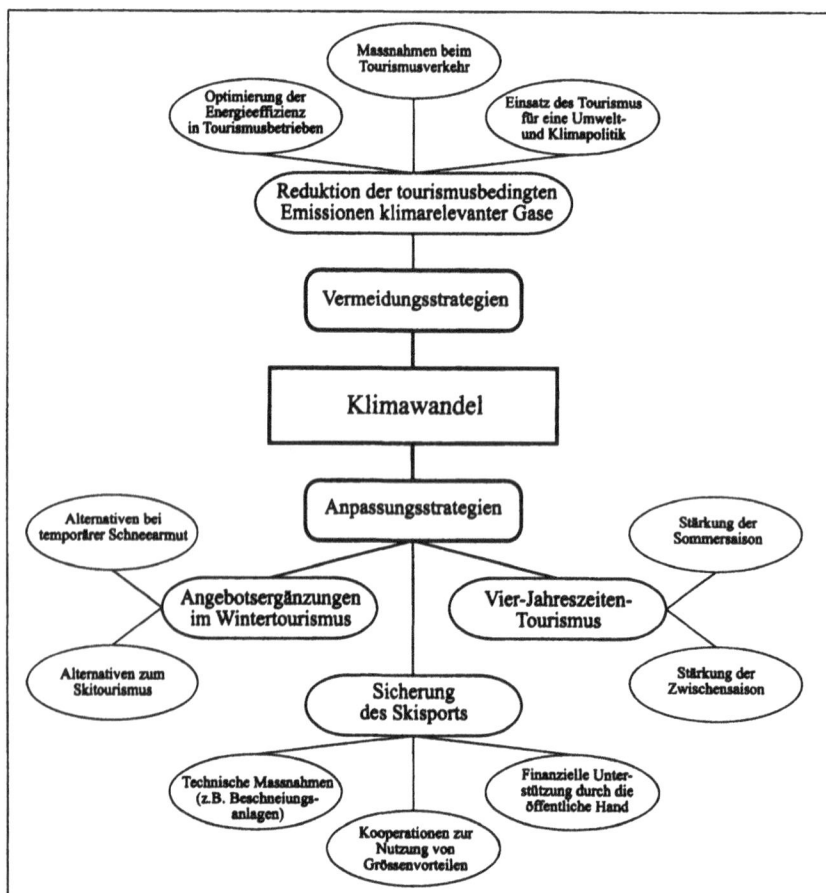

Quelle: Eigene Darstellung

Der Tourismus als Wirtschaftszweig, der vom Klimawandel sehr stark betroffen ist, muss sich aber aus ureigenstem Interesse vermehrt Vermeidungsstrategien zuwenden. Diese Tatsache gilt ganz besonders für den Tourismusverkehr; Freizeit- und Tourismusverkehr machen in der Schweiz bereits heute mehr als die Hälfte des Personenverkehrs aus. Touristische Entwicklungen und Projekte müssen nicht nur bezüglich ihrer Sozial- und Umweltverträglichkeit, sondern auch ihrer Klimaverträglichkeit überprüft und beurteilt werden.

Nicht zu den eigentlichen Strategien zählt eine fatalistische Haltung gegenüber einer Klimaänderung und ihren Auswirkungen. Eine solche äussert sich darin, dass weder Anbieter noch Nachfrager ihr Verhalten ändern. Dies könnte man auch mit dem Begriff *„business as usual"* umschreiben. Ebenfalls der Kategorie „Fatalismus" zuzurechnen ist, wenn dem Wintersport dienende touristische Transportanlagen ausser Betrieb gesetzt und abgebrochen werden, ohne dass versucht wird, andere Tourismusarten zu fördern und zu stärken, d. h. wenn der Ausstieg aus dem Skitourismus nicht aktiv geplant wird. Eine solch fatalistische Haltung ist am ehesten bei Betreibern tiefgelegener, kleiner Einzelanlagen festzustellen, die durch die schneearmen Winter der Vergangenheit in grosse finanzielle Bedrängnis geraten sind.

Literatur

ABEGG, B. (1996): Klimaänderung und Tourismus – Klimafolgenforschung am Beispiel des Wintertourismus in den Schweizer Alpen. Schlussbericht NFP 31. Zürich.

ABEGG, B. et al. (1997): Climate Impact Assessment im Tourismus. In: Die Erde, H. 2, S. 105-116.

BÜRKI, R. (1995): Klimaänderung, Schneearmut und Wintertourismus im Obertoggenburg. FWR-Publikation, Nr. 26. St. Gallen.

BÜRKI, R. (1998): Klimaänderung und Skitourismus – Wie wirkt sich eine Klimaänderung auf die skitouristische Nachfrage aus? In: Geographica Helvetica, Nr. 4, S. 155-161.

BÜRKI, R. (2000): Klimaänderung und Anpassungsprozesse im Wintertourismus. Publikation der Ostschweizerischen Geographischen Gesellschaft NF, H. 6. St. Gallen.

ELSASSER, H. et al. (1998): Beiträge der Tourismusgeographie zur Klimaänderungsfolgenforschung. In: Geographica Helvetica, Nr. 4, S. 150-154.

ELSASSER, H./ BÜRKI, R./ ABEGG, B. (2000): Klimawandel und Schneesicherheit. In: Petermanns Geographische Mitteilungen 4, S. 34-41.

GRASSL, H. (1999): Wetterwende – Vision: Globaler Klimaschutz. Frankfurt/Hannover.

KÖNIG, U. (1998): Tourism in a Warmer World – Implications of Climate Change due to Enhanced Greenhouse Effect for the Ski Industry in the Australian Alps. Wirtschaftsgeographie und Raumplanung, Vol. 28, Geographisches Institut Universität Zürich.

KRUPP, C. (1995): Klimaänderungen und ihre Folgen – Eine exemplarische Fallstudie über die Möglichkeiten und Grenzen einer interdisziplinären Klimafolgenforschung. Berlin.

MEIER, R. (1998): Sozioökonomische Aspekte von Klimaänderungen und Naturkatastrophen in der Schweiz. Schlussbericht NFP 31. Zürich.

STEHR, N./STORCH, H. v. (1999): Klima – Wetter – Mensch. München.

Massentourismus und Umweltbelastungen in Entwicklungsländern: Umweltbewertung und -verhalten der Thai-Bevölkerung in Tourismuszentren Südthailands

Karl Vorlaufer/Heike Becker-Baumann

1   Tourismus und Umweltbelastungen

Seit etwa 1970 werden mehr und mehr Entwicklungsländer intensiv in den Welttourismus eingebunden (vgl. VORLAUFER 1996). Viele Länder sehen im Fremdenverkehr ein Instrument zur Überwindung wirtschaftlicher Unterentwicklung. Mit
der oft massiven Förderung des Tourismus waren zunächst nur wirtschaftliche
Ziele verbunden: die Erhöhung von Einkommen und Arbeitsplätzen sowie der
Deviseneinnahmen und die Milderung räumlicher Disparitäten (vgl. VORLAUFER
2001). Zwar wurde schon früh erkannt, dass durch den Tourismus beträchtliche
ökologische und soziokulturelle Negativeffekte ausgelöst werden können. In Anbetracht des Massenelends waren und sind viele Entwicklungsländer jedoch gezwungen, diese negativen Auswirkungen zugunsten der wirtschaftlichen Vorteile
aus dem Tourismus zu akzeptieren. Heute hat sich weithin die Erkenntnis durchgesetzt, dass eine nachhaltige Wirtschaftsentwicklung nur erreichbar ist, wenn die
natürlichen (und soziokulturellen) Ressourcen langfristig gesichert werden. Für
den Tourismus ist insbesondere eine intakte Umwelt eine unverzichtbare Ressource. Tourismusregionen mit massiven Umweltschäden verlieren ihren Erholungs-
und Erlebniswert und damit ihre Attraktivität für Touristen.

Der Wissenschaftliche Beitrat der Bundesregierung Globale Umweltveränderungen hat in seinem Jahresgutachten (vgl. WBGU 1998/REUSSWIG 1999) unter den
16 wichtigen Syndromen des globalen Wandels das Massentourismussyndrom
ausgewiesen; es beschreibt Ursachen, Zusammenhänge und Verlaufsformen von
Umweltschäden, die durch eine touristische Über- oder Fehlnutzung empfindlicher
Ökosysteme entstehen können. In vielen Entwicklungsländern und so auch in Thailand werden insbesondere die für den Badetourismus attraktiven Küstenräume mit
ihren fragilen terrestrischen und aquatischen Ökosystemen zunehmend vom Massentourismus überformt und in ökologischer sowie landschaftsästhetischer Hinsicht oft massiv geschädigt.[1] Diese Schädigung wird dadurch verstärkt, dass sich
das Massentourismussyndrom oft eng mit folgenden anderen Syndromen ver-
quickt:

---

[1]   vgl. Beitrag LIBUTZKI zu ‚Strukturen und Probleme des Tourismus in Thailand' in diesem Band

- dem Favela-Syndrom: die Umweltdegradation durch eine ungeregelte, rasante Verstädterung, durch die Entstehung oft riesiger Marginalsiedlungen in der Nähe touristischer Landnutzungen mit weithin fehlenden oder mangelhaften Infrastrukturen zur Minimierung von Umweltbelastungen;

- dem Suburbia-Syndrom: die ökologische Schädigung durch eine zwar geplante, jedoch zu schnelle und einen großen Flächenverbrauch aufweisende Expansion der städtischen Siedlungsfläche;

- dem Müllkippen-Syndrom: die Umweltbelastungen durch einen hohen Anfall fester und liquider Abfälle und deren zudem oft ungeregelte Deponierung und Beseitigung.

Das starke Wachstum der heimischen Bevölkerung infolge oft massiver Zuwanderung im Zuge steigender Touristenzahlen sowie der durch den Tourismus entstandenen direkten und indirekten Arbeitsplätze bedingen eine Verquickung und kumulative Verstärkung dieser Syndrome. Fehlendes oder mangelhaftes Umweltmanagement der Akteure im Tourismus und mangelndes Umweltbewusstsein der lokalen Bevölkerung können zu einer Zerstörung der touristischen Basis, einer für Besucher attraktiven Umwelt und damit der Grundlage der wirtschaftlichen Existenz der vom Tourismus direkt oder indirekt abhängigen Bevölkerung führen.

Der Tourismus initiiert zwar nicht selten beträchtliche Umweltbelastungen, er ist jedoch nicht alleiniger und oft nicht einmal wesentlicher Verursacher von Umweltschäden. Diese Tatsache kann zum einen auf Räume zutreffen, die – evtl. schon in vortouristischer Zeit – infolge hoher Bevölkerungs- und Wirtschaftskonzentrationen ökologisch belastet wurden. Zum anderen können über das durch den Tourismus induzierte oder verstärkte Wachstum der Bevölkerung diese Belastungserscheinungen das Massentourismussyndrom in ihren ökologischen Negativeffekten noch übertreffen. Dies trifft vor allem deshalb zu, weil die heimische Bevölkerung in vielen Entwicklungsländern weithin ein relativ geringes Umweltbewusstsein hat, Umweltstandards hier generell niedrig sind, Umweltschutzgesetze erst in jüngster Zeit erlassen wurden, Kontrollinstanzen nur in Ansätzen existieren und die Gesetze deshalb oft wenig beachtet werden. Zudem besitzen die politischen sowie administrativen Instanzen in vielen Ländern nur eingeschränkte Umweltmanagementkompetenzen. Auch Korruption begrenzt vielerorts die Möglichkeiten des Umweltschutzes: Politiker, Gerichte und Behörden sind unter Annahme von Geldern oft bereit, die durch die Wirtschaft ausgelösten Umweltbelastungen zu übersehen und strafrechtlich nicht zu verfolgen. Demgegenüber transferieren, so ist anzunehmen, Touristen mit ihrem Besuch teilweise die in ihren Ländern gültigen Umweltstandards in die touristischen Regionen. Zudem erwarten Touristen in ihrer Urlaubsregion eine möglichst intakte Umwelt. Das Tourismusgewerbe (insbesondere die Hotellerie), aber auch die lokalen politischen Instanzen bemühen sich weithin, diesen Erwartungen zu entsprechen, um den wichtigen Wirtschaftsfaktor Tourismus nicht zu gefährden. Touristische Siedlungen sind daher häufig ökolo-

gisch relativ intakte Enklaven inmitten eines durch extreme Umweltschäden belasteten Umfelds. Aus dieser in vielen Ländern zu beobachtenden Situation leitet
sich unsere These ab, dass die im Tourismus engagierten Akteure der lokalen
Bevölkerung Leitbilder problemadäquater Umweltwahrnehmung und -bewertung
vermitteln und so als Agenten wachsenden Umweltbewusstseins wirken können.
Die einheimische Bevölkerung wird mit ihrem Umweltbewusstsein und -verhalten
zukünftig der wesentliche Akteur zur Sicherung ökologischer Stabilität und landschaftsästhetischer Attraktivität der Tourismusregionen sein und damit zur nachhaltigen Entwicklung des Tourismus beitragen.

Im Rahmen dieser Studie über die lokale Bevölkerung sollen daher vorrangig
folgende Thesen überprüft werden:

These I: Die gegenwärtig oder vormals im Tourismusgewerbe Beschäftigten weisen ein problemadäquateres Umweltbewusstsein und -verhalten als die sonstige
  lokale Bevölkerung auf, da sie – vermittelt über Touristen mit ihrem auch für
  Betriebe des Tourismusgewerbes verbindlichen Anspruch nach intakter Umwelt mit hohem Erholungs- und Erlebniswert – den Wert ökologischer Stabilität als Basis des Tourismus und damit ihrer eigenen wirtschaftlichen Existenz
  erkennen.

These II: Auch Binnentouristen haben ein höheres Umweltbewusstsein als die
  sonstige Thaibevölkerung, da sie ebenso wie ausländische Besucher in ihrer
  Urlaubswelt einen relativ hohen Umweltstandard erwarten.

Räumlich konzentriert sich die Studie auf Tourismusstandorte Südthailands unterschiedlicher Flächengröße, Bevölkerungs- und Touristenzahl, touristischer Entfal-
tungsstufe, Ressourcenausstattung und damit auch unterschiedlicher touristischer
Tragfähigkeit.[2] Die Erhebungen wurden im Frühjahr 2000 u. a. auf Basis standardi-
sierter Fragebogen durchgeführt. Die Befragung der gegenwärtig oder vormals in der
Tourismuswirtschaft Beschäftigten erfolgte in Betrieben (1.013 Pers.) bzw. in Privathaushalten (234 Pers.), der gegenwärtig und auch vormals nicht im Tourismusgewerbe beschäftigten Personen (432 Pers.) in Privathaushalten. Im Rahmen der Touris-
tenbefragung wurden 152 Binnen-(Thai-)Touristen interviewt.

Wir gehen davon aus, dass das Umweltbewusstsein zunächst durch die Fähigkeit
bestimmt wird, Umweltprobleme wahrzunehmen und zu bewerten.[3] Hieraus kann
ein Verhalten resultieren, das eine Minimierung der Umweltbelastung anstrebt. In
diesem Beitrag sollen folgende Aspekte erfasst werden:

---

[2] vgl. Karte und Details bei VORLAUFER/BECKER-BAUMANN (2002) sowie bei VORLAU-
    FER/BECKER-BAUMANN/SCHMITT (im Druck)
[3] zur theoretischen Betrachtung des Begriffs Umweltbewusstsein vgl. DIEKMANN/
    PREISENDÖRFER 2001; KUCKARTZ 1998.

- die Umweltbewertung am Beispiel der vom Tourismus ausgehenden Schädigungen der natürlichen Umwelt sowie
- das Umweltverhalten am Beispiel der Müllentsorgung.

2   Das zentrale Problem: Geringes Umweltbewusstsein

Unsere Erhebungen, insbesondere die Tiefeninterviews mit im Umweltschutz engagierten Einheimischen, belegen, dass die Thaibevölkerung insgesamt nur ein geringes Umweltbewusstsein besitzt und ein den wachsenden Umweltproblemen adäquates Verhalten weithin fehlt. Die Erkenntnis über das eigene Niveau des Umweltbewusstseins kann für ein Individuum erste Voraussetzung für eine stärkere Beschäftigung mit Umweltproblemen sein.

Um festzustellen, ob die Thais in ausländischen Touristen Vorbilder höheren Umweltbewusstseins sehen, wurden die thailändischen Probanden gebeten, das Umweltbewusstsein der Touristen im Vergleich zu dem ihrer Landsleute einzuschätzen. Zudem sollten die ausländischen Touristen das Umweltbewusstsein der Thais bewerten. Sowohl die Tourismusbeschäftigten als auch die sonstigen Thais schätzen das Umweltbewusstsein der Touristen relativ hoch ein (vgl. Abb. 1). Demgegenüber bewerten alle thailändischen Probandengruppen und noch ausgeprägter ausländische Touristen das Umweltbewusstsein der Thais als sehr niedrig. Implizit wird damit angenommen, dass ausländische Touristen relativ häufig Vorbilder problemadäquaten Umweltbewusstseins und -verhaltens sind.

Abb. 1: Einschätzung des Umweltbewusstseins

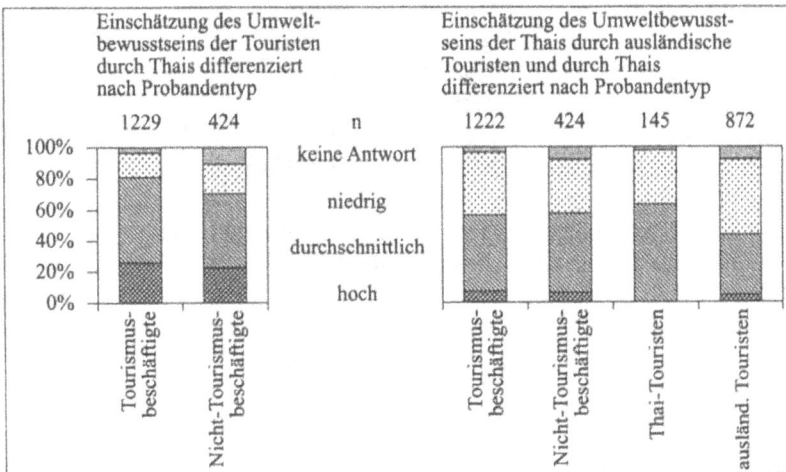

Quelle: Eigene Erhebungen, DFG-Projekt

In Erkenntnis des eigenen geringen Umweltbewusstseins können für die Thais Touristen über den Demonstrationseffekt zu Agenten werden, über die Umweltstandards, die in den Industrieländern in der Regel höher sind, in die Thaigesellschaft transferiert werden. Die Tourismusbeschäftigten sind die ‚Scharniere', über die eine Verknüpfung des Umweltbewusstseins der Touristen mit der thailändischen Gesellschaft erfolgen kann.

3   Bewertung der Auswirkungen des Tourismus

Diese Funktion der Tourismusbeschäftigten als ‚Scharniere' zwischen Touristen und Einheimischen kann auch dadurch erklärt werden, dass sie hinsichtlich der Bewertung der Positiv- und Negativeffekte zu den ausländischen Touristen eine relativ große Affinität aufweisen, hingegen aber zu den nicht im Tourismusgewerbe Tätigen und auch zu den thailändischen Besuchern deutliche Unterschiede zeigen (vgl. Abb. 2).

Bei den Tourismusbeschäftigten und ausländischen Touristen liegt der Anteil der Personen, von denen positive, insgesamt jedoch auch negative Auswirkungen des Tourismus genannt werden, höher als bei den anderen Probanden-Typen. Etwa jeder zweite Tourismusbeschäftigte und ausländische Besucher sieht im Tourismus auch Negativeffekte. Die höhere Sensibilität der Tourismusbeschäftigten für die vom Fremdenverkehr ausgehenden Gefährdungen wird wesentlich durch Touristen mitvermittelt.

Entgegen unserer Annahme sieht nur eine kleine Minderheit der thailändischen Touristen Negativeffekte (vgl. Tab. 1). Selbst die nicht im Tourismusgewerbe beschäftigten Einheimischen bewerten den Tourismus kritischer, vielleicht auch deshalb, weil sie in ihrem Alltagsleben durch den engeren Kontakt zumindest mit den Tourismusbeschäftigten (Scharnierfunktion) und die tägliche Erfahrung der durch den Tourismus eingetretenen Veränderungen die Nachteile touristischer Entwicklung deutlicher als thailändische Besucher (überwiegend Kurzzeiturlauber) erkennen und auch Positiveffekte eingeschränkter sehen.

Tab. 1: Anteil der Probandentypen mit Nennungen zu den Positiv- und
Negativeffekten des Tourismus (in %)

	Tourismus-beschäftigte	Nicht-Tourismus-beschäftigte	Thai-Touristen	Gesamt
nur Positiveffekte	8,9	4,3	7,7	7,7
nur Negativeffekte	34,7	32,4	12,8	32,3
Positiv- und Negativeffekte	39,1	37,6	33,3	38,3
Keine Effekte	17,4	25,7	46,2	21,7

Quelle: Eigene Erhebungen, DFG-Projekt

Im Vergleich mit den beiden anderen Probandengruppen liegt sowohl der Anteil der Personen, die nur Positiv- oder nur Negativ-, aber auch sowohl Positiv- als auch Negativeffekte sehen, bei den Tourismusbeschäftigten am höchsten (vgl. Tab. 1). Die intimeren Kenntnisse über die Wirkungen des Tourismus infolge der täglichen Erfahrungen dieser Probanden bestimmen ihr Bewertungsmuster.

Abb. 2: Bewertung der vom Tourismus ausgehenden Positiv- und Negativeffekte durch die einheimischen Probandentypen sowie durch ausländische Touristen

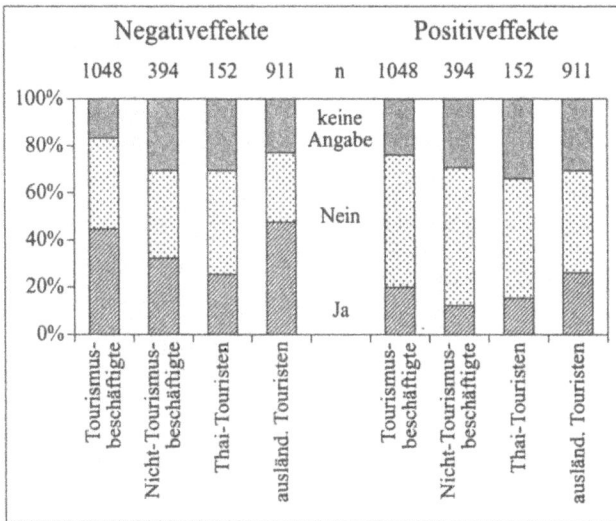

Quelle: Eigene Erhebungen, DFG-Projekt

Sowohl von den Tourismusbeschäftigten als auch von den nicht im Fremdenverkehrsgewerbe Tätigen werden hinsichtlich der Negativeffekte weit überwiegend umweltbezogene Risiken benannt. Namentlich das hohe Müllaufkommen wird als überragender Negativeffekt gesehen (vgl. Abb. 3).

Bei der Beantwortung der offenen Frage nach derzeitigen und (erwarteten) zukünftigen Positiveffekten des Tourismus nimmt der wirtschaftliche Nutzen des Fremdenverkehrs bei den Tourismusbeschäftigten eine überragende, bei der anderen Probandengruppe eine ebenfalls große, jedoch deutlich geringere Stellung ein (vgl. Abb. 4).

Die Einkommensmöglichkeiten durch eine Beschäftigung im Tourismusgewerbe lassen bei den Probanden des Typs I (Tourismusbeschäftigte) die anderen Positiveffekte relativ marginal erscheinen, die von den nicht direkt vom Fremdenverkehr wirtschaftlich abhängigen Probanden demgegenüber relativ häufiger benannt werden. Die nicht im Fremdenverkehrsgewerbe Tätigen sehen diese Effekte jedoch deutlich häufiger als die Tourismusbeschäftigten – möglicherweise auch deshalb, weil sie die Begrenztheit dieser Positiveffekte und auch die Negativeffekte (vgl.

Tab. 1) des Tourismus weniger deutlich als die enger in den Tourismus eingebundenen und daher skeptischeren Probanden des Typs I erkennen können.

Abb. 3: Zahl und Art der Nennungen von Negativeffekten durch die beiden
Probandentypen lokaler Bevölkerung

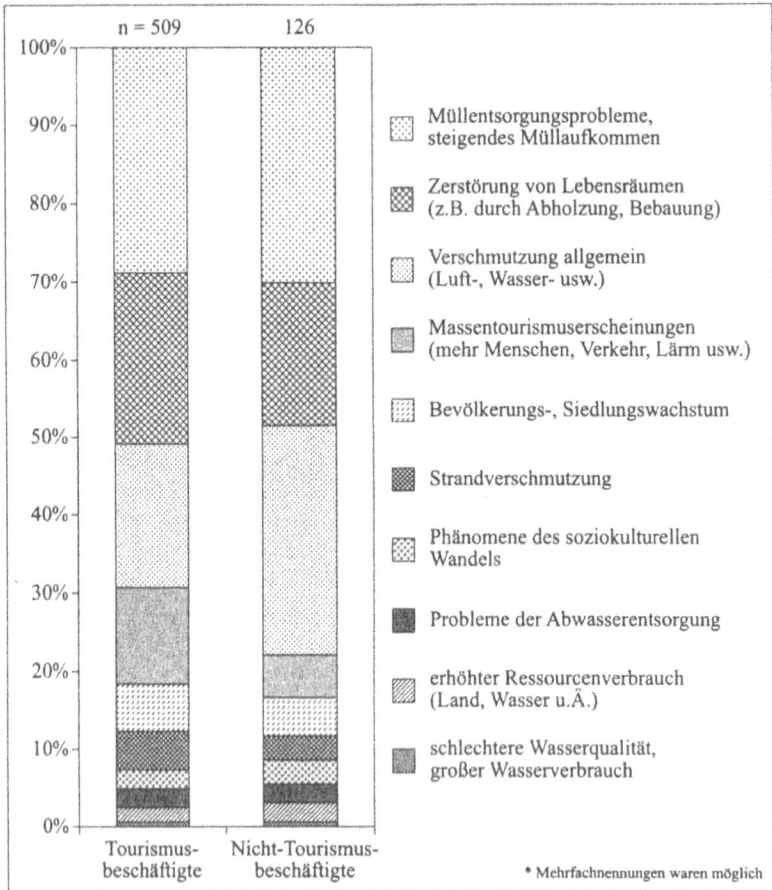

Quelle: Eigene Erhebungen, DFG-Projekt

Tourismusbeschäftigte haben ein deutlich höheres Umweltbewusstsein, sie bewerten dementsprechend die evtl. durchaus vorhandenen, aber noch nicht massiven Positiveffekte des Tourismus kritischer und sie erkennen Negativeffekte häufiger. Bemerkenswert ist jedoch, dass die heimische Bevölkerung insgesamt erwartet, dass die ökologischen Positiveffekte zukünftig relativ bedeutender als bisher sein werden (vgl. Abb. 5).

Abb. 4: Zahl und Art der Nennungen von Positiveffekten durch die beiden
Probandentypen lokaler Bevölkerung

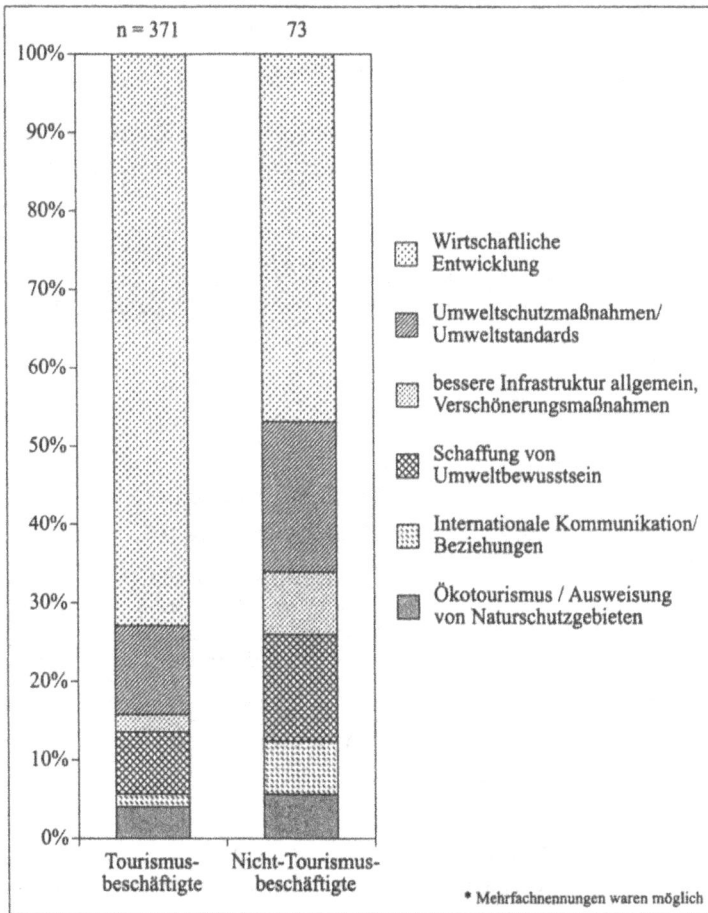

Quelle: Eigene Erhebungen, DFG-Projekt

4   Umweltverhalten am Beispiel der Müllentsorgung

Da dem Müllkippensyndrom bei der Wahrnehmung und Bewertung aller Probandengruppen eine überragende Position zukommt, stellt sich die Frage, ob und
inwieweit sich diese Wahrnehmungs- und Bewertungsmuster in ein problembezo-
genes Verhalten umsetzen. Die Müllentsorgungsproblematik ist an den einzelnen
Standorten unterschiedlich. Auf Samui und Phuket befinden sich zwei der drei
Müllverbrennungsanlagen (MVA) Thailands. Auf diesen durch Massentourismus
geprägten Inseln ist der Staat bemüht, die Attraktivität dieser Destinationen nicht
durch eine die Umwelt belastende ungeregelte Müllentsorgung zu gefährden. Auf
beiden Inseln besteht daher auch ein (allerdings nur bedingt effizientes) kommuna-

les Müllsammelsystem, das auch eine Trennung der Abfälle v. a. nach sog. nassem (Küchenabfälle etc.) und trockenem Müll vorsieht. Auf den anderen untersuchten Inseln (Tao, Phi Phi, Phangan) gibt es nur (überwiegend unsachgemäß angelegte) offene, wenngleich offizielle Deponien oder der Müll (fast nur Wertstoffe) wird mehr oder weniger regelmäßig zum Festland transportiert.

Abb. 5: Die bisherigen und zukünftigen Positiveffekte des Tourismus nach Bewertung der einheimischen Bevölkerung (Tourismusbeschäftigte, Nicht-Tourismusbeschäftigte)

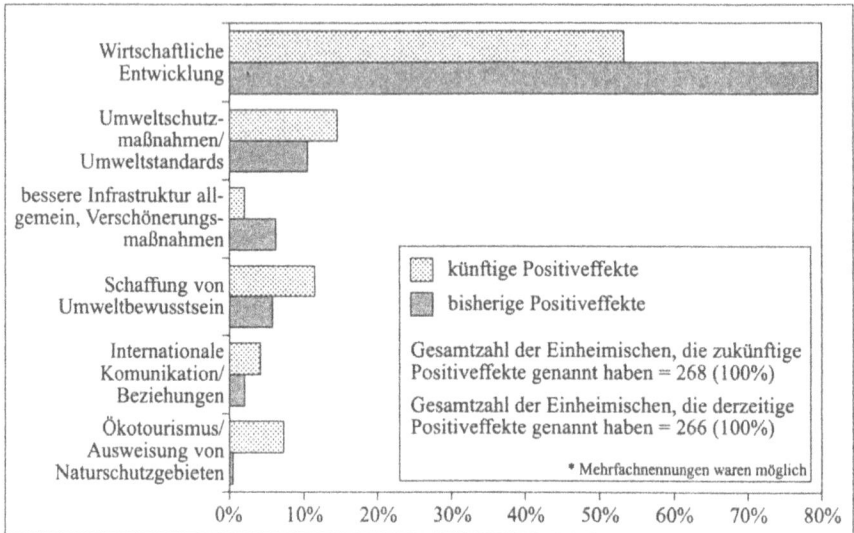

Quelle: Eigene Erhebungen, DFG-Projekt

Aufgrund dieser unterschiedlichen Rahmenbedingungen müssen an den Untersuchungsstandorten die verschiedenen Probandengruppen unterschiedliche Muster der Müllentsorgung aufweisen. Diese Annahme wird durch die Ergebnisse unserer Untersuchung bestätigt (vgl. Tab. 2 u. Abb. 6). Entsprechend unserer zentralen Hypothese liegt der Anteil der Müllsortierer (auf Phuket/Samui) bei den Personen des Typs I (Tourismusbeschäftigte) deutlich höher als bei den nicht im Fremdenverkehrsgewerbe beschäftigten Probanden. Aber weniger ökologische, sondern vielmehr ökonomische Interessen bestimmen die Motivation der Müllsortierer. Durch den Verkauf von Wertstoffen und ‚Altwaren' an Händler, die diesen Abfall zum Recycling (überwiegend nach Bangkok) weiter verkaufen, kann ein bescheidenes Einkommen erzielt werden.[4]

---

[4] Auch die kommunalen Müllmänner kaufen z. T. (so in Phuket) diese Wertstoffe von den Haushalten privat auf oder sortieren den von ihnen mit kommunalen Fahrzeugen eingesammelten Müll privat. Schon seit Jahrzehnten tätige private Müllsammler, die noch mit dem Fahrradanhänger den Abfall einsammeln, verlieren durch diese Konkurrenz oft ihre wirtschaftliche Existenz.

Tab. 2: Anteil der Mülltrenner unter den Befragten (in %)

| | Standorte mit MVA | | Standorte ohne MVA |
	Typ I	Typ II	Typ I
Ja	25,1	18,3	41,5
Nein	73,8	81,4	56,9
keine Antwort	1,1	0,3	1,6

Quelle: Eigene Erhebungen, DFG-Projekt

Namentlich auf den durch ungünstigere Einkommensmöglichkeiten gekennzeichneten kleineren Inseln liegt daher der Anteil der Müllsortierer auch bei den Tourismusbeschäftigten im Vergleich zu Phuket und Samui sehr hoch (vgl. Tab. 2). Auf den infrastrukturell besser erschlossenen Inseln Samui und Phuket entsorgen rund 84% der Probanden des Typs I zumindest einen Teil ihrer Abfälle über die kommunale Müllabfuhr, den Sammeldienst der MVA oder (schon eingeschränkter) über offizielle Deponien.

Auf den kleineren Inseln ohne MVA liegt der Anteil der Personen mit diesem Verhalten – auch infolge des Fehlens entsprechender Infrastrukturen der Abfallentsorgung – deutlich niedriger. Aber immerhin (oder nur?) ca. 30% der Beschäftigten des Tourismusgewerbes entsorgen auch hier ihre Abfälle zumindest über offizielle (wenngleich in der Regel nicht sachgerecht angelegte) Deponien.[5] Hiermit korrespondiert, dass an diesen Standorten der Anteil der Personen, die ihren Müll vergraben und verbrennen (müssen), deutlich höher als auf Phuket und Samui ist. Aber auch auf diesen hinsichtlich der Müllentsorgung infrastruktuell besser ausgestatteten Inseln machen die Angaben ‚verbrennen’, ‚vergraben’ und ‚irgendwo entsorgen/hinters Haus werfen’ 71% aller Nennungen aus (vgl. Abb. 6). Diese Entsorgungsformen dominieren noch ausgeprägter das Verhalten der Tourismusbeschäftigten auf den Inseln Phangan, Tao und Phi Phi; 101% aller Nennungen entfielen auf diese Entsorgung. Etwa jeder Proband entsorgte zumindest einen Teil seines Mülls auf diesem ökologisch bedenklichen Weg. Hierbei ist zu berücksichtigen, dass gerade die kleineren Inseln eine geringe Absorptionsfähigkeit von Umweltbelastungen und eine höhere ökologische Fragilität aufweisen.

Für die Standorte Phuket und Samui belegt zudem Abb. 6, dass die Tourismusbeschäftigten ein zumindest geringfügig umweltadäquateres Müllentsorgungsverhalten als Probanden des Typs II aufweisen. Die im Tourismusgewerbe Tätigen geben häufiger einen Teil ihres Mülls an die in die Abfallwirtschaft eingebundenen Zwischenhändler ab; sie nutzen stärker die behördlichen Entsorgungsangebote und bringen

---

[5] Auf den kleineren Inseln konnte nur eine geringere Zahl der nicht im Tourismusgewerbe tätigen Personen befragt werden, so dass für diese Probandengruppe infolge einer zu geringen Grundgesamtheit und fehlender Repräsentativität auf eine Datenanalyse verzichtet wird.

auch häufiger als nicht in der Tourismuswirtschaft Tätige einen Teil des Mülls zumindest zu ‚wilden' privaten Deponien, während Probanden des Typs II ihren Abfall häufiger vergraben, verbrennen oder irgendwo vollkommen ungeregelt entsorgen.

Abb. 6: Das Müllentsorgungsverhalten – differenziert nach Standorten mit bzw. ohne Müllverbrennungsanlage

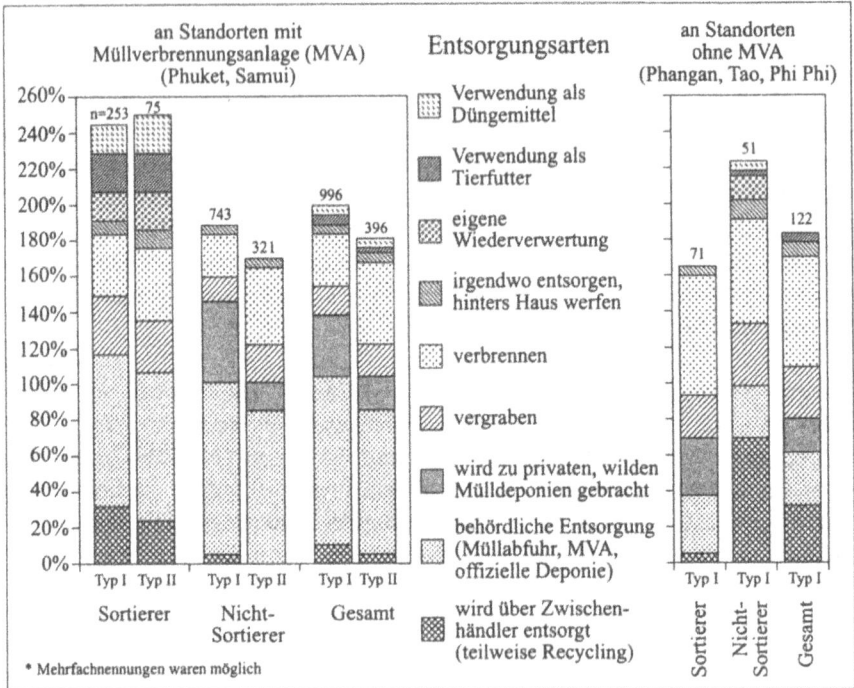

Quelle: Eigene Erhebungen, DFG-Projekt

5 Resümee

Die Studie hat unsere zentrale Hypothese bestätigt: Beschäftigte der Tourismuswirtschaft haben ein problemadäquateres Umweltbewusstsein als die wirtschaftlich nicht (direkt) vom Fremdenverkehr abhängige Bevölkerung. Konnte Tourismusbeschäftigten bereits an anderer Stelle eine höhere Sensibilität hinsichtlich der Umweltwahrnehmung nachgewiesen werden,[6] so bestätigte sich in dieser Analyse auch deren kritischere Bewertung von Umweltproblemen. Hinsichtlich des Mülls weisen sie ein problemadäquateres Umweltverhalten auch an Standorten auf, an denen keine effizienten Müllentsorgungsinfrastrukturen vorhanden sind.

---

[6] vgl. im Einzelnen VORLAUFER/BECKER-BAUMANN/SCHMITT (im Druck)

Die Tourismusbeschäftigten, aber auch die sonstige Bevölkerung, bewerten das Umweltbewusstsein der Touristen höher als das der Thaibevölkerung; sie sehen in Touristen oft Leitbilder, deren Umweltbewertung und -verhalten sie offensichtlich weithin kopieren, auch deshalb, weil ihnen über den direkten Kontakt mit Touristen bewusst wird, dass eine intakte Umwelt eine unverzichtbare touristische Ressource und damit auch Basis ihrer eigenen wirtschaftlichen Existenz ist.

Tourismusbeschäftigten kommt zudem die Funktion von ‚Scharnieren' zu, über die das höhere Umweltbewusstsein und die Ansprüche der Touristen an einer intakten Umwelt auch in die sonstige Bevölkerung transferiert werden. Touristen sind somit direkte und indirekte Vorbilder wachsenden Umweltbewusstseins zumindest für einen beachtlichen Teil der lokalen Bevölkerung. So besteht das Paradoxon, dass der Massentourismus einerseits (Mit-)Verursacher oft massiver Umweltschäden ist, andererseits jedoch eine wesentliche Kraft zur Sicherung oder Wiederherstellung ökologischer Stabilität darstellt.

In Anbetracht der großen volks- und regionalwirtschaftlichen Bedeutung des Tourismus und des zunehmenden Drucks der sich im Umweltschutz engagierenden Akteure stehen zudem auch die politischen Instanzen zunehmend unter dem Zwang, über Infrastrukturinvestitionen, Gesetze und Kontrollinstanzen die für den Tourismus unverzichtbare Ressource ‚intakte Umwelt' zu sichern.

Literatur

DIEKMANN, A./PREISENDÖRFER, P. (2001): Umweltsoziologie – Eine Einführung. Hamburg.

KUCKARTZ, U. (1998): Umweltbewusstsein und -verhalten. Konzept Nachhaltigkeit. Berlin.

REUSSWIG, F. (1999): Syndrome des Globalen Wandels als transdisziplinäres Konzept. In: Zeitschrift für Wirtschaftsgeographie 43, S. 184-201.

VORLAUFER, K. (1996): Tourismus in Entwicklungsländern. Möglichkeiten und Grenzen einer nachhaltigen Entwicklung durch Fremdenverkehr. Darmstadt.

VORLAUFER, K. (2001): Tourismus – ein Instrument zum Abbau regionaler Disparitäten in Entwicklungsländern? In: Geographie und Schule, 133, S. 11-22.

VORLAUFER, K./BECKER-BAUMANN, H. (2002): Umweltwahrnehmung und Bewertung von Umweltbelastungen durch Touristen in Fremdenverkehrszentren Südthailands unter besonderer Berücksichtigung der Abfallproblematik. In: Umweltpsychologie, 6/2, S. 46-72.

VORLAUFER, K./BECKER-BAUMANN, H./SCHMITT, I. G. (in Druck): The local population's cognition and evaluation of waste problems caused by mass-tourism in sea-side resorts of Thailand. In: CASIMIR, M. J./STAHL, U. (Hrsg.): Culture and the changing environment – Uncertainty, Cognition and Risk Management in Cross-Cultural Perspective. London/New York (im Druck).

Wissenschaftlicher Beirat der Bundesregierung Globale Umweltveränderungen (WBGU; 1998): Welt im Wandel: Wege zu einem nachhaltigen Umgang mit Süßwasser. Jahresgutachten 1997. Berlin/Heidelberg.

Verzeichnis der Autorinnen und Autoren

Dipl.-Geogr. Jens Albowitz
Westfriesenstr. 4
D-26529 Osteel
jens@albowitz.info

Dipl.-Geogr. Claudia Anton-Quack
Balthasar-Neumann-Str. 6
D-54292 Trier
claudia.anton@nathem.de

Dr. habil. Antal Aubert
Pécsi Tudományegyetem
Természettudományi Kar
Földrajzi Intézet - Turizmus
Tanszék
Ifjúság útja 6
H-7624 Pécs (Ungarn)
aubert@ttk.pte.hu

Prof. Dr. Christoph Becker
Universität Trier
FB VI - Geographie
Angewandte Geographie/
Fremdenverkehrsgeographie
D-54286 Trier
becker@uni-trier.de

Heike Becker-Baumann, M. A.
Universität Düsseldorf
Geographisches Institut
Universitätsstr. 1
D-40225 Düsseldorf
beckerhe@uni-duesseldorf.de

Prof. Dr. Mohamed Berriane
Université Mohamed V
Faculté des Lettres et des Sciences
Humaines
B. P. 1040
Rabat (Marokko)
mohamed.berriane@menara.ma

Dipl.-Geogr. Karin Besel
Kyrianderstr. 10
D-54294 Trier
besel@eti.de

Dr. Carola Bischoff
Westfälische Wilhelms-Universität
Institut für Geographie
Robert-Koch-Str. 26
D-48149 Münster
fritsch@uni-muenster.de

Dr. Ludger Brenner
El Colegio de Michoacán
Centro de Estudios de Geografia
Humana
Hidalgo 95, Col. Centro
C. P. 59300 La Piedad, Michoacán
(Mexiko)
ludgerbrenner@hotmail.com

Prof. Dr. Anja Brittner-Widmann
International School of Management
Otto-Hahn-Str. 19
44227 Dortmund
*anja.brittner-widmann@ism-
dortmund.de*

Dr. Rolf Bürki
ZHW - Department Wirtschaft und
Management
Postfach 958
CH-8401 Winterthur (Schweiz)
rolf.buerki@zhwin.ch

Dipl.-Betriebsw. Ines Carstensen
Universität Potsdam
Institut für Geographie
Postfach 601553
D-14415 Potsdam
carsten@rz.uni-potsdam.de

Priv.-Doz. Dr. Imre Josef Demhardt
Technische Universität Darmstadt
Geographisches Institut
Schnittspahnstr. 9
D-64287 Darmstadt
demhardt@geographie.tu-
darmstadt.de

Ass. Prof. Mag. Dr. Paul Eder
Universität Graz
Institut für Geographie und Raum-
forschung
Heinrichstr. 36
A-8010 Graz (Österreich)
paul.eder@uni-graz.at

Prof. Dr. Bernd Eisenstein
FH Westküste
Betriebswirtschaft/Tourismus
Fritz-Thiedemann-Ring 20
D-25746 Heide/Holstein
eisenstein@fh-westkueste.de

Prof. Dr. Hans Elsasser
Universität Zürich
Institut für Geographie
Winterthurerstr. 190
CH-8057 Zürich (Schweiz)
elsasser@geo.unizh.ch

Dr. Mathias Feige
dwif-Consulting GmbH
Marienstr. 19/20
D-10117 Berlin
m.feige@dwif.de

Dipl.-Geogr. Thomas Feil
dwif-Consulting GmbH
Marienstr. 19/20
D-10117 Berlin
th.feil@dwif.de

Prof. Dr. Uwe Fichtner
Hochschule Anhalt
FB Landespflege
Strenzfelder Allee 28
D-06406 Bernburg
fichtner@loel.hs-anhalt.de

Prof. Dr. Anton Gosar
University of Primorska
Science and Research Center of
Koper
Garibaldijeva 1
SI-6000 Koper (Slowenien)
Anton.Gosar@ZRS-kp.si

Prof. Dr. Axel Gruner
Fakultät für Tourismus
Fachhochschule München
Am Stadtpark 20
81243 München
axel.gruner@fhm.edu

Norbert Haart, Studienrat i. K.
Trevererstr. 12
D-54498 Piesport/Mosel
m-n.haart@t-online.de

Dipl.-Geogr. Bert Hallerbach
Kyrianderstr. 10
D-54294 Trier
hallerbach@eti.de

Dr. Bernhard Harrer
dwif-Consulting GmbH
Sonnenstr. 27
D-80331 München
b.harrer@dwif.de

Dr. Rudi Hartmann
University of Colorado
Department of Geography &
Environmental Sciences
Campus Box 172
P. O. Box 173364
Denver, Colorado 80217-3364
USA
rudi.hartmann@cudenver.edu

Prof. Dr. Johann-Bernhard Haversath
Justus-Liebig-Universität Gießen
Institut für Didaktik der Geographie
Karl-Glöckner-Str. 21 G
D-35394 Gießen
Johann-
Bernhard.Haversath@geogr.uni-
giessen.de

Prof. Dr. Michael Hemmer
Westfälische Wilhelms-Universität
Institut für Didaktik der Geographie
Robert-Koch-Str. 26
48149 Münster
michael.hemmer@uni-muenster.de

Prof. Dr. Hans Hopfinger
Katholische Universität Eichstätt
Lehrstuhl Kulturgeographie
Ostenstr. 26-28
D-85072 Eichstätt
h.hopfinger@t-online.de

Dr. Oliver Hörstmeier
Burgstr. 8
D-33189 Schlangen
ohoerstmeier@hotmail.com

Prof. Dr. Irena Jedrzejczyk
Akademia Ekonomiczna
Ul. I. Maja 50
PL-40-287 Katowice (Polen)
ijedrzej@ae.katowice.pl

Prof. Dr. Hubert Job
Ludwig-Maximilians-Universität
Lehrstuhl für Wirtschaftsgeographie
Luisenstr. 37
80333 München
hubert.job@lmu.de

Univ.-Doz. Dr. Felix Jülg
Rittsteig 30
A-3031 Rekawinkel
Felix.Juelg@wu-wien.ac.at

Prof. Dr. Peter Jurczek
Technische Universität Chemnitz
Sozial- und Wirtschaftsgeographie
Reichenhainer Str. 39
D-09126 Chemnitz
peter.jurczek@phil.tu-chemnitz.de

Dipl.-Geogr. Antje Käsebier
(jetzt Neumann)
Oldenburg Tourismus und Marketing
GmbH
Markt 22
26122 Oldenburg
a.neumann@oldenburg-tourist.de

Prof. Dr. Andreas Kagermeier
Universität Trier
FB VI Geographie/
Geowissenschaften
Freizeit- und Tourismusgeographie
Campus II - Behringstraße
D-54286 Trier
Andreas.Kagermeier@uni-trier.de

Dipl.-Geogr. Claudia Kaiser
Martin-Luther-Universität
Halle-Wittenberg
Institut für Geographie
August-Bebel-Str. 13c
D-06108 Halle (Saale)
claudia.kaiser@geo.uni-halle.de

Ass. Prof. Dr. Dotschka Kasatschka
Universität „St. Kl. Ochridsky"
Lehrstuhl für Tourismus
Bul. Zar Osvoboditel 15
BG-1000 Sofia (Bulgarien)
kazachka@gea.uni-sofia.bg

Dipl.-Geogr. Alexandra Kern
(jetzt Partale)
Europäisches Tourismus Institut
GmbH
Palais Kesselstatt
Liebfrauenstr. 9
D-54290 Trier
a.partale@eti.de

Dr. Kristiane Klemm
Freie Universität Berlin
Willy Scharnow-Institut für
Tourismus
Malteserstr. 74-100
D-12249 Berlin
klemm@wiwiss.fu-berlin.de

Dr. Christian Krajewski
Westfälische Wilhelms-Universität
Institut für Geographie
Robert-Koch-Str. 26
D-48149 Münster
krajewc@uni-muenster.de

Dipl.-Geogr. Bettina Kreisel
Aixplan
Küpperstr. 10
D-52066 Aachen
bettina.kreisel@aixplan.de

Prof. Dr. Werner Kreisel
Universität Göttingen
Institut für Geographie
Goldschmidtstr. 5
D-37077 Göttingen
wkreise@gwdg.de

Dr. Irene Küpfer
Umwelt- und Gesundheitsschutz
Zürich (UGZ)
Umweltschutzfachstelle
Walchestr. 31
CH-8035 Zürich (Schweiz)
irene.kuepfer@gud.stzh.ch

Dr. Klaus Kulinat †

Dr. Christian Langhagen-Rohrbach
Hessisches Ministerium für Wirtschaft, Verkehr und
Landesentwicklung
Kaiser-Friedrich-Ring 75
65185 Wiesbaden
rohrbach@hmwvl.hessen.de

Susanne Leder, M. A.
LEADER-Projekt „Wanderbares
Müllertal"
30, Route de Wasserbillig
L-5490 Echternach (Luxemburg)
susanne.leder@leader.lu

Dipl.-Geogr. Oliver Libutzki
TUI Contracting AG
15th Floor, Diethelm Tower A,
Unit 1501
Wireless Road, Lumpini
Bangkok 10330 (Thailand)
libutzki@loxinfo.co.th

Dipl.-Geogr. Andrea Mallas
Westfälische Wilhelms-Universität
Institut für Geographie
Robert-Koch-Str. 26
D-48149 Münster
mallas@uni-muenster.de

Prof. Dr. Vassil Marinov
Universität „St. Kl. Ochridsky"
Lehrstuhl für Tourismus
Bul. Zar Osvoboditel 15
BG-1000 Sofia (Bulgarien)
vasil@gea.uni-sofia.bg

Dipl.-Geogr. Bernd May
Dietrich-Flade-Str. 11
D-54296 Trier
BerndMay@aol.com

Dipl.-Geogr. Aislinn Merz
Deutsches Auswanderer Haus
Columbusstr. 65
27568 Bremerhaven
a.merz@dah-bremerhaven.de

Prof. Dr. Rolf Monheim
Universität Bayreuth
Abt. Angewandte Stadtgeographie
Universitätsstr. 30
D-95440 Bayreuth
Rolf.Monheim@uni-bayreuth.de

Prof. Dr. Bernhard Müller
Institut für ökologische Raum-
entwicklung e. V. (IÖR)
Weberplatz 1
D-01217 Dresden
B.Mueller@ioer.de

Dr. Peter Neumann
Neumannconsult -
Stadt- und Regionalentwicklung/
Barrierefreies Gestalten
Bahnhofstr. 1-5
D-48143 Münster
neumann@neumann-consult.com

Prof. Dr. Jürgen Newig
Universität Kiel
Geographisches Institut
Hermann-Rodewald-Straße 9
D-24118 Kiel
newig@geographie.uni-kiel.de

Dipl.-Geogr. Birgit Nolte
Universität Greifswald
Geographisches Institut
Makarenkostr. 22
D-17487 Greifswald
bnolte@uni-greifswald.de

Akad. Dir. Dr. Reinhard Paesler
Ludwig-Maximilians-Universität
Institut für Wirtschaftsgeographie
Luisenstr. 37
D-80333 München
paesler@lmu.de

Dipl.-Geogr. Birgit Poske
Universität Greifswald
Geographisches Institut
Makarenkostr. 22
D-17487 Greifswald
poske@uni-greifswald.de

Prof. Dr. Heinz-Dieter Quack
Europäisches Tourismus Institut
GmbH an der Universität Trier
Palais Kesselstatt
Liebfrauenstr. 9
D-54290 Trier
hdquack@eti.de

Prof. em. Dr. Wigand Ritter
Landsbergerstr. 26/10
A-3100 Sankt Pölten (Österreich)

www.ingramcontent.com/pod-product-compliance
Lightning Source LLC
Chambersburg PA
CBHW081521190326
41458CB00015B/5423